慶應義塾蹴球部部歌

白皚々(はくがいがい)の雪に居て
球蹴れば銀塊飛ぶ
黒黄の猛きしるしには
清浄の誉れ高し
勇めよ我が友よ
いざ行けいざ行けよ
正義の旗靡(なび)き
自治の剣輝く
ツララ慶應慶應
ツラララ　ツラララ
ツララ慶應慶應　ツラララ

大正12年、三田・綱町グラウンドにおける対同志社大学戦

慶應義塾体育会蹴球部百年史

慶應義塾体育会蹴球部黒黄会［編］

慶應義塾大学出版会

Photographed
by
Satoru Inoue

発刊の言葉

「創部100年に大学選手権優勝」

黒黄会会長　**青井達也**

100年の記念誌をこんな言葉で飾れる幸せを今かみしめています。５年前100年の記念事業計画のトップに「学生の強化」を掲げました。当時は「大学選手権への出場」が当面の目標でした。それが「対抗戦グループの優勝」になり、さらに「全国大学選手権優勝」になり、それをみごと実現してくれました。まったく絵に描いたようにうまくいったと喜んでいます。上田監督以下コーチの諸君、高田主将ほか現役プレーヤーのこの快挙に最大の喜びと敬意を表したいと思います。本当におめでとう、ご苦労さまでした。ＯＢ諸君、父兄の皆様にも心からご協力を感謝申し上げます。

創部100年とひと口にいっても大変な年月であります。創成期の苦しみ、とくに不幸な戦争があり、多くの仲間を失いつつも、日本ラグビーがこの50年で14万人のプレーヤー、4800チームのスポーツに成長発展したかげには、数多くの先輩諸氏の骨身を惜しまぬご努力とご献身があったことに感謝の気持ちを忘れてはなりません。

40年前、塾ラグビー部60周年のとき、当時の日本協会会長香山蕃氏は早くも、今日のこの式典に参加している若い人たちの手によって100周年祭が盛大に行われることを願って祝辞を述べられたことを思い出しました。

慶應義塾ラグビーの100年はそのまま日本ラグビーの100年であります。われわれは若い部員諸君も含めて日本ラグビーの先駆者としての衿持を強く堅持し、その責任を自覚し、この100年をゴールとしてではなく、200年への新たなスタート、コメンスメントとしてとらえ、塾のラグビースピリットを継承し、日本ラグビーの健全な発展に寄与していきたいと考えています。

最後にこの場を借りて、この100周年の記念史は山本達郎先輩を編纂委員長とし、遠山靖三先輩が歴史を執筆、また、他の多くの先輩諸兄のご努力により完成したことをご報告するとともに、お二人にはとくに感謝申し上げます。

目　次

9 時代は学生から社会人へ（1975～1984）－創部80周年を記念する海外遠征－ 390

先人の夢、栄光の時 513

公式試合戦績全記録 561

資 料 編 661

蹴球部年表 675

黒黄ジャージー
闘魂百年

全勝対決を制し、慶應が15年ぶりの対抗戦優勝を飾った第76回早慶戦（1999年）。
今日なお、試合日「11月23日」が守られている唯一の定期戦である。

創部100周年記念式典

1899(明治32)年創部から100年を画す1999年9月12日、晴天の三田山上に1,200人を超える人々が集い、盛大に式典と祝賀会が催された。

[写真上と左] 式典会場の西校舎ホールは政・財界からの来賓、ラグビー協会関係者、他大学のOB、記念試合に招かれたケンブリッジ大学ラグビー部の選手たち、黒黄会(蹴球部OB)の懐かしい面々とその家族、そして幼稚舎はじめ全塾の蹴球部員で埋めつくされた。

[写真下左] 寛仁親王妃信子殿下のご来臨を仰ぎ、ラグビー発祥の地、英国のスチーブン・ゴマソール駐日大使、金野滋日本ラグビーフットボール協会会長、鳥居泰彦慶應義塾長が祝辞を述べた。

[写真下] 展示会場には貴重なゆかりの品々が陳列された。ラグビーファンで知られる寛仁親王妃信子殿下も最古のユニフォームなどを熱心にご覧になられた。ご説明役は黒黄会・山本達郎百年史編纂委員長。

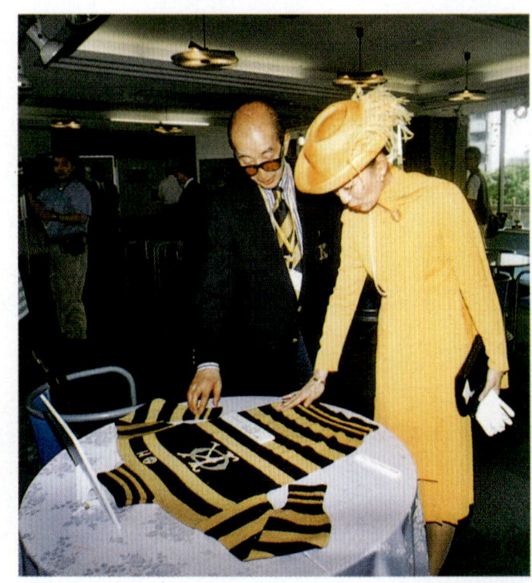

［写真上］ 学生食堂ホールでの祝賀会。往年のラガーマンが歓談の輪を作り、さながらアフターファンクション（試合後、ノーサイドのミーティング）風に盛り上がった。

［写真左］ トニー・レモンズ団長以下、ケンブリッジ大学のメンバーも祝賀会屋外ステージに登り、歌を披露。慶應ラグビーとのさらなる友情を育んだ日となった。

［写真左下］ 南校舎１階ラウンジに設けられた展示会場。

［写真下］ 式典にはOB、そして故人となられたOBのご家族も多数出席。写真は、河内洋司OB（昭15・卒）と日本ラグビー界発展の功労者のひとり、田辺九万三氏の二女・小原晴子さん。

記念試合と記念事業

黒黄会記念事業実行委員会は、式典・祝賀会の挙行、ケンブリッジ大学との記念試合のほか、日吉グラウンドの整備、『百年史』編纂など、多彩な事業を実施した。

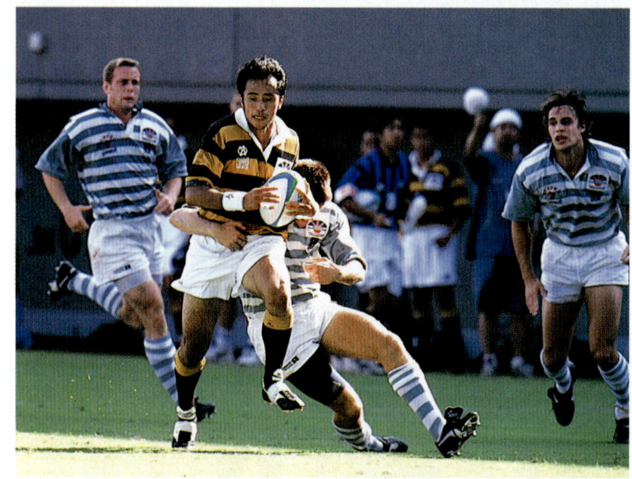

英国で最初に生まれたケンブリッジ大学ラグビークラブは160年の伝統を誇る。慶應ラグビー100年の記念試合出場のため来日し、9月11日、秩父宮ラグビー場で慶應と対戦した。試合は慶應FWの早い集散と積極的なオープン攻撃により、「42—21」で慶應が快勝。チーム・コンディションに大きな開きがあったとはいえ、ケンブリッジ大学から史上初の金星をあげた。

［写真上］　遠路来日したケンブリッジ大学のウェルカムパーティーが記念試合前々日に開かれた。写真上右は、祝賀会会場でのケ大のアンガス・インネス主将と高田晋作主将。

［写真右］　100周年記念事業へ芳志を寄せた個人・団体の名を刻んだ日吉グラウンド観客席のプレート。

［写真下］　1999年９月４日、記念事業のひとつ、日吉グラウンド整備工事の竣工式が行われた。

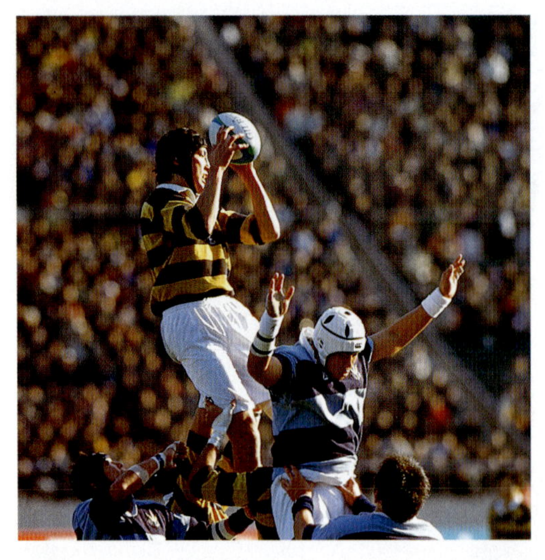

創部100年を飾る「大学日本一」

1999年度シーズンに対抗戦を全勝優勝し、２年連続の全国大学選手権出場を決めた慶應は、逆転勝ちの連続で決勝に進出。史上２度目の３連覇を狙う関東学院大学を制し、創部100年を「大学日本一」という大輪の花で飾った。

［写真上］　第36回全国大学選手権決勝（１月15日・国立競技場）の攻防。準決勝までと異なり、慶應は前半から仕掛けていくラグビーに転じた。伝統の「魂のタックル」とFW得意のラインアウトからの攻撃、バックスの俊敏な動きで関東学院大学を圧倒、前半「12―７」、後半「15―０」で快勝した。

［写真右］　決勝戦前、必勝を誓い合う慶應フィフティーン。

［写真左］　全国大学選手権準決勝・対同志社戦。準々決勝で早稲田のスクラムを押しまくった強力FWに対し、慶應FWはほぼ互角に戦い、「25—19」で逆転勝利。

［写真右と下］　15年ぶりの全勝対決となった早稲田との対抗戦（第76回定期戦）。前半は早稲田のすばらしいディフェンスに苦戦。しかし、慶應FWのパワーとスクラムワークが次第に真価を発揮、TB瓜生の60メートル独走トライを引き出すなど、「29—21」で全勝優勝を果たした。

[写真上]　優勝トロフィーを高々と掲げる高田主将。

[写真右]　日本ラグビーフットボール協会・優勝トロフィーと　寛仁親王杯（右）。

[写真下]　全国大学選手権で初の単独学生日本一を決め、国立競技場を埋めた慶應応援席の大歓声に応えるタイガー軍団。

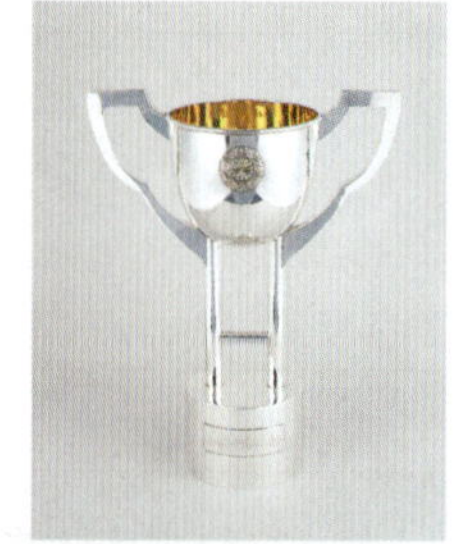

[写真上と中]　鳥居泰彦慶應義塾長（写真上・中央）も応援に駆けつけた全国大学選手権・決勝の観客席。

[写真下]　夕闇にとざされた国立競技場のスコアボード。

慶應ラグビーのルーツ

慶應ラグビーのルーツ、すなわち、日本ラグビーのルーツである。1899（明治32）年秋、年初に英語講師として慶應義塾大学に採用されたE・B・クラークが、ケンブリッジ大学での学友田中銀之助の協力を得て、塾生にラグビーを教えたことに始まる。

若き日のE・B・クラーク。この写真は、1985年にケンブリッジ大学ラグビークラブとコーパス・クリスティ・カレッジより、慶應蹴球部に寄贈された肖像写真のパネル。

［写真上］　1901（明治34）年12月7日の日本最初のラグビー試合、第1回横浜外人倶楽部（YC&AC）戦の出場メンバー。クラーク（写真中央左）と田中（右）もFBとHBで出場した。クラークは「私が慶應義塾の私のクラスにラグビーを紹介したのは、彼らが晩夏から冬にかけて屋外では何もすることがないように見えたからです」と後に往時を回想している。

［写真右］　E・B・クラーク（1874～1934）は、慶應から、三高、京都帝大に移り、文学研究ではラフカディオ・ハーン（小泉八雲）に師事した。墓は神戸市北区山田町の外国人墓地にある。

[写真上]　第9回慶應・YC&AC戦(1907年11月30日)でレフリーを務めた田中銀之助(後列中央、アラレ模様のチョッキ、ハンチング姿)。常に「フェアプレー精神」、「ジェントルマンシップ」を部員に説いたと伝えられる田中銀之助は日本ラグビー協会名誉会長を務めた実業家であった。

表彰状

シルビア マッキンノン殿

慶應義塾体育会蹴球部は創部百周年を迎えました 1899年秋の日溜まりに無聊に過ごす学生達を見つめていた 時の英語教師E・Bクラーク氏は「この子達にラグビーの醍醐味を教えてあげることが出来たら」との思いから当時の学生達を集めてラグビーの手ほどきをなさいました これが日本に於けるラグビーフットボールの発祥であります そのことに端を発する日本のラグビーは隆々と栄えております
貴女の父 E・Bクラーク氏を日本ラグビーの始祖とし 百周年記念式典にあたり感謝の意を表し 茲に記念品をそえて表彰いたします

1999年9月12日

慶應義塾長
慶應義塾体育会長
鳥居泰彦

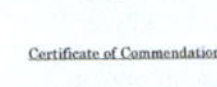

Certificate of Commendation

Ms. Sylvia Mackinnon

Keio University Rugby Football Club is celebrating the 100th anniversary of its founding. One fine day in the autumn of 1899, Professor E. B. Clark, who was then an English professor at Keio, took in the scene of a group of students idly whiling away time in the sun. He thought, "I wish I could teach these students the charm and excitement of Rugby Football." After this, Professor Clark started to teach them the sport. Historically, this was the very beginning of Rugby Football in Japan. Ever since then, Japanese Rugby Football has flourished gloriously.

We hereby honor your father, Professor E. B. Clark, and present a testimonial commending his achievements as the founder of Japanese Rugby Football at the 100th anniversary ceremony of the Keio Rugby Football Club.

Twelfth September nineteen ninety-nine

President, Keio University
President, Keio University Athletic League

Y. Torii

Yasuhiko Torii

表彰状

田中真一殿

慶應義塾体育会蹴球部は創部百周年を迎えました 1899年秋の日溜まりに無聊に過ごす学生達を見つめていた 時の英語教師E・Bクラーク氏は「この子達にラグビーの醍醐味を教えてあげることが出来たら」との思いから当時の学生達を集めてラグビーの手ほどきをなさいました これが日本に於けるラグビーフットボールの発祥であります そのことに端を発する日本のラグビーは隆々と栄えております
貴方の曾祖父 田中銀之助氏はE・Bクラーク氏を助け その普及に努力なさいました
百周年記念式典にあたり感謝の意を表し 茲に記念品をそえて表彰いたします

1999年9月12日

慶應義塾長
慶應義塾体育会長
鳥居泰彦

[写真上と右]　記念式典では、E・B・クラークの娘、シルビア・マッキンノンさんと田中銀之助の曾孫、田中真一さんに感謝の意をこめた表彰状と、ラグビーボール型のガラス器が贈られた。シルビア・マッキンノンさんについては、多くの人々の協力を得て、クラークの埋葬人名簿から探し出し、全米で210人余の同名の人に問い合せ、198人目にシルビアさんを探し出すことができた。90歳の高齢のため、来日はかなわなかった。

黒黄ジャージー誕生

慶應ラグビーのシンボル、黒黄ジャージーは、岡本謙三郎（1907年卒）がデザインし、1903（明治36）年より使用された。米国プリンストン大学のカレッジカラーである「タイガー」を模したとする「伝説」が語り継がれてきた（74・126頁参照）。

［写真上］イートンキャップ。明治の草創期より、卒業生にグラデュエートキャップ（イートンキャップ）を贈る制度があった。

［写真右］現存する最古のジャージー。“ハイカラ”で知られた慶應学生だけに、黒一色から黒黄のジャージーに変わったとたん、入部希望者が倍増したとか。

［写真下］1903（明治36）年度の卒業生を送る記念写真（1904年４月撮影）に最古のジャージーとイートンキャップをかぶった卒業生の姿が見られる（78頁参照）。

［写真上］　1911（明治44）年度の卒業記念写真。ジャージーの襟は、最初期は立て襟であったが、1905年頃には襟なしに変わった。

［写真中左］　昭和20年代後半のジャージー。

［写真中右］　創部100年を記念して「100」をマークの下に縫いとったジャージー。

［写真右］　黒黄会OBが使用するジャージーは市松柄に白狐のマーク。祝勝会などで、「稲荷山（三田の山）からコンコンコン……」と蹴球部員が歌い踊る伝統にちなんだもの。

明治草創期のラガーマン

英国伝来の舶来スポーツ、ラグビーの種が播かれ、やがて横浜外人倶楽部(YC&AC)の胸を借り、さらに遠征して神戸外人倶楽部(KR&AC)との対戦と、「国際試合」に孤軍奮闘してきた慶應ラグビー。しかし、明治末には慶應蹴球部員が京洛の地でラグビーを指導してきた努力が、第三高等学校(旧制)、同志社大学のラグビー部誕生となって実を結んだ。

[写真上] 草創期の部員とクラーク。1902(明治35)年度の卒業記念写真(1903年4月撮影・佐野甚之助アルバムより)。前列右より、佐野甚之助・吉武吉雄・岡本謙三郎。中列右より、喜多米八、海江田平八郎・猪熊隆三・クラーク・塩田賢次郎・松岡正男・小倉和市・濱田精蔵。後列右より、伊藤重郎・瀬川・五月女芳三郎・北田内蔵司・(不明)・(不明)・田宮弘太郎・黒江潮・(不明)。

[写真左] 1904(明治37)年12月8日、横浜公園グラウンドで行われた第4回慶應・YC&AC戦記念写真。山崎不二雄主将(中列中央)率いる慶應はYC&AC二軍と対戦、0—17で敗れた。立て襟のジャージーはこの年の使用が最後。

［写真上］ 神戸在住の外国人チーム、神戸ローイング・アスレチック・クラブ（KR&AC）との定期戦が決まり、第1回戦が1908（明治41）年2月3日に神戸東遊園地グラウンドで行われ、0―8で敗れた。

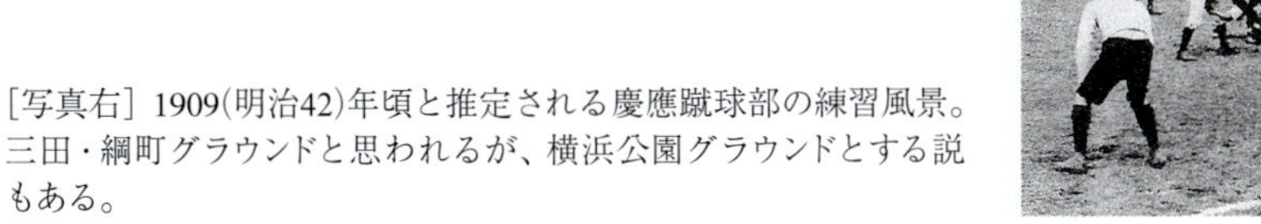

［写真右］ 1909（明治42）年頃と推定される慶應蹴球部の練習風景。三田・綱町グラウンドと思われるが、横浜公園グラウンドとする説もある。

［写真左］日本ラグビーの孤塁を守りつづけた慶應に、ついにうれしい国内の仲間が誕生。1911（明治44）年4月8日、第1回慶應・三高定期戦が綱町グラウンドで行われた。スパイクではなく、編上靴の選手も散見されるのが微笑ましい。三高蹴球部創設の動きは、同志社へと広がりをみせ、古都京都が西の拠点となる端緒となった。

大正時代のラガーマン

外国人チームに胸を借りた明治期を日本ラグビーの序幕とすれば、三高・同志社・京都倶楽部・京都一中など、京都勢との東西対抗意識が生まれた大正期は、第2幕の開幕ともいうべき時代であった。

[写真上] 1912（大正元）年11月30日の対戦で、YC&ACとの定期戦も24回を数えた。過去3勝はすべて綱町グラウンド。しかしこの試合ではじめてアウェー（矢口台グラウンド）での勝利となった。

[写真右] 1922（大正11）年1月7日、同志社グラウンドで行われた第9回慶應・同志社定期戦。グラウンドを取りまく大観衆に当時の人気ぶりがわかる。「大阪毎日」も戦評入りで慶應勝利を報じている。

［写真上］ 1921（大正10）年の対YC&AC戦。カメラの技術も進歩し、一般人でも動きのあるスナップが撮れるようになった。グラウンドはYC&ACの矢口台グラウンドと思われる。

早慶戦始まる

東西対抗熱が高まる一方、関東でも早慶戦、慶應・東京帝大（東大）定期戦が始まり、関東の大学ラグビーは勃興期を迎えた。

［写真上と下］ 第1回早慶戦は、1922（大正11）年11月23日、綱町グラウンドで行われ、早稲田が大いに善戦するも、やはり一日の長あって、「14―0」で慶應が制した。1906（明治39）年の早慶野球試合における応援をめぐるトラブルに端を発した両大学のスポーツ交流禁止は、ラグビーによって再開された。早稲田大学ラグビー部の創部は、1918（大正7）年となっている。

［写真上］ 第10回慶應・三高定期戦の両軍メンバー（1923年1月4日・綱町グラウンド）。当時、関西の雄であった三高はFWのスクラムも強く、前半「3―3」で競ったが、後半試合巧者の慶應に突き放され、「13―3」で惜敗した。草創期からの交流により、三高・慶應のラガーメンの友情には格別のものがあった、と語り継がれている。

［写真上］ 第1回慶應・東京帝大定期戦（1923年1月21日・綱町グラウンド）。東大が善戦、「8―0」で慶應が辛勝。早慶戦スタートの刺激をうけ、東大・明治・立教・法政・東京商大にラグビー部が続々と生まれていった。

［写真左］ 第10回慶應・同志社定期戦（1923年1月8日）。慶應が「20―0」で快勝し、「時事新報」は「慶應は試合なれしゲームが巧妙……」と評している。

［写真左］ 畑功部長を囲んでの卒業記念写真（1923年２月撮影）。この年、９月１日に関東大震災が発生、中止の声もあった第２回早慶戦は早稲田・戸塚グラウンドで行われた。なお、同年12月18日に第１回慶應・明治定期戦が行われた。

［写真右と下］ 1924（大正13）年2月3日、第2回慶應・東京帝大定期戦が秩父宮、賀陽宮両殿下をお招きして行われた。ご説明役は蹴球部OBの増田鉱太郎（写真上）。雪解けで最悪のグラウンド・コンディションであったことが、両軍メンバーの記念写真（178頁参照）からもうかがわれる。

［写真左］ 第6回極東選手権・優勝メダル。1923（大正12）年5月22日〜27日に極東選手権大会が大阪で開催され、オープン競技としてラグビーのトーナメント戦が行われた。外国チームの参加はなかったが、決勝で早慶対決となり、「11—6」で慶應が優勝。

［写真上］ 第2回慶應・京都帝大（京大）定期戦（1924年12月31日）。「19—3」で慶應が勝ち、定期戦2連勝。大晦日の綱町グラウンドには秩父宮、高松宮、賀陽宮殿下がご観戦された。

［写真右］ 日本ラグビー初の海外遠征となった、慶應チームの中国・上海遠征（1925年12月23日出発）。上海・ダマロ競馬場での記念写真。畑功部長を団長に、宮地秀雄主将ほか、22名が遠征。上海外人倶楽部、香港チームと対戦し、惜敗と辛勝の1勝1敗。

群雄割拠の昭和・戦前期

1927（昭和2）年、常勝慶應は早稲田に敗れ、日本チーム相手の無敗記録は16年でピリオドを打った。昭和初期には、5大学対抗戦、7大学対抗戦もスタート。慶應は1930（昭和5）年に全国制覇を成し遂げるなど、伝統の力を示してはきたものの、時代は新旧交替の潮流を現していた。やがて、軍靴の音が高まり、蹴球部員も戦場へと向かっていった。

[写真上・右・下右] 1930（昭和5）年、カナダ・ラグビー協会の招きで、日本代表の初めての海外遠征が実現。日本代表は7戦6勝1引き分けの見事な戦いぶりを示した（215頁参照）。写真は、慶應・藤井貢のトライ。日本代表は在加邦人からも大歓迎を受け、プログラム（写真右）には協賛広告が載っている。

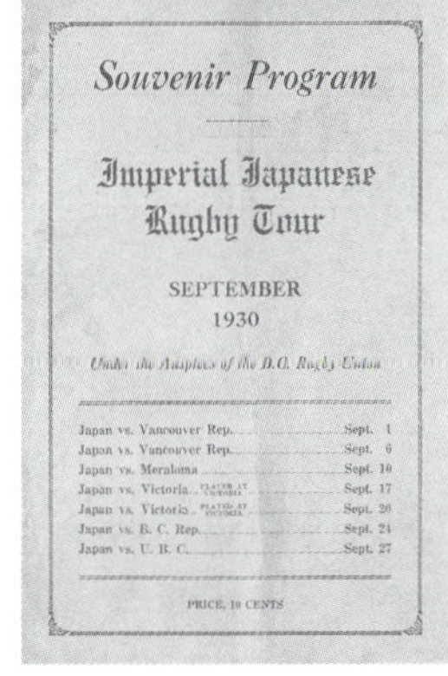

Souvenir Program

Imperial Japanese Rugby Tour

SEPTEMBER
1930

Japan vs. Vancouver Rep.	Sept. 1
Japan vs. Vancouver Rep.	Sept. 6
Japan vs. Meraloma	Sept. 10
Japan vs. Victoria	Sept. 17
Japan vs. Victoria	Sept. 20
Japan vs. B. C. Rep.	Sept. 24
Japan vs. U. B. C.	Sept. 27

PRICE, 10 CENTS

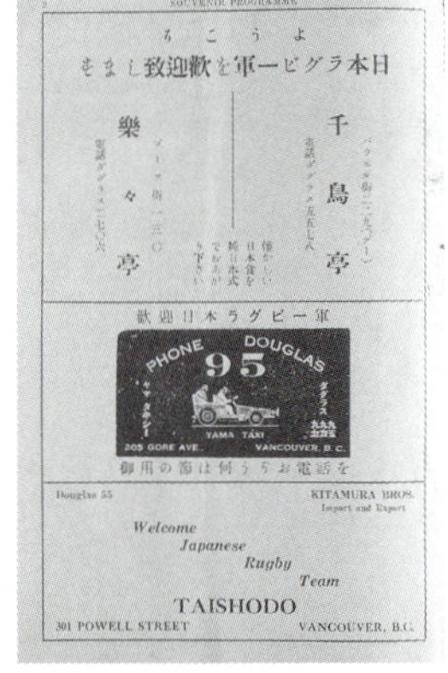

SOUVENIR PROGRAMME

ようこそ
日本ラグビー軍を歓迎致します

千鳥亭

樂々亭

歓迎日本ラグビー軍

御用の節は何うぞお電話を

Douglas 55

KITAMURA BROS.
Import and Export

Welcome Japanese Rugby Team

TAISHODO
301 POWELL STREET
VANCOUVER, B.C.

[写真上] 1934（昭和9）年2月に豪州学生選抜が来日、慶應は第2戦に登場、「16－8」で快勝。写真は、東京会館での歓迎パーティー。

［写真上］　昭和7年前後に作られたと伝えられる、「慶應ラグビーマーチ」のレコード。ラベルに「安藤復蔵作詞・山口邪章作曲」とあるように、部歌「白皚皚…」を慶應ワグネル・ソサィエティの合唱・管弦楽、大塚淳指揮で録音したもの。右は、『慶應義塾歌曲集』（昭和29年8月1日・慶應義塾応援指導部発行）に掲載されている、服部正編曲の楽譜。

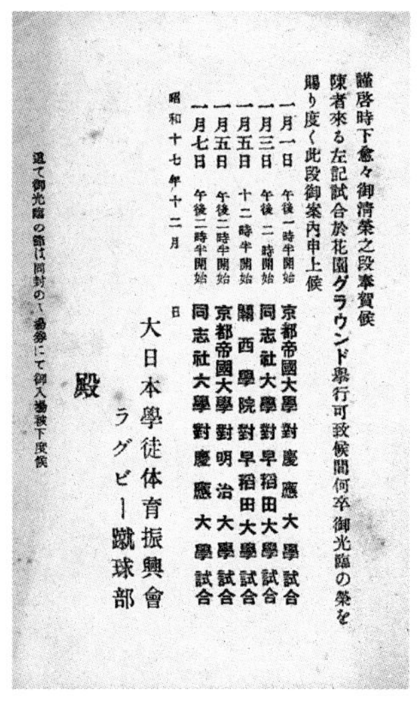

謹啓時下愈々御清榮之段奉賀候
陳者來る左記試合於花園グラウンド擧行可致候間何卒御光臨の榮を
賜り度く此段御案内申上候

一月一日　午後一時半開始　京都帝國大學對慶應大學試合
一月三日　午後二時開始　同志社大學對早稲田大學試合
一月五日　十二時半開始　關西學院對早稲田大學試合
一月五日　午後二時半開始　京都帝國大學對明治大學試合
一月七日　午後二時半開始　同志社大學對慶應大學試合

昭和十七年十二月　日

大日本學徒体育振興會
ラグビー蹴球部

殿

追て御光臨の節は同封の入場券にて御入場被下度候

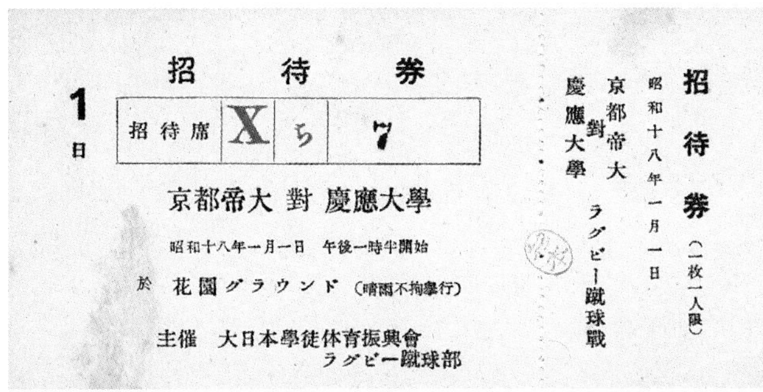

1日

招待券

招待席　X　ち　7

京都帝大 對 慶應大學

昭和十八年一月一日　午後一時半開始

於　花園グラウンド（晴雨不拘擧行）

主催　大日本學徒体育振興會
ラグビー蹴球部

招待券（一枚一人限）
昭和十八年一月一日
京都帝大對慶應大學
ラグビー蹴球戰

1943（昭和18）年1月1日の第18回慶應・京大定期戦とその招待状・招待券。戦火の拡大する中、大学ラグビーは繰り上げ卒業にともなう春・秋2季のシーズン日程となっていった。

[写真上と左] 日本ラグビーのルーツ校を象徴する「発祥記念碑」が建立され、その除幕式が1943(昭和18)年6月に行われた。石碑の上部に載せられるブロンズ像(写真左)は日展主任審査員の斎藤祖厳の制作(491頁参照)。

[写真下] 1942(昭和17)年秋頃の日吉グラウンドでの蹴球部員たち。練習グラウンドが新田から日吉の陸上競技場に移り、やがて1943年にラグビーの専用グラウンドが総合グラウンドの一角に完成。6月に発祥記念碑の除幕式とともにオープニングセレモニーが挙行された。

［写真上］ 蹴球部と野球部専用の体育会宿舎が1941（昭和16）年10月、日吉本町の高台に完成した。この写真は、竣工記念に作られたと思われる葉書に印刷されていたもの（260頁参照）。

［写真下］ 1943（昭和18）年３月の卒業記念写真。日増しに戦時色の濃くなっていく時代、1942年度の秋シーズンに池浦主将率いる慶應は７大学対抗戦、１月の東西対抗を勝ちぬき、全勝で12年ぶりの全国制覇を達成した。

終戦、そしてラグビー復活！

1945（昭和20）年8月、太平洋戦争は終結。焦土の中から立ち上がったラガーマンは、極度の食糧難に耐え、9月23日には関西ラグビー倶楽部と三高が戦後復活第1戦を行い、関東のチームを大いに勇気づけた。

［写真上］1946（昭和21）年度には関東大学対抗も再開され、11月10日に慶明定期戦が後楽園球場で行われた。

［写真上］終戦翌年の1月には、定期戦が復活。元旦、苦労の末に米軍管理下の吉祥寺・日産厚生園グラウンドに京都大学チームを迎え、第19回定期戦が行われた（260頁参照）。

［写真右］1952（昭和27）年9月、オックスフォード大学が来日、第1戦に全慶應が挑戦したが、「6—28」で完敗。なお、翌年1月4日、「ラグビーの宮さま」と慕われた秩父宮殿下が逝去された。オックスフォード大学は殿下の母校でもあり、この試合が最後のご観戦となってしまった。

［写真下］1955（昭和30）年の第32回早慶戦での慶應・美川のトライ（写真左）。9年ぶりに早稲田に勝利した。戦後はじめて慶應が全勝で関東大学対抗を制し、東西対抗で京大・同大を破って大学日本一を達成した赤津主将以下の面々。

［写真上］ 1957（昭和32）年11月10日の第32回定期戦で明治に逆転勝ちした慶應。この年より関東大学対抗がA・B2ブロック制となった。

［写真上］ 早稲田に敗れたものの、1957年度シーズンを3勝1敗1引き分けとし、2年ぶりの関東制覇をなしとげた慶應メンバー。

［写真上］ 1958（昭和33）年2月に、世界最強といわれたNZのオールブラックス・コルツ（23歳以下）が来日。3月21日、来日第8戦を全慶應が迎えうったが完敗。体力・スピードともにコルツが圧倒した。写真右端はタッチ・ジャッジを務めた椎野正夫慶應OB。

［写真右と下］ 1968（昭和43）年8月、慶應蹴球部は創部70周年を記念して、タイ遠征を行った。瀬下良夫団長、青井達也監督以下、遠征メンバーは8月29日に出発、10日間に4試合というハードな日程を全勝で終えた。写真右は第2戦の現地新聞報道。

BREAKTHROUGH — Keio University's scrum half Shigeo Tatsuzawa (striped jersey)manages to get by Chula's fly back Tanti Pariponpajanapisut (extreme left, in white jersey) and second row Oranop Chantaraprapa (second from right), ably supported by teammate wing forward Yoshio Tanigawa (third from right). Watching the action in yesterday's friendly match won by the visitors are referee Veera Suvannachart (right) and Keio U fly half Toshio Tokuno. Postpix by Jarin.

CHULA OUTCLASSED BY SUPERB-PLAYING KEIO UNIVERSITY

by PRASERT MANOMAYANGKUL

KEIO UNIVERSITY..........40
(5 Goals, 5 tries)

CHULALONGKORN UNIVERSITY..........3
(1 Penalty)

［写真上］ 1968（昭和43）年度のシーズン、対抗戦４位の慶應は交流試合で専修大に圧勝、第５回全国大学選手権に出場。決勝は早慶が激突して、引き分けた。写真左は、優勝カップを共に運ぶ早稲田・下川選手（右）と慶應・楠目選手。写真右は、決勝戦での早慶の激闘。ボールを持って突進する慶應・永野の左にフォローするのは宝田主将。抽選で慶應が日本選手権に出場した。

［写真下］ 1969年１月15日、第６回日本選手権・対トヨタ自動車戦に臨む慶應メンバー。常勝八幡製鉄を決勝で破ったトヨタに完敗した。

［写真上］ 1973（昭和48）年1月4日、全国大学選手権準決勝の早慶戦。1972年度は大学紛争が激化、入学式・卒業式も行われない状況であり、蹴球部員にも少なからぬ影響があった。慶應は4年ぶりに大学選手権に出場したが、準決勝で早稲田に敗れた。

［写真下］ 1977（昭和52）年11月23日、早慶戦での慶應・浜本のトライ。15年ぶりに早稲田に勝ち、早稲田の対抗戦60連勝を阻んだ。大学選手権も決勝に進出したが、明治に惜敗した。

日本選手権を制す

1985（昭和60）年度、第22回大学選手権に出場した慶應は決勝で明治と対戦し、引き分け同時優勝となった。奇しくも、1968年度の早稲田との同時優勝のときと同じように抽選で大学代表の座を射止め、対戦相手も同じトヨタであった。

1986年１月15日、戦前の下馬評をくつがえして、「18—13」で慶應が勝利し、国立競技場につめかけた慶應応援団を熱狂させた。トヨタは絶対の自信を持つスクラムで３度、コラプシングの反則をとられたのが響いたが、慶應伝統のタックルが随所に光ったゲームだった。

第23回ラグビー日本選手権優勝トロフィー（写真右）と日本放送協会・優勝カップ（写真上）。

［写真上・下］上田監督率いる慶應タイガー軍団の日本一達成に国立競技場は大歓声が鳴りやまなかった。晴れがましい顔でスコアボードを振り返る選手、号泣する選手、さまざまな喜びは、秩父宮ラグビー場クラブハウスでの祝勝会で爆発した。

[写真上] 1985(昭和60)年1月6日、対同志社戦での「幻の同点トライ」の瞬間。痛恨のスローフォワードであったが、レフリーの判定は絶対のものだ。草創期の指導者、「ラグビーの精神」を著した田中銀之助は、まさにこのときに同志社の優勝を心から讃えることを教えていたといえよう。

[写真下] 若林選手の「魂のタックル」。観衆の心奥に無量の感動を喚び起こし、味方を奮い立たせるタックルは慶應ラグビーの真髄である。

「魂のラグビー」の継承と発展

慶應義塾大学蹴球部は、すでに新しい100年に向けてスタートしている。ラグビー・ルーツとしての誇りを堅持し、ジェントルマンシップと「魂の」と形容されるタックルに象徴される闘魂は新しい100年に継承されていくだろう。この伝統の原点を示したような、第21回全国大学選手権・決勝の映像で、“写真で見る100年”を締めくくろう。

祝辞

慶應義塾長・慶應義塾体育会長
鳥居泰彦

慶應義塾蹴球部部長
前田昌信

日本ラグビーフットボール協会会長
金野　滋

第三高等学校蹴球部OB　京都大学ラグビー部OB会評議員
北田純一

同志社ラグビー・クラブ会長
久米淳介

早稲田大学ROB倶楽部会長
松分光朗

東京大学ラグビー部ＯＢ会会長
鈴木元雄

明治大学ラグビー部O.B.倶楽部会長
渡部昭彦

蹴球部創部百年を祝う

慶應義塾長・慶應義塾体育会長
鳥居　泰彦

慶應義塾体育会蹴球部の創部百年を心からお祝いいたします。

慶應義塾は、さまざまなスポーツを真っ先にわが国に導入し、紹介し、それを日本の紳士道として普及せしめた歴史を持っています。蹴球部の創部のいきさつとその後の歴史はその中でももっとも輝かしいものであります。

1899（明治32）年の秋、日本で初めてラグビーフットボールの練習が行われたのは、我が慶應義塾の三田キャンパスのグラウンドにおいてでありました。英国ラグビー校の校庭でエリス少年がボールを手でつかんで走り出したという、ラグビーフットボール発祥とされる有名な歴史的出来事から数えて76年後のことです。

この時、塾生を指導してくださったのは、当時慶應義塾において英語を教授しておられたエドワード B.クラーク先生、そして共にコーチをしたのが、英国ケンブリッジ大学に学び慶應義塾に招かれた、田中銀之助翁でありました。我が蹴球部こそは、文字通り、日本ラグビーフットボールの草分けであり、我が蹴球部の歴史は、とりもなおさず日本のラグビーフットボール発展の歴史そのものでありました。

1900（明治33）年、今からちょうど100年前、学内で練習試合を重ねていたラグビークラブ『ザ・バーバリアン』と『敷島クラブ』が合流し、『蹴球部』が結成されました。その翌年の1901（明治34）年、20世紀が始まって1カ月と3日後の2月3日に、福澤諭吉先生が長逝されるという大きな悲しみが慶應義塾を襲いました。同じ年の12月7日、それまでは学内において練習試合を重ねていた蹴球部が、初めて学外のチームと試合を行いました。それが、横浜外人倶楽部 Yokohama Country & Athletic Club との一戦でありました。勝利こそ逸しましたが、初めての国際試合という貴重な経験となりました。

蹴球部は、1903（明治36）年に体育会加入を果たし、1911（明治44）年には第三高等学校と、1912(明治45・大正元)年には同志社大学とそれぞれ初対戦を行っています。この当時の対戦記録によれば、我が蹴球部はしばらくの間すべての試合に勝利していたようです。やがて、ラグビーは全国の大学や高等学校に急速に普及し、各校のチームがさまざまな試合を続けてきました。ラグビーが日本の青年の魂を造り上げ、日本のスポーツマンシップと紳士道を築き上げた功績は計り知れないものがあります。今日隆盛を極めるラグビーフットボールの歴史を振り返るとき、我が蹴球部が果たしてきた偉大な役割に、あらためて深甚なる敬意を表さずにはいられません。

福澤諭吉先生は、1896(明治29)年に残された『慶應義塾の目的』とよばれる書の中で慶應義塾社中に対して、全社会の『気品の泉源』『智徳の模範』であれ、それを躬行実践することによって『社会の先導者』であれ、と言っておられます。

福澤先生が、さまざまなスポーツや武道を先導的に取り入れ、慶應義塾において発展せしめることに熱心であったのは、『社会の先導者』たるべき者としての必要条件を養うために極めて重要なものであると信じておられたからであると私は思います。

この度、創部百年の記念すべき年を、我が蹴球部は全国優勝で飾ってくれました。それも、文字通り『魂のタックル』を貫いての勝利でありました。この姿こそ、われらの理想の姿です。

蹴球部が、絶えることのない驀進を続け、日本中の青年にひたむきに生き抜く魂を教え続けてくれることを、わたしは確信しています。

創部100年に際して

慶應義塾蹴球部部長
前田　昌信

蹴球部の創部の歴史百年、いや、同時に日本のラグビーの歴史百年に立ち会ったこと、しかも、教員の一人として慶應義塾蹴球部部長の職にあり、準備に微力ながら参加させていただくという稀有の機会にめぐり合えたことは無上の光栄に思います。勿論、ただ座して眺めていた訳ではありませんが、OB会である黒黄会のバックアップ、そして父兄や合宿所の方々、そして慶應義塾の理解ある教職員の方々の気をひとつにした支援が最前線の監督、コーチそして選手を奮い立たせ、百周年ケンブリッジ大戦を皮切りに対抗戦全勝、学生選手権を制し、無敗をもって百周年を飾るという快挙に繋がったことをたたえたいと思います。

慶應義塾建学の精神は塾祖福翁の独立自尊を信条とし、時代をリードする創成の精神であろうと思います。蹴球部創部百年という伝統の重みを感じながらも伝統という言葉に縛られず、重みにつぶされることなく、新しく後世に残るような素晴らしい伝統を創成していくことが使命であると常々表明してきました。

百周年の記念の年にその考え方を具現してくれた蹴球部、ならびに塾関係諸氏の熱き支援に頭の下がる思いで一杯です。優れた指導者の命ずるままに覚え、その通りに行動するのはある意味で高度の技術に達する最短の道でありましょう。しかし、個性的な、更なる発展を可能とする創造性を有し、急な変化に対応でき、視野の広い柔軟性のある人を造るにはどうしたらいいかということが長い間論じられてきました。教育とは教え育てると言うよりも、“education”引き出す、すなわち、本来個々の隠れた才能を引き出すという意味であると言います。それには基本に返って指導者自身が学び、共に考える。初心の者と共に語り、初心の者は指導者の背中を見て育つ。指導者は皆の個性を見出し、伸ばしていくことが大切なのでしょう。忍耐を伴い、長い期間を要する事業です。

まさに百年の歴史です。選手個々が状況を理解し、最善の方法を瞬時に選択、それを行動に移す。それでいてばらばらにならず、一体となった結果として伝統の激しい魂のタックル、ファイティングスピリットとして現れ、慶應義塾の精神を発露する一連のゲームにその真髄を見せてくれました。これが好ゲームのひとつとして日本全国の目を釘付けにし、感動を与えたのだと思います。

イギリスの紳士は一旦事有るときには先陣に立ち、死を賭して闘うとあります。百周年を飾る国立競技場の決勝戦では、期せずして応援指導部なしに起こる「若き血」の応援歌、歓声、慶應コールはラグビーのみならず、他のゲームでも近年なかった興奮ではないでしょうか。選手が個人的なスタンドプレーに走らず、チームの勝利に向かって真摯なプレーを続けたことにあると思います。百年の歴史は、日本のラグビーの歴史でもあります。日本のラグビー協会をはじめとして、各大学、高校、中学、小学校、そして社会人のラグビーと、各方面の支援と努力で発展してきました。道具といえばボールだけ、身に寸鉄も帯びず、人間と人間の肌でのぶつかり合いが、多くの人の共感を生んだのだと思います。

上田監督は「成長」という表現を用いて、これから慶應義塾のラグビーが更に次の世紀へ成長していくのだと言っております。個々の技術の錬磨と共に、ラグビーとは何かという自己への問いかけから、強い精神の高まりを呼び起こし、成長が達成されるでしょう。いずれのときにか監督、コーチは本業に戻るため、交代があるやと思いますが、傑出した力の選手は居らずとも、しっかりとした基盤の上に立ってその気持ちを受け継いだ、心をひとつにしたどこからでも打ち出せる全員の、組織の蹴球、終わってみれば全員がヒーローだった。それは同時に慶應義塾、塾生、卒業生の誇りとなり、真の良き伝統を呼び起こし、21世紀をリードする慶應義塾を具現するものであると信じます。この百周年記念行事が素晴らしい次の百年に繋がることを信じてやみません。

蹴球部創部百周年おめでとうと申し上げると同時に、次の世紀へのさらなる発展を祈念してやみません。

(慶應義塾大学理工学部教授)

アマチュアスピリットの継承を祝す

日本ラグビーフットボール協会会長
金野　滋

この度、蹴球部黒黄会で『慶應義塾体育会蹴球部百年史』を発刊されるにあたり、日本ラグビーフットボール協会を代表して祝辞を申し述べることを大変嬉しく思います。

慶應のラグビー百周年は、とりもなおさず日本のラグビーの百周年であります。1899年、それまで日本ではまったく知られていなかったラグビーという競技を慶應の諸先輩が手掛けられてから百年、多くの諸先輩に引き継がれて今日があると思います。それにつけてもこの百周年に併せて大学選手権に優勝し、大学日本一になられたことは、まさにこの百周年に花を添えるこの上ない快挙であります。

慶應ではじまったラグビーが同志社、早稲田、明治などいろいろな大学に伝わり、そしてそれから中学（旧制）に伝わり、その後社会人チームができ、いろいろな形でチームはどんどん増えていきました。現在、日本ラグビー協会に登録されているチームは4000以上、選手は14万人以上の数になりました。しかしこれは一朝一夕にできたものでは決してありません。

現在ラグビーは世界的に大きな変革に見舞われております。すなわち、プロ化の時代の到来であります。プロ化によってラグビーはたしかに変わり、またプロを採用した国々はたしかに強くなりました。日本でも外国のプロ経験プレーヤーを採用した社会人チームは一段と強くなり、大学チームとの格差ははっきりしてきました。世界各国におけるラグビーと日本のラグビーとが大きく異なるのは、大学ラグビーの存在にあると思います。

強さにおいて、あるいはプレーの巧さにおいて社会人ラグビーと格段の差がある大学ラグビーが依然としてファンに人気があるのは、外国人の目には奇異に映ると思います。世界一を誇るニュージーランドのオールブラックスが日本代表と対戦しても、観衆の数は早明戦、早慶戦に達しなかったと外国の人たちに言っても、どうしても信じてもらえません。日本のラグビーが大学ではじまり大学で育った過去の歴史を知らないからです。ただ大学でやっているというだけの話ではなく、大学ラグビーに存在する特別の雰囲気の賜物だと思います。

慶應の諸先輩が百年前にはじめられたときから、このアマチュアスピリットを厳格に守り、ただひたすらに純粋に自分のチームのために全身全霊を打ち込むことによって生ずる直向(ひたむ)きで感動的なプレーが見る人たちの共感を呼びおこすのであります。私は大学のラグビーはあくまでアマチュアでなければいけないと思います。われわれの先輩達が営々と築きあげたこの輝かしい伝統を、われわれは後輩たちに伝えていく責務があると思います。

最後に、1971年に日本に遠征したイングランドチームに同行して来日された会長トム・ケンプ博士の言葉を引用して私の祝辞といたします。なお、ケンプ博士は1936年にケンブリッジでラグビーをなされたブルーで、1937年から数年イングランドの代表として活躍された選手でございます。そのケンプさんがわれわれに残したメッセージを私はいまだ記憶も新たにしております。

「アマチュアラグビーはわれわれの生活の余暇のほんの一部にすぎない。ラグビーは絶対に生活そのものになってはいけない。アマチュアスポーツとして存続する限り、ラグビーは冒険心に富んだ若者の理想をとらえるものになりましょう。なぜならばグラウンドで全身全霊を込めて対抗するライバル意識と、グラウンドを離れたときのあたたかい友情が奇妙にマッチするからであります。ラグビーではこのように一見相反する感情が人生の人為的な障壁を突き抜けてあらゆる民族、あらゆる階級を超えた共通の絆となるからでございます。そしてそれが世をより良く、より正しく、より安全なものにしてくれるはずです。ラグビーの真の報酬は金杯やチャンピオンシップではなく，ラグビーをやる楽しみと各プレーヤーの間に結ばれた永遠の友情にあります。ラグビーというものは決してそれ以上のものでなければ、またそれ以下でもありません」

（1947年、同志社大学卒）

21世紀へのキックオフを

第三高等学校蹴球部OB　京都大学ラグビー部OB会評議員
北田　純一

創部百周年おめでとうございます。その節目の年に対抗戦全勝優勝、大学選手権制覇のご快挙、お見事と申し上げるほかありません。もちろん並々ならぬ工夫と努力の積み重ねがあってのことと存じますが、なによりも「魂のタックル」に目を瞠りました。そして百年史のご出版、重ねがさねお祝い申し上げます。

私はラグビーの値打ちは頑固さにあると信じております。私が育った旧制第三高等学校は御校に教わって関西にラグビーを広めた学校でした。2番目に古いラグビー校というわけで、高校でありながら御校と日本最古の定期戦を組んでおりました。明治44年にはじまって昭和24年に学校がなくなるまで、もちろん一度も勝ったことはありません。それでも1月4日の定期戦は続け通していただきました。その三高を吸収した格好の京都大学も、過去はともかく最近は低迷を重ねております。にもかかわらず御校との定期戦は今もって途絶えることなく続けていただいております。このような頑固さこそがラグビーの真骨頂だと私は考えたいのです。

慶應・三高の定期戦がなくなったあとも、毎年三吉会（三田と吉田の意）がありました。御校の忽那（くつな）先輩のホイッスルと「キックオフ」の号令が名物の会でした。現在、御校と東大の先輩のお世話で毎年1月14日に『ラグビー仲間の会』が催されています。学校や年代の垣根を越えて往年の名選手と歓談させていただけるのは欣快の至りですが、これもまた、まさに頑固人の頑固さの賜物だと思っています。

慶應義塾大学蹴球部はルーツ校として見事に20世紀をリードしてこられました。これからも頑固に頑固さを磨き上げ21世紀も22世紀も日本ラグビーのリード役を果たしていただくことをお願い申し上げ、二百年史、三百年史のご出版を期待してご祝辞に代えさせていただきます。

（1952年、京都大学卒）

慶應義塾蹴球部百年を祝う

同志社ラグビー・クラブ会長
久米　淳介

慶應義塾にラグビーが、英国より伝えられたのが1899（明治32）年のこと、それは日本にはじめてラグビーが渡来したことでもありました。慶應義塾にとって昨年が100年の記念すべき年であったと同様に、日本ラグビー史にとっても記念すべき年でした。世の歴史にとって100年すなわち1世紀は、大きな躍進への節目の年といえましょう。慶應義塾においては、昨年創部100年を記念しての諸行事が催され、ラグビーの導入にもっとも所縁の深いケンブリッジ大学ラグビー・チームを招き記念試合が挙行され、勝利を得られたことは、未だ記憶に新たなことです。この記念すべき年の大学選手権制覇をめざして塾関係者、黒黄会、監督、コーチ諸氏、現役学生諸君が蹴球部の強化に一致団結、懸命な努力を重ねられたと聞き及んでおります。その結果、みごとに大学選手権制覇をなし遂げ、塾の歴史と伝統に栄光の1ページを添えられました。誠に立派なことと衷心より祝意と敬意を表します。

同志社は慶應義塾に遅れること12年、1911（明治44）年、京都の第三高等学校に次いでラグビーが導入されました。翌1912（明治45）年には、慶應対同志社の第1回定期戦が催され、わが国における最古の大学定期戦として記録されております。大変名誉なことで、昨(平成11)年５月には第82回の伝統ある定期戦が催されております。

今年(１月)の大学選手権準決勝では、慶應義塾に一歩及ばず敗退を記録しましたが、創部90年を迎える同志社ラグビーにおいても、歴史と伝統の継承には関係者一同の格別な思い入れと懸命な努力の積み重ねが欠かせないと痛感させられました。これらを完璧なまでになし遂げ栄冠を得られた今回の慶應義塾の道程を範として、更なる努力を重ねたいと思います。同志社ラグビーにとってもこの上ない快挙として、重ねて祝意と敬意を表し、併せて慶應義塾体育会蹴球部ならびに黒黄会の一層のご進展を祈念いたします。

（1947年、同志社大学卒）

伝統の早慶戦に栄光あれ

早稲田大学ＲＯＢ倶楽部会長
松分　光朗

創部百周年、おめでとうございます。心からお祝い申し上げます。

戦後の昭和21年、４年ぶりの早慶戦は神宮球場で行われ、１点差で慶應の勝ち。23年は３－３で引き分け、24年は珍しく土砂降りの泥濘戦でした。新制大学制が導入されたのもこの年でした。慶應の旧制組は25年の秋に卒業し、早稲田は26年の春に新旧同時に卒業しました。この切り替えで新制へ編入したわたしや、ほか数名が早慶戦に５回出場するようになったのです。戦前は予科３年（学院）、大学３年で計６年ですから、５、６回出場の名手も少なくなかったのです。さて、その昭和25年は、昨年と同じ全勝対決、前半０－０の好試合でした。

創部百周年の大きな節目に、学生日本一に輝いた慶應義塾チーム。とくに強力FWには、深甚の敬意を表すとともに、伝統の早慶戦がつねに優勝を決める試合となるよう、早稲田も頑張りたいと思います。

関西で行われている早慶ＯＢ戦が、来年で50回目になります。ゲームに参加できない連中は、各地でそれぞれ年代別に、また他校も交えて、ゴルフ会や飲み会を楽しんでいます。ぜひ長く続けたいものです。

しかし、秩父宮の全早慶明戦は別です。各々のチームが、そのときの最強のメンバーを揃えて戦うべきだと思います。プロ化すれば違うのかもしれませんが、全日本級の選手が大学、社会人、クラブチーム、そして全早慶明とかの全大学チーム、また、全関東やそのほかの地域代表チームにそれぞれ分かれて戦ってこそ、ゲームも盛り上がり、ファンも満足するのではないでしょうか。

慶應義塾体育会蹴球部が先駆者として、末永くラグビー界をリードされるよう、そして黒黄会の益々のご健闘を祈念して祝辞といたします。　（1951年、早稲田大学卒）

輝かしい百年の研鑽に敬意

東京大学ラグビー部OB会会長
鈴木　元雄

創部百周年を心からお祝い申し上げます。慶應義塾体育会蹴球部百年の輝かしい足跡は日本ラグビーの歴史そのものであり、皆様の長年のご功績に対し、ラグビー関係者全員が深く敬意を表する次第であります。

貴部はこの記念すべき年に、ケンブリッジ大学との記念試合に勝利を収められ、また対抗戦グループでの優勝に続いて、大学日本選手権でも日本一の栄冠を勝ち取られました。この百周年のタイミングを狙っていたかのように、ここ暫くの低迷状態から大躍進を遂げられ、単に強いだけではなく清々しいまでのチームが誕生したことに、私達は大きな感銘を受けました。

戦後の混乱期の中でラグビーが再開されて間もなく、念願の秩父宮ラグビー場が竣工し、私達は日本ラグビー五十周年を祝いました。まだ高校生だった私は、その時の記念バックルを今でも宝物にしています。想えば、あの時が慶應ラグビー百年の伝統の丁度折返し点であったわけで、今更ながら、戦前・戦後それぞれ半世紀の歴史を築いてこられたことに敬服致します。

貴部の今日の成果は現役の選手・指導者のご研鑽の賜物であることはもちろんですが、この百年の間に積み重ねられた諸先輩のご努力も忘れることができません。また、総力を結集して百周年記念行事をかくも盛大かつ成功裡に遂行された黒黄会の偉大な存在を思い知らされ、同じＯＢ会として大変うらやましく思いました。

これから、各大学もそれぞれの節目を経ながら、貴部をお手本として、百周年に向けて進んでいきます。どうか今後とも、現役学生だけでなく、社会人となったＯＢも含めて相変わらずのご指導・ご親交をよろしくお願い申し上げます。

最後に、慶應蹴球部が次の二百周年に向けてますます発展され、日本ラグビー界を牽引していかれることをお祈り申し上げます。　（1955年、東京大学卒）

慶應義塾大学蹴球部の伝統は継承された

明治大学ラグビー部O.B.倶楽部会長
渡部　昭彦

慶應が、日本ラグビーの創始校であることは今さら申すまでもありませんが、今季創部百周年の記念すべき年に大学対抗戦はもとより、大学選手権も掌中に収め、完全優勝を達成された“タイガー軍団”に対し、あらためて敬意を表しますとともに、上田監督の目指すところの新戦術の完成に一層の期待を寄せたいと思います。

このたび機会を得まして慶應の創立時代のこと（日本ラグビー物語・早稲田大学体育会ラグビー蹴球部三十周年記念出版誌）を拝見し、感銘を受けました。それは明治32年創立以降、「横浜外人」以外は対外的な相手のない時代を通して初志貫徹、今日まで蹴球部を維持継続してこられたことであります。もちろん指導されたクラーク教授や田中銀之助氏のご尽力があったればこそといえましょうが、それに優るとも劣らない大学当局の深い理解が得られたことも挙げられると思います。

さて慶應と明治の関係といいますと、明治は慶應より24年遅れて大正12年、明治大学ラグビー蹴球部として創立されました。創立以来、先駆者慶應、早稲田のご支援をいただき、恵まれた環境が得られました。早々の夏合宿には慶應より大市信吉、木下米松両氏に出向いていただき、両氏から初めて専門的にラグビープレーの何たるかをご教示いただいたこと、実に同年慶明の第１戦を行う機会を与えていただいたことであります。その後の北島忠治監督の言葉に「私たちの時代にラグビーの選手になったものは“打倒慶應”とただそればかり夢想していた」とあります。当時と現在を比較するにはいささか無理があるとしても、今季の慶應の完全優勝の原動力となった強力なチーム力から推測すれば、今後再び「打倒慶應」の目標を立てることは至極当然のことのように思えてきます。最後に慶應義塾の皆様に対し、21世紀に向けて益々のご健闘と、日本ラグビーのリーダーとしてのご活躍をご祈念申し上げ、お祝いの言葉とさせていただきます。

（1953年、明治大学卒）

年度別 シーズンの歩み

遠山靖三

●注記 ①年度区分は「4月1日～翌年3月31日」とした。
② 1903（明治36）年度以降の各年度表示の右に記した人名は、当該年度の主将名を示す。
③引用した文献のうち、旧漢字・旧仮名遣い表記のものは、新字体・新仮名遣いに改めた。また、副詞等の漢字表記の一部を平仮名に改めた。
④人名表記にあたっては、原則として敬称を略させていただいた。

日本ラグビーの夜明け(1899~1911)
―黎明から揺籃の時代へ―

1899(明治32)年度 ◆発祥の年◆

文明開化の息吹きがまだ色濃く残る1899年（明治32年）秋。東京の一隅、麻布仙台ケ原で慶應義塾の塾生による英国伝来の舶来スポーツが産声を上げた。日本ラグビー誕生の瞬間である。伝授したのは、この年の１月に慶應義塾大学理財科の英語講師として採用されたエドワード・ブランウェル・クラーク（EDWARD BRAMWELL CLARKE）と、田中銀之助。ともに英国の名門、ケンブリッジ大学（クラークはコーパス・クリスティー、田中はトリニティーホール）に学びながらラグビーに親しんだ同好の士だった。

ラグビー発祥の年といわれる1823年から遅れること76年。パブリックスクール・ラグビー校のウィリアム・ウェブ・エリス少年によって蒔かれたラグビーの種が、ようやく西洋文明の根づきはじめた日本の土壌にも植えつけられた。

◆クラーク書簡と慶應ラグビー

日本ラグビーの父ともいうべきE・B・クラークが慶應義塾の塾生にラグビーを初めて手ほどきしたのは今を遡ること100年。日本ラグビー発祥の秘話が後日、蹴球部宛に送られてきた『クラーク書簡』の文中に彼自身の手で紹介されている。

「私が慶應義塾の私のクラスにラグビーを紹介したのは、彼らが晩夏から冬にかけて屋外では何もすることがないように見えたからです。冬の野球はまだ行われていなかったし、若者たちは時間と秋のすてきな天気を無駄にして、のらくらしていたのです。私はもし彼らにラグビーへの興味を覚えさせられたなら、午後の自由時間にあんなに退屈しなくてもすむだろうと思いました。私の日本語は間に合わせ程度のものなので、知っている言葉の数もごく少なく、ラグビーの細かい点まで説明するわけにはいきませんでした。そこで私は友人の田中銀之助氏に援助してもらうよう依頼しましたところ、彼は喜んで非常な熱意をもって事に当たってくれ、こうしてゲームが始められたのです。

今世紀のはじめ、仙台ケ原で普通の靴をはいて練習した頃には、30年後に君たちがプレーし、日本全土に普及し、日本チームが外国チームと対等に戦って、これを破るとは思ってもみませんでした。私は慶應義塾が初めて外国人チームと対戦し、完敗したときの記事を載せた『Japan Gazette』の切り抜きを同封します（要旨抜粋）」

『クラーク書簡原文（要旨抜粋）』

〈I introduced Rugby to the men of my then classes at Keiogijuku because they seemed to have nothing to occupy them out of doors in the aftersummer and winter days. Winter baseball had not yet come in, and the young fellows loitered around wasting the hours and the lovely autumn weather. I thought if I could get them interested in rugger, their hours during their free afternoon would not be so long and wearisome. My Japanese was too rough &

ready, my vocabulary far too scant to explain the pin points of the game, so I asked my friend Tanaka Ginnosuke to come to my help, which he did with great readiness and enthusiasm, and so the game was started.

I still have somewhere the photograph of the players of those pioneer days, with Inokuma, J.Sano, Mori, Kaieda, Yoshitake, Matuoka, Fukagawa（Fukazawaの誤りと思われる）, Ito, and others.

When The Prince of Wales visited Kyoto, I was presented to him and had the honor of a short chat, and I showed him the photograph which gave him much interest.

I never thought in those days at the beginning of this century, when we used to play in ordinary boots at Sendai-hara, that you would be playing thirty years later, and that the game would take such root in Japan as it seems to have done, and that Japanese teams could play foreign teams and beat them. I enclose an old cutting from the defunct Japan Gazette, describing the first game of all when Keiogijuku played Yokohama foreigners and got well beaten.（the substance）〉

付記①：『慶應義塾学報』第11号（明治32年1月15日発行）の塾報欄にE・B・クラークの採用記事（下記）が掲載されている。

> 高等科及普通科新教師　クラーク氏
> 英国ケンブリッチ大学を卒業したるクラーク氏は高等科及普通科の英語科及大学部理財科の英作文を嘱託せり

付記②：1931（昭和6）年4月19日に慶應義塾蹴球部主催の［対YC＆AC戦30周年記念祭］（東京・蒲田の新田グラウンド）が催された。当時京都帝大で教鞭をとっていたE・B・クラークに招待状を送ったところ、辞退の返信が山口六助（大正13年度主将）の元に届いた。返書に記載されていた山口の肩書は「The Secretary of Keiogijuku R.F.C.」となっているので、その頃の山口は黒黄会（1928年＝昭和3年5月設立）の幹事役だったのだろう。

◆松岡正男が語る草創の頃

E・B・クラークから直接ラグビーの手ほどきを受けた草分けのひとり、松岡正男（当時日本ラグビー蹴球協会副会長）は同協会の機関誌『ラグビー』の創刊（1930年＝昭和5年10月）にあたり、「回想」と題して慶應ラグビー発祥の昔を振り返っている。

「ラグビーをわが運動界競技界に紹介した恩人は田中銀之助、E・B・クラークの両氏であることは何人も知るところである。ただ彼らから直接教えを受けた最初のラガー（ラガーマン）について知る人は誠に少なかろうと思う。ラグビーが慶應義塾体育会の一部として公認されたのは、明治36（1903）年のことであるが、それ以前すでに三田山上にはバーバリアン、敷島の2つのクラブが生まれていた。前者は田中、クラーク両氏直系のものであり、後者はいずれかといえばその傍系のものであった。

明治35（明治34年＝1901年の誤り）年晩秋における第1回対横浜外人（YC＆AC）とのゲームは、両クラブの混成チームで戦った。そのときわれらの先輩として出場したのは、バーバリアンからは猪熊隆三（現中華民国税関吏＝付記③参照）、鈴木市之助（現旭電化工業株式会社社長）、塩田賢次郎（後に忠左衛門と改名、仁尾塩田株式会社社長）の諸君で、敷島からは平野（一郎）氏ただひとりであった。以上は慶應義塾36年の卒業生で、その他の選手は皆37年以下のものであった。私の記憶にして誤りなくんば、第1回のゲームに得た唯一のトライは塩田君の功名であったと信ずる。以上の諸先輩とともに忘るべからざるは森俊二郎氏（付記③参照）である。彼は実に三田山上におけるラグビー揺籃時代にマネージャーとして、最も熱心に尽力されたひとりである。

わたしはこれらの古い仲間ではむしろ新しい方で、現に第１回対横浜外人（YC&AC）試合には、靴の持ち合わせがなく森君の靴を借りて出場したことを記憶している。森君はどういうわけか塾は卒業されなかった。あるいは大正12年に特選されて塾員となられた近江帆布株式会社社長の森五郎兵衛君は往年の俊二郎君ではあるまいか（推測通りの森俊二郎、後の五郎兵衛本人、付記④参照）。

明治36（1903）年に慶應義塾体育会の一部として公認されたときは、部長はクラーク教授で、幹事は伊藤重郎（現台湾製糖株式会社）、北田内蔵司（現三越重役）、海江田準一郎（後に平八郎と改名、現海江田銀行頭取）、吉武吉雄（現東亜ペイント製造株式会社重役）とわたしであった。その頃三田山上で２間（約3.6メートル）四方ばかりの小さな西洋建てのクラーク教授室に呼ばれて、当時ではすこぶる珍しい包弾（砲丸）投げに用いる弾丸（たま）を撫でたり、英国や豪州の運動競技界の話を聞くことは、誠に楽しいものであった。

田中銀之助氏はラグビーの普及を計画され、まず氏の母校である学習院にこれをすすめ、海江田とわたしは田中氏に招かれ学習院の人々と同氏邸で西洋流正式の晩餐の饗を受け、少なからず面喰らったこともその頃の思い出のひとつである。伊藤（重郎）とわたしは37年に卒業し、その後を引き受けられたのは、山崎不二雄、田宮弘太郎、安藤復蔵、小倉和市及び前掲の諸君である。40（1907）年の暮れ、わたしはウィスコンシンから再び三田山上に帰るときは、日本におけるラグビーも非常に面目を一新していたが、その時代ですら今日の盛況は想像だに及ばなかった。もとよりわれわれには確固たる信念があった。しかしそれは今日のごとく急速には達せられようとは思わなかった。切に健全なる発達を祈る。（要旨抜粋）」

付記③：猪熊隆三、森俊二郎はともにマネジャーとしてバーバリアン・クラブの創設に参画しているが、1901（明治34）年に行われた第１回YC＆AC（Yokohama Country＆Athletic Club＝以降「YC＆AC」と表記）戦にはメンバーとして出場はしていない。また松岡によると、平野一郎は明治36年卒業とあるが、同年の卒業生名簿に平野の氏名は見あたらない。しかし『慶應義塾学報』第46号（明治34年）の塾内大運動会を報ずる記事で、障害競争・大人生組大人組の2等賞と、200ヤード競争大人組1等賞のそれぞれ入賞者として平野一郎の氏名が記されており、また翌明治35年５月の『慶應義塾学報』52号に掲載されている体育会端艇部の人事を伝える記事に第一部選手の筆頭に平野一郎、第三部幹事に濱田精藏、同選手に山田又司の名が見られる。

付記④：森俊二郎は後に五郎兵衛と改名。松岡の記述通り特選塾員として塾員名簿に記載されている。

◆田中銀之助とラグビースピリッツ（WHAT IS A SPORTSMAN?）

E・B・クラークとともに慶應義塾のラグビーを指導した田中銀之助はまた関東ラグビー蹴球協会の初代会長でもあるが、関東ラグビー蹴球協会発行の機関誌『ラグビーフットボール』（昭和９年２月25日号）で同氏は「慶應義塾の学生諸君とラグビーをはじめて以来、ほとんど40年になんなんとする星霜を閲せり」と前置きしながら〈ラグビースピリッツの根源〉を次のように説いており、この精神はいまも日本ラグビーに伝承されている。

［WHAT IS A SPORTSMAN？］

〈As I understand the breed, he is one who has

not merely braced his muscles and developed his endurance by the exercise of some great sports, but has in the pursuits of the exercise, learnt to control his anger（temper） to be considerate to his fellowmen, to take no clean advantage to resent as a dishonor the very suspicion of trickery, to bear aloft a cheerful countenance under disappointment, and never to own himself defeated, until, he last breath is out of his body.〉

「次に余はすべてのスポート、とくにラグビーに関し、その精神的の方面に対し敢えて一言を試みんとするものなり。スポーツマンの精神とはこれを端的に言わば、醜法（恥ずべき方法）の勝ちよりもむしろ堂々の敗を選ぶに存す。儒道において重大視する礼楽（儒教で、社会の秩序を保ち、人心を感化する働きをするとして尊重）の礼は、これを通俗的に解釈すれば道徳概念を行為に移すときのやり方、すなわち方法にほかならず。ゆえに何事にも礼を欠くべからざるものなり（筆者の道徳とは示現〈Revelation〉、あるいは思索〈Meditation〉、あるいは数千年来の経験〈Empiricism〉により得たる人間行為の指導原理をいう）。したがってラグビーにもまたその礼なかるべからず。すなわちゼントルマンリーに行動することこれなり。ゼントルマンライクに行動するには、競技者各自においてゼントルマンとしての品位、品性を保つこと必要なり。品位の保持尊重は何事に在りても最も肝要なるものにして、ことにラグビー、もしくは柔、剣道のごとき男性的強烈なる競技にありては、いやしくもその品位を低落せしむる言行のごときは常にこれを慎み、俗にいわゆる「品の悪き」動作は断固としてこれを排斥すべきものなりとの覚悟なかるべからず。品位、品性の失墜はおおむね頽廃堕落を招来するものなり。

いやしくもラグビー競技は英国のパブリックスクールに起こり、その雰囲気中に醸成せるものなり。しかもパブリックスクールとは英国民中教養ある子弟を薫陶する機関にして、人格の陶冶向上に重点を置き、品位、品性を保つことに甚大なる注意を注げり。ゆえにこの環境に発達せるラグビーにゼントルマンリーとか、フェアプレーとか、またはスポーツマンライクということが欠くべからざる要素となりしはけだし偶然にあらざるなり（パブリックスクールではクリケット、ラグビーなどの競技を人格構成＝Character Makingの具として利用している)。

爾来（じらい）（そのとき以来）わがラグビー競技をなす各位はこの点を理解、重視せられ、余の見聞する範囲においては審判官に対し、いたずらに不平を鳴らし、あるいは些細のことに拘泥してみだりに扮擾（ふんじょう）（乱れもつれること）を来たすなどの事なかりしは、まことに余の欣快とするところなり。（遺稿から要旨抜粋）」

◆慶應ラグビー始祖のひとり

慶應義塾蹴球部がラグビーの渡来10年記念祭を祝って1909（明治42）年11月11日に『ラグビー式フットボール』を発刊しているが、その第1編総論第3章で「クラーク教授とともに忘れべからざるは同教授の学友にして剣橋（ケンブリッジ）大学に日本人プレヤーとして勇名さくさく（口々に言いはやすさま）たりし田中銀之助氏これなり。田中氏は熱心なる吾人の奨励者なりき。その初めフットボールはなおいまだ慶應義塾体育会に加えられずして出費の負担到底われら学生の耐えあたわざるときに当たりてや、氏はしばしばボールを吾人に恵まれて推奨はなはだ勉められたりき。いまなお対外試合あるごとにあるいは作戦上の注意、あるいはグラウンドにおけるタクチックについて精細なる忠告を吾人に与えられる。氏は実に32（明治）年以来日本におけるラグビーフットボールとは離れるべからざる関係を有し、その発達史を草する者必ずやその名を逸すべからざるなり」と、日本ラグビーの物心両面にわたっての恩人であることを強調。同様に1918（大正７）年度の主将だった塩川潤一も「塾のラグビーフットボールの生みの親、ラグビースピリットを活きたまま直接われわれに植えつけ下さった恩人として、尊敬し、同氏の言行ともにわれわれの模範として崇めております」と田中銀之助に感謝の言葉を残している。

◆熱烈な正義の士であり慈父でもあった

史実が伝える〈田中銀之助像〉の側面に慈父のやさしさがある。「豪壮な麻布の私邸に招かれ、お茶を御馳走になったが、よくフェアプレーの精神や、ラグビー選手としてのゼントルマンシップを諄々と説かれた」（田辺九万三）。英国仕込みの紳士だった反面、若い普通部生を招いたときは、緊張でコチコチの少年たちの気持ちを解きほぐすべく、いろいろと気遣われるなど、やさしい慈父のような素顔に接することもたびたびあったという。

とにかく維新の豪商〈天下の糸平〉といわれた初代田中平八の令孫で、英国の名門ケンブリッジ大学に留学。同大学ではカレッジ（トリニティーホール）ラグビー選手という貴顕紳士である。猪熊隆三（明治36年卒業）が初めて麻布市兵衛町の田中邸を訪問したとき、田中はちょうど駐日英国大使館の晩餐会に招かれて出かけるところだったが、話が弾んでくると、タキシードの正装のままボールを持ち出してきてパスやキックの仕方から、はては絨毯の上に寝たり、転がったりの熱演ぶりだったとか。

また「乗馬のさっそうたる姿で、また２頭立ての馬車で綱町のグラウンドにやって来られたり、レフリーをされたりもした」というエピソードも残っている。

付記⑤：田中銀之助邸のあった〈麻布市兵衛町〉は現在の港区六本木３丁目７（下図参照）の一角にあたる。

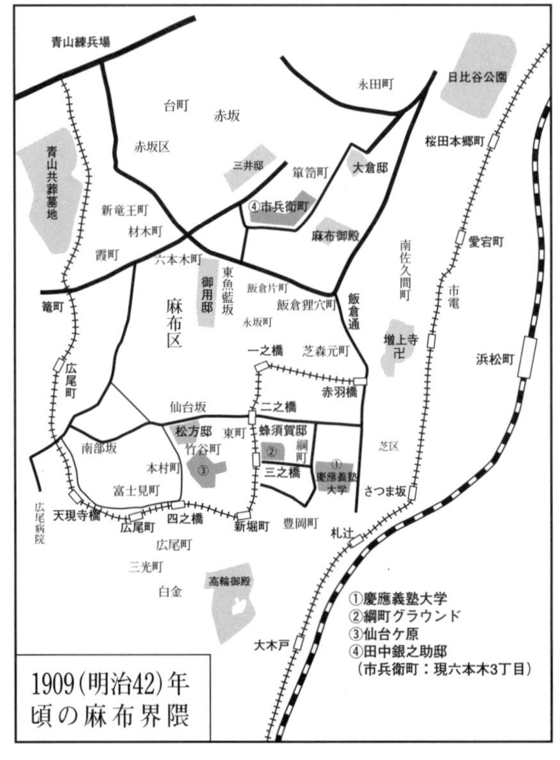

1909（明治42）年頃の麻布界隈

1900(明治33)年度 ◆エネルギー貯蔵の年◆

E・B・クラークのスポーツ談義に触発された三田の若者たちは勇壮で豪快なラグビーと称する新しいフットボールの虜になってしまった。当時の模様を語る古老の言葉を借りれば、フェアプレー、あるいはラグビースピリッツもさることながら「黒一色のスウェターに半ズボン。しかも赤革の編み上げ靴というモダンなスタイルがハイカラの総本山といわれていた慶應ボーイの心をがっちりつかんだ」となるが、主流を占めたのはバーバリアン・クラブに代表されるクラーク直系の第1期生たちだった。もちろん、まだ部員が少なかったこともあって、練習に出るのも自由なら、グラウンドに出ても集まった部員諸君の気分次第。ゲームを楽しんだり、キックをしたりの、しごくのんびりした2年目のラグビーライフだったというが、〈ハイカラ組〉、あるいは〈シャツ部員〉と呼ばれた一部の仲間たちはともかく、進取の気性に満ち満ちたタフガイたち本流の集団は密かに対外試合を念頭に着々と準備を進めていた。やがて迎えるであろう〈爆発〉のためのエネルギー貯蔵のシーズンでもあったといえる。

➲第2回パリ・オリンピックにオープン競技としてラグビーが初参加。

◆ラグビーフットボール・クラブの創設メンバー

E・B・クラークは書簡の中で「私はいまでも猪熊、佐野、海江田、吉武、松岡、深川(深沢の誤り)伊藤ら開拓時代の教え子たちと撮った写真を…」と創設メンバーらしき塾生の名前をあげている。確かにこの7人は広い意味ではパイオニアといっても間違いなさそうだが、より詳細、かつ正確にルーツを探っていくと、『蹴球部六十年史』掲載の「苦労の多かった創設当時」の中で安藤復蔵(1905年=明治38年卒業)が、あるいは松岡正男(「1899年度・発祥の年」参照)が慶應ラグビー発祥の経緯を3段階に分けて記述している(以下①~③は安藤の遺稿から要旨抜粋)。

①最初に〈ゼ・バーベリアンが〉
「山崎不二雄、松岡正男、伊藤重郎、濱田精蔵、猪熊(なぜか姓だけ)、鈴木四郎、小倉和一(小倉和市)、岡本謙三郎、同一之助(鈴木市之助とも考えられる)その他多数の有志で、ゼ・バーベリヤンの名称ではじまった」

付記①:松岡正男はこのバーバリアン・クラブをクラーク、田中の直系として慶應ラグビーの源流と位置づけている。松岡の記述には「クラーク教授室に呼ばれて当時ではすこぶる珍しい包弾投げに用いる弾丸(たま)を撫でたり、英国や豪州の運動競技界の話を聞くことは、誠に楽しいものであった」とあり、こうした記述からもクラークがラグビーを手ほどきするため最初に接触したグループはバーバリアン・クラブの面々と考えて間違いないようだ。

②ついで〈ラグビーフットボール・クラブを設立〉
「それへ敷島クラブという別の団隊が合同してラグビーフットボールクラブとなった。敷島の方には、海江田準一郎(平八郎に改名)、北田内蔵司、吉武吉雄、福永(福長永太郎の誤り)がいた」

付記②:松岡原稿によると、バーバリアンが直系なのに対して「敷島クラブはいずれかといえばその傍系」と断じており、歴史的なYC&ACとの第1戦に出場したメンバーを見ても、敷島からはわずかに平野一郎、海江田平八郎、吉武吉雄の3人(松岡原稿は平野ひとりとしているが）だけだった。両クラブが合体して「ラグビーフットボール・クラブ」が生まれた時期については定かでないが、いずれにしても敷島クラブが第２グループだったことを明快に示している。

③最後に〈蹴球部が誕生して体育会加盟へ〉

「これらに安藤復蔵、田宮弘太郎、太田真巳（太田貞己）,宮沢恒治、村瀬末一、菅谷隆良、高橋忠松、山田又司その他が加入して漸く形が整ったので伊藤、猪熊、山崎、松岡等が骨を折って体育会の一部となり蹴球部が出来上がった」

付記③：松岡の記述によると、1903（明治36）年の体育会加盟の際の蹴球部人事は「初代部長にクラーク、幹事に伊藤重郎（元バーバリアン）、北田内蔵司（元敷島）、海江田平八郎（元敷島）、吉武吉雄（元敷島）、松岡正男（元バーバリアン）」となっており、この段階ではいまでいう主将を置かず、幹事の合議制だったことがうかがえる。これを裏づけるのが次の安藤の記述「まだ形だけのもので内部的には完全なものではないので、寄宿舎に毎日のように山崎、松岡、安藤、田宮、太田、宮沢その他の有志が会合してようやく選手制度もでき上がり、山崎不二雄を、全員一致でキャプテンに推してまずまず蹴球部ができ上がったわけです」とある。

④結論

同好クラブとして1899（明治32）年秋に発足したラグビーのグループが発祥から４年後の1903（明治36）年に慶應義塾体育会の正式メンバーとして承認された。どちらの時点を日本ラグビーの原点と見るか、それぞれの立場で違ってくるのは当然といえば当然だが、ラグビーの母国、英国ではエリス少年のひとつのプレーをラグビーの起源としているように、慶應義塾蹴球部は明治、大正、昭和、平成と過去100年にわたって「1899年を歴史のはじまり」としてきた。明治の創始者から受け継いできたこの「事実」を覆す材料はわれわれの手元にない。１世紀を経たいま、蹴球部栄光の歴史は新しい世紀へと引き継がれていくことだろう。

なお、蹴球部は剣術（現剣道）、柔術（現柔道）、野球、端艇、弓術（現弓道）、水泳の各部に続いて７番目の競技団体として体育会加盟が承認された。

◆三田山上に新しい寮
（『慶應義塾学報』32号から要旨抜粋）

「義塾新寄宿舎は既報のごとく過般いよいよ新築落成し諸般の設備整頓したるをもって去月10日（1900年=明治33年９月10日）前後すなわち本学期（第２学期）はじめより生徒を収容することとなりしがそも…（中略）、今新寄宿舎構造の模様と舎規の一斑とを学報読者に紹介するに当たり一言を呈するものなり」

①建築の位地

旧幼稚舎全部（ただし教場のみはそのまま利用して事務室等にあてるはずなり）と岡本、笠原両氏の邸宅とを取り払いて得たる長さ１町20余間（144メートル余）幅20余間（36メートル余）の地にして東々南より西々北に向って延長し、あたかも三田台地に長城を築きたるの観をなせり。

②構造の概略

本舎は洋風木造２階建３棟にして東端を入口とし並行して立つ第１、第２の２棟は延長59間（106メートル）第３棟は西端に洗面所を設けあるをもって46間（82.8メートル）とす（付属の施設として大食堂、賄い、炊事場のほか、理髪所、浴室、倶楽部の棟が本舎の西側にあった）。

③舎内の体裁

（前略）階下は総計100室。１室定員４人として400人を収容する勘定なり。階上は寝室にして室の広さ階下の分の2倍大なれば総計50室なり。1室ごとに8個の寝台を2列に並列せり。(中略) 400人の多数より成るこの一小社会がつねに一致の運動を行い急速に事を報ずるには実に必要なる組織なり。しこうして新寄宿舎は建築上自然に6区に分かつに便利なるをもって仮に1寮より6寮間までの名を付す。1寮18室72人をもって一組とし (第6寮のみ10室40人) 組ごとに正、副ふたりの長を置き、これを寮長と言い、また室ごとに長を置き、これを室長と称す (以下略)。

④舎内生活の24時

四時 (四季と思われる) の変化昼夜の長短により、もちろん起床就寝の時間に多少の変化を要すといえども当時の時候 (9月) にありては起床を5時とす (中略)。(洗面、拭き掃除、朝食のあと8時までの約1時間半を予習にあて、8時から授業開始)。

昼飯の食堂は我寄宿舎の特色なり。塾長、教頭、教職員等ことごとく集りきたりて学生とともに食卓につき談笑の間に食事をなすこととなれり (オックスブリッジの学寮形式を彷彿とさせる)。

午後の学科はおもに体操一科なり (中略)。午後2時より晩餐に至る間を放課時間とす。この時間こそ学生らが一日の労を慰する最も楽しき時間にして野球 (ベースボール)、蹴鞠 (フートボール)、ロンテンス、大弓、柔道、撃剣、端艇等それぞれの遊技を試み… (以下略)。(夕飯=午後5時～6時、門限=6時、自習時間=6時半～8時半、消灯=点呼後の8時40分)

◆寮生活とスポーツ

慶應義塾でラグビーという英国伝来の目新しいスポーツが急速に広まっていった理由のひとつに塾生たちの寄宿舎生活があげられる。史実によると、当時は三田の山に6寮の寄宿舎があり、新入生は大学、普通部を問わずほとんど全員が入寮。ここでの生活が塾生たちをスポーツの世界へとのめり込ませていったようにうかがえる。この間の模様を草創時代の先輩、岡野豪夫 (元駿河銀行頭取) の「入学当時の思い出」の記がビビッドに伝えている。部創設から8年の歳月を経ているが、ここに引用させてもらった。

「私が沼津中学を卒えて塾の予科へ入学し、三田の寄宿舎に入ったのは、明治40年の4月であった。4寮の62番という部屋で、室長の岡崎惣太郎 (ボート、ラグビー)、鎌田政秋 (ボート、ラグビー) という人と3人。隣りの部屋には菅谷隆良、杉本貞一 (ともにボート、ラグビー) がいた。4寮は運動部の連中の合宿のような感がして、食堂に近い方に野球部の連中、遠い方にラグビー、ボートの連中がいた。(中略) いずれにしても私は何も知らずにこの寄宿舎に入れられたので、好むと好まざるとにかかわらず、ボートとラグビーをやらざるを得なかった (後略)」

このように往時の大先輩たちは寮生活を通じて学問の修得と同時にラグビーやテニスなどの外来スポーツと親しんだことが明確に伝わってくる。また別の先輩は同室の上級生から、「フェアプレーとラグビースピリッツの〈田中 (銀之助) イズム〉を徹底的に叩き込まれた」と伝えているが、明治から大正の初期

三田山上に新築された義塾寄宿舎 (明治33年)

にかけての先達たちのラグビー観は「ラグビーこそ紳士のスポーツ」だったようだ。

付記④：ラグビーという外来の新スポーツが慶應義塾に初めて導入され、絶えることなく日本に根づいていったわけだが、その理由のひとつに『日本ラグビー史』（日本ラグビー蹴球協会刊）は慶應義塾の経済的な潜在能力とともに「塾生が寄宿舎生活をしていたことである。あえて比較するならば、この条件こそ最優位に位するであろう。（中略）仲間を引き入れるにも、その脱落を防ぐにも非常に好都合な条件を備えていた。寄宿舎に入ったということだけが動機で、その生涯をラグビーに生き抜いた人の好例に田辺九万三がいるし、岡野豪夫、井上寧、横山通夫、大市信吉など、歴代のキャプテンがみなおなじ道を歩んだことを告白している」と論じており、日本ラグビー百年の礎を陰で支えた要因に三田山上の寄宿舎制度をあげている。

◆初期の練習グラウンド

慶應ラグビー創設の先輩たちが最初にボールを蹴り、スクラムを組んだグラウンドは仙台坂上（仙台坂下という意見もある）の広場だった。江戸の昔はここに仙台藩の屋敷があったところから、当時は仙台ケ原と呼ぶ原っぱだったという。選手たちは寄宿舎のある三田の山から二の橋の坂を下った先の仙台ケ原まで練習のため通っていたらしい。

なんでも三田の山にあったグラウンドは狭いうえ、野球部の専用で使用できなかったところから、蹴球部員は仙台ケ原まで通い練習を余儀なくされたとか。現在の麻布竹谷町あたりで、当時は一面の草っぱら。ラグビーを練習するには格好の場所だったようだ。1901年12月、YC&ACとの第1回対戦まで練習グラウンドは麻布仙台ケ原ということになる。

オリンピックとラグビー

ラグビーが近代オリンピックの実施種目だったことを知る人は少ないだろう。もちろんオープン競技としてだが、1900（明治33)年5月14日からはじまった第2回パリ大会にピエール・ド・クーベルタン男爵の誘いで、開催国のフランスにドイツと英国の3チームが参加。金メダルは意外にもドイツを27—17、英国を27—8で連破したフランスが獲得、ラグビーの母国、英国は最下位の3位だった。なお、1908年の第4回（ロンドン＝優勝は豪州)、1920年の第7回（アントワープ＝優勝は米国）と、1924年の第8回（2度目のパリ＝米国）と、その後もオリンピック種目として実施されたが、IOC（国際オリピック委員会）は1928年の第9回アムステルダム大会へのラグビーの参加を拒絶している。

◆創設時のジャージーとシューズ

明治のころから慶應義塾はハイカラの総本山といわれてきたが、ラガーマンの創設時の服装はいまのタイガージャージーではなく、ただの黒い長袖シャツに半ズボン。そして靴は編み上げ靴というスタイルだった。だぶだぶの立て襟のスウェター、普通のズボンをひざのところから切り取った半ズボン…。とても世間の目を奪うほどのものではなかったが、シューズだけはハイカラの言葉にふさわしいものだった。彼らが履いた赤革の専用靴（約4円）といえば紳士だけのもの。時代の先端を行くといわれていた野球選手さえ脚半に足袋、はだしのころといえばそのダンディぶりがどんなものだったかわかろうというものだ。

しかも立て襟のこのスウェター。練習兼試合用のほかにも使い道があった。当時の学生の間で冬になると着物の下にスウェターを着ることが流行し、おおいに重宝がられた。練習や試合ではだぶだぶしているためどこを掴んでも相手を捕まえたり、引き倒すのに好都合。とくに立っている襟は絶好の捕まえどころだったが、ふだんの生活では逆にまたとない防寒用として役立っていたわけだ。

◆ボールは貴重品

創設時のメンバーたちが仙台ケ原で初めて蹴った楕円のボールは田中銀之助寄贈のものだった。「ラグビー創設の当時、ボールはまったく貴重品であった。最初のうちは田中氏や横浜（YC&AC）からもらった古いボールで満足していなければならなかった。初めて横浜のレンクルフォード商会というところから新品１個を購い求めたときには、嬉しくって、嬉しくってその夜はボールを抱いて眠った」という松岡正男の懐旧談が六十年史に掲載されている。

レンクルフォード商会が取り扱っていたボールは「シルコック」社製だったが、そのボールについて田辺九万三は「ラグビーのボールは『シルコック』だけだとは思っていなかったが、少なくともこれは最もポピュラーなものであると考えていた。しかし英国へ行って驚いたことは国際試合、その他の著名な試合に使われているボールは『ギルバート製』のものが最も多く、ボール製造業者の広告にも『シルコック』は見当たらない。調べてみたらこの会社は靴と鞄を主として製造している会社であった。しかし、このボールは『ギルバート』に比べると円みがやや多く、いかにもふっくらとした型をしており、薄い紫がかった上品な色合いとともにいまも忘れることのできない親しみをもっている」と感想を述べている。とにかく当時の部費（年間）が160数円に対し、ボール１個が27～28円。新しいボールは試合か大会（塾内大会と思われる）用とし、ひとつのボールは半年から１年もたせたという。ちょうど終戦直後のボール事情を思い出させる話だ。

1901（明治34）年度 ◆日本ラグビー初試合◆

「1901（明治34）年12月７日」。慶應義塾にとっては歴史的な日となった。日本のスポーツ史上初のラグビー試合が慶應義塾とYC＆AC（Yokohama Country & Athletic Club＝横浜外人倶楽部）との間で行われた記念の年であり、一日である。東京は麻布仙台ケ原で楕円のボールを蹴りはじめて２年半。「しこうしてだんだん技術も上達してきたので当時唯一ラグビーをやっていた横浜外人倶楽部に試合を申し込もうということになったのである」と田辺九万三は日本ラグビーの第１歩を蹴球部六十年史に綴っている。

➲２月３日 福澤諭吉先生長逝。２月８日葬儀（墓地は品川区上大崎の常光寺内）。

◆日本ラグビー初の試合は国際交流

記念すべき日本国内でのラグビー第１戦を伝える資料は非常に少ない。クラーク書簡に同封されていた『Japan Gazette』紙の記事は試合の詳細を記した唯一の資料ともいえるが、問題は試合の開催日、あるいはスコアなど最も大事な点が、時事新報の報道や、後に発見された出場選手全員の記念写真裏面の記載事項とかなり食い違っている点。たとえば開催日ひとつをとっても『Japan Gazette』紙は「January 5、1901」の日付けで、本記の冒頭に「The Rugby match this afternoon…」と1901年1月5日を試合の開催日としており、時事新報のそれは「明治34（1901）年12月7日」。そして記念写真に記載の日付けは「1901年12月9日」とまったくの三者三様。ただいまとなってはいずれの表記が正鵠を射たものか、断定するよすがもないが、もしこれらの記述、そして六十年史に寄せられた諸先輩の寄稿、談話などから推測が許されるなら『Japan Gazette』紙の「1901年1月」説は論外。また記念写真の「1901年12月9日」説は撮影日とも考えられ、結局、時事新報明治34年12月8日付けの記事、「昨日（12月7日を指す）午後2時半より…」が最も自然のように思われるが…。ただ、こうした事実の食い違いはともかく、慶應義塾の「ラグビーフットボール・クラブ」が横浜在住の外国人チームを相手に、日本国内で初めて試合を行ったのは事実であるばかりか、ラグビー試合の第1戦が国際試合だった点に大きな意義がある。

◆歴史的な第1戦は完敗だったが（要旨は『Japan Gazette』紙から）

「FWの重量がものをいうラグビーではたとえゲームの進め方を理解していたとしても、体力そのものの不利を補えるかどうかは疑問のあるところだ。確かに彼ら（慶應）は 勇敢だったが、彼らより体の大きい相手に会心のタックルを決めることは不可能だった。まず装備が貧弱。彼らは普通の靴のままプレーしていたためグラウンドの随所で足を滑らせ、十二分に力を発揮できなかった」と総括。さらに前、後半の得点経過に続いて「このあと話し合いで、両チームを2分割する日英混合のチームを再編成のうえ試合を続けた」との記述で記事を締めくくっている。以下は『Japan Gazette』紙の試合経過。

●［試合経過］

キックオフ＝慶應

レフリー＝J.H.バスゲート氏

試合の得点表記は当時の得点方式による

［前半］

①開始早々 モスがトライ。スチュアートのコンバートは失敗。（Y：3　慶：0）

②続いてウイーラーがトライ。スチュアート再びゴールに失敗。（Y：3　慶：0）

③ドゥラムモンドがトライ。自らコンバートに成功。（Y：5　慶：0）

④ドゥラムモンドが再度トライ、ゴールを決める 。（Y：5　慶：0）

⑤キルビーがトライ。ドゥラムモンドのコンバートは成らず。（Y：3　慶：0）

⑥慶應が1トライ（塩田賢次郎）を返す。クラークのゴール成功 。（Y：0　慶：5）

前半；T：3、G：2＝（Y：19 慶：5）

［後半］

①ドゥラムモンドが3本目のトライ。スチュアートのゴール成功 。（Y：5　慶：0）

②ウイーラーがトライ。再びスチュアートがコンバートに成功 。（Y：5　慶：0）

③クロフォードがトライするもキックに対して反則のコール。（Y：3　慶：0）

④クロウがトライ。クロフォードのゴールキックはずれる。（Y：3　慶：0）

⑤オールコックがトライ。スチュアートのコンバートは失敗。（Y：3　慶：0）

⑥再びオールコッがトライしたが、スチュアートがゴール失敗。（Y：3　慶：0）

後半；T：4、G：2＝（Y：22　慶：0）

付記①：この時点での得点計算は1893（明治26）年にイングランドとウエールズが採用した「トライ＝3点」が適用されている。「トライ後のゴール＝5点」、「ペナルティーゴール＝3点」、「その他のゴール＝4点」は1891年の改正通り。IBもこの部分改正を承認している。したがって正確な得点表示は下記の通り。

最初の対ＹＣ＆ＡＣ戦メンバー		
MG	☆猪熊 隆三	（元上海塩務局役員）
	☆森　俊二郎	（後に五郎兵衛、近江帆布社長）
FW	山崎 不二雄	（海軍中主計）
	☆松岡 正男	（元毎日新聞社取締役）
	☆深沢 喜六	（後に阿藤、M41年10月死去）
	☆吉武 吉雄	（元東亜ペイント社長）
	福森 安一	（不明）
	小倉 和市	（元日本金属産業取締役）
	濱田 精蔵	（元西部瓦斯社長）
	鈴木 市之助	（元旭電化社長）
HB	田中 銀之助	（田中鉱業社長）
	☆海江田平八郎	（元貴族院議員）
TB	塩田 賢次郎	（仁尾塩田KK社長）
	鈴木 四郎	（後に倉知、元鐘淵紡績社長）
	平野 一郎	（不明）
	☆佐野 甚之助	（在インド：日本語・柔道教師）
FB	E・B・クラーク	（慶應義塾講師）

慶應	vs.	YC&AC
0	T	3
1	G	2
0	PG	0
0	DG	0
5	前	19
0	T	4
0	G	2
0	PG	0
0	DG	0
0	後	22
5	計	41

YC＆AC 41（4ゴール・7トライvs. 1ゴール）5 慶應義塾

付記②：蹴球部六十年史に掲載されている『Japan Gazette』紙はYC＆AC39（前半19—5、後半20—0）5慶應義塾、また蹴球部刊行の『ラ式フットボール』では35—5、さらに田辺九万三の遺稿では32（14—5、19—0）5と記述されている。

付記③：【得点方式の変遷】

⑴1871年度：ラグビー校の競技規則が適用された結果「得点はゴールだけ。トライは得点として計算されなかった」。

⑵1886年度：イングランド協会が初めて点数による得点方式を採用。その結果、「ゴール＝3点」、「トライ＝1点」。

⑶1891年度：IB（国際評議会）と4ユニオンが得点方式を改正。「トライ＝2点」、「トライ後のゴール＝5点」、「ペナルティーゴール＝3点」、「その他のゴール＝4点」。

⑷1893年度：イングランド、ウエールズ両協会が「トライによる得点を2点から3点」とする部分改正を行い、IBもこれを承認。

⑸1905年度：12年ぶりに得点方式の改正が次のように行われた。▼「トライ＝3点」▼「トライ後のゴール＝5点（トライを分けて加 算しない」。▼「ドロップゴール（マーク後のキック、またはPKを除く）＝4点」。▼「マークからのゴール、PG＝各3点」。

⑹1948年度：▼「ドロップ・ゴール＝3点（いままでの4点から減点）。

※終戦直後の日本ではDG＝4点の旧ルールだった。

付記④：☆はクラーク書簡に列記されている選手。ただその中で伊藤、深沢両選手は何らかの理由でYC＆ACとの第1戦メンバーからもれている。

◆日本ラグビーのトライ第1号は

日本のラグビー史を飾るトライ第1号はWTBの塩田賢次郎だったが、後にE・B・クラークがそのときの模様を日本ラグビー蹴球協会発行の機関誌『ラグビー』（第2巻8号）に寄せた「Random Note for Rugger-men」の文中でユーモアたっぷりに記述している。

「このプレーヤー（塩田を指す）はどうにかしてボールを得、敵のゴールポスト目がけて全速力で駈け出したのである。彼は仲々早い走者で、付近にいた敵を駈けぬけゴールラインまでの間にはフルバックだけが残っていた。彼はいまだかつてトライをスコアーしたことはなかったので、断然命にかけてもトライしようといわんばかりの剣幕でなおも走り続けた。フルバックは暫次接近するので、その正確なタックルを回避するにどうしたらいいかと気にしている中に直ぐ間近かく寄ってしまった。ついに捕らわれるか逃げおおせるかの瞬間、彼は『SOKO DOKE！　BAKAMONO！』と割れるような大声でしかりつけた。この思いがけない出方に外人側のフルバックは、度肝をぬかれ、かえって『誠にお邪魔を致しました』と言わんばかりに獅子奮迅の士を通してしまい、この奇抜な嘘でない小話の勇士は緩々(ゆるゆる)とゴールポストの間に安々とトライをあげた。このようなばかばかしい話があるのかと思う方もありましょうが、興奮しているときには人は突飛なことをしでかすものです」(日本ラグビー史から)。

歴史を彩るトライゲッター塩田については完全無視の『Japan Gazette』紙も、トライ後のコンバートを決めたクラークについては〈the Japanese scored one try、which was beautifully transformed into a goal by E. B. Clarke,…〉と賛辞を贈っている。言葉の問題もあったのだろう。また、横浜在住の外国人を読者対象とする英字新聞であれば、YC＆AC主役の記事作成は自然の成り行きだったのかもしれない。

付記⑤：【塩田賢次郎のプロフィール】

E・B・クラークの呼びかけに応じた蹴球部のルーツ「The Barbarian Club」のメンバーで、1899年の創始組のひとり。最初のYC＆AC戦が行われた明治34(1901)年発行の『慶應義塾学報』48号によると、体育会柔道部の進級試合に塩田の名前が見られるほか、大学部第４、第５学年主催の「京浜間長距離競走」にも大学４年生の松岡正男、伊藤重郎、深沢喜六、最上級生の５年生組として山崎不二雄ら草創期のラグビー仲間とともに塩田賢次郎も出場している。第１着は松岡で、時間は10時間48分。塩田が第２着（11時間１分）に入ったほか、伊藤が３着、深沢が４着とラグビー部員が上位を独占。山崎はやや遅れて８着だったが、成績はともかくラグビーという外来の新スポーツはじめ、いろんな競技に貪欲なまでに挑戦していく気概とスピリッツにはただただ驚嘆のほかはない。

付記⑥：山崎不二雄は上記の学報53号（明治35年６月発行）によると、1903（明治36）年４月卒業の塩田賢次郎とともに第５学年と明記されているが、塾員名簿（明治44年度版）では「1905（明治38）年卒業」となっており、学報と名簿の間に見られる２年のギャップを説明する史料がない。ただ山崎は卒業年度の1905年に蹴球部の初代主将だったほか、対YC＆AC戦に1901年の第１回から第２、第３回と３試合連続出場の数少ない主力メンバーのひとりでもあり、また慶應ラグビーのルーツといわれるクラーク、田中銀之助直系のバーバリアン組でもある。卒業後の職業が「海軍中主計」、住所が「清国旅順港警備艦赤城乗込」とある点から推測すると、たまたま卒業年度の1902年にはYC＆ACとの対戦がなかったところから、当時の「一年志願」制度を適用。軍務を１年経験したあと復学したとも考えられる。いずれにしても、安藤復蔵がバーバリアンの面々の筆頭に山崎をあげており、「フットボール部として基礎のでき上がったのは36、37年でとくに山崎、松岡の努力は充分に認めねばならぬ」と六十年史で山崎を高く評価している。草創時代を語る史料が薄い点から、ともすれば現存する記述は猪熊隆三、田辺九万三らに視点が置かれがちだが、創部100年を期に1899年のバーバリアン・クラブから蹴球部設立の４年間をグループの中心になってリードした山崎、松岡らの言葉と行動を掘り起こしていく努力が必要なのではないだろうか。

◆ラックの中で「セイ ヘルド」

YC＆ACとの第１戦で特筆すべき事項は、「ヘルド」という特異なルールがあったこと。とても現代では想像もつかないルールであり、田辺九万三も「いまから考えると、はたしてユニオン（イングランド協会）のルールであったかどうか、疑問を生じてくる」となかば疑問視しながらも「ヘルド」について下記のような文章を蹴球部六十年史に寄せている。

「『ヘルド』のルールとは、球を持ってチャージしてくる相手方をとらえたときには必ずとらえた方が『ヘルド』と大声で叫ばなければならない。そうするとレフリーは笛を吹いて、その場所でスクラムを命ずる。『ヘルド』と叫ばないとなかなか笛が吹かれないから相手方はずいぶんと暴れる。すると味方から『セイヘルド』なんて声がかかるという次第である。

もっともヘルドと言ってとらえても相手方が『ダウン』と叫んで球を放したら、とらえた方も手を放さなければならず、落とされた球はいったん足でプレーされねばならないのは今日の通りである。

この『ヘルド』のルールがあった結果は、いまから見ると、スクラムが非常に多く、ゲームは切断されがちであった。したがって初期の頃、外人との間の技術やセンスに格段の差があった時代でも得点の開きは30か40で止まったわけで、それは今日の100とか120とかに匹敵する得点差であったものと思われる」

付記⑦：「ヘルド」は英語の「held」と思われ、「ホールド＝hold」を過去形で用いたものと推測される。

付記⑧：この「ヘルド」は明治40年春の試合を最後に、今日のようなルールに改められた。

YC&AC（横浜カントリー&アスレチック・クラブ）

横浜在住の外国人が設立したスポーツクラブ。前身はスコットランドから来日した英国人の豪商ジェームス・P・モリソンが1868年（明治元年）に開いたYCC（横浜クリケットクラブ）となっている。後に陸上競技のクラブだったYACCと合併して現在のYC&ACが誕生。スポーツ全般を包含する組織に拡大するとともに、ラグビー、サッカー、野球など欧米からの外来スポーツを取り入れた慶應義塾をはじめ日本の大学チームとの交流を通じて明治初期のアマチュアスポーツの育成、発展に貢献した。とくに慶應義塾蹴球部にとっては1901年の第１回以来、明治、大正にわたって定期戦が組まれるなど、後発の日本チームが生まれるまでの唯一の対戦相手であり、忘れることのできない存在である。

◆「YOU EMPLOY JUDO（汝、柔道を用いよ）!!」

第１戦の慶應は『Japan Gazette』紙の記事によると、YC＆ACに４G、７Tの34点を奪われたことになるが、1907年に出版された慶應義塾蹴球部編纂（創部10周年記念出版）の『ラグビー式フットボール』は、状況描写とともに大敗の因を的確に指摘している。

「明治34年12月クラーク教授及び田中銀之助の援助により対外第１回試合は横浜公園のグラウンドに挙行されぬ。しかれどもわずか２カ年の練習をもってその血液の中に遺伝的にラグビーの存立する英人に敵すべからざるはいささかの疑いを容るべきところにあらず、刻一刻圧迫せられ悪戦苦闘もさらに施すに余地なかりき。クラーク教授励声叱咤して曰く『YOU EMPLOY JUDO（汝、柔道を用いよ）!』と。けだし第１回の選手はことごとく柔道家なりしなり。いまはむしろ球を見ずして人を見るのみ、球のいくところ柔道の野試合はこれに伴えり、六尺大の大男にもののの見事に投げを試むるの心地よさ!! されど味方は全体の統一を欠きキックもパッスもともに拙劣にしてほとんど見るに足るものなく、ついに35対５（時事新報のスコアと同じ）の大敗を見るに至れり。横浜アドヴァタイサ紙曰く『日本人はフットボールプレーヤーとしては重量に乏し、次回の試合までには大いにビーフステーキを食わざるべからず』と」。

ここで指摘されているパワー、サイズの問題は、現代の日本ラグビーにも当てはまる宿命的な懸案といえる。

◆英国では1900年が日本のゲーム第１号

イングランドの本拠地トゥィッケナム・スタジアムのラグビー博物館には「日本コーナー」があり、ここを訪れる多くの日本人観光客の目を引きつけているが、なかでも慶應義塾関係者の感動を誘うのが展示ケースに書かれた下記の解説である。

〈British people working in Yokohama and Kobe were the first to play rugby in Japan in the 1870s. The Japanese did not become interested in the game until 1899, when Ginnosuke Tanaka, who had been to Cambridge University, introduced the game at Keio University. <u>In 1900 KEIO played their first match</u> against a British resident's side.（以下略）〉

ところで、問題として取り上げたいのは上記の英文解説のアンダーラインの部分。

説明によると、英国では慶應義塾とYC&ACの第１戦が行われた年を1900（明治33）年と断定しており、有名な英国の『ギネスブック・ラグビー編（GUINNESS RUGBY THE RECORDS)』も同じように「Japan」の項で〈In 1900 Keio played their first match against Yokohama Country and Athletic Club (YC&AC)…〉と「1900年」説。われわれ慶應義塾蹴球部の「1901年」とは１年のずれが生じているが、先輩諸氏の記述、あるいは蹴球部六十年史など、もろもろの資料から「1900年」説は間違いと断ぜざるを得ない。

Japan Gazette（ジャパン・ガゼット）

日本最初の本格的な英語の日刊新聞といわれており、1867（慶応３年）年10月12日、横浜・本町通り88番で創刊された。初代の代表者はスコットランド生まれの著名なジャーナリスト、Ｊ.Ｒ.ブラック（1827～1880年）。横浜発行の競争紙、ジャパン・ヘラルド(1861～1914年),ジャパン・ウィークリー・メール（1890～1917年）とともに「日本の3大英字紙」と評された。３紙の中ではジャパン・ガゼットがもっとも長続きしたが、1923（大正12）年９月１日の関東大震災で決定的なダメージを受け、廃刊に追い込まれた。（横浜市発行の『市民グラフ・ヨコハマ』No.41から）

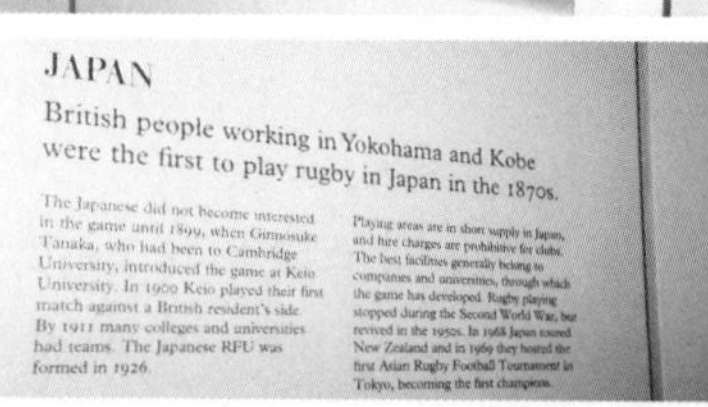

ラグビー博物館の日本コーナー。慶應対YC&AC戦を日本で最初の試合と説明している。

1902（明治35）年度◆体育会への意識変革期◆

意気盛んな「ラグビーフットボール・クラブ」のYC＆AC（横浜カントリー＆アスレチック・クラブ）への挑戦は見事なまでの完敗に終わった。チームを結成してわずか2年半。経験の差というか、ラグビーが日常生活の中にしっかり組み込まれている彼らとの違いを、体で思い知らされた初戦ではあったが、それでも三田の若者たちはこの大敗からしっかりと明日への糧となる無形の「何か」をつかんでいた。それまでの「倶楽部といったような気分」（田辺九万三）のフットボール集団に意識の面で大きな変化が起こりはじめたのだ。単に同好の士が集う過去からの脱皮に端を発した変革のうねりは、やがて組織化された本格的なラグビー集団結成への模索…と広がっていく。認識としては現在に至る蹴球部の骨格そのものが語り合われた最初の年ということになる。

◆改革への大きなうねり

『慶應義塾学報』32号（明治33年10月10日発行）に福澤諭吉先生の言葉として「能く学び能く遊び…」の一節がある。建学の精神を自由主義におく慶應義塾にふさわしい言葉であるが、ラグビー草創時代の先達たちはこの教えの通り、何事によらず自由闊達に生きていたようだ。しかし後輩の田辺九万三の考え方は少しばかり違っていた。

「一般競技の方はすこぶる自由であった」と、当時の風潮に触れたあと、記述は続いていく。「すなわちそれまではいずれかといえば単なる興味的であったのが著しく真剣味を加えてきたときであった。しかしこの趨勢裡にあっても競技の種目によって切り替える遅速はあった。ラグビーは残念ながら大分ゆったりとしていた。（中略）とにかく今まで愉安（とうあん）の眠りというか、のん気に球を蹴っていたラグビーはこの人たち*の参加によって惰眠を覚まされた」と手厳しい一文を六十年史に寄せている。

たしかに当時のクラブは、慶應義塾の中ではラグビーの同好会に過ぎない任意のグループ。大学当局が認める体育会所属の柔道部や端艇部が塾内大会を開催するなど、塾内外で活発な活動を展開しているのとはまったく比較の対象にもならない存在だったことが、先輩たちの遺稿からうかがえる。ただし、意識の切り替えは遅れていたかもしれないが、田辺自身も「著しく真剣味を加えてきたとき」と述べているように、草分けとなったバーバリアン、あるいは敷島クラブの先達たちが、ただ座して体育会各部の活動を見ていたとは思えない。前年のYC＆ACへの戦いでまず飛躍へのきっかけをつかみ、1年後には蹴球部を組織して体育会加盟を実現させている。手順を踏んで一歩、一歩階段を上がっていく手法は堅実そのものといえるだろう。

付記①：田辺の文中「この人たち*」とは、端艇部員を指す。東京帝大や東京高商の合理的な練習方法を取り入れていた端艇部員がオフの冬季に入るとラグビーをやりはじめ、それまでの柔道部員に代わって次第にラグビーの主流を形成するようになるが、その主役交代の分岐点となったのも、この年度あたりからと考えられる。

◆草創期はハイカラから蛮カラへ

慶應義塾蹴球部編の『ラグビー式フットボール』は第3章「日本におけるラグビーの歴史」の中で、「ハイカラ」と「ハイカラ逐（お）わる」の2つの項で「彼ら（ハイカラ学生）には新奇のものならざれば意に満たず、柔道も漕艇も彼らに対しては半分を価せず、クラーク教授一日（いちじつ）英文学教授の際、談たまたまラグビーに及ぶ、ときはきたれりハイカラ諸君はたちまち教授を戴いて練習を開始せり、練習といわんよりもむしろ新奇なる靴、新奇なるユニホームを作りて吾人にみせびらかせりというを適当と信ず、しかもこれ吾国における男子の遊戯ラグビーフツトボールの濫觴（ものごとのはじまり）なり」とハイカラ学生とラグビー発祥の関係に触れたあと、次に「ハイカラ逐わる」で「ハイカラはこの激烈なる練習に堪ゆべき者にあらず。（中略）蛮カラ入門以来練習はさらに猛烈を加えクラーク氏は喜色満面さらに溢れぬ。ハイカラのユニホーム破れ靴汚れ彼らは日一日その跡を絶つに至れり」とハイカラ学生から体育会系へと学生の質が変わっていった様子を描いている。

◆蛮カラ組はスポーツ万能

田辺九万三が六十年史に「この当時の運動の選手というものは当今のような専門的ではなかった。したがってラグビー選手の中には柔道部の重鎮もいれば端艇部のベテランもいたしもちろんラグビーしかやらない人もいた」と述べているように、ラグビー揺籃時代の基盤を築いた当時の先達たちは、わが国古来の武道はもとより、外来のスポーツに至るいろいろなスポーツの分野でも活躍したオールラウンド・プレーヤーの集団でもあった。

こうした傾向は明治年代の『慶應義塾学報』が詳しく報じている。たとえば学報46号（明治34年）によると、塾内大運動会の半マイル競走で福森安一が1等賞、北田内蔵司が2等賞を獲得。ほかに平野一郎、松岡正男、海江田平八郎、佐野甚之助、吉武吉雄、さらには岡崎惣太郎まで中年生の部に名を連ね、それぞれの出場種目での活躍ぶりが記録されている。また松岡正男、海江田平八郎、吉武吉雄は柔道部の主力選手。なかでも吉武は三高との柔道定期戦では４人抜きの大活躍を記録するなど、万能ぶりを発揮している。昭和27年に初めて来日したオックスフォード大学の選手たちはほとんどのメンバーがラグビーのほかにクリケットやボートなど英国伝統のスポーツの大学代表でもあった。スポーツの専門化の是非はともかく、古き良き時代の三田スポーツはアマチュアのスピリッツを体した学生スポーツとしては理想的な形を維持していたともいえる。

福澤諭吉は「まず獣身を成してのち人心を養う」として、教育の場でのスポーツを重視した。この写真は、蹴球部草創期に活躍した佐野甚之助のアルバムに遺された福澤最晩年の貴重な映像。三男・福澤三八の渡欧留学出発前の記念写真で、中央に福澤諭吉、右隣に三八、後列右より3人目に高橋誠一郎、4人目に四男・福澤大四郎、そして、前列右端に佐野甚之助（明治33年4月7日）。

1903（明治36）年度 ◆山崎不二雄①◆

慶應ラグビーが黎明の時代から揺籃の期へと進化、成長していくためのターニングポイントとなった年――。それがこの1903（明治36）年である。冒険とも思える過日の外国人チーム、YC&ACへの挑戦も結果は大敗に終わったものの、「現状打破のきっかけをつかむ」という点では成功をもたらした。時事新報はじめ『THE JAPAN WEEKLY MAIL』や『JAPAN GAZETTE』など内外の活字メディアが競って取り上げたことは「ラグビーフットボール・クラブ」の存在アピールという点で計り知れない効果をもたらしてくれた。目標としていた体育会への加盟がこの年度内に実現した背景を語るとき、安藤復蔵のいう「伊藤、猪熊、山崎、松岡等が骨を折った」努力を忘れることはできないが、同時に彼らが中心となって世間の耳目を奪った初の外国人チームとの試合が「実績」となったことも否定できない事実だろう。ある意味ではこの年度こそ慶應義塾体育会蹴球部の紀元元年といえる。

➲慶應義塾が三田綱町に専用の運動場用地を購入。

➲綱町運動場の開設とともに塾内ラグビーフットボール大会が初めて開催された。

◆蹴球部の誕生と体育会への参加

慶應ラグビー発祥の1899（明治32）年から1903（明治36）年までの揺籃の時代に先輩たちがどのような未来への青写真を描いていたのか。100年前の正確な全体像の再現はともかく安藤復蔵の遺稿（1900年度「◆ラグビーフットボール・クラブの創設メンバー」参照）が同好のクラブから蹴球部への転換の模様を次のように伝えている。

「ようやく形が整ったので伊藤、猪熊、山崎、松岡等が骨を折って体育会の一部となり蹴球部ができ上がった。しかし部となっても、まだ形だけのもので内部的には完全なものではないので、寄宿舎に毎日のように山崎、松岡、安藤、田宮、太田、宮沢その他の有志が会合してようやく選手制度もでき上がり、山崎不二雄を、全員一致でキャプテンに推してまずまず蹴球部ができ上がったわけです」（蹴球部六十年史から）。

わずか113字の短い記述だが、バーバリアン、敷島クラブ、そして安藤グループ（仮に）の３グループの大同団結に始まるその後の組織づくり（蹴球部の創設）に続いて７番目の遊戯部（学報の表現）として体育会への参加がようやく実現した。蹴球部が体育会から受け取った初年度の部費（年間）は80余円。ボール１個の値段が27〜28円の時代である。「組織維持の経費の大半を個人負担に頼らざるを得なかった」と安藤は記している。

◆選手制度と主将の選出

この年度になって初めて選手制度が確立されたことは上記の安藤原稿で明らかになったわけだが、それでも「部員が全部毎日競技し得るように仕組み、選手だけの運動部ではなかった。選手を平常から特別に養成するわけでなく必要のときにピックアップして、それが競技に行くわけで運動場を選手が専用するというような制度にはつねに反対してきた。したがって勝敗にこだわることなく運動そのものを楽しむというようにしていた。このことは初期の部員に代わって老生から今の若い人たちにとくにお願いする」と安藤復蔵は大学スポーツの原点を説いている。この草創時代の先人たちの精神は１世紀を経たいまも変わることなく現在の蹴球部員に受け継がれ、さらに21世紀へと引き継がれていくことだろう。

また蹴球部では松岡正男を慶應ラグビー創設の1899年から1901年の３代にまたがる主将としてきたが、現存する史料の分析などから、仮にある時期の主将就任があったとしても、六十年史が示す「松岡の主将３代説」が必ずしも絶対的のものでないことが、下記の点から指摘できる。

①令嬢の松岡洋子が「父のラグビー帽」と題して蹴球部六十年史に随想を寄せているが、その中で「父は福澤先生の自由主義を十分に吸収した。先生から直接指導を受けただけに、なお印象深かったのだろう。『天は人の上に人を作らず、人の下に人を作らず』とは私が小学校の頃から聞かされた言葉である。そして父はその思想を家庭の中でも実践しようとした」と記しているが、この令嬢の記述から浮かんでくる松岡の人間像は「主将」説より、複数の幹事による合議制の中での「幹事」説に、より真実味が感じられる。

②1901年12月７日の対YC＆AC戦の前後に撮影（日時不明）された集合写真に見る疑問が第１点。蹴球部というより広く内外ラグビー界の常識では主将を最前列中央に配して撮影するのが慣例だが、その位置にいて「1901」と年度を白く大書したボールを手にして写っている人物は写真裏面の説明によると松岡ではなく、まったく別人の「平野一郎」。ということは少なくとも対YC＆AC第１戦に関する限り慶應義塾側のリーダー（主将）は松岡以外の人物と考えることの方がより自然のように思われるが。

③第１回YC＆AC戦の時点での松岡は本科（理財科）第３学年。松岡自身が猪熊隆三、鈴木市之助ら１年上級の選手名をあげながら「わたしはこれ等の古い仲間ではむしろ新しい方で…」と、当時のチーム内での立場を明快に語っている（百年史冒頭の「1899年度・◆松岡正男が語る草創の頃」参照）ように、松岡がバーバリアン、敷島との合体で生まれた「ラグビーフットボール・クラブ」時代を通して３年の長期間、主将の座を占めるケースは可能性からいえば極めて薄い。

松岡正男（中央・明治37年7月）

④1901年のYC＆AC戦当時はまだ同好クラブの時代。蹴球部六十年史に田辺九万三が「当時、キャプテンは試合ごとに決めたらしい」とメモ書きを残しているが、このことから推測しても蹴球部成立以前のクラブ時代の主役は、直接ゲームとは関係のないグループの運営、管理全般を仕切るマネージャーの猪熊隆三、森俊二郎が務め、試合ではいまでいう「ゲーム・キャプテン制」をとっていたと考えれば慶應ラグビーがその発祥から４年後の1903年度に山崎不二雄を初めて蹴球部の正式な初代キャプテンとした謎とともに、過去３年続いたクラブ時代の主将問題についての疑問も自ずと解けてくる。

付記①：松岡正男が慶應ラグビーの創設から蹴球部へと転換していく過程で、どのような役割を担っていたのか。六十年史の記述、情報が断片的でいまひとつはっきりしないが、主将という肩書云々はともかく、バーバリアンにはじまるラグビーフットボール・クラブの結成、そして念願の蹴球部へ…と着実に階段を上がっていったその節目、節目で、安藤復蔵、山崎不二雄らとともに中心的な存在だったことは確かなようだ。安藤は「苦労の多かった創設当時」のエッセーで貴重な話を残しているが、その点、卒業後はジャーナリストの道を選び、頂点（時事新報社長）まで極めた松岡の原稿が母校の蹴球部六十年史になく、わずかに日本ラグビー蹴球協会副会長時代の「回想」が目にとまるだけというのも不思議議のひとつ。なぜ慶應義塾、あるいはラグビー発祥時についての記述を残していないのか。松岡といえばわざわざ米国から金メダルを幼年組の年間優秀選手に贈り続けたり、帰国後はKR＆AC（神戸外国人クラブ）と母校の定期戦実現に骨を折ったり、記者生活のかたわら寄宿舎の舎監まで買ってでるなど、正論派のリーダーとして、また後輩思いとしての松岡像がデッサンされているだけに松岡に関する史料の発掘が今後の課題といえる。

◆慶應義塾が綱町に新運動場を（慶應義塾百年史、学報から）

慶應義塾が三田綱町に運動場としての用地を確保したのは1903年の12月も押し詰まった29日だった。三田山上の寄宿舎から坂を下ったすぐ右側の広大な蜂須賀侯爵の屋敷。その南側3874坪58合（約12786㎡）の土地が待望の新しいグラウンドとして塾生たちの前にお目見得した。恩恵をこうむったのはボートを除く体育会所属の寮生たち。なかでも仙台ケ原や日比谷公園の砂利の広場を練習場にしていた蹴球部には最大の贈り物となったばかりか、午後２時から晩餐（午後５時～６時）までの３時間をたっぷり練習にさける時間的な余裕はなにものにも変え難い喜びだったようだ。

ただし、そのような綱町のグラウンドにも悩みはあった。野球部との共同使用が義務づけられていたため「春から秋は野球部が主として使い、ラグビーは11月から」(田辺九万三)といった使用期間の調整問題である。ときには芝園橋付近の空き地やまたまた日比谷公園まで遠出しての練習再開といった不便がついて回ったという。しかし、それでも明治から大正にかけてのOBにとって「綱町」の２字は青春時代の象徴でもあった。大正11年の第１回早慶戦のメンバーでもあった清水吉夫が蹴球部六十年史にその熱い思いを綴っている。「綱町のグラウンドと山の上の体育会ホールには限りない郷愁をさえ感じます。蜂須賀邸のこんもりと茂った森、相撲場、器械体操場、金網に囲まれた道場、古川を隔てて麻布の町を通る市電の音、そうして石ころのグラウンドでよく手足をすりむいたものです（後略）」

開設当時の綱町運動場

蹴球部を育て、幾多の名手を育んだ綱町グラウンドには先人たちの流した血と汗が染み込んでいる。

◆慶應ラグビーと黒黄

このシーズンは慶應ラグビーにとって多くの象徴的な出来事が重なった。そのひとつが黒と黄色のタイガージャージーである。発案者は1907（明治40）年卒業の岡本謙三郎。蹴球部に語り継がれてきた「伝説」では「米国のプリンストン大学のカレッジカラーであるタイガーをそのまま取り入れ、蹴球部の発足とともにジャージーの原型とした。この黄色はプリンストンイエローといってオレンジ色に近い赤みががった独特のもの」となるが、岡本とプリンストンの接点については何も語られていない。

それはともかく米国のさる服飾評論家の説によると「ストライプの幅は北半球が２インチ（５㎝）、南半球のそれは４インチ（約10cm）」だそうだが、いつの頃からか、戦後のタイガージャージーも北半球のスタイルからストライプの幅が広い南半球型に変わったようだ。若いOB諸君に意見を求めると「幅の広い方がかっこいいし、強く見えるでしょう」という返事が返ってきた。そういえば黒一色から黒黄のジャージーにデザインが変わったとたん、蹴球部への入部希望者が倍増。彼らを「シャツ部員」と呼んだとか。昔も今も変わらぬ塾生気質を伝える楽しい話ではある。

◆YC＆ACへタイガー２度目の挑戦

蹴球部六十年史の記録編には第２回（1902年＝明治35年）、第３回（1903年＝明治36年）と２年連続して対YC＆AC戦が空白になっている。いまからちょうど40年前のこと。年史編纂担当者の調査にもかかわらず、この２年間の記録のかけらさえ見い出せなかった。だが、田辺九万三はただひとり「前号に掲げてあった選手の写真（どの写真を指しているのか不明）は1903年すなわち明治36年卒業の選手を囲んだ記念のものであり、1904年度のものもあることから推定して35年にも36年にも試合があったと推定される」とまで言い切っている。そしてこの田辺予言の後半は見事に的中した。

1903年12月5日。山崎不二雄キャプテン率いる慶應ラグビーが蹴球部となって初めてYC＆ACに挑戦していたのだ。慶應義塾蹴球部にとってはまたとない朗報となったこの貴重な情報の発掘者は、ラグビージャーナリストの秋山陽一氏。洋の東西を問わずラグビーの記録収集にかけてはまさに当代随一といわれる人物でもある。以下は『Japan Weekly Mail』（1903・Dec. 12）の紙面から。

◆２年ぶりの対YC＆AC戦も完敗

●［後記］

「慶應義塾が２年ぶりにYC＆ACへの挑戦のため横浜に遠征してきたが、２度目の対戦も完敗に終わった。学生たちは確かに勝運から見放されはしたが、プレーの上では誤りはなかった。試合運びはもとより、複雑なルールも細かいところまで正確に理解していたが、惜しいことに重量、強さ、スピードに欠けており、これらの不利な条件を十分に認識する必要がある。それにしても学生たちの根気強いプレーと勇気は観客たちを熱狂させ、ラグビーに対する知識はYC＆ACの選手たちの称賛の的となった。前半を終わってYC＆ACが３ゴール、２トライ、慶應義塾は０点。試合終了時のスコアはYC＆ACの７ゴール、３トライ（44―０）だった。なお、シーズン終了前に再度の対戦を実現することを希望する」（『Japan Weekly Mail』1903・Dec. 12　の紙面から抜粋）

上記の再戦希望は翌1904年２月10日（土）

●慶應義塾0（0－3G・2T：0－4G・1T）44YC＆AC○

慶應義塾	vs.	YC&AC
S.Ogawa（小川仙二）	FW	W.S.Moss
T.Hattori（服部為二郎）		F.W.R.Ward
M.Hattori（M.服部）		F.Pollard
M.Yamada（山田又司）		W.J.White
S.Sano（佐野甚之助）		W.B.White
Y.Yoshitake（吉武吉雄）		A.Kingdon
C.Kuroye（C.黒江）		W.J.Waddilove
K.Kawasaki（K.川崎）		R.C.Bowden
Y.Ogura（小倉和市）	HB	J.E.Moss
H.Kaieda（海江田平八郎）		H.E.Hayward
F.Yamasaki（山崎不二雄）	TB	A.N.Other
M.Matuoka（松岡正男）		B.C.Foster
S.Hamada（濱田精蔵）		E.W.Kilby
K.Okamoto（岡本謙三郎）		J.Cartwright
Y.Kita（喜多米八）	FB	K.van R.Smith
F.Takiki（?）		

付記②：メンバー表は『J.W.M.』の表記を再現したが、（　）内は当編纂委員会で補完した。ただしメンバー中の両服部、黒江、川崎の4人と『Takiki』については未確認。また、ポジション表記で$\frac{1}{2}$をTB、$\frac{1}{4}$をHBとしているが、これは誤りのため、現行通りの呼称を採用した。

に実現したが、この年度内2度目の対戦は練習試合的なものだったようだ。1904年2月27日付け『Japan Weekly Mail』も「横浜のグラウンドで行われ、YC＆ACが再び大勝。ルールに精通しているのは確かだが、彼らには“beef”が不足している」と、わずか10行の短い記事。スコアやメンバーの名前すら省略という扱いだった。

◆綱町の新運動場で初の塾内ラグビー大会

「慶應義塾ラグビーフットボール大会は既報のごとく昨日（1904年＝明治37年1月29日）午後3時より同塾綱町運動場において催されたるが、当日は前日と打って変わり朝来朗かなる日和なりし上に、吾国にては珍らしき遊戯なることとて来賓をはじめ見物人すこぶる多く非常の盛会なりき。（中略）かくて試合は前記の時刻において審判官田中銀之助氏の一令の下に開かれぬ、その第1回は15人の競技者紅白の両組に別れ、そのひとりが球を持ち走れば他はそれと連絡を取りながら互いに勝負を争うさまは蟻の獲物を取り合うにも似て面白くもまた中々に勇ましく、奮戦45分にて白組の勝利に帰す。第2回はいずれも斯道の選手なるだけに試合は前回よりもすこぶる壮観を極め相手の声止みも切らざりし、ことに白組の片岡、海江田、佐野、太田、紅組の吉武、濱田、山崎等の諸氏の働きは人をして思わず快哉！　を叫ばしめ約1時間にわたる全戦をなしたるがこれまた白の勝ちにて、会を了りたるは5時頃なりし（時事新報明治37年1月30日付け紙面から＝要旨抜粋）」

1904（明治37）年度 ◆山崎不二雄②◆

蹴球部が体育会のメンバーとなって2年目。名称はもとより組織的にも大きく変貌をとげつつあった蹴球部の体質が、このシーズンを境に一変した。名実ともに三田スポーツの仲間入りをしたといってもいいだろう。きっかけの第1点は三田綱町に慶應義塾の専用運動場が完成したことであり、またYC&ACとの交流が本格化したことが第2点としてあげられる。綱町の新運動場は蹴球部員にラグビーという新しいスポーツに接する、より長い時間をもたらし、YC&ACとの対外試合はゲームを通じてスポーツを「エンジョイ」することを教えてくれた。蹴球部の主力がそれまでの柔道マンからボートマンへと比率的に変化をみせたのもこのシーズンからといえる。

➡蹴球部に幼年組が誕生。

◆蹴球部員の構成に変化

慶應ラグビーがその発祥時の「バーバリアン・クラブ」から体育会蹴球部にたどり着くまで4年の歳月を費やしているが、時間的には短くてもその間に集まり散じた部員は多彩でユニーク。それぞれの年度がかかえるチームの特性、あるいは背景を人的構成に映しながら微妙に変化していった様子を田辺九万三の遺稿（六十年史掲載）は詳細に綴っている。
「初期のラグビー部員は他の種目をやっている運動家と相手が外人なので英語を話す機会が多かろうというところに注目した篤志家、スマートな服装に引きつけられたハイカラ連中という風であったといわれているが競技の性質上腕力がある、相手を投げ倒すのに自信と興味を持った柔道部の人達が多かったことは当然であった。しかし運動競技が一般に発展進歩するとともに柔道の人達はだんだんと道場から出なくなってそれに代わって端艇部の人達が多くなってきた。（中略）野球、庭球は随時試合があったし、日本古来の武道である三部はそれぞれ有給の師範がいて武道の精神に則り寒暑を分かたぬ鍛練であることを高唱しはじめたのでその練習は著しく真剣となり、野球選手の庭球兼業も止めてしまった。（中略）端艇の方はこれより先に帝大、高商の人々によって秩序あり効果的な練習方法が研究され、慶應もまたこれに追随して規律ある練習振りに終わらされていった。その頃の慶應の端艇は初秋のレースに備えて春から練習を開始するのでラグビーとはシーズンが違っていた関係から両方の種目をやる選手が多かった。とにかくいままで偸安の眠りというか、のん気に球を蹴っていたラグビーはこの人たちの参加によって惰眠を覚まされた。しこうして練習の方法に画期的な変化をもたらしたからである」

語学志向派とハイカラ族から柔道マン、そしてオアーズマン……と蹴球部の中心勢力は移り変わっていったわけだが、1917（大正6）年度主将の脇肇によると「大正の10年頃まではラグビーの選手の中で一番多かったのはボートの選手であった。われわれもボートと両棲動物だったけれども、ぼくらの先輩の去年（1955年＝昭和30年6月12日）亡くなった田辺九万三氏なんかもボートと両棲、大半が端艇部と蹴球の両棲だった」そうだ。

◆幼年組の誕生

体育会蹴球部となって2年目のこのシーズン、「幼年組」という部内組織が生まれた。誕生の年度については「明治38年頃」とする田

明治40年頃の幼年組

辺九万三説と、六十年史年表が伝える「明治37年」の2説がある。いまのところどちらの説が正しいかは設立についての史料に欠けるため断定できない。だが「強いて」となれば明治37年1月の綱町運動場開設とともに実施された塾内ラグビー大会の第1回大会から幼年生の試合が行われていることを念頭に推測すると「37年説」により真実味が感じられる。ただし設立年はともかく幼年組を発足させた趣旨、目的については田辺九万三リポートが詳しく述べている。

◆幼年組設立についての田辺リポート（蹴球部六十年史から）

「明治38年の頃から慶應蹴球部の幹事たちの間に後継者育成の問題が取り上げられ、その一歩としてときの幹事櫛山次郎氏（1908年＝明治41年卒業）が担当者となって幼年組の結成が実現された。幼年組は普通部の4年生あたりを最長年令として主として2、3年生で構成されていた。このことは当時としては、中々遠大の計画であった。2年生や3年生が一人前の選手となるまでには、相当の年数がかかる気の永い話だと評するものもあったけれども、これは永い目で見ると非常な成功であった。これらの人たちは無論幼年組同士のゲームが主ではあるけれども、当時のように部員が少なかった頃のことであるから練習は勢い大学生との混合ゲームが多かった。その結果として技倆の上達も速かったが、上級生でもグラウンドに出れば対等だ。遠慮も畏れも要らないといった不敵な魂が養われたのである。後年三高、同志社をはじめとして各大学にラグビーが創設されたときに慶應が永い期間不敗の誇りを保ち得たことは、こういうふてぶてしい気魄を持った仔飼（子飼い）のプレヤーが多かったからだともいうことは、慶應と戦われた各校の先輩諸氏のご承知のところであろう」（後略）。

◆慶應ラグビーと塾内大会

慶應義塾では1886（明治19）年に塾内大運動会がはじめて大学当局の主導で開かれ、1892（明治25）年に体育会が創設されてからは、春秋２回の運動会、水上大会が毎年の恒例行事となったほか、福澤諭吉の「まず獣身を成してのち人心を養う」という建学の方針に沿った柔道部や端艇部主催の塾内大会が開催されていた。この年１月に初めてラグビーの塾内大会が三田綱町の新運動場で行われたのも、こうした慶應義塾の基本政策に則ったもの。後に日本ラグビー蹴球協会の手で発刊された『日本ラグビー史』は塾内大会の意義を次のように評価している。「慶應ラグビーのあり方は、主眼が塾内のクラブ対抗やクラス対抗、またはとりどりの紅白試合によって、その命脈を保った」と記述するとともに「このようなあり方こそ、英国ラグビーのあり方の理想型を追っていたものであり、これを今日の学校生活に照合しても、理想はむしろ当時のようでありたいとさえいえるのである。すなわちケンブリッジ大学あたりでは、各カレッジの学生は、全員が学業のほかにラグビーやクリケットを校庭で楽しみ、対外的に選手というものが必要な場合はじめてその中からカレッジの選手が選び出され、さらにカレッジの選手の中からバーシチーの選手が選出され、この選抜チームがオックスフォード大学との試合などに出場することになるのである。初期の慶應の場合はちょうどそれに似た形であったので、お互いがラグビーを楽しんでいたのであった」

◆YC＆AC戦は４連敗

(THE JAPAN WEEKLY MAIL：Dec. 17、1904から)

昨年に続いてYC＆ACと慶應義塾の４回目の対戦が12月８日午後、横浜公園で行われ、１G、４トライをあげたYC＆ACが17―０のスコアで慶應に４連勝した（第３戦は２月20日に行われたが詳細は不明)。

この日のYC＆ACは２ndＸＶだった。得点だけを見ればYC＆ACのワンサイドに終わったが、内容的には好ゲームだった。この日の横浜は身を切るような冷たい風が吹きつけ、鉛色をした空からは時折り小雪が舞う厳しいコンディションにもかかわらず、慶應の勇敢なプレーが女性を含む人観衆を魅了した。

遠来の慶應は昨年のチームより体力的に上回っているように見えたが、やはりまだ「ビーフ」が足りないようだ。前年と同じように気骨にあふれたプレーで戦ったが、得点をあげることができなかった。もっとも前半の慶應は一度ならず二度までも得点のチャンスをつかみながら最後の瞬間に押し戻された。彼

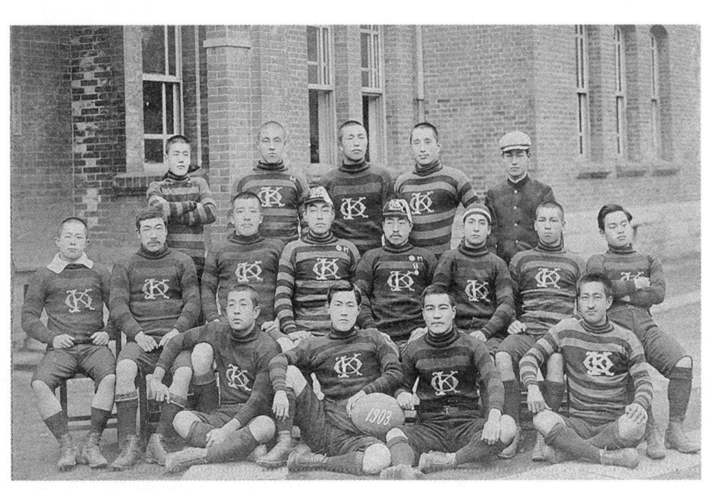

卒業生を送る記念写真（明治37年4月撮影）。前列右より、山崎不二雄、喜多米八、岡本謙三郎、濱田精蔵。中列右より、小倉和市、（不明）、海江田平八郎、松岡正男、伊藤重郎、吉武吉男、佐野甚之助、黒江潮。後列右より、北田内蔵司、（不明）、（不明）、山田又司、田宮弘太郎。（佐野甚之助アルバムより）

らのパスは巧妙で、ときにみせる鋭いプレーはなかなかよかったが、なかでも岡崎、吉武、山崎、そして田宮はすばらしかった。

●第4回慶應義塾対YC＆AC戦（YC＆AC4勝）

▽1904年12月8日
▽キックオフ＝不明
▽グラウンド＝横浜公園
▽レフリー＝Dr. ムーン・R.N.氏
【得点者】
（1stH）T：H.W. Kilby　1
W. Graham　1
T＆G：B.C. Foster
（2ndH）T：W.H. Ferrier　2

慶應義塾	vs.	YC&AC・2nd XV
服部為二郎（—）	FW	A.W.S.Austen
太田貞己（本3）		A.Hills
大塚善吉（本2）		D.Lloyd
山崎不二雄（本5=主将）		E.J.Moss
吉武吉雄（本2）		S.W.Argent
安藤復蔵（本5）		F.G.Correa
宮沢恒治（普5）		A.E.Cooper
小倉和市（本4）		W.Graham
岡崎惣太郎（—）	HB	T.W.Kilby
田宮弘太郎（本5）		H.J.Heatne
佐野甚之助（本5）	TB	L.D.Tebb
濱田精蔵（本5）		W.H.Ferrier
海江田平八郎（本4）		H.W.Kilby（Cap.）
小川仙二（本2）		B.C.Foster
喜多米八（—）	FB	W.Goddard
※（—）は学年不明		

慶應	vs.	YC&AC
0	T	2
0	G	1
0	P	0
0	前	11
0	T	2
0	G	0
0	P	0
0	後	6
0	計	17

◆塾内ラグビー大会が春秋2回の開催に
（時事新報：明治37年11月21日付け）

慶應義塾体育会ラグビーフットボール大会は記事のごとく一昨日行われたり、19日午後1時より綱町の運動場において催されたり、初めまず海江田氏の審判の下に幼年生2組の競技があり、紅黄の敵味方に分かれ、幼年としては思いのほか勇敢に争いしが3点にて黄組の勝ちとなり、第2回は同じく幼年組に少時勇を鼓して戦いしも勝負なしに了り、2時40分頃当日の選手競技に移り、田中氏審判官にて双方共に秘術を尽くして競いたる様中々勇しかりしが、3点に対し11点にて勝ち紅組の得るところとなり日没頃無事散会せり。

来観者多くすこぶる盛会なり、前記選手次のごとし。

▽1904年11月19日

○紅組　11－3　黄組●		
菅　谷	FW	黒　江
志　摩		井　上
神　合		大　野
山　本		吉　武
山　崎		清　水
大　塚		楠　山
安　藤		橋　本
太　田		竹　野
北　田	HB	小　倉
田　宮		岡　崎
宮　川	TB	服　部
北　野		鈴　木
小　川		海江田
加　納		濱　田
喜　多	FB	村　瀬

◆貧乏世帯のやり繰り上手

蹴球部としての組織が整うとともに、塾内大会の開催、あるいはYC＆ACとの対外試合の定期戦化など活動範囲は急ピッチで広がっていったが、問題は部の財政だった。「初期には何もかも自弁で選手が試合に行くにも皆自腹を切ったものだ。神戸行（1908年2月に神戸のKR＆AC※と定期戦開設）でもすべて自弁でつねに金の問題で苦労した」と、前置きしながら安藤復蔵は六十年史に当時の苦しかった台所事情を記している。「体育会に入っても36年には80余円、37年には200円余り、それから少しずつ増加したのだから、ボールひとつ買うにも相当苦労した。それがため器具材料はまったくお話にならず、35年まではただ1個のボールを大事に使っていたようなわけで、36年にようやく四つになり、37年の末頃になってようやく英国製のボールを2個ほど買い入れゴールポストも竹竿は止めて、手製の丸太のものを作り老生（塾員名簿によると洋画家）が、ペンキを塗って造り上げたような次第だ。一事が万事で初期のラグビー部は貧乏世帯のくり廻しに大骨を折った。幸い村瀬末一、太田貞己の両氏がいて算盤が確かなので大いに助かった」と。

付記①：明治30年代の生活水準を調べると、国民一人あたりの名目所得は年41円90銭。たとえばこれを慶應義塾の選手たちがYC＆ACとの試合で利用した鉄道の新橋⇔横浜間の運賃と比較すると、明治34年で1等＝往復1円62銭（片道81銭）、2等＝94銭（47銭）、3等＝54銭（27銭）。明治38年では1等＝1円80銭（90銭）、2等＝1円6銭（53銭）、3等＝60銭（30銭）となる。また薩摩ガ原（三田）→日比谷公園までの市電の運賃が片道4銭。それでも「往復乗るのはぜいたくなので、練習が終わって三田の寄宿舎に帰るときは走ったり、歩いたものだ」と田辺九万三は六十年史の中で述懐している。とにかく米1升が17銭、みそ1貫目が28銭、木炭1俵が37銭の時代。学生の身分でラグビーをエンジョイするための経費は、ボール、ジャージーから遠征のための運賃まですべて個人負担だったとか。往時の先達たちの経済面での苦労が偲ばれる。

◆時代的背景と慶應義塾

『日本ラグビー史』（日本ラグビー蹴球協会刊）は「時代的背景」の項でラグビーが慶應義塾に定着した理由として、第1に「人」をあげたあと、「当時の時代的背景というものを見渡し、その中に浮かぶ慶應という学校の特殊性をとらえてみると、なるほど慶應ならでは、この時代におけるラグビーの日本への定着はあり得なかったであろうことが理解できる」としたうえで、慶應義塾の特殊性についてユニークな論を展開している。要するに「明治32年といえばちょうど日清、日露の戦役にはさまれた中間の時代。開国以来の文明開化の潮流が一段と高まり、あらゆる生活習慣に欧米スタイルが取り入れられた時代でもあり、その点ではスポーツも例外ではなかったが、衣食住の生活文化と違って日本の社会事情はまだまだ集団的に戸外の娯楽を楽しむほど施設とゆとりを持ちあわせていなかった。そうした風土の中で唯一の例外は「学校」だったわけだが、学校であることだけでは条件が整わない。ことにラグビーのような比較的経費を要するスポーツを取り入れるためには、ある程度の経済的基礎がなくてはならない。慶應義塾は、この点で他のどこの学校にもすぐれていたようだ」（要旨抜粋）というのだ。ひとつの見方ではある。

1905（明治38）年度 ◆小川仙二①◆

この年度最大のニュースはYC＆AC戦の東京開催が初めて実現したことだ。それまでの慶應は横浜に出向いてYC＆ACの胸を借りていたわけだが、ようやく対戦6度目にして師匠格の彼らをホームタウンに迎えることができた。首都東京での史上初のラグビー試合。慶應義塾にとっては画期的な出来事というべきだろう。しかも2年ぶりに同一年度内2度の対戦。止まるところを知らない精力的な活動、働きかけは、内部的にも多様化していった。卒業生に贈るグラデュエートキャップ制の実施、部室の綱町への移転、そして外部の各種学校などへのラグビー普及活動…。濱田、安藤復、山崎ら初期の先達たちが卒業して去った後も小川新主将を中心とする後継のタイガー軍団は理想に燃えて前進を続けた。

➲首都・東京で初めてラグビーの試合（慶應義塾 vs. YC＆AC戦）が行われた。

➲このシーズンから新しい得点方式がI.R.B.（国際評議会）によって採用された。

◆1905―6年度改正：新しい得点方式が採用された

▽「トライ＝3点」▽「トライ後のゴール＝5点（この場合トライを分けて別に加算しない）

▽「ドロップ・ゴール（マークからのキックまたはペナルティー・キックを除く）＝4点」

▽「マークからのゴールまたはペナルティー・キック＝3点」

▽「フィールド・ゴールとタッチからボールをバウンドさせて入れることは廃止」

この得点方式は1948―49年度まで続き、そのシーズンからドロップ・ゴールの得点が「4点」から「3点」に減点された。

◆タイガー軍団がYC&ACに善戦

「慶應方の動き昨年に比して非常に進境を示したるはいうまでもなく、フォワードの優勢なるスクラメージがときに敵勢を圧倒するに至りしは球の多く味方に出でしにも知るも得べし。すなわち日頃の訓練ここにその効を示せるなるべし。ピックアップは間々フリーキックを要求されしやに見えたり。ハーフバックの動きも尋常ならず、スリークォーターの突進また前年の比にあらず、走力も外人に比し格段の見劣りもせずただ連絡の点において稍々（しょうしょう）欠くるところありしはなお練習を要すべき点ならん。外人方がこの点において勝るとパッスの巧みになるとその規則の厳守さるるとは実にこの日勝利を得たる基因なるべし」（時事新報明治38年12月10日付け＝要旨抜粋）

●第5回慶應義塾対YC＆AC戦（YC＆AC 5勝）

●慶應義塾 0（0―6、0―8）14 YC&AC○

慶應義塾	vs.	YC&AC
飯塚 龍蔵（予1）	FW	A.W.Austen
服部富三郎（―）		R.Bowden
福島 荘平（―）		W.E.Detmold
山田 又司（本1）		E.J.Moss,Jr
大塚 善吉（本1）		W.Graham
太田 貞己（本2）		A.Kingdon
櫛山 次郎（本1）		A.Talbot
平塚喜市郎（本1）		A.Hills
岡崎惣太郎（―）	HB	G.Totton
小倉 和市（本3）		J.E.Moss（acting Capt.）
宮沢 恒治（予1）	TB	B.C.Foster
海江田平八郎（本3）		D.Weed
竹野 敬司（予1）		H.W.Kilby
小川 仙二（本1）		H.E.Hayward
喜多 米八（―）	FB	T.Kilby

（―）は学年不明。なお福島荘平は学年不明も塾員名簿によると「特大10」となっている。

慶應	vs.	YC&AC
0	T	2
0	G	0
0	PG	0
0	前	6
0	T	1
0	G	1
0	PG	0
0	後	8
0	計	14

▽1905年12月８日
▽キックオフ＝YC＆AC
▽グラウンド＝横浜公園
▽レフリー＝Dr.ムーン・R.N氏
（1stH）T : H.E.Hayward　1
　　　　　H.W.Kilby　1
（2ndH）T : 不明
　　　　T : 不明
　　　　G : B.C.Foster
（THE JAPAN WEEKLY MAIL Dec.16,1905 から）

◆日本の首都・東京で初めてラグビーゲームが

日露戦役の勝利に沸く1906（明治39）年２月17日、YC＆ACとのこの年度２度目の対戦が東京・日比谷公園で実現した。1901年12月に初めて行われた慶應義塾とYC＆ACとの交流試合。１年おいた1903年からは毎年12月に継続されてきたが、形としては慶應がYC＆ACのホームグラウンド、横浜に出かけて行く、どちらかといえば「ローカル色」の濃いものだった。しかもこの現状が続いていく限り、当時の蹴球部が夢としたラグビーという新しい外来スポーツの日本定着、さらにはメジャースポーツへの飛躍はあり得ない。両チームのホームタウンである横浜と東京の２都市を交互に使ういまでいう「ホーム＆アウェー方式」を採ることで、念願の東京開催にこぎつけた先人たちの遠謀深慮。日本ラグビーの今日の発展と成長の原点をここに見ることができる。

◆初の東京開催を記した田辺九万三の遺稿（六十年史から抜粋）

「日比谷公園の現在庭球場と野球場のある辺りに広場があって、ここは一面に芝が植えてあり、柵を結って立ち入り禁止となっていたのがその一部が使用を許された。未解禁の方は立派にグラウンドが取れる広さであり、それに沿って築山があって絶好の観覧席となる。解禁された方はいまの東京ラグビー場（現秩父宮ラグビー場）の半分もないものではあったが、綱町の砂利まじりのそれと比較すると絨毯のようであるから喜んでここでもっぱらやることにした。当時すでに三田から日比谷まで電車もあった。電車賃は片道四銭かであったが、往復乗るのは贅沢だとあって帰りはいつも歩くか駈けるかさせられたのは楽ではなかった。この芝で練習をしていると、隣りの広い方が使いたくってたまらない。公園事務所やら市役所やらと、数次交渉の結果特別の場合に限っては使用を許可するという達しまで漕ぎつけた。これより前、慶應方では、どうもラグビーの試合を横浜でばかりやっていたのでは一向宣伝にならない。斯道普及のためにも是非とも東京で試合をして貰いたいということを横浜に申し入れたのであったが、東京には芝生のグラウンドがないからとのことで実現を見なかったいきさつもあるので、話がこう決まると早速横浜と折衝して、ついに明治39年２月17日、日比谷公園で初の試合をすることに快諾を得た。この試合の前日には、東京市主催で日露戦争の凱旋祝賀会がここで催されたので、東京市は早朝から人夫を繰り出して後片付けに努力してくれたが、中々捗（ちょく）（はかどること）がいかない。しまいには部員一同もこれに加わって、材木を担ぐやら清掃物を運搬するやらして試合開始の直前にようやく準備完了したが、刈り込まれた芝生に白いラインを引いてみると実に立派なグラウンドができ上がった。この試合には久し振りで田中銀之助氏がレフリーをされた。試合の結果は9対0で慶應の敗れるところとなったけれども、バックスのタックルやパスワークは実に美事なものであって、今日こそ田中一貞部長の「パッスが良かったですね！」がお世辞ではなかったと試合後の笑話が賑わった。大阪の田尾栄一君の調査されたアドバタイザー紙の批評なるものを借用してここに掲げよう」

●アドバタイザー紙から

「日本人は日露戦争において西洋より学び得たる科学を、西洋人以上に活用する能力あることを示せり、いままたラグビーを見るに彼らはまさに吾人に肉迫しきたらんとす。彼らは吾人より教えられたる遊戯においてもまたまた吾人に優越せんとするか。(以下略)」

付記①：田中一貞＝第2代蹴球部長、(「体育会百年の軌跡」によると明治36年の体育会加盟時の蹴球部長はE・B・クラークとなっている)、大学科社会学、フランス語教授。「今日はパッスが良かったですね—」が口癖だったとか。

●第6回慶應義塾対YC＆AC戦（YC＆AC 6勝）

●慶應義塾 0（0—3、0—6）9 YC＆AC○

慶應義塾	vs.	YC&AC
天　　嶋	FW	A.Kingdon
櫛山 次郎（本1）		H.White
太田 貞己（本2）		B.White
大塚 善吉（本1）		C.von Fallot
福島 荘平（—）		R.C.Bowden
菅谷 隆良（予1）		F.W.R.Ward
大野輿三松（—）		A.Hills
平塚喜市郎（本1）		不　明
岡崎惣太郎（—）	HB	T.W.Kilby
小倉 和市（本3）		クラノル
宮沢 恒治（予1）	TB	セブエリー
海江田平八郎（本3）		D.Weed
竹野 敬司（予1）		L.D.Tebb
小川 仙二（本1）		J.E.Moss
北野 貞作（普5）	FB	W.B.Mason

慶應	vs.	YC&AC
0	T	1
0	G	0
0	PG	0
0	前	3
0	T	2
0	G	0
0	PG	0
0	後	6
0	計	9

▽1906年2月17日
▽キックオフ＝不明
▽グラウンド＝東京・日比谷公園
▽レフリー＝田中銀之助氏

●ラグビー史上初の東京開催を見て（時事新報明治39年2月18日付け）

「対外蹴球試合は東京にては珍しくもあり、かつ蹴球の興味がようやく普及せんとする折柄なれば観者は午後2時頃より詰めかけ、場の周囲はもとより小山の上まで満たされたるも、この日に限りて観者がみだりに選手を苦しむるごとき動作なく至極静粛なりしは選手一同のひとしく多とするところなり。運動場の設備もやや整頓せし頃、外人方の休憩所の松本（現在の松本楼）より続々入りきたり極めて無邪気なる態度にて簡単なる練習をなし、にわかに一斉に上衣を脱したるが、紺、白区々の運動襯衣（シャツ）を現したる中に、一人肉づき豊かに紅顔美髯（ひげ）の選手と、白の横縞の襯衣を着けるが試合前より眼に立ちていかにも強の者と見えしも道理、これぞ神戸にありて有名のキャプテンなりしなり。彼が試合中水際立ちたる活動は、敵味方の別なく嘆賞の声を禁ぜざりき。慶應は例によって黒と黄の揃いの運動着なり、履ける頑固なる靴は一蹴もってクロスバーを越えつべく両腕にこめし力は直にタックルをもって球を奪うべく、いずれも雄々しき扮装にて和気藹々のうち双方入り混じりて撮影し、さて写真器械の片隅に退くや外人方は北に慶應方は南に陣取り両軍の前衛眼光凄く露ばかりの油断もなく、スリークォーター堂々の陣を張りて両翼中堅に寸隙なく、あたかも３時を過ぐ30分球は突如として高く飛びぬ。すわや開始と両軍の選手直に寄せに寄せたるが、中にも外人方の勢い凄じくたちまちゴールライン近く進みたり、さはさせじと小川竹野猛進してセンターラインを横切りて一気に敵陣を侵せしも果敢敏速の横浜キャプテン、モッスのため盛り返されトライを奪われぬ。猛鷲の如く奮い立ちし慶軍は直に陣を立て直し無二無三突進せしも、いかんせん外人方のスリークォーターことにウィードの巧妙なるタックル小川の突進を水泡に帰せしむ。慶軍尺を進めば外人方丈を突きて見ゆる、慶軍攻め返す、先の程より注意を怠らざりし山田、吉武は場外よりフォワードを激励す。福島、大塚にわかに意気を昂め、竹野の手に渡りたる球急遽敵に捕らわれんとするとたん見事なるパスをもって精鋭並びたる小川の手に渡る、得たりと遽期（きょき）（広辞苑にもない死語。「遽」は「にわか」、「あわただしい」の意）に走る武者振りの見事なるさま観衆はほとんど酔えるがごとく小川、小川の声四周に挙がれり、惜しむべし外人方の例のウィードのために窮迫して組伏せられぬ。ここにおいて30分を経過したるをもって隻方（せきほう）（「わずか」の意から「ちょっとの間」）、渇を医して（喉のかわきを癒して）南北陣を変え再び開始す。慶應方必死となりて努め、東京慶應と連呼する声援に幾層の力を得て気勢再び盛んなり。しかれども小川、宮沢の苦心も空しく老巧なるモッスの術中に陥りて再び３点を収められ、外人方６点を得しも慶應方未だ１点をも収めず、わずかにはゴールキックにてさらに２点を取られるかと観念せしに球は空を斜めにかすめて已みたり。イザいまを最後にと慶軍獅子奮迅の勢をもって勇猛に進撃し、竹野またもや球を得小川に送る。外人方の周卒その極に達し陣形やや乱れしも巧みに守備を整えしかば、慶軍また志を遂てあたわずフォワード福島、大塚ドリブルに外人方をして死物狂いとなり、宮沢、海江田タックルほとんど効を奏せず、またまた３点を得られたり。慶軍苦戦を重ねなお屈せず。岡崎、小倉、菅谷、櫛山、平塚ここを先途と奮闘力戦し、一挙敵陣を圧倒せんとせしもとききたりてゲームは終われり。すなわち外人方９点慶軍の無点にてこの試合も外人方の勝利となり、しかれども慶軍は試合の都度長足の進歩を示しきたりしが今回また一段の進境を現わし中にもフォワード（FBの誤り）北野が技は決して外人方も譲らず、スリークォーターに至ってはむしろ慶軍の優勢なるを思う。かく技術には劣るところなきもいかんせん体力の懸絶なるを、されば慶軍の敗因は体力の劣れるとフォワードに欠員ありしとの二つならんか。この日最も目覚しき活動を示せしは大野、櫛山、菅谷、小川、竹野、宮沢、海江田、小倉、北野、岡崎、福島らなるべし。レフリーは田中氏最も公平にて両軍互いに万歳を三唱し和気洋々なる中に散会せり。時は４時40分なりし」

付記②：YC＆ACのCTB、D・Weed氏は後に慶應義塾の大学予科、普通部の英語教師として赴任。高地万寿吉ら蹴球部員も教室とグラウンドの両面で教えを受けている。ラグビーではYC＆ACの主力選手だったほか、柔道は２段の腕前。おそらく外国人の柔道マンとしては最古参組と思われる。

◆綱町運動場に蹴球部控室（部室）が完成

「体育会百年の軌跡」によると、綱町の運動場に蹴球部の新しい控室ができたのは1905（明治38）年の秋。部室の広さは４坪（ほぼ８畳間の広さ）と小さく、主として部員の着替えとか、用具の保管場所としてだけ使われ、蹴球部員活動の場はそれまでどおり体育会ホールだったようだ。その間の事情を第１回早慶ラグビーの出場メンバーである清水吉夫が蹴球部六十年史に書き綴っている。

「日夜馴染んだ黒色の建物体育会ホールは塾の選手には忘れられない。これまた記念物です。慶應運動部発展史には銘記すべき場所です。南東を眺めた2階の最良の室をフット衆の溜まり場所にしたあの部屋で、白皚皚を叫ぶ試合前の一瞬の緊張した血は、今もわれわれに伝わるようです。しかし思い出すとずいぶん乱暴に使ったもので、霜解け時分の靴の裏の泥でところ狭しと歩き廻ったり、冬の日足の短い夕方練習を終えて2階に上がるとあの部屋の薄暗い電灯の下で、勝手な熱を吐いたり、老人の沸かしてくれた風呂場で芋の子を洗うようにさわぎ廻ったり、試験になると皆むずかしい顔をして集まったあの体育会ホール、いまもあのまま残っているような気がしてなりません」

◆イートンキャップ制の実施

蹴球部には明治の草創期から卒業生に贈るグラデュエートキャップ（イートンキャップ）の制度があり、戦後の1952（昭和27）年度卒業生にはその目録が贈られている。もちろん第2次世界大戦前後の混乱期には中断しているようだが、それはともかく蹴球部六十年史によると、その発祥は「1905（明治38）年。デザインは安藤復蔵、山崎不二雄の合作」となっている。1905年の卒業生といえばデザイナーの安藤、山崎はじめ濱田精蔵、佐野甚之助、田宮弘太郎の5人だが、その前年の1904（明治37）年4月の卒業生を送る記念写真（78頁参照）で松岡正男（2列目、左から5人目）と左隣の伊藤重郎の2人がすでにイートンキャップを被って写っており、1905（明治38）年製作というのは筆者田辺九万三の記憶違いとも考えられる。

付記③：イートンキャップの由来については史料に欠けるためはっきり断定できないが、1901（明治34）年12月の第1回慶應義塾対YC＆AC戦の試合前の記念写真を見ると、中央のE・B・クラーク、田中銀之助の両氏にはイートンキャップらしき帽子が頭上に写っており、両指導者の母校英国のケンブリッジ大学ラグビーフットボール・クラブの制度を踏襲したものと想像される。なお、ケンブリッジ、オックスフォード両大学対抗のバーシティーマッチに出場した選手に両大学は「ブルー」の称号を贈って、その名誉を称えている。

最古のイートンキャップ

◆日比谷公園で第3回塾内大会
（時事新報：明治38年5月20日付け）

「慶應義塾体育会蹴球部にて去月（4月？）19日午後3時より日比谷公園運動場にてラグビー式フットボールを挙行せり、最初幼年組（約30分）の競技あり双方ともに互角にて容易に勝負決せず、紅組危きところありしも巧に盛りかえして遂に無勝負に終わり、次で大人組の競技に移りたるが、何分蹴球の時期に適せざる昨今のこととていずれも疲労少なからざる様子なりしにかかわらずなお流汗の淋漓たるを押し拭いつつ例によりて極めて壮快に演ぜられ、初めは黄組トライにて3点を得、紅組は得るところなく前半を終わりて場所を転換し、黄組またもトライにて3点を占しに紅組奮戦最も力めオフサイドのキックをもってワンゴールを取り、一挙４点（この年度から得点方式が改正されてPGは３点となっている）を収め、しかして黄組は３度トライにて３点を得たるが開始よりここに至りてすでに１時間を経過したるをもって競技を終わり、結局黄組のバックス好かりしため５点（３T―１PGで６点差のはず）の勝利を博し得たり。この競技は目下余り広く行われおらざれども、学習院、第一高等学校はすでに昨年頃より練習しおるといい、横浜アメチュア倶楽部（YC＆AC）には現に一騎当千の強さえ多しとのことなれば追々学生間に流行するに至るべしなり」

1906（明治39）年度 ◆小川仙二②◆

特筆すべきはYC＆ACを慶應義塾のホームグラウンド・綱町運動場に迎える道が切り開かれたことである。スコア上はともかく、少なくとも交流試合の原則に立てば完全な「ホーム＆アウェー制」が確立されたといっても間違いではない。蹴球部にとっては1901年の初試合から営々と積み重ねてきた「実績」と、ここに至る諸先輩の努力がもたらしたエポックメーキングな出来事といえる。また日本のラグビー界が恒例としてきたサマーキャンプのルーツをたどっていくと、この年度の夏に行われた神奈川・三浦合宿にたどりつく。

➲NZのオールブラックスが1905～06年にかけて英本国へ第１回遠征――33戦32勝１敗の驚異的な成績でツアーを終わる――。このオールブラックスの２・３・２のFWフォーメーションが後に慶應セブンの原型となる。

◆綱町にYC＆ACを初めて迎え撃つ

YC＆ACの初東上（東京・日比谷）が実現した２月からわずか９カ月後の11月24日、７度目の交流は慶應義塾の本拠地、三田・綱町が対戦の場と決まった。初めて外国人チームを自分たちのグラウンドに迎えることのできた喜びと感動。そこには現代に生きるわれわれ後輩の想像を絶するものがあっただろう。時事新報は試合前日の11月23日付けで予告記事を掲載するほどの力の入れようだった。この試合がデビュー戦となった当時まだ普通部５年生の田辺九万三が六十年史に対戦前の経過から、試合の模様を詳しく記している。

●試合前の表情

「さて明治39年も秋になって、シーズンはたけなわとなってきた。慶應は前回横浜チームを東京日比谷に迎えたことが、ラグビーの宣伝に多大の効果があったことに鑑み、今度はさらに竿頭一歩を進めて自校の綱町グラウンドに迎えることを熱望し、折衝の結果その出現を見ることとなり、その日取りも11月24日と決まったのである。こうなると緊張の度は一段と高まってきた。まず前に述べた立襟スウェターのユニホームでは腕力の強い外人には、どこを掴まれても引き倒されてしまうから不利であるというので、急に市販の白毛メリヤスのシャツを買い求めてそれに襟とマークをつけてユニホーム（黒黄？）としたし、靴のサンも打ち替えて今日のスタッドに改めた。この試合に慶應のチームは、その春の日比谷の試合に出場した顔触れから小倉、海江田の第１回以来のベテランが卒業するし、最有力なTB小岡（小川の誤り）の病気などでメンバーに大変動が行われた。これに際し幹部の英断だか苦肉の一策だかしらないが、幼年組から宮川及び筆者の両キャプテンも選手の数に入れられ、宮川君はハーフに、筆者はバックロー（現在のNO.8）にポジションを得た（中略）」

◆日本ラグビー初のドロップゴール

［試合の感想＝田辺九万三］

「かかる内に試合の日はきた。何しろこのときははじめて自校のグラウンドで行われた試合であるので、塾の学生たちの間には非常な関心を持たれて、観衆も未曾有というほどに多く、タッチラインの両側を埋め尽くしていつものようにボールの移動について歩くなんていうことは全くできなかった。こんな状況であったから選手の意気は昇った。敵の攻撃は死力を尽くして食い止めた。しかし味方の攻撃も少しも効果を挙げ得ない。ときどき個人的な突っ込みやキックによって失われた地域を回復するのが関の山である。その内味方にピックアップがあって、ペナルテイを取られたのがゴールとなって３点を先取された。その後数分の間死闘が続けられ、遂に敵25ヤード線（現在の22m線）内に攻め込んでスクラムとなった。ボールが味方に出た。筆者はブレークアップをするために頭を上げたときに、宮川ハーフの小さい身体がスクラムの後ろを右に走ったと見えた瞬間ボールは高く飛んでクロッスバーを超えた。スクラムハーフによるドロップキックが見事に成功したのである。敵も味方もしばしの間呆然とした。FWの人たちは何事が起こったか一寸判断できなかったようであったが、やがて味方から起こった拍手によってはじめて判ったという人もいた。実際当時ドロップゴールという採点の方法がある事は承知をしてはいたが、練習でも試合でも用いられたことは見たこともなかった。しかもこれが身長５尺２寸（約１m58cm）に充たず体重14貫（約53kg）、普通部４年生である少年によってなされたのであった。４対３と慶應１点のリードである。敵はこのリードを覆えそうとその攻撃は熾烈を極めてきたが、味方は必死となって守り抜いた。かくして後半戦に入ったがこの均衡は依然として破れない。そのうちに秋の日は落ちてグラウンドには夕靄が棚引いてきた。周囲の観衆からタイムアップだという叫声がだんだん怒号に変わってきた。しかしゲームは続けられた。われわれは早くノーサイドになれば勝つのだと思うから、その時間の長いことは非常である。しかし最後に敵はTBパスによって味方の左にタッチダウンがなり、６対４と勝敗は一転してノーサイドの笛が吹かれた。両軍のチェアー（対戦相手の健闘を称える言葉で、万歳の意）が交換されると、敵は一同で宮川少年を抱え上げると、３、４人で手を組み合わせてその上に座わらせたまま綱町から三田の山の上の倶楽部ハウスまで担いでいったのは、いかにこの少年の素晴らしい試合振りに感服したかがうかがい得よう」（要旨抜粋）

付記①：宮川偕作のDGによる得点は、1901年の第１回YC＆AC戦で塩田賢次郎のトライによる初得点以来５年ぶりに慶應義塾が記録した得点。田辺九万三はチームメートの宮川について「５尺２寸14貫くらいの小躯で当時普通部の４年生であったが、敏捷正確無比のHBであった。由来慶應は名ハーフが輩出したけれども同君は、杉本、萩原と相並んで最上級のハーフだったと信じている。この人も普通部を卒業して学をやめた」と述懐している。

◆時事新報が伝える予告記事

（明治39年11月23日付け）

慶應義塾ラグビー式蹴球部にては今春日比谷公園において横浜クリケット・エンド・ア

スレチック倶楽部（YC&AC）と蹴球競技を行い勝利を得るあたわざりしも、毎回著しき進歩を示しきたれるをもっていまや横浜倶楽部に挑戦せしに快諾の旨通知あり、いよいよ24日午後３時より、慶應方運動場において挙行する事となれり。義塾方にてはキャプテン小川病気のため出場せざるべきも、新進の選手皆練習に勉め、ことに従来敗戦の因ともいうべきスリークォーターのパッシング及び連絡の方法につき深く研究するところありとの事、倶楽部方の知るところとなりベストチームを造りて出場するなどといえば、この対戦定めし壮観を呈するならん。ラグビー式蹴球は府下２、３の学校にてもすでに試みおり、したがって当日は学生の来観者も少からざるべし、場内は靴草履の外一切入場を謝絶するとの事なり。

◆慶應が大健闘、惜しくも2点差の逆転負け（慶應義塾学報112号から）

横浜方の剛の者ジェフリーはスリークォーターの中心として眼光炬のごとく、キングドンは肥大の体躯をもってスクラメージに全力を注がんと気構え、フルバックのフランクは後陣にありて目にもの見せんと突っ立てり、また慶軍にありては新キャプテン宮沢（病気欠場の小川の代行）、快走敏活なる竹野と両翼を張り山越、飯塚ともに敵を寄せじと警戒す。前方にはフォワードの面々気脈を通じて堂々の陣を張れる光景、勇ましなんぞいうばかりなし。まず慶應より攻めたちまち25ヤードライン近く圧迫したる様意気当たるべからざるものありしも、外人方はもとより精鋭尽くしたり。容易に破るべきにあらず、かえってたちまち押し戻したるとたん、軽快なる新進宮川のドロップ・キック見事にゴールポストを越えて一挙４点を博したるは、外人方の一驚を喫せしところならん。さらばとばかり直に寄せに寄せて25ヤードラインまで進みしを、竹野巧妙なる動作でたちまち危境を救いてセンターラインまで及ぼし、続く岡崎の突進また功あり。松本、飯塚の奮闘着々功を奏して敵をしていまだ得点なからしめたる技量、今春に比して格段の進歩を表示せり。かかる間に外人方がゴールラインに押し寄せてスクラメージは実に慶軍フォワードの重責と観者をして手に汗を握らしめしが、櫛山が巧妙なるタックルは再びこの危険より味方を救い、いま一息の後はレフトサイドのゴールライン近くにて外人方５点を得べしと思われし一刹那、規定のハーフタイムとなりたり。面白き現象なるかな、少時休憩の後チェンジサイドとなりて、外人方蹴り直に本陣近く雪崩のごとくきたりしも、フルバック北野の慎重なる態度良く大勢を回復し得たり、老巧ともいうべし。折柄外人方キングドンのタックル成功してゴールラインに入り、あわや３点を得られしかと思いの外、慶軍の機敏なるためセームタイムとなりて、頓て軽捷の岡崎敵の小脇をかいくぐり25ヤードラインに圧迫せしとき、外人方小癪なる振舞よと潮のごとく遮りて食い止めたるは、さすがに巧妙の手腕とすべし。いまや両軍やや疲労を感じたるがごとく、応援隊の声援ここを先途と激励頻なり。時間ようやく切迫して制規の時間を余すことわずかに２分、このときレッドラムの奮闘功を奏して３点を得。ついで３点を得て外人方の勝ちとなり、ここに競技は終了したるも、すでに時間をすぐること15分なりしは審判が競技に熱誠なりしため心付かざりしものならんが。もし規定の時間内に終結したらんには、たしかに慶軍の勝利たりしなり。要するにこの日慶軍の活動は大いに見るべきものあり。宮川のごとき股部のタックル、飯塚のキックとともに目覚ましく、外人方にありては例によってスリークォーターのパッス巧妙にジェフリー、レッドラム有繋に特色を表わしたるもののごとし。その他平塚、松本、櫛山、大塚らははなはだしく発展せり。要するに慶軍の陣形やや乱るるごときある外、フォワード多少劣れるごときも、ハーフバック、スリークォーターの外人方よりも優れおるは明確となり、かつ体力の勝れたる外人よりは軽快なる動作の優勢を占むることを発見したり（要旨抜粋）。

●第７回慶應義塾対YC＆AC戦（YC＆AC７勝）

▽1906年11月24日

▽キックオフ＝慶應義塾

▽グラウンド＝慶應・綱町グラウンド

▽レフリー＝ミッチェル氏

●慶應義塾 4（4 — 3、0 — 3）6 YC&AC○

慶應義塾	vs.	YC&AC
菅谷　隆良（予2）	FW	キングドン
大塚　善吉（本2）		ボーデン
櫛山　次郎（本2）		デトモルド
福長永太郎（予2）		グレアース
高橋　忠松（予2）		モス
松本　周輔（本5）		テュランス
田辺九万三（普5）		オーステン
平塚喜市郎（本2）		ファーロット
宮川　偕作（普4）	HB	J.D.グラハム
岡崎惣太郎（—）		トットン
竹野　敬司（予2）	TB	ジェフリー
服部為二郎（—）		フォスター
飯塚　龍蔵（予2）		レッドラム
宮沢　恒治（予2）		W.グラハム
北野　貞作（普5）	FB	FBフランク

慶應	vs.	YC＆AC
0	T	0
0	G	0
0	PG	1
1	DG	0
4	前	3
0	T	1
0	G	0
0	PG	0
0	DG	0
0	後	3
4	計	6

付記①：YC&ACの得点経過が田辺九万三の手記と学報で食い違っているが、百年史では具体的な田辺説の1PG,1Tによる６点を採用。

◆第３回を迎えた塾内大会

（学報112号＝明治39年12月15日付け）

慶應義塾蹴球部にては本月（12月）１日午後１時より同塾綱町運動場において秋季大会を挙行せり。第１回は幼年組にて赤組最後に三矢氏のトライをもって３点を得、赤組の勝ちとなり、第２回は大人組にて双方猛烈を極めたるが、赤組飯塚の奮戦最も著しく、巧みに疾走してトライにて３点を得たり。併しプレースキックは成功を見るあたわずして止みぬ。ついで黄組は赤組のオフサイドに乗じてフリーキックにて３点を博し、両軍ここに同点となり同時にハーフタイムとなりて休憩し、陣地を変じて再び戦いしが、赤組はフォワードにおいて優り、黄組はスリークォーターにおいて優り、火花を散らして闘ううち、制規の時間となりて無勝負に終わる。このレフリーは宮沢恒治氏なり、さて最後は大選手の試合にて旧選手小倉（和市）氏を同部において最も敬意を表すべき帽子を戴きつつ中央に立ちて選手に対して一場の注意を与え、試合はいよいよ開始されたり。（同期卒業は海江田平八郎、北田内蔵司の３人）

●第３回塾内大会

［幼年組］○赤組３ — ０黄組●

［大人組］△赤組３ — ３黄組△

［大選手組］

○黄組７（3—3、4 — 0）３赤組●

付記②：下記のメンバー表で宮沢姓が２人いるが、ポジションから赤組WTBの宮沢を宮沢恒治とした。また赤組の田辺が田辺九万三かもう1人の田辺専一かはっきりしない。位置的にはバックローなので田辺九万三の可能性が高い。

黄 組	vs.	赤 組
亀 山	FW	高 田
谷 井		長 坂
小 佐		川 俣
菅 谷		櫛 山
高 橋		岩 田
福 長		太 田
鈴 木		荒 木
宮 沢		田 辺
岡 崎	HB	宮 川
村 上		川 田
竹 野	TB	宮沢 恒
山 越		飯 塚
北 野		信 夫
松 本		平 塚
本 山	FB	安 藤

黄組	vs.	赤組
1	T	1
0	G	0
0	PG	0
0	DG	0
3	前	3
0	T	0
0	G	0
0	PG	0
1	DG	0
4	後	0
7	計	3

◆時事新報が伝える「大選手組」の試合後記（明治39年12月2日付け）

襯衣（シャツ）は例の黄と黒の横縞にて組分布の色胴衣を着したり。空は寒き風を送り日はやや西に傾きて斜めに選手を照らせり。壮快にして勇敢なる奮闘は黄組宮沢の一蹴をもってはじまれり。一挙攻め入らんとせしに赤組のパッスすこぶる功あり、センターラインに押し返し、ついで黄組のゴールラインのライトサイドに突進するやたちまち横断してレフトサイドにきたりぬ。この折もし飯塚にして球を得れば、まさにトライを得たるなんと思わるほど黄組にすきのあるを見ゆ。されど黄組の竹野さすがに勇猛なり、その走るところ前に敵なく思うがままに敵陣を蹂躙すれば、赤組もまた宮沢、北野（黄組CTBのはず）の名手あり、加うるにスリークオーターの一致良く味方の空隙を防ぎ、フォワードとともに黄組をしてしばしば死地に陥らしむ。かくて岡崎センターラインの辺にて球を得るや得意の急走をもってタッチラインに沿い、直にトライにて3点を得ぬ。赤組ここに至りて奮闘の度を強め驀進して攻勢を取り、ようやくゴールラインに入りしも、セームタイムのために水泡となるや櫛山のドリブル平塚のキック等いずれも愚かはなかりしうち、宮沢ここに3点を得たるは目覚ましかりき。かくてハーフタイムとなりて小憩の後竹野の攻撃益々烈しく、北野また劣らず。ことにフルバック本山は一キックして味方の大勢を挽回したるもいかんせん。赤組つねに優勢の地位に立ちまたもや黄軍を苦境に陥し入れしを、服部（メンバーになし。山越の誤記か）の突進、北野の勇猛と相俟って非常に成功し、北野また岡崎のパッスを得てドロップキックに出て見事ゴールポストを越えて4点を得、赤組の努力も遂に失敗に帰し了りぬ。散会は5時、この日川田、福長、面部に負傷す。

◆シーズン2度目のYC&AC戦は雨中の戦い

年が明けた1907（明治40）年1月26日。この年度2度目の対YC&AC定期戦が3試合ぶりに横浜公園のYC&ACグラウンドで行われた。『慶應義塾学報』114号（明治40年2月15日付け）によると、主力の小川主将、CTB山越が病気で欠場のためFWから急遽平塚をバックスにコンバートするなど戦力低下に加えて、激しい降雨が重なりコンディションは最悪。慶應サイドでは中止も考えられたが、2月早々に神戸のKR&AC戦を控えるYC&AC側から「日程的に予備日なし」との電報が届いて結局予定通り雨天決行となった。

●第８回慶應義塾対YC＆AC戦（YC＆AC８勝）

▽1907年１月26日

▽キックオフ＝慶應義塾

▽グラウンド＝横浜公園

▽レフリー＝バッドソン氏

●慶應義塾０（０—３、０—６）９ YC&AC○

慶應	vs.	YC&AC
0	T	1
0	G	0
0	PG	0
0	DG	0
0	前	3
0	T	2
0	G	0
0	PG	0
0	DG	0
0	後	6
0	計	9

●［試合後記＝学報］

まず慶應より攻む、楕円形の１個の巨球を追える紺と白との両選手は入り乱れてここに活動を起こし、糠のごとき雨はたちまち選手の面上より水蒸気となりて立ち上れり。外人方レッドラムの巧妙なるキックは直に慶應の本陣間近に押し寄せて平塚のパッス危くこれを脱したるもスリークォーターが奏功、昨冬の比にあらず、慶軍つねに長蛇を逸するの感あり、またもやレフトサイドの25ヤードライン内に押し寄せきたりてあわや敵をして得点あらしめしかと思いしに、好漢宮川の敏捷は再び外人をして退かしめたり。この折しも慶應の勇将竹野左肩胛骨に骨折を生じて補欠の信夫これに代わる。攻守ともに勝敗に密接の関係あるスリークォーターはこれまで二人まで新しくなり、慶應大勢益々非運に傾きつついまだ１回だに中央線より敵陣に進みしことなく、終始圧迫を受けたるは希に見る苦戦というべし。遂にトライにて３点を得られる。ハーフタイム後に至り慶軍活動しきりたり、ラストタイムの叫びは随所に起こりて再度中央線を踏破し、敵陣深く突進せしも外人方にてとくにキックに長ぜしものあり、岡崎、宮川の俊足も大胆も、櫛山、田辺、大塚その他フォワードの死を尽くせる防禦、その甲斐なくまたもや敵をして３点を得さしめ、続いてライトサイドの虚を突かれて３点、都合９点を敵に輸したるに反し、慶軍は０にて４時15分終結せり。外人方のパッス巧みなるとキックに長ぜるとは今さらながら来観者を驚かし、慶應方のパッス時に快心の挙ありタックルまたすこぶる巧みなるも湿りたる芝生に足を取られ好機に乗ぜられ、遂に期待せし活動を見るに及ばざりしは遺憾なり。

◆サマー・キャンプの源流は

蹴球部でも夏の合宿練習については、それぞれの年代に行われたキャンプを「ルーツ」とする説が入り乱れて判然としないのが実情。ただ、その中で最も信頼度の点で高いのは「この夏（1906年＝明治39年）の休暇に初めて蹴球部の合宿が三浦の大津に開かれた」と六十年史に寄せている田辺九万三の記述である。現在の「横須賀市馬堀海岸」あたりがキャンプ地だったようだが、とにかくキャンプの全容、一日の生活描写が下記に見られるように具体的。「今まででも５、６の有志が房州や東北に行ったことはあったけれども蹴球部として、広く人を集めたのはこれが嚆矢である。このときには櫛山、岡崎、福島、菅谷、竹野、飯塚といった大学生をはじめ、小さいのは普通部２年くらいまでおよそ25、６人も集まった。その日課の主なるものは水泳で、ラグビーはときどき裏にある海軍の射的場に行ってキックをするくらいであったが、一日僕と宮川とが福島、竹野なんて連中から大きなキックを取らされてヘトヘトにされたことを覚えている」

ここでとくに強調しておきたいのは「サマーキャンプと称して、夏は八戸、房州等へ行った…云々」と記している「田辺メモ」を、同じ六十年史の中で「これ（三浦・大津）が嚆矢である」と、本人自ら東北行のキャンプ説を否定していることだ。もちろん諸先輩の手になる夏合宿の話はいろいろあるが、年代からみて三浦キャンプの後塵を拝したものばかり。六十年史には田辺説を覆す内容の記述は他に見当たらない。ただ安藤復蔵が「今日ではキャンプというと誰れも知っているが、ラグビーの有志がテントを作りこれを背にしてテント旅行をはじめたのは塾からです。これは松岡正男がアメリカでやってきたのを、松岡を先達にしてはじめたわけだが、それが全国に拡まろうとは当時は思わなかった」と書き残しているように、「三浦・大津合宿」の前身ともいうべきテント旅行がすでに慶應義塾蹴球部では実施されていた事実を記しておきたい。

いずれにしても夏のキャンプは日本のラグビー界恒例の行事にまでなったが、その背景にあるのは、日本のラグビーが大学など各レベルの学校を中心に発展してきた制度にある。しかも最近ではキャンプ期間も長期化の傾向にあるが、これも長い夏期休暇を持つ学校ラグビーだからこそ可能な特殊性といえるだろう。

付記③：初めての夏季キャンプが1906（明治39）年に神奈川県の横須賀・大津で行われたが、翌年から4年間は中止。そのあと1911（明治44）年夏の沼津・千本松原で復活し、1912（明治45）年夏の伊豆・土肥、1913（大正2）年夏の伊豆・伊東と続いたが、1914（大正3）年から再び中止期間にはいった。再開されたのは3年後の1917（大正6）年、脇肇主将の年度から。この年は伊豆大島の元村がキャンプ地に選ばれ、つぎの年は「明治の憶を追い、また伊豆の土肥に行きました」と、主将の塩川潤一はキャンプ地選択の理由を六十年史に記している。

「明治38年度大学部卒業生送別記念　4月写」と記された佐野甚之助アルバムの写真中央、ネクタイ姿でイートンキャップをかぶった田中一貞先生。初代クラーク部長から、いつ部長を引き継いだかは明確ではないが、明治43年まで部長を務めた。

1907（明治40）年度 ◆小川仙二③◆

蹴球部と神戸ローイング＆アスレチック・クラブ（KR&AC）の定期戦が1907年度から新たにスタートした。すでにインターポート・マッチと称する横浜のYC＆ACと神戸のKR&ACのラグビー定期戦は1902（明治35）年の12月からはじまっており、対戦相手の拡大を願う蹴球部にとってKR＆ACは格好の存在だった。交通費（東京⇔神戸間）の個人負担増、YC＆ACとの日程の調整など、いろいろ難問はあったが、新しい対戦相手に恵まれたことはすべてに勝る喜びだったようだ。「横浜だけの外に新たな相手ができたことは非常な喜びであった」と田辺九万三は語っている。また「白皚皚の雪…」ではじまる蹴球部の部歌ができたのもこの年度。先駆者としての誇りとスピリッツを歌い上げた名曲であり、明治の末期から大正年代にかけて誕生したチームに部歌の先鞭をつけた点でも歴史に残る快挙といえる。

➲慶應義塾創立50年記念祭が開かれる。

◆慶應が善戦、1ゴール差の敗退

慶應義塾対YC＆ACの第９戦は11月30日午後３時から三田・綱町の慶應グラウンドで行われた。慶應は前半左WTB竹野のトライで一度は３対５と２点差まで迫ったが、その直後の24分に１トライを追加されて惜敗した。竹野のトライは1901（明治34）年の第１戦で塩田があげて以来、６年ぶりに記録した２本目のもの。また得点としては昨年11月の対戦で宮川があげたドロップゴールにつぐ慶應ラグビー３度目の得点。

●第9回慶應義塾対YC＆AC戦（YC＆AC 9勝）
▽1907年11月30日
▽キックオフ＝YC＆AC
▽グラウンド＝慶應・綱町
▽レフリー＝田中銀之助氏

●慶應義塾３（３－８、０－０）８YC＆AC○

慶應義塾	vs.	YC&AC
福　長	FW	H.Kingdon
菅　谷		R.C.Bowden
高　橋		L.C.Sharman
川　田		A.W.S.Austen
本　山		C.Chichen
櫛　山		S.L.Thompson
大　塚		G.B.Spain
平　塚		R.von Fallot
宮　川	HB	A.L.Kennedy
岡　崎		W.Graham
竹　野	TB	L.Graham
飯　塚		H.Walter
田辺九		C.Hornstein
小川（C.）		B.C.Lambert
北　野	FB	L.Mecre

慶應	vs.	YC&AC
1	T	1
0	G	1
0	PG	0
3	前	8
0	T	0
0	G	0
0	PG	0
0	後	0
3	計	8

●［試合後記＝時事新報（12月15日付け）］

慶軍フォワードは勢い良く前進して、スリークォーターは互いに気脈を通じて水も漏らさじと守りながら進む。球はキングドンの手に渡り、25ヤードラインに迫る。右サイドに僅虚（わずかなすき）を見出したるか、チックンは球を掌中にして疾走ゴールラインに向かう。すわ一大事と慶軍平塚前途を遮りしも、チックン巧みに右に走り廻りなおのこと急なれり、物々しきチックンも人も無気（全くひどい）なる振舞いよと、キャプテン小川見てより食い止めんとせしも振り倒され、チックンは遂にトライを得たり。このうえは彼のプレースキックを防ぐ方良しと選びに選びたるキッカー、グラハム25ヤード線上において見事なるキックは鮮かにクロスバーを越えて、２点を加えたるは返すがえすも惜しかりし。前半早くも５点を得られしかば、慶軍はいずれにして挽回せんものと猛然振い立ち、20分間の奮闘極めて鋭く、大塚のキック、竹野の突進見るべきものありしも、外人方フルバックのメーカーは守備の隙なく、加えるにスリークォーター見事なりしため、容易に中央線まで進入するあたわず、外人方益々発奮したる。とっさの間これに全力を注げる慶軍の左サイドに球は廻り、スリークォーターの飯塚大いに防戦し、続いて竹野、球を掌中にあるや否や敵陣がここを先途と折り重なりて防ぐ中を、かい潜りかい潜り驀進功を奏しトライを得、３点を得たるは目覚しく、惜しや大塚のプレースキック左に曲り奏功せず。３点取りたる慶軍はこの機逸すべからじと攻め、しばしば25ヤードラインに迫る。ハーフタイム前６分、またもや慶軍のライトサイドに球廻り、グラハム突進す。北野必死に防ぎしも甲斐なくまたトライになれり。ハーフタイム後サイドを変じて第２戦（後半の意）に入れり、従来の試合に外人方ハーフタイム後ははなはだしく疲労しきたり。慶應の士気益々あげじと大いに奮いしも、平塚中央線を過ぎ攻めたるとたん胸を蹴られて倒れ、機を逸せしがその後双方とも得点なくタイムとなれり。後半はメーカー、北野の両フルバックの戦いのごとき感ありて試合を終り、８対３をもって外人方勝ちとなれり（要旨抜粋）。

◆福澤先生の誕生日にKR&ACと定期戦始まる

慶應義塾蹴球部が新たに神戸在住の外国人チーム「神戸ローイング・アスレチック・クラブ（KR＆AC)」と定期的に対戦することが決まった。日時は1908（明治41）年２月３日。場所はKR＆ACのホームグラウンド、神戸・東遊園地だった。蹴球部が初めて経験する神戸への遠征の旅。多くの困難を乗り越えて実現した先達の姿にパイオニアとしての熱い思いとともに、明治の日本人に漂う独特の気概のほどが感じとれる。ツアーメンバーの一人だった田辺九万三の綴る遠征記で当時の慶應ラグビーを再現してみよう。

●［横浜から神戸へ］

「横浜と神戸の外人によって、インターポート・マッチが行われだしたのもこの頃からであった。その当時米国から帰朝された松岡正男先輩らの斡旋で、神戸外人との間に定期試合が行われることになった。（中略）第１回の試合は明治41年２月３日、神戸において行われた。今から考えると、それは実に無茶なスケデュールであった。というのはこの試合は比較的唐突的に取り決められたのと、２月３日という日は福澤諭吉先生の誕生日で、学校が休みなのでこの日を選んだのであるが、それより前に横浜との間に２月１日に試合をする約束があった。これを止めてもらうように頼みに行ったら、かえって『それは練習試合になるからそれはやれ』といわれて、これも承知をしたからである。すなわち２月１日に横浜でゲームをして、その夜の夜行で横浜から乗車をし、２月２日を休養して、３日にこの記念すべき試合に臨むわけであるが、初めての遠征に心躍る一同はだれも不平などいうものもなかった。しかし横浜から夜行の三等車に乗り込んだのでは、汽車の空いていたその頃でも20人に余る団体が安眠できるほどの余裕はない。さすがにこんなことでは試合に影響するということはだれの頭脳にも浮かんでくる。眠ることが第一だということになって床の上に新聞紙を敷いてゴロゴロ眠った。終戦当時の汽車の混雑を体験した、今日の人にとっては床の上に眠るなどは上等の部類であるけれども、当時では他の乗客がびっくりした。だれかが『まるで乞食だなあ』といって笑った」

●熱烈な歓迎をうけて

「3日の試合は東遊園地のグラウンドで行われ、慶應は奮闘の甲斐なく8対0かで最初の試合に敗れたが、この試合に対する神戸方も非常な張り切り方で、倶楽部会長からは当日最もブリリアント（見事な）な働きをしたものに美事な銀のカップがかけられた。このカップは少年ハーフ宮川（偕作）君に贈られた。この試合後のレセプションはまた非常に盛大なものであった。もっともこれより少し以前に横浜で行われたインターポート・マッチのレセプションに、慶應から小川（仙二）キャプテンと他一人が招かれて陪席したが、帰ってからの話に、赤や白の酒が出て実に豪華なものであったと目をむいていた。事実当

●第1回慶應義塾 vs. KR＆AC戦のメンバー

慶應義塾	vs.	KR&AC
菅　谷	FW	G.R.コック
大　塚		G.H.ブラウン
櫛　山		F.W.ジェームス
高　橋		F.H.ゲッエルウェル
福　長		A.ラトランド
平　塚		F.ソーネル
本　山		O.G.ウィリアムス
川　田		
宮　川	HB	R.ウイッタム
岡　崎		F.H.モチス
小　川	TB	S.ステンス
飯　塚		G.マクマナーラ
田辺九		コーデル
竹　野		C.G.ブカーズ
北　野	FB	I.F.リオン

付記①：試合の詳細については不明。

時フルコースの西洋料理なんか食べた学生は、親父か伯父かがよほど進歩的な富豪でもない限り、そんな機会にはありつけなかった時代

第1回対KR&AC戦の慶應メンバー。0—8で慶應が惜敗したが、パイオニアとして敵地に乗り込んだ熱い思いと、明治人の気概がしのばれる記念写真である。

であるから驚いたのも無理ではなかった。前述の通り神戸倶楽部でこの試合の実現を喜んで大いに歓迎するといってきたので、松岡先輩はじめ慶應の幹部は横浜でやったようなご馳走をされたのでは、次回当方によぶときにとても同じようにお返しはできないから、といってとくにご馳走はしないで紅茶くらいですましてもらいたいと申し込んだそうである。試合がすんでわれわれは制服を着て、会場であるホールに導かれると、そこにはバンドが鳴り、ときの県知事令夫人をはじめとして内外の貴夫人令嬢が多数おられて、われわれに紅茶や当時余り見たこともなかった銀紙に包んだお菓子などのサービスにあずかったのは、当時ハイカラだといわれた慶應ボーイも全く面食らってしまった。そのうちにこれからダンスをするから、だれでも踊ってくれと勧められたが、最近洋行帰りのわが松岡先輩はじめダンスのダの字も踊れるものはいないので、これには閉口して「神戸三田会の招待会に出場するから」といってそこそこに引き上げたのである。神戸外人チームとの試合はその後、明治年間に5回行われたが、最初の3回は連敗。以後の2回は引き分けで、一度も慶應は勝てなかった」

田辺九万三の遠征記はここで終わっているが、安藤復蔵も神戸遠征の感想を「神戸へ行ったときは、松岡、安藤がついて行った。試合後に夜の茶会（レセプション）で松岡が行った英語の演説は神戸外人の非常なかっさいを得た」と感想を述べている。

◆慶應義塾創立50周年記念塾内大会（学報117号から）

記念祭第2日の競技として4月23日午後1時から綱町運動場において蹴球部大会を挙行したり。前後4組（4試合）にして第1回（第1試合）幼年生の競技は6対0で赤組の勝ち。レフリーは安藤（復蔵）氏。（第1試合の幼年組、第2試合の大人組第2選手組はともにFWは7人制。したがってメンバーは14人編成となっている。理由は不明）

［幼年組］

○赤組6（0—0、6—0）0黄組●

赤組	vs.	黄組
高　野	FW	井　上
腰　高		広　瀬
寺　田		田之倉
稲　葉		山　口
山　口		尾　上
宮　川		高　地
筒　井		名　取
安　藤	HB	奥　田
伊　達		統　合
児　島	TB	杉　本
新　田		三　矢
川　村		西　川
吉　田		増　田
河　野	FB	阿　部

赤組	vs.	黄組
0	T	0
0	G	0
0	PG	0
0	前	0
2	T	0
0	G	0
0	PG	0
6	後	0
6	計	0

●［短評＝学報］

赤組最初より優勢にてスリークォーターの活動目覚ましく、ハーフタイム前ことに目立ち黄組の25ヤードライン近くに肉迫（肉薄）しいたるが、遂にハーフタイム後レフトサイドのスクラメージの後、安藤のトライにて3点を得、勢に乗じて伊達のトライをもってまた3点を博（得ること）せり。いずれもキックは成功せざりし。かくて第2回（第2試合）の大人組なる第2選手の競技となれり。

［大人組・第２選手］

▽レフリー＝小川仙二氏

▽キックオフ＝赤組

○黄組３（0—0、３—0）0 赤組●

黄組	vs.	赤組
天　神	FW	鹿　海
加　藤		加　藤
小　幡		榊　原
川　口		富　岡
尾　崎		高　木
平　井		松　崎
小　松		佐　野
山　田	HB	片　岡
前　田		杉　山
百　井	TB	飯　塚
多賀谷		牧　野
永　井		児　玉
永　滝		小笠原
井　上	FB	藤　井

黄組	vs.	赤組
0	T	0
0	G	0
0	PG	0
0	前	0
1	T	0
0	G	0
0	PG	0
3	後	0
3	計	0

●［短評＝学報］

ハーフタイム前は得点なく５分間休憩の後、再び開始したるに、黄組の勢力倍加し終始赤組を苦しめたる後、スリークォーターの永滝がとっさの間にトライにて３点得て、遂に黄組の勝ちとなりたり。ついで（第３試合として）当日の来賓たる高等師範学校及び慈恵医学専門学校混合のア式蹴球行われる。

付記②：記録なし。

［大人組・第１選手］

▽レフリー＝北田内蔵司氏

▽キックオフ＝不明

○赤組９（6—0、3—0）0 黄組●

赤組	vs.	黄組
星　野	FW	中　村
柴　田		小　佐
村　井		大　塚
塚　本		福　沢
荒　木		大矢知
本　山		中　野
小　柴		永　坂
堀　部		新　田
杉　本	HB	宮　川
田辺九		八手幡
高　橋	TB	山　越
飯　塚		北　町
信　夫		村　上
平　塚		宮　沢
竹　野	FB	高　田

赤組	vs.	黄組
6	T	0
0	G	0
0	PG	0
6	前	0
3	T	0
0	G	0
0	PG	0
3	後	0
9	計	0

●［短評＝学報］

黄組初めよりやや劣れるやの感あり、しばしば奮戦せし甲斐もなく赤組のために押し返されしと見る間に平塚のトライ成功して３点を得しが、ゴールキックは無効となり、間もなくまたも本山トライにて３点を得たりしかば、黄組はこれに全軍を励まして攻めしもフルバックは名に負う竹野、左に右にいささかの空隙も見せず、得るところなくしてハーフタイムとなれる後、村上巧みに突進せしも、また竹野のタックルにて無効となりしは惜しかりしも、つねに赤組の25ヤード線を退かず、いま一息にて得点あらんとするその一刹那、平塚の突進好機を逸せず、奏功したのみならず塚本のトライにてまたも3点を得てタイムとなりたり。

◆「白皚皚…」の部歌生まれる

タイガー軍団の心がひとつに結合するとき、それはキャプテン・ソロではじまる蹴球部の部歌「白皚皚…」を斉唱するときである。ラグビー発祥のころ田中銀之助は当時の教え子たちにラグビー精神の何であるかを厳しく説いたが、その創設時の先人たちの心を詩に書き、曲にしたのは1905（明治38）年卒業のOB安藤復蔵だった。蹴球部六十年史つぎのように記している。

「部歌は群馬県太田市（当時はまだ小さい町であった）の芭蕉屋旅館で（太田中学へラグビーを教えるために大勢で行き、田中一貞教授も部長として同行した）作ったものです。何か部員でそろって歌えるものが欲しいというところから、老生が即座に作ったのが今の部歌です。譜は外国のものを三つばかり寄せ集めて、でっち上げたわけです。実は歌を四つ（※雪の日、春の雨、秋の風、初冬の晴天）作る予定だったが、ひとつ作ったのを皆で歌って満足したので、あとはそのままになってしまった。（※なぜか夏がない）」。

安藤復蔵（撮影年不詳）。右は安藤夫人、左は松岡正男夫人。

安藤復蔵といえば田辺九万三とともに慶應ラグビー揺籃の期にはじまるさまざまな出来事、貴重な記録を、後世に伝えるべく書き残している歴史の恩人。卒業年度からいって太田中学へのコーチ（明治41年の正月休暇）、あるいは蹴球部の神戸遠征には今でいうOBのひとりとして参加した。学生時代から絵をよくし、この（明治41）年に文展入選を果たすなど、卒業後は洋画家として活躍した才人である。

◆慶應義塾のラグビー普及活動

蹴球部の大きな目標にラグビーの普及活動があった。明治38年5月20日付けの時事新報は慶應義塾の塾内大会を報じる記事の最後を「この競技は目下余り広く行われおらざれども、学習院、第一高等学校はすでに昨年頃より練習しおるといい、横浜アメチュア倶楽部には現に一騎当千の強（つわものの意）さえ多しとのことなれば追々学生間に流行するに至るべしなり」という記述で結んでいる。この記事による「昨年頃」とは1904（明治37）年を指しているわけだが、学習院は田中銀之助（英国留学のため中途退学）にとっては母校。また第一高等学校はE・B・クラークが1903（明治36）年から1911（明治44）年まで教鞭をとっていた学校である。田中、あるいはクラークが塾生たちに手ほどきしたように、学習院や一高でもラグビーを教える機会は十分にあったはずだし、田辺九万三のメモには「学習院から4名習いにきたる。三島、柳谷、外2名。一高へエキシビションゲームをやりに行く。つぎは太田中学（群馬県）、三聯隊等。

田宮は三高、同志社等に宣伝す」と具体的に普及活動の要点が記されている。その学習院、一高が日本のラグビー史に登場するのはずっと後になってから。ということは慶應義塾では根づいたラグビーだったが、当時の両校の土壌には合わなかったということだろう。同じことは群馬県の太田中学への普及活動についてもいえる。

◆群馬・太田中学とラグビー（田辺九万三の遺稿）

「明治40（1907）年の暑中休暇に竹野敬司、福島荘平の両選手が北関東方面に旅行したときに、群馬県太田中学は福島君の出身校であるので、同校長サンを訪ねたことがあった。その校長サンはたしか三浦さんといわれたように記憶しているが、校長サンは両君のラグビーの話を聞いて非常に興味を持たれた、というのは群馬県は冬季になると有名な上州の空ッ風が連日吹き荒んで、体操なんかは寒くってできないくらいなので体操の代わりにラグビーをやったらよかろうということであった。この報告を聞いて蹴球部の人たちはこの話が実現すれば、初めて自校以外に日本人のチームができるというわけなので非常な気の乗り方で、シーズンがはじまると早速４、５人がコーチに出かけた。先方も先生方が中々熱心なので３日間くらい滞在してゲームの仕方を指導した。中学生にはじめから装備なんかやかましくしては普及の妨げになると思って装備はできるだけ簡単にすることとし、ユニホームは普通着用のシャツで結構、靴も足袋（たび）裸足（はだし）がよろしいということに教え込んだ。コーチから帰ってからも、ぜひともこの芽生えを育成しようと色々画策した末、その冬の正月休みには太田に合宿をしてこの学校をコーチかたがた練習をしようということになり、有志およそ20人ばかり太田の呑竜様の門前にあった芭蕉屋という宿屋に合宿して毎日中学のグラウンドで中学の学生を交じえて練習をした。この努力の結果ついに実を結んで同校の技術はメキメキ上達をし、その年の春の休暇には東上して、慶應普通部と試合をした。この上京チームは足袋裸足どころではなく、靴もユニホームも新調して立派なものであった。これは前にもいったとおり慶應にはじめて（「慶應についで」の誤り）できた日本人チームなので、その前途は非常に嘱目（しょくもく）（注目の意）されたのであったが、いつの間にか消滅してしまった。後で聞くと適当な指導者がなかったので、ラグビーは学生間の制裁をするときに利用されることになってしまったということであった。筆者らもこの点を危惧したので、部長が体操の先生であり年配の若い人であったので、当分は貴下がレフリーをやって下さいと、再三注意しておいたのであったが、それをやらなかったためにこんなことになってしまった。今日に比して学生スポーツに対する理解に雲泥の相違はあるが、中学スポーツは指導者の熱意いかんがその盛衰を支配することは今日も同様である」

付記③：岡野豪夫（1912年＝明治45年卒業）の遺稿によると、「太田中学にラグビーを勧めたが中途中絶し、明治大学にもコーチして中野のグラウンドまで行ったがこれも中絶した」とあり、また1918（大正７）年度主将の塩川潤一は「まだ東京のどこの学校もはじめていないとき、陸軍戸山学校でラグビー蹴球を正式にはじめることとなり塾からコーチに行くことに決定（中略）、普通部生15、６人を連れ、何でも面白く練習試合に持っていくのですが、義務的にやるスポーツは、いくら体躯堂々とした人々でも、スポーツにならず当惑したものです（後略）」と書き残している。戸山学校のラグビーは途中、中絶の期間があったようだが、それでも塩川が卒業する大正８、９年頃まで続いていたようだ。そのほか蹴球部では佐野中学、宇都宮中学、八戸中学、函館中学などにもラグビーの指導、普及を行ったという記録が六十年史に記載されている。

◆慶應ラグビーと正義

慶應義塾体育会蹴球部の百年史を編むにあたって、冒頭に田中銀之助の「ラグビーの精神に就て」と題する遺稿を掲げた。この田中が説いた「フェアプレーの精神」は草創期の多感な三田の若者たちの心に強烈な衝撃となって引き継がれていった。中心人物は田中から直接の薫陶を受けた松岡正男その人。やがて「田中イズム」は櫛山次郎、飯塚龍蔵、田辺専一らの後継者へと伝承されていくが、後に白熊会と称する超正義派の総本山となったのが田辺専一のいた３寮である。舎監は米国留学から帰国した松岡。「スポーツマンシップ、ラグビー・スピリットを厳正に守ることを主張するグループの中心で、寮生活を万事これで律するという厳しいところでした」と塩川潤一は当時を述懐している。また白熊会の由来については、かつて白熊といわれ、蹴球部の創設から体育会加盟と激動の時代に中心となって活躍した田宮弘太郎のあまりにも早い突然の死（卒業後わずか４年の明治42年11月）を悼んでつけたという。仲間から、後輩から慕われた白熊・田宮は学業優秀、真にラグビー・スピリットを体得した理想的な選手だったが、塩川によると「田宮亡き後に白熊会の主張で、選手になる技能力量が不足してもラグビー・スピリットを備え、学業も優秀な部員には、純金メダル、あるいはユニフォームの胸につける特別のマークなどを授与する規定が一時的ではあったが実施された」そうだ。また年代的に田辺専一の４年先輩にあたる櫛山次郎と白熊会のつながりについてははっきりしないが、田辺九万三の遺稿は「櫛山と正義」をつぎのように伝えている。「誰いうとなく、同君（櫛山次郎）（に）は正義というニックネームを奉って櫛山といわなくとも正義といえば櫛山君のことに通用してしまった。しかしながらわたしたちはこれによって、ラグビーと正義の精神の離るべからざることを深く心の中に練り込むことができた。そして爾来（じらい）（そのとき以来）今日に到るまでラグビーのプレイを論ずるもの必ずその精神を併せ論ずるようになったのである」と。蹴球部六十年史発刊にあたって当時の体育会理事、石丸重治は「今日よきConservatismを守っていくことは、いわゆる進歩的民主的に走ることよりいかに至難なことであり、堅固なる意志を必要とするかを思惟せざるを得ません」と創設の精神を維持、継続していくことの難しさに触れたうえで「塾のラグビー部の伝統—Daring、Noble、Fair—をもう一度歴史を通して振り返ってよく考えていただくことがこの60周年に際して行わるべき大切のことと思います（要旨）」と提言している。慶應義塾体育会の理事として石丸が蹴球部に発したこの警鐘は、CENTENARY（百年祭）を迎えたいまも鳴り続けているといってもいいだろう。先人たちの巨大な英知の結晶ともいうべき蹴球部の歴史を透視することの意義は、明日の100年（BICENTENARY）へとさらに歩を一歩進めるうえで大きい。

◆塾内大会に太田中学が特別参加
（時事新報：明治40年11月25日付け）

慶應義塾ラ式蹴球大会は11月24日午前11時、一発の煙火（えんか＝花火の意）を合図に開始さる。

●［第１回（第１試合）幼年組］

幼年組のウルフ対ハイドラのゲームは審判田宮（田宮弘太郎）氏。３対６にてウルフの勝ちとなり、名誉の優勝旗はまたまたウルフの手に帰せるが、最初ハイドラ方のキックにウルフの猛将杉本巧みにこれを捕らえての突進に増田これを食い止めスクラメージとなり、井辺の突進もハイドラ方も失策あり、フリーキックとなり、奮闘数回杉本猛進遂にトライにて3点、赤組（ハイドラの誤り）新田また突進よく功を奏してトライにて3点両軍同点となり、奮闘20分にてここにレフリーはハーフタイムを宣告し第2（後半）のゲームに移りしがウルフがまた3点を得たり。

●［第2回（第2試合）大人混合組］

無勝負。審判旧選手松岡（OB松岡正男）氏。このゲームは野球部小山、福田、池口、長崎、飯塚、寛輪、富岡等の出陣なり、いずれも目立たる活動をなしたるは注目を惹きたり。

●［第3回（第3試合）幼年組］

審判旧選手安藤（OB安藤復蔵）氏。赤組零に対し紫組は12点、大勝を得たり。

●［第4回（第4試合）太田中学混合］

審判は太田（貞己）氏。太田中学校蹴球部選手15名が来賓として茂木部長に引率されきたりしものなるが、富沢、斎晴、宮本の活躍すこぶる当を得たるごとく無勝負に終われり（前記「群馬・太田中学とラグビー」の項参照）。

［第5回（第5試合）最終ゲーム］

審判はホワイト氏（YC＆AC選手）。7対6にてこれれまた赤組の勝ちとなれり。紫組の竹野、信夫の突進と飯塚のキック、福長のドリブルすこぶる見るべく、赤組本山、宮川のキック、富岡の突進等目覚ましかりし。奮闘十数合にして名誉の勝利は赤組の手に帰し互いに万歳を三唱して散会せり。

◆トウィッケナムにラグビー専用のスタジアム

イングランド協会が1907年にロンドン郊外のトウィッケナム（Twickenham）にかつては市場として使われていたスタジアムを購入し、ラグビー専用の競技場とした。その後、何度かスタジアムの改装が行われ、現在では75,000人収容の大スタンドを有するほか、競技場を浸水から守る工事が施されているなど世界最高の施設を誇っている。また芝生の手入れにかける時間は平均6時間。歩く距離に直すと12.8kmになるとか。とにかくオックスブリッジ対抗のバーシティーマッチや5カ国対抗のグラウンドとして世界のラガーマン憧れのラグビー・グラウンドである。

1908（明治41）年度 ◆宮沢恒治①◆

蹴球部念願の「打倒YC＆AC」がついに実現した。1901年に初めてYC＆ACと対戦して以来、苦節8年。慶應義塾というより日本ラグビーが対外試合で初めて記録した輝かしい勝利は、蹴球部の頭脳がこのシーズンに編み出した慶應ラグビー独特の「セブン・システム」によってもたらされた。しかもサイズ、経験で劣る国内唯一の日本人チームがわずか11度目の対戦で、横浜在留とはいえラグビーの母国、英国人のチームを破ったところに意義がある。NZオールブラックスに啓発されたこの戦略の勝利は、また日本ラグビーの未来への展望が切り開かれた点でも特筆される出来事だった。

➲E・B・クラークからD・ギャラハーの著書『コンプリート・ラグビー』が届く。

◆「セブン・システム」とオールブラックス

慶應ラグビーにとって1908年は飛躍への大きな転換の年となった。きっかけはかつての恩師、E・B・クラークから送られてきた『Complete Rugby Football』と題する一冊の原書。1905年から6年にかけて英本国に最初の遠征を行った「オールブラックス」（ニュージーランド）は「2・3・2」のスクラム・フォーメーションで33戦32勝1敗の驚異的な戦績を記録しているが、この遠征チームの主将だったD・ギャラハーが著したオールブラックスの解説書。彼らの快挙は日本でも報道されてすでに2年の歳月が経っていたが、蹴球部でも「どうしたらそんな強いチームを…」、あるいは「7人のFWの動きは…」と異常なまでの関心で情報入手に腐心していた矢先に届いたギャラハーの著書。当時の蹴球部員の感激と喜びの表情などを田辺九万三の遺稿はビビッドに伝えている。

●感激の蹴球部員（田辺九万三）

「これには同チームのセブン・システムの事が実に詳細に論議説明されており、ことに7人制のスクラムについて力説されていた。蹴球部ではこれあるかなとばかり引っ張り合って見たうえ、さっそく練習に適用する事とし、さらに一層詳しく研究しようという事になって、その本を毀（こわ）して各章に分割し、それを若干の選手にわけて暑中休暇にこれを精訳してくる事とした。ところがこれらの人たちの中にも不心得なのがいて、自分の受け持ちの分を訳してこないばかりか、原本さえも失ったものがあった。幸いにして骨子であるスクラメージの部分はキャプテン宮沢恒治らの努力で詳解されたので、セブン・フォーメーションの何たるかが了解されたのであるが、このとき全本が完訳されていたならば、日本ラグビーはもっと早く技術の発達を遂げたことと思われる」

NZのセブンシステム

○○	1st
○○○	2nd
○○	3rd
○	IH
○	OH
○○	FE
○○○	TB
○	FB

●システム採用と効果（田辺九万三）

「このシステムを採用したについては当時の横浜にはトットン（Totton）、ワード（Ward）のすばらしいHBがいたし、バックローにはファロット（C.von Fallot）という強豪がおり、いつもスクラムサイドを突き破られたので、何としてもこのポイントの防禦力の強化が必要であったのに対し、横浜FWの（スクラムの）押しはたいして恐ろしいものではなかったので、このフォーメーションは全く理想的なものであったのである。このシステムによって練習を重ねてみると、球は遠く（へ）出るし、バックの攻撃のスピードが増してきたし、第一に防禦力が見違えるように強化されてきた。しこうしてその秋11月14日綱町に横浜外人を迎えての試合には12対０というスコアをもってラグビー創設以来初めて横浜外人に勝つ事ができたのである。この勝利の要因がことごとくセブン・システムにありというわけではもちろんない。慶應方の技術が長足に進歩を遂げた上に、こういう著書によって科学的技術を身につけたという自信が大きく影響していたものと思われるが、７人制によるスクラムの付近のディフェンスラインが、彼らにとっては全くの初対面で攻撃のチャンスがことごとくスタートで刈り取られたのに作戦の齟齬を招いた事は争われなかった」

●フォーメーションの概略（田辺九万三）

「最初に採用したセブンFWのフォーメーションは後の改良型とは異なっている（前頁図参照)。まずフロントローは２人で、この２人の間に首を入れて押すのがロックであり、これは股をできるだけ大きく開く。ロックの両側の２人はそれぞれフロントローの臀の外側に肩をつけて斜め内側の方向に押す。バックローの二人はそれぞれロックの臀をこれも斜め内側に押すのである。フロントローのフッキングは２人が内側の足を同時に挙げて、投げ入れられた球を踵でフックするのである。これは調子よくフックされると球はスクラムから転び出るかわりに地上１、２尺の高さでダイレクトにHBの懐に飛び込んでくる。そうでなくともフックした足の後方は大きなトンネルになっていて、何の障害もないから出る球の速度は非常に速い。したがって球を入れたHBが自分で球を拾う事はまずできない。スクラムの背後で、もう一人のＨＢが控え、そのHBの後にはスタンドオフの位置の左右にファイブ・エース（５／８）がおり、その後方に３人のTBがいるというわけである」

●２・３・２の欠陥（田辺九万三）

「この２・３・２システムは明治44年に現在(昭和20年代を指す）の３・２・２に変わらされた。２・３・２のフォーメーションはつねにルーズヘッドは敵方に取られる。球がスクラムの中央部に入れられれば有効なフッキングができるけれども、相手方のセンターに外側の脚で撥（はつ）（はらうの意）かれると全く処置がない。事実、相手方はこの欠陥を突いてしばしばフランクマンの内側の脚とセンターの外側の脚とで撥いた。この場合こちらはフロントローの２本の脚が１本のように働かなければならないのであるから、それを斜めに差し出したのでは効果もないしスクラムの安定が崩れてしまう。であるからどうしても前は３人にしなければならない。そうなると一応エイトのフォーメーションに帰る事になるのだが、８バックスの良さも捨てるに忍びない。そこで議論研究された事はバックロセンターの押しがスクラムをどれだけ強くするかの問題である」

●蹴球部の結論（田辺九万三）

「７人と８人の力の差異はニュージーランドの本でも大いに論じられているところだが、その際の慶應方が出した結論では「球を擦（は）く瞬間に対等であればそれでよい」という事であった。多年にわたって検討し、実験済みであるエイト・システムのスタビリティー(安定）については決してこれを軽視するものではないけれども、その力の差も極めて短い時間ならば克服し得る。それはクイック・ヒーリングで解決できる。敵に球を取られてキープされた場合には長引くので、力の差が明瞭に出てくるはずではあるが、さりとて真っ向に押し飛ばされる事とばかり考えなくともよい、というのがプリンシプルであった。この結果、彼らの後継者達はクッション式のヒーリングを考え出した。それはHBが非常なスピードで球を投げ入れた瞬間、ブラインドの側にあるフッカーの内側の脚が飛び出してその踵(きびす)に球を当てる。すると球は投げ入れた方向と直角に非常な速さでスクラムの真ん中を通ってヒール・アウトされるのである」

●セブンFWの明暗（田辺九万三）

「セブン・システムは爾来(じらい)帝大系統及び明治を除く一般チームに広く採用された。昭和のはじめカナダ遠征（1930年＝昭和５年）にもこのシステムによって驚異的な成績を収めたし、豪州学生軍の来訪時（1934年＝昭和９年）、当時関東のナンバー３であった慶應に敗れた（○慶16－８豪●）のも、この変形システムの罠に陥ったものであった。かくしてこのシステム特異のポジションである球入れハーフには上野、清水（慶）、丸山、山本（早）らの名手が生まれた。しかしこの特異性のあるシステムも一時絶滅した。それは期せずして東西すなわち日本においても英国においてもセブンFWが異端者扱いを受けて非常な虐待をこうむったからである。すなわち英国（イングランド）ユニオンの制定した『３本の脚を通過してからフッキングをなすべき事』、『ゼントリープロペル（gentlypropel）でなければならない』という規則は２－３－２の存在を抹殺しさった。３－２－２に対しても前者はとにかく、後者は大痛手であった。ことに日本のレフリーは、あたかもセブン・システムを絶滅する意図ででもあるかのようなレフリングをした。すなわち彼らは球がスクラムに入らない以前—ときには数分も—からの押しを寛容したのみならず、彼らは球が入らない以前に押されてスクラムポイントからはるかに後退するので、そのポイントでスクラムを組み直そうとしてそのスクラムを解く事が重なると、その押されたチームをスクラムを組む意志なきものと断定してフリーキックを課したりさえしたのである。いうまでもなくスクラムはデッド（中断）したゲームを再びはじめる仕方のひとつである。であるから球が入らないうちは、ゲームははじまってはならないのである。ゲームを再開しようとしてスクラムを組む相手を押し飛ばす方が正しくて、押し飛ばされる方が反則であるなんていう事は、ラグビーの本義たる紳士道を云々するまでもなく、本末転倒であらねばならない」

付記①：田辺九万三が指摘する「スクラムにボールが入る前の押し」については、いつの時代を指しているのか不明だが、現行ルールでも第20条「スクラムの形成」（２項）で「スクラムはボールが入るまでは、中央の線がゴールラインに平行するように静止していなければならない」と規定している。

◆蹴球部念願の初勝利

第11回慶應義塾対YC＆AC定期戦は11月14日午後３時から三田の綱町グラウンドで行われ、予想に反して慶應が12－０で快勝。９度目の対戦でYC＆ACから初めての勝利を記録した。最大の勝因はNZオールブラックスにヒントを得た慶應独特のセブン・システムの開発。サイズに劣る慶應がローバーを中心にスクラム周辺の守りを固める一方、攻撃面では速いヒールアウトからのオープン展開と、それまでの試合パターンを一新することで草創の先輩たちが果たせなかった夢を現実のものとしたわけである。

この試合で３HBのうちローバーがだれか、時事新報のメンバー表記では不明。本来ならFBの北野がFWになっているところから、北野をローバーの位置においた。なお「THE JAPAN WEEKLY MAIL」はこの試合を記事にしていない。

●第11回慶應義塾対YC＆AC戦（慶應１勝10敗）

▽1908年11月14日

▽キックオフ＝慶應義塾
▽グラウンド＝慶應・綱町
▽レフリー＝松岡正男氏

○慶應義塾 12（6－0、6－0）0 YC&AC●

慶応義塾	vs.	YC&AC
菅 谷	FW	プリスト
福 長		グラナー
海 東		Vincent
柴 田		Worden
田辺専		Da Costa
亀 山		Gregory
小 佐		Gorman
北 野		Walker
川 田	HB	Hearne
玉 井		Box
竹 野	TB	Bowden
田辺九		Walter
飯 塚		ウォーカー
宮 沢		Squire
高 橋	FB	不明

慶應	vs.	YC&AC
2	T	0
0	G	0
0	PG	0
6	前	0
2	T	0
0	G	0
0	PG	0
6	後	0
12	計	0

●［試合後記＝時事新報（要旨）］

斯道の大家田中（銀之助）もほどなく来場。試合は慶應のキックオフではじまった。まず機先を制して25ヤード線内に攻め込んだあと、しばしばYC&ACゴールに迫るなど黒黄ジャージーが優勢。TBラインのパス攻撃、セブンながらスクラムでも慶應の健闘が続いた。しかしYC&ACの守りもなかなか堅く、簡単にはトライがとれなかったが、何度目かの相手ゴール前での攻撃で、ついにCTB飯塚が好走よくインゴールに飛び込み先制トライ。さらに宮沢主将のトライで前半を6－0とリードした。この日のYC&ACはとくにバックスが不調。せっかく慶應の25ヤード線内に攻め込んでも好タックルに阻まれてゴールラインが越えられず、逆に慶應は柴田、竹野の連続トライでとどめを刺した。過去10度の対戦でどうしても勝てなかった「巨人」YC&ACを初めて倒した歴史的な勝利といえる。もちろんそれは蹴球部苦心の作品－「セブン・システム」が攻守にわたって機能した結果がもたらしたもの。とにかく相手の攻撃をことごとくスタートの時点で断ち切ったスクラム周辺の守り、また逆にそこから切り返していく８人バックスの数の優位を生かした攻撃と、攻守にわたる「意外性」がサイズの優劣を超えた最初のケースではあった。しかし、意外性だけが勝因のすべてではない。ここに至るまでの記録を見ればYC&ACとの点差は試合ごとに詰まってきており、技術的にも慶應側に進歩のあとがうかがえるが、だからといって師匠格のYC&ACのレベルに並んだとするのは早計だろう。それは以後の対戦成績が如実に物語っているし、セブン・システムの研究、改良に本腰を入れはじめた先人たちの姿勢でも明らかだ。

◆慶應の連勝ならず

慶應ラグビーの歴史的な初勝利から21日目の12月５日。今度はYC&ACの本拠地、横浜で対戦することになった。今回は１st XV、２nd XVの各試合が行われ、１st XVはYC&ACが25－０で雪辱。また２nd XVは６－６で引き分けた。

●第12回慶應義塾対YC&AC戦
（１st XV＝慶應１勝11敗）
▽1908年12月５日
▽キックオフ＝慶應義塾
▽グラウンド＝横浜公園
▽レフリー＝不明

●慶應義塾 0（0－6、0－19）25 YC＆AC○

慶應義塾	vs.	YC＆AC
菅　谷	FW	
福　長		メ
高　橋		
安　藤		ン
松　岡		
亀　山		バ
海　東		
		ー
村　上	HB	
北　野		不
沢　田		
竹　野	TB	明
信　夫		
飯　塚		
玉　井		
宮　川	FB	

慶應	vs.	YC＆AC
0	T	2
0	G	0
0	PG	0
0	前	6
0	T	5
0	G	2
0	PG	0
0	後	19
0	計	25

付記②：時事新報のメンバー表記が 8 人制FWのため仮にバックローセンター（当時はFWの 7 人目）の村上を 3 HBのローバーとした。なお、「THE JAPAN WEEKLY MAIL」にはメンバーの記載なし。

●［試合後記＝時事新報、『J. W. M.』から］

試合は慶應のキックオフではじまった。3 週間前の雪辱を期すYC＆ACはメンバーを入れ替えるなど心機一転の布陣で、慶應の果敢な攻撃かわすとともに、反撃に移ってたちまち 2 トライを先取して前半を終わった。後半は重量の差に加えて、FW、バックスのコンビネーションに優るYC＆ACの独壇場。5 トライ、2 ゴールを奪うなど、慶應のセブン・システムを粉砕するパワー攻撃で大勝した。

付記③：「THE JAPAN WEEKLY MAIL」（Dec. 12、1908）によると上記の得点合計は「5 トライ、2 ゴールの25得点。Buckle＝3 T、Mecre＝2 T、Pollock＆Wardeach＝1 T。Only two of the seven were converted by Lambert and Ward.」となっており、時事新報の「22得点」と 1 T、得点にして 3 点の食い違いがみられる。

▽レフリー＝G.K.Totton氏

△慶應（2ndＸＶ）6（3－3、3－3）6 YC&AC（2ndＸ）△

2ndＸＶ［慶　應］	
FW	川　俣
	真　島
	小　松
	矢　島
	高　地
	柴　田
	服　部
HB	安　藤
	杉　本
	田　辺
TB	田　部
	新　田
	新　田
	高　橋
FB	岡　野

●［試合後記］

先制トライはYC＆ACがあげた。慶應の攻撃をしのいだあと、反撃に転じて 3 点。トライ後のコンバージョンには失敗した。リードされた慶應だが、岡野のキックからチャンスをつかみ、バックロー柴田がインゴールに飛び込んで同点とした。後半もYC＆ACがトライを先取したが、慶應も田辺のキックと新田の突進で相手陣内奥深く攻め込んだスクラムから安藤のトライで同点としたところでノーサイドとなり、史上初の引き分けとなった。

◆善戦も遠来のKR＆ACにまた惜敗

KR＆AC（神戸ローイング＆アスレチッククラブ）との第２回定期戦は孝明天皇祭の１月30日午後２時40分から横浜公園のYC＆ACグラウンドで行われた。冷たい北風が吹きつけるコンディションだったが、KR＆ACが食い下がる慶應を11対６の小差で振り切り、２連勝した。

●第２回慶應義塾対KR＆AC戦（KR＆AC２勝）

▽1909年１月30日

▽キックオフ＝慶應義塾

▽グラウンド＝横浜公園

▽レフリー＝E. C. Jeffrey氏

●慶應義塾６（0―3、6―8）11 KR＆AC○

慶應義塾	vs.	KR＆AC
菅　谷	FW	ルーネル
高　橋		マクアラン
田辺専		ポストルウェー
安　藤		スティフィー
海　東		ケトル
柴　田		ホール
亀　山		ホルム
		イーレン
真　野	HB	ボール
川　田		ビヤー
北　野		
竹　野	TB	ソメリル
飯　塚		レーネル
玉　井		ウィリヨン
田辺九		ロス
高　橋	FB	コートン

慶應	vs.	YC&AC
0	T	0
0	G	0
0	PG	1
0	前	3
1	T	1
0	G	1
1	PG	0
6	後	8
6	計	11

●［試合後記＝時事新報（要旨）］

慶應は黒黄の横縞（よこしま）、神戸は紺のジャージー。前半まずチャンスをつかんだのは慶應だった。キックオフから神戸陣に入り、ここで神戸にオフサイドがあって相手の25ヤード線まで迫ったが、柴田の突進を止められたあとは防戦一方。逆に今度は自陣内まで後退したところで反則をとられてポストルウェーに先制のPGを許した。後半も試合の主導権は神戸。体力と脚力に優る神戸はレーネル、ウィリヨンの連続トライで点差をひろげた。とくにウィリヨンはレーネルのトライ後のコンバージョンも決めるなど大活躍だったが、終盤にはいって慶應の反撃がはじまった。北野、柴田の突進から飯塚がPGを決めてまず３点。続いて田辺九、竹野両WTBの好走から１トライを加え、ゴールが決まれば３点差という土壇場の急追で盛り上げたが、ゴールが決まらず、ノーサイドを告げるジェフリー氏の笛となった。両チームの技量に優劣はなかった。むしろ敏活という点では慶應が優っていたが、神戸の偉大な体力に好機を逸したというのが実感だった。このあと両チームは慶應義塾に会して晩餐会に臨んだが、席上、田中銀之助、松岡正男両氏、及びレーネル主将の挨拶があり、時事新報寄贈の２組の銀盃が神戸のレーネル氏、慶應の竹野氏に贈られ、午後７時和気蕩然（とうぜん＝広大なさま）のうちに散会した。

◆この年度４度目の対戦も完敗

慶應義塾とYC＆ACの14回目の試合が２月13日に横浜公園のYC＆ACグラウンドで行われ、蹴球部は０―30（５トライ、３ゴール）の大差で敗れた。

この年度の初戦（1908・11・14）に対YC＆AC戦初勝利を飾って以来、この日の対戦は同一年度内で４度目の顔合わせと異常なまでの日程。それも第２戦以後はすべて慶應義塾が横浜に遠征するという偏（かたよ）り方だったが、この試合の報道は、英字週刊紙「THE JAPAN WEEKLY MAIL」だけ。慶應義塾学報、時事新報など日本側のメディアはいっさい触れていない。

「THE JAPAN WEEKLY MAIL」によると——「前半19—0とリードした横浜が後半も11点を加えて30—0で快勝した。前半の得点はワードが2トライ、ポロック、メクレ、ビンセントがそれぞれ1トライの計5トライ。後半もケロッグ、トッド、ビンセントがトライを追加。このうちワードが前半2本、後半1本のコンバージョンを決めて大量得点とした。内容としてはパスワークに改善のあとが見られた」(要旨)。

なお、上記の記事に続いてKR&ACとのインターポート・マッチに出場するYC&ACの代表が報じられているところから、蹴球部との試合がセレクション・マッチだったとも考えられる。

1909(明治42)年度 ◆宮沢恒治②◆

蹴球部が慶應ラグビーの10周年を記念して『ラグビー式フットボール』と題する解説書を出版した。220ページ、定価25銭の小冊子ではあったが、当時の蹴球部員がラグビー10年の経験と、元オールブラックス主将の手になる『Complete Rugby Football』を参考に著述、編纂した力作であり、そこにはラグビーの普及と後継チームの出現をただひたすら待ち望む蹴球部員たちの心情がこめられている。いずれにしても単にラグビーの技術論だけにとどまらず、発祥の由来からフェアプレーのスピリッツ、さらには世界へとウイングを広げていった飛躍への過程に至るまで、ラグビーのすべてを網羅した内容の濃密さには、ただ驚嘆のほかはない。

➲トゥィッケナムで初の国際試合が行われる。

◆蹴球部員がラグビーの解説書を発刊

日本で初めてのラグビー解説書が蹴球部員の手で編纂され、この年の11月11日に出版社の博文館から発刊された。

どういう経緯で、だれの発案によるかは定かでないが、先に「セブン・システム」の項で触れたように、E・B・クラークから贈られた英書『Complete Rugby Football』の翻訳が「キャプテン宮沢恒治らの努力で詳解された」(田辺九万三) ことから推測すると、発案はキャプテン2期目の宮沢が、また発刊の趣旨は慶應義塾に続く後継チームの出現を願い、かつチーム誕生の手助けをしようという純粋な気持ちの発露からだろう。

ラグビー発祥以来10年という長い歳月が経っても日本人の対戦相手ができないいらだち。日本で初めてのラグビー専門書はこうした背景のもと、英書がヒントとなったことは想像に難くない。

いずれにしても学業、練習の余暇に英書の翻訳にはじまる解説書の執筆…。技術論にとどまらず、ルールからラグビーのスピリッツ、さらには歴史と広範、多岐にわたる内容だけ

日本初のラグビー教本(慶應義塾蹴球部編・明治42年11月・博文館)。

に、完成をみるまでの努力は並大抵のことではなかったはずだ。

[コンテンツ]――――――――――――

◆この年度もYC＆ACに完敗
（時事新報：明治43年2月19日付け）

慶應義塾とYC＆ACの第18戦は、2月18日午後3時より横浜公園グラウンドにおいてマクナートン氏審判のもとに開始。最初、球は慶應の手にありて優勢なりしが、ハーフタイム少し前より慶應とにかく振るわずして、敵に1トライを得られ、3点を収められる。これにおいてプレースキックを試みたるも、ついに3対0をもってハーフタイムとなる。後半は陣地を換えて慶應奮闘したるも、敵またかえって猛烈に戦いて18点を収められ、21対0にて外人の勝ちとなりたり。

第3回対KR＆AC戦（明治42年12月25日）の記念写真。

●慶應義塾0（0―3、0―18）21YC＆AC○

◆トウィッケナムで初の国際試合

トウィッケナムがイングランド協会の専用ラグビー場として完成したのは1908年のこと。この時点でのキャパシティーは観客席が6000席、30000人だったが、1949年から1950年にかけての大改装で収容能力75000人のというラグビーの母国イングランドのスタジアムにふさわしい立派なものとなった。ホームユニオン専用のグラウンドとしてはウェールズのアームズパーク（最初はクリケットのグラウンド）、アイルランドのランズダウンロードについで3番目。そしてここトウィッケナムで初めて国際試合が行われたのは1910年1月15日。対ウェールズ戦は1G、1T、1PGでイングランドが勝ち、続く対アイルランド戦は0―0で引き分けている。

1910(明治43)年度 ◆竹野敬司◆

日本ラグビーの第２ステージは1910（明治43）年の秋、９月に幕を開けた。その主役は慶應義塾につぐ日本で２番目のラグビーチームとして京洛の地に誕生した第三高等学校（旧制）である。1899年秋に三田山上でE・B・クラークによって伝えられてから11年。横浜のYC＆AC、神戸のKR＆AC両外国人チームを相手に日本ラグビーの孤塁を守りとおした蹴球部にとっては久しく待ち望んだ記念すべき秋といってもいい。３年前の1907（明治40）年頃からはじまった蹴球部の外部への働きかけ、そして創部10周年の記念事業として編纂したラグビー専門書『ラグビー式フットボール』の出版による普及活動が、遠く日本の古都京都で花開いたわけである。11年という長い歳月をかけた蹴球部の地道な努力はもちろんのことだが、ラグビーの試合は相手があって初めて成り立つもの。その意味で三高嶽水会蹴球部（創設時の正式名称）の創設は日本ラグビー発祥に比肩すべき偉業というべきだろう。

◆蹴球部の盟友が京都に誕生

第三高等学校（旧制）ラグビー部（正式には嶽水会蹴球部）の創始について田辺九万三の遺稿はつぎのように伝えている。

「明治43年の暑中休暇に慶應のバイスキャプテン真島進君（明治45年理財科卒）が郷里京都に帰った時に、ボールを持参して行って糺（ただす）の森というところでキックの練習をした。その相手を仰せつかったのが同君の従兄弟（いとこ）で、当時三高の学生であった堀江卯吉君であった。同君は後に真島姓を名乗り、医学博士となったが若くして他界されたのは残念なことである。堀江君もこのお相手でだんだんと楕円のボールに魅力を感じはじめたと同時に真島君からラグビーの精神とあり方を聞かされた。人一倍熱情家であった同君すっかりラグビーの礼賛者となって、ぜひ三高でもはじめようということになり、当時柔道家であった中村愛助君らと語らった。同好の士を集めたり、学校当局と折衝したり非常な努力の結果、ついに官立の学校でラグビー部なるものを創設したのであったが、その苦心は並大抵のものではなかったようで、しばしばその苦衷のほどを真島君に伝えたり、意見を求めたりしてこられたものであった」

付記①：三高嶽水会蹴球部部史によると、堀江卯吉、中村愛助はともに三高三部（医科）の同期で、明治44年の卒業。堀江は岐阜中学から三高に進学し、京都市下加茂に下宿していた、とある。

付記②：真島進指導のもとに「記念の第１蹴」を飾った「糺の森」は京都・下鴨神社境内にあり、京都ラグビー発祥の地を伝える記念碑が据えられている。

◆慶應義塾と三高の間に美しい友情

慶應ラグビーの成立に寄宿舎が大きな役割を果たしたことは、先に1900年度の「三田山上に新しい寮」の項で触れたが、同じように三高蹴球部の設立でも旧制高校独特の寮生活が主役を務めた。三高蹴球部史は「ここでも、あるいは先進者慶應の示唆があったかもしれないが、多数を要するラグビーの部員集めでは、まず寄宿舎が格好の標的となる。明治43年９月の新学期開始と同時に堀江卯吉は慶應選手真島進を伴って、まず寄宿舎の委員室から勧誘工作をはじめ、順次室長を通じての部員獲得という巧みな方法で極めて短期間に、ひと通りの部員集めに成功することができた」

と綴っている。ただし、こうした慶應側の協力は真島進の個人的なものに終始したのではない。いま一度、三高蹴球部史の記述をお借りしよう。

「明治43年9月23日、秋晴れのもと、中村愛助らの主導で蹴球部（当時彼ら自身は「蹴球団」と自称しているが）としてのチームの練習がはじまったのである。この日のために、わざわざ帰校を延ばしていた真島進は、当時慶應蹴球部が編集した『ラグビー式フットボール』という小冊子をもとに文字通りラグビーのイロハから手ほどきし、ラグビーの精神、基本プレーを教えこんだのである。（中略）以後、彼らは何かにつけて慶應の指導と援助をたのんだが、中村愛助は後年（昭和12）になって、この間の事情をつぎのように記述している。「ボールが古くなり、また練習中不可解の点あれば、直ちに、慶應に書を送って補給せられたり、運動としての解答を得たので、書信の往復が絶えたことはなかった。その都度田辺九万三氏からは、噛み含めるような親切な教えを受けたもので、国内に唯一の好敵手を作る氏らの努力と、物質的な諸援助とは、わが母校蹴球部創設に当たって絶大の力を与えてくれたもので、この点に鑑みても、吾人母校蹴球部と慶應とは離るることのできない美しい結合のあるものたることを忘れてはならないのである」

付記③：第三高等学校蹴球部史によると、「同校は明治2年（1869）5月1日、大阪に開講された舎密局にその源を発し、敗戦後の学制大改革によって昭和25年（1950）3月31日閉校、蹴球部40年の歴史を包みこんだまま、その80年にわたる栄光の歴史を閉じた」とある。その結果、日本最古のラグビー定期戦は昭和24年1月4日に京都・吉田山の三高グラウンドで行われた第31回定期戦を最後にその幕を閉じたが、両校OBで作る「三吉会」での交流は定期戦が終わった後も続いた。ただ、昭和23年4月入学の部員が最後の定期戦経験者となるため、高齢化の影響で同会も自然消滅の状態というのが現状である。なお、最終戦のスコアは慶應義塾26—11三高。対戦成績は慶應の31戦30勝1引き分けだった。

◆YC&ACをノートライに封じて2勝目

慶應義塾の第1チームは11月26日午後3時から三田・綱町の慶應グラウンドでYC＆AC第1チームと対戦。2トライ、2ゴールの16点をあげ、YC＆ACの反撃をノートライの無得点に封じて8試合ぶり、2度目の勝利を飾った。対戦成績は慶應の2勝17敗。なお同19日に横浜公園で行われた第2チームの試合も慶應が奥田のドロップゴールを決め、4—3で辛勝した。

●第19回慶應義塾対YC＆AC戦（慶應2勝17敗）

▽1910年11月26日
▽キックオフ＝YC＆AC
▽グラウンド＝慶應・綱町
▽レフリー＝不明

○慶應義塾16（13—0、3—0）0 YC＆AC●

慶應義塾	vs.	YC＆AC
小　松	FW	クロサイス
亀　山		オーデン
真島進		バーン
大矢知		コチネー
若　山		ジェームズ
高　地		ポステルウェート
井　上		バンディング
		ケンパーピン
増　田	HB	デビッドソン
杉　本		バーンズ
田辺九		
北　野	TB	スコット
真島国		ビンセント
矢　島		ポックス
安　藤		ネーベル
岡　野	FB	ライベネット

慶應	vs.	YC&AC
1	T	0
2	G	0
0	PG	0
13	前	0
1	T	0
0	G	0
0	PG	0
3	後	0
16	計	0

付記④：セブン・システムの慶應義塾では８番目のFWをとりあえずローバーとした。

◆蹴球部の天幕旅行

明治の頃の蹴球部員には学ぶべき点がいろいろあるが、学生としての休暇の過ごし方もそのひとつだろう。もちろん、当時といまでは時代の背景も違えば、学生スポーツを取り巻く周囲の環境も激変している。一概に「どちらがどう」といえるほど単純な問題ではないが、ただ蹴球部員たちがテントをかついで近郊に旅をする素朴さ、純粋な生きざまに維新後の学生気質がしのばれる。塩川潤一（大正７年度主将）が蹴球部六十年史に記した先人たちの姿を再録した。以下はその要旨。

「寄宿舎生活のフット衆にとって一番ひまなのは春休みで、帰郷には日が少ないし、シーズンは終わったばかり、学業試験も一段落したところだし、気候も良し。結局ロシア天幕での旅行、あるいはボート遠漕などで協力精神を口実にして、楽しみながら無銭旅行に似た修行をするのです。携帯天幕とはいっても、底辺直径10尺（約３メートル）くらいの円錐天幕で、全部一枚でできているため、一人で持つには量も嵩（かさ）も相当なもので、しかも中央の支柱も２つ折れですがかなり重い棒となるので、これらを交代に持って歩くのはなかなか骨が折れるうえ、普通部２、３年のわれわれが持ち歩く体裁もあまり良いものではありません。そのうえ服装は着古した黒黄のシャツに、プロテクターなどをつけた出立（いでた）ちですから、当時の一般の人たちには、さぞ奇異に感ぜられたことでしょう。普通部２年（明治43年）のとき、三浦半島一周を計画。第１日は江の島から鎌倉、逗子と歩き、葉山の漁師町上の山腹に天幕を張り、１泊したのですが、夜中に暴風雨となり、皆で支柱を支え、縁を押さえるのに全力を尽くしたのですが、ついに天幕は吹き飛ばされ、濡（ぬ）れ鼠（ねずみ）となり、暗闇の中、風雨の下で夜明けを待つという、悲惨な姿になってしまったのです。幸い夜明けと同時に、下の漁師の人たちも心配して、熱いみそ汁やご飯を運んでくれ、何くれといたわってくれたうえ、その地唯一の名物、「子持ち石」という丸い直径１寸（約３cm）くらいの石を、一同にひとつずつ記念品としてくれるという親切を受け、予期しない感慨を味わいました。翌日は城ケ島から三崎の松林に無事泊まりましたが、つぎの日は大雨となったのでついに兜を脱ぎ、同行の青木たぬき君の横須賀の家に宿営させてもらうという結果に終わりました（後略）」

なお、塩川の記述によると、上記の天幕旅行のほか隅田川遡行の遠漕、目黒ゴーと称す目黒・權之助坂北側の高台一帯を含めた大屋敷邸内での苺狩り、練習後の銀ブラ…などなど、ラグビー生活とともに、それぞれ工夫をこらしてカレッジライフを謳歌し、青春を楽しんでいたようだ。

付記⑤：塩川潤一によると「ロシア天幕とは日露戦争がはじまった明治37年に駐日ロシア公使館が備品を入札で処分したそうだが、そのとき松岡正男を中心とする白熊会のメンバーがロシア製の携帯天幕のほかボクシングなどのスポーツ用具を手に入れてきた」とある。また当時（明治43年頃）銀座の「カフェー・パウリスタ」のコーヒー、焼きバナナ、焼きリンゴはいずれも５銭だったとか。ときにはブルガリア式ヨーグルト、汁粉、まれに「カフェー・ライオン」で生ビールを楽しんでもいたようだが、寮に帰れば消灯まで自習をした、というから学生の本分は忘れていなかったらしい。なお、いまでは「銀ブラ」という言葉は一般化しているが、塩川によると間違いなく当時のフット衆の手になる造語だそうである。

1911（明治44）年度 ◆田辺九万三◆

この年度最大のニュースは京洛の第三高等学校（旧制）が日本人チームとして初めて慶應義塾に戦いを挑んだことである。かつて草創期の先達たちが横浜に出向いてYC＆ACに挑戦したように、今回は三高が東上して慶應と相まみえることとなった。チーム結成以来わずかに7カ月。予想をはるかに超える成長の速さの裏には、慶應の新主将田辺九万三がこの春休みに送り込んだ真島進（FW）、杉本貞一（HB）、真島国松（TB）の3コーチの献身的な協力があったことも見逃せない事実である。そして三高蹴球部の創始は大きな波紋となって同じ地の同志社へと広がりをみせるわけだが、同時にこの三高が投じた一石はひとり東都で孤立した感のある慶應義塾をよそに、古都京都を西のラグビータウンへと変貌させる気配すら見せはじめた。後にこの地から多くの名手を輩出した土壌は、このとき醸成されたといっても間違いではない。

➲慶應のセブン・システムが「2・3・2」から後に伝統となった「3・2・2」へと移行。
➲日本で3番目のチームとして同志社にラグビー部が生まれる。

◆三高との定期戦はじまる

三高蹴球部が東上したのはこの年（1911年＝明治44年）の春休み。表向きは毎年4月の第1日曜に行われる野球の一高対三高定期戦応援がその理由だったが、実際には「一段と力をつけた彼ら『自称蹴球団』」（三高蹴球部史）が慶應との初手合わせをすることにあった。ちょうど11年前の慶應義塾が「だんだん技術も上達してきたので当時唯一つラグビーをやっていた横浜外人倶楽部に試合を申し込もうということになった」（蹴球部六十年史）のと全く同じ動機であり、経緯といってもいいだろう。

上京後の三高は「試合まで慶應と一緒に練習をしたい」との希望で、三田寺町のさる寺院に合宿しながら綱町グラウンドで慶應との合同練習に励みながら慶應第2チームとの練習マッチに臨むわけだが、田辺九万三は三高ラグビーとの初交流の模様をつぎのように書き残している。

「しこうして4月6日、小手調べに慶應第2軍と相まみえ、3対3の同点で引き分けとなった。この三高の3点は中村愛助君が中央突破の快走で克（か）ち得た得点であった。同君は陸軍軍医学校の教官から病院を経営。戦争中は再び召集を受けて第一衛戍（えいじゅ）病院の医官となっておられたが、神宮で試合があると常に多数の傷病兵を引き連れてゲームを見にこられた事は多くのラグビー愛好者の知るところであったが、今は亡き人の数に入られてしまった。かくしてわが国ラグビー史上画期的な行事である日本人同士の対抗試合である第1回の慶應対三高試合は4月の8日に綱町グラウンドで行われた。試合の結果は39対０で慶應の勝つところとはなったけれども、この旧制高校（と）の定期試合は爾来連続して行われ、先年三高そのものが廃校（学制改革による）になるまで打ち続いたのであった」

付記①：慶應第２チームと三高の練習マッチについて、日本ラグビー史は「この年度のキャプテンは田辺九万三であったが、かれは、せっかく芽生えた新しい仲間を、再び失うことあってはならじと細心に気を配って、４月６日の第１戦には、第２選手の名において、ころあいのチームを編成して対戦せしめ、もって遠来の珍客の燃え上がった興趣に、頭から水をぶっかけるような愚を演じなかった」と田辺九万三の深謀遠慮について触れている。

●第１回慶應義塾対三高定期戦（慶應１勝）

▽1911（明治44）年４月８日
▽キックオフ＝慶應
▽グラウンド＝慶應・綱町
▽レフリー＝D. ウィード氏

○慶應義塾39（21—０、18—０）０三高●

慶應義塾	vs.	三高
真島進	FW	笠原
高地		小松
有地		加藤
村上		吉弘
大矢知		鎌田
若山		大島
増田		蒔田
田辺専	HB	山中
杉本		堀江
奥田		中村
田辺九	TB	高橋
北野		国光
玉井		滝本
安藤		相馬
安富	FB	伊東

慶應	vs.	三高
7	T	0
0	G	0
0	PG	0
0	DG	0
21	前	0
3	T	0
1	G	0
1	PG	0
1	DG	0
18	後	0
39	計	0

付記②：三高FWのシステムについての記述はないが、慶應の指導ということでメンバー表記は慶應同様セブンとした。

●［試合後記＝時事新報（要旨）］

慶應が試合開始から優勢。この先制攻撃に元気な三高も防戦一方となり、早々と慶應に２トライを先行された。三高もがんばりを見せるが、時間の経過とともに技術、経験の差はどうすることもできず、さらに慶應が５トライを加えて前半を終わった。しかし、タイム後の三高の反撃は熾烈を極めた。さすがの慶應も攻めあぐむ場面がしばしば見られたが、キックで三高の守りを切り崩す戦術の転換が功を奏し、３トライ、１ゴールに１PG、１DGを加えて食い下がる三高を突き放した。やはりそこには闘志だけではどうにもならない実力差があった。

●慶應２軍対三高（練習マッチ）

▽1911（明治44）年４月６日
▽キックオフ＝慶應
▽グラウンド＝慶應・綱町
▽レフリー＝真島進氏

付記③：三高のメンバーは４月８日の第１回定期戦と同じ。

△慶應義塾３（０―３、３―０）３三高△

慶應義塾（２軍）	vs.	三　高
竹　内	FW	笠　原
川　津		小　松
腰　高		加　藤
鈴　木		吉　弘
梶		鎌　田
永　井		大　島
増　田		蒔　田
塩　川	HB	山　中
安　富		堀　江
加　藤		中　村
赤　尾	TB	高　橋
市　川		国　光
鈴　木		滝　本
浅　津		相　馬
松　井	FB	伊　東

慶應	vs.	三高
0	T	1
0	G	0
0	PG	0
0	前	3
1	T	0
0	G	0
0	PG	0
3	後	0
3	計	3

●［試合短評＝時事新報］

先制トライは三高があげた。CTB国光が慶應バックスの防御ラインを巧に破ってインゴールに持ち込み、まず３点と幸先いいスタートをきったが、その後は一進一退。互角の形勢のままハーフタイムとなった。後半も三高は元気いっぱい。慶應の猛反撃を何度かしのいだあとは逆に慶應ゴール前に迫るなど、闘志十分の攻防をみせたが、終盤になってわずかのスキを慶應のCTB市川に突かれて同点に持ち込まれ、惜しくも引き分けに終わった。なお、普通部２年生の塩川はこの試合がデビュー戦だった。

◆夜は叡山の荒法師が完勝

三高を綱町に迎えた慶應側の試合後の歓迎会は大いに盛り上がった。ラグビーの地道な普及活動がようやく実った喜び、さらには三高ラグビーの継続を願う慶應側の思いに加えて、気脈の通じた日本の若者同士の交流。そこには神戸のKR＆ACとのフォーマルなアフターファンクションになかった率直な心の交換があった。以下は田辺九万三の遺稿から。

「この試合が終わってからレセプションと送別会を兼ねた会合がその頃慶應の坂の下にあった今福という牛肉屋で催されたが、すでに数日間ともに球を中心に過ごした間柄だから、どちらがお客やらわからない気安さで夥（おびただ）しくメートルが上がって、しまいには試合には負けたが、今度は酒で負かしてやるなんていうのが出てきて、これには慶應方すこぶる苦戦の模様であった。三高方は宴が終わって合宿に引き上げて人員を調べたところがひとり足りない。いずこへいったろうと心配をしていたら、夜ふけてから帰ってきた。聞くと酔っ払って便所に入ったまま眠ってしまったという事であった。これは慶應マネージャー村上一郎君が味方危うしとみてウィスキー数本を注文し、三高方にはウィスキーを、慶應方には日本酒をといった具合に勧めたのだとの事であった。何しろ当時はウィスキーなんてものは学生の口には入らなかった時分であるから、こう申しては誠に失礼であるけれども叡山の荒法師どもには口当たりは好いし、大いに聞こし召してしまった結果であったに違いない。このシーズンを最後として三高は堀江、中村らの元老を大学に送り、国光郁文、笠原太郎、相馬竜夫君らがその後を引き継いで慶應との連携は益々堅く、相携（たずさ）えて斯道発展に邁進したのであった」

●第21回慶應義塾対YC＆AC定期戦（慶應２勝18敗１分け）

▽1911（明治44）年11月25日
▽キックオフ＝慶應
▽グラウンド＝慶應・綱町
▽レフリー＝ウィード氏（YC＆AC・OB＝現慶應義塾教師）

△慶應義塾０（０—０、０—０）０YC＆AC△

慶應義塾	vs.	YC＆AC
真島進	FW	バックル
竹内		ベネット
田辺専		ボッセス
増田		ウエイト
高地		バンゼーム
井上		ローンド
有地		グリッパー
		ボール
田辺九	HB	ハーン
杉本		ボックス
安富		
安藤	TB	ケロッグ
北野		ジェンセント
玉井		ブリンクリー
真島国		ボックス
岡部	FB	レンドラム

慶應	vs.	YC＆AC
0	T	0
0	G	0
0	PG	0
0	前	0
0	T	0
0	G	0
0	PG	0
0	後	0
0	計	0

付記④：明治年代のYC＆AC定期戦はこの年度が最終戦。翌45（1912）年７月30日に明治天皇崩御で服喪。またYC＆ACのSOとWTBの２人のボックスのファーストネームは不明。慶應のFB岡部は岡野豪夫（明治45年卒）の誤記とも考えられる。

◆同志社が日本で３番目のチームとしてスタート

三高蹴球部の育成に尽力した杉本貞一は関西ラグビー倶楽部二十年史につぎのような記述を寄せている。

「抑（そもそも）も関西にラグビーの伝わったのは、明治43年ごろに故真島進君（慶應選手）が第三高等学校（旧制）在学中の故真島卯吉（旧姓堀江）博士にぜひラグビーをやれと勧めて、15人の暴れん坊を集めて講義をして、春休みに真島進君と故真島国松君と小生の３人が京都に滞在して、食堂裏の草原で部員が草を刈って広場を作り、コーチしたのが関西で生声（産声＝うぶごえ）を挙げた最初である。（1910年度「蹴球部の盟友が京都に誕生」以下を参照）当時相手がないと困るという事から、同志社の応援団長をしておった松田（守三）氏と会見して、ラグビースピリットを高調して説得させ、三沢（案山子、後に広岡久右衛門）、大脇（順路）、美濃部（馨）、上野（義一）諸君が賛同して、同志社チームが生まれたのである。すなわちこの両校が慶應についで、第２の古い歴史を持つチームである」

以上は慶應サイドから見た同志社ラグビー誕生のいきさつだが、同志社時報に掲載された部創設メンバーのひとり、大脇順路の寄稿を当事者の報告として併記しておく。

「明治44年11月、同志社ラグビー蹴球部創立す。明治44年秋、三高ラ式蹴球部選手諸兄の熱心なる勧誘により、わが松田（守三氏）、三沢（広岡久右衛門氏）、木原（竹一氏）、若月（五十四郎氏）の諸兄はラ式蹴を同志社に紹介せんと、遂にそれが率先者となられたり。ほとんど毎土曜日には、神楽岡をも遠しとせず三高選手の指導を受けんものと、余輩のごとき余り有難からざる考へを有するものをも無理矢鱈（みだり、むやみ）に引っ張り出し、爾後（じご）出町の泥道、冬日和の打ち続きて橋上に積もれる塵埃を比叡颪（おろし）（山地から吹きおろす風）の吹き巻く中をも、ものともせず、出掛けたるものなり。ときには慶應旧選手若山（長八）氏らを招きて、ルールの研究をなしたる事などあり。かくして一方、三高選手及び若山氏らよりルール及びその他の指導を受くるかたわら、放課後には15名の選手は何物をも忘れて立志館北方の運動場に会して練習をなし、その結果ややその大要を会得するに至れり。すなわち同志社には古（いにしえ）よりア式蹴球（アソシエーション・フットボール＝サッカー）ありしをもってかくのごとく理解を早きに至らしめたり（後略）」

付記⑤：大脇順路の記述にもあるように、同志社とア式蹴球の歴史は古く、日本ラグビーの発祥を遡ること10年。1889（明治22）年に神学部バートレット主任教授によって同志社に持ち込まれ、1903（明治36）年には学内大会が開かれている。第１回の対慶應戦にFBとして出場した鈴木三郎は「ラグビー部ができ上がったものの、サッカー選手が中心だから、ボールになじむのも早かったし、プレーを習得するのも早かった。慶應出身の若山君を指導者として、三高生相手に練習試合をやっている中に、一年経つともう三高と対等の試合ができたものだ」（神戸商船大学紀要文科論集第18号・向井守一著）と当時を回顧している。

付記⑥：三高、同志社のラグビー部創設に関わった若山長八は慶應義塾普通部の出身で、第三高等学校（旧制）入学を志して京都に在住。三高受験の余暇に創設間もない同校ラグビー部を指導した。また鈴木三郎は慶應義塾蹴球部六十年史に「三高は京都に対戦相手がないため若山を『ラグビー大使』として明治44年の秋、同志社に派遣し、ラグビー部の創始を勧めた」と若山について記述している。

◆関西遠征で同志社と初の定期戦

蹴球部は年が明けた1912年１月に関西遠征を行った。神戸のKR＆ACとの定期戦（１月13日）が主たる目的だったが、この対戦を前に創部間もない同志社と初の試合を１月８日に、また三高との第２回定期戦を２日後の10日にそれぞれ行うため、三高側の世話で大学前（京都帝大と思われる）に宿を定めて毎日三高のグラウンドで予定の３試合に備えた。試合の結果はKR＆ACと０―０で引き分け、同志社、三高との定期戦はいずれも慶應の快勝だった。

●第１回慶應義塾対同志社定期戦（慶應１勝）＝同志社時報（要旨）から

▽1912（明治45）年１月８日
▽グラウンド＝京都・三高
▽キックオフ＝慶應
▽レフリー＝相馬竜雄氏（三高）

○慶應義塾24（９―３、15―０）３同志社●

慶應義塾	vs.	同志社
石　丸	FW	鈴木和
田辺専		中　川
稗　田		山　村
竹　内		大　橋
井　上		谷
田　中		美濃部
柿　沼		三　河
増　田	HB	村　上
杉　本		松　田
玉　井		太　田
甲　斐	TB	若　月
安　富		大　脇
真島国		三　沢
北　野		木　原
岡　野	FB	鈴木三

慶應	vs.	同志社
3	T	1
0	G	0
0	PG	0
9	前	3
0	T	0
3	G	0
0	PG	0
15	後	0
24	計	3

付記⑦：田辺九万三の遺稿に「このシステム（慶應式セブン）は爾来帝大系統及び明治を除く一般チームに広く採用された」とあるので三高同様セブンで表記。なおローバーにはとりあえず８人目のFWをあてた。

◆［試合後記＝同志社時報（鈴木三郎記）から］

老練果敢なる慶軍は突進また突進して新進気鋭のわが軍を圧迫し彼（慶應）まずトライ（得点）を得たり。わが健児奮起大いに勉むときに大脇球を抱えて走す。そのさま飛鳥のごとく。慶軍のフルバック（後衛）支えんとすれど及ばず遂にゴール（敵陣）に突入してたちどころにトライ、３点を得て回復は成れり。同志社選手意気大いに上がる。慶軍ここに警戒を加え苦戦悪闘、乱戦の中にハーフタイム（中休）となる。ときにわれは３、彼は９得点を算せり。５分間休息の後、わが軍のキックオフを以て戦い再び開かれるや、慶軍の攻撃一段の猛烈を極め、巧妙なるドリブルと迅速なるパッスボールはわが軍を苦しめる事多大。球の飛ぶところ健児走り、倒れ、追い、砂泥にまぶれ、突進すれば巧みなるタックルあり。混戦苦闘時にフリーキックの得権を得られ、またはペナルチーゴールあり。双方とも流汗淋漓（りゅうかんりんり）（汗がしたたり落ちるさま）、呼吸その極に達すときに遂に慶軍24対わが軍３を以てタイム（試合終了時）に至れり。わが軍敗れたりといえども、厳粛なる規律の下によくその最善の大元気を以て奮闘せし蹴球部の前途や大いに見るべきものあるを思わせたり。それよく選手諸氏自重自愛し、以て同志社蹴球部のために尽くされよ。この戦の間わが同志社フットボール応援団は、蹴球歌を以て盛んに選手を激励せられし事を感謝す（要旨）。

付記⑧：筆者（鈴木三郎）略歴＝慶應義塾と第１回定期戦には同志社普通学校（慶應義塾の普通部と同じ）５年生でFBとして出場。第３回定期戦にもFBとしてメンバーに名を連ねている。その後、学制の改革で専門学校から大学と改称した同志社大学に進学。さらに京都帝大に転じた（慶應義塾蹴球部六十年史への寄稿から）。毎日新聞運動部長（大阪、東京）、ニューヨーク支局、ブエノスアイレス支局各特派員。元スポーツニッポン新聞社顧問。

◆第２回三高定期戦に連勝

●第２回慶應義塾対三高定期戦（慶應２勝）

▽1912（明治45）年１月10日

▽グラウンド＝京都・三高

▽キックオフ＝不明

▽レフリー＝堀江卯吉氏（三高OB）

○慶應義塾 31（17－０、14－３）３ 三高●

三高との第２回定期戦については残存する史料に乏しいため慶應義塾蹴球部創部60年に寄せられた三高・綿谷益次郎OBの寄稿の一部を転載させてもらう。「明治45年慶應ラグビー部が関西にきた（たぶん神戸外人との試合のため）ついでに三高を訪れたので吾校庭に迎え試合を行ったのが、慶應対三高ラグビー公式試合の始め（定期戦の第１戦は前年の1911年４月、東京・綱町での試合）である。京都では鳥なき里のコーモリで、自誇していたわれわれも当時の第一人者慶應との試合は、横綱と幕下力士との取組みたいなもので、勝敗

第２回対三高定期戦の出場選手たち。最前列（５名）左端が安藤三郎、中央が井上寧。第２列（７名）左より２人目が真島国松、２人おいて竹内、杉本貞一。第３列（５名）左より２人目が北野貞作、１人おいて田辺九万三。第４列（４名）左より岡野豪夫、２人おいて田辺専一。第５列（３名）左より真島進、１人おいて安富深蔵。第６列（５名）左より２人目が玉井長三郎、４人目が増田鉱太郎。第７列（５名）左より２人目が高地万寿吉、１人おいて甲斐惟一。

は問題にならず、大差62対３と記憶している。(実際には31—３で慶應が２連勝）で大敗に終わったのは当然であった。その時分の高校生(旧制高校を指す）は、とかく勝敗にこだわりがちで、勝っては大喜び、負ければ大くさりするのが、慣（習）わしであったが、この時は少しもくやしくはなく、先輩に稽古をつけてもらったので、極めて朗らかで、ラグビーというものを体得し、充分に満足した。同夜は京都（帝国）大学学生会館に慶應側を招待し歓迎宴を催したが、主将田辺熊三（九万三の誤り）はじめ慶應選手は折り目正しい制服、制帽の端正な姿で出席されたので、バンカラ学生の三高側は大いに感嘆したものであった(後略)」。また田辺九万三は蹴球部六十年史に同志社、三高の両試合後のアフターファンクションについての回顧と、明治時代のラグビーの終焉をつぎのように書き残している。「同志社との試合は１月８日に行われた。その夜のレセプションには同大学の学長原田昭氏が出席され意義の深い、しこうして和やかな会合の下にともにラグビーへの健全なる精進を誓ったのであったし、三高との試合は10日に催されそのレセプションに慶應方が一斉に「米南京の砂まじり云々」という三高の寮歌（？）を歌い出して相手をアッといわせたのも愉快であった。ところが今年４月、日吉で催された三高—慶應のOBの試合のレセプションでまたまたこの歌が合唱されて一足飛びに40幾年の若いものになったような錯覚に捉えられたのは懐かしい思い出であった。かくしてラグビーの明治時代は輝かしい黎明の光を浴び、多幸な将来への希望を約束しつつ終わったのである」

◆KC&ACと引き分け

●第５回慶應義塾対KR＆AC定期戦（慶應３敗２分け）

▽1912（明治45）年１月13日
▽グラウンド＝神戸東遊園地
▽キックオフ＝不明
▽レフリー＝ジェフリー氏

△慶應義塾０―０KR＆AC△

付記⑨：慶應義塾とKR＆ACの定期戦は1907年度（1907・４～1908・３）に神戸で第１回戦（1908年２月３日）を、第２回は翌1908年度（1908・４～1909・３）に横浜（1909年１月30日）で行われ、KR＆ACが２連勝している。いずれも年度末の新年早々に行われているが、第３回の1909年度（1909・４～1910・３）は年内の12月25日、蹴球部が神戸に遠征し、「●慶應義塾０―６KR＆AC○」という記録が一部に残っているようだが、この年度の関西遠征、KR＆AC戦の記録については蹴球部六十年史をはじめ慶應義塾サイドの記述はまったくない。ただ隔年ごとに遠征しあうホーム＆アウェー方式でいけばこの年度は西下の年。また翌1910年度（1910・４～1911・３）はKR＆ACとの第４回定期戦が東京ないしは横浜で行われているはずだが、この年度の対戦記録も欠如している。ただ、田辺九万三の遺稿によると「神戸外人チームとの試合はその後、明治年間に５回行われたが、最初の３回は連敗、以後の２回は引き分けで一度も慶應は勝てなかった」と蹴球部六十年史に書き残しているところから、1910年度のホーム（東京もしくは横浜）での第４回定期戦は引き分けだったと推測される。

明治45年３月の卒業写真。

東西交流を迎えたラグビー界（1912~1921）
ー揺籃期を経て新チーム勃興の時代へー

1912（明治45／大正元）年度 ◆井上寧◆

明治天皇7月30日崩御

元号が明治から大正へと改められる。慶應義塾では学報第181号（大正元年８月15日発行）の第１ページに大正元年８月１日の日付けで慶應義塾長鎌田榮吉の弔辞を掲載。また学報は体育会野球部が急遽各地の中学（旧制）にコーチとして派遣していた部員を中止、同弓術部も関西遠征の途次、名古屋で先帝御不例の報に接して遠征を切り上げ、喪に服したことを報じている。蹴球部については六十年史が空白としているのに対し、学報184号（11月15日発行）によると11月３日に開催された秋季の塾内蹴球大会にはじまり、恒例のYC＆ACとの定期戦が11月から年明けの２月にかけて３試合。また、その直後には東上した神戸のKR＆ACとも６度目の定期戦を戦うなど、意欲的な対外活動が目を引く。なお、黒黄ジャージーをデザインした岡本謙三郎（明治40年卒業＝慶應義塾大学部教授）が薬石効なく死去。

➲YC＆ACのホームグラウンドが横浜公園から現在の矢口台新運動場に移転。

◆大正年代最初の塾内大会（学報184号）

義塾蹴球部にては11月３日午前８時より綱町グラウンドにて秋季大会を挙行したり。午前、午後都合６回の試合ありたるが、午前にては蹴球部混合対端艇部はすこぶる興味ありしが、結局端艇部の力まかせの奮闘功を奏し、午後は現選手に元老を加えたる一組はタイガーの勝ちとなり、幼年組の試合ありて午後５時散会し、ついで大学講堂において茶話会を開き出席者60名を算したるが、近来の盛会なるに加えて技量の漸次進歩しきりたるを認められる。

◆YC&AC定期戦は大正も黒星スタート（学報185号）

YC＆AC対慶軍蹴球試合はまず第２選手の試合にてレフリーはウィリー氏。慶軍に欠陥少なからず。ハーフタイム前、トライにて３点を得られ、ハーフタイム後も終始圧迫を受け２トライと２つのゴールキックをもって10点を占められ、13対０にて慶軍の敗。ついで第１選手の試合となりたるが、これまた横浜方が優勢を示し、ハーフタイム前のトライとゴールキックにて５点。タイム後（後半）10点。計15点に対し、０をもって横浜の勝ちとなれり。要するに慶軍方はパッシング（パス）の連絡不完全にして、突進の努力また足らざるがごとし。

●第23回慶應義塾対YC＆AC定期戦（慶應３勝19敗１引き分け）

▽1912（大正元）年11月16日
▽グラウンド＝横浜公園
▽キックオフ＝不明
▽レフリー＝ウィリー氏［1stXV］

［1stXV］

●慶應義塾0（0－5、0－10）15 YC＆AC○

慶應	vs.	YC＆AC
0	T	1
0	G	1
0	PG	0
0	前	5
0	T	2
0	G	2
0	PG	0
0	後	10
0	計	15

［2ndXV］

●慶應義塾0（0－3、0－10）13 YC＆AC○

慶應	vs.	YC＆AC
0	T	1
0	G	0
0	PG	0
0	前	3
0	T	2
0	G	2
0	PG	0
0	後	10
0	計	13

（注記：第1、第2チームともメンバーは不明）

◆慶應義塾が4勝目（学報185号）

YC＆ACの新グラウンド（北方町＝通称根岸）において慶軍対横浜在留外（国）人との第24回ラ式蹴球試合が行われたり。前回（11月16日）に慶軍方零敗を喫してより大いに欠点を充実すべく猛烈なる練習を積み、この日は必勝を期して戦えり。第2選手の試合は慶軍方攻めてはすこぶる好機会を捕らえたるが、外（国）人方巧みに鋭鋒を免れ、ついに0対0の無勝負に終われり。ついで第1選手の試合となる。レフリーは斯道の大家ウィリー氏。慶軍雪辱の意志すこぶる堅く、初頭より攻勢を極めて猛烈を示し、外（国）人方の最良の武器たりしコンバインド・ラッシュもその効を奏せず、慶軍たちまち敵の25ヤード線（現在の22ヤード線）内に攻め入り、さすが研究の効現れパッシング（パス）の軽快、前回と見違えるばかりにて、タックル、ドリップルまた痛快を極め、瞬く間に8点を計上す。ハーフタイム後は外（国）人方の焦る心を悠容（揚）として守り、フォワードがスクラメージの活動も常に味方を利し、双方得るところなく、この日は8対0をもって慶軍の勝ちとなり、見ごとに前敗にむくいたり。慶軍がこの努力、この奮闘を将来に継続し、ラ式蹴球の覇を唱えんことを嘱望す。

●第24回慶應義塾対YC＆AC定期戦（慶應4勝19敗1引き分け）

▽1912年11月30日
▽グラウンド＝横浜・根岸（北方町新グラウンド）
▽キックオフ＝慶應？
▽レフリー＝ウィリー氏［1st XV］

付記①：この年度の主将を務めた井上寧がYC＆ACから通算4勝目をあげた。それも初めてYC＆ACのホームグラウンドであげた勝利の喜びを蹴球部六十年史に残している。それまで蹴球部（1st XV）がYC＆ACから記録した3勝はなぜかすべて三田の綱町グラウンド。アウェーではどうしても勝てないジンクスめいたものがあっただけに、根岸の新グラウンドでの勝利は慶應XVにとって意義深いものがある。
「その頃神戸の外（国）人とは1年おきに遠征し合い、横浜の外（国）人とは年に3回ほど戦うことになっていたが、明治45年（実際には改元で大正元年）の秋、横浜根岸に外（国）人グラウンドが初めてでき、そこで8対0の快勝を得た楽しい思い出の写真が今も残っている」（井上寧の遺稿から）

[1stXV]

○慶應義塾8（8－0、0－0）0YC&AC●

慶應	vs.	YC&AC
2	T	0
1	G	0
0	PG	0
8	前	0
0	T	0
0	G	0
0	PG	0
0	後	0
8	計	0

[2ndXV]

△慶應義塾0（0－0、0－0）0YC&AC△

慶應	vs.	YC&AC
0	T	0
0	G	0
0	PG	0
0	前	0
0	T	0
0	G	0
0	PG	0
0	後	0
0	計	0

付記②：YC&ACに伝わる史実によると、前身のYCC（YOKOHAMA CRICKET CLUB）が1868（明治元）年に誕生したころは市内の花園橋と岩亀楼の中間あたりにグラウンドがあったが、2、3年後にその用地が住宅地になったため横浜公園内に移転。立派なクラブハウスと芝生のグラウンドでラグビーをはじめサッカー、ホッケーなど英国で生まれたボールゲームの試合が行われていたという。蹴球部がYC&ACやKR&ACと明治年間に対戦した歴史に残るグラウンドだったが、ここも1912年に横浜市から移転を求められ、以後YC&ACのグラウンドは根岸すなわち現在の横浜市中区矢口台11－1が戦前、戦後を通じて横浜在留外国人たちのスポーツ活動の場となって現在に至っている。

◆年度末の3度目の対決は勝負なし（学報187号から）

冬季においてもっとも壮快なる競技といえばラ式蹴球試合の右に出づるものあるまじ。ここに2月8日午後3時、三田綱町グラウンドにて慶應独特の同選手対横浜アメーチュア倶楽部選手との試合行われたり。従来十数回にわたるゲーム、互いに勝敗あり。その優劣を定むることは容易ならねど近来慶應方が優秀の技量を有するに至りしは日頃熱心なる練習の然らしむるところなり。この日第1選手に3名まで欠員あり。第2選手をもって補充したるほどなりしにもかかわらずパッシングにおいて、タックルにおいて巧妙なる戦法は大いに人意（世間の人の心）を強うせしめたり。レフリーはウィード氏。慶應方のキックオフにて開始。3時5分外（国）人入場す。つねに見る肥大なる宇田川、キングドム氏を見ることを得ざりしは遺憾なりき。外（国）人方は長脚を利用してたちまち慶應方の25ヤードライン内まで攻めつけ、しきりにトライを狙う。危機一刻ごとに迫りくる折から好漢杉本見ごとに球を抱き込み一蹴。ただちに外（国）人方の25ヤードラインを抜く。喝采の声の消えざるに早くも球はまたもセンターラインを潜りて慶應方の本営すこぶる危うくなれり。しかも外（国）人に数回のオフサイドあり。フリーキックにつぐフリーキックをもってし再び外（国）人方の本陣に犇々（ひしひし）と肉迫（薄）し、杉本のキック、真島の突進に好機逸すべからずと鋒（矛）先鋭く進むとたん、機を見るに敏なるスリークォーター、巧みに敵の裏をかき安富のパッシング、加藤の受けるまで呼吸合致してここにトライを得、まず3点を博したり。キッカー高地のプレースキック無効に終わりしは残念なり。例によりてサイドを変え、再び開始す。外（国）人方やや疲労の体なりしが、得意のドリップルをもって少なからず慶應方を悩まし、幾度もゴールラインに臨み攻勢もっとも努め慶應やや持て余しの気味に見えたるが、ここを先途と力闘ししばしば死地を免れしもののハーフタイム後は終始圧迫を受けおるごとく少しも発展の途（みち）なしと悲観する矢先、外（国）人またトライにて3点を得たり。外（国）人のプレースキックはもっとも得意とするところ。さてはと思いの外（ほか）目標を誤り得点なく、ここに3対3のセームとなり両軍の奮戦その極に達したるが、技量はほとんど互角とも見られてついにタイムとなり無勝負に終われり。きたるべき対神戸アメーチュア倶楽部（KR＆AC）との試合はさらに一段の快戦を見ることならむ。4時半散会せり。

●第25回慶應義塾対YC＆AC定期戦（慶應4勝19敗2引き分け）

▽1913（大正2）年2月8日
▽グラウンド＝慶應・綱町
▽キックオフ＝慶應義塾
▽レフリー＝ウィード氏

△慶應義塾3（3—0、0—3）3 YC&AC△

慶應	vs.	YC＆AC
1	T	0
0	G	0
0	PG	0
3	前	0
0	T	1
0	G	0
0	PG	0
0	後	3
3	計	3

付記③：両チームのメンバーは不明。

◆遠来の神戸（KR&AC）に惜敗
（学報188号から）

義塾蹴球部は横浜アメーチュア倶楽部と試合し3対3をもって引き分けとなりたるが、2月15日は午後3時より三田綱町グラウンドにて在神戸アメーチュア倶楽部（KR＆AC）員との試合を行いたり。由来対KR＆AC戦には慶應方一度も勝利を得しことなく毎戦引き分け（過去3連敗の後、2引き分け）に終わりたるが、慶軍の技量は爾来（それより後）非常の進歩をきたしおればこの日の試合は少なからぬ興味をもって迎えられたり。レフリーはマックノート氏。例によりて慶軍のキックオフにて開始せらる。神戸方選手は格別偉大なる体格を有するにあらざれどフォワードのごときは立派に統一したる形にてもっとも強健に見え、スクラメージはつねに優勢なりき。この日慶軍は初頭に敵（の）肝を奪いてよりおもむろに敵の疲労を待ちて最後の勝利を的確にせんとの策戦（作戦）と思われたるが、果然（案のとおり）たちまち敵の25ヤードライン内に肉薄せり。さすがの神戸軍は慶軍の陣勢の軽んじ難きを早くも見て取りてこれに応じたるが、この際神戸軍に惜かりしはオフサイドなり。慶軍得たりとフリーキックを行えば楕円形の球は中空に回転して見ごとにゲートを潜りて3点を得たるは高地、安富の功なるべし。神戸軍油断せず益々奮戦。しばしば慶軍を圧迫したるが、慶軍の力闘また効を奏し、巧みに危境を脱し、3対0をもってタイムとなりたり。

この試合はスリークォーターよりもフォワードの戦いとも見るべくハーフタイム前は烈しくみごとなるパッシングを見ずして、多く勇猛なるスクラメージ度々行われたり。すこぶる目覚ましかりしは神戸方のフルバックが快走突進しつつ慶軍の中陣を悩ましたることなり。しかもタイムようやく迫るも神戸軍には未だ得点なく、両軍とも相応に疲れたり。

慶軍はただこのうえは守備を固くして敵に得点あらしめじと、にわかに策戦を転換したる折りも折り、神戸軍の長大漢ローカー右翼方面にて球を得て猪突猛進。慶軍のゴールライン近く韋駄天走り、大童（おおわらわ）（力の限り奮闘するありさま）となるを、慶軍また猛烈に追撃したるが、ローカーついに走り過ぎてラインをオーバーし、ためにデッドボールとなる。かくて数回いずれも本陣近く危急に迫りつつありしが、神戸軍が慶軍の25ヤードライン内にて最後のスクラメージを行いしときはすでに規定の時間となり居たるもレフリーは試合を続行せしめたり。あたかもこのとき神戸軍はトライを得て３点を博し、なおプレースキックにて２点を得、ために５対３をもって神戸軍の勝ちとなり散会したるが、勇壮極まるこの日の試合は稀に見るところなりき。

●第６回慶應義塾対KR＆AC定期戦（慶應０勝４敗２引き分け）

▽1913（大正２）年２月15日
▽グラウンド＝慶應・綱町
▽キックオフ＝慶應義塾
▽レフリー＝マクノート氏

●慶應義塾３（３―０、０―５）５KR＆AC○

慶應	vs.	KR＆AC
0	T	0
0	G	0
1	PG	0
3	前	0
0	T	1
0	G	1
0	PG	0
0	後	5
3	計	5

付記④：両チームのメンバーは不明。

◆春の塾内大会が開かれる（学報188号から）

義塾ラ式蹴球部にては２月11日午前８時より春季大会を挙行したり。肌を刺す寒さの中に満身汗にぬれて近来になき壮快戦を示したるが、第１回（第１試合）幼年組は６対９にてタイガーの勝ち。第２回（第２試合）の少年組は６対３にてタイガーの勝ち。第３回（第３試合）の端艇部対混合組は６対３にて練れたる混合組の勝ちに帰し、第４回（第４試合）の青年組は３対０をもって白の勝ちとなり、最後の選手試合は紅組の猛勢当たるべからず７対０をもって紅の勝利となり、散会した。

◆義塾体育会送別会（学報188号から）

義塾体育会にては本年卒業する会員の送別会を２月22日午後１時より大学部32番講堂において開きたり。まず柔道部澤山彌太郎氏開会の辞を述べ、ついで体育会理事板倉卓造氏の送別の辞あり。最後に剣道部井上武氏が幹事および卒業生一同に代わって答辞を述べ、終わって功労章、記念章の授与あり。それより各種の余興に移り５時散会したるが、来会者500余名。中々の盛会にて功労章を受けたるは端艇部３人、野球部２人、剣道部３人、蹴球部１人、庭球部１人、器械体操部２人、弓術部１人、柔道部１人、水泳部２人の合計16人なりし。

◆訃報・岡本謙三郎氏死去（学報183号＝大正元年10月15日発行から）

岡本貞烋氏の令息にして義塾大学部教授たる岡本謙三郎氏は赤十字病院にて病気療養中のところ、10月１日午後６時過ぎ死去されたり。同氏は義塾大学部文学科を卒業の後、米国エール大学に留学して文学を研究。卒業のうえ欧州諸国を遊歴して去る明治42年帰京。義塾の教授となり将来に望みを嘱せられ居たるが、就任後間もなく腎臓病に罹（かか）り３年の久しき病床に在り、もっぱら療養に怠りなかりしも、ついに死去せられたるは惜しみてもなお余りありというべし。

付記⑤：安藤復蔵の遺稿によると「黒と黄のシャツは岡本謙三郎氏の作ったもの、卒業選手に贈った帽子（イートンキャップを指す）は山崎（不二雄），安藤（本人）の合作」とある。また田辺九万三は蹴球部六十年史で「その頃のラグビーの服装は第１回試合（1901年の対YC＆AC戦を指す）の時の写真でもわかるように黒の長袖シャツ、半ズボン、編み上げ靴であるが、その後間もなくユニホームが制定された。これは米国のプリンストン大学のタイガーをそのまま取り入れて黒と黄のダンダラである」と解説している。田辺はタイガージャージーの発案者というか、デザインを考えついた人物についてまったく触れていないが、安藤（明治38年卒業）は岡本（明治40年卒業）の２年先輩で、田辺（明治45年卒業）は逆に岡本の５年後輩にあたるところから、①岡本と安藤は同時期に蹴球部員だった。②明治37年春の卒業生送別会の記念写真（蹴球部全員）に丸首ではあるが、すでに黒黄のジャージーを着用しており、卒業生の松岡正男と伊藤重郎の二人は安藤、山崎合作のイートンキャップを被っている。③明治36年の慶應義塾体育会加盟を機に蹴球部の正式なジャージーの制定を必要とした――の３点から、ここでは蹴球部在籍中の「岡本を制作者」とする安藤説を取る。ただ岡本が卒業後に留学したのはエール大学。したがって岡本とプリンストン大学（タイガー）の接点がどこにあるのかは不明。なお、明治40年の対YC＆AC戦記念写真の慶應ＸⅤは白襟、前開きのほぼ現在のタイガージャージーと同じ形態。（本稿「1903（明治36）年度◆慶應ラグビーと黒黄」の項を参照）

明治末から大正初期の歴代主将５人の姿がみえる（明治44年頃）。前列左より、赤尾、永井好一郎、竹内、甲斐義智、杉本貞一、安富深蔵。中列左より、安藤三郎、田辺専一、海東要造、田辺九万三、真島進、北野貞作、岡野豪夫。後列左より、増田鉱太郎、真島国松、井上寧、有地要介、玉井長三郎、高地万寿吉。

1913（大正2）年度 ◆杉本貞一◆

蹴球部の関西遠征が年の明けた1914（大正３）年１月に行われた。1908（明治41）年に初めて神戸を訪れて以来、４度目の西下となるが、日本ラグビーの創始から14年という長い歳月を経たいまも関東での対戦相手はただ１チーム。それもラグビーの経験豊富な英国人を中心に横浜在留の外国人で組織するYC＆ACがそれだ。勢い蹴球部のターゲットは第三高等学校（旧制)、同志社にはじまり京都一中（旧制)、神陵倶楽部など、新しい日本人チームが続々と誕生した古都の新勢力へとしぼられていった。YC＆ACやKR＆ACの外国人チームが唯一の対戦相手だった明治年代を日本ラグビーの第１期とするなら、新興の京都勢との対立時代を迎えた大正年代は第２期といえるだろう。いずれにしても東西対抗という形式はラグビーを全国的なスポーツとするうえで理想的な普及の形となった。

◆蹴球部４度目の関西遠征へ
（学報198号から）

義塾ラ式蹴球部選手22名は今やそのシーズンに入れるをもって、大飛躍を試むべく関西地方に遠征することとなり、1月4日（1914年＝大正３年）出発したるが、６日午後に前日の復仇戦*を申し込みたる京都倶楽部と戦闘を開始し、29対０をもって再び慶軍勝ちを占む。翌７日午後は折からの暴風雨をことともせず京都一中と対戦し、46対０にてこれを破り、８日午後は関西蹴球界の花形同志社とそのコート（グラウンド）に試合を挙行し、８対０にてまたも勝ちを制するや、つぎに神戸に乗り込み、翌10日午後３時より神戸外（国）人団（KR＆AC）と神戸居留地遊園地において大会戦を試みたりしが、慶軍利あらず、ついに５対０にて敗れたり。一行はさらに11日午後３時より豊中グラウンド（大阪）において義塾、三高、京大出身者の混合団たるオールドボーイズと戦い、結局34対０にて慶軍の勝ちとなりし。ちなみに慶軍は12日は試合せず、同日午後２時湊町発汽車にて伊勢の津に赴き、同地の中学にてフットボールを教授して帰京せり。

［第４回関西遠征］（1914・1・4～1・13）

◆１月４日東京出発

①1・5　○慶應義塾 27－０ 京都倶楽部●

②1・6　○慶應義塾 29（13－0, 16－0）0 京都倶楽部●

③1・7　○慶應義塾 46－０ 京都一中●

④1・8　○慶應義塾　８－０ 同志社●

（第２回定期戦・慶應２連勝）

◆１月９日京都から神戸へ移動

⑤1・10　●慶應義塾 0－５ KR＆AC○

⑥1・11　○慶應義塾34－０ 神陵倶楽部●

◆１月12日午後２時、大阪・湊町発の列車で三重・津へ。同地の中学でラグビーををコーチの後、13日、ないしは14日に帰京。

（＊学報の記述では「前日の復仇戦」とあるのは１月５日の対戦を指しているものと考えられる）

付記①：日本ラグビー最古の定期戦である慶應義塾対第三高等学校（旧制）の試合は1911（明治44）年４月に第１戦、続く同年度末の1912（明治45）年１月に第２戦が行われた後、1912年度から1914（大正３）年度までの３年にわたって中断している。理由については定かでないが、日本ラグビー史（日本協会発行）は三高の対外試合中断の原因として、①一挙に最上級生が卒業したあとの補充がむずかしかった。②部の運営が積極的に過ぎて、経済的に行き詰まったの２点を指摘しており、また三高ラグビー史も当時の窮状について「ラグビーの普及、いわゆる裾野の開拓のため、京都の各中学校に対する啓発宣伝活動を積極的に展開した。また神戸外（国）人戦の負担も重く、これらの経費の捻出には人知れぬ苦労があった」と記述している。なお、定期戦は慶應ラグビーが1916（大正５）年１月に行った1915年度の関西遠征（５度目）で復活した。

◆YC＆AC戦は主力欠場で苦杯（学報199号から）

関西地方に遠征し、ほとんど連戦連勝の勢いをもって雄飛したる慶應ラ式蹴球選手は過般帰京し、１月24日午後２時より横浜根岸の運動場においてYC＆ACと試合したるが、あいにく慶應選手に怪我人ありて、選手不揃いのため成績おもわしからず。第１選手は３対25、第２選手は４対８をもってともに外（国）人に名をなさしめたり。

●第26回慶應義塾対YC＆AC定期戦（慶應４勝20敗２引き分け）

●慶應義塾 3 －25 YC＆AC○

付記②：記録の詳細は不明。

◆秋季塾内大会開かれる（学報196号から）

義塾ラ式蹴球大会は10月31日午前10時より、三田綱町運動場において開かれ、第１回（第１試合）の混合試合は12対０にて白の勝ち。第２回（第２試合）の野球部対ホッケー倶楽部は菅瀬のタックル成功して２つのトライを得たる外、つねに優勢にて野球部が11対８にて勝利を得た。幼年組は６対３にてタイガーの勝ち。選手試合は９対３にてイエロータイガーの勝ちに帰せり。

◆春季塾内大会開かれる（学報200号から）

義塾蹴球部にては２月15日午前10時半より綱町運動場において試合を開始せるが、まず第１回（第１試合）は幼稚舎部の黄、白両軍にて奮戦し、７対６にて白軍の勝ちとなり。第２回（第２試合）同じく混合軍黄、白に分かれて開始。８対０にて黄軍の勝ち。第３回（第３試合）同じく混合黄、白軍の試合にて３対０にて黄軍の勝ち。第４回（第４試合）はチャンピオンの試合にて結局14対５にて赤青の勝ちにて試合は終わりぬ。

1914（大正3）年度 ◆高地万寿吉①◆

蹴球部とYC＆ACとの定期戦もこの年度で27回を数えるまでになった。この年最初の対戦は完敗だったが、年が明けた年度末（大正４年１月）の第28回戦では18－６で快勝。YC＆ACから５勝目を記録した。年号が明治から大正へと変わり、YC＆ACのホームグラウンドがそれまでの横浜公園から新しい根岸（現在の矢口台）に移ったとたんの２勝・・・。蹴球部のこの勢いはようやく京都勢との定期戦が軌道に乗りはじめたこととも併せ、春の到来を告げる号砲といってもいいだろう。

➡第１次世界大戦が７月に勃発。戦火は英国などを巻き込んで国際戦争へと拡大。

◆円熟の技冴えるYC&AC

第27回慶應義塾対YC＆AC定期戦は11月28日午後２時40分から横浜・根岸矢口台の新グラウンドで行われ、YC＆ACが後半の反撃で４トライ、２ゴール、１PGをあげて逆転勝ち。対戦成績を21勝４敗２引き分けとした。

●第27回慶應義塾対YC＆AC定期戦（慶應４勝21敗２引き分け）

▽1914（大正３）年11月28日
▽グラウンド＝横浜・根岸（矢口台）
▽キックオフ＝YC＆AC
▽レフリー＝チッケン氏

●慶應義塾６（６－０、０－19）19YC＆AC○

	慶應義塾
FW	鈴木　武
	橋本寿三郎
	天春　虎一
	白山茂次郎
	寺田治一郎
	増田鉱太郎
	永井好一郎
HB	高地万寿吉
	久富　久
	塩川　潤一
TB	田沼富士太郎
	松井　竜吉
	甲斐　義智
	安富　深蔵
FB	中沢　公哉

慶應	vs.	YC＆AC
2	T	0
0	G	0
0	PG	0
6	前	0
0	T	4
0	G	2
0	PG	1
0	後	19
6	計	19

●［試合後記＝時事新報］

横浜が試合開始とともに慶應の右翼に深く攻め入ったが、ここで慶應に反則ありしが、巧みに脱して盛り返した。前衛（FW）は横浜を圧し、スリークォーターの甲斐は得意の疾走にてトライをあげ、ついで塩川、松井、田沼のパスに慶應再度のトライをなし６点を先取せり。このときはこの日の強風に風上に陣したればなり。しかるに両軍十分間休憩の後、陣地を変えて戦えば先に慶應利有りし風は横浜に幸をなし、まずウォーカーのトライ（ゴール）と、ドットのトライ（ゴール）にて４点を勝ち越す。慶應は必死となって戦いしが、横浜にあって攻撃、守備ともに一頭地を抜くドットは慶應の作戦を看破し、後衛（バックス）の守備を破って再度のトライ。しばし（さらに）ドットは慶應の反則にまたも３点（PG）と、矢つぎ早やの攻撃に慶應手の下しようなく、ボッスル、スエードを得てのトライにて合計19対６にて慶應敗れたり。この日の試合は強風のため試合の興味を殺ぎしも慶應・高地主将の奮闘と中沢フルバックの好守備、横浜ではドット（オックスフォード出）単身にて慶應をほんろうしつくせると、後半ハーフバック・ボックスの技の円熟せると、フォワード・ウォーカーの健闘とは特筆に値す。

◆スクラム＝前半：６、後半：10

◆マーク＝YC＆AC：１

◆PG＝YC＆AC：１

◆ゴール＝YC＆AC：２

◆トライ＝YC＆AC：４、慶應：２

◆大正年代に入ってYC＆ACからはやくも２勝

第28回慶應義塾対YC＆AC定期戦は新年（1915年＝大正４年）１月16日午後３時から横浜・根岸（現矢口台）のYC＆ACグラウンドで行われ、前半逆転に成功した慶應がYC＆ACの後半の反撃を１トライに封じて快勝。大正年代にはいってはやくも２勝目を記録した。

●第28回慶應義塾対YC＆AC定期戦（慶應５勝21敗２引き分け）

▽1915（大正４）年１月16日

▽グラウンド＝横浜・根岸（矢口台）

▽キックオフ＝不明

▽レフリー＝チッケン氏

○慶應義塾18（８－３、10－３）６YC＆AC●

慶應	vs.	YC＆AC
2	T	1
1	G	0
0	PG	0
8	前	3
2	T	1
2	G	0
0	PG	0
10	後	3
18	計	6

●［試合後記＝時事新報］

この一戦は慶應にとり昨年の雪辱戦に当たれば、15人いずれも快（会）心の色眉に顕れたり。しかるに試合は前半において横浜劈頭（へきとう＝まっさきの意）にトライをなし、３点を得たればまたも横浜の勝利と思われしが、爾後慶應善戦し、甲斐のキックからチャンスをつかみ、久富のパスを受けた松井がトライ。高地の置キック（プレースキック）にて５点、また暫時にして松井、田沼の協力に３点を得、８対３にて後半時に入れり。横浜５点の恢（回）復に奮い立つ折しも猛将ドット負傷して意気昂らず、これに反して松井、高地、久富、増田、塩川、高地の連絡よろしくまた５点。これに憤りてドリブルをもって３点を恢（回）復せしも大勢すでに定まり。慶應再び白山、甲斐、高地の功名に各々５点を増し、ついに18対6にて横浜敗れたり。ときに午後４時。

◆第２選手がOBを破る（時事新報）

慶應ラ式蹴球第２選手は、（１月）17日正午より義塾出身旧選手（OB）と綱町グラウンドにて会戦せるが、旧選手（OB）はさすが昔の面影を留めて種々の技に巧みなる者ありしも、連絡にかけたる点は相手の乗ぜられるところとなり、前半はとにかく奮戦して互いに得点なかりしも、後半に到るや第２選手は得意のドリブルにて攻め立て、旧選手（OB）平常の運動不足の結果たちまち疲労の色見え、ついに２トライを得られ６対０にて敗れたるは是非なし。

◆塾報から（学報198号、203号）

本塾規約第７条に依り左記諸氏を本塾々員に推薦せり森五郎兵衛ほか６氏。

付記①：上記の森五郎兵衛は本章の冒頭、「1899年度＝発祥の年」の第２項「松岡正男が語る草創の頃」に登場する森俊二郎その人。蹴球部六十年史の記述によると、E・B・クラークから最初にラグビーの手ほどきをうけたバーバリアン・クラブのメンバーのひとりと考えられ、1901年12月に行われたYC＆ACとの第１回戦の記念写真（おそらく試合前と思われる）に猪熊隆三とともに学生服姿で写っている２人のうちのひとり。田辺九万三が「猪熊（隆三）氏や森五郎兵衛氏（大阪の実業家・当時俊二郎）等が主唱者となってラグビーをはじめた」と書いているところから、草創の頃の中心的存在だったものと推測される。

◆苦戦のすえ同志社に３連勝（学報200号から）

第３回慶應義塾対同志社定期戦は２月10日、三田の綱町グラウンドで行われ、慶應が３－０で辛勝した（詳細不明）。

◆第１次世界大戦勃発で英国のラグビー活動停止

サラエボ事件に端を発した第１次世界大戦は、戦火拡大の中で英国も８月４日に参戦。これを受けてイングランド協会は開戦９日後の13日に回状ですべてのプレヤーに入隊することを助言。伝統のバーシティーマッチ、および５カ国対抗はこのシーズンから1919年に復活するまで６年間にわたって中断した。

また慶應義塾蹴球部では、夏の恒例行事となりつつあったサマーキャンプがこの年度から３年間にわたって中止となっているが、理由についての確たる記述は残っていない。そのほかオリンピックも1916年の第６回ベルリン大会が中止となり、戦火が収まった1920年の第７回アントワープ大会が大戦後の復活大会となった。

1915（大正4）年度 ◆高地万寿吉②◆

1915（大正４）年度のプレ・シーズン（４月～９月）について蹴球部の活動記録は慶應義塾学報、および時事新報には何も記載されていないが、年が明けた年度末の恒例行事、関西遠征はスケジュールどおり行われた。1908（明治41）年２月に「神戸ローイング・アスレチック・クラブ（KR&AC)」との第１回定期戦のため初めて関西遠征を敢行して以来、回を重ねること５回。それにしても往時の蹴球部員の体力、精神力のタフネスぶりには驚嘆させられる。１月８日に神戸でKR&ACと対戦したあと、京都に移って15日の夜行列車で帰京するまで同志社、三高など４試合という強行日程だが、昭和、平成のいまではちょっと考えられない苛酷な遠征ではある。

◆蹴球部の関西遠征予告記事
（時事新報：大正4年12月17日付け）

慶應義塾蹴球部選手は隔年の例により、来年（1916年＝大正５年）１月４日東京を出発、８日頃神戸在留の外（国）人とラグビー式蹴球試合を行いて後、京都に入りて同志社大学、第三高等学校、京都府立一中と試合（実際の日程では神陵クラブを追加）し、16日帰京の予定にて、学期試験終了後20日より越年して練習すべしという。その顔ぶれは下記のごとし。

	慶應義塾
FW	滝　川
	永　井
	脇
	天　春
	増　田
	一　坂
	岩　本
HB	高　地
	久　富
	塩　川
TB	真　島
	甲　斐
	田　沼
	松　井
FB	中　沢

◆対KR&AC戦の連敗続く
（時事新報：大正5年1月9日付け）

関西遠征中の蹴球部は８日午後３時から神戸東遊園地でKR&ACと対戦。前半の善戦もかいなく５－15で惜しくも敗れた。

●慶應義塾対KR＆AC定期戦

▽1916（大正５）年１月８日
▽グラウンド＝神戸・東遊園地
▽キックオフ＝慶應
▽レフリー＝レセリストステン氏

●慶應義塾５（５－５、０－10）15 KR&AC○

慶應	vs.	KR&AC
1	T	1
1	G	1
0	PG	0
5	前	5
0	T	2
0	G	2
0	PG	0
0	後	10
5	計	15

●［試合経過＝時事新報］

まず慶應方の高地キックオフにはじまりたるが、８分の後クレインは慶軍の右方にトライしてゴールに入り。慶軍またも田沼より藤田、甲斐、いずれも巧妙なパスを行い、甲斐快足を利用してゴールポスト真下にトライ。高地のゴールなり同点でハーフタイムとなる。

後半両軍度々も相争ううちミラーの再度のトライ。またインゴール（コンバージョン成功の意）のため大勢すでに定まり。15対５にて慶軍ついに敗を取れり。ときに４時５分。

◆同志社定期戦に慶應義塾が４連勝（時事新報）

KR＆ACに敗れた慶應は10日、京都で同志社と対戦。慶應は前半１トライ（ゴール）を先行されたが、後半にはいって逆転に成功。同志社の追撃を振り切って辛くも勝った。

●第４回慶應義塾対同志社定期戦（慶應４勝）

▽1916（大正５）年１月10日

▽グラウンド＝同志社

▽キックオフ＝慶應

▽レフリー＝堀井氏

○慶應義塾８（０－５、８－０）５同志社●

慶應	vs.	同志社
0	T	1
0	G	1
0	PG	0
0	前	5
2	T	0
1	G	0
0	PG	0
8	後	0
8	計	5

●［試合経過＝時事新報］

午後３時20分慶應まずキックオフして戦いを開く。慶軍よく食い込みしが、同志社露無、大脇（兄）盛り返され、開戦後10分同志社の露無トライし、大脇（兄）ゴールし、同志社がリードでハーフタイムとなる。後半戦に入り、同志社やや疲労の色現れきたれりしかば慶應方この機に乗ずべしとなし、奮戦大いに努め前半戦一向に手並みを見せざりし甲斐巧みに敵のタックルを避けて約70ヤードを疾走してトライし大いに味方の士気を鼓舞せり。同志社側またキックし慶應方の25ヤード線に迫りしが、慶應方の密集して防御。中央線より甲斐またまたトライ（ゴール）す。同志社側反撃なすあらんとせしが、予定の時刻に入りたれば８対５にて慶應の勝ちに帰せり。（京都10日電話）

◆第三高等学校との定期戦復活

大正２年度以来中断していた三高との定期戦が３年ぶりに復活し、11日午後３時から三高グラウンドで行われ、慶應が10対０で３連勝した。

●第３回慶應義塾対第三高等学校定期戦（慶應３勝）=時事新報

▽1916（大正５）年１月11日

▽グラウンド＝三高

▽キックオフ＝三高

▽レフリー＝国光郁文氏

○慶應義塾10（０－０、10－０）０三高●

●［試合経過］

前半は両軍ともに得点がないままハーフタイム。約10分休憩して後半に入ったが、ここで力の差がでた。持久力にまさる慶應が結局２トライ、２ゴールをあげて復活第１戦を飾った。

慶應義塾	vs.	三高
平　賀	FW	鷲　津
滝　川		関　元
脇		望　月
中　沢		伊　東
一　坂		滝　山
岩　本		松　尾
天　春		安　藤
高　地	HB	竹　上
甲　斐		新　保
塩　川		難　波
中　沢	TB	緒　方
青　木		佐　伯
藤　田		笠　原
松　田		宮　野
田　沼	FB	森

慶應	vs.	三高
0	T	0
0	G	0
0	PG	0
0	前	0
2	T	0
2	G	0
0	PG	0
10	後	0
10	計	0

◆神陵クラブに大勝して関西遠征を締めくくる（時事新報）

関西遠征中の慶應蹴球部は試合の打ち止めとして12日午後3時30分より神陵クラブと京都・神楽園にて戦えり。競技は慶應先輩の杉本（貞一）氏レフリーの下に慶應キックオフにはじまり、慶應まず右翼を突き、ハーフバック青木パスにたちまちその左翼を抜いてトライ、3点を収め、以後ドリブルの連続するに従い、練習十分なる慶軍の意気昂るに反し、神陵方は各学校の精華を集めたりといえどもチームとしての練習なく、慶應は前半に12点を収め、後半さらに18点を得て、30対0にて慶應の勝利に帰せり（京都12日電話）。なお、慶應義塾の西下第1戦は1月6日、京都一中と同校グラウンドで対戦。38対0で大勝のあと神戸入り。KR&AC戦に臨んだ。

付記①：神陵倶楽部について日本ラグビー史は下記のように伝えている。「神陵倶楽部は、大正3（1914）年ごろから三高の学生を中心に、その先輩や、京都一中の生徒も交えてつくった混成クラブであった。前述（※本稿1913年度の付記①参照）のように、三高の部費の使い過ぎから、部としての対外活動ができなくなった大正3年度に、折から独法に在籍していた谷村順蔵（敬介の兄）が、独法のクラスメートを糾合してひとつのラグビーチームを作って、三高ラグビーの命脈を保持したが、このメンバーが中核となり、竹上や笠原兄弟あたりも加わって、この混成チームに神陵倶楽部の仮名を付したのであった」

付記②：また日本ラグビー史は京都倶楽部についても「神陵倶楽部にいくらか異分子の入ったチームであったと想像される」と、推測ながら付け加えている。なお、慶應義塾蹴球部が大正3年1月の第2回関西遠征時にこの京都倶楽部と6日に対戦して27対0で快勝しているが、慶應義塾蹴球部六十年史には「6日午後、前日の復仇戦を申し込みたる京都倶楽部と戦闘を開始し…」とあるので、京都入りした5日にも対戦しているようだ。ただこの日の第1戦を伝える記述はまったく残っていない。

◆YC&AC戦接戦のすえ1点差で惜敗

第29回慶應義塾対YC＆AC定期戦は29日午後3時30分から横浜の根岸矢口台で行われ、慶應はおしくも5対6で惜敗した。これで対戦成績は慶應の5勝22敗2引き分けとなった。

●第29回慶應義塾対YC＆AC定期戦

▽1916（大正5）年1月29日
▽グラウンド＝横浜・根岸矢口台
▽キックオフ＝不明
▽レフリー＝ドックル氏

●慶應義塾5（0－3、5－3）6 YC&AC○

慶應	vs.	YC＆AC
0	T	1
0	G	0
0	PG	0
0	前	3
1	T	0
1	G	0
0	PG	1
5	後	3
5	計	6

●［試合経過＝時事新報］

試合は前半において横浜方は慶應を25ヤード線内に追い詰め、得意のドリブルをもってまずレイドローがトライを得たるが、プレース蹴（キック）ならず、後半戦入る。横浜3点、慶應0なり。かくて後半に入るや横浜方疲労の色ようやく顕れしも善く防ぎ、善く攻め、慶應・真島、安富奮戦して敵を圧迫するやスクラムよりの球を手にせる安富巧みにダズル（Dazzle）して陣門（ゴールポスト）近くにトライ（3点）、高地インゴール（2点）して慶5点となり。勝負地位を顛倒せり。横浜は慶應の小飛球をマークして置蹴に成功。3点を加え合計6点となり。差1点をもって横浜の勝ち。成績下記のごとし。

▽スクラム＝前半15　後半20
▽フリーキック＝横：2　慶：4
▽トライ＝横：1　慶：1
▽ゴール＝横：0　慶：1
▽マーク＝横：1　慶：1（ゴール）
※記録表記はPG1とした。

1916（大正5）年度 ◆真島国松◆

日本ラグビー最古の定期戦、慶應義塾と第三高等学校（旧制）との第4回戦が東都では5年ぶりに三田・綱町で行われた。1911（明治44）年、1912（明治45）年と対戦したあと三高側の事情で一時中断という残念なシーズンが続いたが、ようやく昨年1月の蹴球部関西遠征時に復活。今年度は三高を東京に迎えて東都での2度目の定期戦が実現した。昨年の復活第1戦を主将として戦った高地万寿吉は後日、蹴球部六十年史に「ラグビー同好の士が初めて快（会）心の一戦を交え得た感激が、試合そのものとは別の意味で忘れることができないようです。後年永い間続いた対三高戦が何か特別の伝統を持っているように感じたのはここにあると思われます」と述懐している。なお、試合は定期戦史上唯一の引き分け（6対6）だったが、三高の歴史の中でも、この年度のチームは最強と評価されている。

◆秋の塾内大会が綱町で（時事新報）

秋季塾内大会は10月31日午前10時より午後にわたり、綱町運動場において4回（試合）のゲームあり。第1回（試合）は1トライにて青、第2回（試合）は1トライにて白、第3回（試合）はゴール1、トライ1にて白、第4回（試合）の選手ゲームはトライ2にて赤の勝ち。夕方散会。

◆対YC&AC戦（2ndＸＶ戦）は蹴球部の完敗（時事新報）

慶應フットボール第2選手は11月25日、横浜・根岸の矢口台グラウンドにおいてYC&AC（2ndＸＶ）と試合。0対8にて敗れたるが、当日YC&ACは人員不足のため数名の第1選手を加入せしめたり。

◆対三高戦は初の引き分け（時事新報）

定期戦復活2年目を迎えた三高との試合は年が明けた1月7日（1916年＝大正6年）午後2時30分から三田・綱町グラウンドで行われた。試合は三高が前半2トライをあげて先行する慶應を逆転するなど接戦となったが、後半にはいって慶應が1トライを返して6対6で史上初の引き分けとなった。

●第4回慶應義塾対三高定期戦（慶應3勝1引き分け）

▽1916（大正6）年1月7日
▽グラウンド＝三田・綱町
▽キックオフ＝不明
▽レフリー＝高地万寿吉氏

△慶應義塾6（3－6、3－0）6三高△

慶應義塾	vs.	三高
河　井	FW	芦　沢
滝　川		吉　田
脇		権　藤
北　島		奥　山
下　野		伊　東
岩　本		安　藤
小　玉		浜　田
塩　川	HB	宮　野
矢　野		新　保
真　島		長　屋
高地（万里）	TB	鶴　原
前　田		笠　原
田　沼		佐　伯
中　沢		山　県
鈴　木	FB	森

慶應	vs.	三高
1	T	2
0	G	0
0	PG	0
3	前	6
1	T	0
0	G	0
0	PG	0
3	後	0
6	計	6

●［後記］

前半はじめ慶應はトライを得て3点を占めたるを、三高またトライを2回なして6点を挙げ、6対3となる半時間の後、慶應は大いに奮戦努力の結果真島氏トライをなし3点を回復し、同点となり。なお盛んに戦いしもついに6対6の無勝負に終われり。ちなみに三高は同夜8時の汽車にて帰校せり。

1917（大正6）年度 ◆脇肇◆

明治、大正と慶應義塾蹴球部の孤立時代が続いた東都のラグビー界にようやく大正6(1917)年、第2のラグビーチーム誕生の機運が生まれてきた。学問、スポーツの両分野でつねに慶應義塾のよきライバルとして明治の昔から競い合ってきた早稲田にラグビー部結成の胎動が興り始めたのである。直接のきっかけはこの年度の主将、脇肇と早稲田端艇部、喜多壮一郎の間に結ばれていたオアズマンの友情であり、間接的には当時のラグビー界西の雄、同志社の中学部出身者たちの情熱だった。慶應義塾によって蒔かれた日本ラグビーの種はこうした地域を問わず、学舎を越えて実を結び、やがて大輪の花へと開いていくわけである。なお大正3年以来、中断していた夏季合宿練習が伊豆大島の元村で復活した。

➲第1回日本フートボール大会（現全国高校ラグビー大会の前身＝大阪毎日新聞主催）が大阪・豊中グラウンドで開幕。

◆オアズマンの友情とラグビー

慶應義塾から見た早稲田ラグビー胎動の秘話を蹴球部OBの塩川潤一（1918年＝大正7年度主将）が日本ラグビー協会機関誌第24巻第4号に寄稿している。これは昭和46年に薬石効なく死去した蹴球部の先輩、脇肇（1917年＝大正6年度主将、元日本ラグビー協会専務理事）への追悼文だが、早稲田ラグビー誕生に脇肇が果たした役割とその経緯をビビッドに記述しており、『早稲田ラグビー六十年史』にもその要旨が掲載されている。

「シーズンオフの夏から秋のはじめにかけて有力選手は端艇部の学内対抗レースの各部科選手として向島で合宿生活をし、他の学校の選手も同じく合宿しているので、自然顔を合わせる機会はあったのですが、なかなか話をするまでにはならないのに脇さんはわれわれの知らぬ間に早大端艇部の選手、しかも早大スポーツ界に絶大の力を持っている喜多壮一郎さんと仲良くなっており、大正6年秋のシーズンには脇さんを訪ねてこられた。スポーツ関係の人、早大出のスポーツ記者をされる人々を連れて綱町のグラウンドにラグビー見学にきてくだされたのです。われわれは皆で心から歓待、練習が終わってから、三田の山の萬来舎で夕食、当時われわれ得意のイギリス式エールから“白皚皚の歌”、また、神戸外人から直伝の軍歌“It's A Long Way”をイギリス風に前歌をキャプテン・ソロで、本歌を一同合唱でといった歓迎振りをもってもてなしますと、早大の人々もくるたびに喜んでくだされたらしくこれが早大ラグビー発足の礎となったことは確かと思います（後略）」

慶應義塾のラグビー普及活動は1907（明治40)年、当時の群馬県太田中学にはじまり（途中消滅）、1910（明治43）年の第三高等学校（旧制）、翌1911（明治44）年の同志社大学、京都一中ラグビーの創部へと広がりをみせていったが、脇肇の努力にみられるようにそのときどきの蹴球部関係者が何らかの形で関わっていたわけである。

付記①：慶應義塾五十年史によると、「第九演説館倶楽部および各種学会」の項で萬来舎について下記のような説明がなされている。「演説と同様、西洋諸国に普通なる倶楽部を起こして、士人交際の便を計りたるも、また同じく義塾の発意なり。即ち明治7、8年頃の設置にかかわる、いわゆる萬来舎（千客萬来の意に取る）なるものにして、当時小幡先生の筆に成れる、萬来舎の記事は左（下記）のごとし。舎を萬来舎と名（づ）けたるは、衆客の来遊に備うればなり、すでに客といえば、主あるべきが、先ずくるの客を主とし、後れてくるの客を客とす、早く帰るの客は客にして、後れて留まるの客は主なり。去るに送らず、くるに迎えず、議論なすべし、談論妨げず、囲碁、対棋（将棋の意と思われる）、読書、作文、客の好むところ、危座箕踞（きざききょ）、共によし、扼腕拱手（やくわんきょうしゅ）、両ながら問わず。くるものは拒まず、去るものは留めず、興あれば居り、興尽きなば去れ、客去れば明朝の客を待つ嗚呼世もまたかくのごとく、すべからく楽しみてその日を永うせよ、穴賢々々（あなかしこ）」

◆危座（正座、端座）

◆箕踞（両足を投げ出して箕＝み＝のような形にすわること）

◆扼腕（憤慨したり残念がったりして自分で自分の腕を強く握りしめること）

◆拱手（手を組んで何もせずにいること）

◆穴賢（ああ恐れ多い。ああもったいない）

以上＝「広辞苑」から

◆塾内秋季大会で４試合（時事新報）

今年度の秋の塾内大会は11月18日午前10時から綱町グラウンドで４試合が行われ、第１回（第１試合）は青、第２、第３回（試合）はタイガーの勝ちに帰せり。第４回（試合）の先輩対現役選手は29対０にて現役選手の勝ち。

◆京都一商ラグビー部が上京

日本ラグビー史によると「京都一商（現西京高校）ラグビー部が大正６（1917）年５月、東京への修学旅行で上京した際、慶應義塾普通部に試合を申し入れた。しかし時期がちょうどオフシーズンだったため普通部との親善試合は実現しなかったが、大学（慶應）選手と混合の紅白試合を楽しんで帰洛。自信をつけた一商チームはその年の秋、京都一中を３対０で破ってチーム結成以来の初勝利をあげた」ことが記されている。なお、当時の京都一商は予科２年、本科４年の６年制で、及、落第が厳しく、クラスの３分の１が留年生。したがってラグビー部にも７年生、８年生はざらだった、と同ラグビー史は伝えている。

◆同志社との定期戦に初の引き分け（大阪毎日から）

７日午後３時20分同志社グラウンドにおいて慶應対同志社の蹴球戦を行う。この日天寒く飛雪紛々、絶好の蹴球日和なり。戦いは大学佐伯氏のレフリー。慶應方脇のキックオフにてはじまる。戦いは一進一退、ほとんど前衛戦（いまでいうFW戦）にして同志社は巧みなるパッシングに敵を圧しつつありしが、20分にして同志社大久保、陳、諏訪のパッスにて永井トライし、ゴールとならずして３点を得、前半を終わる。後半に至り初めはキック戦にて慶應崔、塩川、北村、同志社方王、大久保等みごとなるキッキングをなしつつありしが、ついに慶應の崔トライをなして同点となり、両軍の士気益々緊張し殺気場に満つ。慶應軍は勢いに乗じ塩川、北村の巧みなるキックにてゴールライン近く攻め寄せ同志社方一時危うく見えたるも一進一退の中にタイムアップとなり、３対３にて対ゲームとなりたり。なお８日午後３時より三高グラウンドにおいて慶應対三高の蹴球試合あるはず。

●第５回慶應義塾対同志社定期戦（慶應４勝１引き分け）

▽1918（大正７）年１月７日

▽グラウンド＝京都・同志社

▽キックオフ＝慶應義塾

▽レフリー＝佐伯氏

△慶應義塾3（0－3、3－0）3同志社△

慶應義塾	vs.	同志社
脇	FW	有　田
永　井		矢　野
滝　川		喜　多
近　藤		二　宮
渥　美		平　田
新　荘		井　上
下　野		赤　松
田　中	HB	中　安
秋　山		諏　訪
矢　野		山　田
崔	TB	村　尾
塩　川		陳
高地（万里）		大久保
平　賀		永　井
北　村	FB	王

慶應	vs.	同志社
0	T	1
0	G	0
0	PG	0
0	前	3
1	T	0
0	G	0
0	PG	0
3	後	0
3	計	3

◆第5回三高定期戦は辛勝
（大阪毎日から）

曩（さき）に同志社大学と同点の試合をなしたる慶應蹴球部選手は9日再び入洛、三高グラウンドにて三高選手と試合をなしたり。戦は（10字欠落）たれども香山、谷村よく防戦し危機を脱しセンターラインに盛り返す。しかれども慶應方前衛（FW）の攻撃力猛烈にしてまたもや三高を25ヤードライン深く攻め立てたるも、ハーフタイムとなり。後半において三高劈頭（8字欠落）平賀トライをなし3点を挙（あ）ぐ。この時ハーフタイム後15分なり。それより慶軍は塩川、平賀のキックにて攻めたるも、三高方も吉田、鈴木、勝、谷村の好防にセンターラインに至りスクラム、またスクラムと揉み合う間にタイムアップとなりてついに3対0と慶應の勝ちとなれり。対戦成績は慶應の4勝1引き分け。

●第5回慶應義塾対三高定期戦（慶應4勝1引き分け）

▽1918（大正7）年1月9日

▽グラウンド＝三高

▽キックオフ＝不明

▽レフリー＝佐伯氏

○慶應義塾3（0－0、3－0）0三高●

慶應義塾	vs.	三高
脇	FW	小木曽
永　井		吉　田
滝　川		岩　田
近　藤		神　戸
渥　美		小　柴
新　荘		鈴　木
下　野		笠　原
		佐　伯
田　中	HB	丹　下
秋　山		勝
矢　野		
崔	TB	鶴　原
塩川		香　山
高地（万里）		坪　内
平　賀		谷　村
北　村	FB	安

慶應	vs.	三高
0	T	0
0	G	0
0	PG	0
0	前	0
1	T	0
0	G	0
0	PG	0
3	後	0
3	計	0

付記②：慶應義塾はセブンFW、三高はシステム不明のため報道どおりエイトで記載。

◆慶應義塾がKR＆ACから初勝利（大阪毎日）

慶應大学対神戸クリケット倶楽部（KR＆AC）ラ式蹴球戦は12日午後3時半より神戸東遊園地において挙行。慶應軍先蹴し、慶軍終始優勢にてしばしばKR＆ACのゴール近く突進し巧みなる脇のパッスにて美（見）ごとに功を奏しトライして3点を得。さらにプレースキックにより2点を加えたるが、KR＆ACいぜん振るわずハーフタイムとなり。ハーフタイム後、一時KR＆AC奮戦して慶軍を圧迫せしも、またも慶軍の前衛(FW)の連絡巧みにしてトライにトライを重ね慶軍11点を算するに反し、KR＆AC益々振るわずタイムアップとなり、ついに11対0にて慶軍の大勝となる。

●第11回慶應義塾対KR＆AC定期戦

▽1918（大正7）年1月12日

▽グラウンド＝神戸東遊園地

▽キックオフ＝慶應

▽レフリー＝スペンス氏

○慶應義塾11（5－0、6－0）0 KR＆AC●

慶應義塾	vs.	KR&AC
脇（Cap.)	FW	J. Amberg
永　井		P. Houghton
滝　川		A. James
近　藤		W. Hoggitt
渥　美		D. Mackley
新　荘		J. E. Cearn
下　野		H. Arab
		C. J. William
伊　丹	HB	B. Abraham
秋　山		J. Abraham
矢　野		
崔	TB	Willes
塩　川		A. J. Clearn（Cap.)
高地（万里）		T. L. Christensen
平　賀		H. Colton
北　村	FB	Steven

慶應	vs.	KR&AC
1	T	0
1	G	0
0	PG	0
5	前	0
2	T	0
0	G	0
0	PG	0
6	後	0
11	計	0

付記③：大阪毎日新聞のメンバー表示は両チームともにFW 8人制としているが、慶應義塾はセブンFWなので7人に。またKR＆ACはセブン、エイトがはっきりしないので報道どおりにエイトFWとした。なお、慶應義塾の3HBのうちローバーに該当する選手が明確でないためFWの8人目の選手（伊丹）をローバーとした。

付記④：慶應義塾の対KR＆AC定期戦については1914（大正3）年度の第8回、及び1916（大正5）年度の第10回に相当する定期戦の記録が欠落している。この両年度はともにKR＆ACが東上する年度。慶應義塾が関西遠征の年度には神戸のKR＆ACグラウンド（神戸・東遊園地）で確実に対戦している点から推測しても、綱町の慶應グラウンド、もしくは横浜・根岸のYC＆ACグラウンドで対戦しているはず。したがって今年度の対戦回数は「第11回定期戦」とした。なお、記録がないため通算の対戦成績を明記することはできないが、今年度の対戦で勝利した慶應義塾を初勝利としているところからみれば「11戦1勝9敗1引き分け」となる。

◆同年度内2度の対同志社定期戦

同志社との第6回定期戦は1月31日、今度は東京・三田の綱町グラウンドで行われた。慶應義塾が関西へ遠征した際の第5回定期戦から数えてわずか24日目の同年度内に対戦という1913（大正２）年度以来の異例ともいえる再試合。結果は慶應が３対０で５勝目（通算）を記録し、１月７日の引き分け試合の決着をつけている。残念ながら再試合の詳報が残っていないため同志社の上京の理由、試合内容などは詳らかではないが、推測するところ「初勝利目前の試合が引き分けに終わった前回の対戦が尾を引いていた」とも考えられる。いずれにしてもこれで通算の対戦成績は慶應義塾の６戦５勝１引き分けとなった。

◆第１回日本フートボール大会が開かれる（大阪毎日新聞から）

第１回日本フートボール大会（大阪毎日新聞主催）が1918（大正７）年１月12〜13の両日、大阪・豊中グラウンドで開催された。大会はラ式（ラグビー）とア式（サッカー）の２競技に分かれ、ラグビー部門の参加チームは三高、同志社、京都一商の京都勢３チームと寂しかったが、同志社が12日の１回戦で三高を19対０、翌13日の決勝でも１回戦不戦勝の京都一商を31対０の大差で破って優勝した。なお、慶應義塾からはOBで関西在住の杉本貞一、甲斐義智が審判員として大会役員を務めた。

◆関西遠征中の慶應義塾は棄権

慶應義塾はスケジュールの関係で同大会を棄権したが、大阪毎日新聞は大正７年１月14日付けの紙面でつぎのように報じている。「ラグビー優勝戦は第１日の勝者同志社と第２日の京一商対慶應の戦いの勝者と取り組むはずなりしも、慶應は12日この度関西遠征の最眼目たる対神戸外人（KR&AC）戦を終えたることとて各選手は自然定刻に遅れたるため競技の進行上やむなくこれを棄権とみなし番組を変更し、同志社対京一商戦をもって優勝戦とし、前記のごとき結果により同志社軍優勝の月桂冠を得たり。なお本大会第２日の取り組みなりし慶應出身者対東西大学連合チームのラグビー競技は番外ゲームとして斯道奨励のために特に挙行して豫後備（OBの意味かも）選手の意気を示したるものなればしたがってその勝者たる東西両大学チームは優勝戦に加わらざるものなり」

◆三田倶楽部が惜敗（大阪毎日から）

▽1918（大正７）年
▽グラウンド＝豊中
▽キックオフ＝大学聯合
▽レフリー＝アブラハム兄氏

●三田倶楽部３（０－３、３－３）６大学聯合○

三田倶楽部	vs.	大学聯合
一　阪	FW	伊　東
真　島		藤　井
白　山		鈴　鹿
井　上		笠　原
河　原		足　立
戸　川		田　中
峰		山　崎
		城　田
堀　尾	HB	合田・宇野
西		和　田
奥　田		
鈴　木	TB	山　科
甲　斐		竹　上
杉　本		佐　伯
川　崎		渡　辺
有　田	FB	宇野・合田

三田	vs.	大学
0	T	1
0	G	0
0	PG	0
0	前	3
1	T	1
0	G	0
0	PG	0
3	後	3
3	計	6

第５回（ラ式）慶應出身者より成る三田倶楽部と三高出身者より成る大学聯合のラ式蹴球戦はアブラハム（兄）のレフリー、アブラハム（弟）およびクレーン両氏のタッチジャッジにて３時20分開戦。大学方キックオフし、たちまちにして25ヤード線に攻め寄せ、左コーナーにて揉み合う内、鈴鹿まずトライし最初の３点を得たるが、それより後は三田方かえって攻勢に転じ、盛んにキッキングを試みれば球は遠く飛翔して壮快謂わん方なし。後半三田方甲斐敵の重囲を切り抜けて巧みにトライし同点となる。爾後一進一退タイゲームにて終始するが、タイムアップ前２分にして大学方足立トライを得て３点を増し６対３にて大学方の勝利に帰したるが、老将連が久し振りに昔の腕を現し観衆を嘆賞せしめたり。

付記⑤：三田倶楽部はセブンFW、大学聯合はシステム不明のため大阪毎日の報道したがって記載。また大学聯合のHB合田・宇野、FBの宇野・合田はそれぞれ前、後半でポジションチェンジしたものと思われる。

1918（大正7）年度 ◆塩川潤一◆

この年度最大のニュースは早稲田にラグビー蹴球部が誕生したことである。慶應義塾にとってそれまでの関東での対戦相手は横浜在住の外国人クラブ、YC＆ACがあるだけ。第三高等学校（旧制）にはじまり同志社大学、京都一中、京都一商と広がっていったラグビーの波はとうとう新聞社主催のフットボール大会にまで広がりをみせるなど、むしろ後発ともいうべき関西の地で燃え上がった。このような「西高東低」の逆転現象の中での早稲田の登場。それはすでにはじまりつつあった日本ラグビーの全国展開を加速し、後の慶應義塾の上海遠征、あるいは早稲田の豪州遠征へと飛躍、発展への布石にもつながっていくわけである。その意味で1918（大正７）年という年度は日本ラグビーにとって歴史的なターニングポイントの年でもあった。

➲関西ラグビー倶楽部が関西在住の慶應OBを中心に大正７年秋に発起人会。

◆早稲田ラグビーの創設と慶應蹴球部

早稲田ラグビーの創設（1918年11月７日）に慶應義塾蹴球部の1917年度主将、脇肇が積極的に動いたことはこの百年史の「1917年度・オアズマンの友情とラグビー」の項で触れたとおりだが、間接的ながらもうひとり、早稲田ラグビーの誕生に隠れた協力者が慶應OBにいた。その人物の名は「松岡正男」。慶應ラグビー創設メンバーの一人で、YC＆ACとの第１回定期戦（1901年）に出場したE・B・クラーク、田中銀之助の直弟子でもある。慶應義塾大学部政治科を明治37年４月に卒業して米国（ウィスコンシン）へ留学。植民政策を学んで同40年に帰国後は母校の普通部英語教師、寄宿舎舎監を経て、明治44年台湾総督府通信局に勤務。このとき「台北一中で松岡からラグビーの指導を受けた磯部秀景、角屋定政、小原兵蔵の３人が井上成意ら創始者の呼びかけに応じて早稲田ラグビーの創設にかけつけた」と早稲田ラグビー六十年史は記している。松岡正男にしても、また脇肇にしても直接、間接を問わず早稲田ラグビー創設に意を注いだことは慶應義塾蹴球部が創設の時代から伝統としてきたものであり、ひとり早稲田にとどまらず、下記に伝える松岡正男の台湾、九州での普及活動でも明らかだ。

日本ラグビー史（日本ラグビーフットボール協会刊）によると、松岡は同時に鹿児島高等農林にも教え、九州の地にはじめてラグビーの芽を出させていることを知る人は少ない。すなわち松岡は、総督府在任中、鹿児島高等農林の講師を兼任、植民政策を講じたが、ここで身をもってラグビー指導をやったことが、つぎの記録で明らかになった。昭和36年3月刊行、鹿児島大学農学部編『開学50周年記念誌』所載、2代目農学部長西力造記『開学の頃』中、つぎの“松岡正男先生”の一文がそれである。

「松岡正男先生田代先生と略々(ほぼ)同時代明治44年より台湾総督府から植民政策の講義にこられた、慶應出身で後に米国で植民政策を研究し、台湾において植民政策の調査に従事しておられたが（中略）、本校においても学生にチームをつくられ、自ら運動場に飛び出して一緒に駈け廻って教えておられた。これは鹿児島における、或いは九州におけるラグビーのはじまりではなかったかと思う。同氏は羽仁もと子女史の令弟で、後にジャーナリストとして毎日新聞の幹部となり、京城や戦時中の比島の新聞社長として活躍せられた。誠に愉快な人であったが、早く亡くなられたことは誠におしむべきことであった」

◆慶應義塾が3PGで三高を破る
（時事新報：大正8年1月7日付け）

慶應対三高のラ式蹴球戦は6日午後2時より、綱町グラウンドにおいて挙行。三高軍は衆望を負(お)うて上京せしこととて、さすが鉄壁をもって鳴る慶軍も成績いかにやと思われしが、ハーフタイム以前両軍0対0の好戦況を見せたるに反し、ハーフタイム以後慶軍3度ペナルティキックを続けて9点をとり、ついに9対0のままゲームセットとなりて、慶軍は大勝せり。この日三高方は長途遠征の疲れに中途より意気昂(あが)らずして守備に緩みの見えしは気の毒なり。

●第6回慶應義塾対三高定期戦（慶應5勝1引き分け）

▽1919（大正8）年1月6日
▽グラウンド＝三田・綱町
▽キックオフ＝不明
▽レフリー＝真島氏

○慶應義塾9（0－0、9－0）0三高●

慶應	vs.	三高
0	T	0
0	G	0
0	PG	0
0	前	0
0	T	0
0	G	0
3	PG	0
9	後	0
9	計	0

◆全慶應義塾が大学連合に辛勝
（時事新報：大正8年1月9日付け）

三高および帝大連合軍対慶應義塾第1、第2選手混合のフットボール試合は8日午後4時より三田・綱町グラウンドにて挙行。6対0にて慶應の勝ち。

◆慶應OBを中心に関西ラグビー倶楽部が旗揚げ

関西に慶應義塾のOBを中心とするラグビーの倶楽部が1919（大正8）年に結成された。

この年の何月に発足したのか定かではないが、日本ラグビー史の記述によると「最初の呼びかけは大正7（1918）年秋のことで、神戸郊外須磨浦にあった脇肇（慶應義塾蹴球部1917年度主将）の家で発起人会が開かれ、発起人として杉本貞一（慶應義塾蹴球部1913年度主将）、井上寧（慶應義塾蹴球部1912年度主将）、脇肇（前述）、竹上四郎（三高OB）、石倉謙次郎（三高OB）が名を連ねた……（後略）」とある。

名称を「関西ラグビー倶楽部」とし、ニックネームを「オールホワイト」と称したが、『関西ラグビー倶楽部廿年史』（編集・田尾栄一）に杉本貞一はつぎのような一文を寄せている。

「三高、同志社（ラグビー部）が関西に生まれて、次第に関西にラグビーが普及されていったのだが、大正８年に脇、中野、石倉、佐々木等の諸君が集まって倶楽部チームを作って、三高、同志社の発展に備え、関西にラグビーを普及してはいかがとの相談を受けた。私は大賛成だと人を集めた。竹上理学博士や、和田氏（川崎）、大脇、美濃部、上野等の同志社出身の諸氏と会合してそのとき初めて関西ラグビー倶楽部を創設したのである。ユニホームの純白は、われらラガー（マン）は常に純真であることを意味し、ガイコツのマークは無欲淡々で一切は『空』だ。私等は真直（まっすぐ）にラグビーに精進するという理由から出ている。で一名『オールホワイト』と称して、神戸外人と最初のゲームをやったのが倶楽部チームのゲームのはじまりだと思う。以来各学校にラグビーの精神を高調してチームを組織させることに成功し、日に月に盛んになってきた一方、東京のオールドボーイズ北野、増田、橋本、寺田、真島（以上慶應義塾OB）等諸氏が、各大学卒業生を集めて『A.J.R.A』を組織（1920年度の項参照）して関西対抗チームを作って毎年ゲームをやることになった」

また、関西ラグビー倶楽部廿年史が伝える戦績表では「創立以来の20年間に試合145を算しているが、その間、大正15年には関西首位の三高、京大をも破っている。勝敗にこだわるような野暴なところがなく、試合の申し込みが殺到し、ダブルヘッドを行うことも度々。大市信吉（慶應義塾蹴球部1922、23年度主将）などは大正13（1924）年から昭和14（1939）年まで毎年連続出場した」という。

いずれにしても、大正年代に古河鉱業から福澤桃介傘下の大同電力に移った田辺九万三が同社にラグビー部を創設して大市信吉、木下米松、吉沢秀雄、山口六助ら母校慶應義塾の後輩を集めて関西随一のチームを作りあげるなど、慶應義塾蹴球部のOBたちが関西のラグビー普及、発展に果たした役割の大きさは計り知れないものがある。

◆同志社との第７回定期戦は豊中で

同志社との初期の定期戦は隔年に東京と京都で開催というホーム＆アウェー方式から見ればかなり変則的日程であった。過去６回の開催で慶應義塾が三田・綱町に同志社を迎えたのは1913（大正２）年度と1917（大正６）年度の２度だけ。しかもこの２試合はともに同じ年度に２度対戦という不規則日程のためか、それぞれの前年にあたる1912（大正元）年、1914（大正３）年、1916（大正５）年度の定期戦は空白となっている。今季の1918（大正７）年度も本来なら同志社が東上の年に当たるはずだが、逆に慶應義塾が２年連続で西下し、1919（大正８）年１月18日に大阪の豊中グラウンドで定期戦を戦っている。当日は同グラウンドで開催された第２回日本フットボール大会の第１日。これは推測になるが、慶應義塾も同大会に参加し、１回戦で同志社と対戦しているところからこの試合を定期戦としたのだろう。『慶應義塾体育会蹴球部六十年史』には「慶應が６対０で同志社を破っているが、優勝戦は棄権」とだけ記載されている。

1919（大正8）年度◆井上二郎（旧姓平賀）◆

蹴球部の秋季塾内大会に昨秋、1918（大正7）年に創設された早稲田大学ラグビー蹴球部がはじめて特別参加。慶應義塾と対戦した。1906（明治39）年に早慶野球戦のもつれが原因で慶應義塾と早稲田のすべてのスポーツが対抗戦を中断していた中でのラグビー試合。微妙な時期、環境だけに早稲田はGB（グレートベア）倶楽部の名称で、また慶應義塾は普通部チームが対戦したという。非公式ではあったが、事実上の早慶対抗がラグビーによって復活したわけで、こうした当時の両校関係者の努力はやがて3年後の正式な早慶対抗ラグビーへと実を結び、さらにはスポーツ全般の早慶戦再開のきっかけをつかんだという意味で画期的な出来事だった。また、年が明けた年度末の1920（大正9）年1月の関西遠征（7度目）で、KR&ACから2勝目を記録している。

➲関西ラグビー倶楽部が正式に発足する（前年度参照）。

◆早稲田GB倶楽部が塾内秋季大会に初参加（時事新報）

慶應秋季蹴球大会を9日午前9時より綱町校庭にて開催。正午早大生の組織せるグレートベア倶楽部と、普通部（※1）の選手との蹴球試合が挙行され、この大会に非常な興味をそえた。レフリー高地のホイッスル一声、グレート軍のキックオフで戦端は開かる。技量の差は恐ろしいもので、小柄の普通部巧みに敵の虚を突いて25ヤードライン内に押しつけ懸命に攻める。スリークォーターの活躍ついに北野トライし、なおも敵を圧迫してゴールラインに迫る。ときにハーフタイム。後半は依然として慶普軍優勢にてゴールに幾度か突進したが、トライに到らず、25ヤード内にて一進一退、グレート軍のハーフ諏訪（※2）の好守に阻まれ両軍健闘して力限りに戦う。慶軍ハーフ躍進みごとトライ、合計6点を獲得する。その後慶普にしばしば好機いたりしも、グレート軍善く守ってタイムアップとなる。すなわち6対0で慶普軍が凱歌を上げた。最後の先輩選手混合（OB、現役混合の意と思われる）ゲームは14対12の好ゲームで、本邦ラ式蹴球の模範試合ともいうべき立派な試合であった。

付記①：※1の普通部は時事新報の記述をそのまま記載したが、冒頭の「年度総括」で記したとおり早慶対抗競技中断時期での試合のため「慶應義塾は普通部が、早稲田はグレートベア倶楽部の名称を使用」という配慮がなされた。なお、早稲田ラグビー六十年史によると、GB（グレートベア）の名称の由来は「早稲田大学の創立者で、総長だった大隈重信侯をもじり英語にするとGreat Bear、この2語の頭文字から取ったもである」と説明されている。

付記②：※2の「ハーフ諏訪」選手について早稲田ラグビー六十年史には「諏訪広胖といって同志社で名の知られたハーフだった。どのような理由かわからないが、京都から姿を消して上京し、毎日のように早稲田の練習に顔を見せ、コーチをしていた」と紹介されている。

◆定期戦3試合に無敗

三高との定期戦で幕を明けた蹴球部8度目の関西遠征は三高、同志社と苦戦しながらも連勝。最大の目標だったKR&ACには5トライ、2ゴールの19得点を記録する快勝でこの年度の遠征を締めくくった。またこの遠征には慶應普通部も同行し、同志社中学とは引き分けたが、京都一商、三高2nd XVには連勝する活躍ぶりだった。

●1919（大正8）年度関西遠征

［大学］

①1920（大正9）年1月6日

○慶應義塾3－0三高●（慶應6勝1分け）

②1920（大正9）年1月8日

○慶應義塾5－3同志社●（慶應7勝1分け）

③1920（大正9）年1月10日

○慶應義塾19－3KR&AC●（慶應2勝目＝別掲）

④1920（大正9）年1月11日

慶應義塾対神陵倶楽部戦の勝敗など詳細は不明。

［普通部］

①1920（大正9）年1月5日

○慶普通部5－0京都一商●

②1920（大正9）年1月8日

△慶普通部3－3同志社中△

③1920（大正9）年1月9日

○慶普通部3－0三高 2nd XV●

●慶應義塾対KR&AC定期戦

▽1920（大正9）年1月10日

▽グラウンド＝神戸・東遊園地

▽キックオフ＝KR&AC

▽レフリー＝スペンス氏

○慶應義塾19（5－3、14－0）3 KR&AC●

慶應	vs.	KR&AC
1	T	1
1	G	0
0	PG	0
5	前	3
4	T	0
1	G	0
0	PG	0
14	後	0
19	計	3

●［試合後記＝大阪毎日］

西下中の慶應大学ラ式蹴球部は10日午後、神戸外人倶楽部と会戦。外人方ベストメンバーをもってこれを迎う。午後4時スペンス氏のレフリーにて外人方のキックオフにはじまり、容易に勝敗断じ難かりしが、外人方クローバーがトライし最初の3点を挙ぐ。慶軍これに屈せず敵25ヤード線内に苦闘を招くること5分。秋山ついにトライし、鈴木のキックみごとにインゴールしてハーフタイムとなり、後半慶軍元気よく北村、大内、高木等巧妙なパスをもって敵陣に迫り、間一髪の間にタックルされてその意を果たさざりしが、北村さらに敵の虚を衝きついにトライし、鈴木のキックまたもゴールインとなり、続いて北村のパスを高木取ってトライすれば外人方意気全く沮喪（そそう）して前衛（FW）ようやく乱る。秋山その混乱に乗じて安々とトライを得。さらにまた秋山より伊丹にパス、伊丹トライして6点を増す。外人方最後の5分間における必死の努力も効なく、5時10分タイムアップとなり、ついに19対3にて慶軍大勝。

◆普通部が三高2nd XVを破る（大阪毎日）

9日（1920年＝大正9年）午後3時20分、三高グラウンドにて慶應義塾普通部対三高第2選手のラ式蹴球試合あり。京大竹上氏のレフリー。三高方のキックオフにて開始。3対0にて慶應の勝ちとなり4時20分閉戦。なお10日午後3時神戸にて慶應大学対外人団、11日午後3時三高グラウンドにて慶大対神陵倶楽部の蹴球試合あるはず。

付記③：上記の普通部遠征について忽那賢三が『慶應義塾蹴球部六十年史』に寄せている詳報の要旨を掲載しておく。

「大正8年暮から9年正月（同8年度）にかけての第2回普通部関西遠征は、

前々年（大正6年度）の第1回遠征（川口主将、西、崔、田中、伊沢、鈴木、川崎等の頑猛連に外山君はハーフとして活躍、同志社中学、京一中、京一商にもちろん全勝している）に加った外山を主将に伊沢、山口、宮地、陳、葉、北野、小生（忽那）等で再度同志社中学、京一商を一蹴するべく意気込み、やっと手一杯のメンバーを揃え、関東には中学の相手なきため早稲田ラグビーの前身グレートベヤーおよび商大（現一橋大学）クラブを破り、その余勢をかって行われたものである。大正8年12月20日大学とともに兵庫県板宿に合宿し、温暖なる板宿での練習、ときには神戸遊園地のグラウンドで練習し、12月31日京都三条釘抜屋旅館に陣し、新春まず京一商を6対0で破り、6日同志社中学と戦う予定になっておりしところ、突然同志社中学より8日（当日は大学の定期戦日）に試合延期方の申し入れがあり、かくして同日午後1時、病体陳ハーフ（7日夜に発熱し、40度近い高熱に見舞われる）に逆に励まされて同志社グラウンドで試合を開始。前半10分すぎ、中央線のスクラムよりの球は陳、北野、山口、外山と渡り、外山敵TBラインを突破してWTB長谷川にパスしてまず1トライを得たるも、ゴールは成らず。後半もほとんどを同志社陣内で戦いながら、ただ一度わが陣内深く倒されて5ヤードスクラムになったとき、小身の敵ハーフ片岡君にもぐられてトライされ、3対3の引き分けに終わった」（要旨から）

【対同志社中学戦メンバー】

	慶應義塾
FW	山口亨
	松　村
	忽　那
	伊　沢
	宮　地
	匠　瑳
	高　橋
HB	陳
	新　美
	高　久
TB	北　野
	山口六
	外　山
	長谷川
FB	葉

1920（大正9）年度 ◆高地万里①◆

慶應義塾の孤立時代が続いた関東のラグビー活動を大きく塗り替えるきっかけとなったのは、この年の秋に結成された「A.J.R.A.（All Japan Rugby Association)」だった。設立の動機、いきさつの詳細についてはOBの橋本寿三郎が『慶應義塾体育会蹴球部六十年史』に書き残しているが、要約すれば①春秋２回の塾内大会とOBの参加、②大正中期に入って塾OBの激増、③前年設立の関西ラグビー倶楽部に刺激された、④日本経済の好況――の４点となる。さらに特筆すべきはA.J.R.A.設立３日後に東上した関西ラグビー倶楽部と第１回の定期戦を実現していること。それまでの学生のためだけのラグビーから社会人へと輪が広がった意義は大きく、今日の日本ラグビー界を現出する原点ともなった。

◆ようやく東にもOB倶楽部が
（橋本寿三郎の遺稿から）

「A. J. R. A.（All Japan Rugby Association）の発祥は1920（大正９）年11月３日である。もっともこの前にA. J. R. A.として試合を行っているかも知れないが、11月３日（実際には11月７日）三田綱町のグラウンドで関西ラグビー倶楽部との第１回戦を挙行した（関東３―６関西)。この試合後三田の東洋軒で懇親会を開催し、運動記者なども招待して発会を祝したと記憶する。A. J. R. A.はオールブラックスを真似て黒一色のジャージー、関西は白で胸に太い黒一線を入れ、それに骸骨のマークをつけておった。関西ラグビー倶楽部は、1919年の創立で関東より１年早く（※1918年度第４項を参照)、関東方これに刺激されて結成された。A. J. R. Aの会長は故田中銀之助氏で、副会長は故松岡正男氏、故櫛山次郎氏。委員として故真島国松、故増田鉱太郎、筆者（以上、田中銀之助を除いていずれも慶應OB）などがおった。その発会の宣言書を見ると『ラグビーを愛好する紳士の集まり』という競技中心の集まりで、ラグビーの行政面を指導担当する意図などもちろんなかったが、実際は当時指導的立場にあった慶應の出身者が多数であるのと、これに三高、同志社出身者を加えた団体であるから、関東にあったラグビー界の中心機関化し、早慶試合を主催するなど、ラグビー協会の前身と見做さる（みなされる）ような立場にあった。東西OBがほとんどときを同じくして活動を開始したのには起こるべき原因があった。由来慶應蹴球部には毎年その大会（塾内大会を指すと考えられる）を11月３日と２月11日、すなわち昔の天長節と紀元節に挙行するのを例としておった。この大会に卒業生も参集して第１、第２選手の混合ゲームが（に）参加するのがOBとしてゲームのできる唯一の機会であり、OBと現役選手の連絡に資するものがあった。（中略）とにかく大正７、８年の慶應大学にはOBの集まりが非常に多くなり、１チームを形成することも不可能でない域に達しておった。このOBはむしろ関西に多く、これに三高、同志社の先輩も関西に多いのが原因して関西は一歩先んじてOBチームを形成した。（中略）関東にも一日も早くチームを結成しようとしておったが、その夏（大正８年）偶々（たまたま）筆者と同期の故松井竜吉（慶應OB）が豪州へ転勤になり、その送別会を柳光亭に開催し、多数の慶應OBが参集したので出席し、とにかく関西ラグビー倶楽部に挑戦状を送ることとして、筆者がこれを認めて稗田幸三郎君宛に送ったのが東西OB試合の決行の動機となったのである。当時は第１次世界対戦後（1918年11月終結）の日本経済の好況時代で、その好響が各方面に現れており、OBの集会に経済的にも時代的にも余裕のある時代であったから、かかるOB試合の挙行も容易であり、試合後の交歓会も仲(中)々盛大で大いに痛飲したもので、このことが各OBの連絡を緊密にしA. J. R. A. は主として慶應の先輩で固めたが、三高から故国光(郁文)君、同志社から美濃部(薫)君の参加があって、ラグビー発展の基礎となった」(後略)。

◆OBの東西対抗、初戦はまず関西に軍配(時事新報)

慶應義塾・蹴球関東－関西争覇戦は7日午後2時より綱町運動場において松岡教授審判の下に行われたるが、第1回現役選手の関東－関西戦にて前半において関西方3トライ、1ゴールを得る。後半において関西方2トライ、1ゴール、関東は1ペナルティキックを得て、結局19対3にて関西の勝利に帰す。午後3時より問題の先輩(OB)による関東－関西戦が開かれたるが、前半において関西が関東を大いに圧し、2トライを得しも、後半において関東方大いに逆襲し、1トライを得る。結局6対3にて優勝盃は関西方の手におちたる。両軍陣容右記のごとし。

●第1回OB東西対抗(関西1勝)

▽1920(大正9)年11月7日

▽グラウンド＝三田・綱町

▽キックオフ＝不明

▽レフリー＝松岡正男氏

○関西6(6－0、0－3)3関東●

付記①：時事新報によると関東のFWは7、TB5人の変則表記。対する関西はFW8、TB4人のエイトシステムのメンバーとなっているが、両チームとも慶應主体のチーム編成という点を考慮すれば、ともに3HB制のはず。ただ、ここでは時事新報の記述をそのまま採用した。

関西	vs.	関東
有　地(慶)	FW	永　井(慶)
高　地(慶)		寺　田(慶)
脇(慶)		橋　本(慶)
白　山(慶)		北　島(慶)
一　阪(慶)		岩　本(慶)
井　上(慶)		増　田(慶)
片　野(慶)		国　光(三)
稗　田(慶)		
矢　野(慶)	HB	安　富(慶)
奥　田(慶)		諏　訪(慶)
田　辺(慶)	TB	田　中(慶)
杉　本(慶)		藤　本(慶)
竹　上(同)		鈴　木(慶)
飯　塚(慶)		真　島(慶)
		平　賀(慶)
岡　野(慶)	FB	鶴　飼(慶)
(慶＝慶應OB、三＝三高OB、同＝同志社OB)		

関西	vs.	関東
2	T	0
0	G	0
0	PG	0
6	前	0
0	T	1
0	G	0
0	PG	0
0	後	3
6	計	3

◆大正年間の東西対抗OB戦成績◆			
回	年月日	関東v.s.関西	場所
①	大正9·11·7	●3－6○	綱町
②	大正10·2·11	●0－17○	豊中
③	大正10·11·27	●8－13○	綱町
④	大正11·2·11	●6－11○	豊中
⑤	大正11·11·12	○3－0●	綱町
⑥	大正12·2·11	●0－3○	宝塚
⑦	大正13·2·11	○6－3●	綱町
⑧	大正13·10·31	●6－8○	神宮
⑨	大正14·2·11	●8－12○	甲子園
⑩	大正14·11·1	●0－11○	神宮
⑪	大正15·10·31	●3－11○	神宮
⑫	昭和2·10·31	●0－6○	神宮

◆第８回三高定期戦は慶應の４連勝（時事新報）

本年最初の運動試合たる慶應対三高ラ式蹴球戦は５日午後３時15分より三田綱町運動場に挙行せられたるが、遠征せる三高軍利あらず、９対０にて慶應方の勝利に帰せり。

●第８回慶應義塾対三高定期戦（慶應７勝１引き分け）
▽1921（大正10）年１月５日
▽グラウンド＝三田・綱町
▽キックオフ＝慶應
▽レフリー＝増田鉱太郎氏

○慶應義塾９（６－０、３－０）０三高●

慶應義塾	vs.	三高
滝　川	①	渡　辺
近　藤	②	今　西
金　子	③	井　場
下　村	④	滝　口
渥　美	⑤	奥　村
伊　丹	⑥	馬　場
桜　井	⑦	清　水
横　山	⑧	蒔　田
秋　山	⑨	谷　川
西	⑩	古　川
外　山	⑪	安　部
山　口	⑫	高　井
大　市	⑬	土　井
高　地	⑭	西　村
葉	⑮	岩　田

慶應	vs.	三高
2	T	0
0	G	0
0	PG	0
6	前	0
1	T	0
0	G	0
0	PG	0
3	後	0
9	計	0

●［後記＝時事新報］

前半、試合は慶應のキックオフに始まり、慶軍敵の25ヤード線の辺りまで進みしも、三高軍これを押し返して、反対に慶軍の25ヤード線のあたりまで進み３度パスを試みたれど成功せず。慶軍はこれを中央に押し返しフリーキックを得て三高陣に攻め入り、約15分の後、山口、大市、高地のパス、西のトライに最初の３点をあげ、約５分の後三高軍のキックの失策を利したる慶應軍は高地のトライ功を奏す（慶６対０）。後半三高のキックオフにて開始。慶應のデッドボールに三高ペナルティキックを得たるも成功せず。約15分の後三高軍は敵を25ヤード線内に圧迫したるも慶應これを押し返して押し進み、それより互いにフルバックの蹴り合いとなり、両軍ようやく疲労の色見えたり。三高軍再び25ヤード線に敵を圧迫し、慶應またこれを盛り返し、３度これを盛り返したるとき、大市、山口のパス、高地のトライに成功してついに９対０にて慶應の勝ちに帰す。

慶應義塾蹴球部の関西遠征もこの年度で9回目を数える。関東にも大学で早稲田、OBクラブでA. J. R. A.と、ようやくラグビーチームの誕生が続いたとはいうものの、慶應ラグビーの本格的な対戦相手はまだ関西の三高であり、同志社であり、そして神戸のKR&ACだった。もちろんチーム力、技術の点で優る慶應は全勝で遠征最後のKR&AC戦に臨んだが、勝利を目前にしながら後半も終盤に入って逆転負けを喫している。また、このシーズンの特筆事項は東京と京都の両帝国大学にラグビー部が誕生したこと。いずれも主力は三高時代のラグビー経験者だったことから対外試合は早く、東大は慶應の関西遠征と時を同じくして西下。官立大学のライバル京大と最初の定期戦をはじめ関西ラグビー倶楽部、KR&ACと対戦している。

➲英国のジョージ五世がトゥィッケナムで戦争記念碑の除幕を行う。

◆今季の関西遠征は3勝1敗

●第9回慶應義塾対同志社定期戦（慶應8勝1引き分け）

▽1922（大正11）年1月7日
▽グラウンド＝同志社
▽キックオフ＝慶應
▽レフリー＝竹上四郎氏（三高OB）

○慶應義塾11（3－0、8－0）0同志社●

慶應	vs.	同志社
1	T	0
0	G	0
0	PG	0
3	前	0
2	T	0
1	G	0
0	PG	0
8	後	0
11	計	0

●［後記＝大阪朝日］

慶大対同志社大学のラ式蹴球戦は7日午後3時、竹上審判の下に慶大の先蹴で開戦。慶大敵を圧迫し、密集から出た球をパスして進み、高地ロングパスでトライし、慶大フリーキックを得て中央線で揉み合ったが、同大奮戦して25ヤード線まで進みスクラムしばしば入れしも、加藤※パスキックして機会を逸し、後半戦に移り慶大たちまち敵を圧迫して25ヤード線に進みしも、同大よく防ぎ、敵の25ヤード線に盛り返したが、機会を得ず慶大に圧迫されてスクラム崩れ前衛（FW）金子トライし、葉ゴールイン（コンバージョン）に成功して11対0で慶大勝つ。慶大は前衛（FW）において一段と勝り、サードローの奮闘により敵のハーフを中堅（TBライン）にパスすることができないのでトライする機会なく、同大は敵をマークすることが足らなかったから、始終圧迫され慶大の巧妙なトリックにかかってトライされた。
（※パスすべきボールをキックしての意と思われる）

●第9回慶應義塾対三高定期戦（慶應8勝1引き分け）

▽1922（大正11）年1月9日
▽グラウンド＝三高
▽キックオフ＝慶應
▽レフリー＝大脇順路氏（同志社OB）

○慶應義塾14（3－0、11－0）0三高●

●［後記＝大阪毎日］

9日午後3時15分、三高グラウンドで三高対慶大ラ式蹴球戦は慶應方のキックオフ（大脇レフリー）に開始。慶應方北野ナイスキッ

慶應義塾	vs.	三高
滝　川	①	小　西
増　田	②	渡　辺
金　子	③	目　良
宮　地	④	奥　村
下　村	⑤	鷲　尾
伊　丹	⑥	馬　場
清　水	⑦	尹
横　山	⑧	別　所
西	⑨	厳
陳	⑩	三　好
高　地	⑪	望　月
山　口	⑫	土　井
大　市	⑬	古　川
北　野	⑭	内　藤
葉	⑮	合　田

慶應	vs.	三高
1	T	0
0	G	0
0	PG	0
3	前	0
3	T	0
1	G	0
0	PG	0
11	後	0
14	計	0

クで敵の右翼近く攻めたとき、右翼よりの巧みなパッスを受けて慶應高地まずトライを得た。時に開戦後２分。その後三高方土井のキック、或いはドリブルで２回まで敵の左翼近くに肉薄し、慶應も北野等のキックで敵の左翼深く攻めたが、ついに点をなさずして前半を終わり後半に入り開戦後５分間で慶應敵のドリブルで敵の５ヤード線近く攻め宮地トライをなし、５分後に続いて北野左翼よりのパスを受けて右翼にトライをなし、ゴールインとなった。その後慶應は猛烈に攻めた。三高方馬場、土井、渡辺、小西等キックにドリブルによく防戦し14対０で慶應の勝利となった。時に午後４時25分。

●慶應義塾対京一商ク戦（大阪朝日）

慶應対京商（京一商）倶楽部ラ式蹴球戦は12日午後３時半、三高校庭で香山審判の下に慶大の先攻（キックオフ）で開戦。体格と技量の相違はいかんともすることができず、京商しばしば慶大を圧迫したが、直ぐに盛り返され前半慶大５トライ、３ゴール、後半６トライ、２ゴールを与え、43対０で京商ク惨敗した。

第９回対三高戦の両軍メンバー（大正11年１月９日・三高グラウンド）。

●慶應義塾対KR＆AC定期戦（大阪朝日）

▽1922（大正11）年1月14日

▽グラウンド＝神戸東遊園地

▽キックオフ＝慶應

▽レフリー＝スペンサー氏

●慶應義塾 6（6—0、0—8）8 KR&AC○

慶應	vs.	KR&AC
2	T	0
0	G	0
0	PG	0
6	前	0
0	T	2
0	G	1
0	PG	0
0	後	8
6	計	8

●［後記＝大阪朝日］

全勝の成績を有する慶應関西遠征軍は14日午後3時半より神戸遊園地において神戸外人倶楽部（KR＆AC）と遠征最後のラ式蹴球試合をスペンサー氏レフリーの下に遠征軍の先蹴にて開始された。この日朝来（朝から）間断なく降りしきる大雪の中に選手は泥まみれとなって大接戦を演じた。前半慶應やや圧迫気味に一進一退を続けたが、慶軍まず3点を獲、さらに1回のトライを出し、ゴールに入らなかったが前半に6点を得た。後半慶軍たちまちトライライン（ゴールラインの意味では）まで攻め寄せ、2回の好機会を得たが、ついに点を成すに至らず、そのままタイム・アップと思いきや外人軍掉尾（とうび＝最後の意）の猛蹴大いに功を奏し3点を回復し、続いて※ゴールインして5点を得、形成全く一変外人軍の勝ちとなった。慶應大いに挽回に努めたがタイムなく、ついに8対6で慶應惜しくも敗れた。ちなみに外人軍が慶應に対する勝利は3年振りである。（※ゴールインという表現はトライ＆コンバージョンの意味と思われる）

付記①：『慶應義塾体育会蹴球部六十年史』に遠征メンバーのひとりである清水吉夫が「昔話あれこれ」と題して寄稿しているが、その中の「関西遠征」の項でKR＆AC戦について触れている。遠征の年、スコアの2点に事実との食い違いが見られるが、最後に清水自身が「この遠征の時の主将は高地万里氏でした」と記述しているところから、1921（大正10）年度の関西遠征に間違いないようだ。以下は清水吉夫が綴るKR＆AC戦の秘話——。「遠征最後の地は神戸。相手は外人クリケット倶楽部。横浜と違って日本語のうまい連中が多いのでゲーム中の言葉も注

大正10年度の対YC&AC戦のYC&ACグラウンドでの試合風景と記念写真。

意していないと、つい喧嘩になりやすい場合があり、中には向こうから買って出てくるのさえあるくらい。1月上旬（1月14日）みぞれまじりの日（試合後記参照）に行ったゲーム（大正12年＝実際は11年）、両軍無得点でタイムアップかと思われる寸前、敵のセンタースリークォーターがフォワード（スローフォワードあるいはノックオン）したボールを直ぐ拾って、持ち込んだやつを故意か偶然かレフリーがトライと宣告。そのままタイムアップとなり、3―0で敗（負）け戦（上記の大阪朝日は6―8で逆転負け）。血の気の多い益田君（報道では増田）が一番に大声で不公平をどなりはじめると、他の連中も口惜しさ余って、異口同音に騒ぎ立て、シャワーもそこそこに恒例によるパーティーのあるのも知りながら、不平に気を腐らした全員、クラブハウスを後にそのまま引き揚げ同夜各自思い思いに東京へ……。帰って驚いた板倉さん（板倉卓造先生＝当時体育会理事）から、幹部のものは呼び出されて神戸における外人倶楽部の招宴をボイコットしたことは慶應の学生にあるまじき不都合。ことに選手として国際礼儀に悖（もと）ると重ねて強いお叱りに皆青くなった。後で聞いたところでは何でも神戸の外字新聞が一面記事に『ラグビー選手の非礼』として大きく問題を取り上げたのが原因とのこと。考えてみるとごもっともではあるが、あのレフリーの顔は未だに忘れられず、しかも終戦後年老いたあの人を神戸で見たので、このゲームは最近のように思われて仕方ありません。ちなみにこの遠征の時の主将は高地万里氏でした」

◆慶應義塾普通部関西遠征
（大阪毎日）

●慶應普通部対同志社中学部

ラ式蹴球戦は10日（1月）午後3時15分同志社グラウンドで（大脇氏審判）慶應のキックオフで開始されたが、前、後半とも同志社優勢で片岡、浦野、久保田トライし、結局9対0で同志社の勝ちとなり4時5分閉戦した。

早慶定期戦が刺激（1922~1930）
－大学ラグビー開花の時代へ－

1922（大正11）年度 ◆大市信吉①◆

ラグビーの早慶戦がついに実現した。1906（明治39）年に応援のもつれがもとで両校のスポーツ交流が途絶えて23年。いまラグビーという過激でもっともハードなスポーツによって雪解けのきっかけをつかんだ。慶應義塾にとっては待望久しかった東都で初めて迎える仲間であり、また早稲田にとっても断絶期間の終焉は創部以来無為に過ごした４年間からの解放でもあった。日本ラグビー史は「この低迷を破って関東諸大学ラグビー勃興の導火線となったのが、なにかにつけて慶應の好ライバルである早大のラグビー創始であった」と評価し、また慶應OBの橋本寿三郎も蹴球部六十年史に「関東ラグビー界は一時に百花爛漫の勃興時代となったが、その原動力ともいうべき早慶試合の創始である」との一文を寄せている。いずれにしても早慶ラグビーは両校スポーツの活性化をうながし、ひいては東大、明治、立教、法政、東商の各大学にラグビー部設立の気運を高める役割をはたした。

➲年度末の１月、慶應義塾と東京帝大の試合が初めて三田・綱町で行われた。

◆早慶ラグビー実現の背景と手続き

慶應義塾蹴球部の対外的なラグビー普及活動は「1907（明治40）年夏の群馬県太田中学への指導をもって嚆矢（物事の最初）とする」（田辺九万三）が通説となっているが、こうした蹴球部の働きかけに反応したのは東京から遠く離れた京都の第三高等学校（旧制）だった。理由はいろいろ上げられる。すでに「三高ラグビー設立」の項でも触れた「親戚関係が縁でチーム創設へと発展」もそのひとつだが、やはり最大の理由は早慶両校の間にあったスポーツ交流の断絶である。

1906（明治39）年の早慶野球の応援トラブルに端を発した両大学のスポーツ交流禁止は23年におよび、その間のアマチュアスポーツの発展に多大な影響をもたらした。早稲田のラ式蹴球部が1918（大正７）年に創設されながら４年間も無為のシーズンを送らざるを得なかったのも、交流禁止の余波といえるだろう。

早慶ラグビー実現の出発点となった関係者の最初の接触には諸説がある。慶應義塾、早稲田両蹴球部の各六十年史、および日本ラグビー史の記述には、仲介役の氏名、場所、そして日時などの点で食い違いがみられるが、この点については、関東大震災や戦災による史料の消失で、記述そのものが記憶に頼らざるを得なかったことにある。

①慶應義塾蹴球部六十年史＝大市信吉・記

「早慶いずれの側のだれがだれにまず最初の口を切ったのかが記録されていないのは遺憾である。（中略）先輩から（だれであったかすら忘れているのが残念）早稲田と対校ゲームについて話があったので、何をおいてもまず故畑（功）蹴球部長に部としての正式報告すると同時に体育会理事板倉卓造さんのご指示を仰がなければならない。なにしろ明治何（明治39）年かの野球試合に紛糾を起こして以来両校間には対校ゲーム一切を禁止されていたのでラグビーのような激しいスポーツではと随分心配された方もあったようだが、板倉さんは淡々と承諾された。（中略）さて、それからはゲームに関する打ち合わせには、他校との初ゲームとは比較にならぬほど時間を費やした。練習をすませた後で早稲田側の中村元一氏と恐らく十数度会合したはずで、同君が三田の体育会ホールへきたり、私が早稲田大学正門前にあった高田牧舎へ行ったり、銀座で会ったり、いまにして思えば随分無駄もあったはずであるが」（以下略）。

②慶應義塾蹴球部六十年史＝橋本寿三郎・記

「早慶試合は第三者の進言や忠告ででき上がったものでなく、早大の積極的な熱意と慶應が指導的立場にあったことが原因して極めて円満容易に進行したものである。事実、板倉理事の自宅へ試合挙行の一週間前に筆者が11月23日早慶試合挙行の報をもたらしたとき板倉理事は簡単に「そうか」と言っただけで、別に可否について意見を述べなかった。板倉さんの立場としては可否の言明はせぬ方がよい。すなわち黙認が上々の策と見ておられたので、反対どころか、内心賛成で、このような事実を積み上げげて前記の頑迷な一部評議員の持説の崩壊を計る機を捕らえようとしておったと見るべきで…」（以下略）。

③早稲田ラグビー六十年史＝石丸五郎・記

「シーズン（1920年＝大正９年度）を終わって間もないある日のこと、銀座の街角で浅岡（信夫）は慶應のロック益田弘とバッタリ出会った。益田も万能選手として五種競技などの好敵手、前から知り合っており、話は三高戦の体験などから、どうだ、おれたちも、やろうではないかと話はエスカレートしていった。この軽い話は意外に大きな反応を示し飛躍していった。両校不戦はもはや10数年前の事件で、スポーツが年々盛んになってきた今日では、当時の敵対感もうすれ、“不戦”がむしろ矛盾さえ感じる世相になっていたので、両人の話にだれしも異論のあるわけはなく、急速に問題は進展を見せはじめた。慶應の大市信吉主将の述懐によると、３月上旬、当時銀座松坂屋の横通りにあった、喫茶店カッフェパウリスタで、慶應は自分と山口六介、早稲田から大町（清）主将と中村元一の４名によって第１回の会談を開いた。双方望んでいたことではあり、実現に努力すると意見の一致をみた」（以下略）。

④日本ラグビー史（日本ラグビーフットボール協会刊）

「この試合（1922年＝大正11年10月15日：綱町）のあと、真島国松（慶應OB）が「ちょっと話がある」と早大のマネジャー中村元一を呼んだ。真島は例の“ボックイ”で慶應側の有力者。中村は“元坊”でとおっていたなかなかの社交家で、武骨な早大側にあって、慶應の先輩たちと円滑に話のできる唯一の外交官でもあった。（中略）このときはじめて、早慶戦を正式にやることについての具体的な話し合いがなされたわけだが、早大のほうはまだよいとして、慶應側では、大学の評議員会が早慶戦わずの決議をしていたことに難関があった」（以下略）。

◆A. J. R. A. と早慶ラグビー

早慶ラグビー定期戦はOBの親睦のための組織であるA. J. R. A. の主催で行われた。第１回定期戦で主将の任にあった大市信吉が当時の蹴球部運営について「キャプテン、バイスキャプテンを含む５人の体育会幹事（蹴球部選出）ですべて相談、運営していたが、現在のごときマネージャーも監督もいないから、渉外要件は全部キャプテンの責任において取り運ばれた」と蹴球部六十年史に寄稿しているが、それまでの慣例を破って慶應OB主体とはいえ第三者的組織の主催で実現した早慶ラグビーは極めて異例といわねばならない。

もちろん、A.J.R.A.も「あたかも日本ラグビーを代表するラグビー協会のようであるが、実はプレーを主とする各校OBの倶楽部であった（関東ラグビー協会の前身)。もっともプレーを主とするOB倶楽部であっても、当時としては関東ラグビー界の中心点であり、行政的意味を持ち、早慶試合をその主催の下に行うなど関東ラグビー界のために非常な尽力をした」と橋本寿三郎はA.J.R.A.を代表して早慶ラグビーを主催した件について遺稿を残している。結論をいえば当時の早慶両大学の間にあった「スポーツ交流断絶」という学生の域を越えた問題の解決には社会的にも地位があり、責任を負えるOBの力と支援が必要だったのだろう。

早慶戦を実現するに当たってA.J.R.A.の役割は他にもあった。早稲田のチーム力アップである。A.J.R.A.はこの問題の解決を早稲田との練習ゲームに求め、1922（大正11）年3月22日に1回戦を早稲田の戸塚球場で行った。当然ながら結果は18－3でA.J.R.A.の勝利に帰したが、この対戦には慶應から大市主将はじめ北野、西、横山、益田の現役選手がメンバーに加わっており、早稲田にとっては格好の練習となったばかりか、実力のテストでもあったようだ。早稲田のチーム強化は年度が替わった新しいシーズンも続き、8月には橋本寿三郎をコーチに招いて沓掛で夏の合宿練習。さらに10月15日に再びA.J.R.A.と対戦した。このときはダブルヘッダーだったが、早稲田が12－0、5－0と2試合ともA.J.R.A.を無得点に抑えて快勝。A.J.R.A.が目的とした早稲田の強化はほぼ達成され、11月23日を迎える態勢が整った。

最後に残った問題はただひとつ。試合当日の観衆とその応援である。「早慶、戦わず」の不幸な事態は観客の応援のもつれに原因があった。橋本寿三郎はA.J.R.A.のこの難問への対応を蹴球部六十年史に綴っている。「こんな風で試合挙行は大した問題でないとしても野球試合の例もあるので、主催者のA.J.R.A.としては試合の円満な遂行のためにはかなり神経をつかった。試合前（日時不明）に会長（田中銀之助）の名で両チームを築地の同気倶楽部に招待して懇親会を開き選手間の融和を計った。席上、選手の自己紹介を行わせ、自分でニックネームの説明までやらして和気藹々たるものでした」。さらに早慶戦に関する橋本寿三郎の記述は続いているが、以下はA.J.R.A.から新聞発表された試合当日の規制事項についての橋本リポートの再録である。

「試合の当日入場者に①学生は制服制帽、一般人は袴着用という条件までつけて制限した。今日だったらネクタイ、上着の着用というところで、これが不思議とも思われず発表されておった。タッチラインの両側に両校の柔道、剣道部員らを二間（約3.6m）間隔ぐらいに配置して観衆の整理に当たらせ、②拍手以外の応援は絶対禁止。これはラグビー観衆の作法だと、高圧的に決めつけておいた。当時は学生も一般観衆もラグビーはそういうものかと納得して静粛そのものだった。これが例となって観衆の静粛な態度は少なくとも関東ではひとつの型となって長く残っており、関東協会もこの方針で教育しておった。③試合開始直後の入場は当時のグラウンドの設備からして観衆を混乱させるので絶対禁止せよという厳命を発しておいた」

付記①：橋本寿三郎の「ラグビー精神とは」と題する別の遺稿では「試合開始30分前に閉門し…」と閉門の時間を具体的に書き残しており、前記③の「試合開始直後…」という記述との間に時間的な食い違いが見られるが、混乱防止のための閉門、そして入場制限という観点からは「開始直後の閉門…」は執筆時の橋本自身の思い違い。後の時間を明記した記述がより正確と見ていいだろう。なお、橋本はさらに「会長の田中銀之助が所用で試合定時に遅れて警備の学生から入場を断られたが、呼び出しをうけた橋本の案内で入場した」というA.J.R.A.の厳しい警備態勢と観客対策にまつわるエピソードを蹴球部六十年史に紹介している。

付記②：早慶ラグビーの実施に当たっては、試合日の決定、キックオフの時間、ハーフタイム、レフリーなどゲームの細則について早慶両校の間で打ち合わせの会合が重ねられたようだが、なかでも試合日を11月23日に固定した点は特筆されることのひとつだろう。試合の実施日が毎シーズン決まっていた定期戦としては他に毎年1月元旦に行われた慶應・京大定期戦があげられるが、1964（昭和39）年に大学選手権の新設とともに試合日の固定化は崩れ、いまも伝統を守り続けているのは早慶戦ただ1試合となった。また「11月23日を試合日に選んだのは中村元一氏で、同君は東京近くの測候所を歴訪してもっとも雨の少ない日を調べあげ、この日を提案してきた。問題なく（慶應側も）賛成以来、毎年この日が栄えある日となった」と慶應の主将だった大市信吉は蹴球部六十年史に記している。そのほかレフリーには東大の香山蕃（後の日本ラグビー協会会長）が当たった。これは「第三者校の主将が対抗ゲームのレフリーを務める」という申し合わせによったもの。なお、グラウンドについて蹴球部六十年史は「早稲田側から『第1回は啓蒙の意味で早稲田のグラウンドを』との申し出もあったが、やはり慶應グラウンドを使うのが礼節ただしからずやとの話が出て快く撤回」（大市信吉）とのやりとりが両校の間であったことを伝えている。

◆第1回早慶定期戦は早稲田の善戦も及ばず（時事新報）

慶應対早大ラ式蹴球戦は23日午後2時40分から三田綱町運動場で行われた。慶早戦の触れ込みが人気を引いて観覧者多く、試合も秩序正しく行われたが、14対0で慶大の勝利となった。

香山レフリー、ラインズマン井上、増田両氏で早大は西側日々（原文のママ）に向かって開始。慶大はスクラムよりの球よく出て、早大のバックメンをして球を扱うの余裕なからしめ、圧迫に圧迫。早大フリーキックにてようやく中央線に出て押し返したのもつかの間、開戦10分後、片岡のキックを葉が捕らえて大市にパスし、大市奔馳（ほんち）（かけ走ること）せること35ヤード、早大のフルバック防がんとしたるもおよばず、場の右隅にトライ。北野プレースキック美（見）事に横木（クロスバー）を越えて成功し、慶大は5点を得て歓呼あがる。慶軍は爾後（じご＝その後）早大

第1回早慶戦で握手を交わす、大市慶應主将（右）と大町早稲田主将。

の25ヤード線内に圧迫したが、慶大のスリークォーター失策多く、早大浅岡奮戦タックルすることしきりにハーフタイムとなる。早大は前衛（FW）のみで戦っている感があって早大のバックメンはほとんどキックの機会がなかった。休憩5分にしてハーフタイムの後、早大またもや圧迫され慶大フリーキックを得たが、北野のキック成功せず、ドロップアウトとなり、慶大圧迫に圧迫を重ねたが慶大のクォーターバック振るわず、宮地、木下等突撃して早大のタックルに危うく機会を逸したが、慶大、早大を25ヤードに追い込んでスクラムを繰り返し、17分スクラムより出た球を西、北野にパッスして場の右隅にトライして3点を増し、さらに5分後慶軍陳の美（見）事なキックで早大ゴールに迫り、前衛（FW）ドリブルして宮地左隅タッチライン近くにトライし、4分を経て北野のキック美（見）事に25ヤード内に圧迫し、益田突進せんとしたが、タックルされ止んだが、その機会に乗じて慶應前衛（FW）突進し、宮地の巧みなるドリブルを清水トライして後半戦9点を加え、14対0で慶應の勝利となった。早大は歴史が浅いだけに一般に動作が遅く、策（作）戦他研鑽を要する点が多い。早大は善戦して面白い試合であった。

●第1回早慶定期戦（慶應1勝）

▽1922（大正11）年11月23日

▽グラウンド＝三田・綱町（慶應）

▽キックオフ＝早稲田

▽レフリー＝香山蕃氏（東大主将）

○慶應義塾14（5－0、9－0）0早稲田●

慶應義塾	vs.	早稲田
岩　下	FW	清　水
木　下		玉　井
中　村		大　沢
益　田		国　盛
白　田		小　山
清　水		兼　子
宮　地※		朝　桐
高　橋	HB	片　岡
西		石　沢
陳		浅　岡
北　野	TB	原　槙
山　口		黒　沢
大　市		滝　川
葉		大　町
萩　原	FB	吉　岡

慶應	vs.	早稲田
1	T	0
1	G	0
0	PG	0
5	前	0
3	T	0
0	G	0
0	PG	0
9	後	0
14	計	0

付記③：慶應義塾のメンバー表記はローバーの高橋を8番とし、3HBの最初に列記した。
※後に吉沢と改姓。

●［試合後のファンクション］＝橋本寿三郎・大市信吉：記

「第一回の記念写真を見るとA．J．R．A．の松岡、櫛山、増田、青木の諸氏は全部故人となり残る者筆者（橋本）のみとなった。試合後の懇親会で早大部長故神尾（錠吉）氏の講談『杉立治兵衛、藤堂家再興』の一席は玄人跣し（くろうとはだし）の名調子で驚かされた。慶應では故増田氏の『オーワイオーワイオー』。それは横浜外人から伝授されたもので、農夫の飼ってる家畜の色々な鳴き声を早口で真似るもので中々舌の回らないものだが、増田君はこれを習得して見事にやった。古いラグビーの連中は大抵聞かされた記憶があるだろう。これに高橋デコの活弁振りが異彩を放った」（以上橋本OB）

「ゲーム後のレセプションも大成功。両校歓を尽くし、勝敗を越えて感激した。三高、同志社のレセプションには萬来舎の洋室を使ったが、早慶戦のときは人数が多いため学生大食堂を用いた。わが国におけるラグビーがこの第１回戦を契機として、新しい段階に入った」（以上、大市主将）

● ［早慶戦と報道写真］=清水吉夫・記
「綱町のグラウンドに入るとき、文部省の映写班が両校の選手入場を撮影してくれましたが、あの記録映画はどこかにあるはずです。大市君と早大キャプテン大町君の握手のポーズを、写真班が再三注文して両君が上気しておったのがつい最近のことだったように思われます。わたしはあのゲームに親父がわざわざ遠方から観戦にきてくれ、その晴れのご前試合で後半左隅にトライして、面目を施し殊勲賞ならぬ小遣い銭をせしめた思い出があります。ただしこれは全部友人にゆすり取られてしまったことを明記しておきます。ゲームの終わった夜の両校関係者を集めた懇親会で、早大の※簿記の教師吉田先生の講談のご立派なのが目に見えるように残っております」（以上、清水）

付記④：※＝OBの橋本は講談の主を「ラグビー部の神尾部長」としており、清水との記述に食い違いがみられる。

◆慶應が全日本に快勝（時事新報）

全関西・関東聯（連）合の全日本対慶應の蹴球戦は13日（1922年＝大正11年11月13日）午後４時から綱町運動場にて挙行。前半慶應軍優勢を続け大市のショートキックを清水トライし、北野キックで５点。のち全日本軍大いに奮闘ししばしば敵を危地に陥れゴールラインのところでスクラムを組んだ後、伊丹トライ、石丸キックを失し３点を返取した。後半慶應は木下左翼にトライし、北野キックして５点、清水から宮地にパスして宮地トライで３点、大市のトライで３点を得。16対３にて慶應の勝ち。

○慶應義塾16（5－3、11－0）3全日本●

慶應義塾	vs.	全日本
岩　下	FW	滝　川（慶）
木　下		美濃部（同）
中　村		永　井（慶）
益　田		渥　美（慶）
白　田		下　村（慶）
清　水		白　山（慶）
宮　地		奥　田（慶）
高　橋	HB	伊　丹（慶）
西		杉　本（慶）
陳		橋　本（慶）
北　野	TB	石　丸（慶）
山　口		高　地（慶）
大　市		安　富（慶）
葉		横　山（慶）
萩　原	FB	村　尾（　）

慶應	vs.	全日本
1	T	1
1	G	0
0	PG	0
5	前	3
3	T	0
1	G	0
0	PG	0
11	後	0
16	計	3

付記⑤：時事新報では関東・関西両OB倶楽部の連合チームを全日本としているが、実質的には慶應義塾のOB中心のチーム。この時点ではまだ協会も設立されておらず、現在の日本代表とは基本的に異なる。

◆慶應義塾普通部が東商大を破る（時事新報）

東京商大対慶應普通部ラ式蹴球戦は６日午後３時15分から大市氏審判で綱町運動場で慶普先攻にて開始。商大は初陣のこととて選手の位置、技術等洗練を欠いているので、慶普は最初圧迫されていたが、ドリブルで取り返し、12分岸田のパスを受けて高野トライし、15分高野のキックを受けて高木長駆してトライし、前半6点を収め、後半商大惜しきところ入らず、慶普は20分山口長駆して商大フルバックにタックルされんとしたところ羽山にパスしてトライを得、9対0で慶普が勝った。

慶普	vs.	東商大
門　倉	①	岡
照　井	②	加　納
小　菅	③	今　井
綾　部	④	鷺　島
志々目	⑤	畑
鈴　木	⑥	宮　崎
関　野	⑦	佐　伯
本　橋	⑧	安　野
波多野	⑨	藤　野
岸　田	⑩	笠　原
羽　山	⑪	足　立
山　口	⑫	奥
高　野	⑬	足　立
高　木	⑭	小　山
横　井	⑮	内　藤

◆東西対抗は今季も慶應の勝利

[大学]
①1923（大正12）年1月4日
○慶應13—3三高●（慶應9勝1分け）
②1923（大正12）年1月8日
○慶應20—0同志社●（慶應9勝1分け）
[普通部]
①1923（大正12）年1月5日
●慶普0—3京一商○
②1923（大正12）年1月6日
●慶普OB0—3京一商○

●第10回慶應義塾対三高定期戦（慶應9勝1引き分け）=時事新報

慶應対三高ラ式蹴球戦は4日午後、綱町運動場で開かれた。慶應は関東の覇者、三高は関西の雄で、ともに斯界の豪の者の試合のこととて人気を呼んで観覧者多く、試合はメーズ氏レフリー、ラインズマン増田、藤田両氏で午後2時30分、慶應のキックオフで開始された。

▽1923（大正12）年1月4日
▽グラウンド=三田・綱町
▽キックオフ=慶應
▽レフリー=メーズ氏

○慶應義塾13（3—3、10—0）3三高●

慶應義塾	vs.	三高
岩　下	FW	小　西
木　下		飯　田
中　村		西　岡
古　谷		奥　村
益　田		鷲　尾
清　水		尹
宮　地		巌
		星　名
高　橋	HB	別　所
西		三　好
陳		
北　野	TB	内　藤
山　口		宇　野
大　市		望　月
葉		中　出
萩　原	FB	真　鍋

慶應	vs.	三高
1	T	1
0	G	0
0	PG	0
3	前	3
2	T	0
2	G	0
0	PG	0
10	後	0
13	計	3

●［経過=時事新報］

慶應益田のキックは25ヤード線内でスクラムとなり、両軍ともにフリーキック数回あり、陳のキック見事であったがゴールラインを越えてドロップアウトになり、慶25ヤード線内に入り、大市突進したが、ゴール数ヤードでタックルされ、慶應チャンスあったが余りに球を持ち過ぎてトライとならず。三高かえって突進、25ヤード線内に入り、萩原巧みにタ

第10回対三高定期戦の両軍メンバー。(大正12年1月4日・綱町グラウンド)

ックルの後、内藤の好タッチにて5ヤード辺まで迫りスクラムの後、パッス見事に中出の球を受けた宇野左隅にトライし、三高3点を先取した(ときに10分)。慶應憤激して三高の陣を圧迫し、一進一退の後、慶25ヤード線内にジリジリ圧迫。28分大市、山口、北野パッスを重ねて北野トライ成功し3点を得て、両軍同点となり、前半を終わる。後半戦に入り三高中出負傷して倒るなど両軍激戦を続け、三高タックル巧みに慶の猛襲を防いだが、15分ルーズスクラムより出た球を清水、山口にパッスしてトライし、北野ゴールキック成功して5点を収め、慶應さらに圧迫を重ねて22分北野のパッスを清水敵を※かわしてゴールポストの中央にトライ。北野のゴールキック再び成功して5点を重ね、爾来(じらい=それよりあと)両軍奮戦裡に終わり13対3で慶應の勝ちとなった。

付記⑥:※=原文は「隙して…」となっているが、現代用語にはこのような表現がないのでここでは「かわして…」と意訳させてもらった。

● [概評=時事新報]

三高はさすが関西の雄者であるだけに立派な試合をした。フォワードのスクラムも良くタッチも巧みであった。ただルーズスクラムの密集するばかりで、球はつねに慶應側に得られていたのは不利であった。スリークォーターのパッスで選手と選手が寄りすぎてからパッスする傾きがあったのと、球が敵方のスリークォーターに渡ったときに、そのファーストスリークォーターにマークしすぎていた。慶應の西3度目のトライを中央に得たときのごときはこの欠点を衝かれたものである。慶はスクラムの球を得たとき、余りにブラインドのみを衝きすぎてオープンゲームに出ず、ハーフが球を持ち過ぎることしばしばであった。ことにルーズスクラムではほとんど球を得ていながら、フォワードが球を持ち過ぎてバックマンに渡したならば、トライを得る機会は接戦している際などいくらもあった。三高は攻防巧みにタックルによくつとめた。しかも得点を得られたのは前記球を得た第一の選手にのみマークしすぎたためである。勝敗はまず順当なところであろう。

◆慶應が20得点で同志社に大勝

第10回慶同定期戦は８日午後２時30分から三田・綱町グラウンドで行われ、慶應が４トライ、２ゴール、１DGで大量20点をあげ、同志社の反撃をゼロに封じて快勝した。

◇第10回慶應義塾対同志社定期戦（慶應９勝１引き分け）
▽1923（大正12）年１月８日
▽グラウンド＝三田・綱町
▽キックオフ＝慶應
▽レフリー＝メーズ氏

●［経過＝時事新報］

慶應は最初からオープンゲームに出て前衛（FW）第３列よく活躍し、同志社はスクラムの球よく出たが、ハーフのモーション遅く球がスリークォーター（TB）に回らず、同志社は慶應のために終始自己の陣地に圧迫され25ヤード線内で苦しい試合を続けた。慶應は放胆（思いきって大胆にことをすること）全力を尽くし25ヤードに混戦中木下突進してタックルされたが、５ヤード辺のスクラムからルーズスクラムとなり、慶應巧みに処理して、陳、大市、山口、北野とほとんど直線にパスしつつ北野俊足突進して、同志社の左陣タッチラインから15ヤード辺にトライ（14分）して、続いて18分北野の好キックに10ヤードスクラムとなり、陳、北野、山口と順次に大市にパスし、大市巧みに逆を衝いて敵を抜き、ゴールポスト左10ヤード辺にトライ、北野のプレースキック成功して前半８点を獲得した。後半戦慶應ますます振るい、葉、左隅に突進して平岡のタックルにスクラムとなったが、葉大市にパスし、大市は再び敵の虚を衝いて中央近くの右隅にトライし、北野のキック成功して５点（４分）。慶ますます圧迫して14分、ゴール線前より蹴った敵フルバックのキックを北野タッチライン近く25ヤード線に得て、横にタックルを避けて中央にきたり、時分よしとばかり試みたるドロップゴール美（見）事にクロスバーを越えたる放れ業（技）は稀（まれ）にみるところ（４点）。続いて18分ドリブルに右方５ヤード近く迫り、混戦中陳球を得てブラインドサイドを潜ってトライし、結局20対０で慶應大勝す。

●［概評＝時事新報］

慶應チームは試合慣れしゲームが巧妙になり、積極的に敵を猛襲してオープンゲームに

第10回対同志社定期戦の両軍メンバー。（大正12年１月８日・綱町グラウンド）

○慶應義塾20（8—0、12—0）0同志社●

慶應義塾	vs.	同志社
岩　下	FW	名古屋
木　下		西　条
中　村		八　木
吉　本		伊　藤
益　田		元　持
宮　地		中　野
清　水		東　田
高　橋	HB	山　田
西		加　藤
陳		林
葉	TB	岡　島
大　市		大久保
山　口		樋　口
北　野		平　岡
萩　原	FB	桂

慶應	vs.	同志社
2	T	0
1	G	0
0	PG	0
0	DG	0
8	前	0
2	T	0
1	G	0
0	PG	0
1	DG	0
12	後	0
20	計	0

出で、北野のクロスキックや、ドロップキックが成功するなど、あくまでオープンゲームに出たので、対早戦の一点も入れまじと固くなっていた頃と比較すれば、実に試合上手になった。大市、北野等の奮闘は前衛（FW）の強味とともに目覚ましいものがあった。同志社がつねに苦戦したのはハーフのモーションが遅く、優勢な慶應前衛（FW）のバックローのために潰されてほとんどスリークォーターに球が送られなかったためで、もう少し渡っていればキックをもって慶應の陣地へ攻め入ることができたと思う。また関西チームは試合慣れぬためか、三高と同様に同志社もルーズスクラムの際、拙いために得点（失点?）を大きくした。三高とともにこの点に留意することが必要であると思う。同志社は三高と比較するといささか技量が落ちるようである。

◆慶應が最初の対戦で東京帝大を破る

慶應義塾蹴球部は21日午後2時30分から東京帝大を三田・綱町グラウンドに迎えて初の試合を行い、後半ようやく2トライ、1ゴールをあげた慶應が勝った。

◇第1回慶應義塾対東京帝大定期戦（慶應1勝）
▽1923（大正12）年1月21日
▽グラウンド＝三田・綱町
▽キックオフ＝慶應
▽レフリー＝メーズ氏

○慶應義塾8（0—0、8—0）0東京帝大●

慶應義塾	vs.	東京帝大
岩　下	FW	井　場
木　下		郷
中　村		山　本
益　田		難　波
吉　本		阿　部
宮　地		吉　田
清　水		杉　原
		藤　田
高　橋	HB	小田切
西		佐　伯
陳		
山口亨	TB	大　村
大　市		香　山
山口六		西　村
北　野		笠　原
葉	FB	高　井

慶應	vs.	東大
0	T	0
0	G	0
0	PG	0
0	前	0
2	T	0
1	G	0
0	PG	0
8	後	0
8	計	0

● [経過＝時事新報]

(前半)

慶大は開戦直(すぐ)に帝大陣に圧迫して帝大の左翼ゴール線前5ヤード辺まで押し寄せ、帝大はスクラムの強味を利して25ヤード線内を左から右へと移るとき、慶應にオフサイドあって帝大フリーキックに中央線まで盛り返した。帝大はスクラム巧妙であったが、バックマンとの連絡とれず、かえって慶應前衛(FW)第三列の早き出足に潰され、或いは慶ハーフの活躍良く、西のタッチ見事にてつねに帝大の陣に圧迫し、帝大は慶大の苦手であるドリブルにときどき中央線を突破してときには25ヤード線内に侵入したが、後続乏しく直に慶の見事なキックに盛り返された。慶は一度はゴール線前数歩のところでスクラムを掴んだが、オープンゲームに出ず、帝大は好守してルーズスクラムから危機を脱し、慶應は圧迫裡に益田バックマンにパス、山口(どちらの山口か不明)ブラインドサイドを突破したが惜しくもフォワード(スローフォワードと思われる)となってトライとならず、慶オフサイドに帝大フリーキックを得て盛り返し中央線で揉み合う中、ハーフタイムとなった。

(後半)

両軍中央線を前後する中、慶ルーズスクラムから西の好タッチで25ヤード内に入りバックマン活躍することしばしば、帝大タックルに努めて、ゴールポスト直前15ヤード辺にてスクラムの球を陳取るより早く左より抜いて敵の虚を衝いてゴール直下にトライ(ときに7分)を得、北野キック惜しくも入らず、3点を得た。慶大は大市、葉、陳等のキックよく25ヤード線内に押し寄せ、帝大形成を挽回し郷、山本ドリブルに迫り帝大ははじめて機会を得、25ヤード線前にてパスしたが、一本調子であったため慶應の陣を破れず、ラインアウトの球を帝大得て、香山にパスして虚を衝かんとしたとき、山口よく防いでタックルされ慶應の出足の敏捷はつねに機会を得させなかったが、以後は慶應の優勢にて帝大の25ヤードでややオープンゲームのごとき模様となり、25ヤード内のラインアウトを益田突進しゴール前数ヤードでスクラムの後、慶應バックマンはますます連絡よく奮戦しスクラムの球を陳、大市、山口六、山口亨と順次展開してパスし、山口亨右隅より10ヤード辺にトライに成功した。北野のプレースキック難球であったが、見事成功して5点を加えた(ときに27分)。爾後(その後)、慶應はますます元気を得、北野のクロスキック、ルーズスクラムの球を得て北野の突進あり、25ヤード内を往来し一度は高橋トライを得んとして、ヘルドされドロップアウトとなるなど、慶應優勢裡にタイムアップとなり、ついに8対0にて慶應の勝ちとなった。

● [概評＝時事新報]

この試合はオープンゲームではなくスクラムが多く、全体としては面白くなかったが、帝大はタッチ(ラインアウト)の球をよく取り、スクラムの際は腰が低く、練習の跡が見え慶應以上であったが、スリークォーター(TB)が余りに接近し過ぎていて、しかもハーフとバックマンのコンビネーション、すなわち折角スクラムの球を取っていながらスクラムとバックマンのコンビネーションがなかった。それにスリークォーターが一本調子で、ハーフやフォワードがスリークォーターの働きを補うことが不足していた。それに前衛(FW)が球を扱う場合に前に出過ぎて行動するのでその結果(スロー)フォワードとなってスクラムが多かった、慶應チームは有力なスリークォーターと出足の早いバックローが潰すことを第一としているため、ほとんど帝大に球を与えず、始終勝ち味に試合を運んでいた。塾の欠点はラインアウトの場合である。飛びついて得るようにしなければならない。

◆慶應義塾普通部が京都一商に惜敗

（時事新報）

京都一商対慶應義塾普通部ラ式蹴球戦は5日午後2時半から三田綱町運動場にて挙行。審判増田氏、慶普のキックオフに開始。京一商は慶普に比し体格も優り、スクラム、パスともに優れて、数回敵陣を突破し、慶普はフリーキックよりタッチを重ねて、一度ゴール前10ヤード付近まで押し寄せたが、直ぐに盛り返され、形勢は逆転して京商はフリーキックを利して慶普のゴール前10ヤード付近に攻め入り、京商圧迫の姿にて前半を終わる。後半戦、京商のキックオフの球を慶のフルバック横井失して、京商はその勢いに乗じて進み、ゴール前に肉弾戦を演じ、京商方選手のなしたるショートキックを慶普側キャリーバックして5ヤードスクラムを組む。慶普はここぞと必死に防戦に努め4度ばかりスクラムを組みたるとき、京商のハーフバック飯田重囲の下を潜ってトライに成功し、京商は3点を先取した（2分）。慶普焦ったが京のスクラムとパスに押されながらも良く守り、25ヤード内に入ること双方3回ほどあり、慶普は一度スクラムより出た球を京商パスを失したるを山口ドリブルにて前進したが、京商フルバック荒田よく守って物にならず形勢は一転して京商はフリーキックよりドリブルにて慶普の左翼に迫り、5ヤード辺でスクラムを続けるうちに京商にピックアップあって、慶普危機を脱し中央まで盛り返したが、京商は再び中央からドリブルとパスに右翼10ヤード辺りまで迫り、慶普タックルに努めるときタイムアップとなり、3対0で京商の勝ちとなった。

◆慶應普通部OBも京都一商に敗れる

（時事新報）

京一商対慶普OBラ式蹴球戦は6日午後2時半から増田氏審判の下に綱町運動場に挙行。京商は昨日の戦勝に気を得て、連絡不十分の慶普方を日頃の練習の強みをもって押し、前半互いに25ヤード線を侵し、慶普方はパスを重ねてゴール前に奮闘したがはいらず、後半京商は松見、荒田等よく奮戦し21分、ついに中央線に近い慶普の陣にて混戦中、山脇のキック京商方の選手に当たって、それたのを王すかさず拾って約30ヤードを走り慶の左隅にトライを得、3対0で京一商が連勝した。

慶普	vs.	京一商
志々目	ＦＷ	浜　岡
小　菅		渥　美
門　倉		高　田
平　沼		山　口
綾　部		王
鈴　木		川　上
小　林		沢　田
		小　谷
本　橋	ＨＢ	上　林
岸　田		飯　田
高　尾		
羽　山	ＴＢ	小　野
山　口		松　見
高　沢		助　野
奥　野		柴　田
横　井	ＦＢ	荒　田

慶普OB	vs.	京一商
山　脇	ＦＷ	浜　岡
杉　本		渥　美
高　橋		高　田
吉　本		山　口
石　井		石　塚
忽　那		王
大　石		沢　田
		小　谷
金　子	ＨＢ	上　林
岸　田		飯　田
鈴　木		
羽　山	ＴＢ	小　野
山　口		松　見
高　沢		助　野
高　橋		柴　田
高　野	ＦＢ	荒　田

1923（大正12）年度 ◆大市信吉②◆

慶應義塾蹴球部の本格的なラグビー・シーズンの開幕はこの年度からといってもいい。前年度の早稲田、東京帝大との定期戦開始に続いてこのシーズンから新たに明治、東京商大、京都帝大との初対戦が実現。これに従来から行われてきたKR&AC戦、さらには全関東、全関西、大阪高等学校（旧制）との対戦を加えると公式、オープン合わせて11試合を消化というハードな日程だった。しかもプレシーズンの５月に大阪・築港グラウンドで開かれた第６回極東大会（総合大会）では大阪高商、同志社、早稲田をつぎつぎに連破して優勝しており、１シーズン14戦、それも年度末の２月に行われた東京帝大との第２回定期戦の引き分けを除けば全勝という1899年の創部以来初めての快挙だった。また第２回早慶定期戦を前に入場料の徴収が早稲田側から提起されたのもこの年。これを受けた慶應義塾蹴球部内では賛否両論が激突する意見の対立がOB間に起こったが、結論が出ないまま次年度に持ち越された。

➲英国ではラグビー100年を祝うセンテナリー・マッチが発祥の地ラグビー校で開催。

➲日本ではラグビー25周年記念祭が慶應義塾蹴球部によって三田・綱町で開かれた。

➲関東大震災が発生。一部に早慶定期戦中止の声も上がったが、予定どおり実施された。

◆極東大会で慶應義塾が優勝

第６回極東選手権大会が４年前の東京での第３回大会に続いて、この年の５月に大阪で開催された。まだ全国的な統括組織をもたないラグビーがどのような経緯で参加したのか、詳細については定かでないが、関東から慶應義塾、早稲田、地元関西から同志社、京都帝大、関西大、大阪高校（旧制）、大阪高商（旧制）の計７チームが参加し、トーナメント形式で行われた。ただ外国チームの参加がなかったのは当時アジア地区でラグビーが存在したのは日本だけという特殊事情のため。したがってラグビーはオープン競技として実施され、決勝は早慶の対戦となり、慶應が11―６で辛勝、チャンピオンとなった。なお、この試合に秩父宮殿下がご台臨になり、小雨の中を熱心にご観戦なされた。宮さまがラグビーの試合をご覧になったのはこれが初めてだったが、殿下とラグビーのつながりはここにはじまり、やがて日本ラグビー協会の総裁にお迎えするとともに、ラグビーの発展に限りないお力ぞえをいただくことになる。

◇第６回極東選手権大会（オープン競技）
▽1923（大正12）年５月22日～27日
▽グラウンド＝大阪市立運動場（第２築港）
▽レフリー＝竹上四郎氏（決勝戦）
［１回戦］（５月22日）
○早稲田39―３大阪高校●
○慶應26―０大阪高商●
△京帝大３―３同志社△（引き分け再試合）
［１回戦再試合］（５月23日）
○同志社５―０京帝大●
［２回戦］（５月25日）
○早稲田58―０関西大●（関西大は２回戦から）
○慶應27―０同志社●
［決勝戦］（５月27日）
○慶應11―６早稲田●

●［試合経過］

慶應は１トライ、１PGで、早稲田は２本のPGをFB吉岡がいずれも中央線付近からドロップキックでゴールを決めて、前半６―６の同点。後半も接戦となったが、17分過ぎに早稲田陣ゴール前の５ヤードスクラムからプロップ岩下の決勝トライ（ゴール）で早稲田を

慶應義塾	vs.	早稲田
岩　下	FW	沢
木　下		玉　井
中　村		大　沢
吉　本		山　本
益　田		清　水
高　橋		鈴　木
宮　地		朝　桐
原　槇	HB	浅　岡
萩　原		片　岡
陳		大　松
山口亨	TB	粟　屋
大　市		滝　川
山口六		兼　子
北　野		井　田
葉	FB	吉　岡

慶應	vs.	早稲田
1	T	0
0	G	0
1	PG	2
6	前	6
1	T	0
1	G	0
0	PG	0
5	後	0
11	計	6

辛うじて振り切った。

付記①：極東選手権大会の日程の変更問題について橋本寿三郎が蹴球部六十年史で触れているのでここに再録しておく。

「第２回は対抗試合でなく、極東オリンピックのファイナルで早慶が顔を合わせた。大正12年５月27日大阪の市設グラウンドで11対６で慶應が勝った。この試合は26日に本来行わるべきスケジュールだったのが京大、同志社が第１ラウンドで引き分けとなり再試合を行ったために日割りの狂いが生じて、慶應は25日同志社に勝ち、26日と続いて早大に当たることとなり、ファイナルの前１日休むという取り決めが実行不可能になりそのため慶應から文句が出た。慶應の当時の実力からしてかかる異論は出ないと過信しておった大部分慶應の先輩だった委員も処置に困り、１日延期方を真島君（進、国松兄弟のどちらか不明）と筆者（橋本）が早大宿舎を訪ね懇談した。朝桐キャプテンの同情ある理解でことは何（難）なく解決したものの、一時は慶應は棄権するという態度に出て慶應先輩を困らせた。このときラグビーの勝ち抜き戦はこの種の大会で短時間に行うこと自体が無理だとつくづく感じた。このときの早大の態度は実に立派で、それに比して慶應の不甲斐なきを慨嘆した。こんなことでは早晩慶應の不敗の歴史も破られると予感した」

付記②：極東選手権競技大会とはフィリピンの提唱で誕生し、日本、中国の３カ国で組織する極東体育協会によって運営された。第１回大会は東洋オリンピック大会の名称で1913（大正２）年にフィリピンのマニラで開催され、以後２年ごとに上海（第２回)、東京（第３回)、マニラ（第４回)、上海（第５回)、大阪（第６回）と回を重ね、マニラでの第10回大会を最後に戦乱のため幕を閉じた。戦後はインドのソンディIOC委員の呼びかけでアジア競技連盟が結成され、1951（昭和26）年３月にインドのニューデリーで第１回アジア競技大会が開かれ、その後は４年の周期でオリンピックの中間年に開催されている。ラグビーは第１回のニューデリー大会から実施種目ではなかったが、1998年の第13回バンコク大会で初めて正式種目となり、日本は決勝で韓国に17―21で敗れ、初代チャンピオンの座を逃している。

◆関東大震災が発生

相模湾の断層を震源とする大地震が1923年9月1日午前11時58分、関東地方に発生した。地震の規模はマグニチュード7.9。1府6県にわたる関東一円の被害は死者9万1千人、行方不明1万3千人、負傷者5万2千人、家屋全焼38万戸、全壊8万戸。被害世帯は69万に及び、京浜地帯は壊滅的な打撃を受けた。被害を大きくしたのは各所で起こった火災。とくに東京の下町は火の海と化し、本所の被服廠跡だけで4万人が焼死する悲惨な結果となった。被害総額はざっと55億円余。未曾有の惨事はスポーツにも影響をもたらし、「(早慶ラグビーの)一時中止説も出たが、かかる混乱時に行うことがかえって意味ありとして決行した。戦後人心悪化混乱の時代に、スポーツが生新の気を日本全体に吹き込んだが、効果は歴然たる事実でこれと同様のものである」と橋本寿三郎は復興への槌音が響く当時の早稲田・戸塚球場で行われた第2回早慶定期戦を述懐している。

◆慶應義塾蹴球部OBが入場料問題で揺れる

第2回早慶戦を前に入場料徴収という当時のラグビー界では想像を絶する問題が早稲田側から提起された。野球界では芝浦球場で行われていた人気の三田、稲門、駿台のリーグ戦が入場料としてネット裏3円、外野席50銭を取っていたが、田中銀之助仕込みのアマチュアリズムに徹する慶應義塾蹴球部では入場料問題そのものが内部で議題となることすら論外というのが当時の実情だったようだ。それだけに早稲田からの申し出は大きな衝撃となってOB間に抜き差しならぬ深い亀裂をもたらした。OBのひとりとして萬来舎での会合に出席した脇肇は蹴球部六十年史に当時の模様をつぎのように記している。

「早慶第3回戦で入場料を取るか、取らぬかということになった。たまたま上京してその会議に出たが、田辺九万三氏は進歩派で賛成。反対のピューリタン派は毎日新聞の経済部長をやったり、当時京城日報の社長をやって、最後に時事新報の社長で亡くなった松岡正男という人を中心にした飯塚龍蔵氏ら、田辺九万三氏よりも古い連中で『ラグビーは入場料を取って見せるものではない』との理屈を強硬に主張された。松岡先輩などは京城(現ソウル)から電報で頻繁に反対してこられたものだが、萬来舎での会合は非常に議論が沸騰して結論に至らなかった」。結局、この結論は後に「早慶試合の入場者の現状から見て適当な制限方法が必要であると痛感している」(橋本寿三郎)ことが決め手となって、田辺九万三らの賛成論で決着。1924(大正13)年度の第3回早慶戦が日本で初めての有料試合となったわけだが、脇肇によると「1年にわたる蹴球部OB間の論争で松岡正男と田辺九万三の両先輩はこれを境に亡くなるまで互いに口を聞かなかった」と、日本の有料試合第1号にまつわる秘話を蹴球部六十年史で明らかにしている。また脇自身も「ラグビーはあくまで余技。このことは創立の節から貫かれている。私らもその考えを受け継いできているので、今日のラグビーというものを見たときに、もうラグビーを見るのもいや、やるのもいやだとなってくるわけだ」と、自らの信念を吐露している。

◆慶應がシーズン第1戦の全関東に快勝

慶應義塾対全関東の試合は4日午後3時50分から三田・綱町グラウンドで行われ、前半3トライ、1ゴールで11点をあげた慶應が、後半も7トライ、3ゴールを追加。全関東をノートライの無得点に封じ、シーズン開幕第1戦を大勝で飾った。

○慶應義塾38（11―0、27―0）0全関東●

慶應義塾	vs.	全関東
岩　下	FW	滝　川
木　下		徳　永
中　村		山　中
鈴　木		渥　美
吉　本		金　子
忽　那		木　村
宮　地		北　島
高　橋	HB	増　田
萩　原		橋　本
陳		黒　沢
北　野	TB	矢　島
山口六		大　町
大　市		香　山
富　沢		安　部
葉	FB	有　地

慶應	vs.	全関東
3	T	0
1	G	0
0	PG	0
11	前	0
7	T	0
3	G	0
0	PG	0
27	後	0
38	計	0

◆慶はバックス、早はFW…
(早慶予想＝時事新報)

慶早蹴球戦は23日午後２時（開門）から早大運動場で行われることとなった。昨年最初の対校戦には14対０。今春極東競技大会（オープン）の両校の試合では11対６というスコアで、両回ともに慶應勝利に帰している。20年に近くラグビーの血に養われた慶應ボーイズに対して、新興の早大は日に日にその実力を増している。目下両校は必死になって練習を積んでおり、早大のそれはことに真剣で、朝は午前６時に起き、午前、午後の２回の練習に慶應破らではやまじという信念が籠（こ）もっている。この両校は特色が相違しているところに面白みがある。早大はフォワード主義である。バックマンの活躍よりも前衛（FW）の活動に重きを置いて、有望な選手は前衛（FW）やハーフに収容される傾向がある。今年もフォワード主義をもって戦うべく主将朝桐はバックローに据（すわ）り、同年の飛将（快速選手の意味か）兼子をセンターたらしめている。平均年齢は24歳で、21歳平均の慶大に対して体力において優勢である。これに反して慶應のバックマンは軽捷俊足、オープンゲームをもって特色とするもので、その活動ぶりは慶應チームが誇りとするところである。それであるからスクラムからの球が多く慶軍にあれば、慶應がそれだけ活動の余地を得るわけで、得点の機会はバックマンが早大より優秀だけ可能性が多い。試合のこととて一概にこうと予想は許されないが、両軍の特色に基づいて試合は幾分その傾向を帯びるであろう。メンバーは競技の日でなくては判明しないし、補欠も多士済々。ちなみに慶應フォワードは益田練習中足部を打撲で出場不可能となった。当日は午後２時半キックオフで、２時開門。観覧者は洋服または着袴のこと。

◆第２回早慶定期戦は慶應が２連勝

慶應義塾対早稲田のラグビー定期戦は恒例の11月23日午後２時35分から東京・戸塚の早大グラウンドで行われ、地力に勝る慶應が後半に大量得点を加えて勝った。

◇第２回早慶定期戦（慶應２勝）
▽1923（大正12）年11月23日
▽グラウンド＝早稲田・戸塚
▽キックオフ＝早稲田
▽レフリー＝香山蕃氏（東大）

○慶應義塾 20（6―3、14―0）3早稲田●

●「経過＝時事新報」
（前半）
▼(慶)=早大陣25ヤード線付近から陳のPGで３

慶應義塾	vs.	早稲田
岩　下	FW	沢
木　下		玉　井
中　村		大　沢
吉　本		山　本
鈴　木		清　水
宮　地		鈴　木
高　橋		朝　桐
原　槙	HB	石　沢
萩　原		片　岡
陳		兼　子
北　野	TB	粟　屋
山口六		滝　川
大　市		大　松
山口亨		井　田
葉	FB	吉　岡

慶應	vs.	早稲田
1	T	0
0	G	0
1	PG	1
6	前	3
4	T	0
1	G	0
0	PG	0
14	後	0
20	計	3

点を先取（慶３―０早）

▼（早）=慶應陣35ヤード付近で得たフリーキックから吉岡のPGが決まり同点（慶３―３早）

▼（慶）=14分、早陣25ヤード線内のスクラムからバックスに展開。北野―山口六―大市とパスをつないで山口亨が右隅にトライ。ゴールは失敗（慶６―３早）

（後半）

▼（慶）=７分ごろ中央でのスクラムから陳のキックで早の25ヤード線内に攻め込み、大市が巧みにタックルをかわして左隅に初トライ。北野のコンバージョンは失敗（慶９―３早）

▼（慶）=９分ごろFWのドリブル攻撃で約50ヤード前進。この後のスクラムから陳が密集サイドを破ってトライ。萩原のゴール成功で５点を追加（慶14―３早）

▼（慶）=13分、今度はハーフのキックで早ゴール前に迫ったTB攻撃から北野―山口六―山口亨とパスをつないで、最後は山口亨がトライ。北野のゴールは失敗も、さらに３点を追加（慶17―３早）

▼（慶）=タイムアップ寸前にスクラムから原槙―山口亨とボールが渡ってトライ。萩原のコンバージョンは失敗に終わる（慶20―３早）

● ［後記＝時事新報］

早大は前衛（FW）を頼みとしてバックマンが弱いだけに密集して、ドリブルで進む戦法に出て、試合当初は成功したが、慶軍は自己の力の優勢を自覚したか、タッチへは球を出さず、同じくドリブルで進んで早大策（作）戦に対抗し、第１着(?)の成功を収めた。早大は試合がオープンとなってことに目覚ましいほどの混戦になったため、試合経験の少ない早大のチームワークは慶軍のために打ち破られ、前衛（FW）も後衛（バックス）ほとんど球について行動し、つねにスリークォーターが不慣れなためか、精鋭な慶軍バックマンへのマークが足らず、つねにこの強を挫くのを忘れたのは敗因であった。慶のハーフとバックマンはよく活躍し、殊に萩原、陳の活躍は凄まじいものがあった。これに反して早大のハーフ並びにバックのキックはモーションが大き過ぎる。球を高く持ち上げるより地上僅かでスナップモーションで蹴るような細かいモーションは、慶が勝れていた。フルバック吉岡の球を待っていて処置する欠点を看破した慶の有力なバックマンは成功したが、早大はスリークォーターが全然無力で、活動すべき策であった前衛（FW）の後列も余りに球につきすぎていた。バックマンの無力なのとマークが足らなかったことは早大の敗因の大きなものであった。試合は両軍練習を積んだだけに、緊張息をも吐けぬファインゲームで昨年のそれに比して著しい進境は充分に認められた。

◆慶明定期戦がスタート

関西遠征を前にする慶應義塾は12月18日、三田・綱町のホームグラウンドで明治大学と初めての試合を行った。定期戦のはじまりである。明治にとってはラグビー部創設（1923年４月１日）以来この試合が第１戦となったわけだが、８カ月の特訓も力の差はどうにもならず、慶應が14トライ、７ゴールの猛攻で60―０の記録的な大差をつけて初戦を飾った。

◇第１回慶應義塾対明治定期戦（慶應１勝）

▽1923（大正12）年12月18日

▽グラウンド＝三田・綱町

▽キツクオフ＝慶應

▽レフリー＝増田氏

○慶應義塾60（33―０、27―０）０明治●

慶應義塾	vs.	明治
中　村	FW	島　崎
鈴　木		吉　田
門　倉		中　西
益　田		木　幡
上　田		大　里
山　脇		川　又
宮　地		矢　飼
原　槇	HB	城　後
萩　原		大　槻
陳		鎌　田
高　野	TB	柳
山口六		能　美
大　市		縄　田
葉		池　松
富　沢	FB	小　林

慶應	vs.	明治
7	T	0
4	G	0
0	PG	0
1	DG	0
33	前	0
7	T	0
3	G	0
0	PG	0
0	DG	0
27	後	0
60	計	0

●［経過＝時事新報］

（前半＝慶 33―０明）

▼（慶）＝１分を過ぎたころ、スクラムからTBに展開。球は陳―山口六―大市と渡って大市がトライ。萩原のゴール成功（慶５―０明）

▼（慶）＝富沢のキックからTB攻撃に移り、最後は葉がインゴールへ…。萩原２本目のゴール５点を追加（慶10―０明）

▼（慶）＝９分今度はラインアウトから原槇からFWの中村が山口六につないで３本目のトライとなったが、コンバージョンには失敗（慶13―０明）

▼（慶）＝続いて12分、明治陣５ヤードスクラムからTB攻撃で陳―大市とパスが通ったあと、最後に葉が押さえてトライ。ゴールならず（慶16―０明）

▼（慶）＝20分はラインアウト後のルーズから原槇が球をとり、FW宮地にパスしてトライ。萩原のこの日３本目のゴール成功で５点を追加（慶21―０明）

▼（慶）＝23分に明治陣でのスクラムからCTB大市のドロップゴールが決まる（慶25―０明）

▼（慶）＝２分後の25分、ルーズから宮地が取ってWTBの高野に渡ってトライ。萩原がゴールを決めて５点を追加（慶30―０明）

（後半＝慶27―０明）

▼（慶）＝３分スクラムからFB富沢がライン参加して最後は山口六がトライ。萩原のゴール成功で後半もまず５点（慶５―０明）

▼（慶）＝７分には５ヤードスクラムから陳からのパスをFW山脇がつないで大市―富沢とボールが渡って富沢のトライ。ゴールはならず３点追加（慶８―０明）

▼（慶）＝10分スクラムから陳―原槇のハーフコンビで３本目のトライ。これは萩原がコンバージョンに成功（慶13―０明）

▼（慶）＝16分再びスクラムを起点とする攻撃か

らバックスに展開し、最後は大市が抜けてトライ。ゴールはならず（慶16—０明）

▼（慶）＝19分は明治陣５ヤードスクラムから富沢がトライ。ゴールならず（慶19—０明）

▼（慶）＝24分明治陣25ヤード線上のセンタースクラムからFWにボールがかえって宮地がトライ。萩原が前、後半合わせてこの試合７本目のゴールキックを決めて締めくくった（慶24—０明）

付記③：時事新報が伝える上記の試合経過では慶應の得点が前半30、後半24にしかならず、両ハーフとも１トライ（３点）ずつ欠落している。慶明第１戦の正式記録として公認されてきた「60—０」に誤りがないとすれば、得点経過のミスと考えるのが妥当だろう。

◆慶應普通部の対外試合（時事新報）

①11・４（綱町）

△慶應普通部３（３—０、０—３）３早稲田GB△

慶普は前半７分に山口のPGで先行したが、タイムアップ寸前GB赤繁に同点トライを許し、惜しくも引き分けた。

②12・１（戸塚）

●慶應普通部３（０—６、３—０）６早稲田GB○

戸塚

早稲田GBが大松、西野の２トライで前半をリード。後半に入って慶普の反撃は山口の１トライだけ。逆転にはいたらなかった。

③12・13（不明）

△慶普OB ０（０—０、０—０）０早稲田GB△

雨中戦。キックとドリブルの応酬はともに決定力を欠いて引き分けに終わる。

◆蹴球部恒例の関西遠征がはじまる（時事新報）

慶應義塾恒例の関西遠征が今季も暮れから正月にかけて行われた。今シーズンは慶應のほか東京帝大も西下するなど、例年にも増して賑やかな東西対抗が京阪神で繰り広げられたが、慶應は同志社戦の引き分けを含めKR&AC、三高の定期戦、オープン戦に無敗の記録をみやげに帰京した。大学の関西遠征に帯同した慶應普通部は大学チームとは対照的に京都一商、同志社中学との定期戦に連敗した。

◆慶應義塾蹴球部関西遠征成績（６戦５勝１引き分け）

①大正12・12・23（宝塚） ○慶應義塾35（21—0、14—0）0全関西●
②大正12・30☆（三高） ○慶應義塾９（６—０、３—０）０京都帝大●
③大正13・１・４（宝塚） ○慶應義塾38（不明）０大阪高校●
④大正13・１・６☆（三高） ○慶應義塾３（０—０、３—０）０三高●
⑤大正13・１・９☆（同志社） △慶應義塾０（０—０、０—０）０同志社△
⑥大正13・１・12☆（不明） ○慶應義塾21（11—0、10—0）0KR&AC●
☆は定期戦

◆第１回慶應義塾対京都帝大定期戦（慶應１勝）

▽1923（大正12）年12月30日
▽グラウンド＝三高
▽キックオフ＝慶應
▽レフリー＝竹上四郎氏

慶應	vs.	京都大
2	T	0
0	G	0
0	PG	0
6	前	0
0	T	0
0	G	0
1	PG	0
3	後	0
9	計	0

●【経過＝時事新報】

慶應先蹴にて開始。ただちに京都陣地に攻め入り25ヤードスクラムからの球をトライし３点を得る。なお優勢で14分後、また35ヤード辺りでみごとなパスにより山口のトライで３点を加えた。後半も同様な圧迫を加え、27分には25ヤードからドリブルで迫り京都のFBがヘルドして得たフリーキックを見事に決めて３点追加し、９—０で慶應の勝利となった。

◆第11回慶應義塾対三高定期戦
（慶應10勝１引き分け）

▽1924（大正13）年１月６日
▽グラウンド＝三高
▽キックオフ＝不明
▽レフリー＝不明

●［蹴球部Ｋ生の遠征通信（１月11日）］

日は一日一日と過ぎる。段々遠征が終わりに近づいてくる。京都にきてもう３日になった。今日（６日）は三高と戦った。苦戦。どうしてあんなゲームをしたんだろう。自分でも分からない。３対０。それがドリブルで敵のフルバックの失策によって僅かに得点し得たに過ぎない。実際どうしてあんなに縮んだのだろう。またしてもブラインドゲームになってしまった。われわれは普通部とともに前後３回、三高のグラウンドで戦ったが、それが３度ともブラインドゲームを命じたのであろうか。

球はよく出た。しかしスリークォーターには渡らなかった。前半にも相当いいところはあったが、終（つい）に１トライに終わった。彼らは守備に極めて元気よく、塾は引き分けを恐れてあせっていた。敵失による僅か１トライ。高橋が飛び込んだときわれわれはいかに喜んだことだろう。あれも練習ゲームのお陰で得たトライだ。塾は全体として対京大戦のときほど元気がなく、ハーフが敵のバックメンの足の速いのを相当に恐れていたようだ。塾は前半において、球の出たのを利してもっと大胆にオープンに導かねばならなかったのだ。敵は始終、オフサイドせんばかりに（僕はオフサイドだと思う）両側に待っていたので、ハーフも行きづらかっただろう。前半、バックスに球が渡ったらあれほど狼狽する必要はなかったのに、昨年とほとんど変わりなきチームがフォワードの相当変化したチームに辛うじて勝った。塾のフォワードはやはり勝れていた。だから球も多く得たがいかんせん、ゲームはブラインドになってしまった。

僕はあのとき待っているオフサイドに対し研究してもらいたい。10ヤードバックは広用されるべきは、サイクス氏の言のごとしと信ずる。あるドロップアウトのとき、三高のＮ氏がパントキックを行った。そのときレフリーは「25ヤード内にてバウンドしてキックする」といった。ルールには「少なくとも、25ヤード線を越ゆるべきこと」とある。だからパントのとき、僕はキックアゲインをさすのだと思った。三高の人は25ヤードの内、ゴールラインから10ヤードくらいのところで小さなドロップキックをして直ぐ取ってタッチへ蹴った。僕たちはセンタースクラムを要求したが、そのままタッチになってしまった。僕は帰ってからルールを見たが、明らかにキックアゲインとなっていた。僕らの記憶の範囲では初めての出来事である。実際僕たち全体がどうかしていた。

確かにグラウンドに出たときは対京大戦の

ときのような緊張味はなかった。そのとき、そこに横たわっているスタールネスに気づいたものはだれもいなかった。しかし過ぎたことは仕方ない。僕たちは勝ったのだ。これから対同志社、対外人（KR&AC）戦に、ただベストを尽くすのみだ。あくまで戦って関東勢の意気を示そう。いつもながら関西の野次には恐れ入る。関東のゲームをみせてやりたい(京都にて)。

◆第11回慶應義塾対同志社定期戦
（慶應9勝2引き分け）

▽1924（大正13）年1月9日
▽グラウンド＝同志社
▽キックオフ＝不明
▽レフリー＝竹上四郎氏

● ［蹴球部K生の遠征通信］（1月14日）

有史以来の戦績を残してわれわれはいかにして得点なし得なかったのか、しばしばきたチャンスを皆逸して終に0―0という結果に終わった。塾は再び同志社と引き分けた。しかもわれわれは危うく敗れんとしたのであった。タイムアップ近く同志社は25ヤード内ゴール前でフリーキックを得た。「ついに敗れたか」――皆そう思ったろう。神はわれわれの歴史をお守りくださった。東田の試みしドロップはそれて、同志社は最高の機を逸した。

大阪朝日は彼の「軽率なキック」と報じたが、それは決して軽率なものではなかった。キックするまでには少なくも1、2分費やしたのだ。われわれは本当に幸運だったのだ。塾のフォワード独特のドリブルも今日は再三再四ドロップアウトとなり、球は意のごとくバックに渡らなかった。その結果引き分けだ。われわれはなんとお詫びしていいのか。

ハーフタイム前に得たフリーキックに萩原のやったプレースが入っていたら…。ポストに当たらなかったら…。塾は守備一方に出てきた敵に対する戦法を知らなかったのだ。対京大、三高戦を見た同志社はいかにして守るか苦心した。しかしてそれが的中したのだ。われわれは明年を期さなければならない。いまは2、3の故障者が出たが、フルバックの葉も突進の際に脛（すね）の筋（すじ）を違えた。(京都にて)

付記④：蹴球部K生の上記遠征通信の後半部分は東京―京都両帝大戦の観戦記が添えられているが、文中で注目されるのは「両軍とも同じようにエイトフォワードの戦法だった」と、エイトシステムについて触れている点。なお、京都帝大のラグビー部創始者のひとりで、初期の三高メンバーでもあった往年の名CTB谷村敬介氏（故人）が慶應義塾蹴球部六十年史の発刊に寄せた文中で、京都帝大のエイトFW採用について下記のように記している。「大正12年頃京大においても、慶應を破るには慶應のやり方を真似しては駄目であるから、新しい方法でやるべきだ、ということに決まりFWのエイト・システムを採用し、大正13年対東大戦には両校ともエイトであった。エイトで慶應とも試合し、京大は一に押し、二に押し、三に押してFWの押しに重点を置いたのである。慶應のセブンのクイック・ヒールアウトとは全く対照的に異なったものであった」

◆慶應義塾対KR&AC定期戦

▽1924（大正13）年1月12日
▽グラウンド＝神戸東遊園地
▽キックオフ＝慶應
▽レフリー＝スペンス氏

○慶應義塾21（11―0、10―0）0KR&AC●

● ［蹴球部K生の遠征通信］

最後の戦い――しかもそれが神戸外人だ。一昨年雪中戦に敗れてから雪辱の心に燃えていた。この最終戦はわれわれの望むオープン

慶應義塾	vs.	KR&AC
岩 下	FW	ハイヤーズ
木 下		ブラッチ
中 村		チプラー
益 田		キュー
吉 本		ハルダー
原 槙		ハウトン
宮 地		ブラッドフォード
		エクレス
高 橋	HB	シェーラー
萩 原		ルイス
岸 田		
北 野	TB	クリステンセン
山口六		リード
大 市		ラッセル
山口亨		チャールス
富 沢	FB	メドース

慶應	vs.	KR&AC
2	T	0
1	G	0
1	PG	0
0	DG	0
11	前	0
2	T	0
0	G	0
0	PG	0
1	DG	0
10	後	0
21	計	0

ゲームだった。京都ではあんなゲームを見ることはできないだろう。KR&AC（神戸外人団）の連中も喜んでいた。われわれも喜んだ。たとえ勝ったにしろ負けたにしろ愉快なゲームをすることができたのを一番うれしく思う。塾益田のキックオフに開始された。敵の右翼を攻めてゲームは展開するが、球に寝る人すらいない。塾は再度のフリーキックにゴールを狙ったが無為。３度目のは大市のドロップはゴールとなって３点を先取す。外人はキックオフに乗じて猛烈に攻め、塾の25ヤード線の中央で10ヤードバックのフリーキックを得、主将リードの会心のドロップも惜しくもゴールとならず、ドロップアウトに乗じ、塾はキックに、ドリブルに攻め外人はキックに防いだが、終にチャンスはきた。35ヤードのルーズから萩原球を得て大市、山口から北野に渡り、約20ヤード抜いて右隅にトライした。ときに15分。ゴール成らず。20分25ヤードのスクラムより萩原、北野より山口六そのまま抜いてゴール直下にトライし、萩原のプレースもゴールとなりて前半を終わる。ハーフタイム後、外人は再三見事なパスを見せつつ塾に肉薄したリード、ラッセルの名センタースリークォーター、チャールス、クリステンセン

関西遠征最終試合の対KR＆AC戦の両軍出場選手。（大正13年１月12日・神戸東遊園地グラウンド）

の両ウイングの活動は暫時続き、一度はチャールス、ラッセル、リードからクリステンセンが約30ヤードも抜き、北野のタックルも間に合わず、フルバックのタックルにようやくこれを止めた。再三再四スリークォーターの突進がある。塾も原槙、宮地のタックル、木下、岩下、益田らの突進、ゲームは益々オープンに導かれていく。ルーズから萩原球を得て山口亨トライし、25ヤードのスクラムから萩原ダミーせんとしたが潰され、木下その球を得て突進、それを北野受け逆にトライする。最後に大市中央線にて萩原よりパスを受けてドロップゴールに成功し、悪戦苦闘のすえ21対0で勝利を得た。

慶應義塾	vs.	東商大
岩　下	FW	川　口
中　村		村　岸
鈴　木		坂　岡
門　倉		寺　尾
吉　本		畑
忽　那		安　野
宮　地		下　村
北　野	HB	宮　崎
萩　原		奥
岸　田		岡
山口亨	TB	足　立
高　野		藤　野
山口六		足立啓
益　田		佐　伯
富　沢	FB	梅　田

◆慶應義塾がはじめて東商大の挑戦を受ける

東京商大の慶應義塾への初挑戦は19日午後2時30分から三田・綱町グラウンドで行われ、慶應が大量38点を記録。東商大を無得点に封じて順当に勝った。

◇慶應義塾対東商大戦（慶應1勝）
▽1924（大正13）年1月19日
▽グラウンド＝三田・綱町
▽キックオフ＝東商大
▽レフリー＝大市信吉氏

○慶應義塾38（16―0、22―0）0東商大●

慶應	vs.	東商大
4	T	0
2	G	0
0	PG	0
16	前	0
6	T	0
2	G	0
0	PG	0
22	後	0
38	計	0

●［経過＝時事新報］

商大はキックにしばしば盛り返したが、慶應に球多く出るためその巧妙なパスに悩まされ前半は健闘したが、8分益田のトライとなり、商大よく防御に努めて17分、25ヤードのスクラムから山口のトライとなり、21分前衛（FW）ドリブルにて中村トライ、北野のゴール成功。さらに24分ゴール前のスクラムから雑作なく益田がトライして北野のキック入り、前半すでに16点を収めた。後半に入って慶應フォワードのドリブルとパスに商大の好タックルもものともせず、2分前衛（FW）ドリブル成功しトライ。4分にはパスを続けて山口亨トライ、7分萩原スクラムの球を得て巧みに突進して北野のトライ、ゴールとなり、続いて15分前衛（FW）ドリブルは忽那のトライ、19分岸田のトライは萩原のキックにゴールとなり、閉戦前さらに山口六のトライとなり、後半22点を収め、38対0で慶應の勝利となった。

◆東京帝大との定期戦に秩父宮、賀陽宮両殿下がご台臨

慶應義塾対東京帝大定期戦は3日午後2時50分から三田・綱町グラウンドに秩父宮、賀陽宮両殿下をお迎えして行われた。この日の

コンディションは最悪。雪解けのあとのグラウンドはオープンへの展開を封ずるFW戦主体の単調な試合のすえ、0—0で引き分けた。

◇第2回慶應義塾対東京帝大定期戦（慶應1勝1引き分け）

▽1924（大正13）年2月3日

▽グラウンド＝三田・綱町

▽キックオフ＝慶應

▽レフリー＝橋本寿三郎氏

△慶應義塾0（0—0、0—0）0東京帝大△

慶應義塾	vs.	東大
岩　下	FW	井　場
木　下		久　富
門　倉		清　瀬
益　田		平　松
吉　本		阿　部
宮　地		吉　田
忽　那		安　部
		斉　藤
高　橋	HB	藤　田
萩　原		石　田
陳		
北　野	TB	大　村
山口六		高　井
大　市		西　村
葉		加　藤
富　沢	FB	岩　田

● ［経過＝時事新報］

（前半）

降雪の後のグラウンドは未だ乾かずして選手の行動意のごとくならず、キックオフとともに慶應は25ヤード辺りに前進したが帝大は前衛（FW）のドリブルに盛り返して進む。慶應再びじりじりと前衛（FW）戦で敵を左に圧迫し、球は右に転がってスクラムを繰り返した後、今度は左に球が転じたとき16分、帝大がフリーキックを得てタッチに出して前進。中央付近での押し合いのとき19分、帝大西村のノックオンを慶應陳のマーク(?)でフリーキック、さらに25分にも再びフリーキックを得たが、結局中央線を前後するだけに過ぎず前半を終わる。

（後半）

開始後1分と3分に慶應は2つのフリーキックから中央線まで進んだあと、左のスクラムから葉が左に好タッチして一挙に5ヤード辺に圧迫したが、後衛（バックス）のパスも悪グラウンドに走れず、帝大前衛（FW）の懸命の防戦にやや前進しただけ。スクラムからスクラムが続くうち力強い帝大前衛（FW）は次第に盛り返してきたが、17分と25分に慶應は帝大陣25ヤード付近でフリーキックを得

秩父宮、賀陽宮両殿下をお迎えした第2回対東京帝大定期戦。雪解けのグラウンドの状態が選手のシューズにしのばれる。（大正13年2月3日・綱町グラウンド）

た。しかし帝大前衛（FW）は物ともせず押し進み、中央線をやや越えたころタイムアップとなった。ゲームがオープンにならなかったのはグラウンドのためとは言いながらまことに残念の極みで、宮様もそのようなる旨仰せられたるやに漏れ承った。

◆慶應義塾普通部の関西遠征

①1923（大正12）12・15（三高）
●慶應普通部０(0―6、0―11)17京都帝大LB○
　慶普は前半２トライ、後半３トライ、１ゴールを奪われて完敗。
②1923（大正12）12・28（宝塚）
△慶應普通部０(0―0、0―0)０大阪高校△
　ともに決定力なし。普通部はもっとタックルを…。
③1923（大正12）12・29（宝塚）
○慶應普通部14(9―0、5―3)３神戸高商●
「大高戦より良かったが、まだ甘い」と蹴球部Ｋ生の評は厳しい。
④1924（大正13）１・２（北畠）
○慶應普通部21（不明）０天王寺中●
　試合内容を伝える情報なし
⑤1924（大正13）１・５（三高）
●慶應普通部３（3―0、0―6）６京一商○
　慶普先制も後半のFW戦での劣勢が逆転負けの最大の理由。
⑥1924（大正13）１・９（同志社）
●慶應普通部３(3―0、0―6)６同志社中○
「慶普は粘りが足りない」とは蹴球部Ｋ生の評。

◆ラグビーの25周年記念祭が綱町で

慶應義塾蹴球部が主催するラグビーの25周年記念祭が２月11日午後、三田・綱町の慶應グラウンドで開催。まず３時20分から全関東―全関西、OB連合軍と慶應蹴球部の２試合が行われ、第１試合は全関東が後半の全関西の追い上げを振り切って６―３で、また第２試合は慶應の現役が20―５の大差で連合チームにそれぞれ勝った。このあと会場を三田山上の萬来舎に移して祝賀会が催され、ラグビー草創期の先輩はじめ若手の現役選手も交えた会場はラグビーの懐旧談や当日の親善試合など話題は尽きず、ようやく午後11時、将来のラグビー発展を祈って蹴球万歳を唱えて散会となった。

◇**全関東対全関西（時事新報）**
［第１試合］
▽1924（大正13）年２月11日
▽グラウンド＝三田・綱町
▽キックオフ＝全関東
▽レフリー＝大市信吉氏

○全関東６（6―0、0―3）３全関西●

全関東	vs.	全関西
滝　川	FW	脇
阿　部		近　藤
永　井		高　地
渥　美		白　山
白　田		菅　原
北　島		伊　丹
横　山		下　村
増　田	HB	鎌　田
西		杉　本
橋　本		加　藤
浅　岡	TB	甲　斐
香　山		丸　山
大　町		真　島
山　中		奥　村
青　木	FB	下　里

全関東	vs.	全関西
2	T	0
0	G	0
0	PG	0
6	前	0
0	T	1
0	G	0
0	PG	0
0	後	3
6	計	3

付記⑤：メンバー表記は両チームともセブンとした。すでにこの時点で東京、京都両帝大、明治、三高はエイト・システムを採用しているが、この両チームについてはとくに記述がないためここでは従来どおりのセブン・システムとした。

● ［経過＝時事新報］

キックオフとともに関東は敵の25ヤードに入ったが、関西はこれをドリブルで中央付近まで押し返した。しかし関東は7分、ドリブルの球を取った香山がショートパントでフルバックを抜いて左隅にトライ。27分にも橋本がゴール前から潜ってトライを追加し、前半を終わった。後半は関西が終始関東をを圧し、10分には杉本がトライ。3点差に迫ったが、関東もよく踏ん張って関西の反撃をふり切った。

◇慶應義塾対OB連合（時事新報）

［第2試合］

▽キックオフ＝不明

▽レフリー＝橋本寿三郎氏

○慶應義塾20（8―5、12―0）5 OB連合●

慶應義塾	vs.	OB連合
山　脇	FW	滝　川
木　下		阿　部
中　村		永　井
益　田		渥　美
吉　本		井　上
宮　地		北　島
忽　那		下　村
高　橋	HB	増　田
萩　原		杉　本
陳		西
北　野	TB	山　中
山口六		浅　岡
大　市		甲　斐
葉		丸　山
富　沢	FB	岡　野

● ［経過＝時事新報］

トライを先取したのは慶應9分に北野―大市の見事なパス攻撃から先制。対するOB連合も直後の10分に滝川のショートパントから下村がトライ。西のコンバージョンも決まって逆転に成功した。ここまではOB連合もなかなか元気だったが、時間の経過とともに動きが鈍ってくる。まず16分、葉がトライし、萩原のゴールキックも入って再逆転して前半を終わった。後半にはいると体力の差は歴然とし、開始直後に山口六がトライ、3分にもトライを追加。さらに攻撃の手をゆるめず北野が連続トライを奪って一気に勝負を決めた。

慶應	vs.	OB連合
2	T	1
1	G	1
0	PG	0
8	前	5
4	T	0
0	G	0
0	PG	0
12	後	0
20	計	5

◆第1回慶應義塾OB対東京帝大OB戦（帝大1勝）

▽1924（大正13）年2月24日

▽グラウンド＝一高

▽キックオフ＝東京帝大

▽レフリー＝井場氏

●慶應義塾OB 0（0―3、0―3）6 東京帝大OB○

第1回慶應義塾対帝大のOB戦は24日午後3時20分から一高グラウンドで行われ、バックラインに好選手を並べた帝大OBが2トライをあげ、慶應OBの反撃をノートライに封じて完勝した。（慶應OBは1名欠員のため14人で対戦）

● ［経過＝時事新報］

帝大フォワード強くドリブルにて慶應陣に攻め入ったが、慶應はフリーキックについで前衛のパスで盛り返し一進一退をするうち、

慶應OB	vs.	東京帝大OB
滝　川	FW	山　本
白　田		久　富
永　井		中　村
渥　美		安　部
有　地		安　達
北　島		瀬　山
増　田		郷
		長　沢
橋　本	HB	小田桐
松　井		香　山
富　沢	TB	早　川
大　市		笠　原
木　下		西　村
岩　崎		加　藤
青　木	FB	岩　田

慶應OB	vs.	帝大OB
0	T	1
0	G	0
0	PG	0
0	前	3
0	T	1
0	G	0
0	PG	0
0	後	3
0	計	6

25分、帝大はラインアウトから西村がドリブルで前進、右隅にトライして前半を終わる。後半はまず慶應のチャンス。有地のマークからゴールを狙ったキックは惜しくもはずれて無得点。さらに帝大を25ヤード線近くに押し込み、その後の攻撃でトライなったかに見えたが、帝大の守りは堅く５ヤードスクラムとなってしまった。しかし帝大は15分、40ヤード付近のルーズから香山が好走。慶應フルバックのタックルをかわして中央にトライ。６—０で慶應OBとの緒戦を快勝した。慶應は大市がよくがんばったが、ハーフの持ち過ぎが響いた。

◆ラグビー発祥の地で100年祭

ラグビーが生まれて100年を迎えた1923年11月１日の木曜日、発祥の地となったラグビー校のビッグサイド・グラウンドでセンテナリー（100年祭）マッチ、「イングランド＆ウェールズ」対「スコットランド＆アイルランド」の試合が行われた。この日は寒さの厳しい快晴のラグビー日和。またゲームも100年祭を祝福するのにふさわしいエキサイティングな攻防が展開されたが、21—16で「イングランド＆ウェールズ」連合が勝利を飾った。試合後、役員、チーム関係者など来賓多数を招いた盛大な祝宴がロンドンで開かれ大いに盛り上がった。

1924(大正13)年度 ◆山口六助◆

関東エリアのラグビー統括機関として1924(大正13)年6月、「関東ラグビー蹴球協会」が設立された。ラグビー界の急速な発展によるさまざまな問題の発生。例えばルール解釈の相違、あるいは日程の調整などがその主たるものだが、なかでも早慶定期戦の入場料徴収問題の決着に新協会が果たした役割、存在は大きい。これ以後、有料試合はすべて協会主催の原則が確立された。このシーズンの慶應義塾蹴球部は有料試合第1号の早慶定期戦に3連勝の余勢をかって東上の関西勢との定期戦に全勝。1911(明治44)年の第1回三高定期戦以来続いている「対日本チーム無敗」記録をさらに13シーズン連続とした。

➲明治神宮外苑に総合競技場が完成(10月25日)。第1回神宮大会が開かれる。

◆関東ラグビー蹴球協会設立

関東ラグビー蹴球協会がこの年の6月20日に関東地区の統括機関として設立された。母体となったのはA. J. R. A.(All Japan Rugby Association)。新協会の初代会長に田中銀之助(A. J. R. A. 会長)、副会長に田辺専一(慶應OB)、理事長に橋本寿三郎(慶應OB)が選ばれたほか、理事には増田鉱太郎、永井信二郎(以上慶應OB)、香山蕃、久富達夫、井場直人(以上東大OB)、朝桐尉一(早稲田OB)ら6人が就任した。そのほか新協会で特筆されるのは理事会の下部機構として委員会を置き、委員に学生を起用していること。慶應義塾からは山口六助、宮地秀雄が、早稲田の吉田光一、吉岡恒治らとともに学生委員として協会の運営に携わっている。上記の理事会、委員会はすべて甲種会員と称する慶應、早稲田、東大、商大、明治の5校関係者で構成され、①協会発行の会報(競技規則の掲載など)の配布、②レフリー派遣の便宜、③競技の主催及び監督―などを主たる業務とした。また入場料収入については当日の経費を差し引いた残額を協会、当事校で等分することとし、協会は基金に、慶應義塾の場合は体育会へ納付する形となった。また乙種会員は組織として協会運営に携わる力と時間に欠ける大学、高専、中学、実業団などを対象とし、会員として登録されたチームは①甲種=20円、②乙種=5円の年会費を協会に納めることが課せられた。

◆早慶戦に3連勝

日本ラグビー初の有料試合となった第3回定期戦は慶應が好調。FW、バックス一体の攻撃から陳のDGなど3トライ、2ゴール、1DGをあげ、早稲田をノートライに抑えて快勝した。

◇第3回早慶定期戦(慶應3勝)
▽1924(大正13)年11月23日
▽グラウンド=三田・綱町
▽キックオフ=慶應

慶應義塾	vs.	早稲田
岩 下	FW	吉 田
小 林		斉 藤
中 村		大 沢
吉 本		清 水
鈴 木		石 田
宮 地		古 賀
高 橋		丸 山
原 槇	HB	大 松
萩 原		片 岡
陳		本 領
山口亨	TB	西 野
高 野		兼 子
山口六		滝 川
葉		井 田
富 沢	FB	中 島

▽レフリー＝増田鉱太郎氏

○慶應義塾17（5―0、12―0）0早稲田●

慶應	vs.	早稲田
1	T	0
1	G	0
0	PG	0
0	DG	0
5	前	0
2	T	0
1	G	0
0	PG	0
1	DG	0
12	後	0
17	計	0

● ［経過＝時事新報］

（前半）

▼（慶）15分＝15ヤード付近のスクラムから陳がサイドを破ってポスト横にトライ。萩原のゴール成る（慶5―0早）

（後半）

▼（慶）18分＝早陣15ヤード付近のスクラムから宮地が抜けてそのまま左隅にトライ。ゴールは不成功（慶8―0早）

▼（慶）24分＝早・本領のキックした球を陳が取り、早陣30ヤード付近からDG。これが見事に決まって4点追加（慶12―0早）

▼（慶）30分＝早ゴール前5ヤードのラインアウトから岩下がトライ。萩原がゴールを決める（慶17―0早）

●【後記＝時事新報】

早稲田はバックスが慶應の早い潰しにあって防戦一方。球を抱えて寝ることが多く、後半ドリブルで慶應陣25ヤード内に入ったほかはチャンスらしいチャンスがなかった。しかし、つねに慶應をブラインドに追い込んで、慶應が得意とするオープンゲームを防ぐことに意を用いたのは好作戦であった。問題は後衛（バックス）のタックルが悪かったこと。結局これが慶應にトライを許す直接の原因であり、また敗因でもあった。慶應は早稲田に比してチームワークもよく、出足も早い。早稲田が寝たときFWの密集への集まりがいま一息早かったならもっとチャンスを得たかもしれない。

◆京大との定期戦に3宮殿下がご台臨（時事新報）

遠来の京都帝大を綱町グラウンドに迎えて大晦日の31日午後2時半から慶應義塾との定期戦が行われた。この日は曇天。会場には秩父、高松、賀陽の3宮殿下もご臨場になった。試合は京都が強力なエイトFWで慶應を苦しめたが、慶應は2トライをあげた陳の活躍などで後半に大量得点を加えて京都を突き放した。

◇第2回慶應義塾対京都帝大定期戦（慶應2勝）

▽1924（大正13）年12月31日

▽グラウンド＝三田・綱町

▽キックオフ＝京都

▽レフリー＝橋本氏

○慶應義塾19（3―0、16―3）3京都帝大●

慶應	vs.	京都大
1	T	0
0	G	0
0	PG	0
3	前	0
3	T	1
2	G	0
1	PG	0
16	後	3
19	計	3

● ［経過＝時事新報］

前半戦を通じて慶應は終始京都を圧迫。ことに陳のあざやかなキックが目覚ましく、味方優勢に引き入れた。しかし、京都FWの踏ん張りもなかなか強力。慶應も容易に得点をあげることができなかっが、やっと前半終了30秒前に京都ゴール前のルーズから陳がインゴールに飛び込んで先制トライをあげた。ハーフタイム後も慶應押し気味ながらも戦況は一進一退。やっと12分に再び慶應は陳がトライ、萩原のゴールでリードを広げたが、京都も27分、中央線付近から古川—土井とパスを繋いだあと、内藤が長駆独走。慶應陣左にトライしたが、反撃もここまでだった。このあと慶應はさらに1PGなど11点を加えて2連勝を飾った。

◆三高に苦戦

三高との定期戦は4日午後2時半から三田・綱町グラウンドで行われ、前半1PGでリードした慶應が後半ようやく1トライを追加して勝った。

◇第12回慶應義塾対三高定期戦（慶應11勝1引き分け）
▽1925（大正14）年1月4日
▽グラウンド＝三田・綱町
▽キックオフ＝慶應
▽レフリー＝奥村竹之助氏

○慶應義塾6（3—0、3—0）0三高●

慶應義塾	vs.	三高
岩　下	FW	西　岡
小　林		位　田
中　村		内　藤
鈴　木		西　島
吉　本		青　木
高　橋		二　宮
宮　地		和　田
		尹
原　槇	HB	阿　部
萩　原		秋　田
陳		
山口亨	TB	馬　場
高　野		星　名
山口六		宇　野
北　野		合　田
葉	FB	野　沢

慶應	vs.	三高
0	T	0
0	G	0
1	PG	0
3	前	0
1	T	0
0	G	0
0	PG	0
3	後	0
6	計	0

●［経過＝時事新報］

前半の開始1分、慶應は三高陣25ヤード左寄りのルーズのとき、三高がピックアップの反則。慶應萩原がこれを決めて慶應の3点先行で前半を終わる。ゲームは後半にはいっても一進一退が続いたが、23分に三高ゴール前の混戦から陳が左の山口亨に大きくパス。山口亨が左隅に飛び込んで、この試合はじめてのトライをあげた。

◆慶應が後半に勝負を決める

慶應義塾対同志社定期戦は7日午後2時半から三田・綱町の慶應グラウンドで行われ、慶應が後半の攻撃で、1トライ、1PGの6点を同志社から奪って勝った。

◇第12回慶同定期戦（慶應10勝2引き分け）
▽1925年1月7日
▽グラウンド＝三田・綱町
▽キックオフ＝慶應
▽レフリー＝朝桐尉一氏

○慶應義塾6（0—0、6—0）0同志社●

●［経過＝時事新報］

キックとドリブルの応酬で前半は一進一退の互角の戦況が続いた。結局ともに相手の守りが破れず無得点。均衡が破れたのは後半15分。同志社陣40ヤードに攻め込んだとき、同志社にピックアップの反則があり、萩原のPG成功で慶應がまずリード。23分にもルーズか

慶應義塾	vs.	同志社
岩　下	FW	伊　東
小　林		岡　本
中　村		井　上
鈴　木		元　持
吉　本		河　合
高　橋		山　田
宮　地		東　田
原　槇	HB	小　川
萩　原		野　口
陳		桂
山口亨	TB	松　見
高　野		樋　上
山口六		丸　山
北　野		橘
葉	FB	河　合

慶應	vs.	同志社
0	T	0
0	G	0
0	PG	0
0	前	0
1	T	0
0	G	0
1	PG	0
6	後	0
6	計	0

ら萩原―山口六とTBパスが通り、FB葉がライン参加してこの試合唯一のトライをゴール左に追加した。

◆慶應２ndＸＶが一高を破る
(時事新報)

慶應２ndＸＶと一高の試合は１月28日午後、一高校庭で行われ、慶應２ndＸＶが前半１トライ、後半２トライの計９点をあげ、一高を無得点に抑えて勝った。

◆慶應普通部の対外試合
(時事新報)

①大正13・12・５（綱町）
○慶應普通部15(6―5、9―3)8東商大ROク●
②大正14・１・５（綱町）
☆●慶應普通部０(0―0、0―5)5京一商○
③大正14・１・８（綱町）
☆●慶應普通部０(0―8、0―3)11同志社中学○
(☆は定期戦)

◆明治神宮外苑に競技場が完成

体育振興を名目とする総合競技場が明治神宮外苑に10月25日完成。11月３日の明治節※を中心に10月28日から１週間にわたって神宮競技大会が開かれた。この大会にはラグビーも最初から参加。第１回大会では東西のOBによる対抗戦と関東学生選抜紅白戦の２試合が行われた。競技場は芝生のフィールドと、これを取り囲む陸上競技のトラックから成り、スタンドもメーン、芝生席両席のキャパシティーはざっと２万人。また1926（大正15）年の第５回早慶定期戦からラグビーのメーン会場として秋のシーズンには使われるようになった。同競技場は1964（昭和39）年の東京オリンピック招致に備えて全面改築。その２年前の第３回アジア競技大会（東京）から国立競技場としてラグビー愛好者らスポーツファンに親しまれている。(※＝明治節とは明治天皇の誕生日（11月３日）で、旧制の４大節のひとつ。1927年に制定され、48年に廃止された。現行の「文化の日」とは意義を異にする＝広辞苑から)

1925（大正14）年度 ◆吉沢秀雄（旧姓、宮地）◆

日本ラグビー初の海外交流の歴史はこの年の12月に行われた慶應義塾蹴球部の上海遠征によってその1ページが開かれた。1911（明治44）年に初めて日本チームの相手として京都の第三高等学校（旧制）と対戦して以来、14年間無敗を続ける蹴球部の目が海外に向けられたのは当然の結果と言えるが、三高戦がそうであったようにこの日本ラグビー初の壮途が大正年代の終焉を締めくくる行事になったことも、何かの因縁だろう。さて国内では今季もまずまず。上海遠征の帰途、甲子園で行われた同志社との定期戦こそ引き分けに終わったが、早慶、慶明二つの定期戦には快勝。また第2回神宮競技大会の高専の部で慶應予科が初優勝するなど、このシーズンも蹴球部の「初ずくめ」は続いた。

➲関東に続いて西部ラグビー協会が9月に設立さる。

➲スコットランドのホームグラウンド、マレーフィールドがオープン。

◆慶應義塾蹴球部が上海遠征の壮途へ（時事新報）

ラグビー蹴球部としてわが国最初の海外遠征を企画した慶應義塾ラ式蹴球部は22日午後7時20分、東京駅発の列車で雄々しくも上海遠征の途に就いた。一行は蹴球部部長畑功教授をはじめ増田鉱太郎、真島国松両先輩及び宮地秀雄主将以下選手18名の計22名。いずれも制服、制帽に身を固め、体育会板倉卓三理事らから激励の言葉を受けた後「白皚皚の…」の部歌も勇ましく、多数の先輩、体育会各部選手や他校蹴球部選手ら300名に見送られて出発した。丸山選手は足の捻挫で遠征不参加。なお、一行は23日午前9時、神戸港出帆の日本郵船上海丸で目的地の上海へ向かう。

[遠征メンバー]

◆団長＝畑功ラグビー部長

◆役員＝増田鉱太郎（OB）

◆役員＝真島国松（OB）

◆選手＝[FW] 岩下、小林、中村、吉本、鈴木、門倉、高橋、宮地（主将)、綾部［HB］萩原、岸田［TB］北野、富沢、山口、浜田［FB］高野

・残る3名の氏名は不明

◆同行記者＝岡本隆（朝日新聞）

◇第1戦（12月26日＝時事新報・上海特電）

▽1925（大正14）年12月26日

▽グラウンド＝上海・ダマロ競馬場クリケットグラウンド

▽キックオフ＝慶應

▽レフリー＝オームストン氏

●慶應義塾12（9—8、3—5）13上海外人○

慶應義塾	vs.	上海外人
岩　下	FW	ワトキンソン
小　林		ウェール
中　村		スチュワード
吉　本		レイキー
門　倉		グリュー
高　橋		ダニクレー
宮　地		クルー
		ダーバス
綾　部	HB	トング
萩　原		ネール
岸　田		
北　野	TB	プーパー
富　沢		ゴードマン
山　口		エバンス
浜　田		ヒジャード
高　野	FB	ニコル

慶應	vs.	上海外人
2	T	1
0	G	1
1	PG	1
9	前	8
1	T	1
0	G	1
0	PG	0
3	後	5
12	計	13

●［経過］

（前半）

キックオフとともに上海陣25ヤード線内に攻め込んだところでPGに成功し３点を慶應が先取。しかし上海も３分後にドリブルからFWレイキーがトライ、ゴードマンのゴールも決まって逆転する。慶應は15分、25ヤード線内側のスクラムから宮地がトライ。その５分後の20分PGをとられて再度の逆転を上海にゆるしたが、前半終了間際に萩原のトライで１点勝ち越して前半を終わった。

（後半）

慶應は再三チャンスをつかむがいまひとつ決定力を欠き、上海も無得点のまま終盤にはいってゲームは動いた。まず上海は37分にプーパーが90ヤード独走のトライをポスト直下にあげ、ゴールもはいって４点のアヘッド。このあと慶應も奮起一番、山口のトライで、ゴールが決まれば逆転の瀬戸際に上海を追い込んだが、右隅からのゴールキックがはずれ遠征第１戦を飾れなかった。

●［真島コーチの話］

最近にない緊張したゲームで慶應としては称賛すべき試合であった。両軍の陣容はTBが上海の５人に対し、慶應は４人なのでもしスクラムの球が上海側に数多く出れば自ずと慶應が不利になることを予期したが、果たしてスクラムの球は上海側の得るところとなり、洗練されたTBをして十分活躍せしめることのできた点が上海側勝因の第１と思う。ことにTBを完全に働かしめたSOネール氏は上海側第１の殊勲者と称すべきである。上海側のTB攻撃については非常に早いパスとスピードでグラウンドの外角を回って慶應を攻めたことは当を得ていると思われる。慶應としては萩原の機敏なる行動がしばしば味方の危機を救い、守勢を攻勢に転ぜせしめたのは上海のネール氏とともに両軍の殊勲者と認める。慶應のFWは総体に技術に勝っていたが、ドリブルに劣っていたことが唯一の欠点と思われる。これは要するに上海軍がバックマンに優れており、慶應はFWに勝れていたと断定することができる。とにかくこの日のゲームで一番目新しく映じたのはTBの早いパスとキックの完全なことで、日本人としては将来この点に十分留意せねばならぬ。

◇第２戦（12月30日＝時事新報・上海特電）

▽1925（大正14）年12月30日

▽グラウンド＝上海・ダマロ競馬場クリケットグラウンド

▽キッツクオフ＝香港

▽レフリー＝オームストン氏

○慶應義塾８（５―３、３―０）３香港●

●［経過］

（前半）

▼（慶）=10分後、慶應圧迫し25ヤード内のルーズスクラムで球を得た萩原が抜いて高橋―宮地とパスが渡ってトライ。萩原のゴールも成功（慶５―０香）

▼（香）=17分後、富沢のドリブルによる突進を香港ラマート取って右タッチ際を70ヤード独走トライ。ゴールは不成功（慶５―３香）

（後半）

▼（慶）=28分まで慶應は押し気味。つねに香港陣で試合を進めるとともに、何度か絶好のトライチャンスをつかんだが、決定力なく逸機

▼（慶）=ようやく28分、香港ゴール前のルーズ

スクラムから富沢が右隅に飛び込んでトライ。ゴールならず（慶8―3香）

▼（香）=その後、香港も反撃したがトライには至らずタイムアップ。スコアは動かず8―3で慶應の勝利となる。

慶應義塾	vs.	香港
岩　下	FW	フォスター
小　林		フォツイン
中　村		ストッパ
吉　本		ニートムソン
門　倉		デービス
高　橋		グルト
宮　地		オースナー
		スミス
綾　部	HB	ラルフ
萩　原		リロナー
岸　田		
浜　田	TB	サマーズ
山　口		ヘット
富　沢		ロイト
北　野		ラマート
高　野	FB	マムストン

慶應	vs.	香港
1	T	1
1	G	0
0	PG	0
5	前	3
1	T	0
0	G	0
0	PG	0
3	後	0
8	計	3

● ［増田コーチの話］

慶應は疲労しているにもかかわらずすこぶる元気だった。ハーフタイム前のスクラムは一般に高過ぎたためFWはブレークアップするのに不利であったが、後半は慶應独特のスクラムの威力をいかんなく発揮していた。香港、上海、慶應の3チームはまったく甲乙なき強チームで、香港はTBのコンビネーションよろしきも、その戦法がつねに一本調子であった。しかし日本には見られないオープンで、かつファインゲームであった。

● ［真島コーチの話］

神戸や横浜の外人と試合しているので珍しい戦法は学び得られなかったが、その快足を利して大きく攻撃する点などは、足の遅い日本チームの学ぶべき点であろう。慶應が最後まで戦ったことは称賛すべきである。

◆慶應チーム帰国の途へ

香港戦のあと、慶應チームは午後8時から市内のプラザホテルで開かれた上海蹴球倶楽部主催のインターポートディナーに出席。翌31日は上海蹴球倶楽部デービス主将はじめ上海在留の慶應出身者ら多数に見送られ、午前8時半出帆の船で帰国の途についた。なお上海遠征メンバーのひとり、北野幸也は遠征日記を蹴球部六十年史に綴っているが、その締めくくりともいうべき長崎到着から博多を経て大阪での対同志社定期戦に至る強行日程と、これに対応した往時の蹴球部員のタフな身体、精神両面を再録しておく。

「船のお正月は初めてであった。屠蘇（とそ）のお酒でお正月気分になる。長崎上陸。荷物の調べを済まして博多に向かう。夜12時博多着。稗田（幸二郎）、横山（通夫）、白田（六郎）諸先輩の出迎えを受け、栄屋旅館に投宿。2日、大分高商（旧制）と春日原運動場で試合を挙行。11トライを得た。この日、北野、山口、萩原、小林、吉本は休み。帰省中の平岡が出場した。3日、全九州と戦う。10トライ、8ゴール対1トライ。すなわち46対3で勝った。4日夕、赤の特急で東上のことに決まり、福岡を出発した。遠征の第1段は終了し、また第2段を終え、第3段のプログラムに移っていく。この短い間における周囲の変化のこれほど多かったことはなかろう。九州での一行は何も変わったことはなかった。ただ福岡で4日の午前中なにごともさておいて、お参りに出かけたのは太宰府天満宮であった。だれも落第は嫌いだとみえて『学業成就』のお守りを求めない人はなかった」

◆明治に大勝（時事新報）

慶應義塾と明治のラ式蹴球戦は15日午後2時50分から三田・綱町で行われた。この日はグラウンドのコンディションが悪く、両チームの動きはいまひとつスピードにかけたが、試合は慶應が28—0で勝った。

◇第2回慶明定期戦（慶應2勝）
▽1925（大正14）年11月15日
▽グラウンド＝三田・綱町
▽キックオフ＝慶應
▽レフリー＝橋本寿三郎氏

○慶應義塾28（9—0、19—0）0明治●

●［経過］
（前半）

まず4分、明治ゴール前から萩原—丸山—高野とパスが通り、最後は山口が押さえてトライ。30分には明治ゴール前の密集戦から高橋—富沢—丸山—高橋とボールをつないでトライ。さらに1トライを加えて前半を終わる。

慶應義塾	vs.	明治
岩　下	FW	岩　間
小　林		松　田
中　村		五十嵐
吉　本		田　辺
鈴　木		木　元
門　倉		井　上
宮　地		木　村
		柳
高　橋	HB	野呂瀬
萩　原		芦　田
岸　田		
丸　山	TB	久　我
北　野		大　槻
高　野		赤　星
山　口		山　根
富　沢	FB	西　坂

慶應	vs.	明治
3	T	0
0	G	0
0	PG	0
9	前	0
5	T	0
2	G	0
0	PG	0
19	後	0
28	計	0

（後半）

明治はFWが活躍。球について防戦に努めたが、慶應の意気は衰えず3分には山口のキックを受けた宮地がトライ。10分、今度は明治ゴール前3ヤードのスクラムから萩原をフォローした宮地が再びトライ。17分にもゴール前のルーズから岩下がサイドを潜ってトライ（ゴール）。さらに2トライ、1ゴールを追加した。

◆早慶定期戦は慶應が接戦を制す（時事新報）

第4回早慶定期戦は恒例の23日午後2時半から早稲田の戸塚グラウンドで行われ、最近にない好ゲームとなったが、地力に勝る慶應が8—3の小差で勝った。慶應は4連勝。

慶應義塾	vs.	早稲田
岩　下	FW	坂　倉
小　林		渥　美
中　村		寺　田
吉　本		助　川
鈴　木		芝　原
高　橋		兼　子
門　倉		斉　藤
宮　地	HB	丸　山
萩　原		片　岡
岸　田		本　領
山　口	TB	三　浦
高　野		滝　川
北　野		馬　場
丸　山		西　野
富　沢	FB	中　島

慶應	vs.	早稲田
1	T	0
0	G	0
0	PG	0
3	前	0
1	T	1
1	G	0
0	PG	0
5	後	3
8	計	3

◇第４回早慶定期戦（慶應４勝）
▽1925（大正14）年11月23日
▽グラウンド＝早稲田・戸塚
▽キックオフ＝慶應
▽レフリー＝奥村竹之助氏

○慶應義塾８（３―０、５―３）３早稲田●

●［経過］
（前半）
▼（慶）=萩原のキックオフ。早稲田陣25ヤード線内に入ったが、ラインアウト、スクラムの繰り返しから早稲田が中央に盛り返す
▼（慶）=慶應は９分、中央線付近からFWのドリブルで突進、TBパスに移って北野―高野―北野とパスが返ったが、ここでオフサイド。再度早稲田が中央まで盛り返す
▼（慶）=14分、山口のキックを足場に慶應は三度早稲田陣深く迫るが、早稲田バックスの好守に阻まれる
▼（慶）=19分、中央線付近のスクラムから慶應は萩原がダミーで抜け、そのままポスト下にトライ。ゴールは失敗（慶３―０早）
▼（慶）=25分、慶應は北野がPGを狙ったが、ゴールに失敗。その後は一進一退が続き前半を終わる
（後半）
▼（早）=８分、早稲田は中央線付近のスクラムからTBに展開。馬場―滝川―三浦とパスが渡って三浦が30ヤード独走のトライをゴールポスト直下にあげる。片岡のコンバージョンはならず３点に止まるが、同点に追いつく。この辺り早稲田はFW、バックスのコンビネーションすばらしく慶應を圧倒（慶３―３早）
▼（慶）=16分、慶應は自陣25ヤード線内から山口―北野とボールをつないで早稲田ゴールに迫ったものの早稲田のFB中島の好タックルに一度は潰されたが、フォローした岩下がボールを拾ってポスト直下に決勝のトライ。萩原のゴールも決まる（慶８―３早）

●［慶應OBの所感］
まず第１に感じたことは早稲田がいままでの防御作戦を捨てて、攻撃的に出てゲームを一層おもしろくしたことである。その結果は関東における諸チーム中、慶應に対し最初のトライを記録することになった。この功績は偉としなければならない。ここ数年間、慶應チームが邦人チームに許したトライは、大正12年１月４日の対三高戦（13対３）、大正13年12月31日の対京大戦の２つのトライのみであって、両者とも関西であった。従来はラグビーは関西に比して関東はすべての点で劣っていたのだが、今回の早稲田の１トライは確かに関東チームの進境を物語るものと言わねばならない。萩原のトライは措き、早稲田・三浦、慶應・岩下の両トライを見てもこの一戦は早稲田のバックメンと、慶應のFWの活躍に一貫していたことを知る。ゲームは早稲田が勝っていたが、スコアの上では慶應が勝っている。つまり早稲田は元気に勝り、慶應は技量に勝っていたのである。スコアは８対３の接戦であるが、両者の実力を知る者は当日早稲田の上出来、慶應の不出来によって生じた副産物であることを知るであろう。

◆同志社との定期戦は引き分け
（時事新報）

第１回の全日本ラグビー選手権を兼ねた同志社との定期戦は10日午後２時から甲子園球場で行われた。上海遠征の帰途、関西に立ち

寄った慶應は長期遠征の疲れからか、終盤にはいって同志社に同点トライを許すなど苦戦の連続。もし同志社がコンバージョンに成功すれば創部以来続いている連勝記録ストップのピンチに立たされたが、幸いにもゴールがはずれて引き分けでノーサイドを迎えることができた。まさに累卵の危うき一瞬ではあった。

◇第13回慶同定期戦兼全日本選手権（慶應10勝3引き分け）
▽1926（大正15）年1月10日
▽グラウンド＝甲子園球場
▽キックオフ＝慶應
▽レフリー＝竹上四郎氏

△慶應義塾6（3—3、3—3）6同志社△

慶應義塾	vs.	同志社
岩　下	FW	井　上
小　林		岡　本
中　村		名古屋
吉　本		河　合
鈴　木		木　村
綾　部		菱　田
門　倉		東　田
宮　地	HB	小　川
萩　原		桂
岸　田		野　口
高　橋	TB	橘
山　口		藤　井
北　野		樋　上
富　沢		松　見
高　野	FB	秋　間

慶應	vs.	同志社
0	T	0
0	G	0
1	PG	1
3	前	3
1	T	1
0	G	0
0	PG	0
3	後	3
6	計	6

付記①：例年ならこの時期の慶應義塾は東西対抗のシーズンとして関西チームとの定期戦に臨むわけだが、この年度は上海遠征というビッグイベントがあったため関西側の了解のうえ、関西1位の同志社と関東1位の慶應義塾が日本選手権（兼定期戦）として対戦することになり、三高、京大との定期戦は行われなかった。

◆神宮大会高専の部で慶應予科が優勝

第2回明治神宮競技大会ラグビー高専の部、慶應予科対一高の決勝戦は30日午後2時35分から神宮競技場で行われ、慶應予科が11—0で一高を破ってこの大会最初のチャンピオンとなった。

◇神宮競技大会高専の部決勝
▽1925（大正14）年10月30日
▽グラウンド＝神宮競技場
▽キックオフ＝慶應
▽レフリー＝片岡春樹氏

○慶應予科11（3—0、8—0）0一高●

●［経過＝時事新報］

前半は一進一退の接戦となったが、13分頃

慶應予科	vs.	一高
志々目	FW	長谷川
市　川		木　村
山　本		磯　崎
林		岡　田
柿　崎		新　保
門　倉		塩　川
綾　部		西　村
		恩　田
高　橋	HB	佐　藤
鈴　木		片　岡
岸　田		
浜　田	TB	阿　部
丸　山		寺　岡
高　野		小　川
富　田		小　池
横　井	FB	大　森

慶應	vs.	一高
1	T	0
0	G	0
0	PG	0
3	前	0
2	T	0
1	G	0
0	PG	0
8	後	0
11	計	0

ドリブルで一高陣奥深く攻め込み、25ヤード線右のルーズから綾部が先制のトライ。ゴールは成らなかったが、３点のリードで前半を終わった。後半は慶應のペース。まず７分に丸山がトライ、ゴールも決まって５点を追加したあと、再び丸山が右隅に連続トライをあげて一高を振り切った。慶應予科はこの第２回大会から新しく設けられたラグビー高専の部の初代チャンピオンとなった。

◆西部ラグビー蹴球協会がスタート

西部ラグビー蹴球協会設立総会がこの年の９月に開かれ、関西、九州、朝鮮半島、台湾を統括する機関として正式に発足。初代理事長に杉本貞一（慶應義塾出身）を選出した。１年前にスタートした関東協会の母体がA. J. R. A. だったように西部協会も大学OBの親睦団体としてスタートした関西ラグビー倶楽部（別名オールホワイト）が協会組織の基盤となった。

◆慶應義塾、今季の総括

[関東]

①1925・11・15（綱町）

○慶應義塾28（９―０、19―０）０明治●

②1925・11・23（戸塚）

○慶應義塾８（３―０、５―３）３早稲田●

[東西対抗]

①1926・１・10（甲子園）

△慶應義塾６（３―３、３―３）６同志社△

慶應の上海遠征で変則日程となった。このため恒例の東西定期戦は東西１位校同士の対戦となった慶同戦を西部協会主催の日本選手権とするとともに、定期戦を兼ねることになった。三高、京都帝大との試合は中止。

[上海遠征]

①1925・12・26（上海）

●慶應義塾12（９―８、３―５）13上海○

②1925・12・30（上海）

○慶應義塾８（５―３、３―０）３香港●

[神宮大会＝高専の部・決勝1]

①1925・10・30（神宮）

○慶應予科11（３―０、８―０）０一高●

[その他の試合]

①1926・２・７（一高）

○慶應OB17（８―13、９―３）16帝大OB●

[慶應普通部＝全国大会北関東予選]

①1925・12・27（１回戦）（戸塚）

○慶應普通部15―０成城中学部●

②1925・12・29（準決勝）（戸塚）

○慶應普通部13―３京北中学●

（この結果、慶應普通部は早稲田実業とともに全国大会へ）

◆セブンとエイトのFWシステムについて

三高、京都帝大などのエイトFWは総体に球を敵に得られたときは、バックメンの不足から、凄まじく球のフォローしていく相手方のディフェンスに比較的弱いことを感じさせた。しかし８人システムのスクラムが十分の経験と研究を積めばその長所は発揮できる。たとえば、第１列がフックした球を第３列の足下にキープしながら敵のスクラムを押し込み、機をみて球をヒールアウトすることができるし、またスクラム全体を任意の方向に急に回転（後にいうホイール）し、第２、第３列で見事なマスドリブルによる攻撃も可能だ。対する慶應のセブンシステムは第３列の中央を開け、第２列もスクラムセンター（いまでいうフッカー）へ斜めに押しているから、第１列にフックされた球はそのままスクラムの後方に出るので、敵のスクラムにある程度まで耐え得るときには瞬間的に球を出し、敵のディフェンスラインの進出しない前に（数の上で）優勢なバックスが仕事のできる長所を有している。バックローセンター（慶應システムではローバーと称している）をアウトサイドアタックに利用しているのは、８人スクラムがスタンドオフ（SO）ハーフをスクラムから離して、オープンで働かしめるのと同様であるが、決定的に異なる点は球がただちにスクラムの外へ出るセブンに対し、エイトはFWプレーに多くを依頼しようというところだ。７人FWでは球がスクラム外へただちに出るので、球を入れたハーフ（SH）はスクラムの後ろに回って、その球を拾う暇はない。そこでスクラムの後方にはつねに他のハーフがいて直接後方にパスするか、敵の第３列の潰しの早いときには第３列の開いているスペースを利用してただちにハーフがキックし得る利益を有する。要するに８人システムはスクラムプレー自体にFWが偏り過ぎる弊があり、スクラムが敵より遥かに強くなければ戦局を有利に進めることが困難であり、スクラムからバックスに球が渡るのに時間を要すれば、そのために敵バックスのディフェンスが非常に前進してくる恐れもある。その点、７人システムは球をホイールすることも、キープすることもできず、単にクイックヒーリングのマシンに過ぎないが、球が早くバックスに渡ることによって、そのチームが優秀なバックスを持つか、あるいはチーム全体がアウトサイドアタックに長じていればすこぶる有利である。現在日本で行われている「３・２・２」の７人システムは外国にない慶應が独自に創案したシステムである。そのいずれが勝るかは議論の余地があろう(筆者不明)。

1926（大正15／昭和元）年度 ◆鈴木増雄◆

大正天皇12月25日崩御

元号が大正から昭和へと改められる。ラグビー界も喪に服し、慶應義塾と東京帝大戦はじめ暮れから新春にかけて東上する三高、同志社など関西勢との定期戦はすべて中止となった。またラグビー界の出来事としては、日本ラグビー蹴球協会の設立が11月30日に開かれた関東、西部両協会の合同理事会で決定。懸案の全国のラグビー組織を束ねる機関がここに成立した。そのほか、神宮外苑の総合競技場が第５回早慶定期戦からラグビー会場として初めて使用を許されたが、これを機に神宮大会終了後の冬期間はラグビーの専用化が認められる。なお、慶應義塾のこのシーズンの戦績は早稲田との定期戦初引き分けを含めて３戦２勝１引き分け。２勝の中には創部間もない立教との試合も含まれ、まずまずのシーズンだったといえるが、なかでも早稲田の急速なチーム力充実が目を引いた。

◆日本ラグビー蹴球協会が成立

関東、西部両地域協会に続いて11月30日、日本ラグビー蹴球協会が設立された。名誉会長に田中銀之助、副会長に高木喜寛、理事長に橋本寿三郎の各氏が選ばれたが、とりあえず時期をずらして高木副会長が空席の初代会長に就任する異例の人事でスタートした。これにともない同協会では英国の５カ国対抗にならって選抜チームによる東西対抗戦を設け、この試合に秩父宮杯ご下賜の内意を得たところで、協会成立後１カ月を待たずしてご諒闇にはいったため、宮杯のご下賜は1928（昭和3）年２月12日の第１回東西対抗戦まで持ち越された。

◆立教が初対戦で慶應から１ゴール

初の慶應義塾対立教の試合は26日午後３時から三田・綱町の慶應グラウンドで行われ、慶應が前、後半あわせて８トライ、５ゴールの猛攻で大量34点を記録して勝った。創部３年目の立教も１ゴールをあげて気を吐いた。

○慶應義塾34（5—0、29—5）5立教●

◆慶應が後半に圧倒

第３回慶明定期戦は５日午後３時20分から三田・綱町の慶應グラウンドで行われた。前半の明治はスクラムの強い押しとキックを巧みに使って健闘。わずかに慶應にゴールの差まで詰め寄ったが、疲労のためか後半は防戦一方。慶應に４トライ、１ゴールを追加され、19—３のスコアで敗れた。

◇第３回慶明定期戦（慶應３勝）

○慶應義塾19（5—3、14—0）3明治●

慶應義塾	vs.	明治
岩　下	FW	五十嵐
鈴　木		北　島
中　村		後　藤
吉　本		木　元
上　田		知　葉
綾　部		柳
高橋正		西　坂
		川　名
高橋茂	HB	芦　田
萩　原		市　川
上　野		
浜　田	TB	西　野
丸　山		赤　星
北　野		木　村
富　沢		片　岡
高　野	FB	中　村

慶應	vs.	明治
1	T	1
1	G	0
0	PG	0
5	前	3
4	T	0
1	G	0
0	PG	0
14	後	0
19	計	3

▽1926（大正15）年11月5日
▽グラウンド＝三田・綱町
▽キックオフ＝慶應
▽レフリー＝馬場次郎氏

● [経過＝時事新報]

前半はほぼ互角。慶應はTB攻撃で、明治は8人FWが強力でそれぞれ持ち味を出し、わずかに慶應がゴール差の2点リードで前半を終わった。均衡が崩れたのは後半。明治FWの押しと動きが鈍ってくるとともに慶應が本来のペースをつかんだ。

◆第5回早慶定期戦は神宮外苑で

今季の早慶ラグビー定期戦は23日午後2時半から神宮外苑競技場で行われることになった。同競技場がラグビーの会場となるのは史上初めてのこと。当日は正午に閉門し、拍手以外の応援は絶対に禁止となっている。入場券は学生が50銭、一般は1円。美津濃、美満津、スタンダード、三越にて前売りを、また学生券の当日売りは行わない。なお、学生は制服、または袴着用のこと。

◆第5回早慶定期戦は初の引き分け

第5回早慶定期戦は23日午後2時半から史上初めて神宮競技場で行われた。前夜来の小雨でグラウンドのコンディションはやや不良。常勝の慶應はFWが不調で苦戦となったが、後半に入って北野のトライ、ゴールでやっと8—8のタイスコアに持ち込み、このカード初めて引き分けとなった。

◇第5回早慶定期戦（慶應4勝1引き分け）
▽1926（大正15）年11月23日
▽グラウンド＝神宮外苑競技場
▽キックオフ＝慶應
▽レフリー＝馬場次郎氏

△慶應義塾8（3—8、5—0）8早稲田△

慶應義塾	vs.	早稲田
岩　下	FW	寺　田
鈴　木		渥　美
中　村		坂　倉
吉　本		清　水
近　藤		石　田
綾　部		友　田
高橋茂		助　川
高橋正	HB	丸　山
萩　原		片　岡
上　野		本　領
丸　山	TB	兼　子
北　野		馬　場
富　沢		滝　川
浜　田		三　浦
高　野	FB	中　島

慶應	vs.	早稲田
1	T	2
0	G	1
0	PG	0
3	前	8
1	T	0
1	G	0
0	PG	0
5	後	0
8	計	8

● [経過＝時事新報]

早稲田が押し気味。FWがスクラムでボールをよく取り、盛んにバックスを走らせる。まず15分、慶應陣右隅のスクラムからバックスに展開。片岡—馬場—滝川—三浦とショートパスをつないで三浦が右隅に先制のトライ。

片岡のゴールは成らなかったが、３点をリードした。早稲田はますます優勢。18分には慶應陣25ヤード線でのスクラムからバックスにボールが渡るところで落球。これを慶應の富沢が拾って突進、フォローした北野が左サイドを約70ヤードを走りきって同点のトライを左中間にあげたが、早稲田はドリブルから滝川がポスト直下にトライ、本領のゴールが決まって再びリード。８—３で前半を終わった。後半も早稲田FWの活躍で試合は早稲田ペースだったが、トライを取ったのは慶應。北野が味方バックスの上げたショートパントを取ってそのままポスト右に持ち込んだもの。北野はゴールも決めて再び同点としたが、慶應はこの北野の活躍で辛うじて引き分けた。

◆神宮大会で慶應の明暗

慶應義塾の予科と普通部は神宮競技大会のそれぞれの部門で関東予選を勝ち抜き、31日の決勝戦に進んだが、高専の部では予科が惜しくも明治予科に６—３で敗れ、この大会２連覇はならなかった。また中学の部決勝は普通部がライバル同志社中学を終始圧倒し、11—５のスコアで快勝。初優勝を飾った。またOBの東西対抗は関西が11—３で勝った。

◇高専の部決勝
▽1926（大正15）年10月31日
▽グラウンド＝神宮外苑競技場
▽キックオフ＝慶應（午後２時半）
▽レフリー＝橋本寿三郎氏

◇中学の部決勝
▽1926（大正15）年10月31日
▽グラウンド＝神宮外苑競技場
▽キックオフ＝同志社（午前９時）
▽レフリー＝目良篤氏

●慶應予科３（０—６、３—０）６明治予科○

慶應予科	vs.	明治予科
近　藤	FW	後　藤
市　川		北　島
志々目		吉　武
林		知　葉
外　池		岡　田
内　山		川　名
山　脇		市　川
		島　田
高橋茂	HB	磯　田
鈴木五		芦　田
上　野		
堤	TB	片　岡
丸　山		木　村
富　沢		松　原
植　松		田　中
横　井	FB	中　村

◇OB東西対抗の部
▽1926（大正15）年10月31日
▽グラウンド＝神宮外苑競技場
▽キックオフ＝関西（午後３時25分）
▽レフリー＝橋本寿三郎氏

●［経過］
関東が奥村のトライで先制したが、関西は好タッチキックから関東ゴール前に攻め込んだ直後のスクラムから、SH三好がサイドを潜って同点トライ。高地がゴールキックを決めて逆転。後半も３分にドリブルから下村がトライ、さらにノーサイド直前に清水が決定的なトライを追加。関東の後半の反撃を無得点に封じて快勝した。
（注記：両チームのFWシステムが不明のためメンバー表記はエイトFWのシステムとした）

○慶應普通部11（3—0、8—5）5同志社中学●

慶應普通部	vs.	同志社中学
小　林	FW	鴨　井
原　村		斎　藤
小　林		小　竹
塩　田		横　井
勝　本		松　尾
亀　山		田　中
鈴　木		藤　原
矢　飼	HB	多　田
鄭		日　高
藤　井		林
北　野	TB	高　橋
石　井		鈴　木
志々目		張
西　野		江　原
茂　木	FB	山　本

●関東3（3—5、0—6）11関西○

関東	vs.	関西
滝　川	FW	久　富
岡　本		高　地
吉　田		渡辺宇
益　田		渡辺民
鷲　尾		下　村
木　村		伊　丹
奥　村		宮　地
大　松		清水京
石　田	HB	三　好
馬　場		清水慶
陳	TB	井　上
山　口		山　口
土　井		大　市
大　槻		石　川
吉　岡	FB	木　村

1927（昭和2）年度 ◆高野四万治◆

「無敗の慶應ついに敗れる」──常勝慶應の無敗記録にストップをかけたチームは豪州帰りの早稲田。1911（明治44）年に慶應義塾が京都の第三高等学校（旧制）と対戦して以来、日本チームを相手に続いた連勝記録は16年でピリオドが打たれた。早稲田との定期戦6度目の対戦での出来事である。ショックは尾を引き、年が明けた京都帝大にも初黒星。来日最初の外国チーム、上海駐屯ウェールズ軍との国際試合には0—22で大敗というかつて蹴球部が経験したことのない不運の1年だった。記録によると、チーム力低下の原因はFW、バックスの主力を大量に送り出したこととある。蹴球部に初めてコーチ制度が生まれた（10・15）。顧問格に田辺九万三、新コーチに秋山信好、滝川純三、陳啓環（後に熊野啓蔵),宮地秀雄（後に吉沢秀雄）の4人が就任。そのほかグラウンドが三田の綱町から大田区の武蔵新田に移り、山中湖畔に体育会の山荘が完成。恒例の夏季山中合宿がはじまったのもこの年度から。蹴球部にとっては試合の結果も含めて多事多難のシーズンではあった。

➲早稲田大学ラグビー蹴球部が豪州遠征（7・11〜9・23)。

➲明治大学ラグビー部が上海遠征（12・17〜？)。

◆蹴球部にコーチ4氏
（時事新報＝10月15日）

慶應ラグビーチームはきたるべき早慶戦を控えて、連日新田の新グラウンドで猛練習をしているが、先般新たに編成された新チームの顧問格に英国から帰国した田辺九万三氏を、またコーチに秋山信好、滝川純三、陳啓環（熊野啓蔵と改姓)、宮地秀雄（吉沢秀雄と改姓）の諸先輩が専心従事している。

◆グラウンドが綱町から武蔵新田へ

対外試合のグラウンドとして、また練習の場として1903（明治36）年以来、24年間にわたって歴代の蹴球部員が親しんだ三田・綱町から武蔵新田に移ったのもこの年。蹴球部に伝わる史料によると、「当時の部員は10月頃から池上線の蓮沼駅付近の空き家を借りて合宿所とし、明治戦に備えた」とある。この急造の合宿所は元医院として使われていたものだが、20数人が寝起きし、食事をするには手狭で、リノリュウム張りの手術室は冷気が激しく、ここを部屋として割り当てられた部員は湿気とカビに悩まされたとか。いずれにしても「三田を離れて初めての合宿練習の結末が対早稲田戦初黒星となったことは誠に残念な思い出…」と、上野祝二は蹴球部六十年史に書き残している。なお、翌1928（昭和３）年度は当時の「慶大グラウンド前」駅（現在の千鳥町）付近の借家２、３軒に分宿。そのため会計など合宿の運営全般を取り仕切る専任者が必要となり、初代マネージャーに今道勇吉が就任した。蹴球部マネージャーの草分けである。

綱町から新田グラウンドへ移った当時の部員たち。（昭和２年冬、撮影）

付記①：この百年史「1901（明治34）年度」の中で［最初の対YC＆AC戦メンバー］表に掲載されている猪熊隆三、森俊二郎をマネージャー（MG）としているが、主将不在の当時はむしろ今日のマネージャー役も兼ねた主将代行と考えるべきだろう。

◆体育会の山中山荘とテント生活

山中山荘開設第１年目のテント生活。（昭和２年８月撮影）

富士山麓の山中湖畔に体育会のグラウンドが建設され、それまでの粕壁から山中湖畔に夏季合宿地が変わった。上野祝二の記述によると「現在のグラウンドより下の湖畔寄りにグラウンドらしき土地が開けていただけで、整地しながらの練習。それも午前の時間はほとんどグラウンドの整備に費やされる重労働の毎日だった。建物は湯の出ない風呂場がひとつ。10人ぐらい寝られる大テントを５～６棟張って、寝具はキャンバスのベッドに毛布だけだったから、夜半の寒さは身にしみるものがあった」となる。いまでは想像もできないキャンプ生活だったようだ。

◆立教に大勝

立教との試合は19日午後３時20分から池袋の立教グラウンドで行われ、慶應が大量41点を記録して勝った。

◇慶應義塾対立教戦（慶應２勝）

▽1927（昭和２）年10月19日

▽グラウンド＝池袋・立教
▽キックオフ＝慶應
▽レフリー＝橋本寿三郎氏

○慶應義塾41（22―0、19―0）0立教●

慶應	vs.	立教
5	T	0
2	G	0
1	PG	0
22	前	0
5	T	0
2	G	0
0	PG	0
19	後	0
41	計	0

●［後記＝時事新報］

慶應の新チームは高野主将の下によく揃ったフィフティーンである。ハーフの萩原、上野が敏速であるのと、TBに俊足がそろったため、試合の運びは昨年度より勝れているようにも思える。ただFWのスタートいくぶん遅く、球につく動作もかなり遅かったことが目についた。立教はいいスタートをもっているが、せっかくの機会を徒労に帰せしむる点はフォローとパスの拙いためで、惜しいと思われる機会も数度あった。

◆明治と初めて引き分ける

慶明定期戦は29日午後３時から慶應の新田グラウンドで行われ、接戦のすえ３―３でこのカード初めて引き分けた。

◇第４回慶明定期戦（慶應３勝１引き分け）
▽1927（昭和２）年10月29日
▽グラウンド＝新田
▽キックオフ＝明治
▽レフリー＝香山蕃氏

△慶應義塾３（３―０、０―３）３明治△

慶應義塾	vs.	明治
門　倉	FW	五十嵐
矢　飼		北　島
中　村		後　藤
川　津		木　元
吉　本		知　葉
高　橋		岡　田
鄭		芦　田
		川　名
高　野	HB	磯　田
萩　原		野呂瀬
上　野		
丸　山	TB	田　中
富　沢		西　野
長　沖		片　岡
堤		中　村
浜　田	FB	木　村

慶應	vs.	明治
1	T	0
0	G	0
0	PG	0
3	前	0
0	T	1
0	G	0
0	PG	0
0	後	3
3	計	3

●［経過＝時事新報］

（前半）

スクラムの球は明治によく出たが、フリーキックのチャンスを得た慶應は相手陣内に攻め込んだ22分、ルーズからFWパス、さらにTBパスへと展開。最後は丸山が右隅に押さえてトライ。ゴールはならず慶應３点のリードで前半を終わる。

（後半）

開始後３分、明治はバックスのキックで慶應陣左隅に攻め込み、西野がインンゴールに飛び込んで同点のトライ。その後はともにチャンスがつかめず、形勢互角のままタイムアップとなり引き分けた。

◆常勝慶應ついに敗れる

第6回早慶定期戦は23日午後2時30分から神宮球場に秩父宮殿下をお迎えして行われ、リードされた早稲田が後半開始早々、兼子のトライ、坂倉のゴール成功で5点を加えて逆転。1911(明治44)年に初めて日本チーム(三高)と対戦以来、16年にわたって無敗を続けてきた慶應義塾を破る最初のチームとなった。

◇第6回早慶定期戦（慶應4勝1敗1引き分け）
▽1927（昭和2）年11月23日
▽グラウンド＝神宮野球場
▽キックオフ＝早稲田
▽レフリー＝奥村竹之助氏

●慶應義塾6（6—3、0—5）8早稲田○

慶應義塾	vs.	早稲田
中　村	FW	寺　田
川　津		渥　美
矢　飼		太　田
門　倉		清　水
吉　本		木　村
高　橋		坂　倉
高　野		助　川
萩　原	HB	丸　山
上　野		飯　田
鄭		兼　子
丸　山	TB	藤　井
富　沢		馬　場
長　沖		滝　川
浜　田		中　島
堤	FB	小　船

慶應	vs.	早稲田
1	T	1
0	G	0
1	PG	0
6	前	3
0	T	1
0	G	1
0	PG	0
0	後	5
6	計	8

● ［経過＝時事新報］
（前半）
▼（早） 4分＝FWのドリブルで突進。慶應のインゴールに入ったところで、萩原が押さえそこなったところを、早稲田・坂倉飛び込んでトライ。中島のゴールは成らず（慶0—3早）
▼（慶） 6分＝慶應はキックオフから早稲田陣に攻め込み、ゴール前3ヤードのスクラムから右オープンに展開。萩原—富沢—丸山とパスが通って最後は丸山が右隅に同点トライ（慶3—3早）
▼（慶）30分＝早稲田陣30ヤード付近で早稲田オフサイド。萩原のPG決まって慶應が逆転（慶6—3早）
（後半）
▼（早） 3分＝兼子のキックで慶應陣に攻め込んだ早稲田はFWが好調。慶應ゴール前のスクラムから出た球を飯田もぐって左中間にトライ。坂倉のコンバート成功で逆転。その後は慶應必死の反撃を抑えて2点差を守り切る（慶6—8早）

● ［前川丈夫（旧姓・萩原）の手記（要旨）］
「この年は神宮競技場の都合がつかず神宮野球場で早慶戦だけ行ったのだが、秩父宮殿下がタッチラインのすぐ側の席で熱心に御観戦になられていたお姿はいまでもはっきり記憶に残っている。さてゲームだが、前半15分頃、早稲田のハーフ飯田がピックアップ気味に球をとってスクラムサイドをもぐってトライをし、先取点をとられてからどうしても後手、後手になって得点が追い越せない。後半も余すところ15、6分しかない。点数は6—8でいぜんとして2点の負け。このままでは『負けるんじゃないか』という気も出てあせり気味になってきた。ちょうどそのとき中央線の左よりのルーズから球が出た。ブラインドの上野から声がかかった。2、3歩持って出て上野にパスすればまさにノーマーク。上野は快走を続ける。『これで1点差か、よくいけば

３点差で勝ちだ』と思ったのもつかの間、反対サイドから早稲田の中島が追いかけてきた。ゴール寸前、上野はアッという間にタックルされてしまった。チャンスは去ったかと見えたが、味方FWの奮戦でゴール前のルーズが続き、ほとんど塾のボールになるのだが、バックスの不振はどうしてもトライが取れない。ついに十数分間このままの戦況でノーサイドの笛を聞いた。初めての敗戦だ。ついに不敗の歴史を汚してしまったのだ。敗戦の悔しさより先輩に対して申し訳ないという気持ちが先にたって涙がとめどなく出るのをどうすることもできなかった。敗因はひとつにバックスの不振にあった。戦前劣勢を予想されていたFWがかえって善戦健闘したのだが、バックスはこれに応えることができなかった。しかもスタンドオフの鄭守義君は１カ月前に母堂が死去されて台湾へ帰り、全然練習をしないで出場したのだから無理もない不振であった。これに代わる選手がいなかった部員の手薄だったことが敗因の最たるものだというべきだろう」

◆東京帝大には快勝

慶應義塾と東京帝大の試合は３日午後２時半から神宮競技場で行われ、慶應が前、後半各３トライの計18得点を記録して勝った。帝大は後半にあげた１トライだけだった。

◇第４回慶應義塾対東京帝大定期戦（慶應３勝１引き分け）
▽1927（昭和２）年12月３日
▽グラウンド＝神宮競技場
▽キックオフ＝東京帝大
▽レフリー＝目良篤氏

○慶應義塾18（９―０、９―３）３東京帝大●

慶應義塾	vs.	東京帝大
矢　飼	FW	宮　原
川　津		木　村
中　村		福　岡
門　倉		西　島
吉　本		山　口
高　橋		桜　井
高　野		和　田
		尹
上　野	HB	松　井
萩　原		榎　原
鄭		
浜　田	TB	小　村
長　沖		宮　村
富　沢		堤
丸　山		角　田
堤	FB	寺　村

慶應	vs.	東大
3	T	0
0	G	0
0	PG	0
9	前	0
3	T	1
0	G	0
0	PG	0
9	後	3
18	計	3

●［後記＝時事新報］
この日の慶應は早稲田戦の浅いTBラインから一転して深く備え、見事なライン攻撃で帝大陣を撹乱した。帝大FWはスクラムワーク、押しがいまひとつ。逆に慶應FWに密集の真ん中を割られる場面が多く、ドリブルしても慶應のハーフに拾われるケースがしばしばあった。帝大は負傷の和田が前半のほとんどを退場する不運もあったが、ハーフに適材を欠いたこと、TBラインが浅すぎたうえ、ジグザグだったことが攻撃に大きく響いたようだ。いずれにしても慶應の勝因は萩原、鄭、上野のハーフ団の活躍につきる。

◆関西で全勝の京都帝大強し

東上の関西勢を迎え撃った慶應義塾は元日の京都帝大戦を５―11で落とし、早稲田戦の敗戦に続いて今季2敗目を記録した。慶應が日本チームに敗れたのは創部以来このシーズンが初めてのことなら、同じ年度に2敗したのも初めてのこと。最悪のシーズンとなったが、三高、同志社には勝ってわずかに面目を保った。

◇第3回慶應義塾対京都帝大定期戦（慶應2勝1敗）
▽1928（昭和3）年1月元日
▽グラウンド＝神宮競技場
▽キックオフ＝慶應
▽レフリー＝目良篤氏

●慶應義塾5（0—8、5—3）11京都帝大○

慶應義塾	vs.	京都帝大
門倉恒	FW	尾　戸
川　津		増　井
中　村		小　西
門倉森		位　田
吉　本		川　本
高　橋		二　宮
高　野		青　木
		合　田
鄭	HB	村　山
萩　原		阿　部
上　野		
浜　田	TB	馬　場
長　沖		星　名
富　沢		宇　野
丸　山		進　藤
堤	FB	上　田

慶應	vs.	京都大
0	T	1
0	G	1
0	PG	1
0	前	8
1	T	1
1	G	0
0	PG	0
5	後	3
5	計	11

●［後記］
英国帰りの香山氏から指導を受けた京都はオープンに球を動かす積極戦法。しかも三高、大高出身のラグビー経験者で組織され、油の乗ったチームである。FWは重量、力ともに強く、バックスもCTBの星名、宇野、WTBに決定力のある馬場、進藤を並べるなど最高の布陣。慶應もローバー鄭、FW第3列の高野らが京都のハーフペア、宇野らの活躍を封じたが、攻撃面でバックスにスピードがないため決定力の点で京都に劣った。

◇第13回慶應義塾対三高定期戦（慶應12勝1引き分け）
▽1928（昭和3）年1月4日
▽グラウンド＝神宮競技場
▽キックオフ＝慶應
▽レフリー＝目良篤氏

○慶應義塾44（19—0、25—0）0三高●

慶應が前半8分堤の先制トライ（ゴール）を口火にほとんどの時間を三高陣で戦う一方的な攻撃で4トライ、1ゴールを追加。後半に入っても慶應の攻撃は衰えず、さらに7トライ、2ゴールを加えて対戦史上最高の44点を記録。守っては三高の反撃をゼロに封じて大勝した。

◇第14回慶應義塾対同志社定期戦（慶應11勝3引き分け）
▽1928（昭和3）年1月8日
▽グラウンド＝神宮競技場
▽キックオフ＝同志社
▽レフリー＝目良篤氏

○慶應義塾9（5—0、4—3）3同志社●

●［後記＝時事新報］
今季最後のビッグゲームにしては凡戦だった。両校ともにオープンに球が動かず、密集とキックを繰り返すだけ。慶應の勝利もトライ後のゴールの成功と、堤のドロップゴールで得点を増したもので、ともに1トライずつは十分なチームプレーが行われなかったことを物語っている。

慶應義塾	vs.	同志社
矢　飼	FW	岡　本
川　津		菱　田
中　村		井　上
門　倉		外　池
吉　本		名古屋
高　橋		西　村
高　野		小　林
鄭	HB	東　田
萩　原		桂
上　野		阿　部
浜　田	TB	松　見
長　沖		樋　上
富　沢		藤　井
丸　山		上　野
堤	FB	藤　沢

慶應	vs.	同志社
1	T	0
1	G	0
0	PG	0
0	DG	0
5	前	0
0	T	1
0	G	0
0	PG	0
1	DG	0
4	後	3
9	計	3

◆神宮競技大会で慶應普通部惜しくも準優勝

惜しくも準優勝今季で3回目を迎えた神宮競技大会のラグビー競技は大学・専門学校の部、関東・関西OB対抗の部、そして中学の部の3部門が2日間にわたって神宮競技場で行われた。29日の中学決勝は早稲田実業が後半に1ゴールをあげ、1トライの慶應普通部に逆転勝ち。なお、翌30日に行われた大学選抜の紅白戦、OB東西対抗の結果は不明。

◆第1回秩父宮杯・東西対抗はじまる

秩父宮杯を争う日本協会主催の第1回東西対抗は2月12日、甲子園球場に秩父宮さまをお迎えして行われ、東軍が9―6で勝ち、殿下から滝川主将（早稲田）が賜杯をいただいた。なお、慶應からは東軍に中村、川津、高野、萩原、堤、丸山の6人が、また西軍にOBの山口がそれぞれメンバーに選ばれ出場した。

◆慶應普通部敗れる

慶應普通部対京都一商の定期戦は1月10日、京都の三高グラウンドで行われ、京都一商が前、後半合わせて6トライを慶應普通部から奪って大勝した。慶應普通部は後半に1ゴールをあげるのが精一杯だった。

昭和2年度の卒業記念写真。（昭和3年2月撮影・綱町グラウンド）

1928（昭和3）年度 ◆高野四万治②◆

蹴球部の立ち直りは早かった。早稲田に勝ってそれまでの対日本チーム無敗記録ストップの屈辱をわずか1年で払拭。さらに明治、東京帝大、立教などすべての対戦相手に快勝して関東のナンバー・1に返り咲いた。しかし、新年のビッグイベントである東西対抗では関西の王者、京都帝大に連敗。大学日本一の座はこのシーズンも京洛の地に持ち去られた。この京都帝大の台頭は明治、大正と続いた慶應義塾の時代の終焉を告げるとともに、日本ラグビーが群雄割拠の新時代を迎えたことを告げるシグナルともいえる。また新年の2月に天津駐屯フランス軍チームが西部協会の招きで来日。新設の甲子園南運動場で全関西、全関東などと4試合を行って離日しているが、話題を呼んだのがFWの「3・4・1」システム。慶應の「3・2・2」、帝大系の「3・2・3」システムが当時の日本ラグビーの主流だったことを考えると、年代的にも、また世界的にもこのフランスFWの「3・4・1」システムは英本国など英連邦系の「3・4セブン」とともに驚異というか、当時としては出色のシステムと言わねばならない。なぜなら戦後の世界ラグビー界を席巻した「ダニー・クレイブン理論（元南ア・ラグビー協会会長）」の原型とも考えられるFWシステムがすでに1929（昭和4）年の遠い昔、フランスの一軍人チームによって日本に紹介されていたという事実の重み。いま改めて歴史に学ぶことの重要さを教えられる。第2回東西対抗は19—6で東軍の勝利。

◆5大学対抗戦がスタート

慶應義塾を中心に定期戦形式で行われてきた大学ラグビーがこの年度から定期戦を兼ねたまま5大学対抗戦へと移行することになった。加盟校は慶應義塾、早稲田、東京帝大、明治、立教の5大学。初年度のこのシーズンは慶應が4戦全勝で初代チャンピオンの座についた。なお、1933（昭和8）年から東京商大、法政の両大学も加わり、7大学対抗戦として1942（昭和17）年の秋季対抗戦まで続いた。ちなみに対抗戦の初代と最後の王座についたのが慶應だったのも不思議な巡り合わせといえる。

［5大学対抗戦］

◇第3回慶應義塾対立教戦（慶應3勝）

▽1928（昭和3年10月14日）

▽グラウンド＝新田

▽キックオフ＝不明

▽レフリー＝奥村竹之助氏

○慶應義塾18（8—3、10—0）3立教●

●［経過］

今シーズン最初の試合で両校は緊張気味。このところ進境著しい立教はFWがタイト、ルーズによく球を取ったが、TBラインが浅いためパスが横に流れて前進できなかった。慶應は前半堤、丸山のトライなどでリード。後半もFWが再三のドリブル攻撃からチャンスを切り開いて2トライ、2ゴールを加えて順当に勝った。立教は善戦のFWに比べ、バックスの持ち過ぎと、守りにはいった際のバッキングアップに難があった。

◇第5回慶明定期戦（慶應4勝1引き分け）

▽1928（昭和3）年11月11日

▽グラウンド＝神宮競技場

▽キックオフ＝明治

▽レフリー＝目良篤氏

○慶應義塾13（8—3、5—8）11明治●

慶應義塾	vs.	明治
門　倉	FW	都　志
川　津		北　島
中　村		後　藤
吉　本		木　元
塩　田		知　葉
阿　部		岡　田
藤　井		大　滝
		芦　田
高　野	HB	磯　田
萩　原		西　坂
上　野		
堤	TB	田　中
長　沖		西　野
石　井		片　岡
丸　山		木　村
伊　藤	FB	中　村

慶應	vs.	明治
2	T	1
1	G	0
0	PG	0
8	前	3
1	T	2
1	G	1
0	PG	0
5	後	8
13	計	11

●［後記］

接戦だった。前年に倍するチーム力の明治はFWが密集戦で威力を発揮。またバックスのスピードでも慶應を凌ぐ勢いだった。しかし先にトライを取ったのは慶應。４分FWが短いパスをつないでゴール前に攻め込み、高野がポスト右に押さえた。ゴールなって５点を先行したが、その直後の６分。今度は明治が慶應ゴール前の混戦から木元の強引なトライで追い上げた。位置が右隅だったためゴールに失敗。この２点差が勝敗の行方を左右するわけだが、後半は逆に明治が１トライをリードしていただけに痛恨のゴール失敗といえる。それにしても慶應は明治バックスのトライゲッター不在に助けられた勝利だった。

◇第７回早慶定期戦（慶應５勝１敗１引き分け）

▽1928（昭和３）年11月23日

▽グラウンド＝神宮競技場

▽キックオフ＝慶應

▽レフリー＝目良篤氏

○慶應義塾16（５—０、11—５）５早稲田●

慶應義塾	vs.	早稲田
門　倉	FW	大　西
川　津		渥　美
中　村		太　田
吉　本		黒河内
阿　部		木　村
高　野		寺　田
藤　井		山　下
鄭	HB	中　村
萩　原		増　野
上　野		飯　田
堤	TB	小　寺
長　沖		西　尾
石　井		坂　倉
丸　山		砂　堀
伊　藤	FB	小　船

慶應	vs.	早稲田
1	T	0
1	G	0
0	PG	0
5	前	0
3	T	1
1	G	1
0	PG	0
11	後	5
16	計	5

●［後記］

今季の早稲田には前年、慶應の連勝記録をストップしたときのような技の冴えがすっかり影をひそめていた。主力を卒業で送り出した影響だろう。前、後半とも試合は慶應ペース。とくに有利と見られたFW戦で予想を越える慶應の出来は大きな誤算であり、またボールを動かすバックスのプレーでも一日の長があった。

◇第5回慶應義塾対東京帝大定期戦（慶應4勝1引き分け）

▽1928（昭和3）年12月2日

▽グラウンド＝神宮競技場

▽キックオフ＝慶應

▽レフリー＝目良篤氏

○慶應義塾48（8—0、40—0）0東京帝大●

慶應義塾	vs.	東京帝大
門　倉	FW	大　西
川　津		今　泉
中　村		宮　原
吉　本		木　村
阿　部		池　田
高　野		尹
藤　井		
松　井		鄭
石　渡	HB	萩　原
桜　井		上　野
		堤
三　原	TB	長　沖
佐　竹		富　沢
片　岡		丸　山
角　田		伊　藤
野　沢	FB	

慶應	vs.	東大
2	T	0
1	G	0
0	PG	0
8	前	0
10	T	0
5	G	0
0	PG	0
40	後	0
48	計	0

●［後記］

慶應はFWのドリブル攻撃とバックスのキックで東大陣に攻め込み確実にトライチャンスをつかんだ。前半は東大FWのドリブルによる反撃もあって2トライ、1ゴールの8点に終わったが、後半はもう慶應の独壇場。開始1分、高野のトライを口火に10トライ、5ゴールの大量得点を戦意喪失の東大から奪って関東での最終戦を大勝で飾った。この結果、4戦全勝で初の5大学対抗戦を制覇。上海駐屯英国ウェールズ杯を獲得した。

◆法政と初めて対戦

この年度からはじまった5大学対抗戦とは別に1925（大正14）年創部の法政大学とオープン戦だったが、慶應の新田グラウンドで初めて対戦。慶應が順当勝ちした。

◇第1回慶應義塾対法政戦（慶應1勝）

▽1928（昭和3）年10月24日

▽グラウンド＝新田

▽キックオフ＝慶應

▽レフリー＝橋本寿三郎氏

○慶應義塾33（12—0、21—5）5法政●

●［経過］

雨上がりでグラウンドコンディションは不良。泥濘の中での試合となったが、予想どおり慶應が前半4トライ、後半5トライ、3ゴールの大量得点を奪って大勝した。まだチームを結成して日の浅い法政は苦戦の連続。それでも後半6分に鈴木がノーマークからポスト直下に唯一のトライ（ゴール）をあげて気を吐いた。鈴木は昭和5年にカナダへ遠征した全日本に法政からただひとり選ばれた名手でもある。なお、慶應と法政はこの試合が初の対戦。

◆［東西対抗戦］

今季の大学王座は西下した関東の覇者、慶應義塾と関西無敗の京都帝大の間で争われたが、京都のグラウンドをワイドに使った攻撃力とスピードは今季も健在。慶應から奪った4トライのうち3本をバックスがあげるという抜群の得点力で2年続けて大学日本一の座に輝いた。慶應はこれで京都帝大に初の2連敗。また遠征第２戦の三高定期戦も後半20分あげた１トライで粘る三高をやっと振り切るというきわどい勝利だったが、ようやく最後の同志社との定期戦を15―０のスコアで快勝し、この年度の関西遠征を締めくくった。

◇第４回慶應義塾対京都帝大定期戦（慶應２勝２敗）

▽1929（昭和４）年１月元日
▽グラウンド＝京都帝大
▽キックオフ＝京都
▽レフリー＝巌栄一氏

●慶應義塾３（３―６、０―６）12京都帝大○

慶應義塾	vs.	京都帝大
門　倉	FW	柏　木
川　津		増　井
中　村		武　田
吉　本		位　田
阿　部		川　本
藤　井		足　立
高　野		青　木
		二　宮
鄭	HB	阿　部
萩　原		村　山
上　野		
堤	TB	馬　場
長　沖		山　本
石　井		宇　野
丸　山		進　藤
伊　藤	FB	壇

慶應	vs.	京都大
0	T	2
0	G	0
1	PG	0
3	前	6
0	T	2
0	G	0
0	PG	0
0	後	6
3	計	12

● ［後記＝時事新報］

慶應のいかなる技も京都のスピードの前には脱帽せざるを得なかった。ましてや京都の技術が慶應のそれに勝りかつスピードを有するにおいてなおさらである。頼みの萩原もFWが押され気味でパスに余裕がないうえ、しかもCTBはミスの連続。球がTBラインに渡ったのはわずかに１回という惨状だった。この慶應と対照的だったのが京都。CTBの理想的な強いパスとトップスピード豊かなダッシュはとても防ぎきれるものではない。こうした積極と消極の差はそのまま４―０というトライの数にはっきり現れている。とにかく京都の15人が融合した力の前に慶應はコンビネーションを欠いていた。

◇第14回慶應義塾対三高定期戦（慶應13勝１引き分け）

▽1928（昭和４）年１月４日
▽グラウンド＝三高
▽キックオフ＝三高
▽レフリー＝巌栄一氏

○慶應義塾３（０―０、３―０）０三高●

● ［後記＝時事新報］

三高はスクラム内にキープしてはドルブルで攻めるFW戦主体の戦法。また守っては低いタックルで慶應の攻撃を断ち切るなど攻守に善戦したが、惜しいことにスクラムで押し切れなかったこと、ハーフがサイドを潜り過ぎたこと、の２点がエイトFWの特色を京都帝大ほど発揮し得なかった最大の原因といえる。慶應が唯一の得点機をものにしたのに対し、三高は２度のチャンスを失っている。慶應はなんとなく生気に欠けて三高の力一杯の奮闘に押され、僅かに試合上手によって勝ちを制した形だった。三高の健闘は大いに称賛すべきである。

◇第15回慶應義塾対同志社定期戦（慶應12勝３引き分け）

▽1928（昭和４）年１月８日

昭和４年２月の全関東対全関西戦で、秩父宮殿下に拝謁する両軍選手と試合の様子。（神宮外苑グラウンド）

▽グラウンド＝京都帝大
▽キックオフ＝慶應
▽レフリー＝別所安次郎氏

○慶應義塾15（５—０、10—０）０同志社●

●［後記＝時事新報］

同志社は中学部の柯、張らの新進を入れて陣容を固めて対早稲田戦とは見違えるような動き。対する慶應もようやく三高戦時の不調から抜け出て本来のプレーに終始した。FWの活躍は互角とみられたが、同志社はハーフが持ち過ぎてせっかくのチャンスを自ら潰していた。その点、慶應は守勢のときにも鄭、萩原のハーフ陣の活躍で態勢を挽回。TBラインを走らせて得点機をつくっていた。なかでも藤井の出足、長沖の好ダッシュとともに、勝負を分ける要因となったのは結局このハーフ陣の出来、不出来。同志社はもっとオープンにボールを動かしてFWの健闘に応えるべきだった。

◆慶應蹴球部OB俱楽部交歓の宴

慶應義塾蹴球部OB倶楽部はラグビー草創期のOB松岡正男（京城日報社長）の上京を機会に10月11日午後６時から第一相互の東洋軒でOB交歓会を開催。松岡と、ラグビー界の代表として秩父宮さまから「スポーツマンの集い」に招待された田辺九万三、杉本貞一を主賓に迎えて旧交を暖め、午後10時に散会した。当夜の出席は主賓のほか、安藤復蔵、佐野甚之助、山田又司、高橋忠松、菅谷隆良、小佐興一、村上一郎、新田愛祐ら40名であった。

◆その他の試合

◇OB戦

①1928・12・９（新田）

○慶應OB34（20—０、14—０）０法政OB●

②1928・12・23（新田）

○慶應OB53（25—３、28—０）３明治OB●

◇２ndＸＶ

①1928・９・30（新田）

○慶應９（６—０、３—０）０浦和高校●

②1928・12・２（神宮・前座試合）

○慶應23（６—８、17—０）８帝大LB●

◇普通部（全国大会関東北予選決勝）

①1928・12・21（豊島園・慶普全国大会）

○慶普17（６—０、11—０）０早稲田実●

1929（昭和4）年度 ◆久原正安（旧姓、堤）◆

明暗こもごものシーズンではあった。明るい話題を優先すれば、それは慶應義塾普通部の全国制覇である。全国中学選手権も回を数えること12回。ようやく歴代優勝校の一覧表に普通部が登場したわけだが、秋の神宮競技大会決勝で敗れた同志社中学が相手の優勝だけに普通部ＸＶの喜びはひとしおだっただろう。普通部は1904（明治37）年に幼年組の名称で産声を上げている旧制中学最古参。それも田辺九万三に代表されるように、多くの普通部生が大学蹴球部のメンバーとして明治から大正年代にかけてYC＆AC（横浜外国人倶楽部）やKR＆AC（神戸外国人倶楽部）と戦ってきたことを思い起こすとき、普通部蹴球部にとっては「遅すぎた春」の表現がぴったりくる。普通部のこの偉業を「明」とするなら、「暗」を象徴するのは５大学対抗戦（優勝は立教）で明治に初めて敗れたことである。ただ、ここは慶應の敗戦を論ずるより北島（監督）― 知葉（主将）の新首脳部を称えるべきだろう。早稲田に先を越された「打倒慶應」の夢を監督１年目で実現した青年監督、北島の執念がもたらした初勝利であり、慶應にとっては苦い１敗だった。このシーズンをトータルすれば、新春の東西対抗も含め７戦して４勝１敗２引き分け。明治戦の１敗が重くのしかかって２年連続で全国制覇を逃した。第２回慶應義塾OB対YC＆ACの試合は16―16で引き分け。また日本ラグビー蹴球協会主催の第３回東西対抗は37―５の大差で関東が３連勝した。

➲イングランド協会は委員会、小委員会のメンバーがラグビーに関連して報酬を得た場合、メンバー資格の剥奪を宣言した。なおスコットランド協会は1926年に同様の採択をしているが、同協会の場合は支配下選手すべてが含まれていた。

◆［５大学対抗戦］

創部６年目の立教が５人のTBラインという特異のフォーメーションと強力FWを擁して慶應戦を引き分けただけ。早稲田、明治、東京帝大を連破して初優勝したが、関西の覇者京都帝大との対戦が実現せず、目標の大学日本一の座は諦めざるをえなかった。立教としては残念なシーズンだったといえよう。慶應義塾は２勝１敗１引き分けで、３勝１敗の明治についで３位。東西対抗を含めると数字の上では２敗の明治を抑え、４勝１敗２引き分けで２位に浮上する。

◇第４回慶立定期戦（慶應３勝１引き分け）
▽1929（昭和４）年10月26日
▽グラウンド＝神宮競技場
▽キックオフ＝立教
▽レフリー＝兼子義一氏

△慶應義塾０（０―０、０―０）０立教△

慶應義塾	vs.	立教
矢　飼	FW	遠　山
川　津		槙　島
斎　藤		根　本
真　野		井　崎
津　田		木　村
阿　部		神　崎
三　浦		吉　田
藤　井	HB	中　沢
萩　原		塚　田
上　野		
長　沖	TB	土　肥
石　井		浅　野
丸　山		御　牧
堤		頴　原
		柿　内
伊　藤	FB	青　木

●［後記＝時事新報］

試合は豪雨の中で行われた。立教はラインアウトのボールをよく取り、ドリブル、キックで慶應陣に攻め込み、慶應FWの真ん中を割ってでるが、もうひとつ決め手を欠いた。慶應も藤井、上野が早い潰しで応戦。立教の５人TBラインへの展開を断ち切るなど前、後半を通じて互いに25ヤード線の外での一進一退を繰り返したが、ともに最後までトライが取れず０―０の引き分けに終わった。激しい雨でキックとドリブル主体の単調な展開になったの致し方なかった。

◇第６回慶明定期戦（慶應４勝１敗１引き分け）

▽1929（昭和４）年11月10日

▽グラウンド＝神宮競技場

慶應義塾	vs.	明治
真　野	FW	都　志
矢　飼		松　田
斎　藤		伊集院
津　田		村　上
川　津		増　永
阿　部		岡　田
三　浦		知　葉
		大　滝
清　水	HB	木　下
萩　原		松　原
藤　井		
長　沖	TB	田　中
石　井		安　田
丸　山		片　岡
堤		中　村
伊　藤	FB	西　野

慶應	vs.	明治
1	T	0
0	G	0
0	PG	0
3	前	0
0	T	2
0	G	0
0	PG	0
0	後	6
3	計	6

▽キックオフ＝不明

▽レフリー＝奥村竹之助氏

●慶應義塾３（３―０、０―６）６明治○

●［後記＝時事新報］

立教戦に続いて朝からの雨でグラウンドは水びたし。コンディションは最悪だったが前半は慶應が萩原―藤井―丸山と渡って丸山がポスト下に先制のトライをあげた。スコアでも、また内容でも慶應が主導権を握っていたが、ハーフタイムをはさんで後半にはいると、状況は一変する。明治の重量FWが本来の力を発揮。14分、17分と密集を制して連続トライで逆転。１トライ差で念願の「打倒慶應」を創部６年で実現した。慶應が日本チームから喫した黒星は４つ目。そのうち京都帝大が２勝を記録している。

◇第８回早慶定期戦（慶應６勝１敗１引き分け）

▽1929（昭和４）年11月23日

▽グラウンド＝神宮競技場

▽キックオフ＝不明

▽レフリー＝清瀬三郎氏

○慶應義塾６（０―０、６―３）３早稲田●

慶應義塾	vs.	早稲田
真　野	FW	大　西
矢　飼		太　田
斎　藤		黒河内
津　田		渥　美
川　津		木　村
清　水		中　村
阿　部		山　下
上　野	HB	増　野
萩　原		林
藤　井		西　尾
堤	TB	小　寺
丸　山		柯
石　井		坂　倉
長　沖		砂　堀
伊　藤	FB	小　船

慶應	vs.	早稲田
0	T	0
0	G	0
0	PG	0
0	前	0
0	T	1
0	G	0
2	PG	0
6	後	3
6	計	3

●［後記＝伊藤次郎・記］

早慶戦も塾にとっては極めて苦戦であった。名手萩原の存在がなかったならば早稲田にも敗れるということになったであろう。早稲田が1トライ（後半20分＝柯）をあげて3点を得たのに対し、塾はとうとうノートライに終わったが、相手の反則から二つのペナルティーゴール（2本ともキッカーは萩原）を得て、6―3で勝つという珍しい結果を生んだ。早稲田としては諦め切れないものがあったであろうが、反則がいかに重大な影響を与えるものかを如実に示したゲームといえよう。

◇第6回慶應義塾対東京帝大定期戦（慶應5勝1引き分け）

▽1929（昭和4）年12月1日

慶應義塾	vs.	東京帝大
真　野	FW	横　溝
川　津		宮　原
須　賀		長谷川
岸　田		大　西
津　田		武　安
三　浦		桜　井
清　水		池　田
		安　尾
上　野	HB	石　渡
萩　原		中　山
藤　井		
堤	TB	玉　置
丸　山		坂　倉
石　井		佐　竹
長　沖		榎　原
伊　藤	FB	西園寺

▽グラウンド＝神宮競技場

▽キックオフ＝慶應

▽レフリー＝目良篤氏

○慶應義塾30（5―0、25―3）3東京帝大●

慶應	vs.	東大
1	T	0
1	G	0
0	PG	0
5	前	0
5	T	1
5	G	0
0	PG	0
25	後	3
30	計	3

●［後記＝秋山信好・記］

試合当初の帝大FWは押し強く、集散の点でも慶應FWを凌駕しているようにさえ思われた。殊にコンバインドラッシュは相当な鋭さを見せていたが、後半に3点をとってからはにわかに集散が遅くなり、ルーズスクラムに頭を突っ込む者は半ばに過ぎず、慶應FWのドリブルに任せたことは差を大にした責の半ばを負うべきだろう。SHの石渡はつねに正確なパスで味方のチャンスを作ってはいたが、一本調子のため、慶應藤井にインターセプトされて前半貴重な5点を許してしまった。翻って慶應はFWに矢飼を欠いたが、川津がよくFWをリードし、萩原、藤井、上野のトリオはつねにチャンスの源泉となっていた。殊に萩原が6本のトライをことごとくコンバートしたことは、早慶戦のペナルティーをゴールしたことと合わせ考えても当代一のプレースキッカーの折り紙を与えるべきであろう。

◆［東西対抗戦］

遠来の京都帝大を神宮競技場に迎えた今季の慶京定期戦。慶應3年ぶりの勝利が期待された対戦だったが、せっかくの地の利も生かせず引き分けた。対戦成績は5戦して2勝2

敗1引き分け。しかし三高、同志社との定期戦はともに大勝。第1回から続けている連勝記録をまたひとつ伸ばした。

◇第5回慶京定期戦（慶應2勝2敗1引き分け）
▽1930（昭和5）年1月元日
▽グラウンド＝神宮競技場
▽キックオフ＝京都帝大
▽レフリー＝目良篤氏

△慶應義塾9（6―3、3―6）9京都帝大△

慶應義塾	vs.	京都帝大
真　野	FW	根　岸
斎　藤		萩　野
須　賀		武　田
川　津		荒　賀
岸　田		三　島
阿　部		足　立
清　水		山　田
		木　崎
上　野	HB	岩　前
萩　原		檀
藤　井		
堤	TB	石川治
丸　山		山　本
石　井		平　生
長　沖		宇　野
伊　藤	FB	石川一

慶應	vs.	京都大
2	T	1
0	G	0
0	PG	0
6	前	3
1	T	2
0	G	0
0	PG	0
3	後	6
9	計	9

●［後記＝秋山信好・記］

見た目にはオープンゲームに終始した点、スコアの点で新年初頭を飾るに相応（ふさわ）しい好試合ではあったが、両軍の技量、作戦の点においては言うべきことは多い。試合前半の京大FWはルーズ、タイトともによく球を奪って慶應バックメンを防御に暇なからしめた。もしも前半このFWの健闘なくばバックメンに強みを有する慶應に少なくもさらにひとつのトライを許していたかもしれない。風下の不利な地位にあって6―3で食い止めたということは京大を敗戦の憂き目から救ったものであるといえよう。対する慶應FWのフッキングの拙劣さは味方ハーフの投げ入れる球すら敵に奪われて強みのある味方バックをつねに防御の位置に置いていたことは遺憾の極みである。もっとも後半に入ってからはやや見直してルーズに球を得てバックメンを活躍させたが、全体を通じての不振は単にフロントローに矢飼ひとりを欠いたためのみでないことは明らかである（以上要旨）。

◇第15回三高定期戦（慶應14勝1引き分け）
▽1930（昭和5）年1月4日
▽グラウンド＝神宮競技場
▽キックオフ＝慶應
▽レフリー＝目良篤氏

○慶應義塾78（31―0、47―0）0三高●

慶應	vs.	三高
7	T	0
5	G	0
0	PG	0
31	前	0
11	T	0
7	G	0
0	PG	0
47	後	0
78	計	0

●［短評］

試合になったのは前半のはじめ頃まで。慶應が5分に堤の独走トライ（ゴール）をポスト直下にあげてからは前半だけでさらに6トライ、4ゴールを追加して、早々と勝負を決めた。後半にはいると慶應の攻撃は一層激しさを増し、11トライ、7ゴールを三高から奪って大勝した。開始から20分間、三高は一度も慶應陣に攻め込めなかったことでもいかにこの対戦が一方的だったかがよくわかる。それに慶應の78得点は定期戦史上初めて。また三高の無得点は12試合目という記録が残っている。

◇第16回慶同定期戦（慶應13勝3引き分け）

▽1930（昭和5）年1月9日

▽グラウンド＝神宮競技場

▽キックオフ＝同志社

▽レフリー＝清瀬三郎氏

○慶應義塾17（11―0、6―0）0同志社●

慶應	vs.	同志社
3	T	0
1	G	0
0	PG	0
11	前	0
2	T	0
0	G	0
0	PG	0
6	後	0
17	計	0

●［後記＝秋山信好・記］

慶應は肩の負傷がほぼ癒えた矢飼をスクラムセンター、藤井をCTB、そして石井をSOにコンバートする布陣。対する同志社は中学大会の疲労が残る橘、張の2人の中学部選手を起用していた点に多少の難色があったように思われた。慶應FWは前半こそタイト、ルーズで互角だったが、後半はルーズにことごとく球を奪って今季最高のできばえ。さらにバックアップでもつねにバックメンの足りないところを補って十分だった。心配されたのは萩原―石井の新ペアである。前半はコンビネーション悪く、パスも遅れがちのためディフェンスの早い同志社バックを抜き切れなかったが、後半にはいってよく立ち直った。またCTBの丸山、藤井はそれぞれ独自の走法で敵を悩ましながらも互いのコンビネーションを欠いてチャンスを生かし切れなかったのは遺憾。丸山が強引に中央を突破せんとして再三石井、上野のフォローを見逃した点に課題は残ったが、守勢から攻勢への転換という点でFB伊藤のプレーは光っていた(要旨)。

付記①：今季の試合批評を執筆している蹴球部OBの秋山信好は大正10年の卒業。学生時代はSHとして活躍した。天現寺の寄宿舎ではお山の大将でかなりの理屈屋さんだったらしい。三菱銀行のロンドン支店に勤務していた1924年、第2回英本国遠征で28戦全勝記録したオールブラックスの観戦記に写真を添えて時事新報に寄稿し話題を呼んだ。ラガーマンによる海外レポートの第1号。帰国後の1927（昭和2）年蹴球部コーチとして後輩たちの指導にあたった。

［明治神宮競技大会］

◇中学の部・決勝戦

▽1929（昭和4）年10月30日

▽グラウンド＝神宮球場

●慶應普通部0（0―0、0―6）6同志社中○

［第12回全国中等学校選手権大会］

慶應普通部	vs.	同志社中
島　沢	FW	戸　次
酒　井		綱　島
田　治		渋　谷
坂　本		橘
神　田		藤　井
安　部		尾　中
成　富		浜　岡
神　田	HB	三　谷
田　中		藤　長
栗　原		武　久
北　野	TB	杉　本
山　岸		張
志々目		原
若　尾		白　杉
岡　田	FB	山　本

▽1930（昭和５）年１月４日～７日

▽グラウンド＝甲子園南運動場

◇**１回戦**

○慶應普通部32（８―０、24―３）３天理中●

◇**準決勝**

○慶應普通部８（５―０、３―３）３京城師範●

◇**決勝**

○慶應普通部８（３―６、５―０）６同志社中●

◆その他の試合

◇大学

①1929・10・５（不明）

○慶應42（25―０、17―０）０成蹊●

②1929・12・24（新田）

○慶應43（15―３、28―０）３一高●

◇OB戦

①1929・12・８（矢口台）

△慶應OB16（11―３、５―13）16YC＆AC△

第２回定期戦

②1930・２・23（新田）

○慶應OB51（21―０、30―０）０立教OB●

第12回全国中等学校選手権大会で初優勝した普通部チーム。
前列右から２人目は、のちにテニス・デビスカップで活躍した山岸二郎（昭和５年１月７日）。

1930（昭和5）年度 ◆有村乕喜（旧姓、丸山）①◆

慶應義塾が念願の全国制覇を遂げた。関東での優勝は５大学対抗戦が発足した1928（昭和３）年度以来、２度目となるが、この年は関西に遠征して西の王者、京都帝大に敗れており、大学日本一のタイトル奪取は昭和に入って初めてのこと。一世を風靡した明治、大正年代の「強い慶應義塾」復活の感すらあった。これは日本ラグビー蹴球協会が初めて海外に派遣したカナダ遠征（８月17日〜10月15日）日本代表チームのメンバー編成にも如実に映し出されている。慶應からOB（３人）、学生（５人）合わせて大量８人がメンバーに選ばれたのだ。この年度の慶應の強さがこのあたりにもうかがえるだろう。また1931（昭和６）年１月元日の慶京定期戦から関西での東西対抗が竣工間もない大阪（現東大阪市）の花園ラグビー場で行われるようになったが、慶應はその第１号。第４回東西対抗は13—８でこの年も東軍が勝ち、４連勝を飾っている。慶應からは矢飼、清水、石井、藤井、北野孟、伊藤の６選手が関東代表として出場した。

◆日本代表が初のカナダ遠征

カナダ・ラグビー協会の招きで日本代表の海外遠征が初めて実現した。カナダからの招待状は最初早稲田に届いたが、同校の辞退で協会の代表チーム派遣となったという。それにしても62日間の大遠征だったが、日本代表の成績は７戦して６勝１引き分けと、負け試合なしのすばらしいものだった。なかでも大きな反響を呼んだのがBC州代表との第６戦。鳥羽（明治）が負傷で退場を余儀なくされたとき、すかさずBC州協会のティレット会長が鳥羽のマークをはずしてBC州代表も14人で戦うことを申し出て日本代表を感激させた。交代選手が認められなかった当時のルールでは負傷といえどもリタイアすれば14人で戦うのがラグビーである。ティレット会長の異例の措置に監督の香山蕃も鈴木（法政）を途中から出してフルメンバー同士としてBC側の友情に応えた。この間のいきさつを出場メンバーのひとりだった慶應OBの岩下秀三郎（当時東京日日新聞の記者）は「かくて新たに鈴木が参加したとき、バレット選手もようやく彼のポジションに帰ったのである。拍手は降るごとくに起こったが、これらの拍手は彼ティレット氏の美しい態度に送られたものであろう。一同は万感胸に迫る思いであった」と後に述懐している。

◆日本代表に選ばれた慶應の仲間たち

カナダ遠征の日本代表26人を選ぶ第１、第２次セレクションマッチ（神宮、花園）にFW35、HB10、TB22、FB５の計72選手が参加して行われ、慶應義塾からつぎの８選手と、マネージャーひとりが代表に選ばれた。一行は８月１日から山中湖畔の慶應山荘で合宿練習ののち、８月17日午後３時、横浜港出帆の「はわい丸」で壮途に着く。バンクーバー入港は同29日の予定。また現地ではBC州代表など７試合を行うことになっている。

[慶應義塾から選ばれた日本代表]

▽マネージャー＝川目保美
▽FW＝矢飼督之、岩下秀三郎（OB)、宮地秀雄（OB＝主将、現姓・吉沢）
▽HB＝萩原丈夫（現姓・前川)、清水精三
▽TB＝藤井貢、丸山乕喜（現姓・有村)、北野孟郎
◇対戦成績（７戦６勝１引き分け）
①1930・９・１（バンクーバー）
○日本代表22（11—13、11—5）18バンクーバー代表●

カナダ遠征日本代表チームの結団式で決意表明する宮地秀雄主将（慶應OB）。

②1930・9・6（バンクーバー）

○日本代表22(11—11、11—6)17バンクーバー代表●

③1930・9・10（バンクーバー）

○日本代表27(16—0、11—0)0メラロマ代表●

④1930・9・17（ビクトリア）

○日本代表16(6—5、10—9)14ビクトリア代表●

⑤1930・9・20（ビクトリア）

○日本代表19(5—0、14—6)6ビクトリア代表●

⑥1930・9・24（バンクーバー）

△日本代表3(3—0、0—3)3BC州代表△

⑦1930・9・27（バンクーバー）

○日本代表25(9—3、16—0)3BC大学●

◆［5大学対抗戦］

日本代表のカナダ遠征に参加した慶應の学生5選手は帰国後、その足で武蔵新田の合宿に合流。シーズン第1戦の立教との試合に備えた。立教は前年度の優勝校。カナダで足を痛めた主将の丸山乕喜の欠場が心配されたが、代わって出た若尾光平（後に平沼）のがんばりで好スタートを切り、続く慶明戦も藤井、長沖両CTBの活躍で接戦を制した。この勢いは早慶戦、最終の東京帝大戦にも持続されてともに快勝した。関東での全勝優勝は2年ぶり、5大学対抗が発足して以来、2度目。

◇第5回慶立定期戦（慶應4勝1引き分け）

○慶應義塾19（6—0、13—3）3立教●

◇第7回慶明定期戦（慶應5勝1敗1引き分け）

▽1930（昭和5）年11月9日

▽グラウンド＝神宮競技場

▽キックオフ＝慶應

○慶應義塾24（9—3、15—16）19明治●

慶應義塾	vs.	明治
矢 飼	FW	伊集院
酒 井		松 田
田 治		佐々竹
真 野		三 宅
田 川		増 永
阿 部		大 滝
三 浦		都 志
		岡 田
清 水	HB	木 下
石 井		丹 羽
財 部		
北 野	TB	鳥 羽
藤 井		西 野
長 沖		安 田
若 尾		中 村
伊 藤	FB	笠 原

慶應	vs.	明治
2	T	1
0	G	0
1	PG	0
9	前	3
3	T	4
3	G	2
0	PG	0
15	後	16
24	計	19

▽レフリー＝目良篤氏

●［後記＝橋本寿三郎・記］

秩父宮、同妃両殿下、北白川宮殿下をお迎えして行われたが、近来まれに見る大試合となり、得点に対する興味を超越して内容において勝れたゲームと賞賛したい。明治は基礎体力優れたFWにより、タイト、ラインアウトの大半を取りながら、もっとも得意とするFWラッシュを欠いたことが苦戦を招き、慶應に前半をリードされた原因である。慶應は配陣に苦心の跡がみられた。斎藤、岸田に替えて新人酒井、田川を起用して成功。ハーフはようやくコンビネーションの妙味を発揮し、攻撃的に微細な機会を捕らえて藤井、北野らラインが得点を重ねた効果は認められるが、防御にあたって得意とするブラインド・サイドに欠陥を暴露。逆手を取られてトライの機会を明治に与えたのは一考を要する点である(要旨)。

◇第9回早慶定期戦（慶應7勝1敗1引き分け）

▽1930（昭和5）年11月23日

▽グラウンド＝神宮競技場

▽キックオフ＝早稲田

▽レフリー＝目良篤氏

○慶應義塾19（11—3、8—0）3早稲田●

慶應義塾	vs.	早稲田
矢　飼	FW	大　西
酒　井		松　原
田　治		太　田
真　野		田　川
田　川		三　輪
阿　部		清　瀬
三　浦		中　村
清　水	HB	増　野
石　井		林
財　部		小　寺
北　野	TB	吉　田
藤　井		荒　賀
長　沖		柯
若尾光		五十嵐
伊　藤	FB	小　船

慶應	vs.	早稲田
2	T	0
1	G	0
1	PG	1
11	前	3
1	T	0
1	G	0
1	PG	0
8	後	0
19	計	3

●［後記＝橋本寿三郎・記］

FWに優れた早稲田が集散の悪い慶應から得点を重ねていれば勝敗は極めて僅少差で決まっていただろうが、早稲田はその機を逃したばかりか、慶應にすっかり余裕を与えてしまった。慶應はいわゆる試合上手という点で一日の長があり、体力的に劣りながらも僅かの機会を生かして勝利に結びつけた。早稲田ではFW、とくにバックローの鋭い出足で慶應のSHの動きを封じた点はよかったが、捕球後のFBの大きなモーションは一考を要する。慶應の最初のトライはここを長沖に衝かれて生まれたもので、試合の流れを変えるポイントでもあった(要旨)。

◇第7回慶東定期戦（慶應6勝1引き分け）

▽1930（昭和5）年12月6日

▽グラウンド＝神宮競技場

▽キックオフ＝東京帝大

▽レフリー＝北野幸也氏

○慶應義塾11（3—3、8—0）3東京帝大●

●［後記＝橋本寿三郎・記］

前半は全く互角。ようやく後半、慶應の決定力というべき藤井、北野の活躍で得点を重ねて勝利を決めた。前夜から正午にかけての雨でグラウンドは不良。慶應得意の活動を封じたことは認めるとしても、悪条件に対する研究不足の責は負わねばならない。慶應FWの前半は全く沈滞。唯一の武器であるルーズ

慶應義塾	vs.	東京帝大
矢　飼	FW	久　武
佐々倉		金　野
田　治		遠　山
岸　田		岡　田
田　川		田　中
阿　部		桜　井
三　浦		真　田
		桶　口
足立直	HB	石　渡
石　井		生　駒
財　部		
北　野	TB	竹　内
藤　井		坂　倉
丸　山		田　中
長　沖		山　本
伊　藤	FB	中　山

慶應	vs.	東大
1	T	1
0	G	0
0	PG	0
3	前	3
2	T	0
1	G	0
0	PG	0
8	後	0
11	計	3

からの早いヒールアウトが泥濘のグラウンドに遮られ、これに対するハーフの判断ミスが加わってSO、TBラインの活動を妨害してしまった。それが苦戦の原因(要旨)。

◆[東西対抗戦]

関東の覇者慶應が京都帝大を4年ぶりに破り、三高、同志社をも連破して念願の全国制覇を全勝で達成した。関東では早稲田、明治、立教の台頭。また関西では京都帝大が覇を唱えるなど、群雄が割拠する新時代を迎えた昭和の初期に日本ラグビーの開祖慶應の復活は偉業というべき出来事だった。

◇第6回慶京定期戦(慶應3勝2敗1引き分け)

▽1931(昭和6)年1月元日
▽グラウンド＝花園ラグビー場
▽キックオフ＝京都
▽レフリー＝清瀬三郎氏

○慶應義塾27(16―0、11―6)6京都帝大●

[経過＝時事新報]

花園ラグビー場で行われた初めての慶京定期戦。小雪はやんだが、西北の烈風冷たく、ボールを押し流して風上が極めて有利のコンディションだった。ただ降雪後ではあったが、芝生の状態は湿りを帯びてすこぶる良好。慶應が風上を取った。キックで攻める慶應。京都もFWの奮闘でがんばるが、岩前―上田のHBの連携が悪いうえ、TBラインも決定力を欠き、後半1トライ、1PGを取るのがやっと

慶應義塾	vs.	京都帝大
矢　飼	FW	柏　木
酒　井		根　岸
田　治		武　田
真　野		荒　賀
田　川		三　島
阿　部		木　崎
三　浦		山　田
		足　立
清　水	HB	岩　前
石　井		上　田
財　部		
北　野	TB	石　川
藤　井		平　生
長　沖		山　本
若　尾		渡　辺
丸　山	FB	真　鍋

慶應	vs.	京都大
3	T	0
2	G	0
1	PG	0
16	前	0
2	T	1
1	G	0
1	PG	1
11	後	6
27	計	6

だった。その点。慶應はタイミングのいいヒールアウトからバックスを走らせるなど、京都の甘いディフェンスを破って4年ぶりの勝利を飾った。

◇第16回慶應対三高定期戦（慶應15勝1引き分け）

三高との16度目の定期戦は4日午後0時半から花園ラグビー場で行われ、慶應が前半6トライ、3ゴール、後半8トライ、4ゴールの大量56得点。三高の反撃をゼロに封じて12連勝した。

○慶應義塾56（24—0、32—0）0三高●

◇第17回慶同定期戦（慶應14勝3引き分け）

▽1931（昭和6年1月8日）

▽グラウンド＝花園ラグビー場

▽キックオフ＝同志社

▽レフリー＝望月信次氏

○慶應義塾17（9—0、8—0）0同志社●

慶應義塾	vs.	同志社
矢　飼	FW	藤　井
酒　井		桂
田　治		綱　島
真　野		三　浜
田　川		橘
阿　部		乾
三　浦		西　村
清　水	HB	高　崎
石　井		江　原
財　部		田　中
北　野	TB	吉　田
藤　井		張
長　沖		阿　部
丸　山		内　藤
伊　藤	FB	鳥　居

慶應	vs.	同志社
2	T	0
0	G	0
1	PG	0
9	前	0
2	T	0
1	G	0
0	PG	0
8	後	0
17	計	0

●［後記＝時事新報］

慶應の攻撃力を意識した同志社のバックスはHBの阿部をCTBに配するなど防御主体の布陣。このため攻撃に移ったときスタートがつかず、スタンディングパスに終始してラインにボールが回りきらなかった。慶應はHBが不振。同志社第3列の早い出足に苦しんだが、藤井の強烈なハンドオフと北野の好フォローで活路を開いた。それにしても抜群の運動量で2トライをあげたバックロー阿部は最大のヒーローだった。この結果、東西を通じて無敗の慶應は今季の日本ナンバーワンとなった。

[その他の試合]

◇大学

①1930・10・31（新田）

○慶應33（24—0、9—0）0法政●

②1930・11・14（新田）

○慶應61（24—0、37—0）0東京商大●

③1930・12・24（宝塚）

○慶應75（34—3、41—0）3関西大●

◇大学2ndXV

①1930・11・25（新田）

○慶應30（15—3、15—5）8立教●

②1930・12・6（神宮）

●慶應9（6—11、3—3）14東京帝大○

◇OB戦

①1931・1・11（矢口台）

●慶應OB3（3—6、0—18）24YC＆AC○

（第3回定期戦）

②1931・2・15（矢口台）

●慶應OB5（5—9、0—34）43YC＆AC○

（第4回定期戦）

③1931・2・22

○慶應OB28（16—0、12—3）3成蹊●

◇慶應普通部

①1930・12・30（三高）

●慶應普通部3（3—11、0—17）28京都一商○

（第9回定期戦）

新旧交代の潮流 (1931~1937)

―苦節の12年がはじまる―

1931(昭和6)年度 ◆有村厖喜(旧姓、丸山)②◆

慶應義塾が初めて早稲田、明治に連敗した。全国制覇を果たした前年度の栄光から一転して予想もしなかった3位への転落。OB、学生のショックは大きかった。専任監督の設置問題が起こったのもこのシーズン。初の日本一となった「戦車FW」の明治、豪州仕込みの「ゆさぶり」に磨きをかける早稲田は、ともに監督制を導入することで慶應をトップの座から引きずり降ろし、ラグビー界に新旧交代の流れを実現した。ここにきてもなお学生の自治を謳い、学生スポーツの在り方を論じて創設時のスピリッツに思いを馳せる蹴球部員たちの心情はあまりにも純粋すぎた。このシーズンを境に日本のラグビー界は「早明対立の時代」へと進路を変え、慶應ラグビーは長い低迷の時代へとはいっていくわけだが、皮肉にもこの年度のスタートにあたって日本ラグビーの対外試合第1号となった「慶應義塾対YC＆AC戦30周年記念祭」が新田グラウンドで盛大に行われ、参会のラグビー関係者たちは古き良き時代の30年を祝い、楽しんだ。

➲カナダ代表チーム、ティレット会長以下25人が昭和7年1月16日に来日。

◆[5大学対抗戦]

今季もスタートは好調だった。第1戦(10月14日)の立教戦は雨の中の試合となったが、開始まもなくインターセプトによる先制トライを纐原に許しただけ。その後は一方的に攻めて快勝した。しかし、慶明戦は北島青年監督指導の戦車FWに圧倒されて26—6と大敗。つづく早慶戦も後半にはいって連続4トライを奪われる完敗だった。リーグ最終戦の東京帝大には接戦のすえ13—9で辛うじて勝ち、やっと3位を確保はしたが、前年度とほとんどメンバーが変わっていないにもかかわらずこの不振。慶應の戦力ダウンというより、明、早の実力が上がったとみるべきだろう。明治が初優勝を全勝で飾った。

◇第6回慶立定期戦(慶應5勝1引き分け)

○慶應義塾32(18—3、14—0)3立教●

◇第8回慶明定期戦(慶應5勝2敗1引き分け)

▽1931年11月8日

慶應義塾	vs.	明治
矢 飼	FW	伊集院
足 立		松 田
田 治		西 垣
真 野		山 口
田 川		三 宅
阿 部		岡 田
三 浦		都 志
		大 滝
清 水	HB	木 下
石 井		丹 羽
財 部		
北 野	TB	鳥 羽
丸 山		安 田
長 沖		辻 田
若 尾		柴 野
伊 藤	FB	笠 原

慶應	vs.	明治
0	T	3
0	G	2
0	PG	0
0	前	13
1	T	3
0	G	2
1	PG	0
6	後	13
6	計	26

▽グラウンド＝神宮競技場
▽キックオフ＝慶應
▽レフリー＝清瀬三郎氏

●慶應義塾 6 （0―13、6―13）26明治○

［後記＝橋本寿三郎・記］

明治FWがタイトで断然優勢。このため慶應SH石井のパス、ハンドリング意のごとくならず、バックスが動けない。明治のバックラインは極端に浅く、SOもスクラムの横に位置して慶應ハーフ・ラインの動きを封じる作戦が見事に功を奏した。ローバー清水は活動を制限され、WTB北野も完璧にマークされて得意の快足が使えない。いずれにしても、慶應の３人制ハーフとバックラインの攻撃力を押さえる研究の成果が明治最大の勝因といえよう（要旨）。

◇第10回早慶定期戦（慶應7勝２敗１引き分け）

▽1931（昭和６）年11月23日
▽グラウンド＝神宮競技場
▽キックオフ＝不明
▽レフリー＝目良篤氏

●慶應義塾５（0―0、5―12）12早稲田○

●［後記＝橋本寿三郎・記］

実力伯仲の白熱戦だった。早稲田勝因の第１は明治ばりにTBラインを浅くしてもっぱら慶應唯一の攻撃機関であるTBの出足を封じ、しかも頑強なタックルで慶應の進出を止めたことである。慶應の敗因はFWが前半比較的に善戦しているときに、バックスが得点できなかったこと、後半どう攻めるかの策がなかったことの２点。とにかく今季の慶應は早明に対して唯一の武器、TBラインの活動を制限されて得点をなし得ずに終わっている。対策を考える必要がある（要旨）。

慶應義塾	vs.	早稲田
佐々倉	FW	大　西
酒　井		松　原
田　治		太　田
真　野		田　川
田　川		大　野
足　立		清　瀬
矢　飼		日　高
清　水	HB	林
石　井		飯　森
財　部		野　上
北　野	TB	吉　田
長　沖		荒　賀
丸　山		柯
若　尾		千　葉
伊　藤	FB	北　邨

慶應	vs.	早稲田
0	T	0
0	G	0
0	PG	0
0	前	0
1	T	4
1	G	0
0	PG	0
5	後	12
5	計	12

◇第８回慶東定期戦（慶應７勝１引き分け）

▽1931（昭和６）年12月１日
▽グラウンド＝神宮競技場
▽キックオフ＝不明
▽レフリー＝不明

○慶應義塾13（5―9、8―0）9東京帝大●

◆［東西対抗戦］

関東では苦戦した慶應も新年の東西対抗で

は今季も無敗の快進撃。元日の京都帝大戦に続いて、三高、同志社との定期戦にも勝って東西の力の違いを見せつけた。なお、三高戦で記録した103—0は慶應としては公式戦最多得点記録。

◇第7回慶京定期戦（慶應4勝2敗1引き分け）

①1932（昭和7）年1月1日　（神宮競技場）

○慶應義塾27—3京都帝大●

◇第17回慶應対三高定期戦（慶應16勝1引き分け）

②1932（昭和7）年1月4日　（神宮競技場）

○慶應義塾103—0三高●

◇第18回慶同定期戦（15勝3引き分け）

③1932（昭和7）年1月9日　（神宮競技場）

○慶應義塾24—3同志社●

◆5大学OBリーグは慶應が優勝

大学のシーズンが終わった3月、5大学のOBリーグが神宮競技場ではじまった。慶應OBは宮地、益田、大市、岩下、藤井、萩原ら豪華キャスト。第1戦の学士ラガーには1トライ差、早稲田OBには1ゴール差と2試合続けて接戦となったが、ここを乗り切ったあとは立教、明治を連破して4戦全勝で優勝した。2位は3勝1敗で早稲田OB、3位は2勝2敗の学士ラガーだった。

◆カナダ代表が来日

シーズンも大詰めの1932年1月16日、カナダのナショナルチームが来日した。一行はBC州のティレット会長率いる25人。1月20日の早稲田との第1戦を皮切りに2月11日までの22日間に神宮競技場、花園ラグビー場で7試合を行い、5勝2敗の成績をみやげに2月13日帰国した。2敗の相手はいずれも日本代表。関東3位の慶應は対戦の対象からはずされたが、日本代表に北野（孟）、関東代表に三浦、上野、萩原、矢飼、北野（孟）の各選手が選ばれ、カナダ代表と対戦した。

◆盛大にラグビー30年祭

慶應義塾蹴球部主催のラグビー30年祭が4月19日、新田グラウンドで盛大に開かれた。慶應義塾のE. B. クラーク教授にラグビーを

●当日の主要親善試合のメンバー

［現役戦］

慶應義塾	vs.	大学連合
矢　飼	FW	大　西（早）
酒　井		根　本（立）
田　治		太　田（早）
真　野		井　崎（立）
田　川		岡　田（帝）
阿　部		岡　田（明）
三　浦		大　滝（明）
		都　志（明）
足　立	HB	林（早）
石　井		吉　田（立）
財　部		
志々目	TB	鈴　木（法）
丸　山		柯（早）
長　沖		坂　倉（早）
清　水		鳥　羽（明）
伊　藤	FB	笠　原（明）

［OB戦］

白組	vs.	黒組
木　村（早）	FW	新　井（立）
清　瀬（学）		北　島（明）
原　沢（立）		高　橋（慶）
伊　藤（慶）		今　道（慶）
白　山（慶）		相　馬（学）
北　島（慶）		田　辺（慶）
福　永（慶）		山　脇（慶）
井　上（早）		目　良（学）
松　井（慶）	HB	山　田（慶）
芦　田（明）		橋　本（慶）
鶴　飼（慶）	TB	広　兼（慶）
朝　桐（早）		富　沢（慶）
秩　父（学）		早　川（立）
藤　井（慶）		馬　場（早）
矢　島（慶）	FB	岡　野（慶）

YC＆ACと日本初のラグビー試合を行って30年。慶應義塾蹴球部主催の記念祭が新田グラウンドで挙行された(昭和６年４月19日)。

伝授された草創期のメンバーが２年後の1901年に横浜のYC&ACとはじめてラグビーの試合を行ってちょうど30年。猪熊隆三、安藤復蔵、吉武吉雄、鈴木市之助らラグビー創始のメンバーはじめ日本ラグビー協会高木喜寛会長ら来賓多数もかけつけ、慶應現役対大学選抜などグラウンドでつぎつぎに展開されるエキシビション・ゲームを楽しんだ。続いて第２部の祝賀会はグラウンド内の特設会場で開かれ、招待客は杯を重ねながら日本ラグビーの来し方行く末を語りあった。

◆その他試合

５大学対抗以外では９月26日に新田グラウンドで東京商大を37―０、10月31日に法政を86―３、また11月15日に浦和高校を79―０と、いずれも大差で勝ったが、２ndＸＶは早稲田に11―16で惜敗した。また慶應OBは18―３で横浜高工に快勝（11月６日）したが、慶應商工は社会人チームの東京電燈と対戦して、11―23で完敗した。

1932（昭和7）年度 ◆有村乕喜（旧姓、丸山）③◆

今季も慶應義塾は3位に甘んじる結果となった。第1戦の立教、最終戦の東京帝大には勝つことができても、躍進著しい明治、早稲田にまたしても苦杯の連続。どうやら3位の座が指定席化しつつある。しかも不振に陥った塾に追い打ちをかけるように新年の東西対抗戦でも異変が起こった。1912（明治45）年に定期戦を組んで以来、引き分けはあっても敗戦の経験が一度もなかった同志社にも敗れるときがきた。京都帝大、三高をノートライの無得点に抑えて臨んだ甲子園南運動場。同志社FWのドリブルに苦しみ、俊足WTB内藤に2トライを決められ6—0で涙を飲んだ。しかし、朗報もあった。前年度からはじまったOBの5大学リーグ戦での慶應OBの活躍である。3勝同士の対決となった学士ラガーとの最終戦を制した慶應OBが無敗で昨季に続いて2連勝と気を吐いた。日本ラグビー蹴球協会主催の第6回東西対抗は関東が勝って6連勝。塾から田治、真野、長沖の3選手が関東代表として出場した。

◆［5大学対抗戦］

◇第7回慶立定期戦（慶應6勝1引き分け）

▽1932（昭和7）年10月30日

▽グラウンド＝神宮競技場

○慶應義塾32（21—3、11—14）17立教●

◇第9回慶明定期戦（慶應5勝3敗1引き分け）

▽1932（昭和7）年11月13日

▽グラウンド＝神宮競技場

▽キックオフ＝明治

▽レフリー＝清瀬三郎氏

●慶應義塾12（3—11、9—11）22明治○

慶應義塾	vs.	明治
佐々倉	FW	西垣
酒井		松田
田治		佐々竹
真野		渡辺
田川		山口
阿部		林
三浦		都志
		前田
清水	HB	木下
石井		丹羽
財部		
北野	TB	鳥羽
長沖		安田
丸山		辻田
矢飼		岡
伊藤	FB	笠原

慶應	vs.	明治
1	T	2
0	G	1
0	PG	1
3	前	11
2	T	3
0	G	1
1	PG	0
9	後	11
12	計	22

●［後記＝橋本寿三郎・記］

慶應は攻撃時の作戦に欠陥があったように思う。FW戦を不利とする仮定、バックスの過信がそれである。FWが予想外に球を取れば取るほど単純にバックスの攻撃に移ろうとするのは、前述の仮定から生まれる当然の結果であるが、バックラインの攻撃力がなんら決定的なものを持っていないにもかかわらず過信のあまりバックス依存に固執したことが勝機を失う第1の原因といわねばならない。明治の攻撃力もFWが慶應と互角の程度では一考する必要があるが、それはともかく技術的に考察して、本年の各チームが昨年、一昨年より進歩しているかはすこぶる疑わしい点がある（要旨）。

◇第11回早慶定期戦（慶應7勝3敗1引き分け）

▽1932（昭和7）年11月23日

▽グラウンド＝神宮競技場

▽キックオフ＝慶應

▽レフリー＝目良篤氏

●慶應義塾5（0—14、5—19）33早稲田○

慶應義塾	vs.	早稲田
佐々倉	FW	西　海
酒　井		松　原
田　治		砂　堀
真　野		渡　辺
田　川		大　野
阿　部		米　華
三　浦		岡　本
田　中	HB	林
清　水		飯　森
竹　岡		野　上
北　野	TB	長　尾
石　井		荒　賀
長　沖		柯
矢　飼		千　葉
伊　藤	FB	北　郎

慶應	vs.	早稲田
0	T	3
0	G	1
0	PG	1
0	前	14
1	T	4
1	G	2
0	PG	1
5	後	19
5	計	33

[後記＝橋本寿三郎・記]

およそラグビーは技量の巧拙に多少の相違ありとしても、タックルの一事を忠実に守っているチームは決してさほどに見苦しい惨敗を喫するものでなく、完全なる防御は一面勝利の鍵と見てよいものである。一流チームが惨敗した歴史をみれば、この事実は明白に何人も承認し得るところであろう。慶應の敗因、早稲田の勝因を一言で尽くせば慶應はなすべきをなさず、早稲田は当然行うべきを行ったということに帰する。しかもプレーの成否を度外視して多様多種のプレータクテックスを敢然と行っていたところに、このチームの強さの一端がうかがえる。

◇第9回慶東定期戦（慶應8勝1引き分け）

▽1932（昭和7）年12月3日

▽グラウンド＝神宮競技場

○慶應義塾39—11東京帝大●

三田山上・図書館前にて、昭和7年度の卒業記念写真。昭和8年3月撮影と思われる。

◆[東西対抗戦]

今シーズンは慶應の関西遠征の年。元日の京都帝大戦を26―0、4日の三高戦を85―0と花園ラグビー場での2試合は快調なペースで勝ち進んだが、会場が甲子園南運動場に変わった8日の同志社戦はノートライに抑えられて完敗。早稲田、明治に続いて同志社にも白星を献上するはめとなってしまった。京都帝大戦でバックスに負傷者が続出、メンバー編成に苦労したことは確かだが、敗戦の理由にはならない。

◇第8回慶京定期戦（慶應5勝2敗1引き分け）
▽1933（昭和8）年1月1日

○慶應義塾26（6－0、20－0）0京都帝大●

（花園ラグビー場）

◇第18回慶・三高定期戦（慶應17勝1引き分け）
▽1933（昭和8）年1月4日

○慶應義塾85（28－0、57－0）0三高●

（花園ラグビー場）

◇第19回慶同定期戦（慶應15勝1敗3引き分け）
▽1933（昭和8）年1月8日

●慶應義塾0（0－3、0－3）6同志社○

（甲子園南運動場）

◆5大学OBリーグ戦

OBリーグ戦での慶應OBの強さは群を抜いている。名手萩原を軸とするバックスの攻撃力は他の追随を許さない。明治OBを16―11、立教OBを28―13、早稲田OBを29―11と連破。優勝決定戦となった3月19日の学士ラガー戦では後半、学士に一度は同点とされたものの、20分木下のトライで再びリードを奪ってからは一方的に攻めたて、最後は21―6の大差で2連勝した。

1933(昭和8)年度 ◆石井太郎①◆

この年度から法政と東京商大の参加で7大学対抗戦と装いは新たになったが、上位の順位は前年度とまったく同じ。早稲田が2年連続の王座につき、明治に続いて慶應はこの年も3位に甘んじた。ただ優勝した早稲田とは6―11と5点差の接戦のすえの3連敗だったが、新年恒例の東西大学対抗で慶應が西の覇者同志社に16―5と快勝したため、この同志社と引き分けた早稲田に2年連続の全国制覇というビッグタイトルが転がり込んだ。慶同戦の結果いかんでは全国制覇のタイトルを同志社と分け合う形となっていただけに、意外なところで早稲田の後押しをしたことになる。ただ同じ3位でも過去2年と違うのは早稲田、明治との力の差が詰まったことを同志社戦の勝利は証明することになったが、さらにその事実を裏づけたのが、1月の末に来日した豪州学生選抜に16―8で勝ったことだ。ようやくシーズンの終わりごろになってチーム力が整ったということか。なお、11月12日に予定されていた慶明戦は故朝香宮妃允子内親王殿下の葬儀にあたるため、関東協会の決定で12月25日に延期となる変則日程となった。5大学OBリーグ戦は慶應OBが3連勝。第7回東西対抗は関東が7連勝した。

◆[7大学対抗戦]

◇慶・東商大戦（慶應1勝）
▽1933（昭和8）年9月30日
▽グラウンド＝神宮競技場
▽キックオフ＝商大
▽レフリー＝塩谷虎彦氏

○慶應義塾63（24―0、39―5）5商大●

◇慶法戦（慶應1勝）
▽1933（昭和8）年10月14日
▽グラウンド＝神宮競技場
▽キックオフ＝法政
▽レフリー＝北島忠治氏

○慶應義塾46（32―6、14―8）14法政●

法政の神宮競技場デビュー戦。ジャージーの色分けが似ているため慶應が白一色のジャージーに着替えて試合に臨んだ。慶應は開始2分にスクラムトライで先制するなど、順当にトライを重ねていったが、法政も4トライ、1ゴールを返す善戦だった。

◇第8回慶立定期戦（慶應7勝1引き分け）
▽1933（昭和8）年10月22日
▽グラウンド＝神宮競技場
▽キックオフ＝立教
▽レフリー＝塩谷虎彦氏

○慶應義塾19（11―3、8―3）6立教●

試合は接戦だったが、ミスの多い低調な内容に終始した。わずかに慶應がバックスの活躍で粘る立教を振り切った。

◇第12回早慶定期戦（慶應7勝4敗1引き分け）
▽1933（昭和8）年11月23日
▽グラウンド＝神宮競技場

慶應義塾	vs.	早稲田
佐々倉	FW	西　海
酒　井		松　原
大　槻		砂　堀
伊　藤		渡　辺
田　川		大　野
阿　部		米　華
田　治		薄
田　中	HB	山　本
石　井		飯　森
財　部		野　上
北　野	TB	阪　口
清　水		荒　賀
矢　飼		川　越
若　尾		千　葉
田　林	FB	鈴　木

慶應	vs.	早稲田
2	T	0
0	G	0
0	PG	1
6	前	3
0	T	2
0	G	1
0	PG	0
0	後	8
6	計	11

▽キックオフ＝慶應

▽レフリー＝塩谷虎彦氏

●慶應義塾６（６―３、０―８）11早稲田○

●［後記＝橋本寿三郎・記］

前半の早稲田は２トライをリードされて焦り気味。粗雑なプレーがみられたが、後半見違えるように組織的となり、球を生かしていた。これが勝因の大なるもので、大野、米華、松原が光っていた。慶應は後半のFWの劣勢で防御一方となったところで、ラインとしての防御力の欠陥が出た（要旨）。

◇第10回慶東定期戦（慶應９勝１引き分け）

▽1933（昭和８）年12月２日

▽グラウンド＝神宮競技場

▽キックオフ＝東京帝大

▽レフリー＝中村米次郎氏

○慶應義塾30（６―０、24―０）０東京帝大●

試合結果は予想どおり慶應の大勝となったが、前半は６―０で両軍とも拙戦を繰り返していた。後半慶應は帝大FWの疲労にスクラムトライをあげてからバックスのパスワークも好調にノーサイド10分ぐらいの間に一挙に大量生産をとげ、実力の相違を示したものの、前半の愚戦はまれにみるものであった。帝大には評すべき何物もない。慶應では北野、佐々倉、真野、清水、若尾、阿部、田治らの不出場で実力を査定することができなかったのは遺憾である（要旨＝橋本寿三郎・記）。

◇第10回慶明定期戦（慶應５勝４敗１引き分け）

▽1933（昭和８）年12月25日

▽グラウンド＝神宮競技場

▽キックオフ＝明治

▽レフリー＝塩谷虎彦氏

●慶應義塾８（５―５、３―13）18明治○

慶應義塾	vs.	明治
佐々倉	FW	西垣
酒井		松田
山下		太田
真野		松井
田川		清水
川喜多		林
田治		山口
		渡辺
田中	HB	木下
石井		松隈
財部		
北野	TB	本多
矢飼		丹羽
清水		辻田
若尾		岡
田林	FB	笠原

慶應	vs.	明治
1	T	1
1	G	1
0	PG	0
5	前	5
1	T	3
0	G	2
0	PG	0
3	後	13
8	計	18

●［後記＝橋本寿三郎・記］

スコア上の興味はあっても、内容に至っては愚戦と言わざるを得ない。FWは体重の関係で明治が有利であったが、慶應もマイボールは確実にキープ。ドリブル攻撃も鋭くなかなかの善戦だったが、後半になって疲れのためか、チャージが鈍ったところを笠原らに走られ、ピンチを招く結果となってしまった。

とにかく残り時間5分の大詰めで明治が2トライを連取、2本とも笠原がゴールを決めて勝負がついたわけだが、勝った明治もそれまではキックに頼る消極的な戦法が目につき、慶應はバックスの不調が敗因となった。(要旨)

◆［東西大学対抗戦］

今季の東西大学対抗シリーズの主役は慶應だった。元日の京都帝大戦を53—6と予想を越える大差。それも京都を2PGのノートライに抑える完勝で、対戦成績を6勝2敗1引き分けとしたあと、4日の三高との試合は若手主体のメンバーが前半6—6と三高に食い下がられたが、後半の猛攻で大量40点を追加して連勝を15と伸ばした。最後の対戦相手、同志社は関西の覇者であり、すでに早稲田、明治とは引き分けている強敵。関東3位の慶應不利というのが一般的な見方だったが、試合は慶應がFWの活躍にバックスも応えるチーム一丸のラグビーで前年の雪辱を果たした。この結果、今季の大学日本一は早稲田と決まり、日本協会高木喜寛会長から同チームに優勝杯が贈られた。

◇第9回慶京定期戦（慶應6勝2敗1引き分け）

▽1934（昭和9）年1月1日

▽グラウンド＝神宮競技場

▽キックオフ＝慶應

▽レフリー＝塩谷虎彦氏

○慶應義塾53（24—6、29—0）6京都帝大●

◇第19回慶・三高定期戦（慶應18勝1引き分け）

▽1934（昭和9）年1月4日

▽グラウンド＝神宮競技場

▽キックオフ＝不明

▽レフリー＝中村米次郎氏

○慶應義塾46（6—6、40—0）6三高●

◇第20回慶同定期戦（慶應16勝1敗3引き分け）

▽1934（昭和9）年1月8日

▽グラウンド＝神宮競技場

▽キックオフ＝同志社

▽レフリー＝目良篤氏

○慶應義塾16（8—5、8—0）5同志社●

慶應義塾	vs.	同志社
佐々倉	FW	美濃部
酒　井		桂
山　下		網　島
真　野		荻　野
田　川		滝　本
川喜多		江　原
田　治		高　垣
		乾
足　立	HB	田　中
石　井		藤　長
財　部		
北　野	TB	杉　本
矢　飼		張
清　水		橘
若　尾		内　藤
田　林	FB	橋　本

慶應	vs.	同志社
2	T	1
1	G	1
0	PG	0
8	前	5
1	T	0
1	G	0
1	PG	0
8	後	0
16	計	5

●［後記＝橋本寿三郎・記］

慶應FWの活躍が光った。タイトは6分4分で取り、ルーズに至っては比較にならない巧妙さで圧倒。自信喪失の同志社FWは全く反撃の手段さえ失っていた。この点を同志社敗因の第1点とするなら、第2点はバックスに決定力がなかったこと。慶應の力の測定を誤っておったのではなかろうか。ラグビーチームの実力を判定することは難しいことで、

いわゆる土手評のごときは三文の値もないものである。(要旨)

◆豪州学生選抜に快勝

来日中の豪州学生選抜を東都に迎えた第1戦、慶應義塾との国際試合は2月1日午後3時から神宮競技場で行われた。快晴、微風の好コンディションに恵まれたが、ウィークデーのためか観客は約1万人。試合は小柄でよく動く慶應ＸＶが2FEシステムの豪州学生を終始リードして16―8で勝った。豪州学生の日本での成績は7戦4勝3敗。

◇国際親善第2戦（豪州1勝1敗）

▽1934（昭和9）年2月1日

▽グラウンド＝神宮競技場

▽キックオフ＝慶應

16―8

慶應盛んに猛攻 全濠洲を破る

上京第一戦 日濠ラグビー試合経過

攻守轉換に敏

密集を衝く

豪州学生選抜に快勝した試合を報ずる新聞。「…わが国ラグビー界の先輩によって創案された日本独得のセブン・フォアワーヅはエイト又は3・4・1に較べて決して劣るものでない」ことを創案者の後輩が示したことを「欣快にたえぬ」と記している。

▽レフリー＝目良篤氏

○慶應義塾16（5―3、11―5）8豪州学生選抜●

慶應義塾	vs.	豪州学生
佐々倉	FW	ピアース
和　泉		バーケット
永　田		マクウィリアム
真　野		ウィルソン
田　川		デュバル
足　立		シルコック
田　治		ライアン
		スタム
田　中	HB	ロジャース
石　井		
財　部		
	FE	エバンス
		ヴィセント
北　野	TB	オコーナー
清　水		ヘイズ
西		クラーク
若　尾		
田　林	FB	リース

慶應	vs.	豪州学生
1	T	1
1	G	0
0	PG	0
5	前	3
3	T	1
1	G	1
0	PG	0
11	後	5
16	計	8

●［後記＝橋本寿三郎・記］

慶應はシーズン後半の調子を持続していた。セブンFWの確実で展開の速い動きに豪州は苦しみ、対応策を見い出せないままノーサイドとなってしまった。体力的に劣る慶應がラインアウトをタイトスクラムに替えるようレフリーに申し出ていたが、この一事をみても慶應は相手の短所を見破っていたようだ。いずれにしても絶対優勢のラインアウトから単純にハーフに移す戦法は効果に乏しい。日本がもっとも苦手とするドリブル攻撃を交えるなどの工夫がなかった(要旨)。

◆5大学OBリーグで3連覇

5大学OBリーグの最終日は3月25日午後2時から慶明、同3時半から早立の2試合が神宮競技場で行われ、慶應と早稲田がそれぞれ勝った。この結果、優勝はすでに立教を（22—5）、早稲田を（17—14)、学士ラガーを（14—6）で破っている慶應がこの日の明治戦の勝利も含めて、4戦全勝で3年連続でOBリーグのタイトルを獲得した。

1934（昭和9）年度 ◆石井太郎②◆

慶應が早、明にそれぞれ4連敗を記録した。どうしても3位のポジションから抜け出せない原因はどこにあるのだろう。早、明両校との戦いを評してOBの橋本寿三郎はFWの健闘を称えながらも、①バックスの防御力の弱さ、②相手の防御に対応する作戦の転換、③ただバックスに頼る単調な攻撃からの脱却——など戦略面での諸点を指摘している。言葉を変えれば、慶應独特のセブン・システムは早、明によってその長、短所が解明された、ともいえるわけだが、この1908（明治41）年創案の対YC＆AC戦用システムが昭和年代にはいったいまも関西勢には通用するのだ。関東7大学3位の慶應が西の優勝校、京都帝大を32—3で一蹴、三高、同志社にも勝って2年続けて東西対抗戦無敗の記録を残している。京都帝大といえば関東の覇者、明治の全国制覇を1トライ差でストップした強豪。前年度は同志社の、そして今季は京都帝大の大学日本一を慶應が砕く役回りを演じることになった。全国制覇というビッグなタイトルをめぐる慶應と東西優勝校の不思議なトライアングルを思うとき、脇役から主役への飛躍を願ってやまない。5大学OBリーグ戦は2月24日（1935年＝昭和10年）に明治OBと対戦して9—38で大敗の記録が残っているが、資料では選手資格問題で慶應OBは棄権したことを伝えている。東西対抗については不明。

◆［7大学対抗戦］

◇第2回慶・東商大戦（慶應2勝）

▽1934（昭和9）年10月4日

▽グラウンド＝神宮競技場

▽キックオフ＝東商大

▽レフリー＝北島忠治氏

○慶應義塾45（29—0、16—8）8東京商大●

◇第2回慶法戦（慶應2勝）

▽1934（昭和9）年10月12日

▽グラウンド＝神宮競技場

▽キックオフ＝慶應

▽レフリー＝清瀬三郎氏

○慶應義塾36（15—0、21—3）3法政●

法政はＦＷの突っ込みに球を得て善闘したが、突っ込むだけで、その後の粘りがない。慶應は法政の順を失った虚をＴＢパスで攻め、6ゴール2トライをあげ、36－3で大勝した。

◇第9回慶立定期戦（慶應8勝1引き分け）

▽1934（昭和9）年10月28日

▽グラウンド＝神宮競技場

▽キックオフ＝慶應

▽レフリー＝目良篤氏

○慶應義塾49（22—3、27—5）8立教●

立教ＦＷが不調なのに対して慶應は対照的に好調そのもの。後半は意図的に相手に出させるなど余裕の試合運びで大勝した。

◇第11回慶明定期戦（慶應5勝5敗1引き分け）

▽1934（昭和9）年11月10日

▽グラウンド＝神宮競技場

▽キックオフ＝慶應

▽レフリー＝目良篤氏

●慶應義塾11（3―18、8―21）39明治○

慶應義塾	vs.	明治
山　下	FW	西　垣
酒　井		仙　崎
佐々倉		太　田
田　川		松　井
伊　藤		清　水
田　治		鍋　加
足　立		山　口
		林
田中一	HB	和　田
財　部		松　隈
清　水		
北　野	TB	鳥　羽
西		永　沼
石　井		辻　田
若　尾		岡
田　林	FB	笠　原

慶應	vs.	明治
1	T	4
0	G	3
0	PG	0
3	前	18
2	T	5
1	G	3
0	PG	0
8	後	21
11	計	39

●［後記＝橋本寿三郎・記］

大差となった第１の原因は慶應バックスの防御力の弱さをあげねばならない。タックルにはいっても倒しきれないため第２、第３のプレーでトライを許す結果を招いた。慶應防御陣の厚薄などいさいかまわず猛烈に突っ込んで突破したことが明治最大の勝因。ただFW全体を論ずれば慶應は互角以上に戦ったと賞される(要旨)。

◇第13回早慶定期戦（慶應7勝5敗1引き分け）

▽1934（昭和９）年11月23日

▽グラウンド＝神宮競技場

▽キックオフ＝早稲田

▽レフリー＝塩谷虎彦氏

●慶應義塾16（8―13、8―11）24早稲田○

慶應義塾	vs.	早稲田
佐々倉	FW	西　海
酒　井		松　原
山　下		松　木
伊　藤		斎　藤
田　川		藤　井
足　立		田　崎
田　治		薄
清　水	HB	山　本
田　中		伊　藤
財　部		野　上
北　野	TB	阪　口
西		林
石　井		川　越
若　尾		千　葉
田　林	FB	鈴　木

慶應	vs.	早稲田
2	T	2
1	G	2
0	PG	1
8	前	13
2	T	3
1	G	1
0	PG	0
8	後	11
16	計	24

●［後記＝橋本寿三郎・記］

ミスの多い試合で、その数が少ない早稲田が勝者となった。慶應のFW優勢を読んだ早稲田は浅い防御陣形をとったが、慶應の一本調子の正攻法には効果があった。慶應としてはキックを使ってこの浅い守りのラインを撹乱するなど、戦法の転換を考えるべきだったろう。ことにスクラムトライを２度も成功させているのだから、この敗戦は明らかに作戦負けと言える(要旨)。

◇第11回慶東定期戦（10勝１引き分け）

▽1934（昭和９）年11月30日

▽グラウンド＝神宮競技場
▽キックオフ＝東京帝大
▽レフリー＝西尾重喜氏

○慶應義塾40（27—0、13—3）3東京帝大●

◆［東西大学対抗戦］

京都帝大に敗れた明治、同志社に逆転負けを喫した早稲田。西下した関東７大学の１、２位が不振を極めるなかで、ひとり慶應だけが関西勢３校を総なめという前年度と全く同じ結果をだした。シーズンも終盤のこの時期を迎えるとチーム力が上昇するとみていいのか、はたまた京都にラグビーの土壌を開き、種を蒔いたその道の先達、慶應との間には目に見えない何かがあるのだろうか—。

◇第10回慶京定期戦（慶應7勝2敗1引き分け
▽1935（昭和10）年1月1日
▽グラウンド＝花園ラグビー場
▽キックオフ＝京都帝大
▽レフリー＝川本氏

○慶應義塾32（21—0、11—3）3京都帝大●

慶應義塾	vs.	京都帝大
佐々倉	FW	梅　原
酒　井		山　口
山　下		吉　川
伊　藤		池　田
田　川		久　永
足　立		伊　藤
田　治		渡　辺
		佐　藤
清　水	HB	斎　藤
田　中		松　野
財　部		
北　野	TB	伊地知
西		磯　田
石　井		高　木
若　尾		小　川
田　林	FB	天　野

慶應	vs.	京都大
4	T	0
3	G	0
1	PG	0
21	前	0
3	T	1
1	G	0
0	PG	0
11	後	3
32	計	3

三田山上・大ホール前にて、昭和９年度卒業記念写真。（昭和10年３月撮影）

[短評]

風上の慶應はFWがルーズへの速い集散と鋭い突っ込みで京都を圧倒。5分、田治トライで先制してからは、ワンサイドに試合を進めた。京都も後半風上にまわって慶應の背後を衝くパント攻撃で苦しめはしたが、タイト、ルーズでの慶應絶対の優勢は崩れず、大敗を招く結果となった。

◇第20回慶・三高定期戦（慶應19勝1引き分け）

▽1935（昭和10）年1月4日

▽グラウンド＝花園ラグビー場

○慶應義塾61（25—5、36—3）8三高●

◇第21回慶同定期戦（慶應17勝1敗3引き分け）

▽1935（昭和10）年1月9日

▽グラウンド＝花園ラグビー場

▽キックオフ＝同志社

▽レフリー＝阿部吉蔵氏

○慶應義塾45（31—3、14—0）3同志社●

勝敗の分岐点はルーズ後の突進力の違いといえる。とにかく同志社には先に早稲田を破ったときの勢いがない。前半わずかに1PGをあげただけ。まったくのワンサイドゲームの結果、慶應が45—3で快勝、対戦成績を17勝1敗3引き分けとし、今季の公式日程を終了した。

◆その他の結果

2ndXVの慶明戦（10月22日）は慶應が6—48、早稲田2ndXVにも11—21で敗れたが、YC&ACの2ndXVには25—0で快勝。慶應OBとYC&ACの定期戦第1戦（11月11日）は慶應OBが8—6の接戦のすえ勝ったが、第2戦（11月25日）は9—16で敗れ、今季の対戦は1勝1敗のタイで終わった。また関西遠征で3定期戦の前哨戦として関西学院と12月23日に花園ラグビー場で対戦し、慶應が28—0で順当勝ち。2ndXVも同志社予科に24—3、大阪商大に29—9のスコアで連勝している。

1935（昭和10）年度 ◆三浦五郎◆

明治との定期戦がはじまって今季が12年目。とうとう対戦成績を明治に逆転される屈辱のシーズンとなってしまった。早稲田とのそれは定期戦のスタートが2年早いだけ、辛うじて1勝のリードを保ってはいるが、今季で早、明に5連敗の記録は上昇気流に乗るチームと、退潮著しい慶應との距離をくっきりと描き出している。なかでも2度目の全国制覇を果たした北島明治はダブリン・システムと称する秘策で早稲田の前に立ちはだかった。大学ラグビー界の盟主の座はすでに慶應の手から離れて久しい。早稲田が縦のゆさぶりを、いままた明治がダブリン大学のセブン・システムを駆使して頂点に立ったが、ラグビー開祖の慶應に復活の妙手はないのだろうか。7大学対抗戦で曲がりなりにも3位を維持し、東西大学対抗では無類の強さを今季も発揮した。人材、土壌に問題がないとすれば残された課題はただひとつ、早明の個性的なラグビーを打ち破る創造性に富んだ新しい慶應ラグビーの確立だろう。時間はかかるかもしれないが、早明はこの手法で慶應を倒した。

➲NZ学生選抜が日本協会の招きで1月下旬に来日。慶應は善戦およばず6—23で敗れる。

◆［7大学対抗戦］

◇第3回慶・東商大戦（慶應3勝）
▽1935（昭和10）年9月24日
▽グラウンド＝神宮競技場
▽キックオフ＝不明
▽レフリー＝目良篤氏

○慶應義塾38（16—0、22—3）3東商大●

◇第3回慶法戦（慶應3勝）
▽1935（昭和10）年10月12日
▽グラウンド＝神宮競技場
▽キックオフ＝慶應
▽レフリー＝清瀬三郎氏

○慶應義塾37（14—13、23—3）16法政●

勝った慶應は田川に負うところがすこぶる多い。ロックの当代第一人者として推奨するにやぶさかではないが、全般的には人材寥々（さびしいさま）たるを覚える。セブンの生命たるハーフ団は円滑を欠くうえにバックローの防御が悪く、往年の慶應を知る者にとって隔世の感を抱かせた(飼手・記＝要旨)。

◇第10回慶立定期戦（慶應9勝1引き分け）
▽1935（昭和10）年10月27日
▽グラウンド＝神宮競技場
▽キックオフ＝慶應
▽レフリー＝塩谷虎彦氏

○慶應義塾6（6—5、0—0）5立教●

前日からの豪雨に烈風。最悪の条件で試合は勢いキックとドリブルの応酬という限定された展開になった。5点を先制された慶應が前半26分のPGで差をつめたあと、34分に北野のトライで逆転。後半はともに得点なく、結局慶應が前半の1点差を守って逃げきった。

◇第12回慶明定期戦（慶應5勝6敗1引き分け）
▽1935（昭和10）年11月10日
▽グラウンド＝神宮競技場
▽キックオフ＝慶應
▽レフリー＝清瀬三郎氏

●慶應義塾20（9—23、11—6）29明治○

［短評］
慶應の先制トライは明治の重量FWのお株

慶應義塾	vs.	明治
佐々倉	FW	西　垣
酒　井		仙　崎
伊　藤		太　田
大　西		加　島
田　川		新　島
川喜多		鍋　加
三　浦		山　口
		渡　辺
田中一	HB	和　田
真　期		堀　川
大　江		
北　野	TB	辻　田
西		大　岡
竹　岡		佐　沢
若　尾		岡
辺	FB	笠　原

慶應	vs.	明治
3	T	5
0	G	4
0	PG	0
9	前	23
3	T	1
1	G	0
0	PG	1
11	後	6
20	計	29

を奪う見事なものだった。タイトからホイールしてあげたもの。慶應FWが低く組んで一気に押すタイトは重量に勝る明治のエイトFWと互角の勝負をしたが、惜しいことにタックルの弱さが目立った。トライの数では6本ずつと慶應の攻撃面での健闘に比べ、守りの面に問題を残した。それにしても明治の体力をきかした強引なプレーはこのチーム最大の特色といえる。

◇第14回早慶定期戦（慶應7勝6敗1引き分け）

▽1935（昭和10）年11月23日

▽グラウンド＝神宮競技場

▽キックオフ＝早稲田

▽レフリー＝塩谷虎彦氏

●慶應義塾6（6―0、0―19）19早稲田○

慶應義塾	vs.	早稲田
佐々倉	FW	西　海
酒　井		高　木
永　田		松　木
伊　藤		斎　藤
田　川		藤　井
川喜多		米　華
三　浦		田　崎
田中一	HB	山　本
真　期		伊　藤
大　江		野　上
北　野	TB	阪　口
西		林
竹　岡		川　越
若　尾		原
辺	FB	鈴　木

慶應	vs.	早稲田
0	T	0
0	G	0
2	PG	0
6	前	0
0	T	4
0	G	2
0	PG	1
0	後	19
6	計	19

[短評]

慶應のキックで早稲田を自陣にクギづけにする作戦は前半成功した。しかも焦り気味の早稲田から2PGを奪って得点面でも優位に立ったが、やはり力の差が後半にはいってはっきり表れた。早稲田はFW戦の劣勢をバッキングアップと忠実なフォローでカバー。野上のPGと川越のトライで同点としてからはボールを縦横に動かすプレーでさらに3トライ、2ゴールを追加して慶應にとどめを刺した。なお、早稲田はここまで5戦して失トライ0。

◇第12回慶東定期戦（慶應11勝1引き分け）

▽1935（昭和10）年11月30日

▽グラウンド＝神宮競技場

▽キックオフ＝慶應

▽レフリー＝御牧称児氏

○慶應義塾72（28—0、44—0）0東京帝大●

◆［東西大学対抗戦］

◇第11回慶京定期戦（慶應8勝2敗1引き分け）

▽1936（昭和11）年1月1日

▽グラウンド＝神宮競技場

▽キックオフ＝京都帝大

▽レフリー＝目良篤氏

○慶應義塾17（6—0、11—13）13京都帝大●

慶應義塾	vs.	京都帝大
大　西	FW	岩　男
酒　井		山　口
永　田		安　藤
伊　藤		下　村
田　川		河　西
川喜多		上　西
三　浦		阿　部
		伊　藤
田中万	HB	斎　藤
真　期		平　沢
竹　岡		
桜　井	TB	由　良
西		小布施
北　野		松　野
若　尾		小　川
辺	FB	宮　尾

慶應	vs.	京都大
1	T	0
0	G	0
1	PG	0
6	前	0
3	T	2
1	G	2
0	PG	1
11	後	13
17	計	13

［短評］

京都が後半に追い込んで接戦となったが、橋本寿三郎（慶應OB）によると「慶應FWが再三ルーズを割られるなど鋭さを欠いた」から。しかもタイトからのボールの大半がハーフのところで京都の早い潰しに断ち切られたのも苦戦の原因にあげられる。

◇第21回慶・三高定期戦（慶應20勝1引き分け）

▽1936（昭和11）年1月4日

▽グラウンド＝神宮競技場

▽キックオフ＝不明

▽レフリー＝目良篤氏

○慶應義塾48（19—8、29—5）13三高●

◆慶應若手メンバー

	慶應義塾
FW	大　西
	森　岡
	永　田
	内　山
	田　川
	川喜多
	岡　田
HB	田中万
	真　期
	大　汀
TB	桜　井
	吉　原
	辺
	吉　田
FB	大　市

慶應は若手選手を多数加えていたためプレーには稚拙の感があったが、それでもスコアは48—13と大勝。対戦成績を負けなしの20勝1引き分けとした。

◇第22回慶同定期戦（慶應18勝1敗3引き分け）

▽1936（昭和11）年1月8日

▽グラウンド＝神宮競技場

▽キックオフ＝同志社

▽レフリー＝中村米次郎氏

○慶應義塾40（14—0、26—0）0同志社●

慶應は西—北野のサイドが好調。橋本寿三郎（慶應OB）は「このサイドからの攻撃力は同志社の防御陣をもってしては防ぎきれぬものがあった」と評している。

◆来日のNZ(ニュージーランド)学生選抜強し

NZ学生選抜を日本に迎えた第2戦、慶應義塾との国際試合は1月30日午後3時から東京・神宮競技場で行われ、NZ学生が7トライ、1ゴールの23点をあげ、守っては慶應の攻撃を2トライの6点の抑えて勝った。NZ学生は来日2連勝。

◇国際親善第2戦（NZ学生選抜、2勝）
▽1936（昭和11）年1月30日
▽グラウンド＝神宮競技場
▽キックオフ＝NZ学生選抜
▽レフリー＝目良篤氏

●慶應義塾6（3―9、3―14）23NZ学生選抜○

慶應義塾	vs.	ＮＺ学生
大　西	FW	トーマス
酒　井		バ ー ク
永　田		レーニー
田　川		シーマース
伊　藤		ハドソン
三　浦		ドレイク
川喜多		チャップマン
		スライス
田中一	HB	マクリーフ
田中万		
竹　岡		
	FE	ワイルド
		ギリース
北　野	TB	ジョーンズ
西		ブッシュ
辺		グラント
桜　井		
吉　田	FB	トリクバンク

付記①：NZ学生の⑩は第1FE、⑪は第2FE。日本でいうSO2人制に相当する。またFWはエイトで「3・4・1」システム。

［後記＝橋本寿三郎・記］

NZ学生の特色は球離れのよいことと、防御の際のバックアップのよいことだ。タッチに向かって扇形に開いてくるFWの防御網はさすがに固い。これは単に彼らの脚力というよりも判断の正確さによるもので、このチームが従来の外国チームに比してラグビー知識を蔵している一端がうかがわれる。一見容易に抜けそうであり、事実抜いてもトライを得ることは容易な技ではない。慶應はシーズン最高の出来。FWの健闘もさることながら難点だったSHのパスアウトもよく、タックルもよく決まるなどスコアの上では敗れたものの善戦が賞される(要旨)。

◆その他の記録

5大学OBリーグ戦は2月23日に早慶戦（神宮競技場）で開幕。積雪のグラウンドで行われたが、9―12で惜敗、学士ラガーとの第2戦も6―6の引き分けに終わった。かつてのリーグ3連勝当時の勢いは消え失せ、第3戦の慶明戦では明治に4トライ、3ゴールの18点を奪われる大敗。ようやく最終の立教戦で初の勝ち星を記録する不振のシーズンとなった。また高専＆中学大会の関東予選（10月20日、和泉）に出場した慶應予科は早稲田専門部に17―0で完敗。慶應普通部は京王商業を35―0スコアで破って準決勝（11月3日、和泉）へ勝ち進んだが、惜しくも成城中等部に3―18で敗れ、決勝進出はならなかった。なお、京都勢との2つの定期戦は12月25日に新設の慶應・日吉競技場に同志社中学を迎えて行われたが、3―35で大敗。4日後の京都一商との定期戦（日吉）は19―16の小差で普通部辛うじて勝った。その他、第9回東西対抗戦は関東が56―11で勝ち、9連勝した。

1936（昭和11）年度 ◆北野孟郎◆

慶應が創部以来の伝統を捨てて2FE（5／8）システムを早慶戦で初めて採用した。北野主将といえば日本代表のカナダ遠征にはじまり、来日カナダ代表、豪州学生、NZ学生と国際試合のすべてに出場した日本ラグビーを代表する国際選手。その豊富な経験と知識が新システムの模索を思いたたせ、また対早稲田戦連敗脱出のカンフル剤とも考えたのだろう。だが、結果は思惑どおりにはいかなかった。最終の東京帝大戦にも新システムで臨んではいるが、一部の厳しい批判が影響したのか、新年の東西大学対抗戦では従来の慶應スタイルに帰っている。ただこの東西対抗ではFBに北野を置くシーズン当初の布陣に回帰したり、北野主将自らローバーを務めるなど、最良の布陣を求めるポジションチェンジの試行錯誤が目を引く。こうした迷いは京都帝大、三高には連勝はしたものの、最後の同志社戦にゼロ敗という最悪の結果となって表れた。第12回全国高専大会（1937年1月、花園）に関東代表として出場した慶應予科は東京代表の明治予科に6―17で敗れ、1回戦で敗退。5大学OBリーグ戦で慶應OBは4位にとどまった。なお、史料によると明治から慶應、早稲田に対し、「国際試合に準じて試合時間を40分ハーフとする」旨の申し入れが行われ、早明戦は当日の塩谷虎彦レフリーの裁断で史上初めて「40分ハーフ」で行われ、以後40分制が定着した。慶明戦については従来どおり「35分ハーフ」で行われたもよう。

◆［7大学対抗戦］

◇第4回慶法戦（慶應4勝）
▽1936（昭和11）年10月17日
▽グラウンド＝神宮競技場
▽キックオフ＝慶應
▽レフリー＝塩谷虎彦氏

○慶應義塾51（12―0、39―0）0法政●

慶應はシーズン第1戦の日大戦続いて主将の北野をFB、財部をローバーに起用する新布陣。前半は法政FWの健闘にてこずったが、本来の調子を取り戻した後半は大量点を加えてまずは順当にスタートを飾った。

◇第11回慶立定期戦（慶應10勝1引き分け）
▽1936（昭和11）年10月25日
▽グラウンド＝神宮競技場
▽キックオフ＝慶應
▽レフリー＝西垣氏

○慶應義塾44（18―3、26―6）9立教●

慶應は北野が独特の走法で立教の重囲をあっさり抜くなどベテランの面目躍如といったところだが、要するに立教は慶應に対し、極力ハーフ団の潰しを第一とし、ここに全力を集中したため逆にここを突破されると防御陣はまったく手薄となっていた。FWからの球は立教に少なかったわけではないが、この結果に終わったのは立教バックスの無力に原因している(橋本寿三郎・記＝要旨)。

◇第4回慶・東商大戦（慶應4勝）
▽1936（昭和11）年10月31日
▽グラウンド＝神宮競技場
▽キックオフ＝東商大
▽レフリー＝河内氏

○慶應義塾75（39―0、36―0）0東商大●

◇第13回慶明定期戦（慶應5勝7敗1引き分け）
▽1936（昭和11）年11月8日
▽グラウンド＝神宮競技場
▽キックオフ＝慶應
▽レフリー＝塩谷虎彦氏

●慶應義塾3（0—13、3—24）37明治○

慶應義塾	vs.	明治
大　西	FW	山　本
和　泉		西　垣
川喜多		太　田
内　山		加　島
中　須		渡　辺
小　倉		鍋　加
田　中		新　島
財　部	HB	木　下
真　期		和　田
竹　岡		
桜　井	TB	斎　藤
辺		藤
郡		佐　沢
吉　田		田　中
	SE	大　岡
北　野	FB	野　崎

付記①：SEは7／8の略

慶應	vs.	明治
0	T	2
0	G	2
0	PG	1
0	前	13
0	T	6
0	G	3
1	PG	0
3	後	24
3	計	37

●［後記＝橋本寿三郎・記］

慶應FWの健闘は賞されるが、ただでさえ軽量のFWから川喜多の負傷退場（前半23分）は大きな痛手となった。これ以後の慶應は14人。このためスクラム周辺の守りが手薄となったのもやむを得なかったが、明治でいえばハーフに球をだすFWのコントロールの巧妙さ、ルーズから足に引っかけて出る体力をきかせた突破力は、さすがに強力FWの名を汚さぬものだった。いずれにしてもノートライに終わった慶應の敗因は欠員による配陣の不備を認めるとしても、いままで暴露しなかった防御力の弱点に起因する。タックルを忘れた慶應は相手が明治だけに強く響いていた（要旨）。

◇第15回早慶定期戦（慶應7勝7敗1引き分け）

▽1936（昭和11）年11月23日

▽グラウンド＝神宮競技場

▽キックオフ＝早稲田

▽レフリー＝塩谷虎彦氏

●慶應義塾6（3—10、3—16）26早稲田○

慶應義塾	vs.	早稲田
大　西	FW	山　地
和　泉		村　山
白　井		松　木
内　山		斎　藤
中　須		土　佐
小　倉		米　華
田　中		井　沢
財　部	HB	池田新
		伊　藤
		林
大　江	FE	
北　野		
桜　井	TB	池田林
辺		鈴　木
竹　岡		川　越
郡		山野辺
吉　田	FB	井　川

慶應	vs.	早稲田
1	T	2
0	G	2
0	PG	0
3	前	10
1	T	4
0	G	2
0	PG	0
3	後	16
6	計	26

●［後記＝橋本寿三郎・記］

慶應が伝統のセブン制を捨て、新システムを採用するには相当の悩みを持っていたことだろう。結果は北野がFEとしての適当な動きに乏しくFBに起用した吉田も防御に対する判断、殊にパント対する不確実な捕球が目立った。またFWはヒールアウトの時期を失してSHのパスアウトに余裕が与えられず、ハーフ陣からひとり余して後陣に繰り入れた総和は数において優るのみで、実力的に非常に減殺されておったのではないだろうか。試合を通観するに早稲田は実戦的に一段と上のチームでプレーの展開味があった。パスに活路を失えばパントにこれを移し、続いて起こるチャージと積極的に一歩一歩試合をリードしていく策と訓練ができている。慶應は各プレーが不連続的であると同時に、何らかの場合プレーがとまった際に積極的に球にプレーを起こさない弱点と通弊を持っている。この点が改善されない限り慶應はバックスに偉材を擁しながら自ら永久に眠るだろう(要旨)。

◇第13回慶東定期戦（慶應12勝１引き分け）
▽1936（昭和11）年11月28日
▽グラウンド＝神宮競技場
▽キックオフ＝東京帝大
▽レフリー＝北島忠治氏

○慶應義塾33（14―４、19―３）７東京帝大●

勝敗の帰趨より慶應の再度の２FEシステムに興味があったが、早、明に敗れたことの影響か、気迫、技術の両面で著しく見劣りして新フォーメーションの真正な運行とか威力なぞについてはついに見い出すことすらできなかったのは遺憾であった。覇権への邁進に齟齬したからといってシーズン最中にありながら満足なハンドリングもできず、十分なフォローもできぬ練習不足の態は早、明に敗れた失望に対する同情と相殺するわけにはいかない(岡本隆司・記＝要旨)。

◆［東西大学対抗戦］

◇第12回慶京定期戦（慶應９勝２敗１引き分け）
▽1937（昭和12）年１月１日
▽グラウンド＝花園ラグビー場
▽キックオフ＝京都帝大
▽レフリー＝川本氏

○慶應義塾14（６―０、８―５）５京都帝大●

京都は前半FWの善戦で波乱の場面を展開したが、慶應FWが後半にはいって調子を取り戻すとともに、バックスも個々の突進力に自信をもってトライを重ねてリードを広げた。なお、慶應は2FEシステムから伝統のセブン・システムに戻り、FBに主将の北野がはいった。

◇第22回慶・三高定期戦（慶應21勝１引き分け）
▽1937（昭和12）年１月４日
▽グラウンド＝花園ラグビー場
▽キックオフ＝三高
▽レフリー＝川本氏

○慶應義塾85（35―０、50―０）０三高●

◇第23回慶同定期戦（慶應18勝２敗３引き分け）
▽1937（昭和12）年１月９日
▽グラウンド＝花園ラグビー場
▽キックオフ＝不明
▽レフリー＝野上氏

●慶應義塾０（０―５、０―23）28同志社○

FW戦に負けたことが慶應の攻撃、守りの歯車を狂わせてしまった。翌日の新聞評「同志社バックスの攻撃に対して何らの対策もなく、また各人のタックルも行われず、慶應の敗戦は順当の結果と断定せざるを得ない」と厳しいものだった。

◆その他の記録

シーズン開幕の第１戦として躍進著しい日大と神宮競技場で初めて対戦。54―５の大差をつけて、日大の挑戦を退けた。また第12回全国高専大会に関東代表として出場した慶應予科は１回戦で敗退。相手は東京代表の明治予科（優勝）だった。

1937（昭和12）年度 ◆竹岡晴比古◆

関東の7大学対抗戦、新年の東西大学対抗戦。この2つのシリーズを通じて慶應が5敗を記録した。早、明に7連敗はともかく立教に初黒星、京都帝大、同志社にも地元、神宮競技場での敗戦は何をかいわんやである。それも同志社には初めての連敗。つい2年前まで早明には勝てなくても東西対抗戦にはいると「別人」のように無類の強さを発揮した、あのタイガー慶應はどこへ行ってしまったのだろう。OBのひとりで、かつての日本代表のひとりだった岩下秀三郎は「チームの素材という根本問題がまず論議されるべきであり、根幹から改造されなければ立ち直りは困難・・・」とまで言い切っている。創部39年目に訪れたラグビー創始校が経験する最大の危機といってもいい。この沈滞の中で一条の光明となったは第13回全国高専大会で準優勝を遂げた慶應予科の活躍である。松山高商、甲南高、九州医専をそれぞれ大差で連破。決勝でライバル早稲田高等学院に3—10で惜敗はしたが、明日の復活を予期させる唯一の朗報ではあった。5大学OBリーグ戦は早明が3勝1敗の同率で1位を分け合い、慶應と学士ラガーは2勝2敗で3位だった。

➡I.R.B.による一部ルール改正が行われた（★ルール改正の項を参照）。

◆［7大学対抗戦］

◇第5回慶法戦（慶應5勝）
▽1937（昭和12）年10月17日
▽グラウンド＝神宮競技場
▽キックオフ＝不明
▽レフリー＝品田通世氏

○慶應義塾55（22—0、33—0）0法政●

◇第12回慶立定期戦（慶應10勝1敗1引き分け）
▽1937（昭和12）年10月24日
▽グラウンド＝神宮競技場
▽キックオフ＝不明
▽レフリー＝品田通世氏

●慶應義塾5（5—5、0—3）8立教○

慶應はプレースキッカーの不在に泣いた。得点差もわずかに1PG差。出来そのものは決して悪いものではなかったが、ただ気迫の点で立教に遅れをとったといえる。立教は1929（昭和4）年に慶應との引き分け試合はあるが、勝ったのはこれが創部以来初めて。

◇第5回慶・東商大戦（慶應5勝）
▽1937（昭和12）年10月30日
▽グラウンド＝神宮競技場
▽キックオフ＝不明
▽レフリー＝石井氏

○慶應義塾55（24—0、31—3）3東京商大●

◇第14回慶明定期戦（慶應5勝8敗1引き分け）
▽1937（昭和12）年11月14日
▽グラウンド＝神宮競技場
▽キックオフ＝不明
▽レフリー＝品田通世氏

●慶應義塾8（8—32、0—19）51明治○

［後記＝岩下秀三郎・記］

慶明戦はじまって以来の大差となった。タイトは一見互角に見えたが、体重差からくる疲労は争うべくもなく、ルーズは明治圧倒的に強く、大量得点の因をなした。しかも藤—和田のHBは神出鬼没の大岡の活躍とあいまってスクラムサイドを、あるいはオープンにとスムーズな展開をみせて無人の境を行くがごとく、その間、斎藤の快速が特に目立った。

体力に劣る慶應が技術、経験でも劣っているのだから、この結果もいたし方なく、たとえ現在の慶應に対して部分的改善を行うともそれは結局、いまの域を脱しきれない(要旨)。

慶應義塾	vs.	明治
大　西	FW	仙　崎
森　岡		山　本
白　井		遠　藤
中　須		加　島
松　野		畠　山
北御門		鍋　加
田　中		新　島
財　部	HB	藤
真　期		和　田
向　田		
桜　井	TB	斎　藤
郡		佐　沢
竹　岡		大　谷
吉　田		高　橋
	SE	大　岡
磯　野	FB	山　中

◇第16回早慶定期戦（慶應7勝8敗1引き分け）

▽1937（昭和12）年11月23日

▽グラウンド＝神宮競技場

▽キックオフ＝早稲田

▽レフリー＝塩谷虎彦氏

●慶應義塾0（0—13、0—28）41早稲田○

慶應義塾	vs.	早稲田
大　西	FW	山　地
森　岡		高　木
白　井		松　木
中　須		斎　藤
松　野		村　山
北御門		大　西
田　中		井　沢
財　部	HB	松　本
真　期		木　村
向　田		角　谷
桜　井	TB	池　田
郡		井　川
竹　岡		川　越
吉　田		田　中
磯　野	FB	上　田

慶應	vs.	早稲田
0	T	3
0	G	2
0	PG	0
0	DG	0
0	前	13
0	T	3
0	G	3
0	PG	1
0	DG	0
0	後	28
0	計	41

[短評＝東京日日]

早稲田が川越を中心とするバックスに多彩な攻撃力を有するのに比して、慶應はほとんど得点力が認められず、わずかにFWの予期以上の健闘をもって自ら慰めるべきだろう。要するに各プレーヤーの基本的技術においてすでに相当の隔たりが認められ、同チームとしてはこの際、根本的改造が切望される。

◇第14回慶東定期戦（慶應13勝1引き分け）

▽1937（昭和12）年11月30日

▽グラウンド＝神宮競技場

▽レフリー＝塩谷虎彦氏

○慶應義塾46（19—0、27—0）9東京帝大●

◆[東西大学対抗戦]

慶應にとっては最悪の東西対抗戦となった。元日の京都帝大との試合を5—8で落としたのがつまずきのはじまり。三高に80—0と大勝したのはともかく、同志社にも9—11で昨季に続いて連敗という結果となった。2試合とも3点、2点と点差は少なく、接戦での競り合いに負けたとも受け取れるが、この点について慶京戦を報ずる新聞は「要するにこの程度のチームであったら全員の気持ちひとつで勝敗いずれともいくもので、この結果はひいき目でなくとも負けた慶應にも十分勝ち得る可能性はあった」と気力の欠如を指摘している。

三田山上・大ホール前にて、昭和12年度卒業記念写真。(昭和13年3月撮影)

◇第13回慶京定期戦(慶應9勝3敗1引き分け)
▽1938(昭和13)年1月1日
▽グラウンド=神宮競技場
▽キックオフ=不明
▽レフリー=塩谷虎彦氏

●慶應義塾5(0—5、5—3)8京都帝大○

◇第23回慶・三高定期戦(慶應22勝1引き分け)
▽1938(昭和13)年1月4日
▽グラウンド=神宮競技場
▽キックオフ=不明
▽レフリー=目良篤氏

○慶應義塾80(32—0、48—0)0三高●

◇第24回慶同定期戦(慶應18勝3敗3引き分け)
▽1938(昭和13)年1月9日
▽グラウンド=神宮競技場
▽キックオフ=同志社
▽レフリー=塩谷虎彦氏

●慶應義塾9(3—11、6—0)11同志社○

◆第13回高専大会で準優勝

優勝候補の一角にあった慶應予科(関東代表)は期待どおり準決勝まで快調なペースでで勝ち進んだが、決勝で早稲田高等学院に接戦のすえ3—10で敗れ、惜しくも全国制覇はならなかった。

◆1回戦
○慶應予科57(29—0、28—0)0松山高商●
◆2回戦
○慶應予科40(13—0、27—3)3甲南高校●
◆準決勝
○慶應予科30(14—0、16—3)3九州医専●
◆決勝
●慶應予科3(3—5、0—5)10早稲田高等学院○
▽1938(昭和13)年1月8日
▽グラウンド=花園ラグビー場
▽レフリー=別所安次郎氏

慶應予科	vs.	早高学院
成　相	FW	崔
大神田		木村正
伊　丹		木村不
土　井		高　橋
徳　永		侯
広　末		吉田宗
村　木		加　藤
小　倉	HB	村　川
吉　田		松　元
大　江		石　崎
池　田	TB	吉田晃
吉　原		鈴　木
有　阪		橋　本
鈴　木		千　田
根　本	FB	遠　藤

◆その他の記録

今季の開幕第１戦の日大との試合は10月９日に慶應・日吉競技場で行われ慶應が44（24—５、20—５）10で昨季に続いて２連勝した。また５大学OB対抗戦の慶應OBは２勝２敗で学士ラガーと３位を分け合った。優勝は３勝１敗の早稲田と明治。

◆I. B. R. によるルール改正（1937〜38年度）

主な改正点のひとつ、ペナルティートライは今季からつねにポストの真ん中に与えられることになった。またペナルティーキックはマーク地点から行うこととし、その際、相手のプレヤーはマークから10ヤード退くか、あるいはゴールラインまで下がらなければならないことになった。

再び全国制覇へ一直線 (1938~1944)
―王座奪回へ脇監督の再建5カ年計画―

1938(昭和13)年度 ◆財部辰彦①◆

慶應義塾蹴球部100年の歴史の中で1938（昭和13）年という年度はラグビー創始校が近代化への第１歩を大きく踏み出した記念すべきシーズンである。もちろん、それは草創期の先達たちによって確立されたスピリッツと伝統の余韻を損なうことなく、しかも時代の要請に応える大改革でもあった。タクトを振ったのは1917（大正６）年度の主将を務めた脇肇である。早、明両校に負け続けること７シーズン。黒黄会（1928年５月設立：初代会長・田辺九万三）の監督要請を受けた脇は５シーズン、６年にわたって蹴球部の再建と人材の育成に心血を注いだ。早稲田が、明治が「打倒慶應」を標榜して実現するまでに６年の歳月を要しているが、立場が変わったいま、新監督は王座奪回のデッドラインを５年先と定め、就任のこのシーズンを復活への初年度とした。蹴球部に伝わる「脇監督の５カ年計画」の始動である。ただ、この年も早明に敗れ、同志社には初の３連敗という厳しい試練が待っていた。が、脇には確かな手応えを感じさせるものもあった。高専大会で予科チームが２年連続で準優勝したことである。そもそも５カ年計画最大の眼目は予科１年生が本科の最上級生になったシーズンを最終年度と位置づけており、優勝こそ逃しはしたが予科チームの活躍は脇プランの順調な進行を裏づける証でもあったのだ。

◆再建への脇構想

蹴球部六十年史に脇肇の「後進に与う私のラグビー観」と題する随想が掲載されているが、ここには脇の人生観、ラグビーへの熱い思い、そして不振のどん底からラグビー創始校を12年ぶりに栄光の座へと押し上げた「再建５カ年計画」の一端をうかがい知ることができる。その要点を再録すると①ラグビーはあくまでも余技。本分は学業にある、②技巧に走るラグビーエンジニアであってはならない、③慶應義塾蹴球部の歴史を学び、そして誇りを持て――の３点に要約される。脇監督はこの原則を根底に５カ年計画を推進していった。具体的には「一番徹底させたかったのはひとりも落第生を出さないこと、頭を丸刈りにすること」（脇肇）の２点の実行を部員に要求すると同時に、反対した部員全員に退部を命じている。こうした強硬な措置がとれたのも「慶應義塾に履歴書を出して辞令をもらったうえで就任していたから」（脇肇）と決意のほどを明かしているが、チーム改革の真の狙いは、意識革命であり、予科１年生を伝統の後継者として育てることにあった。事実、脇自身も「当時の予科１年生から６年かかって全く自分のFWであり、自分のチームを仕上げて、12年間負け続けていた早慶戦をものにして」と綴っている。時代背景が戦時といまでは違うとの意見もあるだろう。しかしその方法論はともかく、草創期の慶應ラグビーに携わった先輩たちのスピリッツと行動力に心のよりどころを求めた脇肇のリーダーシップは時代を越えて高く評価されるべきだろう。「ストレートダッシュ」、「ローヘッド」、そして

「ハードタックル」――戦後も昭和20年代まで蹴球部の一員だった者には、脇から叩き込まれたこの３原則は終生忘れることのできない教えであり、慶應ラグビーの神髄を射た基本命題でもある。

◆横浜・日吉は慶應ラグビー第３の故郷

蹴球部のグラウンドが春の練習から横浜市港北区の日吉に移ったのは脇肇の監督就任と時を同じくする1938(昭和13)年度のことである。ただ、この段階では蹴球部専用のグラウンドはまだなく、1934(昭和９)年５月に建設された現在の陸上競技場を、新田時代と同じように競走部と併用で使っていた。OB上野祝二の記述によると「日吉の大学施設を合宿所としたが、食事関係も食堂が使用できるうえ、何よりも良かったのは学校が近かったこと」とあり､「学生の本分は学業にある」とする新監督の方針にぴったりの選択だったといえるだろう。蹴球部が現在の専用グラウンドに移ったのは２年後の1940（昭和15）年秋のこと。そして翌1941（昭和16）年10月には蹴球部の合宿所が日吉の丘の上に完成。グラウンド脇の現宿舎に移転するまでの30年の長きにわたってこの宿舎が慶應ラグビーの城となったわけである。黒黄会員にはこの丘の上の宿舎を知るOBも多いはずだが、ライトグリーンの瀟洒な木造２階建て２棟（蹴球部と野球部各専用）と木造平屋建ての食堂棟から成り、食堂に隣接して応接室、ロッカールーム、そして一番奥に総タイル張りの電気で沸かす大浴場完備という当時としては超豪華施設を備えた合宿所だった。黒黄会会長田辺九万三（当時)､監督脇肇が大学当局を動かし、そしてまた寄付金集めに奔走の末、慶應義塾体育会宿舎として完成をみたわけだが、総工費は当時の金額で149346円。その半分は黒黄会と三田倶楽部（野球部OB会）の寄付だったことが『慶應義塾体育会百年の軌跡』（慶應義塾体育会発刊）に明記されている。

◆７大学対抗戦

◇第６回慶法戦（慶應６勝）
▽1938（昭和13）年10月16日
▽グラウンド＝慶應・日吉競技場
▽キックオフ＝慶應
▽レフリー＝目良篤氏

○慶應義塾49（17―０、32―０）０法政●

新聞報道によると、慶應の勝因は「FWがタイト、ルーズとも完全に法政を制圧してバックスに攻撃の緒を与えたこと、速い脚をきかせて泥濘戦を克服する突進戦法にでたこと」の２点をあげているが、同時に豪雨泥濘戦という悪コンディションにもかかわらずパスに頼る前半の戦法については「前半17―０と開いたが、この日の戦況と実力からみてなお十分な得点量とはいえなかった」と批判している。

◇第13回慶立定期戦（慶應11勝１敗１引き分け）
▽1938（昭和13）年10月22日
▽グラウンド＝神宮競技場
▽キックオフ＝立教
▽レフリー＝塩谷虎彦氏

○慶應義塾11（８―３、３―５）８立教●

慶應は２試合連続の雨中戦。FWに自信を持つ立教のドリブル攻撃に苦しみながらも、チャンスを確実に生かす巧みな攻撃で３トライ、１ゴールをあげた。立教の得点を前半の１PG、後半のペナルティートライ（フォーリングダウン）１本に抑えた堅実な守り。バランスのとれた攻守が慶應の勝因だった。

◇第６回慶・東商大対抗戦（慶應６勝）
▽1938（昭和13）年10月29日
▽グラウンド＝慶應・日吉競技場

▽キックオフ＝不明

▽レフリー＝大西氏

○慶應義塾75（34—0、41—0）0東京商大●

◇第15回慶明定期戦（慶應5勝9敗1引き分け）

▽1938（昭和13）年11月13日

▽グラウンド＝神宮競技場

▽キックオフ＝慶應

▽レフリー＝目良篤氏

●慶應義塾8（3—16、5—16）32明治○

慶應義塾	vs.	明治
大　西	FW	坂　下
広　末		伊　藤
白　井		遠　藤
中　須		加　島
松　野		畠　山
北御門		鍋　加
小　倉		黒　沢
		新　島
財　部	HB	平　沢
真　期		和　田
大　江		
吉　原	TB	斎　藤
有　坂		佐　沢
辺		大　谷
鈴　木		中　川
磯　野	FB	高　橋

慶應	vs.	明治
0	T	2
0	G	2
1	PG	0
3	前	16
0	T	1
1	G	2
0	PG	1
5	後	16
8	計	32

●［後記＝岩下秀三郎・記］

全体を通じて見れば慶應は球に対して積極性がなく、全員が飛び込まずにタックルしようとする2点の悪癖を急速に改善しなければならない。要するに基礎的プレーができていないための敗北であって、最初からこの点を忠実に行っていればまだ得点の開きを縮めることができただろう。結局明治の勝因は例により個々の強引な突進のほか、2度、3度と繰り返された後のルーズでFWが質のいい球を出していると同時に、鮮やかというか、バックスの布陣の適切にある(要旨)。

◇第17回早慶定期戦（慶應7勝9敗1引き分け）

▽1938（昭和13）年11月23日

▽グラウンド＝神宮競技場

▽キックオフ＝早稲田

▽レフリー＝塩谷虎彦氏

●慶應義塾13（3—25、10—11）36早稲田○

慶應義塾	vs.	早稲田
大　西	FW	山　地
広　末		村　山
白　井		崔
中　須		太田垣
松　野		大　蔵
北御門		大　西
小　倉		井　沢
財　部	HB	松　本
真　期		遠　藤
大　江		角　谷
吉　原	TB	池　田
郡		井　川
辺		外　山
鈴　木		田　中
有　坂	FB	西　田

慶應	vs.	早稲田
0	T	3
0	G	2
1	PG	2
3	前	25
0	T	2
2	G	1
0	PG	0
10	後	11
13	計	36

●［後記＝東京日日］

後半は10—11のスコアが示すように接戦と

なったが、この原因は早稲田FBをキックで攻める戦術の転換にある。これを裏返せば慶應の失敗は前半のバックスのパス攻撃にあった。タイトはともかくルーズは慶９—17早、ラインアウト６—11の数字が示すように慶應が押されながら出す球は、バックスのプレーから余裕を奪い、いたずらに失点を大きくする結果となった。これで早稲田は早慶戦に８連勝したわけだが、今季の弱点もさらけだした。京都帝大戦、立教戦がそうであったように、この試合でも後半になるとめっきり動きが鈍って守勢にまわること。早急に是正すべき課題といえる(要旨)。

◇第15回慶東定期戦（慶應14勝１引き分け）
▽1938（昭和13）年11月30日
▽グラウンド＝神宮競技場
▽キックオフ＝東京帝大
▽レフリー＝塩谷虎彦氏

○慶應義塾24（５—５、19—６）11東京帝大●

５—５のタイスコアで後半に入って明暗が出た。帝大はFWだけで戦おうとして試合を消極的なものとし、慶應は鈴木のトライ（14分）のあとCTB郡とFB有坂のポジションチェンジがTB攻撃を軌道にのせた。この日のように慶應は快足鈴木に余裕を与えて走らせる工夫が今後とも課題(岩下秀三郎・記＝要旨)。

◆［東西大学対抗戦］

◇第14回慶京定期戦（慶應10勝３敗１引き分け）
▽1939（昭和14）年１月１日
▽グラウンド＝花園ラグビー場
▽キックオフ＝不明
▽レフリー＝田中氏

○慶應義塾21（８—３、13—８）11京都帝大●

慶應としては京都のエイトFWに押され気味で苦戦の連続だったが、巧みな試合運びで食い下がる京都をなんとか振り切った。FWの不振がつまらいミスを誘発させる原因になっていた。

◇第24回慶・三高定期戦（慶應23勝１引き分け）
▽1939（昭和14）年１月４日
▽グラウンド＝花園ラグビー場
▽キックオフ＝不明
▽レフリー＝田中氏

○慶應義塾41（22—５、19—０）５三高●

◇第25回慶同定期戦（慶應18勝４敗３引き分け）
▽1939（昭和14）年１月９日
▽グラウンド＝花園ラグビー場
▽キックオフ＝同志社
▽レフリー＝阿部氏

●慶應義塾３（０—11、３—５）16同志社○

慶應義塾	vs.	同志社
大　西	FW	高　田
広　末		栗　山
白　井		松　川
土　井		吉　田
松　野		寺　島
北御門		榎　本
小　倉		小　川
財　部	HB	小　泉
真　期		名　倉
大　江		佐　藤
郡	TB	清　水
吉　原		砂　田
辺		藤　井
鈴　木		表
有　坂	FB	黒　川

慶應	vs.	同志社
0	T	1
0	G	1
0	PG	1
0	前	11
0	T	0
0	G	1
1	PG	0
3	後	5
3	計	16

[短評]

同志社が先手をとった。慶應ゴール前で2度PKを得て2PGとリード。しかも風上の前半キックを使って有利に試合を進めた。その点、後半は慶應が風を背負って立ち直りをみせるかと期待されたが、同志社はFWが好調。ドリブルあるいはFWパスで攻め、バックスも間隔の広いラインで慶應のマークをずらすなど、積極的なラグビーで慶應に3連勝した。慶應の敗因はタックルが決まらなかったこと。それにしても同志社の反則27はおそらく日本ラグビーはじまって以来の記録的なもので、その大半はインターフェア、リメーン、ハッキングであり、ほとんど計画的に行われていたのは関西の1位校として一考を要する。

◆慶應予科健闘も準優勝に終わる

第14回全国高専大会は1月2日に大阪・花園ラグビー場で開幕。決勝戦の8日までまで隔日開催で行われ、昨大会に続いて2年連続決勝に進んだ慶應予科は惜しくも早稲田専門部に8—11の小差で敗れ、念願の優勝はならなかった。

慶應予科	vs.	早稲田専
池　田	FW	清　水
中　島		吉　田
門　倉		岡　野
野　村		太田垣
池　浦		伊　藤
北御門		秋　元
広　末		原
吉　田	HB	福　田
大　塚		須　崎
桐　田		吉　崎
郡	TB	市　田
有　坂		福　留
辺		外　山
鈴　木		大河内
古　沢	FB	角　谷

慶應	vs.	早稲田
1	T	1
0	G	1
0	PG	1
3	前	11
0	T	0
1	G	0
0	PG	0
5	後	0
8	計	11

◆1回戦

○慶應予科8(3—0、5—0)0同志社高商●

◆2回戦

○慶應予科8（5—3、3—3）6普成専門●

◆準決勝

○慶應予科19（8—0、11—0）0福岡高商●

◆決勝

●慶應予科8(3—11、5—0)11早稲田専門部○

▽1939（昭和14）年1月8日

▽グラウンド＝花園ラグビー場

▽レフリー＝別所安次郎氏

付記①：FW＝門倉、野村、池浦（後の主将)、HB＝大塚、桐田は脇監督の5カ年計画1期生)

◆その他の記録

5大学OBリーグ戦は2月19日に神宮競技場で開幕。1カ月後の3月19日に幕を閉じたが、慶應OBは2勝2敗で3位に終わった。優勝は学士ラガーと早稲田が3勝1敗の同率で首位を分けた。

①○慶應OB40(22—0、18—11) 11明治OB●

②○慶應OB17(3—0、14—3) 3立教OB●

③●慶應OB 8(8—3、0—8) 11 早稲田OB○

④●慶應OB11 (11—5、0—16) 21学士ラガー○

1939（昭和14）年度 ◆財部辰彦②◆

再建５カ年計画の２年目を迎えた。７大学対抗戦では第２戦の立教に敗れる最悪のスタート。続く明治、早稲田との対戦もそれぞれ９連敗、さらには元日の京都帝大戦まで大差で落とすなど苦難のシーズンは続いたが、こうした結果の予兆はすでにあった。それは日大とのオープン戦に完敗したことである。財部主将はじめ北御門、真期、有坂、神谷、辺の主力をはずしたメンバー編成ではあったが、前半は５—５のタイスコア。そして後半はPG１本だけ。逆に３トライを許してシーズンへの出端を挫かれる惨状だった。この結果だけをみれば「脇構想」の第２年度は惨憺たるものとの印象を受けるが、史実が伝える脇監督の心境はすべてを読んだうえでの「結果よりラグビーの基本に戻ってやり直す」こと１点にしぼられていたようだ。ビッグ３の一角といっても早稲田、明治ははるか彼方の存在。それだけに創始校の再建を委ねられた脇にはその途次にある成績など問題ではなかったわけだ。「勝敗については僕ひとりが先輩たちの相手になる。きっちり仕上げるから君たちは黙ってみていてくれ」とまで言い切っている。この強烈な自信の源は今季の全国高専大会を制覇した予科チームの存在だった。蹴球部の当時の人的構成は総勢54人の部員うち予科生が38人。チームの７割を占める予科生、しかも「負け癖の色に染まっていない」（脇監督）彼らに再建のすべてを賭けた脇の慧眼はさすがといえる。なお、このシーズンから一部ルールが改正された。主な改正点としては①スクラムサイドの反則を厳しくチェックする、②ラインアウトでボールを投げ入れる側がスクラムに変更できる——などだが、この改正は明らかにセブンFWを伝統としてきた慶應にとってはチームの根幹を揺るがす不利な改正だった。1908（明治41）年に開発された慶應システムがやがてエイトFWへと転向する布石はこのときに打たれたといってもいいだろう。

➲第２次世界大戦が９月に勃発。ナチスドイツのポーランドへの侵入がきっかけだった。

➲大学のカリキュラムに軍事教練が必修科目として義務づけられたのもこの年から。

◆［７大学対抗戦］

◇第７回慶法戦（慶應７勝）

▽1939（昭和14）年10月14日

▽グラウンド＝神宮競技場

▽キックオフ＝不明

▽レフリー＝品田通世氏

○慶應義塾44（28—０、16—０）０法政●

◇第14回慶立定期戦（慶應11勝２敗１引き分け）

▽1939（昭和14）年10月22日

▽グラウンド＝神宮競技場

▽キックオフ＝慶應

▽レフリー＝北島忠治氏

●慶應義塾16（11—９、５—15）24立教○

慶應は前半のリードを守りきれず、逆転負けを喫した。対立教戦２敗目。

◇第７回慶・東商大戦（慶應７勝）

▽1939（昭和14）年10月25日

▽グラウンド＝慶應・日吉競技場

▽キックオフ＝不明

▽レフリー＝足立卓夫氏

○慶應義塾51（30—０、21—０）０東京商大●

◇第16回慶明定期戦（慶應５勝10敗１引き分け）

▽1939（昭和14）年11月12日

▽グラウンド＝神宮競技場

▽キックオフ＝慶應

▽レフリー＝足立卓夫氏

●慶應義塾6（6—15、0—29）44明治○

慶應義塾	vs.	明治
池　浦	FW	西　郷
大　谷		遠　藤
門　倉		坂　下
中　須		高　島
土　井		林
北御門		花　岡
村　木		伊　藤
		新　島
小　倉	HB	藤
真　期		中　田
桐　田		
吉　田	TB	椿　坂
有　坂		高　橋
根　本		松　本
鈴　木		中　川
古　沢	FB	藤　原

●［後記＝東京日日］

慶應が吉田、有坂の２トライをあげた時点の明治は見るにたえないほどの焦燥ぶりだったが、15—６とリードのまま後半にはいってからは全く一方的な試合となり復活への意気盛んな慶應陣営も明治の蹂躙に任せるよりほかなかった。明治はFW８人とHBの個人技によってこの収穫を得たといっても過言ではない。それほど明治FWの押しは完璧であったが、慶應のように体重が軽く、しかも第１列に経験浅い陣容であってみれば防御のしようがないのも当然である。ただ最後まで試合を捨てずタックルを敢行した慶應の意気は買われてよい。(要旨)

◇第18回早慶定期戦（慶應7勝10敗1引き分け）

▽1939（昭和14）年11月23日

▽グラウンド＝神宮競技場

▽キックオフ＝不明

▽レフリー＝品田通世氏

●慶應義塾９（３—15、６—22）37早稲田○

慶應義塾	vs.	早稲田
池　浦	FW	山　地
広　末		木　村
門　倉		崔
中　須		豊　島
土　井		太田垣
伊　藤		番　匠
松　野		井　沢
北御門	HB	松　本
真　期		遠　藤
桐　田		角　谷
磯　野	TB	池　田
吉　田		鈴　木
根　本		外　山
鈴　木		西　田
有　坂	FB	井　川

慶應	vs.	早稲田
1	T	0
0	G	3
0	PG	0
3	前	15
1	T	3
0	G	2
1	PG	1
6	後	22
9	計	37

●［後記＝岩下秀三郎・記］

早稲田は勝ったものの生彩を欠き、慶應もまたタックル悪く、伝統の一戦としては内容の点で物足りない感が深かった。例えば早稲田だが、低く組むのを得意とする第１列が非常に高く、したがって慶應FWをして善戦を思わせる結果となってしまった。いずれにしても慶應のスクラムサイドの防御がより完璧であり、バックス全体のタックルが対明治戦のようであったなら得点を許さずにすんだであろう(要旨)。

◇第16回慶東定期戦（慶應15勝１引き分け）

▽1939（昭和14）年12月２日

▽グラウンド＝神宮競技場

▽キックオフ＝不明

▽レフリー＝西林氏

○慶應義塾28（12—６、16—３）９東京帝大●

◆[東西大学対抗戦]

◇第15回慶京定期戦(慶應10勝4敗1引き分け)

▽1940(昭和15)年1月1日

▽グラウンド=神宮競技場

▽キックオフ=不明

▽レフリー=西林氏

●慶應義塾6(3—14、3—16)30京都帝大○

慶應義塾	vs.	京都帝大
池 浦	FW	橘
広 末		矢 野
大 谷		川 口
中須兄		楠 目
土 井		熊 井
藤 本		小 林
松 野		柴 田
		和 田
北御門	HB	田 村
真 期		知 念
桐 田		
吉 田	TB	関 谷
中須弟		吉 利
根 本		津 川
鈴 木		石 黒
古 沢	FB	石 垣

●[後記=東京日日]

京都全員の健闘ぶりはもちろん称賛される。ただ実力からみて両軍にこのスコアほどの差があるとは思われないが、この日の慶應には全く賞すべき何ものも認められなかった。まず第1に闘志の欠けていること。第2にFWの押しの不忠実。そして第3のバックス(殊にCTB)に決定力がなかったことを挙げねばならない。さらにタックルの不忠実は一層責められてもいたし方あるまい。事実後半16分の石黒のトライも吉田のタックルさえ完全に行われたならば、止められたものであった。前半24分、およびノーサイド前の松野の相手インゴールにおける失敗はみすみす得点を逃がしたものであった。しかし要は闘志の問題である。

◇第25回慶・三高定期戦(慶應24勝1引き分け)

▽1940(昭和15)年1月4日

▽グラウンド=神宮競技場

▽キックオフ=三高

▽レフリー=目良篤氏

○慶應義塾26(18—0、8—10)10三高●

◇第26回慶同定期戦(慶應19勝4敗3引き分け)

▽1940(昭和15)年1月9日

▽グラウンド=神宮競技場

▽キックオフ=不明

▽レフリー=北島忠治氏

○慶應義塾21(8—11、13—0)11同志社●

トライ数は3—3のタイ。わずかにゴールの成否とPGの差によって勝負が決まった。それにしても慶應は高専大会優勝メンバーを花園から呼び戻すなど陣容の強化に努めたが、連日の試合に疲労した選手に期待できるはずもなく、前半は8—11とリードを許す苦戦だった。

◆慶應予科が高専大会で優勝

第15回全国高専大会は1月3日に大阪・花園ラグビー場で開幕。3年連続で決勝戦(8日)に進んだ慶應予科が34—3で松山高商を破って念願の日本一に輝いた。なお、優勝メンバーのうちFW池浦、大谷、HB新谷、桐田、TB有坂、根本、鈴木、FB古沢の8人は急遽帰京し、翌9日に神宮競技場で行われた対同志社戦に出場する強行日程だった。

◆1回戦

○慶應予科13—3早稲田専門部●

◆2回戦

○慶應予科17—0福岡高商●

◆準決勝

○慶應予科21(10—5、11—0)5哈爾浜学院●

◆決勝

○慶應予科34（12―3、22―0）3松山高商●

慶應予科	vs.	松山高商
池　浦	FW	宮　本
大神田		渡　部
大　谷		関　本
野　村		谷　川
門　倉		土　居
北御門		島　崎
伊　藤		堀　川
新　谷	HB	野　間
大　塚		柴　田
桐　田		原
磯　野	TB	代　田
有　坂		川　筋
根　本		丸　山
鈴　木		児　玉
古　沢	FB	大　岡

慶應	vs.	松山高商
4	T	1
0	G	0
0	PG	0
12	前	3
6	T	0
2	G	0
0	PG	0
22	後	0
34	計	3

◆その他の記録

7大学リーグ戦の開幕を前に日大とのオープン戦が10月8日、ホームグラウンドの日吉競技場で行われたが、主力をはずした慶應は8（5―5、3―14）19で完敗。非公式戦とはいえチーム再建の途上にある蹴球部としては、ほろ苦いシーズンの幕開けとなった。また5大学OBリーグ戦も慶應OBは8―5で早稲田OBには勝ったが、慶、早、明が各1勝で同率3位。4勝無敗の立教が優勝、2位は学士ラガーだった。

慶應予科チームは第15回・16回と全国高専ラグビー大会に連続優勝した。写真は第16回大会（1941年1月2日～8日・花園）の優勝メンバー。前列（8人）右より、山崎辰次郎・桐田鉄夫・野村栄一・有坂哲一・池浦次郎・門倉光夫・針生俊夫・大塚潔。後列右より、伊藤保太郎・神谷重彦・大谷秀長・中谷淳男・中西一雄・高松昇・北野和男・北御門彦二郎・吉原禎三。

慶應義塾蹴球部の歴史に触れるとき、避けて通れない問題に「セブン・システム」があげられる。「3・2・2」のフォーメーションが確立した1910（明治43）年秋から数えて30年。かつては慶應ラグビーの象徴として斯界に君臨してきた独特のシステムの再考をうながす英断のときがついにやってきた。背景となったのはエイトFWに有利なルールの改正、ライバル早稲田のエイトFWへの転換など、慶應をめぐる周辺事情の激変もあげられるだろうが、やはり①後進だったはずの早、明にそれぞれ10連敗、②同志社、京都帝大との各定期戦での敗戦（6敗）がこの時期に集中しはじめた——の2点が直接の要因として指摘できる。早稲田が前年度の東西対抗戦（年末、年始）でエイトFWを試したように、慶應も全国高専大会出場の予科チームが初めてのエイト・システムで大会2連覇の偉業を達成した。おそらく伝統の放棄につながるエイトへの転換は脇監督にとっても難しい選択だったといえるが、就任とともに蹴球部再建の大事業を予科生に託した「脇構想」は教え子たちが結果を出したことで大きく前進した。慶應セブンの創始者、田辺九万三は蹴球部六十年史につぎのように書き残している。「私らがこれを考案した当時にはこのシステムはもっとも慶應義塾として適切なるものであったかもしれない。しかしながら人が代わり、時代が遷り、殊にルール上非常なる変遷がきているのである。私はもちろん諸君においてはこれに対して不断の研究はいたしておられることと思うのでありますが、万が一にもセブン・システムは慶應義塾の伝統であるからこれを行うのである、というがごとき空漠な信念、信仰の下に進んでおらるるとするならば、これは大なる間違いであるということを申し上げたいのである」

◆[7大学対抗戦]

◇第8回慶法戦（慶應8勝）
▽1940（昭和15）年10月4日
▽グラウンド=慶應・日吉競技場
▽キックオフ=不明
▽レフリー=足立卓夫氏

○慶應義塾94（44—0、50—0）0法政●

◇第15回慶立定期戦（慶應12勝2敗1引き分け）
▽1940（昭和15）年10月17日
▽グラウンド=神宮競技場
▽キックオフ=不明
▽レフリー=大西氏

○慶應義塾35（13—0、22—0）0立教●

◇第17回慶明定期戦（慶應5勝11敗1引き分け）
▽1940（昭和15）年11月10日
▽グラウンド=神宮競技場
▽キックオフ=不明
▽レフリー=大西氏

●慶應義塾0（0—14、0—11）25明治○

慶應義塾	vs.	明治
大西	FW	西郷
広末		松岡
大谷		坂下
中須		林
土井		柴田
村木		花岡
伊藤		伊藤
		高島
新谷	HB	平沢
大塚		藤
大江		
吉原	TB	濱武
辺		松本
山崎		大谷
鈴木		椿坂
古沢	FB	矢沢

慶應	vs.	明治
0	T	2
0	G	1
0	PG	1
0	前	14
0	T	2
0	G	1
0	PG	0
0	後	11
0	計	25

●［後記＝北野孟郎・記］

明治はFWが九分どおり球を得ながら6トライに終わった。これは慶應の堅い防御に藤が動けなかったこと、両CTBが球を持つと頭を下げて突っ込むだけ。WTBを走らせることができなかったことによる。ただFWの突っ込み、タイミングのいいヒールアウトは確かに当代随一の感があり、高島を第3列に下げ、力のある柴田を入れたことは明らかに成功だった。明治FWのでき栄えを讃えるとともに慶應バックスの見事な防御は絶賛に価するものであった(要旨)。

◇第19回早慶定期戦（慶應7勝11敗1引き分け）

▽1940（昭和15）年11月23日

▽グラウンド＝神宮競技場

慶應義塾	vs.	早稲田
池　浦	FW	原
広　末		木　村
大　谷		井　上
中　須		崔
門　倉		布　村
伊　藤		小　西
村　木		辻　井
		村　川
新　谷	HB	松　元
大　塚		福　留
大　江		
吉　原	TB	太　田
辺		鈴　木
山　崎		橋　本
鈴　木		西　田
古　沢	FB	小　寺

慶應	vs.	早稲田
0	T	0
0	G	3
0	PG	1
0	前	18
1	T	0
1	G	3
1	PG	0
11	後	15
11	計	33

▽キックオフ＝不明

▽レフリー＝新島清氏

●慶應義塾11（0—18、11—15）33早稲田○

●［後記＝岩下秀三郎・記］

早稲田は鈴木、福留の復帰で陣容も整備。しかも劣勢を伝える世評が刺激となったか、気分的にも慶應を上回っていた。結局、この点が得点の差となって現れた感があり、ラグビーにあってはいかに精神力が大きく響くかを如実に示したものであろう。要するに早稲田は全員が真摯敢闘したのに反し、慶應はただ漫然と敗れた感があって、これまで10連勝の偉業をなした早稲田の気迫には感服させられると同時に小寺がこの日も10割のゴールをあげたことは殊勲といえよう。(要旨)

◇第17回慶東定期戦（慶應16勝1引き分け）

▽1940（昭和15）年12月1日

▽グラウンド＝神宮競技場

▽キックオフ＝不明

▽レフリー＝新島清氏

○慶應義塾21（21—0、0—17）17東京帝大●

慶應が組んでいる定期戦の中でいまだに負けを知らないカードのひとつ。東京帝大とは1923（大正12）年に最初の試合をしているが、翌年の第2回定期戦を引き分けただけ。以後、今季の対戦まで15回対戦してすべて勝利という慶應だけが保持する珍重すべき記録ではある。

◆[東西大学対抗戦]

◇第16回慶京定期戦(慶應10勝5敗1引き分け)

▽1941(昭和16)年1月1日
▽グラウンド=花園ラグビー場
▽キックオフ=不明
▽レフリー=野上一郎氏

●慶應義塾14(8—9、6—8)17京都帝大○

慶應義塾	vs.	京都帝大
北　野	FW	長　崎
広　末		矢　野
大　谷		永　田
池　浦		若　林
土　井		楠　目
伊　藤		林
村　木		谷　口
		久保田
新　谷	HB	磯　島
大　塚		白　山
大　江		
山　崎	TB	関　谷
辺		知　念
根　本		広　海
鈴　木		石　黒
古　沢	FB	高　木

●[試合経過]

前半の慶應はFW戦で押され気味。バックスも焦りから突っ込みすぎてチャンスを逃がすケースが目についた。逆に京都は好調。関谷、石黒のトライなどで9—8とリードして前半を終わった。

後半は2転3転の目まぐるしい展開。先手を取ったのは慶應だった。6分山崎のトライで11—9。しかし京都は白山のキックでゴール前に攻め込んだルーズから関谷のトライ(ゴール)で再度逆転に成功した。粘る慶應はまたまた鈴木のトライで同点。試合を振り出しに戻したところで、意外なことが起こった。古沢のキックがリバウンドしたところを何を思ったか石黒がフェアキャッチ。レフリーはこれにフリーキックを与えて石黒のドロップキックによる勝ち越しゴールとなった。レフリーのミスジャッジが混戦に終止符を打つ慶應にとっては不運な幕切れだった。

◇第26回慶・三高定期戦(慶應25勝1引き分け)

▽1941(昭和16)年1月4日
▽グラウンド=花園ラグビー場
▽キックオフ=三高
▽レフリー=巌栄一氏

○慶應義塾22(13—0、9—6)6三高●

◇第27回慶同定期戦(慶應20勝4敗3引き分け)

▽1941(昭和16)年1月9日
▽グラウンド=花園ラグビー場
▽キックオフ=慶應
▽レフリー=乾氏

○慶應義塾33(11—8、22—8)16同志社●

慶應義塾	vs.	同志社
高　松	FW	松　川
大　谷		栗　山
北　野		古　木
野　村		吉　田
門　倉		伊　勢
伊　藤		小川信
池　浦		小川俊
		岩　崎
北御門	HB	堀　場
大　塚		鈴　木
桐　田		
吉　原	TB	清　水
有　坂		加　茂
辺		新　井
鈴　木		高　木
神　谷	FB	村　上

[両校の注目すべき点]

慶應のメンバーでまず指摘したいのは前日の高専大会2連覇を果たした予科チームから11人が起用された点である。高松、大谷、北野、野村、門倉、伊藤、池浦のFW7人、大塚、桐田のHBにTB有坂とFB神谷が高専大会4試合(1月2、4、6、8日の4日間)と同志社戦に、またFWの北野、大谷、池浦、伊藤、HBの大塚、TB山崎の6人は元日の京都帝大戦にも起用されている。9日間に6試合の出場。しかも高専大会は初めてのエイトFWで戦い、京都、同志社の定期戦は従来のセブンFWで試合に臨むというまったく異質のラグビーを短期間の中で経験し、これを立派にやってのけた。また、同志社はメンバー表示を見る限り昨季までのセブンFWからエイト・システムに切り替えた点が注目される。

◆慶應予科の高専大会2連覇なる

第16回全国高専大会は昭和16年初頭の4日間（1月2、4、6、8日の隔日開催）大阪・花園ラグビー場で行われ、慶應予科が8日の決勝で三重高農を破って優勝した。慶應予科は前年度優勝に続いて大会2連勝。なお、慶應予科は1910（明治43）年以来のセブンFWから31年ぶりにエイト・システムに転じた大会で、慶應ラグビーの来季の動向が注目される。

◆1回戦

○慶應予科8（3—0、5—0）0甲南高校●

◆2回戦

○慶應予科37（20—0、17—0）0天理外語●

◆準決勝

○慶應予科34（21—0、13—3）3明治予科●

◆決勝

○慶應予科13（7—0、6—5）5三重高農●

慶應予科	vs.	三重高農
高松	FW	西潟
大谷		清原
北野		田内
野村		佐藤
門倉		近藤
伊藤		南部
池浦		浅野
中谷		小沢
大塚	HB	市原
桐田		岸
中西	TB	西風
有坂		前田
山崎		金児
針生		梅田
神谷	FB	尾本

慶應	vs.	三重
0	T	0
0	G	0
1	PG	0
1	DG	0
7	前	0
2	T	1
0	G	1
0	PG	0
6	後	5
13	計	5

◆その他の記録

オープン戦の記録としては10月26日に横浜・日吉の慶應グラウンドで昨年不覚をとった日大に28—14のスコアで雪辱。また新年の東西対抗戦を前に12月26日、大阪・花園ラグビー場で立命館と前哨戦を行い、51—0のハイスコアで勝っている。5大学OBリーグ戦（2月16日～3月16日）の慶應OBは1勝3敗と振るわず4位に終わった。優勝は4戦全勝の早稲田OB。またプレシーズンの4月21、29の両日、八幡山の明治グラウンドでセブン・アサイド（7人制）ラグビーの関東大会が初めて開かれ、慶應は大学OBの部決勝で明治に敗れた。スコアは慶應0—26明治だった。

1941(昭和16)年度 ◆北御門彦二郎◆

蹴球部再建5カ年計画の骨子とも言うべきエイトFWへの転換がついに実現した。ここに至るまでには越えなければならない多くの問題があったと考えられるが、この間の経緯、事情を後世に伝える記述、文書が何故か残されていない。もちろん学徒出陣による部活動の休止にはじまり、戦災での焼失、そして終戦直後の混乱など蹴球部そのものの真空状態が史料の散逸、あるいは欠落に拍車をかけたことも事実だが、慶應ラグビー100年の歴史の中にあって、1908年の「2・3・2セブン」から2年後の慶應システム、すなわち「3・2・2」制の創造にも匹敵する画期的なエイトFWへの移行が公式に語られないまま今日に至ったところに、「伝統」をめぐる意見の相違というか、内部対立のあったことがうかがい知れる。いずれにしてもエイトFWの採用は再建への「脇構想」が大詰めに近づいたことを教えており、また日吉台に完成した木の香も新しい宿舎(1938年度「横浜・日吉は慶應ラグビー第3の故郷」を参照)は太平洋戦争突入という戦火拡大の暗い世相の中にあって、王座奪回への希望を膨らませる常住の場となった。なお、この年の11月に大学、専門学校の修業年限が3カ月ないし6カ月短縮令が出され、昭和16年12月26日に同年度の卒業式が三田の大講堂で行われた。

➲新塾歌が制定され、1月10日発表された。作詞・富田正文、作曲・信時潔。

➲塾長訓示の「居常心得」に基づき体育会部員心得が1月31日、大ホールで発表された。

➲他府県での試合、合宿が禁止となった(全国的大会は明治神宮大会だけ)。

◆来季は春のシーズンを

日本ラグビー蹴球協会理事会は(11月)23日午前10時から岸記念体育会館で開かれ、学校卒業期繰り上げに関連して春秋2回のシーズン制を採るかどうかを協議したが、とりあえず春のシーズンを設けて各大学、高等学校の第1軍戦を行うことを決めた。秋のシーズンに関しては、昭和17年の入学期の決定を待ち、改めて協議することになった。

◆日吉台に新合宿が完成

体育会宿舎(蹴球部、野球部各専用)が10月20日、日吉本町の高台に竣工。蹴球部員とともに新しい宿舎で起居をともにした当時の蹴球部長、平井新は戦時下の合宿生活のもようを蹴球部六十年史に寄せている。「起床は6時、それから点呼、室の掃除、食事は7時というふうにきちんと励行しました。しかし戦場の激闘と雄叫びがそのまま銃後のわれわれのことに感ぜられたような緊張しきった生活の毎日を送っていたときのこととて、だれも不満をもらしたり弱音をはくものはいませんでした。両寮にはさまれた露天の廊下に、全員を軍隊式に整列させて各部の主将に点呼をさせました。眠い目をこすり制服のボタンをはめながら、あたふたと駆け込んできて整列する有りようがいまでもありありと目に浮かんできます。高台の日吉はとりわけ冷えるので、冬になると私自身もつらい思いをしました。そのときの蹴球部の主将はたしか池浦君、野球部の主将はいま国鉄スワローズの監督宇野君でした」(後略)極度の食料難から賄い征伐、制服着用の食事、主将の号令による食事開始、学徒動員で特攻隊員として戦死した故田中二郎先輩のこと……などなど、平井部長の記述はさらに続いているが、国内的に異常な状態の中での特異な合宿生活を強いられた蹴球部員の当時のもようを「平井報告」は克明に綴っていて、今に残る貴重な記録といえる。

◆［7大学対抗戦］

◇第16回慶立定期戦（慶應13勝2敗1引き分け）

▽1941（昭和16）年10月17日

▽グラウンド＝神宮競技場

○慶應義塾29（15―6、14―5）11立教●

◇第18回慶明定期戦（慶應5勝12敗1引き分け）

▽1941（昭和16）年11月9日

▽グラウンド＝神宮競技場

▽キックオフ＝明治

▽レフリー＝大西氏

●慶應義塾13（3―27、10―43）70明治○

慶應義塾	vs.	明治
大谷	FW	西郷
広末		松岡
北野		坂下
野村		林
門倉		松本寿
伊藤		柴田
池浦		高島
中谷		花岡
新谷	HB	中田順
桐田		中田靖
吉原	TB	椿坂
辺		松本満
山崎		濱武
鈴木		丹羽
根本	FB	増井

慶應	vs.	明治
0	T	4
0	G	3
1	PG	0
3	前	27
0	T	6
2	G	5
0	PG	0
10	後	43
13	計	70

●［後記＝朝日］

明治FWの猛烈な密集戦からバックスの攻撃となり、優秀な体格を有効に使って慶應ラインを突破した。慶應はこの強敵、しかも今季最高の出来と思われる明治を相手に、これまた果敢な挑戦を続けFWは相当数の好ヒールアウトを行った。バックラインも中間のプレーヤーが判断を過たず、WTBの快足に重点をおいた攻法をとった。後半初期明治が多少気の緩みからか、ゲーム、スピードの低下したのに乗じて吉原のトライをあげたのは慶應バックスがこの正攻法を守っていたことの賜物であり、中頃山崎の中央を割ったトライは明治の注意力をWTBに引きつけたことにより生じた逆の成功であった。（慶應は今季からエイトFWを採用）

◇第20回早慶定期戦（慶應7勝12敗1引き分け）

▽1941（昭和16）年11月23日

▽グラウンド＝神宮競技場

▽キックオフ＝不明

▽レフリー＝足立卓夫氏

●慶應義塾6（6―6、0―18）24早稲田○

●［後記＝朝日］

早稲田がまず15分、左中間10ヤードのルーズからTBパスを左へ。福留が慶應のマークをはずしてトライ。この直後に慶應も20ヤード中央のルーズから早稲田の大きく蹴り出したドリブルをFB根本が拾って左へ突進、フォローした中谷に返して左中間にトライを決めた。このあたりから両チームの硬さもほぐれて大胆な攻防戦に移行していくのではと期待されたが、戦況はすこしも進展せず、後半早稲田が3トライを加えて勝った。慶應のエイトFWは早稲田に拮抗。バックスのタックルも互いによく決まってWTBまでボールは回らず、FW戦に終始したが、わずかに早稲田に好球の回る機会が多く後半の3トライとなった。

慶應義塾	vs.	早稲田
大　谷	FW	原
広　末		白　崎
北　野		井　上
野　村		崔
門　倉		布　村
伊　藤		阿　部
池　浦		辻　井
中　谷		村　川
新　谷	HB	須　藤
桐　田		遠　藤
吉　原	TB	大河内
辺		鈴　木
山　崎		福　留
鈴　木		千　田
根　本	FB	古藤田

慶應	vs.	早稲田
1	T	2
0	G	0
1	PG	0
6	前	6
0	T	3
0	G	3
0	PG	1
0	後	18
6	計	24

◇第18回慶東定期戦（慶應17勝１引き分け）

▽1941（昭和16）年11月30日

▽グラウンド＝神宮競技場

○慶應義塾48（22―６、26―10）16東京帝大●

慶應は前半27分吉原のトライで８―３とリードしてからはバックスの攻撃が軌道に乗って攻め勝った。両WTBを使ったCTBの好技が光った試合。

◆［東西大学対抗戦］

他府県への遠征、合宿禁止にはじまり、繰り上げ卒業と戦火の拡大は学生スポーツ界にも大きな影響をおよぼしはじめたが、京都帝大、三高、同志社の京都勢を東京に迎えた３定期戦は予定どおり神宮競技場で行われた。元日の京都帝大戦は22―15と接戦のすえ昨年の雪辱を、また三高には23連勝、同志社にも３連勝し対戦成績を21勝４敗３引き分けと大きくリードした。

◇第17回慶京定期戦（慶應11勝5敗1引き分け）

▽1942（昭和17）年１月１日

▽グラウンド＝神宮競技場

○慶應義塾22（６―５、16―10）15京都帝大●

◇第27回慶・三高定期戦（慶應26勝1引き分け）

▽1942（昭和17）年１月４日

▽グラウンド＝神宮競技場

○慶應義塾83（36―０、47―０）０三高●

◇第28回慶同定期戦（慶應21勝4敗3引き分け）

▽1942（昭和17）年１月11日

▽グラウンド＝神宮競技場

○慶應義塾42（15―５、27―３）８同志社●

慶應義塾	vs.	同志社
大　谷	FW	加　茂
高　松		西　田
北　野		岡　松
田　川		伊　勢
門　倉		久　米
伊　藤		池　尾
池　浦		村　上
中　谷		岩　崎
大　塚	HB	堀　場
桐　田		鈴　木
針　生	TB	水　野
根　本		徳　弘
山　崎		新　井
鈴　木		高　木
新　谷	FB	久　我

［短評＝朝日］

同志社FWは体重も身長もあり、ラインアウトではよく捕球して突進を試みるなど生気に満ちたプレーを行ったが、バックスは攻めるに方針なく、しばしばチャンスを失していた。慶應はFWの優勢な密集戦からバックスは幾多の好球を送られ、同志社バックスの軟弱なタックルをはずしてトライを重ね大勝した。

1942(昭和17)年度・春季 ◆池浦次郎①◆

戦火の拡大はラグビー界の在り方にも大きな影響をおよぼしはじめた。繰り上げ卒業にともなう春、秋２季体制の実施はその最たるものといえるが、秋の本格的シーズンを待たずに学窓を去っていく９月卒業生たちの心情を考えれば、日本協会が採ったこの制度は困難な情勢の中で最良の対応だったといえるだろう。こうした背景のもとに史上初の春季関東７大学対抗戦は３月22日の立法戦で開幕。５月24日の早明戦まで神宮競技場はじめ慶應・日吉など各大学のグラウンドで行われたが、秋季に比べ練習期間の短い春季リーグ戦で特筆されるのは慶應が明治との定期戦11連敗という「負の記録」に終止符を打ったことである。早稲田にはいま一歩およばなかったとはいえ、再建計画のタイムリミットと想定する秋のシーズンを半年後に、11年続いた早明対立時代の一角を崩し得たことの意義は大きい。この年度春季は早稲田が２連覇を達成。慶應は実に12年ぶりの２位浮上だった。

◆慶應義塾で修業年限改まる

大学部、大学予科とも修業年限を２年６カ月に短縮、昭和17年９月をもって修了と改正された。このため学年は①第１期＝４月１日～９月30日、②第２期＝10月１日～翌３月31日の２期制が採用されたが、最終の第３学年は４月１日～９月30日の６カ月１期となり、昭和17年度卒業生は９月26日の卒業式に臨んだ。

◆蹴球部部長の交代

第３代蹴球部長、畑功の文学部教授退任による蹴球部部長の交代人事が３月１日づけで行われ、新たに慶應義塾高等部教授、平井新が第４代蹴球部長に就任した。平井部長は野球部長も兼任し、新装なった日吉台の体育会宿舎の初代主任として舎監２名とともに戦時体制の中で蹴球、野球両部員の生活管理にあたった。なお、前任の畑部長は第２代の田中一貞から1910（明治43）年に蹴球部長を引き継いで以来、実に33年という長い歳月を蹴球部員の指導，教育にたずさわった慶應ラグビー発展の功労者のひとりでもある。

◆［７大学対抗戦］

◇第17回慶立定期戦（慶應14勝2敗1引き分け）

▽1942（昭和17）年春季＝４月25日
▽グラウンド＝神宮競技場

○慶應義塾31（13―６、18―18）24立教●

後半はタイスコア。勝敗は前半の７点リードがそのまま点差となって慶應が辛くも逃げきった。

◇第19回慶明定期戦（慶應6勝12敗1引き分け）

▽1942（昭和17）年春季＝５月９日
▽グラウンド＝神宮競技場
▽キックオフ＝不明
▽レフリー＝大西氏

○慶應義塾52（26―３、26―３）６明治●

慶應義塾	vs.	明治
大 谷	FW	宗 我
吉 川		松 岡
北 野		磯 部
田 川		石 田
門 倉		松 本
伊 藤		柴 田
池 浦		中 地
中 谷		名 田
新 谷	HB	高 橋
桐 田		中 田
針 生	TB	山 下
根 本		桑 村
山 崎		永 野
鈴 木		丹 羽
古 沢	FB	矢 沢

[短評]

明治のメンバーが大幅に入れ替わった。昨年の慶明戦経験者は僅かに5人（FW3、HB1、TB1）。対する慶應はほとんど不動の陣容だった。しかもFWをエイトにして2年目。明治が誇る戦車FWのお株を奪う活躍で華麗なオープン攻撃を展開のすえ、予想以上の大差で快勝した。慶應が明治から勝ち星を記録したのは1930（昭和5）年に24—19で勝って以来13年ぶり6度目のこと。昭和13年にスタートした再建5カ年計画の最終年にあたる昭和17年度の前期（春季）シーズンで目標の半分を達成したことになる。

◇第21回早慶定期戦（慶應7勝13敗1引き分け）
▽1942（昭和17）年春季＝5月16日
▽グラウンド＝神宮競技場
▽キックオフ＝不明
▽レフリー＝北島忠治氏

●慶應義塾8（5—8、3—13）21早稲田○

慶應義塾	vs.	早稲田
大 谷	FW	原
吉 川		広 崎
北 野		井 上
田 川		後 藤
門 倉		布 村
伊 藤		阿 部
池 浦		安 永
中 谷		鹿子木
新 谷	HB	須 崎
桐 田		今 沢
針 生	TB	大河内
根 本		鈴 木
山 崎		平 田
鈴 木		飛 松
古 沢	FB	坂 口

●［後記］

2連覇へ向けて勝ち進む早稲田はやはり心技とも充実している。慶應も明治を大差で破って波に乗ってはいたが、エイトFWの比較では早稲田に一日の長があった。スクラムの強い押しを起点にドリブル、FWパスと横への展開に縦のゆさぶりで圧倒。慶應も後半にはいって一度は同点とするなど、よく食い下がったが、やはりチームの総合力では早稲田が上。粘る慶應を振り切って2連覇へ大きく前進した。慶應悲願の全国制覇はこの1敗で後期の秋シーズンへと持ち越された。

◇第19回慶東定期戦（慶應18勝1引き分け）
▽1942（昭和17）年春季＝5月23日
▽グラウンド＝慶應・日吉

○慶應義塾34（18—0、16—3）3東京帝大●

◆第15回東西対抗は関東が15連勝

秩父宮杯を争う日本協会主催の第15回東西対抗ラグビーは4月12日、甲子園南運動場で行われ、関東が28—14で勝った。関東は負けなしの大会15連勝。なお、昭和3年から15年続いたこの対抗戦は時局がら今年度の対戦を最後に中断された。復活は戦後の昭和21年3月25日の第16回戦。この年は関西が22—21の1点差で初めて勝ち、翌昭和22年の第17回戦は再び関東が勝ったあと、昭和23年度から第1回3地域対抗戦へと大会そのものが引き継がれ、今日に至っている。

1942（昭和17）年度・秋季 ◆池浦次郎②◆

黒黄のタイガージャージーに晩秋の朝日が映える――。待望の全国制覇が12年ぶりに実現した。慶應ラグビーが味わう久々の勝利の美酒。それは脇肇監督が5年の歳月をかけて育て上げたエリート軍団（主将・池浦次郎）の鉄の団結がもたらした。ともに優勝をかけた早慶戦が空襲警報の発令で史上初めて29日に延期されるなど、日増しに戦時色の濃くなっていく中で、なおかつゲームへの緊張感の持続は至難の技というべきだろう。針生俊夫が当時の心中を蹴球部六十年史に吐露している。「張りつめた気分を数日後まで持ち続けることは大変苦痛なことと思ったが、脇監督は突然全部員禁煙の命令を出されて緊張の決意の持続の材料とされ、益々決意を固めることができた」と――。このような平時では想像もつかない戦乱の中での勝利の栄冠。それも「優勝＝学窓から戦場」への直行というこの世代だけが経験した特異な時代を共有する優勝ＸＶの結束は半世紀を経たいまもゆるぎないという。「筍（たけのこ）会」と称する仲間の会がそれである。なお、三高、同志社、早稲田、東京帝大、明治、京都帝大（開始の年代順）の各定期戦も昭和17年度秋季の対戦が戦前の最後の試合となった。三高、東京帝大戦はともに引き分け1試合を除けば、負けなしの全勝を記録している。

➲慶應義塾内に小泉信三塾長を団長とする報国団が10月下旬に結成された。

➲英国ラグビー校で2月22日、フットボール「キャップ」百年祭が行われた。

◆［7大学対抗戦］

秋シーズンの第1戦は神宮競技場はじめ八幡山（明治）、日吉台（慶應）、石神井（立教）の各大学グラウンドに分散して行われ、慶應が全勝で12年（13シーズン）ぶりに優勝した。

◇第11回慶法戦（慶應11勝）

▽1942（昭和17）年秋季＝10月3日

▽グラウンド＝慶應・日吉グラウンド

○慶應義塾57（44―0、13―6）6法政●

◇第18回慶立定期戦（慶應15勝2敗1引き分け）

▽1942（昭和17）年秋季＝10月18日

▽グラウンド＝神宮競技場

○慶應義塾33（18―6、15―0）6立教●

◇第20回慶明定期戦（慶應7勝12敗1引き分け）

▽1942（昭和17）年秋季＝11月8日

▽グラウンド＝神宮競技場

▽キックオフ＝不明

▽レフリー＝品田通世氏

○慶應義塾26（15―8、11―10）18明治●

慶應義塾	vs.	明治
大　谷	FW	藤　野
塚　原		松　岡
北　野		石　田
野　村		浅　野
門　倉		松　本
伊　藤		柴　田
池　浦		高　島
中　谷		中　地
大　塚	HB	高　橋
新　谷		中　田
中　西	TB	藤　原
桐　田		永　野
山　崎		山　中
針　生		内　田
神　谷	FB	矢　沢

● ［後記＝朝日］

明治は久しぶりに深度のあるTBラインを行い全く積極的な陣形をみせた。前半両校FWの球の獲得率は互角であったが、明治FWは

慶應	vs.	明治
3	T	1
3	G	1
0	PG	0
15	前	8
3	T	2
1	G	2
0	PG	0
11	後	10
26	計	18

密集に鋭く突っ込んだ結果突き抜けがちでバックなく、後ろに残した球を慶應に巧妙に利用されたケースが多かった。慶應が得点を先取し、明治FBの失策に乗じたトライを加えて3トライをあげたのに対して明治も高橋の密集突破と内田、中田の好連結による堂々のトライを返して試合は益々白熱的となった。後半明治は滑りだしよく、バックスがオープンに球を回して攻め、2ゴールを報い気勢をあげたが、FWのヒールアウト短く、せっかく球を取りながら慶應にドリブルされ守勢の試合を繰り返した。12分、慶應は左隅のラインアウトから門倉倒れ込んでトライをあげて大勢を決した。試合は今春に続いて慶應の快勝となったが、今季初の迫力ある熱戦であった。

◇第22回早慶定期戦（慶應8勝13敗1引き分け）

▽1942（昭和17）年秋季＝※11月29日

▽グラウンド＝神宮競技場

▽キックオフ＝不明

▽レフリー＝北島忠治氏

○慶應義塾11（5—0、6—5）5早稲田●

※空襲警報発令のため1週間延期

●［後記＝朝日］

試合は早稲田の物凄い闘志によって実力において かなりの逕庭（けいてい＝二つのものが大きくかけはなれていること：広辞苑より）のある慶應によく肉薄し、つねに熱闘が繰り広げられ収穫の少なかった今季大学ラグビー

慶應義塾	vs.	早稲田
大谷	FW	白崎
高松		福島
北野		井上
野村		後藤
門倉		橋本
伊藤		阿部
池浦		金森
中谷		鹿子木
大塚	SH	須崎
新谷		伊尾喜
上原	TB	小丸
桐田		今沢
山崎		岩城
針生		阪口
神谷	FB	野上

慶應	vs.	早稲田
1	T	0
1	G	0
0	PG	0
5	前	0
2	T	1
0	G	1
0	PG	0
6	後	5
11	計	5

界を飾るに足るものであった。12（春の敗戦を含め）連敗を続け、一度は見放されようとまでなった慶應がよく不屈の精神を堅持して苦節12年（13シーズン）の末、いわゆる「※狂瀾を既倒(きとう)に廻(めぐ)らした」努力に対しては十分な敬意を表さなくてはならない。終わりに試合の後半に入って両軍のFWから各ひとりずつ退場を命ぜられた。これは普通ならばあるいは看過されたであろう性質のものであったかもしれぬが、「正義」をどこまでも追及するラグビーにあっては当然の処置であり、殊に大東亜戦争下にあってこの点をば特に明確にしたことは誠に意義あるものといえよう。

付記①：※「狂瀾を既倒(きとう)に廻(めぐ)らす」（韓愈、進学解）とは成句で「荒れ狂う大波を押し返す。時勢がどうしようもなく傾いたのを再びもとに回復することをいう」（広辞苑より）

◇第20回慶東定期戦（慶應19勝１引き分け）

▽1942（昭和17）年秋季＝12月６日

▽グラウンド＝慶應・日吉

○慶應義塾31（６―11、25―５）16東京帝大●

◆［東西大学対抗戦］

慶應が関西に遠征した１月恒例の東西対抗は大阪・花園ラグビー場で京都帝大、三高、同志社との定期戦３試合が行われ、慶應が関東制覇の余勢をかって京都、三高、同志社をノートライに抑えて３連勝。1930（昭和５）年度以来の全勝で全国制覇を達成した。とくに関西での３試合で慶應が許した得点はわずかに同志社のドロップゴール４点だけという完全勝利だった。なお1911（明治44）年４月に行われた三高戦を定期戦（日本人同士）の嚆矢とする伝統の東西対抗戦も関東での定期戦同様に今季の対戦が戦前最後の対戦となった。東西対抗戦復活は戦争終結の翌1946（昭和21）年１月１日、東京・吉祥寺で行われた慶京戦が戦後再スタートの第１戦。三高、同志社との定期戦は戦後初めて慶應が関西に遠征した1947（昭和22）年１月に兵庫県・西宮球技場で行われ、今日に至っている。

◇第18回慶京定期戦（慶應12勝5敗1引き分け）

▽1943（昭和18）年１月１日

▽グラウンド＝花園ラグビー場

○慶應義塾59（21―０、38―０）０京都帝大●

◇第28回慶・三高定期戦（慶應27勝1引き分け）

▽1943（昭和18）年１月４日

▽グラウンド＝甲子園南

▽レフリー＝野沢氏

○慶應義塾109（51―０、58―０）０三高●

◇第29回慶同定期戦（慶應22勝4敗3引き分け）

▽1943（昭和18）年１月７日

▽グラウンド＝花園ラグビー場

○慶應義塾35（11―４、24―０）４同志社●

同志社は開始５分に慶應陣25ヤード中央のタイトから鈴木がいきなりドロップゴールを決めるなど、上々のスタートだったが、FW戦の劣勢で試合の主導権は慶應にあった。しかし慶應も前半はFWの健闘でせっかく優位に立ちながらバックスがミスを連発するなど攻めあぐねていたが、前半の終盤に入ってようやく調子を取り戻し、後半は一方的に攻めて今季の最終戦を快勝で締めくくった。

◆高専大会と中学大会

第18回高専大会は１月２日から８日まで花園ラグビー場で隔日開催、また全国中等学校大会も２日から甲子園南運動場でそれぞれ開催されたが、高専大会に出場した慶應予科は２回戦で台北高商に11―15で惜敗。全国中等学校大会出場の慶應普通部も２回戦で福岡中学に０―64と大敗した。

◆５大学OBリーグ戦で全敗

５大学OBリーグ戦が２月14日に開幕。毎日曜日に神宮競技場で行われたが、慶應OBは元気なく４戦全敗で最下位となった。優勝は早稲田OB、明治OBがともに３勝１敗で分けあった。

◆慶應義塾報国団が結成される

慶應義塾では10月下旬、大学および高等部の教職員、学生で組織する報国団を結成。在来の学会、体育会、文化団体を吸収し、新たに総務部、学術科、体育科、生活科を設立した。団長には小泉信三塾長が就任。学生はすべて学術科と体育科の国防訓練班に所属し、これまで納入していた学会費、体育会費のかわりに報告団費として20円を納めることになった。

◆英国のラグビー校で「キャップ」100年祭

ラグビー発祥の地、英国のラグビー校（パブリックスクール）で２月22日「キャップ」100年祭が行われたが、キャップを主題としたザ・タイム（1943）年の記事が『The Gilbert Story』（ギルバート・ラグビー・ミュージアム刊）に掲載されている。「いまから100年前、ラグビー校の寮で、今日の大学や国際試合で与えられるキャップの前身となった『フォローイング・アップ』キャップがはじまった。キャップは昔からビロウドとモールでできていて、金飾りのつばとしっかりした房がついており、本来は試合中に被っていた。『フォローイング・アップ』キャップは経済的な理由から1933（昭和８）年頃に廃止され、代わって1st. ＸＶ（一軍）キャップの登場となったが、これもラグビー校OBの反対ですぐやめてしまった。しかしラグビー校の『フォローイング・アップ』キャップはあっという間にオックスフォードやケンブリッジなどに広まり、ラグビー校は1880（明治13）年までそのキャップとボールを専売特許としていた」（要旨）。

以上がキャップについての由来と変遷だが、日本協会でも英国の伝統に習ってキャップ制度を導入。テストマッチに出場した日本代表にキャップを贈って栄誉を称えている。

◆慶應義塾とイートンキャップ

慶應でのキャップ制度は草創期の1904（明治37）年に逆上る。この年の卒業生だった松岡正男、伊藤重郎がグラデュエートキャップを被って卒業写真に写っているところをみると、すでにこの時点でキャップ制度が存在していたことを写真は物語っている。ところで松岡、伊藤は蹴球部の卒業年次でいえば第２期生。１年上の１期生とキャップの関係を明らかにする文書、あるいは写真が現存しないためキャップの起源については定かでないが、キャップは卒業する代表選手の名誉と功績の象徴という視点でとらえれば、第２期卒業生に贈ったキャップを起源とするより、第１期生を送り出した前年の1903（明治36）年こそキャップ制度のはじまりと理解したほうがより自然のように思われる。なお蹴球部では「グラデュエートキャップ」と呼ばれ、後に「イートンキャップ」と呼称が変わったが、戦後はこの制度そのものが途絶えている。

1943・44（昭和18・19）年度 ◆伊藤保太郎①②◆

慶應義塾と東西各校との定期戦は前年度（昭和17年度）の東西対抗戦を最後に中止となったが、戦局悪化の中で唯一この年も行われたのが第19回慶立戦だった。それも9月22日の閣議で「理工科系を除く徴兵猶予撤廃。12月10日を期して学徒動員の実施」が決議された直後の10月9日である。国家総動員体制が強化されつつある非常事態の中で、なおかつ試合ができた理由。それは①ラグビーが戦闘的性格を持つ競技だった、②慶立戦がシーズン初めだった—の2点といえるだろう。試合そのものは12—0で慶應蹴球部の勝利に帰したが、この試合出場のメンバーから学徒動員で伊藤主将ら3人（12月仮卒業)、後に志願（在学中）で7人が海、陸軍の予備学生として入隊するなど、この直後から蹴球部の周辺も急ピッチで戦時統制のワクの中に組み込まれていった。「これで4、5年は大丈夫と思ったところで昭和18年にみんな戦争で出ていってしまったものだから、せっかく心血を注いだ結果がゼロになってしまった」と監督脇肇は優勝達成後の心境を綴っている。戦前の蹴球部は結局この1943（昭和18）年度の対立教定期戦を最後に、1946（昭和21）年元日の対京都大学定期戦まで創部以来44年間にわたった公式の対外活動を停止した。

1943（昭和18）年度

➲10月16日：大日本体育会闘球部会主催学徒出陣壮行の紅白試合が行われ、慶應・伊藤保太郎主将が出陣学徒を代表して答辞を述べる（神宮）。

➲10月21日：文部省主催学徒出陣の壮行会が雨の神宮競技場で開催される。

➲11月23日：慶應義塾主催の塾生出陣学徒壮行会が三田山上で開かれる。

1944（昭和19）年度

➲3月10日：日吉校舎が海軍軍令部・連合艦隊本部となる。

➲4月18日：獣医畜産専門学校開設、日吉のラグビー場など体育施設を農場に転用。

◆戦前最後の立教戦

第19回慶立定期戦が1943（昭和18）年度の関東大学ラグビー公式戦として行われた唯一の試合となったが、昭和20年卒業のOB、北野和男（当日のメンバー）所持の記録によると「30分ハーフの試合は両チームがキックの応酬を繰り返す単調な展開に終始した」とある。ところで変わっているのはプログラム（写真参照）に記載されているチームの呼称とラグビー用語。昭和18年の初めに敵性外国語の使用が禁止となり、ラグビーが闘球と改称されたのをはじめラグビー用語はすべて日本語の呼称に改変された。

▼トライ＝略陣（3点）
▼ゴール＝陣蹴成功（5点）
▼PG＝罰蹴ニヨル陣蹴成功（3点）
▼DG＝落蹴ニヨル成功（4点）
▼FW＝第1線
▼HB＝第2線
▼TB＝第3線
▼FB＝後衛——など。

しかし「闘球という名称変更はあったが、（上記のような）細かい呼称はなかった」と当時のOBは語っている。要するに蹴球部内というか、部員の間では本来のラグビー用語が戦局のいかんにかかわらず日常的に使われていたということである。

◇第19回慶立定期戦（慶應16勝2敗1引き分け）

▽1943（昭和18）年10月9日

▽グラウンド＝慶應・日吉競技場

▽レフリー＝北島忠治氏

○慶應義塾12（3—0、9—0）0立教●

慶應義塾	vs.	立教
大　谷	FW	中　村
吉田敏		森　岡
北　野		友　沢
由　本		黒　川
中　谷		三　好
伊　藤		高　畠
田中二		渥　美
椎　野		
小　松	HB	長　尾
上　原		星　明
渡　辺	TB	久　保
中　西		牧
田　尾		満　生
埜　邑		後　藤
		下　田
市　川	FB	白　江

慶應	vs.	立教
0	T	0
0	G	0
1	PG	0
3	前	0
3	T	0
0	G	0
0	PG	0
9	後	0
12	計	0

◆蹴球部員も戦場へ

戦局の悪化は学徒動員の名のもとに多くの大学生を戦場へと送り込んだ。もちろん昭和17年秋の優勝メンバーも12年ぶりの全国制覇の喜びに浸る間もなくジャージーを軍服に着替え、3段階に分かれて戦火の場へと出て行ったが、昭和20年8月15日の終戦の日が過ぎても田中二郎、中谷淳男、市川精一、塚原次男、富永静児の5人のOBは2度と日吉グラウ

慶應義塾對立教大學
闘球試合

昭和十八年十月九日（土）午後三時
於 日吉 慶應義塾競技場

慶應義塾体育會闘球部
立教大學闘球部

慶應義塾 前半	慶應義塾 後半	得點	立教大學 前半	立教大學 後半
		12 — 0		
	3	略陣（三点）		
		陣蹴成功（五点）		
1		罰蹴ニヨル陣蹴成功（三点）		
		落蹴ニヨル陣蹴成功（四点）		
		反則		

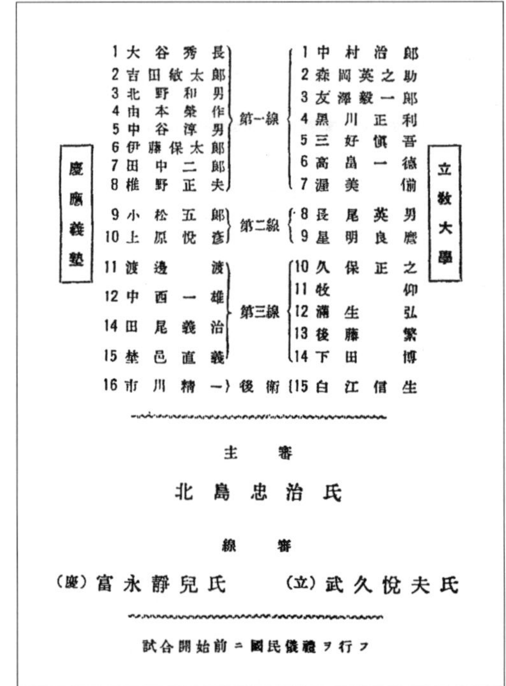

慶應義塾			立教大學
1 大谷秀長	第一線	1 中村治郎	
2 吉田敏太郎	第一線	2 森岡英之助	
3 北野和男	第一線	3 友澤毅一郎	
4 由本榮作	第一線	4 黒川正利	
5 中谷淳男	第一線	5 三好愼吾	
6 伊藤保太郎	第一線	6 高畠一德	
7 田中二郎	第一線	7 渥美備	
8 椎野正夫	第一線		
9 小松五郎	第二線	8 長尾英男	
10 上原悦彦	第二線	9 星明良應	
11 渡邊渡	第三線	10 久保正之	
12 中西一雄	第三線	11 牧仰	
14 田尾義治	第三線	12 滿生弘	
15 埜邑直義	第三線	13 後藤繁	
	第三線	14 下田博	
16 市川精一	後衛	15 白江信生	

主審
北島忠治氏

線審
（慶）富永靜兒氏　（立）武久悦夫氏

試合開始前ニ國民儀禮ヲ行フ

学徒出陣の頃、対抗戦として戦前最後の対立教戦の印刷物。昭和18年3月2日、陸軍省情報部から「運動用語に英語禁止」の通達があり、ラグビーは「闘球」となった。この試合の一週間後、神宮競技場で「学徒出陣式」が行われ、主将・伊藤保太郎が各大学を代表して出陣の挨拶をした。

ンドの土を踏むことがなかった。ここに故人の往時を偲び、ご冥福を祈る。

［昭和17年３月卒業＝召集］

根本雄太郎	陸軍・関東軍	

［昭和18年９月卒業（６カ月繰り上げ）＝志願］

池浦次郎	海軍13期飛行予備学生 艦攻「流星」	操縦
野村栄一	海軍13期飛行予備学生 水上戦闘機「強風」	操縦
村田光夫	海軍13期飛行予備学生 偵察教官（旧姓門倉）	
吉田　要	海軍13期飛行予備学生	要務
神谷重彦	海軍13期飛行予備学生	偵察
大塚　潔	海軍３期兵科予備学生	砲術
長井　清	海軍３期兵科予備学生	通信
針生俊夫	海軍３期兵科予備学生 機雷学校	対潜水艦
桐田鉄夫	陸軍１期特別操縦見習士官	

［昭和18年12月仮卒業＝学徒出陣］

伊藤保太郎	海軍14期飛行予備学生	偵察
新谷淑朗	海軍14期飛行予備学生	操縦
大谷秀長	海軍14期飛行予備学生	操縦
田中二郎	海軍４期兵科予備学生	「回天」 戦没（硫黄島）
中西一雄	海軍４期兵科予備学生	要務
吉川嘉俊	陸軍主計	

［昭和18年12月在学＝動員］

田尾義治	海軍14期飛行予備学生	偵察	復学
上原悦彦	陸軍		復学
中谷淳男	陸軍歩兵	戦没（ビルマ）	
北野和男	陸軍野戦２兵		復学
脇　　正	陸軍歩兵砲		復学
磯野大蔵	海軍予備学生		復学
市川精一		戦没	
埜邑直義			復学
塚原次男	海軍	戦没	
富永静児	陸軍	戦没（ビルマ）	
荒川　勉	陸軍		復学

［昭和19年12月在学＝志願］

椎野正夫	海軍５期兵科予備学生	復学
渡辺　渡	海軍５期兵科予備学生	復学
柳沢　定	陸軍特別操縦見習士官	復学

［昭和22年卒業＝召集］

遠藤英郎	宇都宮入隊	復学

［昭和23年卒業＝召集］

本木良太	陸軍　久留米入隊	復学
石橋豊貴	西部24連隊	復学
島田正三	西部24連隊	復学

［昭和24年卒業＝召集］

根本哲次郎	陸軍　熊谷入隊	復学
大坪洋一郎	陸軍　シベリア抑留	復学

焦土の中から再興へ(1945~1954)

ー極度の食糧難に負けず、定期戦復活！ー

1945(昭和20)年度 ◆田尾義治◆

太平洋戦争は８月14日のポツダム宣言受諾で終結した。９月８日には進駐米軍に日吉校舎を接収され、体育会の諸施設も同時に米軍の管理下におかれるなど戦後も苦難は続いたが、校舎と反対側の住宅街にあった蹴球部の宿舎、グラウンドは幸いにも接収の対象から外れ、その後の蹴球部復活の拠点となったわけである。しかし、グラウンドといっても名ばかり。前年の４月に新設された獣医畜産専門部の農場と化していたため毎日のグラウンド探しが日課のひとつとなっていた。あるときは米軍管理の陸上競技場で、またあるときは体育会各部と競合しながら明治、大正の昔に帰って綱町運動場…と、練習の場を求めてさすらいの日々だったが、こうした混乱期の蹴球部員を勇気づけたのは９月23日に京都で行われた戦後の復活第１戦だった。

関西在住のＯＢが関西ラグビー倶楽部を再興し、三高と対戦したのがそれ。蹴球部関係ではＯＢの杉本彰（旧姓長沖）、中西一雄、予備学生から学園復帰の田尾義治（帰省中）が関西倶楽部のメンバーとして参加している。戦災を免れた京都を中心に戦後の日本ラグビー復活のうねりは秋の深まりとともに焦土と化した東京にもおよんだ。非公式ながら11月２日に成城高（現成城大）グラウンドで学生、ＯＢの各紅白戦が行われ、新春の1946（昭和21）年には元日恒例の慶京定期戦が戦後初の公式戦として吉祥寺の日産厚生園グラウンドで実現。大学ラグビーの定期戦再開の先鞭をつける結果となった。日本ラグビーの原点が慶應義塾と京都勢の対戦に求められるように、戦後のラグビーも同じ図式のもとに復活したといえるが、極度の食料難、生活物資の窮迫は筆舌に尽くし難いものがあった。

◆日吉で食料自給

蹴球部の受難はすでに太平洋戦争の最中にはじまっていたが、昭和20年予科入学の脇功は復活への第１歩を以下の４点に分けて記している。

①蹴球部の宿舎が戦争末期に一般塾生の寮となった。このため維持管理が行き届かず荒れ放題。

②ラグビー場の農地化で練習場探しが日課のひとつとなった。

③最も苦労したのは食料難。米は一日２合３勺の割り当て配給で、１カ月７日から10日分しかなく、後は麦、いも、トウモロコシの代用食でしのぐ。

④合宿周辺の慶應義塾用地でいもや野菜などを栽培して食料不足を補う自給自足の日々。

また京都大学との定期戦再開についても「ちょうどこの頃、京都大学から復活の申し入れがあった」ことをつけ加えており、戦後のラグビー活動が京都からはじまったことを示唆している。

◆慶京定期戦復活と苦行

京都大学との定期戦復活が正式に決まり、

田尾義治主将ら関西在住の待機組も12月はじめに上京して合宿入り。ようやくこの頃から練習も軌道に乗りはじめたが、懸案事項として残ったのは会場となるグラウンド問題である。日吉のラグビー専用グラウンドは畑のまま、陸上競技場は米軍の管理下にあり、綱町に至っては体育会各部の練習場となって長時間の確保が難しく、頭を痛めていたところへ朗報が届いた。

成蹊高（現成蹊大学）ＯＢの尽力で米軍が接収中の吉祥寺・日産厚生園グラウンドを借りられることになったのだ。それも元日の定期戦会場としてばかりでなく、練習にも使っていいとの破格の条件だった。まるで緑の絨毯を敷き詰めたようなよく整備された芝生のグラウンド、クラブハウス、そしてベビーゴルフ場と申し分ない施設と環境のすばらしさは敗戦国の日本ではちょっと考えられない別天地の感すらあったが、ひとつ大きな難問が待ち受けていた。交通地獄である。東横線の電車の窓はすべて板張り。車内が混んでくると乗客はこれまた板張りの座席の上に立って極限まで詰め込むという物凄い練習場通いが続いた。日吉から渋谷乗り換えで吉祥寺まで今なら40分で行けるところをたっぷり３時間かけての難行苦行だった。予備学生からの帰還組、椎野正夫（昭和21年度主将）は当時を振り返ってつぎのように述懐している。

◆椎野正夫が語る終戦直後

「吉祥寺通いに持っていった昼食は甘藷入りの握り飯が２個だけ。ときどき駅前の食堂でおでんを少し食べる程度であった。練習は中須三郎先輩（昭和15年度卒）がコーチをしていたが、なかなか厳しく、特攻隊帰りの我々が『握り飯２個分走ったから止めてくれ』と頼んでも許してもらえず、随分走らされたことを54年たった今も鮮明に覚えている。

練習が終わって日吉の合宿で『寂しい夕食』をとるのはいつも夜の７時ごろだったと思うが、西洋皿に薄く盛られた芋入りの配給米。練習の帰りに立ち寄った渋谷の闇市で少しばかり腹ごしらえしたからこそ、わずかでも空腹感を満たすことができたのだろう。

とにかく苛酷な条件の下で行われた戦後初の公式戦、京都大学との復活定期戦はニュース映画にも収録されたが、幸い21—８で勝つことができた。レフリーは明治の北島忠治監督だった」

◇第19回慶京定期戦（慶應13勝5敗1引き分け）

▽1946（昭和21）年１月１日

▽グラウンド＝吉祥寺・日産厚生園

▽キックオフ＝慶應

▽レフリー＝北島忠治氏

○慶應義塾21（０—８、21—０）８京都大●

◆戦後の復活シーズン概況

敗戦の日からわずか１カ月ちょっとの９月23日。戦災を免れた京都で戦後初のラグビーゲームが復活した。その栄誉を担ったのはいちはやく関西在住のＯＢたちによって再組織された関西ラグビー倶楽部（KRC）と三高である。試合はKRCが24—６で勝ったが、この復活第１戦を25日付けの紙面で報じた朝日新聞（東京）によると、会場の京大グラウンドに「千余名の観衆を集め」とあり、極度の食料難にあえぐ敗戦国民の苦しい生活環境の中で行われたラグビーとしては異例の盛況ぶりと評してもいいだろう。この試合がきっかけとなって関西では９月30日にKRCと京大戦、11月28日に一高対三高戦がいずれも京都で行われ、12月９日には西宮球場で東西両帝大の定期戦と続いた。試合は一高、東大の関東勢が勝っているが、長距離列車の切符入手も困難な終戦直後の混乱時代に「よくぞ関西遠征を」と、その情熱と若さがもたらす強烈なエネルギーにはただただ感服のほかはない。

もちろん、京都に比べ焦土と化した東京でのラグビー再興は時間的な点で遅れをとったが、一高、東大の関西遠征にみられるようにただ手を拱(こまね)いていたわけではない。11月2日には世田谷の成城高校(現成城大学)で学生、OBの各紅白戦が行われ、11月23日には大学、高専の混合試合、早慶OB戦が記録に残っている。

また、戦前の1942年4月の第15回戦を最後に中断していた東西対抗ラグビーも4年ぶりに復活。年度末の3月24日、西宮球場で行われたが、西軍が22—21の1点差で初めて勝ち、連敗を15でストップした。両チームともOB主体のメンバー編成で、学生はわずかに4人だった。なお、関東で部活動を再開したのは慶應、東大、成蹊、成城の4チームだけ。早稲田、明治の対外活動復帰はこのシーズンなかった(京都、西宮、成城高での各試合は、いずれも1945年度)。

◆関東大学OBリーグが復活

学生チームに先駆け関東大学のOBリーグ戦が1946(昭和21)年2月24日に開幕。4週間にわたって駒場の一高グラウンドで熱戦を繰り広げたが、慶應OBが5戦全勝で第1位となった。

○慶應OB 25(19—3、6—13)16明治OB●
○慶應OB 23(14—0、9—3)3 法政OB●
○慶應OB 5(5—3、0—0)3 学士ラガー●
○慶應OB 20(6—0、14—5)5 早稲田OB●
○慶應OB 42(12—0、30—5)5 立教OB●

1946(昭和21)年度 ◆椎野正夫◆

国敗れて1年が過ぎた。復活へ出遅れていた関東大学対抗ラグビーも早稲田、明治の参戦でようやく戦前のメカニズムに復したが、結果は東大と明治が1敗で同率首位。慶應と早稲田はともに2敗でこれに続いた。形としては戦前のビッグ3の一角に東大が食い込んだことになるが、関西ではやはり戦災を免れた京都勢の独壇場。前年に引き続き京大が優勝。年末から年始にかけての東西対抗でも東、明、慶、早を連破した京大が全国制覇のビッグタイトルを手にした。それにしても食料難、グラウンド難に加えて用具の不足はチーム再生への最大のネックとなったが、食料については自給自足に努めることで対応。またグラウンド難は後楽園球場(慶明戦)、神宮球場(慶東戦)など野球場を転用することで辛うじて解消した。ただ野球場は扇形になっているためルーズから展開への過程で方向感覚が取りにくかったことを記憶している。いずれにしても復員、あるいはその他の事情で復学が遅れた戦前からの選手の出場、欠場が試合の結果を左右したこともあり、総体に戦力は低下した不安定なシーズンだった。いま思っても残念なのは1923年(大正12)年の定期戦開始以来初めて東大に敗れるという記録を作ってしまったことである。

(椎野正夫・記)

➲駐留連合軍に接収されていた体育会山中山荘が9月に返還される。

➲5カ国対抗が再開。ウェールズとイングランドが優勝。フランスが15年ぶりに参加。

◆戦後最初の有料試合

椎野正夫主将の年度総括にもあるようにこのシーズンの慶明戦は水道橋の後楽園球場で行われた。戦前からラグビーの主会場となっていた神宮競技場は米軍の接収で使用不可能。「関東協会から特別使用の申請が米軍当局に出されていたが、使用許可が間に合わず」(日本ラグビー史)後楽園に落ち着いたという。入場料は５円。戦後の有料試合第１号という記録が残っているが、入場料の５円がどのような基準のもとに算定されたのかは不明。なお、戦後初の早慶ラグビーは恒例の11月23日、OB戦に続いて４年ぶりに行われたが、慶明戦同様、使用許可がおりず神宮野球場で行われた。

◆全早慶戦を関西で

早、慶両校のOBが主体となる全早慶戦が天皇誕生日の４月29日、兵庫県の西宮球技場で行われた。メンバーは関西在住のOBに関東勢が合流した当時では最強の陣容。なかでも全慶應の主力は昭和17年秋の優勝メンバーという豪華な布陣でのぞんだが、試合は接戦のすえ32—34の２点差で敗れた。

なお、両校の主力に学士ラガー出身のOBらを含めた有志が後にエーコン（関東）、KYRC（関西）のクラブチームを設立。明治OBクラブを加えた３クラブチームが戦後の日本ラグビー復興に大きな足跡を残した。

●全慶應32（３—26、29—８）34全早稲田○

全慶應	vs.	全早稲田
大　谷	FW	木　村
吉　川		松　原
北野和		*芦　田
野　村		村　山
門　倉		斉　藤
伊藤保		米　華
池　浦		鹿子木
*椎　野		池田新
大　塚	HB	林　謙
新　谷		野　上
吉　原	TB	池田林
中　西		林　藤
北野孟		鈴　木
郡		坂　口
伊藤次	FB	西　田

*は学生

◆日吉グラウンドの整地はじまる

慶京定期戦復活がきっかけとなって、それまでの畑を再びグラウンドに戻す作業が蹴球部ではじまった。全部員総出でまず畑の畝を崩し、平地になったところでローラーを引いて整地するわけだが、蹴球部に残る記録は「練習前にFWは１人、バックスは２人で110ヤードを数回往復。グラウンドとして使えるようになった部分で練習をはじめ、また戦後初めての夏合宿もこのグラウンドで行った」と伝えている。ラグビー発祥の地を厳密にいえば麻布仙台ケ原となるだろう。しかしその発祥記念碑が見守る現在の蹴球部グラウンドの再生にはこのような秘められた歴史が刻まれていることを忘れてはならない。

◆逼迫する食料難にも明るい笑い

蹴球部員手作りのグラウンド再生作業は順調に進んだが、部員を苦しめたのは日に日に悪化の一途をたどる食料事情だった。当時マネージャー補佐として部員の生活面を担当していた脇功（予科２年）は蹴球部六十年史にその模様をつぎのよう書き残している。

「食料事情は悪くなる一方。春には千葉の農林試験場から藷の苗約２万本を分けてもらい、三日間くらいかかって全部員の手で畑に植えつけを行いました。またなす、きゅうりを作り、肥料には馬術部の馬糞をワラと引き換えにもらい、自給態勢は着々と整ったのですが、これらの取り入れまでの数カ月間は最もひどい生活をしたものです。なにしろ米のご飯にお目にかかるのが、一日のうち一度あればよいほうで、しかもご飯の中には麦あり、こうりゃんあり、玉蜀黍ありという状態で、全く色とりどりの賑やかなものでした。ことに初めてのこうりゃん飯の時は『今日の飯は赤飯だ』と大騒ぎをし、口に入れてみて初めてこうりゃん入りの飯とわかったときは大笑い。

しばらくの間笑いが止まりませんでした。今から考えてみると、この時代よくぞこんな食べ物で練習ができたものと感心させられます」

これはひとり蹴球部だけではなく、早稲田、明治など当時のすべてのラガーマン、いや日本人共通の苦難だったわけだが、想像を絶する環境を乗り越えて慶應ラグビーの伝統を守り抜いた先輩たちの努力に、改めて敬意を表するとともに、100年の歴史の1コマとして後の世に伝えていきたい。

◆関東大学対抗が再開

戦前の大学ラグビーを盛り上げた各校がようやく出揃った。蹴球部の第1戦は10月6日の日大戦。前、後半とも一方的に得点を重ねて快勝、続く立教、法政にも順当に勝ったが、後楽園球場での〈慶明定期戦〉は前半1PG、後半1トライをあげて6—0とリードしながらスタミナ不足が響いて逆転負けを喫した。翌日の朝日新聞は「敗れて悔いなき善戦ぶりであったが、HBの持ち過ぎからバックスを活用できなかったのは惜しい」と報じている。この年度は現役戦の前にOB戦が行われ、慶應OBは立教、法政と連勝したが、明治には学生同様、6(3—11、3—8)19で完敗だった。

戦後はじめての第23回早慶定期戦は4年ぶりに神宮野球場で再開。慶應が9(6—3、3—5)8で辛うじて勝ち、対戦成績を9勝13敗1引き分けとした。翌24日付けの朝日新聞によると「慶の辛勝は弱いと見られた早の精神的奮起にもよるが、FWがルーズはともかく、ラインアウト、タイトで早に押さえられバックに好球を送り得なかったことで、前半30分に挙げたTBパスによる西村のあざやかなトライなどからみて、FWがいま一息押しに威力があればの感が深かった」と苦戦の原因を分析している。

早稲田では後に松岡—堀のHBペアとして活躍した松岡が左のバックロー、また名FB、SOといわれた新村がCTBにはいっているのが注目される。戦前からの選手の復学が遅れていた早稲田苦心のメンバー編成がこのあたりに伺える。OB戦は19—30で慶應OBの大敗だった。

慶應にとって関東大学対抗の最終戦となる慶東戦(9—20)は前半のコンバート失敗やバックスのミスが響いて完敗。1923年(大正12)年1月に定期戦を開設して以来21度目の対戦で初めての敗戦を喫した。対戦成績は慶

●慶應義塾6(3—0、3—11)11明治○

慶應義塾	vs.	明治
戸　部	FW	柴　山
吉田敏		藤　原
伊　藤		斉　藤
由　本		中　島
本　木		柴　田
犬　丸		太田垣
根　本		岡　野
椎　野		秦
小　松	HB	安　武
中　谷		久　羽
西　村	TB	松　川
渡　辺		藤
山　本		南
吉田三		横　山
田　中	FB	山　中

○慶應義塾9(6—3、3—5)8早稲田●

慶應義塾	vs.	早稲田
戸　部	FW	浜　田
吉田敏		芦　田
伊　藤		内　田
由　本		藤　田
本　木		高　倉
犬　丸		松　岡
根　本		岡　本
椎　野		松　分
小　松	HB	山　上
中　谷		堀
杉　本	TB	出　石
渡　辺		新　村
西　村		岩　城
吉田三		大　月
田　中	FB	野　上

應の19勝1敗1引き分け。OB戦は慶應OBが学士ラガーを（24—17）で破った。

◆東西大学対抗は三高に勝っただけ

京大とは戦後2度目。三高、同志社とはそれぞれ復活第1戦となったが、〈京大戦（11—16）〉は前年の雪辱を許し、〈同志社定期戦（6—6）〉は引き分け。三高（26—3）との定期戦が唯一の勝利だった。

◆苦しかった戦後初の関西遠征

戦後初の関西遠征は敗戦からわずか1年半の混乱期に行われた。食料難はいうにおよばず、国鉄（現JR）の主力幹線である東海道本線も復興ままならず、そのダイヤは極端に少なかった。脇功は苦難の西下について蹴球部六十年史に「その道中のつらかったことは未だに忘れられません。なにしろ汽車の本数は少なく、急行などにはとても乗車することができず、普通列車にて16時間余揺られ、車中は立錐の余地のないほどの混み方。しかも乗車するまで数時間駅で立ち通し。乗るときは出入り口からは乗れず、窓が出入り口のようなありさまで大阪に着いたときは泣きたくなるほどでした」と記している。1勝1敗1引き分けに終わった遠征結果を論ずる前に、苦難の旅を承知の上で、なおかつ遠征に挑戦したスピリッツに敬意を表すべきだろう。

慶應ラグビー草分け時代の大先輩、田辺九万三が1907（明治40）年2月に蹴球部が初めて関西へ遠征した当時（当百年史「1907年度KR＆ACと定期戦始まる」の項参照）を「蹴球部六十年史」に寄せているが、それからちょうど40年。戦後初の関西遠征の苦難はその再現といえる。

◆慶應予科が最後の予科大会に優勝

太平洋戦争の勃発で中断していた全国高専大会と全国中学大会がこの年に復活したが、予科大会が高専大会から独立することになった。その第1回予科大会（花園）に関東から慶應、千葉工大、関西から関学、関大の予科4チームが代表として覇を競った結果、準決勝で関大（22—0）、決勝で関学（33—8）を破った慶應予科が最初のチャンピオンとなった。しかし、翌1948（昭和23）年の学制改革で予科大会は消滅。高専大会が新制大学大会（現全国地区対抗大学大会）と名称を変えて継続している。

1947（昭和22）年度 ◆児玉　渡（旧姓、渡辺）①◆

蹴球部が戦後の活動をはじめて３年目を迎えた。本格的というにはまだまだほど遠いのが現状ではあったが、明るい材料にも恵まれた。それはあすの蹴球部を背負って立つ多数の逸材を迎えたことである。中学（旧制）ラグビー復活第１回の全国大会準優勝校、神戸二中をはじめ神戸一中、大阪の北野中など関西からの優秀な若アユたちだったが、チームの現実は厳しいものがあった。夏合宿はよりよい食料事情の地を求めて北海道・函館で行ったにもかかわらず秋の成果はゼロ。早稲田に大敗、明治、東大には連敗し、正月の東西大学対抗でも京大に敗れるなど散々の結果となった。ことに東京ラグビー場（現秩父宮ラグビー場）の公式戦第１号となった早慶戦は定期戦の歴史の中でも記念すべき対戦だっただけに勝って100年史に花を添えたかったのだが、こと志と違い大敗してしまったことが今思えば残念でならない。　（児玉渡・記）

- 秩父宮さまを日本ラグビーフットボール協会の総裁に推戴（９月）。
- 神宮外苑に東京ラグビー場が完成。早慶ラグビーが公式戦第１号となる。
- 九州協会が西部協会から独立。これにより西部協会は関西協会と改称。
- 東西選抜対抗が関東、関西、九州の３地区対抗に移行。わが国最高の試合となる。
- ５カ国対抗でアイルランドが1898～99年度以来初のトリプル・クラウンを達成。

◆総裁秩父宮様と蹴球部

宮様とラグビーのかかわりは遠く1923（大正12）年５月に大阪で開かれた極東オリンピックに遡る（蹴球部百年史1923年度「極東大会で慶應義塾が優勝」を参照）。この大会でラグビーはオープン競技として参加し、決勝で慶應が創部２年目の早稲田を破って優勝したが、秩父宮様にとってはこの早慶戦のご観戦が縁となって、以後日本ラグビー発展のためにご尽力を賜り、24年後のこの年に日本ラグビーフットボール協会の総裁（パトロン）としてお迎えすることが実現した。ちなみにラグビー創始国、英国イングランド協会のパトロンはエリザベス女王。

なお、宮様が慶應の試合をご観戦になったのは、極東オリンピックの翌1924年（大正13）年２月３日に三田・綱町で行われた第２回慶東定期戦など戦前は６度。また総裁宮となられた戦後は1952（昭和27）年９月14日の全慶應とオックスフォード大学の試合にお成り戴いたのが最後となった。このときの宮様は試合前にグラウンドへ足を運ばれ母校オックスフォードXVに握手を、全慶應XVには一人ひとり親しく会釈を賜わったが、日英両国の親善に意を尽くされる宮様の細かいお心遣いに選手はもとより、びっしり詰まったスタンドの感動を呼んだものである。

◆東京ラグビー場が完成

戦後のラグビー活動が軌道に乗り始めるとともに、緊急の課題となったのが専用のラグビー場建設問題である。明治神宮当局の好意で準専用としてきた神宮競技場は、敗戦を境に進駐軍の接収するところとなったためだが、幸い神宮球場に隣接する元女子学習院の跡地を借用する話が外苑奉賛会の鷹司信輔宮司との間にまとまり、東京ラグビー場（現秩父宮ラグビー場）建設の端緒が開かれた。

もちろん完成までには協会の財政問題など重要問題が残ったが、採算を度外視した鹿島建設の協力、１部1000円のシーズンチケット（現在の賛助会員券）の販売、ラグビー関係者からの浄財などを建設費にあてる一方、各大学ラグビー部員の勤労奉仕によって、この年の11月22日に世界でも珍しいラガーマンの手になるラグビーの「殿堂」が完成。グラウンド開きに明治OB vs.学生選抜、明治vs.東大の２試合が行われ、翌23日には第24回早慶ラグビーが公式戦第１号の栄誉をになった。

なお、昭和28年１月４日、総裁秩父宮殿下がご逝去になり、生前のご遺徳を偲んで東京ラグビー場を「秩父宮記念ラグビー場」と改称することが日本ラグビーフットボール協会から発表された。

◆九州協会の新設と３地域対抗戦の新設

九州協会が1947（昭和22）年に西部協会から独立した。九州ラグビーの歴史は古く、1924（大正13）年には福岡クラブが生まれ、その年の10月に慶應チームを招待するなどラグビー活動の中心的役割をはたしている。後に東邦電力の分身ともいうべき九州電力の社長になった慶應の大先輩海東要造はじめ稗田幸三郎、伊丹三郎、阿部大六、平賀次郎（後に井上）、真島国松、横山通夫、白田六郎、高地万里ら慶應ラグビー初期のOBたちがクラブの主要メンバーとして名を連ね、福岡中学はじめ修猷館中学、西南学院のラグビー部創設にも力を貸すなど九州ラグビーの土台は慶應によって築かれたといっても過言ではない。また九州協会の独立に伴い従来の東西対抗ラグビーを３地域協会の代表による対抗戦と装いも新しく再スタートした。英国の５カ国対抗にちなんで日本ラグビー最高の試合というのがその位置付けである。

◆関東大学対抗は２勝３敗

今季も出だしはまずまずだった。緒戦の立教戦は11—３、第２戦の文理（現筑波）戦も20—12で退け、連勝で慶明戦に臨むことになった。ところが会場に予定していた新設の東京ラグビー場建設工事が遅れて神宮競技場に変更となり、当日の試合予定日10日を迎えたところで、今度はコンディションが悪く12月14日に再度延期となった。進駐軍の管理下にある同競技場のこと。敗戦国の現状では伝統の一戦といえども黙って引き下がらざるを得ず、過去に前例のない再延期となった。ただ

●慶應義塾３（０—８、３—33）41早稲田○

慶應義塾	vs.	早稲田
河　端	FW	井　上
柳　沢		芦　田
伊　藤		内　田
中　須		高　倉
本　木		橋　本
島　田		佐　藤
根　本		岡　本
犬　丸		松　分
田　中	HB	山　上
中　谷		堀
吉　田	TB	大　月
角　南		新　村
渡　辺		出　石
西　村		畠　山
山　本	FB	川　本

●慶應義塾０（０—16、０—29）45明治○

慶應義塾	vs.	明治
戸　部	FW	斉　藤
柳　沢		藤　原
伊　藤		西　沢
中　須		田　中
本　木		柴　田
島　田		村　上
根　本		山　下
犬　丸		工　藤
田　中	HB	安　武
渡　辺		久　羽
吉　田	TB	野見山
中　谷		白　石
角　南		丹　羽
西　村		横　山
富　上	FB	藤

1933（昭和８）年度の第10回慶明定期戦（同年度総括を参照）が延期されたことはある。この結果、３戦目に早慶戦を迎えることになったが、結果は予想外の大敗（３—41）を喫してしまった。

翌日の朝日新聞は「早稲田は開始２分バックスのパスからトライ、８分にも堀の突進を突破口にトライ（ゴール）し好調なスタートを切った。しかし慶應は非力のFWが、よくスクラムにがんばり早稲田の攻撃を抑え、かえってゴール前に十数分間早稲田を圧した。ここで慶應は再三チャンスをつかみながらハーフ、センターの持ち過ぎから得点を取ることができず、後半大敗の種をまいた。早稲田の勝利は当然」と報じている。

決定力の不足に加えてバックスの不振は、続く東大戦（16—22）でも露呈。せっかく風上に立った後半に追い込みながら前半の大量失点を挽回できなかった。

グラウンドの都合で関東での最終戦となった明治戦（０—45）はFW、バックスとも明治がすべての点で慶應を上回った。ノートライの大敗もやむを得ない結果といえる。

◆東大に２連敗が懇親会を生む

かつて慶東会というラガーマンの懇親会があった。いまではその輪も広がり昭和20年代の各大学OBが集う「ラグビー仲間の会」に発展しているが、そもそもは戦前一度も慶應に勝てなかった東大が戦後に定期戦を再開したとたん２連勝。喜んだ東大XVがユーモアたっぷりに「弱い慶應を慰める会」と称してはじまったのが事の起こりとか。今年も１月14日に都内ホテルで開かれ、若手といってもすでに60代の各大学OBたちに混じって70歳を越す元祖の「強い東大OB」が「弱い慶應OB」相手に会場のあちこちで怪気炎をあげていた。

◆京大に史上３度目の連敗

戦後の慶應は新設の東京ラグビー場での成績が芳しくない。関西勢を東京に迎えた今季の東西対抗でも昨年に続いて京大（11—22）に連敗。第２戦の三高（17—３）、最後の同志社（９—８）には勝ったものの同志社とは１点差のまさに薄氷を踏む思いの勝利だった。京大戦の連敗は戦前の２度に加えてこれが３度目。対戦成績も慶應の13勝７敗１引き分けと負け数が白星の半数に達した。また東京ラグビー場での成績は６戦２勝４敗。それも２勝は東西大学対抗の三高、同志社戦とシーズン終盤の対戦であげたもの。元日の京大戦まで早稲田、東大、明治と続いた４試合すべてに敗れる記録が残った。

1948（昭和23）年度 ◆児玉 渡（旧姓、渡辺）②◆

猪熊隆三、鈴木市之助先輩たちが1899（明治32）年にE．B．クラーク教授の指導で日本初のラグビーチーム『バーバリアン・クラブ』を創設した。それからあしかけ50年※。黒黄会では10月３日に日吉で慶應ラグビー半世紀の歩みを祝う式典を盛大に催し、また日本ラグビーフットボール協会（高木喜寛会長）でも10月10日、新設の東京ラグビー場（現秩父宮ラグビー場）に高松宮さまをお迎えして50年祭を開催し、シーズンの幕開けとした。

蹴球部にとってはこの記念すべき大事な年に新しく石井太郎先輩を監督に迎え、昭和16年以来のエイトFWを伝統のセブンに戻して秋に臨んだものの戦績はもうひとつ。明治に完敗、早稲田にはノーサイド寸前に同点トライを許して引き分け、主将２年目も関東３位に終わった。さらに正月の関西遠征では元日の京大戦に定期戦史上初めて３連敗するなど、セブン復帰の初年度に不名誉な記録を残してしまった。病床にあったとはいえチームが主将不在の遠征だったことを思い起こすとき、50年経った今も責任の重さを痛感している。そしてもうひとつの心残りはわが国最古の定期戦だった三高（学制改革のため京大と合併）との最終戦に出場できなかったこと。幸いチームメートの健闘でこちらの定期戦は慶應サイドから言わせてもらえば１引き分けを挟んで30連勝不敗という世界の定期戦史上でも希な記録を残すことができた。この一事をもって多とすべきかもしれない。（児玉渡・記）

➲第１回全国実業団大会（第５回から社会人大会と改称）が東京ラグビー場で始まる。

➲ドロップ・ゴールが４点から３点になる。

（※慶應義塾蹴球部の50年祭、60年祭は発祥年を起算とし、今回の100周年は翌年を起算の年としているので、１年のズレがみられる）

◆シーズンの歩み（関東大学対抗）

蹴球部がこの時期に往年のセブン・システムを復活させたのには石井太郎の監督就任と密接な関係がある。石井といえば早、明が台頭しはじめた昭和初期にかろうじて王者の座を維持していた慶應セブン時代末期の名SH。古き良き慶應ラグビーを支えてきた全盛時のOBたちが伝統のセブン・システムによる慶應浮上の旗手として石井を指名したことは想像に難くない。そして石井はシステム成否のカギをにぎるローバーに主将の渡辺（現児玉）を指名した。

かつて現役時代の石井はCTBでデビューし、後にHBとCTBの２役をこなしているが、渡辺もWTBにはじまり、CTB、SOを経験するなど、選手としての経歴に共通点がある。しかも石井がそうであったように渡辺もタックルの名手。石井の読みはみごとに当たった。緒戦の日大戦を（25―11）で破ったあと、対立教（27―６）、対文理（14―６）、対法政（57―０）と順調に白星を重ねて慶明戦を無敗で迎えることとなった。

ここまでは目論み通りの行程だったが、戦車FWを自認する明治のエイトにはやはり力負け（26―０）。新人の山田（九大専門部）、竹谷（天王寺中）の両巨漢をロックに配した新布陣も明治の重量には通用しなかった。

しかしローバーの持ち味がフルに発揮されたのは伝統の早慶戦（３―３）である。早稲田の堀は「二枚腰」といわれた突破力に定評のあるSO。タックルを巡る慶應・渡辺vs.早稲田・堀の攻防は渡辺のハードタックルがノーサイド寸前まで堀の動きを完封。復活第１

回の1946年以来、２年ぶりの勝利を目前にしながら早稲田の左WTB青木の同点トライで引き分けに持ち込まれてしまった。

それにしても渡辺vs.堀。この主将同士の対決は戦後の名勝負のひとつに数えられるが、渡辺は「残念なのは後半もタイムアップ直前に慶應ゴール前、早稲田ボールのスクラムで、私が堀君を止められず、早稲田バックスにポスト直下にトライされてしまったこと。そのゴールを早稲田が外して引き分けました」と当時のもようをこの百年史に寄せている。このあと東大戦（44－５）に快勝し、関東のシーズンを７戦５勝１敗１引き分けで終わったが、主将の渡辺はこの直後に病に倒れて新年の関西遠征を欠場。東西対抗ではFBの富上（予科２年）がローバーの大役を務めた。

●慶應義塾０（０―15、０―11）26明治○

慶應義塾	vs.	明治
清　水	FW	関
河　端		浜　田
戸　部		藤　原
竹　谷		松　下
山　田		太田垣
柏　谷		村　上
犬　丸		柴　田
		斉　藤
渡　辺	HB	近　藤
松　村		久　羽
杉　本		
水　越	TB	佐々木
中　谷		白　石
角　南		丹　羽
高　橋		横　山
田　中	FB	神　代

△慶應義塾３（３―０、０―３）３早稲田△

慶應義塾	vs.	早稲田
清　水	FW	井　上
河　端		石　外
戸　部		林
竹　谷		田　中
山　田		橋　本
犬　丸		岡　本
柏　谷		佐　藤
		松　分
渡　辺	HB	松　岡
田　中		堀
杉　本		
水　越	TB	青　木
中　谷		小　山
角　南		出　石
高　橋		畠　山
富　上	FB	新　村

◆東西対抗で京大に初の３連敗

戦後２度目の関西遠征は慶應ラグビー100年の歴史に負の１ページを刻む東西対抗となった。第１点は元日の京大戦（６―16）に初めて３連敗したこと。２連敗は戦前に２度経験しているが、３年連続して敗れたのは今回が初めて。翌日の新聞は「慶應は得意のセブンの動きを全く忘れ、あっけなく敗退した。これはローバー渡辺主将、フロントロー戸部がともに欠場したためでもあろうが、余りにも無気力な試合ぶりだというほかない」と厳しい論調で報じている。

そしてもうひとつのニュースは日本最古の

●慶應義塾６（３―13、３―３）16京大○

慶應義塾	vs.	京大
清　水	FW	山　田
河　端		中　村
堤		米　原
竹　谷		梅　村
山　田		築　山
柏　谷		粟　岡
犬　丸		日　野
		中川路
富　上	HB	鈴　木
田　中		柴　垣
杉　本		
花　田	TB	岡　田
中　谷		森　本
角　南		白　山
高　橋		高野瀬
前　田	FB	宇　野

○慶應義塾29（16—0、13—3）3同志社●		
慶應義塾	vs.	同志社
清　水	FW	高　谷
河　端		藤　本
伊　藤		坪　田
竹　谷		猿　丸
山　田		高　瀬
柏　谷		磯　川
根　本		山　本
		岡
富　上	HB	樋　口
松　村		門　戸
杉　本		
藤　村	TB	和　田
中　谷		磯　田
角　南		伊　藤
高　橋		萩　原
田　中	FB	八　島

定期戦として慶應が大事に引き継いできた三高との試合が今季の第31回定期戦で消滅したこと。試合は対戦の歴史が染み込んでいる吉田山の三高グラウンドで1月4日に行われ、慶應が26—11で最終戦を飾った。学制改革による旧制高校の廃校が定期戦終焉の理由だが、「三吉会」と称するOBの懇親会はごく最近まで継続されてきた。慶應の31戦30勝1引き分け無敗はラグビーのみならず、各種のスポーツ界でも珍しい対戦記録といえるだろう。年度最終の試合となる同志社との定期戦（29—3）は完勝だった。

◆慶應ラグビーが50周年

慶應ラグビーの50周年を祝う祭典が秋晴れの10月3日、横浜・日吉のホームタウンに慶應義塾の関係者はじめ、来賓として日本ラグビーフットボール協会、各大学ラグビー部から多数の招待者を迎えて盛大に催された。祭典は2部から成り、第1部はグラウンドの一角に建つ「日本ラグビー蹴球発祥の地」を示す記念碑の前での式典。主催者側を代表して黒黄会会長田辺九万三のあいさつ、招待者の祝辞などが続くなか、参会者は日本に初めてラグビーを植えつけ、また今日の隆盛に導いた先達たちの偉大な業績に感動を覚えつつ第2部の会場へと足を運んだ。体育会寄宿舎の食堂棟が第2会場にあてられた。

祝賀会場の食堂ではビールのジョッキを片手に黒黄会の長老OBを囲んだ仲間の輪がいくつもできたが、話題の中心はやはり慶應ラグビー草創期の話。なかでも食堂に隣接する応接室に陳列されたイートンキャップや丸首の黒黄ジャージーなど明治時代の慶應ラグビーを象徴するグッズなどに話の花が咲いていた。敗戦時の混乱がまだまだ色濃く残るこの時期に開かれた祝賀の祭典。参会者一同が日本ラグビーの再建と明日への飛躍を誓いながら意義深い一日は終わった。

◆練習後は東横線で銭湯へ

戦後の混乱は3年の歳月を経ても続いていた。練習後の毎日の入浴は東横線で隣の町、綱島の銭湯通い。泥だらけの練習着の上にコートやジャンパーを羽織って寒さに震えながら駅前の「東京温泉」へせっせと通ったものである。もちろん合宿にもタイル張りの豪華な電気で沸かす大浴場はあったが、戦時中の鉄製品供出で湯を沸かすモーターが取り払われていたこと、住宅街だった日吉に銭湯がなかったことの2点が電車での「銭湯通い」となった理由だった。

春の練習試合で他校チームを迎えたときは合宿所からグラウンドへ降りていく途中の小屋が即席の風呂。井戸水を小さな湯船に張って薪で沸かして間に合わせた。後に食堂棟に続くロッカーに仮設の風呂場が設けられ、また日吉の町中に銭湯もできて電車の風呂通いは終わったが、当時ならではの貴重な経験といえるだろう。

◆米の買い出しと炊飯

昭和23年といえばまだ米の配給制度時代。米といっても横浜市はキューバから輸入した粗目の砂糖を米の代用として配給していた。これを受ける方は仕方なく宿舎の各部屋でカルメ焼きにして口にしていたわけだが、主食になどなるはずがない。結局、部員が持ち寄った米を各部屋ごとにキープしておき、名ばかりの夕食後に飯盒やコッフェルで炊飯して飢えをしのいだというのが実情だが、ときには野球部が手をつけない皿盛りの夕飯をありがたくちょうだいもした。とにかく当時の野球部はスターともなれば夕食に招かれる機会が多々あったのだろう。夜遅く食堂へ行くと野球部のケースには山盛りの白米飯がいつも残って「主」を待っていたものである。

また、早慶戦や慶明戦などビッグゲームの前には原町田（現在の町田市）の農家に米の買い出しに行ったものだ。下級生がそれぞれバッグいっぱいに米を詰め込んで帰ってくるのだが、不思議と重さを感じた記憶がないのは、食べ盛りの蹴球部員にとって腹いっぱいとはいかなくても純米のご飯が食べられる喜びの方が強かったのだろう。この年と翌昭和24年度は日吉での夏合宿だったが、このときは品川まで牛肉や食用蛙の買い出しを経験した。今の時代では考えられない50年前の合宿生活。それはまたほろ苦さと楽しさが入り混じる毎日の連続だった。

日本最古の定期戦、対三高戦が学制改革のため幕を閉じた。その「サヨナラ試合」が昭和24年1月4日、三高・吉田山で行われ、往時を懐かしむ両校OBが顔を揃えた。

1949（昭和24）年度 ◆中谷三郎◆

学制改革によってこの年度から慶應義塾も新制大学として再スタートした。ただ新制度の対象になったのは昨年までの予科在学生だけ。すでに本科２年、１年に進学していた本科生には新年度もそのまま旧制度が適用される２制度併用の特別措置がとられた結果、われわれ旧制の２学年は翌25年３月（本科３年）と秋９月（本科２年）のダブル卒業という昭和17年以来の変則卒業を経験することになったわけである。とくに25年度シーズン開幕直前の９月卒業組にとっては本科在学が２年６カ月。実質的にはこの年度が大学ラグビー最後のシーズンとなってしまったが、今でも忘れられない苦い思い出となっているのは教育大（現筑波大）に初めて不覚をとったこと。もちろん週末には先輩たちが日吉にかけつけ、いろいろアドバイスをもらいはしたが、いま反省してみると「当時の慶應ラグビーは自己流の域から抜け出せないままに終わった」の一語に尽きる。　　（犬丸二郎・記）

- 新制大学発足とともに体育が必修科目となる。体育実習費は1000円。
- 駐留米軍が接収していた日吉校舎の返還式が10月１日に行われた。
- 三田体育会の結成式が11月５日に行われ、初代会長に平沼亮三が選ばれる。
- ５カ国対抗でウェールズが1910年度以来初めてトリプル・クラウンを達成。

◆シーズンの歩み（関東大学対抗）

セブン・システムになって２年目を迎えた。シーズンも深まってくると岩下秀三郎、前川丈夫（旧姓萩原）、上野祝二ら慶應セブンの黄金時代を支えた先輩たちの日吉通いが激しくなってくる。それぞれのパートについての指導には貴重な助言があったが、大きな意味での慶應システムについて学生たちの理解度はどうだったのだろう。

年度総括の欄で「自己流の域から抜け出せなかった」とベテランのバックロー犬丸が述懐しているように、戦後の新しいラグビーの潮流に乗り切れなかった慶應のセブン・システムはシーズンが終わるまで確立できなかったようだ。その最たる例は伝統の早慶戦（０—32）に雨中の試合という単純な理由だけでセブンFWを急遽エイトに切り替えて臨んでいることである。おそらく現在のように芝生のグラウンドならこうした発想も浮かんではこなかっただろう。だが、土をならしただけの東京ラグビー場は一度雨が降ればどろんこのぬかるみ。システムよりFWの強化を優先させた当時の中谷主将ら幹部選手の対応を責めることはできないが、やはり一貫してエイトFWのラグビーを追求してきた早稲田に通ずるはずはなかった。

たしかに第１戦の中大戦（25—６）はじめ慶立戦（22—20）、慶日戦（55—０）から３勝を記録しているが、セブン・システム放棄の理由をさらに掘り下げていけば教育大（旧文理大）戦（３—24）、慶明戦（３—16）での完敗に行き着く。なかでも教育大に初めて敗れたショックは、定期戦史上初めて経験する雨中の早慶戦という物理的な要素とともに慶應側を心理面から揺さぶる結果となった。

いずれにしても戦う前に優劣が予測できたエイトFWの対決は戦術面でも雨に合わせてホイールからドリブルで割って出るなど早稲田の独壇場。またバックスにしてもSOにローバーの富上、WTBに俊足の杉本を本来のSOからコンバートと慶應苦心の攻撃的なシフトもFW戦で遅れをとっては効果の点でゼロに等しかった。関東のシーズン最後の慶東戦

(27―5)は昨年に続いて2連勝。戦後の対戦成績をようやくタイとした。この年の早明戦は明治が1点差で勝ち、早稲田の2連覇を阻んだ。

●慶應義塾0(0―13、0―19)32早稲田○

慶應義塾	vs.	早稲田
真 鍋	FW	井 上
河 端		佐 藤
清 水		林
竹 谷		田 中
山 田		橋 本
柏 谷		藤井厚
山 口		中 島
犬 丸		松 分
田 中	HB	山 上
富 上		下 平
吉 田	TB	大 月
中 谷		藤井鴻
角 南		小 山
杉 本		横 岩
斎 藤	FB	新 村

●慶應義塾3(3―6、0―10)16明治○

慶應義塾	vs.	明治
真 鍋	FW	関
河 端		斉 藤
清 水		中 垣
竹 谷		松 下
山 田		柴 田
柏 谷		村 上
犬 丸		加 地
		大 和
富 上	HB	佐 藤
田 中		松 岡
杉 本		
関 川	TB	佐々木
中 谷		太田垣
角 南		渡 部
瀬 尾		横 山
斎 藤	FB	野見山

●慶應義塾3(0―6、3―18)24教育大○

慶應義塾	vs.	教育大
真 鍋	FW	菊 池
河 端		鈴 木
清 水		古 賀
竹 谷		増 田
山 田		冷牟田
柏 谷		森 本
犬 丸		忽 那
		鶴 巻
中 谷	HB	鈴 木
田 中		黒 田
杉 本		
関 川	TB	高 原
斎 藤		池 田
角 南		丸 山
吉 田		堤
関 口	FB	名 越

◆東西対抗で戦後初めて完勝

戦後の東西大学対抗で関西勢を東京に迎えるのはこの年度が３度目だが、堅いグラウンドに慣れている関西側にとって霜解けの軟弱な東京ラグビー場は苦手のようだ。年末から正月にかけての主要校の対戦はすべて関東勢に凱歌があがった。

この年度から三高との定期戦が消滅したため慶應の対戦は元日の慶京、８日の慶同二つの定期戦だけにとどまったが、慶京戦は前半３―６でリードを許したものの、ペースを取り戻した後半は15―０と一方的に攻め勝って18―６の逆転勝ち。またシーズン最後の慶同戦は前半の大量点ですっかりリズムに乗った慶應が後半の同志社必死の反撃をスピードと力でねじ伏せて大勝した。戦後の東西大学対抗で慶應が無敗を記録したのはこの年度が初めて。またプロップの真鍋が西南学院時代の経験を買われて京大戦にSHとして出場しているのが注目される。

○慶應義塾18（３―６、15―０）６京大●

慶應義塾	vs.	京大
伊　藤	FW	神　門
河　端		堀
戸　部		築　山
竹　谷		梅　村
山　田		笹　井
柏　谷		栗　岡
犬　丸		堀　田
		中川路
富　上	HB	真　継
真　鍋		柴　垣
杉　本		
関　川	TB	岡　田
中　谷		白　山
角　南		北　田
瀬　尾		高野瀬
斎　藤	FB	谷　口

○慶應義塾42（23―８、19―14）22同志社●

慶應義塾	vs.	同志社
真　鍋	FW	松　村
河　端		西　村
伊　藤		坪　田
竹　谷		松　宮
山　田		石　和
柏　谷		岡
犬　丸		鈴　木
		広　畠
富　上	HB	門　戸
田　中		山　本
杉　本		
関　川	TB	小笠原
中　谷		吉　田
角　南		伊　藤
瀬　尾		萩　原
斎　藤	FB	磯　川

1950（昭和25）年度 ◆山田畝一◆

新制大学に移行して2年目。旧制の2学年春、秋ダブル卒業がメンバー編成の面に陰を落とすのでは…の危惧は杞憂に過ぎなかった。関東大学、東西大学、ふたつの対抗戦で8戦して7勝1敗。全勝で戦後2度目の全国制覇を果たした早稲田はともかく、8年ぶり（空白期が3年）に明治を倒すなど『早明優位』の世評の一角を覆す慶應の好調は、何によってもたらされたのだろう。

理由は大きく分けて2点ある。まず第1点はシーズンを通じてFWのシステムをセブンに固定したこと。対戦相手、あるいは天候によってセブン、エイト両システムの併用に揺れた前年度の反省に基づくものとも考えられるが、いずれにしてもこれによってシーズンを通して戦う蹴球部の戦略が確立された点に前年とは異なる慶應のラグビーがあった。

そして第2の点はライバルと目される早稲田、明治のチーム改革が未完のうちに頓挫をきたした点に慶應のつけ込むスキが生じたといえるだろう。早稲田は世界のトレンドともいうべきFWの「3・4・1」から一歩踏み込んだ特異な「3・3・2」に、また明治は往年のダブリン・システムの復活に今季のさらなる飛躍を求めようとしたが、ともに慶應との対戦を前にチーム改革を断念している。この両校の改革が前年の慶應に見られた行き当たりばったりのFWシステム変更（セブンorエイト）とは根本的に意味が違うとしても、長年の積み重ねの上に成り立つそれぞれ独自のシステムなり、戦略がわずか半年やそこらで完成するものでないことを本来のシステムへの回帰は如実に物語っているといえるだろう。

なお、この年の慶應は夏の合宿練習を愛知県挙母（現豊田市）の豊田自動車挙母工場グラウンドで行った。日吉のホームグラウンドを離れて外部に合宿地を求めるのは1947（昭和22）年度の函館合宿以来3年ぶりのこと。内陸部のとっかかりに位置する挙母の厳しい暑さと、三度、三度の食事に必ずといっていいほど出てきた冬瓜（とうがん）が今も印象に残る挙母キャンプはまた暑さとの戦いでもあった。

➲慶應義塾体育会誌が再刊され、その1号が7月15日に発行された。

➲朝日招待ラグビーがはじまる（1月15日）。

➲第1回新制大学大会がスタート（1月6日、名古屋・瑞穂）。

◆シーズンの歩み（関東大学対抗）

酷暑の挙母合宿を乗り切った秋のスタートは順調だった。第1戦は前年に大敗している教育大。今季も主力10人が健在の教育大有利を伝える声が高かったが、主導権は7人FWの慶應が握った。角南（7分）の先制トライを口火に、16分竹谷、30分瀬尾、そして39分にも柏谷とたたみかけて16―0。後半も18得点を加え、教育大の反撃を13点に抑えて34―13で雪辱した。第2戦は立教との定期戦（14―0）。ともにセブンFWの対決はスクラム周辺の守りが堅く、小差の勝負となったが、慶應がロック竹谷、山田の活躍とローバー富上の攻守にわたる積極的な動きで立教に競り勝った。続く知葉友雄監督（明治OB）率いる日大との第3戦（22―8）は後半に3トライ、2ゴールを加えて日大を振り切ったが、ボール獲得率で優位に立つ日大の攻撃をハーフのところで断ち切った慶應の作戦勝ち。FW第3列とローバーの好守に負うところ大といえる。

シーズンも後半戦を迎えていよいよ慶明戦（15―3）は無敗同士の対決となった。慶應は戦前の昭和17年春、秋に2連勝しているが、戦後は4連敗中。明治が誇る重量FWの強力な押しに圧倒され続けたわけだが、5年目にして戦後初めて明治の力にまかせた「縦突進」を打ち破る策を見いだした。必勝の秘策といいたいところだが、それは秘策でもマジックでもない。慶應ラグビーの伝統に基づく「タックル」、そしてチームの「和」が成し得た勝利であった。

もちろん8年ぶり（途中3年間の戦争による中断を含む）の勝利を技術の面から分析すれば慶應の勝因、明治の敗因をいろいろあげることは可能だろう。たとえば慶應のセブンFWが明治の「3・4・1」に押し勝ったこと、あるいは明治の新人HBペアが慶應独特のローバーの術中にはまったことなどがそれだが、これとてもラグビーの神髄として草創の先人たちから後輩へと引き継がれてきたタックルあってのことといえる。昭和17年秋の優勝監督、脇肇が慶應ラグビーの極意を三つの鉄則としてまとめている。「ハードタックル」、「ローヘッド」そして「ストレートダッシュ」がそれ。またもうひとつの「和」についてはシーズンを通して貫いたほぼ不動のメンバー編成（別表参照）によって醸成されたといえるだろう。

この結果、早慶戦に勝てば戦後初めての優勝というところまでこぎつけたが、やはり最後のハードルは高くて厚かった。スコアは0―9。前半はそれでも慶應の守りを軸とするラグビーが功を奏して0―0の均衡をなんとか保ったものの、守りのラグビーには限界がある。後半にはいって速いテンポで球を動かす早稲田のスピードと攻撃力に3トライを奪われ、優勝へあと一歩のところで涙を飲んだ。関東のシーズン最後の慶東戦（82―0）は圧勝した。

◆東西大学対抗も完勝

今季の東西大学対抗は大阪の花園ラグビー場を舞台とする戦後3度目の関西遠征となった

慶應義塾		教育	立教	日大	明治	早稲田	東大	京大	同志社
①	真　鍋	○	○	○	○	○	○	○	○
②	河　端	○	○	○	○	○	○	○	○
③	清　水	○	○	○	○	○	○	○	○
④	竹　谷	○	○	―	○	○	○	○	○
	白　柏	―	―	○	―	―	―	―	―
⑤	山　田	○	○	○	○	○	○	○	○
⑥	柏　谷	○	○	○	○	○	○	○	○
⑦	山　口	○	○	○	○	○	○	○	○
⑧	富　上	○	○	○	○	○	○	○	○
⑨	本　城	○	○	○	○	○	○	○	○
⑩	杉　本	○	○	○	○	○	○	○	○
⑪	瀬　尾	○	○	○	○	○	○	○	○
⑫	加　藤	○	○	○	○	○	○	○	○
⑬	角　南	○	○	○	○	○	○	○	○
⑭	高　橋	○	○	○	○	○	○	○	
⑮	斎　藤	○	○	○	○	○	○	○	

が、慶應にとっては最良の正月シリーズとなった。なかでも2勝3敗とひとつ負け越している京大との定期戦に33—5で快勝し、戦後の対戦成績でも対に持ち込むことができたのは何よりの収穫。苦手意識が生まれつつあった状態からの脱出は、同時にこの年度の慶應チームの充実ぶりを示したものといえるだろう。

そして最後の同志社戦は、スピードに乗ったオープン展開に縦へのドリブルラッシュを交えた波状攻撃で京大戦を上回る大量51得点を記録。同志社の反撃を後半の2ゴールに抑えて関西のファンに「強い慶應」をアピールすることに成功した。全国制覇こそ早稲田に譲りはしたが、エイトFW全盛の時代に独特の個性豊かなセブン・システムでの健闘は称えられてしかるべきだろう。

1951（昭和26）年度 ◆角南圭一◆

新年度のスタートを前に優秀な新人群が入学してきた。高校ラグビーの頂点にたった天王寺（大阪）から青井、木下はじめ福岡の山田ら、いずれもあすの慶應ラグビーを背負って立つ逸材たちではあったが、彼らのすべてが即戦力として登用できるほど大学ラグビーは甘くない。やはり主力６人を送り出した後の補充、そしてメンバー編成にあたってはシーズンに入っても試行錯誤の繰り返しだった。とくに今も心に引っ掛かって離れないのはFWのセブンとエイト両システムを対戦相手、あるいは試合当日の条件によって併用せざるを得なかったことである（別表を参照）。もちろん、このシーズンに代表選手となった新しい戦力はそれなりにベストを尽くしてくれた。なかでも特筆しておきたいのは不慣れなプロップのポジションを最後まで守り通した関川、小谷両巨漢のファイティングスピリッツである。

関東大学対抗では明、早に敗れはしたが、それでもなんとかビッグ３の一角を確保できた最大の理由をひとつあげるとするなら、心配されたFW第１列が試合ごとに安定度を増していったことだろう。それにしても長いシーズンを通して緊張感を持続することの難しさを元日の京大戦でいやというほど味わわされた。まさかの敗戦。京大とは相性が悪いこと、戦後の対戦成績でも３勝３敗の互角であることは理解していたが、ちょっとした気の緩みからまた勝ち越しを許す不名誉な記録を残すことになってしまった。負けるはずのないチームに敗れたショックは大きかったが、最終の同志社定期戦には心機一転、強いといわれた同チームに大勝することができてシーズンを終えた。気の重い、そして長い一年だった。（角南圭一・記）

➲全香港ラグビークラブが来日（1952年１月、２勝１敗１引き分け）。

➲在韓国NZ軍選抜チームが来日（1952年３月、５勝１敗）。

➲日本ラグビーフットボール協会機関誌『Rugby Football』再刊（1951年９月）。

➲体育会山中山荘別館（２階建て延べ230坪）を改修。女子寮を建設へ。

➲体育会創立60年記念式挙行（1951年10月７日）。

今季の慶應義塾代表メンバー

	法政	中大	立教	教育	明治	早稲田	東大	京大	同志社
	FW・8	FW・8	FW・7	FW・8	FW・7	FW・7	FW・7	FW・8	FW・8
	43—0	26—0	22—11	6—3	3—24	8—9	12—6	9—17	32—0
①		小谷	関川	関川	関川	関川	関川	関川	関川
②		清水正	清水正	龍野	清水正	清水正	田村	清水正	清水正
③		関川	小谷	小谷	小谷	小谷	橋本	小谷	小谷
④		菅野	菅野	竹谷	竹谷	竹谷	竹谷	清水幸	竹谷
⑤		竹谷	竹谷	木下	白柏	白柏	白柏	白柏	白柏
⑥		山田太	山田太	村岡	村岡	村岡	村岡	村岡	村岡
⑦		木下	山口	清水幸	山口	山口	木下	木下	木下
⑧		山口	—	山口	—	—	—	山口	山口
8		—	酒井	—	富上	富上	山林	—	—
⑨		本城	本城	本城	本城	本城	本城	福田	福井
⑩		青井	青井	青井	青井	青井	山田章	青井	青井
⑪		瀬尾	瀬尾	瀬尾	瀬尾	瀬尾	瀬尾	瀬尾	瀬尾
⑫		加藤	加藤	加藤	加藤	加藤	奥野	加藤	加藤
⑬		富上	富上	角南	角南	角南	直井	角南	角南
⑭		高橋	中谷	高橋	高橋	高橋	花田	高橋	高橋
⑮		角南	角南	松岡	松岡	松岡	角南	松岡	松岡

※ポジションの８はローバー

◆新年度を支えた新生第1列

昨季のメンバーから第1列の真鍋、河端、第2列山田、第3列柏谷、SO杉本、FB斎藤の6人が学窓を去った。いずれも昨シーズンまでの2年間、不動のメンバーとしてチームを引っ張ってきた主力である。6人が抜けた後の補充はこの年度最大の課題ではあったが、なかでも首脳陣が頭を痛めたのは第1列の編成だった。ベテラン清水正をプロップからフッカーに据えることでまず中心を固め、左右のプロップに関川、小谷の両巨漢を登用する布陣がとられた。たしかにサイズの面では申し分ない第1列の誕生となったが、シーズン当初は不安がつきまとったのも事実である。それはWTBから異例のコンバートとなった関川、ラグビーへのスタートが大学2年生という小谷の両プロップに対する「経験」への懸念だったが、年度総括で角南主将も称えているように、両プロップは自らの努力と忍耐で「経験」という無形の課題を克服していった。早慶、慶明ふたつの定期戦に敗れはしたが、伝統のビッグゲームに慶應がエイトFWを相手にセブンで臨めたのも第1列に対する首脳陣の信頼があったから、といえるだろう。

◆悩めるエイトかセブンか

戦後の慶應は毎年のように「セブン」か「エイト」かの問題で揺れ続けてきた。チームづくりの根幹に関わるシステムの問題が新しい年度を迎える度に蒸し返され、そしてくるくる変わっていく。来る年も来る年も定位置は3位。どうしても早、明を越えられなかった原因は素材の質にあったのではなく、システムの定着も含めた長期展望のもとに決断されるべき総合的な戦略の欠如にあったといえるが、残念ながらこのシーズンも例外ではなかった。

あるときはセブン、ある試合はエイト（前記の表を参照）と目まぐるしく動くシステムの変更。これでは組織に混乱をきたすばかりか、機能的にも戦力ダウンは目に見えている。「なぜ」と卒業から47年経った今、当時の最上級生だった代表メンバーに疑問をぶつけてみても、確たる答えは何ひとつ返ってこない。このことはシステム採用という最重要課題について監督、コーチらスタッフと主力選手の間に突っ込んだ討議の場がなかったことの証しであり、そこにはトップダウン方式をもって至上のものとする学生スポーツ界特有の古い体質が垣間見える。当時のラグビージャーナリズムが、一貫性というテーマで慶應のシステム問題を取り上げていることをつけ加えておきたい。

◆シーズンの歩み（関東大学対抗）

例年そうであるように今季も出足はよかった。第1戦の法政（43—0）、第2戦の中大（26—0）と2試合連続の完封勝ち。このシーズン初めてセブンで臨んだ立教セブンとの定期戦（22—11）は両校に負傷退場者が出るなど14人同士の対戦となったが、接戦のすえ最後は慶應が競り合いに勝ってシーズン3勝目をあげた。ただ立教にとって不運だったのは後半12分、CTBがスクラムサイドを破ってポスト直下に飛び込みながらタッチダウンの失敗でみすみす1トライを落としたこと。内容的にも、またスコアの点でも競り合いの中で起こった立教のミスは、追われる立場の慶應には幸運以外のなにものでもなかった。続く第4戦の相手はFW戦に自信を持つ教育大（6—3）。しかも当日は朝からの雨。セブンに切り替えて2戦目の慶應にとっては条件的に不利な要素が重なった。そこで取られた措置はエイトFWへの切り替えだったが、試合はバックスの判断力が決め手となって1トライ差で教育大を振り切った。

シーズンはいよいよ佳境。優勝への第1関

門となった慶明戦（３—24）は再びFWをセブンに戻して力の明治に前半を３—３で折り返すなどFWの健闘で互角の勝負に持ち込んだが、後半にはいって地力の差がはっきり出た。慶應の目指したラグビーは攻撃面でクイックヒールからのオープン展開。また守りでは一次攻撃で断ち切る早いチャージにあった

●慶應義塾３（３—３、０—21）24明治○

慶應義塾	vs.	明治
◆関　川	FW	佐　野
清水正		大　塩
◆小　谷		平　山
竹　谷		松　下
◆白　柏		北　島
◆村　岡		土屋俊
山　口		向　出
		大　和
富　上	HB	土屋英
本　城		松　岡
◆青　井		
瀬　尾	TB	佐々木
加　藤		丹　羽
角　南		渡　部
高　橋		横　山
◆松　岡	FB	麻　生

●慶應義塾８（０—９、８—０）９早稲田○

慶應義塾	vs.	早稲田
◆関　川	FW	◆秋　本
清水正		◆高　武
◆小　谷		平　井
竹　谷		田　中
◆白　柏		◆梅　井
◆村　岡		◆松　永
山　口		橋　本
		◆原　田
富　上	HB	◆竹　尾
本　城		下　平
◆青　井		
瀬　尾	TB	青　木
加　藤		小　山
角　南		◆佐藤貞
高　橋		星　加
松　岡	FB	佐藤英

（◆は今季の新メンバー）

が、結果的にはこの守りがPGを与え、明治の攻撃を逆に軌道に乗せる原因となってしまった。

痛恨の１敗で迎えた早慶戦（８—９）。試合は10メートルの強風が吹きつける条件下で行われ、風を背にしたチームが得点する極端な展開となった。前半は早稲田、後半は慶應がそれだが、点差はわずかに１点。トライ数は２本ずつで同数ながら早稲田のPG（３点）と慶應のゴール（２点）の違いが勝敗の行方を分けることになった。それにしてもこの試合で起こったインゴールに持ち込みながら押し出される「幻のトライ」が現実のものとなっていれば…。昭和20年代の早慶OBが毎年集う懇親会では今も格好の話題となっている。

さてシーズンの最後は慶東定期戦（12—６）。ここ３年間は慶應の一方的な勝利が続くカードだけに注目度ももうひとつといったところだったが、試合がはじまってみれば先制のトライを東大があげるなど、意外な展開となった。試合がもつれた原因は新しい人材のテストを思わせるメンバー構成。もちろん要所には竹谷、本城、角南ら主力を配して前半の４トライを辛うじて守りきったが、後半はノートライに抑えられた。そこには82得点をあげた昨季の勢いはまったくなかった。

◆歴史は繰り返される

1952年は苦渋の幕開けとなった。元日恒例の慶京定期戦はどう歯車が狂ったのか、後半にはいって３トライを奪われる逆転負け。昨季の勝利でせっかく戦後の対戦成績を五分にもどしながら、この敗戦でまた元の木阿弥と化してしまった。角南主将によれば「負けるはずのないチームに敗れた」となるが、新聞記事を要約すると「前半のほとんどを京大陣で戦いながらバックスの判断ミス、さらには持ち過ぎで追加点が取れなかった」点を敗因にあげている。要するに、

①主力の竹谷、富上、本城を欠いた戦力ダウン。

②セブンからエイトと1シーズンに4度のフォーメーション変更が攻守の連係プレーにブレーキをかけた。

とみるべきだろう。「歴史は繰り返す」を実感させる結末だった。

ただ慶應の敗戦ショックからの立ち直りも早かった。同志社戦では戦列復帰の竹谷を中心にFW戦を圧倒。同志社は10人スクラム、あるいはラインアウトに長身バックスを参加させるなど臨機応変の策で対応したものの効果はなかった。泥濘(ぬかる)るグラウンドに合わせた慶應FWのドリブル攻撃が勝因のすべてといえる。

◆戦後の国際交流は全香港、在韓NZ軍の来日から

戦後の国際交流は全香港チームの来日で幕を開けた。東西大学対抗が終わった1月24日、羽田に着いた一行の主将はJ. バーム陸軍大尉で、チームの大半も軍人で占められていたが、バーム大尉は元イングランドの代表選手。1試合ではあるが1950年の5カ国対抗でスコットランド戦に出場したインターナショナルでもあった。

日本では4試合を行い、2勝1敗1引き分け。引き分けに持ち込んだ全関東の主将は和田政雄（明治OB）、関西・九州連合の主将は阪口正二（早稲田ＯＢ）で、両チームともＯＢ主体の編成だった。

①○全香港　14—0　明治●
②△全香港　6—6　全関東△
③●全香港　5—13　在日外人○
④○全香港　12—11　関西九州●

また同年3月には在韓国のNZ部隊『Kay Force』が相次いで来日。関東、関西、九州を転戦して5勝1敗を土産に韓国へ帰任した。来日チームはNZ在韓国部隊800人から選抜され、実力は本国のクラブチーム程度との評価だった。第1戦で『Kay Force』に快勝した全九州は早稲田OB 2人を含む明治の学生、ＯＢで編成された混成チーム。

①●K.F.（NZ）　3—22　全九州○
②○K.F.（NZ）　25—8　関西学生●
③○K.F.（NZ）　21—9　全関西●
④○K.F.（NZ）　23—0　関東学生●
⑤○K.F.（NZ）　15—9　全関東●
⑥○K.F.（NZ）　19—3　日本代表●

いずれにしても両外国チームの来日を機に、日本ラグビーの海外交流は再開への道が開かれたわけである。その意義は大きい。

なお、このシーズン、タイがラグビーの母国イングランドに遠征チームを派遣しているが、アジアのラグビーチームの英国遠征はタイがはじめてである。

1952（昭和27）年度 ◆竹谷武◆

戦後も７年が経った。ラグビーの創始校慶應にとって今季も最大のテーマは早、明を同時に倒すことにあった。もちろんこれが実現できれば自ずと10年ぶりの全国制覇も可能となる。シーズンを迎えるにあたって熟慮の結果、ふたつの新機軸を試みることに踏み切った。ひとつは千葉・館山で春の合宿を。またもう一点は伝統のセブンをエイトFWに切り替えることでシーズンを乗り切る決断をしたことである。異例のスプリングキャンプについては基礎体力の強化に主眼をおいたもので、館山を選んだのも海岸の長い砂浜を使って徹底的に走り込むことにあった。もちろんラグビーの基本技術、プレーは学校の校庭を拝借して行ったが、幸いだったのは合宿の全期間を吉川嘉俊先輩に指導してもらったこと。慶應が1942（昭和17）年秋に全国制覇したころのメンバーで、何よりも心強いのは早、明連破の実績の持ち主に加えて、エイトFWの技術的なアドバイザーとしても経験者という点で最適任のＯＢだった。このように条件的にも恵まれた春合宿そのものは有意義なうちに打ち上げることができたと自負していたが、結果をこのシーズンに求めたのは早計だったかもしれない。

10年前の優勝ＸＶは早、明を倒すのに５年という長い歳月をかけている。わずか１シーズン、それもセブンからエイトFWに転換したばかりのチームがエイトFWの戦略では一歩も二歩も先を行く早、明に勝てるものではなかった。先輩から引き継いだ「夢」をまた来季のチームへと引き継がなければならないことが唯一の心残りとなった。

またシーズン初めに英国からオックスフォード大学が来日。全慶應が第１戦の対戦相手に選ばれた。ラグビーの母国、英国から日本が初めて迎えるオックスフォード大学に全慶應は独特のセブン・システムで対戦したが、6—28で敗れた。勝敗はともかくこの時代にラグビー発祥国の名門大学と試合ができたことの喜びは計り知れず、同時に外国チームとの力の差の大きいことも知らされ、少なからずショックを受けたことが当時の思い出として残っている。

（竹谷武・記）

- 日本ラグビーフットボール協会総裁、秩父宮さまご逝去（1953年１月４日）。
- 日本ラグビーフットボール協会総裁に秩父宮妃勢津子さまを推戴（1953年１月31日）。
- 日本ラグビーフットボール協会高木喜寛会長死去にともない田辺九万三副会長が新会長に。
- 英国から初めてオックスフォード大学が９月に来日（７戦全勝）。
- 極東英連邦チームが３月に来日（５戦４勝１敗）。
- 全国実業団大会の名称が全国社会人大会と改められた。
- 第15回ヘルシンキ五輪に日本が戦後初めて参加。
- 慶應義塾体育会山中山荘の女子寮が竣工。

◆日本協会総裁秩父宮さまご逝去

「ラグビーの宮さま」と全国のラガーマンがこぞってお慕い申し上げていた秩父宮殿下が１月４日午前、病気ご療養中の藤沢市鵠沼の別邸で逝去された。宮さまとラグビーの関係は1923年（大正12）年５月の極東オリンピック以来30年の長きにわたる。戦前には日本ラグビーフットボール協会の設立はじめ秩父宮杯のご下賜などラグビー界の発展にさまざまなご支援を賜り、戦後は1947（昭和22）年９月に総裁としてお迎えし、ラグビー界の復興にひとかたならぬお力ぞえをいただいた。宮さまの母校でもあるオックスフォード大学来日に際しては療養中にもかかわらず第１戦の全慶應との試合に神奈川県鵠沼からわざわざ東京ラグビー場までお出ましになり、久しぶりのご観戦にたいへん満足されたとうけたまわっているが、残念なことにこの試合が宮さまにとっては最後のご観戦となってしまった。ここに謹んで哀悼の意を表し、ご冥福をお祈り申し上げる。（本稿「1947年度　総裁秩父宮様と蹴球部」参照）

◆新総裁に秩父宮妃を推戴

日本ラグビー協会は１月31日の臨時評議員会で新総裁に秩父宮勢津子妃殿下を推戴することを決議。また１月22日に亡くなった同協会高木喜寛会長の後任に田辺九万三副会長の第２代会長昇格を決めた。

◆全慶應が来日のオックスフォード大と第１戦で

ラグビー発祥の国からオックスフォード大学が９月に来日した。遠い明治の昔から日本のラガーマンたちが夢にまで抱いてきた本場のプレーを東京で、大阪で、そして福岡で目にする機会の到来である。世界への扉はいま英国の名門大学によってついに開かれた。1952（昭和27）年は日本ラグビーの歴史に新たな１ページを記した画期的な年といえるだろう。その記念すべき日英国際シリーズ第１戦の対戦相手に慶應義塾が指名された。全慶應の監督脇肇は「ラグビー創始いらい慶應義塾は半世紀にわたって英国ラグビーの正統を守ってきたつもりだが、一度は英本国チームのプレーに身をもって接してみたいというのが念願だった。慶應義塾としてはわれわれの先輩諸氏の創案になる積極戦法としてのセブン・システムでその真価を問いたい」と抱負を述べている。

◆全慶應は完敗

オックスフォード大学の来日第１戦、全慶應との試合は14日午後４時から東京ラグビー場に秩父宮ご夫妻はじめ高松宮ご夫妻、駐日英国大使E.デニング卿を迎えて、オックスフォード大カネルのキックオフで行われ、28―６の大差でオックスフォード大が全慶應の挑戦を退けた。

◇日英国際試合第１戦
（①オックスフォード大１勝）
▽1952（昭和27）年９月14日
▽グラウンド＝東京ラグビー場
▽キックオフ＝オックスフォード大
▽レフリー＝S. M. ダフ氏

●全慶應義塾６（３―９、３―19）28オックスフォード大○

慶應義塾	vs.	オックスフォード
関　川	FW	トムソン
赤　津		クリーズ
小　谷		グリフィス
＊由　本		ウィンペリス
＊山　田		☆ウォーカー
竹　谷		ブラード
龍　野		デービス
		ワイデル
＊富　上	HB	★スペンス
本　城		★ベーカー
青　井		
瀬　尾	TB	☆ブルーア
加　藤		☆ブーブバイヤー
＊斎　藤		☆カネル
高　橋		クーパー
＊角　南	FB	サンダース

＊はOB、☆は５カ国対抗出場のインターナショナル選手。また、★は日本遠征から帰国後インターナショナル選手に選ばれた選手。ちなみにスペンスは1953年のアイルランド戦にスコットランド代表として出場、ベーカーは1955年にイングランド代表となり、同年の５カ国対抗全試合（４試合）に出場している。

先制したのはオックスフォード。キックオフ直後のルーズからCTBブーブバイヤーが巧みなフェイントで抜け、WTBクーパーのトライを引き出した。噂に違わぬTBラインの好走がチャンスをつくりWTBのトライを引き出したもの。HB、TBラインに5人のインターナショナル選手を並べるバックス中心のチームらしい攻撃だった。前半のオックスフォードはさらに2トライをあげたが、慶應もSO青井のDGで6点差と追い上げるなど、スコアの上では競りあったものの内容的にはオックスフォードのペース。後半にはいって両校の力の差がはっきり出た。バックスの巧技と走力はもとよりFW戦でもサイズに勝るオックスフォードがつねに主導権を握り、前半を上回る5トライを追加したが、そのうち2トライは、FWのウィンペリス、ベーカーがあげている。とにかくFW、バックスどこからでもトライがとれるオックスフォードと慶應の違いは、国際試合の経験の差でもあった。

◆シーズンの歩み（関東大学対抗）

オックスフォード大学との国際試合が終わっていよいよ関東大学のシーズンにはいった。第1戦の法政戦（45―8）は順当勝ち。まずまずの出だしだったが、どうしたことか、つぎの立教戦（15―3）では思わぬ苦戦を強いられた。トライはFW柴田があげた1本だけ。立教の反則22にも助けられて勝つには勝ったが、まさに薄氷を踏む思いの勝利。慶明戦を前に暗雲が垂れこめる思いの試合展開だったといえる。

そして第1の関門、明治戦（6―26）を迎えた。FWはほぼ互角の戦い。バックスもオープン展開から瀬尾のトライで先行するなど立教戦からの立ち直りが期待される健闘ぶりだったが、宮井のトライで同点となってからの明治は立て続けに追加トライをあげた。FW―バックス―FWとボールを動かしながら

●慶應義塾6（3―17、3―9）26明治○

慶應義塾	vs.	明治
関　川	FW	夏　井
赤　津		大　塩
小　谷		平　山
木　下		松　下
柴　田		真　野
美　川		土屋俊
竹　谷		高　橋
龍　野		大　和
本　城	HB	土屋英
青　井		松　岡
瀬　尾	TB	佐々木
加　藤		今　村
山田章		渡　部
高　橋		宮　井
松　岡	FB	麻　生

攻める明治の縦攻撃は迫力満点。慶應のディフェンスを次々と破っていった。地力の差は明らかだったが、慶應で光ったのは「3・4・1」FWが後半14分に明治のお株を奪うスクラムトライをあげたこと。明治といえば戦車FWが代名詞。FWの健闘にくらべバックスの不振を指摘する記事が目についた。今後の課題はバックスの立て直しという点にあるようだ。

慶應の試練は続いた。連敗からの脱出を最大のテーマとした第29回早慶定期戦（11―17）だったが、今季も早稲田の堅塁を抜くことは出来なかった。前半はともにノートライ。わずかに慶應が2PGで早稲田の1PGをリードをした。FW戦のすべてで優位にたった慶應が守りでもFW第3列の鋭い出足で早稲田の攻撃をHBのところで断ち切るなど主導権を握っていたが、ここでトライをとれなかった攻撃力の貧困が結局は敗因へと結びついていく。後半にはいって完全に攻守は所を変えてしまった。風を背にして蘇った早稲田は得意のゆさぶりが冴えて3トライを連取。慶應の反撃をノーサイド寸前のドリブルによるFWのトライ1本に封じた。慶明、早慶の2試合を見る限りFWをエイトに切り替えたことは局地

●慶應義塾11（6—3、5—14）17早稲田○

慶應義塾	vs.	早稲田
関　川	FW	高見沢
赤　津		高　武
小　谷		平　井
木　下		伊　藤
白　柏		梅　井
美　川		山　崎
竹　谷		田　中
山　林		原　田
福　田	HB	下　平
青　井		新　井
瀬　尾	TB	青　木
加　藤		佐藤貞
山田章		小　山
高　橋		星　加
松　岡	FB	佐藤英

戦での成功をもたらしはしたが、ボールをキープしてからの攻撃展開に課題を残していた。早稲田には1948年の引き分けをはさんで５連敗。

この後に続く慶東定期戦（54　６）、日大戦（56—６）で快勝した。今季の関東大学対抗戦の成績は５勝２敗で第３位。

◆東西大学対抗は同志社に辛勝

シーズン第２ラウンドの東西交流に臨んだ今季の慶應は京大（32—０）、同志社（24—21）とふたつの定期戦に連勝した。２年ぶりのことだが、例年の傾向とひとつ違うのは苦手のはずの京大に大勝した反面、いままで圧倒的に分のよかった同志社との対戦を３点差でやっと勝つ意外な展開だったこと。ただ今季の同志社は関西の覇者。全国制覇のビッグタイトルを賭けた早稲田との対戦では２点差で涙を飲んでいる。関東３位の慶應がたとえ３点差でも関西の王者を破ったことをむしろ多とすべきだろう。

◆慶應ＯＢと社会人ラグビー

全国実業団大会の名称が1953（昭和28）年の第５回大会から今日の全国社会人大会と改称されたが、この年の決勝で八幡製鉄（現新日鉄）と優勝を争った川崎重工のメンバーに戦後の慶應で活躍した２人のOBが名を連ねている。1949（昭和24）年度の主将、中谷三郎（後に白井＝故人）と、1951（昭和26）年度の主将、角南圭一の２人。ともに慶應ではCTBとしてチームの中核を務めたが、川崎重工でもコンビを組んで決勝進出の原動力となった。社会人大会で活躍した慶應OBには青井、美川（横河電機）ら枚挙に暇ないが、さしずめ中谷、角南はその先駆けといえる。

昭和27年の春、吉川嘉俊先輩の泊まり込み指導を得て、千葉県館山で合宿を行った。

1953（昭和28）年度 ◆高橋正旭◆

開幕第１戦は英国から来日した名門大学ケンブリッジとの国際試合だった。２年続けてラグビー創始国の伝統校と試合ができた喜び。それもケンブリッジのＯＢを始祖とする慶應ラグビーにとっては「宗家」にあたるチームとの対戦である。言葉では表現できないある種の感慨を覚えたものだが、試合は３―14の11点差で惜敗した。トライ数でいえば１―４。まず善戦だったと思っている。もちろん、にわか仕立てのSE（セブン・エース）システムがどの程度の効果をもたらしたかはわからないが、当時を振り返って今いえることは一つ。それはFWのチームといわれたケンブリッジが雨の中の試合にもかかわらずあえてバックスに展開してきたことである。彼らの狙いがどこにあったのかわからないが、とにかくこれが僅差の勝負になった要因であることは間違いない。ただ体力、スピードの違いはもとより、正確なパスとハンドリング、ダッシュの激しさと忠実なフォローアップに加えて確度の高いプレースキック…などなど。基本技の大切さを改めて教えられたケンブリッジとの試合だった。

この年度は前年のエイトFWからまたセブンに戻った。シーズンを通してFWがセブンに固定されたことは次善の策といえるが、反省点としては戦略の２ウェイ方式である。具体的には明治戦を突然のSE（セブン・エース）制で戦い、つぎの早慶戦からは再び伝統の３HB制に復したこと。ローバーとSEでは人材の登用から戦い方のノーハウに至るまで全く違ってくる。この戦略の不統一が第３位に甘んじた理由のすべてとはいえないが、少なくとも遠因になったことは確かだろう。早稲田に５連敗、明治に３連敗。屈辱の記録を残して学窓を去った45年前の記憶が脳裏に焼き付いて今も離れない。（高橋正旭・記）

➲東京ラグビー場が秩父宮ラグビー場と改称される。

◆東京ラグビー場を秩父宮ラグビー場と改称

ラグビーの専用グラウンドとして1947（昭和22）年秋に完成した東京ラグビー場の名称が1953（昭和28）年度シーズンから秩父宮ラグビー場と改称された。日本ラグビー協会が同年１月に逝去された故秩父宮総裁の生前のご遺徳を偲んで７月の評議員会で決めたもの。各大学のOBたちが建設地を探し、資金を捻出して完成をみたラグビー場だが、完成当時は「ラガーマン手作りのグラウンド」と報じられるなど、敗戦直後の混乱が続く世間に明るい話題として大きな反響を呼んだ。昨1952年９月のオックスフォード大学来日に備えて鉄筋コンクリートのメーンスタンドとクラブハウスが建設された。協会資料によると、建設資金は当時で1500万円。すべて銀行融資だったとか。

◆ラグビー創始国の宗家に善戦

英国ケンブリッジ大学の来日第２戦、全慶應との国際試合は13日午後４時から秩父宮ラグビー場で行われた。この日はあいにくの雨と条件はよくなかったが、ダブリン・システムで臨んだ全慶應が善戦したものの、３―14の小差で敗れた。ケンブリッジの来日成績は８戦全勝。

◇日英国際試合第２戦（ケンブリッジ大２勝）
▽1953（昭和28）年９月13日
▽グラウンド＝秩父宮ラグビー場
▽キックオフ＝ケンブリッジ大

▽レフリー＝Dr. P. F. クーパー氏（イングランド）

●全慶應義塾３（３―６、０―８）14ケンブリッジ大○

全慶應義塾	vs.	ケンブリッジ
＊関　川	FW	★マッシー
赤　津		アリーズ
＊小　谷		アッシャー
木　下		★ホイーラー
＊山　田		アスキス
美　川		★ビーア
龍　野		ステブンソン
		エバンス
福　田	HB	プリティー
＊富　上		K.デービス
＊加　藤	TB	ドォ
＊斎　藤		☆W.デービス
青　井		☆★ダルグリーシュ
高　橋		★グローグ
本　城	SE	
日　野	FB	シルク

全慶應の＊はOB。ケ大の☆は５カ国対抗出場のインターナショナル選手。また、★はオックスフォード戦出場のブルー。

芝生のグラウンドと違って土の秩父宮ラグビー場は雨が降ると条件が極端に悪くなる。この日がそうだったが、FW主体のチームと評価されていたケンブリッジ大（以下ケ大）は試合の場をオープンに求めてきた。自信があったのか、それとも芝のフィールドに慣れた感覚がそうさせたのか。とにかくケ大はその意図通り前半５分、見事なTBパスからWTBドォが先制のトライをあげた。

慶應もよく守った。どこまでもバックスにこだわるケ大の攻撃を前半は２トライに抑えたばかりか、20分には逆にラインアウトでのケ大のミスから１トライを返して３点差。後半の反撃に期待を持たせる健闘ぶりだったが、攻撃力をはじめすべての点でケ大が上。さらに２トライ（うち１本はゴール）を追加された。

ただケ大には２人の国際選手がCTBに並んでいる点でも、また来日後の試合運びからも、バックスを得点源とするチームの印象が強い。情報の伝達に行き違いがあったとも考えられる。

◆シーズンの歩み
（関東大学、東西大学対抗）

関東大学対抗の幕開けは立教との定期戦（13―９）だったが、チームの歯車がもうひとつ噛み合わず予想外の苦戦となった。もちろん勝つには勝ったが１ゴールで逆転というきわどい勝負。ケンブリッジ戦のFE（ファイブ・エース）システムから伝統の３HBにもどったばかりでXV（フィフティーン）に戸惑いがあったのだろうか。それともFW第１列

来日したケンブリッジ大に善戦するも惜敗を喫す。両軍出場選手の記念写真（昭和28年９月13日・秩父宮ラグビー場）。

の新布陣が立教FWの鋭い突っ込みに圧倒されたのか、とにかく後半13分に美川のトライでやっと逆転し、なんとか立教の追撃を振り切った。この拙戦が結果的には慶明戦（13—34）に影響する。再びFEシステムの登場となったが、前半の大量失点が致命傷となって完敗した。後半にはいって龍野—美川の第３列が起点となる縦突進で反撃に移ったが、前半の失点を覆すまでには至らなかった。

翌日の新聞が慶應の敗因について「作戦倒れ」を指摘しているように、確たる方針のなさは早慶戦（６—14）でも露呈された。３試合ぶりに３HB制に戻っての布陣。このシステムの攻守のカギとなるローバーにはチームのNO.１タックラー山田章一を起用し、ベテランSH本城をメンバーからはずした陣容となったが、短時間内に繰り返されるフォーメーションなり、戦略の変更はXVの連携プレーが重要な要素となるラグビーでは、いたずらに組織の潜在能力をそぎ、また機能する力を無力化させててしまう。慶明戦の轍を早稲田戦でも踏む結果となってしまった。せっかく前半のドロップゴール（青井）でリードし、後半５分にも早稲田ゴール前のラインアウトからFW木下のトライで６—０と一度は点差を広げはしたが、個人的な力が優先する慶應にはここまでが限度。最後は立ち直った早稲田に連続してトライを奪われ逆転された。FB藤井の負傷をいう声もあるがチーム力の差とみるべきだろう。もっとも早、明の２強を除けば慶應の力はAクラス。慶東戦（32—０）、東西大学対抗の慶京戦（24—５）、慶同戦（23—８）と３定期戦をいずれも完勝で飾ることができた。

◆全国大会出場の慶應高は惜しくも準決勝で敗退

第33回全国高校大会（１月、花園ラグビー場）に出場した神奈川代表の慶應高校は１回戦天理を６—０、２回戦熊本工を８—３で破ったが、準決勝で東京代表の保善高校に惜しくも０—12で敗れ、決勝進出はならなかった。慶應高は２年連続、７回目の出場。

今季の慶應義塾代表メンバー

相手		ケンブリッジ	立教	明治	早稲田	東大	京大	同志社
組織		FE	3HB	FE	3HB	3HB	3HB	3HB
得点		3−14	13−9	13−34	6−14	32−0	24−5	23−8
FW	①	＊関川	赤津	加藤	加藤	加藤順	加藤	加藤
	②	赤津	臼井	赤津	赤津	赤津	赤津	赤津
	③	＊小谷	橋本	金子	金子	金子	山田太	金子
	④	木下	木下	木下	木下	木下伸	木下伸	木下
	⑤	＊山田	柴田	柴田	柴田	柴田	柴田	柴田
	⑥	美川	美川	美川	岡崎	加藤義	高木	美川
	⑦	龍野	龍野	龍野	龍野	龍野	龍野	龍野
HB	⑧	福田	本城	福田	山田	木下新	山田章	山田
	⑨	＊富上	福田	日野	福田	岸中	福田	福田
	⑩	—	日野	—	日野	日野	日野	日野
TB	⑪	⑩＊加藤	伊藤	⑩井上	井上	井上	岡本	井上
	⑫	⑪＊斎藤	山田	⑪山田	宇田川	山田	宇田川	宇田川
	⑬	⑫青井	青井	⑫青井	青井	青井	木下新	青井
	⑭	⑬高橋	高橋	⑬高橋	高橋	高橋	高橋	高橋
FE	⑭	⑭本城	—	⑭本城	—	—	—	—
FB	⑮	日野	藤井	藤井	藤井	直井	直井	上野

＊はOB、FEシステムのTB、FEの番号は１つずつ繰り上がる。

1954（昭和29）年度 ◆青井達也◆

関東大学ラグビーの日程問題が初めて表面化したシーズンだった。学生の身の当時はこの問題もそれほど深刻には感じなかったが、今日の現状を思い、時計の針をあの45年前の昔に戻すとき、改めて考えさせられるのは「時々刻々」。時は流れ、動いているということである。敗戦で世の中はすっかり変わった。教育制度も、日本人の思考もすべて戦前の日本とは違う中で、大正時代に端を発する5大学（一時は7大学）対抗戦優位の思想なり、方式が戦後の社会にそのままの形で継続されることはあり得なかったということだろう。いま当時を思い起こせば対抗戦シリーズ最終の慶東定期戦の後に日大戦が組み込まれたことはラグビー界の変革を告げる合図の号砲だったと理解できる。

それはともかく明治には負けたが、早慶戦を6年ぶりに引き分け、タイガー復活の確かな手応えを…と喜んだのも束の間。突然組み込まれた日大との試合ではプロップ永井の負傷退場という不運もあって不覚をとってしまった。リザーブが認められる今のルールなら以後の試合をFW 6人で戦うことなど想像もできないことだろうが、当時は理由がどうあれ選手交代が認められない時代。これも巡り合わせと諦めざるを得なかった。ケガといえば明治との試合も例外ではない。このときは試合前の練習時に主将の私自身がひざを捻挫して力を出し切れず、チームメートに迷惑をかけてしまった。悔しさだけが残った慶明、慶日の2試合。思い出すたびに胸の中が熱くなる。

（青井達也・記）

◆シーズンの歩み
（関東大学、東西大学対抗）

開幕戦は公式戦で初めて対戦する青山学院との試合（73—3）だったが、チーム力の違いがはっきり出た。昨シーズンに続いてセブン・システム2年目の真価がはかれるのは2戦目の慶立定期戦（31—5）。前半は立教FWの健闘でスコアのうえでも、また内容的にも互角の展開となったが、後半は慶應FWのボールのキープ力が立教のそれをはるかに上回って一方的な試合になってしまった。陣容からいっても慶應の順当勝ちといえるが、前半のもたつきはどうしたことだろう。中盤から後半戦にかけてビッグカードを控える慶應としては気になる点ではある。

今季も無敗対決となった慶明戦（3—27）で、またしてもつまずいた。前半10分に宇田川のトライで先制したところまでは、この一戦にかける慶應の意気込みが感じられたが、やはりFWの破壊力の差は争えない。たしかに慶應FWも重量の点では明治に匹敵するものがあったが、集団のエネルギーという点でセブンとエイトでは根本的に違いがある。まして明治はFWの強力な押しが身上のチーム。リードされた15分、明治が宮井の右隅に飛び

●慶應義塾3（3—6、0—21）27明治○

慶應義塾	vs.	明治
藤田	FW	北島
赤津		蓑口
永井		夏井
木下		寺原
柴田		小原
美川		島本
龍野		木下
		松重
山田	HB	曾根
福田		善如寺
日野		
伊藤	TB	加賀谷
宇田川		今村
青井		今泉
直井		宮井
藤井	FB	後藤

込むトライで同点としてからは、攻める明治に対し守る慶應の構図がノーサイドまで続いた。後半の得点が明治の21点に対して慶應の0という数字が試合展開のもようをはっきり語っている。試合後の青井主将の話によればひざの捻挫を押しての出場だったそうだが、たとえ完調だったとしてもFW戦の劣勢のなかで明治を上回るトライが取れたかどうか。

伝統の早慶戦（19—19）は1948年度以来の引き分けとなった。前半は早稲田のペースだったが、先制したのは慶應。キックオフから6分、TBパスを右に回してCTB青井がスクラムの後ろにクロスキックをあげた。これが絶好のキックとなり、走り込んできた美川が捕って一気にポスト直下へ一直線（ゴール）。幸先よく5点をリードした。もちろんFWは慶應のセブンに対して早稲田はエイトだが、この数の優位が生きてくるのはセットプレーの後の展開。縦へはドリブル、あるいは小刻みにつなぐFWパスで、また横へはルーズからオープンにボールを動かす伝統の攻撃で3トライを連取した。

前半を5—11と逆転された慶應だったが、後半の反撃は見応えがあった。一時は11—19と8点差とされながら34分に伊藤の1ゴールで追い上げた後、こんどは土壇場の39分に藤井が右隅からの難しい同点PGに成功して引き分けに持ち込んだ。FWの立ち直りが慶應の反撃を呼ぶきっかけとなった。

この勢いはつぎの東大との定期戦（50—0）にも持続されたが、2週間後の12月19日に日大との不定期戦（11—29）が組み込まれて、シーズン2敗目を喫した。気持ちの上でも受け身に加えて後半開始直後にプロップ永井の負傷退場で以後を14人で戦う不運もあって、反撃への道を断たれてしまったといえるだろう。関西に遠征した正月の東西対抗は元日の慶京（66—0）、8日の慶同（28—3）両定期戦とも快勝した。

△慶應義塾19（5—11、14—8）19早稲田△

慶應義塾	vs.	早稲田
加　藤	FW	金　谷
赤　津		高　武
永　井		内　藤
木　下		水　野
柴　田		片　倉
美　川		松　永
龍　野		白　井
		関　根
山　田	HB	山　本
福　田		新　井
日　野		
伊　藤	TB	日比野
宇田川		佐　藤
青　井		阪　口
直　井		星　加
藤　井	FB	藤　島

◆日程問題が表面化

大学ラグビー界の制度改革を求める提案が1954（昭和29）年6月、2度目の日程会議で中央、日本、教育、法政の4大学から出された。内容は「慶、早、明、中、日、教、法、東、成蹊、青、立の11校を2部制にして、総当たりのリーグ戦とする」というものだったが、5大学（慶、早、東、明、立）定期戦を優先する慶應、早稲田の方針は数度の話し合いでも変わらず、今後も継続審議を前提に、とりあえず今季は従来通りの方式で行うことで落ち着いた。

ところが9月に入って今度は関東協会の対応を不満とする明治が上記の4大学に同調。北島忠治監督から同協会の理事辞任と、

①明、日、中、教、法の5校でリーグ戦を行う。試合は無料とし、各校のホームグラウンドを使う。

②早、慶との試合は各校の自由。

③明治は早、慶との試合を無料とする。

の3項目を協会に通告。その後の成り行きが注目されたが、これ以上の混乱は外部の批判を助長するだけとの判断から最終的には話し

合いの継続を条件に合意がなされた。しかし、問題は先送りされただけ。火種は残った。

◆慶應高が全国大会で2度目の優勝

第34回全国高校大会（1月、花園）に3年連続して出場の慶應高校は決勝で秋田工業と対戦。試合は緊迫した接戦となったが、慶應高が6―5の1点差で秋田工に競り勝って優勝した。慶應高の全国制覇は1930（昭和5）年の第12回大会いらい25年ぶり2度目。当時の名称は慶應普通部だった。

1回戦　○慶應27（16―3、11―0）3 魚津●
2回戦　○慶應27（16―0、11―3）3 瑞陵●
準決勝　○慶應11（8―5、3―0）5 盛岡工●
決　勝　○慶應 6（3―0、3―5）5 秋田工●
（慶應高は2度目の優勝）

慶應高	vs.	秋田工
浜　野	FW	加　藤
河　内		志　賀
森　岡		鈴　木
船　津		山　田
竹　内		大久保
宮　島		小　熊
小　沢		越後谷
木　野		小　林
前　田	HB	石　井
三　宅		鎌　田
小　野	TB	今　村
中　沢		高　橋
平　沼		鈴　木
吉　田		今　野
坂　本	FB	上　田

7 新旧勢力の対立激化（1955～1964）
－「東西大学対抗制覇」からの再出発－

1955（昭和30）年度 ◆赤津喜一郎◆

戦後初めて全勝でシーズンを終わる「蹴球部最良」の年度となった。今思い起こせば前年度の早稲田戦を19－19の壮絶な死闘のすえ、引き分けたことが目に見えない自信となっていたことを見逃すわけにはいかないが、さらに一歩踏み込んで当時のチームを検証すればいくつかの勝因が浮かび上がってくる。気鋭の椎野正夫先輩を監督に迎えたこと、FWをエイトに固定したことでシステムへの迷いがふっきれたこと、そして50人を数える部員数の増加で活気の甦ったことなどがその主なものだが、やはり究極の要因は新監督指導による密度の濃い練習と宿舎に戻ってからの反省会だろう。練習では椎野監督から各ポジションごとに宿題が毎週のように出され、夜のミーティングでは上、下級生の別なくプレーの反省と対応について、納得がいくまでディスカッションを行った。

成果は秋のシーズンにはっきりとした形で出た。まず最初の関門、慶明戦を突破、続く早稲田にも勝って伝統のふたつの定期戦をともに逆転で制し、関東のシーズンに全勝。さらに正月恒例の東西大学対抗でも全勝対決となった慶同定期戦を２PGによる６－０で接戦のすえ同志社の挑戦を退け、今でいう大学日本一の座に輝くことができた。歓喜の部員はもとより椎野監督、コーチ陣はじめ諸先輩の笑顔、笑顔、笑顔…。すばらしい１年であった。

豪州学生選抜チームが1956年３月に来日。全慶應はＯＢ６人を補強する学生主体の混成チームで３月18日に第７戦（秩父宮ラグビー場）として対戦したが、それまでに来日した英本国のチームとは一味違った奔放で力感溢れるラグビーに圧倒された。

卒業していく４年生の就職は不況の影響を受けて難渋を極めたが、諸先輩の尽力で試合に出なかった部員を優先した就職戦線でも完勝を記録した。なお、このシーズン日大も全勝だった。

（赤津喜一郎・記）

➲慶應セブン創案の黒黄会田辺九万三会長（日本ラグビー協会会長）が６月16日逝去。

➲南半球から豪州学生代表ームが1934年以来、２度目の来日。

◆黒黄会報の復刊と人事

太平洋戦争のため中断していた黒黄会報の復刊がこの年度に実現した。蹴球部の活動、OBの動静はじめルールの改正などを伝える会員のための情報誌がようやく戦後10年目を迎えたこの年度に復活した。内容的には決して豪華とはいいがたいかもしれないが、編集担当のOB諸氏の努力の結集が復刊を現実のものとした。責任者は脇功OB（昭和25年卒）。

また、昭和30年６月には黒黄会初代会長で、日本ラグビー協会会長でもあった田辺九万三（明治45年卒）先輩が逝去。秩父宮ラグビー場での日本ラグビー協会葬には黒黄会はじめ多数のラグビーの関係者が参列し、故田辺会長のご冥福を祈った。

空席となった黒黄会の後任会長（第２代）には、関西在住の杉本貞一ＯＢ（大正３年卒）が選ばれたが、当時病床にあった杉本新会長は年が明けた翌31年１月28日に薬石効なくわずか就任７カ月余で逝去。このため評議員会は２月１日の会合で、会長代行の職にあった脇肇先輩（大正７年卒）の会長昇格を決めた。

◆シーズンの歩み（関東大学対抗）

①慶・法戦（12―５）

法政に先制を許すなど、開幕戦は受け身のスタートとなったが、実力的にはやはり慶應が上。ディフェンスを固めると同時に、エイトFWを中心にセット、ルーズプレーでボールをキープして逆転勝利へと持ち込んだ。７点差の辛勝だった。

②第29回慶立定期戦（13―９）

立教がスクラムサイドを突破してくるスピードは定評通りの鋭さがあったが、慶應の対応も万全。FWが押し勝って絶えず圧力をかける試合展開を目指し、最後はFW宮島のインターセプトによるトライで決着した。それにしても薄氷を踏む思いの２勝目。チームの調整に課題が残った。

③第30回慶明定期戦（13―11）

圧倒的に明治優勢が伝えられたこの試合。しかし慶應の闘志とねばりが５年ぶりの勝利をもたらした。伝統の一戦は前半８分、WTB梅津のトライで明治が先制したが、慶應もすぐに日野のPGで追いつき、吉田のトライ（ゴール）で逆転に成功した。明治のインゴールを転々とする日野の好キックを吉田が押さえたもので、前半を慶應リードで終わる試合展開。なかでもスクラムで慶應FWが押し勝つなどFW戦での健闘が光った。

戦局は後半に入って激しく動いた。まず明治がPGと宮井のトライ（ゴール）で再度逆転。

接戦 慶大FWが活躍

関東大学ラグビー 五年振りに明大を破る

関東大学対抗戦で５年ぶりに明大を破ったことを報ずる新聞記事（昭和30年11月６日・秩父宮ラグビー場）。

５分後の26分、今度は慶應がFWの厳しい攻めから木下のトライ（ゴール）で３度目の逆転に成功。明治のPG失敗などもあって、慶應がそのまま押し切った。この日の明治は宮井を本来のWTBからCTBに起用する新布陣で臨んだが、結果的には宮井の動きを封じた慶應ディフェンスの勝利となった。朝日新聞は

○慶應義塾13（８―３、５―８）11明治●

慶應義塾	vs.	明治
豊　島	FW	藤
赤　津		夏　井
永　井		小　林
木　下		松　岡
柴　田		寺　原
美　川		菊　地
山　田		小　原
高　木		木　下
福　田	HB	今　泉
平　島		福　丸
竹　内	TB	梅　津
宇田川		宮　井
日　野		寺　西
吉　田		白　谷
藤　井	FB	今　村

「今シーズンでもっとも見応えのある一戦だった」と激賞している。対戦成績は慶應の９勝20敗１引き分け。

④第32回早慶定期戦（11－５）

満員の秩父宮ラグビー場は快晴、無風のコンディション。試合は開始早々から慶應FWが押して出たが、早稲田もCTB新井のパントを中心にFWが立ち直って対抗。逆に慶應をゴール前にくぎづけにするなど一進一退を繰り返していたが、先制点は早稲田が取った。21分、CTB横井の上げたパントを谷口がとってそのまま40ヤードを走りきる早稲田らしい速攻。ゴールも決まって５点をリードした。しかし慶應も34分にPKからチャンスをつかんだ。タッチをねらわずオープンへ上げてFWがインゴールになだれ込んで１トライを返して２点差。結局この積極的なキックが慶應勝利の一因となった。

後半は慶應ペース。まず２分、早稲田ゴール前のスクラムからSO平島がサイドを破ってトライ（ゴール）。31分にもFWの突進から美川のトライで勝利を不動のものとした。バックスのキックで前進した後、スクラムサイドをFWが突く作戦の転換が的中。守ってもFW第３列とバックスの連携プレーで早稲田のオープン攻撃を断ち切るなど、攻守に早稲田を圧倒した。昭和21年以来９年ぶりの勝利。対戦成績は慶應の10勝19敗３引き分けとなった。なお大正12年度は５月27日の極東大会決勝（大阪）、11月23日の定期戦と早慶戦が２度行われているが、極東大会の勝利数は通算の対戦成績には含まれていない。

○慶應義塾11（３－５、８－０）５早稲田●

慶應義塾	vs.	早稲田
豊　島	FW	永　橋
赤　津		内　藤
永　井		結　城
木　下		大　野
柴　田		片　倉
美　川		盛
山　田		富　永
高　木		市　田
福　田	HB	関　根
平　島		吉　田
竹　内	TB	谷　口
宇田川		横　井
日　野		新　井
吉　田		日比野
藤　井	FB	藤　島

［高校戦］

○慶應高19（16－０、３－３）３早高学院●

［ＯＢ戦］

●慶應義塾OB10（5－14、5－13）27早稲田OB○

⑤第30回慶東定期戦（27－６）

慶應は大差で勝つには勝ったが、高島新監督を迎えた東大は意気軒高。気迫を欠いた慶應はまじめなプレーの東大とは対照的だった。対戦成績は慶應の27勝２敗１引き分け。

◆対戦方式に新たな問題

このシーズンの関東大学ラグビーは慶應と日大の両校が全勝という珍しい現象が出現した。これは慶應など戦前からの定期戦方式を第一とする旧５大学と、戦後の急成長グループの間に交流のなかったことがその原因といえるが、日大は慶應との全勝対決を熱望。世論というか、当時のマスコミもこれを支持する論調が主たるものだったが、慶應としては、

①慶東定期戦で関東のシーズンを終了する。

②新年の慶京、慶同両定期戦を控え、学生が期末試験に入る。

の２点を理由に、日大の申し入れを断る決定を行った。

前年度の1954（昭和29）年６月に開催された日程会議の席上、日大、法政など４大学から「２部制、総当たりのリーグ戦形式」の制度改革案が提案され、先送りされた半年後の慶、日２校全勝という現象。改革派にとっては格好の材料に映ったとしてもやむを得なか

った思うが、創部の精神である「ラグビーは余技」を貫いてきた慶應としては、シーズン前に決定している年間の日程を崩してまで、ラグビーを優先することは不可能だった、ということである。

◆東西対抗をも制して大学日本一

関東を制覇した慶應に残るテーマは正月恒例の京都、同志社を連破して大学日本一を達成すること。とくに今季はシーズンの締めくくりの一戦となる同志社もここまで全勝を続けている。元日の京大戦を58－5と快勝した後、いよいよ同志社との王座決定戦。関東特有の霜どけの秩父宮グラウンドにも助けられ、慶

○慶應義塾６（３—０、３—０）０同志社●

慶應義塾	vs.	同志社
豊　島	FW	加　納
赤　津		河　合
永　井		北　村
木　下		大　塚
柴　田		磯　川
美　川		中　島
山　田		前　田
岡　崎		竹　村
福　田	HB	山　下
平　島		芹　田
竹　内	TB	安　村
宇田川		金　木
日　野		坂　井
吉　田		阪
藤　井	FB	原　田

椎野正夫監督のもと、FWをエイトに固定して対抗戦に全勝。東西対抗戦も同志社を破り、大学日本一となった。写真上は対同志社戦、写真右は優勝メンバー。

應が２PGで同志社の反撃を振り切って戦後初めて全勝でシーズンを終わった。

①第29回慶京定期戦（58ー５）

スタートの京都はねばっこいプレーで慶應を苦しめたが、これも前半20分ごろまで。以後は慶應FWが本来の力を出し、バックスも調子をあげて前、後半まんべんなく得点を重ねて快勝した。

②第39回慶同定期戦（６ー０）

慶、同ともにFW主体の同型チーム。しかもグラウンドは霜どけで泥ねい状態の中でFWの揉み合いと、バックスのキックで前進する動きの少ない単調な試合となったが、ともに決定的なプレーをグラウンドコンディションに奪われ、勝負はプレースキックの優劣で決まった。慶應がFB藤井の２本のPGで６点をあげたのに対し、同志社にも２度のPGチャンス。それもイージーな位置からのキックだったが、２度ともゴールに失敗して同点機を生かすことができなかった。イコールコンディションとはいうものの、不慣れな霜どけのグラウンドは同志社にとって不運というほかない。

［高校定期戦］

○慶應高14（３ー３、11ー８）11同志社高●

◆全慶應が来日豪州学生代表に敗れる

戦後はじめて南半球から豪州学生代表が２月に来日。全慶應は最後の学生チームとして第７戦で対戦したが、14ー38の大差で敗れた。なお、豪州学生代表は戦前の1934年１月に初来日しているが、第２戦で対戦した慶應は16ー８で勝っている。

◇日豪国際試合第７戦（⑦豪州学生代表６勝１敗）

▽1956（昭和31）年３月18日

▽グラウンド＝秩父宮ラグビー場

▽キックオフ＝不明

▽レフリー＝高橋勇作氏

●全慶應14（６ー20、８ー18）38豪州学生代表○

全慶應	vs.	豪州学生代表
永　井④	FW	エリオット
赤　津④		ライト
小　谷　OB		ボーリン
木　下　OB		ウィルソン
柴　田④		ガーン
美　川④		リチャードソン
山　田①		M.ヒューズ
龍　野　OB		オゴーマン
福　田④	HB	ソーネット
平　島①		ツース
伊　藤　OB	TB	フェルプス
宇田川④		シール
青　井　OB		ドォーズ
直　井　OB		ヒ　ル
日　野③	FB	ガール

全慶應の丸数字は学年。

試合は点差が開いたわりにはボールがよく動くおもしろい内容であった。前半開始早々、負傷を押して戦列に復帰した主将のSOツースがスクラムサイドを抜き、WTBヒューズにつないでトライを先制したが、全慶應も９分にFB日野のPGで追いついた。しかし、チームの要、ツースがSOに復帰した豪州学生代表はやはり強い。11分にSHソーネットのトライ（ゴール）で５点差。全慶應も再び日野がこの日２本目のPGを決めて２点差とするなど、な

豪州学生代表と慶應チームを秩父宮妃殿下がご激励。青井主将が選手を紹介した。

かなかの健闘ぶりだったが、やはり実力で劣る全慶應の食い下がりもここまで。前半終了間際に2トライ、2ゴールを立て続けに奪われ、大勢はほぼ決した。

ただ点差が開いたひとつの因は豪州学生代表のプレースキッカー、CTBのドォーズの正確で距離の出るキック。実にこの日、7コンバージョン、1PGを決める活躍でチームの勝利に貢献している。改めてキックの重要さを教えられた一戦だった。

◆その他の記録

大学ラグビーの公式日程が終了した1月29日、慶應ラグビー草創のころの唯一の対戦チーム、YC＆ACと全慶應の試合が行われ、30（11−10、19−0）10で全慶應が快勝した。この試合は定期戦として明治、大正、昭和と戦前から継続されてきたが、戦後は散発的に行われるにとどまり、多分にオープン戦の色合いが濃くなっていた。

◆全国高校大会出場の慶應高は1回戦敗退

第35回全国高校ラグビー大会（1月、大阪・花園ラグビー場）出場の神奈川代表、慶應高校は元日に行われた1回戦で南九州代表、上野丘高校と対戦したが、3−16で敗れた。また全国大会出場の前後に京都の西京高、同志社高を東京に迎えて行われたふたつの定期戦は1勝1敗に終わった。

【定期戦】

①1955年12月23日（秩父宮）

●慶應高校8（0−10、8−3）13西京高校○

②1956年1月8日（秩父宮）

○慶應高校14（3−3、11−8）11同志社高校●

1956（昭和31）年度 ◆日野良昭◆

年度が変わって昨季の全勝メンバーから８人を卒業で送り出した。春からの課題はいうまでもなく新しいチームづくり。連日のように主将日野（故人）、主務上野らを中心に再建へ向け、真剣な討議が続いたが、結論は小泉信三先生の「練習は不可能を可能にす」をモットーに、厳しい練習を積み重ねていくことだった。しかし、なにごとも一朝一夕には運ばない。春から夏の合宿とチーム一丸となった猛練習にもかかわらず秋の結果は満足のいくものではなかった。法政、立教と勝ち進んだところまでは前年度と同じだったが、慶應がつねに目標とする伝統の明治、早稲田戦に連敗。あらためて勝ち続けることの難しさを知らされる結果となってしまった。

こうして関東の大学対抗戦シリーズはライバル早、明の後塵を拝する不本意な結果に終わったが、まだわれわれには東西大学対抗という大きな主題が残っている。しかも今季は関西に遠征するビジターの年。大阪駅では関西在住のＯＢ諸氏の盛んな出迎えを受けたが、そこで聞く関西情報は「ことしの同志社は強いぞ」、「受け身になるとやられるぞ」の叱咤激励ばかり。遠征気分も一挙に吹き飛ぶ思いの関西入りだったが、お陰で元日の京都との定期戦に大勝の後、強いはずの同志社にも16－6で勝って関西黒黄会の声援に応えることができた。

それにしても「7：3で同志社有利」を伝える地元新聞の予想を覆す快勝に主将の日野と抱き合って流した熱い涙。若くして逝った好漢日野の在りし日を思い出しながら故人に代わって年度総括をまとめた。

（高木秀陽・記）

➲日本ラグビー協会がオリンピック派遣費の問題で日本体育協会を脱退（６月２日）。
➲明治・関学戦（花園）でスタンドの応援をめぐって試合途中に明治が退場（１月２日）。

◆シーズンの歩み（関東大学対抗）

①慶・法戦（5－0）

ノーサイド寸前、慶應陣内30ヤードのルーズからHB今村が抜け、右へパントキック。これをWTB吉田がダイレクトキャッチして右タッチライン沿いに60ヤード独走。ゴールポスト直下にトライ。ゴールも決まって慶應がやっと逃げ切った。法政FWがよくがんばって80％のボールを支配したが、慶應はバックスの堅い守りで法政に得点を許さなかった。

②第30回慶立定期戦（23－11）

慶應は立ち上がりからハイパントで攻めるアップ＆アンダー戦法。これが功を奏して吉田、竹内両WTBの２トライなどで15－３と前半をリードした。しかし後半は立教FWの奮起で互角の戦い。わずかに慶應バックスの堅守で前半のリードを守りきった。

③第31回慶明定期戦（3－23）

●慶應義塾３（０—５、３—18）23明治○

慶應義塾	vs.	明治
豊島	FW	小林
河内		吉田
宮島		藤
須田		三戸
山下		前道
山田		恒吉
岡崎		木下
高木		中山
今村	HB	麻生
中沢		福丸
竹内	TB	梅津
平島		寺西
日野		青山
吉田		加賀谷
藤	FB	大神

試合は秋雨の降る中で行われた。当然のようにスタートから重量感のあるFW主導の展開となったが、これは明治がもっとも得意とする形。もちろん慶應FWも明治の強力なスクラムの押しとタテ突破を持ちこたえたが、第１列宮島の負傷退場というアクシデントもあって、それまでの均衡が崩れていった。

後半はもう明治の一方的。かさにかかって攻めてくる明治に対して防戦一方の慶應ではあったが、５分にWTB吉田が単身ドリブルから40ヤード突進のトライで辛うじて完封を免れた。これで対戦成績も慶應の９勝21敗１引き分けと負け数がまた増えた。

④第33回早慶定期戦（８－26）

慶應の勝利はFWがどれだけボールを支配できるかにかかっていた。立ち上がりから慶應FWの意気込みは激しく、早稲田のFWもたじたじとなったが、時間の経過とともに形勢は逆転。こうなると試合は早稲田のペース。バックスの早い展開から立て続けに３トライを奪われ、前半をリードされた。後半も早稲田の切れ味鋭い攻撃が続く。逆に慶應はFWの劣勢がHBからの攻撃のリズムを狂わせ、わずかに１トライ（ゴール）を追加するのが精一杯。早稲田FWの展開力とバックスのスピードに３トライ、１ゴールを許して明治戦に続いて連敗となった。この結果、通算成績は早稲田の20勝10敗３引き分け。

●慶應義塾８（３－９、５－17）26早稲田○

慶應義塾	vs.	早稲田
豊　島	FW	永　橋
河　内		志　賀
森　岡		結　城
藤　田		田　中
山　下		片　倉
山　田		尾　崎
岡　崎		富　永
高　木		市　田
今　村	HB	関　根
中　沢		吉　田
竹　内	TB	谷　口
平　島		横　井
日　野		小　山
吉　田		日比野
藤	FB	藤　島

［高校戦］

○慶應高36（20－0、16－0）0早高学院●

［ＯＢ戦］

○慶應義塾OB31（9－5、22－3）8早稲田OB●

⑤第31回慶東定期戦（43－０）

関東大学対抗の最終戦、東大との試合は公式戦初登場の新顔も含めたメンバー編成で臨んだが、力の差は歴然。前、後半まんべんなく得点を重ね、また守っても東大の攻撃を完封して予想通りの勝利を収めた。

◆京都勢との定期戦に２勝

①第30回慶京定期戦（31－６）

○慶應義塾31（14－０、17－６）６京都大●

快晴に恵まれ、いかにも正月らしい和やかな日差しの中、遠征の疲れもみせずに新年の第１戦を快勝で飾ることができた。

②第40回慶同定期戦（16－６）

○慶應義塾16（５－６、11－０）６同志社●

前半は地元同志社のバックスのがんばりで２トライを許したが、慶應もサインプレーを成功させて１トライを報いる。１点差で迎えた後半は慶應ペース。FWの鋭い突っ込みと、HB今村の好判断などで確実に得点を加えて、同志社を突き放した。

◆関東大学対抗は群雄割拠

今季の関東大学対抗は８勝でトップを走っていた明治が最終戦の早明戦（14－20）で早稲田に敗れたため明治８勝１敗、早稲田６勝１敗、中央５勝１敗と１敗が３チームとなり、優勝を３校で分け合う形となった。厳密には勝利数が異なるため優勝という表現に異論を唱えるむきもあるが、対戦カードが固定していた戦前はともかく、新しいチームの成長で勢力地図が塗り変わりつつある昨今の現状では、何をもって優勝とするか、はっきりした定義がないのも事実。従来からの定期戦もしくは対抗戦方式の維持と、中央、法政などが唱えるリーグ戦の総当たり方式の２つの主張をどのようにまとめていくか、関東大学ラグビー界は難しい段階にさしかかっている。

◆慶應高校の活躍

慶應高校の今季の活躍にはすばらしいものがあった。国民体育大会、全国高校選手権と２大全国大会での優勝はならなかったが、国体準優勝、高校選手権ベスト８の成績は立派なもの。蹴球部の明日を背負って立つ人材たちの成長という意味で心強いかぎりだ。

[国民体育大会ブロック(神戸)]
▼１回戦（10月28日）
　○慶應高12ー３熊本工●
▼準決勝（10月30日）
　○慶應高11ー３徳島城東高●
▼決勝（11月１日）
　●慶應高５ー23秋田工○
[第36回全国高校選手権(花園)]
▼１回戦（12月30日）
　○慶應高29（13ー０、16ー０）０西京高●
(兼第36回定期戦)
▼２回戦（１月１日）
　△慶應高９（３ー３、６ー６）９北見北斗高
△（抽選勝ち）
▼準々決勝（１月３日）
　●慶應高８（８ー３、０ー８）11福岡工●
[定期戦(西京極)] 1月6日
○慶應高27(９ー０、18ー０)０同志社高●

◆日本ラグビー協会が体協を脱退

日本ラグビー協会（香山蕃会長）は1956（昭和31）年６月17日の理事会、評議員会で日本体育協会（東竜太郎会長）からの脱退を決議し、７月３日の体協評議員会で承認された。理由は競輪の収益金を第16回メルボルン・オリンピックの選手団派遣費の一部として受け入れた日本体協の決定に対し、アマチュアリズム擁護の立場から反対を貫いたもの。しかし日本体協を脱退したことで国民スポーツ大会から締め出される結果となり、国体出場を強く望む高校関係者たちの批判、反発が日を追って高まっていった。事態を重くみた日本協会は体協の国体委員会と折衝。この年度に限り、体協内に特別管理委員会を設けて高校の部だけ国体に参加し、翌32年６月の話し合いで日本ラグビー協会の「脱退取り消し、無条件体協復帰」が決まった。

日吉グラウンド・ラグビー発祥記念碑前での昭和31年度卒業記念写真。

1957（昭和32）年度 ◆竹内敏之◆

32年度の関東大学ラグビーは、慶應、早稲田、明治、中央、日本、立教の６校をＡブロックとする総当たり制で覇を競うこととなった。実力的に有力視されていたのは早稲田、明治、中央の３校。その点、慶應は発展途上のチームというのが外部の評価だったようだ。チームの構成も４年生のレギュラーは竹内、藤の２人だけ。主力はむしろ山田、平島、宮島、今村らセンスに恵まれ、個性豊かな逸材ぞろいの３年生だったが、なかでもFW第３列とHBペアの連携プレーは今季の慶應が誇る最大の特色であり、同時に躍進へのカギもこの中枢ファイブの動向の如何にかかっていた。

秋のシーズンがはじまった。滑り出しは好調。日大とは引き分けたが、強敵と目された中央に後半の猛タックルで逆転勝利。勢いに乗ったところで、次の明治戦でも後半の逆襲から２勝目を記録した。残る相手は開幕早々の２敗で優勝戦線から脱落している早稲田。しかし伝統の一戦とはわからいないものだ。早慶戦に乾坤一擲の勝負を挑んできた早稲田に不覚の１敗。優勝争いは慶、明２校にしぼられたが、早明戦で明治が敗れたため、慶應が３勝１敗１引き分けで制度改革初年度の王座についた。２年ぶりの関東制覇となったわけだが、顧みれば緒戦から一戦一戦に全力を傾注したことが、発展途上といわれた若い慶應を王座へと押し上げたと思う。とにかく激しい戦いの中で勝利をもぎ取り、自信と力をつけていった充実したシーズンではあった。豪華な英国商社杯を商社代表Ｄ．セファー氏から贈られたときのずっしりとした感触は勝利の重みでもあり、今も忘れられない。

（竹内敏之・記）

- 日本ラグビー協会の日本体育協会への復帰が６月に決定。
- 関東大学対抗がA、Bの２ブロック制（ブロック内総当たり）を採用。
- 年が明けた２月、世界最強といわれたNZオールブラックスのコルツが初来日。

◆関東大学対抗がA、Bの２ブロック制に

昭和29年春に表面化して以来、結論が出ていなかった日程問題について、関東協会の提案で新しい方式が４月に決まった。A、B２ブロック制（各６校）とし、Aの最下位とBの１位は自動的に入れ替わることが前提。また今季のブロック分けは前年度の成績に準じて行われることになった。Aブロックは慶應、早稲田、明治、日本、中央、立教の６校。Bブロックは法政、教育、青学、専修、東京、成蹊の６校となった。

◆シーズンの歩み（関東大学Aブロック）

①慶・日戦（14—14）

前半は慶應FWの速い球出しから５分にWTB吉田のトライで先行したが、日大も積極的。得点の応酬が続いてテンポの早い好ゲームとなった。慶應の３点リードで迎えた後半は逆に日大が反撃。キックとドリブル多用の慶應から６点を奪ってタイとし、そのままノーサイドとなった。

②慶・中戦（18—12）

前半は中央、後半は慶應がそれぞれ一方的な攻撃に終始する珍しい試合となったが、慶應の追い込みが成功した。慶應の粘り勝ちと新聞評にあるが、中央は後半の消極策が慶應

を勢いづかせる結果を招いた。敗因のひとつといえる。

③第32回慶明定期戦（21―14）

前半から明治はFWの鋭い突っ込みで好球を得たものの、バックスがやや乱調で無駄の多い攻撃だった。それでも前半に引き続いて後半の5分過ぎまで慶應をゴール前に圧倒し続けたが、慶應も次第に盛り返して、チーム全体に調子を上げていった。こうなるとペースは慶應のもの。パスとキックをうまく併用して8点差の追撃に移ったが、慶應にとっては後半の風上が幸いした。風に乗ったキックで前進。ここから反撃の糸口をつかんでFW、バックス一体の攻撃で明治に逆転勝ちした。この結果、両校対戦成績は慶應の10勝21敗1引き分けとなった。

○慶應義塾21（3―11、18―3）14明治●

慶應義塾	vs.	明治
豊　島	FW	小林清
河　内		駒　沢
森　岡		藤
森　久		三　戸
山　下		前　道
宮　島		恒　吉
山　田		山　田
木　野		緒　方
今　村	HB	谷
平　島		松　岡
竹　内	TB	榎　本
坂　本		青　山
石　井		小林一
吉　田		平　川
藤	FB	渡　部

［ＯＢ戦］

●慶應義塾3―43明治○

④第34回早慶定期戦（9―20）

ここまでの慶應は、日大と引き分け、中央と明治に後半逆転勝ちの無敗。対する早稲田はすでに立教と日大に敗れて開幕から2連敗という好、不調がはっきり成績に出たスタートを切っていた。対戦前の評価は当然のことながら「慶應有利」の声が高かったが、やはり伝統の一戦というものはわからない。もっとも前半は慶應が断然優勢に試合を支配しながらわずか1トライだけに終わった。これが波乱の幕切れとなる最大の原因。後半にはいると早稲田の猛追撃が始まる。FWが完全に立ち直り、バックスまた本来のスピードを取り戻して3トライを追加。最後はSO小山にDGまで決められるなど、慶應としては全くいいところがないまま押し切られてしまった。終わってみれば慶應の10勝21敗3引き分けの対戦成績が示す通りの結果となった。

●慶應義塾9（3―3、6―17）20早稲田○

慶應義塾	vs.	早稲田
豊　島	FW	永　橋
河　内		志　賀
森　岡		結　城
森　久		田　中
山　下		片　倉
宮　島		尾　崎
山　田		富　永
木　野		市　田
今　村	HB	宝　田
平　島		小　山
竹　内	TB	及　川
坂　本		菊　田
石　井		谷　口
吉　田		日比野
藤	FB	北　岡

［高校戦］

○慶應義塾高11―0早高学院●

［ＯＢ戦］

○慶應義塾ＯＢ16（11―3、5―10）13早稲田ＯＢ●

⑤第31回慶立定期戦（27―3）

慶應バックスがFWの健闘によく呼応して動き、快調な試合運びで立教を圧倒した。慶應バックスのまとまりは今季最高。

⑥第32回慶東定期戦（50－0）

ブロック制の採用で今季の慶東定期戦は関東のシーズン終了後の12月7日に秩父宮ラグビー場で行われ、慶應が50－0で7連勝。対戦成績を29勝2敗1引き分けと大きくリードした。

◆京都勢との2つの定期戦は連勝

正月恒例の慶應義塾と京都勢と2つの定期戦、第31回慶京戦（元日）、第41回慶同戦（8日）はともに東京・青山の秩父宮ラグビー場で行われ、京都を47－11、また同志社にも32－3と大差で慶應が連勝した。京大には6連勝（21勝9敗1引き分け）、同志社には戦前の1940年（昭和15）年以来、1引き分けをはさんで15連勝（33勝4敗4引き分け）。

①1月元日（秩父宮）

○慶應義塾47（31－3、16－8）11京都大●

②1月8日（秩父宮）

○慶應義塾32（14－0、18－3）3同志社●

◆朝日招待ラグビー

関東大学最優秀チームとして恒例の朝日招待ラグビーに招かれた慶應義塾は1月15日、福岡・平和台競技場で全九州と対戦。慶應は学生チャンピオンとして持てる力を出し切って全九州に挑戦したが、社会人の強豪八幡製鉄、九州電力のメンバーで固めた全九州のパワーと個人技の前に5点を取るのが精一杯。23点を奪われ完敗した。

▼朝日招待ラグビー（1月15日、福岡・平和台競技場）

●慶應義塾5（5－9、0－14）23全九州○

◆全慶應がオールブラックス・コルツに挑戦

世界最強といわれるNZからオールブラックス・コルツ（23歳以下）が2月～3月にかけて来日。東京、大阪などで9試合を行い、9戦全勝の圧倒的な強さを発揮して帰国した。全慶應は8人のOBを補強するベストの布陣で対戦したが、ハイパント攻撃から強力FWがなだれ込んでくるアップ＆アンダー戦法に守りを崩され、3－33のスコアで敗れた。

◇来日第8戦（コルツ8戦8勝）

▽1958（昭和33）年3月21日

▽グラウンド＝秩父宮ラグビー場

●全慶應3（3－17、0－16）33オールブラックス・コルツ○

全慶應	vs.	A.B.コルツ
豊　島	FW	ウィナレー
赤　津 OB		クライトン
永　井 OB		ローランド
山　下		ミーズ
柴　田 OB		ジョンストン
宮　島		ピカリング
山田敬		ヘイズ
美　川 OB		ソーパー
今　村	HB	ブリスコー
平　島	FE	ブラウン
		トンプソン
伊　藤 OB	TB	ワット
山田章 OB		リニーン
青　井 OB		モリス
竹　内		
日　野 OB	FB	ウォルシュ

[後記]

体力、スピードともに圧倒的に勝るコルツはスタートから徹底して攻めてきた。もちろん試合の主導権はコルツ。とくにFWは完全にコルツが支配した。タイトスクラム、ラインアウト、ルースで全慶應がボールを獲得できたのはわずかに3割程度。これでは勝負にならない。バックスも瞬時にトップスピードで出てくる鋭さに、なんとかタックルで凌ぐだけの応戦が精一杯だった。世界を制覇しようというオールブラックス・ジュニアのほとばしる奔流のようなラグビーはもとより、日本のファンが初めて目にする試合前のウォー

オールブラックス・コルツが来日、第８戦に全慶應が挑戦するが、アップ＆アンダー戦法に敗れる。
右端はタッチジャッジの椎野正夫氏（昭和33年３月21日）。

クライの迫力はスタンドの観衆を魅了してやまなかった。

来日チームの主将、W.J.ウィナレーは1958年にオールブラックスの主将に選ばれてから65年の引退まで、実に８シーズン、30テストマッチのスキッパーとして世界最強チームをリードした。これはS.フィッツパトリックに次ぐオールブラックス史上２番目の主将在任記録。またウィナレー主将とともに57年のオールブラックス豪州遠征からメンバー入りしたロックのC.E.ミーズは71年までの15年間に55キャップを獲得した世界最高のロック。1995年の第３回W杯オールブラックスの選手団長でもあった。

なお、来日A.B.コルツと対戦した日本代表に慶應義塾蹴球部から青井達也、山田敬介、今村耕一３選手が選ばれている。

◆慶應高が６年連続全国大会へ

第37回全国高校選手権大会は１月元日、西宮球技場で開幕。６年連続出場の慶應高は準々決勝で大嶺高と対戦し、3−3で引き分け、抽選の結果、準決勝への進出はならなかった。

1958（昭和33）年度 ◆山田敬介◆

この年度はメンバーも多士済々。とくに主力の４年生には1954（昭和29）年度の全国高校選手権を制覇した慶應高校の卒業組（10人）をはじめ、福岡、修猷館、同志社など高校ラグビーの名門校出身者たちが顔をそろえるなど、内外からの期待は大きかった。しかもチームは主将の山田を中心に結束も堅く、粒よりの戦士たちが展開する多彩で奔放な自信のラグビーに、フィフティーンの誰もがチームの優勝を疑わなかったが、全勝対決となった早慶戦。8－8のタイスコアで迎えた後半、早稲田の１トライ、１ゴールに対して慶應は山田の１トライだけ。わずか５点差で前年に続く関東連覇の夢を絶たれた。

またこのところ恒例となった外国チームの来日は日本ラグビーと縁の深いカナダ代表。全慶應は４年ぶりにセブンFWで対戦したが、後半に負傷者が出るなど健闘も及ばず、９－40の大差で敗れた。なお、年が明けた1959（昭和34）年３月、慶應義塾の第100期卒業生として４年生全員そろって記念すべき年度に学窓を後にすることができたのはなによりといえる。

（平島正登・記）

- 慶應義塾創立100周年を祝う式典が天皇陛下を日吉にお迎えして開かれる。
- 慶應義塾体育会蹴球部の創部60周年記念祭が６月１日、日吉グラウンドで開催。
- 福澤諭吉先生の肖像を印刷した１万円札が12月23日に発行される。

◆蹴球部創部60年記念祭が開かれる

慶應義塾体育会蹴球部の創部60年を祝う記念式典が1958（昭和33）年６月１日、ホームグラウンドの日吉ラグビー場で行われた。参会者は慶應義塾の奥井復太郎塾長（代理）ら大学関係者はじめ来賓の日本ラグビー協会香山蕃会長ら300人。式典は蹴球部瀬下良夫部長のあいさつ、奥井塾長の祝辞（体育会石丸重治理事が代読）に始まり、来賓の香山会長、関東ラグビー協会品田通世理事に続いて、国内で蹴球部の最初の対戦相手となった第三高等学校（学制改革で京都大に吸収）の綿屋益次郎、同志社・鈴木三郎、早稲田・木村文一の各校代表から60年の歴史を讃えるお祝いの言葉が述べられた。来賓からの祝辞がひと通り終わったところで式典は蹴球部の功労者表彰に移り、明治の末期から大正時代にかけて活躍した井上寧（1912年度主将）、高地万寿吉（1914、15年度主将）、脇肇（1917年度主将）の表彰に続いて、すでに物故された畑功元蹴球部長、田辺九万三（1911年度主将）、杉本貞一（1913年度主将）、橋本寿三郎（1919年卒業）、井上次郎（1919年度主将）の５人の先輩が表彰され、往時の功労に感謝の念を捧げたあと、ビールとサンドイッチでの乾杯でひとまず第一部の式典を終わった。第２部は60年祭記念ゲーム。第１試合の「来賓超OB vs.慶應超OB」をトップに「若手OBの紅白戦」、「普通部・中等部連合vs.青学中等部」、「慶應高校vs.神奈川高校選抜」、そして第５試合の「慶應vs.関東大学選抜」を最後に記念試合を終了。黒黄会員と学生が左右のサイドに分かれて布陣したところで、ハーフウェーラインの中央から高地万寿吉先輩のキックオフで盛大だった記念の行事を締めくくった。

なお、記念祭が終わった後、内輪だけの会として黒黄会員と学生交歓の夕べが合宿所で行われ、蹴球部の明日を語りあった。

◆日本ラグビー協会香山蕃会長の祝辞

「今から偲ばれる日吉の百年祭」日本ラグビーフットボール協会会長香山蕃。

「慶應義塾ラグビー部60年は日本ラグビーの60年である。大正12、13年頃かと思うが、イギリスではラグビースクールでラグビーフットボール百年祭が行われた。イギリスの全インターナショナルズが集まって紅白の２組に分かれてお祝いの試合が行われた。当時その記事を見てさすがラグビーの本家イギリスでは、百年という長い年月を積み重ねていてこそラグビーの不抜の伝統を持った立派なゲームを生み出したのであると羨ましくも感嘆もしたものであったが、去る６月１日、日吉のグラウンドで行われた式典に参列して、いまさら日本のラグビーも60年という齢を重ねたことに思いを新たにし、かつてはイギリスラグビー百年を羨んだが、あと40年たてば日本ラグビーも百年を数えることであり、今日この式典に参列している若い人たちの手で日本ラグビー百年祭と同時に、この慶應義塾ラグビー百年祭をラグビースクールの校庭で行われたように日吉グラウンドで盛大に行われんことも、それほど遠いことでないだろうことを思い合わせて日本ラグビーの成長を祝福したのである。明治32年三田の一角にオーバルの球が初めて空高く蹴り上げられてから60年という相当年月を経たが、今日では全国津々浦々までオーバルの球は転がっており、チームの数も二千をはるかに超えるほど普及され、幾万の若い者たちは数あるスポーツの中でおよそ男と生まれて、これほど愉快な楽しいスポーツはないとエンジョイしているのである。それにつけてこの楽しい競技を60年の昔、日本の国土に植え付けられた慶應義塾の創設者諸兄に対し、心から感謝を捧げると同時に、このラグビーがスピリットと切り離しては存在を許せない指導を後輩に残されたことに対しては満腔の敬意を表さなければならない。永劫不滅のスポーツ精神こそわれわれのもっとも貴いものである。慶應義塾ラグビー部こそ日本スポーツ界に輝かしいアマチュアスポーツの基礎を作られたのである（慶應義塾体育会蹴球部六十年史から）。

（注）ラグビー100年祭：1923年にラグビー校で100周年を祝うイングランド・ウェールズ連合vs.スコットランド・アイルランド連合の記念試合が行われた。（当百年史1923年度「ラグビー発祥の地で100年祭」参照）

◆シーズンの歩み（関東大学Aブロック）

①慶・青学戦（39－８）

雨にもかかわらず慶應はハーフ団でチャンスをつくり、果敢にボールをオープンに回してウィングを走らせ快勝した。

②慶・法戦（31－14）

前半法政の旺盛な闘志にリードを許したものの、後半は慶應のペース。試合運びを調整し、力の差で逆転した。

③慶・中戦（23－６）

今季２度目の雨中戦となったが、チャンスを確実に生かした慶應が圧勝した。慶應FWの活躍もさることながら、FW第３列とHB、そしてTBラインのコンビネーションがよく、積極的な攻撃が光った。

④第33回慶明定期戦（９－０）

慶應は前半の立ち上がりから明治の重量FWをセット、ルーズプレーで圧倒するなど、FWの健闘が試合を有利に運ぶ原動力となった。またFW第３列の展開力にも勝り、バックスも好ディフェンスをみせて強敵明治を無得点に封じた。明治はFWの奮闘に対してバックスが乱調で波に乗れず、個人技だけが目立った試合展開になり、なすところなく敗れた感が深い。慶明戦で明治が完封負けしたのは1925（大正14）年度、第２回定期戦の28―０以来33年ぶりのこと。これで対戦成績は慶應の11勝21敗１引き分けとなった。

○慶應義塾9（3—0、6—3）0明治●

慶應義塾	vs.	明治
豊　島	FW	小林清
松　島		笹　村
森　岡		佐　藤
山　下		三　戸
船　津		岡　部
宮　島		清　水
山　田		山　田
木　野		川　口
今　村	HB	谷
平　島		白　垣
前　田	TB	榎　本
内　山		松　岡
石　井		出　口
東		小林一
坂　本	FB	青　山

［ＯＢ戦］
△慶應OB13（5－5、8－8）13明治OB△

⑤第35回早慶定期戦（11―16）

戦力は全く互角。「メンバーも粒よりなら、試合運びもそれぞれ独特の戦術を駆使して勝ち進んできたチーム。屈指の好ゲームが期待される」というのが試合前の新聞評だった。しかも慶應はこれに勝てば前年に続いて戦後初の連覇が目前。一方の早稲田も今季全勝で、勢いに乗っており、ともに優勝をかけた大一番となったが、創部40周年というメモリアルイヤーの早稲田の気迫がわずかに上回った。前半は８－８。得点でも、また内容的にも攻撃、防御の両面とも全く互角の展開となったが、後半にはいって優劣のきざしが見えはじめた。FWのボールキープ力で上回った早稲田がバックスの好判断で２トライ、１ゴールをマーク。慶應の反撃を１トライに抑えて勝った。通算成績は慶應の10勝22敗３引き分け。早稲田には３連敗を喫したことになったばかりか、あらためて連覇の難しさを教えられる結果となった。

●慶應義塾11（8—8、3—8）16早稲田○

慶應義塾	vs.	早稲田
豊　島	FW	永　橋
松　島		志　賀
森　岡		結　城
船　津		田　中
山　下		加賀谷
宮　島		尾　崎
山　田		富　永
木　野		豊　岡
今　村	HB	宝　田
平　島		伊　藤
前　田	TB	今　村
高　谷		菊　田
石　井		谷　口
吉　田		橋　爪
坂　本	FB	北　岡

［ＯＢ戦］
○慶應OB16（5―3、11―11）14早稲田OB●
［高校定期戦］
○慶應高16－３早高学院●

⑥第32回慶立定期戦（49―14）

立教に元気なく、慶應は展開ラグビーで楽勝した。対戦成績は慶應の29勝２敗１引き分け。この結果、関東大学Ａブロックは早稲田が全勝優勝、慶應は２位。最下位は青学となった。

◆慶東定期戦に快勝

▽第33回慶東定期戦（12月13日、秩父宮）
○慶應義塾39（18－３、21－０）３東京大●
（慶應の30勝２敗１引き分け）

◆京都勢との定期戦

①第32回慶京定期戦（59年１月元日、花園ラグビー場）
○慶應義塾103（37－０、66－５）５京都大●
（慶應の22勝９敗１引き分け）
②第42回慶同定期戦（59年１月８日、花園ラグ

ビー場）

○慶應義塾29（11－3、18－0）3同志社●

（慶應の34勝4敗4引き分け）

前半9分慶應陣25ヤード付近のPGを同志社が決めて先行。しかし慶應も14分に同志社陣25ヤード線からのPG成功で同点とした。この後は慶應のペース。19分に東、27分に石井と連続トライで点差を開いた。後半はもう慶應の一方的。3分のトライが口火となってさらに3トライを追加して快勝した。互角とみられたFW戦に勝ったのが最大の勝因。なお、元日の慶京定期戦で慶應が記録した103点はこのカード初めての最高得点。

◆来日のカナダ・ブリティッシュコロンビア代表と対戦

カナダからブリティッシュコロンビア（B.C.）州代表が2月に来日。全慶應はFWをセブン、山田敬をローバーに起用する伝統のセブンシステムでカナダB.C.と対戦し、前半は3点差で食い下がるなど、セブン・システムが功を奏したが、頼みのローバー山田敬の負傷による戦力のダウンが響いて完敗した。カナダB.C.の対戦成績は6勝1敗1引き分け。

●全慶應義塾9（3－6、6－34）40カナダB.C.代表○

全慶應	vs.	カナダB.C.代表
豊　島	FW	ムーア
赤津OB		クリスティー
森　岡		テイラー
船　津		ガーダリン
山　下		ポラード
宮　島		ビアーンソン
美川OB		トーマス
		ベチ
山　田	HB	エリソン
今　村		ハント
平　島		
吉　田	TB	ストーバー
青井OB		セイナス
石　井		マクイーケン
井　上		ヘンダーソン
坂　本	FB	バージェス

◇来日第3戦（カナダB.C. 3戦3勝）

▽1959（昭和34）年3月4日

▽グラウンド＝秩父宮ラグビー場

［後記］

全慶應は学生主体。ＯＢからの補充はわずかに3人というチーム編成に黒黄会のこの年度の学生への信頼度がよくうかがえる。システムは慶應独特のセブンFW。しかもチームのカギをにぎるローバーに学生チームの主将、山田を起用する徹底した学生主導で臨んだ。

前半は3―6。まず首脳陣が期待したとおり伝統のセブン・システムはカナダB.C.相手に機能したといえるだろう。だが、予期せぬ不運が後半の開始直後に全慶應を見舞った。システムの要、ローバーの山田が抜けて出たところで強烈なタックルを受けて足首を痛めてリタイア。9分ごろ戦列に復帰はしたが、痛みを押しての再登場だけにもはや前半のような切れ味を山田に望むのは不可能だった。

これを境に試合の流れは急速にカナダへ…。俊足好技のヘンダーソンが3トライを記録したのをはじめ計7トライ、1PGを加えて来日3勝目をあげた。なお、カナダB.C.の第3列8番のベチは隻腕の名手。全慶應戦でもハンデを感じさせない全力プレーでスタンドから盛んな拍手が送られた。

◆慶應高が全国選手権準々決勝へ進出

第38回全国高校選手権大会は昭和34年1月元日から9日まで西宮球技場で開かれたが、神奈川代表の慶應高校は7年連続で出場。1回戦大分舞鶴を15－0、2回戦津工高を36－0とそれぞれ大勝したが、準々決勝で東京代表の京王高に0－6の小差で敗れた。慶應高の準々決勝敗退は出場校の枠が36校に広がった第36回大会（1956年度）以来、連続3度目。なお、全国選手権の前後に行われた京都勢との定期戦、対西京、対同志社高戦には連勝した。

[定期戦]

①12月28日○慶應高29－8西京高●

②1月8日○慶應高8－5同志社高●

◆慶應志木高の公式戦

国体埼玉県予選に出場した慶應志木高は強豪熊谷工と対戦し、接戦のすえ8－12の小差で敗れた。また11月16日に行われた全国高校選手権埼玉予選は熊谷高を相手に8－8のタイスコアで引き分けたが、抽選で惜しくも敗れた。

◆その他の記録

戦前の昭和10年代から中断していたYC&ACとの試合が最近になって復活。今季は11月30日に横浜・矢口台のYC&ACグラウンドで対戦。0－22のスコアでYC&ACに大敗した。

1959（昭和34）年度 ◆山下忠男◆

前年度のメンバーから11人が卒業していった後の不安を抱きながらのシーズンインとなった。関東大学の公式戦開幕に先立ち9月16日、国立競技場で全慶應が来日のオックスフォード・ケンブリッジ両大学連合チームと対戦。試合は戦後初のナイトゲームとして行われたが、後半を1点リードするなど善戦したものの前半の失点が大きく7点差で敗れた。3季目を迎えた関東大学Aブロック戦。緒戦の日大、第2戦の法政と連敗、中央戦には辛勝したが、伝統の慶明、早慶定期戦にも敗れて厳しいシーズンとなった。最後の立教戦には勝って最終的には2勝4敗で第5位が決定。新年の東西大学対抗では京都、同志社に連勝し、シーズン終盤にようやく念願のチームプレーを展開することができた。慶東定期戦の勝利を含めた全公式戦5勝4敗。次年度の川口治雄新主将にバトンタッチした。傑出した選手は数多くいたが、その中でも4年生渡辺克朗の活躍は特筆もの。元日の京都との定期戦から出場したが、シーズン最後の慶同定期戦では天性のバネとスピードで相手防御を突破し、またDGを決めるなど、今思えば緒戦から出場していれば…と悔やまれてならない。（山下忠男・記）

- オックスフォード・ケンブリッジ両大学連合チームが9月に来日。
- 全慶應が戦後初のナイトゲームでオ・ケ大連合と国立競技場で対戦。
- 戦後初の7人制ラグビー大会がYC&ACグラウンドで開かれた（4月12日）。

◆オックス・ブリッジ大連合と接戦

シーズンの開幕を告げたのはオックスフォード・ケンブリッジ大学連合の来日であった。全慶應との第3戦は9月16日、国立競技場に義宮、清宮さまはじめ秩父宮妃、高松宮ご夫妻をお迎えして、戦後初のナイトゲームとして行われ、オ・ケ大連合が食い下がる全慶應の反撃を振り切って来日3勝目をあげた。9月半ばの夜間試合といってもまだ蒸し暑さが残る残暑厳しい中での対戦ではあったが、物珍しさも手伝ってスタンドには2万余の観衆が詰めかけ熱戦を見守った。

◇来日第3戦（オ・ケ大連合3戦3勝）
▽9月16日（ナイトゲーム）
▽グラウンド＝国立競技場
▽レフリー＝川田大介氏（東大ＯＢ）

全慶應	vs.	オ・ケ大
1	T	1
1	G	2
0	PG	1
	DG	
8	前	16
0	T	1
0	G	1
3	PG	0
	DG	
9	後	8
17	計	24

●全慶應義塾17（8—16、9—8）24オ・ケ大連合○

全慶應	vs.	オ・ケ大連合
豊　島 OB	FW	ブラント　（オ）
赤　津 OB		ロンバート　（オ）
森　岡		ジェッソン　（オ）
船　津 OB		マクスウィニー（ケ）
山　下		テンボス　（オ）
宮　島 OB		ベリー　（ケ）
山　田 OB		ウィルコック（オ）
堤　OB		リマー　（オ）
今　村 OB	HB	スミス　（ケ）
平　島 OB		オコーナー　（オ）
伊　藤 OB	TB	ミルズ　（ケ）
石　井		ワッツ　（オ）
青　井 OB		フィリップス（オ）
吉　田 OB		ハースト　（オ）
坂　本 OB	FB	デービス　（ケ）

（オ）＝オックスフォード大、（ケ）＝ケンブリッジ大

［後記］

先取点は全慶應だった。前半6分、オ・ケ大連合バックスのミスを山田が拾い、堤—豊島とパスをつないでトライ。全慶應FWの積極的な攻撃にスタンドはわいたが、オックスフォード10人、ケンブリッジ5人のコンバインドチームにも13分のPG成功でまとまりが出てきたようだ。18分、27分とWTBハーストが立て続けにトライを連取。さらに33分にはハーストのクロスキックからFWベリー、さらにWTBミルズとつないで前半3本目のトライをあげた。全慶應の反撃は前半終了間際に今村—青井をフォローした堤のトライ（ゴール）で点差を8点とし、後半も宮島の3PGで追撃したが、ノーサイド直前に再びミルズの快走を許してとどめを刺された。それにしてもカクテル光線が映し出す両チームの激しい攻防は、昼間では味わえないスピード感にあふれたナイトゲームならではのものだった。

ここで注目したいのが学生3人という全慶應のチーム編成。もちろん試合経験を積み重ねながら成長していく学生にとって、今季の開幕戦が外国の強豪チームという点を考慮するとしても3人はちょっと異常。何か今季の現役の成績を暗示するようなＯＢ主導の編成だった。なお、オ・ケ大連合は7戦全勝で帰国した。

戦後初のナイトゲームとして国立競技場で行われた、オックスフォード大・ケンブリッジ大連合チーム対全慶應戦（昭和34年9月16日）。

◆シーズンの歩み（関東大学Aブロック）

①慶・日戦（9－24）

立ち上がりからテンポの早い試合となったが、主導権は日大。バックスの活躍で3トライ（うち1ゴール）をあげ、1PGの慶應をリードして前半を終わった。慶応も後半開始直後から反撃。1トライ、1PGで9－11と3点差まで追い上げたものの後は息切れ。日大に止めのトライを許して完敗した。

②慶・法戦（0－6）

強風雨でコンディションは最悪。FW戦で劣勢の慶應は前、後半に各1トライずつを奪われ、開幕2連敗と最悪のスタートとなった。1928（昭和3）年に法政と初めて対戦して以来、慶應は初の敗戦。

③慶・中戦（14－11）

慶應バックスに一日の長があった。中央はFWの健闘で慶應を苦しめたが、バックスがこれに応えられず、逆に慶應が数少ないチャンスを得点に結びつけて接戦を制した。慶應は3戦目でようやく初勝利。

④第34回慶明定期戦（5－19）

明治は立ち上がりから巧みなタッチキックで優勢。5分にPG、続く10分には伊野のポスト直下のトライ（ゴール）、21分にも左隅トライとたたみかけた。慶應がペースを取り戻したのはこの直後。ようやくFWの動きが活発となり、盛んにバックスを走らせるなど、試合を盛り上げたが、いまひとつ決定力を欠いて前半の反撃は前半終了間際の1トライ（ゴール）に終わった。後半も慶應はよく攻めたが、最後の詰めでミスが出てトライが取れず、逆に23分、28分と連続トライを許して万事休した。チャンスをつくりながら得点に結びつけられなかったところが今後の課題といえる。

●慶應義塾5（5—11、0—8）19明治○

慶應義塾	vs.	明治
川　口	FW	村　上
松　島		野見山
森　岡		鈴　木
吉　田		岡　部
山　下		吉　岡
真　野		清　治
森　久		三　戸
藤　井		小林章
大　森	HB	斎　藤
高　谷		山　口
東	TB	増　田
内　山		伊　野
石　井		青　山
門　倉		小林一
江　崎	FB	松　岡

［ＯＢ戦］

○慶應OB40（11－3、29－6）9明治OB●

⑤第36回早慶定期戦（3－16）

試合は早稲田のキックオフではじまった。早稲田の出足は鋭い。開始早々、慶應をゴール前にクギづけとした後、FWが押し込んで1トライ（ゴール）を先制した。対する慶應はバックスを走らせて反撃を試みるが、早稲田の早いつぶしにあってパスが通らず、22分にPGを追加されて前半を0－8で終わった。点差はわずか8点。まだまだ逆転の望みは残

●慶應義塾3（0—8、3—8）16早稲田○

慶應義塾	vs.	早稲田
川　口	FW	池　田
松　島		志　賀
森　岡		小　島
吉　田		村　山
山　下		加賀谷
松　岡		尾　崎
森　久		黒　野
藤　井		豊　岡
大　森	HB	大　畑
高　谷		斎　藤
東	TB	今　村
内　山		菊　田
石　井		北　岡
長谷部		橋　爪
江　崎	FB	庄　司

されていたが、後半2分にルーズを連取された後、北岡にトライを許したのが、あとまで響いた。6分ごろに早稲田の右WTB橋爪が負傷退場したあたりから慶應もFWが復調。ほとんどのボールをキープするなど早稲田を守勢一方に追い込みながら、わずかにあげた得点はPG1本だけ。30分にパスミスから逆にとどめのトライを奪われ、ノートライで敗れた。対戦成績は早稲田の23勝10敗3引き分け。慶應は1955年以来4連敗。

［OB戦］
○慶應OB21―3早稲田OB●
［高校定期戦］
○慶應高校16―0早高学院●

⑥第33回慶立定期戦（28―14）
慶應はキックオフからのノーホイッスルトライで先制したが、7分に1トライを返されてからは取りつ取られつのシーソーゲーム。前半は立教のリードで終わった。しかし後半は慶應FWの立ち直りで一方的。着々とトライを重ねて最終戦を飾った。この結果、関東大学Aブロックは法政が5勝1引き分けで初優勝。以下明治、日大、早稲田と続き、慶應は2勝4敗で第5位にとどまった。Bブロックは日体が全勝で優勝し、中央と入れ替わって来季のAブロック昇格が決まった。

◆その他の定期戦

▽第34回慶東定期戦（12月19日、秩父宮）
○慶應義塾48（24―3、24―0）3東京大●
（慶應の31勝2敗1引き分け）

◆京都勢との定期戦は2勝

①第33回慶京定期戦（60年1月元日、秩父宮）
○慶應義塾35（16―0、19―0）0京都大●
（慶應の23勝9敗1引き分け）

前夜来の雨で泥ねい戦。京都TBのロータックルにしばしばパスを寸断されたが、それでも個人技にまさる慶應がトライを重ねて圧勝した。

②第43回慶同定期戦（60年1月10日、秩父宮）
○慶應義塾25（3―3、22―6）9同志社●
（慶應の35勝4敗4引き分け）

慶應義塾	vs.	同志社
川　口	FW	宮　地
松　島		渋　谷
森　岡		中　得
吉　田		松　下
山　下		浅　草
松　岡		小　西
森　久		中　村
真　野		植　村
大　森	HB	吉　田
高　谷		長谷川
渡　辺	TB	藤　島
細　谷		森
石　井		出　口
長谷部		斎　藤
江　崎	FB	政　田

予想以上に点差がついた。慶應の勝因はFW戦で定評のある同志社の重量FWを圧倒したこと。タイトスクラムで押し勝ち、ルーズでも早い集散と鋭い突っ込み、そして固いパックでボールを意のままに支配した。またFWのこの健闘にバックスもエース石井の好技と走力を中心に、オープン攻撃で呼応。同志社につけいるスキを与えなかった。同志社にとって慶應は苦手なのだろうか。今季も「同志社が絶対有利」といわれながらの完敗だった。

◆7人制ラグビーが復活

プレシーズンのラグビーとして1930（昭和5）年4月29日に日本で初めて開催されたセブン・アサイド・ラグビー（7人制）が復活。横浜のYC＆ACグラウンドで4月12日に行われ、慶応は1回戦でエリスクラブを16－8で下して2回戦で横河電機と対戦したが、10－20で敗退した。

［7人制慶應代表］
▼FW＝山下、川口、吉田▼HB＝大森▼TB＝東、細谷▼FB＝石井

◆トピックス2題

①秋田県協会の招待ラグビー、全慶應vs.全明治の試合が6月7日、秋田市営八橋競技場で行われた。試合当日の秋田はあいにくの豪雨。試合は全慶應がバックス、また全明治はFWと対照的なラグビーで秋田のファンの声援に応えたが、全慶應が前半のリードを守って辛勝した。
②慶應義塾体育会蹴球部の歴史を綴った六十年史がこの年に完成。黒黄会から限定版として会員はじめラグビー関係者に寄贈された。内容はラグビー発祥時の模様、いきさつに始まり、日本ラグビーの発展のありさまが生き生きとした表現で記された初めての歴史書。それまで知られなかった多くの事実解明に日本ラグビー協会の機関誌『RUGBY』も絶賛している。

◆慶應高が全国選手権準々決勝の壁破れず

慶應高は第39回全国高校選手権大会（1月1日～9日、西宮球技場）に8年連続、15度目の出場を果たしたが、1回戦福岡の修猷館（26－0）、2回戦熊本工（19－5）と九州勢を破って準々決勝に駒を進めたものの、東北の古豪、秋田工（0－8）に敗れて念願の準決勝進出はならなかった。慶應高の準々決勝敗退は連続4度目。

◆慶應志木高は全国高校選手権の予選で敗退

着実に実力を伸ばしている慶應志木高は今季の全国高校選手権埼玉予選で1回戦本庄高、2回戦浦和高を破って3回戦に進んだが、惜しく敗れて全国大会へ慶應高との同時出場の夢はならなかった。

『慶應義塾体育会蹴球部六十年史』
昭和38年11月8日刊（奥付表示）A5判・924頁
編纂委員＝岩下秀三郎・上野祝二・平沼光平・
三浦五郎・北野孟郎・浅生　亨

1960（昭和35）年度 ◆川口治雄◆

40年も前を悔やんでも致し方ないが、最終学年のラグビー生活は悔しいの一語につきる。川口治雄（故人）主将のもと「バランスのとれたいいチーム」と高い評価を得ながら「好事魔多し」。シーズン直前にFWの軸、吉田を練習中の骨折で欠くことになった。すでにもう一人のロック駒井もまた夏合宿の段階でやはり膝の骨折でリタイアしており、未整備のまま臨んだ初戦の法政戦を失ってしまった。続く第2戦の日体にも負けて連敗のショックが抜け切らない3週目の相手はこの年の優勝チーム日本大。CTB石井の快走など終始優勢に戦いながらノーサイド寸前にゴールを奪われ14－14の引き分けに持ち込まれてしまった。

慶明定期戦をバックスの不調で落とした後の早慶定期戦。気象統計によると雨が降らないはずの11月23日は雨の中の泥ねい戦となったが、0－0と史上初の無得点引き分け試合で決着がつかなかった。それにしても後半の終盤に石井の蹴ったPGが白いポストのバーに当たって前に落ちさえしなければ…の思いは今もはっきりと心に刻み込まれている。

1シーズンに引き分けが2試合。この後遺症は最終の立教戦にも陰を落としてよもやの黒星となり、無念のBブロック転落という最悪の結果となった。正月の関西での定期戦は京都大には大勝したものの、早、明に圧勝して意気上がる同志社には22年ぶりの敗戦。こと志と違って不本意なシーズンとなり、次年度のチームに大半の試合が三ツ沢球技場という辛い経験を味わわせてしまった。汗と涙の青春に貴重な試練を授かったことを心から感謝したい。

（松岡賢治・記）

➲日本ラグビー協会が東京五輪基金への寄付金として入場料プラス10円を徴収。

➲大学、社会人の優勝チームでラグビー日本一を決めるNHK杯が今季からスタート。

◆監督、コーチ陣の交代

今季から新しい指導体制がスタートした。新監督には山田畝一（1951年卒）が就任。またコーチ陣にはFW担当の赤津喜一郎（1956年卒）、HB担当の福田利昭（1956年卒）、TB担当の高橋正旭（1954年卒）、直井弘（1955年卒）がそれぞれ委嘱された。椎野正夫前監督は1955（昭和30）年度から5年間、監督としてチームの指導に当たり、就任初年度にチームを戦後初の全勝へ導くなどFWをエイト・システムに固定してラグビー創始校の立て直しに多大の貢献をした。

◆シーズンの歩み（関東大学Aブロック）

①慶・法戦（3－25）

滑り出しは法政がタイト、ルースともに好ヒールアウトで慶應ゴール前に迫ったが、慶應もよくタックルで凌いだ。前半はほぼ互角の形勢。攻撃面でも慶應はバックスが好走したが、最後の詰めを欠いて得点に至らず、次第に法政FWの優位が試合をリードしはじめた。この流れは後半にはいっても変わらず、8分、WTB伊藤忠のトライを口火に連続5トライ。慶應は頼みとする高谷へのマークが厳しく、チャンスすらつかめなかった。

②慶・日体戦（3－14）

今季からAブロックに昇格した日体はFWの動きが好調。7割近いボールをキープしながらバックスのキック多用でトライに結びつかなかった。それでも後半はルースの圧勝から3トライを加えた。慶應FWの奮起が望まれる。

③慶・日戦（14—14）

前週早稲田に完勝した日大優位の見方が一般的だったが、慶應の奮起が試合をおもしろくした。先制は慶應。前半4分、きれいなTBパスからトライ。後半も2PG、1ゴールで14－6までリードしたが、終盤にPGと1ゴールを許して同点に持ち込まれた。慶應にとっては惜しい試合を落とした。

④第35回慶明定期戦（6－18）

前半風上の慶應はFWが好調。バックスもキックをうまく使った攻撃で明治と互角に戦ったが、惜しいことに詰めを欠いてせっかくの善戦を生かせなかった。しかし、慶應のこの勢いは後半も持続。FWの早い集散を軸とする攻撃で明治を苦しめながら、前半と同様かんじんのバックスに今ひとつ調子が出ず、最後まで劣勢をもり返せなかった。これで通算の対戦成績は11勝23敗1引き分け。昨季に続いて連敗となった。

●慶應義塾6（3—5、3—13）18明治○

慶應義塾	vs.	明治
飯　沢	FW	玉　江
土　肥		松　尾
川　口		吉　田
中　西		大　和
池　田		岡　部
松　岡		川　口
藤　井		清　治
真　野		小　林
米　倉	HB	三　浦
高　谷		北　島
中	TB	吉　本
石　黒		伊　野
石　井		青　山
長谷部		相　浦
江　崎	FB	小　串

［ＯＢ戦］

○慶應OB26（13—3、13—3）6明治OB●

⑤第37回早慶定期戦（0－0）

早慶戦史上初めての無得点引き分け試合となった。雨中の泥ねい戦ではあったが、互いに決め手を持たず、また単調な攻め口を繰り返す試合運びで、相手のインゴールを陥れることができなかった。もちろん、両チームにトライチャンスがなかったわけではない。相手のゴール前へ攻め込み、バックスの突進する場面も幾度となくあったが、必死のタックルで、これを阻止する早慶戦らしい緊迫した攻防もみられた。しかし、1本のトライが得られないまま後半13分に慶應が勝ち越しのPGチャンスをつかんだが、キックしたボールがゴールポストのクロスバーを直撃する不運。結局、早慶ともに得点がないままノーサイドを迎えた。

△慶應義塾0（0—0、0—0）0早稲田△

慶應義塾	vs.	早稲田
飯　沢	FW	亀　田
土　肥		小　島
川　口		村　山
中　西		島　田
池　田		加賀谷
松　岡		黒　野
藤　井		江　藤
真　野		印
米　倉	HB	大　畑
高　谷		斎　藤
中	TB	今　村
内　山		八　尋
石　井		清　水
長谷部		菊　田
江　崎	FB	北　岡

［OB戦］

○慶應OB29—11早稲田OB●

［高校定期戦］

○慶應高5－3早高学院●

⑥第34回慶立定期戦（8－17）

最終の立教定期戦にも敗れて今季は6戦0勝4敗2引き分けで勝ち星なしの最下位に転落。来季はBブロックで再起を期すことになった。通算の対戦成績は慶應の30勝3敗1引き分け。実に22年ぶりの敗戦となった。

◆慶東定期戦は辛勝

▽第35回慶東定期戦（12月11日、秩父宮）
○慶應義塾12（6－5、6－0）5東京大●
（対戦成績は慶應の32勝2敗1引き分け）

◆京都勢との定期戦

①第34回慶京定期戦（61年1月元日、花園）
○慶應義塾23（8－0、15－0）0京都大●
（対戦成績は慶應の24勝9敗1引き分け）

FW、バックスのバランスがとれた京都だったが、力強さという点で慶應に劣っていた。結局、これがそのままスコアに現れた。

②第44回慶同定期戦（61年1月8日、花園）
●慶應義塾8（5－8、3－19）27同志社○
（対戦成績は慶應の35勝5敗4引き分け）

前半は慶應FWも鋭い出足と強い当たりで対抗。先制トライを奪うなどよく粘ったが、やはり地力は同志社が上。後半にはいると同志社の強力FWの圧倒的な強さばかりが目につく一方的な展開となってしまった。

◆慶應高が全国選手権で6年ぶりに準決勝へ

第40回全国高校選手権大会（1月元日～9日、西宮球技場）に9年連続、16度目の出場を果たした慶應高は1回戦で大分舞鶴を18－9、2回戦水戸農を15－0、準々決勝京都の洛北を13－3と連破して第34回大会の優勝以来、6年ぶりに準決勝へ進出。東北の雄、秋田工と対戦したが、惜しくも3－19で敗れた。なお慶應高がこの大会で着用したタイガージャージーは大学のお下がり。ただし大学が今季最下位となってBブロック転落が決まったことから、縁起をかついで背番号をFBの1番から逆にFW第1列左の15番へ逆にして着用する高校ラグビーでは初めてのケースとなった。ちなみに戦前から戦後の昭和20年代にかけて慶應の大学は13番が欠番となっていた。

◆日本一を決めるNHK杯がスタート

初の試みとしてラグビー日本一を決めるNHK杯が1961年1月29日に秩父宮ラグビー場で行われた。第1回の今季は社会人大会優勝の八幡製鉄と大学チャンピオンの法政が対戦。八幡製鉄が50－13の大差で初代チャンピオンに輝いた。なお、この大会がひとつのきっかけとなって日本ラグビー界はそれまでの定期戦万能時代からチャンピオンシップの時代へと大きく移行することになった。新たな時代の到来という意味で画期的な転換といえる。

1961（昭和36）年度 ◆吉田博信◆

前年度Aブロックの戦績が4敗2引き分けの最下位。このため今季はBブロックへ転落というラグビー創始校の歴史始まって以来というショッキングな事態となった。そこで新年度のスタートに当たり、いったん全部員が退部して、ヤル気のある者だけがコーチングスタッフ宛に入部願いを提出するという措置がとられたが、最終的には全員が入部の許可を得て、春からの練習には全部員が再び顔を揃えることとなった。新年度の目標は①Bブロックで全勝して来季のAブロック復帰を実現する、②慶明、早慶両定期戦に勝利するの2点を掲げ、「上級生が団結して中身の濃い練習を通して精神力と基礎体力・スキルの向上」を目標達成の方策とした。

シーズンの結果はBブロック6戦全勝でAブロックへの復帰、そして慶明定期戦13−9、早慶定期戦8—6と上位ブロックの両チームに快勝。2つの目標を達成するとともにAブロック全勝優勝の明治を破ったことで、翌日の新聞は「事実上の関東NO.1は慶應」と報じた。しかし正月恒例の東西対抗は京都大に17−8で勝ったものの同志社には6−39で大敗。このシーズン唯一の黒星を喫した。

この1年の印象はたいへん苦しく、かつ長いシーズンではあったが、この苦境からの脱出のために多数のOBの方々から懇切極まる熱心な指導を頂戴した。なかでもすでに故人となられた超OBの脇肇、岩下秀三郎、前川丈夫先輩から受けた指導の数々を忘れることができない。このように長老、若手の別なく先輩諸氏とのつながりも深まって、思えば恵まれたシーズンであった。

（吉田博信・記）

◆シーズンの歩み（関東大学Bブロック）

①慶・青学戦（25ー3）

春の2軍戦では負けている相手。前半は苦戦したが、後半はチーム全体が波に乗って圧勝した。屈辱のBブロックでのスタート。まずは順調。

②慶・教育戦（11ー5）

苦戦の因は決め手のなさ。FWの健闘でゴール前に詰めながら、なかなか得点にならない歯がゆさが残ったが、最後は粘り勝ち。

③慶・専修戦（11ー9）

前半のリードを後半逆転されるなど、薄氷を踏む思いの勝利。「負けられない」の気持ちが最後にものをいった。

④慶・成蹊戦（27ー0）

やっと安心して見ていられる試合展開となった。これを機に慶應本来の調子をつかんでくれたら…。

⑤慶・防衛戦（22ー11）

公式戦としては初の対戦。それにしても点を取られすぎた。

⑥第36回慶東定期戦（30ー6）

Bブロックで唯一の定期戦。対戦成績は33勝2敗1引き分け。この結果、慶應はBブロックで全勝優勝。1シーズンでAブロックへの復帰を果たした。代わって来シーズン早稲田のBブロック転落が決まった。

◆伝統の早、明との定期戦

①第36回慶明定期戦（13ー9）

上位Aブロックを無敗で突っ走る明治とBブロック全勝の慶應の対戦。結果は大接戦のすえ明治をノートライに抑えて快勝した。タイトスクラムで明治FWに押し勝ち、ルーズプレーでは主将の吉田を突破口とするFWパスで試合の主導権を握った。また守りの面でもバックスの好タックルで明治にトライを許さず、最後まで慶應ペース。A、B両ブロッ

○慶應義塾13（8—6、5—3）9明治●

慶應義塾	vs.	明治
中　西	FW	児　玉
土　肥		松　尾
浅　沼		村　田
石　川		藤　原
池　田		加賀谷
和　崎		川　口
吉　田		岡　部
藤　井		小　林
米　倉	HB	三　浦
今　村		北　島
小野寺	TB	藤　井
青　木		本　田
内　山		香　取
志　田		原
小　宮	FB	安　田

クの全勝対決は下位の慶應が制した。この結果、対戦成績は慶應の12勝23敗1引き分け。

［ＯＢ戦］

○慶應OB19（9—0、10—0）0明治OB●

②第38回早慶定期戦（8—6）

慶應FWは自信満々。立ち上がりからゴール前に攻め込んだが、あせって反則の連続。ピンチを脱した早稲田は風速7メートルの追い風に乗せるキックで地域を挽回する。そして8分、ルーズから球を右に回してWTB橋爪のトライ。20分にもPGを加えるなど、試合の主導権を握ったかに見えた。しかし、ここから慶應の反撃がはじまる。31分、まず小野寺のPG成功で3点差。後半にはいって8分、米倉のサイド突破のトライ（ゴール）で逆転し、そのまま早稲田の反撃を封じて勝利を手中にした。明治戦に続いて上位ブロックの2チームを撃破したことが、後にブロック制の再検討をうながすひとつの足がかりとなった。対戦成績は慶應の11勝23敗4引き分け。

○慶應義塾8（3—6、5—0）6早稲田●

慶應義塾	vs.	早稲田
中　西	FW	田　中
土　肥		小　俣
浅　沼		高　瀬
石　川		遠　藤
池　田		島　田
和　崎		中　沢
吉　田		佐　藤
藤　井		加賀谷
米　倉	HB	岡　田
今　村		斎　藤
小野寺	TB	片　山
青　木		横　井
内　山		坂　井
志　田		橋　爪
小　宮	FB	中　村

［ＯＢ戦］

○慶應ＯＢ23（0—11、23—5）16早稲田ＯＢ●

③慶立定期戦は行われなかった。

◆京都勢との定期戦

①第35回慶京定期戦（62年1月元日、秩父宮）

○慶應義塾17（6—0、11—8）8京都大●

（対戦成績は慶應の25勝9敗1引き分け）

京都の粘り強い試合運びに大苦戦となったが、わずかな好機をとらえて突き放した。

②第45回慶同定期戦（62年1月8日、秩父宮）

●慶應義塾6（3—18、3—21）39同志社○

（対戦成績は慶應の35勝6敗4引き分け）

東西の全勝対決となったが、慶應FWが押し負ける結果となった。今季の慶應はFWの押しと突破力を特徴としており、頼みのFWが崩れれば勝負にならない。同志社の力のラグビーに押し切られた。それにしても同志社FWの前5人の力は強さに加えて、凄みを合わせ持つ超大学級だった。今季の同志社は早稲田、明治との定期戦にも勝って無敗。

◆西宮最後の全国高校選手権

第41回全国高校選手権大会（1月元日～9日、西宮球技場）に10年連続、17度目の出場

となった慶應高は1回戦で福岡工を6－3で破ったが、2回戦で京王高に3－13で敗れ、準々決勝への進出はならなかった。なお、戦後の1947（昭和22）年に第1回大会（通算26回大会）が復活して以来、15年にわたって中学（旧制）、高校ラグビーの会場として親しまれてきた西宮球技場は今季が最後の大会。来年から会場を花園ラグビー場へと移して行われることになった。

1962（昭和37）年度 ◆中西一晃◆

Aブロック復帰1年目の今季は振幅が激しい年だった。Aブロック優勝の法政を雨中戦で破り、前年度に続いて早稲田、明治をも連破しながら、日大、日体に負け、中央とは引き分けるなど、不安定な「都会派」といったところ。主将としても捉えどころに苦労する難解なチームではあったが、ひとつ忘れられない出来事がある。

それはシーズンイン直前に起こった。監督と部員の面接があった後、当時の2年生で将来の幹部候補と目される選手数人が「1日ぐらい休みがほしい」と正直な気持ちを述べたところ、これが監督の怒りに触れて部員の退部勧告が出されたが、結局は3・4年生部員の協力もあり、無事、シーズンを終了した。

学生ラグビーの変革期と学生気質の変化の中の4年間であったが、種々の難問題を抱え、苦労した分、社会人として自信を持って頑張ろうと誓い、同期生一同は現在も固く結ばれている。

（中西一晃・記）

➲1886年以来続いてきた慶應義塾運動会（水上、陸上）が経費節減を理由に中止。

➲体育会創立70周年記念式典が日吉で開かれ、小泉信三が記念講演（10月28日）。

➲フランス学生選抜ピュックが来日。全慶應が第1戦で対戦し13－19で惜敗。

◆今季の新体制

監督が山田畝一（1951年卒）から高橋正旭（1954年卒）に交代。監督補佐として美川英二（1956年卒）、浅生亨（1957年卒）が選任された。蹴球部員65人。

◆全慶應が初来日の仏学生選抜に惜敗

フランスから初めて来日した学生選抜ピュックと全慶應の試合（9月1日、秩父宮）が今シーズンの開幕戦となった。試合はナイトゲームで行われたが、スタンドは2万5000人の観衆が詰めかけ超満員。全慶應の食い下がりでシーソーゲームのすえ、フランス学生が6点差で辛うじて第1戦の勝利を握った。

●全慶應13（8－6、5－13）19フランス学生○

全慶應	vs.	フランス学生
豊島 OB	FW	ドマーニュ
赤津 OB		ルノー
浅沼		ロザン
中西		オルン
山下 OB		タルディベル
和崎		クロトフ兄
吉田 OB		マルブザン
山田 OB		マイエル
米倉	HB	ギシャール
青井 OB		デュイザボウ
今村弟	TB	トムソン
平島 OB		フルニエ
石黒		バルジャレリ
志田		イリバラン
今村兄	FB	バルタリウ

全慶應	vs.	ピュック
1	T	1
1	G	0
0	PG	1
	DG	
8	前	6
0	T	0
1	G	2
0	PG	1
	DG	
5	後	13
13	計	19

◇日仏対抗第1戦（フランス学生選抜1勝）
▽9月1日（ナイトゲーム）
▽グラウンド＝秩父宮ラグビー場
▽キックオフ＝不明
▽レフリー＝西山常夫氏（教大出）

［後記］

フランスが前半6分にPG成功。全慶應は19分、青井が抜いて出て平島－志田とパスが通って同点トライをあげた。30分にはフランスがFWパスでゴール前へ…。ルースからTBパスを右に回してトムソンがトライ。全慶應は38分にラインアウトからFWがパスをつないでトライ。平島のコンバージョンで逆転した。後半の先取点はフランス。10分にクロトフのトライ、13分にも1PGを追加して8－14とリード。その後慶應もFWのがんばりからゴール前に攻め込み、30分にFWパスからポスト左にトライ。ゴールも決まって13－14と1点差まで追い上げたが、追撃もここまで。逆に35分に勝利決定のトライを奪われ万事休した。フランスの日本での成績は7勝1敗1引き分け。なお、慶應義塾から青井達也、今村耕一、平島正登が日本代表に、石黒安広が日本学生代表に、高谷裕二が九州代表にそれぞれ選ばれた。

◆フランスのP.ベティユ団長の話

「フランスは疲れ気味で動きが鈍かったし、タックルも悪かった。全慶應はスピードがあり技術も上手い。FWにもう少し身体の大きい選手がいれば素晴らしいチームと思う」

◆シーズンの歩み（関東大学Aブロック）

①慶・日戦（0－21）

前半は立ち上がりからともに守りが堅く攻めあぐんだ格好。ようやく23分、慶應が自陣インゴールからタッチキックで逃れようとしたところを日大FWがチャージして初トライ（ゴール）。それまでの均衡が破れた。Aブロック返り咲きの慶應もよくがんばったが、後半8分に2本目のトライを許したあたりで緊張の糸が切れたよう。日大に追加点を次々と取られて完敗した。

②慶・中戦（13－13）

試合は後半に入って活気を帯びた。前半は双方とも相手ゴールに迫るが、反則の繰り返し。慶應は31分にPGを決めてリードしたが、後半8分に中央もPGで同点とした後、トライを追加して差は10点と開いた。しかしこの日の慶應は闘志十分。志田、今村の2本のトライで追いついた。

③慶・法戦（6－0）

朝からの雨でグラウンドは最悪。ドロが選手たちの目に入って再三ゲームが中断された。試合は慶應の闘志が法政を圧倒。最後まで慶應ペースで進んだが、とくにFWの突っ込みがすばらしかった。前半9分、法政ゴール前のルーズから斎藤が抜けてトライ。後半2分にもPGを追加して、あせる法政の反撃をゼロに封じた。

④慶・日体戦（0－21）

前半は10メートルの強風を背にキックで攻め入るが、決め手を欠いてトライが取れない。結局これが最後まで響いて完敗した。FWの劣勢とHBの不調が敗因。

◆伝統の定期戦

①第37回慶明定期戦（10―9）

伝統の一戦に慶應は甦った。前半18分、明治はPGで先行したが、25分に慶應も石黒のトライ（ゴール）で逆転。後半は明治がキックで前進をはかる作戦の転換から北島のトライでスコアは3転したが、この日の慶應はFWバックスの連携がうまく取れて好調そのもの。ラインアウトからバックスに展開して石黒－志田とボールをつないでトライ。明治の反撃を25分のPG１本に抑えて最小の１点差ではあったが、昨年に続いて連勝した。法政戦に続いて今季２勝目。また定期戦の対戦成績は慶應の13勝23敗１引き分けとなった。

○慶應義塾10（５―３、５―６）９明治●

慶應義塾	vs.	明治
三　宅	FW	児　玉
安　部		松　尾
浅　沼		栗　原
石　川		加賀谷
李		安　藤
和　崎		太　田
中　西		玉　江
八　木		鳥　谷
木　場	HB	三　浦
斎　藤		北　島
峰　岸	TB	藤　井
今　村		鈴　木
石　黒		香　取
志　田		原
川　崎	FB	安　田

②第39回早慶定期戦（６―５）

昨季は慶應がＢブロック、今季は逆だ。すでにＢブロックで６戦全勝の優勝を決めた早稲田が闘志を燃やしてぶつかってきた。しかし慶應が圧倒的に優勢。前半６分、キックから早稲田陣に攻め込みゴール前のルースから中西が先制トライ。その後も７割を上回る球をキープするなど早稲田にチャンスを与えなかった。

後半も慶應ペース。14分に斎藤のトライでリードはさらに広がった。しかし、さすがに早稲田もこのままでは終わらない。25分に片山のトライ（ゴール）で１点差まで追い上げたが、慶應の堅い守りに後１本が取れなかった。慶應が２連勝、対戦成績を12勝23敗４引き分けとした。

○慶應義塾６（３―０、３―５）５早稲田●

慶應義塾	vs.	早稲田
三　宅	FW	田　中
安　部		小　俣
浅　沼		玉　山
石　川		島　内
李		島　田
和　崎		高　瀬
中　西		佐　藤
八　木		加　藤
木　場	HB	岡　田
斎　藤		木　本
峰　岸	TB	片　山
今　村		坂　井
石　黒		宮　沢
志　田		横　井
川　崎	FB	中　村

［ＯＢ戦］

●慶應ＯＢ20―35早稲田ＯＢ○

［高校定期戦］

○慶應高37―３早高学院●

③第37回慶東定期戦（32―11）

④第35回慶立定期戦（12―27）

Ａブロック転落の危機を背負った立教が猛烈な闘志で挑んできた。後半15分過ぎまで交互に得点が増えていったが、後半16分に立教山岡のトライ（ゴール）の後は立教ペース。さらに２トライを奪われ、勝負は決まった。

この結果、今季の関東大学Ａブロックは明治が５勝１敗で２年連続の優勝。最下位は日大で１勝４敗１引き分け。Ｂブロック優勝の早稲田と入れ替わることになった。

◆京都勢との定期戦

①第36回慶京定期戦（63年１月元日、西京極）
○慶應義塾22（６－０、16－３）３京都大●
（対戦成績は慶應の26勝９敗１引き分け）

試合から遠ざかっていた慶應は前半シャープな動きを欠いて京都の出足のいい防御に苦しめられた。しかし後半はやや調子を取り戻して京都を押し切った。

②第46回慶同定期戦（63年１月８日、西京極）
●慶應義塾３（０－３、３－５）８同志社○
（対戦成績は慶應の35勝７敗４引き分け）

関西リーグ優勝の同志社はキックオフから得意のFWラッシュを仕掛けてきた。受け身に回った慶應は焦りもあって自陣ゴール前で反則。これを同志社に決められ先行された。セットでは押し負けた慶應がルースでは優勢。前半を互角に戦い、後半も17分に和崎のトライで３－３とするなど大接戦となったが、同志社の政田に許した24分のトライ（ゴール）が決勝点となった。

◆慶應高が全国選手権に11年連続出場

第42回全国選手権大会が１月元日から９日まで会場を花園ラグビー場に移して行われた。慶應高は11年連続、18度目の出場を果たし、第40回大会以来の準決勝へ勝ち進んだが、惜しくも北見北斗高に３－３のすえ抽選負けで決勝進出を逸した。

▼１回戦　○慶應高13－６長崎工●
▼２回戦　○慶應高12－０新田高●
▼準々決勝　○慶應高８－５盛岡工●
▼準決勝　△慶應高３－３北見北斗高△
（抽選の結果、北見北斗高が決勝へ）

1963(昭和38)年度 ◆李安邦◆

Aブロックへ復活して2年目のシーズンは監督制から主将を中心とする学生主導でスタートしたが、紆余曲折のすえ再び監督に平沼光平先輩を迎えてシーズンへと突入した。序盤戦では青山学院と中央に連勝したが、法政に惜敗。しかし次の明治には会心の勝利で1961年からの3連勝を達成した。その余勢をかって早慶戦に臨んだが、残念ながら涙を飲んだ(この年度から1977年度に勝利するまで実に14連敗の屈辱を味わうことになる)。その後、立教には敗れたが、東京大、京都大を連破した後、1964年1月8日の慶同定期戦を迎えた。

同志社はこの年度の関西リーグを全勝で制したばかりか、関東の立教、明治、早稲田を破り、向かうところ敵なしの勢いで秩父宮に乗り込んできた。慶應にとってはシーズン最後の試合。闘志を奮い立たせて挑んだ結果、終了間際のトライで12−11と1点差の逆転勝ちを飾ることができた。両チームから負傷退場者が出て14人対14人で試合が続行されるという文字通りの死闘のすえの劇的な勝利だった。なお、同志社はこの年度からはじまった第1回日本選手権に学生代表として出場し、社会人NO.1の近鉄を破って日本一となっている。　(李安邦・記)

➲日本代表が4月にカナダへ遠征。5戦して4勝1敗の好成績を土産に帰国。

➲日本ラグビー協会創立35周年記念式典が9月24日、秩父宮ラグビー場で行われた。

◆ブロック制の解消

関東大学対抗がA、Bブロック入れ替え制となって5年。1961、62年と2シーズンにわたって下位のBブロック優勝校が定期戦でAブロックの優勝校を破るという事態が生じたことから関東大学監督会はブロック制を発展的に解消し、あらたに条件付きの対抗戦方式を決めた。関東大学14チームは最低7試合以上を行うこととし、そのうち4試合を関東協会が義務試合として指定。残る3試合以上を各校の選択試合とするというもの。また14校の順位はシーズン終了の時点で監督会が決めることになった。今季の慶應は早稲田、明治、立教、中央の4校が義務対戦校、東京、法政、青山学院が選択校となる

◆日本選手権がスタート

大学と社会人のチャンピオン同士がラグビー日本一の座を争うNHK杯が今季から日本選手権と名称を変えてスタートすることになり、日本ラグビー協会から発表された。第1回の今季は4チームのトーナメントで行われるが、大学チームは関東、関西から各1校の計2チーム、社会人代表は社会人大会の優勝チームのほか、残る1チームを全国大学、社会人大会、関東、関西の大学から地域性を考慮して選ぶことになった。第1回選手権は大学から法政、同志社、社会人から八幡製鉄、近鉄の4チームが出場。決勝戦は同志社が18−3のスコアで近鉄を破って初代チャンピオンに輝いた。

◆今季の指導体制が決まる

シーズンインを前に今季の新しい指導体制が下記の通り決まった。

[監督] 平沼光平(1931年卒)
[監督補佐] 石井太郎(1935年卒)、柴田孝(1956年卒)、豊島志朗(1959年卒)、宮島欣一(1959年卒)
[日吉校監督] 村岡実(1955年卒)
[志木校監督] 堤和久(1955年卒)

◆全慶應参加で3大学対抗戦に衣替え

シーズンの開幕を告げるナイト・ラグビー全早明対抗戦に今季から全慶應の参加が決まり、学生ラグビーの強化に一役買うことになった。２年前に明治の北島忠治監督らの呼びかけではじまったこの対抗戦。趣旨はOBの優れた技術を学生に伝えること、ラグビーの普及、発展を側面からバックアップすることの２点にある。今季は全明治が２勝で首位。全早稲田が１勝１敗で２位と続き、全慶應の初年度は２敗で最下位だった。

◆ブレザーとエンブレムが決まる

黒黄会員の着用するブレザーのエンブレム

黒黄会員が着用するブレザーとエンブレムが正式に決まった。ブレザーはカレッジフラノで濃紺。３つボタン、袖口２つボタンでふた付きのアウトポケットでミシンステッチが標準型とされ、グレーのスラックスを着用する。また左の胸ポケットにつけるエンブレムはタイガージャージのマークをデザイン化したもので、白地のローマ字「K」に「O」の文字を月桂樹の葉で描いたものと決まった。

◆シーズンの歩み（関東大学対抗＝新方式）

①慶・青学戦（10ー８）

開幕第１戦は大苦戦となった。FWはタイトスクラムで押され気味。それでもルースで健闘してなんとか持ちこたえることができた。個人技で接戦を制した試合。

②慶・中戦（８ー３）

雨中戦でFWががんばった。これにバックスも応えてトライを連取。中央の反撃を１PGに抑えた。

③慶・法戦（５ー16）

２試合連続の雨中戦となった。法政のバックスは決定力を持っているのでFW戦の消長がカギとみられ、事実前半はよくがんばった。後半も一時は５―６と１点差まで追い上げるなど善戦したが、その後は法政バックスの好走に屈した。

④第38回慶明定期戦（16ー８）

前半から見違えるようなTB攻撃。SOに起用した蔵西の絶妙の球さばきからCTB佐藤、石黒の突進を生み、FWもまたこれに応えた。明治はこの慶應の撥剌とした攻撃にすっかりペースを乱して防戦一方。慶應はバックスの立ち直りがチーム力のアップにつながっているようにも思われるが、それにしても後半の沈黙はどうしたことだろう。明治の奮起もあるにはあったが、前、後半で試合展開に大きな落差が生じるのはまだ本調子ではないということか。真価は次の早慶戦ではっきりする

○慶應義塾16（16―０、０―８）８明治●

慶應義塾	vs.	明治
三　宅	FW	児　玉
安　部		松　尾
藤　原		栗　原
堀　越		藤　原
中　西		安　藤
山　本		太　田
吉　村		加賀谷
八　木		村　田
川　崎	HB	堀　田
蔵　西		鈴　木
峰　岸	TB	飯　田
石　黒		岩　見
佐　藤		香　取
村　瀬		原
小　宮	FB	竹　前

だろう。これで明治に3連勝、対戦成績を慶應の14勝23敗1引き分けとした。

[OB戦]

●慶應OB 3—10明治OB○

[2軍戦]

○慶應2軍14—13明治2軍●

⑤第40回早慶定期戦（6—29）

チーム全体がバラバラ。まとまりを欠いているためそれぞれのポジションでミスが続いた。ラインアウト、スクラムではまずまずのできではあったが、走らないのでバックスのバックアップができていない。そのバックスもHBの不調に加えてラインのアタック、ディフェンス両面とも精彩を欠いた。対する早稲田は前半こそ戸惑いがあったが、後半はFW、バックスのコンビネーションが良くなり、グラウンドを縦横に駆け抜けた。完敗。これで対戦成績は慶應の12勝24敗4引き分け。

[OB戦]

○慶應OB23—18早稲田OB●

【2軍戦】

●慶應2軍0—32早稲田2軍○

●慶應義塾6（3—8、3—21）29早稲田○

慶應義塾	vs.	早稲田
三　宅	FW	玉　山
安　部		小　俣
藤　原		遠藤靖
堀　越		遠藤成
李		矢　部
山　本		加　藤
吉　村		佐　藤
八　木		金　沢
田　原	HB	竹　島
蔵　西		石　井
峰　岸	TB	片　山
石　黒		横　井
佐　藤		花　田
村　瀬		清　水
小　宮	FB	松　尾

⑥第38回慶東定期戦（26—0）

前半から後半へかけて慶應は少しずつリードを広げてきてはいるが、試合は東大ペース。とくに東大TBのディフェンスはシャープで、辛うじてFBのライン参加などでトライとするのがやっとといった攻撃ぶりだった。対戦成績は慶應の35勝2敗1引き分け。

⑦第36回慶立定期戦（8—12）

（対戦記録は慶應の30勝5敗1引き分け）

完敗を喫した昭和38年度・早慶定期戦。

３連敗。前半早々、CTB石黒の活躍で１トライを先行したが、その後はSHのパスミスやFWのバックアップのなさから守勢。後半に逆転されてからは追いつく気力もなかった。

◆京都勢との定期戦は２勝

①第37回慶京定期戦（64年１月元日、秩父宮）
○慶應義塾29（10－３、19－６）９京都大●
（対戦成績は慶應の27勝９敗１引き分け）

先制トライ（ゴール）は慶應が取った。ルーズからTBパスが石黒－峰岸と渡ってまず５点。その後もFWの密集突破のトライ、さらには後半の連続トライと一方的に攻めて順当勝ちした。

［ＯＢ戦］
●慶應OB11（11－0、0－13）13学士ラガー○

②第47回慶同定期戦（64年１月８日、秩父宮）
○慶應義塾12（８－６、４－５）11同志社●
（対戦成績は慶應の36勝７敗４引き分け）

関西の覇者、同志社の強力FWに苦しめられたうえ、フッカー安部の負傷退場で14人。この直後に同志社もSO居島が頭部裂傷で退場とともにメンバーからひとり欠いての試合続行となったが、驚異の粘りを発揮した慶應が土壇場で劇的な逆転トライをあげて勝利を手中のものとした。気力の勝利。

［２軍戦］
○慶應２軍16（８－６、８－０）６同志社２軍●

◆慶應高が全国高校選手権で準決勝へ

第43回大会（1964年１月元日～９日、花園ラグビー場）出場の慶應高校は１回戦龍谷高、２回戦鴨沂高、準々決勝秋田工（抽選勝ち）をそれぞれ破って準決勝で京王高と決勝進出をかけて対戦したが、3—6で惜敗した。慶應高の選手権出場は12年連続、19度目。また早高学院、西京高、同志社高との３定期戦の成績は下記の通り。

①1963年11月23日（秩父宮）
○慶應高21－０早高学院●
②1963年12月22日（秩父宮）
○慶應高24－11西京高●
③1964年１月12日（不明）
○慶應高11－８同志社高●

関西の覇者、同志社に劇的逆転トライで勝利（昭和39年１月８日）。この年、同志社は第１回日本選手権で近鉄に勝ち、日本一となった。

1964(昭和39)年度 ◆藤原明広◆

蹴球部4年間の印象として、1年生のときはA、Bブロック制のBブロックからスタートとなり、吉田博信主将以下全員が悔しさをぶつけた結果、全勝でAブロックへの復帰を果たしたことだった。2年生のときは中西一晃主将のもと雨の三ツ沢グラウンドで当時のNO.1であった法政を撃破したことが強く印象に残っている。3年生のときは、そのシーズン全勝の同志社と対戦。李安邦主将、堀越慈の両ロックで立ち向かいノーサイド寸前で劇的な逆転トライを挙げてシーズン最後を締めくくることができた。

最終の4年生のシーズンは東京オリンピックとぶつかり、やっと慶明定期戦から秩父宮ラグビー場が使用できるようになり、慶應はセブンエースを起用して7人FWを駆使して明治に4連勝目指して対戦。試合終了直前にゴールをねらったPKがNO.8吉村の胸にすっぽりはいってそのままポスト下に倒れ込んでトライという幕切れとなった。これで4年間、明治には負け知らず。明治との定期戦がはじまった1923年から1引き分けをはさんで4連勝という記録は残っているが、ストレートの4連勝は史上初めてという。いい思い出を残して巣立つことができた。

(羽山賢次郎・記)

➲第1回大学選手権が1月に開かれ、早稲田、法政、同志社、関西大の4校が推薦出場。

➲東京オリンピックが10月10日の開会式で幕をあける。

◆全国大学選手権が創設される

日本ラグビー協会は前年度から開催の日本選手権に続いて今季から全国大学選手権制を採り入れることを決めた。第1回の今大会は関東から早稲田、法政、関西から同志社、関西大の4校が推薦され、法政が決勝で早稲田を破って初代の大学チャンピオンとなった。

◆関東大学がまた新方式

大学選手権の新設に伴い前年度に決定した対戦方式がわずか1シーズンで次のように改められた。

①14校を再びA(リーグ戦)、B(対抗戦) ふたつのグループに分け、グループ内総当たりとする。
②シーズン終了後、両グループの1位チームで関東大学王座決定戦を行う。
③大学選手権の関東代表はA、B両グループの各1位とする。
④Aグループ=法政、日体、中央、教育、青学、成蹊、防衛

Bグループ=慶應、早稲田、明治、立教、東大、日大、専修

◆ルール改正が行われる

今季からルールが大幅に変わった。狙いはゲームのスピードアップとオープン展開の2点。主たる改正点としては、

①スクラムでのオフサイドラインをボールの位置からスクラムメージャーの最後の足の線とする。
②ラインアウトのオフサイドラインは10ヤード後ろに下がった地点とし、SHを除いてラインアウトに参加しない選手はオフサイドラインの後ろに位置しなければならない。
③トライ後のコンバージョンはプレース、ドロップどちらのキックでもよい。
④ボールのグラウンディングは手に限らず、胸や胴などをつかってもよい。
など防御線の後退で攻撃側に有利な改正となった点が注目される。

◆創始校の苦悩

ここ1、2年の蹴球部は学生の自治をめぐって揺れ動いてきた。監督、コーチは存在するが、あくまで主将を中心に学生主体で練習、試合に臨むという、ある意味では大学スポーツの理想ではあるが、果たしてこの形が良い結果を生み出せるものか、どうか。学外に目を転じれば関東大学ラグビー界は対戦方式をめぐって伝統校と称するグループと戦後の台頭グループが対立。その中で外部からの入学難、部員の減少、有力選手の欠乏…とラグビー創始校を取り巻く環境はいたって厳しいものがある。いまこそ明治時代の原点に思いをいたして慶應義塾体育会蹴球部の在り方を考えるときではないだろうか。

◆シーズンの歩み(関東大学対抗＝新方式)

①慶・日戦(13—20)

精神的な堅さからくるチーム力の不発。イーブンンチャンスの球に対する勝負強さの不足と積極性に欠ける点が問題ともいえる。

②慶・専修戦(6—5)

ピンチ、チャンスの時の盛り上がりがチームを上昇ムードにする。前進への意欲が1点差を守り通した。積極性の勝利。

③第37回慶立定期戦(17—17)

先制トライでリードしたが、その後はPGの競演に終始。後半の最後に羽山のトライで辛うじて引き分けた。慶應の30勝6敗1引き分け。

④第39回慶明定期戦(16—15)

明治がセブンエースシステム。慶應もFWを7人、HBを3人とする布陣で対応する最近では珍しい対戦となった。先手は明治。開始直後、鈴木にトライを許してリードされたが、慶應もすぐ反撃。FWの突進から吉村のトライで逆転。勢いに乗る慶應はバックスも調子をあげて明治の攻撃を確実なタックルの連発

○慶應義塾16(11—9、5—6)15明治●

慶應義塾	vs.	明治
藤　原	FW	中　村
安　部		本　田
赤　松		久　野
中　西		加賀谷
島		安　藤
山　本		藤　原
吉　村		村　田
羽　山	HB	堀　田
田　原		内　田
横　河		
鈴　木	TB	鈴　木
湯　沢		中　沢
蔵　西		香　取
伊　藤		藤　井
	SE	飯　田
小　宮	FB	島　崎

で封じて1点を守りきった。今季の勝利で対明治戦4連勝。戦前に1引き分けを挟んで5連勝の記録はあるが、ストレートの4連勝は戦前、戦後を通じて史上初めての記録。これで対戦成績を慶應の15勝23敗1引き分けとした。

⑤第41回早慶定期戦(9—27)

慶應の試合開始直後の出足がよくない。今季も早稲田に先行されて追いかけるいつもの

●慶應義塾9(6—11、3—16)27早稲田○

慶應義塾	vs.	早稲田
藤　原	FW	松　元
安　部		遠藤靖
赤　松		平　沢
中　西		遠藤成
島		矢　部
山　本		加　藤
吉　村		佐　藤
		北　岡
羽　山	HB	竹　島
竹　岡		石　井
横　河		
鈴　木	TB	片　山
湯　沢		横　井
蔵　西		宮　沢
伊　藤		犬　伏
小　宮	FB	松　尾

パターンとなったが、PGと中西のトライで逆転に成功した。ここまではまずまずのできといえたが、この後がいけない。またまた反則が多くなって早稲田に攻撃のチャンスをみすみす与えてしまう。PGとトライを献上して再びリードを許して前半を終わった。しかし点差は5点。後半のがんばりひとつで挽回可能の範囲だったが、FWの健闘はともかくバックスの差が歴然としてきて27分過ぎから矢継ぎ早のトライで突き放された。この結果、対戦成績は早稲田の25勝12敗4引き分けとなった。

⑥第39回慶東定期戦（14―24）

東大に17年ぶりの3敗目を喫した。走り負け、タックルが悪い、反則が多い（14）、リーダーシップに欠けるなどなど。負けるべくして負けた一戦だった。試合は慶應が先行したが、前半の中ごろから東大のタックルが激しさを増し、慶應をしばしば圧倒していった。後半の半ばに東大が慶應ゴール前に攻め込み、ルースからTBパスでトライして同点。以後はFW、バックス一体の攻撃で追加得点を重ねて逆転勝ちした。対戦成績は慶應の35勝3敗1引き分け。

◆関東大学の王座は法政に

今季が初の試みとなった関東大学王座決定戦は12月2日、秩父宮ラグビー場でA、B両グループの1位となった法政対早稲田の試合が行われ、法政が12－6で早稲田をくだして初代の大学チャンピオンの座を獲得した。

◆京都勢との定期戦

①第48回慶同定期戦（12月28日、西京極）
●慶應義塾3（0―16、3―13）29同志社○
（対戦成績は慶應の36勝8敗4引き分け）

この年度から新設された大学選手権に同志社が関西代表として出場するため定期戦の日程が変更された。試合は同志社が強力FWのパワープレーと、バックスのサインプレーで圧倒。慶應はなすところなく敗れた。

②第38回慶京定期戦（65年1月元日、西京極）
○慶應義塾17（8―0、9―8）8京都大●
（対戦成績は慶應の28勝9敗1引き分け）

慶應、京都大とも大学選手権に出場できなかったため従来通り元日対決が実現したが、これも今季が最後。次年度からは12月もしくはシーズン開幕前の9月に繰り上げての日程変更の案が浮上している。

◆全慶應が来日のNZカンタベリー大学と対戦

全慶應とNZカンタベリー大学の試合が年明けの1月3日、秩父宮ラグビー場で日本での最終戦として行われた。全慶應はメンバーにOB 9人を補充する最強の陣容で善戦したが、後半に力尽きて9点差で惜敗した。カンタベリー大学の日本での成績は5勝1敗。全慶應はFWの鋭い突っ込みとSO平島の的確なキックで予想以上に善戦した。前半17分、カ大は

●全慶應10（5―6、5―13）19カンタベリー大○

全慶應	vs.	カンタベリー大
藤　原	FW	ブルッカー
安　部		モーガン
浅　沼 OB		ホクリー
堀　越 OB		マクドナルド
石　川 OB		メイクル
八　木 OB		マシューソン
吉　田 OB		ホッグ
羽　山		オレイリー
木　場 OB	HB	タイアロア
平　島 OB		
	FE	オーム
		キーナン
石　黒 OB	TB	オブライエン
湯　沢		ハッチンソン
佐　藤 OB		ウィニク
伊　藤		
小　宮	FB	レアリー

FWの突進から左へ回してオブライエン、25分にはウィニクとトライを連取した。

全慶應も34分に浅沼のトライで前半を５－６と食い下がったが、カ大は後半マシューソン、ウィニクが負傷退場。６人でスクラムを組む非常事態となったが、かえって力を増した感じ。19分、23分、30分とトライを追加して粘る全慶應を一気に突き放した。

◆慶應高が国体で優勝

第19回国体（６月、新潟）に神奈川県代表として出場した慶應高校はＢブロックで１回戦大口高（21－８）、準決勝西陵商（19－13）を破って決勝では盛岡工と対戦。６－３で勝って前大会に続いて２年連続ブロック優勝をとげた。

また１月の第44回全国高校選手権大会（１月元日～９日、花園ラグビー場）では準々決勝で奈良の天理高と対戦。８－９の１点差で惜敗した。

選手権時代の到来（1965～1974）
―一進一退の慶應ラグビー―

1965（昭和40）年度 ◆安部優◆

蹴球部員の数が総員で50名足らず。そのうえ負傷者の続出で満足に練習試合が組めない日日もあり、実戦的な訓練もできずシーズン総括としては厳しい公式戦結果となった。中須早二良監督はじめ、龍野和久、永井節郎、平島正登、木場康博の各コーチ、また諸先輩より熱心な指導を受けながら、良い結果が出せず、悔いの残る１年であった。主だった戦績としては対明治戦（29―10）に５連勝を達成したことくらいが目立ったものといえる。

しかし、同期生12人はいずれも個性が強い面々で（それ故ジュニア時代に徹底してグラウンド回しを受けた）、思い出多い合宿生活を送った。日頃は昼夜、練習に明け暮れていたが、たまの休日は地方からの部員５人（安部も含む）が東京在住の仲間から自宅に招いていただくなど、物心両面でお世話になった。いまも感謝の念でいっぱいである。　（安部優・記）

➲慶應義塾塾長の改選にともない永沢邦男新塾長が体育会会長に就任。

◆対抗戦方式に戻る

前年度のA、B２ブロック制から1956（昭和31）年以前の対抗戦方式に戻り、同時に関東大学王座決定戦も廃止された。前年度のA、B各ブロックを構成した法政、中央、防衛、日体、青学、成蹊、教育（以上前年のA）、慶應、早稲田、明治、東大、日大、立教、専修（以上前年のB）の14大学がそれぞれ任意に対戦相手を選択するというもの。しかし、この方式は1964（昭和39）年度に新設された全国大学選手権への関東代表４校の選考に大きなしこりを残す結果となった。７戦全勝の早稲田、５戦４勝１敗の法政はすんなり決まったが、５勝１敗の青学、５勝２敗１分けの日体、５勝２敗の日大の３校をどういう基準で２校にしぼるか。試合数が違えば、対戦相手も違う対抗戦方式である。結局、上位校との試合数が決め手となって青学が涙を飲んだが、試行錯誤が続く対戦方式の改善は次年度へと持ち越されることになった。

◆監督、コーチ陣を一新

新年度のスタートにあたって監督、コーチの交代があった。平沼光平に代わって新しく中須早二良（1941年卒）が監督に、またコーチには龍野和久（1955年卒）、永井節郎（1951年卒）、平島正登（1959年卒）、木場康博（1963年卒）の４人が就任。《己に克って、とにかくやる》の指導理念のもと、春のプレシーズンを迎えた。

なお、蹴球部の新人事に先立ち黒黄会副会長に新しく岩下秀三郎（1927年卒）を選出した。横山通夫会長は名古屋、大市信吉副会長は大阪在住のため、OB会活動の中心である東京在住の副会長選出となった。顧問には脇肇が就任。

◆シーズンの歩み（関東大学対抗）

新しい監督を迎えて心機一転のはずが、どうしたことかシーズン幕開けの青学との第1戦（6—10）に敗れる黒星スタートとなった。安部主将によれば「夏合宿の課題をスクラムの強化一点にしぼって秋に備えた」はずの慶應だったが、合宿参加者がわずかに42人。それも故障者が出ると満足に練習もできない状態がチームの調整を狂わしたのか、トライ数は同じながらゴール2本の差で青学に41年目にして初めての勝利を献上してしまった。新監督中須早二良は黒黄会報で「ラグビーに一番必要な精神力の欠如から失った」と敗因を断じている。

第2戦の第38回慶立定期戦（17—12）も辛勝。翌日の新聞は「FW戦の優勢が勝因」と報じているが、トライ数は同じ2本ずつ。わずかにコンバージョンとPGの差で勝った試合だった。前半の2試合を通じていえることは決定力に欠けるということだろう。同じことは第3戦の教育戦（19—13）にも通じる。前半は8—0とリードしながら後半に入ると攻守のリズムが崩れてくるのがそのいい例だ。タックルが甘くなり、FW、バックスの動きが鈍って教育の反撃を招くわけだが、新聞は「追われる者の不安が陰を指し」と精神面のモロさを指摘している。

ここまで2勝1敗。接戦を繰り返しながらも緒戦の1敗を乗り越え日体戦（12—44）に臨んだ。しかしFWの楠目、バックスの蔵西、宮田の主力をケガで欠く慶應の戦力ダウンは目に見えている。日体バックスのスピードに振り回され、ラインの真ん中を突破されてトライの山を築かれた。横にボールを動かしながらタテに切れ込んでくるTBラインを林、井上、斎藤らのFW第2、3列がフォローする日体の分厚い攻撃に対し、急造の慶應バックスでは対応のしようがない。後半にはいって横河をFBからSO、小宮をCTBからFB、そして佐藤をSOからCTBにバックスの布陣を大幅に入れ替えてはみたが、やはり起死回生のポジションチェンジとはならなかった。ラインの要ともいうべき蔵西、宮田の欠場は攻守のリズムを崩したという点で大きかった。

関東大学対抗初戦の対青学戦。史上初の敗北となった。（昭和40年9月20日・秩父宮）

●慶應義塾12（3—24、9—20）44日体大○

慶應義塾	vs.	日体大
津 野	FW	菅 原
安 部		小 野
赤 松		野 口
飯 本		斎 藤
藤 村		田中杉
廖		井 上
鏑 木		林
宝 田		牧 野
野 末	HB	田中清
佐 藤		柴 田
鈴 木	TB	石 田
小 宮		木 下
湯 沢		三 沢
伊 藤		堀 江
横 河	FB	尾 崎

2敗同士の対決となった第40回慶明定期戦（29—10）は完勝。それも前半こそ明治に2ゴールを許したが、後半は攻守に慶應の独壇場

○慶應義塾29（13―10、16―0）10明治●

慶應義塾	vs.	明治
津　野	FW	久　野
安　部		中　村
赤　松		本　田
飯　本		甲　谷
藤　村		元　木
廖		佐々木
鏑　木		原　田
三　国		
竹　岡	HB	堀　田
横　河		日　野
鈴　木	TB	柴　田
蔵　西		菅　野
湯　沢		鈴　木
伊　藤		飯　田
	SE	内　田
小　宮	FB	須　賀

●慶應義塾3（3―9、0―11）20早稲田○

慶應義塾	vs.	早稲田
津　野	FW	松　元
安　部		村　山
赤　松		平　沢
飯　本		矢　部
島		赤　司
廖		加　藤
鏑　木		五十嵐
三　国		
竹　岡	HB	山　田
横　河		石　井
鈴　木	TB	吉　田
蔵　西		犬　伏
湯　沢		宮　沢
伊　藤		木　村
	SE	藤　本
小　宮	FB	芝　崎

だった。明治は昨年に続いて今季もセブンエースのダブリンシステム。3分ラインアウト後のルースからSE内田が先制トライ。16分にもバックスが右に展開。この後リターンパスが鈴木に渡ってトライを加えた。この2本のコンバージョンを飯田と原田が決めてスコアは10―0。

ここまでの明治は計算通りの攻めだったが、先手をとられ慶應がFWの立ち直りを機にTB攻撃が機能しはじめた。まず25分のチャンスは明治ゴール前のルースから竹岡―鈴木と左に回してトライ（ゴール）、1PGをはさんで34分に伊藤のトライ（ゴール）で逆転した。後半はボールのキープ力に勝る慶應の一方的な展開。2トライ、2ゴールを追加し、守っても明治の反撃をノートライに封じて快勝した。このカード慶應の5連勝。

雨の中の試合となった今季の第42回早慶定期戦（20―3）は意外な大差となった。明治と同じようにSEシステムの早稲田にとってこの日の雨は必ずしも喜べるコンディションではなかったはずだが、連勝の勢いは恐ろしい。FW戦に主眼をおく慶應を相手にセブンFWが、セットプレーはもとよりルーズプレーでも互角にわたり合った。こうなると試合のペースは早稲田のもの。まず18分に慶應ゴール前に攻め込んだ後のセットスクラムからの攻防。キックでかわそうとする慶應のパスミスを出足よく加藤が押さえて先制トライは早稲田が取った。反則が多くなる慶應に対し、攻める早稲田は24分にPG、続く29分にも木村からリターンパスをもらったSE藤本がトライを決めて前半をリードした。バックスのキック以外にこれといった攻め手のない慶應。加えて後半は頼みのFWがスタミナを失い、反撃の手がかりすらつかめないまま1PGのノートライに封じられた。

最終戦を迎える段階ですでに3敗。大学選手権への出場が絶望視される中で迎えた第40回慶東定期戦（10―24）も完敗に終わった。後半の追い上げで一時は4点差まで迫ったが、東大の厳しいタックルに以後の反撃を断たれてシーズンの最後を勝利で飾ることができなかった。第1戦の青学、最終の東大戦。ともにスピリッツの欠如が最大の敗因となった。

◆京都勢との定期戦は１勝１敗

全国大学選手権を新設した日本協会の要請で正月恒例の京都勢との定期戦は今季も年末開催と繰り上げられた。12月19日の第39回慶京定期戦（21―６）は大学選手権の関西第２代表となった京大に注目が集まったが、前、後半とも慶應が主導権を握って快勝した。

しかし、１週後に行われた日本最古の第49回慶同定期戦（３―39）はFWが同志社の速い集散に走り負けて守勢一方。後半に１トライを返すのがやっとという完敗に終わった。FW戦の劣勢が敗因のすべてといえる。通算の対戦成績は慶應の36勝９敗４引き分け。

◆第２回全早慶明ナイトラグビー

第２回全早慶明ラグビーの全慶明（９月28日）、全早慶（10月１日）の各試合が２週続けて秩父宮ラグビー場で行われた。学生のレベル向上を目的とするこの対抗戦。試合を通じてＯＢの技術を学び、吸収してもらうのが狙いで昨年度からスタートしたわけだが、全慶應は２試合とも競り合いに遅れをとって惜敗した。

①９・28（秩父宮）
●全慶應（１敗）13（３―11、10―10）21全明治（１勝）○
②10・１（秩父宮）
●全慶應（２敗）　６（３―６、３―３）９全早稲田（１勝）○

◆脇肇元黒黄会会長に感謝する会

第３代の黒黄会会長（1956年１月～1960年３月）でこのほど評議員を辞した脇肇の長年の功績に感謝する会が11月４日夕、東京・日本橋の三井本館７階食堂で開かれた。有志主催のこの会に集まった黒黄会員は約70人。脇先輩から主将の座を引き継いだ塩川潤一長老の顔も見え、再建５カ年計画や11年ぶりの全国制覇達成など往時の業績に話の花が咲いた。

なお、このようなOB有志の会としては、黒黄会が設立された1928年の10月に、田辺九万三、杉本貞一を主賓に迎えてOB交歓の会が黒黄会有志の音頭で開かれた例（本稿「1928年度　慶應蹴球部OB倶楽部交歓の宴」参照）が記録として残っている。

1966(昭和41)年度 ◆蔵西克夫◆

副将に廖（現姓長原）英信、主務に大嶋渥三ら同期生７人、３年生部員９人と少人数の上級生に対し、１、２年生部員は30数人と３年ぶりに部員数が増えて、練習試合が活発に行えるようになった。前年度に比べれば部内の環境に好転のきざしが見えはじめた１年ともいえるだろう。しかも幸いだったのは北海道ラグビー協会から招待状が届いたことである。期間は６月17日～28日までの12日間。道内を転戦しながら大学、社会人チームと７試合を行う日程的にはハードなものだったが、春のプレシーズンの締めくくりとしては、これほど恵まれた条件はそうそうない。前年の早稲田に続いて全勝できたことで、関東のレベルの高さという面目も維持できたが、同時に主将として満足できたのは実戦を通してチームの強化に役立ったことである。北海道協会の好意が忘れられない。

関東大学ラグビー界はそれまでのＡ・Ｂグループ戦や１、２部リーグ戦など試行錯誤の混乱期を経て、ようやく現在の対抗戦グループとリーグ戦グループとに大別される直前の年度であった。シーズンに入って慶應は青学、立教、教育（現筑波）、東大には勝ったものの、早稲田（４連敗）、明治（６年ぶり）、日体に敗れて４勝３敗とあまり芳しくなかった。大学選手権も関東協会推薦の上位４チームに慶應は必然的にはずれたが、関西の雄、同志社には正月前の定期戦で快勝し、２年後の全国大学優勝へのほのかな印が刻まれた年であった。また、この年を最後に下級生に対する制裁的なグラウンド回しなどは姿を消すとともに、全体的に昔気質の合宿所の雰囲気を改めた年だった。

卒業間近の３月に来日したNZ学生選抜チームと対戦する全関東学生選抜チームに慶應から主将としてCTBの私（蔵西）のほかFB小宮肇（４年）、NO.８谷川義夫（３年）が選ばれた。試合は前半６―９と接戦に持ち込んだが、なにしろ現役のオールブラックス３人を擁する強豪チーム。最後のスコアは14―35と開いたが、他の日本チームとの試合と比較しても大健闘の試合であった。

（蔵西克夫・記）

➲慶應義塾評議員会議長小泉信三（元塾長）が急逝（５月11日）。

➲NZ学生選抜チームが1936（昭和11）年以来、２度目の来日。

◆花吹雪のもと西京極で全早慶戦

関西での全早慶戦がプレシーズンの４月10日、京都の西京極グラウンドで行われた。早慶OB戦として関西のラグビーファンに親しまれてきたこのカードだが、今季は15周年を記念して学生・OBの混成チームで対戦することとなった。ダブリンシステムの早稲田は前年度の日本チャンピオン。しかし桜の花びらが舞う京洛の対決を制したのは全慶應だった。

バックロー・センター（NO.８）吉田のサイド攻撃を核に、堀越、池田両ロックのタテへの直進的な突進で全早稲田のセブンFWに決定的なダメージを与えたことが、最大の勝因にあげられる。それにしても後半だけで４トライ、３ゴール、１PGの大量30点を記録した全慶應の逆転劇の迫力はメイン、バック両スタンドに集まった関西の観衆にラグビーのおもしろさを十分過ぎるほど堪能してもらえたといえるだろう。とにかくセブンFWに対してエイトのFWがいかに戦うべきかを、グラウンドで見せてくれた試合だった。超OB戦も平均年齢で10歳以上は高い慶應が勝った。

早慶OB戦15周年を記念して行われた。全早慶戦の出場メンバー（昭和41年4月10日）。

○全慶應40（10—20、30—3）23全早稲田●

全慶應	vs.	全早稲田
赤　松	FW	松　元
藤　原		村　山
浅　沼		平　沢
堀　越		矢　部
池　田		赤　司
廖		加　藤
吉　田		大　升
松　岡		
田　原	HB	山　田
平　島		山　本
小　宮	TB	吉　田
蔵　西		横　井
湯　沢		宮　沢
鈴　木		犬　伏
	SE	藤　本
横　河	FB	芝　崎

◆ルール改正のポイント

魅力あるラグビーの創造をめざしてルールの一部修正が行われた。改正の主眼はゲームのスピード化とオープンプレーの重視にある。主な改正点は次の通り。

①タッチキックの制限（国内特別ルール）

自陣の25ヤード線を越え、相手ゴールラインに達する地域でのタッチキックが禁止となった。要するに、この地域でキックされたボールが双方いずれのプレヤー、あるいはグラウンドにも触れることなく直接タッチラインを出た場合は、キックした地点で相手ボールのスクラムから再開となる。ただしフリーキック、ペナルティーキックを除く。

②ラインアウトの構成

ラインアウトの形成に参加したプレヤーはそのラインアウトが終了するまで離脱できない。ラインアウトがはじまる前の無用の動きの規制で、ゲームスピード化の一端。

③アドバンテージの適用

ゲームの中断を避けるのが目的。従来からプレヤーの反則に対してはアドバンテージの適用を原則とされてきたが、本年度は特にこのルールに留意する指示がレフリーに行われた。プレヤーは反則があったとしても笛が鳴るまでプレーを継続することが望まれる。

◆平行線に終始する対戦方式

関東大学の対戦方式をめぐる対立は今季も結論に至らず、昨年度の対抗戦方式でシーズン突入となった。対抗戦方式の継続を日程問題の基本とする慶、早など旧5大学側に対して、2部制のリーグ戦方式を主張する法、日、中の新勢力の話し合いは今季も平行線のまま。対抗戦側を代表して早稲田から新たに「大学野球界のように東京六大学と東都大学の2グループに分かれ、お互いの勝者が最後に関東の王座を争うシステムにしたら」との提案が出されたが納得が得られず、またしても結論を次年度に持ち越した。

◆夏の北海道初遠征

北海道ラグビー協会の招待で6月17日から28日まで夏の北海道遠征が実現した。12日間に7試合というハードなスケジュール。それも対戦相手の情報に欠ける手探りの試合の連続だったが、ひとつのとりこぼしもなく7戦全勝で遠征を終わった。「ディフェンスが甘いこととパスのタイミングの悪さが目についた。なかでも一番感じたのは試合運びと、点の取り方の拙劣」というのが蔵西主将（黒黄会報から）の反省の弁。これらの点が秋のシーズンまでにどう修正されているか、注目したい。

●北海道遠征メンバー

FW　赤松　石黒　鈴木　折戸　北野　藤村
　　谷川　楠目　小川　廖　大島　宇佐美
　　麻生　宝田
HB　竹岡　宮田　辰沢
TB　蔵西　湯沢　三国　井原　天宅　佐藤
　　高橋　下司
FB　小宮

①6・19（函館）
○慶應52（14—6、38—0）6全函館●
※失点6は2PG
②6・21（室蘭）
○慶應26（13—0、13—0）0富士鉄●
③6・22（札幌）
○慶應24（10—0、14—3）3自衛隊札幌●
④6・23（札幌）
○慶應47（21—10、26—0）10北大●
※失点は2G
⑤6・25（赤平）
○慶應9（3—0、6—3）3住友石炭赤平●
※雨中戦
⑥6・26（札幌）
○慶應15（6—3、9—8）11全札幌●
※失点は1T、1G、1PG
⑦6・28（札幌）
○慶應17（9—0、8—3）3全道東●

◆シーズンの歩み（関東大学対抗）

今季の開幕を飾る第39回慶立定期戦（16—6）は秋雨の降る中でナイトゲームとして行われた。北海道遠征、夏合宿の成果か、この夜の慶應は前半から好調そのもの。開始1分高橋、8分、11分と左右のWTBが3連続トライでリードした。原動力はFWの活躍。タイミングのいいヒールアウト、あるいは小刻みなFWパスからTBラインに展開する理想的な攻めだった。この慶應のテンポの早い攻撃に対して立教はキックに頼る単調な攻撃。ようやく後半に入ってFWがお家芸のマスドリブルで反撃に移ったが、わずかに2トライを返しただけ。人勢を覆すまでには至らなかった。それにしても後半の慶應はノートライというより守勢一方。シーズン第1戦とはいえ、前、後半を通じてコンスタントにチーム力が維持できない点に課題を残した。

第2戦の青学戦（86—8）は全早慶明対抗の2試合をはさんで3週目に行われ、前半で勝負を決める一方的な試合となった。それにしても慶應が記録した2トライ、16ゴールの86点は今季最高得点。ワンサイドゲームの後には厳しい試練が待っていた。

第3戦の日体戦（5—55）は前年に続いて今季も大敗。青学戦を裏返したような5トライ、8ゴールを奪われる惨敗となった。日体FWの速い集散と強い当たりにルースボールの大半を奪われては勝負にならない。前週の日大戦に完敗した日体、青学に大勝した慶應。この両校フィフティーンの気持ちの差を映した試合といえる。慶應にとっては痛い1敗となったが、続く教育戦（18—11）では、ねばる教育の食い下がりに苦しみながらも接戦を制して３勝目を上げた。

第５戦は不振にあえぐ明治が相手。すでに日体に敗れ、立教にも苦杯をなめている。ここまでの両校の歩みから見ればこのカード慶應の６連勝は堅いと考えたのは早計だった。伝統の一戦では何が起こるかわからない。

●慶應義塾前半戦のＸＶ

立教戦（秩父宮）	
○慶 16—6 立●	
FW	折　戸
	石　黒
	赤　松
	谷　川
	楠　目
	廖
	宝　田
	宇佐美
HB	竹　岡
	宮　田
TB	井　原
	蔵　西
	湯　沢
	高　橋
FB	小　宮

青学戦（秩父宮）	
○慶 86—8 青●	
FW	折　戸
	石　黒
	赤　松
	谷　川
	楠　目
	廖
	宝　田
	宇佐美
HB	竹　岡
	宮　田
TB	井　原
	蔵　西
	湯　沢
	高　橋
FB	小　宮

日体戦（秩父宮）	
●慶 5—55 日体○	
FW	坂　水
	石　黒
	赤　松
	谷　川
	楠　目
	廖
	宝　田
	宇佐美
HB	竹　岡
	宮　田
TB	井　原
	蔵　西
	湯　沢
	高　橋
FB	小　宮

教育戦（日吉陸上）	
○慶 18—11 教●	
FW	坂　水
	石　黒
	赤　松
	金　沢
	谷　川
	廖
	楠　目
	宝　田
HB	辰　沢
	宮　田
TB	井　原
	蔵　西
	佐　藤
	湯　沢
FB	小　宮

FWをエイトに戻した明治はシーズン前半とは別のチームのように力強さを取り戻していた。３分早くも川津が左隅に飛び込んで先制。10分、13分と連続トライで差を広げた。なかでもこの日のFWのパワーの違いを象徴したのが21分に明治FWがみせたスクラムトライ。もちろん慶應にとって不運だったのは主将蔵西の負傷退場だったが、先制トライで自信を取り戻した明治と、守りのミスから傷口を広げた慶應の闘志の欠如が予想以上に点差を大

●慶應義塾6（0—21、6—23）44明治○		
慶應義塾	vs.	明治
坂　水	FW	長　瀬
石　黒		中　村
赤　松		久　野
谷　川		甲　谷
楠　目		石　川
廖		川　津
宝　田		上　島
岡　畑		佐々木
竹　岡	HB	堀　田
宮　田		日　野
井　原	TB	宇治川
蔵　西		菅　野
佐　藤		大　西
湯　沢		木　下
小　宮	FB	須　賀

きくした。第41回慶明定期戦での敗戦は6年ぶり。

「早稲田にだけは」の闘志も空回りに終わった。第43回早慶定期戦は慶應の完敗だった。勝敗を分けたのは慶應のエイトFWが早稲田のセブンFWを押し切れなかったことと、防御の甘さ。前半4分に自陣ゴール前でオフサイドをとられ、早稲田に先制のPGをいとも簡単に許してしまった。主将の藤本を欠く早稲

●慶應義塾8（0—14、8—13）27早稲田○		
慶應義塾	vs.	早稲田
折　戸	FW	後　川
石　黒		村　山
浅　沼		猿　田
谷　川		赤　司
楠　目		新　元
廖		大　竹
宝　田		和　泉
宇佐美		
竹　岡	HB	山　田
宮　田		山　本
	FE	吉　岡
井　原	TB	万　谷
蔵　西		犬　伏
湯　沢		石　山
高　橋		宮　吉
小　宮	FB	芝　崎

田。それも先週の日体戦を落としているだけに、スタート直後の3点はチームにはずみをつける意味でも格好の先取点だったといえるだろう。16分、24分、30分と立て続けに2トライ、1ゴールを追加されて点差は開いていくばかり。反撃の手がかりすら掴めないまま後半を迎えたが、早稲田の勢いは止められず、わずかにスクラムトライで一矢を報いたのが慶應の精一杯の反撃だった。

最終の第41回慶東定期戦（24—11）は3年ぶりの勝利でシーズン4勝目をマークしたが、今季もいま一歩のところまでいきながら大学選手権への道を絶たれてしまった。全勝の日体、1敗の早稲田はともかく立教、東大にも敗れている明治に負けた1敗が今季のすべてといえる。

◆関西での定期戦は連勝

関東の対抗戦に続いて12月の後半は京都勢との定期戦シリーズ。今季は慶應が西下の年度にあたり、まず18日に西京極で京大と40回目の定期戦を行った。前半の慶應はFW戦の劣勢から5—11とリードを許したが、後半に入ってFWの立ち直りから試合の主導権を奪い返して逆転勝ちした。これで15連勝、通算成績でも30勝9敗1引き分けと大きくリード。

また日本最古の定期戦、第50回慶同定期戦（西京極）は6日後の24日に行われ、慶應がFWの健闘を軸にキックとパスを巧みに使い分ける洗練された攻撃で同志社に快勝。前年の雪辱を同志社のホームタウンで果たした。

①12・18（西京極）
○慶應義塾23（5—11、18—0）11京都大●
②12・24（西京極）
○慶應義塾25（11—8、14—6）14同志社●

◆第3回全早慶明対抗（ナイトゲーム）

シーズンの到来を告げる全早慶明対抗ラグ

ビーの開幕第1戦（ナイトゲーム）は9月22日の全早慶戦（秩父宮）。あいにくの雨で球趣はそがれたが、得点力の点で劣る全慶應は前半にあげた1PGだけ。風下にまわった後半はキックを巧みに使う全早稲田の速攻を支えきれず3—21の大差で敗れた。

全慶明戦（ナイトゲーム）は30日に秩父宮ラグビー場で行われ、全慶應が19—17の2点差で接戦を制した。トライ数では全慶應の2本に対して全明治が3本と1トライ勝ったが、結果的には18を数える反則が全明治の命とりとなった。対戦成績は3チームそれぞれ1勝1敗の3すくみ。

①9・22（秩父宮）
●全慶應（1敗）3（3—0、0—21）21全早稲田（1勝）○
②9・30（秩父宮）
○全慶應（1勝1敗）19（5—8、14—9）17全明治（1勝1敗）●

◆活気づく国際交流

今季は国際交流が活発に行われた年でもある。来日したチームはNZの2チームをはじめ韓国、カナダと国籍が多彩なうえ、クラブ、大学、高校の3部門から単独、連合、選抜と多様なチーム編成だった。なかでも注目されたのはNZ学生選抜チーム。1936（昭和11）年に来日したときは6戦して5勝1引き分けの成績を残しているが、第2戦の慶應義塾は6—23で敗れている。今回2度目の来日に際しては日本協会から「慶明連合で対戦しては」の提案があったが、黒黄会の結論は「辞退」と決まり、代わって関東学生選抜が編成された。このチームには慶應から蔵西克夫（CTB）が主将に選ばれたほか、FWに谷川義夫、宝田誠司、バックスに小宮肇の各選手が代表入りしている。また日本代表にはOBの堀越慈（1964年卒）がただひとり選ばれたほか、OBの青井達也（1955年卒）がコーチとして名を連ねた。

そのほか、慶應高校がカナダから来日したセントジョージスクールと最終戦で対戦し、9—22の大差で敗れている。高校としては初めての国際試合。やはり経験の差が勝敗を分けたといえる試合だった。

1967（昭和42）年度 ◆井原健一◆

入学当時21人いた同期の仲間が最上級生となったこの年は7人に減り、チームは若手の育成が急務であった。春先から藤井浩一新監督の指導のもと体力向上プログラムに取り組み、とくに山中湖の夏合宿は3週間の長期合宿とし、たいした故障者もなく秋を迎えた。シーズン2戦目には優勝候補の一角であった日体に逆転勝ちし、慶應としては初めての勝利をあげることができた。続く立教、青学、明治にも圧勝し、早慶戦は9年ぶりに全勝対決となった。当日はシーズン半ばで福岡へ転勤された藤井前監督も観戦に見えたが、開始早々チームの要であるフッカーが故障退場して14人での試合となり、勝利を譲る結果となってしまった。現在のルールのように選手交替が認められていればと、残念でならない。

このように対抗戦では6勝1敗で2位を確保。当時は対抗戦、リーグ戦両グループのそれぞれ上位2校に大学選手権への出場権があったので、慶應も第4回大会に初出場を果たした。ただ当時は大学選手権の優勝より、定期戦での勝利を重視する傾向があり、早慶戦にピークを持ってきた慶應には余力がなく、全盛期にあった法政に1回戦で敗れた。しかしこの大学選手権出場の経験は翌年の選手権初優勝へのひとつの礎になったと思う。（井原健一・記）

➡慶應義塾体育会創立75周年記念式典（10月10日、日吉記念館）が開かれる。

◆今季のルール改正

日本ラグビー協会のルールブックに初めて「モール」という言葉が活字になった。相手に背を向けたボール保持者を左右、後方からパックしながら押し込んでいくこのプレー。1967年2月に来日したNZ学生選抜の置き土産だが、日本協会がこの年にルール化したことで、ゲームの展開に大きな変革をもたらした。新ルールのポイントは、①攻撃側のボール支配権をより確実にする　②攻撃の多様化をもたらす――の2点がポイント。要するに攻撃側を有利にすることで、ゲームのスピード化を図り、ラグビーのおもしろさを引き出そうというのが改正の狙いといえるだろう。慶應としても新ルールに対応する戦略の確立が望まれるのではないだろうか。

◆日程問題と大学選手権

対抗戦かリーグ戦かで揺れ続ける対戦方式にひとつの結論がでた。かねてから1、2部のリーグ戦を主張してきた法政、中央、日大、専修、東洋、国士館、防衛の7大学が新たに関東学生ラグビー連盟を結成。これに大東文化を加えた8校よるリーグ戦の実施に踏み切った。もちろん関東協会は新連盟の設立を認めなかったが、大学選手権には対抗戦グループの上位2校とともにリーグ戦の上位2校が関東の代表として出場した。

関東協会が認めていないリーグ戦グループの代表2校が日本協会主催の大会にどのような資格で推薦されたのか、出場に至る経過は不明だが、この点について『日本ラグビー史』（日本協会発行）には「制度の固定化が矛盾を生ずるのは道理。こうした矛盾を包蔵しつつも、実戦を通して日本の最強チームを決定することが、日本ラグビーの発達を促進するものとする見解が強まってきた（要旨）」と記されている。諸般の事情から制度なり、先例を越えた超法規的措置が講じられたものと解釈すべきか。

◆シーズン半ばの監督交代

気鋭の藤井浩一（1956年卒）を新監督に迎えてスタートしたこのシーズン。期せずして早稲田の監督に修猷舘高校同期で、同じバックス出身の藤島勇一が就任した。藤井にとってはチームとともに指導者としても負けられないライバルの出現。春から夏の合宿にかけて「厳しく、激しく、逞しく」の指導理念を掲げる新監督の意欲的なチームづくりが続いたが、シーズン直前に突然の故郷、博多への転勤辞令が出た。志半ばで日吉を後にする藤井から平沼光平（1931年卒）にバトンが引き継がれて秋の対抗戦へ入った。監督辞任にあたって藤井は「チームに動揺はない」と黒黄会評議員会に報告している。FWコーチの森岡弘平（1960年卒）は留任、新たに青井達也がヘッドコーチとしてバックスの指導に当たる緊急措置がとられた。

◆シーズンの歩み（関東大学対抗）

注目の第１戦の成城戦（28—12）はまず順当に勝ったが、失点12（３トライ、１PG）は意外だった。厳しい残暑のなかでの試合。翌日の新聞は「暑さのため両チームの動きは鈍かったが、慶應にモールの攻勢の研究の跡がみえ…」と伝えている。第２戦は全早慶明対抗の２試合をはさんでいきなり日体戦（20—16）。このところ連敗している相手だが、少ないチャンスを確実に得点とする冷静な試合運びに加えて、16を数える日体の反則にも助けられた。第40回慶立定期戦（34—６）は快勝。それもSH辰沢の退場（腰の故障）で14人で戦うハンデを乗り越えての勝利だった。続く第４戦は青学との対戦（55—８）だったが、前半で勝負が決まるワンサイドゲーム。新聞の慶應評も「ひとつひとつのプレーにねばりがでてきたこと。とくにFWのルースのうまさが快進撃の原動力」と讃えている。

今季無敗で迎えた第42回慶明ラグビー（34—５）は雨上がりのコンディションにもかかわらず、慶應FWの積極プレーが大差の勝利を呼び込んだ。４分明治ゴール前のセットから竹岡がサイドをもぐって先制。さらに佐藤のトライで点差を広げた後、石黒、谷川、井原がトライを連取した。明治は前週の立教戦からFWをエイトに戻して慶明戦に備えたが、急造のFWに慶應の勢いをストップする力はなかったといえる。両校の対戦成績は慶應の17勝24敗１引き分けとなった。慶應は今シーズン５戦全勝。

○慶應義塾34（24—０、10—５）５明治●

慶應義塾	vs.	明治
坂　水	FW	中　村
石　黒		菅　井
折　戸		元　木
楠　目		甲　谷
谷　川		石　川
宝　田		川　津
高　橋		本　田
宇佐美		佐々木
竹　岡	HB	木　原
宮　田		日　野
井　原	TB	宇治川
天　宅		堀　田
佐　藤		石
吉　岡		南　條
荻　村	FB	大　西

慶應と早稲田がともに全勝で対戦するのは1958（昭和33）年以来、９年ぶり。とくに連敗を４でストップしたい慶應としてはFWが充実する今季はそのチャンスとみられたが、早稲田の堅塁を抜くまでには至らなかった。

試合巧者の早稲田はやはり力の慶應より役者が一枚上。開始直後の１PGで先行する慶應を10分にとらえて逆転した。慶應のオープンキックをSO山本がとって右に走り、石山—下川とつなぐ見事なカウンター攻撃であっさり逆転。さらに14分、25分とバックスに展開するオープン攻撃でトライを重ねた。早稲田が

全勝対決となった早慶戦だが、早稲田の展開ラグビーに惨敗。（昭和42年11月23日）

●慶應義塾 9（6—18、3—21）39早稲田○

慶應義塾	vs.	早稲田
坂　水	FW	堀　口
石　黒		後　川
折　戸		猿　田
楠　目		赤　司
谷　川		新　元
岡　畑		井　沢
宝　田		和　泉
宇佐美		坂　内
竹　岡	HB	斎　藤
宮　田		山　本
井　原	TB	万　谷
天　宅		下　川
佐　藤		石　山
吉　岡		宮　吉
荻　村	FB	小　林

あげた８トライのうちFWがあげたトライは１本だけ。残る７本はすべてTBラインの速攻から奪ったもの。慶應が誇るFWの縦攻撃も早稲田の展開ラグビーには通じなかった。５連敗、対戦成績も12勝28敗４引き分けと大きく負け越した。この後の慶東戦（40—０）、成蹊戦（25—９）と連勝し、７勝１敗で対抗戦２位を確保。全国大学選手権の初出場を決めた。

◆初の大学選手権出場

第４回全国大学選手権への初出場が決まった。１回戦の相手はリーグ戦グループ１位の法政。初代の大学チャンピオンで、今季も早稲田と並んで優勝候補最右翼の評判通り、試合はスタートから法政ペースで進んだ。16分にSO桂口の独走65ヤードのトライが口火となって法政バックスの猛攻が爆発。前半３トライ、３ゴールの24点、後半も３トライ、２ゴールの19点を追加するなど、法政の一方的な展開となってしまった。早慶戦がそうであったように今季の慶應はオープンに展開されると守りのモロさを露呈する。とくに法政のSO桂口、CTB島崎、WTB水谷は日本代表にも選ばれた超大学級の選手。この日も自陣から一気に慶應の防御を破ってトライに持ち込む抜群の脚力とスピードには目を見張るものがあった。気力とか闘志を論ずる以前の問題ともいえるが、大学レベルをはるかに越える選手の存在を知ることができただけでも慶應にとってこの大学選手権出場は価値があったといえる。

◇1回戦（秩父宮）

●慶應義塾11（3—24、8—19）43法政○

慶應義塾	vs.	法政
坂　水	FW	黒　井
石　黒		境
折　戸		佐　藤
楠　目		清　水
谷　川		二反田
岡　畑		石　田
宝　田		汀
宇佐美		鈴木徹
竹　岡	HB	森　田
宮　田		桂　口
井　原	TB	水　谷
天　宅		中　村
佐　藤		島　崎
吉　岡		市　川
荻　村	FB	鈴木秀

◆京都勢との定期戦

東西対抗の第41回慶京定期戦は12月17日、秩父宮ラグビー場で行われた。試合は京大が1ゴールを先行したが、10分を過ぎたころから立ち直った慶應が1トライ、2ゴールを連取して逆転。後半も3本のトライを加え22—10で快勝した。慶應はこのカード16連勝。

また日本最古の第51回慶同定期戦（秩父宮ラグビー場）は1週後の24日に行われ、慶應が関西Aグループ優勝の同志社に14—13の1点差で逆転勝ち、通算の対戦成績を38勝9敗4引き分けとした。慶應は2連勝。

◆第4回全早慶明対抗ラグビー

全慶應の今季の出番は9月18日第2戦の全慶明戦（秩父宮）。この夜の全明治はセブンFWのダブリンシステムで全慶應のエイトFWに挑んだが、ゲームの主導権は全慶應にあった。

前半15分に先制トライを許しはしたが、10分後に井原が同点トライ。このコンバージョンを宮田が決めて逆転してからは終始リードを保って全明治の追撃を振り切った。

今季の優勝がかかった全早慶戦（秩父宮）は同25日午後7時キックオフで行われたが、全早稲田のテンポの速いTB攻撃に全慶應の守りがついていけず、攻めても1トライ、1PGを返しただけ。5トライ、5ゴールの大量40点を許して大敗した。

①9月18日（秩父宮）

○全慶應（1勝）27（10—3、17—10）13　全明治（2敗）●

②9月25日（秩父宮）

●全慶應（1勝1敗）6（3—14、3—26）40　全早稲田（2勝）○

（この結果、全早稲田が2年ぶり2度目の優勝）

1968（昭和43）年度 ◆松井誠司（旧姓宝田）◆

第５回大学選手権に早稲田と優勝を分ける（初）

われわれの年度は蹴球部創部70周年の記念すべき年であった。９月には青井達也監督、中須早二良元監督をはじめとする諸先輩方のご尽力で、記念行事としてタイ、香港への海外遠征を経験することができた。その後の対抗戦での戦績は期待に反してあまり芳しい結果ではなく最終的には明治と３、４位を争うこととなった。当時の対抗戦グループの順位はマネージャー会議で決定されることになっており、北野稔主務の努力で幸い４位を確保し熱望していたリーグ戦１位の専修大との対戦が実現して大差（36―５）で勝利を収めることができた。

この勝利を契機に、FW中心の、とくに強力なスクラムからのアップ＆アンダーを軸とするシンプルな戦法に徹して、チームはがぜん上昇気流に乗った。続く同志社定期戦、大学選手権も福岡工大、法政と連破し、山本巌主将率いる早稲田との決勝戦ではついに最高潮となった。この試合は圧倒的な優勢だったにもかかわらず、決定力のなさから同点引き分けに終わってしまった。抽選の結果、日本選手権への代表チームとなったが、この試合は社会人王者のトヨタ自動車が展開する老獪な技術に翻弄されて完敗してしまった。

その後、時を経て後輩たちが日本選手権の決勝で奇しくも同じトヨタ自動車と対戦し、一泡吹かせて日本一の座を獲得してくれたことは、痛快の極みだった。　（松井誠司・記）

- 慶應義塾命名百年式典が日吉記念館で開かれ、早稲田との記念試合に26―８で快勝。
- 新設の小泉体育賞を受賞。蹴球部青井達也コーチ、宝田（現姓松井）誠司主将ら20人。
- 国際親善と強化を兼ねてタイ、香港へ戦後初の海外遠征を実施（９月）。

◆今季のルール改正

今年度のルール改正で特筆されるのは国際試合にかぎって負傷した場合の条件つきで選手の交代が２人まで認められたこと。国内試合については従来通りだが、とりあえず交代制への道が開かれたという点で改正の意味は大きい。

また、FW第１列の呼称がフッカー（スクラムセンター）、プロップ（両サイド）、第３列フランカー（バックローサイド）、NO.８（バックローセンター）とそれぞれ改められた。従って背番号『７』をつけていた第３列センター（通称バックセン）の背番号は『８』となり、メンバー表記もFWの７番目から最後尾となる。

◆関東大学の日程問題が全面解決

戦前の旧５大学対抗戦方式をめぐる「継続vs. 解消」の両論が対立してきた関東の大学日程問題が関東協会の主導でようやく解決した。新設の大学評議会で出た結論の大要は以下の３点だった。

①関東協会の承認が得られないまま発足した学生連盟（法、中、日など８大学加盟）の廃止。
②正式に対抗戦とリーグ戦の両グループを完全に分離し、それぞれ日程を作成する。
③大学選手権の関東代表（４校）は両グループの上位４校による交流試合の勝者とする。

これにより1954（昭和29）年春に表面化し、毎シーズンのように対立、抗争を繰り返してきた日程問題は14年ぶりに解決し、今日に至っている。

◆日程問題混乱の経過

①1954（昭和29）年度

日程編成について慶、早、明など戦前の旧5大学対抗戦グループに対する不満が表面化。6月の日程会議で法、中、日、教の4校から慶、早、明、中、日、東、立、法、教、蹊、青の11校の上位6校を1部、残りの5校を2部として、各リーグ戦とする案が出された。この案をめぐって監督会、学生代表会議で話し合いが続けられ、明、中、日、法、教の賛成5校に対して、慶、早、東、立、青、蹊の6校が反対を表明。とりあえず今季は対抗戦方式で行うことになったが、9月に入って関東協会の対応を不満とする明治選出の北島忠治監督が協会理事の辞任を表明。同時に、

- 明、中、日、法、教の5校でリーグを結成。
- 試合は各母校グラウンドで無料とする。
- 慶、早との試合は各校の自由とし、明治は慶、早の試合を無料とする。

との3点を関東協会に通告。協会は事態を静観、監督会は予定通りの日程でシーズンに臨んだ。

②1955（昭和30）年度

このシーズンは慶應と日大が全勝したが、日程を組んでいない慶應は期末試験の時期で、日大からの対戦申し入れを断る。

③1957（昭和32）年度

関東協会の提案でA、B2ブロック制とし、Aの最下位とBの1位は自動的に入れ替わることが決まった。この結果、ブロック分けは前年度の成績に準じて行われ、Aブロックは慶、早、明、日、中、立の6校、またBブロックは法、教、青、専、東、蹊の6校となった。

④1960（昭和35）年度

Aブロック最下位（4敗2引き分け）となった慶應は来季のBブロックへの転落が決定。なお、3月にラグビー日本一を決めるNHK杯争奪戦が新設され、3年後の日本選手権、大学選手権の創設へとラグビー界の重点が選手権時代へ移行する出発点となった。

⑤1961（昭和36）年度

慶應がBブロックで優勝。早慶、慶明定期戦でもAブロックの早稲田、明治に連勝するなど、1シーズンで来季のAブロック復帰を決めた。かわって早稲田のBブロック転落が決まる。

⑥1962（昭和37）年度

早稲田がBブロックで優勝。早慶定期戦は1点差で落としたが、Aブロック優勝の明治との定期戦に快勝するなど、2年連続で下位のチームが上位を倒すブロック制の矛盾点を露呈する結果となった。

⑦1963（昭和38）年度

関東大学の監督会は5年間続いたA、Bブロック入れ替え制を発展的に解消し、条件付きの対抗戦方式を決めた。具体的には、

- 7校ずつの上位、下位2グループに分け、最低7試合を行うこととし、そのうちグループ内4試合を義務試合、残る3試合の組み合わせは任意とする。
- 14校の順位はシーズン終了の時点で監督会が決定する。

というもの。なお、新設の日本選手権出場の大学チームは関東、関西各1の計2チームで、日本協会が推薦することになった。

⑧1964（昭和39）年度

大学選手権の新設に伴い前年度決定の対戦方式がわずか1年で次のように改正された。

- 14校を再びA、B2つのグループに分け、リーグ戦とする。
- シーズン終了後、関東大学王座決定戦を行う。
- 大学選手権の関東代表はA、Bグループの各優勝チームとする。

が今季の改正事項。

Aグループ＝法政、日体、中央、教育、青学、成蹊、防衛

Bグループ＝慶應、早稲田、明治、立教、東大、日大、専修

⑨1965（昭和40）年度

前年度のグループ制を解消、再び対抗戦システムが採用され、関東大学王座決定戦も同時に廃止された。この方式は各校がそれぞれ任意に対戦相手を選ぶため試合数にばらつきがあって最終順位の決定、大学選手権への代表選考の２点に問題を残した。

⑩1966（昭和41）年度

法政、中央、日大などリーグ戦方式を唱えるグループから対戦方式の是正が提案され、日程問題は今季も紛糾したが、結論が出ないまま前年度方式を継続することでシーズンにはいった。

⑪1967（昭和42）年度

対抗戦方式を良しとしない法政、日大、中央、専修、防衛、東洋、国士館の７校は関東協会の承認がないまま関東学生連盟を新たに結成、これに大東文化を加えた８校でのリーグ戦日程まで発表。ここに至って大学組織は完全に分裂したかに見えたが、協会はあくまでも学生連盟を同好会とみなす柔軟な姿勢に終始し、話し合いによる解決の道を残した。長かった対抗戦とリーグ戦の対立は関東協会のこの対応が次年度の解決を引き出したといえる。

◆創部70周年を記念してタイ遠征

慶應義塾蹴球部のタイ遠征チーム（瀬下良夫団長）は８月29日午前、羽田発の日航機でバンコクへ出発。31日の遠征第１戦で陸軍士官学校に勝ったのをはじめ、10日間に４試合というハードな日程にもかかわらず４戦全勝の好成績を残して９月10日無事帰国した。今回の遠征は蹴球部の創部70周年記念事業の一環として、国際親善とチーム強化を目的に行われたものだが、遠征の成果について青井達也コーチは「全勝の記録はともかく、選手たちにとって最高の収穫は厳しい日程、あるいは30℃を越える猛暑など、海外遠征の苛酷な条件を克服したことだろう。この貴重な経験は必ずや今季のプレーにも生きてくるものと信じている」と語っている。

◆タイ遠征記録

- ８月29日　羽田空港発（午前９時）～バンコク空港着（現地時間午後２時25分）。
- ８月30日　Vajiravundha College（以下V.C.と略）で午後４時から初練習。
- ８月31日　第１戦（対陸軍士官学校）は16―13で辛勝（午後５時K.O. FW戦はセット、ルースとも完勝。20を越すペナルティーが苦戦の因）。
- ９月１日　午前はエメラルド寺院など市内見学。午後４時からV.C.で練習。
- ９月２日　早朝６時半からFloating Marketを見学。午後４時からV.C.で練習（ディフェンスと早いライン編成がテーマ）。
- ９月３日　第２戦（対Chulalongkorn Univ.）は40―３で大勝（午後５時K.O.=国立競技場。全員がよく走り、球をつなぎ、日本のラグビーの真髄を発揮）。

※学生応援団の『若き血』大合唱に感激。慶應義塾派遣の西岡秀雄教授指導とのこと。

- ９月４日　午前はホテルで休養。選手は疲れ気味。午後４時からロイヤル・バンコク・スポーツクラブと練習試合。11―５で勝ったが、ロックの谷川が肋骨を強打。骨折が心配されたが、打撲でひと安心。
- ９月５日　午後はフリー練習。故障者が出はじめメンバー編成に苦心する。
- ９月６日　第３戦（対Kaserart Univ.）は25―３で快勝（午後５時K.O. 強烈な当たりと足を使った荒っぽい試合。ペナルティーを20以上とられる）。
- ９月７日　午前は三田会夫人グループの案内でショッピング。午後４時から自由練習。
- ９月８日　最終戦（対Thamasart Univ.）は25―６で勝ち、タイでの日程を全勝で終わる。

強烈なタックルが特色のチーム。後半がはじまって一時は10—6と4点差まで追い上げられたが、相手のPG失敗を機に盛り返して振り切った。動きの激しい好ゲーム。午後7時から同大学でサヨナラパーティー、同11時からホテルにタイのユニオン、大学関係者を招いて蹴球部主催のパーティーで感謝の意を表明した。

● 9月9日　バンコク滞在中、お世話になった協会関係者、対戦した大学の皆さん、そして三田会の皆さんに送られ、2時間遅れで次の目的地香港へとバンコクを後にした。香港では午後6時から香港選抜と親善試合を行う予定だったが、搭乗機の延着でこの夜は中止。香港協会の役員や選手（英国人）の自宅に分宿し、香港での一夜を過ごした。

● 9月10日　遠征最後の日。香港側のたっての希望で午後2時半から香港島のグラウンドで香港選抜（英国人チーム）と対戦し、16—25のスコアで敗れたが、青井コーチの本音は前日に試合が中止となった時点で、学生たちにゆっくり香港の休日をとらせることにあったようだ。しかし、香港側の熱意を断りきれず、出発直前の試合となったわけだが、試合後の一行はシャワーもそこそこに啓徳空港へと駆けつけ、夜の9時羽田に到着した。青井コーチは遠征の終了にあたって「日本並びにタイラグビー協会の関係者、慶應義塾の大学関係の方、在留日本人の方々、選手の父兄の方々、そして黒黄会の皆様に心からお礼を申し上げます」と感謝の言葉で締めくくっている。

◆シーズンの歩み（関東大学対抗）

今季の強化は春の走り込み、サーキット・トレーニング、そしてグループ別ランニングではじまった。プログラムはさらに6月の釜石遠征（富士鉄釜石戦）、夏の山中湖合宿からタイ遠征と続いたが、小泉信三先生の「練習ハ不可能ヲ可能ニス」を地でいくこの試練の数々。部員はこれを乗り越えることで慶應復活の確かな手応えを掴んだといえる。

ただ、秋のスタートはプレシーズンの強化の結果がでなかった。いきなり日体との第1戦（13—15）は2点差の敗戦。FW戦の優位をバックスがパスミスなどで生かせず涙を飲んだ。次の第41回慶立定期戦（42—5）で圧勝し、教育との第3戦（23—23）は5点差を保ちながら、後半の35分にパスミスを拾われ

●慶應義塾13（3—9、10—6）15日体○

慶應義塾	vs.	日体
坂　水	FW	橋　本
鈴　木		浦
折　戸		伊　藤
楠　目		赤　間
谷　川		川　村
逢　沢		佐　野
高　橋		佐　伯
宝　田	（NO. 8）	斎　藤
辰　沢	HB	田　中
得　能		青　木
川　口	TB	桐　原
宮　田		吉　村
大　塚		小田木
吉　岡		佐　藤
荻　村	FB	石　川

△慶應義塾23（10—10、13—13）23教育△

慶應義塾	vs.	教育
坂　水	FW	佐　藤
鈴　木		岡　島
折　戸		林　正
楠　目		平　下
堀　越		本　城
宝　田		井　上
高　橋		木　村
谷　川	（NO. 8）	小　池
渡　辺	HB	高橋義
安　部		粂　川
川　口	TB	里　見
宮　田		林　修
宮　坂		米　倉
吉　岡		前　田
荻　村	FB	高橋憲

関東大学対抗・対教育大戦。後半終了5分前に追いつかれ、引き分け(昭和43年10月27日)。

て追いつかれた。1勝1敗1引き分け。大事なところでミスが出るということは集中力に欠けるからだろう。

第43回慶明定期戦(26—6)は完勝だった。明治が池原、南條らFW、バックスの主力を故障で欠いたといっても地力はメンバー編成のいかんに関係なく慶應が上。前半こそ得点の上では8—6と競ってはいたが、ゲームの主導権はつねに慶應が握っていた。そんな慶應が攻撃のリズムに乗れなかったのはイージーなミスが肝心なところで出たためといえる。日体に不覚をとり、教育と引き分けに終わったのもミスが原因だったが、心配されたことが慶明戦でも前半に起こったということ。

しかし、後半の慶應はようやく本来の力を取り戻した。まず12分のトライがきっかけとなって17分、27分、35分と連続してトライを追加。明治の反撃を後半は無得点に封じて快勝、今季2勝目をあげた。この勝利で対明治戦に3連勝。

○慶應義塾26(8—6、18—0)6明治●

慶應義塾	vs.	明治
萩　野	FW	長　瀬
鈴　木		石　光
折　戸		菅　井
楠　目		元　木
吉岡和		石　川
宝　田		和　田
高　橋		佐々木
谷　川	(NO.8)	甲　谷
渡　辺	HB	木　原
得　能		新　島
川　口	TB	浜　田
宮　田		加　藤
宮　坂		石
吉岡泰		川　津
荻　村	FB	竹　内

●慶應義塾14(6—6、8—16)22早稲田○

慶應義塾	vs.	早稲田
萩　野	FW	堀　口
鈴　木		大　東
折　戸		金
楠　目		坂　内
堀　越		稲　野
宝　田		井　沢
高　橋		和　泉
谷　川	(NO.8)	風　間
渡　辺	HB	片　岡
得　能		山　本
川　口	TB	佐　藤
宮　田		下　川
宮　坂		石　山
吉岡泰		宮　吉
荻　村	FB	小　林

このところ白星から遠ざかっている第45回早慶定期戦（14—22）だが、結果は今季も敗戦に終わった。笛を吹いたのはNZの現役レフリーで、１級のライセンスを持つF．B．キャンベル氏。ルースへの倒れ込みを厳しくチェックする笛に両校ともとまどい気味だったが、先手は慶應がとった。前半３分にPGでリード、15分には中央のセットスクラムから宝田のサイド突破でチャンスを掴み、最後は宮田が右隅に飛び込んだ。試合はスクラム、ラインアウトで優勢な慶應のペースだったが、不用意な反則でせっかくのリードをキープできなかった。23分にはアフタータックル、31分にはオフサイドと２本のPGを許してたちまち同点。早稲田に立ち直りのきっかけを与えてしまった。

もちろん後半は攻める早稲田、守りに追われる慶應と立場が逆転。バックスの速攻が軌道に乗った早稲田が４トライ（うち２本がゴール）を加えて勝負を決めた。早稲田は６戦全勝、対する慶應は２勝２敗１引き分け。なお早慶戦は６連敗となった。

対抗戦シリーズ最後の第43回慶東定期戦（27—９）は総合力に勝る慶應が順当勝ち。この結果、３勝２敗１引き分けで対抗戦第４位が決まり、今季から新設された交流試合（12月15日）でリーグ戦グループ１位の専修と大学選手権関東代表の座をかけて対戦することになった。

◆交流試合に勝って大学選手権へ

両グループの順位は関係なかった。形のうえからは対抗戦４位の慶應がリーグ戦優勝の専修に挑戦と見るのが一般的だったが、試合は慶應が大勝して２年連続２度目の選手権出場を果たした。

◇第５回全国大学選手権関東代表決定戦（交流試合）第２日

▼1968（昭和43）年12月15日
▼グラウンド＝秩父宮ラグビー場
▼キックオフ＝不明
▼レフリー＝西山常夫氏

○慶應義塾（対抗戦４位）36（18—０、18—５）５専修（リーグ戦１位）●

慶應義塾	vs.	専修
坂　水	FW	笠　井
永　野		榎　本
折　戸		谷田部
楠　目		武　智
堀　越		斎　藤
宝　田		田　中
高　橋		行　広
谷　川	（NO. 8）	向　井
渡　辺	HB	竹　谷
宮　田		奥　沢
川　口	TB	広　瀬
宮　坂		山　口
森　田		盛　田
吉　岡		小　川
荻　村	FB	森　本

慶應の勝因は重量FWの健闘にある。春以来の練習の積み重ねがようやくこの時期にきて花開き、実を結びつつあるといえるだろう。それぞれのグループでの順位付けを吹き飛ばす慶應の勝ちっぷりだった。開始４分、この日SOに上がった宮田がPKをハイパント。FW楠目が好ダッシュでこのボールを取ってトライ。18分にも専修ゴール前のセットを押し込んでスクラムトライを奪った。戦法はシンプルだが、アップ＆アンダーの破壊力といい、重量を生かしたセット、ルースの押しの威力は専修の戦意をそぐのに十分だった。前半さらに１トライ、１ゴールを加えた慶應は後半もトライの山を築いてワンサイド勝ち。選手権での活躍に期待を抱かせた。

（この結果、慶應が第５回全国大学選手権の関東代表として出場）

◆第５回全国大学選手権は早稲田と同時優勝

対抗戦４位の慶應は大学選手権にはいってチームの調子がピークに達した。１回戦で九州代表の福岡工大を30―９、準決勝はリーグ戦グループから勝ち上がってきた法政に24―10と快勝、２度目の選手権出場で決勝進出を果たした。１回戦、準決勝を通じていえることはFWの充実である。とくに法政FWは重量の点では慶應を上回る大型だったが、突進力、当たりの強さ、そしてスクラムの押しとすべての点で圧倒。与えたトライ（ともにゴール）はわずかに２本という完勝だった。

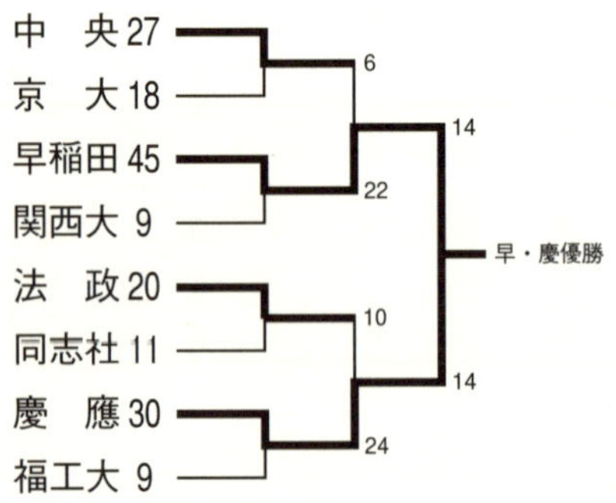

①○慶應義塾30（11―３、19―６）９福工大●
②○慶應義塾24（13―０、11―10）10法政●

決勝戦の相手は早稲田。定期戦６連敗の汚名を晴らす舞台としては申し分のない設定だったが、風下の前半は苦しんだ。風を使ったキック戦法と早いつぶしを仕掛ける早稲田に対応できないまま開始３分早々と先制トライ、さらに12分にPGを決められた後、22分にも１トライを追加された。慶應の反撃は９分に吉岡のカウンター攻撃であげた１トライだけ。早稲田の巧みな試合運びだけが目につく前半だったが、サイドが変わった後半は試合の流れが慶應に傾いてきた。２分に宮田―宝田とボールが渡ってトライ。11分に宮吉の80ヤード独走トライ（ゴール）で再び６―14と点差

◇決勝戦（1月５日、秩父宮ラグビー場）

△慶應義塾14（３―９、11―５）14早稲田△

慶應義塾	vs.	早稲田
坂　水	FW	堀　口
永　野		大　東
折　戸		余
楠　目		坂　内
吉岡和		稲　野
宝　田		井　沢
高　橋		和　泉
谷　川		宮　城
渡　辺	HB	平　岡
宮　田		山　本
川　口	TB	佐　藤
森　田		下　川
宮　坂		石　山
吉岡泰		宮　吉
荻　村	FB	小　林

を開かれたが、12分のトライで１ゴール差とした後、21分のペナルティートライ（ゴール）で同点とした。最初のトライは早稲田ボールのセットを奪ってNO.８谷川が押さえ、タイスコアに持ち込んだ認定トライは左中間ゴール前のセットで早稲田がホーリングダウンの反則をとられたもの。慶應にとってこの２本の貴重なトライはいずれもFWの強烈なスクラムの押しによるものだが、この強力FWのパワーをもってしても早稲田の堅塁を抜くことはできなかった。

なお、抽選の結果、１月15日の日本選手権に慶應の初出場が決まった。

◆初の日本選手権は完敗

社会人代表のトヨタ自動車が初舞台の対戦相手だった。過去に同志社（第１回）、早稲田（第３回）が社会人代表を破って日本チャンピオンになっているが、今季のトヨタは日本選手権初出場ながら常勝の八幡製鉄を決勝で破った強豪。大量44点を奪われて完敗した。

◇第6回日本選手権（1月15日、花園ラグビー場）

●慶應16（3—16、13—28）44トヨタ自動車○

慶應義塾	vs.	トヨタ自動車
坂　水	FW	杉　浦
永　野		角　屋
折　戸		石　井
楠　目		枝　田
吉岡和		安　藤
宝　田		吉　永
高　橋		藤　原
谷　川		田　中
渡　辺	HB	松　田
宮　田		大　西
川　口	TB	山　田
森　田		曽我部
佐　藤		尾　崎
吉岡泰		原
荻　村	FB	万　谷

試合を先制したのはトヨタ。前半15分、PKから尾崎に右ブラインドを攻められ、さらに万谷—原とボールをつながれて右中間にトライを奪われた。しかしまだ試合ははじまったばかり。慶應も戦意は旺盛ですぐさま反撃、2分後の17分には宮田がトヨタ陣25ヤードの地点からPGを決めて3—3とした。両チームとも初舞台からくる緊張感のためか反則が多く同点とした直後に今度は慶應がオフサイド。再びトヨタの3点リードとなった。動きが少ない時間帯での反則はその後の戦局の展開に大きな意味を持つものだが、それでも若い慶應は果敢に反撃した。22分ごろ得意のアップ&アンダーからダッシュよく楠目がトヨタのインゴールで押さえ、逆転トライと思われたが判定はノックオン。試合の流れはこれを境にトヨタへと大きく変わっていった。もちろんFW、バックスに一流の選手を並べるトヨタがすべての点で勝っているのは、あらためて言を俟つまでもないが、慶應にとっては数少ないチャンスだっただけに痛い逸機となった。

◆京都勢との定期戦

恒例の東西対抗戦は大学選手権をはさんで、暮れの12月24日に京都・西京極競技場で第52回同志社定期戦、年が明けた1月11日に第42回京大定期戦が花園ラグビー場で行われた。慶應はじめ同志社、京大も大学選手権の関東、関西の代表でレベルの高い試合が期待されたが、慶同戦は同志社がSO小藪の負傷退場もあって慶應が逆転で3連勝。また慶京定期戦は日本選手権の4日前に対戦し、慶應が34—12で大勝した。

▼12月24日（西京極）
○慶應義塾25（13—6、12—13）19同志社●
▼1月11日（花園）
○慶應義塾34（19—3、15—9）12京都大●

◆第5回全早慶明3大学対抗戦（ナイトゲーム）

今季は全早慶戦（9月24日）がシーズン幕開けのナイトゲーム。まだ一度も優勝のない全慶應は前半11—11と健闘したが、後半は全早稲田のワンサイド。早いテンポで右に左にボールを動かすTB攻撃になすすべもなく大敗。最終の全慶明戦（30日）もディフェンスの乱れから後半に崩れて逆転負け。27日の全早稲田戦に勝っている全明治が2勝で初優勝、1勝1敗の全早稲田が2位。全慶應は2敗で最下位となった。

①9月24日（秩父宮）
●全慶應（1敗）16（11—11、5—34）45全早稲田（1勝）○
②9月30日（秩父宮）
●全慶應（2敗）19（16—8、3—28）36全明治（2勝）○

◆蹴球部が新設の小泉体育賞を受賞

第5回全国大学選手権に優勝（早稲田と同時）の蹴球部（青井達也コーチ、宝田誠司主将以下選手19人）が3月21日、小泉体育賞を受賞した。1966（昭和41）年5月11日急逝した小泉信三先生の遺徳を偲んで今年の3月22日に同賞が新設されたもので、蹴球部の受賞は庭球部に次いで2番目。

【受賞したメンバー】
▼コーチ：青井達也
▼選　手：宝田誠司（主将）、宮田浩二、北野稔、谷川義夫、折戸明、楠目皓、坂水滉、麻生泰、下司仁士、宮坂進、佐藤博之、高橋忠久、荻村道男、永野進、渡辺真、森田宗太郎、吉岡泰男、川口明、吉岡和夫（以上選手19人）

◆第1回アジア大会で日本が全勝優勝

日本ラグビー協会の提唱でラグビーの第1回アジア大会が3月、東京・秩父宮ラグビー場で開かれた。参加国は日本、韓国、タイ、台湾の4カ国と1地域（香港）で争われ、日本が全勝で初代のチャンピオンとなった。

▼①3月8日　○日本82―8タイ●
▼②3月9日　○日本24―22香港●
▼③3月16日　○日本23―5韓国●

◆日本代表が初めてNZ、豪州遠征へ

日本代表のNZ、豪州への初めての遠征が5月に実現した。「接近・展開・連続」の伝説的な戦法はこの遠征を前に、新設の技術委員会（星名秦委員長）での討議の中で編み出された日本独特の新戦術で、創造の中心人物は代表チームの監督、大西鉄之祐（早稲田ＯＢ）とされている。遠征の成績はNZで10戦5勝5敗、帰路立ち寄った豪州で1敗を記録しているが、このジャパンが一躍世界のラグビー界に名を馳せたのはNZでの第8戦、オールブラックス・ジュニアに23―19で勝ったこと。この衝撃的なジャパンの勝利は外国通信社によって世界へ打電されたという。なお、慶應義塾からはOBの堀越慈（1964年卒、現日本協会理事）が左のロックとして出場しているが、現地からの報道は「ラインアウトで活躍、ジャパンの勝利に貢献した」ことを報じている。

1969(昭和44)年度 ◆荻村道男◆

前年大学選手権の決勝で早稲田と同点引き分け両校優勝、日本選手権初出場という強い慶應が復活した後を引き継いで、9月からシーズンにはいった。対明治戦には勝ったものの、この年の大学選手権覇者日体と、大西鉄之祐監督率いる早稲田に敗れて2敗で対抗戦を終了した。その結果、対抗戦グループとリーグ戦グループの交流試合に出場して日大に完勝。大学選手権1回戦で関西の覇者同志社との対戦が決まったところで、同志社側から「大学選手権であたることが決まったが、定期戦を別に年内にやるかどうか」と相談が持ち込まれた。決める前に相手の力を見ておこうと考え、他校との定期戦で上京していた同大を見に行くと、予想以上のFWの重量とスクラムの強さ、その背後にはジャパン代表にもなったSO小藪修君がいる。即断した。「塾のFWも強いと自信を持っている。その自信そのままに戦ったほうがよい」と考えての決断だった。先方に選手権1回戦を定期戦としたい旨を連絡したが、結果は思い出したくないものとなった。ロックの堀越君が最初に右中間に飛び込んで先制したが、その後は圧倒的な大差で完敗してしまった。

準決勝へ進むことはできなかったが、このシーズン「激しく、厳しく、逞しく」「当たり勝て、走り勝て」「必殺のタックル」を掲げたわれわれの大学ラグビー生活は、悔いのない完全燃焼だった。

(荻村道男・記)

➲日本ラグビー協会第5代会長に横山通夫(黒黄会会長、1922年＝大正11年卒)が就任。

◆日本ラグビー協会香山蕃会長が死去

日本ラグビー協会の第3代会長香山蕃が5月3日に死去。東大ラグビーの創設者で、75歳の生涯をラグビー界の発展に捧げた生粋のラガーマンだった。また後任の湯川正夫も10月5日に病没。関西協会会長の横山通夫が第5代の日本協会会長に就任した。慶應義塾のＯＢが会長の職に就いたのは第2代の田辺九万三に次いで2人目。

◆今季のルール改正

I.R.B.(国際ラグビー評議会)は従来のタイトスクラムを「スクラム」、ルーススクラムを「ラック」と名称変更。さらに今季の改正からルールの定義に初めて「モールの項」が設定され、モールにおけるオフサイドラインが設けられた。新ルールによると「モールとは、フィールド・オブ・プレー内において、ボールを持ったプレヤーの周囲に双方のひとり以上のプレヤーが立ったまま、密集した場所に形成される」と定義されている。

その他、①ラインアウトでのピールオフの定義づけ　②今季からフリーキックがダイレクトタッチ規制のルールに抵触する　③ラインアウトでのクイックスローイン——などが主な改正点。

◆開幕戦は英国との国際試合

英国フェアの一環として香港駐留の英国デューク・オブ・ウェリントン連隊(D. O. W. R.)が9月に来日。26日の第1戦で全慶應は2本のスクラムトライをはじめFWの活躍で快勝した(今季の全早慶明3大学対抗戦は日英国際親善試合の関係で中止)。

◇日英国際親善第1戦(ナイトゲーム)
▼1969(昭和44)年9月26日

▼グラウンド＝秩父宮ラグビー場
▼キックオフ＝午後7時

○全慶應15（9—9、6—0）9 D.O.W.R.●

全慶應	vs.	D.O.W.R.
萩 野	FW	ソーン
永 野		デービス
小 川		ディケンズ
堀越慈※		ガードナー
堀越優		カギラパン
高 橋		ハンター
楠 目※		パ ス
谷 川※		ロバーツ
竹 岡※	HB	ストーン
宮 田※		レイド
川 口	TB	バーンズ
蔵 西※		ニューウェル
佐 藤※		カ ス
吉 岡		ロビンソン
藤	FB	ペティグルー

（注） レイド主将は父危篤の知らせで試合後に英国へ単身帰国。 ※はOB。

デューク・オブ・ウェリントン連隊は1702年に創設された英国の歩兵連隊。1815年にワーテルロー（ベルギー）の戦いで、ウェリントン公爵率いる同連隊が百日天下で復位したナポレオン一世のフランス軍を撃破したことで名を馳せた。現在は香港に駐留しており、来日は英国フェアにご出席のエリザベス女王に随行と発表されている。試合は平均体重74キロの全慶應FWが13キロも重いウェリントン連隊FWから前半2分、22分と2本のスクラムトライをはじめ、FWの縦攻撃で前半を9—9の同点でしのいだ。風上に回った後半はパントを多用した全慶應のペース。4分高橋のトライ、22分には蔵西がPGを決めて勝利を不動のものにした。後半のウェリントン連隊はノートライ。なお、同連隊は第2戦の自衛隊にも敗れ、最終戦の早稲田には大量80点を取られて大敗している。

◆シーズンの歩み（関東大学対抗）

苦しい新チームのスタートだった。青学との第1戦（30—28）は勝つには勝ったが2点差の薄氷を踏む思いの勝利。トライ数で上回りながらスコアで接戦を演じたのはコンバージョンの数が青学に劣った点に原因がある。戦前からの習慣とでもいうか、チームづくりのピークを明、早との試合においてきた伝統

●慶應義塾6（3—13、3—20）33日体○

慶應義塾	vs.	日体
加 藤	FW	夏 目
永 野		関 口
小 川		松 崎
堀 越		広 瀬
吉 岡		川 村
田 中		佐 野
高 橋		海老沢
金 子		赤 間
辰 沢	HB	本 田
安 部		青 木
川 口	TB	佐 藤
小 南		吉 村
森 田		中 村
大 塚		植 田
藤	FB	戸 島

○慶應義塾32（17—9、15—16）25明治●

慶應義塾	vs.	明治
萩 野	FW	高 田
永 野		長 瀬
小 川		永 田
奥 村		中 山
吉岡和		石 川
田 中		吉 田
高 橋		倭 文
金 子		宇治川
辰 沢	HB	木 原
安 部		渡 辺
川 口	TB	浜 田
森 田		小 松
大 塚		竹 村
吉岡泰		高 橋
藤	FB	新 島

的な手法が、新勢力の台頭で通用しなくなりつつある。苦戦した第42回慶立定期戦（25―14）の勝利はともかく、日体との第３戦（６―33）を大敗したのはその好例だろう。前半の中盤までは互角に競り合ったが、ボールが動きはじめると日体バックスのスピードと強い当たりに翻弄された。ここ５年間で日体との対戦成績は１勝４敗。大学チャンピオンとなった前年も敗れている。続く成城との初対戦（69―８）に大勝した次のカードは第44回慶明定期戦（32―25）。試合は明治の拙攻にも助けられたが、流れをうまくつかんだ慶應が接戦を制した。FW主導のラグビーからオープンへの展開に新境地を開きつつある今季の慶應だが、勝因として両WTBの活躍を第１にあげるとするなら、第２のそれは４本のコンバージョンと２本のPGを決めた大塚の正確なプレースキックである。いずれにしてもこの勝利で４勝１敗。しかも対明治戦３連勝という成績を見る限り、日体に喫した敗戦の痛手から完全に立ち直ったといえる。

ともに１敗同士の第46回早慶定期戦。連敗ストップの意気込みで臨んだ慶應に不運が襲った。FB藤の負傷退場である。14人の慶應に対し、早稲田には戦術面に余裕が生まれた。①FWがともにセブンになった　②FE小林をバックスに固定できる―の２点がそれである。局面に応じて小林をFW、あるいはバックスに下げる当初の作戦は前半15分の時点で解消してしまった。慶應にとってFWの健闘があったとしても、８人となった早稲田バックスの攻撃を守り切るには物理的にも限界があったのは確か。といってこのアクシデントを敗因と言いきるにはいささか抵抗を感じるが、慶應にとってひとつよかったことは後半に早稲田から３トライを奪うなど、最後まで闘魂を持ち続けたことである。

●慶應義塾15（６―16、９―17）33早稲田○

慶應義塾	vs.	早稲田
萩　野	FW	堀　口
永　野		大　東
小　川		余
堀　越		阿　部
吉岡和		稲　野
奥　村		井　沢
高　橋		萩　原
金　子		
	FE	小　林
辰　沢	HB	宿　沢
安　部		藤　田
川　口	TB	佐　藤
森　田		平　岡
大　塚		清　水
吉岡泰		宮　吉
藤	FB	中　村

残る２試合の成蹊戦（42―０）、第44回慶東定期戦（37―８）はともに快勝。８戦６勝２敗で対抗戦グループの第３位を確保して、リーグ戦グループ２位の日大と12月14日の交流試合で大学選手権への出場権をかけて対戦することになった。

◆交流試合で日大に快勝

◇交流試合（12月14日、秩父宮ラグビー場）

○慶應義塾38（23―３、15―11）14日大●

慶應義塾	vs.	日大
萩　野	FW	木　田
永　野		加　藤
中　村		関　口
堀　越		小　出
吉岡和		新　井
奥　村		青　木
高　橋		新　田
金　子		井　口
辰　沢	HB	阿部正
安　部		中　川
川　口	TB	山　口
宮　坂		阿部幸
大　塚		兼　子
松　浦		工　藤
荻　村	FB	篠　原

慶應の３年連続大学選手権出場が決まった。リーグ戦２位の日大との交流試合はラックで

交流試合・対日大戦に圧勝（昭和44年12月14日）。

の優勢を基盤に慶應が前半からバックスを走らせるオープン攻撃で、日大から大量38点をあげて完勝した。試合が競り合ったのは日大が前半７分にFWのドリブル攻撃から山口のトライで３―３としたところまで。15分に慶應がスクラムトライで追加点をあげてからはもうワンサイドの展開となってしまった。18分荻村の左隅トライ、22分にはラックから川口が中央に回りこんでトライ（ゴール）と速攻に次ぐ速攻。この後さらに２トライ、１ゴール、１PGを加えるなど、前半だけで23点をあげて早々と勝負を決めた。FWが当たり勝ち、ラックを制したことが勝因。これで３年連続の大学選手権出場となる。

◆第６回全国大学選手権は１回戦で敗退

選手権２連覇の夢は西の王者同志社に打ち砕かれた。１回戦敗退は大学選手権初出場の1967（昭和42）年度以来２年ぶり。

定期戦を兼ねた対戦だったが、この年の同志社は強かった。重量FWの破壊力とSO小藪を軸とするオープン攻撃に特色を持つチームだったが、慶應に交流試合でリーグ戦グループ２位の日大に大勝した当時の精彩がなく、勝負は前半で決まった。それにしても６トライ、７ゴールの53失点は予想を越える大敗といえる。

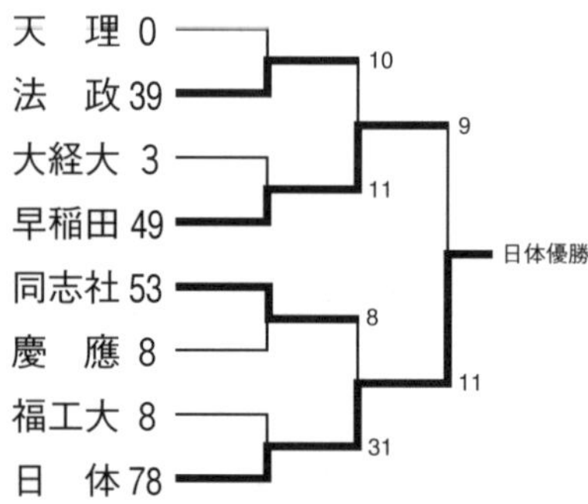

◆京都勢との定期戦

第43回慶京定期戦は交流試合から６日後の12月20日午後２時半から秩父宮ラグビー場で行われ、慶應が42―21の大差で勝った。

なお、日本最古の第53回慶同定期戦は両校の話し合いの結果、第６回大学選手権１回戦で慶應と同志社が対戦することになったため定期戦を兼ねることになった。

◆アジア大会で日本が２連勝

第２回アジア大会は１月10日から18日までタイの首都バンコクで開かれ、日本代表は決勝の相手タイを42—11で破り、大会２連覇（５戦全勝）を達成した。２位は開催国のタイ、３位は香港だった。次回の第３回大会開催地は香港（1972年11月）。

なお、この年の社会人優勝の近鉄、準優勝のトヨタ自工の主力選手がアジア大会の日本代表に選ばれたため、日程のかさなる日本選手権を辞退。かわって社会人ベスト４の富士鉄釜石が出場し、大学代表の日体と対戦している。

◆東京で世界初の３カ国対抗ラグビー

ラグビーの統括機関IB（国際評議会）が初めて認めた３カ国対抗戦が３月下旬、NZ大学選抜、カナダBC代表を招いて開催され、NZ大学選抜２勝、日本代表１勝１敗、カナダBC２敗の順位となった。

また並行して行われた日本チームと両外国チームの各親善試合では全慶應がカナダBCと３月15日に秩父宮ラグビー場で対戦し、６—57で大敗した。そのほかNZ大学選抜は東京、大阪、京都、名古屋、福岡で日本代表はじめ全早稲田など大学、社会人チームと７試合を行い全勝している。

1970（昭和45）年度 ◆永野進◆

対抗戦初戦の教育大戦は48—５と大勝したが、その後の試合は実力が出しきれず（実力通りの結果であったという見方もあるが）早稲田、明治、日体に敗れ、対抗戦グループ４位と極めて平凡な成績に終わった。また交流試合は法政と対戦したが、リーグ戦１位の力量には及ばず41—０と大敗した。

そんな中で記憶に残るのはやはり早慶戦であった。戦前は常勝早稲田が断然有利で圧勝という予想であったが、開始早々早稲田ゴール前のラインアウトから右フランカー及川が飛び込み、慶應が先取点をあげた。その後もFWがラックへの低い突っ込みで７割以上のボールを支配し、一方バックスも激しいタックルで早大自慢のライン攻撃を封じ込め、前半を11—８とリードして終わった。残念ながら後半は早大のスピーディーな連続攻撃に逆転を許したが、ゲーム内容としては攻守にわたって慶應らしく、ひたむきで闘志あふれるものであったと自負している。

（永野進・記）

➲ラグビー発祥国イングランド協会100年祭記念のラグビー国際会議が開かれる。

◆シーズンの歩み（関東大学対抗）

秋シーズンの第１戦は２年ぶりの対戦となった教育戦（48—５）に大勝。まずまずの滑りだしだったが、第２戦で早くもつまずいた。1967（昭和42）年に勝って以来勝ち星のない日体戦（14—28）。前半は１PGだけ、FWが当たり負け、バックスのスピードにも見劣りして３—14とリードを許した。しかし11点差はまだまだ逆転可能の範囲。後半にはいってFWのドリブル、バックスのパント攻撃から３分、20分と１トライ、１ゴールをあげて11—17と追い上げたあたりは期待をもたせたが、守りにミスが出て万事休した。このカード３

関東大学対抗・対明治戦に敗れ、対明治戦は３連勝でストップ（昭和45年11月８日・秩父宮）。

連敗。続く青学戦（44―０）は完勝で今季の成績は２勝１敗となった。

次の相手は同じ日体に敗れている明治との第45回定期戦（６―16）。慶、明ともにこの試合を落とせば対抗戦の優勝争いから脱落する大事な試合だったが、慶應は終始ゲームを押し気味に進めながら、肝心なところでのミス、防御に回ったときの甘いタックルが原因で対明治４連勝はならなかった。それにしても明治は前半40分のうち唯一のチャンスをトライに、また後半も１トライ、１ゴール、１PGを追加するなど、手堅い試合運びをみせたのに対し、慶應のそれは対照的。形、内容の点で春の慶明オープン戦（21―26）を再現してしまった。対戦成績は慶應の19勝25敗１分け。第43回慶立定期戦（20―13）は前半３―13とリードを許す苦戦のスタートとなったが、風上に回った後半、バックスのキック戦法とFWの立ち直りでようやく劣勢を挽回。スクラムトライなど４トライ、１ゴールを加えて逆転勝ちした。前半のFWの不調が苦戦の因。

47回目を迎えた早慶定期戦（11―24）は慶

●慶應義塾６（０―５、６―11）16明治○

慶應義塾	vs.	明治
矢　内	FW	高　田
永　野		高　木
加　藤		永　田
中　川		中　山
吉　岡		境
井　上		吉　田
田中正		倭　文
奥　村		南　出
渡　辺	HB	木　原
得　能		渡　辺
川　口	TB	小　松
森　田		森
浜　中		千　葉
鈴　木		高　橋
田中孝	FB	竹　村

●慶應義塾11（11―８、０―16）24早稲田○

慶應義塾	vs.	早稲田
矢　内	FW	栗　本
永　野		高　橋
加　藤		大　東
金　子		阿　部
吉岡和		津留崎
井　上		久保田
及　川		萩　原
藤		益　田
渡　辺	HB	宿　沢
得　能		藤　田
川　口	TB	佐　藤
森　田		藤　井
浜　中		平　岡
吉岡泰		熊　谷
田中孝	FB	小　林

應FWの復調で好試合となった。試合は前半13分、早稲田がSO藤田のパントから久保田のトライ（ゴール）で先制したが、戦局は慶應FWがラック、ラインアウトを連取するなど優勢。25分にPGで点差をつめた後、28分早稲田のパスミスを拾った川口のトライで逆転。その後も33分に得能から川口へのリターンパスが通って1ゴールを追加した。

しかし逆転したといっても早稲田に1PGの追加があって11—8のわずかに3点差。CTB藤井の一時退場で14人となった早稲田から最少の追加点に終わったのが、後半の展開に大きく響いた。13分に同点トライを佐藤に決められ、20分には10秒6の100メートル公式記録を持つ熊谷に逆転の50ヤード独走トライを奪われたのが致命傷。FWが6分通りボールを支配しながらチャンスを生かせなかった拙攻に加え、2度にわたるプレースキックの失敗が結果的には敗因といえる。

早稲田に8連敗、対戦成績でも13勝31敗3分けと大きくリードされた。この後、成城戦（58—3）、第45回慶東定期戦（30—11）と連勝し、5勝3敗で対抗戦シリーズを第4位で終了。交流試合でリーグ戦グループ1位の法政と12月13日に対戦することになった。

◆大学選手権4連続出場ならず

交流試合は12月13日午後2時30分から、リーグ戦グループ優勝の法政と秩父宮ラグビー場で対戦したが、法政の巧みなキック戦法に頼みのFWが前進を阻止され、ペースをつかめないまま0—41で大敗。大学選手権4年連続出場の夢はならなかった。

●慶應義塾0（0—11、0—30）41法政○

◆京都勢との定期戦は1勝1敗

第44回慶京定期戦は12月20日午後2時30分から大阪・花園ラグビー場で行われ、慶應が1トライ、5ゴール、1PGの猛攻で京大を下した。第54回慶同定期戦は同24日午後3時から京都・西京極球技場で行われ、前半5—15とリードされた慶應が後半の追撃で4点差まで迫ったが、わずかに及ばず惜敗した。

①12月20日（花園）
○慶應義塾31（18—8、13—5）13京大●
②12月24日（西京極）
●慶應義塾22（5—15、17—11）26同志社○

◆第6回全早慶明3大学対抗戦（ナイトゲーム）

全慶明戦は9月24日、全早慶戦は28日2週続きで秩父宮ラグビー場を舞台にナイトゲームとして行われたが、全明治に9—27、全早稲田に5—20と連敗。2敗で最下位が決定した。優勝は2勝の全明治で2連勝、3度目。

◆イングランド協会100年祭と初の国際会議

ラグビー発祥の国英国のイングランド協会創立100年を記念する初の国際会議（RUGBY WORLD CONGRESS）が9月23日から10月1日まで、またセンテナリーの式典など記念行事が10月2日から3日にかけて行われた。参加したのはIB（国際評議会）メンバー国はじめ世界から49カ国。日本からは金野滋理事・書記長、大西鉄之祐常任理事が出席した。

両代表の報告によると「会議のプログラムは3部からなり、第1部（23～25日）はケンブリッジ大学コーパス・クリスティー・カレッジ（E. B. クラークの出身カレッジ）で協会の機構や、一般的な機能の説明と現状報告など。第2部は各カウンティー（日本代表はノースミドランド協会）に分散して地方協会所属の小、中、高の各学校、クラブ代表の練習、試合、施設の視察。そして再びケンブリッジ大学にもどって第3部の総括討論会で会議を終了。

また記念式典の行事は10月2日にロンドンで開かれたヒース首相出席の英国政府主催レセプションで幕を開け、翌3日はトウィッケナムでの「イングランド・ウェールズvs.スコットランド・アイルランド」の記念試合観戦と式典参列。そして最後は3000人が出席した記念のパーティーで12日間にわたった会議と式典の幕を閉じた(要旨)」との概要説明とともにレポートは①日本ラグビーの評価が高いこと、②世界の評価が高いほどプレーヤーの責任は重く、艱難となる、③世界のラグビーは一日、一日と躍進を続けている、——の3点をあげ、結びとしている。

1971(昭和46)年度 ◆吉岡和夫◆

まずこの年度の戦績を記すと、対抗戦で日体には勝ったものの明治、早稲田、教育に敗れて5勝3敗の4位。リーグ戦グループとの交流試合では法政に負けて前年に引き続き大学選手権に出られない不本意なシーズンであった。

この1年間を振り返ってみると、4月に今まであまり馴染みのなかった高橋正旭新監督(昭和29年卒)が就任されたが、監督とコーチ・学生との信頼関係がうまく機能せず、極力意志の疎通に努めたものの、最後まで完全解決とはいかなかった。主将として申し訳なく思っている。

このような中で夏合宿は山中湖と九州・大分の湯布院で行い、対抗戦に臨んだが、緒戦の教育戦は直前になってメンバーが入れ替わるなど、精神的結束が不十分な状況で試合にはいり、まさかの敗戦。2戦目の日体戦は4年生中心にまとまりがでて勝ったが、明、早には善戦も及ばず力負けしてしまった。総括してみると、実力は大学のあるレベルまで達していたと思うが、練習、試合の両面で不完全燃焼に終わってしまったことが残念でならない。この点について、その年の納会で卒業していく4年生から「自らもっと厳しくやるべきだった」との発言があった。この発言が翌年の好成績につながったと思っている。 (吉岡和夫・記)

➲新合宿所が現在のグラウンド脇に完成し、シーズン前に引っ越しを完了。
➲初めて英国ホームユニオンのナショナルチーム、イングランド代表が来日。

◆新合宿所が竣工披露される

蹴球部の新合宿所がグラウンド脇に完成し、9月27日に披露された。鉄筋コンクリート2階建て延べ746m²(226坪)。食堂、応接室、浴場など野球部と共用部分が多かった日吉台の木造建築に比べ、新合宿所は蹴球部単独の宿舎となったうえ、道路ひとつ隔ててグラウンドに直結というクラブ活動には最適の環境といえる。1階は監督室、応接室、ミーティングルーム、ダイニングルームのほか、シャワーつきのタイル張りバスルームなど、部員共用のパブリックエリア。また2階部分は休養室と部員の居住区。一室に4人が起居を共にし、2段ベッドと机、椅子が各部屋に備えつけられているうえ、部員にとってなによりもありがたかったのは暖房完備という点だろう。蹴球、野球両合宿所の総工費9500万円のうち、黒黄会、三田倶楽部から各1500万円が寄付金として納められた。

◆トライ、ゴールの得点が改正

1971年度のルール改正で注目されるのは得点方法が２年間という限定で下記のように変わった点。これはI.R.B（インターナショナルボード）の指示で北半球は71～72年度、南半球はすでに71年度シーズンがはじまっているため翌72年度から試行する。目的はトライ重視のための試験的実施。

▼トライ＝４点
▼トライ後のゴール＝６点
（トライの得点は計算しない）
▼FKまたはPKによるゴール＝３点
▼前記以外のドロップキックによるゴール＝3点

◆シーズンの歩み（関東大学対抗）

波乱のスタートとなった。第１戦の教育大に大敗（９―38）するとはまったく予想外。翌日の毎日新聞は1949（昭和24）年以来22年ぶりの敗戦を「強力FWの看板が崩れ、バックスも１年生コンビのHBなど、試合なれしてない選手が多く、教育大の鋭い縦攻撃を受けて完敗した」と報じている。確かにFWではフッカー永野、バックスでSH渡辺、TB川口、森田、吉岡泰の卒業は戦力に影響したとも考えられるが、メンバーがほぼ一新したバックスはともかくFWは前年の主力が残っていたのだから強いて敗因をあげるとすれば、それは①メンバーの変動がほとんどなかったFWが試合の主導権を握れなかった点　②緊張感の欠如――の２点が指摘できる。

しかし第２戦の日体戦（21―12）では見違えるように立ち直っていた。慶應の日体戦勝利を新聞は「慶大が金星」と見出しで報じているが、日体に勝ったことが「金星」と評価されること自体寂しい限りといわざるを得ない。いずれにしてもチームの復活は藤、得能、浜中、三浦ら対抗戦の経験者によってもたらされた。FWが日体を上回る速い集散でラックを制し、バックスも厳しいタックルで日体の切り札有賀の突進を封じるなど、攻守に慶應らしい粘っこさが出てきた。日体戦４年ぶりの勝利。続く青学との第３戦（45―19）も快勝し、２勝１敗と勝ち星先行で第46回慶明定期戦を迎えた。

日体に敗れている明治と勝っている慶應。この勝敗を基準にすれば慶應有利の見方もあ

●慶應義塾９（３―11、６―27）38教育○

慶應義塾	vs.	教育大
新　岡②	FW	山　田
矢　内④		金
加　藤③		松　岡
中　崎②		百　々
吉　岡④		大　石
井上登④		岡　本
田中正④		金　井
中　川③		向　山
酒　井①	HB	阿　南
上　田①		猿　渡
松　浦④	TB	名　取
与名本②		丹　治
城　重④		糸　山
井上大④		上　村
田中孝④	FB	阿世賀

※丸数字は学年

●慶應義塾３（０―９、３―38）47明治○

慶應義塾	vs.	明治
矢　内	FW	平　川
伊　藤		高　田
加　藤		畦　田
中　崎		中　山
吉　岡		境
井上登		吉　田
田中正		上　村
藤		南　出
松　岡	HB	木　原
得　能		渡　辺
鈴　木	TB	柴　田
浜　中		小　松
田中孝		千　葉
井上大		高　橋
三　浦	FB	中　川

ったが、試合は明治のワンサイドに終わった。慶應が互角に戦えたのは明治の得点を３PGに抑えた前半だけ。足場の悪い雨中戦が劣勢の慶應FWからより多くの戦うエネルギーを奪ったのだろう。後半、大量38点を許して大敗した。雨の中の試合という条件は同じであっても、FW戦でつねに優位の明治と、そうでない劣勢の慶應ではバックスのハンドリングひとつをとっても違ってくる。とくに後半は守る時間の多くなった慶應に痛いミスが出て予想以上に一方的な展開となってしまった。このカード２連敗。

この後の第44回慶立定期戦（34—20）は順当に勝って勝ち星ひとつ先行で伝統の第48回早慶定期戦を迎えることになった。ここまでの早稲田は５戦全勝。それも総得点337点。１試合の平均得点が68点弱という強烈な攻撃力と、守っては教育に２トライを許しただけ。うち４試合は相手をノートライに封じる完璧な試合運びで勝ち進んできたチームである。前半こそ慶應FWのがんばりで６—７と１点差の接戦に持ち込んだが、やはり後半は成績通り早稲田の攻撃力が爆発して完敗となった。これで早稲田に９連敗。通算の対戦成績でも

●慶應義塾16（６—７、10—23）30早稲田○

慶應義塾	vs.	早稲田
矢　内	FW	田　原
倉　本		高　橋
加　藤		奥　田
中　崎		中村賢
吉　岡		津留崎
井上登		神　山
田中正		萩　原
藤		益　田
大　長	HB	宿　沢
得　能		中村康
鈴　木	TB	金　指
田中孝		藤　井
浜　中		佐　藤
井上大		堀　口
杉　下	FB	植　山

12勝32敗４分けと20勝の勝ち越しを許す一方的な結果になった。残る対抗戦の日程は２試合。成蹊戦（30—23）、第46回慶東定期戦（37—13）と連勝して今季５勝３敗で辛うじて第４位を確保し、リーグ戦グループとの交流試合で法政と対戦することになった。

◆大学選手権への出場ならず

交流試合の相手は昨季につづいて２年連続で法政となった。対抗戦４位の慶應にとってリーグ戦グループの覇者は荷が重い。FW、バックス一体となった法政のスピードラグビーに大量52点を取られて大敗した。交流試合での対法政戦は２戦して２敗。また大学選手権での対法政戦は２戦して１勝１敗。

◇交流試合（12月12日、秩父宮ラグビー場）

●慶應義塾９（０—24、９—28）52法政○

〈大学選手権＆交流試合での成績〉

選手権	①'67	●慶應義塾11—43法政○
選手権	①'68	○慶應義塾30—９福岡工大●
準決勝		○慶應義塾24—10法政●
決勝		△慶應義塾14—14早稲田△
選手権	①'69	●慶應義塾８—53同志社○
交流試合	'68	○慶應義塾36—５専修●
交流試合	'69	○慶應義塾38—14日大●
交流試合	'70	●慶應義塾０—41法政○
交流試合	'71	●慶應義塾９—52法政○

◆京都勢との定期戦に連敗

第45回慶京、第55回慶同２つの定期戦は12月19、24日と秩父宮ラグビー場で相次いで行われたが、両定期戦に慶應が敗れる波乱のシーズンとなった。慶應の対京大戦連勝記録は19でストップ。また対同志社戦は３連敗。

①12月19日（秩父宮）

●慶應義塾24（24—16、０—16）32京大○

②12月24日（秩父宮）

●慶應義塾11（8—12、3—30）42同志社○

◆第7回全慶、明、法3大学対抗戦（ナイトゲーム）

今季の3大学対抗戦は辞退の全早稲田（来日したイングランドとの対戦のため）にかわって全法政が登場する変則カードとなった。全慶應は開幕第1戦を全法政と9月22日午後7時から秩父宮ラグビー場で対戦したが、全慶應はFWが当たり負け、バックスが走り負けて18—47と大敗。続く25日の対全明治戦も12—26で完敗した。

◆イングランドが初来日

イングランド協会の百年祭を、昨シーズン祝ったばかりの英国からラグビーの親善使節としてイングランド代表チームが9月に来日した。史上初めてラグビーの発祥国、それもナショナルチームを迎え、日本代表とのテストマッチ2試合（大阪、東京）と単独チームを代表して全早稲田が対戦。テストマッチの第1戦（花園）は19—27と8点差、また最終日のテストマッチ第2戦（秩父宮）はともにノートライのすえ、3—6と1PG差で惜敗という歴史的な日本代表の大健闘を目の当たりにして、グラウンドまであふれた大観衆の興奮は極に達した。なお慶應OBとしてただひとり日本代表のCTBとして2試合対戦した宮田浩二（1969年卒）について、イングランド代表に同行したジェンキンス記者は「FB万谷、CTB宮田のサインプレーによるタイミングのいいパスでマークをはずし、考えられないポジションからの攻撃で、イングランドをしばしばパニック状態に追い込んだ」とロンドンタイムスに打電している。

◆年度末に豪州コルツが来日

日本ラグビー協会が招いた豪州コルツ・チームは香港、台湾を転戦の後、3月15日に来日。東京、大阪、京都、福岡など6都市で日本代表との2試合をはじめ、日本B代表、日本学生代表、地域協会代表などと8試合を行った。豪州代表（ワラビーズ）4人を含む州代表など若手主体のコルツは4勝3敗1分けとひとつ勝ち越した。日本側の3勝は日本代表（1勝1分け）、日本B代表（1勝1敗）、京都代表が記録したもの。なお慶應OBでは日本代表に宮田浩二（新日鉄釜石・1969年卒）、日本B代表に永野進（東京海上・1971年卒）、九州代表に川口明（新日鉄八幡・1971年卒）がそれぞれ協会チームの代表として出場している。

1972（昭和47）年度 ◆藤賢一◆

われわれの年度は大学紛争で入学式も卒業式もないという異常な大学生活であった。その混乱が蹴球部にも影響を与えていた中で、吉田博信新監督を迎え大学選手権復活をめざすことになった。

最小限の人的資源で勝ち抜くためには厳しい試練を課すことしかなかった。そして若いチーム作りをめざし、そのチームワークが次年度以降も継承されることを考え、自分たちの年代がその踏み石になっても仕方がないと、実力主義で上、下級生を問わずポジション争いをさせた。それも自分たちのチームを前提にしたので相当苛酷な練習を全員に強いることになり、下級生にとっては慶應らしからぬ練習に映ったかもしれない。

卒業後に後輩たちが「地獄の練習」だったと言っていたが、われわれとしては原点に戻り他のチームよりも練習し、これによって自信をつけるしかなかった。その結果、大学選手権に４年ぶりに参加し、準決勝まで駒を進めたが惜敗した。

この１年間の練習を通してリーダーラインを確認し卒業したのだが、このラインは見事に守られ、次年度も連続して全国大会出場となった。47年度がひとつの転換点になれたことは少ない同期の仲間たち全員で誇りに思っている。　（藤賢一・記）

➲体育会創立80周年記念式典（日吉記念館）で早稲田大学大西鉄之祐教授が記念講演。

➲黒黄会に技術指導委員会が新設され、初代委員長に中須規夫（1950年秋卒）が就任。

◆黒黄会に技術指導委員会

今年度の新監督に吉田博信（1962年卒）が就任、これを機に「技術指導委員会」が黒黄会に新設された。

①1963年度を境に日本選手権、全国大学選手権などチャンピオンシップ制の相次ぐ導入による新時代への対応、②１年から２年の周期で変わる指導体制への支援、③学生スポーツの域を越えないアマチュア意識――などが設立の理由にあげられる。1961年度に強化本部を発足させた早稲田から遅れること10年。先を越されはしたが、ルーツ校復活へ新委員会の活躍が期待される。

初代委員長には中須規夫（1950年秋卒）が選ばれた。黒黄会理事長田川博は「指導理念の確立と、塾の一環教育の特色を加味した長期計画を作ってもらいたい」と述べている。

◆若手ＯＢ宮田浩二の提言から

技術指導委員会の発足にあたって、慶應OBでただひとり日本代表として活躍している宮田浩二の声に耳を傾けたい。

「今まで慶應の伝統を支えてきたものは精神的なものの強調であった。最近数年のやり方では、科学的な組織だった指導というものが欠如していると思う。たとえばディフェンスひとつをとってみても、ひとついいタックルをすればよいという考え方だけが強調されている。早稲田のように、前の者のミスをいかに次の者がカバーするかを強調していく組織だった指導が必要である。慶應のセンターが抜かれると大損害につながるが、早稲田の場合センターが抜かれてもたいしたキズになっていない、この差である。私が学生のとき、あるいはOBになってからも先輩の指導を聞いても、先輩に知識がなさすぎるということを痛切に感じていた。練習ひとつにしても伝統的な方法が優先され、新しいものが入ってこない。これを革新的な方法に変えることは難しい気がする。私はいま新日鉄釜石でラグビーをしているが、高校出の若い人たちを相手にしているとき、いかに練習に引きつけるかが問題であり、リーダーの頭の使いどころであった。練習でも他の競技をやったり、毎日のパターンを変えたりして若い人の心をつかんできた。しかし慶應にはそれがない。OBは若い人がやる気がないと指摘しているが、それ以前にこれらについて反省し、ものごとを考えてほしい」(黒黄会報・原文のまま＝要旨抜粋)

◆シーズンの歩み（関東大学対抗）

例年になくスタートは快調だった。青学から７トライ、３ゴールを奪う猛攻で46—16とまず１勝。続く日体との雨中の試合（11—８）は２転、３転の接戦をFWの活躍で制した。「バックスの仕上がりがこれからの課題。まだ65%の出来」と吉田監督のコメントは辛いが、対日体２連勝は大きな自信をチームに植えつけた。昨シーズンの第１戦で予期せぬ大敗を喫した教育には39—３と大差で雪辱。この勢いは第４戦の第45回慶立定期戦（52—16）にも発揮され、４戦全勝で前半戦を終わった。

全勝対決となった第47回慶明定期戦は勝ったほうが優勝へと大きく踏み出す大事な一戦。FWが明治の重量FWに一歩も譲らずボール獲得の点では互角の展開だったが、バックスの走力、決定力で慶應は劣った。せっかくFWがボールをキープしても肝心のラインがミスパス、落球の連続でズルズル後退を繰り返すばかり。しかも後半初めに明治の新人SH松尾の負傷退場があったにもかかわらず、数の上での優位すら生かすことができなかった。このカード３連敗。通算の対戦成績でも19勝27敗１分けと大きくリードされた。

第49回早慶定期戦はまたも完敗に終わった。新聞が伝える「慶應有利」の情報に惑わされることなく早稲田の慶應対策は万全だった。

●慶應義塾 21（７—23、14—11）34明治○

慶應義塾	vs.	明治
新　岡	FW	笹　田
伊　藤		高　田
加　藤		畦　田
安　田		中　山
中　崎		境
中　川		吉　田
仲小路		田　口
藤		西　妻
上　田	HB	松　尾
林		渡辺千
大　石	TB	渡辺貫
浜　中		小　松
長　島		千　葉
鈴　木		高　橋
杉　下	FB	中　川

劣勢と報じられたFWは、速い集散でラックを制し、低いスクラムを組むことで慶應FWに対抗してきた。しかもボールをとればバックスのパントで縦攻撃を封じてくる。試合の主導権はスタートから早稲田のものだった。あせりからか、前半の慶應にノーボールタックルやオフサイドの痛い反則が続いたのも戦局を不利にする材料となった。早慶戦で早稲田に勝つことはチーム力が互角では不可能。早稲田の戦力に倍加するチーム力を慶應が備

●慶應義塾３（０—12、３—７）19早稲田○

慶應義塾	vs.	早稲田
新　岡	FW	田　原
伊　藤		浜　野
加　藤		奥　田
安　田		中村賢
中　崎		星
武　見		神　山
酒　井		石　塚
藤		佐　藤
上　田	HB	宿　沢
林		中村康
鈴　木	TB	金　指
浜　中		畠　本
桝　谷		藤　原
大　石		堀　口
坂　本	FB	台

えたとき初めて現実のものとなることを対早稲田戦10連敗の記録が示唆している。

対抗戦最終の第47回慶東定期戦（63—13）も大勝でクリア。今季5勝2敗で早稲田、明治に次いで第3位を確保し、5年連続で交流試合への出場を決めた。

◆3年ぶりに交流試合突破

○慶應義塾42（18—4、24—4）8日大●

慶應義塾	vs.	日大
新　岡	FW	松　本
伊　藤		重　田
加　藤		関　口
安　田		黒　田
中　崎		宮　野
武　見		岩　出
仲小路		高　橋
藤		佐　藤
松　岡	HB	後　藤
高　橋		石　垣
鈴　木	TB	竜　田
浜　中		大　坊
桝　谷		田　仲
大　石		館　岡
坂　本	FB	阿　部

交流試合第2日、12月10日午後0時45分から秩父宮ラグビー場でリーグ戦2位の日大と対戦。前半の先制3ゴールで試合の主導権を奪った慶應が後半も着実に3ゴール、2PGを追加して圧勝。3年ぶり4度目の大学選手権出場を決めた。

慶應の勝因はFWに自信を持つ日大にスクラム、ラインアウトなどで競り勝ったことも一因だが、それ以上に日大のミスを逃さず、チャンスの突破口とした巧みな試合運びと、プレーの連携にあった。

大学選手権に対抗戦グループから3校（今季は早稲田、明治、慶應）が出場するのは3度目。

◆大学選手権決勝進出ならず

1回戦は得意のアップ＆アンダーが不発。つねに慶應ペースで試合を進めながらも関西随一の評価が高い天理FWにてこずり前半は1PGずつで3—3の同点。後半に入ってようやく25分、ゴール前のスクラムから加藤のトライで天理を振り切った。FWの前進を止められると動きがとれないウィークポイントを露出した一戦。

準決勝は定期戦で敗れている早稲田が相手。願ってもない雪辱のチャンスでもあり、事実試合ではFW戦の主導権を握るなど、限定された局地戦で優位にたちながら早稲田の巧みな試合運びに涙を飲んだ。FWとバックスの戦力のアンバランスが致命傷となった。

▼1回戦（1月2日・秩父宮ラグビー場）

○慶應義塾7（3—3、4—0）3天理●

慶應義塾	vs.	天理
新　岡	FW	上　野
伊　藤		川　村
加　藤		森　田
安　田		石　本
中　崎		北　口
中　川		田中政
仲小路		溝　口
藤		田　原
松　岡	HB	田中克
高　橋		二の丸
鈴　木	TB	滝　林
浜　中		浜　口
桝　谷		田中伸
大　石		春　藤
坂　本	FB	太　田

▼準決勝（1月4日・秩父宮ラグビー場）

●慶應義塾9（0－6、9—16）22早稲田○

慶應義塾	vs.	早稲田
新　岡	FW	田　原
伊　藤		浜　野
加　藤		奥　田
安　田		中村賢
中　崎		星
中　川		神　山
仲小路		石　塚
藤		佐　藤
松　岡	HB	宿　沢
高　橋		中村康
鈴　木	TB	金　指
浜　中		畠　本
長　島		水　上
大　石		佐々木
杉　下	FB	植　山

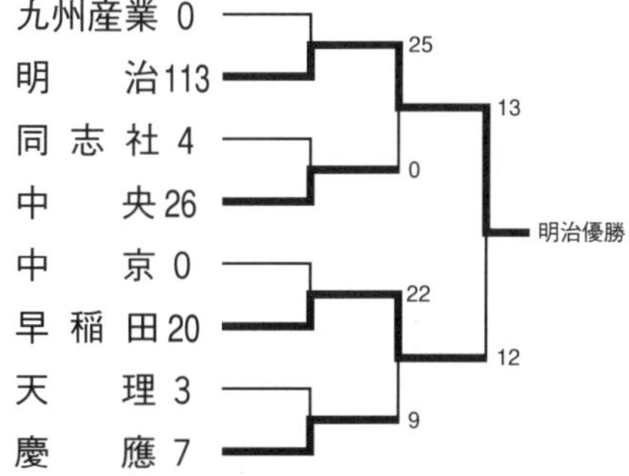

◆京都勢との定期戦に快勝

第46回慶京定期戦は12月17日、第56回慶同定期戦は同24日、ともに京都・西京極球技場で行われ、慶應が京大、同志社にそれぞれ昨季の雪辱を果たした。京大には余裕の試合運びで大勝。また同志社戦は雨中戦となったが、スクラムで押し勝ち、ラックでも速い集散から大半のボールを奪うなど、慶應がFWの活躍で接戦を制した。通算成績は京大戦が35勝10敗1分け、同志社戦は40勝12敗4分けといずれも慶應が大きくリード。

○慶應義塾52（12－4、40—6）10京都大●
○慶應義塾10（6－0、4—4）4同志社●

◆全明治のNZ遠征を祝して壮行試合

明治大学ラグビー部が創部50周年を記念して1973年3月にNZ遠征を行うことになったが、今季の第8回全早慶明3大学対抗戦はその壮行試合に振り替えられ、早、慶、法がそれぞれ全明治と対戦した。全慶明壮行試合はシリーズ最終戦として10月2日に秩父宮ラグビー場で行われ、OBの蔵西、宮田を軸とするバックスの活躍などで好試合となったが、29—31の2点差を逆転できなかった。

なお、シーズン開幕のナイトゲームとしてラグビー界に一定の役割を果たしてきた3大学対抗戦だったが、日本代表の強化を第1とする日本協会の意向に加え、チーム力に格差がありすぎるとの理由から存続問題の再検討を求める声が出はじめた。全早稲田は昨年イングランド代表との対戦を理由に3大学ナイトゲームを辞退している。

◆アジア大会で日本代表が3連覇

第3回アジア大会は11月3日から12日まで香港で行われた。参加チームは日本、韓国、香港、タイ、マレーシア、シンガポール、スリランカの6カ国1地域。Aグループ3勝の日本は決勝でBグループの勝者、香港と対戦。前半は1PGに終わった日本だったが、堅さがほぐれた後半は1トライ、1ゴール、1PGを追加。香港をノートライに封じて快勝した。この大会で日本は第1回から3連勝。

なお、慶應からOBの宮田浩二（1969年卒、新日鉄釜石）がCTBとして第2戦（対スリランカ）を除く3試合に出場。龍野和久（1955年卒、東洋ガラス）がレフリーとして参加した。

1973（昭和48）年度 ◆中崎修◆

卒業年次の成績は大学選手権ベスト４どまり。一度も早稲田、明治に勝てずに卒業したので誇るべき戦績はない。

われわれが入部した昭和45年４月の合宿所は野球部と同じ戦中に建てられた、がっちりとした年代物で、冬は割れたガラス窓から寒風が吹き込み、部屋の中のコップが凍って割れるような劣悪な環境であった。夜は廊下体操で上級生にしごかれ、風呂も最後にはお湯もなく寂しい思いもあったが、野球部と一緒だったこともあり、またそれも楽しい思い出として残っている。現在の合宿所ができ、引っ越したときは天国にきたように感じるとともに、古い合宿所が懐かしく感じられたことを覚えている。

上級生・下級生が一緒に共同生活をしていたためか、現在も同期の集まりである「アゴの会」のほか、同じ釜の飯を食った仲間として上下の隔たりなく親しくさせてもらえるのもあの古い合宿所のおかげと思っている。

（同期代表杉下茂治・記）

◆シーズンの歩み（関東大学対抗）

今季のスタートは快調そのもの。教育との第１戦を72―４のビッグスコアで一蹴した。FB坂本のライン参加であげた先制トライが猛攻のはじまり。その後もオープン攻撃の連続で６トライ、８ゴールを記録した。このあたり「バックス強化」をテーマに掲げた春から夏合宿にかけての練習の成果を思わせるでき栄えだったが、第２戦の成蹊との試合（38―18）と大幅にトーンダウン。第１戦大勝の反動なのか、それともホームの日吉グラウンドでの試合で緊張感を欠いたのか。いずれにしても前半戦最初のヤマ場ともいえる日体戦（26―８）を前にもたつきが心配されたが、フタを開けてみれば杞憂に過ぎなかった。前半は６―０とトライなしの２PGに終わったが、堅さのほぐれた後半は20―８とワンサイド。続く青学戦（53―15）、第46回慶立定期戦（86―０）も大勝で５戦全勝。明治との無敗対決を迎えた。グラウンドは新装なった秩父宮ラグビー場。改修工事が終わった今季最初の試合が第48回慶明定期戦だったが、試合は16―25の惜敗。４年連続の敗戦となってしまった。「後半も後８分を残して１ゴール逆転の機会を得たときは実によく攻めた。初めからあの気持ち、ファイトを持てばと思えたが…。直接の敗因は無責任パスでインターセプトされたこと。全体ではタックル、とくに密集時のタックルが甘く、スローテンポの明治にボールを生かされ続けたことである。FWが互角になるとTBに決め手がないため小技ばかりに走っていた消極戦法もいけなかった」。以上は黒黄会報が伝える観戦記の再録である。

●慶應義塾16（３―21、13―４）25明治○

慶應義塾	vs.	明治
新　岡	FW	笹　田
伊　藤		森　内
川　嵜		平　川
中　崎		足　立
安　田		岩　沢
武　見		八　木
仲小路		田　口
伊　東		境
上　田	HB	松　尾
高　橋		貞　包
鈴　木	TB	渡　辺
桝　谷		大　山
上　野		森
吉　岡		横　山
坂　本	FB	中　川

早慶定期戦は50回目を迎えた。半世紀にわたって鎬（しのぎ）を削ってきた歴史をルーツ校から見れば、初期を除いて屈辱の連続といってもい

●慶應義塾16（9—7、7—18）25早稲田○

慶應義塾	vs.	早稲田
新　岡	FW	佐　野
伊　藤		浜　野
川　嵜		奥　田
中　崎		中　村
安　田		川　内
武　見		神　山
仲小路		石　塚
伊　東		山　下
上　田	HB	辰　野
高　橋		台
鈴　木	TB	金　指
桝　谷		畠　本
上　野		藤　原
吉　岡		堀　口
坂　本	FB	植　山

いだろう。残念ながら節目の年にあたる今季も遅れをとってしまった。再び黒黄会報の観戦記を引用する。

「スローフォワードだ、オフサイドだ、アドバンテージだ。いろいろ言いたいこともあるだろう。が、ともかく負けは負け。ついに11連敗。これだけを考えると、昭和６年から17年までの12連敗に次ぐ不名誉な記録となる。しかし、内容的には今年観戦していたＯＢのほとんどは『勝った』と思ったに違いないゲームであった。FWは押し勝ち、タックルもあった。TBもひとりひとりでは圧倒的に早稲田の選手が優勢だったが、よく持てる力をフルに発揮し、FWと一体になって早稲田のエース植山、藤原をマークしたのは立派だった。

なかでもNO.８伊東のディフェンスは特筆ものであった。結局は反則が早稲田14、塾16。PGは早稲田の５に対して、塾は４。この差が勝負の分かれ目となったが、それにしても早稲田植山のキックは実にすばらしいもので、インサイドフロントキックの距離での優位性を見事に証明したものである。11連敗はしたけれど、10連敗までが途中善戦はあっても実力差が明確であったが、今年は完全に互角になったといえる」。

このあと対抗戦最終の第48回慶東定期戦は

50回目となった早慶戦を記念して作られたプレート。

115—０。FW第１列に松本、ロックに高木、第３列に酒井、CTBに長島、WTBに金沢、FBに内布ら新顔、旧人を交えたメンバーで10トライ、12ゴール、１PGの115点。しかも東大の得点をゼロに抑える完勝で対抗戦グループ３位を確保した。

◆２年連続５度目の大学選手権へ

交流試合で法政と対戦するのは3度目。過去に70、71年と連続で大学選手権への道を法政の展開ラグビーに絶たれているが、今季は慶應の完勝だった。勝因は5PGとスクラムトライを奪うなどFWの活躍。これで2年連続、5度目の選手権出場を果たした。それにしても両チーム合わせて反則数43(慶20、法23)は多すぎる。

○慶應義塾21（6—6、15—6）12法政●

◆大学選手権に明治の壁

１回戦は関西リーグ優勝の天理が相手。昨年に続いての対戦となったが、試合はFWに自信を持つ慶應が前半31分にNO.８伊東のトライ（ゴール）で逆転。その後も好機を確実に得点にするうまい試合運びで勝利を決めた。準決勝は慶明２度目の対決となったが、明治の壁を今度も突破できなかった。わずかに後半１ゴールを返しただけ。前、後半６本のトライ（うちゴール３本）と１PGを奪われ、決勝進出はならなかった。

◇第10回全国大学選手権

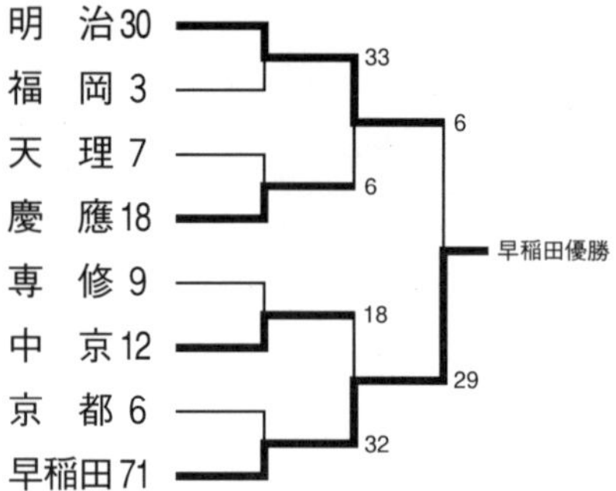

▼１回戦（1973年12月22日・西京極球技場）

○慶應義塾18（12―３、６―４）７天理●

▼準決勝（1974年１月４日・国立競技場）

●慶應義塾６（０―19、６―14）33明治○

◆慶同定期戦は中止

シーズン開幕の９月16日に京都・西京極球技場で行われる予定の第57回慶同定期戦は同志社側に夏の合宿練習で部員の死亡事故が発生。同志社ラグビー部が自発的に１年間の対外試合中止を決めたことで、今季の定期戦は行われなかった。

第47回慶京定期戦は暮れの12月８日に日吉の慶應グラウンドで予定通り行われ、96―６の大差で連勝した。京大は１月の大学選手権１回戦で早稲田と対戦する。

◆ペナルティーについて

レフリーの目が厳しくなったのか、ルールに対する選手側の理解度に問題があるのか、今季の反則数には驚かされる。今シーズン慶應が取られた反則総数は12試合で145。そのうち交流試合の法政戦での20が最多の反則数だったが、この試合の対戦相手法政はそれをさらに３本上回る23反則を数えた。両チーム合わせて43。ラグビーの観戦というより反則を見にファンはスタンドに足を運んだと皮肉られても仕方のない内容だったが、これで驚くのはまだ早い。秋の慶明戦では明治が25の反則を取られていた。それでいて慶應のあげたPGは前、後半各１本ずつと勝敗を覆すような得点とはなっていない。珍しいケースといえるが、I.R.B.は昨年のルール改正でトライを3点から4点に引き上げることで、PGの3点に格差をつけた。反則の多発ほどラグビーをスポイルするものはない。スキルの習得、錬磨に加えてルールの習熟もラガーマンの大事なテーマであり、勝利への要素といえる。勝利の追求とともにラグビーの王道を歩んでもらいたい。

◆日本代表が史上初めて英仏遠征

英、仏遠征の日本代表（横井久監督）は９月16日に羽田を出発。最初の訪問国ウェールズで５試合、イングランドで２試合、最後はフランスに転戦して４試合の計11試合を行ったが、成績はウェールズとフランスで各１勝をあげただけ。ウェールズ、イングランド、フランス各代表とのテストマッチ３敗を含め日本のラグビー史上初めての英、仏遠征は２勝９敗に終わった。

1974（昭和49）年度 ◆上田昭夫◆

①同期が15人で、各ポジションにあてはまり、ちょうど1チームできる（ひとりは上からわれわれの仲間に、2人は翌年の卒業となったので、黒黄会名簿には13人の名前しか載っていないが）。
②出身地は、九州3・山陰1・関西3・東海1・関東6・東北1と全国各地から集まった。
③入学形態は、現役1・1年浪人8・2年浪人1・日吉3・志木2。
④現在（1999年）の仕事は、県会議員2・社長3・スキーロッジのオーナー1・サラリーマン9。
⑤大学からラグビーを始めた者1（76年卒の成相）。
⑥1年間休部？して、4年生になって復帰したもの1（武藤）。
⑦大学1年の時に、現在の合宿所が完成（28年前）。
⑧対抗戦2位（早稲田に負けた1敗）、大学選手権ベスト4（明治に敗れる）。
⑨そして現在の「監督」を出している。

このように多士済々なメンバーが集まり、伝統を引き継いだ。とくに前年のレギュラーが8人抜け、なかでもFWは2人しか残らないという厳しい状況で新チームがスタートした。結局、怪我も重なり、最終的なレギュラーメンバーのうち、4年生はたった3人の若いチームとなった。この若いチームを支えたのが、2本目の4年生。2軍の強いチームは1軍も強いといわれるが、それを実証した。対抗戦の成城と東大との試合では実力のある4年生を使い大勝した。成城戦は154—3という歴史的な得点であった（失点の3は、当時1年の黒沢が反則をして奪われたPG）。

当時は泥くさい練習を黙々とこなし、華麗とは言えなくても負けない、強いチームができ上がったのは陰で支えた4年生の力があったからこそだろう。そのパワーは社会人になって、それぞれの会社、分野で活躍する姿を見ればわかる。

対抗戦は国立競技場で早稲田と全勝対決。早稲田はアジア大会に3人が参加してベストメンバーではなかったにもかかわらず勝てなかった。大学選手権準決勝の明治戦。ゲームの流れは慶應にあったものの歯車が狂って勝てなかった。悔いが残る。

われわれは大学までは異なる環境で育ったメンバー。しかし、慶應に入学し、蹴球部に入部したことで、強いチームを作るために、自分の役割が何なのかをよく理解していた年代だと思う。

（上田昭夫・記）

➲蹴球部創部75周年記念祭が5月26日、日吉陸上競技場で行われる。

◆蹴球部創部75周年を迎えて

蹴球部の創部75周年を祝う記念祭が5月26日、日吉の慶應義塾陸上競技場で行われた。午前の部は記念試合。幼稚舎、普通部、中等部、日吉、志木両高校、大学、黒黄会の蹴球部ファミリーを縦断する慶應義塾ならではの多彩なメンバー編成が話題を呼び、五月晴れの下で熱戦を繰り広げ、各試合に盛んな拍手と声援が飛んでいた。

午後は一転して2時半からの式典と華やかな祝賀の宴。当日は日本、関東両ラグビー協会役員、各大学ラグビー関係者ら来賓多数が参列するなか、記念式典は塾歌斉唱に始まり、物故者への黙祷などに続いて、慶應義塾塾長（代理・金子吉雄）、日本ラグビー協会進藤次郎副会長の祝辞が述べられた。このあと蹴球部発展の功労者として瀬下良夫蹴球部長に記

創部75周年の記念祭を昭和49年５月26日、日吉・陸上競技場で挙行。多くの来賓の臨席を得て、祝賀会など多彩な行事が行われた。

念品の贈呈。また75周年記念にちなんで75歳以上の黒黄会員に長寿を祝して記念品が贈られたが、壇上で記念の品を受け取る代表の高地万寿吉（1916年卒）、塩川潤一（1919年卒）の両長老に惜しみない拍手が送られた。最後に蹴球部の部歌『白皚皚…』で式典を終わり、この後は祝賀のパーティー。グラスを片手にラグビー仲間たちの交歓の輪は時間の経つのも忘れていつまでも続いた。

◆シーズンの歩み（関東大学対抗）

今季から京都勢との定期戦（後述）２試合が関東のシーズン開幕前の９月に繰り上がったことは、慶應にとって心技両面の準備という点でプラスに作用したといえる。

①第47回慶立定期戦（61―３）

得点は７トライ、５ゴール、１PGの61点。失点は後半に許したPGが１本だけ。戦列復帰の左WTB鈴木が５トライをあげるなど、まずは好調なスタートを切った。

②慶・筑波戦（52―４）

日吉のホームグラウンド。しかも雨の中の試合と条件は最悪だったが、FWがボールを支配し、バックスもボールをよくつないで得点を重ねた。筑波の得点は前半の１トライだけ。反撃を断ち切ったタックルが光っていた。

③慶・成城戦（154―３）

ビッグスコアへの第１歩は開始１分の先制トライ（ゴール）。154得点の内訳はトライ13、ゴール17で、日本記録の156点に１コンバージョン（２点）及ばなかった。成城の３点はPG。

④慶・青学戦（34―19）

今季初めて経験する苦しい試合となった。PGで先行はしたが、強い当たりでぶつかってくる青学に一度は逆転されるなど戦局は一進一退。しかしキッカー上田の冷静かつ正確なゴールキックが勝利への分岐点となった。

⑤慶・日体戦（30―10）

日吉での試合が続く。

前半開始とともに強い当たり、鋭い動き、そしてスピードで日体を圧倒した。試合前の見方は接戦というのが一般的だったが、世評を見事に覆す慶應の気迫。後半にはいって日体に１トライ、１ゴールを返されはしたものの、ノーサイド間際にSO林が鮮やかなドロップゴールを決めるなど、最後まで勝利への執念は衰えなかった。青学戦の苦い教訓を生かした点はすばらしかったが、慶應がこの試合で取られた反則27はラグビーのルーツ校として十分に反省すべき点である。

⑥第49回慶明定期戦（23―17）

○慶應義塾23（6—7、17—10）17明治●

慶應義塾	vs.	明治
松　本	FW	森　内
成　相		溝　田
川　嵜		平　川
高　木		熊　谷
佐　藤		西　妻
山　崎		八　木
迎		中　村
伊　東		阿　刀
上　田	HB	津　山
林		松　尾
鈴　木	TB	久木本
桝　谷		大　平
上　野		福　本
高　橋		南　条
持　田	FB	中　川

5年ぶりの勝利。

ラックの大半を明治に取られて苦しいスタートとなったが、明治の得点を1PG、1トライに抑える慶應必殺のタックルが逆転への道を切り開いた。27分に明治バックスのパスミスをドリブルでひっかけて出た鈴木がトライ。上田のゴール成功で6—7とし、前半を1点差で折り返した。

後半は勢いに乗る慶應のペース。11分、明治陣内27メートルのセットから持田—桝谷—鈴木とボールを通して逆転。さらにPGのあと23分には鈴木のトライ、30分すぎにも上田—高橋のブラインド攻撃から1トライを加えて勝負を決めたが、この日3トライをマークした鈴木、ハードタックルで明治の攻撃を軌道に乗せなかった厳しいディフェンスが勝因といえる。

⑦第51回早慶定期戦（3—11）

セットでは勝ててもラックを支配できない。要するにボールを縦あるいは横に動かされると自信のFWも早稲田の速いテンポについていけなくなる。早稲田の先制トライは前半も終了間際、こんな状況のなかから生まれた。スクラム周辺を転々とするボール。これを佐藤に拾われ、左オープンに展開されてこのハーフ唯一の得点は早稲田があげた。後半も慶應はFWが奮起して攻めに攻めた。早稲田ゴール前での攻防は20分に及んだが、3度のトライチャンスもすべてドロップアウトに逃げられ、逆転のきっかけがつかめないままノーサイドを迎えることになる。早稲田は主力3人を日本代表に送り出して背水の陣。戦力的には慶應有利といわれながら17年ぶりの全勝優勝を逃してしまった。早慶戦12連敗。これは昭和10年代以来の連敗記録とタイ。

●慶應義塾3（0—4、3—7）11早稲田○

慶應義塾	vs.	早稲田
松　本	FW	佐　野
成　相		末　石
川　嵜		高　橋
高　木		橋　本
佐　藤		横　山
山　崎		豊　山
迎		大　朏
伊　東		佐　藤
上　田	HB	辰　野
林		星　野
鈴　木	TB	吉　田
桝　谷		神　村
上　野		南　川
高　橋		藤　原
持　田	FB	畠　本

⑧第49回慶東定期戦（62—0）

このところ沈滞が続く東大を相手に、今季も余裕のシャットアウトで対抗戦の最終試合を飾った。これで7勝1敗。優勝は成らなかったが、久々に2位に浮上した。

◆中央大に順当勝ちして大学選手権へ

交流試合はリーグ戦グループ3位の中大を相手に日吉のホームグラウンドで行われ、中大の後半の反撃を振り切って3年連続6度目の大学選手権出場を決めた。

○慶應義塾28（16—3、12—15）18中央大●

◆大学選手権は準決勝で惜敗

①対同志社戦（１回戦）

○慶應義塾34（18―３、16―９）12同志社●

慶應義塾	vs.	同志社
松　本	FW	愛　下
成　相		波々伯部
川　嵜		安　井
高　木		中　谷
佐　藤		平　井
山　崎		高　木
迎		金　崎
伊　東		津　高
上　田	HB	山　下
林		梶　原
鈴　木	TB	松　崎
桝　谷		笹　田
上　野		矢　島
高　橋		安　部
持　田	FB	狩　野

前半33分にレイトタックルで退場者が出るなど、反則25を数えた同志社の自滅。慶應は上田がPG６本を決めて勝利を不動のものとした。

②対明治戦（準決勝）

定期戦の再現はならなかった。スタートは好調だった。５分にまず迎が先制、11分にも伊東のトライでリードをひろげた。ところが名手上田がどうしたことか、２本ともゴールに失敗。さらにこの後のPGもはずして波に乗れなかった。もちろん、直接の敗因はFW戦で明治の縦突進を止められなかったこと、ラックでの完敗の２点にしぼられる。

●慶應義塾20（11―10、９―19）29明治○

慶應義塾	vs.	明治
松　本	FW	笹　田
成　相		森　内
川　嵜		太　田
高　木		西　妻
佐　藤		由　佐
山　崎		吉　野
迎		八　木
伊　東		阿　刀
上　田	HB	津　山
林		大　平
鈴　木	TB	井　川
桝　谷		大　山
上　野		松　尾
高　橋		南　条
持　田	FB	中　川

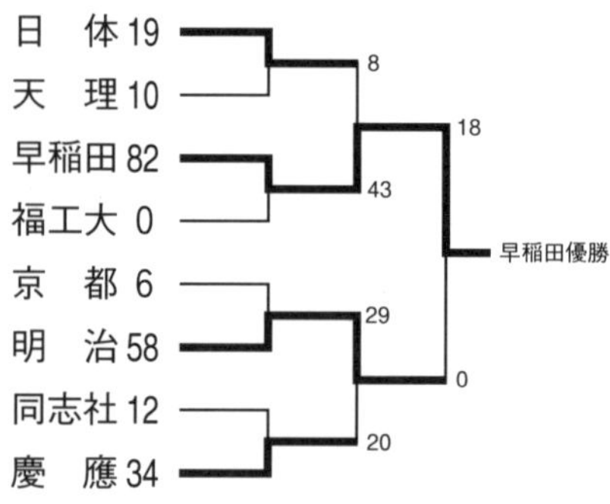

◆京都勢との定期戦は１勝１敗

関東のシーズン開幕前の９月に繰り上がった第57回慶同定期戦（14日、神戸中央球技場）は６―９で惜敗。また第48回慶京定期戦（28日、京大宇治グラウンド）は52―12で快勝した。

◆アジア大会４連勝

第４回アジア大会は11月にスリランカで開催され、予選リーグB組全勝の日本は決勝でA組から勝ち上がってきたスリランカと対戦。44―３のスコアでスリランカを下して大会４連勝をとげた。

▼予選リーグ（B組）

①日本20―７韓国

②日本46―６タイ

③日本30―18香港

▼決勝

日本44―３スリランカ

◆国際交流が花盛り

日本代表が４月に２度目のNZ遠征を行った。1968年の第１回遠征ではオールブラックスJr.を破る大活躍が世界の話題となったが、今回は11戦して５勝５敗１分け。第９戦で再びオールブラックスJr.と対戦したが、31—55で返り討ちにあっている。

また年が明けた年度末の３月にNZのカンタベリー大学と英国のケンブリッジ大学が相次いで来日。カンタベリー大学は５勝１敗、ケンブリッジ大学は３勝１敗とそれぞれ勝ち越して帰国したが、両大学の１敗は日本代表に喫したもの。

時代は学生から社会人へ(1975~1984)
－創部80周年を記念する海外遠征－

1975(昭和50)年度 ◆松本澄秀◆

昨季までの3年間はすべて大学選手権準決勝敗退であったが、新年度は昨年のメンバーが多く残っており、浅沼勝監督（1969年卒業）の指導の下、期待されたシーズンであった。思い出に残る試合としては、対抗戦4位（8勝3敗）で交流試合に出場し、リーグ戦グループ1位の専修との対戦である。「専修ＦＷは強い」との前評判ではあったが、慶應ＦＷも第1、2列に自信があったので早慶戦から1954（昭和29）年以来のセブンエース・システムに切り替え、交流試合もセブンＦＷで臨んだ。結果は我々の計画通り専修ＦＷを粉砕して44－3。それもノートライに抑える圧勝で大学選手権へと勝ち進んだ。大学選手権の1回戦は2人の日本代表を有する天理が対戦相手。前半は6－10とリードされたが、ＦＷが立ち直った後半は34－16と逆転勝利、準決勝は再び早稲田への挑戦となったが、対抗戦につづいて連敗と結果がでなかった。ただ、この年は明治がＦＷ、バックスともに好選手をそろえて大学日本一を達成、早稲田も日本代表が中心となるメンバー構成で、大学ラグビーのレベルそのものが高かった年といえる。明るい話題としてしては同期で副将のNO.8伊東孝之が日本Ｂ代表のメンバーに選ばれ、来日のウェールズ代表と対戦したこと。またこの年から蹴球部76年の歴史のなかで初めて4人の女性部員（マネージャー）が誕生した。（松本澄秀・記）

➲世界最強といわれるウェールズ・ナショナルチームが9月に来日。4戦全勝で帰国。
➲関東協会が創立50周年を迎えた。なおヤード制からメートル表示に改正された。

◆「技術指導委員会」から「強化委員会」へ

黒黄会はチームつくりの基盤をさらに安定、発展させるため1975年3月20日、従来の「技術指導委員会」を「強化委員会」と改めた。青井委員長は「改組の目的は技術中心とするものの、正しく強いチームに育てようという点にある。学生諸君が大学生活を蹴球部で送ったことに満足して卒業していく蹴球部とすることが念願である」と黒黄会報で述べている。

なお、強化委のメンバー構成は次の通り。

【委員長】 青井達也（1955年卒）
【委員】 柴田孝（1956年卒）、宮島欣一（1959年卒）、吉田博信（1962年卒）
【兼監督】 浅沼勝（1963年卒）

◆京都勢との定期戦

戦前から1月に行われてきた京都勢との定期戦2試合が9月に行われることになった。これは大学ラグビーの潮流がかつての定期戦主導からチャンピオンシップ制へと移行したことに伴う措置。

①第58回慶同定期戦（9月14日、神戸中央球技場）

●慶應義塾　15（7—21、8—27）48　同志社○
（対戦成績は慶應の40勝14敗４引き分け）
②第49回慶京定期戦（９月21日、朝日生命グラウンド）
○慶應義塾　57（33—0、24—4）4　京都大●
（対戦成績は慶應の38勝10敗１引き分け）

◆シーズンの歩み（関東大学対抗）

①第48回慶立定期戦（28—０）：大雨の中で行われた。慶應は開始早々から立教陣に攻め込み、４分、７分と連続トライを奪うなど、一方的な展開かと思われたが、その後は詰めの甘さが目立ち、得点も散発的とペースダウン。コンディションが悪いとはいえ反則21はまずい。対戦成績は慶應の41勝５敗２引き分け。

②慶・筑波戦（21—4）：前日からの雨で泥ねい戦。慶應は前半８分にトライして調子に乗るかと思われたが、反則が多くもうひとつ波に乗れなかった。むしろ後半は筑波の反撃にあって苦しんだ。この試合も反則17、課題といえる。

③慶・成蹊戦（27—11）：慶應ＦＷが優勢。それも圧勝の勢いだったが、痛かったのはSO高橋、CTB上野が脳震盪に見舞われたこと。このためＴＢ攻撃が中途半端になって苦戦を強いられた。後半の3PGが効いた。第３戦も反則24。

④慶・日体戦（24—6）：会場は国立競技場。慶應は必勝を期してこの試合に臨んだ。ＦＷの強い当たりで試合の流れを取り込み、終始慶應ペース。日体の反則から４本のPGを決めて快勝した。10月は４連勝。

⑤慶・青学戦（16—22）：不覚の１敗。慶應はスタートから青学の気迫に圧倒されて日頃の平常心を失っていた。とくに前半は動きが鈍く、いつもと違った戦いぶり（６－８）。後半PGで調子を取り戻すかに見えたが、ディフェンスミスからつまらないトライを奪われ、最後の反撃も空しく５戦目にして痛い星を落とした。

⑥第50回慶明定期戦（9—53）：前半はともに持ち味を出して拮抗。明治トライに対して慶應はPGで応戦した。しかし、次第にＦＷの力の差が出てきて走り負けするようになり、バックスも攻撃の場面でミスが重なった（９－16)。後半は明治がますます突進力を増したのに比べ、慶應は防戦一方となり完敗した（０－37)。これで対戦成績は慶應の20勝29敗１引き分け。

●慶應義塾９（９—16、０—37）53明治○

慶應義塾	vs.	明治
松　本	FW	千　種
成　相		笹　田
川　嵜		森　内
高　木		西　妻
佐　藤		由　佐
桂　川		阿　刀
高橋英		中　村
伊　東		熊　谷
高　山	HB	津　山
高橋清		松尾兄
中曽根	TB	井　川
上　野		大　山
桝　谷		福　本
是　永		山　本
持　田	FB	松尾弟

⑦第52回早慶定期戦（6—16）：小雨の降る国立競技場で行われた。今季の慶應はすでに青学、明治に敗れて２敗。ＦＷをセブンのＦＥシステムで早稲田戦に臨んだ。試合は慶應のセブンＦＷが早稲田の８人ＦＷに善戦。バックスもディフェンスを固めて前半の早稲田を１トライに抑える健闘をみせた。とにかくトライはともに１本ずつ。ＰＧの差が勝負を分ける緊迫した試合経過だったが、とくにFB持田のＰＧが決まっていれば試合はもっともつれただろう。せっかくの慶應セブンＦＷのがんばりもノーサイド寸前に1PGを追加されて惜敗した。これで対戦成績は慶應の12勝36敗４引き分け、13連敗を喫した。

●慶應義塾 6 （0－13、6－3）16 早稲田○

慶應義塾	vs.	早稲田
松　本	FW	高　橋
成　相		末　石
川　嵜		片　岡
高　木		小　林
佐　藤		橋　本
伊　東		佐　藤
高橋英		豊　山
		山　下
高　山	HB	辰　野
持　田		星　野
中曽根	TB	吉　田
上　野		神　村
桝　谷		南　川
永　岡		藤　原
高橋清	SE	
松　木	FB	畠　本

⑧第50回慶東定期戦（102－0）：得点は3ケタ、失点はゼロ。元気のない東京大を相手に文字通りの完勝で関東大学対抗の最終戦を飾った。

この結果、早稲田、明治が8戦7勝1引き分けで同率1位。慶應は5勝3敗で3位となった。

また関東大学リーグ戦は専修が6勝1引き分けで優勝。関西大学リーグは天理が7戦全勝で優勝した。

◆交流試合で快勝

大学選手権への出場をかけた交流試合で慶應はリーグ戦グループの覇者専修と13日に秩父宮ラグビー場で対戦。慶應の7人FWが速い集散と強力な押しで専修に圧勝。4年連続7度目の大学選手権への出場が決まった。

◆交流試合（12月13日、秩父宮ラグビー場）

○慶應義塾　44（24－3、20－0）3　専修●

◆大学選手権は準決勝で敗退

第12回全国大学選手権出場の慶應義塾は1回戦（12月21日、花園）で天理を34－16のスコアで破り、準決勝（1月2日、国立競技場）に進んだが、9－36で早稲田に敗れ、念願の決勝進出はならなかった。

決勝は早明対決となり、明治が18－7で早稲田を破って第9回大会に続いて2度目の優勝をとげた。

なお、第13回日本選手権試合は明治と社会人大会優勝の三菱自動車京都の間で行われ、明治が37－12で圧勝。決勝進出2度目で初のラグビー日本一となった。

▼1回戦

○慶應義塾 34（6－10、28－6）16 天理●

▼準決勝

●慶應義塾　9（0－16、9－20）36 早稲田○

慶應義塾	vs.	早稲田
松　本	FW	小久保
成　相		末　石
川　嵜		高　橋
高　木		小　林
佐　藤		橋　本
伊　東		佐　藤
高橋英		豊　山
		山　下
高　山	HB	辰　野
持　田		星　野
中曽根	TB	吉　田
上　野		神　村
松　木		南　川
永　岡		藤　原
高橋清	SE	
横　山	FB	畠　本

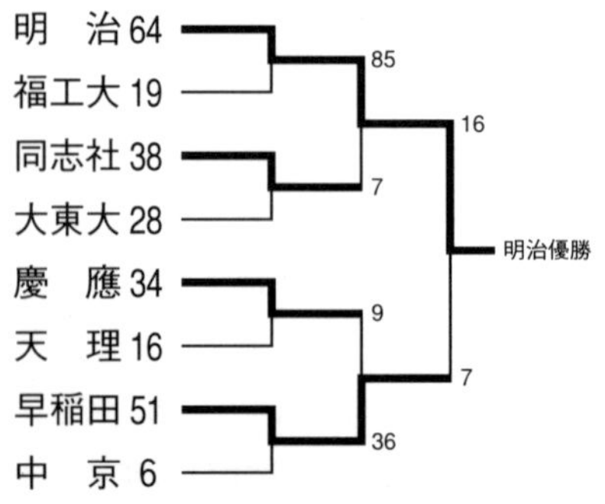

◆世界最強のウェールズが初来日

ウェールズのナショナルチームが9月に来日。日本代表と2試合したのをはじめ4試合を行い、全勝の記録を残して帰国したが、M.デービス主将をはじめG.エドワーズ、J.P.R.ウィリアムズ、G.デービス、P.ベネットらウェールズの歴史に名を残す伝説の名手たちが披露したプレーの数々は日本のラグビーファンに大きな感動を与えた。

【ウェールズ遠征成績】

①9月15日（国立競技場）

○ウェールズ　32－3　早稲田・近鉄連合●

②9月18日（国立競技場）

○ウェールズ　34－7　日本B●

③9月21日（第1テスト＝花園）

○ウェールズ　56－12　日本代表●

④9月24日（第2テスト＝国立競技場）

○ウェールズ　82－6　日本代表●

◆NZ大学選抜チームが来日

NZから大学選抜チームが年度末の1976（昭和51）年3月に2度目の来日。日本代表はじめ関西、九州の各代表、早明連合と対戦。日本代表を45－6で破ったのを筆頭にいずれも30点以上の大差をつけて4戦全勝で帰国した。NZ学生選抜の総得点は21点に対し、総失点はわずかに18点。その内訳はトライ＝0、PG＝5、DG＝1という強豪ぶりだった。

◆第1回汎太平洋7人制大会

香港ユニオン主催の第1回7人制国際大会が1976年3月21日に香港で開かれた。参加国は日本のほか豪州、フィジー、インドネシア、韓国、マレーシア、NZ、シンガポール、スリランカ、タイ、トンガと地元香港の12カ国。決勝戦はNZと豪州の対戦となり、NZが優勝。日本は準決勝でNZに敗れた。スコアは0－18だった。

◆蹴球部に女子マネージャーが誕生

今季から蹴球部に女子学生が4人入部。男子マネージャーの業務を補佐することになった。吉田恭子、石井愛子、山本啓子、柴田京子の4人。史上初めての女子部員の活躍が大いに期待された。

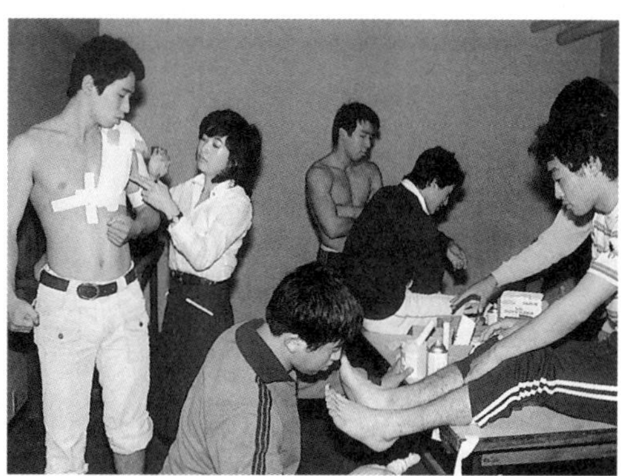

女子マネージャー奮闘。今日でこそ、あたりまえになった男性スポーツでの女子部員だが、昭和50年当時はまだ珍しい存在であった。

1976（昭和51）年度◆高木満郎◆

第53回早慶戦（1976年11月23日）は慶應にとって最悪のゲームとなった。ＦＷで出場した４年生の３人は（稲木靖、佐藤建、高木満郎）怪我や高熱のため満足にプレーできる状態ではなかった。結果は当然のごとく３－46と大差の敗戦。主将の私は負傷のため途中退場となり、その夜遅く病院から合宿所に戻ったところ、人気のない合宿所に佐藤がひとり帰舎していた。二人の間で交わす話題は大敗のことばかり。そして結論は何としても早稲田との再戦に漕ぎ着け、雪辱を果たすことだった。対抗戦３位（５勝３敗）の慶應は交流試合でリーグ戦２位の専修を破って大学選手権１回戦で関西リーグ１位の同志社にも勝って、待望の早稲田と準決勝で戦うことになった。対抗戦での雪辱を胸にした慶應の気迫が勝り、後半の途中まで13－６とリードしたが、勝利を意識したあたりから受け身に回り、終盤で１点差まで詰め寄られたあげく、ロスタイムに入って痛恨のＰＧを決められ、13－15で逆転負けを喫した。つかみかけた勝利がスルリと逃げて、悔し涙のうちに大学ラグビーの幕は降りた。栄光をつかむことはできなかったけれど、それに勝るすばらしい財産が心の中に残った。そしてその財産は今でも最良の人生の糧となっている。

（高木満郎・記）

- 日本ラグビー協会が創立50周年を祝う。
- 日本代表が春と秋に遠征（カナダ、英国）。オックスフォード大など３チームが来日。
- 第５回アジア大会で日本代表が韓国を決勝で破って５連勝。

◆黒黄会の新指導体制が決まる

黒黄会の理事長が田川博（1936年＝昭和11年卒）から椎野正夫（1946年＝昭和21年卒）に交替。田川前理事長は４年にわたって蹴球部の育成と黒黄会の運営に力を尽くした。

また新監督には堀越慈（1964年＝昭和39年卒）が、新コーチには谷川義夫（1969年＝昭和44年卒）、宮田浩二（1969年＝昭和44年卒）、和崎嘉彦（1963年＝昭和38年卒）、赤松俊雄（1967年＝昭和42年卒）、浜中義雄（1973年＝昭和48年卒）の５人のＯＢが選ばれた。

堀越新監督は就任に際して①基本プレーの徹底マスター、②闘志あふれるチーム、③タックル重視の守りの堅いチームの３点を指導、育成の目標とすることを明らかにした。

◆京都勢との定期戦

①第59回慶同定期戦（９月15日、慶應日吉グラウンド）

○慶應義塾　28（18－9、10－13）22　同志社●

（対戦成績は慶應の41勝14敗４引き分け）

慶應はシーズン開幕戦ということで堅さがみられ、闘志も空回りして先制トライを許した。だが、それを契機に動きも良くなり、ＦＷが地力を発揮。またＦＢ持田の好プレースキックもあって前半を18－９とリードした。ところが後半にはいるとゴール前での詰めとディフェンスの甘さで苦しい展開。それでも前半の貯金を守って逃げ切った。

②第50回慶京定期戦（９月18日、神戸中央球技場＝ナイトゲーム）

○慶應義塾　37（31－3、6－14）17　京都大●

（対戦成績は慶應の39勝10敗１引き分け）

◆シーズンの歩み（関東大学対抗）

①第49回慶立定期戦（92－４）：前半はＦＷ、バックスとも立教を圧倒。10トライをあげた

が、後半の開始早々にトライを許したばかりか、その後は20分近く立教ペースで進んだ。ゲームは終盤。やっと立ち直った慶應は地力を発揮して突き放したが、1トライを許した点は反省材料といえる。対戦成績は慶應の42勝5敗2引き分け。

②慶・成蹊戦（68—6）：前半5分に成蹊ゴール前のPKから高木が飛び込んで先制したが、ペースが遅く26点に終わった。後半29分にパスミスをインターセプトされて1トライを失いはしたが、8トライを追加して圧勝した。

③慶・筑波戦（27—27）：不覚にも引き分けということで、多くの反省点が残った。前半、慶應はFWがラインアウト、ラックをほとんど支配し、タイミングよくバックスに回してリードしたが、守りの甘さが出て1トライを返された。後半は点の取り合い。慶應が2トライ取れば、筑波も2PG。さらに30分、38分、40分とわずか10分間に3トライを奪われ引き分けに持ち込まれてしまった。バックスの守りの甘さもさることながら、闘志、勝負への執着心という点で筑波に圧倒された。

④慶・青学戦（16—3）：強い風雨で足場が悪い。このため出足の鋭いディフェンスに影響したが、FWが押し勝ち、アップ&アンダー戦法で主導権を握った。前半10分、25分にPG、39分にスクラムトライ、後半7分にも再度スクラムトライを加えて昨年の雪辱を果たした。

⑤慶・日体戦（13—12）：日体に先制され、また再三のPG失敗で苦しい試合展開。しかし、20分に相手ゴール前のラインアウトから高橋が飛び込んでトライ。さらに36分にPGを加えて逆転して前半を終わった。後半に入って4分。1トライを奪われ再び先行されたが、23分、25分と2本のPGを持田が決めて1点差で日体を振り切った。

⑥第51回慶明定期戦（15—24）：前半はまったく明治ペース。9分にトライ（ゴール）を先行された後、13分、29分と2ゴールを追加されて点差が大きく開いた。この間の慶應は27分に持田がPGを決めただけ。実力的にはそれほど開きはなかったが、タックルの甘さが点差となった。

●慶應義塾15（3—18、12—6）24明治○

慶應義塾	vs.	明治
山　城	FW	木　村
筒　井		菊　池
稲　木		太　田
高　木		村　瀬
佐　藤		西　尾
荒　井		高　平
高　橋		吉　野
浜　本		熊　谷
富　安	HB	岡　嶋
横　山		松　尾
是　永	TB	井　川
松　木		大　山
中曽根		福　本
永　岡		山　本
持　田	FB	藤　本

後半は逆に慶應のペース。22分にマイボールを明治に奪われた後、松尾－井川とつながれ1トライを追加されたが、直後の25分に荒井、29分にも松木が連続トライ。なお攻撃の手を緩めず38分には明治陣ゴール前5メートルスクラムを押し込むスクラムトライで追い込んだものの前半の失点があまりにも大き過ぎた。対戦成績は慶應の20勝30敗1引き分け。

⑦第53回早慶定期戦（3—46）：FW戦で優位に立とうとする慶應。対する早稲田は低く、鋭いタックル、そして出足で守りから攻勢へと転換してくる。先制したのは早稲田。前半3分、横山のハイパントを星野がチャージ。これを広野が押さえ、9分PG追加の後、さらに20分、26分、37分と3トライたたみかけられ大量23点を一気に奪われた。

慶應の前半の得点は29分に持田が決めたPGの3点だけ。ほぼ前半で勝負は決まったが、早稲田の攻勢は後半にはいっても止まらず、2トライ、2ゴール、1PGが加わり、スコアは46－3と開いた。慶應の完敗。対戦成績も慶應の12勝37敗4引き分けと一方的になった。

●慶應義塾3（3—23、0—23）46早稲田○

慶應義塾	vs.	早稲田
山　城	FW	井　上
筒　井		橋本幸
稲　木		篠　森
高　木		橋本一
佐　藤		吉田達
荒　井		伊　藤
高　橋		豊　山
浜　本		畠　本
富　安	HB	松　本
横　山		星　野
四　柳	TB	吉田荘
松　木		広　野
中曽根		南　川
永　岡		岡　本
持　田	FB	渡　部

⑧第51回慶東定期戦（85－3）：慶應は前半、東大の好タックル、好ディフェンスの前に攻めあぐんだ。得点のペースも極めて遅く、ボールを支配していたわりには25－0。ようやく後半にはいって攻撃がスムーズに展開しはじめ、11トライを加えて大勝した。

この結果、今季の慶應は8戦5勝2敗1引き分けで対抗戦グループ第3位となり、交流試合への出場が決まった。

◆交流試合に勝って大学選手権へ

第13回全国大学選手権の関東代表を決める今季の交流試合は12月11、12日の両日、秩父宮ラグビー場で行われた。その結果、対抗戦グループから慶應、早稲田、明治の3校、リーグ戦グループから日大の計4校の出場が決まった。

【交流試合】（12月11～12日、秩父宮ラグビー場）

○慶應義塾　25－9　専修●
○早稲田　67－0　東洋●
○明治　49－17　中央●
●筑波　15－34　日大○

慶應は2年連続で専修と対戦。前半はPGを連続失敗するなど、まずい攻撃が続いたが、35分にハイパントからトライをあげて立ち直った。後半はスクラムトライを奪うなど強力FWを軸にバックスを走らせて快勝した。慶應は5年連続、8度目の出場。

◆慶應に大学選手権準決勝の壁

第13回全国大学選手権出場の慶應義塾は1回戦（12月19日、西京極）の相手、同志社に30－13と快勝。準決勝で早稲田と対戦したが、後半の早稲田の反撃で2点差の逆転負けを喫した。

決勝は5年連続で早明対決となったが、早稲田が34－6で明治に雪辱。8度目の大学日本一を達成した。

【1回戦＝慶應－同志社戦】

○慶應義塾30（10—0、20—13）13同志社●

この対戦のポイントは同志社の9人あるいは10人スクラムに慶應の8人FWが対抗できるかどうかにかかっていたが、慶應サイドの懸念は杞憂に過ぎなかった。同志社FWの数の優位も慶應の8人FWには効果なく、スクラムはもとよりラック、ラインアウトでも慶應FWが支配。後半も主導権を握った慶應の完勝だった。

【準決勝＝慶應－早稲田戦】

●慶應義塾13（7—0、6—15）15早稲田○

前半の慶應はFWがスクラム、ラック、ラインアウトで早稲田を圧倒。バックスまた鋭い出足で好タックルをびしびし決めて完全に慶應ペース。1トライ、1PGをあげてリードした。

もちろん、後半も好調そのもの。終盤にさしかかった30分、早稲田・星野のキックをチャージした横山がそのままボールを取って独走のトライ。持田のゴール成功で早稲田を突き放したかに見えたが、波乱は残る6分間に起こった。まさかの1トライ（ゴール）、1PGを瞬時のうちに奪われ、試合が終わってみれ

慶應義塾	vs.	早稲田
山　城	FW	井　上
安　積		橋本幸
稲　木		篠　森
高　木		橋本一
佐　藤		吉田達
荒　井		伊　藤
高　橋		豊　山
浜　本		畠　本
富　安	HB	松　本
横　山		星　野
四　柳	TB	吉田荘
松　木		神　村
中曽根		南　川
永　岡		岡　本
持　田	FB	渡　部

ば13－15。試合時間80分のうち70分を慶應のペースで戦いながら、最後の最後で集中力が切れて逆転の涙を飲んだ。痛恨の幕切れといってもいいだろう。前年度の選手権に続いて早稲田に準決勝での２連敗。対抗戦14連敗の苦手意識が敗因か。

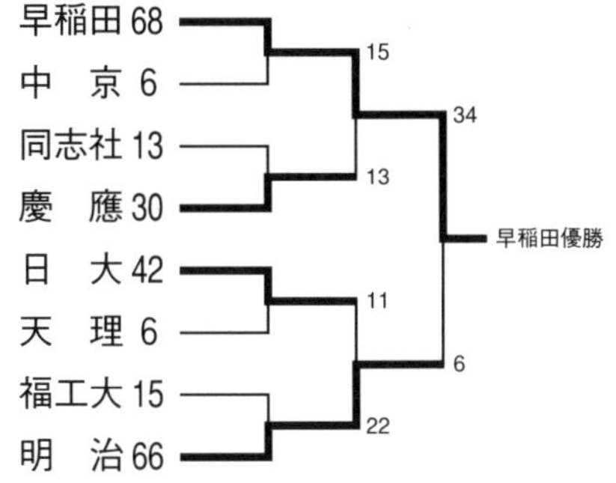

◆日本選手権は新日鉄釜石が初優勝

第14回日本選手権は１月15日、国立競技場で行われ、新日鉄釜石が早稲田の挑戦を27－12で退け初の栄冠に輝いた。第１回選手権で同志社がチャンピオンになって以来、大学、社会人がそれぞれ優勝回数６回ずつと拮抗してきた日本選手権も、この選手権を最後に社会人チームの優位が確立。日本ラグビー界は新日鉄釜石、神戸製鋼の各７連覇など、社会人時代へと移行していくことになる。

◇第14回日本選手権（1977年１月15日、国立競技場）

○新日鉄釜石　27（14－3、13－9）12　早稲田●

◆朝日招待ラグビーで辛勝

朝日招待ラグビーに選ばれた慶應義塾は１月９日、名古屋・瑞穂ラグビー場で東海学生選抜チームと対戦。24－19で辛うじて勝った。東海選抜は全員が今季の大学選手権出場の中京大のメンバー。選手権では１回戦の中京大、準決勝の慶應と、ともに早稲田に敗れたチーム同士の対戦となったが、文字通りの薄氷を踏む思いの勝利だった。

○慶應義塾 24－19 東海学生選抜●

◆アジア大会で日本が５連勝

第５回アジア大会は11月、韓国のソウルで日本など５カ国が参加して開かれ、決勝で韓国を破った日本がこの大会５連勝した。

◆国際交流花盛り

この年度の日本ラグビー界は日本代表のカナダ（４月）、英国遠征（９月）に始まり、海外からは秋９月のシーズン開幕に先駆け、カナダのブリティッシュ・コロンビア大学をトップにアイルランドのクインズ大学、年が明けた３月には日本ラグビー協会創立50周年記念に招待した英国のオックスフォード大学の来日など、遠征、来日と国際交流真っ盛りのシーズンだった。

【遠征】

①日本代表のカナダ遠征（１勝４敗＝４月～５月）

▼第１戦　５月１日

●日本代表　18－39　ブリティッシュ・コロンビア○

▼第２戦　５月５日

○日本代表　25―14　バンクーバー選抜●
▼第３戦　５月８日
●日本代表　18―33　ビクトリア選抜○
▼第４戦　５月12日
●日本代表　7―38　ブリティッシュ・コロンビア○
▼最終戦　５月15日
●日本代表　12―29　アルバータ選抜○

②日本代表の英国・イタリア遠征（３勝７敗＝９月～10月）
《英国＝３勝５敗》
▼第１戦　９月22日
●日本代表　10―62　グロスター州選抜○
▼第２戦　９月25日
●日本代表　９―34　スコットランド選抜○
▼第３戦　９月29日
○日本代表　21―16　英国大学選抜●
▼第４戦　10月２日
●日本代表　21―23　陸海空３軍選抜○
▼第５戦　10月６日
○日本代表　38―35　ケンブリッジ大学●
▼第６戦　10月９日
●日本代表　９―63　ウェールズクラブ連合○
▼第７戦　10月13日
○日本代表　37―０　オックスフォード大学●
▼第８戦　10月16日
●日本代表　15―58　イングランドU23○
《イタリア＝２戦２敗》
▼第９戦　10月19日
●日本代表　30―31　イタリアU23○
▼最終戦　10月21日
●日本代表　３―25　イタリア代表○

【来日】

①カナダのブリティッシュ・コロンビア大学（B.C.大学）が9月に来日。６戦して５勝１敗の好成績を残して帰国した。日本の１勝は九州代表。スコアは26－15だった。

②アイルランドから初めてクインズ大学がカナダのB.C.大学と時を同じくして来日した。同国きっての名門大学で創部100年を記念して海外遠征の途中、日本に立ち寄ったもの。日本では4戦して２勝２敗。日本側の２勝は日本代表（13－6）、明治（18－16）が記録した。

③日本ラグビー協会の創立50周年を記念して英国からオックスフォード大学を招待。今回の来日では日本代表のほか関西協会代表と社会人チームが対戦し、４試合ともオックスフォード大学の勝利に帰した。

▼第１戦　３月19日
●新日鉄釜石　16―22　オックスフォード大学○
▼第２戦　３月21日
●トヨタ自工　19―37　オックスフォード大学○
▼第３戦　３月24日
●関西代表　11―35　オックスフォード大学○
▼最終戦　３月27日
●日本代表　16―20　オックスフォード大学○

1977（昭和52）年度◆高橋英二◆

前年度の大学選手権準決勝で早稲田に逆転負けした悔しさを思い起こすとき、今季は何としても大学選手権決勝、そして日本選手権に進むチームにしたいと思った。しかし、結果は対抗戦の前半で青学に３度目の敗戦。明治にも５点差の惜敗と不安定な状況での早慶戦であったが、早稲田の対抗戦60連勝を阻む15年ぶりの勝利であった。勝った瞬間、スタンドにいた部員がグラウンドになだれ込んできて、抱き合ったり、雄叫びをあげたりの感動シーンが繰り広げられた。スタンドの柴田孝監督（1956年卒業）と目があったら敗者の前ではしゃぐのは礼を失するということだったのだろう。にこりともせず部員の引き揚げを促す「エイジ、上がれ」の一喝をくらった。今になって思うとビクトリーランをしてもよかったのでは……とも思うのだが、やはり当時はまだ派手な時代でもなかった。大学選手権準決勝では日体をノートライながら下し、決勝で明治に６－７で負けシーズンを終了した。柴田監督が評するに「躁鬱病の主将高橋英二と言語障害の副将松木弘志で学生主体に運営できた」のも監督、コーチの大きな包容力のおかげである。現在も監督と同期が集合し「ゴンロク会」という名称で懇親を深めている。

（高橋英二・記）

◆黒黄会・蹴球部の新人事

黒黄会の横山通夫会長（1922年＝大正11年卒）が健康上の理由から退任。代わって岩下秀三郎（1927年＝昭和２年卒）が会長に就任。横山前会長は1960（昭和35）年４月から17年間にわたって黒黄会および蹴球部の発展、育成に大きな指導力を発揮した。

また蹴球部の新監督に柴田孝（1956年＝昭和31年卒）が就任。和崎嘉彦（1963年＝昭和38年卒）、堀越慈（1964年＝昭和39年卒、前年度監督）、小野寺孝（1963年＝昭和38年卒）の３OBがチーフコーチとして今年度の指導にあたる新人事が発表された。

◆プレシーズンの国内遠征

前年度の日本選手権準決勝チーム、トヨタ自動車工業の好意で５月23日から29日までの１週間、トヨタ自工の胸を借りてゲーム中心の合宿練習をトヨタのホームグラウンドで行った。練習マッチそのものは疲労に加えて負傷者などの影響でもうひとつ芳しい結果は出なかったが、強豪チームの雰囲気に接することができたこと、蹴球部のOBでトヨタ自工の主力選手として活躍している上田昭夫（1975年＝昭和50年卒）の指導を受けるなど、有意義な春合宿となった。

また６月にはいって岩手の釜石に遠征。前年度の日本チャンピオン新日鉄釜石と12日に釜石松倉グラウンドで対戦した。慶應としては９日の夜行で釜石入り。10日、11日と調整した後、ベストコンディションで試合に臨んだわけだが、社会人のトップチームと慶應ではあまりにも実力に差があり過ぎ、20－108の大敗となった。課題として残ったのはタックルの甘さと２次、３次防御。最初のディフェンスラインを突破されるとトライに直結する守りの薄さを今後どう修正していくか。今季の消長はこの点にかかっている。

◆今季のルール改正

I.R.B.（国際ラグビー評議会）から'77～'78年度適用のルールが日本協会に届いた。主な改正点は下記の通り。

①スクラムの組み方

両サイドのプロップは相手のプロップと相

互にバインドしなければならない。従来は相手選手とのバインドは任意だった。違反はペナルティー。

③タックルの定義

タックルはプレヤーが倒れ、ボールがグラウンドに着いたときだけがタックルとなる。立ったままではタックルとはならない。従来は立っている場合でも自由に動けない場合はタックルとみなされ、直ちにボールを離さなければならなかった。違反はペナルティー。

③ラインアウトの並び方

味方のプレヤー同士の間隔は1メートル以上。また最後尾はタッチラインから15メートルとし、味方相互はどんなに離れていてもよく、かつボールはどこに投入されてもよくなった。相手プレヤーとの間隔は従来通り50センチ。

④フェアーキャッチ

中央線を境に自陣内だけでしか認められなくなった。

⑤フリーキック

従来はフェアーキャッチに対してだけ与えられたが、今季からフェアーキャッチのほか、一定の反則にたいしても与えられることになった。また今回の改正で直接ゴールを狙えなくなった。キッカーは一定の反則に対して与えられる場合は誰が蹴ってもよいが、フェアーキャッチの場合は従来通りキャッチしたプレヤーが蹴らなければならない。

相手側はゴールラインに平行に、マークから10メートル後方まで退かなければならない。またチャージはキッカーが走り始めるか、キックしようとモーションを起こせばチャージしてもよい。

⑥フリーキックの場合の一定の反則とは

従来はPKが与えれた反則のうち、故意ではなく、危害などに影響のない軽度のものについては本年度からPKではなく、FKが適用されることになった。主なものは下記の通り。

スクラム関連

SHのボールインの遅延。ボールインの位置、距離違反。フェイントボールイン。

第1列のボールインに対する妨害行為。フットアップ。第1列以外のプレヤーがトンネル内のボールに対するプレー。

ラインアウト関連

ラインアウトで平行に並ばなかったとき。投入されたボールがプレヤーに触れるか、地面につく前に、味方同士の間隔が1メートル以上離れていない場合、または相手と50センチの間隔をとらなかった場合（ただしボールに向かって跳び上がるか、ピールオフする場合を除く）。

ラインアウトに並んでいる最も遠いプレヤーの制限距離

15メートルを越えた場合。ラインアウトが形成されて後、また終了する前にラインアウトから離れた場合。

◆京都勢との定期戦

①第51回慶京定期戦（9月17日、慶應日吉グラウンド）

○慶應義塾　47（15－0、32－0）0　京都大●

（対戦成績は慶應の40勝10敗1引き分け）

慶應はキックオフ直後から京都ゴールを脅かしたが、詰めを欠いて前半トライは1本だけ。本来の力が出たのは後半にはいってからだった。2分、FW、バックス一体となった連続攻撃から梶のトライが口火。8分、12分、19分、28分、39分と5トライを奪い、松木の再三にわたる好ゴールキックもあって大量点を加えた。京都は無得点。

②第60回慶同定期戦（9月24日、大阪・長居競技場）

○慶應義塾　22（12－3、10－14）17　同志社●

（対戦成績は慶應の42勝14敗4引き分け）

慶應のスタートは反則の連続。同志社にPGで先行されたが、15分に中曽根のトライで逆転に成功、28分にはオープン展開から是永と慶應ペースで試合は進んだ。しかし、後半は同志社の反撃で受け身。一時は1点差まで追い上げられたが、その直後にトライを返してなんとか逃げ切った。

◆シーズンの歩み（関東大学対抗）

①第50回慶立定期戦（96―9）：慶應ＦＷがスクラム、ラインアウトのセットプレーはもとより、ラック、モールのルーズプレーを完全に支配。これにバックスも応えて大量96得点をマークし、立教をノートライの3PGだけに抑えて対抗戦初戦を飾った。

②慶・成蹊戦（74―0）：慶應の前半は15人のまとまりに欠け、ボールを支配したわりには得点が伸びなかった。しかし、後半はＦＷに加え、バックスもＦＢのライン参加などで得点を量産。成蹊を無得点に抑えて快勝した。

③慶・筑波戦（30―17）：前半の慶應はタックルが甘く、そのうえ筑波のハーフ団にディフェンスをかき回されるなど最悪の出来だった。ところが後半にはいって14分。川上のチャージから小西の独走トライが生まれてそれまでの流れが慶應に傾いた。26分安積のトライで逆転してからはさらに3トライを追加して、苦しい試合をものにした。これからは上位チームとの対戦が続く。ディフェンス網の整備が緊急の課題。

④慶・青学戦（15―16）：チームのまとまりを欠いた前半の慶應は苦しい試合展開だったが、後半14分、青学ゴール前でスクラムのとき、青学が反則を繰り返して慶應に認定トライ。コンバージョンも決まって逆転に成功。その後もPGの応酬から5点差とした慶應の勝利が決まったかにみえたが、終了間際にトライを奪われ、1点差に泣いた。

⑤慶・日体戦（15―12）：試合は一進一退。全く気の抜けない展開となったが、33分に松木のPGで慶應が先制した。しかし日体もなかなかねばっこい。前半終了直前のトライで試合をひっくり返した。後半9分にも日体は1PGを追加してリードを広げたが、19分に小西のトライ（ゴール）で同点。その後PGで再度のリードをゆるしはしたが、36分に是永が決勝のトライ（ゴール）を奪ってシーソーゲームに終止符を打った。内容的には苦しい試合だったが、慶應の勝利への執念が実って対日体戦7連勝を飾った。

⑥第52回慶明定期戦（11―16）：前半3分に明治、11分に慶應とPGの応酬から14分、明治のキックをSO小西がチャージし、阿部が拾って松木－是永とつないで左隅にトライ。35分には慶應ゴール前のスクラムで明治が認定トライを中央に得て、もちろんゴールに成功したが、前半は慶應が11－9とリードした。しかし後半15分、明治にPGを決められて逆転され、さらにノーサイド寸前に明治のSHにスクラムサイドを破られ、万事休した。それにしても慶應の気迫は物凄く、バックスの活躍で好勝負を展開したが、後半になって明治の重量ＦＷのパワーに力が尽きた試合。対戦成績は慶應の20勝31敗1引き分けとなった。

●慶應義塾11（11―9、0―7）16明治○

慶應義塾	vs.	明治
山　城	FW	木　村
安　積		菊　池
筒　井		太　田
梶		村　瀬
黒　沢		瀬　下
荒　井		内　田
高　橋		吉　野
浜　本		五　艘
富　安	HB	岡　嶋
小　西		渡辺登
是　永	TB	上　林
松　木		西　館
阿　部		竹　沢
中曽根		金　谷
永　岡	FB	藤　本

⑦第54回早慶定期戦（34―17）：慶應は15年ぶ

りに早慶定期戦に勝利を収め、同時に早稲田の対抗戦60連勝を阻む快挙となった。

キックオフとともに慶應フィフティーンが早稲田陣になだれ込んだ。FWはセットプレーで早稲田を圧倒し、バックスも思いきりのよいダッシュで防御線を突破し、また攻撃的なタックルも随所に見られた。特に前半の中盤からの慶應の攻撃は圧巻。PGとトライを積み重ねて17−10とリードした。

熱戦は後半も続いたが、試合は慶應が攻め勝って1963（昭和38）年以来積もり積もっていた打倒早稲田の思いをついに実現することができた。対戦成績は慶應の13勝37敗4引き分けとなった。

○慶應義塾34（17—10、17—7）17早稲田●

慶應義塾	vs.	早稲田
山　城	FW	小　林
安　積		橋　本
水　井		町　田
梶		加　藤
黒　沢		吉　田
荒　井		畠　本
高　橋		石　橋
浜　本		長　沼
富　安	HB	松　本
小　西		渡　部
今　岡	TB	松　尾
松　木		広　野
阿　部		高　平
中曽根		岡　本
永　岡	FB	八　木

15年ぶりに早慶定期戦で勝利、早稲田の対抗戦60連勝を阻んだ。後半6分、スクラムを押し込み、浜本がとび込む。

この結果、関東大学対抗戦を終わって慶應は5勝2敗で2位となり、交流試合で関東大学リーグ戦3位の法政と対戦することになった。

◆伝統の慶東定期戦

第52回慶東定期戦（69—3）：開始早々から東大陣に殺到。5分にPGで先制すると、7分にはオープン攻撃から松木のトライと前、後半むらなくトライを重ねて圧勝した。これで対戦成績は慶應の47勝4敗1引き分け。

◆交流試合を突破し大学選手権へ

大学選手権の関東代表（4チーム）を決める交流試合は12月10、11の両日、秩父宮ラグビー場で行われ、対抗戦2位の慶應はリーグ戦3位の法政を33−12で破り、6年連続、9度目の大学選手権出場を決めた。このほか関東からは対抗戦グループの明治、日体と、リーグ戦グループからただ1校、早稲田に快勝した専修が1973年度の第10回大会以来、2度目の出場を果たした。

◆交流試合（12月11日、秩父宮ラグビー場）

○慶應義塾33（10—3、23—9）12法政●

◆大学選手権決勝で惜敗

第14回大学選手権出場の慶應義塾は1回戦（12月18日、花園）で同志社を26−22、準決勝（1月2日）で日体を9−8とそれぞれ破って決勝（1月4日）に進出。明治と王座をかけて対戦したが、惜しくも6−7の1点差で敗れた。

【1回戦＝慶應−同志社】

前半の慶應は苦戦の連続。2本のPGで先行され、1トライを追加されて0−10とリードされた。このまま前半が終わるかと思われた36分、梶のトライ、さらに終了間際に1PGと得点して1点差で後半を迎えた。余裕の出

▼1回戦

○慶應義塾　26（9―10、17―12）22　同志社●

慶應義塾	vs.	同志社
山　城	FW	浜　田
安　積		上　川
水　井		橋　本
梶		重　見
黒　沢		前　田
荒　井		横　本
高　橋		小　柳
浜　本		林
富　安	HB	山　下
小　西		前　川
今　岡	TB	神　崎
松　木		山　田
阿　部		矢　島
中曽根		伊佐治
永　岡	FB	佐　藤

てきた慶應は１トライを許してまた７点差とされたが、ペースを取り戻した慶應は２トライを連取して逆転。その後は１トライ、1PGの慶應に対し、同志社は40分の１トライだけ。慶應が競り勝った。

【準決勝＝慶應ー日体】

日体の重量ＦＷに苦しめられたが、慶應は鋭い出足とタックルで勝負。前半は再三の逸機でリードを許しはしたが、後半松木のPGで逆転した。ノートライながら９―８で９年ぶりに決勝へ駒を進めた。

○慶應義塾　9（3―4、6―4）8　日体●

慶應義塾	vs.	日体
山　城	FW	石　嶋
安　積		綿　引
筒　井		大　場
梶		清　水
黒　沢		松　田
荒　井		新　川
高　橋		藤　本
浜　本		伊　藤
富　安	HB	金　丸
小　西		鈴　木
今　岡	TB	尾　形
松　木		小泉博
阿　部		奥　野
中曽根		辻
永　岡	FB	小泉幸

【決勝＝慶應ー明治】

慶應はＦＷがセットプレーで劣勢だったが、激しいタックルで対抗。松木のPG成功で先制するとともに試合の主導権を握ったが、後半も終盤にはいって明治に連続攻撃から決勝トライを決められ、１点差で涙を飲んだ。

●慶應義塾６（3―0、3―7）７明治○

慶應義塾	vs.	明治
山　城	FW	木　村
筒　井		野　口
水　井		太田正
梶		瀬　川
黒　沢		瀬　下
荒　井		高　平
高　橋		吉　野
浜　本		五　艘
富　安	HB	岡　嶋
小　西		砂　村
今　岡	TB	上　林
松　木		竹　沢
阿　部		金　谷
中曽根		川　口
永　岡	FB	橋　爪

◇第14回全国大学選手権

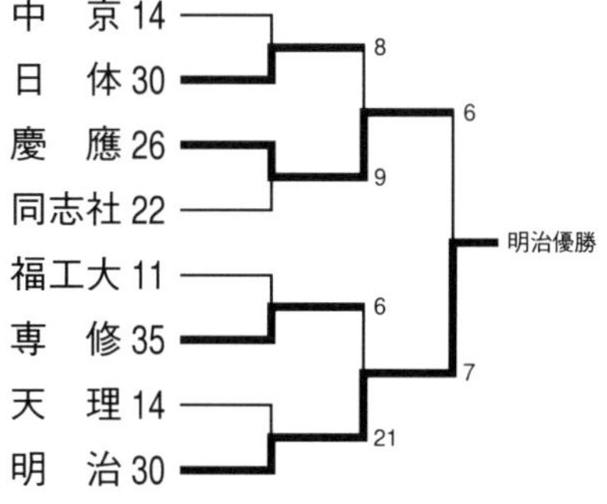

◆日本選手権は社会人

第15回日本選手権試合は１月15日、国立競技場でトヨタ自工ー明治の対戦となり、トヨタが20ー10のスコアで明治に快勝。第６回選手権以来、10年ぶり2度目のラグビー日本一となった。

◆スコットランド代表が来日

5カ国対抗ラグビーの雄、スコットランド代表チームが9月に来日。東京、大阪で日本代表などと3試合を行ったが、3戦全勝の圧倒的な強さと世界レベルのラグビーを日本のファンに印象づけて帰っていった。

【スコットランド代表の来日成績】

▼第1戦　9月12日（国立競技場）
●全早明連合　13—59　スコットランド代表○
▼第2戦　9月15日（国立競技場）
●日本選抜　16—50　スコットランド代表○
▼最終戦　9月18日（国立競技場）
●日本代表　9—74　スコットランド代表○

◆豪州からは クインズランド州代表が来日

年が明けた3月には豪州から州対抗の優勝チームが来日した。日本では2試合という短期滞在であったが、日本選抜、日本代表を大差で破る強豪ぶりを発揮した。

【クインズランド州代表の来日成績】

▼第1戦　3月2日（秩父宮ラグビー場）
●日本選抜　18—69　クインズランド代表○
▼最終戦　3月5日（秩父宮ラグビー場）
●日本代表　6—42　クインズランド代表○

1978（昭和53）年度 ◆山城泰介◆

前年度大学選手権は決勝で慶明が初めて対戦。6－7の慶應惜敗で幕を閉じたが、戦前の予想で慶應の圧倒的不利と評されたごとく、両者の実力差はもはや伝統や精神力だけでは埋め切れないほど大きな課題として残された。そこで新年度のスタートにあたって和崎嘉彦監督（1963年卒業）はじめコーチ陣との話し合いで得た結論は「能力ある人材の補強」、「既存戦力の大幅レベルアップ」、「戦術の明確化」の3点だった。和崎監督の強い指導力のもと、既存戦力については小野寺孝コーチ（1963年卒業）指導によるフィットネス練習の新規導入で身体能力の飛躍的向上を。また戦術については、豪州からクリス・ウォーカー・コーチを招いてランニングラグビーの積極展開を従来の練習に加えて強化を図った。'78年度の大学選手権準決勝は日体との対戦となり、事実上の決勝戦といわれたが、9－12で惜敗。創部80年目を日本一で飾りたいという願いは適わぬこととなってしまった。あれから20年。慶應ラグビーは100周年を迎えることとなった。1998年、若くして不帰の客となった同期の快速WTB今岡秀輔OBの言葉を'78年度シーズンのまとめとしたい。「我々のシーズンは慶應ラグビーの進歩に僅かだが新しい一歩を残せたものと信じている」。

（山城泰介・記）

➲創部80周年を記念して全慶應が豪州・NZに遠征（1979年2月28日～3月19日）。

➲浜本剛志、永岡章が今年度の小泉体育努力賞を受賞（1979年3月23日）。

◆シーズンの歩み（関東大学対抗）

①第51回慶立定期戦（31－3）、②成蹊戦（98－6）：開幕第1戦は調整不足（対戦成績は44勝5敗2引き分け）。第2戦もノートライに封じて順当に2連勝。

③慶・青学戦（40－10）：第2戦から戦列復帰の荒井が4連続トライとチームを引っ張る大活躍。いずれもアップ＆アンダー戦法が引き出したFWの縦攻撃から。春の迫力が出てきたようだ。

④慶・筑波戦（16－10）：後半34分に富安の右中間トライでやっと逆転勝ちという反省点の多い試合ではあった。筑波のスピリットに圧倒されて受け身となったのが苦戦の最大の原因。FWが押し負け、バックスもちぐはぐな攻撃に終始してリズムがつかめなかった。前途の多難を思わせる一戦。

⑤慶・日体戦（7－9）：日体戦の連勝記録が7でストップした。それも前半を7－0としながら後半26分にペナルティートライで逆転される不本意な敗戦。ゴールラインを背負った日体ボールのスクラム。ここで押し負けてニーリング。組み直したセットがまた潰れて3度目のスクラムが崩れたとき、真下レフリーに痛恨の認定トライを宣告された。「スクラムを故意に崩した」というのがレフリーの判断。スクラムの弱体が致命傷となった。

⑥第53回慶明定期戦（10－13）：2試合連続で後半の逆転負け。この試合でもFW、バックス一体の攻撃であげた1トライ、1ゴールの前半のリードを守りきれなかった。

後半12分にインターセプトされて3点差とされた後、15分には明治のハイパントで攻め込まれたが、ここで慶應サイドにミスが出て逆転のトライ（ゴール）を決められた。この後の残り20分間、慶應も猛タックルと強気の攻めで何度となく明治ゴール前に詰め寄ったが、ゴールラインを越えることができず最逆転はならなかった。対戦成績は慶應の20勝32敗1引き分け。

⑦第55回早慶定期戦（22－4）：前半こそ3－

●慶應義塾10（10―3、0―10）13明治○		
慶應義塾	vs.	明治
山　城	FW	木　村
井　口		和　田
水　井		中　谷
梶		瀬　川
黒　沢		相　沢
荒　井		内　田
渡　部		遠　藤
浜　本		瀬　下
富　安	HB	岡　嶋
小　西		砂　村
今　岡	TB	渡辺登
阿　部		渡辺和
中曽根		金　谷
大　高		牧
永　岡	FB	橋　爪

○慶應義塾22（3―4、19―0）4早稲田●		
慶應義塾	vs.	早稲田
山　城	FW	小　林
井　口		橋　本
水　井		町　田
梶		加　藤
黒　沢		金　沢
荒　井		伊　藤
渡　部		畠　本
浜　本		長　沼
富　安	HB	奥　脇
小　西		坂　口
今　岡	TB	松　尾
阿　部		広　野
中曽根		高　平
大　高		石　橋
永　岡	FB	大　沢

4と早稲田にリードを許したが、試合の内容そのものは慶應の圧勝といっても決しておかしくなかった。早稲田の得点は前半9分にあげたトライ1本だけ。慶應はFW第3列のサイド攻撃でチャンスを切り開き、バックスに展開してトライを重ねるなど、早稲田の展開ラグビーのお株を奪う試合運びで後半ワンサイド。大学選手権へ大きく前進した。慶應は昨年に続いて早慶戦2連勝、対抗戦での通算成績は慶應の14勝37敗4引き分けとなった。

⑧第53回慶東定期戦（108―7）：ワンサイドゲームとなった。前半を終了した時点で60―0と大差をつけた。後半にはいっても着々と加点したが、一瞬の気の緩みか、インターセプトの独走トライを許した。このシーズンは5勝3敗、3位で交流試合へ進んだ。

◆交流試合に快勝して大学選手権へ

交流試合では初めて東海との対戦となった。前半の慶應はFW戦で優位に立ちながら阿部の4PGだけ。攻めながらもトライが取れなかったが、ようやく27分、今岡がぬけ、フォローした黒沢に渡って待望のトライを加えた。後半にはいると試合は完全に慶應ペース。4分の水井に続いて16分荒井、33分浜本とFWが3トライを連取して7年連続、10度目の大学選手権出場を決めた。

○慶應義塾36（16―0、20―0）0東海●

◆大学選手権は惜しくも決勝進出ならず

◆1回戦（慶應33―13中京）：前半は阿部のPGと荒井―渡部とつないだFW第3列のトライで7―3とリードしたもののFW―バックスの連携に円滑さを欠いたうえ、30分には何度となくスクラムトライを仕掛けるが、中京の重量FWを押し切れず、追加点がとれなかった。

しかし、後半は慶應ペース。FW第3列のサイド攻撃を軸に甘い中京の守りを崩して後半だけで5トライ、1ゴールを加えて試合を決めた。

◆1回戦

○慶應義塾33（7―3、26―10）13中京●

◆準決勝（慶應9―12日体）：前半はともにPG2本ずつの6―6だったが、内容的にはF

●慶應義塾9（6―6、3―6）12日体○

慶應義塾	vs.	日体
山　城	FW	大　場
井　口		綿　引
水　井		深　沢
梶		松　田
黒　沢		横　山
荒　井		新　川
渡　部		岩　出
浜　本		河　西
富　安	HB	金　丸
小　西		芳　野
今　岡	TB	尾　形
阿　部		小泉博
中曽根		奥　野
四　津		辻
永　岡	FB	小泉幸

Wのがんばりで慶應が押していた。そして均衡が破れたのは後半の28分。慶應はここで手堅くPGを決めて9－6とリードしたが、34分にちょっとしたスキを突かれて逆転のトライを奪われた。慶應ゴールまで約7メートルのラインアウトから日体が左へ展開。ここでSO芳野にダミーからライン参加のFB小泉幸に渡るサインプレーを決められ涙を飲んだ。日体が永岡をマークしているにもかかわらず、永岡にボールを集めたことが日体の逆転劇を招く遠因となった。結果論になるが、日体が守りのターゲットをどこにしぼっていたかの見極めがあれば勝敗は所を変えていただろう。惜しい試合を落とした。

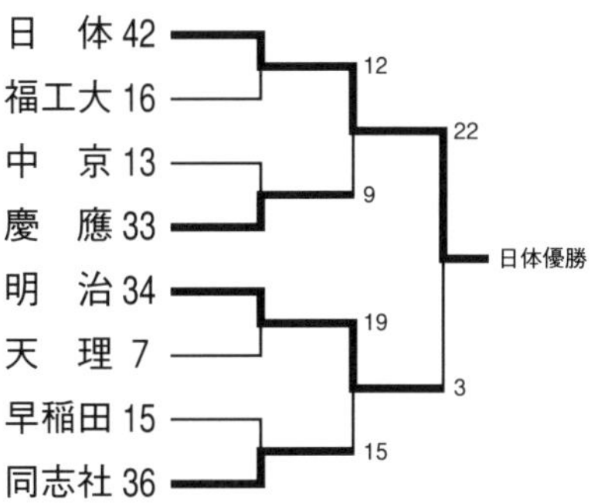

◆京都勢との定期戦

第52回慶京定期戦は9月16日、京都・西京極球技場で行われ、主力の浜本、永岡を欠いた慶應が小差ながら26－18で勝った。対戦成績は慶應の41勝10敗1引き分け。

また第61回慶同定期戦は（24日、西京極球技場）同志者のFW、バックス一体となった攻撃に守りを崩され、15－41で大敗した。対戦成績は慶應の42勝15敗4引き分け。

◆全慶應の豪州・NZ遠征壮行試合に2敗

今季の第15回全早慶明3大学対抗ラグビーは全慶應の豪州・NZ遠征壮行試合として2月12日に全慶明戦、18日に全早慶戦がそれぞれ秩父宮ラグビー場で行われた。全慶明戦は全慶應の後半の反撃もわずかに及ばず23－27で惜敗。全早慶戦も0－26とノートライに封じられて完敗。壮途を飾れなかった。

◆蹴球部の創部80周年を記念する豪州・NZ遠征

慶應義塾蹴球部の創部80周年を記念する全慶應初の豪州・NZ遠征チーム（団長・瀬下良夫部長）は1979年2月28日に成田を出発、豪州で5試合、第2の訪問国NZで1試合を行い、4勝2敗の好成績をみやげに3月19日、無事帰国した。NZでの試合は2点差の惜敗だったが、もし勝っていればNZで最初に勝利を記録した日本チームとなっていただけに、なんとも悔しい敗戦だった。和崎嘉彦監督は遠征の成果を①チームのまとまり、②FWが押し勝ち、当たり勝ったこと、③FW第3列の鋭い出足と展開力、④攻撃的タックルなどの点をあげている。

遠征成績

◆第1戦（豪州）　3月3日（ストラスフィールド）

○全慶應46（29－3、17－4）7ブライヤーズ・クラブ●

全慶應	vs.	ブライ
2	T	0
3	G	0
1	P	1
29	前	3
2	T	1
1	G	0
1	P	0
17	後	4
46	計	7
12	反	6

全慶應
①山　城
②井　口
③水　井
④　梶
⑤黒　沢
⑥荒　井
⑦渡　部
⑧浜　本
⑨上　田☆
⑩中　川
⑪今　岡
⑫阿　部
⑬中曽根
⑭吉　岡☆
⑮永　岡

☆はOB

全慶應	vs.	オ大
0	T	2
1	G	0
0	P	0
6	1st	8
0	T	0
0	G	0
2	P	0
6	2nd	0
0	T	1
0	G	1
0	P	0
0	3rd	10
1	T	0
0	G	0
0	P	0
4	4th	0
16	計	18

全慶應
①山　城
②井　口　（筒井☆）
③水　井　（水　谷）
④　梶　（東　山）
⑤黒　沢
⑥荒　井
⑦渡　部
⑧浜　本
⑨上　田☆（柳　田）
⑩小　西　（中　川）
⑪川　口☆（四　津）
⑫阿　部
⑬中曽根
⑭吉　岡☆
⑮永　岡　（桜　井）

☆はOB

待望の第1戦。在留日本人多数の応援を受けベストメンバーで対戦した。一つの試みとしてSOに中川を起用し、上田とコンビを組ませることにした。試合の結果は相手がシーズンインまであと3週間で仕上がっていない点につけ込み、とくにFWはスクラムを押しまくり、また当たり勝ち、WTB吉岡の3トライを筆頭に一方的に攻めまくって46－7と大差をつけて快勝した。

◆第2戦（NZ）3月7日（UNIV.PARK NO.1 OVAL）

●全慶應　16（6－8、6－0、0－10、4－0）18　オークランド大学○

（注　4ハーフ×20分）

ゲームは先方が20分4ゲームを強く主張したためやむなく承諾。ベストメンバーで臨んだが、未調整とはいえさすがに大学チームだけあってまとまりがよく、とくにバックスの脚力は慶應より一日の長があった。慶應もすばらしいタックルで相手を封じ、実に見応えのある試合となった。第2クォーターまではスクラムと強い当たりで慶應が有利に立ったものの第3クォーターで新人（水谷、東山、柳田、中川、四津、桜井）を起用し、主将の上田をはずしたためまとまりを欠いて受け身となった。ここを相手に突かれて1トライ、1ゴールを許し、最終クォーターで再びベストに近いメンバーに戻したものの、ノーサイド直前、敵ゴール前のイージーなPGをバーに当てて逃したのが致命的で追撃ならず、2点差で大魚を逸した。もし勝っていたら「日本チーム初のNZでの勝利」と聞かされたが、後の祭りだった。翌8日NZを後に、空路シドニー経由で再び豪州キャンベラへと転戦した。

◆第3戦（豪州）3月11日（ヘッセルパーク）

○全慶應　37（12－4、25－6）10　セントアイビスR.C.●

畑生、四津、東山ら若手の活躍もあり37－10で快勝。

◆第4戦（豪州）3月13日（マ大NO.1）

○全慶應22（10－9、12－7）16 マクオリー大学●

すばらしい芝生のグラウンドだった。試合はマクオリー大SO、FBの3ドロップゴールで苦戦したが、後半残り8分に同点に追いつき、勝ち越し点はSO小西が日本でのシーズンには試みたことがないドロップゴールをあざやかに決め、立派に「お返し」をし勝利を握ったときはまことに痛快であった。このゲームでは浜本に代わり先発した荒牧の縦へ

全慶應	vs.	ST.IV
3	T	1
0	G	0
0	P	0
12	前	4
1	T	0
3	G	1
1	P	0
25	後	6
37	計	10
8	反	6

全慶應
①山　城　（畑　生）
②井　口　（筒井☆）
③水　谷　（水　井）
④東　山　（　梶　）
⑤黒　沢
⑥荒　井
⑦渡　部
⑧浜　本
⑨富　安　（上田☆）
⑩中　川　（小　西）
⑪川　口☆ （四　津、大　高）
⑫阿　部　（塚　田）
⑬中曽根
⑭吉　岡☆
⑮永　岡　（桜井）

☆はOB

全慶應	vs.	マ大
1	T	0
1	G	0
0	P	1
0	D	2
10	前	9
0	T	1
1	G	0
1	P	0
1	D	1
12	後	7
22	計	16
10	反	10

全慶應
①山　城
②筒　井☆（井　口）
③水　井
④　梶
⑤黒　沢
⑥荒　井
⑦渡　部
⑧荒　牧　（浜　本）
⑨上　田☆
⑩小　西
⑪今　岡
⑫阿　部
⑬中曽根
⑭吉　岡☆
⑮永　岡

☆はOB

の強さが目立った。

◆第5戦（豪州）3月15日（シドニー大）

●全慶應7（4―10、3―27）37シドニー大学○

遠征後半のメインイベントであるシドニー大学戦を迎えるにあたり、やや疲れが見えてきたのと、精神統一を図るため前日に民泊を断ってホテル泊に変更してもらい万全を期したが、試合は前半互角に戦い、モール、ラックで優位に立ちながらバックスが球を散らさず、センターで勝負してせっかくのチャンスを潰したのが結

全慶應	vs.	シ大
1	T	1
0	G	1
0	P	0
4	前	10
0	T	3
0	G	2
1	P	1
3	後	27
7	計	37
7	反	7

全慶應
①山　城
②井　口
③水　井
④　梶
⑤黒　沢
⑥荒　井
⑦渡　部
⑧浜　本
⑨上　田☆
⑩小　西
⑪四　津
⑫阿　部
⑬中曽根
⑭吉　岡☆
⑮永　岡

☆はOB

果的には大きくひびいた。タックルはよく決めて応戦したものの、シドニー大のSOにうまくゲームを作られ、FW、バックスともに一日の長のまとまりとフォローの厚さの前に、あっという間に大差をつけられ大敗した。

◆最終戦（豪州）3月17日（マニオンＡＶ）

○全慶應 26（4―10、22―3）13 コーリーグス・クラブ●

全慶應	vs.	コーリ・ク
1	T	1
0	G	1
0	P	0
4	前	10
1	T	0
2	G	0
2	P	0
0	D	1
22	後	3
26	計	13
5	反	9

全慶應
①畑　生　（山　城）
②筒　井☆（井　口）
③水　谷　（水　井）
④　梶
⑤東　山　（権　正）
⑥荒　井
⑦渡　部
⑧浜　本
⑨柳　田　（富　安）
⑩中　川　（上田☆）
⑪大　高　（今　岡）
⑫阿　部　（小　西）
⑬塚　田　（中曽根）
⑭四　津　（吉岡☆）
⑮川　口☆（永　岡）

☆はOB

最終戦はコーリーグスクラブと戦い、敵も十分にこちらを研究していた。低く鋭い当たりでペースを乱され、タックルも少し甘くなり、前半４－10とリードされて心配したが、後半に上田主将をスタンドオフに入れたのが成功。ゲームの流れをうまく変えてくれたのと、新人権正の大活躍が活性剤にもなり、後半は22－３と圧勝。最終戦を飾ることができた。それにしてもスタンドオフのゲームのとらえ方、作り方がいかに大切かをいやというほど思い知らされた。これで通算４勝２敗。手痛い１敗があったものの、記念となる遠征に予想外にも勝ち越すことができた。（遠征チーム和崎嘉彦監督のレポートから抜粋）

◆全慶應豪州・ＮＺ遠征メンバー（37人）

団長　瀬下良夫　蹴球部部長
副団長　中須規夫　ＯＢ（1950年卒業）
監督　和崎嘉彦　ＯＢ（1963年卒業）
　1978年度蹴球部監督
コーチ　吉岡泰男　ＯＢ（1971年卒業）
　兼選手（ＷＴＢ）
　川口　明　ＯＢ（1971年卒業）
　兼選手（ＦＢ）
主将　上田昭夫　ＯＢ（1975年卒業）
　兼選手（ＨＢ）
主務　高橋明良　学生（４年）
　山本啓子　学生（４年）
選手　ＰＲ　山城泰介　学生（4年）
　畑生恵司　学生（２年）
ＨＯ　筒井京弥　ＯＢ（1978年卒業）
　井口兼市　学生（４年）
ＰＲ　水井哲之　学生（4年）
　水谷重夫　学生（４年）
ＬＯ　梶　紳二　学生（４年）
　黒沢利彦　学生（４年）
　東山勝英　学生（２年）
　権正徳之　学生（１年）
ＦＬ　荒井哲也　学生（４年）
　渡部政和　学生（２年）
NO8　浜本剛志　学生（４年）
　荒牧滋美　学生（２年）
ＳＨ　上田昭夫　ＯＢ　前述
　富安治彦　学生（４年）
　柳田琢二　学生（３年）
ＳＯ　小西雅之　学生（４年）
　中川龍士　学生（２年）
ＣＴＢ阿部　匡　学生（２年）
　中曽根寛　学生（４年）
　塚田治伸　学生（３年）
ＷＴＢ吉岡泰男　ＯＢ　前述
　今岡秀輔　学生（４年）
　四津雅人　学生（３年）
　大高貞樹　学生（３年）
ＦＢ　川口　明　ＯＢ　前述
　永岡　章　学生（４年）
　桜井靖二　学生（３年）

◆フランス代表が来日

北半球の強豪フランス代表が９月に来日。14日の日本選抜との第１戦（国立競技場）を皮切りに４試合を行ったが、最終戦のテストマッチで日本代表が16－55の大差で敗れるなど、日本勢は１勝もできなかった。

◆アジア大会で日本が６連覇

第６回アジア大会は11月にマレーシアの首都、クアラルンプールで開催。日本は決勝で韓国を破ってこの大会６連勝を飾った。

1979（昭和54）年度 ◆四津雅人◆

前年度末の３月に創部80周年記念行事の一環として行われた豪州・ＮＺ遠征（団長・瀬下良夫）から帰国した我々を待っていたのは、新体制と土盛りしたままのグラウンドであった。新たに久野洋理工学部教授が蹴球部長に就任、新強化委員長には今村耕一（1959年卒業）、ヘッドコーチに谷川義夫（1969年卒業）、大学から本格的にラグビーを始めた四津主将でスタート。レギュラー12人の卒業で、チーム作りは一からという厳しいシーズンではあった。人材不足を補うため原点に戻って日吉校舎での新人勧誘に努め、30数人のフレッシュマンを迎えた。悲壮感あふれる練習を改め、新日鉄釜石流の合理的な練習を採り入れ、チームをＡ、Ｂに分け、潜在能力のある新人に実戦経験を多く積ませる英才教育で層を厚くした。またポジションを固定せず、上、下級生間の競争を促し、戦術はキック中心から運動量で勝負するランニングラグビーに転換した。春と夏合宿は故障選手も少なく順調に仕上がったが、秋は大試合の経験不足から筑波に負けてから立て直しがきかず４連敗して結局４勝４敗となり、対抗戦グループ５位。京都、同志社の定期戦も１勝１敗で終了した。最終戦終了後も年末まで練習を続けた結果、全早慶明３大学対抗に１勝１敗し、後輩たちにほのかな自信をリレーして一緒に卒業できなかった５人の仲間たちを応援した。（四津雅人・記）

➲蹴球部80周年記念式典が５月13日、日吉競技場で行われた。

➲イングランド代表（５月）、ケンブリッジ大学（９月）が来日。

◆創部80周年記念式典が５月に開催される

蹴球部の創部80周年記念式典が５月13日、日吉校舎の陸上競技場で、日本ラグビー協会の清瀬三郎、正野虎雄両理事、各大学代表を来賓に迎え、第16回ラグビー祭を兼ねて行われた。式典はラグビー祭恒例の幼稚舎から大学、ＯＢにいたる慶應ファミリーのゲーム終了後、会場を構内の食堂に移して開催。新しく蹴球部部長に就任した久野洋前塾長、黒黄会岩下秀三郎会長のあいさつに続いて岩下会長の慶應義塾塾長祝辞の代読、さらに80年の歴史を祝い、日本ラグビー開祖の偉業を讃える来賓の言葉などがあって幕を閉じた。

なお、創部80周年式典に先立ち、２月から３月にかけて全慶應が豪州・NZ に初めて遠征し、４勝２敗の好成績をみやげに帰国し、80周年に花を添えた（前年度の遠征の項を参照）。またこの遠征に団長を務めた蹴球部瀬下良夫部長が定年のため退任し、新しく前慶應義塾塾長で、現理工学部の久野洋教授が新部長に就任した。瀬下前部長は30年の長きにわたって蹴球部員の指導にあたったが、これは1910（明治43）年から1942（昭和17）年に至る畑功第２代蹴球部長の在任32年に次ぐ長期蹴球部長でもあった。

◆今季のルール改正

I.R.B.（国際ラグビー評議会）は５月の会合で今季のルール改正を決めたが、最も大きな変更は「トライ後のゴールを２点とし、トライの４点に加算」されると改正されたこと。昨季までの得点計算は「トライ４点」、「ゴール６点」と、トライとゴールを分離したスコアリング制をとっていた。

◆京都勢との定期戦

①第53回慶京定期戦（9月15日、慶應日吉グラウンド）
○慶應義塾　60（24―3、36―4）7　京都大●
（対戦成績は慶應の42勝10敗1引き分け）

夏合宿の練習マッチで大敗した京都大に対して気合の入った試合を展開。終始ペースをつかんで圧倒しつづけた。両フランカーの鋭い出足、WTB四津主将の5トライが目立った試合。

②第62回慶同定期戦（9月23日、横浜・三ツ沢球技場）
●慶應義塾　16（16―12、0―27）39　同志社○
（対戦成績は慶應の42勝16敗4引き分け）

前半は一進一退、互角の展開ながら、わずかにリードして後半に入った。ところが後半は明らかに同志社ペース。FW、バックスの動きが鈍り、時間の経過とともに同志社のパワーが試合を支配し一方的な展開となってしまった。敗因は慶應のスタミナ不足。

◆シーズンの歩み（関東大学対抗）

①第52回慶立定期戦（39―9）：対抗戦グループの緒戦は小雨の中でキックオフとなった。

慶應はスタートから球をよくつなぎ、悪コンディションながら得点を重ねる一方、立教をノートライのPG3本に封じて圧勝した。対戦成績は慶應の45勝5敗2引き分け。

②慶・成蹊戦（68―6）：台風の影響で強風、大雨の最悪条件の下で行われた。地力に勝る慶應は開始早々から主導権を握って計14トライ。成蹊に2PGを許しただけで快勝した。

③慶・青学戦（25―19）：青学の標的は「打倒慶應」にあるようだ。闘志溢れる青学のプレーで前半はまったく互角。受け身の慶應がペースをつかんだのはようやく後半に入ってからだった。本来の形を取り戻せばもう慶應のもの。終盤に連続2本のトライを許しはしたが、大勢には影響なかった。

④慶・筑波戦（4―29）：完敗だった。外国人コーチの指導を受けている筑波だが、確かにチーム力は上がっている。ボールをうまくつなぐラグビーで慶應のディフェンスを突破して、好機を確実に得点とした。後半に入っても筑波の攻撃は熾烈。慶應に反撃のきっかけすら与えない速攻が光った。慶應はわずかに1トライ。

⑤慶・日体戦（10―16）：前年度の大学チャンピオンを相手に慶應は善戦した。一時は阿部の2本のPG成功でリードするなど、意気盛んなところをみせたが、結局は力負け。日体の総合力の前に逆転で敗れた。筑波戦に続いて連敗。

⑥第54回慶明定期戦（19―34）：前半2分、慶應はPG成功で先制。そのまま攻守に互角の粘りをみせたが、それもこのハーフの半ばまで。20分に自陣ゴール前のスクラムでフォーリングダウンのペナルティートライを取られてからの慶應は明治バックスのパスミスから1トライをあげはしたが、その前後に2トライを奪われるなど、どちらかといえば守りに追われる展開が多くなっていった。後半は3

●慶應義塾19（7―22、12―12）34明治○

慶應義塾	vs.	明治
畑　生	FW	梨　本
水　谷		藤　田
緒　方		中　谷
東　山		仲　村
林		川　地
石　田		岸
渡　部		遠　藤
荒　牧		小　原
桜　井	HB	窪　田
市　橋		砂　村
大　高	TB	井　沢
阿　部		渡　辺
塚　田		金　谷
四　津		坂　本
中　川	FB	橋　爪

分に明治ゴール前のスクラムからこぼれたボールを慶應がトライ（ゴール）としたが、完全な追撃態勢とはならず、取りつ、取られつの経過をたどって最後まで追いつくことができなかった。対戦成績は慶應の20勝33敗1引き分け。

⑦第56回早慶定期戦（3—15）：今シーズンすでに3敗を記録している慶應に対して早稲田は今季負け知らずの全勝。明らかに早稲田優勢の状況を背景に試合が始まったが、前半も後10分を残すところまでは慶應も攻守に粘っこいプレーで食い下がった。交流試合への出場権をこの試合に賭ける危機感が奮起を促す役目を果たしたわけだが、しょせん力の差はどうすることもできない。31分にPGを決められると、つづいて2本のトライ（いずれもゴール）を奪われた。これで点差は15点。後半の反撃が大いに期待され、事実早稲田の追加点をゼロに封じるなど、最後の粘りをみせたが、攻撃面でわずかに1PGを返しただけ。12点差を跳ね返す力はなかった。これで対戦成績は慶應の14勝38敗4引き分けとなった。

●慶應義塾3（0—15、3—0）15早稲田○

慶應義塾	vs.	早稲田
畑　生	FW	町　田
水　谷		佐　伯
緒　方		高　野
林		加　藤
東　山		金　沢
根　岸		梶　原
渡　部		石　橋
荒　牧		長　沼
桜　井	HB	奥　脇
市　橋		本　城
大　高	TB	大　沢
阿　部		日　下
塚　田		吉　野
四　津		大　竹
中　川	FB	津布久

⑧第54回慶東定期戦（70—0）：関東大学対抗戦の今季最終戦は、実力に勝る慶應が前半2分にあげた荒牧のトライを口火に連続得点をあげ、東大を無得点に封じて完勝した。

この結果、対抗戦グループの全日程は終了。優勝は全勝の明治、2位に早稲田と続き、慶應は4勝4敗で5位となった。

◆大学選手権への出場が途切れる

慶應の全国大学選手権8年連続出場はならなかった。対抗戦第5位となった慶應は大学選手権への出場を決めるリーグ戦グループとの交流試合出場の資格を失い、選手権の連続出場は7年でストップした。

なお、今季の第16回大学選手権決勝は1980年1月3日に国立競技場で行われ、明治が6—3の小差で同志社を下して4度目の大学チャンピオンとなったが、日本選手権（1980年1月15日、国立競技場）では社会人優勝の新日鉄釜石に32—6と一方的なスコアで敗れている。勝った新日鉄釜石はこれで日本選手権2連覇。日本ラグビー界は新日鉄釜石の登場で社会人ラグビー優位の時代へと突入することになった。

◆関東大学ジュニア選手権始まる

今季から関東大学ジュニア選手権の開催が決まり、初年度の今年は9月15日から10月6日まで対抗戦、リーグ戦両グループの16校によるトーナメント方式で行われが、慶應は1回戦で専修と対戦。19—49で敗退した。

◆2月に全早慶明3大学対抗戦

今季の第15回全早慶明3大学対抗ラグビーは1980年の2月3日、秩父宮ラグビー場での全早慶戦で開幕。

【成績】

①1980年2月3日（秩父宮）

●全慶應　12—34　全早稲田○

②1980年２月10日（秩父宮）
○全慶應　26－14　全明治●
③1980年２月17日（秩父宮）
○全明治　35－18　全早稲田●

◆英国からイングランド代表が来日

ラグビーの創始国イングランドのナショナルチームが５月に来日。東京、大阪などで４試合を行い、４戦全勝で帰国した。テストマッチ２試合の結果は５月13日の第１テスト（花園）は大接戦。前半は日本代表が１点リードとイングランドをあわてさせる場面もあったが、さすがに５カ国対抗の盟主イングランド。後半の逆転劇で21－19の２点差ながら底力を発揮して日本を振り切った。
▼第１戦　５月10日
○イングランド代表　36－７　日本選抜●
▼第２戦　５月13日（第１テストマッチ）
○イングランド代表　21－19　日本代表●
▼第３戦　５月16日
イングランド代表　80－３　九州代表●
▼最終戦　５月20日（第２テストマッチ）
○イングランド代表　38－18　日本代表●

◆ケンブリッジ大学が来日

英国からケンブリッジ大学が９月に来日した。日本では日本代表、日本選抜など国内のトップチームと５試合を行い、５戦全勝で日本の挑戦を退けた。
▼第１戦　９月13日
○ケンブリッジ大学　33－14　日本学生●
▼第２戦　９月16日
○ケンブリッジ大学　32－９　日本選抜●
▼第３戦　９月19日
○ケンブリッジ大学　46－10　近鉄●
▼第４戦　９月22日
○ケンブリッジ大学　31－９　日本選抜●
▼最終戦　９月24日
○ケンブリッジ大学　28－19　日本代表●

◆ＮＺ学生代表（ＮＺＵ）が来日

NZ学生代表（NZU）が年度末の3月に来日。日本代表が25－25で引き分けたほかは3試合いずれも日本側が敗れた。NZUと日本チームの対戦で初めての引き分け試合となる。

1980（昭和55）年度 ◆東山勝英◆

本来主将となった者は、チームの戦力分析に基づきさまざまな戦略を検討し、年間のトレーニング計画やシーズンの戦術を決定する、ということを行うものであろう。ましてや部員数が100人を超えたこの年には、種々の計画立案が重要な課題であるはずだった。しかし結果は開き直りの１年であった。前年度の辛い結果を受けた我々は自信もなく、できることは何もなかった。春シーズンも練習試合は連戦連敗。あげくに合宿所においてちょっとしたトラブルを起こしてしまうほど、精神的な支えとなるものが見つからなかった。いや見つけることができなかった。こうなればと夏合宿では猛練習に終始し、そのままの勢いを公式戦に持ち込む。これが唯一残された手段であった。ところが、試合が進み、勝利を重ねるごとにチームに自信が戻ってくるのが感じられるようになり、気がつけば明治に勝ち、早稲田には引き分けたものの23年ぶりの対抗戦優勝。大学選手権も準決勝まで進出し、それなりに評価できる１年とすることができた。取り立ててスター選手はいなかったものの上級生・下級生がバランスよく試合に出場し、試合に出られなかった上級生も熱心に下級生のコーチをし、さらには上級生も含めた裏方がしっかりとチームをサポートし、頼りない主将を支えるために全員がまとまりを見せた１年だった。

（東山勝英・記）

➲慶應義塾蹴球部が1957年以来、23年ぶりに対抗戦グループで優勝を飾る。

➲英国４ホームユニオンの一つ、ウェールズ協会の創立100周年記念祭が開催される。

◆今季の指導陣が決まる

今季の蹴球部を指導する強化委員会のスタッフ、並びに監督、コーチが下記のとおり決まった。前年度のヘッドコーチ制から再び監督制に移行することになり、新監督に田川博（1936年卒）が就任した。

【強化委員会委員】

田川博（前述）、柴田孝（1956年卒）、今村耕一（1959年卒）、吉田博信（1962年卒）、浅沼勝（1963年卒）、和崎嘉彦（1963年卒）、堀越慈（1964年卒）、谷川義夫（1969年卒）、宮田浩二（1969年卒）

【監督＝兼強化委員】

田川博

【コーチ＝兼強化委員】

堀越慈、谷川義夫、宮田浩二

◆京都勢との定期戦

①第54回慶京定期戦（９月15日、大阪・長居球技場）

○慶應義塾　27（11－6、16－8）14　京都大●

（対戦成績は慶應の43勝10敗１引き分け）

慶應ＦＷは前、後半とも圧倒的な強さを発揮したものの、京都が激しいタックルで応戦。大量点に結びつかなかった。逆に前半22分、後半32分に１トライずつを奪われるなどピリッとしたところがなかった。

②第63回慶同定期戦（９月23日、西京極競技場）

●慶應義塾　9（3－20、6－28）48　同志社○

（対戦成績は慶應の42勝17敗４引き分け）

「同志社強し」の評判通り、大観衆を前にして同志社のエネルギーが爆発した試合だった。前半からリードされた慶應は、後半さらに５トライ（４ゴール）を追加されて大敗した。

◆シーズンの歩み（関東大学対抗）

①第53回慶立定期戦（52—3）、②慶・成蹊戦（99—6）：シーズン開幕の2試合はともに日吉のホームグラウンドで対戦。いずれも大量得点をマークして順当に勝った。慶立定期戦の対戦成績は慶應の46勝5敗2引き分け。

③慶・青学戦（41—15）：「どうした慶應」。スタンドから叱咤の声が飛んだ。平均体重で7キロ重いFWを擁しながら後半21分には25－15と10点差まで追い上げられた。最後は地力を発揮して突き放したものの反省材料の多い試合ではあった。

④慶・筑波戦（25—9）：前半35分、筑波ゴール前、左5メートルの地点から慶應ボールのスクラムを真っすぐ押し込んでトライ。筑波がPGで先制していたのを逆転した。慶應にとっては昨年の苦い敗戦の雪辱を期しての対戦である。後半5分にも慶應はバックスからのボールを再びFWが押し込み、21分にもスクラムからのトライと、FWの突破力を最大限に活かしての勝利だった。

⑤慶・日体戦（23—9）：開始2分、慶應は左のブラインド攻撃で先制のトライをあげた。日体のスクラム背後へパントを上げてラッシュする戦法が効果的。23分にはFW権正のトライで点差を広げたが、日体もなかなか粘っこい。まずPG、続いてスクラムサイド突破のトライを返され前半を終わって10－9。勝負は後半に持ち越されたが、慶應がバックスの好走とFWの突進でトライを追加して日体を振り切った。

⑥第55回慶明定期戦（12—6）：FWの充実に意を注いだ慶應のチームづくりが的中した。前半のスタートから明治のFWパワーと互角というより、むしろ早い集散をベースにラック、モールを慶應が支配。5分には阿部のPGで先制した。しかし、この後、慶應に痛い反則が15分、27分と続いて明治にPG2本を返され3－6と明治のリードで折り返した。

○慶應義塾12（3—6、9—0）6明治●

慶應義塾	vs.	明治
畑生	FW	梨本
清原		藤田
緒方		井上
東山		川地
平島		御園
渡部		岸
荒牧		遠藤
権正		瀬下
柳田	HB	窪田
中川		砂村
上野	TB	平井
阿部		小林
柴田		坂本
氏家		斎藤
市橋	FB	橋爪

後半も試合のペースは慶應。ラインアウトからの攻撃、サイド突破、そして好タックル。主導権を握る慶應は19分に中央40メートルのPG成功で同点とした後、35分にラインアウトからモールを押し込む決勝トライで、接戦にピリオドを打った。このトライ、清原がモールからまずインゴールに飛び込み、これをFWが包み込むようになだれ込んだ会心のもので、この試合唯一のトライでもあった。慶應にとっては1974年の第49回定期戦以来6年ぶりの勝利。対戦成績は慶應の21勝33敗1引き分けとなった。

⑦第57回早慶定期戦（16—16）：6年ぶりの全勝対決となった。試合は文字通りの死闘を繰り広げたが、前半は早稲田が押し気味。SO本城のキックが有効な位置に飛んで慶應の出端をくじいた。まずPGで先制した後の9分、こぼれ球を奥脇－浜本－本城とつないでトライ。さらに両校がPGを決めて早稲田が10－3とリードしたところで、慶應FWの巻き返しがはじまった。早稲田ゴール前へ攻め込んだ慶應は6度目のスクラムを押し込んでトライ。すさまじいまでの執念をみせた。早稲田のゴール前での壮絶な攻防に満員札止めとなった2万5千の大観衆も酔いしれた。後半も

△慶應義塾16（7—10、9—6）16早稲田△

慶應義塾	vs.	早稲田
畑　生	FW	町　田
清　原		佐　伯
緒　方		高　野
東　山		杉　崎
平　島		寺　林
渡　部		梶　原
荒　牧		長　沼
権　正		益　子
柳　田	HB	奥　脇
中　川		本　城
上　野	TB	浜　本
阿　部		津布久
柴　田		吉　野
氏　家		中　川
市　橋	FB	安　田

早稲田が幸運なトライで先手をとる。6分、本城の狙ったドロップゴールがゴール前に転がるところを、慶應の上野に競り勝った早稲田中川のトライ。ゴールも成功して16−7とした。ここからの慶應の反撃がまたすばらしかった。まず阿部のDGで6点差と詰めた後、30分に連続ラックから清原がトライ（ゴール）で同点。さらにこのあと両校にPGチャンスが一度ずつ訪れたが、ともにはずして定期戦5度目の引き分けとなった。対戦成績は慶應の14勝38敗5引き分け。

⑧第55回慶東定期戦（72—0）**：**大差で東大を破って対抗戦の優勝を決めたが、本来の調子を取り戻したのは前半も終了前だった。東大FWの粘りに苦戦を強いられたのが前半のもたつきの理由。その点、後半はリズムにのった試合運びで大量点をあげた。対戦成績は50勝4敗1引き分け。

この結果、慶應は対抗戦の全日程を終了。早稲田が12月7日の早明戦に敗れたため慶應（7勝0敗1引き分け）の単独優勝が決まった。23年ぶりのこと。2位明治、3位早稲田、4位日体の順となり、第4位までのチームが交流試合に出場することになった。

◆交流試合に快勝、大学選手権へ

第17回全国大学選手権の関東大学代表を決める交流試合は12月13～14日、秩父宮ラグビー場で行われ、慶應、明治、法政、専修の4校が大学選手権の関東大学代表に決まった。

○慶應義塾　33（21—0、12—0）0　国士館●

◆大学選手権の決勝進出ならず

▼1回戦（12月21日、平和台）

慶應はFWがスクラムをはじめラック、モールで圧倒的な力強さを発揮したが、バックスにボールが回るともろかった。ミスが目立ってピンチを招くこともしばしば。それでも大量得点が取れたのは相手のレベルが低かったから。チームの再チェックが望まれる。

○慶應義塾63（25—8、38—8）16福岡工大●

▼準決勝（'81年1月元日、秩父宮）

明治は前半15分過ぎに慶應ゴール前へ殺到。5メートルスクラムを3度繰り返した後、NO.8瀬下が右サイドを突く得意のパターンで先制。慶應も1PGを返して追いかけたが、27分に今度はライン攻撃から斎藤のトライ（ゴール）

●慶應義塾9（3—10、6—8）18明治○

慶應義塾	vs.	明治
畑　生	FW	梨　本
清　原		藤　田
緒　方		井　上
東　山		仲　村
平　島		川　地
渡　部		岸
荒　牧		遠　藤
権　正		瀬　下
柳　田	HB	窪　田
中　川		砂　村
上　野	TB	平　井
阿　部		小　林
柴　田		坂　本
氏　家		斎　藤
市　橋	FB	橋　爪

で慶應との差を広げた。もちろん慶應も重量FWの突進を軸に攻撃を仕掛けるが、その次の攻め手に欠けてトライに至らない。結局、後半は明治陣内に攻め込むわりにはロスが多く、2本のPGをあげただけ。最後までトライが取れないまま、逆に1トライを明治に追加されて、対抗戦の雪辱を許す結果となってしまった。

なお決勝は明治と同志社の間で争われ、同志社が11－6の小差で競り勝って初優勝した。関西から大学チャンピオンが出たのはこれが初めて。

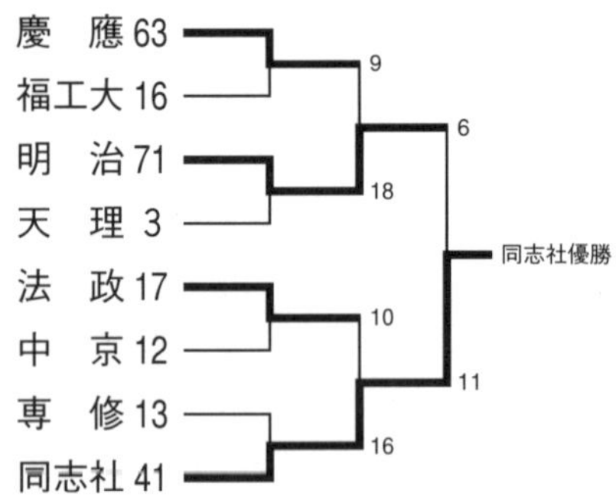

◆新日鉄釜石が日本選手権3連覇

第18回日本選手権試合は1月15日、国立競技場で社会人チャンピオンの新日鉄釜石と全国大学選手権初優勝の同志社の間で行われたが、接戦のすえ、新日鉄釜石が10－3で勝ち、日本選手権3連勝、4度目の優勝をとげた。これで社会人チームは5連勝、大学チームとの通算成績は社会人の12勝6敗と大きく勝ち越した。

◆第7回アジア大会で日本が7連勝

第7回アジア大会は11月、台湾の台北で行われ、日本が決勝で韓国を破って大会7連勝をとげた。

◆今季の海外交流

【遠征】

日本代表が9月から10月にかけてフランス、オランダへ遠征。オランダ選抜との第1戦を皮切りにフランスで4試合と計5試合を行ったが、全敗という苦しい遠征となった。

▼第1戦　10月4日
●日本代表　13－15　オランダ選抜○
▼第2戦　10月8日
●日本代表　6－40　フランス選抜○
▼第3戦　10月12日
●日本代表　25－43　フランス選抜○
▼第4戦　10月14日
●日本代表　3－57　フランス選抜○
▼最終戦　10月19日（テストマッチ）
●日本代表　3－23　フランス代表○

【来日】

豪州学生代表が1981年3月に戦後2度目の来日。最終戦の日本代表には9－10と1点差で敗れたが、全明治などOB、学生混合の大学チームと九州代表を連破して4勝1敗の成績をみやげに帰国した。

▼第1戦　3月8日
○豪州学生　31－10　全明治●
▼第2戦　3月11日
○豪州学生　31－0　全法政●
▼第3戦　3月15日
○豪州学生　12－10　全同志社●
▼第4戦　3月18日
○豪州学生　21－7　九州代表●
▼最終戦　3月21日
●豪州学生　9－10　日本代表○

◆関東大学ジュニア選手権

第2回関東大学ジュニア選手権1回戦（9月13日、中央大グラウンド）で中央と対戦した慶應は26－36で敗退した。

◆全早慶明３大学対抗戦

全慶應は１月24日、全明治と、２月１日、全早稲田と、それぞれ秩父宮ラグビー場で対戦したが、いずれも敗れて最終の全早明戦の結果を待たず、全慶應の最下位が決まった。

◆関東大学ベスト15に慶應から５人が選ばれる

東京運動記者クラブのラグビー分科会が選ぶ今季の関東大学ベスト15に慶應から次の５人がはいった。なお、大学別では明治６人、慶應５人、早稲田２人、法政、専修各１人だった。

【ＦＷ】清原定之、東山勝英、渡部政和、権正徳之

【バックス】阿部匡

1981（昭和56）年度 ◆清原定之◆

前年の'80年度に対抗戦グループで久々に優勝をし、「翌年も」というＯＢや関係者の強い期待の中での１年間だったように思える。しかし、前年の主力メンバーの大半は卒業し、新チームは１年生５〜６人を含む非常に若いチームであり、慶應ラグビーにとっては正念場の年であった。チームは春先から低迷を続け、シーズンに入ってからも調子はなかなか上がらず、秋の対抗戦グループでは、東大戦を残した時点で筑波に同率で４位に並ばれてしまった。結果として、得失点差で筑波を上回り、交流試合への出場権を獲得したものの、相手はリーグ戦グループ１位の法政である。戦前の予想は圧倒的に慶應不利。しかし、相手の拙攻にも助けられ12－０で勝利することができた。その後の大学選手権では１回戦で、同志社と花園ラグビー場で対戦したものの善戦むなしく敗れてしまい、正月の準決勝には出場することができなかった。大学選手権には出場できたものの全体的には満足のいくシーズンではなかった。ただ、この年にレギュラーとして頑張った多くの１年生（松永敏宏の年代）が後に大活躍したことを考えると、このシーズンは慶應ラグビーにとって非常に大事な１年だったように思える。

（清原定之・記）

- アイルランドからダブリン大学が初めて来日。
- '80年度関東大学対抗優勝の蹴球部（東山勝英主将）が小泉体育賞を受賞。

◆来日ダブリン大学に完敗

アイルランドから初めて日本にやってきたダブリン大学と全慶應の試合は９月15日、秩父宮ラグビー場で行われた。全慶應は学生３人を含むＯＢ12人で固める布陣で臨んだが、後半に２トライを返しただけ。せっかくのＦＷ戦の優位を活かせず、10－44で大敗した。

◇来日第２戦（ダブリン大学　２勝）

【ダブリン大学の来日成績（４勝２敗）】

▼第１戦　９月13日

○ダブリン大学　27－16　全明治●

▼第２戦　９月15日

○ダブリン大学　44－10　全慶應●

▼第３戦　９月17日

●ダブリン大学　９－27　全早稲田○

▼第４戦　９月19日

○ダブリン大学　18－９　全専修●

▼第５戦　９月23日

●ダブリン大学　13－15　全同志社○

▼最終戦　９月27日

○ダブリン大学　28－19　学生日本代表●

●全慶應10（０－22、10－22）44ダブリン大学○

全慶應	vs.	ダブリン大
畑　生　OB	FW	マクマホン
清　原		スペイン
緒　方　OB		フラー
黒　沢　OB		ダフィー（ハーネット）
権　正		オケーリ
渡　部　OB		ギブソン（A.ダリア）
荒　牧　OB		ライアン
浜　本　OB		スプリング
富　安　OB	HB	イーガン
浅　田		ボーグ
今　岡　OB	TB	コネラン
松　木　OB		ガービー
阿　部　OB		クリンチ
四　津　OB		マクアーランド
永　岡　OB	FB	マクニー

注（　）内は交替選手

◆京都勢との定期戦

①第55回慶京定期戦（９月13日、慶應・日吉グラウンド）

○慶應義塾　56（27－６、29－０）６　京都大●

（対戦成績は慶應の44勝10敗１引き分け）

１年生５人を起用した慶應はFW、バックスともに京都を圧倒。大差で楽勝した。

②第64回慶同定期戦（９月19日、横浜・三ツ沢球技場）

●慶應義塾　６（３－10、３－18）28　同志社○

（対戦成績は慶應の42勝18敗４引き分け）

慶應がPGで先制したが、27分にラック、28分にはモールからサイドを破られたちまち逆転された。後半も慶應は１PGで６－10と迫ったが、実力差はどうすることもできない。最後の20分間で連続トライを奪われた。

◆シーズンの歩み（関東大学対抗）

①慶・成蹊戦（86－０）：開始直後から前半の半ばまで１トライ、１ゴールの６点しか取れず苦戦の状態が続いたが、19分のトライを契機にペースをつかんだ。後は慶應の独壇場。得点を重ねて快勝した。

②第54回慶立定期戦（65－６）：立ち上がりの慶應は立て続けに反則をとられて立教にPG２本で先行された。慶應の攻守が軌道に乗ったのは８分、15分の連続トライで逆転してから。立教から計65点を積み重ねた。これで対戦成績は慶應の47勝５敗２引き分け。

③慶・青学戦（48－３）：慶應は開始早々から試合の主導権を握り、前半３分のトライを皮切りに８トライをあげて大勝した。

④慶・筑波戦（12－12）：先制したのは慶應だったが、全般に筑波ＦＷの巧みなスクラムワークにリズムを崩され、追加点が取れない。逆に後半34分を迎えたところで、９－12と筑波にリードされたが、大詰めでPGを決めて同点に漕ぎ着けた。

⑤慶・日体戦（16－29）：前半８分、慶應は相手のミスから１トライをあげた。幸先よいスタートとなったが、日体はラインアウトの優勢を土台に、ＦＷパスによる突進などで３トライを慶應から奪った。後半にはいって慶應は必死の追撃を試みたが、前半の失点が大きすぎた。

⑥第56回慶明定期戦（12－49）：試合は明治がPGで先制したが、前半10分、慶應はＦＷ林のトライ（ゴール）で６－３と逆転に成功した。ここまではまずまずのできだったが、チャンス、あるいはピンチに集中力が足りない。かんじんなところで反則を多発。まず13分に同点PGを決められた後、18分に再逆転のトライを追加された。その後は完全に明治ペー

●慶應義塾12（6―21、6―28）49明治○

慶應義塾	vs.	明治
村　田	FW	梨　本
清　原		佐　藤
板　岡		井　上
中　山		相　沢
平　島		川　地
石　田		岸
林		遠　藤
権　正		河　瀬
堀　尾	HB	窪　田
浅　田		若　狭
上　野	TB	寺　尾
七　星		小　林
柴　田		緒　方
氏　家		高　橋
市　瀬	FB	籾　山

ス。次々とトライを奪われ一気に勝負を決められた。慶應は後半30分に１トライを返すのが精一杯。昨年、慶應に苦杯を喫している明治は、まさに戦車FWの異名通り、縦突進の威力を十分に発揮し、終始怒涛の攻撃で慶應を圧倒した。これで対戦成績は慶應の21勝34敗１引き分けとなった。

⑦第58回早慶定期戦（16―25）：この試合に負けると慶應の交流試合出場が微妙になる。それだけにこの伝統の一戦にかける慶應の闘志にはなみなみならぬものがあった。

試合はまず早稲田が２PGでリードしたが、慶應も20分にラインアウトから左に展開。CTB松永の上げたショートパントをFWの石田が押さえてトライ（ゴール）し、６―６の同点とした。その後は早稲田が23分、36分とトライ。慶應も40分にFWパスをつないで１トライを返すなどともに譲らず、前、後半を通して試合は白熱の様相を呈したが、慶應はプレースキックの差で劣り、結局３PG差の９点が返せなかった。これで対戦成績は慶應の14勝39敗５引き分け。

●慶應義塾16（12―16、４―９）25早稲田○

慶應義塾	vs.	早稲田
村　田	FW	伊　藤
清　原		佐　伯
板　岡		松　瀬
良　塚		杉　崎
平　島		寺　林
石　田		梶　原
林		渡　辺
権　正		益　子
堀　尾	HB	佐々木卓
浅　田		本　城
上　野	TB	新　谷
松　永		佐々木薫
柴　田		吉　野
氏　家		野　本
市　瀬	FB	浜　本

⑧第56回慶東定期戦（84―３）：前半の慶應は気負い過ぎ。無駄の多い試合運びが目についた。それが26得点に終わった原因。しかし、後半は本来の姿を取り戻して大量58点を加算し、今季の最終戦を締めくくった。東大との通算成績は51勝４敗１引き分け。

この結果、慶應は４勝３敗１引き分けで対抗戦グループの第４位を筑波と分けあったが、得失点差で上回った慶應が交流試合への出場権を獲得した。

◆交流試合を突破し、大学選手権へ

大学選手権の関東代表を決める交流試合は12月12日、秩父宮ラグビー場で行われた。慶應はリーグ戦グループの優勝チーム法政と対戦。ともにトライが取れないまま、４PGの12点を記録した慶應が７本のPGをことごとく失敗した法政を破って、大学選手権へ２年連続、12回目の出場を決めた。慶應のほか明治、早稲田、専修が関東代表に決まった。

○慶應義塾12（６―０、６―０）０法政●

◆大学選手権は１回戦で敗退

◇第18回全国大学選手権

【１回戦＝12月20日、花園】

●慶應義塾 3（0－13、3－25）38 同志社○

試合開始早々に慶應はちょとしたミスを突かれて１トライを失った。しかしこの失点を追いかける慶應の闘志は十分。緊迫した試合展開が30分過ぎまで続いたが、ここで再び同志社のトライを許したのが勝負の分かれ目となった。後半は同志社ペース。１PGの３点に封じられて完敗した。なお、明治が決勝で早稲田を破って５度目の優勝をとげた。

◆新日鉄釜石が日本選手権４連覇

ラグビーの日本一を決める第19回日本選手権試合、新日鉄釜石－明治の試合は１月15日、国立競技場で行われ、社会人チャンピオンの新日鉄釜石が30－14で明治を破って選手権初の４連覇を達成した。

◆全早慶明３大学対抗戦

今季の第18回全早慶明３大学対抗ラグビーは「全早稲田の英仏遠征壮行試合」として、１月31日の全慶明戦で開幕。全慶應と全明治が１勝１引き分けで首位を分けたが、主役の全早稲田は全慶應、全明治に敗れて２敗となり、壮途を飾れなかった。

◆前年度の蹴球部に小泉体育賞

関東大学対抗戦を23年ぶりに制した1980（昭和55）年度の蹴球部（監督田川博、主将東山勝英）17人に３月23日、慶應義塾体育会最高の名誉である小泉体育賞が贈られた。蹴球部の同賞受賞は1968年に小泉体育賞が制定されて以来、1969年についで今回が２度目。

【受賞メンバー】

▼監督：田川博

▼選手：東山勝英（主将）、荒牧滋美、柳田英二、中川龍士、渡部政和、緒方研三、畑生恵司、阿部匡、市橋豊、清原定之、権正徳之、上野精一、柴田勝浩、氏家俊明、平島健右、小林俊一郎（以上17人）

1982（昭和57）年度◆平島健右◆

前年度のメンバーの大半が残りながらも、下級生が半数を占める若いチームで１年間を戦ったが、１試合ごとに成長発展を遂げていったシーズンであった。春のYC＆AC７人制大会で敗者復活のグループではあったが決勝に残り、例年とは違った形でスタートが切れた。また釜石遠征は気仙沼での招待試合となり、敗れはしたものの予想以上に善戦でき、秋につながる遠征となった。夏合宿は旧山中山荘最後の合宿となった。90人の部員をＡ、Ｂに分け、Ｂチームはほとんどの期間を日吉で合宿し、Ａ、Ｂともに密度の濃い練習ができた合宿であった。また合宿の終盤には菅平へ遠征し、明治との練習試合をはじめ３試合を行い、チームの成長度を把握することもできた。定期戦で５年ぶりに同志社に快勝するなど、幸先のよいスタートを切ったが、不覚にも筑波に引き分け。その後の日体、明治には勝って早稲田とは２年ぶりの無敗対決となった。試合は後半ラインアウトでの空中戦を制して追い上げたが、前半の失点が大きく涙を飲んだ。大学選手権での再戦を願ったが、その前の準決勝で同志社に残り10分の逆転負けを喫し、早稲田への再挑戦はならなかった。それにしても往時を振り返ってみると、早慶明のドキュメントがテレビで放映されるなど、ラグビーブームは頂点に達し、それまでとは違った層にもラグビーが浸透した時代でもあった。なお同志社が樹立した前人未到の大学選手権３連覇はこの年の優勝がスタートである。

（平島健右・記）

➲第８回アジア大会決勝で日本は延長戦のすえ韓国に初めて敗れ８連勝ならず。

➲日本協会がキャップ制を導入。'83年１月16日にキャップ贈呈式を行う。

◆黒黄会の新人事

黒黄会岩下秀三郎会長が健康上の理由から辞任、第６代会長に田川博（1936年卒）が就任。磯野謙蔵（1942年卒）、椎野正夫（1946年卒）が副会長、児玉渡（1949年卒）が理事長にそれぞれ選ばれた。

また、蹴球部の新監督に中崎修（1974年卒）が決まった。

◆京都勢との定期戦

①第56回慶京定期戦（９月15日、大阪・長居球技場）
◯慶應義塾　45（17―７、28―10）17　京都大●
（対戦成績は慶應の45勝10敗１引き分け）

悲しい事故が起こった。ノーサイドと同時に京都大のプロップ日野公嗣選手が倒れ、直ちに病院へ運ばれたが、不帰の客となる不測の事態が起こった。９月23日の京都大創部60周年記念式典には故日野選手の遺影が飾られていたと聞く。心からご冥福をお祈りする。

②第65回慶同定期戦（９月25日、西京極競技場）
◯慶應義塾　25（６―６、19―３）9　同志社●
（対戦成績は慶應の43勝18敗４引き分け）

同志社は国際試合に大八木、平尾とFW、バックスの中心選手を送り出してチームプレーの組み立てができていなかった。前半は６－６の同点。後半にはいって風上に陣した慶應は３トライを追加して快勝した。前半の同志社の攻撃を好タックルで封じたのが勝因。

◆シーズンの歩み（関東大学対抗）

①慶・青学戦（53―０）：前年度のバックスがそっくり残った慶應は「FWのチーム」から「FW、バックス一体」と看板が塗り変わった。FWから供給される好球を次々とチャンスに

結びつけて大量得点。青学を完封した。

②第55回慶立定期戦（65－4）：前、後半とも慶應のペースに終始。立教の得点を前半の1トライに抑えて大勝した。対戦成績は慶應の48勝5敗2引き分け。

③慶・筑波戦（9－9）：前年度に続いて2年連続の引き分けとなった。どちらにも勝てるチャンスがあっただけに両チームにとっては悔いの残る試合。慶應はシーズン初めの同志社との定期戦に勝って波に乗り、筑波は日体に惜敗して負けられない立場での対戦だったが、激しい闘志のぶつかりあいにしては、ともに決定的なシーンでの詰めが甘かった。ただ得点の内容は慶應の1トライ、1ゴール、1PGに対して、筑波のそれは3PG。慶應は反則に泣いた形となった。

④慶・日体戦（17―10）：この試合から早、慶、明、日体の4強シリーズにはいった。先週、筑波と引き分けた慶應はスクラムで押し負けはしたが、ルーズプレーではFW、バックスともに速い集散でボールを支配。守っても気迫のこもったタックルで日体の反撃を断ち切った。許したトライは後半の1本だけ。日体の今季4連勝を阻むとともに3強への一角に食い込む足掛かりを築いた。日体との対戦成績は今季の勝利で20戦10勝10敗のタイ。

⑤慶・成蹊戦（56－6）：日吉のホームグラウンドでの対戦は今季も慶應の圧勝。ただ、後半の6失点はいただけない。

⑥第57回慶明定期戦（17－6）：秋雨の降り続く中で慶應のキックオフ。モールのボールを奪った慶應はSO浅田がサイドを抜いて右中間トライで先制したが、勢いのあまり、2分、9分、13分と明治にPGチャンスを与えてしまった。明治にとってはまたとない反撃へ絶好機。だがこれをことごくはずしたばかりか、36分にインゴールのボール処理を誤って慶應氏家にトライを追加された。

試合の主導権を握る慶應は後半も好調。4分に中山のトライでリードを広げるなど、FWがラック、ラインアウトで踏ん張り、バックスも的確なタックルの連発で明治の反撃を14分の認定トライ1本に抑えて快勝した。FWの平均体重で慶應を8キロも上回る明治FWがその後も17分、22分と慶應ゴール前でスクラムトライを狙い、2度目、3度目の認定トライの獲得を目指しながら、どちらにも失敗したが、慶應FWにとっては雨のため軟弱になっていたグラウンドが幸いしたといえる。慶明戦2年ぶりの勝利、対戦成績も慶應の22勝34敗1引き分けとなった。

○慶應義塾17（10－0、7－6）6明治●

慶應義塾	vs.	明治
中　野	FW	佐　藤
清　原		藤　田
五　所		馬　場
平　島		鈴　木
中　山		村　松
田　代		岸
石　田		高　田
林　邦		河　瀬
堀　尾	HB	南
浅　田		若　狭
村　井	TB	梅　木
松　永		小　林
柴　田		長　野
氏　家		新　出
市　瀬	FB	籾　山

⑦第59回早慶定期戦（12―24）：立ち上がり両チームは動きが固かったが、12分、慶應陣10メートル付近のスクラムから早稲田SO本城がハイパント。吉野がキャッチし、浜本につないでトライ。慶應得意の戦法で早稲田が先制。さらに今度は見事なサインプレーで2トライを追加した。前半は完全な早稲田ペース。3トライ、1ゴール、1PGで得点ゼロの慶應をリードした。後半は慶應もハイパントを上げてFW、バックスがなだれこむ戦法で反撃。松永の2トライ（2ゴール）で詰め寄ったが、ここという勝負どころで早稲田のチャージがかわせず、チャンスの芽を摘み取られてしま

●慶應義塾12（0－17、12－7）24早稲田○

慶應義塾	vs.	早稲田
中　野	FW	吉　田
清　原		西　尾
五　所		松　瀬
平　島		杉　崎
中　山		西　山
田　代		梶　原
石　田		土　屋
林　邦		益　子
堀　尾	HB	松　尾
浅　田		本　城
上　野	TB	浜　本
松　永		佐々木
柴　田		吉　野
村　井		池　田
市　瀬	FB	安　田

った。対戦成績は慶應14勝40敗5引き分け。これで慶應は引き分けをはさんで3連敗。

⑧**第57回慶東定期戦（49－7）：**東大との試合に快勝して今季の関東大学対抗戦の全日程を終了。全勝の早稲田に次いで慶應は6勝1敗1引き分けで2位となり、リーグ戦グループ3位の法政と交流試合で対戦することになった。

◆法政との交流試合に快勝

◇交流試合（12月11日、秩父宮ラグビー場）

○慶應義塾19（11－0、8－8）8法政●

交流試合でリーグ戦グループ3位の法政と対戦した慶應は後半の法政の反撃を2トライに抑えて勝った。慶應の大学選手権出場は3年連続、13回目。

◆大学選手権準決勝で同志社に敗れる

【1回戦＝12月19日、福岡・平和台競技場】

○慶應義塾19（6－4、13－6）10福岡工大●

前半は風下という条件があったにしても20分過ぎまで全く福工大のペース。そして13分には先制トライを奪われるなど最悪の状態が続いた。交流試合で負傷したCTB松永の欠場が影響したようだが、ようやく後半の終盤になって、本来のリズムを取り戻してねばる福工大を振り切った。全くの辛勝。

【準決勝＝'83年1月3日、国立競技場】

●慶應義塾12（9－7、3－16）23同志社○

慶應義塾	vs.	同志社
中　野	FW	木　村
清　原		中　山
五　所		幸　村
平　島		大久保
中　山		大八木
田　代		二　見
石　田		土　田
林　邦		阿　部
堀　尾	HB	児　玉
浅　田		坂　元
上　野	TB	東　田
木　沢		白　川
柴　田		早　川
村　井		松　井
市　瀬	FB	平　田

慶應は前半4分、柴田のPGで先行。16分に追いつかれると、33分にSH堀尾のサイドを破るトライ（1ゴール）で最初のハーフをリードした。しかし、後半にはいると同志社のパワーが威力を発揮。慶應FWの動きが鈍ったところで2トライを奪われ、止めを刺された。しかし、80分のフルタイムにわたって同志社を苦しめた慶應必殺のタックルはスタンドを沸かせた。

なお、決勝戦は同志社と明治の東西対決となったが、同志社が18－6で勝って、2年ぶり、2度目の優勝をとげた。同志社の史上初の3連覇はこの優勝からはじまった。

◇第19回全国大学選手権

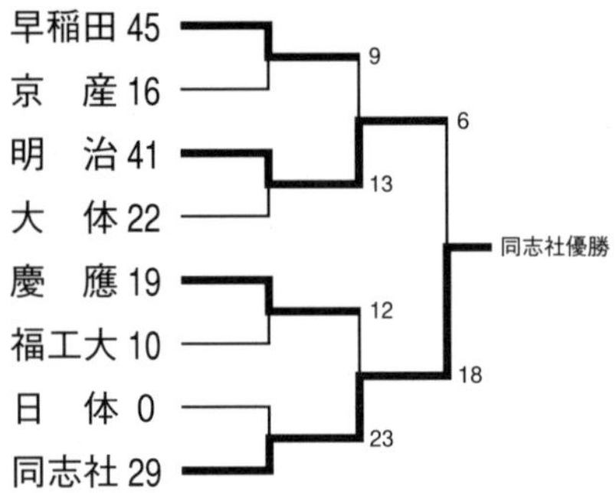

◆釜石が前人未到の日本選手権Ｖ５

第20回日本選手権ラグビーは'83年１月15日、国立競技場で新日鉄釜石と同志社の間で争われ、新日鉄釜石が21－８で同志社を破り、５年連続で日本一となった。

◆日本のアジア大会８連覇ならず

ラグビーの第８回アジア大会は11月にシンガポールで行われた。決勝の相手は前大会に続いて今回も韓国。試合は９－９の同点のままノーサイドとなり、延長戦にはいったが、日本はPGを奪われ９－12で敗れた。第１回大会から続いていた日本の連勝は７でストップ。

◆今季の海外交流

【来日】

①プレシーズンのトップを切って４月にカナダ代表が７度目の来日。日本代表がテストマッチ２試合に連勝した。スコアは第１テスト（花園）が24－18、第２テスト（秩父宮）は16－６の接戦だった。
②NZ学生代表（NZU）とイングランド学生代表を招いて９月に３国対抗ラグビーを開催。日本代表は０－４でイングランド学生に惜敗したが、NZUに31－15で日本国内での初勝利を飾った。NZUは６度目の来日、またイングランド学生は初めての来日。

【遠征】

①日本代表が４月から５月にかけてNZに遠征。５月１日のオタゴ大学との第１戦を皮切りに10試合を行い、３勝６敗１引き分けで大きく負け越した。NZUとは２度対戦して２敗に終わっている。

◆日本協会キャップ制を導入

英国のパブリックスクール、ラグビー校の「フォローイング・アップ」キャップ制がはじまって139年。日本ラグビー協会でもこのキャップ制を今季から導入することになり、その「キャップ贈呈式」が1983年１月16日、東京・芝のパークホテルで行われた。キャップの対象者は日本協会が認定した戦前、戦後のテストマッチ76試合に出場した日本代表選手254人（故人も含む）。うち慶應関係は1930年のカナダ遠征日本代表だったキャップ第１号の矢飼督之、岩下秀三郎はじめ32人（1987年５月現在、別表参照）が受けているが、草創時代のOB田辺九万三のメモによると「38（1905）年に初めて帽子（グラデュエート・キャップ）を作り卒業生に贈る。デザインは安藤（復蔵＝1905年卒）。現役選手以外はネクタイピン」とあり、慶應義塾では草創の時代から蹴球部独自のキャップ制度が太平洋戦争で中断するまで実施されてきたことを示している。また蹴球部のキャップ第１、２号は1904（明治37）年卒業の松岡正男、伊藤重郎と考えて間違いないだろう。理由としては①今に現存する1904（明治37）年４月の卒業記念写真に、松岡正男と伊藤重郎の２人の卒業生がグラデュエート・キャップを被って写っている。②田辺メモによるとキャップの誕生年は1905（明治38）年となっているが、１年のズレは記憶違いとも推測できる。③第１回YC＆AC戦出場メンバーの最上級生だった猪熊隆三、鈴木市之助、塩田賢次郎はキャップ制が生まれる２年前の1903（明治36）年に卒業している――

の３点。またグラデュエート・キャップ誕生の経緯を記した史料に欠けるため現存する記述などからの推測にならざるを得ないが、発想の源は第１回YC＆AC定期戦の記念写真に見るE. B. クラーク、田中銀之助のキャップだろうことは想像に難くない。ジェームズ・ギルバート氏の著書『ギルバート物語』によると「ラグビー校のキャップはあっという間にオックスフォードやケンブリッジはじめ他のチームに広まり…」と紹介されているが、クラーク、田中が頭にしているキャップはケンブリッジ時代のものと考えられ、蹴球部のグラデュエート・キャップ制度もヒントはクラーク、田中のキャップで間違いないだろう。戦前の先輩たちが残しているキャップの現物はビロードの生地にモールで蹴球部のエンブレムと房が付いたものだが、形態といい、後に「ラグビー校の『フォローイング・アップ』キャップが1stXV（第１フィフティーン）キャップに変わった」（『ギルバート物語』から）ように、蹴球部のキャップの呼称もグラデュエート・キャップからイートンキャップと変わるとともに、第１選手の名誉を称える象徴として卒業時に贈られた。

なお、日本協会のキャップについてはあくまでも現時点では国内的なもの。ラグビー先進国では日本をキャップの対象国としては認めていない。（本書巻末の「資料編／慶應義塾蹴球部ジャパン・キャップ保持者一覧」参照）

◆関東大学ジュニア選手権

第４回ジュニア選手権出場の慶應義塾は１回戦（9月11日、日吉）で国士館と対戦。12－11と１点差で勝ったが、２回戦（９月18日、元住吉）で法政に７－32と大敗した。

◆全早慶明３大学対抗戦

第18回早慶明３大学対抗ラグビーは１月30日、秩父宮ラグビー場での全慶明戦で開幕。全慶應は第１戦を12－16で落とした後、全早稲田（２月６日、秩父宮ラグビー場）との第２戦も19－25と競り負けた。この結果、全慶應は２敗で最下位となり、優勝は全早稲田を22－18で破った２勝の全明治、２位は１勝１敗の早稲田となった。

1983（昭和58）年度 ◆氏家俊明◆

シーズン中に日本代表候補の合宿に参加していたNO. 8林邦彦、SO浅田武男、CTB松永敏宏、市瀬豊和に加え、後に参加することになるPR中野忠幸、橋本達矢、SH生田久貴、WTB若林俊康、FB村井大次郎の計９人の好素材を擁する、蹴球部100年の歴史のなかでも特筆すべきチームであった。春のオープン戦から早、明にひけをとらないチームであり、対抗戦を制した日体に唯一土をつけながら、６勝２敗で交流試合に臨んだ試合で日大に敗れてシーズンを終わることとなった。次年度、さらには次々年度の好成績の礎となったと、自らに言い聞かせるも、交流試合での敗退は卒業生にとっては、生涯忘れることのできない無念さを残した。Ｊリーグ発足の噂すらなかった当時は、ラグビー最盛期ともいえる時期であり、急激に選手層の底辺が広がった時代であった。蹴球部自体、メンバーには恵まれていたが、反面、素質ある新入部員の確保なくして強い慶應の伝統を維持することの難しさも痛感していた。とくにマスコミが謳う「魂のラグビー」は「練習の厳しさ」だけを浮き彫りにする慶應ラグビー最大の特徴としてとらえられ、内部進学者の蹴球部離れをうながす引き金にもなりかねなかった。それだけにこうした風潮を一新し、素質のある新入部員の確保維持に努めたにもかかわらず、選手権早期敗退がネックとなって結果的には数年後に始まった長期低迷への起因となってしまった。

（氏家俊明・記）

➲慶應義塾創立125周年記念式典が５月15日、日吉記念館で開かれる。
➲山中山荘が７月８日に竣工。本館棟と合宿棟のほか、雨天トレーニング場も。
➲オックスフォード、ケンブリッジ両大学が９月に来日。

◆全慶應が来日オックスフォード大学と対戦

シーズン開幕を前にした９月、英国からオックスフォード、ケンブリッジ両大学がそろって来日。全慶應は９月15日、北九州市でオックスフォード大学と対戦したが、せっかく前半をリードしながら全慶應の反則19、５PGがオックスフォードの後半の逆転劇へとつながった。

【日英大学対抗】
▼1983年９月15日
▼グラウンド＝北九州市・小倉三萩野
▼レフリー＝デンティー氏（NZ協会）

全慶應は前半、FWがラインアウト、モールで健闘し、オ大を圧倒した。とくにオ大FWの平均身長185センチに対し、全慶應のそれは177センチ。ラインアウトでは明らかに不利と思われた全慶應がショート、ロングの使い分けでボールをキープし、四津の２トライなどでリードした。

●全慶應13（13－６、０－21）27オックスフォード大学○

全慶應	vs.	オ大
畑　生　OB	FW	ヘロッド
清　原　OB		ペニー
中　野		エーバリー
東　山　OB		トムソン
平　島		ガーガン
荒　井　OB		エドワーズ
渡　部　OB		アスホール
浜　本　OB		ブルックス
富　安　OB	HB	ホーナー
浅　田		ハーンズ
四　津　OB	TB	ウッドロー
松　永		クラーク
柴　田　OB		コールマン
永　岡　OB		ソーンダース
市　瀬	FB	マクニール

しかし、さすがにオ大。後半は慶應の作戦を読んだ試合運びであっさり逆転されてしまった。レフリーはNZ協会のデンティー氏だったが、オ大の反則7に対して、慶應の19。PGだけで15点は大きすぎた。

◆京都勢との定期戦

①第57回慶京定期戦（9月17日、神戸）
○慶應義塾 43（23—6、20—6）12 京都大●
（対戦成績は慶應の46勝10敗1引き分け）

②第66回慶同定期戦（9月24日、横浜・三ツ沢球技場）
●慶應義塾 9（3—0、6—19）19 同志社○（対戦成績は慶應の43勝19敗4引き分け）

同志社FWの破壊力は相変わらず強烈だ。しかし慶應も粘り強いディフェンスで対抗し、後半初めまで9－0とリードしたが、10分過ぎを境にFW戦で主導権を握った同志社が、2トライ、3PGで逆転。そのまま力で慶應を押し切った。

◆シーズンの歩み（関東大学対抗）

①第56回慶立定期戦（83—0）、②慶・成蹊戦（66—7）：2試合とも日吉のホームグラウンドでの対戦。慶立定期戦の対戦成績は慶應の49勝5敗2引き分けとなった。

③慶・筑波戦（41—3）：ここ2試合を引き分けている筑波戦。今季は慶應が前半から意欲的な攻撃をみせた。主軸のFWが早い球出しで試合を有利に展開。対する筑波はミスが目立って後手に回って自滅した。筑波は1PGのノートライ。

④慶・日体戦（19—13）：全勝同士の対決。前半は日体がペースをつかんで一方的にリードしたが、サイドが変わった後半は慶應がペナルティートライを含む2本のスクラムトライで逆転勝ちした。

⑤慶・青学戦（43—7）：試合は一方的な展開となったが、慶應にとって気になるのはCTB松永の負傷欠場。好調バックスのエースだけに今後の得点力に影響がなければいいが。

⑥第58回慶明定期戦（4—15）：小雨の降る悪天候の中で、昨季に続いて連勝が期待されたが、頼みのFWが押されるなど、全くよいところがなく、勝利への手がかりすらなかった。スクラムはもとより、ラック、モール、ラインアウトとFW戦のすべてで後手のままで、試合を終わってしまった。気負いばかりが目立った慶應FWだったが、とくにあと少しというところでペナルティーを取られるまずい攻撃が敗因としてあげられる。それにしても反則20はあまりにも多過ぎて自滅という形になった。対戦成績は慶應の22勝35敗1引き分け。

●慶應義塾 4（0－6、4－9）15明治○

慶應義塾	vs.	明治
中　野	FW	佐藤康
橋　本		中村紀
五　所		山　中
平　島		柳
中　山		鈴木清
田　代		中村篤
玉　塚		高　田
林　邦		高　橋
生　田	HB	中　谷
浅　田		小　林
若　林	TB	梅　木
松　永		若　狭
市　瀬		長　野
氏　家		鈴木繁
村　井	FB	井　村

⑦第60回早慶定期戦（4－6）：舞台が秩父宮から国立競技場に変わった最初の定期戦。しかも快晴、無風の好コンディションに恵まれたが、すでに早稲田は2敗、慶應も1敗と、やや調子を落としての対戦となった。スコアの上では4－6の2点差で敗れる接戦にも思えるが、その内容は完敗ともいえる厳しいもの。スクラムで当たり負けたFW、判断ミス

●慶應義塾4（4－6、0－0）6早稲田○

慶應義塾	vs.	早稲田
村　田	FW	尾　形
橋　本		西　尾
中　野		永　井
平　島		西　山
中　山		小　出
田　代		恵　藤
玉　塚		土　屋
林　邦		矢ヶ部
生　田	HB	松　尾
浅　田		藤　崎
上　野	TB	伊　藤
松　永		吉　川
市　瀬		大久保
氏　家		池　田
村　井	FB	安　田

が目立ったバックス。とにかく交流試合出場への意欲という点で早稲田が上回っていた。

例えば早稲田のトライも十分に注意してディフェンスしていれば防げたはず。またPG失敗も大事な場面で出て、せっかくの勝機を失っていた。対戦成績でも慶應は14勝41敗5引き分けと大きくリードされた。

⑧第58回慶東定期戦（62－0）：対戦成績は慶應の53勝4敗1引き分け。

対抗戦の全日程を終わって慶應は6勝2敗。日体、明治に次いで第3位で交流試合へ進むことになった。

◆交流試合で苦杯

◇交流試合（12月10日、秩父宮ラグビー場）

●慶應義塾14（10－12、4－3）15日大○

勝利を目前にしながらノーサイド寸前に慶應は痛恨の反則。これを日大に決められ、4年連続、14回目の大学選手権出場を1点差で逃した。それにしても今季は大量の反則が目立った慶應ではあったが、最後もこの反則が命取りとなった。

◆大学＆日本選手権

第20回全国大学選手権大会は'84年1月7日、国立競技場で同志社vs.日体の決勝戦が行われ、同志社が31－7の大差で日体を破って2連覇を達成した。連続優勝は早稲田（過去3度）に次いで同志社が2校目。

また第21回日本選手権試合は昨季と同じ新日鉄釜石と同志社の対戦となり、新日鉄釜石が35－10の圧倒的強さで同志社2度目の挑戦を退け、自らの記録を塗り替える選手権6連覇の偉業を樹立した。

◆日本代表がウェールズに善戦

日本代表が今秋10月のウェールズ遠征最終戦でウェールズ代表と対戦。24（10－14、14－15）29で敗れはしたが、ホームユニオンの強豪ウェールズに4点差と迫るなど、カーディフ・アームズパークの大スタジアムを揺るがす大健闘をみせた。

【日本代表の遠征成績（2勝2敗1引き分け）】

▼第1戦　10月8日

○日本代表　17－13　アバティレリー・クラブ●

▼第2戦　10月12日

●日本代表　15－28　ペンブローク・カウンティー○

▼第3戦　10月15日

△日本代表　21－21　ニース・クラブ△

▼第4戦　10月18日

○日本代表　19－14　ニューブリッジ・クラブ●

▼最終戦　10月22日（テストマッチ）

●日本代表　24－29　ウェールズ代表○

◆関東大学ジュニア選手権

5回目を迎えた関東大学ジュニア選手権は9月10日に開幕。慶應は1回戦東海大（46－9）、2回戦法政（35－21）を連破して、準決勝で日大と対戦したが、0－20で完敗した。優勝は決勝で日大を破った早稲田。

1984（昭和59）年度 ◆松永敏宏◆

このシーズンは日体を当面の目標として臨んだ。上田昭夫監督（1975年卒業）の「負ける気がしない」の言葉通り最初のスクラムの一押しから「勝てる」という自信と気迫がチーム全体に漲り、17−11という結果で勝利を収めた。続く明治戦では「明治は弱い」の空気が広まる部員たちの気持ちを引き締めるのに苦労したが、平均体重で11キロも違うFWが終了間際にスクラムで明治ボールを奪い、次々とつないで最後はNO.8良塚のトライで8−7と土壇場で試合を引っくり返す奇跡の逆転劇となった。我々はこの勝利から、最後まで諦めずに戦うことの大切さを学び、またこの貴重な教訓はその後の試合にも生き続けたと思っている。早慶戦は今季も全勝対決となった。早稲田といえば過去3年間の在学中に一度も勝ったことがなく、まして「打倒早稲田」の一念で慶應を選んだだけに、学生生活最後の対戦となるこの試合はどうしても勝ちたかったが、同時にこの気持ちは部員全員のものでもあり、これが最後に若林のトライを生み、浅田の逆転ゴールにつながったといえる。慶應にとって実に29年ぶりの対抗戦全勝優勝（1980年は7勝1引き分けで優勝）は慶明、早慶両定期戦の連続逆転劇の末につかんだ執念の栄冠といってもいいだろう。大学選手権決勝では6−10と後半の終盤に追い上げたあと、ロスタイムにはいって左に展開。ライン参加のFB村井がインゴールに飛び込んだが、私からのパスがスローフォワードと判定されて、幻の同点トライとなってしまった。この結果、残念ながら準優勝で終わり日本選手権出場はならなかったが、卒業式当日私がチームを代表して小泉体育賞を受賞した。この栄誉はまぎれもなく我々が真の大学日本一を獲得した証しだと今も信じている。

（松永敏宏・記）

➲蹴球部が対抗戦全勝優勝（4年ぶり、全勝Vは29年ぶり）、大学選手権準優勝。
➲全慶應が初の英国遠征。単独チームとして初めてオックスフォード大学を破る。
➲蹴球部の優勝XVが小泉体育賞を受賞（3度目）。
➲第9回アジア大会決勝で日本は韓国を破り2年ぶりに王座奪回。
➲フランス代表が10月に来日。テストマッチ2試合を含む5戦全勝で帰国。

◆京都勢との定期戦

①第58回慶京定期戦（9月15日、横浜・三ツ沢球技場）
○慶應義塾　55（8−6、47−12）18　京都大●
（対戦成績は慶應の47勝10敗1引き分け）

前半の慶應はFWが京都の勢いに押され気味。拙戦を続けたが、後半にはいってバックスの個人技で得点を重ねて、食い下がる京都を振り切った。

②第67回慶同定期戦（9月24日、大津・皇子山グラウンド）
●慶應義塾　7（3−13、4−18）31　同志社○
（対戦成績は慶應の43勝20敗4引き分け）

大学選手権連覇の同志社は今季も強い。前半の20分ごろまでは慶應も2度、3度と同志社ゴール前に攻め込むが、鉄壁の守りを崩せない。逆に27分、同志社バックスのシザースパスにFWがからんだ攻撃でトライを奪われるなど、同志社の分厚い攻撃の前になすところなく敗れた。

◆シーズンの歩み（関東大学対抗）

①第57回慶立定期戦（61−0）：立教の弱体化は今季も続いている。対戦成績は慶應の50勝

5敗2引き分け。

②慶・成蹊戦（78―6）**：**慶應が前半、後半むらなく加点して圧勝した。

③慶・青学戦（32―3）**：**創部60周年を迎えた青学の主題は「慶應に勝とう」の一点。過去の対戦成績をみても、慶應は'65年、'75年、'77年と敗れている。要注意の今季の青学戦。確かに試合は青学が望む通り80分間を押し気味だったが、決定力を欠いてノートライに終わった。総合力に勝る慶應の順当な勝利。

④慶・筑波戦（18―10）**：**慶應にとって筑波戦はシーズンを占うバロメーターのような存在。その筑波に対して後半12分過ぎまで無得点。しかし0―10の劣勢から4トライをあげてなんとか逆転に持ち込んだ。勝ち味の遅い試合運びが気になる。

⑤慶・日体戦（17―11）**：**前半18分、慶應は自陣から若林がカウンター攻撃。約40メートル走ってFWの玉塚へ返してトライした。さらに25分、30分と今度は浅田がPG2本を決め、前半を終わったところで10―0。チャンスを確実に得点とする堅実な試合運びでリードした。後半も勢いに乗る慶應のペース。再開直後の4分に1トライを返されたが、7分にPG、13分にはハイパントからモールにした後、右に展開して生田のトライで止めを刺した。

⑥第59回慶明定期戦（8―7）**：**前半21分、明治は右中間のPG成功で先行。24分にもハイパント攻撃からラックをとって右に展開、鈴木繁が右隅に飛び込んでトライを追加した。この時点でスコアは0―7。試合の流れは明治に傾きつつあったが、前半も終盤にさしかかった33分、慶應は左のラインアウトから松永が縦に突進、飛ばしパスを受けた若林右隅にトライを返し、一矢を報いた。後半は息詰まるような攻防を展開。互いにトライが取れないまま、ノーサイドかと思われた40分、明治ボールのスクラムから球を得た慶應が左へ展開。松永を起点にバックス－FWとつないで最後は良塚が左隅に飛び込んで逆転のトライ。

○慶應義塾8（4―7、4―0）7明治●

慶應義塾	vs.	明治
橋　本	FW	佐藤康
五　所		中　村
中　野		山　中
柴　田		鈴木清
中　山		柳
田　代		中　島
玉　塚		広　瀬
良　塚		高　橋
生　田	HB	南
浅　田		佐藤聡
渡　瀬	TB	梅　木
松　永		香　取
林　千		長　野
若　林		鈴木繁
村　井	FB	村　井

劇的な幕切れとなった。対戦成績は慶應の23勝35敗1引き分け。

⑦第61回早慶定期戦（12―11）**：**先制したのは慶應。前半3分、浅田が早々とPGを決めて先手を取った。まずまずのスタート。18分に早稲田FWのなだれ込みで1トライを奪われたが、31分、浅田のこの日2本目のPGで再逆転して前半を終わった。

しかし、早慶戦に自信を持つ早稲田はやはりしぶとい。後半の9分に至ってスクラムか

○慶應義塾12（6―4、6―7）11早稲田●

慶應義塾	vs.	早稲田
橋　本	FW	尾　形
五　所		米　倉
中　野		山　本
柴　田		清　水
中　山		栗　原
田　代		恵　藤
玉　塚		平　島
良　塚		矢ヶ部
生　田	HB	松　尾
浅　田		森　田
市　瀬	TB	鈴　木
松　永		吉　川
林　千		大久保
若　林		土　肥
村　井	FB	石　井

らのこぼれ球を早稲田FWに拾われ、トライへと持ち込まれた。これで試合は再び早稲田の逆転するところとなったが、大詰めの29分、慶應に奇跡とも思えるトライが生まれた。殊勲のトライゲッターは右のWTB若林。早稲田陣に入って右側のラックから慶應はブラインドの若林を走らせた。早稲田との点差は5点。慶應期待の俊足若林はタッチラインぎりぎりのスペースを、ステップ、スワーブを駆使しながら巧みに早稲田のタックルをかわしてトライ。浅田の逆転ゴール成功で、慶明戦に続いて1点差の勝利を手中にした。まさに執念がもたらした勝利といえる。対戦成績は慶應の15勝41敗5引き分け。

⑧第59回慶東定期戦（94ー0）：開始2分、慶應はNO.8間庭のトライを口火に前半10トライ、6ゴール、後半9トライ、3ゴールの猛攻で大量94得点。東大をゼロに封じた。

この結果、慶應は関東大学対抗の全日程を終わって8戦全勝で4年ぶり（1980年の優勝は7勝1引き分け）の優勝をとげた。なお慶應の対抗戦全勝は29年ぶり。

◆交流試合を突破

◇交流試合（12月16日、秩父宮ラグビー場）

○慶應義塾28（14ー10、14ー3）13中央大●

中央が開始1分、ハイパント攻撃から先制トライをあげたが、慶應が7分のトライを口火に12分、24分とさらに2トライを追加して逆転した。中央も粘って38分と後半4分にPGを決めて1点差としたが、調子を取り戻した慶應が3トライを加えて一気に勝負を決めた。慶應の大学選手権出場は14回目。

◆大学選手権決勝で惜敗

◇第21回全国大学選手権（12月～'85年1月）

第21回全国大学選手権出場の慶應は福工大、天理と九州、関西勢を破って7年ぶりに決勝へ勝ち進んだ。相手は史上初の3連覇を目指す同志社。試合はロスタイムにはいって慶應が村井の「トライ」で同点…と、だれもが信じたその瞬間、レフリーの笛がスローフォワードを告げる劇的な幕切れとなって同志社の大記録達成となった。松永敏宏は冒頭の主将年度総括でその心情を吐露している。「小泉体育賞受賞の名誉はまぎれもなく我々が真の大学日本一を獲得した証しだと今も信じている」と――。

【1回戦＝慶應―福工大戦】

気温5℃。試合前に小雪がちらつくコンディションの中で始まった。負傷の松永主将は大事をとって欠場となったが、FWがカバー。6分、相手ゴール前のスクラムで6度目の認定トライを得た。その後も慶應がボールを支配し後半27分までに計7トライをあげるなど、一方的な勝ちパターンだった。

【準決勝＝慶應―天理戦】

天理のタックルに苦しめられはしたが、慶應はFWの活躍でチャンスを確実に得点とした。口火は前半9分に浅田が決めたDG。左中間22メートル付近のラックからドロップキックしたボールが見事にバーを越えていった。これが前半唯一の得点だったが、後半は風下にもかかわらず4分若林、21分村井と連続トライ。さらに25分のPGに続いて34分林のトライで天理を突き放した。FWの活躍もさることながら、要の松永の復帰でバックスの攻守に切れ味が増した。理想的な形になりつつある。

【決勝＝慶應―同志社戦】

完成度の高い慶、同両チームの対決は決勝戦にふさわしい緊張感に溢れた試合展開となった。

前半は同志社主導のハーフといってもいい。まず3分、ラインアウトからSO松尾ーCTB平尾とつないで先制のトライ（ゴール）。17分にもハイパントからSH児玉のトライで0ー10とリードした。追いかける形となった慶應の前

慶應義塾	vs.	同志社
橋　本	FW	木　村
五　所		森　川
中　野		馬　場
柴　田		圓　井
中　山		大八木
田　代		武　藤
玉　塚		浦　野
良　塚		土　田
生　田	HB	児　玉
浅　田		松　尾
市　瀬	TB	清　水
松　永		平　尾
林		福　井
若　林		赤　山
村　井	FB	綾　城

半は25分にSO浅田が決めたPGだけ。ようやく後半を迎えて5分、この日2本目のPGで6－10と同志社を視界にとらえて追撃したが、ともに追加点が取れないままインジュリータイ

第21回全国大学選手権・決勝、対同志社戦の後半終了直前、「スローフォワード」を告げるレフリーの笛に「幻の同点トライ」となった。

ムにはいった。攻める慶應のスクラムから左へ浅田が林を飛ばして松永－村井とパスが通ってポスト左へ村井の同点トライ…と、だれもが思った瞬間、レフリーの笛は「スローフォワード」を告げていた。レフリーのジャッジは絶対。慶應ラグビー草創の指導者、田中銀之助も『ラグビーの精神』と題する遺稿の中で「審判官に対して徒に不平を鳴らし、或いは些細のことに拘泥して妄に紛擾を来す等の事無かりしは…」とラガーマンのスピリッツを説いている。こうして史上初の3連覇は実現した。同志社の偉業達成に改めて敬意を表したい。

▼1回戦（12月23日、福岡・平和台）

○慶應義塾　39－6　福工大●

▼準決勝（'85年1月2日、国立競技場）

○慶應義塾　20（3－0、17－0）0　天理●

▼決勝（'85年1月6日、国立競技場）

●慶應義塾　6（3－10、3－0）10　同志社○

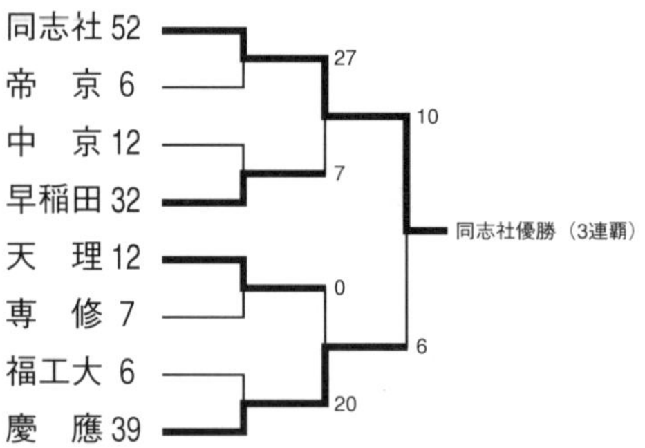

【大学選手権・慶同対戦成績】

▼第6回（1969年度）1回戦

●慶　8－53　同○

▼第11回（1974年度）1回戦

○慶　34－12　同●

▼第13回（1976年度）1回戦

○慶　33－13　同●

▼第14回（1977年度）1回戦

○慶　26－22　同●

▼第18回（1981年度）1回戦

●慶　3－38　同○

▼第19回（1982年度）準決勝
●慶　12―23　同○
▼第21回（1984年度）決勝
●慶　6―10　同○

◆蹴球部XVに小泉体育賞

関東大学対抗戦全勝優勝、全国大学選手権準優勝の蹴球部（監督上田昭夫、主将松永敏宏）19人に3月23日、体育会最高の名誉とされる小泉体育賞が授与された。蹴球部の同賞受賞は3度目。

【受賞メンバー】
▼監督：上田昭夫
▼選手：松永敏宏（主将）、中山剛、市瀬豊和、浅田武男、田代博、玉塚元一、良塚正剛、村井大次郎、林千春、五所紳一、清水周英、橋本達矢、生田久貴、中野忠幸、山越克雄、若林俊康、柴田志通、吉沢英雄（以上19人）

◆蹴球部創部85周年記念イングランド遠征

蹴球部創部85周年を記念して全慶應（久野洋団長）が初めてイングランド遠征を行った。一行は2月26日夜、成田を出発。ロンドン大学との第1戦を皮切りにイングランド各地でオックスーブリッジ両大学などと5試合を行い、3月19日午後、成田着の日航機で帰国した。13日のオックスフォード大学との試合には留学中の浩宮さま（現皇太子）のご観戦をいただくなど、86年ぶりに実現したラグビーの母国訪問は日本のルーツ校にとって意義のあるツアーとなった。

【イングランド遠征の記録】
◆第1戦　（全慶應1勝）
▽3月3日（雨）
▽グラウンド＝モットスパー・パーク

前半4分、17分に浅田の2PGで先行したが、その後にパスミスから鋭い縦への攻撃を浴びて、1トライ（ゴール）、2PGを奪われ、前半を6－12で折り返した。後半もロンドン大は好調。開始早々に1トライ、1PGで一時は6－19と点差が広がった。しかし、ここから持ち前の粘りを発揮。17分に市瀬の初トライ、24分PG、そして29分には若林のトライ（ゴール）で同点。こうなると追うものの強み。40分にラインアウトから左に展開、ボールはライン参加の村井－市瀬と渡って逆転のトライが生まれた。雨、第1戦、外国選手との対戦…などなど。戸惑いも感じられたが、後半半

イギリス留学中の浩宮さまがオックスフォード大学戦をご観戦。右は、ご説明役の青井達也副団長。

対オックスフォード大学戦に完勝、日本の単独チームとして初の快挙。

○全慶應23（6－12、17－7）19ロンドン大学●

全慶應	vs.	ロンドン大
橋　本	FW	リチャードソン
清　原　OB		ギルフィルン
中　野		ケイン
東　山　OB		ハドソン
中　山		グドフェロー
渡　部　OB		マッティロー
浜　本　OB		デービス
林　邦　OB		パーカー
生　田	HB	トーマス
浅　田		フィリップス
市　瀬	TB	セコム
松　永		ブックス
林　千		ベーカー
若　林		ホールドストック
村　井	FB	グリーンウェー

ばの13点差にも屈せず、今季の慶應ラグビーを展開。積極的にオープンに球を動かし、粘りに粘って逆転に持ち込んだものだった。

なお、日本ラグビー協会阿部譲会長ご夫妻はじめ日本からのツアーの方々のご声援をいただいたことに感謝したい。

◆第２戦（全慶應１勝１敗）
▽３月６日（晴れ）
▽グラウンド＝ケンブリッジ・グレンジロード

先制したのは全慶應。ライン参加の村井が抜け出し、ショートパントでFBを抜いたあと、インゴールで押さえたものだった。このトライはケ大の闘志を呼び起こす結果となったようだ。２人のイングランド代表を含む11人のブルーで編成された強力メンバーである。たちまち逆転されて前半が終わった時点で４－16。さらに後半４分に６点を追加されるなど、ケ大の一方的な展開でノーサイドを迎えた。もちろん全慶應も17分に若林のトライで一時は８－22とわずかながら点差を詰めはしたが、抵抗もここまで。ルール的に疑問のある強引なホイールでスクラムを潰されたFWの混乱のうちに16点を奪われたのがこたえた。「ここ

●全慶應８（４－16、４－32）48ケンブリッジ大学○

全慶應	vs.	ケンブリッジ大
橋　本	FW	ヘギンボサム★
清　原　OB		ギルクリスト★
中　野		ボースウィック★
東　山　OB		アトフィールド★
中　山		オレアリー
渡　部　OB		グリーン★
浜　本　OB		モリソン★
柴　田		エバリン
生　田	HB	ムーン★
浅　田		アンドリュー★
市　瀬	TB	ピアース★
松　永		シムズ★
林　千		クラフ★
若　林		マーチン★
村　井	FB	ヘイスティングス★

※交代（ケ大）ハント（ヘギンボサム）

数年で最強のチームを編成して戦った。つなぎまくるラグビーをお見せできたが、ケイオーもつなぎがうまいので楽しいゲームだった」とは試合後のケ大監督の話。それにしてもベストメンバーで戦うという最高のもてなしをいただいたことに感謝している。いつも強気の上田監督も「僕の見たケ大の中で一番強力なチームでした」とカブトを脱いでいた。

なおFBのG．ヘイスティングスは後にスコットランド代表、ブリティッシュライオンズの名スキッパーとして、またSOアンドリューはイングランドの名SOとしてともに５カ国対抗、W杯で活躍した大選手。（★はケンブリッジ大学のフルブルーの称号保持者）

◆第３戦（全慶應　１勝２敗）
▽３月10日（雨）
▽グラウンド＝ラフボロー

英国大学体育連盟（UAU）のチャンピオン、ラフボロー大学はさすがに強かった。前半の全慶應は風上。しかもグラウンドが傾斜している坂上の布陣。ラ大インゴールでのオブストラクションによる認定トライ、続いて前半終了間際にも村井のパントを玉塚がドリブルで持ち込み２本目のトライを追加した。しか

●全慶應10（10－16、0－14）30ラフボロー大○

全慶應	vs.	ラフボロー大
石　森	FW	シービー
五　所		チーズライト
中　野		ヒーバー
柴　田		モリソン
山　越		マクドナルド
田　代		フロスト
玉　塚		A.ロビンソン
林　邦OB		ツウェイン
生　田	HB	ウィリアムス
浅　田		サットン
渡　瀬	TB	S.ロビンソン
松　永		レイド
清　水		パーンヒル
四　津OB		ハワード
村　井	FB	サイクス

○全慶應29（9－3、20－7）10オックスフォード大学●

全慶應	vs.	オックスフォード大
橋　本	FW	ディブソン
五　所		ボズナー
中　野		スチーブンソン
柴　田		マクドナルド
中　山		ウォルシュ
田　代		ルード
東　山　OB		ドナム
浜　本　OB		マービン
生　田	HB	ピアソン
浅　田		エバンス
市　瀬	TB	フィリップス
松　永		リスマン
林　千		ライドン
若　林		ベーシー
村　井	FB	ケネディー

し学生主体の若い全慶應では攻撃もここまで。風下、坂下の後半はラ大の体力を利したサイド攻撃で３トライを奪われ、20点差をつけられた。

◆第４戦（全慶應　２勝２敗）
▽３月13日
▽グラウンド＝オックスフォード・イフリーロード

勝った。慶應ラグビー86年の夢がオックスフォード大学のホームグラウンド、イフリーロードで現実のものとなった。日本の単独チーム初の快挙である。

前半13分、全慶應は浅田のDGで先制した。31分にもオ大陣22メートルのスクラムからサイド攻撃をつないで最後は若林が右隅に飛び込んだ。ゴールも決まって９－０。その後、オ大にPGを返されて６点差で折り返した後半11分。オ大２本目のPGで９－６とされたが、全慶應も13分中山、15分東山とバックスをフォローしたFWが連続トライ。さらに田代、浜本のトライが続いてオ大を突き放した。ケンブリッジ大学に敗れた日本ラグビーのルーツ校としては何としても勝たなければならないオ大戦。サイズ面での劣勢、しかも苦手の雨中戦という条件の試合を気力でカバーしたXVの健闘はすばらしかった。「FWには120点を与えてもいい。いままでの３戦はどちらかといえばバックスに依存していたきらいがあったが、今日ばかりはFWが80分をフル回転してくれた」と上田監督。体格差を克服したスクラム、ラインアウトだけでなく、左右にゆさぶる連携攻撃と速い集散、そして好タックル。翌日のデイリーテレグラフ紙は「ケイオーはあらゆるプレーでミツバチのように群がりオ大を圧倒した」と絶賛していた。

オックスフォード大学留学中の浩宮さまにもご観戦いただいたが、「今日はいいゲームを見せていただいてありがとうございました。ルールもよくわかりましたし、全慶應のスピードと連携プレーは見事でした」とおほめの言葉を頂戴。クラブハウスでのファンクションにもご出席いただき、一人ひとりに握手されながら「よくやりましたね」とねぎらいのお言葉をかけておられた。全慶應にとってこの日は記念すべき最高の一日となった。

◆最終戦（全慶應　２勝３敗）
▽３月15日（雨＆雹）
▽グラウンド＝ロンドン

●全慶應14（7－14、7－21）35西ロンドン教育学院○

全慶應	vs.	西ロンドン
石　森	FW	スレマン
五　所		レブロ
中　野		スワン
山　越		ハート
中　山		サンダース
田　代		ウォーリス
玉　塚		ロビンソン
柴　田		ジュスリン
生　田	HB	ゲメル
浅　田（清水）		マン
渡　瀬	TB	ウォルターズ
松　永		パーカー
林　千		ショート
若　林		ジョンソン
村　井	FB	アンダーソン

最終戦の全慶應は学生だけの編成となった。前半7分、全慶應は村井のライン参加から渡瀬のトライで先制。好調な滑り出しをみせたが、オックスフォード戦から中一日の転戦に加え、後半になって雨や雹（ひょう）の降る悪条件。さらにはレフリングの問題が重って攻守にリズムを崩してしまった。西ロンドンFWは全慶應の2人ラインアウトを研究。またバックスもイングランド学生代表の両WTBとFBのバック・スリーが一気にトライに結びつける決定力をもっており、後半は彼らに走られて全慶應の勝ち越しの夢をあっさり砕かれた。若いメンバーのモロさがすべて出たともいえるが、結論としては中一日では，心身ともにオ大戦の緊張感を持続するところまで至っていないということだろう。いずれにしても本場の厳しさを体で知ったことはきたるべきシーズンに生かされるものと期待している。(以上、青井達也副団長の遠征日誌から)

◆日本がアジア大会の王座を奪還

第9回アジア大会は10月に北九州で行われた。9回連続決勝に進んだ日本は韓国を20－13で破り、アジアの王座を韓国から奪還した。日本は8度目の優勝。

◆フランス代表が9月に来日

フランスのナショナルチームが9月に来日。日本代表とのテストマッチ2試合を含む5試合を行い、5戦全勝を記録した。英国のホームユニオンとは異なるラテン系独特の華麗なシャンパンラグビーに日本代表も第1テストマッチを完封されるなど、改めてレベルの違いを思い知らされた。

【フランス代表の成績（5戦全勝）】

▼第1戦　9月23日
○フランス代表　60－22　日本選抜●
▼第2戦　9月26日
○フランス代表　65－6　新日鉄釜石●
▼第3戦　9月30日（第1テストマッチ）
○フランス代表　52－0　日本代表●
▼第4戦　10月3日
○フランス代表　42－6　日本選抜●
▼最終戦　10月7日（第2テストマッチ）
○フランス代表　40－12　日本代表●

◆ジュニア選手権は準決勝で敗退

第6回関東大学ジュニア選手権（9月8日開幕、各校グラウンド）出場の慶應義塾は中央（1回戦）、日大（2回戦）を破って準決勝で早稲田と対戦したが、0－60の大差で敗れた。

◆全早慶明3大学対抗ラグビー

第20回全早慶明3大学対抗ラグビーは'85年1月27日の全慶明戦（秩父宮）で開幕。全慶應は28－0で全明治、30－16で全早稲田を連破して2勝。イングランド遠征の壮途を優勝で飾った。

全慶應イングランド遠征メンバー（33人）									
					①	②	③	④	⑤
団 長 副団長 監 督 主 務 副 務		久野 洋 青井達也 上田昭夫 吉沢英雄 柴田陽一	蹴球部長 '55年卒 '75年卒 4年 3年		ロンドン大学	ケンブリッジ大学	ラフボロー大学	オックスフォード大学	西ロンドン教育学院
主 将	NO.8	浜本剛志	'79年卒		7	7	—	8	—
選 手	PR	橋本達矢	3年		1	1	(16)	1	(16)
		石森久嗣	2年		(16)	(16)	1	—	1
	HO	清原定久	'83年卒		2	2	—	(16)	—
		五所紳一	3年		—	—	2	2	2
	PR	中野忠幸	3年		3	3	3	3	3
	LO	東山勝英	'81年卒		4	4	—	7	(17)
		中山 剛	4年		5	5	(17)	5	4
		山越克雄	2年		—	—	5	(17)	5
		柴田志通	1年		(17)	8	4	4	8
	FL	渡部政和	'81年卒		6	6	—	—	—
		田代 博	4年		(18)	(18)	6	6	6
		玉塚元一	4年		—	—	7	(18)	7
		栗原正信	3年		—	—	—	—	—
	NO.8	林 邦彦	'84年卒		8	(17)	8	—	(18)
	SH	生田久貴	3年		9	9	9	9	9
		西 規之	1年		(19)	(19)	(18)	—	(19)
	SO	浅田武男	4年		10	10	10	10	10
		清水周英	3年		(20)	(20)	13	(20)	(20)
	WTB	市瀬豊和	4年		11	11	—	11	(21)
		四津雅人	'80年卒		—	—	14	—	—
		渡瀬裕司	3年		(21)	(21)	11	(21)	11
		若林俊康	2年		14	14	(20)	14	14
副 将	CTB	松永敏宏	4年		12	12	12	12	12
		林 千春	3年		13	13	(19)	13	13
		太田浩介	2年		—	—	—	—	—
		杉本 猛	1年		—	—	—	—	—
	FB	村井大次郎	4年		15	15	15	15	15

(注)＝丸数字は対戦校の順番。①＝ロンドン大学　②＝ケンブリッジ大学　③＝ラフボロー大学　④＝オックスフォード大学　⑤＝西ロンドン教育学院

10 国際化は急ピッチ (1985~1994)
ー日本一達成から「低迷時代」へー

1985 (昭和60) 年度 ◆中野忠幸◆

第23回日本選手権試合に初優勝

前年度の対抗戦グループ優勝、そして創部85周年を記念した英国遠征では日本の単独チームとして史上初めてオックスフォード大からの勝利……と一見、華やかな中に1985年度シーズンははじまったかのようにみえるが、実際は多難なシーズンであったといわざるを得なかった。レギュラーメンバー8人が抜け、戦力的ダウンは明らかであり、4年生全員で取り決めたシーズン当初のチームの目標は交流試合への出場といった地道なものであった。この目標に込めたわれわれの思いは ──

①新しいチームであり、一試合、一試合確実に力をつけていくことを念頭に最低限、交流試合までは出場し、その後より一層の飛躍をしよう。

②前年度のチームに少しでも近づき、あわよくばそれ以上の結果を残そう。

というものであった。

事実シーズンがはじまり、対抗戦グループでは日体、早稲田に惜敗して4位に終わったが、奇しくもわれわれが最低限の目標としていたボーダーラインである交流試合への出場は達成。その後はまさに目標通り確実に力をつけ、創部初の日本一の栄冠を勝ち取ることとなったわけである。※

何故日本一になれたかと敢えて問われれば──

「チーム全員が勝利のために常に何をなすべきかを考え、行動したこと」と答えたい。つまりはひとつのことを極めるためには寝ても覚めてもその一事を考え、そのことに対する目標達成のために邁進するということである。この思いを後輩諸氏に伝え、60年度のシーズン総括としたい。 (中野忠幸・記)

※1961年にNHK杯、その3年後の1964年3月に日本選手権、翌1965年1月に大学選手権が新設されて、日本ラグビー界は選手権時代を迎えたが、それまでは慶應vs.三高定期戦(1911年=明治44年4月)を起原とする定期戦がすべてだった。従って戦前から称されてきた「日本一」と、大学、社会人のチャンピオンで優勝を争う現在の「日本一」では根本的に意味が異なる。

➲1985年度小泉体育賞を受賞。蹴球部としては1969年の第1回以来4度目の受賞。

◆シーズンの歩み (関東大学対抗)

①開幕からの3試合:第58回慶立定期戦(46ー0)、成蹊戦(30ー0)、青学戦(15ー0)とすべて対戦相手に得点を与えない守りの点では狙い通りの試合ができたといえるが、気

になるのは試合のたびに得点が半減していった点。主力８人の卒業がひびいているのではと心配された。

②慶・筑波戦（41—12）：前半は接戦となった。慶應の１トライはスクラムを押し込んで柴田が押さえたもの。後半も２本のスクラムトライをあげているが、このFWの絶対優勢が最大の勝因といえる。

③慶・日体戦（３—６）：この試合は反則がすべてといえる極端な内容ではあった。慶應の反則数６に対して日体のそれは15。しかるにこの反則からの得点（PG）は慶應の１本を上回る日体が２本。このわずか１本の差が慶應を敗戦に追い込んだ。

●慶應義塾３（３—３、０—３）６日体○

慶應義塾	vs.	日体
橋　本	FW	松　尾
五　所		中　原
中　野		富　沢
田　中		木　暮
山　越		西　村
油　山		石　井
太　田		上　田
柴　田		岩　井
生　田	HB	日　原
清　水		福　岡
瀬　田	TB	古　賀
青　井		水　上
林		武　山
川　端		阿久津
渡　瀬	FB	梅　村

もちろん試合は慶應が終始押し気味。FW戦の優位からバックスに展開する積極的な攻撃ラグビーを仕掛けながら、最終的にはトライが取れなかった。エース若林を日本代表に送り出していることも、決定力の点で影響したかもしれないが、やはりここは日体の守りの力が慶應の攻撃力を上回ったとみるべきだろう。

④第60回慶明定期戦（13—13）：前、後半を通じてFW戦の主導権を握ったほうが試合を支配した。前半から後半10分ごろまでは慶應FWのペース。またスコアの面でもトライこそなかったものの３PG－１PGとリードし、後半５分に明治ゴール前のラインアウトから五所のトライで13－３とした。慶應にとっては待望のトライであり、理想的な追加点の取り方と思われたが、慶應の優位はここまで。頼みのFWが明治に押されはじめるとそれまでの攻守は完全に所を変え、10点のリードそのものも瞬時に消えてしまった。13－３の時点でつかんだ絶好のPGチャンス。ここで慶應はトライを取りにいって失敗に終わっているが、この判断ミスが引き分けた要因のひとつとする見方もある。

△慶應義塾13（９—３、４—10）13明治△

慶應義塾	vs.	明治
橋　本	FW	太　田
五　所		中　村
中　野		篠　原
田　中		乾
山　越		田　中
太　田		土　井
油　山		中　島
柴　田		高　橋
生　田	HB	南
清　水		佐　藤
瀬　田	TB	国　定
青　井		出向井
林		川　上
若　林		末　永
渡　瀬	FB	村　井

⑤第62回早慶定期戦（７—13）：早稲田に２年連続して勝つことは至難のワザなのか。それとも総合的な戦略の面に問題点があったのだろうか。翌日、朝日新聞藤崎記者は次のように報じている。「早大の勝因に、慶大の攻撃パターンを熟知した上での未然の防御策が挙げられる。SO石井のキック力を最大限に生かすため、慶大ボールのセットプレーでは常に石井をFB池田と位置を入れ替える布陣で守りを固めた。FWは相手ボールのスクラムを意識して回して球出しを狂わせ、慶大のポイント

●慶應義塾 7（4—13、3—0）13 早稲田○

慶應義塾	vs.	早稲田
橋 本	FW	尾 形
五 所		西 谷
中 野		山 本
田 中		清 水
山 越		栗 原
太 田		恵 藤
油 山		渡 辺
柴 田		神 田
生 田	HB	井 上
清 水		石 井
瀬 田	TB	今 駒
青 井		吉 川
林		土 肥
若 林		鈴 木
渡 瀬	FB	池 田

ゲッターWTB若林への徹底マークも効果的だった。こうした早大の作戦の前に、慶大はやや有利に展開しながら攻撃の決め手を欠き、勝負で敗れた」── わずか15行の中に80分の激闘を凝縮した記事といえる。

⑥慶東定期戦（70—3）：試合は今季もワンサイド勝ち。5勝2敗1分けで、中野主将のいう対抗戦グループ4位を確保し、交流試合でリーグ戦グループ1位の日大と対戦することになった。

◆交流試合を快勝で突破

○慶應義塾 26（9—0、17—8）8 日大●

（第22回全国大学選手権へ慶應の出場が決定）

試合を決めたのは慶應FWのパワーと突破力。得意のアップ＆アンダーで試合を動かし、チャンスではこのFWの破壊力が爆発する。前半まずPGで先制したあと、13分に日大陣の左中間ゴール直前で得たPKをスクラムに変えてあっさりFWによるトライ。青井のコンバートも決まって9－0とリードしたが、点差以上にこのスクラムトライは日大FWに心理面で大きなダメージを与えたといってもいい。前半のスクラムに変わって後半はラインアウト攻撃、FW第2列のペアを組む柴田－山越で連続2トライするなど、タテへの突破力で勝利を不動のものとした。慶應は2年連続15回目の出場。

◆大学選手権で2度目の同時優勝

①1回戦（慶30—23大体）：この試合では2つの顔がのぞいた。ひとつは前半にみせた本来の顔。FWが主導権を握って4トライ、4ゴール、2PGとほぼワンサイドに得点を重ねた。失トライはわずかに1。勝負は前半で決まったといえるが、後半に入って攻守の所が変わる。大体のアップ＆アンダー戦法に対応できず7点差まで詰め寄られた。戦術面でお株を奪われたあせり、前半の大量得点からくる気持ちの緩みが防戦に終始する原因だった。

②準決勝（慶15—6早）：定期戦とは全く逆の展開となった。ハイパント攻撃に活路を求める早稲田に対し、慶應はその対応に余裕があった。前半20分のPGで追いつき、37分には右への展開から青井－林とつないで、最後はエース若林のトライ（ゴール）で逆転。後半も

○慶應義塾 15（9—6、6—0）6 早稲田●

慶應義塾	vs.	早稲田
橋 本	FW	尾 形
五 所		塩 入
中 野		山 本
柴 田		清 水
山 越		栗 原
栗 原		恵 藤
上 島		渡 辺
油 山		神 田
生 田	HB	吉 田
清 水		石 井
太 田	TB	川 崎
青 井		吉 川
林		土 肥
若 林		鈴 木
渡 瀬	FB	池 田

▶交代（早）森田（土肥）

大学選手権準決勝・早稲田戦に勝ち、決勝に駒を進めた（昭和60年12月28日・国立競技場）。

36分に右に展開したオープン攻撃にブラインドから参加したWTB太田がトライ（ゴール）をあげるなど、反撃ムードの早稲田にとどめを刺した。それにしても柔軟な「ゲーム・アイ」と判断を身上とする早稲田が後半20分すぎからつかんだ慶應ゴール前での３度にわたるPGチャンス。これを最初はサインプレー、２度目はショートキックからの攻撃と失敗を重ねたばかりか、最後はスクラムを選択して慶應の強力FWに封じられてしまった。この時点での得点は９－６。わずか３点リードの慶應にとって、早稲田のトライ志向は間接的な勝因でもあった。慶應の決勝進出は２年連続４回目。1978年以来８年ぶりの慶明決勝対決となった。

③決勝（慶12ー12明）：冷たい冬の雨の中の決勝となった。試合はPGで先行する慶應に明治が３度追いつく緊迫した互角の展開。むしろ終盤は慶應が連続攻撃の反復で明治の守りを揺さぶったが、あと一歩の詰めに欠けた。それにしても平均体重で８キロ近くも上回る明治の重量FWを相手にスクラムで耐え、ラックでは低い姿勢と速い集散で競り勝つなど、FW戦を互角に持ち込む健闘。また戦術的にもかつてのアップ＆アンダーから、TBラインの展開力とスピードで勝負するチームへと改革が順調に進んでいただけに、ぬかるみと化した不良のグラウンドは攻撃力を殺ぐ結果となった。なお、翌５日の抽選で慶應の17年ぶり、２度目の日本選手権出場が決定した。前回の1969年１月は大学選手権決勝で早稲田と引き分け、今季と同じように抽選で大学代表の的を射止めたが、このときも対戦相手はトヨタ自動車だった。

△慶應義塾 12（９―９、３―３）12 明治△

慶應義塾	vs.	明治
橋　本	FW	太　田
五　所		中　村
中　野		篠　原
柴　田		乾
山　越		田　中
栗　原		土　井
上　島		中　島
油　山		高　橋
生　田	HB	南
清　水		佐　藤
太　田	TB	国　定
青　井		出向井
林		川　上
若　林		鵜　沼
渡　瀬	FB	村　井

◇第22回全国大学選手権

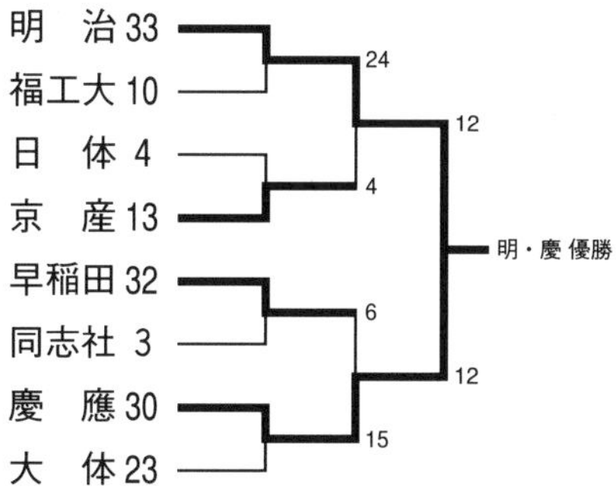

◆トヨタを破って日本一達成

データとか先入観では計り知れない展開となった。前半6分、ファーストスクラムが告げられた。スクラムに絶対の自信を持つトヨタのボール。慶應にとっては最初の試練とみられたこのとき、トヨタがコラプシングの反則をとられたのである。この日の主審はNZでA級ライセンスを持つマイケル・ファンワース。危険なプレー、なかでもスクラムでは特に厳しい笛で定評のレフリーだった。プロップの腕の位置と持ち方が「スクラムを故意に崩す」危険なプレーと判断されたのだろう。この後もトヨタは3度同じ反則をとられているが、慶應はこの最初のチャンスに青井がPGを決めて先制した。

後半はまずトヨタが4分に朽木のDGで同点としたが、慶應は8分、インゴールに蹴り込んだ生田のパントを若林が押さえ（ゴール）て9－3。この後、朽木2本目のDGと田村のPGで再度同点とされた直後の26分、慶應は青井のPG、37分太田のトライでトヨタを突き放した。慶應の勝因について横井久（日本協会強化委員・セレクションコミッティ委員長）は協会機関誌に「タックルでトヨタに勝ったこと、最後まで攻撃の手をゆるめず、全員がチームの戦略・戦術そのものにもチャレンジしたことにある(要旨)」と寄せている。

〇慶應義塾 18（3―0、15―13）13 トヨタ自動車●

慶應義塾	vs.	トヨタ自動車
橋　本	FW	八　角
五　所		畠　山
中　野		池　田
柴　田		重　村
山　越		塚　本
栗　原		竹　村
上　島		安　江
油　山		宗　雲
生　田	HB	上　杉
清　水		朽　木
太　田	TB	辻
青　井		斎　藤
林		田　村
若　林		中　川
渡　瀬	FB	芳　野

慶應	vs.	トヨタ
0	T	0
0	G	0
1	P	0
3	前	0
2	T	1
2	G	0
1	P	1
0	D	2
15	後	13
18	計	13
8	反	15

◆喜び爆発の祝勝会（黒黄会報から）

祝勝会は用意はされていた。残念ながら日本青年館ではなく秩父宮ラグビー場クラブハウス2階だったが。日本選手権終了後、(午後)4時からOB各位が集まり出し、何度も勝利の乾杯をつづけ、(午後)5時には、数々の優勝カップ、盾が運び込まれ最高潮に達した。勝つことの喜ばしさ、めったにお会いできない先輩、また地方の先輩、ご家族、ご父兄、塾関係者など、大変な人数になった。

すでに勝利の酒に浸りきっているなか、田川会長の開会の挨拶、久野部長、金子体育会理事とつづいた。6時ごろになって、やっと塾の戦士が来場、カップの一気飲みを含め大変な騒ぎのなか、閉会しました。(中略) 最後に、友情ある早稲田ROBクラブからウィスキーの差し入れをいただきました。ありがとうございました。

◆祝勝会にOBら250人（朝日新聞から）

慶大の祝勝会は試合後、国立競技場に近い秩父宮ラグビー場内レストランで行われた。ラグビー部OBや現役選手など約250人が出席。

強靭なチャレンジ精神を持続させ、魂のラグビーの真髄を示した対トヨタ戦。

「念願の日本一だ」などと口々に、喜びをかみしめあった。

会場の片すみで先制のPGを決めた青井博也君と父親の達也さん（53）ががっちり握手。現役時代、名CTBで鳴らした達也さんは43年の慶大ラグビー部監督。このときは、早大に抽選勝ちし、日本選手権に駒を進めた。だが、トヨタ自工（現トヨタ自動車）に16－44で完敗。その悔しさを、息子が晴らしたわけで、達也さんは「よく、がんばった」と何度も肩を叩いていた。

◆4度目の小泉体育賞を受賞

第23回日本選手権に優勝した蹴球部（監督上田昭夫、主将中野忠幸）19人が３月24日、今年度の小泉体育賞を受賞した。蹴球部の同賞受賞は1968年、1977年、1984年に次いで今季が４度目。昨季につづいて２年連続の受賞となる。

【受賞メンバー】

▼監督：上田昭夫

▼選手：中野忠幸（主将）、林千春、青井博也、栗原正信、渡瀬裕司、太田将、五所紳一、橋本達矢、清水周英、生田久貴、瀬田俊一、油山哲也、上島治、山越克雄、太田浩介、若林俊康、柴田志通、柴田陽一（以上19名）

◆京都勢との定期戦２試合

第59回慶京（９月15日、長居）、第68回慶同（９月22日、三ツ沢）２つの定期戦が行われ、関西に遠征した京大戦は47－９で大勝。また昨季の大学チャンピオン同志社戦は接戦のすえ19－13で同志社の反撃を振り切って辛勝した。

○慶應義塾 47（17－３、30－６）９京都大●

○慶應義塾 19（７－３、12－10）13同志社●

◆全早慶明３大学対抗ラグビー

第22回全早慶明３大学対抗の第１戦、全明治との試合は１月26日、第２戦の全早稲田戦は２月２日、ともに秩父宮ラグビー場で行われた。全明治には25－10で快勝したが、次の全早稲田には14－29で敗れ、通算１勝１敗に終わった。

◆米国とアイルランドから国代表が来日

年度が切り替わったばかりの４月、アメリカ代表が来日して日本代表とのテストマッチ１試合を含む６試合を行ったが、日本は１勝もあげられずアメリカの全勝に終わった。

また５月には５カ国対抗の覇者アイルランドが来日。日本代表との第１テスト（大阪・長居）48－13、第２テスト（秩父宮）33－15に連勝したのをはじめ日本選抜、関東、関西各代表の挑戦を一蹴し、５戦全勝で帰国した。

慶應関係ではアイルランドとのテストマッチ２試合に村井大次郎が日本代表の左WTBとして出場したのをはじめアメリカ、アイルランドと対戦した日本選抜、関東代表に、松永敏宏、田代博、市瀬豊和、中野忠幸、若林俊康が代表入りしている。

◆日本代表のフランス遠征

日本代表のフランス遠征が10月に行われた。５日に成田を出発、30日に帰国する20日間のツアーだったが、やはり世界の壁は高くて厚い。フランス代表とのテストマッチ２試合を含む６試合すべてに敗れる苦い遠征となった。この日本代表には村井大次郎のほか新たに松永敏宏、若林俊康が選ばれている。フランスでは村井が第１戦（WTB）、第２戦（FB）、第４戦（第１テスト＝FB）、最終戦（第２テスト＝FB）に出場。松永は第２戦、第３戦、第４戦（第１テスト）、最終戦（第２テスト）にCTBとして、また若林は第１戦、第５戦にWTBとしてそれぞれ出場した。

1986（昭和61）年度 ◆若林俊康◆

大学選手権準優勝（84年度）、日本選手権優勝（85年度）と華々しい戦績が続いた後は交流試合にすら出場を許されなかった。1987年3月卒業のわれわれにとっても、わずか4年の間に、これほどの明暗を経験するとは思いもよらなかったが、同時にこの年度から蹴球部のいわゆる低迷時代に入ってしまったことになる。

この年、青学には辛勝したものの筑波、日体、明治とことごとく惨敗を喫し、迎えた早稲田戦。既に交流試合の夢は破れていたが、早慶戦は別物。チームの中にそれまでと違うムードがあった。結果的には15－18というスコアで勝つことはできなかったが、歴史に恥じない試合が展開できたと思っている。そんなわれわれを率いてくれたのが黒澤利彦監督（79年卒）である。前年、前々年の結果を受けての就任は決して楽なものではなかったと思う。しかしわれわれの心をつかみ、奮い立たせ、存分に戦わせてくれた。夏合宿中のエピソードを記しておきたい。合宿のさなかに初めてのお子さんが生まれたというのに、監督は「オレにはお前らが大事な子どもだ」と野太い声でわれわれを叱咤し、合宿の最後までいっしょだった。これには少なからず驚かされ、監督の想いに応えたいと奮起したことが思い出される。主将として決して十分な働きができたとはいえない私だが、監督はじめ、今でも腹を割って語り合える仲間たちに恵まれた86年度であったことを誇りに思っている。　（若林俊康・記）

➲1986年度小泉体育努力賞を若林俊康、中野忠孝、山越克雄が受賞。

➲建設中だった蹴球部の屋内トレーニング場が1986年1月9日に竣工。

◆質の高いコーチング

豪州ナショナルチーム「ワラビーズ」のアラン・ジョーンズ・コーチを招聘。5月22日から24日までの3日間、日吉で特別指導を受けた。強化委員会の堀越慈委員長によると「ジョーンズ・コーチは1984年にワラビーズがグランドスラムを達成した当時の監督で、現在世界のラグビー界で戦略、技術水準の最も高い豪州指導陣の頂点に立つ人物」。蹴球部では22日午後、ジョーンズ・コーチを日吉に迎え、まず昨季のゲームをビデオでチェックしてもらった後、グラウンドで3時間にわたって指導を受けた。

翌23日は日本協会が設けた指導講習会などに出席。24日に再び日吉で春の慶應－青山学院戦を観戦の後、学生、コーチ団とのミーティングでアドバイスにはじまり、質疑応答で有意義な日程を終了した。堀越委員長は3日間にわたるジョーンズ・コーチの指導について「相手に優るスタミナと運動量、そしてスキルを駆使してプレーを連続させ、いかにして相手のプレッシャーのないところで勝負するか、というラグビー理論はわれわれ慶應ラグビーの在り方と十分に共鳴するところであり、さらにわれわれの将来へヒントを与えてくれる」と感想を黒黄会報で述べている。「質の高いコーチング」を課題とする強化委員会の今後の活躍を期待したい。

なお、日本協会主催のコーチ会議（22日、ホテルオークラ）に出席したジョーンズ・コーチの講演内容の詳細は黒黄会報（NO.90）に収録されている。

◆シーズンの歩み（関東大学対抗）

①第59回慶立定期戦（32－4）：対抗戦最初の相手は今季も立教だった。前半の慶應はスタ

ートで2PGをあげただけ。立教の好タックルに連続攻撃を断たれたばかりか、逆に慶應ゴール前のラインアウトから左スミにトライを奪われ、6－4とリードは2点に縮まった。FW戦で優位に立ちながら拙戦を続けたが、ようやくハーフタイム直前に上島の好フォローから1トライを追加して前半を12－4で終わった。後半は一転して慶應のペース。テンポの速い15人全員のランニングラグビーを展開。4トライ、2ゴールを追加した。

②慶・成蹊戦（13—10）：慶應サイドからみれば意外な展開となった。前半は4－4の同点。FW戦を有利に戦いながら、成蹊バックスの早い潰しにライン攻撃を封じられたこと、再三のPG失敗が影響した。後半も攻守に精彩がない。35分にTBパスをインターセプトされる独走トライ（ゴール）を許して7－10と逆転されたが、終了間際に工藤のトライ（ゴール）で再度逆転して逃げ切った。

③慶・青学戦（13—12）：この試合では主将の若林をFBにさげてベストの布陣で臨んだ。両チームとも前半は相手陣深く攻め込むが、決定力を欠いて2PGずつの6－6でハーフタイムを迎えた。後半10分すぎ、慶應ゴール前のスクラムから青学はDGを試みたが、慶應のチャージでボールはインゴールを転々…。これを青学の右WTB田中が押さえ、ゴールにも成功して6－12とリードを許した。このあたり慶應はFW戦に遅れをとって防戦一方。反撃のきっかけがつかめなかったが、終盤の32分に相手のミスから上島のトライで10－12と追い上げたあと、37分には川端が逆転のPGを決めて1点差で勝ちを拾った。

④慶・筑波戦（6—18）：勢いに乗る筑波と拙戦つづきの慶應。この差が前半から出た。試合時間の大半を慶應陣内で戦う不利な戦況から0－9とリードされたが、前半終了間際に若林のトライ（ゴール）で3点差まで詰めた。後半も先手をとったのは筑波。PGのあと薫田にトライ（ゴール）を奪われ万事休した。前半はともかく、後半はFW、バックス一体となった攻撃でチャンスを再三つかんだが、決定力に欠けた。

⑤日体戦（25—35）：スタートは慶應のペース。10分、日体SOを巻き込んだラックから左に展開。密集サイドを破った川端から中口につなぐ左中間トライ（ゴール）で先制した。問題はリードの後の守り。FW、バックス一体の15人ラグビーで反撃してくる日体の攻めにタックルが決まらず、たちまち3トライ、2ゴール、1PGを献上して前半で勝負は決まった。

⑥第61回慶明定期戦（12—62）：前半の慶應は瀬田のPGで先行するなど、好調なスタートを思わせたが、明治の重量感あふれるFWのサイド攻撃、スピードに乗ったバックスのライン攻撃にディフェンス網を破られた。許した得点は5トライ、1ゴールの22点。対する慶應はPGを1本追加しただけの6点にとどまった。前半の試合の流れから見て勝敗の行方は明らか。後半も明治の猛攻は途切れることなくトライを重ねたが、ワンサイドゲームの中にあって後半35分、1年生のFB立石がトライ（ゴール）を奪って一矢を報いた。いずれにしても12－62というスコアで屈辱的な大敗を喫した。

●慶應義塾 12（6—22、6—40）62 明治○

慶應義塾	vs.	明治
藤　田	FW	太　田
八　柳		岡　本
中　野		高　橋
山　越		芳　村
橋　本		乾
油　山		土　井
上　島		中　島
柴　田		大　西
田　中	HB	安　東
川　端		佐　藤
瀬　田	TB	笠
太　田		加　藤
中　口		川　上
若　林		竹ノ内
立　石	FB	村　井

⑦第63回早慶定期戦（15―18）：今季で63回を数える伝統の早慶ラグビー。劣勢を予想された慶應だったが、前半早稲田の攻撃を慶應らしい低く鋭いタックルでよく潰し、絶対絶命のピンチを再三しのいだ。スコアはともに2PGずつの6－6。互角の内容で前半を終わったが、後半にはいってそれまでの均衡が破れた。1分、7分とPG2本を許し、21分にはカウンター攻撃から島沢にトライ（ゴール）を奪われ6－18と点差は大きく広がった。これまでの慶應だったらこれで気持ちが切れるところだが、早慶戦は違う。27分若林のトライ（ゴール）で12－18、30分瀬田のPGで15－18と逆転可能の3点差に詰め寄ったあと、38分にはインゴールに転がるボールに若林が飛び込んだが、わずかに及ばず逆転のトライとはならなかった。敗れはしたが、今季の慶應のすべてを凝縮した試合ではあった。

●慶應義塾15（6―6、9―12）18早稲田○

慶應義塾	vs.	早稲田
石　森	FW	永　田
八　柳		西　谷
中　野		頓　所
山　越		坂　本
橋　本		栗　原
堺		渡　辺
上　島		浜　野
柴　田		神　田
田　中	HB	吉　田
川　端		森　田
瀬　田	TB	島　沢
杉　本		石　井
中　口		北　村
若　林		今　駒
立　石	FB	香　取

▶交代（早）桑島（森田）

⑧第61回慶東定期戦（35―15）：慶應は前半0－9と東大にリードされたが、得意のFWのタテ突進で6トライ、4ゴール、1PGをあげて快勝した。結局、慶應は4勝4敗で対抗戦の全日程を終え、全国大学選手権へのトライアル（交流試合）出場はならなかった。

◆ジュニア選手権は1回戦で敗退

◇1回戦（9月6日、関東学院グラウンド）

●慶應義塾6（6―15、0―22）37関東学院○

慶應義塾	vs.	関東学院
藤　田③	FW	萩　野
山　室①		斎　藤
志　村②		末　次
福　本①		杉　崎
河　内④		松　島
堺　④		前　中
青　木③		志　村
山越達②		小　出
藤　枝③	HB	中　井
伊　藤④		門　司
出　原①	TB	勝　又
中　口②		中　村
中　里①		鈴　木
大　輪④		矢　板
立　石①	FB	石　井

秋の公式戦第1戦となった第8回関東大学ジュニア選手権1回戦の相手は関東学院となった。「公式戦出場3試合未満」が出場規定であるが、慶應としてはこの条件内でのベストメンバーでこの試合に臨んだ。しかし、ハードな夏合宿（8/15～31）の疲れが抜け切っていないのか、前半から動きが鈍く、相手の後手、後手にまわる試合展開となった。前半を6－15で折り返したものの、後半は関東学院の一方的な展開となり、結局6－37というスコアで敗れた。

◆京都勢との定期戦2試合

①第60回慶京定期戦（15―0）：激しい降雨の9月15日、横浜・三ツ沢競技場で行われた。慶應はFW戦で圧倒的に優位に立ちながら、詰めが悪く、前半は1PGだけ。ようやく後半に入って3トライを追加して勝った。

②第69回慶同定期戦（31―27）：日本最古の定期戦は9月23日、京都・西京極球技場で行われた。前半はFW戦で優位に立った同志社の

ペース。スコアも同志社が11－0とリードしたが、後半は慶應が5トライ、4ゴール、1PGで逆転。終盤の同志社の反撃を4点差で振り切った。

◆春の全早慶招待ラグビー

●全慶應 17（3—12、14—16）28 全早稲田○

全慶應	vs.	全早稲田
橋　本	FW	尾　形
五　所		西　谷
中　野		山　本
山　越		坂　本
中　山		栗　原
田　代		梶　原
上　島		土　屋
柴　田		益　子
生　田	HB	井　上
清　水		本　城
渡　瀬	TB	伊　藤
松　永		今　駒
青　井		土　肥
若　林		池　田
村　井	FB	安　田

恒例の関西早慶ラグビー懇親会は今年35回目を迎え、4月12～13日の2日間にわたって盛大に開かれた。第1日の12日は鳴尾G.C.でのゴルフ対決。得点源のはずの椎野正夫副会長が肩痛でブービーメーカーという、春の珍事などで慶應勢の惨敗に終わった。会場を大阪・長居競技場に移した第2日の全早慶戦。全慶應は5人の日本代表を配して必勝を期したが、全早稲田バックスに走り負けて惜敗した。この第35回記念大会に集まった観客は1万5000人。公式戦として主催していただいた関西協会のご配慮にあらためてお礼を申し上げる次第である。

なお、試合後、大阪市内のホテルでノーサイドミーティングを兼ねて懇親会が開かれ、現役を囲んでいつまでも歓談に花が咲いていた。

◇オーバー・40

○慶應 6（0－4、6－0）4 早稲田●

◇関西OB戦

○慶應 36（20－0、16－13）13 早稲田●

◆全早慶明3大学対抗

第22回全早慶明3大学対抗の第1戦、全早稲田との試合は2月7日、第2戦の全明治戦は2月14日、それぞれ国立競技場で行われた。全早稲田戦（慶65－20早）は前、後半ともFW戦の優勢を足場に全慶應がFW、バックス一体の猛攻で大勝。第2戦の全明治との試合（慶22－22）は後半の連続攻撃による全慶應の巻き返しで引き分けた。

◆全山梨との招待試合

UTY杯招待ラグビー、全慶應vs.全山梨の試合が1月25日、甲府緑ケ丘球技場で行われ、前半7－11とリードされた全慶應は後半にはいって追撃したものの16－16のタイに終わって前半の4点差が逆転できなかった。

◆蹴球部3選手に小泉体育努力賞

年度末恒例の慶應義塾体育会制定の小泉体育努力賞受賞者に蹴球部から若林俊康、中野忠幸、山越克雄の3選手が選ばれた。努力賞の受賞は1979年の浜本剛志、永岡章（個人）、1981年の蹴球部に次いで個人では2度目、チームを含めれば3度目の栄誉。

◆日本代表2つの海外遠征

①北米遠征

日本代表が5月から6月にかけてアメリカ、カナダの2カ国遠征に旅立った。横井久団長の目標は全勝という高いものだったが、アメリカでの6試合は3勝2敗1分けで1つの勝ち越し。またカナダでの2試合は1勝1敗だった。ただアメリカとのテストマッチ（第6戦）を9－9で引き分け、カナダとのテストマッチには26－21で快勝し、日本代表の面目を保った。なお、この遠征に慶應から中野忠幸、生田久貴、松永敏宏、村井大次郎、若林俊康の5人が日本代表として参加している。

②英国遠征

日本代表が9月から10月にかけて英国の2つのホームユニオン、イングランドとスコットランドに遠征。最初の訪問地スコットランドで4戦して1勝3敗。次のイングランドでも1勝3敗と大きく負け越した。テストマッチはスコットランド代表に18－33、イングランド代表に12－39と、ともに完敗だった。慶應からは中野忠幸、生田久貴、村井大次郎の3人が春の北米遠征に続いて日本代表に選ばれ、遠征に参加した。

◆アジア大会で日本敗れる

第10回アジア大会は11月22日から29日までバンコクで開かれた。日本代表は29日の決勝で韓国と対戦。終了間際にDGを決められ、韓国に22－24で逆転負けを喫した。韓国には大会8連覇をストップされた1982年のシンガポール大会以来2度目の敗戦。なお、慶應関係では生田久貴、村井大次郎が日本代表として出場している。

◆NZからカンタベリー大学が来日

NZのカンタベリー大学が3月に来日し、日本選抜と3試合、日本Bと1試合を含め6試合を行ったが、日本選抜、日本Bは全敗。関西の大学単独チームも大差で敗れた。慶應からは松永敏宏、生田久貴、村井大次郎が日本選抜、日本Bの代表として対戦した。

◆第1回W杯の日本代表に慶應から2選手

第1回ワールドカップは1987（昭和62）年5月から6月にかけてNZ、豪州の各地を舞台に開催されるが、その日本代表26人がこのほど日本ラグビー協会から発表された。慶應からはSH生田久貴、FB村井大次郎の2人が代表入りした。

1987（昭和62）年度 ◆柴田志通◆

前年度の対抗戦5位による交流試合不出場を受け、まず対抗戦4位以内を確保、そして大学選手権出場を目指し、シーズンはスタートした。例年より早めに始動したチームは有望な1年生部員の加入もあり、春季の練習試合を調整のうちに終了した。正念場の夏合宿も例年に勝る厳しさで臨み、ポジション変更による戦力強化も含め、チームづくりは順調に推移した。

しかし、結果として当初の目標に到達することはできず、2年連続で交流試合出場の夢を断たれたことは、非常に残念、かつ悔しいものであった。ただ、その中でも最後まで緊張感を失わず、1勝にこだわり、ともに厳しい毎日を戦い抜いた4年生、われわれについてきてくれた3年生以下の部員に対し、改めてその年度の責任者として感謝の言葉を送りたい。また常にわれわれ部員に対し、温かい声援とご指導をいただいた小野寺孝監督（1963年卒業）、コーチ陣、OBの皆様に対しお詫びの言葉をこの機会に申し上げる次第である。　（柴田志通・記）

➲第1回ワールドカップがNZ、豪州（5月～6月）を舞台に開催される。日本は予選Aプールに出場。

◆シーズンの歩み（関東大学対抗）

①第60回慶立定期戦（37―10）：前半は4PGと1トライで16－0。立教のミスから得点のうえではまずまずだったが、攻撃はいまひとつちぐはぐだった。しかし後半に入って、ようやくペースをつかみ、34－0と大きくリードした時点で勝負は決まった。ただ大量点に気が緩んだのか、立教に2トライ、1ゴールを取られたのは感心できない。

②慶・成蹊戦（28―3）：前半17分にトライで先制してからは慶應ペース。後半に入って反則が目立ったこともあり、得点力が半減した。

③慶・青学戦（16―20）：青学に1トライ、1PGを先行された。いずれもミスが原因。対する慶應は決め手に欠けて前半を0－9で終わった。後半になって1点差まで追い上げたが、ノーサイド直前にPGを許して突き放された。競り合いでのミスが致命傷。

④慶・筑波戦（9―17）：完全に力負け。やはり昨季のメンバーから7人が抜けた戦力ダウンは大きい。結局ノートライ。PG3本をあげるのが精一杯だった。

⑤慶・日体戦（6―4）：すでに2敗。後のない慶應としては背水の陣で臨んだ試合だったが、前半はともに決定力に欠いて0－0。ようやく後半になって局面に動きがでたが、先制したのは日体。8分にカウンター攻撃からCTB渡辺にトライを奪われ4点をリードされた。しかし、ここから慶應はよくがんばった。鋭いタックルで日体の追加点を阻むとともに25分、川端が日体のタックルを巧みにかわして同点のトライ。田村のコンバージョン成功で逆転し、そのまま最小得点ながら逃げ切った。

⑥第62回慶明定期戦（3―73）：力の差は歴然としていた。明治も1週前の筑波戦に敗れたことが警鐘となったようだ。平均体重92キロの重量FWが本来の破壊力を発揮。前半から一方的な展開となってしまった。PGで先行され、中島にトライを奪われるなど5トライ、2ゴールを追加されて、前半だけで失点27。勝負は最初の40分で決まった。もちろん後半も明治の戦う姿勢に変わりはなく、前半の得点を上回る8トライ、7ゴールの46点を上乗せされた。慶應があげた得点は前半のPG1本だけの3点。ノートライに封じられる屈辱的な大敗となった。

●慶應義塾 3（3—27、3—46）73 明治○		
慶應義塾	vs.	明治
福　本	FW	佐　藤
藤　田		岡　本
志　村		飯　塚
橋　本		飛　騨
古　市		蜂　谷
出　原		土　井
山　越		中　島
柴　田		大　西
西	HB	安　東
工　藤		加　藤
良　塚	TB	田　辺
川　端		川　上
杉　本		上　井
田　村		竹之内
立　石	FB	高　岩

⑦第64回早慶定期戦（6—39）：慶應には全く反発する力が欠けていた。FWで前年度から対抗戦経験者といえば主将の柴田だけ。またバックスの主力と期待されていた中口、大北の負傷欠場も重なって戦力ダウンは目を覆うばかり。翌日の朝日新聞は「伝統の一戦も力の差があり過ぎ、いささか色あせていた。とくに早稲田は1年生選手が『早慶戦』の重圧など関係なしに大活躍。若い息吹が慶應との明暗を一層印象づけていた」と報じ、SH堀越

●慶應義塾 6（0—15、6—24）39 早稲田○		
慶應義塾	vs.	早稲田
福　本	FW	永　田
藤　田		森　島
志　村		渡　辺
柴　田		弘　田
古　市		篠　原
出　原		神　田
林		清　田
綱　沢		清　宮
西	HB	堀　越
工　藤		前　田
良　塚	TB	今　泉
川　端		今　駒
杉　本		中　島
田　村		桑　島
立　石	FB	加　藤

（熊谷工）の正確で長いパスと的確な守り、FWからFBにコンバートされた今泉（大分舞鶴）のトライゲッターとしての力、キッカーとしての非凡さを絶賛していた。

⑧第62回慶東定期戦（6—8）：まさかの敗戦だった。22年ぶりという数字が慶應にとってどれほどショッキングな出来事であるか察しがつくだろう。スクラムのときローバーが球を入れ、SHがスクラムの後方で待つかつての慶應スタイルでFW戦の劣勢をカバーするなど奇策に翻弄されて、ついに2PGだけのノートライ。完敗だった。3勝5敗。大学選手権出場は遠い夢に終わった。

◆第9回ジュニア選手権は2回戦で敗退

◇1回戦（9月5日、慶應・日吉グラウンド）
○慶應義塾　42（20—8、22—8）16　東海大●

◇2回戦（9月12日、慶應・日吉グラウンド）
●慶應義塾　17（9—18、8—18）36　大東文化○

1回戦は地力の差でまずまずの出来だったが、2回戦の大東文化にはすべての点で圧倒された。

◆京都勢との定期戦2試合

第61回慶京定期戦は9月15日、大阪・長居競技場で行われ、慶應が15トライ、11ゴール、3PGの大量91得点を記録。京大を無得点に封じて大勝した。

また日本最古の第70回慶同定期戦は9月23日、横浜・三ツ沢競技場に同志社を迎えて行われ、FW戦で劣勢の慶應は3トライの14点をあげただけ。同志社に大量30点を奪われ、完敗した。

○慶應義塾 91（49—0、42—0）0 京都大●
●慶應義塾 14（4—26、10—4）30 同志社○

◆世界ラグビー界初のW杯が開かれる

ラグビーの第1回ワールドカップが南半球のNZ、豪州の12会場を舞台に5月から6月にかけて約1カ月の長期日程で開かれた。招待されたイングランドなどIB加盟7カ国とW杯委員会が選んだ日本など16カ国が4グループに分かれて予選ラウンドからスタート。Aグループの日本はアメリカ、イングランド、豪州に敗れて3戦全敗。決勝トーナメントへの進出はならなかった。決勝は開催国のNZとフランスの南北両半球の対決となり、NZが29－9の大差でフランスを破って、第1回のチャンピオンの座についた。第2回大会は英国4ホームユニオンとフランスで4年後に開催される。

なお、慶應からは村井大次郎（FB）と生田久貴（SH）が日本代表として出場した。

▼予選ラウンド（Aグループ）

5月24日

●日本　18（11—15、7－6）21　アメリカ○

5月30日

●日本　7(3—16、4—44)60　イングランド○

6月3日

●日本　23（13—16、10—26）42　豪州○

◆アイルランド学生代表が初来日

アイルランドから学生代表が9月に来日。東京、名古屋など4都市で5試合を行い、日本代表を24－12で破るなど4勝したが、第1戦の全早稲田に15－16と1点差で敗れている。

◆W杯の初代王者 NZオールブラックスが来日

第1回W杯の初代チャンピオンNZオールブラックスが10月に来日。日本代表と2試合、日本選抜、アジアバーバリアンズ、プレジデントXVと各1試合の計5試合を行い、いずれも大勝したが、なかでも日本代表とのテストマッチでは世界一のプレーと強さを発揮し、東京、大阪の関係者、ファンの度肝を奪った。第1テストが74－0、第2テストはさらに猛威を振るって106－4。日本代表の1トライが火に油を注ぐ結果となって、日本のテストマッチ史上、記録的な大敗を喫した。

なお、アイルランド学生代表、NZオールブラックスと対戦した日本代表に生田久貴、村井大次郎が、また日本選抜には中野忠幸、松永敏宏（主将）がそれぞれ慶應から選ばれ対戦している。

1988（昭和63）年度 ◆川端良三◆

昭和天皇　昭和64（1989）年1月7日崩御
元号が昭和から平成へ改元

日本選手権優勝当時のメンバーもすべて卒業し、勝つ喜びを知らないわれわれの新しい監督に今年度から松本澄秀OB（1976年卒業）が就任。「気迫あるチャレンジラグビーに徹せよ」のスローガンの下、復活を期してチームが一丸となった。

秋の同志社との定期戦。シーズンを占うこの一戦に快勝し、幸先の良いスタートではあったが、前半戦で青学、筑波に惜敗、続く日体には大敗を喫してしまった。つぎの対戦相手明治はここまで全勝できており、「明治大勝」のマスコミ予想は揺るがなかったが、結果は慶應の勝利であった。われわれがいままで取り組んできたことに誤りのなかったことを慶明戦の勝利は教えてくれたわけだが、明治といえば前年度の大学選手権で大東文化と優勝を分け合ったチーム。年度は変わったものの、ここまで大学相手に不敗の記録を続けていた相手からの勝利に自負するものがある。

しかし、その後の早稲田に完敗したため結局、この年も復活することができなかったが、厳しい練習を積み重ね、常にチャレンジャーの気持ちで果敢に戦うことで、飛び抜けた体格の選手や世にいわれるスター選手がいなくても、強豪相手に勝つことができることを証明できたと思う。勝つ喜びを知らなかったわれわれが、少しだがそれを味わうことができたのも監督はじめ優秀なスタッフに恵まれたこと、また4年生以下全員が一丸となり、ただひたむきに努力を重ねた結果であると確信している。　（川端良三・記）

➲創部90周年を記念して全慶應がNZに遠征（1989年3月4日～3月22日）。

◆1988年度の主なルール改正

①インゴールでの反則

インゴールでボールを蹴り終わったプレヤーへの故意のチャージ、または妨害に対しての罰則

「反則のあったインゴール内の地点に相対し、ゴールラインから5メートルの地点で相手側にPKが与えられる」

(従来はインゴール内での攻撃側の反則に対してはドロップアウト、防御側の反則に対しては5メートルスクラムであった)

②スクラムの回転に対する制限

スクラムは、スクラムの中央の線がタッチラインと平行になる以上に回転してはならない

「スクラムが90度以上回転した場合は元の位置で組み直す」

◆黒黄会理事長交代と新監督

1988年度のスタートにあたって黒黄会の新理事長に青井達也（1955年卒）、また蹴球部新監督に松本澄秀（1976年卒）の両OBが就任した。児玉渡前理事長は3期6年の長期にわたってその任にあったが、その間に蹴球部のラグビー日本一達成をはじめ、英国遠征の実現などに力を尽くした。また松本新監督は1975年度の主将。慶應ラグビー復活の旗手としてその手腕が期待される。

◆シーズンの歩み（関東大学対抗）

①第61回慶立定期戦（20－6）：キックのミスから立教に先制トライを許すなど危ないスタート。それでも前半を11－6で折り返したが、連日の雨で不良コンディションが影響したのか、後半もミスが続いてもうひとつリズムに乗りきれなかった。辛勝。

②慶・成蹊戦（61－6）：開始8分、キックをチャージされて先制トライを成蹊に奪われた。この試合もミスが多く、前半終了間際に9－6でやっと逆転という拙戦が続いた。しかし、後半は慶應のペース。成蹊を無得点に封ずる一方、9トライの猛攻で52点を追加して大勝した。

③慶・青学戦（22―25）：開始直後のPGで先行したものの30分、青学にサイドを突かれて簡単に逆転される。守りのモロさを露呈した場面だったが、すぐ反撃し、1トライ、2PGで前半を13－9でリードした。後半も常に先行。22－19のままノーサイドと思われた40分、一瞬のスキを突かれて青学のWTBに35メートル独走の逆転トライを奪われた。今季初の1敗。

④慶・筑波戦（23―26）：2試合連続の3点差負け。筑波の執拗なサイド攻撃に試合の主導権を奪われ、後半7分には4－22と大きくリードを許した。しかし20分過ぎから反撃に転じて3点差まで追い上げたが、それまでの失点が大きく逆転には至らなかった。これで筑波に3連敗。今季も交流試合出場が危うくなった。

⑤慶・日体戦（7―51）：開始直後のPGで3点先取の慶應。FWがモール、ラックを支配するなど、試合の主導権を握ったが、タックルのミスが致命傷。あっという間に2トライを奪われ、簡単に逆転されてしまった。それでも後半がはじまった直後のラインアウトからモールを組んでトライしたあたりはまだ慶應ペースだったが、足を引っ張ったのは守りのモロさ。その後は日体に6トライ、4ゴール、2PGを追加されて今季3敗目を喫してしまった。

⑥第63回慶明定期戦（25―17）：今季2勝3敗の慶應がここまで6戦全勝の明治に快勝した。

○慶應義塾25（12―7、13―10）17明治●

慶應義塾	vs.	明治
福本	FW	戸田
犬飼		岡本
志村		須之内
橋本		池沢
村上		飛驒
出原		小村
笠井		尾上
山越		富岡
奥田	HB	安東
三輪		松尾
立石	TB	丹羽
川端		一久保
荒木		谷口
田村		竹之内
中口	FB	比佐

勝因の第1は鋭く粘っこいディフェンスであり、第2のそれは明治の重量FWと互角に渡り合ったFWの健闘。前半終了間際にFB中口が抜いて出て、出原のトライで12－7と逆転。2点差まで詰め寄られた直後の後半6分にはキックオフから村上－笠井とボールをつないでノーホイッスルトライ。25分にもラックから左オープンに展開し、最後は勝負を決める荒木のトライ（ゴール）で25－13とリードを広げた。とにかく明治FWの縦攻撃を捨て身のタックルで止め、ラックでは下からもぐり込んでボールを奪うFWの活躍。3連敗にあえいでいた慶應からは想像もできないプレーの連続ではあった。これで3勝3敗。早慶戦に交流試合（上位4校）出場の望みを賭けることになった。慶明戦は4年ぶりの勝利。対戦成績は慶應の25勝37敗1引き分け。

⑦第65回早慶定期戦（6―34）：前半は6－9。早稲田に1PGをリードされたが、トライは許さず、厳しい攻防が続いた。とにかく第3列

●慶應義塾 6（6—9、0—25）34 早稲田○

慶應義塾	vs.	早稲田
福　本	FW	岩　下
犬　飼		森　島
志　村		渡　辺
橋　本		後　藤
村　上		篠　原
出　原		打　矢
笠　井		清　田
山　越		清　宮
奥　田	HB	堀　越
三　輪		前　田
立　石	TB	島　沢
川　端		吉　村
荒　木		藤　掛
田　村		郷　田
中　口	FB	今　泉

の鋭い出足を軸にプレッシャーをかけ続ける一方、早稲田をゴール前に圧迫。再三にわたってチャンスをつかみかけるが、防御ラインの突破はならなかった。この互角の形勢が崩れたのは後半2分。中央付近のラインアウトからSO前田に防御線を破られた後、フォローした清田に右中間トライ（ゴール）を奪われ6－15。さらに16分には慶應ゴール前の5メートルスクラムから堀越にサイドをもぐられ、決定的なトライ（ゴール）を追加された。もちろん慶應もキックからの攻撃で早稲田をゴール前にクギづけにするなど反撃を試みるが、前半同様に決定力に欠けて最後までトライが取れなかった。これで今季4敗目。3年連続して交流試合出場の望みを断たれた。また、このカード4連敗。通算成績でも15勝45敗5分けと大きくリードされた。

⑧第63回慶東定期戦（18—6）：今季の最終戦であるこの定期戦。1年間の総決算のつもりで臨んだが、前半から東大の突っ込みに受け身となった。モール、ラックでからまれ、いいボールを出せず、前半を3－3で終わった。後半に入って慶應はやっと前へ出るラグビーと、本来の速いテンポの試合運びで3トライを重ね、昨年の雪辱を果たした。

◆京都勢との2つの定期戦

京都勢との2つの定期戦、62回目の京大との試合は9月15日、横浜・三ツ沢球技場で、また71回目の同志社との定期戦は9月23日、大阪・花園ラグビー場でそれぞれ行われ、京大とは42－3、同志社戦は40－23のスコアでともに大勝した。

○慶應義塾 42（16—0、26—3）3 京都大●

○慶應義塾 40（15—10、25—13）23 同志社●

◆全早慶明3大学対抗

第24回3大学対抗ラグビーの第1戦、全明治との試合は1月22日、第2戦の全早稲田戦は29日、それぞれ秩父宮ラグビー場で行われ、全慶明戦は22－36、全早慶戦は26－34で連敗。今季の日程をすべて終了した。

◆創部90周年を記念してNZに遠征

創部90周年を記念するNZ遠征の全慶應（前田昌信団長）は3月4日夜、成田を出発。カンタベリー大学との第1戦を皮切りにNZ各地で5試合を行い、3月22日早朝成田着のNZ航空機で帰国した。遠征成績は5戦して1勝2敗2分け。

遠征チーム青井達也副団長は①サイズの大きい外国選手との戦い方。具体的にはFWは待たずに前へ出て足元へのタックル。②基本に忠実なラグビー。③ゲームでは不可欠の共通の言葉と要素。すなわち「ヘッドアップ」、「コミュニケーションとトーク」、「スピード」、「5秒レスト」、「スピーチ」の実行 —— の3点を遠征の成果としてあげている。

【NZ遠征の記録】

◇第1戦（全慶應1敗）

▽3月8日

▽グラウンド＝クライストチャーチ

●全慶應 17（7—14、10—14）28 カンタベリー大学○

全慶應
①福　本
②三　宅
③志　賀
④柴　田
⑤橋　本
⑥笠　井
⑦山　越
⑧小田切
⑨奥　田
⑩三　輪
⑪立　石
⑫松　永
⑬川　端
⑭若　林
⑮中　口

全慶應	vs.	カ大
1	T	3
0	G	1
1	P	0
7	前	14
2	T	3
1	G	1
0	P	0
10	後	14
17	計	28
9	反	7

第1戦の固さが取れず、前半は7－14。しかしラインアウトで柴田がよくボールを獲得し後半はいけるとの感触をつかんだ。

後半5分、若林がキックのボールを追走、みごとなタックルから右への早い展開で若林がトライ。さらに14分若林が抜き、笠井がフォローして逆転。田村がコーナーからのゴールを決め慶應が17－14と差をつけるエキサイティングな試合となった。その後も習ったばかりのドライビングモールを織り交ぜ、2度にわたるスクラムトライがあったが、不運にもトライは認められなかった。逆にこのドロップアウトから足で引っかけられて一気にトライを奪われたが、レフリーの判定に心を奪われた一瞬のスキを突かれたもの。それにしても残念な結果ではあった。今回の遠征の中で、もっとも充実した良いゲームであった（青井）。

◇第2戦（全慶應1勝1敗）

▽3月11日

▽グラウンド＝ウェリントン

○全慶應 42（8—16、34—4）20 ビクトリア大学●

全慶應	vs.	ビ大
2	T	3
0	G	2
0	P	0
8	前	16
5	T	1
4	G	0
2	P	0
34	後	4
42	計	20
18	反	12

全慶應	
FW	福　本
	三　宅
	志　賀
	柴　田
	赤嶋（橋本）
	笠　井
	山　越
	小田切
HB	奥　田
	三　輪
TB	良　塚
	松　永
	川　端
	若　林
FB	田　村

創部90周年記念・NZ遠征（昭和64年3月4日～3月22日）。5戦1勝2敗2引き分けに終わったが得たものは大きかった。

ついに勝った。全慶應としては外国チームに強いところ見せたひさしぶりの勝利。前半は強風下の風下ながら、4－16から終了間際に連続攻撃でトライ。これが後半につながった。

サイドが変わった後半、若林の連続トライで逆転。この後はビ大FWが徹底して当たりだし、スクラムサイド、PKからのFW攻撃で一時連続ペナルティーをとられたが、慶應FWは下への確実なタックルを決めたのをはじめ、当たり負けすることなく、バックスを走らせた。そして25分すぎには一気に19点をとり、42－20と大きく勝ち越した。冷静に見て実力勝ちというところ。ちなみにレフリーは慶應が日本選手権優勝時のマイケル・ファンワース氏だった（青井）。

◇第３戦（全慶應１勝１敗１分け）

▽３月14日

▽グラウンド＝タウポ

△全慶應10（6－0、4－10）10 O.B.マリストクラブ△

全慶應
①福　本（三宅）
②山　室
③志　賀（福本）
④上遠野
⑤赤　嶋
⑥出　原
⑦笠　井
⑧小田切
⑨栗　田
⑩田　治
⑪山　根
⑫中　里
⑬立　石
⑭良　塚
⑮田　村

慶應（現役）	vs.	M.C.
0	T	0
0	G	0
2	P	0
6	前	0
1	T	2
0	G	1
0	P	0
4	後	10
10	計	10
21	反	15

タウポ市のグラウンドは最高だった。NZでも一番手入れの行き届いたグラウンドだ。この試合は現役だけで戦った。試合運びはまだまだ幼稚で、前半はPGだけの6－0で慶應リード。後半に入るとFWを強化してきたマリストクラブはFW戦を挑んできた。ゲームは徐々に相手ペースとなり、2トライを奪われてついに同点。ノーサイド寸前に右中間40ヤードのPGが右にそれて試合が終わった。

ハーフタイム５分前に「OBを入れて勝ちに出るか」と松本監督に打診したが、返ってきた言葉は「このままいきましょう」のひとこと。今回の遠征の目的は学生の強化である。松本監督の判断に頭の下がる思いであった（青井）。

◇第４戦（全慶應１勝１敗２分け）

▽３月18日

▽グラウンド＝ハミルトン

前半は風上だったが、決め手がなく、逆にワイカト大はスクラムから右オープンに展開。FB参加のライン攻撃で２トライを先取され、３－８とリードされて前半を終わった。

後半も３－16、７－20、11－20とリードされたが、ノーサイド寸前の37分ラインアウトから右に展開して松永、39分にも若林と連続の２ゴール、２トライをあげて同点に持ち込んだ。TODAYS PLAYERは奥田で、チームのマフラーがプレゼントされた（青井）。

◇最終戦（全慶應１勝２敗２分け）

▽３月20日

▽グラウンド＝オークランド

オークランドに着いたとき「君たちはオークランド大学に勝つために来たのか」と聞かれた。オ大はフィッツパトリック、フォックスの２人のオールブラックスのメンバーを出して対戦してくれた。

ゲームはFW戦で圧倒され、オ大４トライ、４ゴール、慶應は２PG。オ大24－６慶應で前半を折り返す。

後半は風下で、大きなキックと個人の馬力にやられた。やはり問題はFWである。FWに力がないと試合の組み立ても何もない。バックスにまでつまらないトライを取られ、連続プレーで２トライを取るのがやっとというゲームになってしまった（青井）。

△全慶應 23（3—8、20—15）23 ワイカト大学△

全慶應
①三　宅
②山　室
③福　本
④柴　田
⑤橋　本
⑥出　原
⑦山　越
⑧小田切
⑨奥　田
⑩三　輪
⑪良　塚
⑫松　永
⑬立　石
⑭若　林
⑮田　村

全慶應	vs.	ワイカト大
0	T	2
0	G	0
1	P	0
3	前	8
4	T	3
2	G	0
0	P	1
20	後	15
23	計	23
6	反	9

●全慶應 16（6—24、10—30）54 オークランド大学○

全慶應
①三　宅
②山　室
③福　本
④柴　田
⑤橋　本
⑥笠　井（出原）
⑦山　越
⑧小田切
⑨奥　田
⑩三　輪
⑪立　石
⑫松　永
⑬川　端
⑭若　林
⑮中　口

全慶應	vs.	オーク大
0	T	4
0	G	4
2	P	0
6	前	24
2	T	6
1	G	3
0	P	0
10	後	30
16	計	54
5	反	5

◆全慶應NZ遠征メンバー（33人）

団　長　前田昌信
　　慶應義塾大学理工学部教授
副団長　青井達也　OB（1955年卒業）
監　督　松本澄秀　OB（1976年卒業）
コーチ　安積英樹　OB（1978年卒業）
　　黒沢利彦　OB（1979年卒業）
　　青井博也　OB（1986年卒業）
主　将　松永敏宏　OB（1985年卒業）
　　1984年度主将(CTB)
主　務　谷　栄一　学生（4年）
　　小藪敬司　学生（3年）
選　手　PR　福本正幸　学生（3年）
　　志賀行介　学生（2年）
HO　山室宗興　学生（3年）
　　三宅清三郎　学生（2年）
LO　橋本篤幸　学生（3年）
　　赤嶋俊輔　学生（3年）
　　上遠野慶　学生（3年）
FL　出原正信　学生（3年）
　　笠井哲郎　学生（3年）
NO.8　柴田志通　OB（1988年卒業）
　　1987年度主将
　　山越達雄　学生（3年）
　　小田切宏太　学生（1年）
SH　奥田洋史　学生（3年）
　　栗田幸一郎　学生（2年）
SO　三輪信敏　学生（3年）
　　田治之佳　学生（1年）
CTB　川端良三　学生（4年）
　　1988年度主将
　　中里裕一　学生（3年）
WTB　若林俊康　OB（1987年卒業）
　　1986年度主将
　　田村喜寛　学生（3年）
　　良塚元一　学生（3年）
　　立石郁雄　学生（3年）
　　新年度主将
　　山根淳司　学生（2年）
FB　中口　健　学生（4年）

◆オックスフォード大学が9月に来日

英国の名門オックスフォード大学が9月に来日。日本代表に23－12で快勝したのをはじめ全早稲田など大学、社会人のトップチームを相手に5戦全勝の記録を残して帰国した。オックスフォード大の来日は今回で4度目を数えるが、日本での戦績は日本代表の4度にわたる挑戦も含めて20戦全勝。この日本国内での連勝記録はいまも続いているが、無敗のオックスフォード大を彼らのホームグラウンド、イフリーロードで最初に破った日本チームが、1985年に英国へ遠征した全慶應である。スコアは全慶應29－10オックスフォード大であった。

なお、今回の来日チームには第1回W杯優勝チーム、NZオールブラックスのD.カーク主将はじめ豪州代表ワラビーズのキャップを持つT.コーカー、B.スミス、I.ウィリアムスら世界トップレベルの選手が含まれおり、大きな話題となった。ウィリアムスは後に神戸製鋼のWTBとしてV7に貢献したのをはじめ日本代表にも選ばれている。

◆アジア大会で韓国に2連敗

第11回アジア大会は11月12日から19日まで香港で開催された。2年前の第10回大会で初めて韓国に王座を明け渡した日本にとって今大会は巻き返しを図る大事な大会だったが、第3戦の台湾に20－19の1点差勝ち。決勝の韓国戦もスコアの上では13－17と1トライ差の接戦だったが、内容はスクラムで押され、ラインアウトを支配されるなど完敗。前回のバンコク大会に続いて韓国に2連敗という最悪の結果となった。

◆秩父宮ラグビー場改修工事終わる

秩父宮ラグビー場のスタンド増設工事がこのほど終わり、新装落成を記念するレセプションが9月30日午後6時から帝国ホテル富士の間で開かれた。来賓には1952年に戦後来日外国チーム第1号となったオックスフォード大学主将のジャイルズ・ブラード卿はじめ、翌10月1日に改修記念試合として日本代表と新装の秩父宮ラグビー場で対戦するオックスフォード大学スコッドも招かれ、日英交流の歴史に話の花を咲かせていた。

なお、今回のスタンド改修工事で観客の収容能力は3万1000人と大幅にアップし、ラグビー専用の競技場としては西の大阪・近鉄花園ラグビー場と並び、名実ともにラグビーの2大殿堂の誕生となった。

1989（平成元）年度 ◆立石郁雄◆

「いい選手を集めて勝つ」「自由でおもしろいラグビー」などを標榜する他チームに勝つためにはメンバー的に「ひたむきで真面目なラグビー」を選択せざるを得ず、結局「気迫あるチャレンジラグビーに徹せよ」をスローガンとした。1899年の創部から数えてわれわれの年度はちょうど90周年にあたる。力の劣った人間でも一生懸命に努力すれば、強い相手にも勝つことができる、というラグビーの素晴らしさ、人間の素晴らしさを伝えなければならない日本ラグビーの先駆けとしての使命のためにも、人に感動を与えるラグビーを実践し、勝利を目指した。

具体的には基本練習に加え、NZ遠征、新日鉄釜石、サントリーとの合同練習、そして神戸製鋼から伝授された戦法など、チーム力強化に工夫を図ったが、何よりも彼らのラグビーに対する真摯な姿勢を吸収できたことが、最も大きな収穫であったことはいうまでもない。もちろん、試合に臨んでは自、他チームのデータ分析による戦術の確立などが支えとなって対抗戦３位（６勝２敗）に食い込み、４年ぶりに交流試合でシーズンを終了した。１点差で勝利した明治戦での自陣ゴールラインに釘付けにされながらも耐え抜いた20分間。またわれわれとは正反対である「いい選手を集めた伸び伸びラグビー」を象徴する大東文化戦で敗れはしたが、ひたむきなプレーを貫き通した80分間。これらは観客だけでなく、相手チームの監督までが涙するほどの感動を与えた。われわれ89年度のチームは部員96人全員で作り上げた、まさしく１年の努力の集大成であった。形あるものしか評価されない風潮のなか、時代が変わっても忘れてはならないものを追求し、そして実現した年であった。　（立石郁雄・記）

◆春から夏のプレシーズン

松本澄秀監督２期目のシーズンが４月にスタートした。前年度の「NZ遠征で確認した基本技の徹底」（松本監督）を今季の目標に春の対外試合は15試合。主要チームとの対戦結果は早稲田、明治のライバル校はじめ青学、大東文化に敗れ、関西の京産、大商大には大敗するなど、必ずしも芳しいものとはいえなかったが、チームづくりに対する松本監督のビジョンは確かなものであった。スター集団の他校と違い、時間をかけてゼロから選手、そしてチームを作り上げていく慶應としてはこの段階での成績にこだわることより、これらの対外試合を通じて得たデータの分析と、それに基づくチームづくりの青写真作成にこそ意義がある。その点、恒例の山中合宿でパーソナル、ユニットスキルの向上を、また函館での第２次合宿ではこれらを総合したボディーを完成させるシステマチックな「松本プラン」は当を得た対応といえるだろう。しかも、シーズンに臨む姿勢として、従来の慶明、早慶両定期戦にピークを置いたチームづくりから、青学、筑波、日体戦に照準を定めた戦略の転換に今季の飛躍が期待された。

◆シーズンの歩み（関東大学対抗）

①第62回慶立定期戦（55－０）：前半２分にPGで先制、その後も２PGを加える。27分にはモールからFWが縦につなぎ、最後は三宅が今季の初トライをあげたが、その後も勢いに乗る慶應は着実に得点を重ねて28－０で前半を終了した。後半も慶應の一方的な展開となり、５トライ、２ゴール、１PGを加えるなど、55－０で完封勝利を飾った。

②慶・成蹊戦（88―0）：小雨の中、最悪のコンディションで行われた。前半はモールの威力を存分に発揮。14分には自陣10メートルラインからモールを60メートル近く押し込むなどFW戦で圧倒的優位に立ち、7トライを奪って勝負を決めた。後半に入っても慶應の勢いは止まらず、10トライを奪う猛攻で、一方的な試合展開となり、立教戦に続いて2試合連続の完封勝ちとなった。

③慶・青学戦（22―12）：このところ2連敗しているこのカード。前半8分に慶應がPGで先制。22分PGを返されるが、25分に2本目のPGを決めて6－3とリードして迎えた32分。相手のミスキックからカウンター攻撃を仕掛けてトライを追加した。その後、両チーム1PGを加え、13－6で前半を終わった。慶應は後半も18分にPGを決めて16－6とするが、その後、PGをことごとくはずして、せっかくのチャンスを生かせなかった。逆に32分、青学のWTBに約50メートル独走のトライを許して16－12と詰め寄られたが、37分にオープン攻撃から小松のトライで青学の追撃を振り切った。今季3勝目。

④慶・筑波戦（22―14）：前半はFW戦を優位に進めたが、先制したのは筑波。11分に筑波があげたキックの処理ミスでトライ（ゴール）を奪われ、今季初めて先取点を取られる。その後、慶應も1PGを返して3－6で前半を終わった。後半は慶應が6分にPGを決めて同点としたが、筑波の早いプレッシャーから連続トライを奪われ、6－14とされて残り時間は20分となる。ここから慶應に火がつきはじめ、30分に出原のトライで逆転。さらに41分にも山越がダメ押しのトライを奪い、3年ぶりに筑波から勝利を飾った。

⑤慶・日体戦（18―22）：日体に先制トライ（ゴール）を許すが、FWがプレッシャーをかけはじめ、日体バックスの動きを封じる。両チーム1PGずつ決めて3－9で迎えた27分。慶應の上げたハイパントのこぼれ球を神田－良塚とつないでトライ（ゴール）を返し、9－9の同点に追いついた。後半は慶應が1PGをとって逆転したが、16分にラインアウトからバックスに展開されて12－13と3転。この後はともに1トライずつを加えて1点差が続いたが、残り時間5分という大詰めで日体にPGを決められ、4点差で涙を飲んだ。

⑥第64回慶明定期戦（18―17）：前半、慶應はチーム一丸となり、明治の突進を食い止め、4分にPGで先制する。その後、慶應が1PG、明治が1PG、1トライを加えて6－7で迎えた41分。WTB良塚の縦突進からトライをあげ、逆転に成功した。

○慶應義塾18（12―7、6―10）17 明治●

慶應義塾	vs.	明治
福　本	FW	佐　藤
山　室		西　原
志　賀		飯　塚
小田切		蜂　谷
古　市		飛　騨
出　原		小　村
林		三　木
山　越		富　岡
奥　田	HB	宮　島
三　輪		丹　羽
良　塚	TB	吉　田
神　田		一久保
柿　沼		加　藤
永　安		竹之内
田　村	FB	高　岩

後半に入って明治の反撃がはじまり、4分SO丹羽のトライ（ゴール）で12－13とされたが、この日好調のキッカー小田切が2PGを決めて18－13と再度逆転に成功。32分にトライを奪われ1点差に詰め寄られたが、慶應は残り時間をタックルの連発で明治の反撃を振り切った。対明治戦2連勝。

⑦第66回早慶定期戦（15―39）：今年で66回目を迎えた伝統の一戦。ともに今季は1敗同士の対決となった。先手をとったのは早稲田。前半17分、早稲田バックスの上げたオープンキックのボールが慶應のインゴールに転々と

●慶應義塾15（6―9、9―30）39 早稲田○

慶應義塾	vs.	早稲田
福　本	FW	岩　下
山　室		森　島
志　賀		亀　井
小田切		春　日
古　市		後　藤
出　原		打　矢
林		相　良
山　越		清　宮
奥　田	HB	堀　越
三　輪		前　田
良　塚	TB	吉　村
神　田		吉　雄
柿　沼		泥
永　安		郷　田
田　村	FB	今　泉

するところをWTBに押さえられて先制のトライを許した。

しかし、その後はよくディフェンスして迎えた31分。ラックから右オープンに展開してFB田村がトライを返し、一度は6－6の同点に追いついたが、ハーフタイム寸前にPGを許して前半を終わった。

後半は早稲田のペース。ポイントでのボール獲得で劣勢の慶應は5分、9分、11分と3連続トライを含む6本のトライを奪われたのに対し、慶應は1トライ、1PGを返しただけ。15－39の大差で敗れた。

⑧第64回慶東定期戦（33－4）：対抗戦の最終戦となったこの試合は6分、14分と慶應が2本のPGでリード。しかし35分にハイパントからトライを奪われ、6－4で前半を終了。後半はFW戦を優位に展開して得点を重ね、結局33－4で順当に勝利を収めた。ただFW、バックスの連携がいまひとつしっくりいかず、4年ぶりの交流試合への反省点となった。

◆交流試合で大東文化に惜敗

4年ぶりの交流試合は12月17日に秩父宮ラグビー場でリーグ戦グループ2位の大東文化

●慶應義塾 6（6―3、0―10）13 大東文化○

慶應義塾	vs.	大東文化
福　本	FW	加　藤
三　宅		平　岡
志　賀		小　口
上遠野		市　川
小田切		マサソ
出　原		小　原
笠　井		藤　井
山　越		ラトゥー
奥　田	HB	原　口
三　輪		青木忍
良　塚	TB	青木聡
柿　沼		鈴　木
立　石		落　合
小　松		安　井
田　村	FB	戸野部

と対戦。前半を6－3とリードしたが、後半大東文化の反撃で2トライ、1ゴールを許して逆転負けした。

前半、気迫のあるプレーで不利と思われたFW戦でも互角以上に渡り合い、14分には小田切のPGで先制。その後も必殺のタックルで大東文化の猛攻を止め、33分には小田切2本目のPGでリードした。大東文化の前半は38分の1PGだけ。慶應の3点アヘッドで折り返した。

もちろん、後半も相手ゴールに攻め込むなど、いま一歩のところまで迫るが、追加点が取れないまま22分にサイドを破られ逆転のゴール。さらにノーサイド寸前にも1トライを許して万事休した。それにしても春には無名集団だったチームが、W杯日本代表を擁する大東文化と互角に近い勝負を演じるところまで成長した。監督、コーチ、そして蹴球部全員の努力に敬意を表するところである。

◆関東大学ジュニア選手権

第11回関東大学ジュニア選手権は9月9日に開幕。慶應は1回戦の国士館を37－3、2回戦の青山学院を33－23と連破し、4年ぶりの準決勝で日体と対戦。ディフェンスの甘さを露呈して6－54の大差で敗退した。

◆京都勢との2つの定期戦

第63回慶京定期戦は9月17日、宝が池、第72回慶同定期戦は9月24日、三ツ沢で相次いで行われ、京大戦は10トライ、8ゴール、2PGを奪う猛攻で大勝。対戦成績を慶應の52勝10敗1分けとした。また日本最古の定期戦、同志社との試合は接戦となったが、15反則が致命傷となって4点差で敗れた。慶應の46勝22敗4分け。

○慶應義塾 62（22－10、40－3）13 京都大●
●慶應義塾 24（8－10、16－18）28 同志社○

◆全早慶明3大学対抗は完敗

今季の第25回3大学対抗戦は全慶明が1月28日、全早慶が2月4日、ともに秩父宮ラグビー場で行われた。全明治とは前半を12－10とリードしたが、体力消耗の後半に大量失点で逆転負け。また全早稲田戦は積雪10センチの中で行われ、全慶應は1PGをあげただけ。3－35の大差で敗れ、3年連続最下位となった。

◆慶應高校が17年ぶりに花園へ

慶應高校が神奈川予選決勝で日大藤沢に抽選勝ちして17年ぶり30回目の全国高校選手権出場を果たした。花園での本大会では2回戦から出場。まず東海大一高を39－0で破って3回戦で関西の古豪天理高と対戦したが、天理バックスのフィールドいっぱいを使った展開ラグビーのスピードに13－25で敗れ、ベスト8進出はならなかった。

◆来日のスコットランド代表を破る

日本協会の招きでスコットランド代表が1989年5月に来日した。1977年9月以来2度目。主力の9人が全英ライオンズの豪州遠征に参加する関係で編成はB代表の若手主体のチームだったが、第1戦の関東代表に大勝したのをはじめ4戦全勝。圧倒的な強さで臨んだ最終の日本代表とのテストマッチに24－28の4点差で敗れる波乱の幕切れとなった。慶應義塾にラグビーが伝えられた1899年から数えて今年は90年。その記念すべき年に日本代表がIB（国際評議会）加盟の代表チームを初めて破ったわけで、まさに日本のラグビー史に燦然と輝く大勝利となった。

◆フィジー代表とケンブリッジ大が来日

第2回W杯アジア予選の西サモア、トンガ対策として同タイプのフィジー代表を1990年2月下旬に招待し、日本代表が東京、大阪で3試合を行った。世界ランキング8位のフィジーはさすがに強く、第1戦43－13（秩父宮）、第2戦51－13（花園）、最終戦32－6と日本代表に3連勝し、レベルの違いを見せつけた。

また3月下旬に単独では5度目の来日となったケンブリッジ大学が日本選抜（秩父宮）のほか全早稲田（瑞穂）、全明治（根上）、全同志社（西京極）と対戦。日本チームは4戦して全敗だった。

1990(平成2)年度 ◆三宅清三郎◆

1990年度シーズンは前年度（1989年度）の交流試合に敗れた直後の12月24日にスタートした。前年度の目標であった「魂のラグビー」復活を引き継ぎ、さらなる飛躍を目指しての船出であったが、昨年のレギュラーを占めていた4年生が抜けたことにより、例年以上に激しいポジション争いが展開された。ただ春には17年ぶりに花園（全国高校選手権）出場を果たした慶應高校から多くの新入部員を迎えたこと、湘南藤沢キャンパスの開校にあたりAO制度（自己推薦制度）の1期生が進学してきたことで、例年になく若手主体のチーム編成となっていったが、ここでひとつ問題が派生した。練習に対する考え方の違いから1、2年生が春先に練習不参加の行動に出たことである。今でこそ当たり前になっている藤沢と日吉での練習の問題など、蹴球部にとってこの年度は長い歴史のなかでの転換点となった。

対抗戦は4勝4敗で6位となり、交流試合出場も大学選手権出場も夢と終わったが、上級生、下級生の間に意思の疎通が生まれてからは「魂のラグビー」復活を目標として全員が一丸となれたシーズンではあった。

（三宅清三郎・記）

➲山中山荘のグラウンドが芝生に（黒黄会寄贈）。
➲神奈川・湘南藤沢キャンパス開設にともないAO（自己推薦）制度第1期生が入部。
➲日本代表が第2回W杯出場権を獲得。第1回大会に続いて連続出場が決まる。

◆山中山荘のグラウンド芝生化が実現

体育会山中山荘グラウンドの芝生植生竣工式が7月22日午前10時から新装の緑あざやかなグラウンドで、平野天神社の長田敏貴宮司が祭主となって行われた。

式には慶應義塾体育会阪埜光男理事、黒黄会椎野正夫会長はじめ地元代表、工事関係者、黒黄会員ら百余人が参列し、慶應義塾のスポーツ発展の新たな基地となるグラウンドの再生を祝った。

引き続き椎野会長から「グラウンド2面を覆う芝生、グラウンド整備機材一式、並びに格納倉庫1棟」贈呈の目録が阪埜体育会理事に贈られ、工事を手がけたイビデン工業の代表、芝生化推進の直接の功労者であり、グラウンド緑化の権威でもある黒黄会関川哲男OB（1953年卒）に感謝状が贈られた。

なお，黒黄会白崎昭OB（1952年卒）のはからいでカネガフチ工業から得点板に掲示するマグネットシート製点数一式の寄贈があった。

◆シーズンの歩み（関東大学対抗）

①第63回慶立定期戦（36―0）：台風20号の影響を受け、試合は激しい風雨の中で行われた。慶應は前半からFWを前面に立てた攻撃で圧倒したが、立教の反則の多さにリズムを崩され、小田切の3PGと田治、神田の2トライ（ゴール）にとどまった。さらに後半は激しさを欠いて3トライと1PGを追加しただけ。結局、36－0でノーサイドとなった。

②慶・成蹊戦（31―10）：春のオープン戦は2点差の辛勝。この意識が戦意を奪うのか、FWはスクラムを押し切れず、モール、ラックでもまとまりを欠いて前に出られない。前半は1トライ（ゴール）、2PGの12点に終わった。後半に入っても反則で攻撃のリズムがつかめず、逆に成蹊に今季初めてのトライを奪われる始末。個々のタックルが悪く、相手に合わせた試合展開に爆発的な力が出せず、不完全燃焼のままノーサイドを迎えた。

③慶・青学戦（28―31）：春から打倒青学がシ

ーズン前半のテーマだったが、今季の青学はなかなか強力。FW戦の劣勢を立て直せず前半から得点を重ねられた。受けに回ったときのモロさが出て前半は9－22。後半10分、さらにトライを奪われ19点差となったが、ここからようやく慶應の反撃がはじまった。疲れのみえる青学FWを機動力で圧倒し、連続攻撃でどんどん点差を詰めたが、前半の大量失点がひびき、最後の3点差を覆すことができなかった。青学戦2連勝ならず。

④慶・筑波戦（16—30）：キックオフ直後のファーストスクラムで筑波のNO.8本多にサイドを突かれてトライを奪われるなど、前半から守勢にまわる場面が目立った。しかもバックスに決め手がないため4PGを取るのが精いっぱい。それでも12－15と点差はわずかに3点で後半の巻き返しが期待された。しかし、甘いディフェンスに加えて、焦りを原因とする自陣での反則でPGを決められ点差は開く一方。さらに3トライの追加を許すなど、最後まで筑波のペースが崩せず、今季2敗目を喫した。

⑤慶・日体戦（22—19）：ともに青学、筑波に敗れて2敗同士の対戦。この試合に負けたほうが交流試合への出場権を失う大事な一戦でもあり、また慶應にとってはここ2年間負け続けている相手でもある。慶應は試合開始からノーサイドまで徹底したアップ&アンダー戦法で臨んだ。このFWを中心とした攻撃と、ようやく厚みの出てきたディフェンスで持ち前のひたむきさを取り戻した。後半は慶應が3PGを加えて19点、日体が3トライあげて同じく19点と一度は同点とされたが、ノーサイド1分前に慶應が4本目のPGを決めて3年ぶりの勝利を飾った。

⑥第65回慶明定期戦（7—30）：すでに2敗の慶應、対する明治は全勝。この違いが試合に出た。前半2分、ラインアウトから明治のSH永友にサイドを突かれて先制トライ、21分にはWTB吉田に走られ、2本目のトライを奪われた。慶應FWは平均体重差10キロをスクラムで耐えるが、モール、ラックを支配されて反撃の糸口がつかめない。ようやく前半終了間際に山内のチャージした球を東弘が押さえて1トライを返した。後半に入ると明治の積極的な展開に慶應のディフェンスは混乱。さらに3トライを追加されて完敗した。

⑦第67回早慶定期戦（0—40）：全勝の早稲田

●慶應義塾7（4—11、3—19）30 明治○

慶應義塾	vs.	明治
三　宅	FW	佐　藤
東　弘		西　原
志　賀		飯　塚
伊　藤		長谷川
五十嵐		坂　元
山　内		漆　畑
東　健		小　村
小田切		富　岡
栗　田	HB	永　友
鈴　木		松　尾
村　井	TB	吉　田
杉　本		元　木
江　田		岡　安
林		丹　羽
月　崎	FB	小杉山

※交代【明】鈴木（松尾）、土佐（丹羽）

●慶應義塾0（0—12、0—28）40 早稲田○

慶應義塾	vs.	早稲田
三　宅	FW	小　山
東　弘		池　田
志　賀		佐　藤
伊　藤		小　川
五十嵐		今　西
山　内		富　野
東　健		相　良
小田切		直　江
栗　田	HB	堀　越
鈴　木		守　屋
村　井	TB	増　保
杉　本		吉　雄
神　田		石　井
林		郷　田
月　崎	FB	今　泉

※交代【慶】古田（三宅）

に慶應は交流試合出場とライバルとしての意地を賭けて臨んだ。しかし試合開始2分、早稲田に先制PG、27分には1年生の増保にトライを追加されたが、ここで主将の三宅が負傷退場。リザーブの古田が入り、第1列を固めるとともに、身上の粘っこいタックルで早稲田の追加点をPG1本の抑え、前半0－12で終わる。ところが、サイドが変わった後半は攻める早稲田、守りの慶應の色分けがより鮮明になった。ボールをキープし続ける早稲田の連続攻撃に、前半の集中力も切れて、5分、13分、17分、24分、40分と5トライ、4ゴールの大量28点を奪われ一気に勝負を決められた。慶應は最後までペースがつかめないままノーサイドの笛を迎えた。

⑧第65回慶東定期戦（18－3）：前半はFWが苦戦。焦りもあって東大にPGを先行されたが、16分に中央線付近から神田－山内－志賀とつないで逆転トライ。これでペースをつかんだ慶應は28分、29分と志賀、林の連続トライ、さらに39分に小田切のPG追加もあって、前半でほぼ勝利を決定した。対抗戦最終成績は4勝4敗の第6位。

◆京都勢との2つの定期戦

第64回慶京定期戦は9月15日、横浜・三ツ沢球技場で行われ、京大の闘志あふれるプレーにてこずりながらも、後半8トライを奪う猛攻で一気に突き放し、61－19で快勝。

また第73回慶同定期戦は9月23日、京都・西京極競技場で行われ、9－43の大差で敗れた。

○慶應義塾 61（19－9、42－10）19 京都大●
●慶應義塾 9（3－23、6－20）43 同志社○

◆関東大学ジュニア選手権（第12回）

慶應は9月8日の1回戦で法政と八王子の法政グラウンドで対戦。前、後半とも慶應がリードして27（15－6、12－10）16で快勝。2回戦の対東海大戦は京大との定期戦と重なるため棄権した。FW第1列のメンバー不足が直接の理由。

◆第2回W杯日本の連続出場が決まる

第2回W杯アジア・太平洋地区予選は4月8日、東京・秩父宮ラグビー場で日本、韓国、西サモア、トンガの4カ国が参加して開幕。トンガ、韓国を連破した日本は最終戦の西サモアに敗れはしたが、通算2勝1敗でアジア・太平洋地区第2代表として1991年10月に英国4ホームユニオンとフランスで開かれる本大会への出場権を獲得した。日本は予選ラウンドB組が決まっており、スコットランド、アイルランド、ジンバブエと同グループ。上位2チームが決勝トーナメントに進出する。

《第2回W杯アジア・太平洋地区予選＝秩父宮ラグビー場》
①4月8日
○西サモア（1勝）74（27－3、47－4）7韓国（1敗）●
○日本（1勝）28（18－7、10－9）16トンガ（1敗）●
②4月11日
○西サモア（2勝）12（6－3、6－0）3トンガ（2敗）●
○日本（2勝）26（6－10、20－0）10韓国（2敗）●
③4月15日
○トンガ（1勝2敗）45（24－4、21－18）22韓国（3敗）●
●日本（2勝1敗）11（4－25、7－12）37西サモア（3勝）○

◆米国代表が来日

第2回W杯への出場が決まっている米国代表が9月に来日。日本代表とのテストマッチを含め、札幌、名古屋、東京で3試合を行った。W杯では米国のAグループに対し、日本はBグループのため予選ラウンドでの直接対決はないが、来年の本大会に備えてチームの調整度などを計る点では格好の対戦相手。それだけに最終のテストマッチ（9月23日、秩父宮）は注目されたが、結果は15－25で完敗に終わった。しかし第２戦の日本U23がタックルの連発から活路を開いて16－０と快勝。日本チームに連勝を続けていた米国代表を初めて破る殊勲の勝利をあげた。なお、第１戦の日本Ｂは34－53で大敗。

◆アジア大会で韓国に３連敗

第12回アジア大会は10月27日にスリランカのコロンボで開幕。Ｂグループ１位の日本は27日の決勝で韓国と対戦したが、９－13で敗れた。これで韓国には第10回バンコク大会、第11回香港大会に続いて３連敗。W杯を１年後に控え、日本代表の強化に課題が残った。

◆W杯強化で２つの海外遠征

W杯を来年に控えて日本協会強化委員会は日本代表Ｂをアフリカのジンバブエ、日本学生代表をアイルランドに遠征させた。ジンバブエ、アイルランド両国は本大会の予選ラウンドで日本が直接対戦するチーム。とくに未知の国、ジンバブエの実力の把握と情報収集という点に最大の狙いがあったが、ジンバブエ遠征は４勝１敗、アイルランド遠征も５戦全勝と、そろって好成績を残したツアーだった。日本代表スコッドの中堅、若手を両遠征チームの主力に配した編成はいろんな意味で収穫をもたらしたといえる。

1991(平成3)年度 ◆小田切宏太◆

就任2年目となった浜本剛志監督（1979年卒業）の下「打倒早明」をスローガンに2月からチーム作りをスタート。他校との身体能力差（スピード／アジリティ／パワー）を埋めるべくフィットネス面を重視し、春先から科学的かつ合理的なトレーニングを積んだ。マネージャーを中心に栄養学に重点をおいた食事メニューを合宿所に取り入れるようになったのもこの年からである。このフィジカル面の強化をベースに迎えた秋シーズンでは、近年接戦続きであった青学にロスタイムの決勝PGで逆転勝利、過去5年間1勝4敗と負け越していた筑波にも快勝し、開幕4連勝。1年間の目標としていた明治、早稲田には接戦の末敗れたものの、劣勢が予想された明治戦ではFW陣が踏ん張り一時リードを奪う健闘をみせた。この結果、対抗戦で4位に食い込み、2年ぶりに交流試合出場を決めた。2年前の雪辱を果たすべく臨んだ一戦は、トンガ勢を擁する大東文化に序盤から先制を許す苦しい展開。執念のタックルと的確なパントで互角以上に渡り合い、終了直前には8－14まで点差を詰めたが、そのままシーズン終了を告げるノーサイドの笛が鳴った。結局6年ぶりの大学選手権出場は果たせなかったが、元来スター選手の少ないわが校にあっても特に小粒ばかりの布陣のなか、最上級生を中心によくまとまり、個々の力を十二分に出しきったシーズンであったといえる。（小田切宏太・記）

➲第2回W杯が英国4ホームユニオンとフランスの16会場を舞台に開幕（10～11月）。

◆シーズンの歩み（関東大学対抗）

①第64回慶立定期戦（33－13）：今季対抗戦の第1戦。開始早々にPGを決められるなど試合は立教ペースで進んだが、慶應も相手の反則を足がかりにノートライながら3PGで逆転。9－3と前半をリードした。余裕の出た後半は慶應のペース。バックスなどの連続攻撃で5トライ、2ゴールを加えて勝負を決めたが、ノーサイド近くになって立教に2トライを許すなど、シーズン最初の試合としては緊張感に欠けたスタートだった。

②慶・成蹊戦（49－3）：この日は開始直後にトライを取って波に乗った。FW、バックスとも成蹊を圧倒し、前半を終わった段階で25－0。後半1分にPGを取られたが、失点はこの3点だけ。FWの活躍に支えられてワンサイド勝ちした。

③慶・青学戦（25－22）：青学が開始4分にPGで先制。その後も20分、23分と連続トライを奪われる苦しい展開となった。慶應の得点は15分に山内があげたトライ1本だけ。FW戦の劣勢が苦戦の原因だった。後半はさらに点差が広がり、敗色濃厚の展開だったが、36分の杉本のトライで同点に追いつき、ロスタイムのPGで逆転したところで、ノーサイドを迎えた。まさに薄氷を踏む思いの勝利。

④慶・筑波戦（23－9）：まずは筑波が9分過ぎにPGを先制。慶應は足を痛めている小田切に代わって江田が2本のPGを決めて逆転した。これで波に乗った慶應は37分に月崎のトライで10－3とリードを広げて前半を終わった。後半は両チームともミスが目立つなかで、FW戦の主導権を握った慶應は2トライ、1ゴール、1PGを追加して勝負を決めた。

⑤慶・日体戦（3－25）：豪雨という悪コンディションにもかかわらず日体はボールをオープンに早いテンポで動かす展開ラグビーを仕掛けてきた。雨で動きの緩慢な慶應とは対照的。この日体のスピードに乗った速攻に前半2トライ、2ゴール、1PGを奪われ、後半も2トライ、1ゴールを追加されるなど、FW

の健闘に比べ、バックスの決定力不足が試合を一方的なものとしてしまった。

⑥第66回慶明定期戦（6－17）：確かに明治は強い。崩れそうで崩れなかった。が、同時にこの伝統の一戦が慶應を甦らせるきっかけとなったのも事実だ。FW、バックス全員が随所にみせた強烈なタックル。明治が執拗に仕掛けてくるサイド攻撃をほとんど一発のタックルで止め、CTBの強引なタテ突進をすばらしいロータックルで断ち切った。ラインアウトで6割近いボールを支配したFWの健闘と合わせ、タックルに名門復活のカギを見出した慶應の今後の復活が期待される。この日の主役は勝った明治より、慶應フィフティーンのタックルだった（サンケイスポーツ「ラガーウォッチング」から）。

●慶應義塾 6（6－7、0－10）17 明治○

慶應義塾	vs.	明治
東	FW	橋　本
古　田		藤
志　村		清　水
五十嵐		青　木
関		坂　元
山　内		沢　田
伊　藤		小　村
小田切		佐　藤
斎　藤	HB	永　友
細　田		谷
神　田	TB	土　佐
杉　本		元　木
江　田		岡　安
秋　山		本　多
田　治	FB	田　島

※交代【明】鈴木（谷）

⑦第68回早慶定期戦（13－25）：いよいよ目標としてきた早慶戦。現在6連敗中で意地でも負けられない。

前半終了間際にはペナルティーからトライを奪われ、0－10と差を広げられる。慶應はラインアウトとラックを制され、ボール獲得に苦しみ、思うようなゲーム展開ができない。

●慶應義塾 13（0－10、13－15）25 早稲田○

慶應義塾	vs.	早稲田
東	FW	小　山
古　田		池　田
志　村		佐　藤
五十嵐		嶋　内
関		遠　藤
山　内		富　樫
奥　泉		相　良
小田切		内　田
斎　藤	HB	堀　越
細　田		守　屋
神　田	TB	増　保
杉　本		吉　雄
江　田		南　雲
村　井		小　野
田　治	FB	徳　丸

それでも、後半の13分には奥泉が、20分には小田切がトライをあげ、10－20と追いすがるが、その後早稲田ゴールを割ることができず、そのままノーサイドを迎えてしまった。アップ&アンダー以外にこれといった切り札的な攻撃手段のない慶應としては2トライをあげるのが精一杯といったところだが、トライ数では早稲田の3に対して慶應は2。結局、試合運びの巧拙が明暗を分けたといえる。

⑧第66回慶東定期戦（59－3）：東大捨て身の低いプレーにFWが押されぎみのスタートとなる。しかし10分の小田切のトライが口火となって前半22得点。後半は7トライ、3ゴール、1PGの37点を追加、東大を1PGの3点に抑えて勝った。この日、小田切は一人で31点を稼ぐ大活躍。これで慶應は対抗戦5勝3敗で4位となり、2年ぶりの交流試合出場が決まった。

◆大東文化と交流試合で2年ぶり2度目の対決

2年ぶりの交流試合は12月15日に秩父宮ラグビー場で第1試合として行われた。相手は2年前と同じ大東文化だったが、今回はリー

●慶應義塾 8（0—10、8—4）14 大東文化○

慶應義塾	vs.	大東文化
東	FW	米　田
古　田		伊　藤
志　村		江　森
五十嵐		釜　沢
関		臼　井
山　内		井　沢
伊　藤		藤　井
小田切		ラトゥー
斎　藤	HB	森
細　田		大　鷲
神　田	TB	青　木
杉　本		星　野
江　田		小　森
村　井		オ　ト
田　治	FB	古　川

グ戦グループを制したチーム。対抗戦４位の慶應にとっては必ずしも楽な相手とはいえなかったが、前回の対戦と同様に、持てる力を出しきるベストゲームが感動を呼んだ。

慶應にとって前半10分すぎの攻防は「魔の２分間」といってもいいだろう。11分、13分とラインアウトからロックの釜沢に連続トライを許してしまった。ラトゥー、井沢ら第３列への対応のスキを伏兵に突かれたこの２本のトライ。伝統のタックルとハイパント攻撃から後半の追い上げで２トライを返しはしたが、それでも届かず、また５度にわたるPG失敗もひびいて逆転できなかった。

◆京都勢との定期戦

第65回慶京定期戦（９月15日、場所不明）は慶應が９トライ、７ゴール、１PGの大量53点を上げ、京大の反撃を１トライ、１ゴールの６点の抑えて大勝。また74回慶同定期戦は９月23日、横浜・三ツ沢球技場で行われた。慶應はFW、バックスともに動きがよく、後半31分、33分の連続トライで試合を決めたかにみえたが、ノーサイド直前に２トライを取られて逆転負けした。スコアは25－28だった。

○慶應義塾 53（27－０、26－６）６ 京都大●

●慶應義塾 25（９－４、16－24）28 同志社○

◆関東大学ジュニア選手権

秋の対抗戦に先立ち第13回ジュニア選手権が９月７日に開幕。慶應は１回戦（日吉）で国士館に30－９と快勝したが、筑波との２回戦（日吉）で９－11の２点差で敗れ、準決勝への進出は今季もならなかった。

２年ぶりの交流試合出場となった対大東文化戦を前にした、慶應出場メンバー。

◆第２回W杯が英国とフランスを舞台に開幕

第２回ワールドカップは10月３日、ロンドン郊外のトウィッケナムでの開会式に続くNZ－イングランド戦で幕を開けた。大会は英国４ホームユニオンとフランスの16会場を舞台に、11月３日の決勝戦まで31日間にわたって熱戦を展開。決勝は豪州とイングランドの南北対決となったが、１トライ、１ゴール、２PGの12得点をあげた豪州が、イングランドの得点を２PGの６点に封じて快勝。前回のNZに続いてエリス杯を南半球に持ち去った。豪州は準決勝でNZを16－６、またイングランドは９－６と、アンドリューの決勝DGで辛くもスコットランドを下した上の決勝進出だった。

また予選ラウンドＢプールの日本は初戦のスコットランドに９－47、第２戦のアイルランドに16－32と２敗の後、最終戦のジンバブエに52－８で大勝。W杯６戦目で初の１勝を記録した。

1992（平成4）年度 ◆神田雅朗◆

1992年度は、ひとつのテーマとして「緻密性」を掲げ、またひとつには新しいスタイルのラグビーを取り入れることに重点を置いた。春には例年行われていた新日鉄釜石との合同合宿に代わり、安積英樹新監督（1978年卒業）の下、神戸製鋼へ赴き身をもって新スタイルのラグビーを経験したことにより、部員は一層熱心にひとつひとつのプレーを考えるようになった。その効果もあり、春にはそれなりの成果を得て、夏合宿、秋シーズンに臨むことになった。

秋のシーズンはじめ、花園ラグビー場の改修工事完成を祝うこけら落としの第75回慶同定期戦で100点差をつけられ、チームの立て直しをかけた青学、筑波、日体戦でも立て続けに逆転負けし、最後には東大にも苦杯を喫する無様な結果（対抗戦２勝６敗）でシーズンを終了した。部員全員がひとつになっておらず、組織のトップとしてチームをまとめることの重要さを切実に感じたシーズンであった。

戦績はどうであれ、卒業後社会人となって初めてわかったことは、蹴球部という組織がラグビーを通して世間に恥ずかしくない「人」を作り上げる素晴らしい組織であること。いまそのありがたみを噛み締めている。

（神田雅朗・記）

➲今季のルール改正でトライが４点から５点に。

◆ルールの主な改正点

I.R.B.（国際ラグビー評議会）がルールの大幅改正に踏み切った。その趣旨はランニング・ラグビーの奨励と試合のスピード化。

改正のポイント

①得点

トライが４点から５点になった。

②キックオフ

相手側が得点した後のキックオフは、すべてドロップキックとなる。試合開始、後半再開のキックオフは従来通りプレースキック。またキックオフのボールが相手に触れず、相手インゴールに入り、グラウンディングされるか、デッドボールラインもしくはタッチインゴールラインを越えた場合は、中央線中央で相手ボールのスクラムとなる。

③フェアキャッチ

これまでは自陣22メートル内で、両足を地面につけ、静止して「マーク」と叫ばなければならなかったが、片足が地面についていれば走りながらでも成立することになった。

④ラック、モール

ラック、モールでボールがプレーできない状態（パイルアップ）になった時は、最初にボールを保持していなかった側のボールでスクラムになる。

⑤タックル

タックル後は他のいずれの選手も立っていなければボールをプレーできない。パイルアップ状態を防ぐために条文に明記。

⑥ラインアウト

敵、味方の列の間隔は1メートル（従来は50センチ）あけなければならない。クイックスローインは、タッチに出たボールが投げ入れる選手だけによって扱われた場合に認められ、タッチに出た地点から自陣側ならどこから投げ入れてもよい。ペナルティーキックから直接タッチに蹴り出した後のラインアウトは、蹴った側がボールを入れる。

⑦ダイレクトタッチ

自陣22メートル線の外側でボールを受け、22メートル線内に戻ってタッチに蹴り出した場合、蹴った地点でラインアウトとなり、扱いはダイレクトタッチと同じ。フリーキックでは22メートル線の外側から直接タッチを狙えない。

⑧ペナルティーキックとフリーキック

ペナルティーキック、フリーキックの際、キッカー側の選手がキックのポイントまで後退していなくても罰せられない。また次の反則はペナルティーキックからフリーキックに変更 ── 1．故意のノックオン、スローフォワード。2．スクラムの形成を故意に遅らせる。3．スクラム、ラックの中のボールを手で扱うか、手または足で拾い上げる。4．ラインアウトでジャンプするときに他の選手を支えにする。5．ラインアウト中に15メートル線を越えて動く。6．故意に時間を空費する。7．故意にタッチなどへボールを投げ捨てる。

⑨選手交代

負傷により交代できる選手は4人まで。従来は3人までだった。

⑩負傷者

傷口が開いたり、出血している選手は傷口が覆われるか、出血が止まるまでプレーに加わることができない。

⑪スクラム

スクラムを組む際には、FW第1列は相手方の肩との間が腕の長さ以内になるようにし、レフリーの声による指示があった後に組み合う。故意に相手を宙に浮かせたり、上方に押し出すプレーは禁止。またSHはスクラムにボールが入っている間は、スクラムから出たようなパスダミーをしてはならない。

⑫オフサイド

キックのとき、キッカーより前方にいる（オフサイドの位置にいる）味方選手は、ボールを受けようと待っている相手選手、またはボールの落下地点へ近づくような動きをしてはならない。

◆シーズンの歩み（関東大学対抗）

今季から監督に安積英樹（1978年卒業）が就任、春の神戸合宿（5月18日～24日）で社会人トップチームの神戸製鋼、ワールドからコーチを受ける一方、全慶應の金沢、出雲、広島、北九州での招待試合に現役の主力も参加するなど、意欲的な強化活動に秋シーズンの活躍が期待されたが、結果は立教、成蹊に勝っただけ。最終の東大にも敗れる惨憺たる成績に終わった。

①第65回慶立定期戦（35―18）：秋山のPGで先制。その後も1トライ、1PGを追加して11－0で前半をリードしたが、後半は守りの

スキを突かれて３トライを奪われるなど互角の攻防。結局、前半の得点とゴールの数で初戦に勝った。

②慶・成蹊戦（29ー８）：前半開始直後のPGで成蹊に先行され、14分ラインアウトからの展開で林がトライ（ゴール）したものの、攻守にピリッとしない。20分にトライを返され再び追いかける立場となったが、なんとか２トライを加えて17－８で前半を終わった。後半も２トライを追加したが、集中力に欠けてミスの連続。勝ちはしたが、課題の残る内容に終始した試合であった。

③慶・青学戦（19—22）：この試合を観戦した日本代表チームの藤原優コーチは翌日の新聞で「ミスの怖さを全員が認識していないと、大きなほころびにつながるという典型的な試合だった。後半34分の青学大のトライは慶大のノータッチキックを、カウンターアタックで奪ったもの。決勝PGも、自陣深くでの慶大のラックでの反則で、犯してはいけない地域、時間帯での『痛恨』のミスだった」（サンケイスポーツ）と慶應の敗因を指摘している。

④慶・筑波戦（15—22）：この試合でも慶應は前半のリードを守れず、筑波に逆転負けを喫した。かつて慶應が身上としていた粘りが今季のチームには欠けているのも事実といえるが、それ以上に７点差をつけられてはいるが、試合時間を約10分も残しながら、一発でトライを取ろうとしてミスを繰り返すゲームメークの単調さが致命傷となった。

⑤慶・日体戦（27—43）：交流試合出場へ後がない慶應。後半３分の時点では27－23と逆転に成功するなど、以後の試合展開に一時は希望もわいたが、ディフェンスの甘さ、イーブンボールへの働きかけの遅れが原因で主導権を握れなかった。

⑥第67回慶明定期戦（10—43）：闘志の空回りだった。反則25はあまりにも多すぎる。それだけ明治のプレッシャーが厳しかったともいえるが、相手には永友というプレースキックの名手がいる。前半だけで３PGの９点。明治に労せず得点を献上したうえスクラムを押され、サイドを突破されては手の施しようもない。とにかくスクラムでコラプシングの反則を３度も取られては戦いようがなかった。ただFW、あるいはSHのサイド攻撃にこだわる明治に対し、慶應がわずかなチャンスをオープンへの展開から後半16分に１トライで報いたのはせめてもの慰め。明治陣でのラックから右オープンに展開して神田が抜け、月崎－奥泉－秋山とボールをつないで右中間に持ち込んだものだが、組織的なトライという点でこの試合唯一の会心の得点だった。いずれにしてもこれで今季４敗目。交流試合への道は断たれた。なお通算成績は25勝40敗２分け。

●慶應義塾10（５—21、５—22）43 明治○

慶應義塾	vs.	明治
志　村	FW	相　田
東		藤
松　本		清　水
村　田		中　谷
関		赤　塚
宇野沢		沢　田
奥　泉		天　野
星　野		海老名
柴　田	HB	永　友
立　花		信　野
月　崎	TB	吉　田
神　田		元　木
江　田		岡　安
林		渡　辺
秋　山	FB	田　島

⑦第69回早慶定期戦（13—54）：前半７分という早い時間帯に早稲田の先制トライが生まれた。FB増保が仕掛け、CTB藤井に70メートル独走を許したもの。14分のPGをはさんで32分にもラックから左へ津田－土方－山羽と展開されて２本目のトライを追加された。情報によると、早稲田はこの日に備えて千葉で合宿練習をしたという。シーズン中にもかかわらず東伏見の外での異例の合宿。この勝負への

●慶應義塾 13（3—18、10—36）54 早稲田○

慶應義塾	vs.	早稲田
志　村	FW	原
東		栗　原
松　本		佐　藤
松　原		竹　内
関		遠　藤
宇野沢		富　野
奥　泉		山　羽
星　野		小　泉
柴　田	HB	津　田
立　花		隈　部
月　崎	TB	坂　上
神　田		土　方
江　田		藤　井
林　晃		徳　丸
秋　山	FB	増　保

※交代【慶】林洋（宇野沢）、北折（立花）

執念が後半になって爆発した。わずか再開1分で土方にトライ（ゴール）されたのがきっかけ。さらに3分、17分、19分、34分、37分と5トライ、2ゴールをたたみかけられ、早慶戦史上最多得点の54－13で大敗となった。それにしても春のプレシーズンは1勝10敗1分けと振るわなかった早稲田の復活ぶりには目を見張るものがある。通算の対戦成績は慶應の15勝49敗5分けとなった。

⑧第67回慶東定期戦（29—38）：トライの数では5－4と慶應が1本上回ったが、ゴール数とPGの得点は慶應の4点に対して東大のそれは18点。結局このキックによる得点の差が決め手となった。それにしても慶應のお株を奪う東大のハードタックル。早慶戦の大敗が尾を引く傷心の慶應はペースをすっかり狂わせてしまった。慶應の敗戦は5年ぶり、通算の対戦成績は慶應の60勝6敗1分け。なお、今季の慶應は2勝6敗で対抗戦の最下位が決まった。

◆京都勢との定期戦

第66回慶京定期戦は9月13日、日吉の慶應グラウンドで行われ、慶應が69－6でワンサイド勝ちを収めた。また大阪の近鉄花園ラグビー場改修工事竣工記念試合として第75回慶同定期戦が10月10日に行われたが、同志社のFW、バックス一体となった猛攻を支えきれず、24－125という定期戦史上最大の屈辱的なスコアで大敗した。

○慶應義塾 69（29—3、40—3）6　京都大●

●慶應義塾 24（12—61、12—64）125 同志社○

◆関東大学ジュニア選手権

第14回関東大学ジュニア選手権は9月5日に開幕。慶應は1回戦（日吉）を48－22で東洋に勝ったが、2回戦で国士館に14－18で敗れ、準決勝への進出はならなかった。

◆全早慶明3大学対抗

第28回全慶明戦は1月31日、全早慶戦は2月7日、それぞれ秩父宮で行われたが、全慶應は初戦の全明治に3－67の大差で敗れ、第2戦の全早稲田には28－32の4点差で惜敗。最下位となった。

◆日本がアジア大会の王座を奪還

第13回アジア大会は9月19日に韓国のソウルで開幕。Bグループ全勝の日本は26日の決勝で香港と対戦し、37－9で勝って4大会ぶりにアジアの王座に返り咲いた。

◆学生W杯に日本が初参加

第2回学生ワールドカップが6月30日にイタリアで開幕。学生日本代表がこの大会から参加した。日本は予選ラウンドでスペインに

23－6で勝っただけ。スコットランド、フランスに連敗、9～12位決定戦でも南アフリカに28－49で敗れ、11位に終わった。

◆第1回W杯セブンズのボウルで日本優勝

7人制ラグビーの第1回ワールドカップがセブンの発祥地スコットランドのエディンバラで24カ国が参加して開催された。日本は予選Aプール2勝3敗で4位となり、ボウルトーナメントに進出。準決勝でカナダを14－0、決勝でスコットランドを33－19の大差で下してボウルの初代チャンピオンの座についた。

◆オックスフォード大学の来日23連勝ならず

英国のオックスフォード大学が9月から10月にかけて5度目の来日。全早稲田に27－25、日本チャンピオン神戸製鋼に46－19と連勝記録を22と伸ばした後、最終戦で日本選抜と花園ラグビー場改装記念国際試合として対戦した。40年間日本で不敗を誇るオックスフォード大学だったが、若手で固めた日本選抜は大内のトライをきっかけに攻めては鋭い出足で相手を圧倒。守っても捨て身の必殺タックルでオックスフォード大学の大量得点を阻むなど最後まで試合の主導権を握って42－27で快勝した。オックスフォード大学の日本での連勝記録は22でストップ。なお、1985年に全慶應が英国に遠征、オックスフォード大学のホームグラウンド、イフリーロードで対戦して29－10でオックスフォード大学から史上初の勝利を記録している。

1993（平成5）年度 ◆東弘二郎◆

安積英樹監督はじめ総勢18人のコーチングスタッフの下、大学選手権出場を目指すシーズンが幕を開けたが、これに先立ち春のオープン戦はもうひとつだった。京産大には勝ったものの関東の対抗戦、リーグ戦の上位校には敗戦の連続。終盤に入ってようやく早稲田に総力戦の末、35－32と十分手応えのある試合ができた。そして夏の合宿は山中湖と函館での２カ所。ここ数年の夏は菅平で諸大学と練習マッチを行うのがひとつの傾向だったが、今季は対外試合を行わず、山に籠ってチームを集中的にじっくり仕上げる方針が採られたわけである。

ところで秋の対抗戦は立教、成蹊と連勝でスタートしながら、問題の青学戦でまた今季もつまずいてしまった。せっかく先制トライをあげながら結果的には18－19。ここ数年３点以内の差で勝敗が決まる青学との試合に今年も競り負けたわけである。続く筑波戦はロスタイムに貴重な宇野沢の同点トライで引き分け。日体戦は同点のままロスタイムにトライを決められ涙を飲んだ。２勝２敗１分け。明、早に勝てば交流試合、大学選手権への道は残されていたが、この大事な２試合に慶應のプレーができなかった。競り合って相手を突き放す勝負強さに欠けていたことが残念でならない。（東弘二郎・記）

➲今季の大学選手権から出場チームが16校に倍増。

◆大学選手権の出場枠が16に倍増

日本ラグビー協会は今季から①全国大学選手権の出場チームを８校から16校に倍増する②関東大学交流試合による代表決定戦を廃止する――との大会開催要項の変更を決めた。

協会発表によると、出場枠の内訳はこれまで関東地区４校、関西地区３校、九州地区１校だったが、今回から関東は対抗戦グループとリーグ戦グループの各上位５校、関西から５校、九州１校となる。ただし関東両グループの各５位校は北海道、東北地区各１位校と、関西の５位校は東海地区の１位校と代表決定戦を行う。この結果、過去25年間続いてきた関東大学の対抗戦とリーグ戦の交流試合はなくなることになった（朝日新聞）。

◆シーズンの歩み（関東大学対抗）

①第66回慶立定期戦（28－６）：慶應のあげたトライは２本だけ。CTB高山の６PGがきいて立教の挑戦をノートライに封じたが、反則18はちょっと多すぎる。

②慶・成蹊戦（51―12）：７トライ、５ゴール、２PG。成蹊の戦力がどの程度のものだったのか、もうひとつはっきりしないが、まずは順当な勝利といえるだろう。

③慶・青学戦（18―19）：点差はわずかに１点。このところ接戦が続く青学との試合だが、競り負けているケースが目につく。試合展開からみれば後半38分のPGをはずして逆転を逃したことになるが、トライ数で青学が１本勝っているのだから敗戦もやむを得ない。とにかく前半の失点が大きかった。

④慶・筑波戦（11―11）：５点差でロスタイムに入った後半。慶應はフランカー宇野沢のチャージから起死回生の同点トライでこのカード11年ぶり、５度目の引き分けに持ち込んだ。これで今季の成績は２勝１敗１分け。早稲田、日体もすでに１敗しており、５位までにチャンスのある大学選手権へ希望が残った。

⑤慶・日体戦（22―27）：競り合いに弱い体質が大事なこの一戦にも顔を出した。ロスタイムに入った後半40分過ぎ、必死のタックルも

およばず日体バックスに走り切られた。後半22分に藤川のトライ（ゴール）で19－19の同点、31分にも秋山のPGで22－22と追いつくなど勝負への執念は伝わってきたが、やはり試合の主導権を握っていたのは得点の経過をみてもわかる通り最後まで日体だった。慶應復活のポイントはこの点にある。

⑥第68回慶明定期戦（6－55）：完敗だった。それでも前半の慶應はよく戦った。自陣のゴールラインを背にする時間は長かったが、奪われたトライは1本だけ。当たりの強いタックルで巨漢ロック赤塚、CTB元木を軸とする明治の縦攻撃を支えた。はじけるような慶應の闘志を感じさせる前半だったが、同時に持てるエネルギーのすべてをこの40分の守りで出し尽くしたのも事実。後半は明治のFW、バックスに押され、走りまくられて7本のトライを奪われた。同じ大学選手権出場でも2年ぶりに王座奪回をめざす明治、なんとか5校の出場枠に食い込むことを目標とする立場の違いがそのまま試合展開に現れていたといえる。

●慶應義塾 6（3－13、3－42）55 明治○

慶應義塾	vs.	明治
東	FW	南　条
倉　谷		藤
浅　野		亀　田
松　原		安　藤
関		赤　塚
宇野沢		中　谷
平　野		松　本
林		中　薗
荒　川	HB	西　田
江田拓		信　野
藤　川	TB	吉　田
江田裕		元　木
川久保		三　輪
秋　山		渡　辺
月　崎	FB	田　島

⑦第70回早慶定期戦（15－40）：得点は秋山が前半にあげた5本のPGだけ。攻撃面ではノートライと完璧に抑えられた。日本協会の砂村光信強化委員は慶應を評して「攻め方に工夫が足りない」点を指摘しているが、アップ&アンダー以外にこれといった攻撃手段のない慶應である。早稲田ゴールを前にしながら、そこからトライへの道を切り開く策がなかった。早稲田がキーパーソンの増保を自在に動かし、ブラインドのスペースを使って慶應の守りを混乱に陥れていたのとは対照的。これで今季4敗となり、大学選手権への出場は絶望となった。対戦成績は15勝50敗5分け。

●慶應義塾 15（15－20、0－20）40 早稲田○

慶應義塾	vs.	早稲田
東	FW	入　江
倉　谷		藤
松　本		佐　藤
松　原		竹　内
関		遠　藤
宇野沢		鶴　丸
平　野		山　羽
林		田　中
荒　川	HB	足　立
江田拓		隈　部
藤　川	TB	増　保
江田裕		勝　田
川久保		渡　辺
秋　山		内　田
月　崎	FB	鈴　木

⑧第68回慶東定期戦（68－12）：東大に大勝して最終成績は3勝4敗1分けとなったが、筑波との引き分け試合を除けば対抗戦上位校に全敗という不本意な成績に終わった。

◆京都勢との定期戦

対抗戦開幕前の第67回慶京定期戦は9月15日、京都・宝が池球技場で行われ、63－9で快勝。第76回慶同定期戦は静岡県ラグビーカーニバルの招待試合として9月19日、静岡・草薙競技場で行われ、28－66の大差で敗れた。5連敗。

○慶應義塾 63（23－9、40－0）0 京都大●

●慶應義塾 28（16－33、12－33）66 同志社○

◆関東大学ジュニア選手権

第15回関東大学ジュニア選手権は９月４日に開幕。慶應は１回戦（日吉）、国士館に10－８で辛勝。２回戦（日吉）で法政と対戦。点の取り合いとなったが、37－47で惜敗した。

◆全早慶明３大学対抗（第29回）

第１戦の全慶明戦は１月23日、第２戦の全早慶戦は１月30日、それぞれ横浜・三ツ沢球技場で行われ、全慶明戦は28－46、全早慶戦は24－57で２試合とも大敗した。

◆早慶ラグビー24年ぶりの決着

1969（昭和44）年１月５日の第５回大学選手権決勝で14－14の引き分け両校優勝に終わった早、慶当時のXVが勝負の決着をつけるため６月６日、東京・武蔵野競技場で24年ぶりに再試合を行った。早稲田は69年決勝戦の15人全員がそろって先発、わが慶應は４人の代役でキックオフ。試合は20分３ハーフで行われたが、慶應17（５－25、７－17、５－７）49早稲田の大差で早稲田に名をなさしめた。もっとも試合後のファンクションは遠くロサンゼルスから渡辺、香港から得能両OBが駆けつけるなど、意気込みの点で慶應サイドの圧勝。当時の早稲田・白井善三郎、慶應・青井達也両監督はじめ100人を越えるOBの参加で大いに盛り上がった。

◆日本代表２つの海外遠征

２年後の第３回W杯出場をめざす小藪ジャパンが５月にアルゼンチン、９月から10月にかけてウェールズへ強化のための遠征を行った。アルゼンチンでは３勝２敗。テストマッチ２試合のうち第１テストは27－30のきわどい勝負で惜敗、最終の第２テストは20－45で敗れた。

また秋のウェールズ遠征は第１戦のウェールズAに５－61と大敗、ウェールズ代表とのテストマッチでも５－55と惨敗、強化プランの再検討を迫られこととなった。この日本代表には元豪州代表のI･ウィリアムス、元西サモア代表のT･ファーマシノらW杯で活躍した外国のキャップ保持者も含まれていたが、連携プレーの点でしっくりいかなかったともいえる。

1994（平成6）年度 ◆村田篤彦◆

創部100周年まであと5年。長すぎた低迷から脱却すべく、9年ぶりに切り札として上田昭夫監督が就任した。新体制ではモットーに「緻密でひたむきなラグビー」を掲げ、大学選手権出場を誓った。前年の1993年度から大学選手権に出場できるチーム数が8校から16校に倍増し、リーグ戦グループとの交流試合が廃止された。従って目標である選手権出場を果たすためには5位以内に食い込むことが最低条件となった。対抗戦の戦績は3年ぶりに筑波を破るなど4勝4敗であった。東大戦での点差と、その日の他校の試合結果次第では選手権に手の届く位置である。しかし、帝京が格上の日体を、シーズン不調の筑波が好調・青学を大差で破るという2つの波乱で4チームが4位に並ぶ混戦となった。結局、規定で1試合平均の得失点差により慶應は7位となり、選手権への道は断たれた。

目標が達成できなかった原因は、やはり「緻密でひたむきなラグビー」を実践できなかったことにある。本格強化へ一歩踏み出したこの年、われわれ学生は監督から高い自主性を求められ、本当の緻密さとは、ひたむきさとは、を問い続けた1年であった。　（村田篤彦・記）

◆創部100周年をにらんだ新体制が発足

5年後の創部100周年を視野にとらえた指導、強化体制がスタートした。1985年度に蹴球部が日本一となった当時の上田昭夫監督（1975年卒業）が再登場。強化委員長に就任するとともに、大学、高校、中学（普通部、中等部）全体を束ねる総監督の地位についた。一人のOBに強化部門の全権限が集中する異例の人事に蹴球部の現在おかれている事態の深刻さがうかがえる。大学部門はFW担当・中山剛（1985年卒業）、バックス担当・松永敏宏（1985年卒業）がそれぞれヘッドコーチに就任、学生の指導にあたる。

◆シーズンの歩み（関東大学対抗）

①第67回慶立定期戦（44—10）：前半の得点差はわずかに5点。ようやく後半プレースキッカー高山のPGがきっかけでリズムに乗ったが、ミスの多発に不満が残るシーズンのスタートとなった。

②慶・成蹊戦（57—15）：スコアの上では圧勝だが、局地戦では互角というのが第3者の見方。「前半20分にNO.8林がトライを取るまでは6－3で、格下相手に場面ごとに競り合い、『見ごたえ』のある試合を演じた」とサンケイスポーツは厳しい表現で論じている。次は80年代からの「好敵手」青学戦。上田総監督のマスコミ用コメントは「実力では青学が上。これからはチャレンジャーです」だった。

③慶・青学戦（29—36）：不安は現実のものとなった。後半の30分までは同点と持ちこたえながら、残り10分の勝負どころでルーキー岩渕にPKから走られ、FW－バックス－FWとつながれて決定的なトライ（ゴール）を奪われた。内容からいっても完敗である。通算では24勝9敗とまだ面目を保ってはいるものの、ここ10年は4勝6敗と負け越しているばかりか、3連敗中。目標は早、明ばかりではなくなってきた。

④慶・筑波戦（21—11）：後半34分に3試合ぶりで先発メンバーに復帰した角谷の右中間トライで筑波にとどめを刺した。筑波には3年ぶりの勝利となったが、上田総監督の試合後の評価は「凡戦」のひと言に尽きる厳しいものだった。

⑤慶・日体戦（15—53）：前半は8－14とリードされはしたが、それでも1ゴールで逆転可能の圏内にあった。後半に入って一気に崩れ

た原因。それはマイボールのラインアウトを奪われ、トライを許したことにある。試合の流れはこのラインアウトからのトライで一気に日体へと傾いていった。いまの慶應には再び主導権を奪い返す力はない。1988年の対戦で日体に7－51で敗れて以来、6年ぶり3度目の53失点という不名誉な記録となった。

⑥第69回慶明定期戦（16—42）：前半の慶應は好調。トライはなかったが、3PGで先行するなど、ハイパント攻撃が軌道に乗って明治を苦しめた。とくにSHがボールイン、NO.8のすぐ後ろに位置したSOが直接ボールを受けてハイパントで攻める明治の重量FW対策。攻めてはこのアップ&アンダーが明治から攻撃のリズムを奪い、守ってもタックルがよく決まってペースをつかんだかに見えた。しかし地力の差はどうしようもない。36分にPKからモールを押し込む明治のトライが形勢逆転の号砲。後半は慶應の防御体制が一気に崩れて勝負を決められた。

●慶應義塾16（9—11、7—31）42 明治○

慶應義塾	vs.	明治
東	FW	南　条
森　内		満　島
松　本		亀　田
村　田		安　藤
西　川		赤　塚
越　智		松　本
葉　山		天　野
林		和　嶋
田　中	HB	西　田
江　田		信　野
藤　川	TB	吉　田
松　原		文　平
川久保		三　輪
竹　尾		小　林
豊　田	FB	渡　辺

⑦第71回早慶戦（10—80）：早慶戦史上最多得点献上という記録を残してしまった。大量失点の口火となったのは開始間もない前半3分にラックから笠井の先制トライを許したこと。まだ緊張感の残るこの時間帯にプラン通りの攻撃でトライを取った早稲田は堅さもほぐれてすっかり波に乗った。慶應が得意とするラインアウトでボールを奪われ、ラック、モールを完璧なまでに支配されてはもう前半で勝負は決まったも同然。後半はさらに7トライ、5ゴール、1PGの48点を追加されて屈辱的な大敗となった。

●慶應義塾10（10—32、0—48）80 早稲田○

慶應義塾	vs.	早稲田
東	FW	入　江
森　内		富　樫
松　本		古　賀
村　田		竹　内
西　川		遠　藤
越　智		小　泉
林		山　羽
渡　辺		平　田
田　中	HB	月　田
江　田		河　野
角　谷	TB	永　島
松　原		隈　部
川久保		渡　辺
竹　尾		笠　井
豊　田	FB	石　川

⑧第69回慶東定期戦（46—26）：反則が両校合わせて43。これでは試合が途切れて興味半減どころか試合への意欲を失ってしまう。それにしても慶應の16も多いが、東大の27はワースト記録といえる。そのわりに慶應のPGは2本。しかも後半は東大に4トライされて追い込まれるなど、いかにも目標をなくしたチーム同士の最終戦だった。これで慶應の7位、東大の8位が決まった。

◆京都勢との定期戦

シーズン開幕前に行われた第68回慶京定期戦（9月15日、日吉）で慶應が敗れる波乱のスタートとなった。スコアは14－18。後半に3トライを奪われて逆転された。また、第77回慶同定期戦（9月23日、京都・宝が池）は19－68で同志社に大敗し、新指導者を迎えたタイガー復活への門出としては暗い幕開けとなった。

●慶應義塾 14（7－0、7－18）18 京都大○

●慶應義塾 19（5－27、14－41）68 同志社○

◆関東大学ジュニア選手権

第16回ジュニア選手権は9月3日、横浜・釜利谷の関東学院グラウンドなど4会場で開幕。慶應ジュニアは1回戦で関東学院と対戦し、6－101の記録的な大敗を喫した。慶應の6点は前半にあげた2PGによるものでノートライ。

◆全早慶明3大学対抗

幕開けの第30回全慶明戦は'95年1月22日、秩父宮ラグビー場で行われたが、全慶應は2トライ、2ゴールをあげただけ。全明治に10トライ、5ゴールをとられ、14－60で大敗。2月5日の全早慶戦（秩父宮）ではこの大会はじまって以来の100得点を全早稲田に奪われ、攻めてはノートライという惨敗に終わった。

◆慶應NY学院が米国の地区大会で優勝

暗い話題が続いた今季の慶應蹴球部にあって唯一の朗報が米国から届いた。米国東海岸の高校ラグビー「ニューイングランド・ファンデーション杯争奪大会」（出場18校）の決勝戦が5月15日、マサチューセッツ大学グラウンドで行われ、慶應NY学院がベーソントン高校を19－0で破って優勝した。1回戦キンポール・ユニオン高を36－0、2回戦ブルックライン高を12－0。決勝戦での失点ゼロと合わせて完全優勝だった。

◆日本代表のW杯3連続出場が決まる

第3回ワールドカップ（1995年5月～6月、南アフリカ）のアジア地区予選を兼ねた第14回アジア大会（マレーシア・クアラルンプール）は、日本など8カ国が参加して10月22日の開会式で開幕。日本は決勝で韓国を26－11で下し、4戦全勝でこの大会2連勝、通算10度目の優勝を成し遂げるとともに、ワールドカップ本大会の出場権を獲得した。日本のワールドカップ出場は連続3回目。

11 創部100年目の栄冠 (1995~1999)

―世界はアマとプロの2ウエイ―

1995(平成7)年度 ◆松本啓太郎◆

創部100周年を4年後に控えて有望な人材が入部してはきたが、チームの全体像は発展途上の段階にあった。

◎監督、コーチの方針をチームの末端まで徹底し、選手を管理育成していくには通常のマネージャーと別に、専任のグラウンドマネージャー(以下GMとする)が必要だった。そこでGMには昨年度のレギュラー葉山浩樹、チームメートの信望が厚い亀井威次郎の両部員が選ばれ、その任に当たることとなった。GMの設置により練習中トップチームから最下級生にいたるまで目が行き届いたことで、チーム全体のモチベーションが向上した。首脳陣とのバイパス役として大きく貢献してくれたと思う。

◎本年度は豪州での練習合宿の初年度でもあった。8～9月にかけて2週間、現地でクイーンズランド州代表コーチの実績を持つテリー、デービッド両氏にシンプルかつ力強いラグビーを基本から教わる有意義な合宿となった。

◎上田昭夫総監督の発案で、金曜日の昼練習が自主トレーニングとなった。選手に主体性が生まれ、自発的にトレーニング研究やその勉強会も行われるようになった。

◎湘南藤沢キャンパスの部員増加により、ユニットスキルの練習時間が取れないという問題が深刻化してきた。対策として平日に早朝練習を実施。また日没後も練習できるよう簡易照明を設置。平日の練習を朝、夕に分割し、短時間集中を心がけた。

◎シーズンの成績は対抗戦2勝5敗。7位に終わった。短期的な成果はでなかったが、首脳陣、選手自身の創意工夫により、100周年に向けての環境整備やチームのムード刷新という点では足跡を残せたと思う。 (松本啓太郎・記)

➲第3回W杯(南アフリカ)日本代表が3大会連続予選プールで敗退。NZに145失点のワースト記録。
➲I.R.B.(国際ラグビー評議会)が9月の東京理事会でアマチュア規定を正式に撤廃。
➲蹴球部の夏季豪州キャンプがはじまる。

◆I.R.B.理事会はアマチュア規定撤廃

I.R.B.(国際ラグビー評議会)理事会(9月23日～30日)は東京・青山の日本協会会議室で開かれ、8月下旬のパリ理事会で決まった「アマチュア規定の撤廃」にともなう細則・競技規定について話し合われた結果、選手と協会間の契約、リーグからユニオンへの復帰など大要12項目の細則が採択された。

《主な決定事項》

①契約

選手並びにラグビー関係者は協会と契約を結び、金銭など物質的利益を得ることができるほか、クラブとの契約もできる。各国協会が決めた規定に従い、事前の承認が必要となる。
②広告活動関係
広告活動及び試合スポンサーの契約権は選手の所属協会が保有し、選手個人には認めない。
③優先権
所属協会の代表試合、合宿への参加はクラブに優先する。クラブがこれを妨げる内容の契約を選手と結ぶことはできない。
④協会移動、クラブ移動
選手が自国の協会を移ってプレーする場合、協会は契約によりこれを管理する。南、北半球を行き来して1年を通してプレーしようとする選手や、裕福なクラブによる選手のスカウティングには各国協会が移動選手の出場に待機期間を定めることで対処する。
⑤年少プレヤーの保護
年少選手に対し、契約のために接触することはシニア入りの年齢まで禁止する。
⑥ラグビーリーグからユニオンへの復帰
プロのラグビーリーグからユニオンへ復帰（転向）することに関して、IRBは制限規定を設けない。この件の取り扱いは各国協会が独自に規定を設けて対処する。
⑦チャリティーや顕彰のため収益を計画する試合は協会管理の下で行う。
⑧テレビ放映権や同種の権利を交渉し、契約できるのは協会だけである。
以上のほか、薬物、海外遠征、ゲーム会議の開催などが東京会議で決まった（ラグビーマガジン誌から）。

◆蹴球部の夏季豪州キャンプがはじまる

蹴球部初の夏季豪州キャンプ（9月4日～20日）が16日間にわたって行われた。7月22日からの第1次（11泊12日＝山中山荘）、8月16日からの第2次（12泊13日＝山中山荘）に次ぐ今季の夏季強化合宿の総仕上げ。松本啓太郎主将ら選抜40人が北豪州のケアンズ、ブリスベーンの2都市（クイーンズランド州）を拠点に、山中合宿で指導を受けたテリー・バーキット、デービッド・クラーク両コーチと現地で再会。引き続きシーズンでの試合を想定したチームスキル、戦法の確立などの戦略全般にわたって教えを受けた。また練習日程に組み込まれたケアンズでのボンド大学、ブリスベーンでのサニーバンク・クラブとの試合では「得るものは大きかった」と帰国後の主務から報告されている。とくにサニーバンク・クラブはメンバーに元ワラビーズ、ワラビーJR．クイーンズランド州代表、現役のトンガ代表らインターナショナルな選手を擁した強力布陣を相手に「大敗ではあったが、激しいプレーで対抗した」ことが、大きな自信となったようだ。

◆京都勢との定期戦

①第78回慶同定期戦（9月23日、熊谷ラグビー場）
●慶應義塾　22（3—17、19—31）48　同志社○
（対戦成績は慶應の46勝28敗4引き分け）
②第69回慶京定期戦（12月30日、宇治）
○慶應義塾　36（19—5、17—0）5　京都大●
（対戦成績は慶應の57勝11敗1引き分け）

◆シーズンの歩み（関東大学対抗）

①慶・成蹊戦（40—17）：今季の開幕戦は成蹊を日吉のホームグラウンドに迎えて行われた。前半3トライ、3ゴールの21点、後半も同じく3トライをあげたが、1本コンバージョンに失敗して19点に終わった。攻撃以上に気になるのは成蹊に1トライを許したこと。シーズンの深まりとともに対戦相手も強力になっていくだけに、豪州キャンプの成果を発揮してもらいたいものだ。
②慶・青学戦（3—21）：不安が的中した。許したトライは前、後半各1本ずつの計2本。内容的にも青学のオープン攻撃を組織的な守

りで止め続けたが、攻撃面での非力が勝敗を決定的にした。

③慶・筑波戦（12―40）：完敗だった。攻撃力の差が前半で勝負を決めたといってもいい。後半にはいってようやく2トライ、1ゴールを返しはしたが、得点以上に追加点を許して万事休した。

④慶・日体戦（10―52）：連敗が4と続いている日体戦だが、今季もここからの脱出はならなかった。それも7トライ、7ゴール，1PGを奪われる大敗。個々のスキル、パワーはもとより、基本的な戦力に大きな開きがあった。対日体戦5連敗。

⑤第70回慶明定期戦（0―32）：快晴、微風。コンディションは申し分なかったが、スタートから明治FWの圧力が慶應を苦境へと追い込んでいく。前半8分、明治は慶應陣22メートル付近でペナルティーを得た好機に、FWのラッシュでトライを先制。これが口火となって攻撃に拍車がかかった。もちろん慶應もアップ＆アンダーに徹して反撃を試みるが、ハイパントを上げた後の攻撃に明治の守りを破る工夫がない。前半はさらに3トライを追加された。後半も同じような攻防が続いたが、すべての面で明治の力が上回り、慶應はノートライ。PGひとつ取れない完封負けとなった。明治の先制トライもペナルティーが起点だったが、それにしても慶應の反則23は多すぎる。対戦成績は慶應の25勝43敗2引き分け。

⑥第68回慶立定期戦（79―20）：11トライ、9ゴール。ほかに1PG、1DGも含めてこのカード慶應の31連勝となったが、攻撃面はともかく後半2トライ、2ゴールを献上したのは、反則25とともに気の緩みか。

⑦第72回早慶定期戦（8―26）：先制したのは早稲田。開始2分、慶應陣22メートル付近のラックから速水－青柳とつないでトライ。その後も早稲田の一方的な展開になるかと思わせる攻撃ぶりだったが、ここで慶應が踏ん張った。FWの早い集散でラックを組みとめ、ラインアウトでも7割のボールを確保し、再三にわたって早稲田ゴールに迫るなど、完全に慶應ペース。そして16分には1PGを返して3－5と詰め寄ったが、前半終了間際の39分、勝敗の分岐点ともなるトライを早稲田に奪われ、後半3分にも決定的なトライの追加を許した。それにしても慶應は善戦しながら石川の豪快な2本のトライ（前半39分、後半24分）

●慶應義塾 0（0―15、0―17）32 明治○

慶應義塾	vs.	明治
森　内	FW	満　島
間　宮		山　岡
松　本		中　地
林		石　井
西　川		赤　塚
越　智		松　本
鯛		菅　原
布　川		神　鳥
熊　谷	HB	西　田
江　田		信　野
島　田	TB	吉　田
島　野		文　平
川久保		三　輪
白　崎		福　田
豊　田	FB	森　嵩

【交代】《慶》長沢（江田）、佐藤（島田）

●慶應義塾 8（3―12、5―14）26 早稲田○

慶應義塾	vs.	早稲田
森　内	FW	石　嶋
間　宮		猪　谷
松　本		山　口
林		吉　上
西　川		田　中
越　智		小　泉
鯛		池　本
平　野		平　田
熊　谷	HB	前　田
長　沢		速　水
平野井	TB	永　島
島　野		石　川
川久保		青　柳
白　崎		山　本
稲　葉	FB	吉　永

【交代】《慶》布川（西川）

で敗戦へと追い込まれていったといえる。対戦成績は慶應の15勝52敗5引き分け。

なお、この2カ月前の9月19日、早稲田ラグビーの象徴ともいうべき大西鐵之祐氏が他界された。ここに謹んで哀悼の意を表する。

⑧第70回慶東定期戦（46—20）：前半は24－17の接戦。東大に2トライ、2ゴール、1PGを奪われるなど、通算の対戦成績にみられるような力の差は感じられない展開だったが、ようやく後半にはいって慶應は本来のリズムを取り戻した。慶應の63勝6敗1引き分け。

これで慶應は今季の関東大学対抗の全日程を終え、3勝5敗で第7位と不本意な結果となった。対抗戦の優勝は日体（8勝1敗）、以下明治、早稲田、帝京の順。またリーグ戦グループの優勝は大東文化（6勝1敗）、以下関東学院、法政、日大だった。

◆大学選手権&日本選手権

第32回全国大学選手権決勝の早明対決は96年1月15日に国立競技場で行われ、明治が46－9の大差で早稲田を下し、11度目の大学チャンピオンとなった。

また第33回日本選手権は2月18日、国立競技場で社会人大会初優勝のサントリーと明治の間で争われ、サントリーが49－24の大差で勝って、初めてラグビー日本一の栄冠を獲得した。社会人チームの優勝は8年連続、25回目。

◆関東大学ジュニア選手権

慶應は9月9日、日吉で東海大と今季の関東大学ジュニア選手権（第17回）1回戦を行い、28－39のスコアで敗れた。

◆第3回W杯日本代表が予選プールで敗退

第3回W杯は5月25日から6月24日まで南アフリカで開催された。本大会予選プールC組出場の日本代表はウェールズ、アイルランド、NZに敗れて、念願の決勝トーナメント進出はならなかった。なおNZ戦での日本の145失点はW杯のワースト記録。

【第3回W杯予選プールC組】

▼5月27日●日本（10—57）ウェールズ○

▼5月31日●日本（28—50）アイルランド○

▼6月4日●日本（17—145）NZ○

◆今季の国際交流

①第3回W杯の強化試合として4月に東欧から初めてルーマニア代表が来日。日本代表とのテストマッチ2試合が行われたが、1勝1敗で星を分けた。

▼4月29日●日本（25—30）ルーマニア○

▼5月3日○日本（34—21）ルーマニア●

②U23日本代表が6月に豪州へ、関東代表がNZ、関西代表が豪州へそれぞれ7月に遠征した。成績はU23日本代表が前哨戦で2勝1敗と勝ち越したあと、第1回パース・インターナショナルカップに出場。4試合を行い西豪州代表に2勝するなど、3勝1敗の好成績をみやげに帰国した。また関東代表は2勝2敗、関西代表は3勝1敗だった。

③マレーシア協会主催の第28回マレーシアコブラ10s（9月2～23日）に参加した日本代表は予選Dグループ1位（2勝1引き分け）でCUPトーナメントに進出。スリランカ、豪州を破って決勝でNZマオリと対戦したが、惜しくも28－32の小差で敗れ、準優勝に終わった。

1996(平成8)年度 ◆森内勇策◆

12年ぶりに早稲田を破った。1点差の勝利だった。早稲田にミスが多かったものの、われわれのチームのベストゲームであった。ノーサイドの瞬間、グラウンドで泣いた。スタンドでも泣いている部員がいた。入部して以来、4度目のシーズンで初めて流すうれし涙だった。

早稲田戦までのチームは自分たちの良いところを何ひとつ出せず大差で負け続け、目標であった大学選手権出場も果たせず、最悪の雰囲気のままシーズンを過ごしていた。4年生の「何とかしなければ」という気持ちが逆に空回りを起こし、チームがバラバラに分解寸前の状態であったことも事実である。そのチームが早稲田戦という大一番で初めてまとまった。当時の小野寺孝コーチ(1963年卒業)の「強い信念を持ち続ければ必ずチームはまとまる」という言葉 —— 。まさにその言葉通りであった。負け続けていたチームを最後まで支持してくれた4年生の力と協力なしには早稲田戦の勝利はなかったと思う。こんな気持ちを持った縁の下からの力に支えられて蹴球部100年の歴史は刻まれてきたのではないだろうか。とにかく蹴球部に在籍していたからこそ4年間の学生生活を、目標に向かって本当に懸命な時間を過ごすことができたのだと思う。1996年度を代表して改めて感謝するとともに、今後もラグビーやチームに対して純粋な気持ちを持ち続けるチームであってほしい、と切に願っている。(森内勇策・記)

- タイ国王の在位50年記念国際大会に蹴球部が日本を代表して参加。
- 第1回パシフィックリム選手権がスタート(5月～7月)。
- 第15回アジア選手権(台北)で日本は4連勝、11度目の優勝。
- 日本協会が日本選手権の第1回から34年続いた社会人VS.大学の優勝チーム対決方式を改正。

◆黒黄会会長が交代

黒黄会椎野正夫会長(1942年卒)が4月4日の評議員会で辞任を表明。後任の新会長に青井達也(1955年卒)が就任した。また青井会長の後任理事長には藤田義雄副理事長の昇格が決まったが、黒黄会の指導体制が戦後派OBにバトンタッチされたのは初めてのこと。3年後に迎える創部100周年は今回の新執行部が担当する最初の行事となる。

◆夏の豪州キャンプが定着

前年度からはじまった夏の豪州キャンプが今季も7月28日から8月14日(16泊17日)まで38人の部員が参加して行われた。第1次(7月21日～30日)、第3次(8月20日～9月2日)の山中合宿をはさんだ長期の夏季合宿3部作。全員参加の山中合宿はともかく、豪州キャンプのシニア組には林雅人コーチが全日程を同行、昨年に続いて豪州のテリー・バーキット、デービッド・クラーク両コーチの指導を受けた。現地ではプラクテスの合間にサニーバンク・クラブ(2試合)、クイーンズランド大学(2試合)、ヌーサ・クラブ(3試合)とそれぞれ練習マッチを行ったが、サニーバンクにはA、B両チームとも連勝。クイーンズランド大学とは1勝(Aチーム)1敗(Bチーム)で星を分けた。最後のヌーサ・クラブは現地の強豪チーム。A、B両チームが各30分ハーフ、Cチームは20分ハーフの変則3ハーフで対戦、いずれの3ハーフとも快勝という好結果で豪州キャンプを締めくくったが、この成果が秋から冬にかけてのシーズンにどのような形となって表れるだろうか —— 。

◆今季のレフリングについて

今季のルール改正にともなうレフリングについて、日本協会日比野弘レフリーソサイエティー委員長の見解を黒黄会報に寄稿していただいたが、その骨子を百年史に貴重な記録として留めておきたい。

まず反省として前年度のレフリングから、**①ラフプレーへの対応が不十分、②パイルアップを防止できなかった、③安全に対する配慮** ── の3点についての反省が述べられた後、今年の課題として、**①シンビン制度導入の検討、②パイルアップをなくすこと、③スクラムを正しく組ませること、④ラック形成時のオブストラクションのチェック** ── の4点についてレフリーの対応が述べられている。いずれも安全対策とゲームのスピード化を意図したI.R.B.（国際ラグビー評議会）の96年度ルール改正に基づくもので、蹴球部としてもこれらのレフリングを念頭においた試合展開を心がけることが肝要だろう。

◆京都勢との定期戦

①第70回慶京定期戦（9月15日、慶應・日吉）
○慶應義塾　60（36－7、24－22）29　京都大●
（対戦成績は慶應の58勝11敗1引き分け）
②第79回慶同定期戦（9月23日、京都・宝が池）
●慶應義塾　35（7－34、28－24）58　同志社○
（対戦成績は慶應の46勝29敗4引き分け）

京都大には94年に11敗目を喫した後の連勝。また同志社戦は8連敗となった。

◆シーズンの歩み（関東大学対抗）

前年度の関東大学対抗で慶應は7位となったため秩父宮ラグビー場での今季の対戦は慶明、早慶の2試合だけという残念な結果となった。

①慶・成蹊戦（92－14）：成蹊が旧制高校時代の戦前1929年に一度対戦（42－0）しているが、戦後の対成蹊戦は1961年から不定期ながら5試合が行われ、1975年以後は毎シーズン対戦してきた。戦後の通算成績は今季の勝利をいれて慶應の27戦27勝。

なお定期戦も含めた対戦成績で無敗記録は戦前からの三高定期戦（旧制）、東京商大戦（10戦10勝）のほか、戦後の学制改革後に関東大学対抗として対戦が実現した対中央戦（7戦6勝1引き分け）、対専修戦（3戦3勝）、対成蹊戦（前述）、対成城戦（4戦4勝）のほか、1961年に慶應がBブロックに転落した際の防衛大との対戦（22－11）が1試合ある。

②慶・青学戦（28－35）：青学との対戦がはじまったのは1954年から。当初の7試合は不定期だったが、1969年からは毎シーズン対戦するようになった。今季の敗戦で慶應は5連敗。通算では1960年代から1980年代前半の貯金のお陰で慶應が22勝11敗とリードはしているが。

③筑波戦（5－55）：林雅人コーチによると「点数の差が力の差」となるが、自信をつけたはずの豪州キャンプは何だったのだろう。筑波との対戦で50点差負けは史上初のワースト記録。

④慶・日体戦（14－81）：日体に12トライ、9ゴール、1PGを奪われての惨敗。ようやく後半に2トライ、2ゴールを返しはしたが、焼石に水とはこういうことをいうのだろう。開始5分、新ルールでスクラムにクギづけの慶應FWのサイドを日体のNO.8が狙ってトライ。その後もSHの巧みなゲームメイクが大量点の起点となっていたが、それ以上に自陣からオープンに展開し、慶應ゴールまで走りきるスピードのすばらしさには脱帽だ。6連敗、対戦成績でも14勝18敗と慶應の黒星が4つ先行した。

⑤第71回慶明定期戦（32－54）：慶應の善戦という声も聞かれるが、それは筑波戦、とくに日体戦での大量失点との比較からの感覚であり、また前半の10－14というスコアの接近が

●慶應義塾 32（10―14、22―40）54 明治○

慶應義塾	vs.	明治
森　内	FW	満　島
間　宮		山　岡
高　久		中　地
斉　喜		斎　藤
阿久根		鈴　木
田　村		松　本
高　田		小笠原
渡　辺		神　鳥
熊　谷	HB	田　中
江　田		伊　藤
角　谷	TB	山　品
園　田		山　口
藤　井		三　輪
荒　川		福　田
稲　葉	FB	森　嵩

【交代】《慶》佐藤将（間宮）、布川（田村）、信濃（荒川）

「善戦」と思わせる最大の要因だろう。確かにこの前半だけをみれば4点差まで詰めた慶應としては上出来。これが対日体戦の慶應と同じチームか、と目を疑いたくなるが、やはり後半にはいって力尽きた。もちろん慶應も4トライ、1ゴールをあげて気を吐いたが、それを上回る6トライ。そのうちコンバージョンを5本も決められるなど、明治にとどめを刺された。前半の善戦を林雅人流に表現すれば「戦術的には、明治のFWを後ろに走らせたことがうまくいった」となるが、戦力的にはともかく試合を重ねることで、わずかでも戦い方が身についてきたとも思える。対戦成績は慶應の25勝44敗2引き分け。

⑥第69回慶立定期戦（69―0）：立教のペナルティが20本を数えながら慶應がPGを取りにいかなかったのは攻撃力が立教のそれを完全に上回っていたからといえる。前半5トライ、5ゴール、後半6トライ、2ゴール。後半のコンバージョンが少ないのは不満の材料といえるが、前、後半の得点がほぼ同数とバランスよく、さらに立教を無得点に封じた守りの堅さも賞される。伝統の早慶戦を前に戦力の整備ができてきたようだ。対戦成績は慶應の62勝5敗2引き分け。

⑦第73回早慶定期戦（18―17）：12年ぶりの勝利となった。「とにかくディフェンスがよかった。とくに6番から9番までのディフェンスはすばらしかった。選手起用もうまくいった。ケガをしていた二人のCTBが帰ってきたのも大きかった。早稲田は自陣から積極的にバックス展開してきたが、ゲインが切れず、戦術的には失敗だった」とは林雅人コーチの分析。とにかく後半24分に早稲田のSH前田にトライを許して15－17と一度は逆転されたが、後半の失点はこのトライ1本だけ。林コーチの言葉にもあったようにタックルに次ぐタックルが最後の再度逆転のPGを呼び込む布石となった。キッカー稲葉のPGが決まったところでノーサイドの笛。劇的な1点差の幕切れではあった。これで対戦成績は慶應の17勝51敗5引き分け（1923年の極東大会決勝は除く）。

○慶應義塾 18（15―10、3―7）17 早稲田●

慶應義塾	vs.	早稲田
森　内	FW	石　嶋
佐藤将		青　野
山　本		山　口
高　田		有　水
阿久根		中　西
田　村		吉　上
三　森		中　竹
渡　辺		平　田
熊　谷	HB	前　田
信　濃		月　田
角　谷	TB	永　島
島　野		山　崎
鈴　木		和　泉
平野井		山　本
稲　葉	FB	速　水

【交代】《慶》斉喜（渡辺）

⑧第71回慶東定期戦（73―7）：慶應の73得点は東大との定期戦史上7番目の記録。4年前の1992年に不覚の6敗目を喫して以来の最多得点でこのシーズンを終わったが、大学選手権出場はならなかった。

◆2度目のタイ遠征

日本協会の要請を受けて12月中旬、タイ北部の古都チェンマイで開催される国王在位50周年記念国際大会（12月11～14日）へ日本を代表して慶應が参加することになった。同国には蹴球部創部70周年を記念して1968年８月から９月にかけて遠征しており、今回が２度目の訪タイ。大会は慶應のほか、英国（陸軍士官学校）、豪州（クイーンズランド大学）、マレーシア（チーム名不明）と地元開催国のバンコク・バーバリアンズの５チーム。グラウンドではケガ、また宿舎ホテルでは下痢症状の蔓延と最悪の条件での対戦となった。

結局、慶應は第１戦バンコク・バーバリアンズ（タイ）に14－38、クイーンズランド大学（豪州）に29－37のスコアで連敗。全日程を終わったが、各チームとも下痢には勝てず、慶應から比較的元気な山本、斉喜が英国チーム、森内、佐藤がバーバリアンズのメンバーとして出場するなど、珍しい国際大会だった。国際親善という点では有意義な遠征だったのではないだろうか。

◆全早慶明３大学対抗戦

第32回全早慶明３大学対抗の第１戦、全慶明戦は３月16日、また全早慶戦は１週後の23日、それぞれ秩父宮ラグビー場で行われ、全慶應は24－51で全明治に、19－72で全早稲田に連敗した。

◆関東大学ジュニア選手権

今季の第18回関東大学ジュニア選手権は９月７日に開幕。慶應は１回戦で日大と対戦（日大稲城グラウンド）したが、27－29で敗退した。

◆日本ラグビー発祥記念碑について

日吉の慶應義塾体育会ラグビーグラウンドを訪れた方には手前ゴールポストの奥にひっそりと建つ記念碑を目にした方もおられるだろう。日本ラグビーのルーツ校を象徴する「発祥記念碑」がそれだが、慶應義塾大学報が塾内のモニュメント紹介で「昭和18年４月に黒黄会から寄付されたことは判明しているが、由来などを記されたものがない」と取り上げたことから、黒黄会員の注目するところとなって、このほどその全容を知ることとなった。情報の提供者は1942年の優勝メンバーで構成する黒黄会の「筍会（池浦次郎会長）」の先輩諸氏。設立の由来、制作者、除幕式について次のようなモニュメント建設の詳細が百年史編纂委員会の山本達郎委員長宛に届いた。

【設立の由来】

練習グラウンドが新田から日吉の陸上競技場に代わったころ、ラグビー専用のグラウンドがほしいと思っておりましたところ、昭和18年に念願の専用グラウンドがいわゆる総合グラウンドの一角（現在地）にでき上がり、これを記念して当時の黒黄会会長田辺九万三、監督脇肇の両先輩が発起人となり、昭和17年（11月）ころから寄付金募集の作業をはじめた由です。ちなみに昭和18年ごろの一流企業の大学出の初任給は最高75円でしたが、寄付金

発祥記念碑のブロンズ像。

は一口10円として集め、総額３千円が集まったとのことです。

【ブロンズ像の制作者】

石碑の上に載せられるブロンズのラガーマン像は、当時の日展主任審査員、斎藤祖厳氏の制作で、黒黄会池浦次郎先輩夫人の伯父にあたる方とか。制作依頼は黒黄会を代表して先年他界した前川丈夫先輩があたったとの由である。

【除幕式＆保管】

日吉のラグビーグラウンドを披露するオープニングセレモニーが昭和18年６月に黒黄会の主催で盛大に行われた。式典には慶應義塾関係者はじめ日本、関東両ラグビー協会、各大学OBなど来賓多数が参列。蹴球部初の専用グラウンド開場についての祝辞をちょうだいしたが、行事の一部として「ラグビー発祥モニュメント」の除幕式も併せて行われ、参列者一同は日本にラグビーの道を切り開いた先駆者たちに謝意を表した。石碑（高さ３メートル）の頂上部に設置されるラガーマンのブロンズ像は高さ約50センチ。楕円球を左胸に、右腕を前方に突き出したハンドオフの体勢を表現したもの。参列者たちはブロンズ像を仰ぎ見ながら草創のころのラグビー事情に思いを馳せていた。

ブロンズ像は盗難のおそれがあるため普段は蹴球部合宿で保管。創部記念祭など蹴球部の行事があるとき石碑の頂上部に設置される。

◆第１回パシフィックリム選手権

W杯の地域強化策として太平洋沿いの４カ国（日本、香港、米国、カナダ）によるチャンピオンシップ構想がこのほどまとまり５月11日の日本vs.香港（秩父宮）、米国vs.カナダ（サンフランシスコ）の２試合でスタートした。選手権はホーム＆アウェー方式で各国とも６試合を行い、その結果で優勝が決まるが、２勝４敗で香港と同率の日本は勝ち点で香港の10点に２点及ばず最下位となった。勝敗が同じ場合、７点差以下の敗戦には勝ち点１が加算されるが、香港は２試合あったのに対し、日本の４敗はすべて８点差以上の敗戦だった。

◆アジア大会で日本は３連勝

第15回アジア大会（11月、台北）出場の日本は予選Ａグループでタイに141－10、台湾に101－12と２試合連続の３ケタ勝利で11月９日の決勝に進出。韓国を相手に６トライ、１ゴール、３PGをあげた日本が41－25で快勝した。日本はこの大会３連勝、11度目の優勝。なお、日本は７年ぶりに外国人選手抜きのメンバー編成だった。

◆学生W杯で日本はベスト８に

第３回学生W杯が６月、南アフリカで開かれた。日本学生代表は予選でフランス学生代表には９－44の大差で敗れたが、ラグビー創始国のイングランド学生代表には２点差の小差ながら35－33と競り勝ち、決勝トーナメントへ進出。最初の関門、準々決勝でスコットランドに47－71で敗れてベスト４入りを惜しくも逃した。

◆英国バーバリアンズ・クラブが来日

阪神淡路大震災復興を支援するチャリティーマッチが英国の名門バーバリアンズ・クラブを招いて６月２日、京都・西京極球技場で関西協会会長招待XVと、また５日は神戸総合グラウンドで神戸製鋼と２試合が行われた。W杯出場の名手を擁したバーバリアンズ・クラブだったが、旅の疲れか、第１戦の会長招待XV戦は66－76、第２戦の神戸製鋼戦も43－63で敗れるなど本来の真価を発揮できなかった。

1997（平成9）年度 ◆田村和大◆

本年度の蹴球部はひと皮剥けそうで剥けきれなかった1年であった。前の年の早慶戦は12年ぶりに勝ったが、そのときのメンバーがほとんど残っていたこともあり、周囲から非常に期待されていた。しかし、結果は2勝5敗。対抗戦7位という不本意な成績で終わった。目標としていた大学選手権には遠く及ばなかったのは怪我や故障者が続出したことも災いしたが、やはり主将としての私の力不足からであると思っている。対抗戦を勝ち抜くことはできなかったが、私には誇れることがあった。それは同期の結束力である。上田昭夫総監督が1994年に就任して以来、4年生全員がシーズンを通して合宿入りしたのは私たちの年代だけである。以前はそれが当たり前のことだったと思うが、今はそうでなく、Aチームの者だけが合宿生活をともにするのが習わしとなっていた。しかし、今季は4年生全員が合宿所に入ることでA、Bチームには関係なく「チーム全員で勝つのだ」という一体感が生まれたと思っている。一人ひとりが自分の役割を考え、チームに貢献しようと行動するまとまりのある同期だった。対抗戦ははじまったが、勝つことができない。チーム内に暗い雰囲気が漂いはじめたあるとき、毎日の練習前に4年生全員がタックル練習をやりはじめた。彼らのこの行動はチーム全体に緊張感を与え、活気を取り戻す効果をもたらした。早慶戦、慶東戦の前夜には遅くまで、試合メンバーではない4年生がタックルバッグを相手にぶつかっていたが、この無言の練習はチームを奮い立たせ、そして早慶戦2連勝の遠因ともなった。友情、情熱、そしてひたむきさを論ずることは今の時代にそぐわないかもしれないが、少なくとも97年度の最上級生は全員がラグビーを愛し、助け合い、信頼し合うことができたすばらしい仲間たちであった。（田村和大・記）

➲創部100周年式典を1999年9月12日、三田の大学校舎で開催、前日の11日にケンブリッジ大学との記念試合を秩父宮ラグビー場（予定）で行うことも併せて正式決定。

➲慶應義塾志木高等学校蹴球部創部40周年記念式典（1998年3月1日）が開かれる。

◆ルール改正の主要点

I.R.B.（国際ラグビー評議会）から今年度のルール改正について日本協会へ連絡が届いた。オープン化への対応、安全性へのより一層の配慮、ラフプレーに対する厳格な処置 ── などがその骨子。主要点は次の通り。

①シンビン制度の正式採用

昨年度は国内ルールとして試験的に採用された「シンビン」制度（一時的退出）を今季から国内特別制度として正式に採用する。退出時間は10分間。

②選手の交替、及び入れ替え

選手の交替（負傷によるもの）はリザーブの範囲内で無制限に。また戦術的な入れ替えはフロントローが2人まで。その他は3人まで。なお、入れ替えにより一度退出した選手でも出血者の代役として、あるいはフロントロー要員がいなくなった場合は再出場できる。

③ハーフタイムの休憩時間

休憩時間は10分以内とし、その間チーム、レフリー、タッチジャッジは競技場を離れることを認める。

④時間の延長

レフリーがスクラム、ラインアウトを与えた後に試合時間が終了したときは、次にボールがデッドになるまで競技を続行することとする。従来はペナルティー、フリーキック、フェアーキャッチの場合にのみこの処置が取られてきた。

⑤スクラムでのバインド

スクラムの中で一番後方に足が位置するプレヤー（NO.8）はどちらかの腕でロックとバインドしなければならない。またNO.8がフランカーの外側にバインドすることは認められない。

◆創部100年祭実行委が本格的に始動

蹴球部創部100周年記念式典に向けての「記念事業推進決起大会」が9月1日、三田キャンパス内「山食」に実行委員ら72人が参会して開かれた。黒黄会青井達也会長のあいさつ、乾杯などに続いて、藤田義雄理事長からこれまでの経緯、目標額5億円の募金活動にあたっての要望、さらには記念式典と祝賀会案、式典前日のケンブリッジ大学戦などの概要説明が行われた。

《100周年式典の概要》

①日時：1999年9月12日正午開会（約1時間）

②会場：三田キャンパスの518番階段教室。キャパシティー820人

③来賓：日本ラグビー協会会長、駐日英国大使、ケンブリッジ大学メンバー、協会、慶應義塾関係

④出席者：蹴球部員（幼稚舎から大学）、黒黄会員、他大学60校関係者など

《祝賀会の概要》

基本的には三田キャンパスの広場を祝賀会の会場とし、ここにテント村をつくって式典出席者はじめ父兄、家族の方々にビール、サンドイッチ、おでんなどの軽食を提供する、というプランが検討されている（以上、藤田理事長の説明から）。

◆京都勢との定期戦

①第71回慶京定期戦（9月15日、京都・宝が池）

○慶應義塾　62（33－0、29－14）14　京都大●

（対戦成績は慶應の59勝11敗1引き分け）

②第80回慶同定期戦（9月23日、熊谷）

●慶應義塾　14（7－14、7－19）33　同志社○

（対戦成績は慶應の46勝30敗4引き分け）

同志社には9連敗。戦後の対戦成績だけを取り上げれば慶應の24勝26敗1引き分けとなり、1959年まで続いた慶應の圧倒的優勢はついに逆転された。

◆シーズンの歩み（関東大学対抗）

①慶・青学戦（32－38）：慶應の出だしは好調。牧野の先制トライに続いて11分、19分とバックスがトライを連取するなど慶應としては好ましい展開となった。ところが25分にゴール前のPKから青学FWにモールを押し込まれてトライ。さらに2トライを追加されて17－21と一度は逆転されたあたりからそれまでのリズムが崩れてしまった。試合は後半にかけてシーソーゲームの様相。結果的には後半36分から40分にかけて青学ゴール前で4回を数える青学の反則に恵まれながらの逸機が大きくひびいた。青学に6連敗。

②慶・筑波戦（12－31）：先制トライは筑波。しかし慶應も14分に筑波のミスからトライ（ゴール）を返して逆転した。ここまでは互角の展開だったが、時間の経過とともに優劣が鮮明になっていく。林雅人ヘッドコーチのデータによれば筑波が前半だけでも慶應陣22メートル線を越えた数は9回。慶應の2回を大きく上回った。風上の後半はリズムを取り戻して地域的にほぼ互角の展開となったが、チャンス、ピンチでのミスが結局のところ慶應の敗因となった。

③慶・日体戦（27－34）：前半は1点差ながら13－12とリードして折り返す。期待は後半の出来にあったが、2分に連続攻撃から日体バックスに逆転のトライを決められ、7分、20分と2本のトライを奪われた。この間隙をぬ

って慶應もバックスの好走から２トライを返すなど、27－29と迫ったが、勝負どころのラスト10分間で攻撃力の差が出た。林雅人ヘッドコーチのデータによると「取られた６トライのうち４本が自陣22メートル外からのもので、中盤のディフェンスに課題を残した」となる。これで日体には７連敗。

④第72回慶明定期戦（31―33）：前半はまったく互角。しかも、先手は慶應がとった。15分、明治陣22メートルのモールからバックスに展開して９－10－13－12とつないでトライ、21分にもトライを追加した。ここまでは慶應ペース。問題はここからの約20分だが、やはりこの試合でも明治に２ゴールを許してタイスコアで前半を終わった。

●慶應義塾 31（14―14、17―19）33 明治○

慶應義塾	vs.	明治
左　座	FW	黒　崎
間　宮		山　岡
山本拓		中　村
高　田		鈴　木
阿久根		辻
田　村		池　田
蓑　田		阮
三　森		斎　藤
牧　野	HB	後　藤
信　濃		伊　藤
佐藤慎	TB	福田健
島　野		山　口
鈴　木		松　添
山本宗		福田茂
稲　葉	FB	岩　倉

【交代】《慶》安（左座）、佐藤将（間宮）、益田（蓑田）

後半も先制トライは慶應。開始１分、明治陣内22メートルのラックからTB攻撃を仕掛け、９－10－12と型通りバックスがボールを回して最後はライン参加のFBがトライをあげるなど、この日の慶應５本のトライはすべてバックスによるものだったが、点差の２点が表すようにトライ後のコンバージョンの差が勝敗を分ける結果となった。対戦成績は慶應の25勝45敗２引き分け。

⑤慶・帝京戦（13―37）：帝京とは初めての対戦。トライ数の１－４が物語る通りチーム力は残念ながら帝京が上。とくにFW戦の劣勢が大きかった。帝京の先制トライはモールを押し込んだもの。また後半最後の４本目はスクラムに押し負けてインゴールに持ち込まれたもので、ルーツ校に対する帝京の激しい闘志にメンタルの面で遅れをとった感もある。これで大学選手権出場の望みは消えた。なお、蹴球部98年の歴史の中で初対戦に敗れたのは、日体戦に次いでこの帝京戦が２度目。その意味では歴史的な敗戦ともいえる。

⑥第74回早慶定期戦（42―12）：ここまで５戦全敗の慶應が全勝の早稲田を４PGのノートライに抑えて快勝という伝統の一戦ならではの結果となった。慶應が記録した６トライのうち４本は期待のルーキーによるもの。WTB栗原の２本をはじめ左プロップ左座、右フランカー益田と１年生の活躍が目立ったが、これらの攻撃力もさることながら、勝因の第１はやはり慶應が身上とするハードタックルが伝統の早慶戦で甦ったことだろう。もちろん、

○慶應義塾 42（13―９、29―３）12 早稲田●

慶應義塾	vs.	早稲田
左　座	FW	石　嶋
佐　藤		萬　匠
山本拓		山　口
高　田		虻　川
阿久根		山崎隆
田　村		井手上
益　田		沖
三　森		吉　上
牧　野	HB	月　田
信　濃		福　田
栗　原	TB	倉　成
島　野		山崎勇
鈴　木		小　森
角　谷		石　川
稲　葉	FB	吉　永

【交代】《慶》蓑田（益田）、和田（鈴木）、山本宗（角谷）

この傾向は林雅人ヘッドコーチのタックル成功率の数字にはっきり表れている。第1戦の青学戦62%、日体戦69%、そしてもうひとつの伝統の一戦、慶明戦では一気に84%と上げるなど、この日の下地は確実にでき上がっていた。林ヘッドの地味ではあるが、データの積み重ねと努力が選手の心を動かし、信頼を得た結果といえる。林ヘッドの指導は同時に100周年へ向けて新しい慶應ラグビーのチームづくりの在り方を示唆しているのではないだろうか。1977、78年以来19年ぶりの早慶戦2連勝。すばらしい80分だった。対戦成績は慶應の18勝51敗5引き分け。

⑦第72回慶東定期戦（59ー3）：今季初の雨天の試合。林ヘッドは「東大に敗れれば2部との入れ替え戦という危機感はあったものの、チームは成長し実力的にも大きな差があった。対抗戦ラスト2試合をノートライに抑えて勝ったことを来季につなげたい」と語っている。

◆その他の定期戦

◇第70回慶立定期戦（11月9日、慶應・日吉）
○慶應義塾　113（52ー0、61ー0）0　立教●
（対戦成績は慶應の63勝5敗2引き分け）

◆その他の対戦

京都勢との定期戦2試合に続いて9月28日に日吉のホームグラウンドに成蹊大を迎え、1年生7人をいれた若いチームで対戦。102−5で大勝した。

◆関東大学ジュニア選手権

今年で19回目を迎えた関東大学ジュニア選手権。慶應は9月6日の第1戦で中央と対戦（慶應・日吉）。失点31と多かったが、攻撃面で8トライ、7ゴールの54得点をマークして快勝した。13日の2回戦の日大戦も47—38で勝ったが、20日の3回戦（明治・八幡山）は17−45で明治に大敗した。

◆全早慶明3大学対抗

今季の第33回3大学対抗ラグビーは3月15日に秩父宮で行われた全慶明戦が開幕戦。学生中心の全慶應は15トライを奪われて大敗。22日の全早慶戦（秩父宮）も74−10の大差で敗れて最下位となった。優勝は全早稲田を破って2勝した全明治。スコアは31−12だった。

◆U19日本代表に慶應から5選手

第3回U19のアジア大会（12月10日〜16日、台北）の日本代表に慶應から主将を務めた牧野健児ら5人が選ばれた。今季の場合、選手資格は97年3月に高校を卒業した19歳以下の選手。

なお、大会での日本は決勝で韓国と対戦し、7−7で引き分け同点優勝した。

【慶應選出の代表】
▼中村泰登　プロップ　（大分雄城台高校）
▼野上慶太郎　フランカー　（深谷高校）
▼牧野健児　SH・主将　（国学院久我山高校）
▼小山真司　SO　（柏陽高校）
▼川尻圭介　FB　（修猷館高校）

◆慶應高校が8年ぶりに全国大会へ

慶應高校が第77回全国高校選手権大会（97年12月27日〜98年1月7日、花園）に神奈川県代表として8年ぶりの出場を果たした。大会ではシード校のため2回戦から登場。鹿児島工を46−5、3回戦で長崎北陽台を24−11と九州勢を連破して準々決勝に進んだが、兵庫代表の報徳学園に24−25の1点差で敗れ、準決勝進出を逃した。

◆パシフィックリム選手権

第２回パシフィックリム選手権は５月３日の香港vs.日本戦（香港）で開幕。第１戦をアウェーで落とした日本は秩父宮での第２戦でカナダに32−31と１点差で勝った１勝だけ。残る５試合のすべてに敗れて通算１勝５敗で２年連続最下位となった。

◆今季の国際交流

新年度は第５回ジャパン・セブンズ（４月12〜13日、秩父宮）で幕を開けた。日本代表はジンバブエ、フランス選抜を破って第２日に臨んだが、フィジーに０−54で完敗。最終の世界選抜にかろうじて22−21の１点差で勝って１勝した。

４月中旬にはNZ大学代表（NZU）が来日。日本代表Ａとの２試合など５試合を行ったが、NZUの全勝に終わった。

同じ４月に福岡で世界クラシック大会がNZオールブラックス、豪州ワラビーズ、南アフリカ・スプリングボックスのOBチームを招いて初開催。往年の名選手、スターたちが繰り広げる「妙技」に博多っ子は盛んな声援で応えていた。日本代表は大八木主将をはじめ林、松尾らが世界のオールドボーイに挑戦したが、１勝もできなかった。

遠征では日本代表Ａが７月にフィジー・豪州ツアーに出発。第１戦のフィジーＵ21に41−25で勝っただけ。後の５試合に全敗して通算１勝５敗の成績で帰国した。

1998(平成10)年度 ◆熊谷良◆

創部100年を目前に、対抗戦ベスト３以上、大学選手権ベスト４以上という目標を達成することができて何よりだった。今季最大のテーマは蹴球部の「負け癖」をなくすことだった。試合中、不利な状況になると実力を出すことができないメンタル面の弱さを克服し、選手に自信をつけさせることが、主将の仕事であると考えていた。夏合宿からそれまでの個人プレーをチームプレー中心の練習へと移行するとともにメンタルトレーニングを取り入れた。目的は自分の一番良い精神状態（IPS）をどうすれば保つことができるかを、自分自身で知るというものだった。これによってある程度、集中力を切らすことなく、練習に取り組めるようになった。

そして秋のシーズン。同志社との定期戦に勝ち、自信を持って臨んだ対抗戦は４勝２敗という成績を残すことができ、「負け癖」を打ち破ることもできたと思ったが、早、明に勝つことができなかったことで、改めてメンタル面の大切さを再認識させられる結果となった。大学選手権に入り、雪辱を果たすべく再び明治と戦えることになったが、私自身の精神状態が「守り」になってしまい、チームを勝利に導くことができなかった。ほんとうに自らの力のなさが悔やまれてならない。「優勝」の２文字を勝ち取るには、より一層の努力が必要なのだなと実感した。最後に２月の日本選手権までラグビーをプレーできたのは全部員の努力のおかげと感謝している。

（熊谷良・記）

- 日本選手権が学生、社会人各４強によるトーナメント方式に。
- 第16回アジア大会兼W杯予選（シンガポール）で日本が優勝。W杯４連続本大会出場が決まる。

◆蹴球部の名称について

蹴球部の名称問題が６月３日の黒黄会理事会で議題となった。提案理由は「100周年の募金活動の中で企業サイドからの問い合わせが間違ってソッカー部にあったことから100周年を機会に、一般にもわかりやすい『ラグビー部』としたら……」というもの。この提案に対し「蹴球部の名称は創部以来の由緒あるもの。正式名称はそのまま継承していくとして、通常の呼称をラグビー部とすればよいのでは……」の意見が出された。そこで蹴球部の創部に大きな役割を果たした草創時の先輩、安藤復蔵の名称についての記述を採録することで黒黄会諸氏の参考に供したい。

「ゼ・バーベリアンの名称ではじまり、それへ敷島クラブという別の団体が加わりラグビーフットボールクラブとなった（中略）。伊藤、猪熊、山崎、松岡らが骨を折って体育会の一部となり蹴球部ができ上がった」

安藤リポートは創部時の諸々について記しているが、少なくとも蹴球部（初代部長E. B. クラーク教授）の名称については、1903（明治36）年の体育会加盟時に命名されたことをはっきり伝えている。このような歴史的背景のもとに１世紀の長い年月、蹴球部員はじめ黒黄会員に親しまれてきた「蹴球部」の名称の是非が論じられることに、時の流れを痛感するが、すでに学生たちも現場では「ラグビー部」の名称を使用しているとの報告もあった。理事会の結論は「正式名称は残すとして、通信などに使用する名称は『ラグビー部』を併記する」折衷案で評議員会に諮ることなった。ちなみに1927（昭和２）年に体育会へ加盟したソッカー部は「蹴球」の２字が使えず「ソッカー部」とカタカナ名称にしたという話がある。

◆シーズンを前にして

今季も夏の合宿練習は２度の山中湖合宿の間に豪州キャンプをはさんで７月下旬から９月上旬にかけ、夏季休暇をフルに生かして行われた。第１次山中湖合宿は、①フィットネスレベルのチェックとその強化。②基本スキルの確認とその向上 ── の２点を目標に、日本代表の強化練習でおなじみのマルチフィットネステストの実施、コンタクトを伴う基本スキルの強化などに時間が割かれていたが、アタックではクイックラック、ミニモールを、また防御面ではボールコントロールを失わせるファーストタックルの強化に取り組んでいた。

豪州キャンプには選抜選手36人が参加。キャンプ地を過去３回のブリスベーンからシドニー近郊のテリーヒルズに移し、豪州人の新しいコーチについて指導を受けた。テリーヒルズはシドニーから北へ約20キロメートル。滞在するホテルの周りは４キロメートル四方がユウカリの林という練習には最良の環境に恵まれた。合宿期間の対外試合は４日目、６日目、９日目の３試合。最初の２試合は変則の３ハーフ、最後の試合は30分ハーフで行い、２勝１敗で勝ち越したが、対戦相手はクラブの４thグレード、２nd＆３rd、コルツ２ndグレードといったところ。実力的にはジュニアクラスではないだろうか。林雅人ヘッドコーチは「この時期の対戦相手としてはちょうど良い強さのチームだった」と語っている。

「最後の第３次山中湖合宿は第１次、第２次（豪州）合宿の内容をチームスキルへ変換していく大事の合宿」（林ヘッド）。フィットネス強化、メンタル面強化の継続はもとより、ウェートトレーニングはじめ南半球の試合ビデオから最新の技術、戦術の研究など、グラウンド、室内両面でチームの意志統一に力が注がれた。

また合宿５日目の８月25日から５日間の日程で菅平高原に25人の選抜チームを送って、チームスキルのチェックを目的とした京都の立命館（29－10）、龍谷（54－７）両大学と２試合を行った。結果はともに快勝だったが、林ヘッドは「個人技で勝ったが、チームスキルの向上にさらに時間が必要。しかし個人のスキルはここ２～３年着実に力がついてきている」と辛い採点の中にも、明るいものがあった。シーズンに期待したい。

◆京都勢との定期戦

①第72回慶京定期戦（６月21日、慶應・日吉）
○慶應義塾 45（12－19、33－５）24 京都大●
（対戦成績は慶應の60勝11敗１引き分け）
②第81回慶同定期戦（９月15日、京都・宝が池）
○慶應義塾 49（21－12、28－17）29 同志社●
（対戦成績は慶應の47勝30敗４引き分け）

同志社との定期戦に連勝したのは1985、86年以来13年ぶりのこと。７本のトライ後のコンバージョンをすべて決めた正確なプレースキックが光った。

◆シーズンの歩み（関東大学対抗）

①第72回慶東定期戦（105－０）：前年度までは原則として12月の第１土曜が東大戦と決まっていたが、今季は大きく繰り上がって第１戦（９月19日）となった。４日前に同志社との定期戦が終わったばかり。「同志社戦と重複しないメンバー編成」（上田監督）で厳しい日程を克服したが、105－０では対抗戦日程が定期戦に優先するのも致し方なしというところ。
②慶・青学戦（49－18）：青学戦の連敗を６でストップできた。シーズンにはいったばかりのこの時期。順調にチームの調整は進んでいるが「軽いプレーが目につく」とは上田監督の言葉。大事なことだ。
③慶・筑波戦（27－19）：筑波戦３連敗の後の勝利。トライ数も５－３で２本上回った。林ヘッドも「対抗戦Ａグループの中核クラスに

勝ったことは選手の大きな自信となった」と語っている。上位チームとの対戦を控えるこれからの日程。ぜひそうあってもらいたい。

④慶・日体戦（43―13）：日体戦７連敗の後の快勝。それも日体に許したトライは後半の１本だけ。７トライ、１ゴール、２PGをマークした内容的にも文句のない勝利だった。「セットプレーの優位性を生かし、徹底したスクラムサイド、モール攻撃で予想通り。メンバーも若手をいれた構成とした」と林ヘッドもプラン通りの勝利を強調していた。そういえば先発メンバーで４年生はCTB鈴木とFB稲葉の２人だけ。３年生３人、２年生８人、１年生２人のフレッシュな布陣だった。

⑤第73回慶明定期戦（17―25）：明治との全勝対決は84年以来14年ぶり。明治のキックオフではじまった。先制は明治。NO.８を軸にスクラム、ラックのサイド攻撃にしぼる明治の戦法が効を奏して３－３の均衡を破った明治がさらに１トライ（ゴール）を追加した。前半は明治のペース。慶應も積極的なバックスへの展開で明治のサイド攻撃に対抗。ゴールに迫るが、勝負どころでパスミスなどで逸機が続いた。

後半も先に得点したのは明治。NO.８－フランカーの連携プレーからバックスに展開する攻撃で３本目のトライを加え、点差も３－22と開いた。しかし明治の力にまかせた攻撃もここまで。慶應はハーフのペアを入れ替えるなど、急ピッチの反撃で２ゴールを連取したが、42分に決定的なPGを追加されて８点差が返せなかった。対戦成績は慶應の25勝46敗２引き分け。

⑥第75回早慶定期戦（21―35）：慶應の３連勝はならなかった。戦後の早慶戦で慶應の２連勝は３度あるが、３連勝はない。試合は慶應のキックオフではじまった。スタートはすこぶる好調。まず５分の先制トライはバックス、続く13分にも今度はラインアウトからのモールでトライ。ともにコンバート成功で14－０とリードした。FW、バックスとも軽快な動きで試合の主導権は慶應のもの。今季も慶應が……の空気が流れはじめた矢先の16分。試合の流れを変えるトライが早稲田に生まれた。

●慶應義塾17（３―15、14―10）25 明治○

慶應義塾	vs.	明治
左　座	FW	中　川
岡　本		山　岡
田中良		石　田
高　田		辻
阿久根		石　井
益　田		川　上
野　上		阮
山本英		斎　藤
熊　谷	HB	後　藤
信　濃		森　嶌
高　橋	TB	山口介
稲　葉		山口輔
鈴　木		松　添
山本宗		岩　倉
佐　藤	FB	福　田

【交代】《慶》三森（野上）、牧野（熊谷）、和田（信濃）、吉川（和田）、田中豪（佐藤）《明》黒崎（中川）、安藤（石田）

●慶應義塾21（14―15、７―20）35 早稲田○

慶應義塾	vs.	早稲田
左　座	FW	安　藤
岡　本		萬　匠
浜　岡		正　木
高　田		高　田
阿久根		山崎隆
野　上		大　瀬
三　森		井手上
山本英		江　原
熊　谷	HB	辻
信　濃		福　田
高　橋	TB	西　辻
田中豪		山崎勇
鈴　木		高　野
山本宗		横　井
稲　葉	FB	長　井

【交代】《慶》広田（岡本）、田中良（浜岡）、益田（三森）、吉川（益田）、牧野（熊谷）、川尻（鈴木）、瓜生（山本宗）《早》香川（江原）、武川（高野）、山崎弘（長井）

ラインアウトのクイックスローインから早稲田はバックスに展開。主将の山崎勇が起死回生のトライをゴール中央に決めて甦った。自信とはおそろしい。この後も1PG、1トライを追加され、前半が終わってみれば14－15で逆転されていた。さらに点差は後半を迎えて広がるばかり。早稲田が2PGと1トライ、慶應も1トライを返して21－28からインジュリータイムの42分、決定的なトライ（ゴール）を奪われ、慶應サイドとしては予想外の結果となった。林雅人ヘッドは「早稲田のPKからの早い展開、広くて浅いTBラインが初めて対抗戦で有効に機能した。慶應は結果的に受けにまわってしまった」と分析している。対戦成績は慶應の18勝52敗5引き分け。

この結果、慶應は関東大学対抗を4勝2敗で全勝の明治に次いで2位となり、13年ぶりの大学選手権出場が決まった。

《第35回全国大学選手権》

◆1回戦（12月20日、福岡・平和台）

○慶應義塾 74（36－0、38－7）7 福岡大●

◆2回戦（12月26日、大阪・花園）

○慶應義塾 41（19－0、22－14）14 日本大●

◆準決勝（1999年1月2日、国立競技場）

●慶應義塾 18（7－10、11－14）24 明治○

慶應義塾	vs.	明治
左　座	FW	黒　崎
岡　本		山　岡
浜　岡		石　田
高　田		辻
三　森		石　井
野　澤		池　田
益　田		阮
山本英		斎　藤
熊　谷	HB	後　藤
和　田		森　嶌
高　橋	TB	山口介
田　中		山口輔
稲　葉		松　添
浦　田		岩　倉
川　尻	FB	福　田

第35回全国大学選手権に13年ぶりの出場を果たした慶應は1回戦の福岡大を74－7のビッグスコアで破ったあと、2回戦でも日大を41－14の大差で下して準決勝に進出。明治との再戦となったが、惜しくも6点差が返せず、18－24で敗退した。
決勝は前年度と同じ関東学院vs.明治の対戦となり、関東学院が47－28で明治を破って2連覇を達成した。

《大学選手権短評＝林ヘッド》

◆1回戦（慶應－福岡大）

13年ぶりに出場が決定した大学選手権第1試合。終始試合を有利に進めたが、平凡なミスもいくつかあったことは反省点であろう。後半点を重ねたが、福岡大に1トライ（ゴール）を奪われてしまった。前評判通り攻守とも実力を見せつけ圧勝した。

◆2回戦（慶應－日大）

大学選手権第2試合。実力的に互角といわれた試合であった。前半、慶應3トライ（2ゴール）に対し、日大の得点は0。19－0と大きくリードしたが、後半のスコアは22－14となり日大に2トライを与えてしまった。しかし慶應は1年生の活躍や、FW一辺倒の攻撃を立て直したFWとバックスのバランスの良さもあって、有利な態勢が崩れることはなかった。ラインアウトも安定しており、日大に快勝した。

◆準決勝（慶應－明治）

開始7分、明治に先制トライを奪われた。0－7で動きのないまま36分、慶應が和田の小パントから明治の処理ミスを浜岡－左座－益田と2年生トリオがつないで左隅にトライ。7－7とした。このあと明治がPGを加えて前半は7－10。後半の慶應は風上。太陽を背にする好条件をいかしたハイパント攻撃から2PGを連取、21分には高橋のトライで18－10とリードしたが、コラプシングによる30分のペナルティートライを境に、41分にも逆転のトライを許してしまった。前半はラインアウトに苦戦し、後半は勝負どころのスクラムに失敗した。全般に攻め込んだときにミスが多く、またバックスリーのキック処理の悪さが目立った。しかしチャンスメイクという点では慶應が圧倒的に明治を上回り、バックスのオーバーラップ回数は慶應の6回に対し、明治はほぼゼロだった。トライまでの決定力不足が悔やまれる。

◆日本選手権は1回戦敗退

第36回日本選手権（トーナメント）に大学ベスト4の一角を占めた慶應は13年ぶりに出場。1回戦で社会人優勝のサントリーと対戦したが、健闘も及ばず後半3トライ、1ゴールの17得点だけ。サントリーに12トライ、10ゴールを献じて敗退した。優勝は東芝府中。決勝で神戸製鋼を24－13で破り、日本選手権3連覇をとげた。新日鉄釜石、神戸製鋼の7連覇に次ぐ連勝記録。なお、日本選手権は今大会から大学、社会人の各選手権ベスト4による8チームのトーナメント方式となった。

【1回戦】（99年2月14日、大阪・花園ラグビー場）

●慶應義塾17（0－35、17－45）80 サントリー○

◆その他の対戦

◆第71回慶立定期戦（11月8日、慶應・日吉）
○慶應義塾　64（33－19、31－26）45　立教●
（対戦成績は慶應の64勝5敗2引き分け）
◆慶・成蹊戦（9月27日、慶應・日吉）
○慶應義塾　66（40－0、26－0）0　成蹊●
（対戦成績は慶應の29戦29勝）
◆YC＆AC創立130周年記念（11月7日、横浜・矢口台）
●慶應義塾　7（7－10、0－17）27　YC＆AC○
（30分ハーフ）

◆関東大学ジュニア選手権

第20回関東大学ジュニア選手権は9月12日に開幕。グループAの慶應は第1フェーズで大東文化（81－26）、山梨学院（128－0）、明治（29－29）と対戦して2勝1引き分け。第2フェーズでは関東学院（38－16）、日大（57－37）に勝って2勝したが、明治（21－29）との再戦に敗れ、早稲田（34－47）にも屈して2勝2敗で日程を終了した。

◆全早慶明3大学対抗

第34回全早慶明3大学対抗戦は3月7日、駒沢競技場での全早慶戦で開幕。学生主体の全慶應は前半24－10とリードしたが、後半にはいって早稲田の追撃を許し、24－24で引き分け。13日の全慶明戦（秩父宮）も50－50で引き分けた。

◆W杯に日本が4回連続出場へ

第4回W杯アジア地区最終予選兼第16回アジア大会は10月24日、シンガポールで開幕。日本は台湾を136－6、韓国を40－12、香港を47－7と連破して3戦全勝の勝ち点9で1位となり、W杯4連続出場を決めた。アジア大会は4連勝、12度目の優勝。W杯本大会は来年（1999）10月から約1カ月間、ウェールズ・カーディフを中心に4ホームユニオンとフランスで開かれる。

なお、アジア競技連盟（AGF）主催の第13回アジア競技大会（12月4日～19日、バンコク）からラグビーが実施種目となり、日本代表はシンガポールからの帰途、開催地タイのバンコクにストップオーバー。15人制、7人制ともに決勝で韓国に敗れて2位に終わった。

◆第３回パシフィックリム選手権

３年目を迎えたパシフィックリム選手権は５月３日の日本vs.カナダ戦（秩父宮）で開幕した。日本代表は第３戦の香港を38－31、第５戦の米国を25－21と、ともにアウェーで勝利したが、ホームでの３試合と最終戦のカナダ戦（アウェー）を落としたものの、２勝４敗で初の３位となった。

◆その他の国際交流

シーズン幕開けの９月にアルゼンチン代表が来日。東京と大阪で日本代表、日本選抜と２試合が行われた。アルゼンチンと日本はW杯予選プールＤ組で決勝トーナメント進出を争うライバル関係の間がら。第１戦の日本選抜は28－51で大敗したが、秩父宮でのテストマッチは44－29で快勝。１年後に控えたW杯に明るい希望が見えてきた。

また年度末の３月には日本代表が豪州に遠征し、日本でもおなじみのACTの若手チームをはじめ、地元NSW州のエマージングワラタズ（EW）などと４試合を行ったが、最後のNSW州EWに１勝しただけ。４戦１勝３敗と負け越した。

そのほか４月のプレシーズンに英国のオックスフォード、ケンブリッジ両大学が英国祭UK98のスポーツ使節として来日。早稲田、明治、同志社、関東学院と４試合を行ったが、いずれもオックス・ブリッジの快勝に終わった。

1999（平成11）年度 ◆高田晋作◆

創部100周年を第36回大学選手権優勝で飾る

蹴球部創部100周年という記念すべき年、を初の単独学生日本一という最高の結果で飾れたことはこのうえない喜びである。思えば昨年の正月、大学選手権準決勝で明治大学にインジュリータイムに入ってからの逆転負けという屈辱が今年のチームのスタートであった。その試合は悔しい敗戦であったと同時に、自分たちの足りないものを教えてくれた試合でもあり、ゲームの後半に出てきたいくつかのミスは、まだ自分たちが「勝つチーム」にはなりきれていなかった証しであった。

今季のチームの課題（テーマ）は、攻め手をたくさん持っているチーム、弱みの少ないチームになることであった。そのため昨季のスキルレベルから全体的にどれだけ上積みしていけるかの勝負であった。試合中のひとつひとつのプレーを、いかにミスを少なく精度を高めていけるか。春から実戦に近い形の練習を取り入れ、コンタクトスーツを使用した激しいコンタクト練習やポジションごと、個人ごとのスキル練習重視などにより、個人、個人のプレーの精度という点では順調に高まっていった。また今年のチームはひとつのポジションに力の近い選手が複数おり、選手の向上心を高めたことも、レベルアップの大きな要因であった。

シーズンにはいりケンブリッジ大学から金星を挙げ、その後の対抗戦も７戦全勝。勢いは衰えず、大学選手権でも逆転勝ちの連続で、ついに頂点まで駆け上がることができた。数多い大学チームがある中で頂きに立てるのはたった１校である。その１校になれたということは全部員の努力の賜物である。監督、コーチの熱意の賜物である。それらの総意の結集が運を呼び込んだ優勝であったと思う。指導していただいた諸先輩、部員、そして協力していただいたすべての関係者の方々に深く感謝している。

（高田晋作・記）

◆創部100周年記念行事

慶應義塾体育会蹴球部の創部100周年記念行事は９月11、12日の２日間にわたる行事を成功裡に終わることができた。11日の記念試合ケンブリッジ戦、そして翌12日の記念式典、祝賀会に参列していただいた来賓はじめ大学当局、ラグビー協会などのみなさんからは蹴球部100年の歩みを称える賛辞の数々が寄せられたが、以下は黒黄会青井達也会長（記念事業実行委員長）の会員諸氏へのお礼の言葉（要旨）──。

「式典当日の９月12日は晴天にも恵まれて1200人を越える皆様にお集まりいただきました。三笠宮寛仁親王妃信子殿下をはじめ、駐日英国大使スチーブン・ゴマソール閣下、日本ラグビー協会金野滋会長、連合三田会服部禮次郎会長、桜内義雄衆議院議員のご来賓の方々にもご出席いただきました。服部会長からは『大盛会、大成功おめでとう。信子妃殿下はじめご来賓の方々も定めし喜んでくださったとぞんじます』と、丁重なお礼状を頂戴しており、また慶應義塾鳥居泰彦塾長もたいへん喜んでおられたと伺っております。９月11日の対ケンブリッジ大学戦には鳥居塾長、ライト英国大使はじめ多数の黒黄会員のご観戦をいただきましたが、42－21で大勝し、今季の活躍を予感させる好ゲームでした。ケンブリッジ大学のトニー・レモンズ団長も『今回のジャパンツアーはたいへん良かった。とくに慶應の対応がすばらしかった』の言葉を残して帰って行かれました。黒黄会員の皆様のご協力に感謝いたしますとともに、新しい世紀へ向けて、さらなる飛躍を目指して活動を継続していきます。ありがとうございました」

◆100周年を祝う ケンブリッジ大戦に快勝

◇創部100周年記念試合（９月11日、秩父宮）

○慶應義塾 42（23—14、19—７）21ケンブリッジ大●

慶應義塾	vs.	ケ大
山本拓 OB	FW	トウィディ
岡　本		スミス
松　本 OB		ヘネシー
高　田		H. インネス
阿久根		A. インネス
田　村 OB		ムートン
野　澤		セクストン
山本英		カウント
牧　野	HB	ピーコック
金　沢		岩　渕
高　橋	TB	フルトン
田　中		ジョンズ
川　尻		ビッドウェル
浦　田		ラッジ
栗　原	FB	ブオイ

【交代】《慶》浜岡（山本拓）、安（松本）、三森（田村）、瓜生（金沢）、山本宗（田中）《ケ》ハズレット（トウィディ）、クッツァー（ムートン）、マーティン（岩渕）

慶應義塾蹴球部の創部100周年を祝う英国ケンブリッジ大学との記念試合は９月11日、秩父宮ラグビー場で行われた。来日のケンブリッジ大学は慶應ラグビーのルーツともいうべきチーム。英国に残る記録によると「イングランドで最初にできたラグビークラブがケンブリッジ」で、その創設は慶應蹴球部の1899年をさかのぼること60年。じつに1839年という160年の長い歴史を誇る名門クラブである。

試合は日本最初のクラブ慶應が前半から押し気味。FWの速い集散と自陣から積極的に展開するオープン攻撃で５トライ、４ゴール、３PGの42点をあげ、ケンブリッジ大学の反撃を３トライ、３ゴールの21点に抑えて記念の100周年シーズン開幕第１戦を飾った。遠来のケンブリッジ大学は新チームがスタートしたばかりの準備不足。夏の豪州キャンプはじめ３回にわたる合宿練習でこの日に備えた慶應とはチームコンディションに大きな開きがあった。慶應が英国遠征も含めてケンブリッジ大学に勝ったのはこれが初めて。

1999年度関東大学対抗戦で全勝優勝

◆シーズンの歩み（関東大学対抗）

①**第74回慶東定期戦**（129—５）：東大との定期戦史上最多得点、最多点差の圧勝となった。東大戦で３ケタの勝利は73年、75年、78年、98年に次いで５度目。両校のチーム力の消長がこれらの得点からうかがえる。

②**慶・筑波戦**（57—19）：筑波にも２連勝。昨季は８点差と接戦のすえの勝利だったが、今季は38点差。内容的にも前半が28－７、後半は29－12と得点のバランスがいい。慶應としては80分を安定した試合展開に終始したといえる。

③**慶・日体戦**（69—８）：慶應のワンサイドゲーム。24－３と前半で勝敗は決まったも同然だったが、すばらしかったのは後半に７トライ、５ゴールを追加している点だ。対戦相手のパワー、スピードが後半になると落ちていくのとは対照的に、慶應XVはフィットネス、メンタルの両面で上昇傾向にある。日体とは36戦しているが、今季の69得点、61点差はともに最高。ただ翌日の新聞評は「ラインアウトのスローイングなど主力２人の負傷欠場の穴が埋め切れていない」と酷評だったが……。

④**第74回慶明定期戦**（41—10）：慶應の完勝だった。勝因の第１はセットプレーのすべてをFWが制したこと。それでも総体に動きの堅い前半は８－３とリードは１トライ差だったが、後半に入ってからは慶應の真価が発揮さ

○慶應義塾41（8—3、33—7）10 明治●

慶應義塾	vs.	明治
浜　岡	FW	石　川
左　座		松　原
中　村		石　井
高　田		千　田
吉　川		加　藤
三　森		伊　藤
野　澤		阮
山　本		斎　藤
牧　野	HB	後　藤
和　田		菅　藤
藤　井	TB	山　口
瓜　生		上　田
川　尻		松　添
浦　田		桜　井
加　藤	FB	福　田

【交代】《慶》篠（浜岡）、安（中村）、有馬（三森）、阿部（藤井）《明》菅藤圭（桜井）

れた。圧巻だったのは2分にあげた野澤のトライと19分のトライ。ともに明治ゴール前のスクラムを押し込んだ後のラックから野澤、牧野がインゴールに飛び込んだものだが、対戦相手のゴール前スクラムからトライを狙うのは明治FWのお家芸。それを今季は慶應FWがやってのけた。明治FWの弱体化という見方があるとしても、ここはやはり「100周年を優勝で」と、地道に強化活動を積み重ねてきた慶應FWの努力が具現されたシーンと評価されるべきだろう。慶應は念願の優勝へまた大きく前進した。対戦成績は慶應の26勝46敗2引き分け。明治戦の連敗を9でストップした。

⑤慶・青学戦（99—0）**：**青学戦6連敗の後の2連勝。それも99得点は54年の初対戦以来の最高得点となった。もちろん戦力の比較は相対的なもの。青学のチーム力低下もあるだろうが、それ以上に慶應の充実ぶりを証明する試合内容ではあった。

⑥慶・帝京戦（31—13）**：**今季が対戦2年目の相手。それだけに未知の部分も含めて不気味な面を持ち合わせた一戦とも思われたが、試合が終わってみれば全くに杞憂にすぎなかった。奪った4本のトライすべてをゴールとするなど、余裕の攻守で全勝を守った。

⑦第76回早慶定期戦（29—21）**：**慶、早が全勝でぶつかるのは実に15年ぶり。それだけにここに至る慶應の確かな歩みがうかがえるわけだが、やはり早稲田が持つ慶應への優越感を打ち砕くには、今季の好調なタイガー軍団をもってしてもかなりの時間と運動量を要した。

先制したのはFW戦劣勢の早稲田。前半3分、まずPG。続いて10分、慶應ゴール前のスクラムから早い球出しで右への展開から横井のトライで8点をリードしたが、特筆されるのはむしろディフェンスのすばらしさだった。FW戦の優位から仕掛ける慶應のバックス展開をCTBのところで断ち切るタックルの激しさ。最初のハーフは早稲田が13点リードという慶應にとっては誤算の連続となった。

○慶應義塾29（5—18、24—3）21 早稲田●

慶應義塾	vs.	早稲田
左　座	FW	成　田
岡　本		大　内
中　村		小　林
高　田		佐　藤
阿久根		脇
三　森		上　村
野　澤		井手上
山　本		江　原
牧　野	HB	辻
和　田		福　田
藤　井	TB	山　下
瓜　生		小　森
川　尻		高　野
浦　田		横　井
加　藤	FB	長　井

【交代】《慶》鈴木（川尻）、田中（左座）、阿部（藤井）、浜岡（中村）、益田（三森）、吉川（阿久根）、高木（牧野）

昨季の慶應ならこの早稲田ペースの重圧が跳ね返せなかったかもしれないが、今季は違った。ちょっとしたプレー、一つの動きをきっかけに、試合の流れを呼び込むワザとパワーを選手の一人ひとりが持ち合わせている。その好例が後半10分、早稲田のタックルを次々にかわしながら60メートルを一人で走り切った瓜生の起死回生のトライ（ゴール）。まさに個人技の最たるものではあったが、瓜生の激走を引き出したのは早稲田ボールのスクラムを押し込んだFWのパワーとスクラムワークにあった。

後半の早稲田はノートライ。慶應がリズムに乗った攻守でさらに2トライ、2ゴール、1PGを加えて創部100周年の記念のシーズンを全勝優勝で飾った。これで対戦成績は慶應の19勝52敗5引き分け。なお慶應の大学選手権出場は2年連続、16度目。

◆第36回全国大学選手権優勝（3度目、単独Vは初めて）

1999年度の第36回全国大学選手権は99年12月18日に開幕。2年連続出場を決めた対抗戦全勝優勝の慶應義塾は、2000年1月15日の決勝（国立競技場）で関東学院と対戦。選手権史上2度目の3連覇をめざす関東学院を27－7の一方的なスコアで下し、創部100周年の記念のシーズンを14年ぶり、3度目の優勝で飾った。慶應義塾の大学選手権単独Vはこれが初めてで、名実ともに大学日本一の栄誉に輝いた。

◆1回戦（慶應－法政）

前半は法政ペース。スクラムの押しと突破力に定評のあるFWのパワーに1トライ（ゴール）を先行されて苦戦の慶應だったが、フィットネスに自信をもつ慶應が攻守に組織的なプレーでも一枚上で、3トライ、3ゴール、3PGの30点を加えて逆転し、2回戦へと勝ち進んだ。

◇1回戦（12月19日、秩父宮）

○慶應義塾33（3－7、30－0）7 法政●

◆2回戦（慶應－日大）

この試合も前半はリードを許す展開となった。対抗戦のチャンピオン慶應に対する挑戦者の意気込みが日大の5トライ、2ゴールとなったようだが、後半にはいると調子が上がってくる慶應。10－19の9点差を後半5トライ、4ゴールを奪って一気に逆転した。仕掛けるのが遅いのか、あるいは後半にならないと組織が機能しないのか、気になる点ではある。

◇2回戦（12月26日、秩父宮）

○慶應義塾43（10－19、33－10）29 日大●

◆準決勝（慶應－同志社）

序盤戦の流れを先につかんだのは同志社だった。9分、34分とトライを連取。慶應の前

◇準決勝（2000年1月2日、国立競技場）

○慶應義塾25（3－12、22－7）19 同志社●

慶應義塾	vs.	同志社
田中良	FW	大　瀧
岡　本		水　間
安		尾　崎
高　田		林
阿久根		堀　井
三　森		太　田
野　澤		奥　薗
山本英		川　嵜
牧　野	HB	見　先
和　田		大　西
阿　部	TB	中　矢
田中豪		伊　勢
川　尻		松　本
浦　田		馬　場
栗　原	FB	船　越

【交代】《慶》高木（牧野）《同》徳野（伊勢）、佐藤（林）
【入替】《慶》左座（田中良）、瓜生（川尻）、益田（三森）
《同》斎藤均（堀井）、田中（奥薗）

半の反撃をPG 1本に抑えた。ただ、早稲田のスクラムを5メートル近く押しまくった同志社だったが、慶應FWとはほぼ互角。強力FWを自他ともに認める同志社としてはこのスクラム戦は大きな誤算といっても間違いないだろう。しかも後半の逆転劇に自信をもつ慶應にとって先行された前半の9点差は意識するほどの点差ではなかった。事実、後半にはいると同志社FWの勢いに衰えが目立ちはじめ、まるで計算され尽くしたように慶應の4試合連続の逆転勝利となった。

◆決勝（慶應－関東学院）

慶應のチームスキル、スピリッツ、そしてプレーの緻密さと激しさが関東学院の史上2度目となる3連覇を封じた。ルーツ校、慶應会心の勝利。

慶應がスタートから試合の主導権を握った。過去4試合はすべて対戦相手を追いかける試合展開だった慶應が前半から仕掛けていくラグビーに転じた点に、慶應のこの一戦にかけるチームのスピリッツが伝わってきた。前半は4本のPGを確実に決めて優位の態勢を築くとともに、タックルが冴えて関東学院の反撃は38分のトライ1本だけ。しかも後半には開始2分に浦田、22分にも加藤と2本のトライを加えて勝利を不動のものとした。試合後の祝勝会で慶應義塾の鳥居泰彦塾長が「魂のタックル」と讃えていたが、その言葉通り慶應の最大の勝因は突き刺さるような伝統のタックルといえるだろう。

◇決勝（2000年1月15日、国立競技場）

○慶應義塾 27（12－7、15－0）7 関東学院●

慶應義塾	vs.	関東学院
田中良	FW	久　富
岡　本		蔵
安		桜　井
高　田		堀　田
阿久根		川　井
三　森		古　島
野　澤		服　部
山本英		若　松
牧　野	HB	増　田
和　田		渕　上
栗　原	TB	矢　口
田中豪		萩　谷
瓜　生		吉　岡
浦　田		四　宮
加　藤	FB	萩　原

【入替】《慶》左座（田中良）、中村（安）、川尻（田中豪）、高木（牧野）《関》角濱（萩原）、赤井（若松）

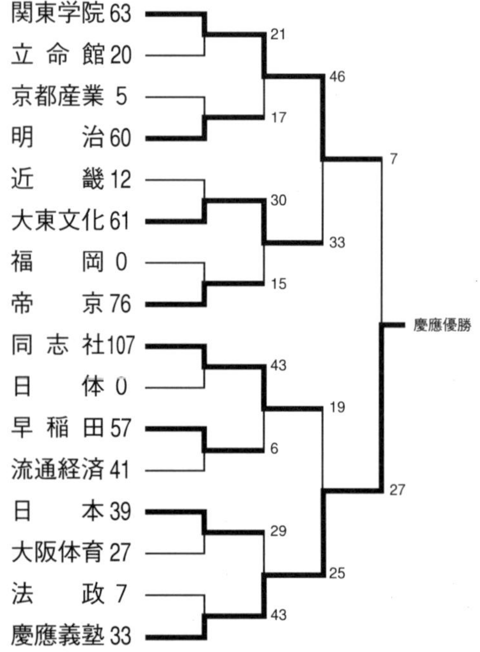

◆第37回日本選手権に連続出場も

大学チャンピオンで、今季唯一の無敗チーム慶應義塾が第37回日本選手権1回戦（2月13日、秩父宮ラグビー場）で社会人4位のNECと対戦。前半を15－17の2点差で折り返すなど、互角の試合運びで場内を沸かせたが、後半にはいって徹底したFWの縦攻撃に転じたNECのパワープレーに力尽きて1敗を記録。創部100周年の記念のシーズンが終わった。

《第37回日本選手権》

◇1回戦

●慶應義塾29(15—17、14—35)52 NEC○

慶應義塾	vs.	NEC
田中良	FW	網　野
左　座		西　原
安		東
高　田		青　木
阿久根		角　田
三　森		野　瀬
野　澤		菅　田
山本英		箕　内
牧　野	HB	富　澤
和　田		岡　野
栗　原	TB	工　藤
瓜　生		川　合
川　尻		岡　村
浦　田		平　川
加　藤	FB	肥　後

【交代】▼《慶》浜岡(阿部)▼《N》片倉(岡野)
【入替】▼《慶》中村(田中良)、吉川(阿久根)、益田(三森)、高木(牧野)、鈴木孝(川尻)、阿部(加藤)《N》石井(網野)、宮村(青木)、鈴木(箕内)、大鷲(富澤)

慶應	vs.	NEC
2	T	3
1	G	1
1	P	0
15	前	17
2	T	5
2	G	5
0	P	0
14	後	35
29	計	52
7	反	16

◆京都勢との定期戦

①第73回慶京定期戦
(5月30日、舞洲球技場)
△慶應義塾26(12—19、14—7)26 京都大△
(対戦成績は慶應の60勝11敗2引き分け)

京都大との定期戦に引き分けたのは1930(昭和5)年以来69年ぶり、2度目。

②第82回慶同定期戦
(5月30日、岡山・美作ラグビー場)
○慶應義塾31(17—5、14—17)22 同志社●
(対戦成績は慶應の48勝30敗4引き分け)

◆その他の対戦

◇第72回慶立定期戦(10月3日、慶應・日吉)
○慶應義塾74(36—0、38—5)5 立教●
(対戦成績は慶應の65勝5敗2引き分け)
◇慶・成蹊戦(9月26日、慶應・日吉)
○慶應義塾54(14—0、40—0)0 成蹊●
(対戦成績は慶應の30戦30勝)

◆第21回関東大学ジュニア選手権

第21回関東大学ジュニア選手権第1フェーズの慶應は中央(99—15)、専修(42—24)を破って2勝したが、帝京(33—42)に敗れて2勝1敗。後半の第2フェーズは2位グループで慶應、流通経済、日体の3校が2勝1敗で並んだが、トライ数最多の慶應が1位となった。

●慶應　17—45　日体○
○慶應　57—8　流通経済●
○慶應　95—19　大東文化●

◆蹴球部のエンブレムを商標登録

蹴球部創部100周年記念行事の一環として、黒黄ジャージーの胸部に使用しているマークの商標登録を黒黄会理事会で決定。弁理士米屋武志事務所を通して正式に特許庁へ登録申請した。登録にあたっては2種の指定商品の使用についての申請となる。

◇**第24種指定商品：**布製身の回り品、枕カバー、毛布、織物壁掛け、テーブル掛け、布製ラベル、幟(のぼり)及び旗(紙製のものを除く)。

◇**第25種指定商品：**洋服、コート、セーター

商標登録証

登録第４３６３６８８号

平成１１年商標登録願第２３７７５号

商標

指定商品又は指定役務並びに商品及び役務の区分

第２５類　洋服，コート，セーター類，ワイシャツ類，寝巻き類，下着，水泳着，水泳帽，えり巻き，靴下，手袋，ネクタイ，ネッカチーフ，バンダナ，保温用サポーター，マフラー，耳覆い，ヘルメット，帽子，その他別紙記載

商標権者　東京都八王子市めじろ台２丁目４８番６号　慶應義塾体育会蹴球部黒黄会内

青井　達也

この商標は、登録するものと確定し、商標原簿に登録されたことを証する。

平成１２年　２月２５日

特許庁長官　近藤隆彦

特許庁より交付されたマークの「商標登録証」。平成11年商標登録願第23775号（名称『図形商標（Ｋ＋Ｏ）』・第25類）／平成12年2月25日登録第4363688号と記されている。

類、寝間着類、下着、水泳着、水泳帽、襟巻き、靴下、手袋、ネクタイ、ネッカチーフ、バンダナ、保温用サポーター、マフラー、耳覆い、ヘルメット、靴類、運動用特殊衣服、運動用特殊靴。

◆慶應高校蹴球部創部50周年祝賀会

慶應義塾高校蹴球部（倉橋忠雄部長）の創部50周年記念祝賀会が６月６日、芝パークホテルで盛大に催された。祝賀会には来賓の日本ラグビー協会金野滋会長はじめ早稲田大学高等学院、同志社高校、西京高校の定期戦相手校、神奈川県の桐蔭高校、法政第二高校など慶應高校ゆかりのラグビー、高校関係者50余人を迎えてラグビー談義に花が咲いた。

◆慶應義塾NY学院高校が全米大会に出場

慶應義塾NY学院高校蹴球部は米国東海岸地区大会（日時、大会地不祥）で３位となり、初めて全米大会に出場。太平洋岸１位のハイランド高（過去５年間連続全米チャンピオン）には７－38で敗れたが、第２戦のロックハースト高（ウェスタン地区１位）には31－20で快勝してプールＡの２位で決定戦に出場したが、オハイオ州ミッドウエスト２位のウエスタービル高に12－19で逆転負けした。全米大会に日本人チームが出場したのは慶應義塾NY学院高校が史上初めて。また左WTBの森竜馬（２年）はU19W杯の米国代表『U19イーグルス』１次合宿（120人）に呼ばれ、７月に行われる第２次合宿（40人）の参加メンバーにも選ばれている。

◆W杯出場の日本代表は予選プールで敗退

第４回W杯はウェールズなど英国４ホームユニオンとフランスで10月１日に開幕。４大会連続出場の日本代表は予選プールＤ組でサモア（レキサム）、ウェールズ、アルゼンチン（ともにカーディフ）に敗れて３戦全敗で決勝トーナメント進出の夢はならなかった。今大会で日本代表が記録したトライはウェールズ戦の２本だけ。３試合とも完敗だった。

優勝は決勝でフランスを破った豪州。第２回大会に次いで２度目のエリス杯を手にした。

【予選プールＤ組】

▼第１戦

(10月３日、北ウェールズ・レキサム)

●日本代表　9（6－18、3－25）43　サモア○

▼第２戦

(10月９日、カーディフ)

●日本代表 15（15－26、0－38）64　ウェールズ○

▼第３戦

(10月16日、カーディフ)

●日本代表 12(9−17、3−16)33 アルゼンチン○

◆第4回パシフィックリム選手権で初優勝

W杯の前哨戦ともいえる第4回パシフィックリム選手権は5月1日の日本vs.カナダ戦(秩父宮)で開幕。第1戦でカナダに23−21と競り勝った日本代表はトンガ(44−17)、サモア(37−34)とホームで連勝。第4戦のフィジーにはアウェーで9−16と1敗したが、ハワイでの米国戦を47−31で勝ち、5戦4勝1敗で初優勝を飾った。

◆W杯直前にスペインが来日

W杯前の8月にスペイン(W杯予選プールA組)が来日。17日に江戸川競技場で日本選抜と、3日後の20日に日本代表と国立競技場で、ともにナイトゲームとして行われた。第1戦の日本選抜は10トライ、9ゴール、1PGと大量71点をマークして大勝。第2戦のテストマッチも日本代表が30−7とスペインの反撃を後半の1ゴールに抑えて快勝した。

●年度別 シーズンの歩み 参考文献●

『慶應義塾体育会蹴球部六十年史』	慶應義塾体育会蹴球部編
『慶應義塾学報』(第11号・明治32年1月15日ほか)	慶應義塾編
日本ラグビー蹴球協会機関誌『ラグビー』創刊号(1930年10月)ほか	日本ラグビー蹴球協会編
『日本ラグビー史』(昭和39年11月20日刊)	日本ラグビーフットボール協会編
『神戸商船大学紀要』第17、18号(昭和44年、45年各3月)	神戸商船大学図書館委員会編
『Japan Gazette』新聞	『市民グラフ・ヨコハマ』横浜市発行
ラグビージャーナリスト秋山陽一氏所蔵の資料	日本ラグビー草創期の研究家
『Japan Weekly Mail』(1903・Dec. 12、1904・Feb. 27)	
『時事新報』(明治37年1月30日ほか)	
『RUGBY Football Annual』(1954～1955)	Edited by O.L. OWEN
『THE GILBERT STORY』	J. Gilbert Ⅲ世著、Mark Ealey訳
『RUGBY(GUINNESS THE RECORDS)』	GUINNESS BOOKS刊 Chris Rhys著
The Museum of Rugby (日本コーナーから)	THE RUGBY FOOTBALL UNION
国領武一郎氏所蔵のラグビー資料から	京都大学OBのラグビー史研究家
『体育会百年の軌跡』	慶應義塾体育会編
『慶應システム』(セブンの解説)	蹴球部OB岩下秀三郎著
1909年頃の東京市街図(明治時代の麻布区)	財団法人日本地図センター刊
『三高嶽水会蹴球部部史』	第三高等学校嶽水会蹴球部編
『同志社時報』	同志社大学
『開学50周年記念誌』	鹿児島大学農学部編
『早稲田ラグビー六十年史』	早稲田大学R. O. Bクラブ編
『朝日新聞(東京、大阪)』	朝日新聞社発行
『東京日日新聞』	東京日日新聞社発行
『大阪毎日新聞』	大阪毎日新聞社発行
『毎日新聞』	毎日新聞社発行
『朝日年鑑』	朝日新聞社発行
『朝日スポーツ』	朝日新聞社発行
『スポーツ毎日』	毎日新聞社発行
『サンケイスポーツ(東京)』	産経新聞社発行
『ラグビーマガジン』	ベースボール・マガジン社
『黒黄会報』	慶應義塾黒黄会編
『広辞苑』	岩波書店

先人の夢、栄光の時

クラークと田中銀之助

慶應ラグビー草創期の先輩たち

田辺九万三大先輩のこと

わが回想の蹴球部

セブン・システムについて

理事会から見た黒黄会と現役のできごと

多くの宿題を課された100周年優勝

先人の夢、栄光の時ー1

クラークと田中銀之助

◆遠山靖三（構成）◆

慶應（日本）ラグビーの創始者 E・B・クラーク

【クラーク横浜に生まれる】

クラーク（Edward Bramwell Clarke）は1874（明治7）年1月31日、英国人の父ロバート・クラーク（Robert Clarke）、同じく英国人の母エリザベス（Elizabeth）の長男として横浜で出生と同時に英国民として英国籍に登記されている。両親がいつ来日したかは定かでないが、職業は横浜随一のBakery（パン屋）だった。

クラークの経歴については彼自身が記したCurriculum Vitae（履歴書）によっても、両親の名をはじめ日本流の戸籍面は全く記されていないが、彼自身の話によると、同じクラーク姓でも語尾が「E」で終わるクラーク姓は英国でも名門に属するとか。いずれにしても両親についての記録には不透明な部分もあるが、彼自身の学歴、職歴はほぼ明らかだ。

1888（明治21）年1月から1890（明治23）年7月までQueen Victoria Public School,Yokohamaに在学。それまでの修学適齢の幼年時代（12歳頃まで）は横浜にまだ英国系の学校が開校されていなかったため家庭で聖ホール牧師Rev.Hallの個人教育をうけて、幼少年期の教養を身につけた。

【田中銀之助との縁】

彼の生涯を通じての言動から推察して、その性格を端的に表すと、聡明で、緻密で、そしてやや内気な非社交的な人柄であったようだが、この天賦の聡明さに加えるに、ホール牧師の薫陶があずかってパブリック・スクールに入学するやたちまち抜群の成績を示し、学期末、学年末のほうびや賞状はみんな独り占めでさらってしまい、何ももらえない他のこどもたちの母親からたいへん恨まれるような目にあったということである。

その彼にしてたった1科目だけ遅れをとり、ほうびの銀メダルを横取りされたのは、彼自身も最も苦手としている数学であったが、なんとこの数学の銀メダルの獲得者は、後日彼の日本ラグビー創始のさいの唯一の、そして不可欠の協力者となった田中銀之助であったのである。

クラークは4歳のとき既に字を覚え、6歳の頃には、当時横浜で毎土曜日、夕刊紙として発刊されていた唯一の英字新聞『ジャパン・ガゼット』の文芸欄を熱心に読んだり、バンヤンの作品を数冊も愛読するなど、たいへんな神童ぶりであった。学校では間もなく彼をPupil-teacherとして生徒のまま先生を兼ねる立場とし、ずっと年長の日本人や中国人の青年教師とともに、低学年のこどもたちの指導に当たらせられた。

このことは一面彼を喜ばせたが、後で学校がこういう処置をとった真意が、賞という賞をみな取ってしまう彼の受賞資格を剥奪するためと分かって、彼にはショックだったらしいが、やがて名実ともに教師の列に加えられたことで「そうだ、俺は15歳２分の１で先生になったんだ！」と自負することで、その立場に満足するようになった。

【クラークと小泉八雲】

このパブリック・スクール時代、クラークはLafcadio Hearn（小泉八雲）に会い、忘れることのできない忠言を受けている。このときの模様は、後にクラーク自身の筆で興味深く描き出されているが、クラークが「わたしはほんのつかの間のハーンとのつながりを誇りとしている。わたしはまたあまりにも短い時間ではあったが、ハーンがわたしの先生であり、わたしが彼の最初の、そしておそらく唯一の日本における外国人の弟子であったことを誇りとしている」と述べ、ハーンとの会見のときを「ある幸福な朝」と認めているのをみても、クラークのハーンに対する私淑ぶりがうかがえる。

付記①：クラークのパブリック・スクール時代の記述は、クラークが1918（大正7）年3月25日から4月4日まで大阪毎日新聞に連載した『束の間の私とハーンとの縁』の原文から抽出したのであるが、原文『My Shortlived Connection with Hearn』は、クラークの没後、1936（昭和11）年5月、門弟石田憲次らによって編集刊行された遺稿集『Stray Leaves（落ち葉）』に収録されている。『落ち葉』には前記のほか17編のエッセイとスケッチがまとめられているが、博覧強記であった英文学者クラークを知るためにはただひとつの貴重な書物である。

【ジャマイカから英本国へ】

クラークは1891（明治24）年、当時英領であった西インド諸島のジャマイカ島へ渡った。ここで彼はKingstonの「University College」に入り、1892年1月から翌1893年6月まで修学し、同年あこがれのケンブリッジ大学のCorpus Christi Collegeに入学した。ケンブリッジ大学での在学は1897年6月までの4年間だったが、専攻は文学、中世ならびに現代語のほか法律も学習している。在学中すべての学生がそうであるように、彼もまたラグビーやクリケットによって鍛えられ、体格のひときわ優れた彼はカレッジの選手にも選ばれ、奇しくも横浜のパブリック・スクールの同窓生であった田中銀之助と、ここでもまたラグビーを通じてよき友人となった。

卒業に際して彼自身はもっと深く学究に志したかったのだが、おそらく両親の希望に沿ったのであろうか、あるいはまた幼い時のラフカディオ・ハーンの忠言を思い起こしたのであろうか、その望みを捨てて卒業の年の10月、彼自ら記しているように「Returned to Japan」日本へ帰った。

E・B・クラークと体育会に加盟した（1903・明治36年）当時の部員たち。

【右脚切断の大手術】

クラークの慶應義塾在職は1910（明治43）年まで続いたが、その間第一高等学校の講師も兼ね（1903･7～1911･7）、慶應義塾退職後に東京高師で英語および英文学、フランス語、ラテン語、ギリシャ語などの特別講義（1912･4～1913･7）をしている。不幸なことに慶應在職中に悪性のリューマチスを患い、右脚切断の大手術の後、歩行の自由を失ってしまった。この思いがけない災厄はラグビーをはじめ、彼の大好きなスポーツから全面的な引退を余儀なくし、二度と再び彼の元気な姿をグラウンドで見ることはなかった。と同時に彼のすべての情熱は、本来の歩む道だった英文学の上に結集され、まれにみる博学の英文学者として、その生涯を送ることになった。

彼が一介の武弁的なスポーツマンでなかったことは、1899年に母校ケンブリッジ大学からM.A.（マスター･オブ･アーツ）の学位を贈られ、またロンドンの王室文学協会の会員「a Fellow of Society of Literature」に選ばれ、さらにもし彼がその招聘に応ずるならば、芸術協会の会員「a Fellow of Society of Arts」にもなり得たという数々の立証であきらかだ。

【京都帝大教授となる】

東京を後にしたクラークは1913（大正2）年4月、京都の第三高等学校（旧制）に転じ、ここで4年間を過ごしたが、任期を終えた1916（大正5）年7月、生地横浜へ帰るつもりで、荷造りも万端終えたところへ京都帝大から教授の話が舞い込んできた。なんでもこの年の9月から開講される英文科の主任教授を予定されていた上田敏がその8月に急逝したため、はからずもその後任に擬せられ、外見にはかなり幸運と思われる新地位を獲得した。しかも京都帝大での待遇は、当時普通の外国人教師としてではなく、終身の教授として遇されることになり、彼は1934（昭和9）年4月28日、死に至るまでこの職にとどまった。

家族は夫人との間に3人の娘があり、2人は富裕なアメリカ人男性と結婚している、と風のたよりに聞いてはいるが、センテナリーの祝典を前に、このほど海の向こうアメリカからクラーク･ファミリー健在の消息が届き、さっそく黒黄会を代表して会長の青井達也がこの朗報を神戸の地に眠るクラークの墓前に報告した。お墓の所在地は

「神戸市北区山田町下谷山 修法ケ原外人墓地DS1区24番」

IN LOVING MEMORY OF EDWARD BRAMWELL CLARKE 31.1.1874-28.4.1934

と墓碑に、また台石には下記の詩が刻まれている。

Life's race well run
Life's work well done
Life's victory won
Then cometh rest

京都大学文学部のクラーク文庫にあるE･B･クラークのブロンズ像。

【英文学者クラーク】

英文学者としての彼の全容を伝えるのは、本書の任ではないが、京大時代の彼の愛弟子で、学生時代にクラークの家に同居していたことがある小林象三（元小樽高商、大阪工大教授）の語るところによると、彼は自ら

Victorianだと称し、いたずらに時流に媚びず、ハーンを尊敬し、テニソン（Tennyson）、キッシング（Kysting）を好んだという。京大では同僚に令名嘖々の厨川白村がいたが、クラークは自己の文名をはせるようなことには関心をもたず、おりにふれて散文や詩を物にするだけで、まとまった著書もなかった。これは書き得なかったのではなく、書かなかったのである。彼は幼い頃のハーンの教えに心を打たれ、書くこと自体に美と喜びを感じ、あえて「書物の洪水の中へただの一冊でも付け加えるの愚から救われた」ことについて、ハーンに感謝している。

彼の生前の蔵書はすばらしく多かったが、没後京大の英文学部に寄贈され、いまも「クラーク文庫」の名で教授、学生に活用されている。そして、このクラーク文庫の中央に弟子たちの手で作られた彼の胸像がいまも生きているようにその温顔をとどめている。彼はこれらの専門書をただ所蔵しているだけでなく、たまに人力車で外出するときも、車の「蹴込み」に山積みに積み込んで、往還の間も読書にふけったという。右脚の自由を失った彼は好きだった散歩もできず、外出には人力車を用いざるを得なかったが、そこに空費される時間を惜しむ学究の人でもあった。

【クラークとユーモア】

生来内気な面があって、大勢の人の前にでると、ともすれば赤面したというが、意識的にハーンをまねて非社交的な態度をとったともみられる。英本国から知名の人が来ても進んで会おうとはしないし、「自分を訪問してくれる人を決して嫌いはしないが、私自身は人を訪問することが大嫌いである。いわば私は非社交的な武骨者だ。ケンブリッジにいたときでも、それが私の性質であったし、たとえ私に知遇を得ようとする人がどんなに懇切な招待をしてくれても、私を他人の部屋で見いだすことはほとんどどあり得なかった」と彼

晩年のE・B・クラーク

自身が書いている。

しかし、その反面に軽い諧謔や皮肉を楽しむ風格もあったようだ。板倉卓造（元慶應義塾評議員会議長）の寄稿の中に、《クラーク先生から私はラグビーの指導は受けなかったが、英語の会話で教えられたタッタひとつのことを、今でもよく記憶している。「君たち日本人が自慢するヤマトダマシーは、ヤマトダマカシというほうが正しいのだ」というのである。そういう皮肉家だったから、ラグビーの方は知らないが、教室では学生を小馬鹿にした態度だった》とあるが、おそらくこれはクラークの語呂合わせ風の諧謔を、単なる皮肉に受け取った板倉の消化不良ではなかったか。

まだ幼かった横浜のパブリック・スクール時代に、クラークは退屈凌ぎに見たこともないケンブリッジ・オックスフォードのボートレースの模様を想像に基づいて作文したことがあるが、そのとき彼は「The Oxbridge and Camford Boat-Race」という題名をつけている。こどもの頃からこういう言葉いじりも好きだったらしいことがうかがわれる。

（日本ラグビー史：日本ラグビーフットボール協会創立35周年記念誌から）

クラークとともに日本ラグビー創始に尽力
田中銀之助

自ら馬車を御して綱町グラウンドへラクビーの指導に来た頃(明治32年)の田中銀之助。

【15歳で英国留学】

田中銀之助は明治6年1月20日、田中平八(初代)の長女とら、養子菊次郎の長男として生まれた。銀之助にとっては祖父にあたるこの初代田中平八こそは明治初年の生糸貿易で産をなした、まさに「天下の糸平」その人で、政界の伊藤博文や井上馨と親交があり、世にいう政商の類いではなく、政府の要人とても物ともせぬ豪放な風格を備えた豪商であったという。信州飯田の藤島家から田中家の養子となった人で、こどもは一男、一女の二人だけだったが、2代目平八を名乗った長男は、ずっと後に生まれたため姉の長女とら(銀之助の母)に早く養子を迎えた。これが銀之助の父菊次郎である。

祖父の初代平八は文明開化の明治初年における子女の教育については、もっぱら親友の井上馨に相談し、万事彼の意見に従ったが、その没後も田中家の後見ともいうべき役割を井上は担当した。その井上は彼自身はやくも幕末に英国に遊び、長州藩の下関砲撃の報を得て急遽帰国した閲歴の持ち主であり、自分の長男も13～14歳の頃に英国に留学せしめたほどの英国教育の心酔者であったことから、2代目平八を一時慶應幼稚舎に入れたが、間もなく引き上げさせて英国に留学せしめた。ところが、2代目平八が英国へ渡ったばかりのころ、初代平八の跡を継いで田中家の事業の一切を切り回していた菊次郎が急逝したため、せっかく行ったばかりの2代目平八を英国から呼び戻すことになった。しかし田中の家に英国流の教育を吹き込む必要を強く感じていた井上は、2代目平八の代わりに銀之助を英国に留学せしめることとし、父の死の直後であったにもかかわらず、学習院に在学中の銀之助を中退せしめ、単身彼を英国に旅立たしめた。時に1887(明治20)年、銀之助15歳のときであった。

【経済人としての銀之助】

田中は滞英8年。その間「リース校」を経てケンブリッジ大学に入り、ここで1年後に入学してきたクラークと再び出会い、ともにラグビーを楽しんだことから、日本ラグビー創始に協同する奇縁を結んだ。

田中が帰朝したのが1896(明治29)年、24歳の時だが、すぐに家業のひとつであった合資会社田中銀行の取締役に就任し、1932(昭和7)年解散するまで在職した。1910(明治43)年に銀之助は北海道炭礦汽船KKの取締役に就任、2代目平八が着手した北海道の炭礦、その他の金礦、鉄道事業等の開拓に協力し、1913(大正2)年から田中鉱業KKの代表取締役に平八とともに就任し、1943(昭和18)年8月27日、71歳で病没するまで専ら実業人として終始した。一度郷党にかつがれて長野県から衆議院議員選挙に打って出たが落選の憂き目に遭い、その後二度と政界を顧みなかった。

【銀之助の風格】

田中の淡泊な、直情径行的な言動は、ひとつにはラグビーを通じて鍛え上げられたものでもあるが、ひとつには彼本来の性格によるものらしい。彼の身辺の者も数々の逸話を伝えているが、その中のひとつにこんな話もある。まだ少年の頃、後に日露海戦の名参謀と謳われた上村彦之丞とある宴席で同席した際、薩摩の豪傑、上村がすばらしい美少年であっ

英国・プリンス オブ ウェールズ侯が世界一周旅行の途次、来日した折の東京クラブ（ゴルフ場）での記念写真に列した田中銀之助（最前列右端）。2列目中央のプリンス オブ ウェールズの右隣に摂政官（昭和天皇）、左横にラグビー協会高木会長（大正11年）。

た銀之助を顧みて「よか稚児さんたい」と稚児さん扱いしたのを、場所柄を弁えぬ無礼な奴とばかり銀之助は満面朱を注いで猛然と上村に武者ぶりついたという話や、一夕侠客連中を招いての食事中、ひとりがたいへん親不孝なことをこともなげに話したのをとがめて「叩き切ってやる。二階の刀を持ってこい！」と周囲の者を狼狽させた話など、どうしてどうしてそこらの若旦那ではなかった。

また一面、自分の篤行めいたことはあくまで公表を避け、大勢の無名の学生に奨学資金を出しても、いつも他人名義（例えば高楠順次郎）で出して自分の名は一切出さず、学生が卒業したのちも、名前を聞く必要もない、会う必要もないと全然気にも留めなかった。スポーツ愛好はラグビーのほかにものびて、1920（大正9）年ごろ私財を投じて赤坂溜池に東京体育倶楽部という倶楽部をつくり、講道館7段の富田常次郎を主任に任じて柔道のほか、ピストル、フェンシングなどの指導もやったという。

田中の墓は多摩墓地にある。長男平八郎の息子、すなわち銀之助の孫、洋一（付記②参照）は慶應在学中J.S.K.S.倶楽部でラグビーをやっていたことがあるが、仲間のひとりから「君はどういう関係でラグビーをやりはじめたんだ？」と聞かれたさい、洋一は素直に「おじいさんがラグビーをやっていましたので…」と答えた。そんな古い時代にラグビーをやっていた人は誰だろうと不審に思ったその仲間のひとりは「おじいさんの名前は？」と聞き返したところ「田中銀之助です」の答えに仲間たちがびっくりしたという。

田中によってはじめられた日本ラグビーも、田中自身の孫が大学でラグビーを楽しむ時代となるまでに年歯（年齢）を加えたわけだが、クラークも田中もさぞかし地下で喜んでいてくれるだろう。

付記②：田中銀之助の孫にあたる洋一（田中鉱業）は昭和35年、慶應義塾大学経済学部を卒業、同57年に黒黄会に入会。また銀之助の曾孫にあたる長男の慎一は慶應義塾蹴球部で曾祖父と同じSHとして活躍、平成元年に法学部を卒業するとともに神戸製鋼に入社し、ビジネスマンとして将来を期待されている。

先人の夢、栄光の時─2

慶應ラグビー草創期の先輩たち

田辺九万三と慶應ラグビーの仲間たち

◆遠山靖三（構成）◆

慶應ラグビーの発祥と歴史の流れを知るうえで田辺九万三が残した古文書ほど貴重な史料はない。E・B・クラーク、田中銀之助と慶應ラグビー、YC＆ACとの定期戦、黒黄ジャージー、そして部歌の誕生……。遠く草創の時代を語る文書、随想の数々は100年の歳月を超えた往時を偲ばせてくれる。随想『わたしとラグビー』（遺稿）もそのひとつだ。ここには田辺がラグビーと関わることになったいきさつなどが記述されているが、なかでもチームメートの素顔に触れた人物描写は、新しい外来スポーツに挑戦する明治の塾生気質を生き生きといまに伝えてくれる（1930年＝昭和５年９月16日記）。

明治39年11月24日の対YC&AC戦記念写真。中列左端に大塚善吉、前列左より3人目に田辺九万三。他に本稿に登場する人々が揃っているが、明記できない。

【大塚善吉（1908年＝明治41年卒業）】

現在、神田の米問屋のご主人。そのころは身長６尺（約１m82cm）に近く、体重は22貫（約82.5kg）。白皙の美丈夫。どうかした調子で、スクラムが押されてくるととても偉大な尻がわたしの頭の上に覆いかぶさってきて、なんだか窒息でもしそうに感じたことの印象が最も深い。

【櫛山次郎（1908年＝明治41年卒業）】

現在、長崎で新聞社の社長さん。この人の話は前にも書いたが、なかなかおもしろい話をたくさん持っている人である。一度練習中に同君が独走したのを後ろから捕らえられたときに「ああ脚の遅いのが残念至極だ」とグラウンドの真ん中で絶叫したことがある。これで櫛山君は遅いと折り紙をつけられていたところが、２年ほど後の塾内陸上競技会で第１回分科レースに法科選手として、その当時競走界の麒麟児と恐れられていた政治科の福島蔵平君を破って１着になって知る人をして驚かした。というと櫛山君は案外速かったのだということになるが、わたしは同君には少々お気の毒でももうひと言つけ加えさせてもらいたい。

その当時の法科の生徒は全部で50人とはいなかったので、競走に出るだけでも自信のある人はいなかった。それで櫛山はフットボール（ラグビーを指す）をやっているから駆けろといった調子で、勝敗はもとより問題でなく、全コース800ヤードを走るべく出場したのである。

スタートに並んだときに櫛山君は１コース、福島君が２コースであった。そのとき櫛山君は福島君を顧みてこの男と同じスピードで駆けさえすれば、１着になれるわけだと考えたそうである。距離のうえではそうであるけれども櫛山君は一度だって、ランニングの練習をしていないし、一方は専門的にやっているのだから、この議論は少しく乱暴である。とにかくスタートの号砲が鳴ると櫛山君は猛烈な勢いで駆け出した。全速力である。ペースも何もあったものではない。であるからもちろん見る見るうちに断然トップをきった。(中略)

結局、福島君と同じ、(あるいは)それ以上の速力で初めて踏む800ヤードのコースを走ってしまった、という負けじ魂の九州男児である。

【菅谷隆良(1910年＝明治43年卒業)】

前にも話したボートマンで、われわれのガキ大将。福長永太郎君と同じようなガッシリしたフッカーとして理想的な体格で、後に福長君とともに「２・３・２」の名フッカーといわれた人である。脚は速いほうではなかったが、Always on the Ballを忠実に実行した良いＦＷであった。いまは大河鉱業石炭部長である。

【福長永太郎(1910年＝明治43年卒業)】

福長君もボートマンであった。この人は身体の大きなくせに恐ろしく器用な人で（鐘紡工場長)、後年の同君のプレーは完璧であった。わたしは現在(1930年)のFWの中に、あの当時の福長君を入れて考えて見てもナンバー１に擬せられるのではあるまいかと思われる。

【高橋忠松(1910年＝明治43年卒業)】

高橋君もボートマン。いまは北海道銀行の営業部長である。先頃まで同行東京支店長として帰京。よくラグビーに来られた。商売柄でもあろうが、見違えるように優しくなられたが、その頃はガッシリした忠実な２nd Rowであった。

明治43年度の新主将竹野敬司のもと、新メンバーが揃い、松岡正男先輩（中央、イートンキャップ着用）と共に綱町グラウンドで撮影。前列右より、安藤・川田・田辺専・真島進・杉本。中列右より、村上・宮沢・田辺九・玉井・升野・松岡・北野・岡野・亀山・矢島。後列右より、高橋兄・飯塚・菅野・福長・高橋弟・小松・高地。

【平塚喜市郎(1908年＝明治41年卒業)】

宮城県の素封家の若旦那。当時同君は本科２年だったと思うが、すでにパパであったし、おもしろいことには将棋は小野名人門下の逸足（いっそく＝すぐれた人材）で八段というずば抜けた素人であった。同君は身長が５尺６、７寸（約１m73cm）もあったが、バックロー専心（せんしん＝専念）である。

この人は馬というあだ名があったとおり，馬のように足を上げて飛んでくる。タックルにいくと、われわれの頭のあたりまで靴が上がってくるので恐ろしかった。

同君も白皙の美丈夫で頬髭をいつも青く剃っておられた。ところが試合の前になるとその髭の手入れがなくなるので、どうかしたのかと聞いたことがある。すると先生曰く、「髭を少し生やしておくと外人の奴ら、これでゴリゴリやられると痛かろうと思って」とニコニコしておられた。果たして横浜、神戸の外人諸君がどれほど同君の髭のゴリゴリに悩まされたかどうかはその後これを聞く機会がなかったことを遺憾に思う。

【松本周輔（1906年＝明治39年普通部卒業）】

わたしと同クラスで、同じくボートマン。いまは千葉県で村長さんにでもなっていることだろう。脚の速い敏捷のプレヤーであった。この人は普通部を卒業して家業に就かれたが、大学まで行ったなら、わたしのもっともよきパートナーであり、かつ名スリークォーターになったことと思う。

【岡崎惣太郎（卒業年度不明）】

この人もボートマンであって、いまは足利の市会議長とか聞いている。古い人だけに要領が恐ろしく良い。ルーズなんかへは決して入らないで、要領のいいところで必ず待っている。こういうことはその頃のプレヤーとしては珍しかった。いかにしてスクラムにボールを入れたら十中十まで味方に取れるかなんてことを随分研究しておられた。この人もおもしろい話をたくさん持っているけれどもラグビーに関係したことでないから略す。

【宮川偕作（1908年＝明治41年普通部卒業）】

「年度別 シーズンの歩み」1906（明治39）年度の「日本ラグビー初のドロップゴール」の項を参照。

【竹野敬司（1911年＝明治44年卒業）】

いま鐘紡で工場長をしておられる。奇行家で早慶野球戦の応援団長として、黒紋付きに山高帽子、足駄穿きという珍妙な格好をして、吉岡満らと相対峙した人であったが、ラグビーは上手で正確であった。この人もあの当時の技量をそのまま今のプレヤーの中に伍さしても、恐らく屈指の人であり得たことと思う。後年この人のキャプテン時代に慶應ラグビーの基礎は確立したといえる。

【飯塚龍蔵（1910年＝明治43年卒業）】

いま内国貯金銀行大阪支店長として納まっておられるが、5年ほど前までわたしらとプレーをしておられた。学窓を出て20年もプレーをするということは、けだし竹野君とともに超人にふさわしく、下手のなしうるところではない。当時に傑出したプレヤーであった。

【山越為二郎（卒業年度不明）】

脚の速いキビキビしたプレヤーであったが、わたしとは僅か1シーズン一緒になったきりで卒業されて、いまは山城工場主である。

【宮沢恒治（1910年＝明治43年卒業）】

キャプテン小川仙二君が病気不出場で、同君がキャプテンであった。ボートも強かったが、ラグビーも強く、しこうして器用な人格者であり、幹事として、キャプテンとして人格的に部員を誘導されたところが多い。

【北野貞作（1912年＝明治45年卒業）】

現姓を鶴飼君という。小生と同級で、いまの慶應の名選手といわれた北野幸也、孟郎君（故人）の叔父にあたる。同君は秋の運動会で呼び物の時事新報600ヤード競走予選に出場し、非常に立派なタイムで1着に入った。なにしろ普通部2年生が大学生に伍して一躍慶應屈指のランナーになってしまったのである。北野君も寄宿にいたから、ラグビーをやったのだろうが、何でもその学年の終わり頃に「北野貞作　右第二選手に推薦ス　蹴球部」といったような掲示を見たことが蹴球部に対するわたしの第一印象である。とにかく慶應では、第1回の試合のときには普通部生も数人加わっていたようであるけれども、その後外人相手で英語を話す必要もあり、それに体力がものをいうのであるから選手は大学生に限るということになっているのであるが、同君は北野一衆に似合わしくすこぶる駿足で、タックルが良かったのでとくにこの栄位置に就いたのである。

先人の夢、栄光の時—3

田辺九万三大先輩のこと

◆脇　正（ただす）◆

私たちの大先輩、故田辺九万三さんは一義塾の蹴球部のみならず、いまや日本ラグビー界にその名を残す「伝説の人」といっていいだろう。そんな「愛称クマさん」の人となりを、彼と親しく交わったことのある人たちが語るエピソードを連ねて、その一部でも伝えられたらと筆をとった次第である。

慶應ラグビーのみならず、日本ラグビーの発展に尽力した田辺九万三（撮影年不詳）。

【鋼鉄艦の舷側にボートで激突】

まず阿部舜吾氏（野球部ＯＢ）の話から。「田辺さんは仲間と、春と秋は芝浦艇庫で端艇を漕ぎ、夏になると葉山の水泳部に現れるといった具合で、よくよく遊ぶことの好きな連中が揃ったものと私は密かに彼らのことを『呑気グループ』とでもいうべきものと思っていた。

この頃は、全国民挙げて日露戦争後の戦勝気分に酔っていた時代で、とくに日本海海戦で華々しい戦果を収めた帝国海軍の人気は絶大。折しも横浜港で大観艦式が行われるという。田辺さんたち呑気グループがこのチャンスを見逃すはずもなく、芝浦の掘割からボートで海に乗り出し、波に揺られて羽田沖を通過。目ざす横浜港に無事行き着いたという。当時としてはこれだけでも大冒険、偉業といってもいい、とここまではよかったのだが…。

威風堂々たる我が帝国の艨艟（もうどう）を目の当たりに見た連中は、岩上の美人ローレライに見惚れる舟人そのもので、気づいたときには巌のごとき鋼鉄艦の巨大な舷側にドスン。とたんに彼らのボートは船腹を上に向け、乗り手はみな水の中。そのあと借着の水兵服姿で、一同食堂に引率され、なにがしかの饗応にあずかったことはいうまでもない」

阿部さんは、田辺さんたちの豪の者ぶりをこのように伝えている。

【郊外ピクニックを発案】

昭和3年2月に来日した英国・上海防備軍と関東選抜の試合にご台臨の秩父宮殿下。ご説明役はラグビー協会理事長・田辺九万三が務めた。

つぎに杉本貞一氏（黒黄会会員・関西ラグビー協会理事長）によればこうだ。

「九万さんは普通部3年で蹴球部に転向してきた頃、寄宿舎にいた蹴球部員は正義派と反正義派に分かれていて、正義派は秀才型で真面目一方。反正義派は昔の不良団の親分みたいな連中が多く、したがって頑固で素直にウンとは言わぬ連中ばかり。その真ん中に九万さんはいて頑張っていた。九万さんの『何だって、テメー』という野太いドラ声が響くと、みな恐れをなしたものだが、そんな彼も予科に入ると正義派の一人となって猛烈に勉強しはじめた。そしてその頃からラグビーのシステムの研究もはじめられ、その後、九万さんがキャプテンになって初めて、あの世界的な慶應システムも完成されたのである。

当時、彼は『なんとか部員同士、もっと親しみ合えるようにならないか』と考え、私にも再三相談があった。そうしてはじめたのが部員全員での『郊外ピクニック』。たとえば当時はまだ田舎だった洗足池に荷車一台、豚肉その他一切を積み込み、三田の山からユニフォーム姿で出かける。二日連休のとき、青梅街道を徒歩で走破し甲州へ向かう小旅行を試みたこともあった。夏は部員有志で泳ぎにいく会を作り、沼津千本松原で合宿した。これが後にラグビー夏期合宿に変化したらしい」と九万さんのパイオニアぶりを綴っている。

昭和3年度の関東ラグビー協会理事の方々。前列中央は日本ラグビー協会・高木喜寛会長、右隣に田辺九万三、左隣に香山蕃。

【ラグビー部沼津事件】

この沼津合宿での騒動にまつわる九万さんの興奮ぶりについては、岡野豪夫氏（黒黄会会員）も以下のように話しておられる。

「九万さんの思い出話で忘れることのできないのは、ラグビー部沼津事件である。明治44年の夏、海水浴を楽しみながら練習しようということで、時のラグビー部員40人ほどで沼津の千本松原へ行き、東京亭という宿屋に宿泊していたときのことである。その宿は料理屋兼業であったため、他の客が夜遅くまで芸者をあげ酒を飲み騒いでいる。これじゃ眠れないと宿に抗議したら『12時までは認めてくれ』と言う。ところが時計が12時5分を指しても終わらない。直接『やめろ』と客に言ったところ、相手は沼津の侠客というから、おとなしく引き下がるはずがない。『書生ども、何をぬかすか』ということになり、ナベさん（田辺専一）、小倉、河津などの猛者が、腕に覚えのあるタックル腰投げで相手を伸ばしてしまった。驚いた宿の者が『親分が書生に殺された』と急報。さっそく子分どもが大勢駆けつけてくるという。これを知って下手人たちはすぐ逃がしたものの、責任者たる九万さんは逃げるわけにもいかない…とまあ、いずれ一件落着となるのだが、『あれで俺は寿命を短くした』というほど、あのときは本当に九万さん、苦労したものである」とキャプテンならではの苦

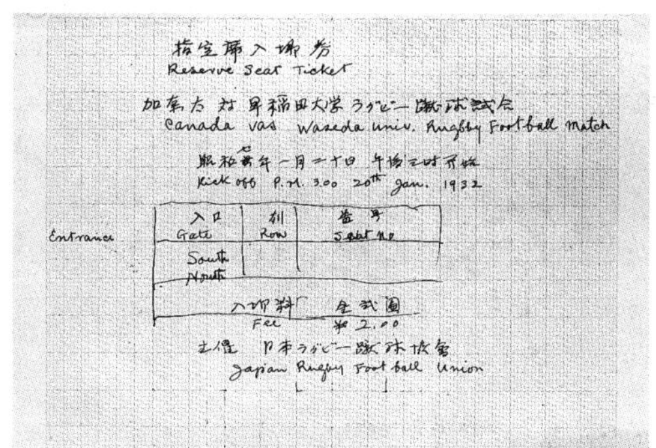

昭和7年1月にカナダ代表チームが来日。田辺九万三が入場券の下書きを作ったメモが遺されている。

労と、九万さんの豪胆かつ責任感ある態度に触れている。

【ラグビー精神の番人として】

また、早大ＯＢの本領信治郎氏は「田辺さんこそラグビー精神の番人であった」とこう話されている。

「何ごとによらず論議の最中に田辺さんが『そもそも』とはじめるのは、横筋に迷い込んだ話を本筋に戻そうとしたり、あらためて物の本質に触れようとするときであった。田辺さんはセブン・システムを創始して、一時はこれこそ日本ラグビーのオーソドックスとも言うべき新方式を打ち立てられたくらいの人だから、形式や外観に惑わされて物の本質を云々なさるような人ではなかった。しかし、少なくともラグビーのスピリットに関する限り、あくまでオーソドックスを守り続け、いささかの逸脱も許さない人だった。あたかも伊東巳代治が憲法の番人といわれたように、田辺さんこそラグビー精神の番人であった。だから田辺さんから見て、多少なりともラグビー精神からはずれるような言動があると『そもそもラグビーは』が出てきたのである」と。

さらに香山蕃氏（三高・東大ＯＢ）も「九万さんは日本ラグビー協会の設立から今日まで、日本ラグビー界の支柱であった。われわれとも、ことラグビーのあり方に関しては随分激論を戦わせたが、常に兄弟以上の親しさを失ったことはなかった。九万さんほどラグビーを真に愛し、ラグビー精神を真に体得した人も少なかった」と言っておられる。

さらに相馬龍雄氏（三高ＯＢ）は田辺さんの人柄について「田舎侍のわれわれにとって、何もかも親切にしてくれる慶應連には嬉しいばかりであったが、わけても九万さんの人懐っこい態度には三高一同の間でも素晴らしい評判であった。色白の好男子、目玉が二重まぶたでパッチリした見事な顔つきは慶應ボーイのなかにもザラに見られるものではなく、九万さんの言葉とアクセントがまた素敵であった。われわれの知っている標準語とおよそかけ離れた昔風の江戸弁なのである。今でも覚えているのは『はじめのうち』と言うかわりに『端（ハナ）』と言うこと。もうひとつは『まるで』を『マールデ』と引っ張って頻繁に使うことである。「僕らだってそうなんですよ。端、横浜の外人とやったときなどマールデ相手になれなかったんですよ」などと、われわれもよく九万さんの言葉を真似てみたりしたものだ」と述べておられる。

田辺大先輩は昭和27年（1952年）日本ラグビーフットボール協会会長に就任、わが国ラグビー界発展のため、大いに尽力、貢献をなさったのであるが、ことにフェアを基本理念とするラグビー精神の作興に深く意を致されたことをわたしたちラグビー愛好の後輩は誰もが充分受け止め、その流れを汲んで行動することを希求していきたいものである。

本稿の筆者、脇正先輩。

参考文献：『田辺九万三追懐録』

先人の夢、栄光の時―4

わが回想の蹴球部

◆中須早二良◆

幼稚舎五年生のとき出会ったラグビーを、わたしは結局、大学を卒業するまで続けることになったのだが、卒業後も黒黄会の理事をはじめ、日本ラグビーフットボール協会、関東ラグビーフットボール協会の理事などさまざまな役職を仰せつかり、お手伝いしてきた。その間の思い出や苦労話は数多いが、ここでは紙幅の関係もあり、わたしが黒黄会の理事をやっていた頃のエピソードと在学中のいくつかのできごとに話を絞って書いてみたいと思う。

【部員確保のためにはじめたラグビー祭】

まず黒黄会理事時代の話だが、実は当時、高校でラグビーをやっていながら大学ではやめてしまう学生が多く、さらに入学試験が難しいこともあって、部員確保もままならぬ状態。ＯＢが集まると、何とかならぬかと話題はいつもそのことになった。

昭和61年5月の慶應ラグビー祭（日吉グラウンド）に参集した先輩たち。前列右より、岩下秀三郎・前川丈夫・原田義正・土屋恵吉。後列右より、田川博・中須早二良・森岡英三郎・高木章。

そこでわたしが思いついたのが慶應義塾でしかできないこと。つまり幼稚舎生からＯＢまで父兄ともども一堂に集め、青天井で会食しつつゲームはもちろん籤引きなどのアトラクションもやって、出席者の「目」と「心」を、蹴球部に引きつけることに努めてみてはどうか、ということであった。

さっそくわたしは、同じく黒黄会の理事をやっておられた田川博先輩や、京橋に事務所のあった原田義正先輩と相談のうえ、当時義塾体育会の主事をやっておられた照井伊豆先輩にわたしの計画を打ち明け、説明した。学校側の諒解を得て、施設の使用を許可していただかなければならなかったからだ。

幸い場所（正規のグラウンドとスタンド）の使用と行事挙行については一応学校側の許可が得られ、あとはどういう内容にするかという問題と飲食物の手配の問題であった。

これには今は亡き忽那賢三先輩に大変お世話になった。先輩の親しい友人がニュージーランドから羊の肉を輸入しており、まだ羊肉に慣れていない日本人に宣伝するよい機会だということもあって、無償で提供していただけることになったのだ。これでメインデッシュの心配はなくなった。つぎは飲み物の手配。これはわたし自ら受け持つことになった。

イートン・キャップをかぶった脇肇と昭和17年度・全国制覇した当時のメンバー（昭和18年9月・三田大講堂前）。

わたしと同期に、当時、ペプシコーラの常務だった競争部ＯＢの山岡勉君がいた。さっそくお願いしたところ快諾をいただき、多量の清涼飲料水を長年にわたって提供してくださった。またビールは、アサヒビールの東京支社長をやっておられたバスケットボールのＯＢにお願いしたところ、これまた十分すぎる量のビールを何年間かご寄進いただいた。これで飲食物に関してはほぼ目途がつき、あとは籤引きの景品その他であったが、皆さんの協力で何とか形になり成功させることができた。

こうして昭和39（1964）年にはじまったラグビー祭も今年（2000年）で36回目、本当によく継承してくれたものである。この催しを最初に考え立ち上げたひとりとして、これからもぜひ大切に続けていってもらいたいものである。

【脇肇監督の方針で全員が一時退部に】

さて話は変わるが、昭和13年３月、わたしが予科から学部に進学するとき、わたしにとって今も忘れることのできないことが起こった。新任の脇肇監督（大正６年卒）が部員全員に退部届を提出させ、一度蹴球部を解散させたうえ、今後は「自分のこれからの方針についてこられる者のみを改めて入部させる。各人よく考慮し、入、退部届けを提出するように」。そして部員全員と個別に話し合ったうえ、今後のことを決めていきたい、との方針も伝えられたのである。つまり蹴球部は一時的であるとはいえ「部員ゼロ」の状態になったのだ。

当然のことだが監督であれば誰しも、ときには細かく、ときには厳しくわれわれの動作ひとつにも注意することがある。そんなとき必ずといってよいほど、練習中に部員から聞こえよがしに反発の声が上がった。もちろん同僚として、血の気が多く文句も多い連中にはそれなりに注意もしたが、そう簡単に直るものではない。

また当時小泉塾長の方針で、予科の３年間は頭髪を伸ばしてはいけないという校則があった。だから学部に行ったら髪を伸ばすぞと楽しみにしていたのに、これも脇監督の方針で、「学部に進んでも坊主でやれ」と言われてしまった。３年間待った長髪の夢は消え、これも大きな反発の理由になった。そんな不穏な雰囲気の中、われわれは大学１年生になったのだが、そこに前述の「退部届け」問題である。

わたしは首を洗って指定された日時に、丸の内にあった脇さんの勤務先の会社を訪ねた。そしてわが耳を疑ったのが「これから３年間、財部辰彦をキャプテンとし、中須、お前がバイスキャプテンとして財部を補佐し、部をまとめていけ」と言われたのである。脇さんは当然のことながら下級生からいろいろ情報もとっておられた。

とにかく部の粛正問題は脇監督が思っていたとおりになり、われわれも（もちろん監督に盾ついた連中も）また命じられたように一生懸命練習に励むようになった。監督は厳しかった。「不覚にも学業に遅れをとったものも、練習には出てこい。ただし他校との対抗戦には、塾の戦力が低下しても出場を認めぬ」という厳しいお達しもあった。

【意地でやりぬいた函館合宿】

さて昭和15年、われわれにとって学生時代最後の夏の合宿は、気分転換にもなろうと、例年の山中湖での合宿をやめ、函館にある日魯漁業の寮を借りてやることになった。

財部とわたしは遠隔地のこと、脇監督もそう頻繁には指導にこられないだろうと、函館合宿での練習計画を細かく立て、脇さんの諒解をもらうべく事務所を訪れた。

脇さんは計画表を読み終えると「きつい練習やなあ。できるのか」と念を押されたが、「やります。できないような計画は立てません」と二人は強気に答えて脇監督の諒解をもらうと、「意地でもやり通すぞ」と決意を新たにしたものの、今思い出してもこの函館の合宿は「まあ、よくあんなきつい練習ができたな」と自分でも感心するくらい、実際きつくハードなものだった。あの合宿に参加された皆さんには遅まきながら「本当にご苦労さまでした」と、その労をねぎらいたかったが、今はほとんどの方が鬼籍に入られてしまった。

【セブン・システム最後のメンバーに】

その後、脇監督は本科と予科のチームをはっきり区別して、予科のチームの躾と強化に力を入れはじめ、本科のわれわれはいわば捨て石的存在になった。ＦＷは予科はエイト、本科はセブンである。脇監督から何度か「中須、ＦＷをエイトにせーへんか」と言われたが、「わたしはラグビーをはじめて以来ずっと『塾のセブン・システム』でやってきたので、エイトのスクラムワークその他、何にも知りません。中途半端なエイトを組んで変なことになったら申し訳ないし、卒業まであとわずかですからセブンでやらせていただきます」「エイトというのが監督の方針なら、わたしはそれを尊重し戦列から離れ、チーム強化のお手伝いをさせていただきます」とはっきりわたしの考えを述べ、卒業するまではセブンでやり続けることになった。そのためわたしたちが「塾のセブン・システム」でゲームを戦った最後のメンバーとなり、昭和16年３月、わたしたちの卒業とともに、その幕を閉じたわけである。

だが、そのときのメンバーも（平成12年１月現在）、生きているのは大西辰居君とわたしの二人だけになってしまった。大西君84歳、わたし83歳である。

蹴球部の歴史も毎年毎年塗り替えられていくが、これからの歴史もこの百年を機に、さらに大きく発展させるべく、歩み続けてほしいものである。

本稿の筆者、中須早二良先輩。

先人の夢、栄光のとき―5

セブン・システムについて

◆岩下秀三郎◆

セブン＝いわゆるこの慶應システムは、われわれの先輩が苦心して考案したシステムであり、初めて横浜外人を破った歴史的なシステムである。慶應義塾が、ただ単に外国のラグビーを移入しただけではなく、自らの手でセブン・システムを考案し、日本のラグビー、慶應義塾のラグビーを創り出したことは意義のあるところである。以来セブンは慶應システムとしてわが国はおろか、諸外国にまで知られたのである。わが蹴球部においても、伝統として50年間受け継がれてきたが、種々の関係から今日このセブン・システムに遠ざかっているので、ここに『セブンの解説』（岩下秀三郎著 昭和８年11月発行）から抜粋してセブン・システムの神髄を残しておくことにする。

序　文

エイトか？　セブンか？　の問題は、最近やや下火となり、エイトにしろセブンにしろ、結局はチームをなす選手の素質によることであるとの結論にまで達してきた。

しかるにわが現状を見るに、エイトがやがてわがラグビー界を風靡せんとしつつある。

エイトに比して容易に修得し得るセブンがなぜに顧みられなくなってしまったのか。

結局、セブンシ・ステムの解説書がこれまでに１冊も著されてない結果としか思われない。国内における試合を第一義とする時代はすでに去って、今や海外進出が目的の主たるときとなった。

ラグビー発祥地、英国こそエイト万能主義を唱えているが、もしわれらにしてこれと対戦するときエイトはいかなる効果ありや。

体力および走力の劣れるわれらが同一システムを採用することが不利なのは火を見るよりも明らかである。

このことはすでにわがラグビー界、発達の初期において認められ、1910年慶應義塾により考案されたる３・２・２システムこそ、初めて外人チームを破った由緒あるシステムとなったのである。現在行われているセブンのうちあまねく知れ渡っているところのものは、ニュージーランドの２・３・２およびダブリン・フォーメーションの３・４などであるが、エイトを固守する英本国においてすら、ケンブリッジ、オックスフォード両大学と対抗し得る力を待つレイセスター（Leicester）倶楽部はすでに３・２・２のセブン・システムを採用していたのである。

ところがこれはサード・ロー・センターをバックに配置していたため（ハーフはエイトと同様ひとり）その守備においては、そのシステムの効力を大いに認められたるも、あまりに多数のバックは、攻撃に際してルームなき欠陥を指摘されたのである。しかしながらこれとて単なる変形の１システムと看過することはできない。

この１例は伝統に生きる英国においてすら、少なからずエイトをあき足らず感じている反映とさえ見られるのである。

またラグビー発達の過渡期における９人のＦＷから８人に減じたることを思えば、８人から７人に減じても何の不思議があろう。

そしてまた型態こそ異なれ、英本国を訪れては常に全勝の土産をもち返っているニュージーランドおよび南アフリカチーム（それは３・４・１を採るものであるが、ときにより３・４としている点からセブンに似た変形のエイトと見るべきであろう）も、本場の英国とは異なったセブン・システムのチームであり、われらセブン論者の意を強くするものである。

長い歴史を持つエイトに反対せんとするものではないが「体力的に劣っているわれらが同一システムで対戦するの不利」を強調せんがため、とくにこれと異なったセブン論を述べようとするのである。

ボートにおいても今や日本式漕法の創案につとめ、水泳にあっては日本式泳法によって世界の制覇をなしたではないか、ラグビーにおいてもしかりである。

ここにおいてわれらは英国式の学ぶべきをとり、さらに進んでわが国独特のセブン・システムによって今後大いに伸びようとするのである。かくてこそラグビー・ニッポンの世界ラグビー史上に輝かしい足跡を残す時代がまた来るのではないか。

この書において述べようとするセブンはいわゆる慶應システムにして、現在このシステムを採用しているのは慶應はもちろん早大、立教等が主たるチームで、いずれも同一システムながら多少異なったプレーを見せ、しかもいずれも相当の成績を収めている。

この書を書くに際し、セブンにおけるハーフとしてその理論と実際の第一人者といわれている、萩原、上野の両兄にとくに御力添えを得たことを深く感謝している。

第1章　フォワード論

【第1節　セブンの特徴】

第１図のごとくタイト・スクラムにおいて、エイトのサード・ロー・センターを除外したものであって、その特徴とするところは、速いヒールアウトによってバックを活躍させんとするもので、ＦＷは７人をもって８人に対立せしむる代わりに、バックはエイトにないアウト・サイド・ハーフ（あるいはフライング・ハーフともいう）を入れてオープンに活躍せんとするものである。

しかしながら８人のスクラムからひとりを除けばセブンとなり、７人のスクラムにひとり加えればエイトとなるものではなく、この両システムの相違によって現れる動きの相違は、ただ単にひとりの相違ではなく、非常に異なっていることに注意しなければならない。

セブンは原則としてヒールアウトを行うゆえ、そのスクラム背後にあるバック・メンもエイトにおけるごとく、その球の出し方（キープして出したりする）によって直ちにスタートすべきかどうかを懸念する必要はなくダッシュが比較的容易につけやすいのである。

またセブンはバック・アップを行いやすいため、タイトにおけるいささかの劣勢はこれによって補うことができるが、エイトにおい

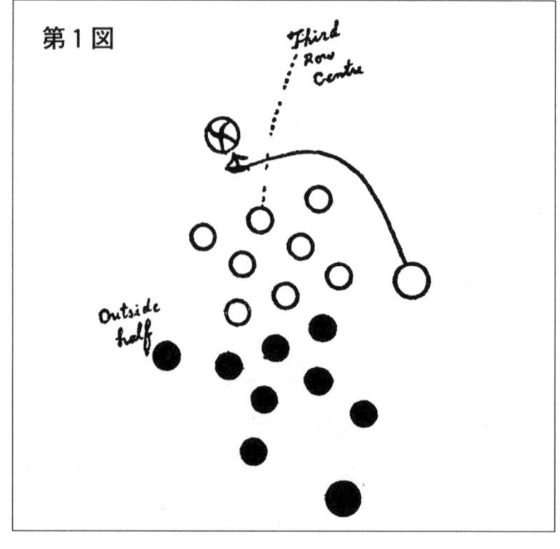

て押し切られた場合はいかにすればよいか？

全く惨たる感がないではない。

またエイトにおいてハーフがルーズの渦中に巻き込まれた場合はどうするのか？

セブンはこれに代ってアウト・サイド・ハーフがその役目を負うべく判然としているのに、エイトにおいてはそのときどきにより臨機の処理をとらねばならないのである。

混戦中にあってかかる職務の判然たる分担こそプレーの円滑なる進行を助けるものであって、この一事によってもセブンが明らかにモダン・ラグビーの要素――分業をとり入れていると見られるのである。

以下各部分にわたってセブンの利益および解説を試みよう。

【第2節　FWの持つべき信念】

８人対７人であるから７人のほうが弱いという考えは決して持ってはならない。

それは選手の素質および訓練の仕方によって、いかようにも対処できるからである。

もしこれが２人対１人の場合であったら、２人のほうが強いことは明らかであるが、７人でスクラムを形成し、しかも味方はひとり少ないという考えのもとに少しずつでも余計に動き、少しずつでも余計に押そうとすれば、ひとりの相違は決してスクラムの上にひとりの相違として現れるものではない。

それは、これまでの試合によって明らかであり、セブンがエイトのために壊滅されたという例はまったくないのである。

昭和６年の明大ＦＷはまれに見る強味を発揮したが、これとてエイトなるがための強さではなく、素質のいいスクラメージャーが覇権に燃えつつ団結した結果であって、このスクラムならばセブンであったとしても他の追従を許さなかったであろう。

その好例としてその年の帝明戦のこと、明大はバックに負傷者が出たためサード・ロー・センターをバックに下げ、速成のセブンによって対立したのであるが、エイトをとれる帝大はなんら威力を発揮し得ず、かえって明大の速成セブンに押しまくられたではないか。かくのごとく、セブンをもってエイトに対立させるためには、まずそのスクラムを形成する個々のプレーヤーの素質によることも大であるが、「セブン必ずしもエイトに劣らず」という確固たる信念を持たなければならない。

このようにしてこそセブンを活用する第一の要素を得られるのである。

事実ＦＷの動きは集団であるから、人ひとりの相違はひとりとして現れないが、個々に動くバックにあってはひとりの相違がそのままひとりの差違として現れるので、この意味からもセブンにおけるバックの優勢は容易に認められるのではなかろうか。

【第3節　スクラムの組み方】

セブンの初期においては、速いヒールアウトを主眼としていたため、**第２図**のごとく球が右側から入れられるときは、左のフッカーの右足によってフックされ、ＦＷセンターの股間から出したのであるが（以前にもたまたま現在のようにセンターでフックした球の出方にスピードがないため両脇のフッカーによってフックした）、その後規則の改正によりセンターでフックしなければ明らかに不利となったので、センター・フックが**第３図**のごとく行われるようになったのである。

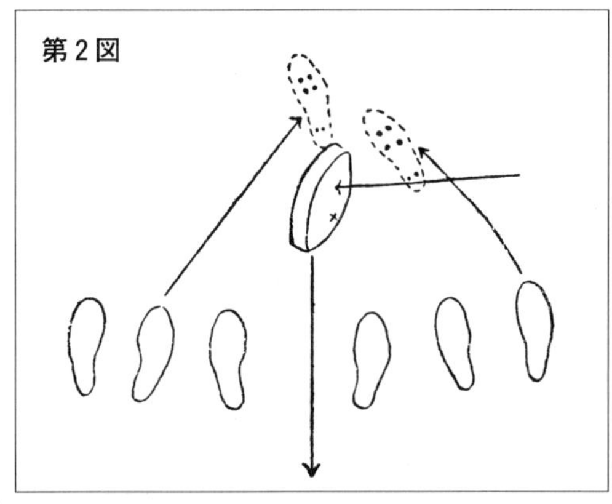

したがって以前は両脇のフッカーにフックの余力を与えるため、センターはアンダー・グリップ（センターが両フッカーの体をかかえ、フッカーは両腕をセンターの肩にかけて組む）によったが、現在はセンターでフックするためこれと反対のオーバー・グリップが必須条件となった。

この際とくに注意しなければならないことは**第3図**におけるごとく、右セカンド・ローの足の位置である。

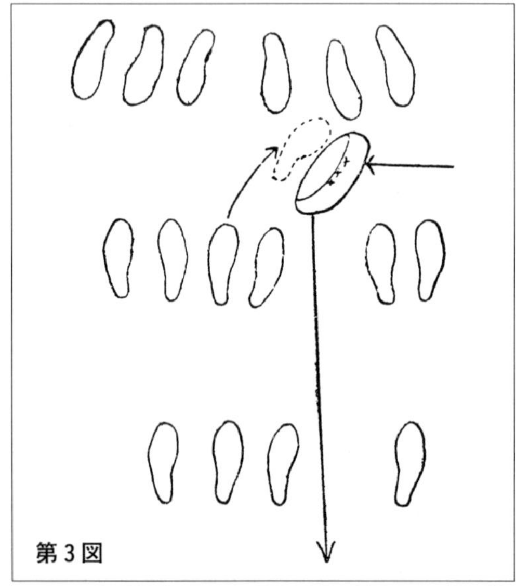

第3図

せっかく得た球をセカンド・ローで邪魔することは、セブンの第一の目的から見ても反するので、一方の足がもし球に当たる懸念があるときは、いつでもその位置を換え得る準備がなくてはならない。

このことは球が反対側の左から入るときにも左のセカンド・ローは同様の注意がなくてはならないのである。

こうして両セカンド・ローは内側の腕で組み合いパックの完全を期さねばならない。

【第4節　組む際の注意事項】

７人で８人に耐えるためには、是が非でも相手側より速やかにそのスクラムの地点に集まらなければならない。

そしてファースト・ローのパックはとくに固くし、互いにジャージーを握り合って組まなければならないのであるが、相手方が組まんとする以前に頭を下げ一歩先んじて組むことが必要欠くべからざることである。

このときセカンド・ローもフッカーとセンターの間に頭を入れ、ファースト・ローが組むと同時に押し得る準備が必要である。

セブンにおいてのみならずエイトにおいてもサード・ローが位置につくのが遅く、また位置につくにはついても、ただ形式的に押しているのを往々にして見うける。

サード・ローの押しはセカンド・ローにかなりの影響を与え、またセカンド・ローの押しはファースト・ローに大いに関係するから、ファースト・ローおよびセカンド・ローが組まんとする瞬間、サード・ローはセカンド・ローの臀部にとくに強く肩を押しつけ、後方から押してやらなければならないのである。「組まんとする瞬間の押し」こそサード・ローの押しとして、もっとも効果のあるものなのである。

セブンがブレーク・アップを重要視している関係上、セカンド・ローがあまりに早く力を抜くことはかえって危険であり、味方に球が出たときはいく分遅れ気味に飛び出して充分である。

ファースト・ローは最後まで押さなければならない、そしてルーズ・ヘッドのフッカーはスクラム・サイドにくる相手方のハーフに充分警戒すべきである。

相手方がホイールを行わんとするとき、スクラム全体がそれにつられて廻ることはもっとも危険であるが、これは後章で述べる。

スクラムを速やかに組むこと、と口では簡単に言えるが、仲々困難なことであり、いかなる注意を要すべきであろうか。

すなわちレフリーの笛が鳴った瞬間、ＦＷの各人は直ちにそのスクラムを命ぜられた地点にまで全速力で走って行くべきであって、後章において説明するごとく、もしフッカーが遅れればセカンド・ローは直ちにこれに代わり、少なくともファースト・ローの３人だけはいつでも組み得る準備がなくてはならないのである。

また万一味方のブラインド・ヘッドの方面に押されがちなときは、その側のサード・ローはセカンド・ローを押さず**第４図**のごとく直接フッカーを押すことも記憶しておかねばならない。

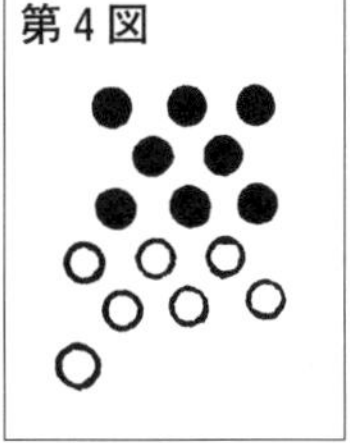
第４図

【第5節　スクラム・ワーク】

セブンが球をきれいに出さんとするためには、球をフックするセンターと球を入れるべきアウト・サイド・ハーフとは特別に練習を行うべきであるが、ファースト・ローの両サイドはとくに頑強なプレーヤーを配置しなければならない。

スクラムは一部ではセカンド・ロー以下の押しがあれば、相当強味を現すように思われているが、ファースト・ローがまず第一であって、ここに人材を得ない限りいかに後方から押しても決して強いスクラムを作ることはできないのである。

こうしてその押しは、相手に対して真正面からではなく、**第５図**のごとく相手の胸に頭を入れられるように、やや斜めに押すことが絶対必要な条件である。

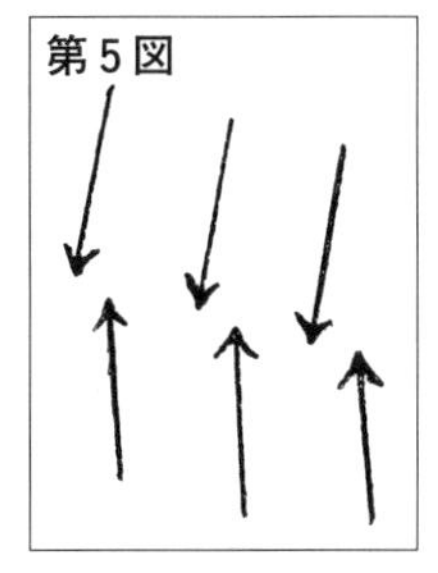
第５図

またファースト・ローの両側の人は側面から見て**第６図**のごとき姿勢をとるべきで、このようにしてこそセカンド・ローの肩もよく当たり、「ボール・イン」に際して腰を中心に膝を延ばせば理想的に押すことができるのである。

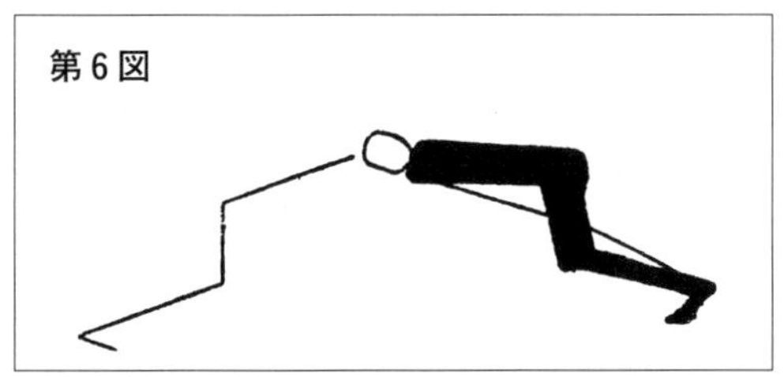
第６図

セブンはそれ自体、原則としてキープあるいはホイールを行わないが、機を見て行えばかなり効果を収め得るから、以下項を分けて述べてみよう。ただしパック、ショーブおよびフックなど不完全なスクラムでいかにキープあるいはフックを行っても、決して効果が上がらないので、「完全なスクラム」は是が非でも作るよう心掛けなければならない。

●第1項　キープ

セブンにおけるキープはいかなるとき行われるべきか。早いヒールアウトを原則としているから、球がセカンド・ローその他のプレーヤーの足に当たることなく、鮮やかに出るときはもちろんキープの必要はないのである。

球が完全に速やかに出るときは、いかに相手のサード・ローが飛び出してきても味方のハーフが躊躇しない限りつぶされることはない。だが一度味方のスクラム内で球が引っかかったあと直ちに出されるときは、往々にハーフが完全に封じられがちである。

こういうときにこそセブンにおいてもキープが必要なのである。

いったんキープされれば、飛び出してきた相手方のサード・ローも戻ろうとするので、その瞬間ヒールされれば非常に有効であって、この場合キープおよびヒールするのはもちろんセカンド・ローによるべきである。

相手方が防禦に飛び出してくれば、味方のハーフは「キープ」の声をかけるべきであるが、それではときすでに遅く、しかも相手方も警戒するため「キープ」はかえって球がセカンド・ローの足下に引きかかった瞬間セカンド・ロー自身によってなされるほうが効果は大きい。

そして直ちにヒールする場合はセカンド・

ローの踵でかき出すことなく、足の平で出すことを是非とも心掛けねばならない。

●第2項　ホイール

以上のごとく、球がキープされた場合、グラウンド泥濘のため出しても甲斐なく、また自発的にスクラムがホイールに好都合に回転した場合ホイールを行うことは、セブンにあっても決して意義なきことではない。

セブンではこのホイールをいかにして行うか、だいたい次のごとき3つの方法で行えば合理的に敢行できるのである。

1. スクラムの原型のままで行う方法

第7図のごとくルーズ・ヘッドから球を入れる場合、一般に②のフックによって②と③の間から球は出て、⑤の足下に引かれるようになるのである。かかるときファースト・ローの3人は遮二無二押し③はとくに力を入れれば、スクラムは矢印の方向に回転をはじめる（このとき①は幾分引き目にしホイールに移すという説もあるが、③にできるだけ押させてホイールさせるほうが効果的である）。

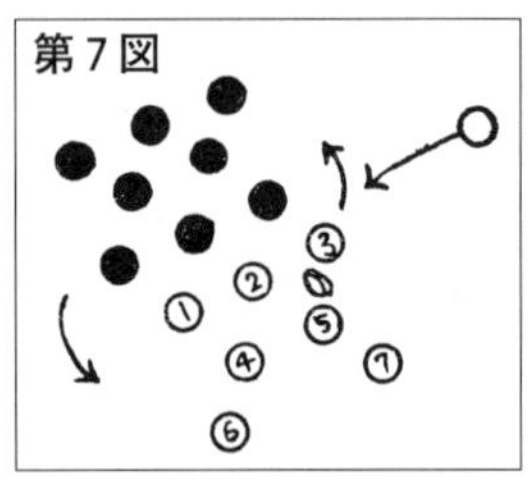

いよいよホイールが開始されるや⑤は**第8図**のごとく、直ちに頭を抜き左足により球を右側に送るべきで、頭を抜くことを躊躇すればスクラムの回転によって頭を抜くことができない状態となる。④においてもしかりで、機を見て矢印の方向に移るが、そのときの状態によって⑥と④とが位置をかえることを臨機応変にやらなければならない。

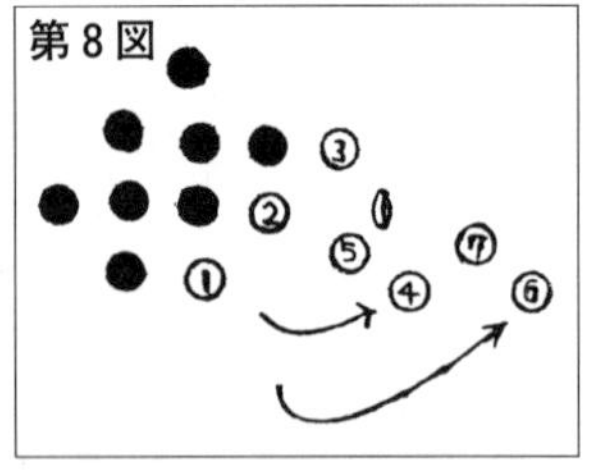

もちろんホイールは早急に行われなければ相手方もこれに対する防禦策を講ずるから是非とも早急にやらなければならない。

2. 一方のサード・ローがセンターの役目を演ずる方法

まずキープを行うに際して**第9図**のごとく⑥（ルーズ・ヘッドの反対のサード・ロー）は、両セカンド・ローの間に飛び込むように体を突っ込むのであるが、セカンド・ローから一時離れる瞬間**第10図**のごとく①②のサイドは必然的に押され気味となり、ホイールに好都合の上、⑥がエイトのサード・ロー・センターの役割を演ずるためキープが確実にでき、したがってホイールは比較的容易に行われる。

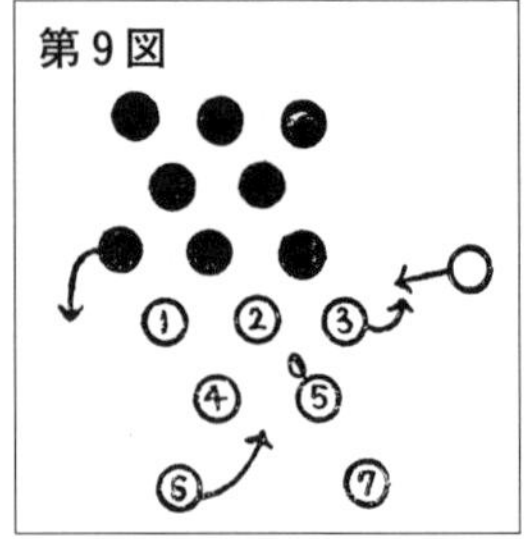

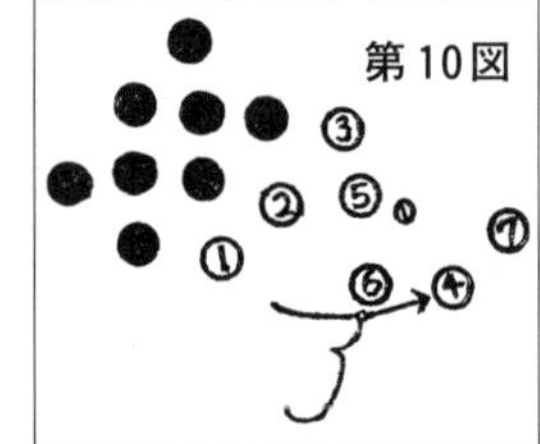

3. スクラム・ハーフがサード・ロー・センターの役目を演ずる方法

スクラムが押されがちな場合、あるいは相手のサード・ローが飛び出してきて球を出させることがかえって不利になりそうな場合、スクラム直後にいるハーフが**第11図**のごとく両サイドのサード・ローを両手でしめつつ、両セカンド・ローに肩を当てて速成エイトを作るのであるが、この場合はエイトのホイールとまっ

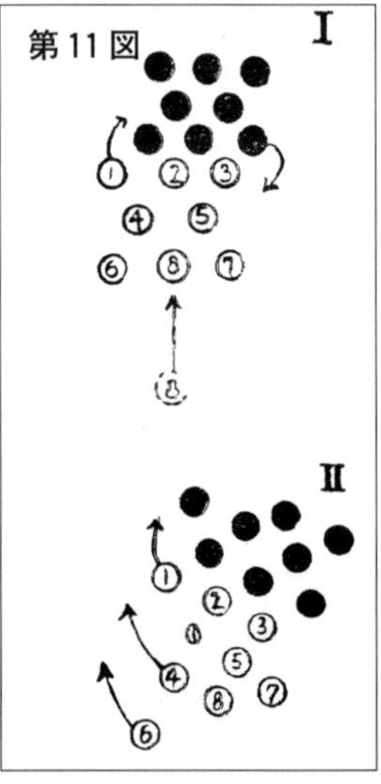

たく同様である。このときはアウト・サイド・ハーフは当然スクラムの後ろに位置しなくてはならない。

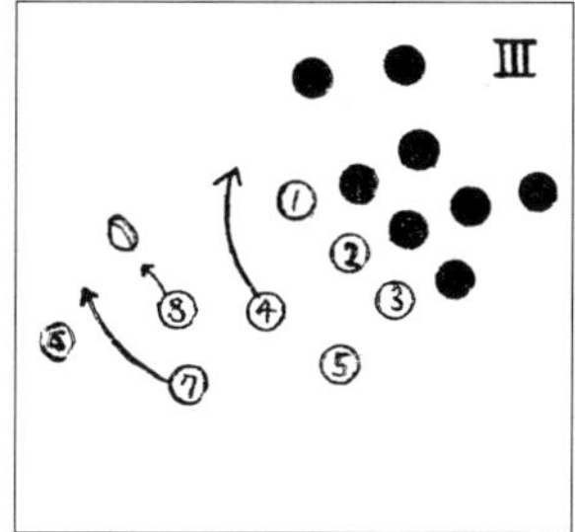

付記①：以上のホイールは大体計画的に行う場合であるが、ときにサード・ローの足下に球が止まり、しかもスクラムがホイールに好都合の場合はサード・ローからホイールに移ることも決して効果なきものではない。

●第3項　ホイールの防ぎ方

セブンがエイトに対して、とくに警戒を要するのは相手のキープである。

相手方に球が出た場合、もしセブンが直ちにブレーク・アップすれば、相手はホイールに移さんとし、またセブンがいつまでもスクラムを解かなければ相手方はヒールアウトしてバックの攻撃に移さんとするからである。

しかしながらこれとて警戒の要はあれど、さほど恐れる必要はないのである。

エイト論者の多くは一様にセブンの組み方はホイールに弱いと非難するが、セブンにあってはセブン独特のスクラム・ハーフがあり、またアウト・サイド・ハーフがあって、これらがホイールからのドリブルを止め得るが、エイト同士にあってはできないという「ホイール防止」の利点を持っているからである。この点こそエイトがセブンに対して、そのホイールの効果を比較的表わし得ないゆえんであろう。

しかしながら相手方がホイールに移さんとする初期においては、大いに考慮して未然に防ぐべきである。

すなわちファースト・ローは最後まで相手を押すことに努め、しかもルーズ・ヘッド①は**第12図**のごとく万一相手のハーフがスクラム・サイドを抜かんとすれば、それに備えなければならない。そしてセカンドロー④は頭を入れたまま相手のホイールにつられて左のほうへ廻るときは、たとえ⑥⑦などのサード・ローが右のほうの防禦に向かっても手薄となるから、相手にホイールする気配が見えれば直ちに右に移るべく心掛けねばならない。

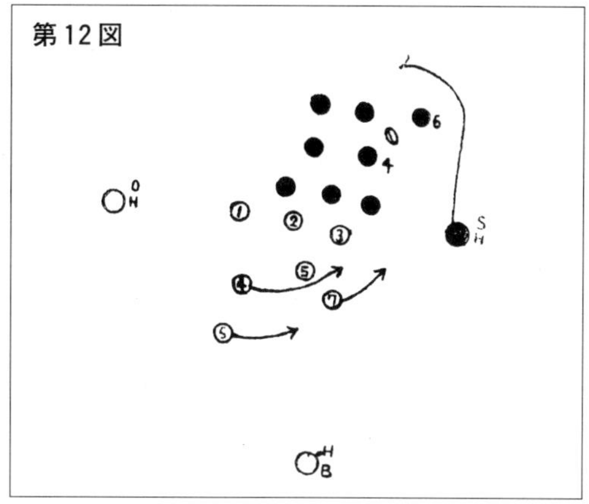
第12図

第一に相手のホイールを阻止し得る位置にある⑦は黒の4および6の間に猛烈に頭を突っ込み、⑥④等が漸次これに従うときは、**第13図**のごとく完全にこれを止め得るのである。

しかしながら相手がホイールを終え、ドリブルに展開されてからでは阻止することが困難となるので、一刻も猶予できないのである。

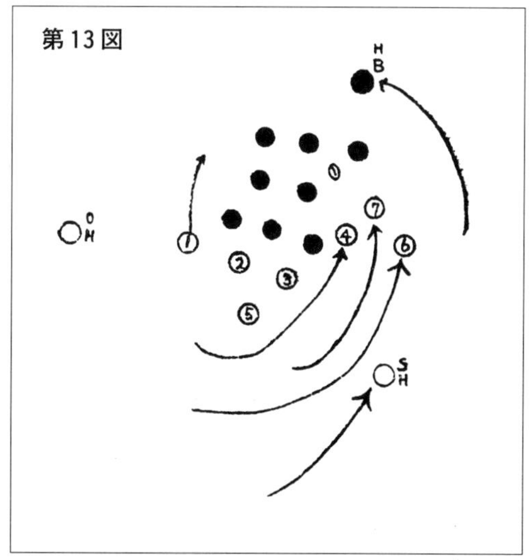
第13図

ホイールはＦＷの恐るべき武器でありながら、英国におけるインターナショナル・マッチの例を見ても、この方法で防止することによる完全なるホイールは稀にしか行われていないとのことである。

ホイールの仕方および止め方は大体以上のごとくであるが、スクラム内でＦＷを揉み疲れさせることは、その後にくる「オープン・プレーへの活躍」を自然おろそかにさせるので、グラウンド泥濘にしてＦＷ戦を余儀なくされる場合とか、相手チームがホイールに対する防戦につたなき場合とか、特殊な事情がある場合を除いて、セブンにあっては自発的にホイールを行わないほうが得策と思われる。

理論上からいえば**第12図**、**第13図**のように行うことによって、完全に防禦をなし得るのであるが、実際の場合、**第13図**におけるサード・ロー⑥が右に廻ったため、相手方の、球を出し左側から攻撃に移らんとする戦法に対しては少なからず悩まされることがある。

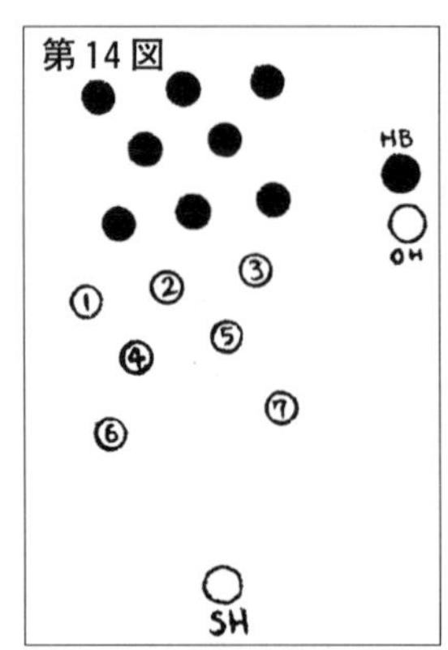

この場合はいかにすべきであるか。**第14図**のごとくアウト・サイド・ハーフは相手方のハーフにつきそってスクラム・サイド間近かにいなければならない。かくして相手がホイールを開始させようとするときは**第15図**のごとくアウト・サイドからサード・ローの⑦がまずホイールせんとする相手方のセカンド・ローの横腹目がけて頭を突っ込むのである。こうしてサード・ロー⑦が突っ込んだためアウト・サイド・ハーフは相手のハーフを警戒し、一方サード・ロー⑥は左側を注意するのである。

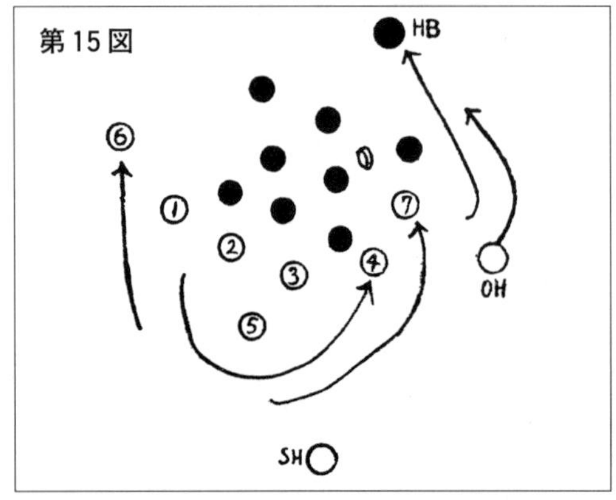

このようにすれば両サイドとも少しの手薄さも感じずに、ホイールを止められるのである。

しかしながら一般には**第12図**、**第13図**の方法によって充分対処できるから、そのときの相手方の出方により、いずれかの方法をとるかは決めなければなるまい。

【第6節　ラインアウト】

スクラムにおいてエイトに対してセブンが同等に球を取り得れば、バックにおいてひとり余分に配置されている関係上、有利であるが、このことはラインアウトにおいてもしかりである。そしてエイトの側のウイング・スリー・クォーターがラインアウトから投げ入れるときは、たとえそのウイングは直ちに自己の位置に戻るとしても、その瞬間はバックにセブンでは２人余分に配置されていることになるから、相手ボールのときはとくに取るように心掛けねばならない。

ラインアウトの並び方は前方から３、４番目あたりのところに背の高いセカンド・ローの２人を据えると効果が大きいが、それに次いできたるべきタイト・スクラムを速やかに組み得るよう**第16図**のごとくスクラムを開いた型に並ぶことが便宜である。

ラインアウト後方の黒の⑧に対しては、その前にマークすべきＦＷがいないため一見不安に感じられる。しかし後方へ球が投げられるまでには球が大体落ちるべき地点を察知し得るので、その間⑥①④などが順送りに後ろへ下がることによって、その不安は容易にし

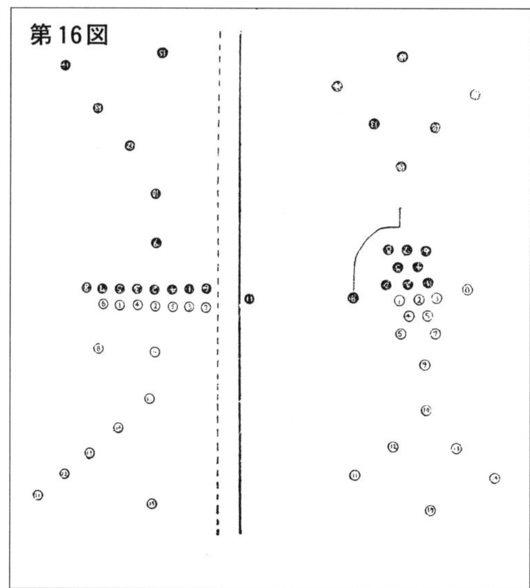

りぞけられるのである。

またアウト・サイド・ハーフが同図のごとくラインアウト背後によってマークすることもでき、スタンドオフ⑩もその方向に直ちにスタートし得るので決して案ずるほどのことはない。

もちろん味方のハーフ⑧が投げ入れるときは、味方の有利なところに投げるからこの不安は毛頭ないわけである。

ラインアウトから球を投すべきハーフについては、左側のタッチはアウト・サイド⑧が、右側のタッチはスクラム・ハーフ⑨が投げるように仕事を分担すれば非常に好都合である。

かくしていよいよルーズが展開されるのであるが、セブンのルーズはいかにすべきであるか。ラインアウトで球を得たプレーヤーは直ちに突進できぬと見たときは、速やかに地上に下して相手方が集まる間を与えず自ら早くかきだすことが、相手方に対して非常に脅威を与えるのである。

【第7節　ルーズ・スクラム】

エイトはルーズにおいてもキープおよびホイールなどのスクラム・ワークを行わんとするがゆえに、個々の力よりも一団としてのた力を作らんとするので「組みつつ押す」という感じがないでもないが、セブンはヒールを原則とするがゆえにその間、多少エイトと変わった点が見出されるのである。

すなわちセブンでは集まってきた者の順に飛び込むように頭を突っ込んでいけば、多少ルーズの組み方に時間的余裕のあるエイトのルーズを破ることもそう困難ではないのである。

タイトにおけると同様ルーズにおいても7人で8人を押え得るという信念は最も必要なことであって、そのためにセブンの個人個人は少しでも早く集まり、少しでもシャープに、しかも1間くらい離れて突込むことによって、ひとりの差は充分に取り返し得るのである。

タイトの場合と同様、相手のサード・ローが両側から飛び出してハーフのパスワークが完全に行われないような場合は、ハーフの「キープ」の声によってキープされ得るが、この場合は一番最後に頭を突っ込んだ人がキープすれば容易になし得るのである。

タイトでもルーズにおいてもキープのタイミングを誤れば、相手方にディフェンス・ラインを作る余裕を与えるものであるから、キープをみだりに行うことはまったく不利といわねばならない。

このようにしてルーズが組み終わりヒールアウトを行う場合は、各人とも踵でかき出すことを戒め、足の裏でかき出すようにしなければならないのである。ルーズにおける一般の傾向として球をヒールアウトすれば、かえって相手方のつぶしにあって不利となることが往々にしてあるが、このような場合、相手方ルーズを見れば主力を両端においている結果、中央が必ず手薄となっているのである。

この場合いかなる作戦によるべきか、これにはただひとつあるのみで、相手方ルーズの中央を目指して果敢に突っ込み中央突破を試みるべきである。

このようにすると、かえって相手方の意表を突くことになり、意外なほどの効果を収め得るのである。

ＦＷが割って出るべきか、ヒールアウトすべきかはそのときどきによって速やかに考慮し、敢行しなくてはならない。

第2章　ハーフ論

セブンにおけるハーフとはアウト・サイド・ハーフ、スクラム・ハーフおよびスタンド・オフの三者の総称であり、スタンド・オフはエイトにおけるそれと、その動き、その任務においてほとんど同様であるが、前二者の存在こそセブン・システムを非常に特徴づけるものである。

それゆえにこれら特殊な存在を無視して単に７人のＦＷと８人のＦＷについて、是非を云々することは断じてできないものである。

ことにアウト・サイド・ハーフの動きこそ、広汎かつ無限の活動範囲を有し、このポジションに有力なるプレーヤーを有するか否かはチーム全体の強弱に影響すること大である。

またスクラム・ハーフにあっても、常にスクラムの直後に位置していることをもってエイトにおけるハーフよりスクラム・サイドを抜きやすく、優位にあると同時に、一度パスを行わんとするときエイトにあっては、逆の方向へはリヴァース・パスのごとき特殊なパスを必要とし、しかもその際、ハーフは倒れつつパスするの止むなき場合に往々にして遭遇するため、その後に引きつぐプレーに少なからず支障をきたし、キックも仲々困難であるが、セブンのスクラム・ハーフにおいてはこのようなことなく、容易に左右自在にパスしキックも比較的容易になし得るのである。セブンにおけるアウトサイドおよびスクラムの両ハーフこそエイトにおけるハーフの任務を分業化したものであって、分業がその任務をいかに簡単化し、しかも能力をあげ得ること大なるはここに改めていうまでもない。

このようにモダン・ラグビーが各ポジションの分業化、専門化であることは英本国においても強調されているが、この点から見てもセブンのハーフの任務分担は一進歩と見られるのである。

【第1節　静態における両ハーフの位置】

前にも述べたようにアウト・サイド・ハーフの動きは一定したものではなく、したがって簡単には書き表わせないが、プレーが止まっている場合は大体決まっている。しかもスクラム・ハーフとの関係は、一方が右サイドを守っている場合、他方は左を守り、一方がセーヴィングなどによりルーズ・スクラムの中に巻き込まれているときは、必ず他方はその後方に位置しなければならない。次に大体想像し得る場合を図示しよう。

●第１項　キックオフの球を受ける場合

第17図の配列は相手がロング・キックオフを行った場合の配列で、相手方がいかにダッシュしてこようとも、そのつぶしにあう可能性が少ないため受け取った球を右側のタッチに蹴りやすい位置に並ぶべきで、もしこの場

第17図

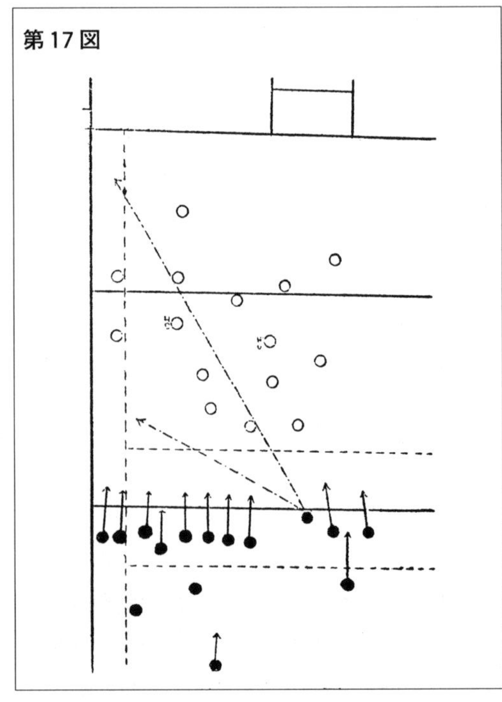

合相手の左側に隙があれば、ハーフはＴＢとの連絡を保ちつつ直ちに攻撃に移り得る位置にいなくてはならない。

そして相手がショート・キックオフを行うときは味方のＦＷの誰かが捕球すれば、必ずその者は相手側のつぶしにあうと見なければならず、その地点に起こらんとするルーズを仮想して、これに便なる位置にスクラム・ハーフが位置すると同時にアウト・サイド・ハーフは、そのルーズから万一相手側に球が出れば直ちに防禦に出られるべき地点、すなわち仮想されるルーズのいずれかのサイドにいなければならないのである。

また相手がドロップ・アウトを行う場合でもキックオフを受ける場合と同様であることはここで改めていうまでもあるまい。

●第２項　キックオフする場合

ショート・キックオフのときは必ずその方向の10ヤード線附近においてルーズ・スクラムが展開するものと見てさしつかえない。

このときは直ちに適切な位置につき得るわけであるが、ロング・キックオフの場合は一方のハーフはオープン・サイドを警戒しつつ前進し、他方のハーフはブラインド・サイドのライン際を守るべきである。

このときのこのハーフはＦＷと一緒に第一線まで前進する必要はないのである。

なんとなれば、球をとった相手方は多くの場合、味方のＦＷによってタックルできないが、一様のチャージにあうためオープン・サイドにも廻れず、結局ブラインドのタッチへ蹴り出そうとするからである。

それゆえに**第18図**のごとく中央あたりにいてタッチ・ラインを守ればよいのである。もちろんその位置は場合によって異なるから、適時適当の場所に位置しなくてはならないのである。

●第３項　ドロップ・アウトの場合

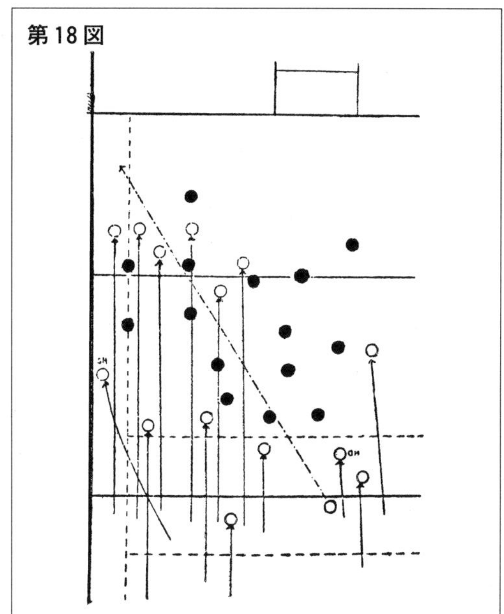
第18図

ドロップ・アウトにおいてもキックオフの場合とほとんど変わりないところに位置すべきであるが、キックの深い浅いにより、また風の具合などにより、自然適当のところを選ぶべきである。

この項はこれだけでやめ、図示は省略する。

【第2節　アウト・サイド・ハーフ】

アウト・サイド・ハーフの動きがいかにチーム全体に影響するかは前述した通りであるが、このハーフの存在、任務こそセブンを特徴づけるものであって、とくに研究の必要があろう。

●第１項　アウト・サイド・ハーフの精神

アウト・サイド・ハーフは無限に活動し得ると同時に、比較的サボり得る位置であるから大いにこの点、心せねばならない。

いわゆる遊軍である以上、もし自己の都合よきときにのみ攻撃に加わるときは、あたかも一見奮闘しているがごとき観を与えるが、それは単にアウト・サイド・ハーフ活動の反面であって、攻撃と同時に防禦の任務もあることを忘れてはならないのである。そしてまた防禦によくたち廻る者であってもノー・マークという有利な状況になりながら、攻撃に全能力を発揮し得るものは少ないのである。

しかもアウト・サイド・ハーフがこれをなし得れば、トライのチャンスが多くなることはいうまでもない。

常に攻防自在の位置を選び得る点は他のプレーヤーと異なり、無限の活動範囲を与えられているからこそであって、この地位こそ大いに修練を要するものであるが、それと同時に常に執拗なるフォローによって、機あればこれに追従し一度危機を予知した場合は、速やかに防禦にたち廻るべき心掛けこそ肝要なのである。

アウト・サイド・ハーフは特別に確固たる職分を課せられてないため、苦しみを感じた際はいつなりと力を抜き得るが、これこそ最も戒めなければならないことである。

アウト・サイド・ハーフが働きかける十の力はチーム全体の動きに対して、十以上となって現れる一方、五分の力は五分以下にしか働きかけないので、セブンにおけるこのポジションがいかに重要であるかは容易に知り得るであろう。

アウト・サイド・ハーフが無限の力を現し得るには、経験上たゆまざる精神が必要であり、筆者はとくに精神力を強調したいのである。

●第２項　いかなる人を選ぶべきか

攻防自在な地位にいるためにはもちろん長い経験を有する者でなくてはならない。

チームによっては単にスクラムに球を入れ、ラインアウトにおいて球を投げさせて事足れりとしているものもあるが、これは大いに誤まれる考え方というべきである。

なんとなればかかるチームにあっては、アウト・サイド・ハーフの活動範囲はむしろ整ったチームより多く存しているからである。

スタート・ダッシユの速いこと、パス・ワークの確実なること、左右両キックの正確なること、タックル・セーヴィングを敢行し得るなどなど――いかなる場合に臨んでも完全に処理し得る技術に優れていなくてはならないが、それと同時にその場をいかに切り抜けるべきか、頭の働きに鋭敏さがなくてはならないのである。

相手のパスの失敗は味方のハーフの活動によって得点の糸口となる場合が往々にしてあり、また味方の失敗により危機に瀕した際、ハーフがカバーすることによって充分に救い得る場合もある。

それゆえ、アウト・サイド・ハーフは技術や経験にとみ、しかも臨機応変の処置をとり得る者が最も適当とされているのである。

●第３項　アウト・サイド・ハーフの動き

前述のごとくアウト・サイド・ハーフの動きは自在にして、しかも一様の決まった型がないためここに書き尽くすことは仲々困難であるが、できるだけ種々の場合を挙げて説明しておこう。

１．バックのカバー

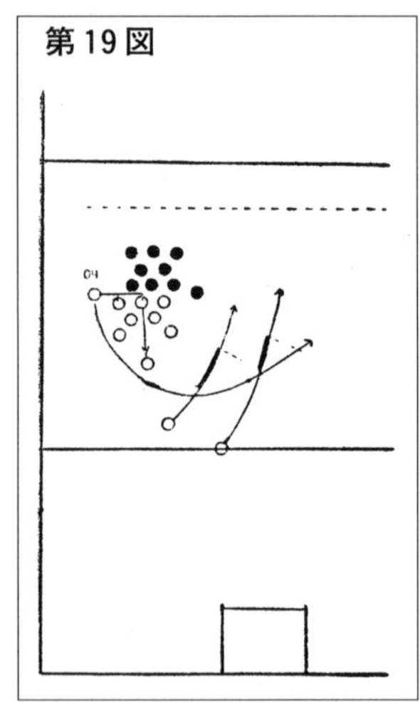
第19図

第19図のごとくスクラムが左タッチ・ライン際によって組まれ、しかも味方の球の場合はブラインド・サイドをルーズ・ヘッドにして組むべきである。このようにすれば、もし攻められていて万一球をとられてもブラインドへホイールされ、また抜かれる気づかいもないのであるが、アウト・サイド・ハーフは当然ルーズ・ヘッドから球を入れ、しかも味方へ球が出るものと見るべきであるから、球がオープンへ廻される場合、アウト・サイド・ハーフ

がカバーしつつ廻るのに非常に都合がよいわけである（**第32図**参照）。

2．ブラインド・サイドの攻撃

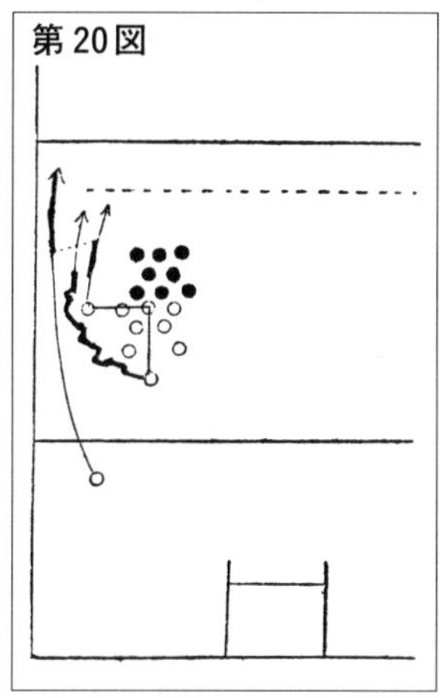

これがもしスクラム・ハーフがブラインドを突いた場合においても、アウト・サイド・ハーフのコンビネーションによって**第20図**のごとく、相当の効果が収められるのである。このときスクラム・ハーフとよく連絡が取れていない場合はアウト・サイド・ハーフに当たって（アンインテンショナル・オフ・サイド）により、せっかくのチャンスをスクラムにされる場合が往々にしてあるから注意しなくてはならない。

このことはまたスクラム・ハーフ自身がブラインドを突かず、スタンド・オフが図るときでも同様である。

3．相手ハーフを阻止

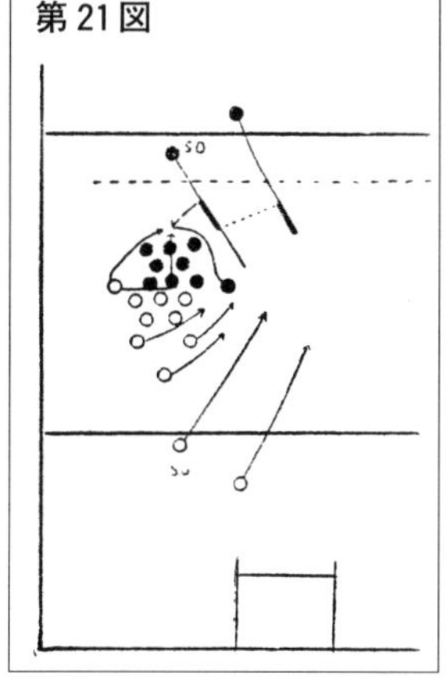

1．の場合で**第21図**のごとく味方ボールが相手方へ取られた場合、アウト・サイド・ハーフは相手側のスクラム・ハーフを追っていき、出てきた球に対して、まず足を出さねばならない。もしこれで間に合わない場合は、球はすでに相手のスタンド・オフに渡っており、いったんハーフを阻止せんとしてし損じた味方のアウト・サイド・ハーフが直ちにスタンド・オフをつぶすことは困難である。

このような場合はスタンド・オフと第１ＴＢとの間を狙っていくべきであって、万一相手方がパスを損じたる際は直ちにドリブルによる攻撃に機を得ることができるからである。

また相手方に球が出て味方のアウト・サイド・ハーフが相手のハーフを阻止せんとすれば、相手方はキープするであろう。またこのとき相手方は味方の右側のほうへホイールを開始するかもしれない。

かかる場合にあってはアウト・サイド・ハーフはオフ・サイドにならぬ程度まで突進し、スクラムについて様子をうかがわなければならない。右側の防禦に対してはサード・ロー２人およびスクラム・ハーフなど、その方向に向かうゆえアウト・サイド・ハーフは左側を守る責任があるのである。

付記②：相手方に球が出た場合セブンにあっては、人員の配置の関係から相手スタンド・オフに対しては味方の第１ＴＢがマークし、相手の第１ＴＢに対して味方の第２ＴＢがマークし、味方のスタンド・オフはその後方を斜めにウイングまで走って最後の相手をマークすることが必要であるが、図示説明の都合上、相手のスタンド・オフに対しては味方のスタンド・オフがマークするものとして以下説明を進めよう。

4．ＦＷパスからバックへの連絡

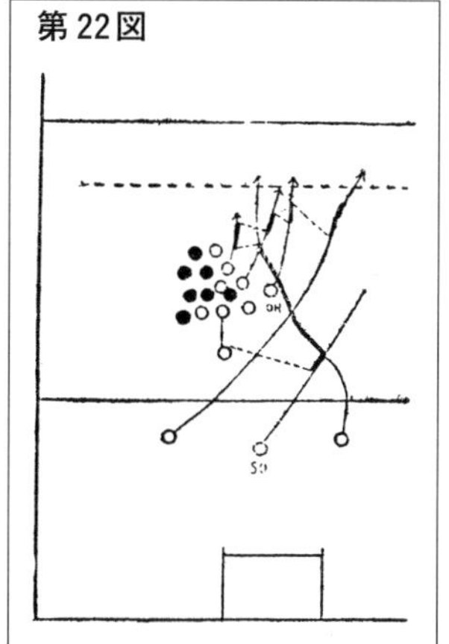

第22図におけるルーズから球が白に出た。スタンド・オフと第１ＴＢとがシザース・ムーヴメントを行った結果、第１ＴＢは味方のＦＷに球を移した。

引きつづきア

ウト・サイド・ハーフはＦＷから球を受けて再び味方のＴＢに球を移す場合で、図面では詳細に書き表わせないが、このようなＦＷおよびＴＢのコンビネーションの際、アウト・サイド・ハーフが中間に入って敵の虚をつくことには予期し得ない効果がある。

5．スタンド・オフとの連絡

第23図のごとくスタンド・オフが相手に追い込まれた場合においてもアウト・サイド・ハーフがこれをフォローして、ＦＷパスに移すごとく、またスタンド・オフが直接ＦＷパスに移した際、**第22図**のようにアウト・サイド・ハーフが中に入り再びバック・メンに渡しても効果があるものである。

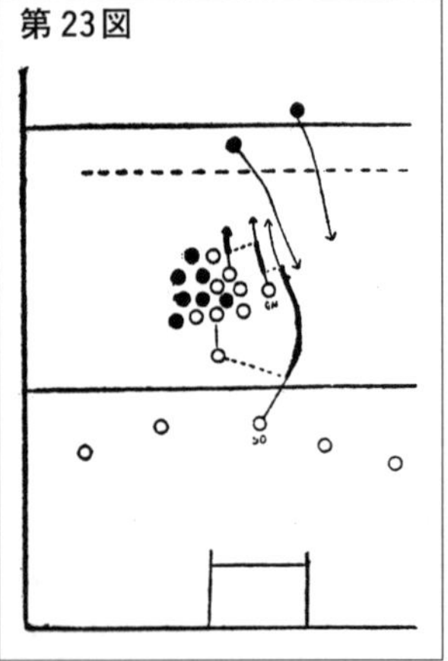

付記③：以上のごとき場合においてアウト・サイド・ハーフは常にパスのリレーをつとめるのみならず、ときにショート・パントおよびクロス・キックを用いれば予想外に相手を困惑せしめることができるのである。

アウト・サイド・ハーフがラインアウトの球を投げ入れた後は、一般的にはスクラム・ハーフからスタンド・オフおよびＴＢと渡る球を追って斜めにカバーすべきであるが、ときに**第24図**のごとくスクラム・ハーフとスタンド・オフの中間に入ることも効果がある。

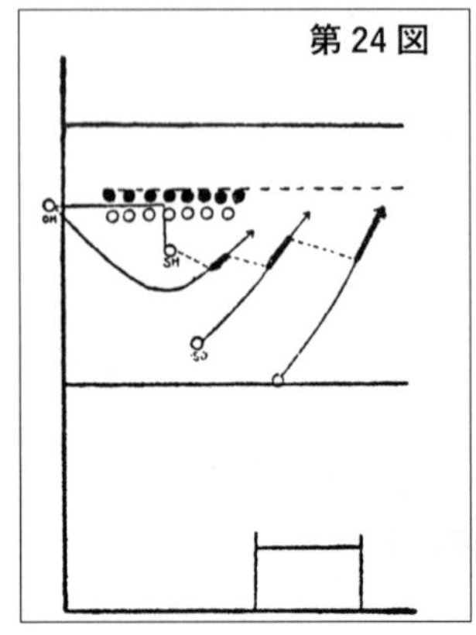

6. スタンド・オフとのシザース・ムーヴメント

また**第24図**のごとくアウト・サイド・ハーフがスクラム・ハーフとスタンド・オフの間に入る際、**第25図**のごとくアウト・サイド・ハーフは斜めに走ることによってスタンド・オフあるいは第１ＴＢとシザース・ムーヴメントを行い、ＦＷを真直ぐに走らせられるようなショート・パントを行うことも有効である。アウト・サイド・ハーフはこの際もちろん図のごとくスタンド・オフにパスすることなく、直接第１ＴＢにパスするかどうかはそのときの形勢によるべきである。

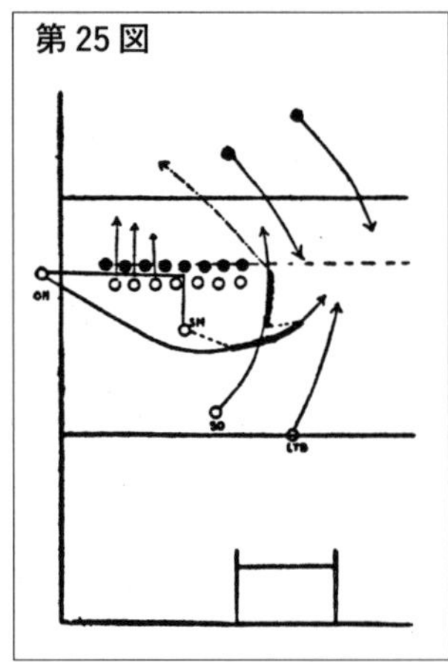

7. ラインアウトにおけるスクラム・ハーフとの連絡

ラインアウトにおいて第１番あるいは第２番目のＦＷに球を投げ、**第26図**のごとく戻る瞬間に受けとり、さらにスクラム・ハーフに渡すこともかなりおもしろい。

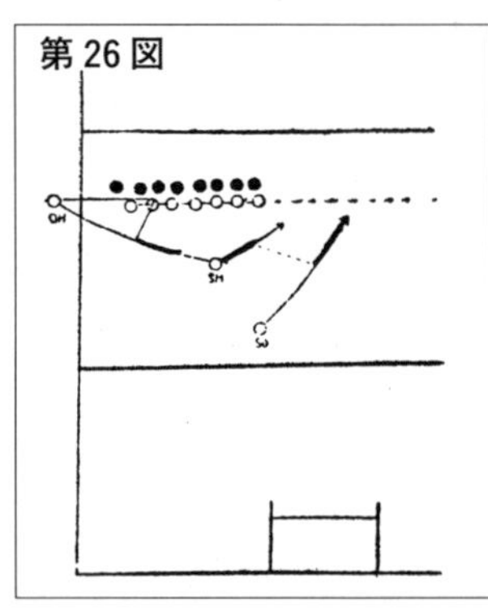

このときＦＷは球を掴むことなく両手を差し出して後方に球を叩けば、時間的に余裕を得て効果はさらに大きい。これは一度失した場合を考えるとき危険極まりないもののごとく思われるが、アウト・サイド・ハーフおよびそれらのＦＷにより練習を行えば、案外危

険を感じないものである。

8. ラインアウトにおけるブラインド・サイドの攻撃

アウト・サイド・ハーフが球を投げる瞬間、前もって示し合わせ**第27図**におけるラインアウト背後にいるBなるFWは最前のDなるFWの後ろに走り込み（このときAは多少後方にさがってDが入り得るスペースを作ることが必要）、後方へ戻らんとするアウト・サイド・ハーフにパスするのであるが、アウト・サイド・ハーフが機を見てブラインド・サイドを突くことは有効である。

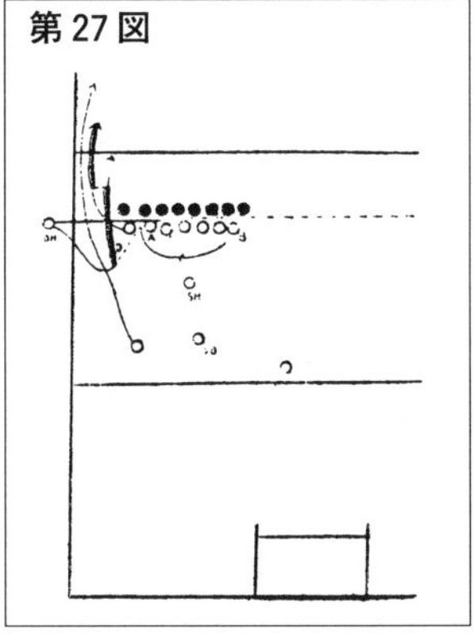
第27図

付記④：ラインアウトにおいてスクラム・ハーフが球を投げるときは、アウト・サイド・ハーフはスクラム・ハーフと同様の動きをとるべきであるから、これはスクラム・ハーフの章において説明する。

●第4項　とくに注意を要する点

1．防御の際の動きについて

相手の球が出たときスクラム・サイドに位置するアウト・サイド・ハーフが相手方のスクラム・ハーフに行くべきか、スタンド・オフに行くべきかは作戦に属すべきものである。

たとえば相手方のスクラム・ハーフが比較的技量拙劣にして、しかもスタンド・オフが優れている場合はそのハーフを狙ってスタンド・オフの活動を未然に防ぐべきであり、これと反対にスタンド・オフに直接行くのも一策である。それゆえ、相手方のチームにより両者を比較研究した上でその行くべき道を決すべきであって、この場合はもちろん味方のサード・ローおよびＴＢなどとも打ち合わせておくべきである。

これは試合前における作戦であるから、場合によってはスタンド・オフに行くのも直接ハーフに行くのも、臨機の処置をとらねばならないが、攻撃の積極的活動がハーフおよびスタンド・オフから開始されることを思えば、この両者いずれにも比較的容易に行くことができるアウト・サイド・ハーフが相手方の動きを研究し、そのチームチームによってその行くべきところを決しなければならない。

2．スクラムから離れ過ぎるべからず

これはちょっと気づかない点であって、しかも往々遭遇する事実であるが、スクラムからアウト・サイド・ハーフがあまりにも離れて位置しているときは、必ず**第28図**のごとく味方のスクラム・ハーフあるいはスタンド・オフの突進の妨害となるものである。それゆえにスクラムへの球入れが済み、味方が球を取った場合は、スクラム・サイドからかなり離れるか、そうでなければスクラムに接近しなければならない。これはルーズにおいても同様であるが、タイトの場合は邪魔になる率がより高いのである。

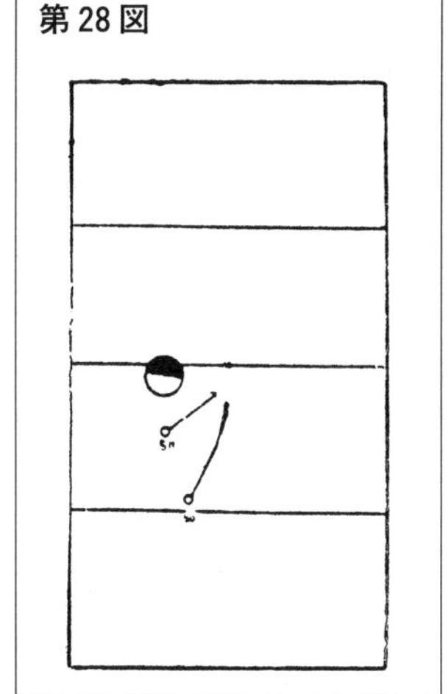
第28図

3．ブラインド・サイドの守り

攻められている場合、アウト・サイド・ハーフは**第29図**Ａのごとく、スクラムの真横に位置しているべきであるが、攻めていてしかもブラインド・サイドをアウト・サイド・ハーフひとりで守り、相手のスタンド・オフを

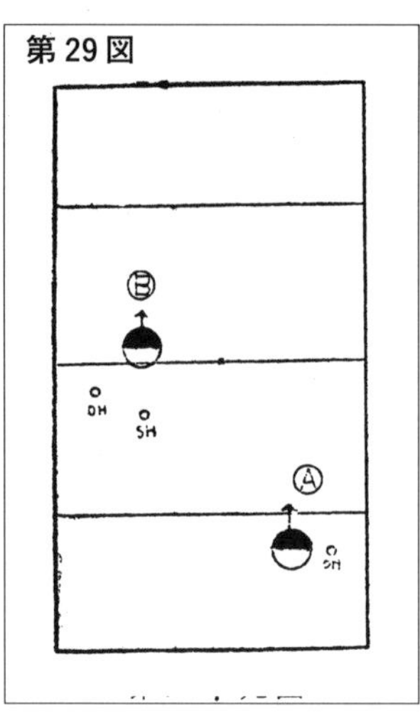

第29図

つぶしに行かねばならないときはBのごとく、むしろスクラムの中央線より後方に位置すべきであって、このことは些細なことのように思われるが、実戦では是非とも心掛けねばならぬ事柄である。

すなわちあまりに早く飛び出すと、かえって相手のスタンド・オフと行き違いとなり、抜かれる危険に見舞われるからである。

4．攻めているときはスタンド・オフの位置に

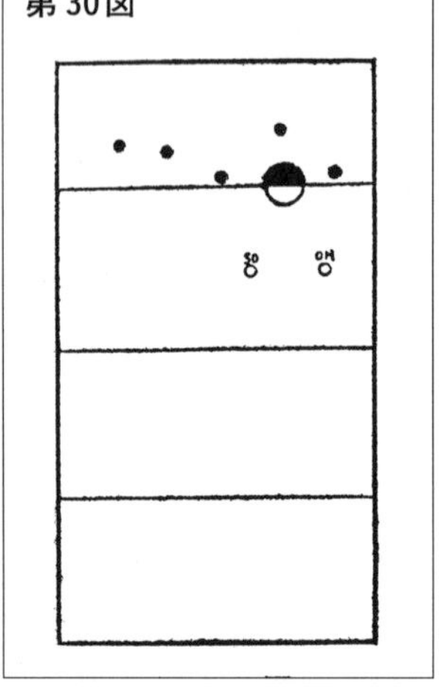

第30図

相手方のゴール近くに攻めているときは**第30図**のごとくスタンド・オフと同様の位置を選ぶことが積極的戦術として絶対必要である。

すなわちサイドにいて相手のディフェンス・ラインが出てきている上に、いざ味方に球が出た場合その前方にいては積極的攻撃に移ることが困難となるからである。

しかもこの際、攻撃に全力を注ぐことを心掛けるべきであって、ニュージーランド・システムの2のファイブ・エースのように異なったスタンド・オフが2人配置されることはかなり脅威を与えるからである。

5．防禦における一例

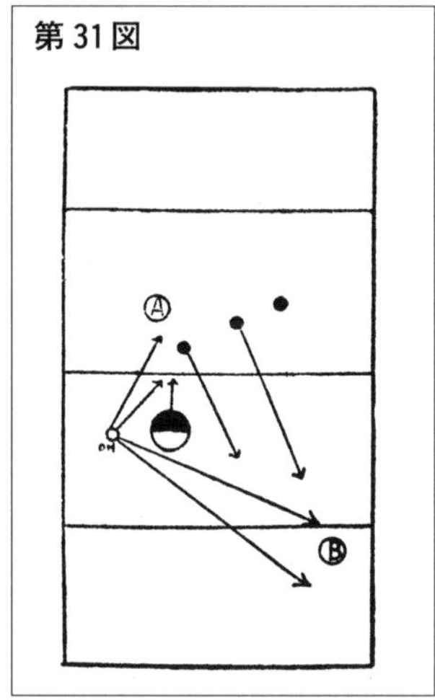

第31図

相手方に球が出た場合、**第31図**Aの方向にまず飛び出して相手のスクラム・ハーフあるいはスタンド・オフをつぶしに行くべきであるが、これらに行っても完全に間に合わぬことが予知された場合は、Bのコースをとるべきである。もちろんこの場合、浅い深いはときにより異なる。しかしながらこのBのコースを取るときは、相手方バックにより行われるショート・パントおよびシザース・ムーヴメントなどを完全に防ぎ得るからである。

6．味方に球の出た場合の一例

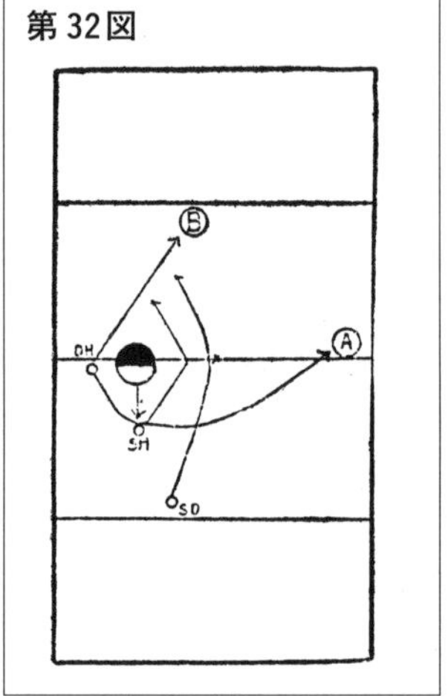

第32図

球が味方に出た場合、**第32図**Aのごとく味方をカバーすることが必要であると前記したが、これとてよほどスタートをよく、よほど巧妙に立ち廻らない限り廻り切れない場合がある。

ここにおいてBのコースも必要となるのである。味方のスクラム・ハーフがカットする癖のある場合、スタンド・オフが追い込まれがちな場合などは、このBのコースを取ることによって、これらプレーヤーを容易に助けることができ、新たなる場面を展開し得るのである。

7. FWラッシユに備えるためには

相手のＦＷがホイールを得意とし、またはルーズにおいてもＦＷラッシユを得意として攻めてくる場合は、**第33図**のごとくアウト・サイド・ハーフはスクラム・ハーフの背後に位置しなくてはならない。そしてスクラム・ハーフがセーヴィングし損じた場合、これに代って備える準備が必要である。しかしながらあまりスクラム・ハーフに接近しすぎると、かえって邪魔になる恐れがあるので１間（1.8メートル）以上離れなければならない。

第 33 図

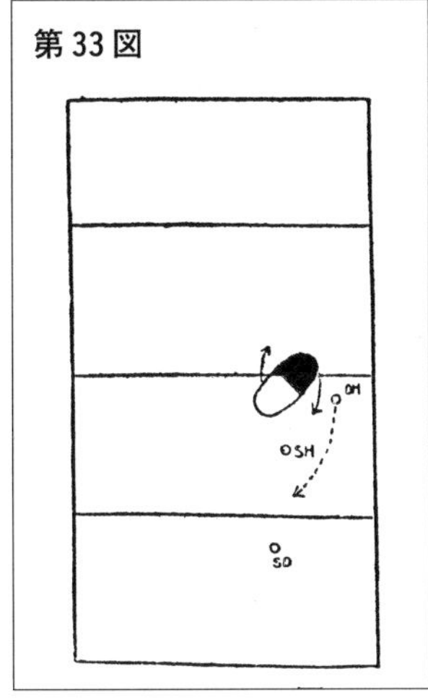

このようにするときには防禦に万全を期し得ると同時に、直ちにスタンド・オフとの間に立って攻撃にも参加し得るのである。

8. スクラム・ハーフの邪魔にならぬためには

味方に球が出てしかもスクラム・ハーフが突進せんとするとき、アウト・サイド・ハーフは絶対に**第34図**Ａの方向に向き直ってはいけない。これは同方向のサード・ローの場合でも同様であるが、かくのごとく向き直るときは必ずスクラム・ハーフの突進を妨げるからである。

第 34 図

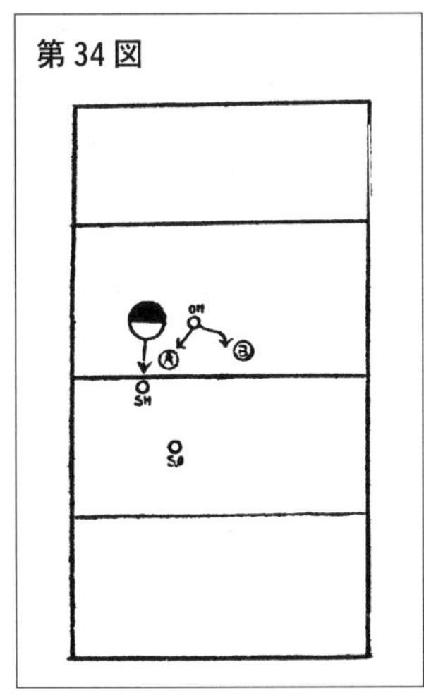

アウト・サイド・ハーフはこの際むしろ瞬間的に一度とまり、Ｂの方向に向き直るべきである。

このことは一見些細なことに思われるが、実戦においては往々に遭遇するので、とくに注意を要する点である。

【第3節　スクラム・ハーフ】

エイトにおけるハーフはそれ自身球をもって突進するということは仲々困難な業である。なんとなれば自らスクラムに球を入れ、それから後ろへ戻るモーションをして球を拾うからである。

しかるにセブンにおけるスクラム・ハーフは常にスクラム直後にあって、球の出るのを待っている結果、前進すべきスタートは容易であって、しかも左右自在に動き得る優位な立場にあるわけである。

アウト・サイド・ハーフがセブンにおける特徴を代表すると同時に、スクラム・ハーフも特別の動きをもつものであって、セブン研究にはこのポジションの研究も大いに重要視されているわけである。

●第1項　スクラム・ハーフの人選について

せっかくＦＷが得た球もスクラム・ハーフによってはかえって味方を不利に導く場合がある。このポジションは攻防とも非常に重大であることはここで改めていうまでもないだろう。

さればスクラム・ハーフにはいかなる人を選ぶべきか。パスはもちろん正確であること。そしてそのスピードは一定のものではなく、ときには種々変え得ると同時に、常に速いパスをなし得る者でなくてはならない。

キックも思うように蹴れなければならないが、他のポジションと異なっている点は一歩も歩むことなく蹴ることができることで、しかも相当に高いものでなくてはならない。

なんとなれば、相手のチャージにあい、一歩あゆめばキックを阻止される場合がしばしばあり、しかも直前にスクラムが控えているからである。

スクラム・ハーフは常にルーズに近い人混みの中でパスおよびキックはもちろん、自らも突破せんとするがゆえに腰が強いということも必須条件とされている。

技術のひとつとして、切迫する相手を惑わすためフェイントが得意なこともいうにおよばず、得た球をいかにキックすべきか、パスすべきか、自ら進むべきかの判断力の持ち主でなくてはならない。

換言すれば「勘のいい」者でなくてはならないのである。なんとなれば味方がどこをフォローしているか、相手がどこまで出てきているか、いちいちこれを確かめる余裕のない場合があるからである。

出てきた球をスクラム・ハーフが待っていて相手のサード・ローなどに阻止される場合が往々に見うけられるが、このような際は決して待つべきではない。自ら前進して取るべきであるが、この場合リヴァース・パスができると非常に有利である。というのも前進してパスする場合は待っていてパスするよりも、モーションの連続としてスピードあるパスが望み得られるからである。

ルーズなどにおいて相手がドリブルしてくる場合は、このポジションで阻止せねばならぬからセーヴィングが確実であるべきことはいうまでもない。またスクラム・サイドの突進者に対しては完全なタックラーでなくてはならないのである。

●第2項　スクラム・ハーフの姿勢

スクラムの背後にあってあらゆる方向にパスし、あらゆる方向にキックし、しかも防禦に当たってタックル・セーヴィングを敢行するためには、スクラム・ハーフの姿勢いかんがかなり重大な要素をなすのである。

試みにみたまえ。姿勢の整わざるハーフで活躍を思うままにする者はいないではないか。

さればハーフの姿勢はいかにすべきであろうか。いかなる運動もなし得るためには第35図のごとく膝をかがめ、足の指先に力を入れ、しかも両手はいつでも球を拾えるよう揃えて準備しなくてはならないのである。

このとき両足の爪先を外輪にすることなく、並行していることが必要であり、かくのごとくすることによっていずれの方向にも直ちに向き直り得るのである。

こうして相手方のいずれの方向に隙があるかを見破ったならば、直ちに左手を動かすとか右足を少し上げるとかによってパスが左右いずれの方向に行わるべきかをバックに予知させなければならないのである。

スクラム・ハーフがとるべき姿勢についていうことは非常に簡単であるが、実際にあたっては仲々困難で、このポジションをなす者は自然に**第35図**のごとき姿勢をとれるよう習慣づけなくてはならない。

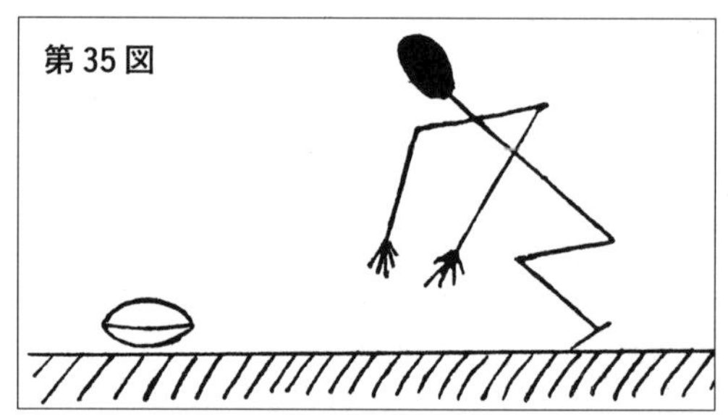
第35図

もちろんこの場合、サインを出すに先きだって相手方バックの位置および態勢を一目で見極めねばならないのである。

パスについて注意すべきことは、球は決して拾い上げてはならないということだ。なんとなれば拾い上げるためにはかなりのタイムを要し、相手方に防禦の余裕を与えるからである。

それゆえ、地上の球に触れると同時に、ひとつのモーションでパスするよう練習を行わねばならないのである。

●第3項　スクラム・ハーフの動き

「オールウェイズ・オン・ザ・ボール」はすべてのプレーヤーに必要であるが、スクラム・ハーフはとくにしかりである。

ＦＷにルーズ・タックルされた後などには必ず背後に位置していなくてはならない。

攻撃に際して味方の出した球の第一歩はこのスクラム・ハーフの手に渡るわけで、このポジションは次ぎにきたるべき機会を作る第一の出発点であるから、このことは動きに際してとくに頭に入れておかなくてはならないのである。アウト・サイド・ハーフ同様いちいち説明することは仲々困難だが、できるだけ種々の場合を挙げるが、セブンのスクラム・ハーフが比較的キックを容易になし得る点はエイトに対して大いに誇るべき点である。

1. スクラム・サイドの突進

第36図はスクラム・ハーフがスクラム・サイドを抜く図を表わしたものであるが、ルーズ・ヘッドのほうへスクラムが自然的に廻るので、この方向に抜くことは比較的容易である。

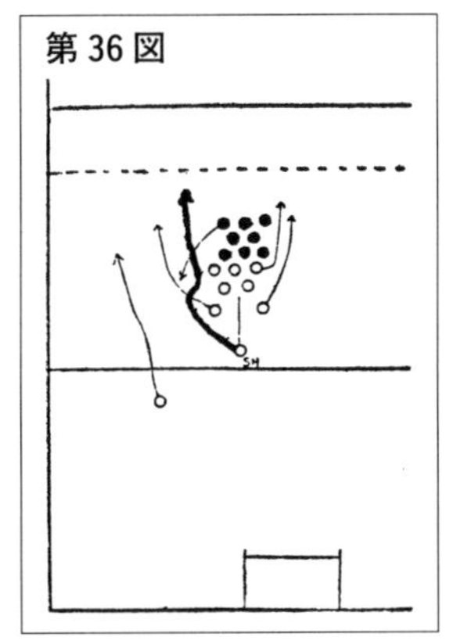
第 36 図

この場合、相手のサード・ローは必ずスクラム・ハーフを追い込むようにつぶしにくるから、その瞬間大きくフェイントをし、あたかもバックにパスするがごとく見せかけ内側へ切れ込めば案外好結果をもたらすのである。

その後は左側のサード・ローあるいはバックに渡すのも有効であるが、少し離れて右側からフォローするＦＷにパスすればかえって効果のあることもある。

2. 相手方スタンド・オフを引きつける場合

スクラム・ハーフが相手のスタンド・オフを引きつけた場合を**第37図**は表わしたものであるが、この場合はウイングをひとり余らす目的であるから、相手を惑わすためには、スクラム・ハーフはかなり斜め横に流れつつ前進するほうがかえって望ましい結果を得られるように思われる。

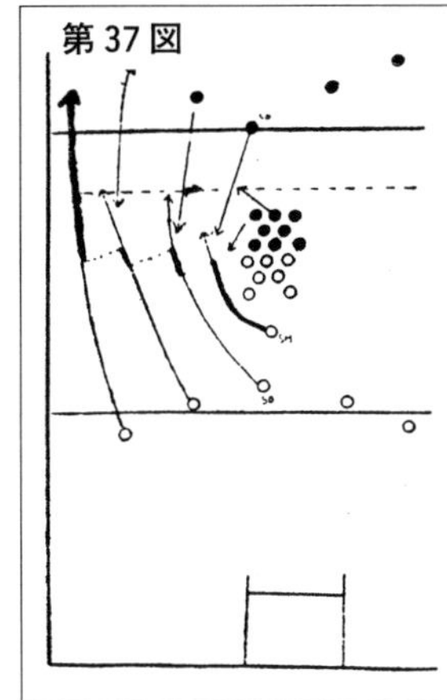
第 37 図

しかしながら最初はスクラム・サイドから防禦にくる相手方をフェイントしてつり、引き続きスタンド・オフに対しては極く接近するまで真正面から突進しなければならない。そして図のように一歩左にカッティングしつつパスしてこそ効果がある。

この方法はブラインド・サイドを抜くときにおいても同様で、この方向を守っている相手のウイングを引きつけ、こうして味方のウイングにパスするときはハーフ自身が抜く場合よりも効果が多い。

3. リヴァース・パス

第38図は極端に球が左方に出た場合であって、スクラム・ハーフが球を手にするときはほとんど後方を向くようになる。こんなときこそリヴァース・パスを行うべきで、これはむしろ自然の成り行きといっていいだろう。

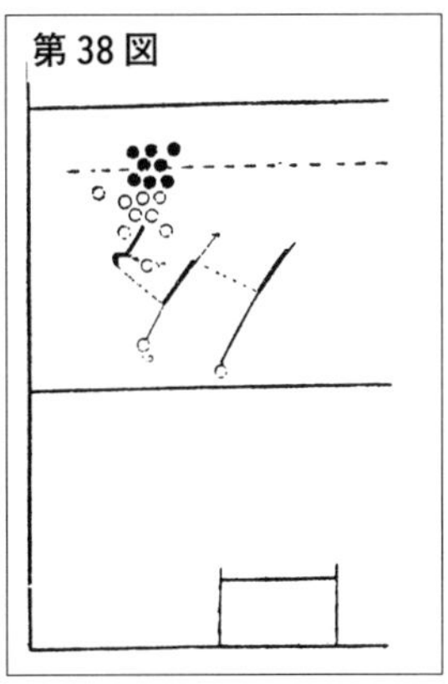
第 38 図

4. サード・ローとの連絡

スクラム・ハーフとサード・ローがあらかじめ示し合わせてプレーするときは、面白い結果が得られるのである。

すなわち**第39図**のごとくサード・ローはセ

カンド・ローとの間を開き、その間にスクラム・ハーフを突進させるもので、サード・ロー自身も直ちにフォローしなくてはならない。

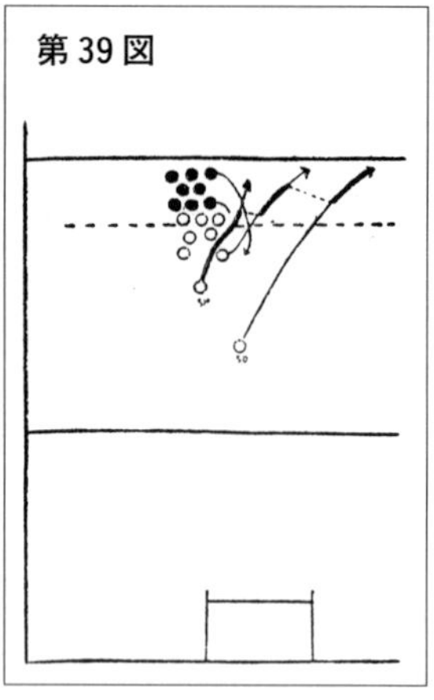

そしてこの場合はもちろん、相手のサード・ローが飛び出してきたときでなくては効果がなく、オープンよりむしろブラインド・サイドの方向へ心掛ければ効果はさらに大きい。だが、ここで注意すべきはサード・ローが開くとき、あまり極端に行えばインターフェアーを宣せられ、それにハーフが当たることによってオフ・サイドとなるからである。

5. アウト・サイド・ハーフとの連絡

第40図は相手方をブラインド・サイドに集中させる意図のもと、アウト・サイド・ハーフと示し合わせて、アウト・サイド・ハーフがカバーするために戻るとき、いったんブラインドに廻ったスクラム・ハーフが直ちにアウト・サイド・ハーフに渡し、このアウト・サイド・ハーフがさらにスタンド・オフにパスすれば、奇襲の効を奏することができるのである。

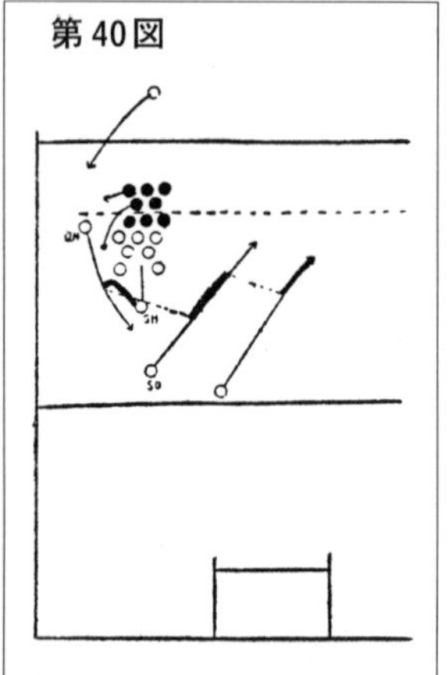

6. クロス・キック

第41図はスクラム・ハーフがブラインド・サイドを抜かんとするとき、相手の防禦に遭遇したので直ちに右方へクロス・キックをして局面展開を計ったのを表わしたものであるが、味方のフォローがあればかなり効果がある。

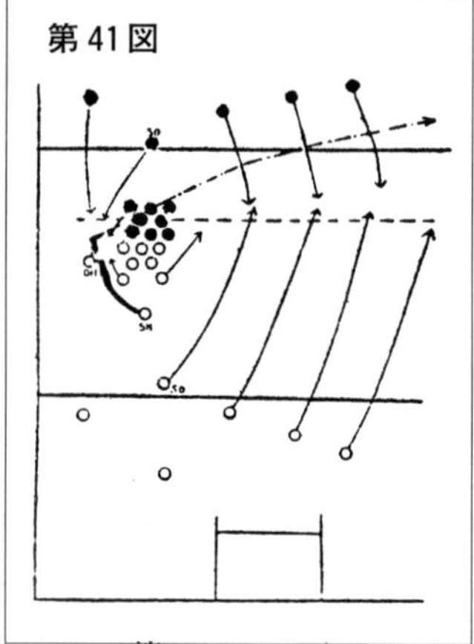

これを行う際は図面と反対に、右のフッカーがルーズ・ヘッドになっている場合に計画的に行えばなお効果的である。

なぜならば味方は自然にオープンのほうへ廻ると同時に、相手方はブラインドに廻ってくるからである。

7. ブラインド・サイドへのキック

第42図はブラインド・サイドがルーズ・ヘッドになっている際、スクラム・ハーフがいったんオープンを抜きタッチ・ラインに達しない程度のショート・パントを上げれば、相手方はオープン・サイドにすべてモーションをつけているから案外好結果を生む。

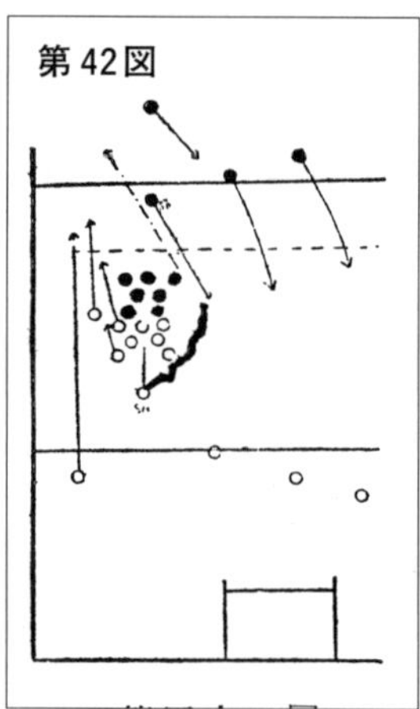

このときのキックはむしろゴール・ラインに向け直角でもいいのである。

なんとなれば相手方のバックはすでに前進し、残っているのはオープンへ走らんとしているＦＢひとりであるからだ。

付記⑤：攻められている場合、スクラム・ハーフがタッチへ蹴って危機を逃れることは前述したが、これはセブンの特権ともいうべきであって、機を見て大いに行うべきである。

たとえそれが消極的であるにしても安全第一から考えるとき、オープンに廻して一挙に攻撃に移らんとするのもよく堅実な策と見られる。しかしながらスコアにおいてリードされ、しかも時間のない場合などはもちろんタッチへのキックは愚策であって、この場合は取られるか取るかの戦法に出なければならない。

●第4項　とくに注意を要する点

スクラム・ハーフがいかに重要のポジションであるかはすでに述べた通りであるが、判断の錯誤などによっては味方を非常な危機に導くこともあれば、一方でスクラム・ハーフのヘッド・ワークによっては味方をかなり有利な状況へも導き得るものであるから注意すべき点をいくつか挙げておこう。

1．拾うべきかセーヴィングすべきか

味方のＦＷがかき出したときにセーヴィングすることはほとんど愚に近いが、相手がドリブルしてきた場合は拾うべきか、セーヴィングすべきかといったケースは往々に起こってくる。原則として味方のゴール近くに攻められている場合は必ずセーヴィングしなくてはならない。

すなわちこれを躊躇して一度相手に抜かれれば、これほど危険なことはないからである。

しかしながら相手のフィールド内で戦っているときは、もし「必ず拾い得る」自信があればかえって防戦から攻撃に逆転し得るので、この点ハーフの頭の働きと技量によって選択するのみである。

もし泥濘戦であればセーヴィングは絶対的必要条件といわねばならない。

2．キックの際の注意

スクラム・ハーフのキックが前方のプレーヤーに当たって後方へ返るほど危険なことはないから、スクラム背後へのキックは大いに練習を要することである。

練習の結果スクラムが平静の際には、スクラム・オーヴァーのキックができるハーフでも、相手がチャージすべく飛び出してくるときには、往々にしてさえぎられてしまう場合が見うけられる。

かかる際は体を左右いずれかに変えて蹴れば目的を達し得るから、蹴れば球が相手に当たると思われる瞬間、とくに注意しなくてはならない。

またタッチへのキックはゲームを阻止し、いわゆるモダン・ラグビーとは相反する点もあるが、味方のバックが相手方よりも劣り、しかもＦＷにおいて優れている場合はかなり効果のある場合もある。

またチーム全体の調子が出ないときなどはタッチへ蹴り出して陣形をたてなおすことも、スクラム・ハーフとしては考えておかねばならないことである。

3．球を持って万事休した場合

スクラム（ルーズの場合においても）背後にパスもできず、キックもできず万事休する場合がスクラム・ハーフには往々にしてあるが、このような場合はいかにすべきであろうか。

ただ突進の一路あるのみである。しかしながらスクラム（あるいはルーズ）に飛び込むときはペナルティーを課せられ、せっかくの球も無為となるから左右いずれか隙のありそうな側に突進しなくてはならない。

そしてブレーク・アップせんとするＦＷにパスしＦＷパスの展開が得られれば、これにこしたことはないが、ＦＷへのパスも困難な場合はルーズとなし、しかもその瞬間、味方に球が出るような姿勢で寝なくてはならない。

無理なキックあるいはパスは必ず悪い結果をもたらすからである。

4. インターセプトに対する注意

スクラム・ハーフからスタンド・オフへのパスの際、相手方によってインターセプトされることは、セーヴィングを怠ってスクラム・サイドを抜かれることと同様、最も警戒を要するものである。ＴＢ間のインターセプトはＴＢ同士のバック・アップもあり、しかもＦＷはこれをカバーし得るのでさほど危険を感じないものの、スクラム・ハーフからのインターセプトは致命的といっても過言ではない。

これを予防するにために (1) 緩いパスは行わないこと。(2) 無理をせぬこと、たとえば身体を押えられていったん動きがとまった際、無理にパスせんとするときには必ずその恐れがつきまとう。

(3) あらかじめ相手がインターセプトを狙って出てきている場合は直感でわかるから、そんなときはむしろ自ら突進することである。

5. スクラム・ハーフは原則としてパス

スクラム・ハーフはその任務からしてＦＷとバックの連絡役であるゆえ、原則としてパスを行わなくてはならない。

自ら相手方を抜き得る自信なくして前進するときは、いたずらに相手方に防禦への余裕を与えるのみであるから、第一にパス、そして抜き得るときにのみ前進すべきである。一度インターセプトされたハーフはパスを恐れ、キックおよび自らの突進に走る傾向があるから、この点も大いに注意しなくてはならない。

第3章　バック論

セブンにおけるスタンド・オフおよびスリー・クォーターおよびフルバックも、エイトにおけるそれと比較的変わりないのである。

しかしながら前述のごとくセブンにおいてキープなどはまれにしか行われないため、球が出れば直ちにスタート・ダッシュが得られ、実際上は容易に思いきったプレーができるのである。

それゆえこの項においては、とくに各ポジションの動きなどを説明しない。いかなる人材が適当なのかをしたためるだけにする。

ただしスタンド・オフのみは、エイトおよびセブン両者の相違として、次の３点を挙げることができるだろう。

エイトおよびセブンの両スタンド・オフの相違はいかなる点であろうか？　すなわち、
(1) チームおよびその人によって異なるも、エイトにおいては、そのハーフが一度ルーズの渦中に入った場合、大体スタンド・オフがハーフのかわりをするのに対し、セブンでは前記のごとくアウト・サイド・ハーフが行う。
(2) 原則としてエイトではスタンド・オフがサインを出して攻撃に移ろうとするが、セブンではスクラム・ハーフが常に相手方を見やすいためハーフからサインを出す（エイトにおいてもときによりハーフがサインを出す場合もあるが)。
(3) エイトのハーフは常に一定の方向にパスし、これにスタンド・オフが合わせようとするが、セブンにおいてはスクラム・ハーフがパスの加減を行い、スタンド・オフに合わせてやる。

付記⑥：スタンド・オフはハーフの項で述べるべきであるが、ここでは便宜上バック論において述べる。

【第1節　スタンド・オフ】

スタンド・オフはスクラム・ハーフと同様攻撃の頭脳にたけ、相手のいかなる方向に弱点があるか、直ちに看破できる者でなくてはならない。

すなわちこのポジションが積極的攻撃に移る第一地点であるから、ラグビーに対する知識を豊富にもっている者でなくてはならないのである。さらにスクラム・ハーフからパスを受ける瞬間、全速力を出し得る者でなくてはならない。

しかもそのパスがあるいは高くあるいは低くとも、完全に受け得る準備がなくてはならないのである。これはひとつにハーフとの練習に待つこと大である。そして相手方の防禦は常に切迫した位置にあるから、この間カッティング・スワーヴおよびドッジングなどにより、相手のマークをはずし得る技巧の持ち主でなくてはならないのである。しかも後方につづく味方のバックについては常にいかなる位置にいるかわかっていなくてはならない。

スタンド・オフの位置は**第43図**のごとくスクラムの後方10ヤードないし12ヤード、横2ヤードあたりが適当とされているが、そのプレーヤーの足の速さおよびグラウンド・コンディションおよび敵状などにより選ばなくてはならない。スタンド・オフのコースは大体斜めであるが、ときに相手の2人のバック・メンを引きつけるために横に流れることも効果として大きい。

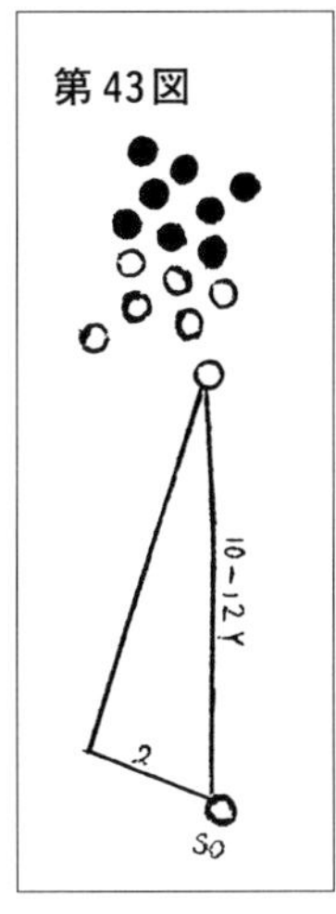

【第2節　センター・スリー・クォーター】

センターはスタンド・オフから受け取った球をウイングへ取り次ぐ役ではない。スタンド・オフと同様攻撃に際して重大なる役目を持つので、直感によって動き得る者でなくてはならない。頭脳の働きはどこのプレーヤーにも必要であるが、センターはとくにこれを必要とする。

一般にはスタンド・オフから7、8ヤード離れ、しかも5、6ヤードの深さの地点が適当とされているが、そのときどきのコンディションによって異なり、結局全速力でいつでもスタンド・オフのパスを受けられるような地点にいなくてはならないのである。しかしながらその間隔はむしろ伸縮性あるものを必要とし、そうであってこそ相手を惑わし抜くこともできるのである。

センターのコースはスクラム側から防禦をうけるため自然斜めになりがちであるが、機を見ていつでも立ち直り得る者でなくてはならない。

ショート・パントなどキックが必要なのはいうまでもないが、センターからタッチへのキックにより危機を脱し得る場合も往々にしてあるから、大きなキックは是非とも必要である。

センターは相手を抜くために、スタンド・オフと同様サイド・ステップおよびスワーヴなどを心得ていなくてはならないのである。

また相当の速力で球を拾うことは必要欠くべからざる技術であって、拾い得ないと感知したら、直ちにドリブルに移る気転がなくてはならない。

また味方の攻撃がセンターに集中されるように相手の攻撃もセンターに集中されるのであるから、センターは攻撃に優れていると同時にグッド・タックラーでなくてはならないのである。また『ザ・コンプリート・ラグビー・フットボーラー』にも書かれているように、いかなる場合でも球を完全にキャッチし得るということが必要条件のひとつとされているのである。

【第3節　ウイング・スリー・クォーター】

センター・スリー・クォーターも駿足なることは必要であるが、ウイングはとくに快速を第一条件とされている。

ウイングが他のプレーヤーと異なる点は、必ず一方はタッチ・ライン寄りに活動範囲を極限されていることである。

以前は球がウイングまで渡され、ここにおいて得点に到らなければプレーはいったん切断されたのであるが、モダン・ラグビーにおいてはウイングはむしろプレーの中心をなすものとさえいわれ、センターなどとともに重大な役目を課せられるようになった。

ウイングにスワーヴおよびサイド・ステップなどが必要なのはいうまでもなく、ことに歩度を変えるいわゆるチェンジ・オブ・ペースおよびハンド・オフはこのポジションに最も必要な武器とされている。

ウイングの位置は第１ＴＢとなり、スタンド・オフの次ぎにある場合はセンターとほとんど同様に位置すべきであるが、通常はセンターに近く、しかも深いのが好都合のように思われる。そして再び内側に球を返すためには、リターン・パスおよびリヴァース・パスを必要とし、クロスなどを行う場合もあり、またスピニング・キックによりタッチに出して、いったん立ち直るためにも左右のキックを心得ていなければならないのである。

【第4節　フルバック】

他のプレーヤーのすべてが積極的攻撃を任務としているのに対し、フルバックのみは防禦を主たる任務とされている。

フルバックは広い範囲を守り、それ以後には味方は誰もいないため、第一条件として沈着な者でなくてはならないのである。そしてフィールディングおよびタックルなどはその必要欠くべからざる武器であるが、球の行方を予知し、あらかじめその地点に行くべき頭脳の持ち主でなくてはならない。

フルバックは原則として球をバウンドさせることなくして捕えるべきで、もし間に合わない場合、いたずらに突進することはかえって危険を招くゆえんであるから、むしろ時間的に待つほうが完全のように思われる。

しかしこれとてその人の経験などにより、その場その場によって処置すべきことで、ここで一様には述べられない。**第44図**のごとくあらかじめタッチへくるべき相手のペナルティー・キックなどに対し、フルバックはタッチ・ライン外からイン・フィールドに走り込みつつ球を捕えてキックすれば有効な場合がある。これはもちろん他のプレーヤーにおいても同様である。相手のドリブルに対して拾うべきか、セーヴィングすべきかはフルバックの最も困難な場合であるが、味方の25ヤード線内にあっては安全第一から必ずセーヴィングすべきである。

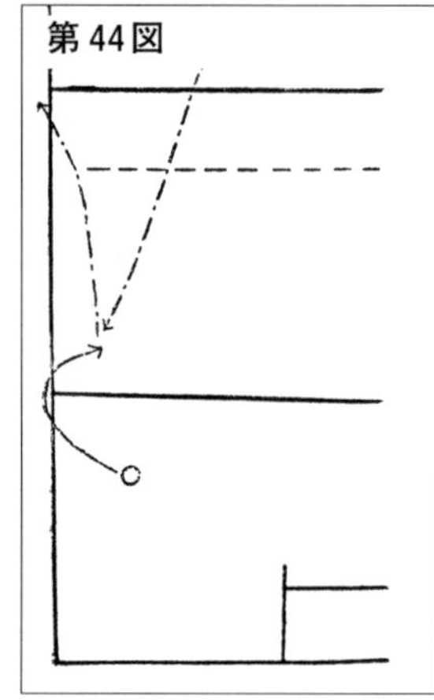
第44図

これと同様のことは相手が２人以上パスを行いつつ突進してくる場合であるが、もし相手方が技術的に数段劣っている場合は、ひとりひとり追い込んでいけばタッチ・ライン際において完全におさえられるが、フルバックと同等程度のプレーヤーであればこうすることは困難とされている。

かかる場合は相手のするフェイントなどに惑わされず、球を持っているプレーヤーに果敢にタックルすべきである。

しかしながら経験により、その場その場において適当な処置をとるより致し方あるまい。

（完）

先人の夢、栄光の時ー6

理事会から見た黒黄会と現役のできごと

黒黄会理事長 ◆藤田義雄◆

【横山通夫会長辞任表明】

昭和35年から黒黄会会長をなさっておられた横山会長から、昭和49年 ── その折りには中部電力の会長もなさっておられたが ──「このたび公職を含めすべての役職を退任することに決めたので黒黄会の会長も辞任したい」旨のお申し出があった。

田川博理事長は新しい会長候補推薦のため、黒黄会の長老会を銀座のモルチェで開催された。塩川潤一、吉澤秀雄、平沼光平、岩下秀三郎、森岡順三郎、他の各先輩、黒黄会の錚々たる長老がお揃いであった。

田川理事長と財部真幸先輩からの推薦に対しての吉澤先輩（旧姓宮地、オールジャパン、カナダ遠征のキャプテン）の発言は「そもそも、会長たるの条件はソーシャルステイタスはあるか、資産家であるか、自ら先導して会を運営していくのかの、いずれかひとつが条件である。本日の会合はわれわれに対して、事後承諾を求める会合なのか。第一、関西の大市に相談したか、岩下に相談したのか、忽那に相談したか、俺に相談したか」のひと言であった。

その発言で、とくに黒黄会については期限つきで会長職の延長を横山会長にお願いすることとになった。その折り、上京なさっておられた横山会長に直接事情を説明して、ご了承をいただいた。それから３年後の昭和52年４月に、岩下秀三郎先輩の会長就任となった。

【75周年小史の発刊】

昭和49年、創部75周年を迎えるに当たり黒黄会理事会では何か企画をと思案投首の態であった。当時の黒黄会の一番の悩みは現役の退潮。そしてその元は外部からの進学者の入部が少ないことにあるとし、この機会に全国の進学校のラグビー部をターゲットにした「75周年小史」（清浄の誉高し）なる題目で小冊子を作ったらとの案が持ち上がった。

伊藤康（31年卒）の編纂で、まずまずのリーフレットができ上がった。受験者の有無等アン

昭和 50 年 1 月発行『創立 75 周年記念小史』

ケート葉書を同封して全国の主だった高校（500校）に配布した。返信は相当数にのぼり、群馬の太田高校からは「慶應の指導でラグビーがはじまったとの史実の報告があった」など、それなりの効果はあったのではなかろうか。理事会の面々は後にキャプテンとして活躍し、25年ぶりの対抗戦優勝をもたらした神戸高校出身の東山君（56年卒）は、「あのリーフレットで慶應を受験した」と勝手に決めていたが真偽のほどは如何だったのだろうか。

【創部80周年記念オーストラリア・ニュージーランド遠征】

昭和54年３月、創部80周年記念としての豪州・ＮＺ遠征が実施された。この計画の起こりは蹴球部部長を29年間務められた瀬下良夫先生の停年ご退任に対するはなむけとの考えもあり、その具体化へのきっかけとなった。前年のとある日、青井（30年卒）、伊藤（31年卒）、藤田（32年卒）、和崎（38年卒）、堀越（39年卒）の５人は六本木で席を持った。

「堀越、どうしても海外遠征をさせたいのか」、「どうしてもやりたいです、強化の早道です」、「それでは青井さん、もし、寄付が集まらなかったら２百万出しますか」、「出す」、「伊藤さん、２百万出しますか」、「出す」、「これで決まった。調べてみたところでは、６百万あれば26名ギリギリの旅行はできる、３人で６百万、黒黄会評議委員会に諮りましょう」ということになった。「私も出します」と和崎、「君は下級生だからいい」。じつに拙い対話であったが、その勢いで評議委員会へ起案した。

ところが全員反対。「どうして駄目ですか」、「だってお金がないではないか」、「お金があればいいのですか」、「そんな嬉しいことはない」、「お金は我々が集めます」ということで創部80周年記念豪州・ＮＺ遠征寄付募集がはじまった。

石川忠雄塾長と岩下秀三郎会長の連名のうえ、瀬下先生の後を継がれる久野洋元塾長のお名前も連ねて、寄付募集のお願い文ができ上がった。木下新三（31年卒）は、「これは特定公益法人への特定寄付の扱いにしてもらわんとあかんぞ」このひと言で学校への寄付金の免税の存在を知り、早速学校にその申請を働きかけた。寄付活動が始まると岩下会長、田川理事長は毎日のように電話をかけてこられ、ご自分達も実際に寄付のお願いに熱心に動かれたが、おふたりの督励は担当者にとって相当なプレッシャーでもあった。

最低限６百万円と計算した遠征費は実際には１千２百万円かかった。最終的な80周年記念寄付は２千４百万円も集まった。残った指定寄付は日吉の合宿所のリニューアルに充てた。この寄付募集で特徴的だったのは１千万円を越えてからの募金額の進捗が速かったこと。そして強く感じたことは黒黄会の絆の強さ、さらには愛塾精神とでもいうのか、塾員の皆さんの協力を肌で感じさせられたことであった。

その折りの理事会では遠征メンバーの選出が議論され、柴田監督（31年卒）からとくに推薦されたのが１年生の権正君（57年卒）、２年生の東山君（56年卒）、そして現役強化が目的であるとして既に卒業していた上田君（50年卒）の選出に時を要した記憶があるが、その後の塾蹴球部の戦績を思うに、80周年記念としての豪州・ＮＺ遠征は大変有意義なできごとであったかと思う。

【久野先生、蹴球部長就任】

昭和54年３月、29年間の永きにわたって塾蹴球部の部長を務めていただいた瀬下先生が停年を迎えられることになった。留年、追試の対応、そして多くの卒業生のお仲人にと本当に多くの部員、ＯＢがお世話になった瀬下先生の引退である。さて、後任の部長はどなたにと理事会では思案に暮れていた。

石川塾長からの二人の候補教授の示唆を受け、喜び勇んで、瀬下先生に報告に上がったところ、「それは困るよ、既に久野先生にお願いして内諾を得ているんだよ」、「それでは如何しましょうか」、「困った困った」、「それでは先生、黒黄会の勇み足として、金子体育会理事に相談してみましょう」ということになり、その足で金子先生のお宅へ赴いた。しばし戸外で待機するうちに、瀬下先生は笑顔で出てこられ「良かったよ、久野先生に決まったよ」との一幕で前塾長久野洋先生の蹴球部長就任となった。

それからの８年間、自ら理工学部のラグビー部でレフリーをなさり、先生のお誕生祝いには純金のホイッスルを工学部のＯＢから贈られたほどのラグビー愛好家であられた久野先生は、塾蹴球部のゲームはほとんど田川理事長とご観戦、諸々の催しには必ずご参加いただき、ＯＢとの交流も実に心暖まるもので、皆それぞれに逸話にこと欠かぬ深い繋がりができたものだった。もう少し永くご薫陶を受けることができたならと、先生の急逝が悼まれる。

【山中湖の芝生】

昭和63年２月の理事会で関川哲男（28年卒）氏から山中湖畔のグラウンドの芝生を植生する説明がなされた。関川さんは今日でも息子さんがその事業を引き継がれて、埼玉県杉戸で芝生２面のラグビー場を隆々と運営されており関東のクラブチームのメッカとして、土、日曜日は殷賑を極めていると聞く。昭和59年頃にご自分お一人で芝生のグラウンドを作り上げられたことがあり、「一度見にきてくれ、そして関東ラグビー協会にその使用を働きかけてくれ」とのお話があり、苗を植えたばかりの杉戸のグラウンドを浅生（32年卒）と藤田（32年卒）の二人で視察に行ったこともあった。

その後みごとにでき上がったラグビー場で再々５大学オーバーフォーティーのゲームを楽しんだこともあり、また関川さんの芝植生の技能を存じ上げていたこともあって、「関川さん、ひとつ山中を手がけて下さいませんか」のお願いとなった。「山中にも芝生は生える」の説明のための関川さんの理事会出席であった。

1990（平成２）年に芝生竣工を記念して作られた葉書。「サンドペーパーのようなグラウンド」がみごとに生まれかわった。

その日の理事会では関川さんは大変な熱意で説明をなされた。しかし理事各位の反応は「えっ！　２千万円。生えなかったら、どうするんですか」の声が支配的で気まずい雰囲気が流れた。

そこで「この際先輩のお人柄をお知らせしておく必要があるようだ。いっておくが、この関川先輩は一番のフロントローでオールジャパンの名選手、以前からその性格をよく存じ上げているが、今日この場でお願いをしなかったら、後日やはりやってくださいといっても腰を上げるようなお人柄ではない。あのサンドペーパーのようなグラウンドで、フロントローの首、ロックの頬、バックスのビフテキを思い出してもらいたい」と語りかけたところ、異口同音に「よしやって見よう、お願いします」ということになり、山中湖芝生植生の話が決まった。

関川さんは８種類のタネを山中のサブグラウ

ンドの方でテストされ、これとこれの３種類のタネを混ぜてみようと、生えてきた20～30センチの芝を指し示された姿が昨日のように思い出される。カナダから輸入したヒートモスの白い大きな梱包がグラウンド一杯に転がっていた。山中湖畔の方からの入り口側、インゴール右隅10メートル四方を大きく掘り起こし、その土とヒートモスを混ぜて土壌作りをなさったように記憶する。やがて芝生は生えたが、もし芽が出なかったら、２千万円の浄財を火山灰のグラウンドに撒き散らしたことになると、関係者一同ヒヤヒヤもののできごとであった。

平成２年７月22日、山中の芝生のグラウンドには百名を越えるＯＢが参集した。神主の祝詞奏上、椎野会長からの慶應義塾阪埜体育会理事への物納寄付目録渡しに次いで、ＯＢ同士の喜々とした紅白戦が展開された。

「現役は刺激したくないときですので、山中の竣工式には出席させられません」とその折りの浜本監督から連絡があった。「わかった。頼むぞ」その春、現役は部内で少し揉めていた。

【明大撃破・涙のマネージャー】

昭和63年11月７日、黒黄会理事会は丸の内の新東京ビル地下の明治屋スナックで開かれた。「現役の状態はどうだろうか。今年は明大戦を前にして既に青学に22対25、筑波に23対26、日体大に７対51と劣勢にあるが、こんなときにこそ、ＯＢの激励が必要なのではなかろうか」との発言に対して「言い出しっぺからどうだ」のきっかけで、１万円、５千円と卓上に義捐金が積まれていった。「オイオイ、家庭の事情もあることだし、釣り銭取ってもいいんだよ」の声で、遠慮がちに５千円札を出して２千円を取る家庭を持ったばかりの若い理事も散見された。

やがてナプキンで包んだ義捐金は青井理事長からその場に出席していた現役マネージャーの谷君に手渡され「肉食って明治を倒せ」の願いが託された。

後日談だが、その日、日吉に帰るマネージャーの車で途中まで送ってもらった理事がいた。雨が降っていないのにワイパーを回すマネージャーに「オイ、どうしたの」「涙で前が曇るんです」。その日のマネージャー谷君と小藪君は義捐金の釣り銭のくだりに泣いていたらしい。

その夜、合宿所に帰った二人は皆を起こして、「オイ、こんなことがあった」と対明治戦理事会義捐金の話をしたらしい。明大戦は理事会の６日後の11月13日（日）だった、劣勢の前評判を覆して快勝、25対17で４年ぶりの明大撃破であった。

その日のゴールを決めた田村喜寛君が試合後のアフターファンクションの席に入ってくるなり、涙で握手を求めてきたのはごく自然の姿であったと気付いたのは、後日談を聞いてからのことであった。

創部百年記念式典の日の黒黄会青井会長（左）と筆者。

先人の夢、栄光の時－7

多くの宿題を課された100周年優勝

慶應義塾体育会蹴球部監督 ◆上田昭夫◆

創部100周年の区切りのシーズンを、関東大学対抗戦優勝（15年ぶり３回目）、大学選手権優勝（14年ぶり３回目、単独では初）と全勝で飾ることができ、監督として責任を果たせた充実感とともに、わたし自身監督として２回目の美酒を指揮陣、学生たちとともに味わうことができた。

“ルーツ校”という伝統だけではなく、来たる100周年を実力を伴ったクラブとして歴史を刻みたいと願い、監督として現場に戻って６年。体験したことのない、勝負に勝つ喜びを学生に教えたいと思い努力してきた。

１～２年目…修正と多くの新しい試みの実行。大きな変化に学生は戸惑ったかもしれない。

３～４年目…試行錯誤と葛藤。雰囲気のよいクラブになったものの結果が出ず、学生たちと悩む。しかし、早稲田に勝つことができ、一筋の光がさしこむ。

部員・監督・コーチが強い信頼関係を築き、14年ぶりの全国大学選手権優勝を果たす。

５～６年目…挑戦者として真の実力を持ったチームに変身。

慶應ラグビーではこれまでにない、監督として６年の長期指導と、４年間にわたる林雅人のフルタイムコーチ、部員全員に必ず担当がつくコーチ陣などの指導体制で学生との信頼関係を築き、強い集団に変身できた。

慶應は、スポーツ推薦がないために計画的な補強ができない上、長い低迷による競技収入の減少で強化費用は削減されていた。

一方、大学ラグビーを取り巻く環境は、新興大学の躍進やスポーツ推薦の強化などで、われわれには逆風が吹き続けていた。

そんな厳しい条件が重なる中、どんなことでも前向きな姿勢を貫き、慶應にしかない“こと”を考え、追求してきた。もちろん、わたしを筆頭とした指導陣の情熱があったからこそできたものでもある。

こうしたことは、いい換えればクラブ・アイデンティティー、つまり慶應ラグビーらしさである。慶應ラグビーは、毎年優勝を狙える戦力、人材を確保できるわけではない。しかし、常に上位に位置し、優勝を狙えるタイミングがきたときに必ず優勝できるチーム作りが基本である。

個々で能力が劣る分、チームワークとインサイドワークで補い、さらにここ一番での集中力で戦いに勝つ。心・技・体ともに慶應ならではの自己判断力をフルに活用する。——こうしたことの積み重ねが、伝統であろう。

しかし、毎年同じことをやっていては時代遅れとなり、気がつけば取り残される存在になってしまう。その時代にあった、そしてさらに一歩先を見越した考えを導入することが真の伝統であるはずだ。

過去と比較しても、現実的ではない。新しいことをいち早く取り入れる決断。ほかの大学の真似ごとではなく、われわれにあった新たな道を切り開く努力が必要である。迷ったときには、思い切って引き返す勇気も大切だ。また、弱い時には、謙虚になることも必要だ。これに基づき、新時代を築くべく指導してきた。

われわれのキーワードは、E・N・J・O・Y

E・N・J・O・Y：自分たちの好きなラグビーを精一杯エンジョイしよう。

Endeavor：〈持続的な努力〉
一日一日の努力の継続で慶應ラグビーにかける自分の夢を追い続けよう。

Next one：〈いつも「未来を」「次を」生涯のベストとする〉
いつも次のプレー、次の試合が自分にとって最高のものとなるよう全力を尽くそう。

Just do it：〈行動が未来を変える〉
今できることは必ず今やろう。今日にベストが尽くせなければプレーは上達しない。
明日が勝手に選手を上手くはしない。

On & off：〈メリハリ〉
メリハリを持って練習しよう。
練習中：(集中)コンセントレーション／余興：リラクゼーション

Yoke：〈絆〉
一年は短い。同じチームにいる絆を大切にし部員全員がひとつになり目標を達成しよう。

[緻密なラグビー、直向き（ひたむ）きな努力]
そして、「Next one」

Next one

1889年、彼はロンドンの貧民街で極貧の中で生まれ、極貧の中で育ち、その幼時の貧苦の体験と記憶とが後年の彼の思想と芸術とに消し難い刻印を刻み込んだと言われる。

彼の名はチャールズ・スペンサー・チャップリン。のちに時代を超えた81作品を世に送り出し、喜劇王チャップリンと呼ばれるようになる。

「99％までが努力、１％が才能、この１％がよければうまくいく」という言葉でも有名なチャップリン。

チャップリンは晩年「あなたが今まで創った作品のなかで１番よかったものはどれですか？」と聞かれた時、彼は迷わずこう答えた——「Next one」。

昨シーズンより絶対によい内容・結果を出さなければならない今シーズン。

あなたは毎日、「Next one」してますか？

選手の動きを見つめ、緻密なチェックを繰り返す林雅人コーチと上田監督。

わたしの第Ⅰ期監督時代の1984年度では、対抗戦全勝優勝（29年ぶり）、大学選手権準優勝。翌85年度が大学選手権優勝（明大と同率）、日本選手権優勝（史上初）と素晴らしい結果を残せた。

思い起こせば、とにかくガムシャラな２年間であった。そして、うれしいこと以外にいろいろなことを学んだ。

そして、再び現場に戻ったのが93年。８年が過ぎて時代は変化し、若者気質も変わった。わたしも８歳年をとった。選手への接し方などは自ら変える努力をしたが、変わらないのは慶應ラグビーの精神とスタイルである。それをサポートしてくれたのが84～86年当時の学生で、わたしのことを理解しているコーチ陣である。

時代が変わってもわたしの中で絶対に変わらないものがある。頑固といわれても変えるつもりはない。変えてしまえば慶應ラグビーでなくなってしまうからだ。

さて、優勝という大きなプレゼントを貰ってスタートした101年目。経済状況や世の流れから見ても、クラブ運営は多難である。

少子化にスポーツ離れ。スポーツの中でもラグビー人口は減少している。また、今後とも慶應義塾の入学体制は変わらないだろう。こうした状況で、慶應ラグビーはこれからもたくさんの課題を抱えたまま進んでいかなければならない。

まず、クラブ運営は、強化費用獲得のためにも自立すべきであり、強化のために、部員も練習以外に運営のために何をすべきかを考えなくてはいけない。自分たちのクラブは、人任せではなく、自らが責任を持つべきもの。

そして、安定的な人材確保のために、幼稚舎から大学までの慶應ラグビーの連携もさらに強化しなくてはならない。一人でも多くの慶應ボーイにラグビーを続けて欲しいからである。

もちろん、新しい力を求める努力も忘れてはならない。

こうして考えると、これからが本当のラグビー・ルーツ校としての役割があるのではないか。

100周年は、優勝というプレゼントとともに大きな宿題も与えてくれたのであろう。新時代に向けてわれわれは、いままた新たな一歩をスタートさせた。

昭和61年1月15日、トヨタを破り、初の日本選手権優勝を飾ったメンバーとスタッフ。

公式試合戦績全記録

●注記 ①得点表示のＴはトライ、Ｇはゴール、PGはペナルティゴール、DGはドロップゴール
②「トライ」及び「トライ＆ゴール」の得点表示は、試合当時の得点法に従った。
③氏名は出場当時のものとした。
④ポジション表示は「セブン・システム」であることを調査・確認できた範囲で、それを明示した。
⑤国際試合の氏名(英字、カタカナ)は、資料としたものの表記に従った。
⑥得点、氏名等、不詳のものは空欄とした。

公式試合NO.1

第1回対YCAC戦／M34年12月7日

慶應5（5－19 / 0－22）41 YCAC

G：横浜公園
R：J.H.バスゲート

[慶應]		[YCAC]
山崎不二雄	FW	
松岡 正男		
深沢 喜六		
吉武 吉雄		
福森 安一		
小倉 和市		
濱田 精蔵		
鈴木市之助		
田中銀之助	HB	
海江田平八郎		
塩田賢次郎	TB	
鈴木 四郎		
平野 一郎		
佐野甚之助		
E.B.クラーク	FB	

慶應		YCAC
5	前半	19
0	T	3
1	G	2
0	PG	0
	DG	
0	後半	22
0	T	4
0	G	2
0	PG	0
	DG	
	反則	

MG.猪熊隆三
森俊二郎

公式試合NO.2

第2回対YCAC戦／M36年12月5日

慶應0（0－21 / 0－23）44 YCAC

G：横浜公園
R：

[慶應]		[YCAC]
小川 仙二	FW	W.S.Moss
服部爲二郎		F.W.R.Ward
服部富三郎		F.Pollard
山田 又司		W. J.White
佐野甚之助		W.B.White
吉武 吉雄		A.Kingdon
黒江 潮		W. J.Waddilove
K . 川 崎		R.C.Bowden
小倉 和市	HB	J.E.Moss
海江田平八郎		H.E.Hayward
山崎不二雄	TB	A.N.Other
松岡 正男		B.C.Foster
濱田 精蔵		E.W.Kilby
岡本謙三郎		J.Cartwright
喜多 米八	FB	K.vanR.Smith

慶應		YCAC
0	前半	21
0	T	2
0	G	3
	PG	
	DG	
0	後半	23
0	T	1
0	G	4
	PG	
	DG	
	反則	

公式試合NO.3

第4回対YCAC戦（二軍）／M37年12月8日

慶應0（0－11 / 0－6）17 YCAC

G：横浜公園
R：Dr.ムーン

[慶應]		[YCAC]
服部爲二郎	FW	A.W.S.Austen
太田 貞己		A.Hills
大塚 善吉		D.Lloyd
山崎不二雄		E.J.Moss
吉武 吉雄		S.W.Argent
安藤 復蔵		F.G.Correa
宮沢 恒治		A.E.Cooper
小倉 和市		W.Graham
岡崎惣太郎	HB	T.W.Kilby
田宮弘太郎		H.J.Heatne
佐野甚之助	TB	L.D.Tebb
濱田 精蔵		W.H.Ferrier
海江田平八郎		H.W.Kilby
小川 仙二		B.C.Foster
喜多 米八	FB	W.Goddard

慶應		YCAC
0	前半	11
0	T	2
0	G	1
0	PG	0
	DG	
0	後半	6
0	T	2
0	G	0
0	PG	0
	DG	
	反則	

公式試合NO.4

第5回対YCAC戦／M38年12月8日

慶應0（0－6 / 0－8）14 YCAC

G：横浜公園
R：Dr.ムーン

[慶應]		[YCAC]
飯塚 龍蔵	FW	A.W.Austen
服部富三郎		R.Bowden
福島 荘平		W.E.Detmold
山田 又司		E.J.Moss.Jr
大塚 善吉		W.Graham
太田 貞己		A.Kingdon
櫛山 次郎		A.Talbot
平塚喜市郎		A.Hills
岡崎惣太郎	HB	G.Totton
小倉 和市		J.E.Moss
宮沢 恒治	TB	B.C.Foster
海江田平八郎		D.Weed
竹野 敬司		H.W.Kilby
小川 仙二		H.E.Hayward
喜多 米八	FB	T.Kilby

慶應		YCAC
0	前半	6
0	T	2
0	G	0
0	PG	0
	DG	
0	後半	8
0	T	1
0	G	1
0	PG	0
	DG	
	反則	

公式試合NO.5

第6回対YCAC戦／M39年2月17日

慶應0（0－3 / 0－6）9 YCAC

G：日比谷公園
R：田中銀之助

[慶應]		[YCAC]
天嶋	FW	A.Kingdon
櫛山 次郎		H.White
太田 貞己		B.White
大塚 善吉		C.van Follot
福島 荘平		R.C.Bowden
菅谷 隆良		F.W.R.Ward
大野興三松		A.Hills
平塚喜市郎		
岡崎惣太郎	HB	T.W.Kilby
小倉 和市		クラノル
宮沢 恒治	TB	ゼブリエー
海江田平八郎		D.Weed
竹野 敬司		L.D.Tebb
小川 仙二		J.E.Moss
北野 貞作	FB	W.B.Mason

慶應		YCAC
0	前半	3
0	T	1
0	G	0
0	PG	0
	DG	
0	後半	6
0	T	2
0	G	0
0	PG	0
	DG	
	反則	

公式試合NO.6

第7回対YCAC戦／M39年11月24日

慶應4（4－3 / 0－3）6 YCAC

G：綱町
R：ミッチェル

[慶應]		[YCAC]
菅谷 隆良	FW	キングドン
大塚 善吉		ボーデン
櫛山 次郎		デトモルド
福長永太郎		グレアース
高橋 忠松		モス
松本 周輔		テュランス
田辺九万三		オーステン
平塚喜市郎		ファロット
宮川 偕作	HB	J.D.グラハム
岡崎惣太郎		トットン
竹野 敬司	TB	ジェフリー
服部爲二郎		フォスター
飯塚 龍蔵		レッドラム
宮沢 恒治		W.グラハム
北野 貞作	FB	フランク

慶應		YCAC
4	前半	3
0	T	0
0	G	0
0	PG	1
1	DG	0
0	後半	3
0	T	1
0	G	0
0	PG	0
	DG	
	反則	

交代

補欠 本山一彦
信夫長二郎
村上一郎

公式試合NO.7

第8回対YCAC戦／M40年1月26日

慶應0（0－3 / 0－6）9 YCAC

G：横浜公園
R：バッドソン

[慶應]		[YCAC]
櫛山 次郎	FW	キングドム
菅谷 隆良		シャーマル
大塚 善吉		ボーデン
平塚喜市郎		テツクン
高橋 忠松		ドムリン
本山 一彦		スペイン
川田惣太郎		ファロット
福長永太郎		オースチン
宮川 偕作	HB	ケネデー
岡崎惣太郎		グラムハム
飯塚 龍蔵	TB	グラムハム
竹野 敬司		オムバート
田辺九万三		ウォルター
小川 仙二		オルスタイン
北野 貞作	FB	メーカー

慶應		YCAC
0	前半	3
0	T	1
0	G	0
	PG	
	DG	
	後半	
0	T	6
0	G	2
0	PG	0
	DG	
	反則	

交代

慶應：竹野敬司
＝信夫長二郎

公式試合NO.8

第9回対YCAC戦／M40年11月30日

慶應3（3－8 / 0－0）8 YCAC

G：綱町
R：田中銀之助

[慶應]		[YCAC]
福長永太郎	FW	H.Kingdon
菅谷 隆良		R.C.Bowden
高橋 忠松		L.C.Sharman
川田惣太郎		A.W.S.Austen
本山 一彦		C.Chichen
櫛山 次郎		S.L.Tompson
大塚 善吉		G.B.Spain
平塚喜市郎		R.von Follot
宮川 偕作	HB	A.L.Kennedy
岡崎惣太郎		W.Graham
飯塚 龍蔵	TB	L.Graham
竹野 敬司		H.Walter
田辺九万三		C.Hornstein
小川 仙二		B.C.Lambert
北野 貞作	FB	L.Mecre

慶應		YCAC
3	前半	8
1	T	1
0	G	1
0	PG	0
	DG	
0	後半	0
0	T	0
0	G	0
0	PG	0
	DG	
	反則	

公式試合NO.9

第1回対KRAC戦／M41年2月3日

慶應0（　　）8 KRAC

G：神戸東遊園地
R：スペンス

[慶應]		[KRAC]
菅谷 隆良	FW	G.R.コック
大塚 善吉		G.H.ブラウン
櫛山 次郎		F.W.ジェームス
高橋 忠松		F.H.ゲッエルウェル
福長永太郎		A.ラトランド
平塚喜市郎		F.ソーネル
本山 一彦		O.G.ウイリアムス
川田惣太郎		
宮川 偕作	HB	R.ウイッタム
岡崎惣太郎		F.H.モチス
小川 仙二	TB	S.ステンス
飯塚 龍蔵		G.マクマナーラ
田辺九万三		アルソン・コーデル
竹野 敬司		C.G.ブカーズ
北野 貞作	FB	IF.リオン

慶應		KRAC
	前半	
	T	
	G	
	PG	
	DG	
	後半	
	T	
	G	
	PG	
	DG	
	反則	

公式試合NO.10
第11回対YCAC戦／M41年11月14日

慶應12 (6—0 / 6—0) 0 YCAC

[慶　應]		[YCAC]	G：綱町
菅谷　隆良	FW	プリスト	R：松岡正男
福長永太郎	FW	グラナー	
海東　要造	FW	Vincent	6 前半 0
柴田　清三	FW	Worden	2 T 0
田辺　専一	FW	Da. Costa	0 G 0
亀山　喜八	FW	Gregory	0 PG 0
小佐　貫一	FW	Gorman	DG
北野　貞作	FW	Walker	
川田惣太郎	HB	Hearne	6 後半 0
玉井長三郎	HB	Box	2 T 0
竹野　敬司	TB	Bowden	0 G 0
田辺九万三	TB	Walter	0 PG 0
飯塚　龍蔵	TB	ウォーカー	0 DG 0
宮沢　恒治	TB	Squire	
高橋　忠松	FB		反則

公式試合NO.11
第12回対YCAC戦／M41年12月5日

慶應0 (0—6 / 0—19) 25 YCAC

[慶　應]		[YCAC]	G：横浜公園
菅谷　隆良	FW		R：
福長永太郎	FW		
高橋　忠松	FW		0 前半 6
安藤　三郎	FW		0 T 2
松岡　正男	FW		0 G 0
亀山　喜八	FW		0 PG 0
海東　要造	FW		DG
村上　一郎	FW		
北野　貞作	HB		0 後半19
沢田	HB		0 T 5
竹野　敬司	TB		0 G 2
信夫長二郎	TB		0 PG 0
飯塚　龍蔵	TB		DG
玉井長三郎	TB		
宮川　偕作	FB		反則

公式試合NO.12
第2回対KRAC戦／M42年1月30日

慶應6 (0—3 / 6—8) 11 KRAC

[慶　應]		[KRAC]	G：横浜公園
菅谷　隆良	FW	ルーネル	R：ジェフリー
高橋忠次郎	FW	マクアラン	
田辺　専一	FW	ポストルウエー	0 前半 3
安藤　復蔵	FW	スティフィー	0 T 0
海東　要造	FW	ケトル	0 G 0
柴田　清三	FW	ホール	0 PG 1
亀山　喜八	FW	ホルム	DG
真野　　進	FW	イーレン	
川田惣太郎	HB	ボール	6 後半 8
北野　貞作	HB	ビヤー	1 T 1
竹野　敬司	TB	ソメリル	0 G 1
飯塚　滝蔵	TB	レーネル	1 PG 0
玉井長三郎	TB	ウィリヨン	DG
田辺九万三	TB	ロス	
高橋　忠松	FB	コートン	反則

公式試合NO.13
第14回対YCAC戦／M42年2月13日

慶應0 (0—19 / 0—11) 30 YCAC

[慶　應]		[YCAC]	G：横浜公園
平塚　一郎	FW	バックル	R：
柳山　次郎	FW	ティングトン	
高橋　忠松	FW	フアロット	0 前半19
大塚　善吉	FW	ハウデン	T
福長永太郎	FW	チッケン	G
菅谷　隆良	FW	ストロング	PG
川田惣太郎	FW		DG
本山　一彦	FW	シャーマン	
宮川　偕作	HB	トットン	0 後半11
岡崎惣太郎	HB	ウイード	T
竹野　敬司	TB	ジェフリー	G
飯塚　滝蔵	TB	ランバード	PG
田辺九万三	TB		DG
小川　仙二	TB		
北野　貞作	FB	キルビー	反則

公式試合NO.14
第3回対KRAC戦／M42年12月25日

慶應0 (0—6 / 0—0) 6 KRAC

[慶　應]		[KRAC]	G：神戸東遊園地
	FW		R：ジェフリー
	FW		
	FW		前半
	FW		T
	FW		G
	FW		PG
	FW		DG
	FW		
	HB		後半
	HB		T
	TB		G
	TB		PG
	TB		DG
	TB		
	FB		反則

公式試合NO.15
第18回対YCAC戦／M43年2月18日

慶應0 (0—3 / 0—18) 21YCAC

[慶　應]		[YCAC]	G：横浜公園
	FW		R：マクナートン
	FW		
	FW		前半
	FW		T
	FW		G
	FW		PG
	FW		DG
	FW		
	HB		後半
	HB		T
	TB		G
	TB		PG
	TB		DG
	TB		
	FB		反則

公式試合NO.16
第19回対YCAC戦／M43年11月26日

慶應16 (13—0 / 3—0) 0 YCAC

[慶　應]		[YCAC]	G：綱町
小松	FW	クロサイス	R：
亀山　喜八	FW	オーデン	
真島　　進	FW	バーン	13前半 0
大矢知金太郎	FW	コチネー	1 T 0
若山　長八	FW	ジェームス	2 G 0
高地万寿吉	FW	ポステルウエート	0 PG 0
井上　　寧	FW	バンデイング	DG
増田鉱太郎	FW	ケンバーピン	
杉本　貞一	HB	デビッドソン	3 後半 0
田辺九万三	HB	バーンズ	1 T 0
北野　貞作	TB	スコット	0 G 0
真島　国松	TB	ビンセント	0 PG 0
矢島　友一	TB	ボックス	DG
安藤　三郎	TB	ネーベル	
岡野　豪夫	FB	ライベネット	反則

公式試合NO.17
第1回対三高定期戦／M44年4月8日

慶應39 (21—0 / 18—0) 0 三高

[慶　應]		[三　高]	G：綱町
真島　　進	FW	笠原	R：ウィード
高地万寿吉	FW	小松	
有地　要介	FW	加藤	21前半 0
村上　一郎	FW	吉弘	7 T 0
大矢知金太郎	FW	鎌田	0 G 0
若山　長八	FW	大島	0 PG 0
増田鉱太郎	FW	蒔田	DG
田辺　専一	FW	山中	
杉本　貞一	HB	堀江	18後半 0
奥田　好男	HB	中村	3 T 0
田辺九万三	TB	高橋	1 G 0
北野　貞作	TB	国光	1 PG 0
玉井長二郎	TB	滝本	DG
安藤　三郎	TB	相馬	
安富　深蔵	FB	伊東	反則

公式試合NO.18
第21回対YCAC戦／M44年11月25日

慶應0 (0—0 / 0—0) 0 YCAC

[慶　應]		[YCAC]	G：綱町
真島　　進	FW	バックル	R：ウィード
竹内	FW	ベネット	
田辺　専一	FW	ボッセス	0 前半 0
増田鉱太郎	FW	ウエイト	0 T 0
高地万寿吉	FW	バンゼーム	0 G 0
井上　　寧	FW	ローンド	0 PG 0
百地　要介	FW	グリッパー	DG
田辺九万三	FW	ポール	
杉本　貞一	HB	ハーン	0 後半 0
安富　深蔵	HB	ボックス	0 T 0
安藤　三郎	TB	ケロッグ	0 G 0
北野　貞作	TB	ジェンセント	0 PG 0
玉井長三郎	TB	ブリンクリー	DG
真島　国松	TB	ボックス	
岡野　豪夫	FB	レンドラム	反則

公式試合NO.19
第1回対同大定期戦／M45年1月8日

慶應24（9−3 / 15−0）3同大

G：三高　R：相馬竜雄

	［慶　應］	［同　大］
FW	石丸	鈴木
FW	田辺　専一	中川
FW	稗田	山村
FW	竹内	大橋
FW	井上　寧	谷
FW	田中	美濃部　薫
FW	柿沼	三河
FW	増田鉱太郎	村上
HB	杉本　貞一	松田
HB	玉井長三郎	太田
TB	甲斐　惟一	若月五十四郎
TB	安富　深蔵	大脇
TB	真島　国松	三沢
TB	北野　貞作	木原
FB	岡野　豪夫	鈴木　三郎

慶應		同大
9	前半	3
3	T	1
0	G	0
0	PG	0
0	DG	0
15	後半	0
0	T	0
3	G	0
0	PG	0
0	DG	0
	反則	

公式試合NO.20
第2回対三高定期戦／M45年1月10日

慶應31（17−0 / 14−3）3三高

G：三高　R：堀江卯吉

	［慶　應］	［三高］
FW	高地万寿吉	笠原
FW	真島　進	吉弘
FW	田辺　専一	人羅
FW	井上　寧	山口
FW	竹内	鎌田
FW	甲斐　惟一	大島
FW	安富　深蔵	堀井
FW	増田鉱太郎	穂積
HB	杉本　貞一	滝本
HB	玉井長三郎	国光
TB	安藤　三郎	綿谷益次郎
TB	真島　国松	山崎
TB	田辺九万三	丸岡
TB	北野　貞作	玉置　徐歩
FB	岡野　豪夫	河村

慶應		三高
	前半	
	T	
	G	
	PG	
	DG	
	後半	
	T	
	G	
	PG	
	DG	
	反則	

公式試合NO.21
第5回対KRAC戦／M45年1月13日

慶應0（0−0 / 0−0）0 KRAC

［慶　應］　［YCAC］　FW / HB / TB / FB

G：神戸東遊園地　R：ジェフリー

慶應		KRAC
	前半	
	T	
	G	
	PG	
	DG	
	後半	
	T	
	G	
	PG	
	DG	
	反則	

公式試合NO.22
対YCAC戦／T1年11月16日

慶應0（0−5 / 0−10）15 YCAC

［慶　應］　［YCAC］　FW / HB / TB / FB

G：横浜公園　R：ウィリー

慶應		YCAC
0	前半	5
0	T	1
0	G	1
0	PG	0
	DG	
0	後半	10
0	T	2
0	G	2
0	PG	0
	DG	
	反則	

公式試合NO.23
対YCAC戦／T1年11月30日

慶應8（8−0 / 0−0）0 YCAC

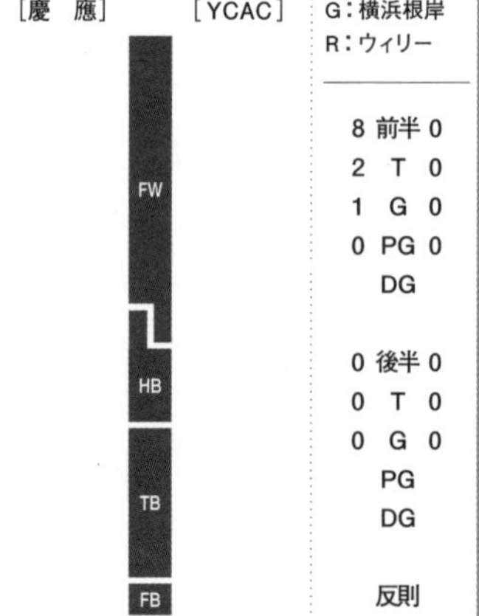

［慶　應］　［YCAC］　FW / HB / TB / FB

G：横浜根岸　R：ウィリー

慶應		YCAC
8	前半	0
2	T	0
1	G	0
0	PG	0
	DG	
0	後半	0
0	T	0
0	G	0
	PG	
	DG	
	反則	

公式試合NO.24
対YCAC戦／T2年2月8日

慶應3（3−0 / 0−3）3 YCAC

［慶　應］　［YCAC］　FW / HB / TB / FB

G：綱町　R：ウィード

慶應		YCAC
3	前半	0
1	T	0
0	G	0
0	PG	0
0	DG	0
0	後半	3
0	T	1
0	G	0
0	PG	0
0	DG	0
	反則	

公式試合NO.25
第6回対KRAC戦／T2年2月15日

慶應3（3−0 / 0−5）5KRAC

［慶　應］　［YCAC］　FW / HB / TB / FB

G：綱町　R：マクノート

慶應		KRAC
3	前半	0
0	T	0
0	G	0
1	PG	0
0	DG	0
0	後半	5
0	T	1
0	G	1
0	PG	0
0	DG	0
	反則	

公式試合NO.26
第2回対同大定期戦／T3年1月8日

慶應8（5−0 / 3−0）0同大

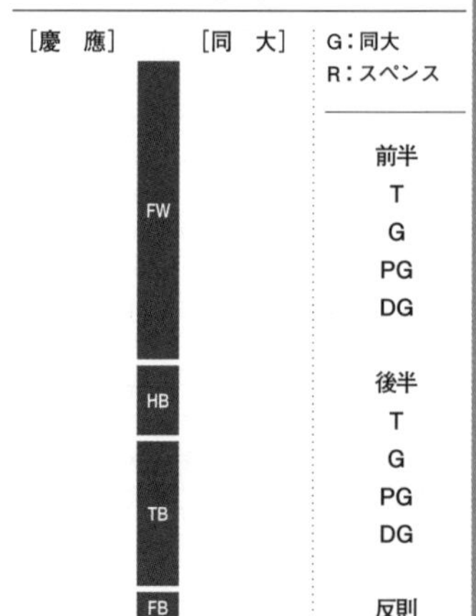

［慶　應］　［同　大］　FW / HB / TB / FB

G：同大　R：スペンス

慶應		同大
	前半	
	T	
	G	
	PG	
	DG	
	後半	
	T	
	G	
	PG	
	DG	
	反則	

公式試合NO.27
対YCAC戦／T3年1月24日

慶應3（　　）25 YCAC

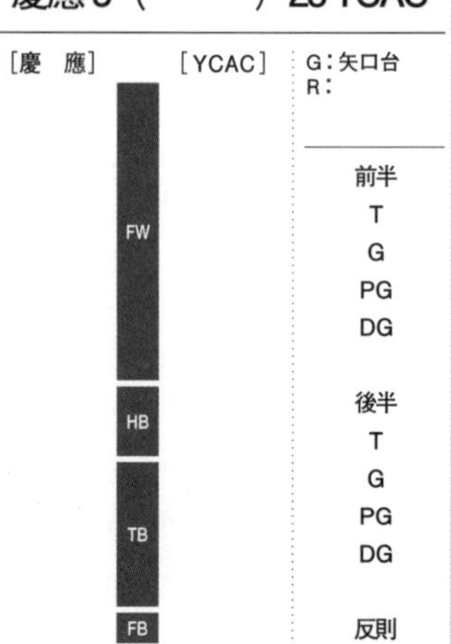

［慶　應］　［YCAC］　FW / HB / TB / FB

G：矢口台　R：

慶應		YCAC
	前半	
	T	
	G	
	PG	
	DG	
	後半	
	T	
	G	
	PG	
	DG	
	反則	

公式試合NO.28
対YCAC戦／T3年11月28日

慶應6（6－0／0－19）19YCAC

G：矢口台　R：チッケン

[慶應]		[YCAC]
鈴木　武	FW	
橋本寿三郎	FW	
天春　虎一	FW	
白山茂次郎	FW	
寺田治一郎	FW	
増田鉱太郎	FW	
永井好一郎	FW	
高地万寿吉	FW	
久富　久	HB	
塩川　潤一	HB	
田沼富士太郎	TB	
松井　竜吉	TB	
甲斐　義智	TB	
安富　深蔵	TB	
中沢　公哉	FB	

慶應		YCAC
6	前半	0
2	T	0
0	G	0
0	PG	0
	DG	
0	後半	19
0	T	4
0	G	2
0	PG	1
	DG	
	反則	

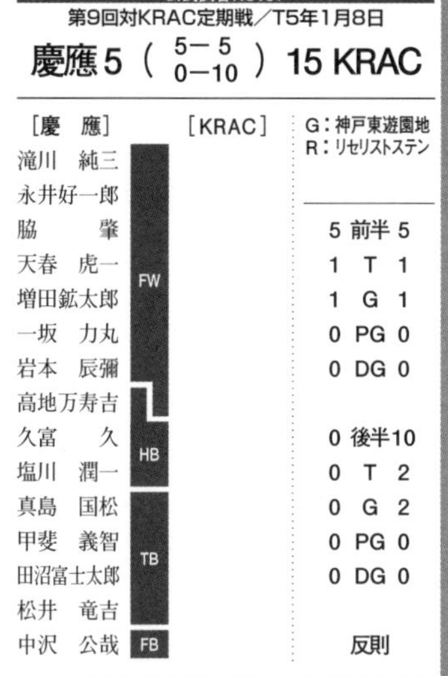

公式試合NO.31
第9回対KRAC定期戦／T5年1月8日

慶應5（5－5／0－10）15KRAC

G：神戸東遊園地　R：リセリストステン

[慶應]		[KRAC]
滝川　純三	FW	
永井好一郎	FW	
脇　肇	FW	
天春　虎一	FW	
増田鉱太郎	FW	
一坂　力丸	FW	
岩本　辰彌	FW	
高地万寿吉	FW	
久富　久	HB	
塩川　潤一	HB	
真島　国松	TB	
甲斐　義智	TB	
田沼富士太郎	TB	
松井　竜吉	TB	
中沢　公哉	FB	

慶應		KRAC
5	前半	5
1	T	1
1	G	1
0	PG	0
0	DG	0
0	後半	10
0	T	2
0	G	2
0	PG	0
0	DG	0
	反則	

公式試合NO.34
対YCAC戦／T5年1月29日

慶應5（0－3／5－3）6YCAC

G：矢口台　R：ドックル

[慶應]　FW / HB / TB / FB　[YCAC]

慶應		YCAC
0	前半	3
0	T	1
0	G	0
0	PG	0
0	DG	0
5	後半	3
1	T	1
1	G	0
0	PG	0
0	DG	0
	反則	

公式試合NO.29
対YCAC／T4年1月16日

慶應18（8－3／10－3）6YCAC

G：矢口台　R：チッケン

[慶應]		[YCAC]
増田鉱太郎	FW	
高地万寿吉	FW	
久富　久	HB	
塩川　潤一	HB	
甲斐　義智	TB	
松井　竜吉	TB	
	FB	

慶應		YCAC
8	前半	3
2	T	1
1	G	0
0	PG	0
0	DG	0
10	後半	3
2	T	1
2	G	0
0	PG	0
0	DG	0
	反則	

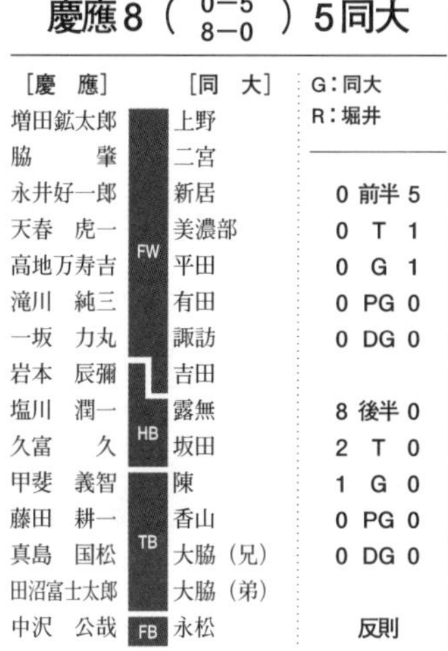

公式試合NO.32
第4回対同大定期戦／T5年1月10日

慶應8（0－5／8－0）5同大

G：同大　R：堀井

[慶應]		[同大]
増田鉱太郎	FW	上野
脇　肇	FW	二宮
永井好一郎	FW	新居
天春　虎一	FW	美濃部
高地万寿吉	FW	平田
滝川　純三	FW	有田
一坂　力丸	FW	諏訪
岩本　辰彌	FW	吉田
塩川　潤一	HB	露無
久富　久	HB	坂田
甲斐　義智	TB	陳
藤田　耕一	TB	香山
真島　国松	TB	大脇（兄）
田沼富士太郎	TB	大脇（弟）
中沢　公哉	FB	永松

慶應		同大
0	前半	5
0	T	1
0	G	1
0	PG	0
0	DG	0
8	後半	0
2	T	0
1	G	0
0	PG	0
0	DG	0
	反則	

公式試合NO.35
第4回対三高定期戦／T6年1月7日

慶應6（3－6／3－0）6三高

G：網町　R：高地万寿吉

[慶應]		[三高]
河井	FW	芦沢　利明
滝川　純三	FW	吉田
脇　肇	FW	権藤　博
北島　辰蔵	FW	奥山　恵吉
下野　準三	FW	伊東佐武郎
岩本	FW	安藤　明道
小玉　琢朗	FW	浜田松吉郎
塩川　潤一	FW	宮野　省三
矢野修三郎	HB	新保
真島　進	HB	長屋
高地　万里	TB	鶴原　浩二
前田	TB	笠原　太郎
田沼富士太郎	TB	佐伯　功介
中沢　公哉	TB	山縣
鈴木	FB	森　二郎

慶應		三高
3	前半	6
1	T	2
0	G	0
0	PG	0
0	DG	0
3	後半	0
1	T	0
0	G	0
0	PG	0
0	DG	0
	反則	

公式試合NO.30
第3回対同大定期戦／T4年2月10日

慶應3（　）0同大

G：網町　R：

[慶應]　FW / HB / TB / FB　[同大]

慶應		同大
	前半	
	T	
	G	
	PG	
	DG	
	後半	
	T	
	G	
	PG	
	DG	
	反則	

公式試合NO.33
第3回対三高定期戦／T5年1月11日

慶應10（0－0／10－0）0三高

G：三高　R：国光郁文

[慶應]		[三高]
平賀	FW	鷲津
滝川　純三	FW	関元　賢一
脇　肇	FW	望月　信次
中沢　公哉	FW	伊藤佐武郎
一坂　力丸	FW	滝山　恵吉
岩本　辰彌	FW	松尾
天春　虎一	FW	安藤　明道
高地万寿吉	FW	竹上　四郎
甲斐　義智	HB	新保
塩川　潤一	HB	難波
中沢	TB	緒方
青木芳太郎	TB	佐伯　功介
藤田　耕一	TB	笠原　太郎
松田	TB	宮野　省三
田沼富士太郎	FB	森　二郎

慶應		三高
0	前半	0
0	T	0
0	G	0
0	PG	0
0	DG	0
10	後半	0
2	T	0
2	G	0
0	PG	0
0	DG	0
	反則	

公式試合NO.36
第5回対同大定期戦／T7年1月7日

慶應3（0－3／3－0）3同大

G：同大　R：佐伯

[慶應]		[同大]
脇　肇	FW	有田
永井好一郎	FW	矢野
滝川　純三	FW	喜多
近藤　弥六	FW	二宮
渥美　得一	FW	平田
新荘	FW	井上
下野　準三	FW	赤松
田中	FW	中安
秋山　信好	HB	諏訪
矢野修三郎	HB	山田
崔	TB	村尾
塩川　潤一	TB	陳
高地　万里	TB	大久保
平賀　二郎	TB	永井
北村可四郎	FB	王

慶應		同大
0	前半	3
0	T	1
0	G	0
0	PG	0
0	DG	0
3	後半	0
1	T	0
0	G	0
0	PG	0
0	DG	0
	反則	

公式試合NO.37

第5回対三高定期戦／T7年1月9日

慶應3（0−0 / 3−0）0三高

[慶　應]		[三　高]	
脇　　肇	FW	小木曽	G：三高
永井好一郎		吉田	R：佐伯
滝川　純三		岩田　岩雄	0 前半 0
近藤　弥六		神戸	0 T 0
渥美　得一		小柴	0 G 0
新荘		鈴木　　茂	0 PG 0
下野　準三		笠原　太郎	0 DG 0
田中		佐伯　功介	
秋山　信好	HB	丹下郁太郎	3 後半 0
矢野修三郎		勝	1 T 0
崔	TB	鶴原　浩二	0 G 0
高地　万里		谷村　敬介	0 PG 0
塩川　潤一		香山　　蕃	0 DG 0
北村可四郎		坪内　直文	
平賀	FB	安	反則

公式試合NO.38

第11回対KRAC／T7年1月12日

慶應11（5−0 / 6−0）0 KRAC

[慶　應]		[KRAC]	
脇　　肇	FW	J.Amberg	G：神戸東遊園地
永井好一郎		P.Houghton	R：スペンス
滝川　純三		A.James	5 前半 0
近藤　弥六		W.Hoggitt	1 T 0
渥美　得一		D.Mackley	1 G 0
新荘		J.E.Cearn	0 PG 0
下野　準三		H.Arab	DG
伊丹		O.J.William	
秋山　信好	HB	B.Abraham	6 後半 0
矢野修三郎		J.Abraham	2 T 0
崔	TB	Willes	0 G 0
塩川　潤一		A.J.Clearn	0 PG 0
高地　万里		T.L.Christensen	DG
平賀		H.Colton	
北村可四郎	FB	Steven	反則

公式試合NO.39

第6回対同大定期戦／T7年1月31日

慶應3（　）0同大

[慶　應]		[同　大]	
	FW		G：網町
			R：メース
			前半
			T
			G
			PG
			DG
	HB		後半
			T
	TB		G
			PG
			DG
	FB		反則

公式試合NO.40

第6回対三高定期戦／T8年1月6日

慶應9（0−0 / 9−0）0三高

[慶　應]		[三　高]	
滝川　純三	FW	岩田　岩雄	G：網町
近藤　弥六		梁	R：真島
永井好一郎		山本	0 前半 0
渥美　得一		奥山　恵吉	0 T 0
下村　良三		熊野	0 G 0
伊丹　三郎		滝口　　純	0 PG 0
下野　準三		鈴木　　茂	DG
新庄		城田	
秋山　信好	HB	佐伯　功介	9 後半 0
矢野修一郎		丹下郁太郎	0 T 0
平賀	TB	鶴原　浩二	0 G 0
北村司四郎		谷村　敬介	3 PG 0
塩川　潤一		坪内　直文	DG
高地　万里		大村	
川崎	FB	安	反則

公式試合NO.41

第7回対同大定期戦／T8年1月18日

慶應6（　）0同大

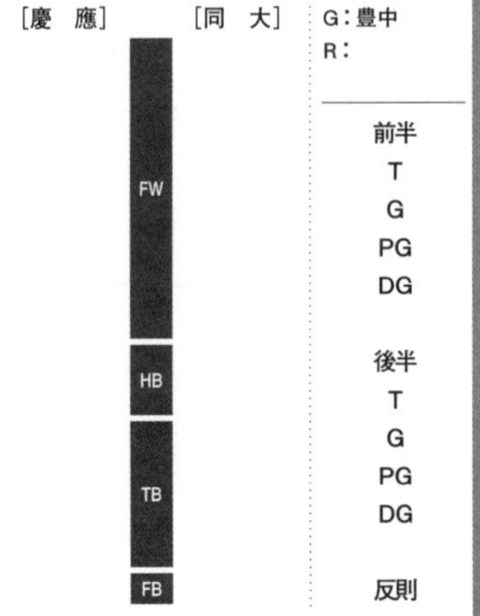

[慶　應]		[同　大]	
	FW		G：豊中
			R：
			前半
			T
			G
			PG
			DG
	HB		後半
			T
	TB		G
			PG
			DG
	FB		反則

公式試合NO.42

第7回対三高定期戦／T9年1月6日

慶應3（0−0 / 3−0）0三高

[慶　應]		[三　高]	
近藤　弥六	FW	山本	G：三高
滝川　純三		梁	R：佐伯
永井好一郎		井場	前半
渥美　得一		熊野	T
益田　　弘		滝口　　純	G
伊丹　三郎		清水　吉男	PG
桜井直三郎		逸見	DG
横山　通夫		蒔田　二郎	
秋山　信好	HB	佐伯　信男	後半
西　　之雄		安	T
高地　万里	TB	西村	G
大市　信吉		大村	PG
北村可四郎		香山　　蕃	DG
平賀　二郎		高井	
鈴木	FB	岩田　岩雄	反則

公式試合NO.43

第8回対同大定期戦／T9年1月8日

慶應5（　）3同大

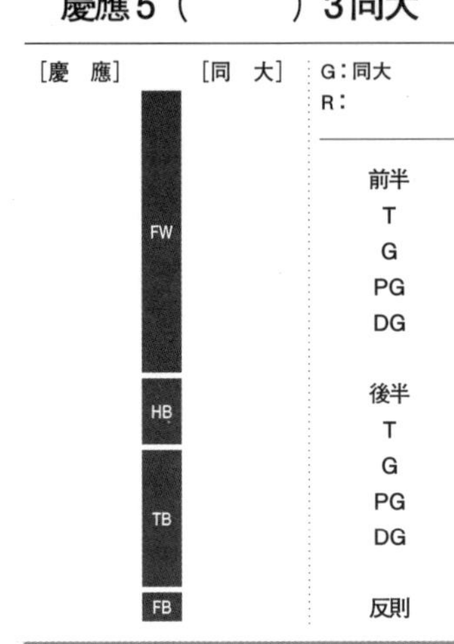

[慶　應]		[同　大]	
	FW		G：同大
			R：
			前半
			T
			G
			PG
			DG
	HB		後半
			T
	TB		G
			PG
			DG
	FB		反則

公式試合NO.44

対KRAC／T9年1月10日

慶應19（5−3 / 14−0）3 KRAC

[慶　應]		[KRAC]	
	FW		G：神戸東遊園地
			R：スペンス
			5 前半 3
			1 T 1
			1 G 0
			0 PG 0
			DG
	HB		14 後半 0
			4 T 0
	TB		1 G 0
			0 PG 0
			DG
	FB		反則

公式試合NO.45

第8回対三高定期戦／T10年1月5日

慶應9（6−0 / 3−0）0三高

[慶　應]		[三　高]	
滝川　純三	FW	渡辺宇志郎	G：網町
近藤　弥六		今西　恭賢	R：増田鉱太郎
金子　正司		井場	6 前半 0
下村　良三		滝口　　純	2 T 0
渥美　得一		奥村竹之助	0 G 0
伊丹　三郎		馬場　二郎	0 PG 0
桜井直三郎		清水　吉男	DG
横山　通夫		蒔田　二郎	
秋山　信好	HB	谷川	9 後半 0
西　　之雄		古川　雄三	1 T 0
外山　三郎	TB	安部　正夫	0 G 0
山口　六助		高井	0 PG 0
大市　信吉		土井　太郎	3 DG 0
高地　万里		西村	
葉　　鴻麟	FB	岩田　　清	反則

公式試合NO.46
第9回対同大定期戦／T11年1月7日

慶應11（3−0 / 8−0）0同大

[慶　應]		[同　大]	
岩下秀三郎		名古屋義雄	G：
木下　米松		西條　信之	R：竹上四郎
中村米次郎		八木　辰馬	3 前半 0
益田　弘	FW	伊藤　義純	1 T 0
白田　六郎		元持　昌二	0 G 0
高橋　正夫		中野	0 PG 0
宮地　秀雄		山田　正三	DG
陳　啓環		加藤　正銘	
西　之雄	HB	橘　辰雄	8 後半 0
清水　吉夫		東田多喜男	2 T 0
北野　幸也		桂　正一	1 G 0
葉　鴻麟	TB	樋上　康	0 PG 0
大市　信吉		大久保次郎	DG
山口　六助		岡島貞一郎	
萩原　丈夫	FB	河合　道正	反則

公式試合NO.47
第9回対三高定期戦／T11年1月9日

慶應14（3−0 / 11−0）0三高

[慶　應]		[三　高]	
滝川　純三		小西　恭賢	G：三高
益田　弘		渡辺宇志郎	R：大脇順路
金子　正司		目良　篤	3 前半 0
宮地　秀雄	FW	奥村竹之助	1 T 0
下村　良三		鷲尾　宥三	0 G 0
伊丹　三郎		馬場　二郎	0 PG 0
清水　精三		尹　明善	DG
横山　通夫		別所守次郎	
西　之雄	HB	厳　栄一	11 後半 0
陳　啓環		三好　深平	3 T 0
高地万寿吉		望月　信次	1 G 0
山口　六郎	TB	土井　太郎	0 PG 0
大市　信吉		古川　雄三	DG
北野　幸也		内藤　資忠	
萩原　丈夫	FB	合田　年広	反則

公式試合NO.48
対KRAC／T11年1月14日

慶應6（6−0 / 0−8）8 KRAC

[慶　應]		[KRAC]	
			G：神戸東遊園地
			R：スペンサー
			6 前半 0
	FW		2 T 0
			0 G 0
			0 PG 0
			DG
	HB		0 後半 8
			0 T 2
			0 G 1
	TB		0 PG 0
			DG
	FB		反則

公式試合NO.49
対全日本戦／T11年11月13日

慶應16（5−3 / 11−0）3全日本

[慶　應]		[全日本]	
木下　米松		滝川　純三	G：綱町
岩下秀三郎		美濃部	R：
中村米次郎		永井信二郎	5 前半 3
益田　弘	FW	渥美　得一	1 T 1
白田　六郎		下村	1 G 0
高橋　茂雄		白山	0 PG 0
宮地　秀雄		奥田	0 DG 0
清水　精三		伊丹	
西　之雄	HB	杉本	11 後半 0
陳　啓環		橋本	3 T 0
北野　孟郎		石九	1 G 0
葉　鴻麟	TB	高地	0 PG 0
大市　信吉		安富	0 DG 0
山口　六助		横山	
萩原　丈夫	FB	村尾	反則

公式試合NO.50
第1回対早大定期戦／T11年11月23日

慶應14（5−0 / 9−0）0早大

[慶　應]		[早　大]	
岩下秀三郎		清水　定夫	G：綱町
木下　米松		玉井伯次郎	R：香山
中村米次郎		大沢　初造	5 前半 0
益田　弘	FW	国盛　秀雄	1 T 0
白田　六郎		小山　大学	1 G 0
清水　吉夫		兼子　義一	0 PG 0
宮地　秀雄		朝桐　尉一	DG
高橋　正夫		片岡　春樹	
西　之雄	HB	石沢誠之助	9 後半 0
陳　啓環		浅岡　信夫	3 T 0
北野　幸也		原槙　慎二	0 G 0
山口　六助	TB	黒沢　昌弘	0 PG 0
大市　信吉		滝川　末三	DG
葉　鴻麟		大町　清	
萩原　丈夫	FB	吉岡　恒治	反則

公式試合NO.51
第10回対三高定期戦／T12年1月4日

慶應13（3−3 / 10−0）3三高

[慶　應]		[三　高]	
岩下秀三郎		小西　恭賢	G：綱町
木下　米松		飯田　義雄	R：メーズ
中村米次郎		西岡　豊	3 前半 3
古谷	FW	奥村竹之助	1 T 1
益田　弘		鷲尾　宥三	0 G 0
高橋　正夫		尹　明善	0 PG 0
宮地　秀雄		厳　栄一	DG
陳　啓環		星名　泰	
西　之雄	HB	三好　深平	10 後半 0
清水　吉夫		別所安次郎	2 T 0
北野　幸也		内藤　資忠	2 G 0
山口　六助	TB	宇野　庄治	0 PG 0
大市　信吉		望月　信次	DG
葉　鴻麟		中出　輝彦	
萩原　丈夫	FB	真鍋　良一	反則

公式試合NO.52
第10回対同大定期戦／T12年1月8日

慶應20（8−0 / 12−0）0同大

[慶　應]		[同　大]	
岩下秀三郎		名古屋義雄	G：綱町
木下　米松		西條　信之	R：メーズ
中村米次郎		八木　辰馬	8 前半 0
吉本　祐一	FW	伊藤　義純	2 T 0
益田　弘		元持　昌二	1 G 0
宮地　秀雄		中野	0 PG 0
清水　吉夫		東田多喜男	0 DG 0
高橋　正夫		山田　正三	
西　之雄	HB	加藤　正銘	12 後半 0
陳　啓環		林	2 T 0
葉　鴻麟		岡島貞一郎	1 G 0
大市　信吉	TB	大久保次郎	0 PG 0
山口　六助		樋上　泰	1 DG 0
北野　幸也		平岡	
萩原　丈夫	FB	桂　正一	反則

公式試合NO.53
第1回対東大定期戦／T12年1月21日

慶應8（0−0 / 8−0）0東大

[慶　應]		[東　大]	
岩下秀三郎		井場　直人	G：綱町
木下　米松		郷　達夫	R：メーズ
中村米次郎		山本　晴二	0 前半 0
益田　弘	FW	難波　経一	0 T 0
吉本　祐一		阿部　正夫	0 G 0
清水　吉夫		吉田　篤二	0 PG 0
宮地　秀雄		杉原　雄吉	0 DG 0
高橋　正夫		藤田佐一郎	
西　之雄	HB	小田切武昌	8 後半 0
陳　啓環		佐伯　功介	2 T 0
山口　亨		大村　紀二	1 G 0
大市　信吉	TB	香山　蕃	0 PG 0
山口　六助		西村　謙三	0 DG 0
北野　幸也		笠原　二郎	
葉　鴻麟	FB	高井佐一郎	反則

公式試合NO.54
第6回極東オリンピック大会／T12年5月27日

慶應11（6−6 / 5−0）6早大

[慶　應]		[早　大]	(エキジビションゲーム決勝)
岩下秀三郎		大沢　初造	G：大阪市立運動場
木下　米松		玉井伯次郎	R：竹上
中村米次郎		澤　善之助	6 前半 6
吉本　祐一	FW	清水　定夫	1 T 0
益田　弘		山本雄三郎	0 G 0
高橋　正夫		朝桐　尉一	1 PG 2
宮地　秀雄		鈴木　謙	DG
原槙　慎二		片岡　春樹	
萩原　丈夫	HB	大松　勝明	5 後半 0
陳　啓環		浅岡　信夫	1 T 0
山口　亨		井田　拡	1 G 0
大市　信吉	TB	滝川　末三	0 PG 0
山口　六助		兼子　義一	DG
北野　幸也		粟屋　健三	
葉　鴻麟	FB	吉岡　恒治	反則

公式試合NO.55

第2回対早大定期戦／T12年11月23日

慶應 20 (6−3 / 14−0) 3 早大

[慶　應]		[早　大]
岩下秀三郎	FW	大沢　初造
木下　米松		玉井伯次郎
中村米次郎		澤　善之助
吉本　祐一		清水　定夫
鈴木　増雄		山本雄三郎
宮地　秀雄		朝桐　尉一
高橋　正夫		鈴木　謙
原槙　慎二	HB	片岡　春樹
萩原　丈夫		石沢誠之助
陳　啓環		兼子　義一
山口　享	TB	井田　拡
北野　幸也		大松　勝明
山口　六助		滝川　末三
大市　信吉		栗屋　健三
葉　鴻麟	FB	吉岡　恒治

G：戸塚
R：香山

慶應		早大
6	前半	3
1	T	0
0	G	0
1	PG	1
	DG	
14	後半	0
4	T	0
1	G	0
0	PG	0
	DG	
	反則	

公式試合NO.56

第1回対明大定期戦／T12年12月18日

慶應 60 (33−0 / 27−0) 0 明大

[慶　應]		[明　大]
中村米次郎	FW	島崎　軍二
鈴木　増雄		吉田
門倉　恒雄		中西　光雄
益田　弘		木幡
上田　雅久		大里弼二郎
山脇　信男		川又　務
原槙　慎二		矢飼　健介
宮地　秀雄	HB	城後和吉郎
萩原　丈夫		大槻　文雄
陳　啓環		鎌田久真男
高野四万治	TB	柳　茂行
山口　六助		能美　一夫
大市　信吉		縄田喜三郎
葉　鴻麟		池松鶴之助
富沢　慎三	FB	小林

G：綱町
R：増田

慶應		明大
33	前半	0
7	T	0
4	G	0
0	PG	0
1	DG	0
27	後半	0
7	T	0
3	G	0
0	PG	0
	DG	
	反則	

公式試合NO.57

第1回対京大定期戦／T12年12月30日

慶應 9 (6−0 / 3−0) 0 京大

[慶　應]		[京　大]
中村米次郎	FW	宇野亀三郎
木下　米松		渡辺宇志郎
岩下秀三郎		小西　恭賢
益田　弘		滝口　純
吉本　裕一		河野　盛男
高橋　正夫		渡辺民三郎
原槙　慎二		鷲尾　宥三
宮地　秀雄	HB	清水　吉男
萩原　丈夫		馬場　二郎
陳　啓環		奥村竹之助
北野　幸也	TB	内田
大市　信吉		古川　雄三
山口　六助		土井　太郎
山口　亨		真鍋　三郎
葉　鴻麟	FB	湯川　政治

G：三高
R：竹上

慶應		京大
6	前半	0
2	T	0
0	G	0
0	PG	0
	DG	
3	後半	0
0	T	0
0	G	0
1	PG	0
	DG	
	反則	

公式試合NO.58

第11回対三高定期戦／T13年1月6日

慶應 3 (0−0 / 3−0) 0 三高

[慶　應]		[三　高]
中村米次郎	FW	西岡　豊
木下　米松		位田　英雄
岩下秀三郎		内藤　資忠
益田　弘		和田　志良
吉本　裕一		西島
高橋　正夫		小野　裕二
原槙　慎二		合田　年広
宮地　秀雄	HB	尹　明善
萩原　丈夫		
陳　啓環		別所安次郎
北野　幸也	TB	宇野亀三郎
山口　六助		望月　信次
大市　信吉		星名　泰
山口　亨		内藤　資忠
葉　鴻麟	FB	中出　輝彦

G：三高
R：竹上

慶應		三高
	前半	
	T	
	G	
	PG	
	DG	
	後半	
	T	
	G	
	PG	
	DG	
	反則	

公式試合NO.59

第11回対同大定期戦／T13年1月9日

慶應 0 (0−0 / 0−0) 0 同大

[慶　應]		[同　大]
中村米次郎	FW	山口
木下　米松		東田多喜男
岩下秀三郎		元持　勝一
益田　弘		名古屋義雄
吉本　裕一		猿丸吉左衛門
高橋　正夫		岡本　清
原槙　慎二		伊東　賢二
宮地　秀雄	HB	千畑
萩原　丈夫		桂　正一
岸田　勇次		橘　辰雄
北野　幸也	TB	松見平八郎
大市　信吉		樋上　康
山口　六郎		岡崎
高野四万治		浦野　勇
葉　鴻麟	FB	河合　道正

G：同大
R：竹上

慶應		同大
	前半	
	T	
	G	
	PG	
	DG	
	後半	
	T	
	G	
	PG	
	DG	
	反則	

公式試合NO.60

関東大学対抗戦／T13年1月19日

慶應 38 (16−0 / 22−0) 0 東商大

[慶　應]		[東商大]
中村米次郎	FW	川口
鈴木　増雄		村岸
岩下秀三郎		坂岡
門倉　恒雄		寺尾
吉本　祐一		畑
忽那　賢三		安野
宮地　秀雄		下村
萩原　丈夫	HB	宮崎
岸田　勇次		奥
北野　幸也		岡
山口　享	TB	足立
高野四万治		藤野
山口　六郎		足立（啓）
益田　弘		佐伯
富沢　慎三	FB	梅田

G：綱町
R：大市

慶應		東商大
16	前半	0
4	T	0
2	G	0
0	PG	0
	DG	
22	後半	0
6	T	0
2	G	0
0	PG	0
	DG	
	反則	

公式試合NO.61

第2回対東大定期戦／T13年2月3日

慶應 0 (0−0 / 0−0) 0 東大

[慶　應]		[東　大]
門倉　恒雄	FW	井場
木下　米松		久富
岩下秀三郎		清瀬
益田　弘		平松
吉本　祐一		阿部
高橋　正夫		吉田
宮地　秀雄		安部
忽那　賢三	HB	斉藤
萩原　丈夫		藤田
陳　啓環		石田
北野　幸也	TB	大村
山口　六助		高井
大市　信吉		西村
葉　鴻麟		加藤
富沢　慎三	FB	岩田

秩父宮・賀陽宮両殿下ご台臨
G：綱町
R：橋本

慶應		東大
	前半	
	T	
	G	
	PG	
	DG	
	後半	
	T	
	G	
	PG	
	DG	
	反則	

公式試合NO.62

第3回対早大定期戦／T13年11月23日

慶應 17 (5−0 / 12−0) 0 早大

[慶　應]		[早　大]
岩下秀三郎	FW	大沢　初造
小林　精吉		斉藤卯三九
中村米次郎		吉田　光一
吉本　祐一		清水　定夫
鈴木　増雄		石田栄三郎
宮地　秀雄		古賀　健次
高橋　正夫		丸山　守一
陳　啓環	HB	片岡　春樹
萩原　丈夫		本領信治郎
原槙　慎二		大松　勝明
山口　亭	TB	西野　綱三
高野四万治		兼子　義一
山口　六助		滝川　末三
葉　鴻麟		井田　拡
富沢　慎三	FB	中島　章

G：綱町
R：増田鉱太郎

慶應		早大
5	前半	0
1	T	0
1	G	0
0	PG	0
0	DG	0
12	後半	0
2	T	0
1	G	0
0	PG	0
1	DG	0
	反則	

公式試合NO.63

第2回対京大定期戦／T13年12月31日

慶應 19 (3−0 / 16−3) 3 京大

[慶　應]		[京　大]
中村米次郎	FW	宇野亀三郎
小林　精吉		渡辺宇志郎
岩下秀三郎		清川　安彦
鈴木　増雄		鷲尾　宥三
吉本　祐一		河野
高橋　正夫		渡辺喜三郎
原槙　慎二		奥村竹之助
宮地　秀雄	HB	馬場　二郎
萩原　丈夫		古川　雄三
陳　啓環		三好　深平
北野　幸也	TB	巌　栄二
山口　六助		望月　信次
高野四万治		土井　太郎
山口　享		内藤　資忠
葉　鴻麟	FB	真鶴

G：綱町
R：橋本

慶應		京大
3	前半	0
1	T	0
0	G	0
0	PG	0
	DG	
16	後半	3
3	T	1
2	G	0
1	PG	0
	DG	
	反則	

公式試合NO.64
第12回対三高定期戦／T14年1月4日

慶應6（3−0 / 3−0）0三高

G：綱町　R：奥村

[慶　應]		[三　高]	
中村米次郎		内藤　資忠	
小林　精吉		位田　英雄	
岩下秀三郎		西岡	3 前半 0
鈴木　増雄		西島	0 T 0
吉本　祐一	FW	青木　倹二	0 G 0
高橋　正夫		二宮　晋二	1 PG 0
原槙　慎二		和田　志良	0 DG 0
宮地　秀雄		尹　明善	
萩原　丈夫	HB	阿部　吉蔵	3 後半 0
陳　啓環		秋田　孜	1 T 0
北野　幸也		馬場　武夫	0 G 0
山口　六助	TB	星名　泰	0 PG 0
高野四万治		宇野　庄二	0 DG 0
山口　亨		合田　年広	
葉　鴻麟	FB	野沢　房二	反則

公式試合NO.65
第12回対同大定期戦／T14年1月7日

慶應6（0−0 / 6−0）0同大

G：綱町　R：朝桐

[慶　應]		[同　大]	
中村米次郎		岡本　清	
小林　精吉		伊東　賢二	
岩下秀三郎		井上　晴雄	0 前半 0
鈴木　増雄		元持　昌二	0 T 0
吉本　祐一	FW	河合　洋	0 G 0
高橋　正夫		山田　正三	0 PG 0
原槙　慎二		小川　政雄	0 DG 0
宮地　秀雄		東田多喜男	
萩原　丈夫	HB	桂　正一	6 後半 0
陳　啓環		野口　貫一	1 T 0
北野　幸也		橘　辰雄	0 G 0
山口　六助	TB	丸山	1 PG 0
高野四万治		樋上　康	0 DG 0
山口　亨		松見平八郎	
葉　鴻麟	FB	河合　道正	反則

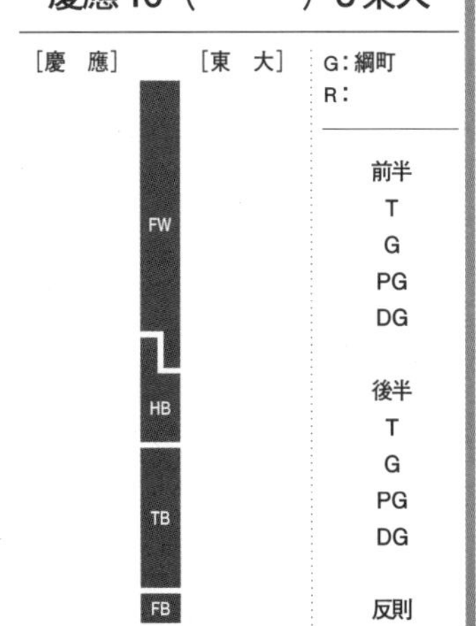

公式試合NO.66
第3回対東大定期戦／T14年　月　日

慶應16（　　）3東大

G：綱町　R：

[慶　應]		[東　大]	
	FW		前半
			T
			G
			PG
			DG
	HB		後半
			T
			G
	TB		PG
			DG
	FB		反則

公式試合NO.67
第2回対明大定期戦／T14年11月15日

慶應28（9−0 / 19−0）0明大

G：綱町　R：橋本

[慶　應]		[明　大]	
岩下秀三郎		岩間	
小林　精吉		松田	
中村米次郎		五十嵐元春	9 前半 0
吉本　祐一		田辺	3 T 0
鈴木　増雄	FW	木元規矩男	0 G 0
宮地　秀雄		井上	0 PG 0
門倉　恒雄		木村	0 DG 0
萩原　丈夫		柳　茂行	
岸田　勇次	HB	野呂瀬	19 後半 0
高橋　正夫		芦田万寿夫	5 T 0
山口　亨		久我　善久	2 G 0
高野四万治	TB	大槻　文雄	0 PG 0
北野　幸也		赤星　輝也	0 DG 0
丸山　乕喜		山根	
富沢　慎三	FB	西坂　秀雄	反則

公式試合NO.68
第4回対早大定期戦／T14年11月23日

慶應8（3−0 / 5−3）3早大

G：戸塚　R：奥村

[慶　應]		[早　大]	
岩下秀三郎		寺田　半三	
小林　精吉		渥美　利三	
中村米次郎		坂倉　雄吉	3 前半 0
吉本　祐一	FW	芝原　一雄	1 T 0
鈴木　増雄		助川　貞次	0 G 0
宮地　秀雄		斉藤卯三九	0 PG 0
門倉　恒雄		兼子　義一	0 DG 0
萩原　丈夫		片岡　春樹	
岸田　勇次	HB	本領信治郎	8 後半 3
高橋　正夫		丸山　守一	1 T 1
山口　亨		西野　綱三	1 G 0
高野四万治	TB	馬場　英吉	0 PG 0
北野　幸也		滝川　末三	0 DG 0
丸山　乕喜		三浦孝太郎	
富沢　慎三	FB	中島　章	反則

公式試合NO.69
上海遠征対全上海／T14年12月26日

慶應12（9−8 / 3−5）13全上海

G：ダマロ競馬場　R：オームストン・デビス

[慶　應]		[全上海]	
岩下秀三郎		ワトキンソン	
小林　精吉		ウエール	
中村米次郎		スチュワード	9 前半 8
吉本　祐一		レイキー	2 T 1
門倉　恒雄	FW	グリュー	0 G 1
高橋　正夫		ダニクレー	1 PG 1
宮地　秀雄		クルー	DG
綾部　新一		ダヴァス	
萩原　丈夫	HB	トング	3 後半 5
岸田　勇次		ネール	1 T 1
北野　幸也		プーパー	0 G 1
富沢　慎三	TB	ゴードマン	0 PG 0
山口　六助		エバンス	DG
濱田　精蔵		ヒデヤード	
高野四万治	FB	ニコル	反則

公式試合NO.70
上海遠征対全香港インターポートマッチ／T14年12月30日

慶應8（5−3 / 3−0）3全香港

G：ダマロ競馬場　R：オームストン・デビス

[慶　應]		[全香港]	
岩下秀三郎		フォスター	
小林　精吉		フォツイン	
中村米次郎		ストッパ	5 前半 3
吉本　祐一		ニートムソン	1 T 1
門倉　恒雄	FW	デヴィス	1 G 0
高橋　正夫		グルト	0 PG 0
宮地　秀雄		オースナー	DG
綾部　新一		スミス	
萩原　丈夫	HB	ラルフ	3 後半 0
岸田　勇次		リロナア	1 T 0
浜田　精蔵		サマーズ	0 G 0
山口　六助	TB	ヘット	0 PG 0
富沢　慎三		ロイト	DG
北野　幸也		ラムマート	
高野四万治	FB	マムストン	反則

公式試合NO.71
全日本ラグビー選手権試合決勝／T15年1月10日
兼第13回定期戦

慶應6（3−3 / 3−3）6同大

G：甲子園　R：竹上

[慶　應]		[同　大]	
岩下秀三郎		井上　晴雄	
小林　精吉		岡本　清	
中村米次郎		名古屋義雄	3 前半 3
吉本　祐一		河合　道正	0 T 0
鈴木　増雄	FW	木村　高明	0 G 0
綾部　新一		菱田　義一	1 PG 1
門倉　恒雄		東田多喜男	DG
宮地　秀雄		小川　真	
萩原　丈夫	HB	桂　正一	3 後半 3
岸田　勇次		野口　貫一	1 T 1
高橋　正夫		橘　辰雄	0 G 0
山口　亨	TB	藤井清太郎	0 PG 0
北野　幸也		樋上　康	DG
富沢　慎三		松見平八郎	
高野四万治	FB	秋間　勝二	反則

公式試合NO.72
第1回対立大定期戦／T15年10月26日

慶應34（5−0 / 29−5）5立大

G：綱町　R：橋本

[慶　應]		[立　大]	
岩下秀三郎		吉野捷一郎	
小林　精吉		平岩　朝生	
中村米次郎		早田　忠雄	前半
吉本　祐一	FW	村上　周吾	T
鈴木　増雄		奥田　篤美	G
忽那　賢三		柿内　寛	PG
高橋　茂雄		早川郁三郎	DG
門倉　恒雄		中沢千鶴雄	
鈴木　五郎	HB	加納　克亮	後半
萩原　丈夫		御牧　稱思	T
浜田　精蔵		浅野　輝彦	G
富沢　慎三	TB	早川武四郎	PG
北野　幸也		丹羽　虎一	DG
高橋　正夫		阿部　猛彦	
高野四万治	FB	青木　実郎	反則

公式試合NO.73

第3回対明大定期戦／T15年11月5日

慶應19（5−3 / 14−0）3明大

［慶　應］		［明　大］	
岩下秀三郎		五十嵐元春	G：綱町
鈴木　増雄		北島　忠治	R：馬場
中村米次郎		後藤　金司	5 前半 3
吉本　祐一	FW	木元規矩男	1 T 1
上田　雅久		知葉　友雄	1 G 0
綾部　新一		柳　茂行	0 PG 0
高橋　正夫		西坂　秀雄	DG
上野　祝二		川名　軍二	
萩原　丈夫	HB	芦田万寿夫	14 後半 0
高橋　茂雄		市川竜太郎	4 T 0
浜田　鋭一		西野　静三	1 G 0
丸山　乕喜	TB	赤星　輝也	0 PG 0
北野　幸也		木村　誠三	DG
富沢　慎三		片岡　厳	
高野四万治	FB	中村不二男	反則

公式試合NO.74

第5回対早大定期戦／T15年11月23日

慶應8（3−8 / 5−0）8早大

［慶　應］		［早　大］	
岩下秀三郎		寺田　半三	G：神宮
鈴木　増雄		渥美　利三	R：馬場
中村米次郎		坂倉　雄吉	3 前半 8
吉本　祐一	FW	清水　定夫	1 T 2
近藤　信一		石田栄三郎	0 G 1
綾部　新一		友田　正一	0 PG 0
高橋　茂雄		助川　貞次	DG
萩原　丈夫		片岡　春樹	
上野　祝二	HB	本領信治郎	5 後半 0
高橋　正夫		丸山　守一	1 T 0
浜田　鋭一		兼子　義一	1 G 0
富沢　慎三	TB	馬場　英吉	0 PG 0
北野　幸也		滝川　末三	DG
丸山　虎喜		三浦孝太郎	
高野四万治	FB	中島　章	反則

公式試合NO.75

対YCAC戦／T15年12月4日

慶應11（　　）0YCAC

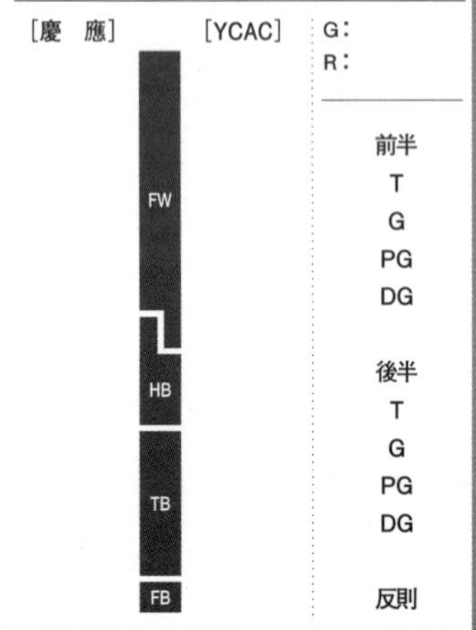

［慶　應］		［YCAC］	
			G：
			R：
			前半
	FW		T
			G
			PG
			DG
	HB		後半
			T
			G
	TB		PG
			DG
	FB		反則

公式試合NO.76

第2回対立大定期戦／S2年10月19日

慶應41（22−0 / 19−0）0立大

［慶　應］		［立　大］	
中村米次郎		根本　弘道	G：立大
矢飼　督之		平岩　朝生	R：橋本
門倉　恒雄		吉野捷一郎	22 前半 0
川津　尚彦	FW	奥田　篤実	5 T 0
吉本　祐一		久保	2 G 0
高橋　茂雄		中沢千鶴雄	1 PG 0
鄭　守義		御牧　稔児	DG
高野四万治		柿内　寛	
上野　祝二	HB	宮井	19 後半 0
萩原　丈夫		加納　克亮	5 T 0
丸山　乕喜		青木　実郎	2 G 0
富沢　慎三	TB	早田	0 PG 0
長沖　彰		浅野　輝彦	DG
堤　正安		阿部　猛彦	
浜田　精蔵	FB	早川武四郎	反則

公式試合NO.77

第4回対明大定期戦／S2年10月29日

慶應3（3−0 / 0−3）3明大

［慶　應］		［明　大］	
中村米次郎		五十嵐元春	G：新田
矢飼　督之		北島　忠治	R：香山
門倉　恒雄		後藤　金司	3 前半 0
川津　尚彦	FW	木元規矩男	1 T 0
吉本　祐一		知葉　友雄	0 G 0
高橋　茂雄		岡田　由男	0 PG 0
鄭　守義		芦田万寿夫	DG
高野四万治		川名　軍二	
萩原　丈夫		磯田　一雄	0 後半 3
上野　祝二	HB	野呂瀬丁児	0 T 1
丸山　乕喜		田中　一郎	0 G 0
富沢　慎三	TB	西野　静三	0 PG 0
長沖　彰		片岡　厳	DG
堤　正安		中村不二男	
浜田　鋭一	FB	木村　誠三	反則

公式試合NO.78

第6回対早大定期戦／S2年11月23日

慶應6（6−3 / 0−5）8早大

［慶　應］		［早　大］	
中村米次郎		寺田　半三	G：神宮野球場
川津　尚彦		渥美　利三	R：奥村
矢飼　督之		太田　義一	6 前半 3
門倉　恒雄	FW	清水　定夫	1 T 1
吉本　祐一		木村　興人	0 G 0
高橋　茂雄		坂倉　雄吉	1 PG 0
高野四万治		助川　貞次	DG
萩原　丈夫		丸山　守一	
上野　祝二	HB	飯田　講一	0 後半 5
鄭　守義		兼子　義一	0 T 1
丸山　乕喜		藤井　正義	0 G 1
富沢　慎三	TB	馬場　英吉	0 PG 0
長沖　彰		滝川　末三	DG
浜田　鋭一		中島　章	
堤　正安	FB	小船　伊助	反則

公式試合NO.79

第4回対東大定期戦／S2年12月3日

慶應18（9−0 / 9−3）3東大

［慶　應］		［東　大］	
中村米次郎		宮原　万寿	G：神宮
川津　尚彦		木村　昇	R：目良
矢飼　督之		福岡敦太郎	9 前半 0
門倉　恒雄	FW	西島　拾丸	3 T 0
吉本　祐一		山口　三郎	0 G 0
高野四万治		桜井　凱夫	0 PG 0
鄭　守義		和田　志良	DG
上野　祝二		尹　明善	
萩原　丈夫	HB	松井　正雄	9 後半 3
高橋　茂雄		榎原秀治郎	3 T 1
丸山　乕喜		小村　豊	0 G 0
富沢　慎三	TB	宮村　勝男	0 PG 0
長沖　彰		堤　正幸	DG
浜田　鋭一		角田　信行	
堤　正安	FB	寺村　誠一	反則

公式試合NO.80

第3回対京大定期戦／S3年1月1日

慶應5（0−8 / 5−3）11京大

［慶　應］		［京　大］	
中村米次郎		尾戸	G：神宮
川津　尚彦		増井　克己	R：目良
門倉　恒雄		小西　恭賢	0 前半 8
門倉　森	FW	位田　英雄	0 T 1
吉本　祐一		川本　時雄	0 G 1
高橋　茂雄		二宮　晋二	0 PG 1
鄭　守義		青木　倹二	DG
高野四万治		合田　更	
萩原　丈夫		村山　仁	5 後半 3
上野　祝二	HB	阿部　吉蔵	1 T 1
丸山　乕喜		馬場　武夫	1 G 0
富沢　慎三	TB	星名　泰	0 PG 0
長沖　彰		宇野　庄二	DG
浜田　鋭一		進藤　次郎	
堤　正安	FB	上田　武治	反則

公式試合NO.81

第13回対三高定期戦／S3年1月4日

慶應44（19−0 / 25−0）0三高

［慶　應］		［三　高］	
中村米次郎		寒川　要	G：神宮
門倉　恒雄		萩野璋太郎	R：目良
門倉　森		星野　耕平	19 前半 0
川津　尚彦		下田	5 T 0
上田　雅久	FW	古賀	2 G 0
鄭　守義		竜村　晋	0 PG 0
高野四万治		伊藤日出登	DG
上野　祝二		森　忠夫	
萩原　丈夫	HB	目良　篤	25 後半 0
高橋　茂雄		谷垣	7 T 0
丸山　乕喜		竹内	2 G 0
植松　鉱吉		真鍋　良一	0 PG 0
長沖　彰	TB	安芸	DG
堤　正安		石川　治親	
伊藤　次郎	FB	小森	反則

公式試合NO.82

第14回対同大定期戦／S3年1月8日

慶應9（5−0 / 4−3）3同大

[慶應]		[同大]	G：神宮
中村米次郎		岡本　清	R：目良
川津　尚彦		菱田　義一	
矢飼　督之		井上　晴雄	5 前半 0
門倉　恒雄	FW	外池治太郎	1 T 0
吉本　祐一		名古屋義雄	1 G 0
鄭　守義		西村　清蔵	0 PG 0
高野四万治		小林平三郎	0 DG 0
上野　祝二		阿部　勝	
萩原　丈夫	HB	桂　正一	4 後半 3
高橋　茂雄		東田多喜男	0 T 1
丸山　乕喜		松見平八郎	0 G 0
長沖　彰	TB	樋上　康	0 PG 0
富沢　慎三		藤井清太郎	1 DG 0
浜田　鋭一		上野　精彌	
堤　正安	FB	藤沢　吉郎	反則

公式試合NO.83

対英国上海防備軍／S3年2月7日

慶應0（0−8 / 0−14）22英国上海

[慶應]		[英国上海]	G：神宮
中村米次郎		クリップス	R：橋本
川津　尚彦		コールマン	
矢飼　督之		ジョーンズ	0 前半 8
上田	FW	シーウエル	0 T 2
吉本　祐一		プレストン	0 G 1
高橋　茂雄		ローデンス	0 PG 0
鄭　守義		イーキング	DG
高野四万治		フランシス	
萩原　丈夫	HB	ジョセフ	0 後半14
上野　祝二		ウエイ	0 T 4
丸山　乕喜		ノルマン	0 G 1
富沢　慎三	TB	チレット	0 PG 0
長沖　彰		ロー	DG
小山　康一		クイーン	
堤　正安	FB	ウイリアムス	反則

公式試合NO.84

第3回対立大定期戦／S3年10月14日

慶應18（8−3 / 10−0）3立大

[慶應]		[立大]	G：新田
中村米次郎		槙島　勝己	R：奥村
川津　尚彦		井崎　湧二	
門倉　恒雄		根本　弘道	前半
勝本　豊平	FW	吉野	T
塩田　毅		木村　栄一	G
鄭　守義		神崎　亨二	PG
高野四万治		中沢千鶴雄	DG
上野　祝二		塚田　真二	
萩原　丈夫	HB	加納　克亮	後半
高橋　茂雄		頴原　直清	T
長沖　彰		浅野　輝彦	G
丸山　乕喜	TB	御牧　称児	PG
植松　鉱吉		横尾　俊彦	DG
堤　正安		柿内　寛	
伊藤　次郎	FB	青木　実郎	反則

公式試合NO.85

関東大学対抗戦／S3年10月24日

慶應33（12−0 / 21−5）5法大

[慶應]		[法大]	G：新田
門倉　恒雄		鳥居	R：橋本
川津　尚彦		草谷	
斉藤　昌平		山本（勇）	12前半 0
吉本　祐一	FW	印東	4 T 0
塩田　毅		納美	0 G 0
高野四万治		箱井	0 PG 0
阿部　黎二		島瀬	DG
鄭　守義		中村	
萩原　丈夫	HB	島本	21後半 5
植松　鉱吉		田村	5 T 1
若尾　民彌		向後	3 G 1
矢飼　督之	TB	石塚	0 PG 0
石井　太郎		川谷	DG
堤　正安		鈴木	
伊藤　次郎	FB	山本（牛）	反則

公式試合NO.86

第5回対明大定期戦／S3年11月11日

慶應13（8−3 / 5−8）11明大

[慶應]		[明大]	G：神宮
中村米次郎		都志　悌二	R：目良
川津　尚彦		北島　忠治	
門倉　恒雄		後藤　金司	8 前半 3
塩田　毅	FW	木元規矩男	2 T 1
吉本　祐一		知葉　友雄	1 G 0
阿部　黎二		岡田　由男	0 PG 0
高野四万治		大滝　正宣	DG
上野　祝二		芦田万寿夫	
萩原　丈夫	HB	磯田　一雄	5 後半 8
藤井　貢		西坂　秀雄	1 T 2
丸山　乕喜		田中　一郎	1 G 1
石井　太郎	TB	西野　静三	0 PG 0
長沖　彰		片岡　厳	DG
堤　正安		木村　誠三	
伊藤　次郎	FB	中村不二男	反則

公式試合NO.87

第7回対早大定期戦／S3年11月23日

慶應16（5−0 / 11−5）5早大

[慶應]		[早大]	G：神宮
中村米次郎		大西　栄造	R：目良
川津　尚彦		渥美　利三	
門倉　恒雄		太田　義一	5 前半 0
阿部　黎二	FW	黒河内重五郎	1 T 0
吉本　祐一		木村　興人	1 G 0
鄭　守義		寺田　半三	0 PG 0
高野四万治		山下　竜雄	DG
上野　祝二		増野　道雄	
萩原　丈夫	HB	飯田　講一	11後半 5
藤井　貢		中村　英作	3 T 1
丸山　乕喜		小寺　三郎	1 G 1
石井　太郎	TB	西尾　重喜	0 PG 0
長沖　彰		坂倉　雄吉	DG
堤　正安		砂堀　功	
伊藤　次郎	FB	小船　伊助	反則

公式試合NO.88

第5回対東大定期戦／S3年12月2日

慶應48（8−0 / 40−0）0東大

[慶應]		[東大]	G：神宮
中村米次郎		大西　克和	R：目良
川津　尚彦		今泉	
門倉　慎雄		宮原　万寿	8 前半 0
吉本　祐一	FW	木村　昇	2 T 0
阿部　黎二		池田　和夫	1 G 0
鄭　守義		尹　明善	0 PG 0
高野四万治		徳江　徳	DG
上野　祝二		松井　正雄	
萩原　丈夫	HB	石渡慎五郎	40後半 0
藤井　貢		桜井　凱夫	10 T 0
丸山　乕喜		三原英太郎	5 G 0
富沢　慎三	TB	佐竹　義利	0 PG 0
長沖　彰		片岡　厳	DG
堤　正安		角田　信行	
伊藤　次郎	FB	野沢　房二	反則

公式試合NO.89

第4回対京大定期戦／S4年1月1日

慶應3（3−6 / 0−6）12京大

[慶應]		[京大]	G：京大
中村米次郎		柏木　進	R：厳
川津　尚彦		増井　克己	
門倉　慎雄		武田　尚	3 前半 6
阿部　黎二	FW	位田　英雄	0 T 2
吉本　祐一		川本　時雄	0 G 0
鄭　守義		足立　卓夫	1 PG 0
高野四万治		青木　倹二	DG
上野　祝二		二宮　晋二	
萩原　丈夫	HB	阿部　吉蔵	0 後半 6
藤井　貢		村山　仁	0 T 2
丸山　乕喜		馬場　武夫	0 G 0
石井　太郎	TB	山本　尚武	0 PG 0
長沖　彰		宇野　庄二	DG
堤　正安		進藤　次郎	
伊藤　次郎	FB	壇　汎	反則

公式試合NO.90

第14回対三高定期戦／S4年1月4日

慶應3（3−0 / 0−0）0三高

[慶應]		[三高]	G：三高
川津　尚彦		大塚	R：厳
沢木		萩野璋太郎	
中村米次郎		岩本　道明	3 前半 0
吉本　祐一	FW	岡田　興	1 T 0
阿部　黎二		金	0 G 0
高野四万治		中根	0 PG 0
塩田　毅		真田	DG
鄭　守義		竜村　晋	
萩原　丈夫	HB	古賀	0 後半 0
藤井　貢		小森	0 T 0
若尾　民彌		竹内	0 G 0
長沖　彰	TB	真鍋　良一	0 PG 0
石井　太郎		石川　治親	DG
丸山　乕喜		安芸	
伊藤　次郎	FB	長井	反則

公式試合NO.91
第15回対同大定期戦／S4年1月8日
慶應15（5−0 / 10−0）0同大

[慶應]		[同大]	G：京大 R：別所
門倉 慎雄	FW	小池 晃	
川津 尚彦		岩田 忠弌	
中村米次郎		西村 清蔵	前半
吉本 祐一		林 薫	T
阿部 黎二		三浜 私雄	G
高野四万治		藤原	PG
塩田 毅		江原 一男	DG
鄭 守義		小林平三郎	
萩原 丈夫	HB	高崎 善英	後半
藤井 貢		阿部 勝	T
堤 正安	TB	松見平八郎	G
長沖 彰		藤沢 吉郎	PG
石井 太郎		柯	DG
丸山 盾喜		張 万玉	
伊藤 次郎	FB	藤井清太郎	反則

公式試合NO.94
第8回対早大定期戦／S4年11月23日
慶應6（0−0 / 6−3）3早大

[慶應]		[早大]	G：神宮 R：清瀬
真野 喜平	FW	大西 栄造	
矢飼 督之		太田 義一	
斎藤 昌平		黒河内重五郎	0 前半 0
津田不二夫		渥美 利三	0 T 0
川津 尚彦		木村 興人	0 G 0
清水 精三		中村 英作	0 PG 0
阿部 黎二		山下 竜雄	DG
上野 祝二	HB	増野 道雄	
萩原 丈夫		林 芳雄	6 後半 3
藤井 貢		西尾 重喜	0 T 1
堤 正安	TB	小寺 三郎	0 G 0
丸山 盾喜		柯 子彰	2 PG 0
石井 太郎		坂倉 雄吉	DG
長沖 彰		砂堀 功	
伊藤 次郎	FB	小船 伊助	反則

公式試合NO.97
第15回対三高定期戦／S5年1月4日
慶應78（31−0 / 47−0）0三高

[慶應]		[三高]	G：神宮 R：目良
真野 喜平	FW	岸本	
斎藤 昌平		岩本（道）	
須賀 幸雄		滝田	31 前半 0
川津 尚彦		小谷	7 T 0
岸田 勇次		岡田	5 G 0
大市常二郎		青山	0 PG 0
三浦 五郎		今川	DG
上野 祝二		堤	
萩原 丈夫	HB	古賀	47 後半 0
藤井 貢		嶋本	11 T 0
若尾 民彌	TB	山田	7 G 0
長沖 彰		竹内	0 PG 0
丸山 盾喜		安芸	DG
堤 正安		中田	
伊藤 次郎	FB	長井	反則

公式試合NO.92
第4回対立大定期戦／S4年10月26日
慶應0（0−0 / 0−0）0立大

[慶應]		[立大]	G：神宮 R：兼子
矢飼 督之	FW	根本 弘道	
川津 尚彦		槙島	
斎藤 昌平		遠山	前半
津田不二夫		木村	T
真野 喜平		井崎	G
阿部 黎二		中沢	PG
藤井 貢		神崎	DG
三浦 五郎		塚田	
上野 祝二	HB	土肥	後半
萩原 丈夫		柿内 寛	T
長沖 彰	TB	頴原	G
石井 太郎		吉田	PG
丸山 盾喜		御牧	DG
堤 正安		浅野	
伊藤 次郎	FB	青木 実郎	反則

公式試合NO.95
第6回対東大定期戦／S4年12月1日
慶應30（5−0 / 25−3）3東大

[慶應]		[東大]	G：神宮 R：目良
真野 喜平	FW	横溝	
川津 尚彦		宮原 万寿	
須賀 幸雄		長谷川 進	5 前半 0
岸田 勇次		大西 克和	1 T 0
津田不二夫		武安	1 G 0
三浦 五郎		桜井 凱夫	0 PG 0
清水 精三		池田 和夫	DG
上野 祝二		安尾 義人	
萩原 丈夫	HB	石渡慎五郎	25 後半 3
藤井 貢		中山 直己	5 T 1
長沖 彰	TB	玉置 敬三	5 G 0
石井 太郎		坂倉 俊之	0 PG 0
丸山 盾喜		佐竹 義利	DG
堤 正安		榎原秀治郎	
伊藤 次郎	FB	西園寺二郎	反則

公式試合NO.98
第16回対同大定期戦／S5年1月9日
慶應17（11−0 / 6−0）0同大

[慶應]		[同大]	G：神宮 R：清瀬
真野 喜平	FW	桂 五郎	
矢飼 督之		林 義雄	
斎藤 昌平		西村 清蔵	11 前半 0
川津 尚彦		橘 広道	3 T 0
岸田 勇次		三浜 和雄	1 G 0
阿部 黎二		藤原 素樹	0 PG 0
清水 精二		江原 男	DG
上野 祝二		小林平三郎	
萩原 丈夫	HB	田中 太郎	6 後半 0
石井 太郎		阿部 勝	2 T 0
長沖 彰	TB	内藤 卓	0 G 0
藤井 貢		藤沢 吉郎	0 PG 0
丸山 盾喜		張 万玉	DG
堤 正安		吉田 昌嘉	
伊藤 次郎	FB	清水 千波	反則

公式試合NO.93
第6回対明大定期戦／S4年11月10日
慶應3（3−0 / 0−6）6明大

[慶應]		[明大]	G：神宮 R：奥村
真野 喜平	FW	都志 悌二	
矢飼 督之		松田 久治	
斎藤 昌平		伊集院 浩	3 前半 0
津田不二夫		村上	1 T 0
川津 尚彦		増永 洋一	0 G 0
阿部 黎二		岡田 由男	0 PG 0
藤井 貢		知葉 友雄	DG
三浦 五郎		大滝 正宣	
萩原 丈夫	HB	木下 太郎	0 後半 6
清水 精三		松原 健一	0 T 2
長沖 彰	TB	田中 一郎	0 G 0
石井 太郎		安田 種臣	0 PG 0
丸山 盾喜		片岡	DG
堤 正安		中村不二男	
伊藤 次郎	FB	西野 静三	反則

公式試合NO.96
第5回対京大定期戦／S5年1月1日
慶應9（6−3 / 3−6）9京大

[慶應]		[京大]	G：神宮 R：目良
真野 喜平	FW	根岸 貞治	
斎藤 昌平		萩野璋太郎	
須賀 幸雄		武田 尚	6 前半 3
川津 尚彦		荒賀 嘉生	2 T 1
岸田 勇次		三嶋 實	0 G 0
阿部 黎二		足立 卓夫	0 PG 0
清水 精三		山田 孝雄	DG
上野 祝二		木崎 國嘉	
萩原 丈夫	HB	岩前 博	3 後半 6
藤井 貢		檀 汎	1 T 2
長沖 彰	TB	石川 治親	0 G 0
石井 太郎		山本 尚武	0 PG 0
丸山 盾喜		平生 三郎	DG
堤 正安		宇野 庄二	
伊藤 次郎	FB	石川 一雄	反則

公式試合NO.99
第5回対立大定期戦／S5年10月25日
慶應19（6−0 / 13−3）3立大

[慶應]		[立大]	G：神宮 R：清瀬
斎藤 昌平	FW	糸居 一郎	
矢飼 督之		槙島 勝巳	
田治 正浩		根本 弘道	前半
真野 喜平		井崎 湧二	T
岸田 勇次		増山 康秀	G
阿部 黎二		木村 栄一	PG
三浦 五郎		神崎 亨二	DG
清水 精三		塚田 真二	
石井 太郎	HB	土肥 耕作	後半
財部 真幸		堤 信正	T
北野 孟郎	TB	御牧 祢児	G
藤井 貢		吉田 輝彦	PG
長沖 彰		頴原 直清	DG
若尾 光平		三浦 毅	
伊藤 次郎	FB	東	反則

公式試合NO.100
関東大学対抗戦／S5年10月31日

慶應 33（24−0 / 9−0）0 法大

[慶 應]		[法 大]	G：新田
斎藤 昌平		沼田	R：中村
酒井 通博		林	
田治 正浩		八柳	前半
大市 信吉		山本	T
田川 博	FW	加藤	G
阿部 黎二		中田	PG
三浦 五郎		能美	DG
清水 精三		深島	
田中万寿夫		津田	後半
財部 真幸	HB	佐伯	T
北野 孟郎		阿部	G
石井 太郎		鈴木	PG
長沖 彰	TB	山本	DG
若尾 光平		平野	
伊藤 次郎	FB	野見山	反則

公式試合NO.101
第7回対明大定期戦／S5年11月9日

慶應 24（9−3 / 15−16）19 明大

[慶 應]		[明 大]	G：神宮
矢飼 督之		伊集院 浩	R：目良
酒井 通博		松田 久治	
田治 正浩		佐々竹直義	9 前半 3
真野 喜平		三宅 良吉	2 T 1
田川 博	FW	増永 洋一	0 G 0
阿部 黎二		岡田 由男	1 PG 0
三浦 五郎		大滝 正宣	DG
清水 精三		都志 悌二	
石井 太郎		木下 太郎	15 後半 16
財部 真幸	HB	丹羽 正彦	3 T 4
北野 孟郎		鳥羽善次郎	3 G 2
藤井 貢		西野 静三	0 PG 0
長沖 彰	TB	安田 種臣	DG
若尾 光平		中村不二男	
伊藤 次郎	FB	笠原 恒彦	反則

公式試合NO.102
関東大学対抗戦／S5年11月14日

慶應 61（24−0 / 37−0）0 東商大

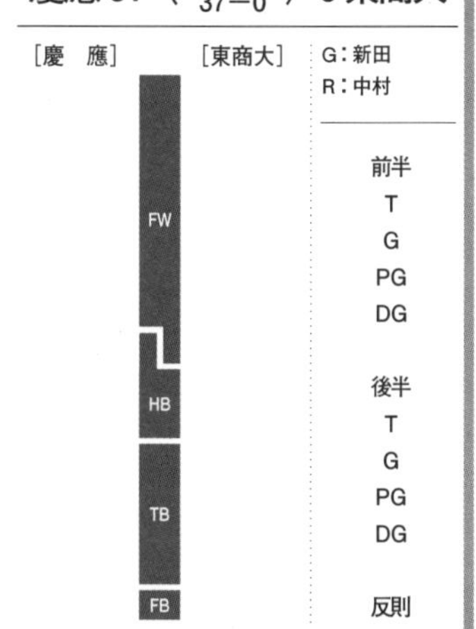

[慶 應]		[東商大]	G：新田
			R：中村
			前半
			T
	FW		G
			PG
			DG
			後半
	HB		T
			G
			PG
	TB		DG
	FB		反則

公式試合NO.103
第9回対早大定期戦／S5年11月23日

慶應 19（11−3 / 8−0）3 早大

[慶 應]		[早 大]	G：神宮
矢飼 督之		大西 栄造	R：目良
酒井 通博		松原 武七	
田治 正浩		太田 義一	11 前半 3
真野 喜平	FW	田川 潔	2 T 0
田川 博		三輪鉦次郎	1 G 0
阿部 黎二		清瀬 五郎	1 PG 1
三浦 五郎		中村 英作	DG
清水 精三		増野 道雄	
石井 太郎	HB	林 芳雄	8 後半 0
財部 真幸		小寺 三郎	1 T 0
北野 孟郎		吉田 雅夫	1 G 0
藤井 貢		荒賀 嘉樹	1 PG 0
長沖 彰	TB	柯 子彰	DG
若尾 光平		五十嵐重次	
伊藤 次郎	FB	小船 伊助	反則

公式試合NO.104
第7回対東大定期戦／S5年12月6日

慶應 11（3−3 / 8−0）3 東大

[慶 應]		[東 大]	G：神宮
矢飼 督之		久武	R：北野
佐々倉太郎		金野	
田治 正浩		遠山	3 前半 3
岸田 勇次		岡田	1 T 1
田川 博	FW	田中	0 G 0
阿部 黎二		桜井 凱夫	0 PG 0
三浦 五郎		真田	DG
足立 直司		樋口	
石井 太郎		石渡慎五郎	8 後半 0
財部 真幸	HB	生駒	2 T 0
北野 孟郎		竹内	1 G 0
藤井 貢		坂倉 俊之	0 PG 0
丸山 乕喜	TB	田中	DG
長沖 彰		山本	
伊藤 次郎	FB	中山 直己	反則

公式試合NO.105
大学選手権（交流試合）／S5年12月24日

慶應 75（34−3 / 41−0）3 関大

[慶 應]		[関 大]	G：阪急宝塚
			R：中村
			前半
			T
	FW		G
			PG
			DG
			後半
	HB		T
			G
			PG
	TB		DG
	FB		反則

公式試合NO.106
第6回対京大定期戦／S6年1月1日

慶應 27（16−0 / 11−6）6 京大

[慶 應]		[京 大]	G：花園
矢飼 督之		柏木 進	R：清瀬
酒井 通博		根岸 貞治	
田治 正浩		武田 尚	16 前半 0
真野 喜平		荒賀 嘉生	3 T 0
田川 博	FW	三島 実	2 G 0
阿部 黎二		木崎 国嘉	1 PG 0
三浦 五郎		山田 孝雄	DG
清水 精三		足立 卓夫	
石井 太郎		岩前 博	11 後半 6
財部 真幸	HB	上田成一郎	2 T 1
北野 孟郎		石川 治親	1 G 0
藤井 貢		平生 三郎	1 PG 1
長沖 彰	TB	山本 尚武	DG
若尾 光平		渡辺 三男	
丸山 乕喜	FB	真鍋	反則

公式試合NO.107
第16回対三高定期戦／S6年1月4日

慶應 56（24−0 / 32−0）0 三高

[慶 應]		[三 高]	G：花園
佐々倉太郎		堤	R：中村
矢飼 督之		佐藤 久美	
神田 耕也		田鍋 健	24 前半 0
岸田 勇次		藤井	6 T 0
坂本 敏明	FW	二松 慶彦	3 G 0
井上 二郎		青山	0 PG 0
三浦 五郎		上西 鵬一	DG
足立 直司		岩本 道明	
植松 鉱吉		高見 与	32 後半 0
田中万寿夫	HB	島本 伸一	8 T 0
羽鳥 正		川島 春雄	4 G 0
若尾 光平		中田 弘平	0 PG 0
丸山 乕喜	TB	今川	DG
西 善二		西村	
北野 孟郎	FB	磯田 一郎	反則

公式試合NO.108
第17回対同大定期戦／S6年1月8日

慶應 17（9−0 / 8−0）0 同大

[慶 應]		[同 大]	G：花園
矢飼 督之		藤井 恒男	R：望月
酒井 通博		桂 五郎	
田治 正浩		綱島 長明	9 前半 0
真野 喜平		三浜 和雄	2 T 0
田川 博	FW	橘 広	0 G 0
阿部 黎二		乾 信雄	1 PG 0
三浦 五郎		西村 清蔵	DG
清水 精三		江原 一男	
石井 太郎		高崎 善英	8 後半 0
財部 真幸	HB	田中 太郎	2 T 0
北野 孟郎		吉田 昌嘉	1 G 0
藤井 貢		張 万玉	0 PG 0
長沖 彰	TB	阿部 勝	DG
丸山 乕喜		内藤 卓	
伊藤 次郎	FB	鳥居正太郎	反則

公式試合NO.109
関東大学対抗戦／S6年9月26日

慶應37（　　）0東商大

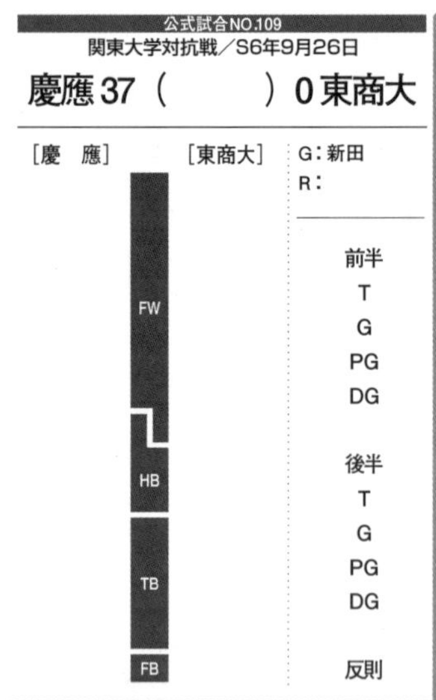

[慶　應]		[東商大]
	FW	
	HB	
	TB	
	FB	

G：新田
R：

	前半	
	T	
	G	
	PG	
	DG	
	後半	
	T	
	G	
	PG	
	DG	
	反則	

公式試合NO.110
第6回対立大定期戦／S6年10月24日

慶應32（18−3 / 14−0）3立大

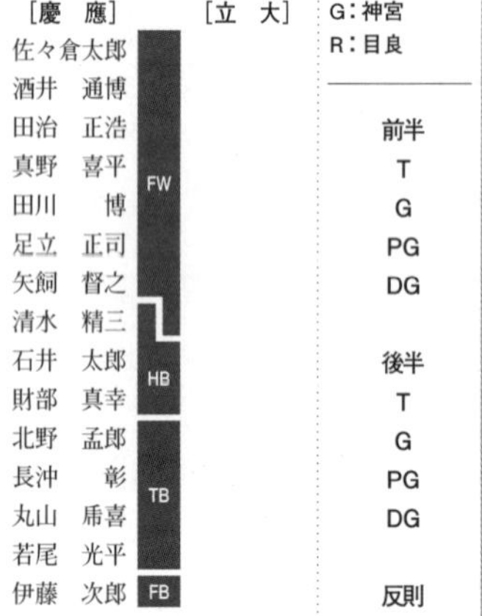

[慶　應]		[立　大]
佐々倉太郎	FW	
酒井　通博	FW	
田治　正浩	FW	
真野　喜平	FW	
田川　　博	FW	
足立　正司	FW	
矢飼　督之	FW	
清水　精三	FW	
石井　太郎	HB	
財部　真幸	HB	
北野　孟郎	TB	
長沖　　彰	TB	
丸山　乕喜	TB	
若尾　光平	TB	
伊藤　次郎	FB	

G：神宮
R：目良

	前半	
	T	
	G	
	PG	
	DG	
	後半	
	T	
	G	
	PG	
	DG	
	反則	

公式試合NO.111
関東大学対抗戦／S6年10月31日

慶應86（　　）3法大

[慶　應]		[法　大]
	FW	
	HB	
	TB	
	FB	

G：新田
R：北野

	前半	
	T	
	G	
	PG	
	DG	
	後半	
	T	
	G	
	PG	
	DG	
	反則	

公式試合NO.112
第8回対明大定期戦／S6年11月8日

慶應6（0−13 / 6−13）26明大

[慶　應]		[明　大]
矢飼　督之	FW	伊集院　浩
足立　直司	FW	松田　久治
田治　正浩	FW	西垣　三郎
真野　喜平	FW	山口　和夫
田川　　博	FW	三宅　良吉
阿部　黎二	FW	岡田　由男
三浦　五郎	FW	都志　悌二
清水　精三	FW	大滝　正宣
石井　太郎	HB	木下　太郎
財部　真幸	HB	丹羽　正彦
北野　孟郎	TB	鳥羽善次郎
丸山　乕喜	TB	安田　種臣
長沖　　彰	TB	辻田　　勉
若尾　民弥	TB	柴野　得郎
伊藤　次郎	FB	笠原　恒彦

G：神宮
R：清瀬

0	前半	13
0	T	3
0	G	2
0	PG	0
	DG	
6	後半	13
1	T	3
0	G	2
1	PG	0
	DG	
	反則	

公式試合NO.113
第10回対早大定期戦／S6年11月23日

慶應5（0−0 / 5−12）12早大

[慶　應]		[早　大]
佐々倉太郎	FW	大西　栄造
酒井　通博	FW	松原　武七
田治　正浩	FW	太田　義一
真野　喜平	FW	田川　　潔
田川　　博	FW	大野　信次
足立　直司	FW	清瀬　五郎
矢飼　督之	FW	日高　　潔
清水　精三	FW	林　　芳雄
石井　太郎	HB	飯森　隆一
財部　真幸	HB	野上　一郎
北野　孟郎	TB	吉田　雅夫
長沖　　彰	TB	荒賀　嘉樹
丸山　乕喜	TB	柯　　子彰
若尾　光平	TB	千葉　　正
伊藤　次郎	FB	北郷　亀次

G：神宮
R：目良

0	前半	0
0	T	0
0	G	0
0	PG	0
	DG	
5	後半	12
1	T	4
1	G	0
0	PG	0
	DG	
	反則	

公式試合NO.114
第8回対東大定期戦／S6年12月1日

慶應13（5−9 / 8−0）9東大

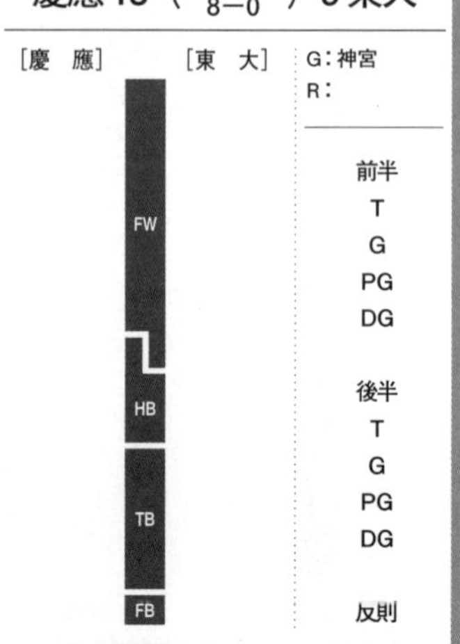

[慶　應]		[東　大]
	FW	
	HB	
	TB	
	FB	

G：神宮
R：

	前半	
	T	
	G	
	PG	
	DG	
	後半	
	T	
	G	
	PG	
	DG	
	反則	

公式試合NO.115
第7回対京大定期戦／S7年1月1日

慶應27（13−3 / 14−0）3京大

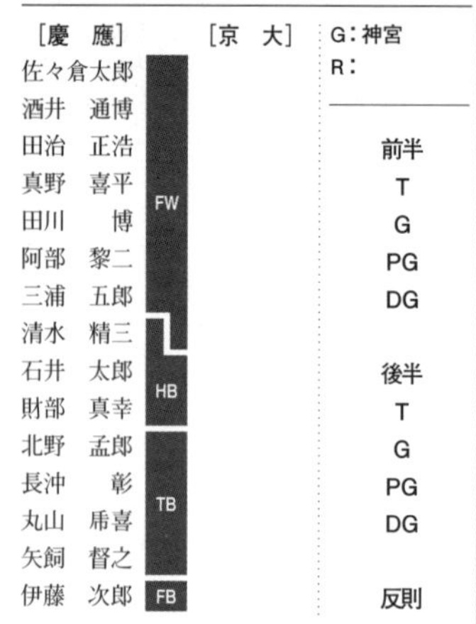

[慶　應]		[京　大]
佐々倉太郎	FW	
酒井　通博	FW	
田治　正浩	FW	
真野　喜平	FW	
田川　　博	FW	
阿部　黎二	FW	
三浦　五郎	FW	
清水　精三	FW	
石井　太郎	HB	
財部　真幸	HB	
北野　孟郎	TB	
長沖　　彰	TB	
丸山　乕喜	TB	
矢飼　督之	TB	
伊藤　次郎	FB	

G：神宮
R：

	前半	
	T	
	G	
	PG	
	DG	
	後半	
	T	
	G	
	PG	
	DG	
	反則	

公式試合NO.116
第17回対三高定期戦／S7年1月4日

慶應103（49−0 / 54−0）0三高

[慶　應]		[三　高]
佐々倉太郎	FW	島崎　直正
田治　正浩	FW	佐藤　久美
大槻　鎮雄	FW	田鍋　　健
真野　喜平	FW	藤井
田川　　博	FW	国分　正造
足立　直司	FW	入江　二郎
三浦　五郎	FW	上西　鵬一
清水　精三	FW	吉川
財部　真幸	HB	宮崎
田中万寿夫	HB	日下部
北野　　孟	TB	磯田　一郎
植松　鉱吉	TB	佐野
丸山　乕喜	TB	中田　弘平
田村勝次郎	TB	高見　　与
伊藤　次郎	FB	岩本　道明

G：神宮
R：宮地

	前半	
	T	
	G	
	PG	
	DG	
	後半	
	T	
	G	
	PG	
	DG	
	反則	

公式試合NO.117
第18回対同大定期戦／S7年1月9日

慶應24（13−0 / 11−3）3同大

[慶　應]		[同　大]
佐々倉太郎	FW	藤井　恒男
酒井　通博	FW	桂　　五郎
田治　正浩	FW	綱島　長明
真野　喜平	FW	三浜　和男
田川　　博	FW	松見孝一郎
阿部　黎二	FW	西村　清三
三浦　五郎	FW	乾　　信雄
清水　精三	FW	藤原
石井　太郎	HB	田中　太郎
財部　真幸	HB	橘　　　弘
北野　孟郎	TB	杉本　　力
長沖　　彰	TB	張　　万玉
丸山　乕喜	TB	野村　栄一
矢飼　督之	TB	望月　知夫
伊藤　次郎	FB	藤長　義兼

G：神宮
R：清瀬

	前半	
	T	
	G	
	PG	
	DG	
	後半	
	T	
	G	
	PG	
	DG	
	反則	

公式試合NO.118

第7回対立大定期戦／S7年10月30日

慶應32（21−3 / 11−14）17立大

G：神宮　R：目良

[慶　應]		[立　大]
佐々倉太郎	FW	糸居　一郎
酒井　通博	FW	槙島　勝己
田治　正浩	FW	長沢　碧
真野　喜平	FW	井崎　湧三
田川　博	FW	高木　芳郎
阿部　黎二	FW	三浦　啓助
三浦　五郎	FW	木村　栄一
清水　精三	FW	大友　勝
石井　太郎	HB	重松　清臣
財部　真幸	HB	関谷　茂
北野　孟郎	TB	三浦　毅
長沖　彰	TB	加藤福太郎
丸山　乕喜	TB	穎原　直清
矢飼　督之	TB	奥田　元雄
伊藤　次郎	FB	金　化泳

慶應		立大
21	前半	3
2	T	0
3	G	0
0	PG	1
	DG	
11	後半	14
2	T	3
1	G	1
0	PG	0
	DG	
	反則	

公式試合NO.119

第9回対明大定期戦／S7年11月13日

慶應12（3−11 / 9−11）22明大

G：神宮　R：清瀬

[慶　應]		[明　大]
佐々倉太郎	FW	西垣　三郎
酒井　通博	FW	松田　久治
田治　正浩	FW	佐々竹直義
真野　喜平	FW	渡辺　周一
田川　博	FW	山口　和夫
阿部　黎二	FW	林　斉
三浦　五郎	FW	都志　悌二
清水　精三	FW	前田　擧一
石井　太郎	HB	木下　太郎
財部　真幸	HB	丹羽　正彦
北野　孟郎	TB	鳥羽善次郎
長沖　彰	TB	安田　種臣
丸山　乕喜	TB	辻田　勉
矢飼　督之	TB	岡　信隆
伊藤　次郎	FB	笠原　恒彦

慶應		明大
3	前半	11
1	T	2
0	G	1
0	PG	1
	DG	
9	後半	11
2	T	3
0	G	1
1	PG	0
	DG	
	反則	

公式試合NO.120

第11回対早大定期戦／S7年11月23日

慶應5（0−14 / 5−19）33早大

G：神宮　R：目良

[慶　應]		[早　大]
佐々倉太郎	FW	西海　一嗣
酒井　通博	FW	松原　武七
田治　正浩	FW	砂堀　工
真野　喜平	FW	渡辺　栄造
田川　博	FW	大野　信次
阿部　黎二	FW	米華真四郎
三浦　五郎	FW	岡本　有三
清水　精三	FW	林　芳雄
田中万寿夫	HB	飯森　隆一
竹岡晴比古	HB	野上　一郎
北野　孟郎	TB	長尾　寿三
石井　太郎	TB	荒賀　嘉樹
長沖　彰	TB	柯　子彰
矢飼　督之	TB	千葉　正
伊藤　次郎	FB	北郷　亀次

慶應		早大
0	前半	14
0	T	3
0	G	1
0	PG	1
	DG	
5	後半	19
1	T	4
1	G	2
0	PG	1
	DG	
	反則	

公式試合NO.121

第9回対東大定期戦／S7年12月3日

慶應39（　　）11東大

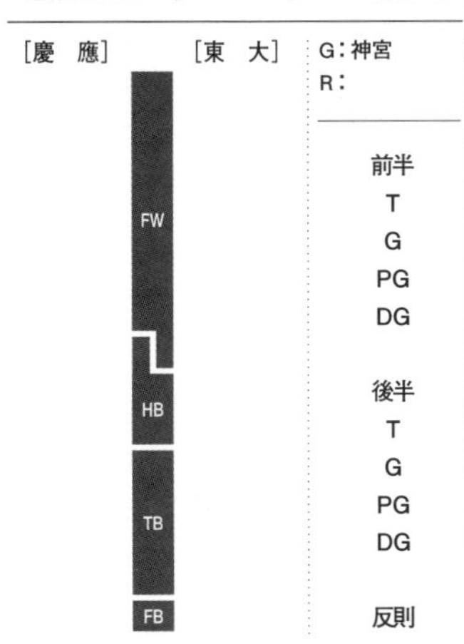

[慶　應]		[東　大]
	FW	
	HB	
	TB	
	FB	

G：神宮　R：

慶應		東大
	前半	
	T	
	G	
	PG	
	DG	
	後半	
	T	
	G	
	PG	
	DG	
	反則	

公式試合NO.122

第8回対京大定期戦／S8年1月1日

慶應26（6−0 / 20−0）0京大

G：花園　R：別所

[慶　應]		[京　大]
大槻　鎮雄	FW	矢倉
酒井　通博	FW	坂井　源吾
田治　正浩	FW	服部　一郎
佐々倉太郎	FW	久永栄一郎
田川　博	FW	那須　嘉門
阿部　黎二	FW	多田　康二
三浦　五郎	FW	布施　冬樹
田中万寿夫	FW	佐藤　顕遠
清水　精三	HB	山口　周三
竹岡晴比古	HB	天野　宗明
吉田　勲	TB	伊地　知清
石井　太郎	TB	島本　伸一
長沖　彰	TB	磯田　一郎
田林勝治郎	TB	国領武一郎
伊藤　次郎	FB	石川　一雄

慶應		京大
	前半	
	T	
	G	
	PG	
	DG	
	後半	
	T	
	G	
	PG	
	DG	
	反則	

公式試合NO.123

第18回対三高定期戦／S8年1月4日

慶應85（28−0 / 57−0）0三高

G：花園　R：合田

[慶　應]		[三　高]
佐々倉太郎	FW	坂上　静弘
大槻　鎮雄	FW	向井
山下　慶吉	FW	住野
真野　喜平	FW	国分　正造
内山　英一	FW	山本
川喜多　博	FW	長田
足立　直司	FW	小林　勉
清水　精三	FW	田鍋　健
田中万寿夫	HB	宮崎
石井　太郎	HB	入沢　二郎
桜井直三郎	TB	小西　眞一
竹岡晴比古	TB	佐野
向田　彰	TB	広田
吉田　勲	TB	井街　仁
伊藤　次郎	FB	島崎　直正

慶應		三高
	前半	
	T	
	G	
	PG	
	DG	
	後半	
	T	
	G	
	PG	
	DG	
	反則	

公式試合NO.124

第19回対同大定期戦／S8年1月8日

慶應0（0−3 / 0−3）6同大

G：甲子園南　R：清瀬

[慶　應]		[同　大]
佐々倉太郎	FW	美濃部俊三
酒井　通博	FW	桂　五郎
田治　正浩	FW	綱島　長明
真野　喜平	FW	山口　順士
田川　博	FW	滝本　秀夫
阿部　黎二	FW	西村　清蔵
川喜多　博	FW	藤井　恒男
田中万寿夫	FW	乾　信雄
清水　精三	HB	田中　太郎
足立　直司	HB	藤長　義兼
吉田　勲	TB	杉本　力
石井　太郎	TB	張　万玉
長沖　彰	TB	橘　広
田林勝治郎	TB	内藤　卓
伊藤　次郎	FB	橋本　寛和

慶應		同大
	前半	
	T	
	G	
	PG	
	DG	
	後半	
	T	
	G	
	PG	
	DG	
	反則	

公式試合NO.125

関東大学対抗戦／S8年9月30日

慶應63（24−0 / 39−5）5東商大

G：神宮　R：塩谷

[慶　應]		[東商大]
佐々倉太郎	FW	坂東
酒井　通博	FW	西
山下　慶吉	FW	清田
伊藤　英夫	FW	佐野（直）
田川　博	FW	長江
阿部　黎二	FW	佐野（嘉）
川喜多　博	FW	浅井
足立　直司	FW	多田
田中万寿夫	HB	牧野
竹岡晴比古	HB	細田
北野　孟郎	TB	大村
石井　太郎	TB	佐久間
清水　精三	TB	石田
田中（一）	TB	足利
田林勝次郎	FB	上野

慶應		東商大
24	前半	0
3	T	0
3	G	0
0	PG	0
	DG	
39	後半	5
3	T	0
6	G	1
0	PG	0
	DG	
	反則	

公式試合NO.126

関東大学対抗戦／S8年10月14日

慶應46（32−6 / 14−8）14法大

G：神宮　R：北島

[慶　應]		[法　大]
佐々倉太郎	FW	中野
酒井　通博	FW	林
大槻　鎮雄	FW	沼田
伊藤　英夫	FW	市川
田川　博	FW	加藤
和泉　隼雄	FW	長井
川喜多　博	FW	林
足立　直司	FW	恵比寿
竹岡晴比古	HB	本田
石井　太郎	HB	青地
吉田　勲	TB	式守
北野　孟郎	TB	阿部
清水　精三	TB	大石
西　善二	TB	中田
田林勝治郎	FB	緒方

慶應		法大
32	前半	6
2	T	2
4	G	0
2	PG	0
	DG	
14	後半	8
2	T	1
1	G	1
1	PG	0
	DG	
	反則	

公式試合NO.127
第8回対立大定期戦／S8年10月22日
慶應19（11−3 / 8−3）6立大

G：神宮
R：塩谷

［慶　應］		［立　大］	
佐々倉太郎		小倉　三郎	
酒井　通博		槙島　勝己	
大槻　鎮雄		浅海　四郎	前半
伊藤　英夫	FW	高木　芳郎	T
田川　　博		井崎　湧二	G
和泉　隼雄		立石　　新	PG
川喜多　博		三浦　啓助	DG
田中万寿夫		大友	
石井　太郎	HB	重松	後半
竹岡晴比古		奥田　元雄	T
北野　孟郎		野口	G
西　　善二		関谷　　茂	PG
清水　精三	TB	加藤福太郎	DG
若尾　民弥		糸居　一郎	
田林勝治郎	FB	竹内　義雄	反則

公式試合NO.128
第12回対早大定期戦／S8年11月23日
慶應6（6−3 / 0−8）11早大

G：神宮
R：塩谷

［慶　應］		［早　大］	
佐々倉太郎		西海　一嗣	
酒井　通博		松原　武七	
大槻　鎮雄		砂堀　　工	6 前半 3
伊藤　英夫	FW	渡辺　栄造	2　T　0
田川　　博		大野　信次	0　G　0
阿部　黎二		米華真四郎	0　PG　1
田治　正浩		薄　　常信	DG
田中万寿夫		山本　春樹	
石井　太郎	HB	飯森　隆一	0 後半 8
財部　真幸		野上　一郎	0　T　2
北野　孟郎		阪口　正二	0　G　1
清水　精三		荒賀　嘉樹	0　PG　0
矢飼　督之	TB	川越藤一郎	DG
若尾　民弥		千葉　　正	
田林勝治郎	FB	鈴木　　功	反則

公式試合NO.129
第10回対東大定期戦／S8年12月2日
慶應30（6−0 / 24−0）0東大

G：神宮
R：中村

［慶　應］		［東　大］	
山下　慶吉		原田　三治	
酒井　通博		神　　四郎	
大槻　鎮雄		赤星　弥次	前半
田川　　博		小松　正鎚	T
伊藤　英夫	FW	三雲　貞造	G
川喜多　博		藤岡　　端	PG
足立　直司		川上　孝昭	DG
田中万寿夫		加藤鶴一郎	
石井　太郎	HB	青木　周吉	後半
財部　真幸		堤　　和正	T
吉田　　勲		原　　幸夫	G
矢飼　督之		柄川	PG
竹岡晴比古	TB	南郷　茂治	DG
西　　善二		小林	
田林勝治郎	FB	須賀　一正	反則

公式試合NO.130
第10回対明大定期戦／S8年12月25日
慶應8（5−5 / 3−13）18明大

G：神宮
R：塩谷

［慶　應］		［明　大］	
佐々倉太郎		西垣　三郎	
酒井　通博		松田　久治	
山下　慶吉		太田　　巌	5 前半 5
真野　喜平	FW	松井　　茂	0　T　0
田川　　博		清水　要人	1　G　1
川喜田　博		林　　　斉	0　PG　0
田治　正浩		山口　和夫	0　DG　0
田中　　一		渡部　周一	
石井　太郎	HB	木下　良平	3 後半 13
財部　真幸		松隈　　保	1　T　3
北野　孟郎		本多　光男	0　G　2
矢飼　督之		丹羽　正彦	0　PG　0
清水　精三	TB	辻田　　勉	0　DG　0
若尾　民弥		岡　　信隆	
田林勝治郎	FB	笠原　恒彦	反則

公式試合NO.131
第9回対京大定期戦／S9年1月1日
慶應53（24−6 / 29−0）6京大

G：神宮
R：塩谷

［慶　應］		［京　大］	
佐々倉太郎		吉川　欣一	
酒井　通博		坂井　源吾	
山下　慶吉		服部　一郎	前半
真野　喜平	FW	久永栄一郎	T
田川　　博		那須　嘉門	G
足立　直司		石田	PG
田治　正浩		渡辺圭一郎	DG
田中　二郎		布施　冬樹	
石井　太郎	HB	嶋本　伸一	後半
財部　真幸		斎藤　　明	T
北野　孟郎		伊地　知清	G
矢飼　督之		磯田　一郎	PG
清水　精三	TB	松野昌太郎	DG
若尾　民弥		小川　義晴	
田林勝治郎	FB	矢野　通秋	反則

公式試合NO.132
第19回対三高定期戦／S9年1月4日
慶應46（6−6 / 40−0）6三高

G：神宮
R：中村

［慶　應］		［三　高］	
永田　定夫		保住　　薫	
和泉　隼雄		小林　貞雄	
山下　慶吉		釣田　正哉	前半
伊藤　英夫		国分　正造	T
内山　英一	FW	伊集院虎雄	G
柏木　徳男		上坂信次郎	PG
川喜多　博		中西　一郎	DG
河内　洋司		安東　　勝	
石井　太郎	HB	鶴田　基弘	後半
竹岡晴比古		入沢　二郎	T
吉田　　勲		小西　眞一	G
西　　善二		広末	PG
桜井　礼二	TB	井街　　仁	DG
若尾　民弥		広田	
田林勝治郎	FB	伊藤　　彰	反則

公式試合NO.133
第20回対同大定期戦／S9年1月8日
慶應16（8−5 / 8−0）5同大

G：神宮
R：目良

［慶　應］		［同　大］	
佐々倉太郎		美濃部俊三	
酒井　通博		桂　　五郎	
山下　慶吉		綱島　長明	8 前半 5
真野　喜平	FW	荻野　直一	2　T　1
田川　　博		滝本　秀夫	1　G　1
川喜多　博		江原　一男	0　PG　0
田治　正浩		高垣　　哉	DG
足立　直司		乾　　信雄	
石井　太郎	HB	田中　太郎	8 後半 0
財部　真幸		藤長　義兼	1　T　0
北野　孟郎		杉本　　力	1　G　0
矢飼　督之		張　　万玉	1　PG　0
清水　精三	TB	橘　　　広	DG
若尾　民弥		内藤　　卓	
田林勝治郎	FB	橋本　寛和	反則

公式試合NO.134
対全濠州学生軍／S9年2月1日
慶應16（5−3 / 11−5）8全濠学生

G：神宮
R：目良

［慶　應］		［全濠学生］	
佐々倉太郎		ビアース	
和泉　隼雄		パーケット	
永田　定夫		マック・ウイリアム	5 前半 3
真野　喜平	FW	ウイルソン	1　T　1
田川　　博		デュバル	1　G　0
足立　直司		ジルコック	0　PG　0
田治　正浩		ライアン	DG
田中万寿夫		スタム	
石井　太郎	HB	ロージャース	11 後半 5
財部　真幸		エヴァンス	3　T　1
北野　孟郎		ヴィセント	1　G　1
清水　精三		オーコンナー	0　PG　0
西　　善二	TB	ヘーズ	DG
若尾　民弥		クラーク	
田林勝治郎	FB	リース	反則

公式試合NO.135
関東大学対抗戦／S9年10月4日
慶應45（29−0 / 16−8）8東商大

G：神宮
R：北島

［慶　應］		［東商大］	
佐々倉太郎		野村	
酒井　通博		西　　一利	
永田　定夫		多田　米吉	29 前半 0
田川　　博		佐野　直彦	3　T　0
田治　正浩	FW	長江　信一	4　G　0
矢飼　督之		浅井　　将	PG
足立　直司		小川　一男	DG
清水　精三		志賀重八郎	
田中万寿夫	HB	牧野　武輝	16 後半 8
財部　真幸		細田　金弥	2　T　1
北野　孟郎		嶋田　正一	2　G　1
西　　善二		佐久間志郎	PG
石井　太郎	TB	蒔田　繁治	DG
若尾　民弥		中沢　清次	
田林勝治郎	FB	上野　信雄	反則

公式試合NO.136
関東大学対抗戦／S9年10月12日

慶應36（15−0 / 21−3）3法大

G：神宮　R：清瀬

［慶　應］		［法　大］
佐々倉太郎		沼田
酒井　通博		青木
山下　慶吉		中野
田川　　博		加藤
内山　英一	FW	市川
田治　正浩		恵比寿
足立　直司		林
清水　精三		岩崎
田中万寿夫	HB	本田
竹岡晴比古		橋本
北野　孟郎		勝岡
矢飼　督之		大石
西　　善二	TB	長井
若尾　民弥		式守
田林勝治郎	FB	緒方

慶應		法大
	前半	
	T	
	G	
	PG	
	DG	
	後半	
	T	
	G	
	PG	
	DG	
	反則	

公式試合NO.137
第9回対立大定期戦／S9年10月28日

慶應49（22−3 / 27−5）8立大

G：神宮　R：目良

［慶　應］		［立　大］
佐々倉太郎		浅海　四郎
和泉　隼雄		長沢　　碧
山下　慶吉		小倉　三郎
伊藤　英夫		神崎　亨二
田川　　博	FW	高木　芳郎
田治　正浩		三浦　啓助
足立　直司		立石　　新
清水　精三		武久　悦夫
財部　真幸	HB	松本　孝之
田中万寿夫		高橋　次郎
桜井　礼二		加藤福太郎
西　　善二		柿内　　寛
石井　太郎	TB	鈴木　三郎
北野　孟郎		奥田　元雄
田林勝治郎	FB	竹内　義雄

慶應		立大
	前半	
	T	
	G	
	PG	
	DG	
	後半	
	T	
	G	
	PG	
	DG	
	反則	

公式試合NO.138
第11回対明大定期戦／S9年11月10日

慶應11（3−18 / 8−21）39明大

G：神宮　R：目良

［慶　應］		［明　大］
佐々倉太郎		西垣　三郎
酒井　通博		仙崎　弘治
山下　慶吉		太田　　巌
田川　　博		松井　　繁
伊藤　英夫	FW	清水　要人
田治　正浩		鍋加　弘之
足立　直司		山口　和夫
清水　精三		林　　　斉
田中　一郎	HB	和田　政雄
財部　真幸		松隈　　保
北野　孟郎		鳥羽善次郎
西　　善二		永沼　茂行
石井　太郎	TB	辻田　　勉
若尾　民弥		岡　　信隆
田林勝治郎	FB	笠原　恒彦

慶應		明大
3	前半	18
1	T	4
0	G	3
0	PG	0
	DG	
8	後半	21
2	T	5
1	G	3
0	PG	0
	DG	
	反則	

公式試合NO.139
第13回対早大定期戦／S9年11月23日

慶應16（8−13 / 8−11）24早大

G：神宮　R：塩谷

［慶　應］		［早　大］
佐々倉太郎		西海　一嗣
酒井　通博		松原　武七
山下　慶吉		松木　静治
伊藤　英夫	FW	斎藤　正三
田川　　博		藤井　恒男
足立　直司		田崎　　亮
田治　正浩		薄　　常信
清水　精三		山本　春樹
田中万寿夫	HB	伊藤　真光
財部　真幸		野上　一郎
北野　孟郎		阪口　正二
西　　善二		林　藤三郎
石井　太郎	TB	川越藤一郎
若尾　民弥		千葉　　正
田林勝治郎	FB	鈴木　　功

慶應		早大
8	前半	13
2	T	2
1	G	2
0	PG	1
	DG	
8	後半	11
2	T	3
1	G	1
0	PG	0
	DG	
	反則	

公式試合NO.140
第11回対東大定期戦／S9年11月30日

慶應40（27−0 / 13−3）3東大

G：神宮　R：西尾

［慶　應］		［東　大］
佐々倉太郎		加藤鶴一郎
酒井　通博		神　　四郎
永田　定夫		千葉
伊藤　英夫		十森憲二郎
内山　英一	FW	川上　孝昭
田川　　博		正野　虎雄
田治　正浩		西園寺不二男
田中　　一		加納　武彦
清水　精三	HB	神谷　　修
田中万寿夫		後藤　　泰
北野　孟郎		原　　幸夫
矢飼　督之		鳥谷部　裕
石井　太郎	TB	堤　　和正
若尾　民弥		有住甲子郎
田林勝治郎	FB	塚本

慶應		東大
	前半	
	T	
	G	
	PG	
	DG	
	後半	
	T	
	G	
	PG	
	DG	
	反則	

公式試合NO.141
大学選手権（交流試合）／S9年12月23日

慶應28（14−0 / 14−0）0関学

G：花園　R：長尾

［慶　應］		［関　学］
佐々倉太郎		山岡
酒井　通博		村松
山下　慶吉		岡田
伊藤　英夫		湯川
田川　　博	FW	西
足立　直司		寺戸
田治　正浩		西島
清水　精三		石田
田中万寿夫	HB	松永
財部　真幸		北条
北野　孟郎		高橋
西　　善二		青山
石井　太郎	TB	平島
若尾　民弥		中島
田林勝治郎	FB	高島

慶應		関学
	前半	
	T	
	G	
	PG	
	DG	
	後半	
	T	
	G	
	PG	
	DG	
	反則	

公式試合NO.142
第10回対京大定期戦／S10年1月1日

慶應32（21−0 / 11−3）3京大

G：花園　R：川本

［慶　應］		［京　大］
佐々倉太郎		梅原　　誠
酒井　通博		山口　周三
山下　慶吉		吉川　欣一
伊藤　英夫		池田　三郎
田川　　博	FW	久永栄一郎
足立直司（小田）		伊藤　安衛
田治　正浩		渡辺圭一郎
清水　精三		佐藤　顕遠
田中万寿夫	HB	斎藤　　明
財部　真幸		松野昌太郎
北野　孟郎		伊地知　清
西　　善二		磯田　一郎
石井　太郎	TB	高木　道彦
若尾　民弥		小川　義晴
田林勝治郎	FB	天野　宗明

慶應		京大
21	前半	0
4	T	0
3	G	0
1	PG	0
	DG	
11	後半	3
3	T	1
1	G	0
0	PG	0
	DG	
	反則	

公式試合NO.143
第20回対三高定期戦／S10年1月4日

慶應61（25−5 / 36−3）8三高

G：花園　R：巌

［慶　應］		［三　高］
佐々倉太郎		山口
森岡順三郎		小林（真）
川喜多　博		釣田正哉
伊藤　英夫		柴田　善助
内山　英一	FW	坂上　静弘
足立直司（小田）		上坂信次郎
田中二郎		早瀬　栄一
石井　太郎		安東　　勝
竹岡晴比古	HB	鶴田　基弘
田中万寿夫		知念　宏一
桜井　礼二		秋田清四郎
吉田　　勲		入沢　二郎
西　　善二	TB	田代　善信
若尾　民弥		小林　　勉
田林勝治郎	FB	中西　一郎

慶應		三高
	前半	
	T	
	G	
	PG	
	DG	
	後半	
	T	
	G	
	PG	
	DG	
	反則	

公式試合NO.144
第21回対同大定期戦／S10年1月9日

慶應45（31−3 / 14−0）3同大

G：花園　R：阿部

［慶　應］		［同　大］
佐々倉太郎		美濃部俊三
酒井　通博		桂　　五郎
山下慶吉（中村）		古村　英一
伊藤　英夫		滝本　秀夫
田川　　博	FW	綱島　長明
足立直司（小田）		小泉　五郎
田治　正浩		高垣　　哉
清水　精三		飯田　史郎
田中万寿夫	HB	田中　太郎
財部　真幸		藤長　義兼
北野　孟郎		杉本　　力
竹岡晴比古		張　　万玉
石井　太郎	TB	橘　　　広
若尾　民弥		内藤　　卓
田林勝治郎	FB	稲原　正之

慶應		同大
	前半	
	T	
	G	
	PG	
	DG	
	後半	
	T	
	G	
	PG	
	DG	
	反則	

公式試合NO.145

関東大学対抗戦／S10年9月24日

慶應 38 （16−0 / 22−3） 3 東商大

G：神宮　R：目良

［慶　應］		［東商大］
大西　辰居		村上
森岡栄三郎		鳥飼　正智
永田　定夫		野村
中須早二良	FW	木村　宣司
田川　博		浅川
岡田　敏男		浅井　将
田中　一		大友　武次
三浦　五郎		菅原
田中万寿夫		牧野　武輝
大江保　正	HB	平野　一郎
桜井　礼二		桜内　武士
北野　孟郎		佐久間志郎
吉田　勲	TB	藤田　敏治
若尾　民弥		甘濃　泰三
西　善二	FB	間野　謙三

慶應		東商大
	前半	
	T	
	G	
	PG	
	DG	
	後半	
	T	
	G	
	PG	
	DG	
	反則	

公式試合NO.148

第12回対明大定期戦／S10年11月10日

慶應 20 （9−23 / 11−6） 29 明大

G：神宮　R：清瀬

［慶　應］		［明　大］
佐々倉太郎		西垣　三郎
酒井　通博		仙崎　弘治
大西　辰居		太田　巌
伊藤　英夫	FW	加島　保雄
田川　博		新島　清
川喜多　博		鍋加　弘之
三浦　五郎		山口　和夫
田中　一		渡辺　周一
眞期正二郎		和田　政雄
大江　保正	HB	堀川　栄喜
北野　孟郎		辻田　勉
西　善二		大岡　勉
竹岡晴比古	TB	佐沢　一郎
若尾　民弥		岡　信隆
辺　昌煥	FB	笠原　恒彦

慶應		明大
9	前半	23
3	T	5
0	G	4
0	PG	0
	DG	
11	後半	6
3	T	1
1	G	0
0	PG	1
	DG	
	反則	

公式試合NO.151

大学選手権（交流試合）／S10年12月23日

慶應 28 （　　） 0 関学

G：花園　R：長沖

［慶　應］		［関　学］
	FW	
	HB	
	TB	
	FB	

慶應		関学
	前半	
	T	
	G	
	PG	
	DG	
	後半	
	T	
	G	
	PG	
	DG	
	反則	

公式試合NO.146

関東大学対抗戦／S10年10月12日

慶應 37 （14−13 / 23−3） 16 法大

G：神宮　R：清瀬

［慶　應］		［法　大］
大西　辰居		中野
酒井　通博		三井
永田　定夫		萩尾
内山　英一	FW	藤沢
田川　博		加藤
田中　一		長井
三浦　五郎		林
財部　真幸		岩崎
田中万寿夫	HB	本多
大江保　正		橋本
桜井　礼二		松村
西　善二		恵比寿
竹岡晴比古	TB	大石
若尾　民弥		勝岡
石井　太郎	FB	緒方

慶應		法大
	前半	
	T	
	G	
	PG	
	DG	
	後半	
	T	
	G	
	PG	
	DG	
	反則	

公式試合NO.149

第14回対早大定期戦／S10年11月23日

慶應 6 （6−0 / 0−19） 19 早大

G：神宮　R：塩谷

［慶　應］		［早　大］
佐々倉太郎		西海　一嗣
酒井　通博		高木金之助
永田　定夫		松木　静治
伊藤　英夫	FW	斎藤　正三
田川　博		藤井　恒男
川喜多　博		米華真四郎
三浦　五郎		田崎　亮
田中　一		山本　春樹
眞期正二郎	HB	伊藤　真光
大江　保正		野上　一郎
北野　孟郎		阪口　正二
西　善二		林　藤三郎
竹岡晴比古	TB	川越藤一郎
若尾　民弥		原　玉城
辺　昌煥	FB	鈴木　功

慶應		早大
6	前半	0
0	T	0
0	G	0
2	PG	0
	DG	
0	後半	19
0	T	4
0	G	2
0	PG	1
	DG	
	反則	

公式試合NO.152

第11回対京大定期戦／S11年1月1日

慶應 17 （6−0 / 11−13） 13 京大

G：神宮　R：目良

［慶　應］		［京　大］
大西　辰居		岩男　浩平
酒井　通博		山口　周三
永田　定夫		安藤　義胤
伊藤　英夫	FW	下村　数馬
田川　博		河西　徳規
川喜多　博		上西　醇造
三浦　五郎		阿部　子郎
田中万寿夫		伊藤　安衛
眞期正二郎	HB	斉藤　明
竹岡晴比古		平沢　通三
桜井　礼二		由良　脩
西　善二	TB	小布施大三郎
北野　孟郎		松野昌太郎
若尾　民弥		小川　義晴
辺　昌煥	FB	宮尾賢二郎

慶應		京大
6	前半	0
1	T	0
0	G	0
1	PG	0
	DG	
11	後半	13
3	T	2
1	G	2
0	PG	1
	DG	
	反則	

公式試合NO.147

第10回対立大定期戦／S10年10月27日

慶應 6 （6−5 / 0−0） 5 立大

G：神宮　R：塩谷

［慶　應］		［立　大］
佐々倉太郎		浅海　四郎
酒井　通博		横田　公雄
永田　定夫		小倉　三郎
田川　博	FW	高木　芳郎
内山　英一		榎本　保雄
岡田　敏男		三浦　啓助
川喜多　博		鈴木　正
田中　一		片桐　武夫
田中万寿夫	HB	松本　孝三
大江　保正		高崎　次郎
北野　孟郎		加藤福太郎
西　善二		山本　末男
竹岡晴比古	TB	柿内　亮
若尾　民弥		鈴木　三郎
辺　昌煥	FB	伊藤寿太郎

慶應		立大
	前半	
	T	
	G	
	PG	
	DG	
	後半	
	T	
	G	
	PG	
	DG	
	反則	

公式試合NO.150

第12回対東大定期戦／S10年11月30日

慶應 72 （28−0 / 44−0） 0 東大

G：神宮　R：御牧

［慶　應］		［東　大］
大西　辰居		市川
酒井　通博		神　四郎
永田　定夫		大森憲二郎
伊藤　英夫	FW	池田　譲
田川　博		野田万五郎
川喜多　博		永田　政晴
三浦　五郎		加藤鶴一郎
田中　一		
財部　真幸		矢吹　義夫
竹岡晴比古	HB	青木　周吉
桜井　礼二		井上
北野　孟郎		田中　正三
辺　昌煥	TB	石川　敬介
向田　彰		真柄　捨三
大市　信吉	FB	峰松

慶應		東大
	前半	
	T	
	G	
	PG	
	DG	
	後半	
	T	
	G	
	PG	
	DG	
	反則	

公式試合NO.153

第21回対三高定期戦／S11年1月4日

慶應 48 （19−8 / 29−5） 13 三高

G：神宮　R：目良

［慶　應］		［三　高］
大西　辰居		山口
森岡順三郎		古橋　直樹
永田　定夫		佐谷　良雄
内山　英一	FW	久保田
田川　博		上坂信次郎
川喜多　博		柴田　善助
岡田　敏男		小林　勉
田中万寿夫		後藤
眞期正二郎	HB	安東　勝
大江　保正		知念　宏一
桜井　礼二		早瀬
吉原　禎三		中西　一郎
辺　昌煥	TB	田代　善信
吉田　勲		秋田清四郎
大市　信吉	FB	沼田

慶應		三高
	前半	
	T	
	G	
	PG	
	DG	
	後半	
	T	
	G	
	PG	
	DG	
	反則	

公式試合NO.154
第22回対同大定期戦／S11年1月8日

慶應40（14−0 / 26−0）0同大

［慶　應］		［同　大］	G：神宮
大西　辰居		高田　文三	R：中村
酒井　通博		清水　憲二	
永田　定夫		綱島　長明	14 前半 0
伊藤　英夫	FW	高垣　哉	2 T 0
田川　博		萩野　直一	1 G 0
川喜多　博		小泉　五郎	1 PG 0
三浦　五郎		飯田　史郎	DG
田中　一		滝本　秀夫	
田中万寿夫		渡辺　泰彦	26 後半 0
大江　保正	HB	藤長　義兼	2 T 0
北野　孟郎		黒川　英雄	4 G 0
西　善二		張　万玉	0 PG 0
竹岡晴比古	TB	稲原　正之	DG
若尾　民弥		杉本　力	
辺　昌煥	FB	井口　泰介	反則

公式試合NO.155
対NZ学生選抜軍／S11年1月30日

慶應6（3−9 / 3−14）23 NZ学生選抜

［慶　應］		［NZ学生選抜］	G：神宮
大西　辰居		トーマス	R：目良
酒井　通博		パーク	
永田　定夫		レーニー	3 前半 9
伊藤　英夫	FW	シイマース	1 T 3
田川　博		ハドソン	0 G 0
川喜多　博		ドレイク	0 PG 0
三浦　五郎		チャップマン	DG
田中　一		スライス	
田中万寿夫		マックリーフ	3 後半14
竹岡晴比古	HB	ワイルド	1 T 4
北野　孟郎		ギリース	0 G 1
西　善二		ジョーンズ	0 PG 0
辺　昌煥	TB	ブッシュ	DG
桜井　礼二		クラント	
吉田　勲	FB	トリクバンク	反則

公式試合NO.156
関東大学対抗戦／S11年10月9日

慶應54（38−5 / 16−0）5日大

［慶　應］		［日　大］	G：神宮
大西　辰居		片山	R：品田
和泉　隼雄		中村	
川喜多　博		浜	前半
内山　英一	FW	李	T
中須　三郎		前田	G
岡田　敏男		尾中	PG
小倉　和市		水野	DG
財部　真幸		金沢	
眞期正二郎		田路	後半
竹岡晴比古	HB	大塚	T
桜井　礼二		杉山	G
辺　昌煥		若松	PG
郡　敏孝	TB	吉山	DG
吉田　勲		樋口	
北野　孟郎	FB	小宮川	反則

公式試合NO.157
関東大学対抗戦／S11年10月17日

慶應51（39−0 / 12−0）0法大

［慶　應］		［法　大］	G：神宮
大西　辰居		小川	R：塩谷
和泉　隼雄		萩尾	
川喜多　博		平井	前半
内山　英一	FW	久保田	T
中須　三郎		大野	G
小倉　和市		恵比寿	PG
田中　一		杉崎	DG
財部　真幸		若森	
眞期正二郎	HB	本多	後半
大江　保正		寺閲	T
桜井　礼二		松村	G
辺　昌煥		勝岡	PG
郡　敏孝	TB	浜田	DG
吉田　勲		吉井	
北野　孟郎	FB	加藤	反則

公式試合NO.158
第11回対立大定期戦／S11年10月25日

慶應44（18−3 / 26−6）9立大

［慶　應］		［立　大］	G：神宮
大西　辰居		浅海　四郎	R：西垣
和泉　隼雄		横田　公雄	
川喜多　博		小倉　三郎	前半
内山　英一	FW	榎本　保雄	T
中須　三郎		高木　芳郎	G
小倉　和市		三浦　啓助	PG
田中　一		鈴木　正	DG
財部　真幸		片岡　武夫	
眞期正二郎	HB	松本　孝之	後半
竹岡晴比古		満田　孝之	T
桜井　礼二		柿内　亮	G
辺　昌煥		山本　末男	PG
郡　敏孝	TB	藤井　二郎	DG
吉田　勲		鈴木　三郎	
北野　孟郎	FB	伊藤寿太郎	反則

公式試合NO.159
関東大学対抗戦／S11年10月31日

慶應75（39−0 / 36−0）0東商大

［慶　應］		［東商大］	G：神宮
大西　辰居		西尾	R：河内
和泉　隼雄		鳥飼	
川喜多　博		野村	前半
内山　英一	FW	清田	T
徳永　敏男		鈴木	G
小倉　和市		大友	PG
田中　一		浅井	DG
財部　真幸		長江	
眞期正二郎		牧野	後半
大江　保正	HB	平野	T
桜井　礼二		甘濃	G
辺　昌煥		小川	PG
郡　敏孝	TB	蒔田	DG
吉田　勲		桜内　武士	
北野　孟郎	FB	間野	反則

公式試合NO.160
第13回対明大定期戦／S11年11月8日

慶應3（0−13 / 3−24）37明大

［慶　應］		［明　大］	G：神宮
大西　辰居		山本　博	R：塩谷
和泉　隼雄		西垣　三郎	
川喜多　博		太田　巌	0 前半13
内山　英一	FW	加島　保雄	0 T 2
中須　三郎		渡辺　周一	0 G 2
小倉　和市		鍋加　弘之	0 PG 1
田中　一		新島　清	DG
財部　真幸		木下　良平	
眞期正二郎	HB	和田　政雄	3 後半24
竹岡晴比古		斉藤　一男	0 T 6
桜井　礼二		藤　熊夫	0 G 3
辺　昌煥		佐沢　一郎	1 PG 0
郡　敏孝	TB	田中	DG
吉田　勲		大岡　勉	
北野　孟郎	FB	野崎　直見	反則

公式試合NO.161
第15回対早大定期戦／S11年11月23日

慶應6（3−10 / 3−16）26早大

［慶　應］		［早　大］	G：神宮
大西　辰居		山地　翠	R：塩谷
和泉　隼雄		村山礼四郎	
白井　俊男		松木　静治	3 前半10
内山　英一	FW	斉藤　正三	1 T 2
中須　三郎		土佐　敏夫	0 G 2
小倉和市（裕）		米華真四郎	0 PG 0
田中　一		井沢　正良	DG
財部　真幸		池田　新吾	
大江　保正	HB	伊藤　真光	3 後半16
北野　孟郎		林　藤三郎	1 T 4
桜井　礼二		池田　林一	0 G 2
辺　昌煥		鈴木　功	0 PG 0
竹岡晴比古	TB	川越藤一郎	DG
郡　敏孝		山野辺　享	
吉田　勲	FB	井川　晴雄	反則

公式試合NO.162
第13回対東大定期戦／S11年11月28日

慶應33（14−4 / 19−3）7東大

［慶　應］		［東　大］	G：神宮
大西　辰居		吉村二三雄	R：北島
森岡順三郎		加藤鶴一郎	
白井　俊男		十森憲二郎	前半
松野　頼三	FW	阿部　譲	T
中須　三郎		松下　正治	G
小倉　和市		野田慎五郎	PG
田中　一		大滝　誠之	DG
眞期正二郎		永田　政晴	
大江　保正		山本　幹一	後半
北野　孟郎	HB	青木周次郎	T
桜井　礼二		真柄　捨三	G
辺　昌煥		村上　欣一	PG
郡　敏孝	TB	中西　一郎	DG
吉田　勲		田中　正之	
大市常二郎	FB	須賀　利雄	反則

公式試合NO.163

第12回対京大定期戦／S12年1月1日

慶應14（8—5 / 6—0）5京大

[慶　應]		[京　大]	
大西　辰居		鮫島　員重	G：花園
和泉　隼雄		山口　周三	R：川本
白井　敏男		岩男　浩平	前半
内山　英一	FW	池田　賢	T
中須　三郎		国分　正造	G
川喜多　博		川本　信彦	PG
田中　一		伊藤　秀三	DG
財部　真幸		山口　周三	
眞期正二郎	HB	上西　醇造	後半
竹岡晴比古		平沢　通三	T
桜井　礼二		平尾　浩	G
辺　昌煥	TB	由良　修	PG
郡　敏孝		五井賢之助	DG
吉田　勲		池田　仲親	
北野　孟郎	FB	宮尾賢二郎	反則

公式試合NO.164

第22回対三高定期戦／S12年1月4日

慶應85（35—0 / 50—0）0三高

[慶　應]		[三　高]	
大西　辰居		盧	G：花園
和泉　隼雄		吉村	R：川本
白井　敏男		施	35 前半 0
内山　英一	FW	柴田　善助	5 T 0
中須　三郎		久保田　進	4 G 0
小倉　裕		沼田	0 PG 0
川喜多　博		後藤	DG
北野　孟郎		古橋　直樹	
眞期正二郎	HB	小林　貞雄	50 後半 0
竹岡晴比古		知念　宏一	5 T 0
桜井　礼二		早瀬	7 G 0
辺　昌煥	TB	秋田清四郎	0 PG 0
郡　敏孝		田代　善信	DG
吉田　勲		山田　豊	
大市常二郎	FB	山本　直太	反則

公式試合NO.165

第23回対同大定期戦／S12年1月9日

慶應0（0—5 / 0—23）28同大

[慶　應]		[同　大]	
大西　辰居		高田　文三	G：花園
和泉　隼雄		栗山五一郎	R：野上
白井　敏男		北　敦美	0 前半 5
内山　英一	FW	寺島　兼行	0 T 0
中須　三郎		清水　憲二	0 G 1
川喜多　博		榎本　英彦	0 PG 0
田中　一		飯田　史郎	DG
財部　辰彦		小泉　五郎	
眞期正二郎	HB	渡辺　泰彦	0 後半23
竹岡晴比古		藤長　義兼	0 T 1
桜井　礼二		久保　氏総	0 G 4
辺　昌煥	TB	砂田　哲雄	0 PG 0
郡　敏孝		稲原　正之	DG
吉田　勲		高垣　哉	
北野　孟郎	FB	井口　泰介	反則

公式試合NO.166

関東大学対抗戦／S12年10月9日

慶應44（24—5 / 20—5）10日大

[慶　應]		[日　大]	
大西　辰居		前田勇喜雄	G：日吉
森岡英三郎		西郷	R：品田
白井　俊男		金星　治男	前半
中須　三郎	FW	深瀬　順二	T
松野　頼三		李	G
北御門彦二郎		若松　茂信	PG
田中　一		馬場　太郎	DG
財部　辰彦		尾中福三郎	
眞期正二郎	HB	田路　順	後半
向田　彰		大塚	T
桜井　礼二		杉山	G
竹岡晴比古		寺岡　利治	PG
郡　敏幸	TB	内村	DG
吉田　勲		吉山　二郎	
磯野　謙蔵	FB	小宮山	反則

公式試合NO.167

関東大学対抗戦／S12年10月17日

慶應55（22—0 / 33—0）0法大

[慶　應]		[法　大]	
大西　辰居		草ケ谷宣雄	G：日吉
森岡英三郎		萩尾　文登	R：品田
白井　俊男		広瀬　喜一	22 前半 0
中須　三郎	FW	久保田　毅	3 T 0
松野　頼三		大野　英夫	2 G 0
北御門彦二郎		中村　文男	1 PG 0
田中　一		小川喜久司	DG
財部　辰彦		辻内	
眞期正二郎	HB	桜田　尚道	33 後半 0
有坂　哲一		杉崎秀次郎	5 T 0
桜井　礼二		桜井　貫一	3 G 0
郡　敏幸		橋本　義夫	1 PG 0
竹岡晴比古	TB	中野	DG
吉田　勲		田中　耕一	
磯野　謙蔵	FB	勝岡　金三	反則

公式試合NO.168

第12回対立大定期戦／S12年10月24日

慶應5（5—5 / 0—3）8立大

[慶　應]		[立　大]	
大西　辰居		小林　芳治	G：神宮
森岡英三郎		横田　公雄	R：品田
白井　俊男		小倉　三郎	5 前半 5
中須　三郎	FW	藤井　晴雄	0 T 0
松野　頼三		高木　芳郎	1 G 1
北御門彦二郎		榎本　保雄	0 PG 0
池田　義信		片桐　武夫	DG
財部　辰彦		武久　悦夫	
眞期正二郎	HB	松本　孝三	0 後半 3
有坂　哲一		藤井　二郎	0 T 0
桜井　礼二		柿内　亮	0 G 0
郡　敏幸		中山　正	0 PG 1
竹岡晴比古	TB	鈴木　三郎	DG
吉田　勲		高崎　次郎	
磯野　謙蔵	FB	伊藤寿太郎	反則

公式試合NO.169

関東大学対抗戦／S12年10月30日

慶應55（24—0 / 31—3）3東商大

[慶　應]		[東商大]	
大西　辰居		野村	G：神宮
森岡栄三郎		鳥飼　正智	R：石井
白井　俊男		西尾騏一郎	24 前半 0
中須　三郎	FW	水永　毅六	2 T 0
松野　頼三		鈴木　隆男	3 G 0
北御門彦二郎		横田毅一郎	1 PG 0
田中　一		内貴　泰三	DG
財部　辰彦		大友　武次	
眞期正二郎	HB	都志	31 後半 3
有坂　哲一		小川　徳道	2 T 1
桜井　礼二		窪田	5 G 0
郡　敏幸		甘濃　泰三	0 PG 0
竹岡晴比古	TB	西村　保二	DG
吉田　勲		鈴木　宏	
磯野　謙蔵	FB	間野　謙三	反則

公式試合NO.170

第14回対明大定期戦／S12年11月14日

慶應8（8—32 / 0—19）51明大

[慶　應]		[明　大]	
大西　辰居		遠藤　彪	G：神宮
森岡英三郎		仙崎　弘治	R：品田
白井　俊男		山本　博	8 前半32
中須　三郎	FW	加島　保雄	0 T 3
松野　頼三		畠山　力	1 G 4
北御門彦二郎		鍋加　弘之	1 PG 1
田中　一		新島　清	DG
財部　辰彦	HB	藤　熊夫	
眞期正二郎		和田　政雄	0 後半19
向田　彰		斎藤　一男	0 T 3
桜井　礼二		佐澤　一郎	0 G 2
郡　敏幸		大谷　二男	0 PG 0
竹岡晴比古	TB	高橋武二郎	DG
吉田　勲		大岡　勉	
磯野　謙蔵	FB	山中　恒穂	反則

公式試合NO.171

第16回対早大定期戦／S12年11月23日

慶應0（0—13 / 0—28）41早大

[慶　應]		[早　大]	
大西　辰居		山地　翠	G：神宮
森岡英三郎		高木金之助	R：塩谷
白井　俊男		松木　静治	0 前半13
中須　三郎	FW	斎藤　正三	0 T 1
松野　頼三		村山礼四郎	0 G 2
北御門彦二郎		大西鉄之祐	0 PG 0
田中　一		井澤　正良	DG
財部　辰彦		松本　文雄	
眞期正二郎	HB	木村　芳生	0 後半28
向田　彰		角谷　静志	0 T 3
桜井　礼二		池田　林一	0 G 3
郡　敏幸		井川　晴雄	0 PG 1
竹岡晴比古	TB	川越藤一郎	DG
吉田　勲		田中　源治	
磯野　謙蔵	FB	上田　国彦	反則

公式試合NO.172

第14回対東大定期戦／S12年11月30日

慶應46（19—0 / 27—9）9東大

［慶應］		［東大］	G：神宮　R：塩谷
大西　辰居		脇村	
大神田		梅宮	
白井　俊男		小林　貞雄	19 前半 0
中須　三郎		阿部　譲	1 T 0
松野　頼三	FW	上原	2 G 0
北御門彦二郎		中村啓一郎	2 PG 0
田中　一		須賀　邦彦	DG
小倉　祐		篠崎　二郎	
眞期正二郎	HB	山本　幹一	27 後半 9
竹岡晴比古		植竹　達郎	3 T 2
吉原　禎三		佐藤　久美	3 G 0
郡　敏幸	TB	中西　一郎	1 PG 1
吉田　勲		中西(敏)啓策	DG
池田　義信		目黒　行	
磯野　謙蔵	FB	田	反則

公式試合NO.173

第13回対京大定期戦／S13年1月1日

慶應5（0—5 / 5—3）8京大

［慶應］		［京大］	G：神宮　R：塩谷
大西　辰居		鮫島　貞重	
森岡英三郎		瀧田　二郎	
白井　俊男		蒔田　広靖	0 前半 5
中須　三郎		池田　賢	0 T 0
松野　頼三	FW	原田	0 G 1
北御門彦二郎		川本　信彦	PG
田中　一		小林　勉	DG
財部　辰彦		和田　白馬	
境　貞夫		安東　勝	5 後半 3
吉原　禎三	HB	平澤　通三	0 T 1
桜井　礼二		高木　三郎	1 G 0
郡　敏幸	TB	由良　修	PG
竹岡晴比古		津川　真一	DG
吉田　勲		池田　仲親	
磯野　謙蔵	FB	熊井　喜雄	反則

公式試合NO.174

第23回対三高定期戦／S13年1月4日

慶應80（32—0 / 48—0）0三高

［慶應］		［三高］	G：神宮　R：目良
大西　辰居		福田	
森岡英三郎		桜井	
白井　俊男		森下	前半
中須　三郎		日野	T
松野　頼三	FW	久保田	G
北御門彦二郎		家木	PG
田中　一		泉	DG
高橋　達雄		西山	
境　貞夫		古橋	後半
財部　辰彦	HB	今井	T
桜井　礼二		越田	G
郡　敏幸		江畑	PG
竹岡晴比古	TB	山田	DG
吉田　勲		山本	
向田　彰	FB	沼田	反則

公式試合NO.175

第24回対同大定期戦／S13年1月9日

慶應9（3—11 / 6—0）11同大

［慶應］		［同大］	G：神宮　R：塩谷
大西　辰居		高田　文三	
森岡英三郎		栗山五一郎	
白井　俊男		北　敦美	3 前半 11
中須　三郎	FW	高垣　哉	0 T 1
松野　頼三		寺島　兼行	0 G 1
北御門彦二郎		榎本　英彦	1 PG 1
田中　一		飯田　史郎	DG
高橋　達雄		小泉　五郎	
境　貞夫	HB	渡邊　泰彦	6 後半 0
財部　辰彦		藤長　義兼	2 T 0
桜井　礼二		久保　氏総	0 G 0
郡　敏幸	TB	砂田　哲雄	0 PG 0
竹岡晴比古		稲原　正之	DG
吉田　勲		貴田　実	
磯野　謙蔵	FB	千代間忠夫	反則

公式試合NO.176

関東大学対抗戦／S13年10月8日

慶應29（6—6 / 23—0）6日大

［慶應］		［日大］	G：日吉　R：北島
大西　辰居		前田勇喜雄	
廣末　可平		西郷	
白井　俊男		金星　治男	6 前半 6
中須　三郎	FW	渥美　栄	1 T 0
土井　荘介		深瀬　順二	0 G 0
村木　玄二		若松　茂信	1 PG 2
松野　頼三		尾中福三郎	DG
小倉　祐		馬場　太郎	
眞期正二郎	HB	渡部　和義	23 後半 0
大江　保正		寺岡　利治	1 T 0
吉原　禎三		杉山	4 G 0
郡　敏幸	TB	大谷　光男	0 PG 0
辺　昌煥		今村	DG
吉田　勲		大塚	
有坂　哲一	FB	大川　清	反則

公式試合NO.177

関東大学対抗戦／S13年10月16日

慶應49（17—0 / 32—0）0法大

［慶應］		［法大］	G：日吉　R：目良
大西　辰居		米倉　大三	
廣末　可平		萩尾　文登	
白井　俊男		廣瀬　喜一	17 前半 0
中須　三郎	FW	久保田　毅	3 T 0
松野　頼三		大野　英夫	1 G 0
北御門彦二郎		恵比寿　茂	1 PG 0
村木　玄二		森山　武郎	DG
小倉　祐		上杉　繁	
眞期正二郎	HB	桜田　尚道	32 後半 0
大江　保正		平野　信雄	3 T 0
吉原　禎三		桜井　貫一	4 G 0
郡　敏幸		福島　武男	1 PG 0
根本雄太郎	TB	平野　信雄	DG
磯野　謙蔵		草ケ谷宣雄	
吉沢　潤三	FB	大西　五郎	反則

公式試合NO.178

第13回対立大定期戦／S13年10月22日

慶應11（8—3 / 3—5）8立大

［慶應］		［立大］	G：神宮　R：塩谷
大西　辰居		小林　芳治	
廣末　可平		中原　光一	
白井　俊男		横田　公雄	8 前半 3
中須　三郎		岡倉　隆夫	1 T 0
松野　頼三	FW	伊原　修	1 G 0
北御門彦二郎		橋本	0 PG 1
村木　玄二		片桐　武夫	DG
財部　辰彦		中山　正	
眞期正二郎		居樹　幹雄	3 後半 5
大江　保正	HB	満田　孝之	1 T 0
吉原　禎三		柿内　亮	0 G 1
郡　敏幸		山本　良平	0 PG 0
辺　昌煥	TB	鈴木　三郎	DG
鈴木　正義		藤井　二郎	
根本雄太郎	FB	伊藤寿太郎	反則

公式試合NO.179

関東大学対抗戦／S13年10月29日

慶應75（34—0 / 41—0）0東商大

［慶應］		［東商大］	G：日吉　R：大西
大西　辰居		長谷尾燕爾	
廣末　可平		鳥飼　正智	
白井　俊男		西尾騏一郎	34 前半 0
池浦　次男	FW	竹村　平二	2 T 0
松野　頼三		内貴　泰三	5 G 0
北御門彦二郎		横田毅一郎	1 PG 0
村木　玄二		大友　武次	DG
小倉　祐		大森	
眞期正二郎	HB	北村　隆	41 後半 0
大江　保正		小川　徳道	2 T 0
吉原　禎三		甘濃　泰三	7 G 0
郡　敏幸		間野　謙三	0 PG 0
根本雄太郎	TB	西村　保二	DG
鈴木　正義		田村　剛	
邊　昌煥	FB	石塚　健	反則

公式試合NO.180

第15回対明大定期戦／S13年11月13日

慶應8（3—16 / 5—16）32明大

［慶應］		［明大］	G：神宮　R：目良
大西　辰居		坂下　一雄	
廣末　可平		伊藤　参次	
白井　俊男		遠藤　彪	3 前半 16
中須　三郎		加島　保雄	0 T 2
松野　頼三	FW	畠山　力	0 G 2
北御門彦二郎		鍋可　弘之	1 PG 0
小倉　祐		黒澤　清	DG
財部　辰彦		新島　清	
眞期正二郎		平澤鉦太郎	5 後半 16
大江　保正	HB	和田　政雄	0 T 1
吉原　禎三		斎藤　一男	1 G 2
有坂　哲一		佐澤　一郎	0 PG 1
辺　昌煥	TB	大谷　二男	DG
鈴木　正義		中川　幸秀	
磯野　謙蔵	FB	高橋武二郎	反則

公式試合NO.181

第17回対早大定期戦／S13年11月23日

慶應 13 （3−25 / 10−11） 36 早大

G：神宮　R：塩谷

慶應		早大
大西 辰居	FW	山地 翠
廣末 可平	FW	村山礼四郎
白井 俊男	FW	崔 柱漢
中須 三郎	FW	太田垣鶴雄
松野 頼三	FW	大藏 勝
北御門彦二郎	FW	大西鉄之祐
小倉 祐	FW	井澤 正良
財部 辰彦	HB	松本 文雄
眞期正二郎	HB	遠藤 公
大江 保正	HB	角谷 静志
吉原 禎三	TB	池田 林一
郡 敏幸	TB	井川 晴雄
辺 昌煥	TB	外山 幸延
鈴木 正義	TB	田中 源治
有坂 哲一	FB	西田 廉平

慶應		早大
3	前半	25
0	T	3
0	G	2
1	PG	2
	DG	
10	後半	11
0	T	2
2	G	1
0	PG	0
	DG	
	反則	

公式試合NO.182

第15回対東大定期戦／S13年11月30日

慶應 24 （5−5 / 19−6） 11 東大

G：神宮　R：塩谷

慶應		東大
大西 辰居	FW	奥平 緑郎
廣末 可平	FW	梅林 三郎
白井 俊男	FW	吉村二三雄
中須 三郎	FW	白石 五郎
土井 荘三	FW	南部 孝
北御門彦二郎	FW	須賀 邦彦
村木 玄二	FW	池田 弘
財部 辰彦	HB / FW	篠崎 二郎
眞期正二郎	HB	山本 幹一
大江 保正	HB	植竹 達郎
吉原 禎三	TB	目黒 行
郡 敏幸	TB	中西 一郎
辺 昌煥	TB	中西 啓策
鈴木 正義	TB	小原 達雄
有坂 哲一	FB	高島 清

慶應		東大
5	前半	5
0	T	0
1	G	1
0	PG	0
	DG	
19	後半	6
2	T	2
2	G	0
1	PG	0
	DG	
	反則	

公式試合NO.183

第14回対京大定期戦／S14年1月1日

慶應 21 （8−3 / 13−8） 11 京大

G：花園　R：田中

慶應		京大
大西 辰居	FW	橘 武
廣末 可平	FW	滝田 二郎
白井 俊男	FW	蒔田 広靖
中須 三郎	FW	中川 正三
土井 荘三	FW	柴田 善助
小倉 祐	FW	川本 信彦
北御門彦二郎	FW	小林 勉
財部 辰彦	HB / FW	和田 白馬
眞期正二郎	HB	安東 勝
大江 保正	HB	知念 宏一
郡 俊幸	TB	高木 三郎
吉原 禎三	TB	由良 修
辺 昌煥	TB	平澤 通三
鈴木 正義	TB	池田 仲親
有坂 哲一	FB	石垣 憲弥

慶應		京大
8	前半	3
0	T	1
1	G	0
1	PG	0
	DG	
13	後半	8
1	T	1
2	G	1
0	PG	0
	DG	
	反則	

公式試合NO.184

第24回対三高定期戦／S14年1月4日

慶應 41 （22−5 / 19−0） 5 三高

G：花園　R：田中

慶應		三高
大西 辰居	FW	水本
白井 俊男	FW	桜井
伊丹 三郎	FW	矢濱
土井 荘三	FW	日野
松野 頼三	FW	柴田
村木 玄二	FW	家木
藤本 立夫	FW	田渕
小倉 祐	HB / FW	筒井
眞期正二郎	HB	西本
財部 辰彦	HB	小松
山崎辰次郎	TB	越田
吉原 禎三	TB	三木
大江 保正	TB	福田
吉田 勲	TB	山本
河内 洋司	FB	西山

慶應		三高
	前半	
	T	
	G	
	PG	
	DG	
	後半	
	T	
	G	
	PG	
	DG	
	反則	

公式試合NO.185

第25回対同大定期戦／S14年1月9日

慶應 3 （0−11 / 3−5） 16 同大

G：花園　R：阿部

慶應		同大
大西 辰居	FW	高田 文三
廣末 可平	FW	栗山五一郎
白井 敏男	FW	松川 喜一
土井 荘三	FW	吉田 恭一
松野 頼三	FW	寺島 兼行
北御門彦二郎	FW	榎本 英彦
小倉 祐	FW	小川 信己
財部 辰彦	HB	小泉 五郎
眞期正二郎	HB	名倉 亨
大江 保正	HB	佐藤 秋夫
郡 俊幸	TB	清水 秀次
吉原 禎三	TB	砂田 哲雄
辺 昌煥	TB	藤井 龍三
鈴木 正義	TB	表 文五
有坂 哲一	FB	黒川 陽三

慶應		同大
0	前半	11
0	T	1
0	G	1
0	PG	1
	DG	
3	後半	5
0	T	0
0	G	1
1	PG	0
	DG	
	反則	

公式試合NO.186

関東大学対抗戦／S14年10月8日

慶應 8 （5−5 / 3−14） 19 日大

G：日吉　R：

慶應		日大
中島 尚伸	FW	前田勇喜雄
廣末 可平	FW	河内 勝美
大谷 秀長	FW	金星 治男
中須 三郎	FW	鈴木 金則
松野 頼	FW	深瀬 順二
村木 玄	FW	若松 茂信
藤本 立夫	FW	馬場 太郎
田中 二郎	HB	尾中
大塚 潔	HB	渡部 和義
新谷 淑郎	HB	寺岡 利治
吉原 禎三	TB	太田 敏夫
大江 保正	TB	大谷 光男
根本雄太郎	TB	大川 清
鈴木 正義	TB	内村
古澤 潤三	FB	渥美 栄

慶應		日大
5	前半	5
0	T	0
1	G	1
0	PG	0
	DG	
3	後半	14
0	T	3
0	G	1
1	PG	0
	DG	
	反則	

公式試合NO.187

関東大学対抗戦／S14年10月14日

慶應 44 （28−0 / 16−0） 0 法大

G：神宮　R：品田

慶應		法大
池浦 次郎	FW	廣瀬 喜一
廣末 可平	FW	村山 哲夫
門倉 光夫	FW	小川喜久司
中須 三郎	FW	草谷 宣雄
松野 頼三	FW	大野 英夫
藤本 立夫	FW	中村 文男
村木 玄二	FW	森山 武郎
財部 辰彦	HB	大西 五郎
眞期正二郎	HB	白井
桐田 鉄夫	HB	上杉 繁
磯野 謙蔵	TB	松本 茂雄
大江 保正	TB	福島 武雄
根本雄太郎	TB	桜井 貫一
鈴木 正義	TB	田中 耕一
古澤 潤三	FB	吉井

慶應		法大
28	前半	0
4	T	0
2	G	0
2	PG	0
	DG	
16	後半	0
1	T	0
2	G	0
1	PG	0
	DG	
	反則	

公式試合NO.188

第14回対立大定期戦／S14年10月22日

慶應 19 （11−9 / 8−15） 24 立大

G：神宮　R：北島

慶應		立大
池浦 次郎	FW	小林 芳治
廣末 可平	FW	中原 光一
大谷 秀長	FW	伊原 修
中須 三郎	FW	岡倉 隆夫
松野 頼三	FW	藤井 晴雄
北御門彦二郎	FW	片桐 武夫
小倉 祐	FW	横田 公雄
財部 辰彦	HB	武久 悦夫
眞期正二郎	HB	居樹 幹雄
桐田 鉄夫	HB	中山 正
吉田 勲	TB	満田 孝之
大江 保正	TB	伊藤寿太郎
根本雄太郎	TB	小川 登
鈴木 正義	TB	渥美 淳
古澤 潤三	FB	藤井 二郎

慶應		立大
11	前半	9
1	T	0
1	G	0
1	PG	3
	DG	
8	後半	15
0	T	0
1	G	3
1	PG	0
	DG	
	反則	

公式試合NO.189

関東大学対抗戦／S14年10月25日

慶應 52 （20−0 / 32−0） 0 専大

G：日吉　R：河内

慶應		専大
大谷 秀長	FW	畠山 為敏
中島 尚伸	FW	朴 巷善
池浦 次郎	FW	村上
中須 三郎	FW	小金井直之
土井 荘三	FW	日高
北御門彦二郎	FW	岡本 茂博
伊藤保太郎	FW	古野 徳治
杉本 隆平	HB	三浦
眞期正二郎	HB	露木 雅一
新谷 淑郎	HB	大橋 行雄
吉田 勲	TB	瀧口
大江 保正	TB	植草
根本雄太郎	TB	岩永 一雄
鈴木 正義	TB	金 始栄
神谷 重彦	FB	三永

慶應		専大
	前半	
	T	
	G	
	PG	
	DG	
	後半	
	T	
	G	
	PG	
	DG	
	反則	

公式試合NO.190

関東大学対抗戦／S14年10月25日

慶應51（30−0 / 21−0）0東商大

G：日吉
R：足立

[慶　應]		[東商大]
池浦　次郎		宮司　一男
大谷　秀長		柱川
門倉　光夫		西尾騏一郎
中須　三郎	FW	竹村　平二
土井　荘介		水野
北御門彦二郎		堀内　太郎
北村可四郎		内貴　泰三
小倉　　祐		横田毅一郎
眞期正二郎	HB	宇田川勝正
桐田　鉄夫		小川　徳道
吉原　禎三		田村　　剛
山崎辰次郎	TB	甘濃　泰三
根本雄太郎		島尾
吉田　　勲		岩野　　茂
古澤　潤三	FB	長井幣三郎

30	前半	0
3	T	0
3	G	0
2	PG	0
	DG	
21	後半	0
2	T	0
3	G	0
0	PG	0
	DG	
	反則	

公式試合NO.191

第16回対明大定期戦／S14年11月12日

慶應6（6−15 / 0−29）44明大

G：神宮
R：足立

[慶　應]		[明　大]
池浦　次郎		西郷　一郎
大谷　秀長		遠藤　　彪
門倉　光夫		坂下　一雄
中須　三郎	FW	高島　　輝
土井　荘三		林　　義一
北御門彦二郎		花岡　明雄
村木　玄二		伊藤　俊郎
小倉　　祐		新島　　清
眞期正二郎	HB	藤　　熊夫
桐田　鉄夫		中田　靖二
吉田　　勲		椿坂　健二
有坂　哲一	TB	高橋武二郎
根本雄太郎		松本　満正
鈴木　正義		中川　幸秀
古澤　潤三	FB	藤原　忠雄

6	前半	15
2	T	0
0	G	3
0	PG	0
	DG	
0	後半	29
0	T	2
0	G	4
0	PG	1
	DG	
	反則	

公式試合NO.192

第18回対早大定期戦／S14年11月23日

慶應9（3−15 / 6−22）37早大

G：神宮
R：品田

[慶　應]		[早　大]
池浦　次郎		山地　　翠
廣末　可平		木村　正治
門倉　光夫		崔　　柱漢
中須　三郎	FW	豊島　芳朗
土井　荘三		太田垣鶴雄
伊藤保太郎		番匠金次郎
松野　頼三		井澤　正良
北御門彦二郎		松本　文雄
眞期正二郎	HB	遠藤　　公
桐田　鉄夫		角谷　静志
磯野　謙蔵		池田　林一
吉田　　勲	TB	鈴木　昌雄
根本雄太郎		外山　幸延
鈴木　正義		西田　廉平
有坂　哲一	FB	井川　晴雄

3	前半	15
1	T	0
0	G	3
0	PG	0
	DG	
6	後半	22
1	T	3
0	G	2
1	PG	1
	DG	
	反則	

公式試合NO.193

第16回対東大定期戦／S14年12月2日

慶應28（12−6 / 16−3）9東大

G：神宮
R：西林

[慶　應]		[東　大]
池浦　次郎		奥平　緑郎
廣末　可平		木下　　浩
大谷　秀長		小林
中須　三郎	FW	白石　五郎
土井　荘三		南部　　孝
藤本　立夫		高島　　清
松野　頼三		池田　　弘
新谷　淑郎		篠崎　二郎
眞期正二郎	HB	小西　友治
桐田　鉄夫		高橋　良夫
吉田　　勲		目黒　　行
有坂　哲一	TB	中西　一郎
根本雄太郎		植竹　達郎
鈴木　正義		酒巻　敏雄
古澤　潤三	FB	濱野　　博

	前半	
	T	
	G	
	PG	
	DG	
	後半	
	T	
	G	
	PG	
	DG	
	反則	

公式試合NO.194

第15回対京大定期戦／S15年1月1日

慶應6（3−14 / 3−16）30京大

G：神宮
R：西林

[慶　應]		[京　大]
池浦　次郎		橘　　　武
廣末　可平		矢野　通秋
大谷　秀長		川口　正男
中須　三郎	FW	楠目　　亮
土井　荘三		熊井　喜雄
藤本　立夫		小林　　勉
松野　頼三		柴田　善助
北御門彦二郎		和田　白馬
眞期正二郎	HB	田村　　顕
桐田　鉄夫		知念　宏一
吉田　　勲		関谷雄太郎
中須　四郎	TB	吉利　雄三
根本雄太郎		津川　真一
鈴木　正義		石黒孝次郎
古澤　潤三	FB	石垣　憲弥

3	前半	14
0	T	0
0	G	1
1	PG	3
	DG	
3	後半	16
0	T	2
0	G	2
1	PG	0
	DG	
	反則	

公式試合NO.195

第25回対三高定期戦／S15年1月4日

慶應26（18−0 / 8−10）10三高

G：神宮
R：目良

[慶　應]		[三　高]
吉川　嘉俊		水谷
廣末　可平		桜井
中島　尚伸		田淵
中須　三郎	FW	篠
土井　荘三		韓
藤本　立夫		筒井
村木　玄二		古本
小倉　　祐		中島
眞期正二郎	HB	斎木
財部　辰彦		小松
吉田　　勲		越田
吉原　禎三	TB	西山
中西　一雄		西本
今通　忠典		関根
神谷　重彦	FB	森本

18	前半	0
1	T	0
3	G	0
0	PG	0
	DG	
8	後半	10
1	T	0
1	G	2
0	PG	0
	DG	
	反則	

公式試合NO.196

第26回対同大定期戦／S15年1月9日

慶應21（8−11 / 13−0）11同大

G：神宮
R：北島

[慶　應]		[同　大]
池浦　次郎		松川　喜一
廣末　可平		栗山五一郎
大谷　秀長		古木　清英
中須　三郎	FW	平井
土井　荘三		伊勢　幸人
藤本　立夫		清水　憲二
松野　頼三		榊　　茂治
新谷　淑郎		岩崎　鉄也
眞期正二郎	HB	名倉　　亨
桐田　鉄夫		千代間忠夫
吉田　　勲		村上　周平
有坂　哲一	TB	砂田　哲雄
根本雄太郎		椎木　謙三
鈴木　正義		表　　文五
古澤　潤三	FB	黒川　陽三

8	前半	11
0	T	2
1	G	1
1	PG	0
	DG	
13	後半	0
0	T	0
2	G	0
1	PG	0
	DG	
	反則	

公式試合NO.197

関東大学対抗戦／S15年10月4日

慶應94（44−0 / 50−0）0法大

G：日吉
R：足立

[慶　應]		[法　大]
大西　辰居		村田
廣末　可平		村山　哲夫
大谷　秀長		廣瀬　喜一
池浦　次郎	FW	木本　昇輔
中須　三郎		大野　英夫
伊藤保太郎		中村　文男
田川　　茂		芝　　　弘
小倉　　祐		草々谷宣雄
北御門彦二郎	HB	宇佐見賢二
大江　保正		平野　信雄
吉原　禎三		松本　茂雄
邊　　昌煥	TB	桜井　貫一
山崎辰次郎		大西　五郎
鈴木　正義		楊元　　勲
古澤　潤三	FB	富田　耕作

44	前半	0
1	T	0
7	G	0
2	PG	0
	DG	
50	後半	0
4	T	0
7	G	0
1	PG	0
	DG	
	反則	

公式試合NO.198

第15回対立大／S15年10月17日

慶應35（13−0 / 22−0）0立大

G：神宮
R：大西

[慶　應]		[立　大]
大谷　秀長		小林　芳治
廣末　可平		岡倉　隆夫
大西　辰居		三好　達朗
池浦　次郎	FW	宇都宮　光
中須　三郎		伊原　　修
伊藤保太郎		金　　鐘献
村木　玄二		藤井　晴雄
新谷　淑郎		中原　光一
大塚　　潔	HB	武久　悦夫
大江　保二		山本　良平
吉原　禎三		藤井　二郎
邊　　昌煥	TB	岸川　正秋
山崎辰次郎		片桐　武夫
鈴木　正義		中山　　正
古澤　潤三	FB	渥美　　淳

13	前半	0
1	T	0
2	G	0
0	PG	0
	DG	
22	後半	0
2	T	0
2	G	0
2	PG	0
	DG	
	反則	

公式試合NO.199

関東大学対抗戦／S15年10月26日

慶應28（12−8 / 16−6）14日大

G：日吉 R：河内

［慶應］		［日大］
	FW	鈴木幸次郎
	FW	河内 勝美
	FW	金星 治男
	FW	鈴木 金則
	FW	深瀬 順三
	FW	金田
	FW	馬場 太郎
	HB	大谷 光男
	HB	大江賀寿雄
	HB	渡辺 和義
	TB	太田 敏夫
	TB	寺岡 利治
	TB	大川 清
	TB	大森 盛茂
	FB	松村

慶應		日大
	前半	
	T	
	G	
	PG	
	DG	
	後半	
	T	
	G	
	PG	
	DG	
	反則	

公式試合NO.200

第17回対明大定期戦／S15年11月10日

慶應0（0−14 / 0−11）25明大

G：神宮 R：大西

［慶應］		［明大］
大西 辰居	FW	西郷 一郎
廣末 可平	FW	松岡 正也
大谷 秀長	FW	坂下 一雄
中須 三郎	FW	林 義一
土井 荘三	FW	柴田 弘干
伊藤保太郎	FW	花岡 明雄
村木 玄二	FW	伊藤 俊郎
新谷 淑郎		高島 輝
大塚 潔	HB	平澤鉦太郎
大江 保正	HB	藤 熊夫
吉原 禎三	TB	濱武 晴海
辺 昌煥	TB	松本 満正
山崎辰二郎	TB	大谷 二男
鈴木 正義	TB	椿坂 健二
古澤 潤三	FB	矢澤 英治

慶應		明大
0	前半	14
0	T	2
0	G	1
0	PG	1
	DG	
0	後半	11
0	T	2
0	G	1
0	PG	0
	DG	
	反則	

公式試合NO.201

第19回対早大定期戦／S15年11月23日

慶應11（0−18 / 11−15）33早大

G：神宮 R：新島

［慶應］		［早大］
池浦 次郎	FW	原 精太
廣末 可平	FW	木村 正治
大谷 秀長	FW	井上 二郎
中須 三郎	FW	崔 柱漢
門倉 光夫	FW	布村 清一
伊藤保太郎	FW	小西 彦三
村木 玄二	FW	辻井 弘
新谷 淑郎		村川 浩介
大塚 潔	HB	松元 秀明
大江 保正	HB	福留 忠雄
吉原 禎三	TB	太田 美則
辺 昌煥	TB	鈴木 昌雄
山崎辰次郎	TB	橋本 進
鈴木 正義	TB	西田 廉平
古澤 潤三	FB	小寺 祐吉

慶應		早大
0	前半	18
0	T	0
0	G	3
0	PG	1
	DG	
11	後半	15
1	T	0
1	G	3
1	PG	0
	DG	
	反則	

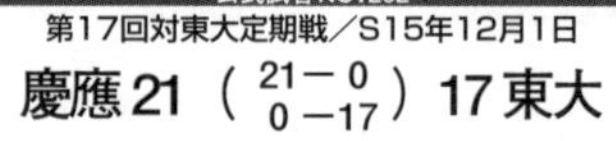

公式試合NO.202

第17回対東大定期戦／S15年12月1日

慶應21（21−0 / 0−17）17東大

G：神宮 R：新島

［慶應］		［東大］
北野 和男	FW	奥平 緑郎
廣末 可平	FW	木下 浩
大谷 秀長	FW	川田 大介
中須 三郎	FW	白石 五郎
門倉 光夫	FW	南部 孝
小倉 祐	FW	高島 清
村木 玄二	FW	田中 幹二
新谷 淑郎		池田 弘
大塚 潔	HB	長秀 連
大江 保正	HB	和田 超三
桐田 鉄夫	TB	山本 修
有坂 哲一	TB	中西 啓策
根本雄太郎	TB	高橋 良夫
鈴木 正義	TB	小出雄一郎
神谷 重彦	FB	濱野 博

慶應		東大
21	前半	0
4	T	0
1	G	0
1	PG	0
	DG	
0	後半	17
0	T	3
0	G	1
0	PG	1
	DG	
	反則	

公式試合NO.203

大学選手権（交流試合）／S15年12月26日

慶應51（22−0 / 29−0）0立命大

G：花園 R：

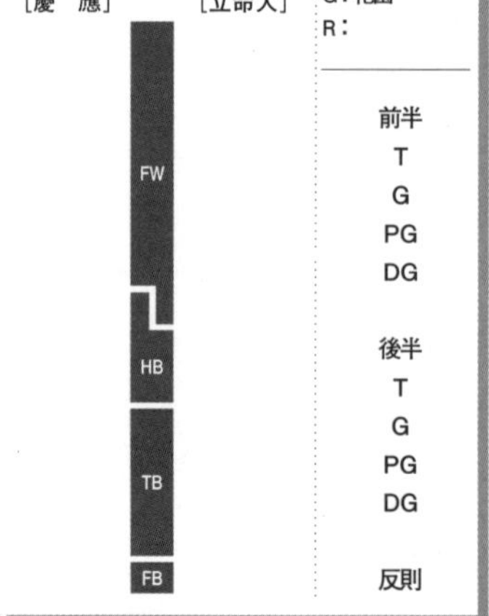

［慶應］		［立命大］
	FW	
	HB	
	TB	
	FB	

慶應		立命大
	前半	
	T	
	G	
	PG	
	DG	
	後半	
	T	
	G	
	PG	
	DG	
	反則	

公式試合NO.204

第16回対京大定期戦／S16年1月1日

慶應14（8−9 / 6−8）17京大

G：花園 R：野上

［慶應］		［京大］
北野 和男	FW	長崎 道明
廣末 可平	FW	矢野 通秋
大谷 秀長	FW	永田 国夫
池浦 次郎	FW	若林 四郎
土井 荘三	FW	楠目 亮
伊藤保太郎	FW	林 修三
村木 玄二	FW	谷口 勝久
新谷 淑郎		久保田淳一
大塚 潔	HB	磯島 興三
大江 保正	HB	白山弘太郎
山崎辰次郎	TB	関谷郁太郎
辺 昌煥	TB	知念 宏一
根本雄太郎	TB	広海 浩三
鈴木 正義	TB	石黒幸次郎
古澤 潤三	FB	高木 四郎

慶應		京大
	前半	
	T	
	G	
	PG	
	DG	
	後半	
	T	
	G	
	PG	
	DG	
	反則	

公式試合NO.205

第26回対三高定期戦／S16年1月4日

慶應22（13−0 / 9−6）6三高

G：花園 R：巌

［慶應］		［三高］
白井 敏男	FW	水木善三郎
中島 尚伸	FW	清水
西海 英男	FW	田淵 祐之
高木 章	FW	正木 毅
土井 荘三	FW	韓
小倉 祐一	FW	筒井建司郎
村木 玄二	FW	高原 俊雄
財部 辰彦		富士 木
北御門彦二郎	HB	斉木 喜一
新谷 淑郎	HB	小松 直二
吉原 禎三	TB	中島徹(木元)
中須 四郎	TB	関根 宏
根本雄太郎	TB	川井 直人
鈴木 正義	TB	西井
古澤 潤三	FB	吉田 碩

慶應		三高
	前半	
	T	
	G	
	PG	
	DG	
	後半	
	T	
	G	
	PG	
	DG	
	反則	

公式試合NO.206

第27回対同大定期戦／S16年1月9日

慶應33（11−8 / 22−8）16同大

G：花園 R：乾

［慶應］		［同大］
高松 昇	FW	松川 喜一
大谷 秀長	FW	栗山五一郎
北野 和男	FW	古木 清英
野村 栄一	FW	吉田 恭一
門倉 光夫	FW	伊勢 幸人
伊藤保太郎	FW	小川 信己
池浦 次郎	FW	小川俊一郎
北御門彦二郎		岩崎 哲也
大塚 潔	HB	堀場靖重郎
桐田 鉄夫	HB	鈴木 恵治
吉原 禎三	TB	清水 秀次
有坂 哲一	TB	加茂 正
辺 昌煥	TB	新井 常夫
鈴木 正義	TB	高木 勝治
神谷 重彦	FB	村上 周平

慶應		同大
11	前半	8
1	T	1
1	G	1
1	PG	0
	DG	
22	後半	8
4	T	1
2	G	1
0	PG	0
	DG	
	反則	

公式試合NO.207

第16回対立大定期戦／S16年10月17日

慶應29（15−6 / 14−5）11立大

G： R：

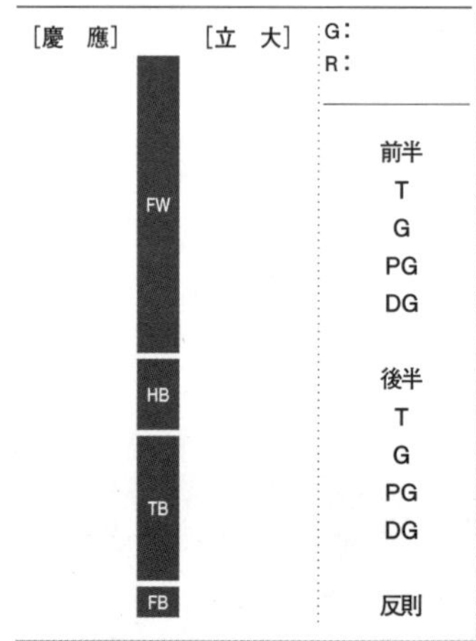

［慶應］		［立大］
	FW	
	HB	
	TB	
	FB	

慶應		立大
	前半	
	T	
	G	
	PG	
	DG	
	後半	
	T	
	G	
	PG	
	DG	
	反則	

公式試合NO.208
関東大学対抗戦／S16年10月30日

慶應 69 (　　) 0 法大

[慶應]		[法大]
	FW	
	HB	
	TB	
	FB	

G：
R：

	前半	
	T	
	G	
	PG	
	DG	
	後半	
	T	
	G	
	PG	
	DG	
	反則	

公式試合NO.209
第18回対明大定期戦／S16年11月9日

慶應 13 (3－27 / 10－43) 70 明大

[慶應]		[明大]
大谷　秀長	FW	西郷　一郎
廣末　可平	FW	松岡　正也
北野　和男	FW	坂下　一雄
野村　栄一	FW	林　義一
門倉　光夫	FW	松本　寿
伊藤保太郎	FW	柴田　弘干
池浦　次郎	FW	高島　輝
中谷　淳男	FW	花岡　明雄
新谷　淑郎	HB	中田　順造
桐田　鉄夫	HB	中田　靖二
吉原　禎三	TB	椿坂　健二
辺　昌煥	TB	松本　満正
山崎辰次郎	TB	濱武　晴海
鈴木　正義	TB	丹羽　好彦
根本雄太郎	FB	増井

G：神宮
R：大西

慶應		明大
3	前半	27
0	T	4
0	G	3
1	PG	0
	DG	
10	後半	43
0	T	6
2	G	5
0	PG	0
	DG	
	反則	

公式試合NO.210
第20回対早大／S16年11月23日

慶應 6 (6－6 / 0－18) 24 早大

[慶應]		[早大]
大谷　秀長	FW	原　精太
廣末　可平	FW	白崎　恵一
北野　和男	FW	井上　二郎
野村　栄一	FW	崔　柱漢
門倉　光夫	FW	布村　清一
伊藤保太郎	FW	阿部祐四郎
池浦　次郎	FW	辻井　弘
中谷　淳男	FW	村川　浩介
新谷　淑郎	HB	須崎　修自
桐田　鉄夫	HB	遠藤　公
吉原　禎三	TB	大河内　嶢
辺　昌煥	TB	鈴木　昌雄
山崎辰次郎	TB	福留　忠雄
鈴木　正義	TB	千田　隆一
根本雄太郎	FB	古藤田鉦次

G：神宮
R：足立

慶應		早大
6	前半	6
1	T	2
0	G	0
1	PG	0
	DG	
0	後半	18
0	T	3
0	G	3
0	PG	1
	DG	
	反則	

公式試合NO.211
第18回対東大定期戦／S16年11月30日

慶應 48 (22－6 / 26－10) 16 東大

[慶應]		[東大]
大谷　秀長	FW	久永　久夫
広末　可平	FW	香川　順男
北野　和男	FW	河北　恵文
野村　栄一	FW	大野　孝
門倉　光夫	FW	池口　康雄
伊藤保太郎	FW	和田　稔
池浦　次郎	FW	磯野　昌蔵
中谷　淳男	FW	長　秀連
新谷　淑郎	HB	小西　友治
桐田　鉄夫	HB	中西　啓栄
吉原　禎三	TB	鳥丸　光晴
辺　昌煥	TB	高橋　紀郎
山崎辰次郎	TB	山本　修
鈴木　正義	TB	末広　忠夫
根本雄太郎	FB	赤羽　良之

G：神宮
R：

	前半	
	T	
	G	
	PG	
	DG	
	後半	
	T	
	G	
	PG	
	DG	
	反則	

公式試合NO.212
第17回対京大定期戦／S17年1月1日

慶應 22 (6－5 / 16－10) 15 京大

[慶應]		[京大]
大谷　秀長	FW	梅谷　三郎
高松　昇	FW	永田　国夫
北野　和男	FW	高木　五郎
田川　博	FW	若林　四郎
門倉　光夫	FW	中尾　勁三
伊藤保太郎	FW	和智　恒雄
池浦　次郎	FW	白尾　輝高
中谷　淳男	FW	谷口　勝久
大塚　潔	HB	河野　建通
桐田　鉄夫	HB	二木光夫(旧吉田)
針生　俊夫	TB	高橋　紀郎
根本雄太郎	TB	越田　弘
山崎辰次郎	TB	浜本　伸
鈴木　正義	TB	小野　崎篤
新谷　淑郎	FB	高木　四郎

G：神宮
R：

	前半	
	T	
	G	
	PG	
	DG	
	後半	
	T	
	G	
	PG	
	DG	
	反則	

公式試合NO.213
第27回対三高定期戦／S17年1月4日

慶應 83 (36－0 / 47－0) 0 三高

[慶應]		[三高]
大谷　秀長	FW	浜田　博也
高松　昇	FW	清水
北野　和男	FW	田渕　祐之
西海　英男	FW	吉田　碩
田川　博	FW	田中　康雄
伊藤保太郎	FW	筒井建司郎
池浦　次郎	FW	友添
中谷　淳男	FW	伊藤　武久
大塚　潔	HB	井上　英二
桐田　鉄夫	HB	関根　宏
中須　四郎	TB	細字
根本雄太郎	TB	岡田正次郎
山崎辰次郎	TB	川井　直人
針生　俊夫	TB	西井
吉田　勲	FB	森本　康平

G：神宮
R：

	前半	
	T	
	G	
	PG	
	DG	
	後半	
	T	
	G	
	PG	
	DG	
	反則	

公式試合NO.214
第28回対同大定期戦／S17年1月11日

慶應 42 (15－5 / 27－3) 8 同大

[慶應]		[同大]
大谷　秀長	FW	加茂　正
高松　昇	FW	西田　章
北野　和男	FW	岡松　静男
田川　博	FW	伊勢　幸人
門倉　光夫	FW	久米　淳介
伊藤保太郎	FW	池尾　俊夫
池浦　次郎	FW	村上　周平
中谷　淳男	FW	岩崎　鉄也
大塚　潔	HB	堀場靖重郎
桐田　鉄夫	HB	鈴木　恵治
針生　俊夫	TB	水野　作三
根本雄太郎	TB	徳弘　勢也
山崎辰二郎	TB	新井　常夫
鈴木　正義	TB	高木　勝治
新谷　淑郎	FB	久我　良久

G：神宮
R：

	前半	
	T	
	G	
	PG	
	DG	
	後半	
	T	
	G	
	PG	
	DG	
	反則	

公式試合NO.215
第17回対立大定期戦／S17年4月25日

慶應 31 (13－6 / 18－18) 24 立大

[慶應]		[立大]
大谷　秀長	FW	中村　治郎
吉川　嘉俊	FW	岡倉　隆夫
北野　和男	FW	三好　達朗
田川　茂	FW	森岡英之輔
門倉　光夫	FW	三好　慎吾
伊藤保太郎	FW	渥美　涼
池浦　次郎	FW	宇都宮　光
中谷　淳男	FW	金　鐘献
新谷　淑郎	HB	高畠　一徳
桐田　鉄夫	HB	牧　仰
針生　俊夫	TB	岸川　正秋
根本雄太郎	TB	中山　正
山崎辰次郎	TB	満生　弘
鈴木　正義	TB	山本　良平
古澤　潤三	FB	小川　登

G：神宮
R：

	前半	
	T	
	G	
	PG	
	DG	
	後半	
	T	
	G	
	PG	
	DG	
	反則	

公式試合NO.216
第19回対明大定期戦／S17年5月9日

慶應 52 (26－3 / 26－3) 6 明大

[慶應]		[明大]
大谷　秀長	FW	宗我　明磨
吉川　嘉俊	FW	松岡　正也
北野　和男	FW	磯部　英夫
田川　茂	FW	石田　次雄
門倉　光夫	FW	松本　寿
伊藤保太郎	FW	柴田　弘干
池浦　次郎	FW	中地和一郎
中谷　淳男	FW	名田　孝
新谷　淑郎	HB	高橋　通雄
桐田　鉄夫	HB	中田　靖二
針生　俊夫	TB	山下　勘象
根本雄太郎	TB	桑村　豊
山崎辰次郎	TB	永野　隼治
鈴木　正義	TB	丹羽　好彦
古澤　潤三	FB	矢沢　英治

G：神宮
R：大西

慶應		明大
26	前半	3
2	T	1
4	G	0
0	PG	0
	DG	
26	後半	3
1	T	1
4	G	0
1	PG	0
	DG	
	反則	

公式試合NO.217

第21回対早大定期戦／S17年5月16日

慶應 8（5－8 / 3－13）21 早大

［慶　應］		［早　大］	G：神宮
大谷　秀長	FW	原　精太	R：北島
吉川　嘉俊		白崎　恵一	
北野　和男		井上　二郎	前半
田川　茂		後藤　登	T
門倉　光夫		布村　清一	G
伊藤保太郎		阿部祐四郎	PG
池浦　次郎		安永　健次	DG
中谷　淳男		鹿子木　聰	
新谷　淑郎	HB	須崎　修自	後半
桐田　鉄夫		今沢　秋雄	T
針生　俊夫	TB	大河内　嶢	G
根本雄太郎		鈴木　昌雄	PG
山崎辰次郎		平田　一智	DG
鈴木　正義		飛松　正志	
古澤　潤三	FB	坂口　治平	反則

公式試合NO.218

第19回対東大定期戦／S17年5月23日

慶應 34（18－0 / 16－3）3 東大

［慶　應］		［東　大］	G：日吉
大谷　秀長	FW	久米　久夫	R：
吉川　嘉俊		香川　順男	
北野　和男		川田　大介	前半
田川　茂		水田　泰朗	T
門倉　光夫		大野　孝	G
伊藤保太郎		筒井健司郎	PG
池浦　次郎		河北　恵之	DG
中谷　淳男		磯野　昌蔵	
新谷　淑郎	HB	郷古　雄三	後半
桐田　鉄夫		伊藤健一郎	T
針生　俊夫	TB	安藤　貞一	G
根本雄太郎		和田　稔	PG
山崎辰次郎		中西　啓策	DG
鈴木　正義		鳥丸　良三	
古澤　潤三	FB	赤羽　良三	反則

公式試合NO.219

対法大／S17年10月3日

慶應 57（44－0 / 13－6）6 法大

［慶　應］　［法　大］　G：日吉　R：

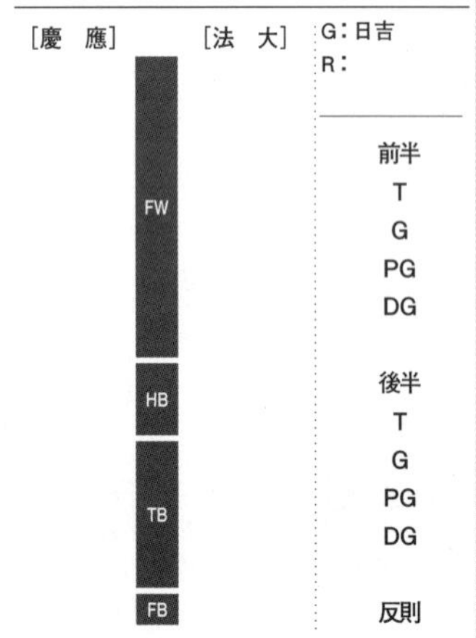

前半	後半
T	T
G	G
PG	PG
DG	DG

反則

公式試合NO.220

第18回対立大定期戦／S17年10月18日

慶應 33（18－6 / 15－0）6 立大

［慶　應］		［立　大］	G：神宮
大谷　秀長	FW	中村　治郎	R：南郷
塚原　次男		渥美　淳	
北野　和男		友沢毅一郎	前半
池浦　次郎		森岡英之輔	T
門倉　光夫		三好　慎吾	G
伊藤保太郎		高畠　一徳	PG
田中　二郎		宇都宮　光	DG
中谷　淳男		星明　良麿	
新谷　淑郎	HB	木村敬三郎	後半
桐田　鉄夫		満生　弘	T
上原　悦彦	TB	牧　仰	G
中西　一雄		岸川　正秋	PG
山崎辰次郎		小川　登	DG
針生　敏夫		川本　良平	
神谷　重彦	FB	尾崎　利通	反則

公式試合NO.221

第20回対明大定期戦／S17年11月8日

慶應 26（15－8 / 11－10）18 明大

［慶　應］		［明　大］	G：神宮
大谷　秀長	FW	藤野　正之	R：
塚原　次男		松岡　正也	
北野　和男		石田　次雄	15 前半 8
野村　栄一		浅野　慶三	3　T　3
門倉　光夫		松本　寿	3　G　1
伊藤保太郎		柴田　弘干	0　PG　0
池浦　次郎		高島　輝	DG
中谷　淳男		中地和一郎	
大塚　潔	HB	高橋　道雄	11 後半 10
新谷　淑郎		中田　靖二	3　T　2
中西　一雄	TB	藤原　義郎	1　G　2
桐田　鉄夫		永野　隼次	0　PG　0
山崎辰次郎		山中　陵郎	DG
針生　俊夫		内田　隆二	
神谷　重彦	FB	矢沢　英治	反則

公式試合NO.222

第22回対早大定期戦／S17年11月29日

慶應 11（5－0 / 6－5）5 早大

［慶　應］		［早　大］	G：神宮
大谷　秀長	FW	白崎　恵一	R：北島
高松　昇		福島　良郎	
北野　和男		井上　二郎	前半
野村　栄一		後藤　登	T
門倉　光夫		橋本　謙二	G
伊藤保太郎		阿部祐四郎	PG
池浦　次郎		金森　一良	DG
中谷　淳男		鹿子木　聡	
大塚　潔	HB	須崎　修自	後半
新谷　淑郎		伊尾喜　健	T
上原　悦彦	TB	小丸　博敏	G
桐田　鉄夫		今沢　秋雄	PG
山崎辰次郎		岩城　睦二	DG
針生　俊夫		阪口　治平	
神谷　重彦	FB	野上　久雄	反則

公式試合NO.223

第20回対東大定期戦／S17年12月6日

慶應 31（6－11 / 25－5）16 東大

［慶　應］		［東　大］	G：日吉
大谷　秀長	FW	樫野　順三	R：北島
塚原　次男		河北　恵文	
北野　和男		香川　順男	前半
野村　栄一		水田　泰朗	T
門倉　光夫		大野　孝	G
伊藤保太郎		筒井健司郎	PG
池浦　次郎		川上　省一	DG
中谷　淳男		吉村　道三	
大塚　潔	HB	伊藤健一郎	後半
新谷　淑郎		和田　超三	T
中西　一雄	TB	烏丸　良三	G
桐田　鉄夫		和田　稔	PG
山崎辰次郎		原田　三治	DG
上原　悦彦		浜野　祐二	
神谷　重彦	FB	安藤　貞一	反則

公式試合NO.224

第18回対京大定期戦／S18年1月1日

慶應 59（21－0 / 38－0）0 京大

［慶　應］		［京　大］	G：花園
大谷　秀長	FW	梅谷　三郎	R：
塚原　次男		福井　實	
北野　和男		中尾　勁三	前半
野村　栄一		山田　繁	T
門倉　光夫		周防　正士	G
伊藤保太郎		谷山　保夫	PG
池浦　次郎		白尾　輝高	DG
中谷　淳男		八田　昌明	
大塚　潔	HB	奥村　貢	後半
桐田　鉄夫		二木　光夫	T
上原　悦彦	TB	小野崎　篤	G
田尾　義治		森本　隆	PG
山崎辰次郎		関根　宏	DG
針生　俊夫		佐藤　睦夫	
神谷　重彦	FB	川口　義次	反則

公式試合NO.225

第28回対三高定期戦／S18年1月4日

慶應 109（51－0 / 58－0）0 三高

［慶　應］		［三　高］	G：甲子園南
大谷　秀長	FW	浜田	R：野沢
西海		塩川	
北野　和男		龍村	前半
野村　栄一		広谷	T
門倉		遠藤	G
伊藤		若山	PG
田中		草刈	DG
中谷		遠藤（尚）	
大塚　潔	HB	室田	後半
新谷		田村	T
磯野	TB	緒方	G
竹内		岡田	PG
中西		城甲	DG
吉田		板越	
桐田　鉄矢	FB	松本	反則

公式試合NO.226
第29回対同大定期戦／S18年1月7日

慶應35（11−4 / 24−0）4同大

G：花園
R：

慶應		同大
	前半	
	T	
	G	
	PG	
	DG	
	後半	
	T	
	G	
	PG	
	DG	
	反則	

公式試合NO.227
第19回対立大定期戦／S18年10月9日

慶應12（3−0 / 9−0）0立大

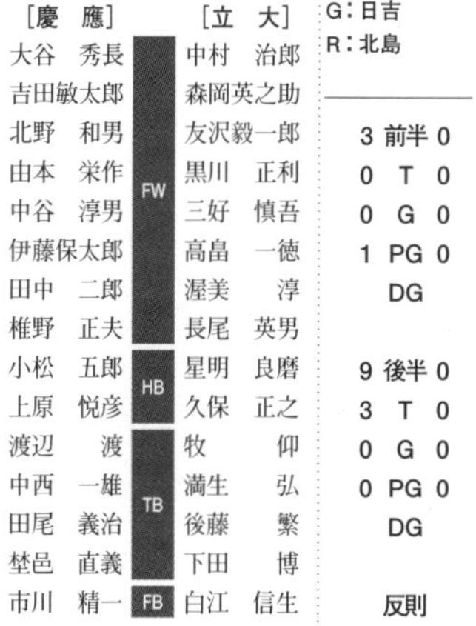

G：日吉
R：北島

	［慶　應］	［立　大］
FW	大谷　秀長	中村　治郎
FW	吉田敏太郎	森岡英之助
FW	北野　和男	友沢毅一郎
FW	由本　栄作	黒川　正利
FW	中谷　淳男	三好　慎吾
FW	伊藤保太郎	高畠　一徳
FW	田中　二郎	渥美　淳
FW	椎野　正夫	長尾　英男
HB	小松　五郎	星明　良麿
HB	上原　悦彦	久保　正之
TB	渡辺　渡	牧　仰
TB	中西　一雄	満生　弘
TB	田尾　義治	後藤　繁
TB	埜邑　直義	下田　博
FB	市川　精一	白江　信生

慶應		立大
3	前半	0
0	T	0
0	G	0
1	PG	0
	DG	
9	後半	0
3	T	0
0	G	0
0	PG	0
	DG	
	反則	

公式試合NO.228
復活第1回・19回対京大定期戦／S21年1月1日

慶應21（0−8 / 21−0）8京大

G：吉祥寺日産厚生園
R：北島

	［慶　應］	［京　大］
FW	北野　和男	芝山　良雄
FW	吉田敏太郎	千原　一夫
FW	伊藤　泰治	石川　正達
FW	由本　栄作	増田　秀
FW	木村　潮	森　禄郎
FW	久慈　洋一	龍村　元
FW	日比野正久	和智　恒雄
FW	椎野　正夫	山下　英彬
HB	小松　五郎	白山邦四郎
HB	中谷　三郎	高木　勇
TB	渡辺　渡	高橋　紀郎
TB	田尾　義治	田村　哲也
TB	神谷　重彦	森本　至郎
TB	西村　仁	佐藤　睦夫
FB	古沢　潤三	長崎　道正

慶應		京大
	前半	
	T	
	G	
	PG	
	DG	
	後半	
	T	
	G	
	PG	
	DG	
	反則	

公式試合NO.229
全慶應対全早大戦／S21年4月29日

全慶應32（3−26 / 29−8）34全早大

G：西宮
R：奥村

	［慶　應］	［早　大］
FW	大谷　秀長	木村
FW	吉川　嘉俊	松原
FW	北野　和男	芦田
FW	野村　栄一	村山
FW	門倉　光夫	斉藤
FW	伊藤保太郎	米華
FW	池浦　次郎	鹿子木
FW	椎野　正夫	池田新
HB	大塚　潔	林（謙）
HB	新谷　淑郎	野上
TB	吉原　禎三	池田（林）
TB	中西　一雄	林藤
TB	北野　孟郎	鈴木
TB	郡　敏孝	坂口
FB	伊藤　次郎	西田

慶應		早大
	前半	
	T	
	G	
	PG	
	DG	
	後半	
	T	
	G	
	PG	
	DG	
	反則	

公式試合NO.230
関東大学対抗戦／S21年10月6日

慶應43（22−0 / 21−3）3日大

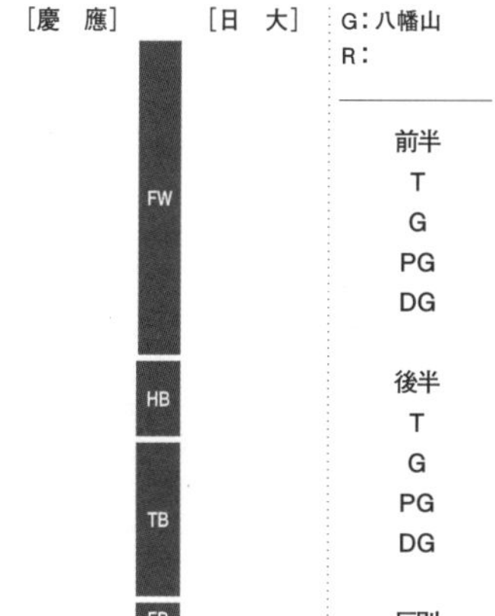

G：八幡山
R：

	［慶　應］	［日　大］
FW		
HB		
TB		
FB		

慶應		日大
	前半	
	T	
	G	
	PG	
	DG	
	後半	
	T	
	G	
	PG	
	DG	
	反則	

公式試合NO.231
第20回対立大定期戦／S21年10月17日

慶應25（16−3 / 9−3）6立大

G：八幡山
R：

	［慶　應］	［立　大］
FW		
HB		
TB		
FB		

慶應		立大
	前半	
	T	
	G	
	PG	
	DG	
	後半	
	T	
	G	
	PG	
	DG	
	反則	

公式試合NO.232
関東大学対抗戦／S21年10月27日

慶應73（40−0 / 33−3）3法大

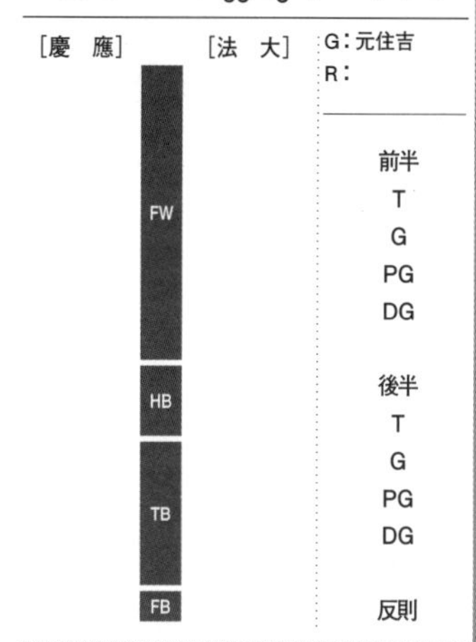

G：元住吉
R：

	［慶　應］	［法　大］
FW		
HB		
TB		
FB		

慶應		法大
	前半	
	T	
	G	
	PG	
	DG	
	後半	
	T	
	G	
	PG	
	DG	
	反則	

公式試合NO.233
第21回対明大定期戦／S21年11月10日

慶應6（3−0 / 3−11）11明大

G：後楽園
R：川田

	［慶　應］	［明　大］
FW	戸部　英昌	柴山　司
FW	吉田敏太郎	藤原　敏行
FW	伊藤　泰治	斉藤　寮
FW	由本　栄作	中島　淳
FW	本木　良太	柴田　勇
FW	犬丸　二郎	太田垣公平
FW	根本哲次郎	岡野　清次
FW	椎野　正夫	秦　茂治
HB	小松　五郎	安武　恒夫
HB	中谷　三郎	久羽　博
TB	西村　仁	松川　豊次
TB	渡辺　渡	藤　正俊
TB	山本　達郎	南　亨
TB	吉田三郎助	横山　昭
FB	田中　務	山中　陸郎

慶應		明大
	前半	
	T	
	G	
	PG	
	DG	
	後半	
	T	
	G	
	PG	
	DG	
	反則	

公式試合NO.234
第23回対早大定期戦／S21年11月23日

慶應9（6−3 / 3−5）8早大

G：神宮野球場
R：新島

	［慶　應］	［早　大］
FW	戸部　英昌	浜田　繁栄
FW	吉田敏太郎	芦田　治一
FW	伊藤　泰治	内田　堯
FW	由本　栄作	藤田　俊彦
FW	本木　良太	高倉　泰三
FW	犬丸　二郎	松岡　洋郎
FW	根本哲次郎	岡本　隆
FW	椎野　正夫	松分　光朗
HB	小松　五郎	山上　弘
HB	中谷　三郎	堀　博俊
TB	杉本善三郎	出石　武雄
TB	渡辺　渡	新村　郁甫
TB	西村　仁	岩城　睦二
TB	吉田三郎助	大月　雅宜
FB	田中　務	野上　久雄

慶應		早大
6	前半	3
1	T	0
0	G	0
1	PG	1
	DG	
3	後半	5
1	T	1
0	G	1
0	PG	0
	DG	
	反則	

公式試合NO.235
第21回対東大定期戦／S21年12月1日

慶應9（6−10 / 3−10）20東大

G：神宮　R：新島

［慶　應］		［東　大］
戸部　英昌	FW	相馬　善吉
吉田敏太郎	FW	多田　弘
荒川　勉	FW	山田　剛太
由本　栄作	FW	青木　彰
本木　良太	FW	高橋　勇作
犬丸　二郎	FW	小河　豊
根本哲次郎	FW	川上　省一
椎野　正夫	FW	高原　俊雄
小松　五郎	HB	増田　裕
杉本善三郎	HB	島原　泰三
西村　仁	TB	末広　重夫
渡辺　渡	TB	大倉　淳平
中谷　三郎	TB	中沢　種次
吉田三郎助	TB	村上　定雄
田中　務	FB	久埜　牧吉

	前半	
	T	
	G	
	PG	
	DG	
	後半	
	T	
	G	
	PG	
	DG	
	反則	

公式試合NO.238
第30回対同大定期戦／S22年1月7日

慶應6（0−0 / 6−6）6同大

G：西宮　R：新島

［慶　應］		［同　大］
戸部　英昌	FW	高谷　忠雄
伊藤　泰治	FW	高瀬　末雄
荒川　勉	FW	坪田　晃
由本　栄作	FW	松田　茂
本木　良太	FW	金野　滋
犬丸　二郎	FW	福永　朋也
根本哲次郎	FW	久米　淳介
椎野　正夫	FW	藤本　佳秀
小松　五郎	HB	稲本　実
杉本善三郎	HB	中井　省吾
吉田三郎助	TB	萩原　文彦
渡辺　渡	TB	須藤孝三郎
中谷　三郎	TB	井狩　唯一
西村　仁	TB	丸岡隆三郎
山本　達郎	FB	八島　郁夫

	前半	
	T	
	G	
	PG	
	DG	
	後半	
	T	
	G	
	PG	
	DG	
	反則	

公式試合NO.241
第24回対早大定期戦／S22年11月23日

慶應3（0−8 / 3−33）41早大

G：東京　R：新島

［慶　應］		［早　大］
河端　秀利	FW	井上　和彦
柳沢　定	FW	芦田　治一
伊藤　泰治	FW	内田　堯
中須　規夫	FW	高倉　泰三
本木　良太	FW	橋本　晋一
島田　正三	FW	佐藤　忠男
根本哲次郎	FW	岡本　隆
犬丸　二郎	FW	松分　光朗
田中　務	HB	山上　弘
中谷　三郎	HB	堀　博俊
吉田三郎助	TB	大月　雅宜
角南　圭一	TB	新村　郁甫
渡辺　渡	TB	出石　武雄
西村　仁	TB	畠山　勉
山本　達郎	FB	川本　久義

	前半	
0	前半	8
0	T	2
0	G	1
0	PG	0
	DG	
3	後半	33
1	T	7
0	G	3
0	PG	2
	DG	
	反則	

公式試合NO.236
第20回対京大定期戦／S22年1月1日

慶應11（3−5 / 8−11）16京大

G：西宮　R：北島

［慶　應］		［京　大］
戸部　英昌	FW	芝山　良雄
伊藤　泰治	FW	森　禄郎
荒川　勉	FW	福井　律
由本　栄作	FW	日野　清徳
本木　良太	FW	龍村　元
犬丸　二郎	FW	和智　恒雄
根本哲次郎	FW	富士準之助
椎野　正夫	FW	田村　忠一
小松　五郎	HB	鈴木　重晴
杉本善三郎	HB	柴垣　復生
西村　仁	TB	森本　至郎
渡辺　渡	TB	山根　健二
中谷　三郎	TB	白山邦四郎
吉田三郎助	TB	広海　泰三
田中　務	FB	今沢　敏郎

	前半	
	T	
	G	
	PG	
	DG	
	後半	
	T	
	G	
	PG	
	DG	
	反則	

公式試合NO.239
第21回対立大定期戦／S22年10月17日

慶應11（6−0 / 5−3）3立大

G：日吉　R：

［慶　應］		［立　大］
伊藤　泰治	FW	豊田　和郎
柳沢　定	FW	橋本篤之介
荒川　勉	FW	佐藤　正敏
中須　規夫	FW	三重野健二
本木　良太	FW	秋山　正昭
島田　正三	FW	田中
根本哲次郎	FW	綱守　恒男
犬丸　二郎	FW	新井　昭三
松村　好久	HB	高島　一徳
杉本善三郎	HB	満生　弘
吉田三郎助	TB	茂田井八州男
中谷　三郎	TB	伊藤　保郎
渡辺　渡	TB	牧　仰
西村　仁	TB	平井　教雄
山本　達郎	FB	白木　秀房

	前半	
	T	
	G	
	PG	
	DG	
	後半	
	T	
	G	
	PG	
	DG	
	反則	

公式試合NO.242
第22回対東大定期戦／S22年11月30日

慶應16（3−17 / 13−5）22東大

G：東京　R：新島

［慶　應］		［東　大］
戸部　英昌	FW	相馬　善吉
伊藤　泰治	FW	多田　弘
河端　秀利	FW	村松　英之
中須　規夫	FW	青木　彰
本木　良太	FW	堀内　請司
柏谷　典雄	FW	吉田　耕三
柳沢　定	FW	横山正一郎
松村　好久	FW	山田　剛太
田中　務	HB	池川　正
中谷　三郎	HB	大倉　淳平
吉田三郎助	TB	伊予田敏雄
角南　圭一	TB	野口　亨
渡辺　渡	TB	高島　信之
西村　仁	TB	永島
関口　桂輔	FB	安部　隆司

	前半	
	T	
	G	
	PG	
	DG	
	後半	
	T	
	G	
	PG	
	DG	
	反則	

公式試合NO.237
第29回対三高定期戦／S22年1月4日

慶應26（11−0 / 15−3）3三高

G：西宮　R：

［慶　應］		［三　高］
戸部　英昌	FW	林口
伊藤　泰治	FW	川嶋　憲治
荒川　勉	FW	亀井　弘次
由本　栄作	FW	本居　俊一
本木　良太	FW	梅村　彰三
犬丸　二郎	FW	中西　徹
根本哲次郎	FW	堀田　欽也
椎野　正夫	FW	山下　一弥
小松　五郎	HB	眞継　隆男
杉本善三郎	HB	高野　瀬
西村　仁	TB	堀田　泰弘
渡辺　渡	TB	中村　俊郎
中谷　三郎	TB	河島　憲治
吉田三郎助	TB	岩波　昭三
田中　務	FB	北田　純一

	前半	
	T	
	G	
	PG	
	DG	
	後半	
	T	
	G	
	PG	
	DG	
	反則	

公式試合NO.240
関東大学対抗戦／S22年11月16日

慶應20（17−9 / 3−3）12文理大

G：日吉　R：

［慶　應］		［文理大］
	FW	
	HB	
	TB	
	FB	

	前半	
	T	
	G	
	PG	
	DG	
	後半	
	T	
	G	
	PG	
	DG	
	反則	

公式試合NO.243
第22回対明大定期戦／S22年12月14日

慶應0（0−16 / 0−29）45明大

G：東京　R：高橋

［慶　應］		［明　大］
戸部　英昌	FW	斉藤　寮
柳沢　定	FW	藤原　敏行
伊藤　泰治	FW	西沢　勳六
中須　規夫	FW	田中　吉彦
本木　良太	FW	柴田　勇
島田　正三	FW	村上　令
根本哲次郎	FW	山下　正之
犬丸　二郎	FW	工藤　茂男
田中　務	HB	安武　恒夫
渡辺　渡	HB	久羽　博
吉田三郎助	TB	野見山可邦
中谷　三郎	TB	白石　勝
角南　圭一	TB	丹羽　三郎
西村　仁	TB	横山　昭
富上　祐輔	FB	藤　正俊

	前半	
	T	
	G	
	PG	
	DG	
	後半	
	T	
	G	
	PG	
	DG	
	反則	

公式試合NO.244

第21回対京大定期戦／S23年1月1日

慶應11（5−11 / 6−11）22京大

G：東京
R：新島

［慶　應］		［京　大］
戸部　英昌	FW	笹井　治男
柳沢　　定	FW	森　　禄郎
伊藤　泰治	FW	米原　好久
中須　規夫	FW	日野　清徳
本木　良太	FW	梅林　彰三
柏谷　典雄	FW	中川路忠男
根本哲次郎	FW	草刈　一友
犬丸　次郎	FW	田村　忠一
田中　　務	HB	伊沢　　修
杉本善三郎	HB	柴垣　復生
吉田三郎助	TB	森本　　隆
中谷　三郎	TB	山根　健二
渡辺　　渡	TB	白山邦四郎
西村　　仁	TB	高木　　勇
富上　祐輔	FB	今澤　敏郎

	前半	
	T	
	G	
	PG	
	DG	
	後半	
	T	
	G	
	PG	
	DG	
	反則	

公式試合NO.245

第30回対三高定期戦／S23年1月4日

慶應17（6−3 / 11−0）3三高

G：東京
R：北野

［慶　應］		［三　高］
戸部　英昌	FW	亀井
伊藤　泰治	FW	林口
河端　秀利	FW	前田　隆三
中須　規夫	FW	本庄　俊一
本木　良太	FW	笹井　義男
柏谷　典雄	FW	水越
根本哲次郎	FW	堀田　鉄也
犬丸　二郎	FW	比山　誠一
田中　　務	HB	眞継　隆男
渡辺　　渡	HB	北田　純一
吉田三郎助	TB	堀田　泰弘
中谷　三郎	TB	高野瀬
角南　圭一	TB	河島
西村　　仁	TB	井上　　久
富上　祐輔	FB	岩波　昭三

慶應		三高
6	前半	3
2	T	1
0	G	0
0	PG	0
	DG	
11	後半	0
2	T	0
1	G	0
0	PG	0
	DG	
	反則	

公式試合NO.246

第31回対同大定期戦／S23年1月7日

慶應9（0−5 / 9−3）8同大

G：東京
R：北野

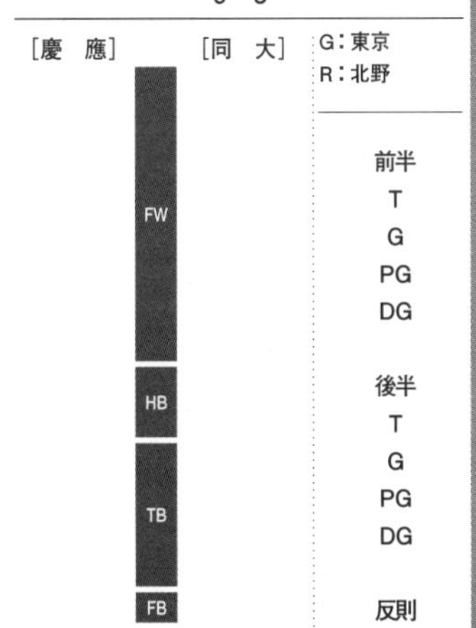

公式試合NO.247

関東大学対抗戦／S23年10月9日

慶應25（11−8 / 14−3）11日大

G：日吉
R：

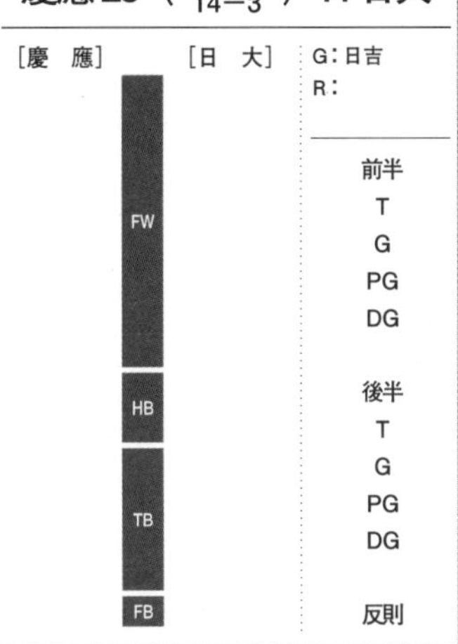

公式試合NO.248

第22回対立大定期戦／S23年10月17日

慶應27（16−0 / 11−6）6立大

G：東京
R：

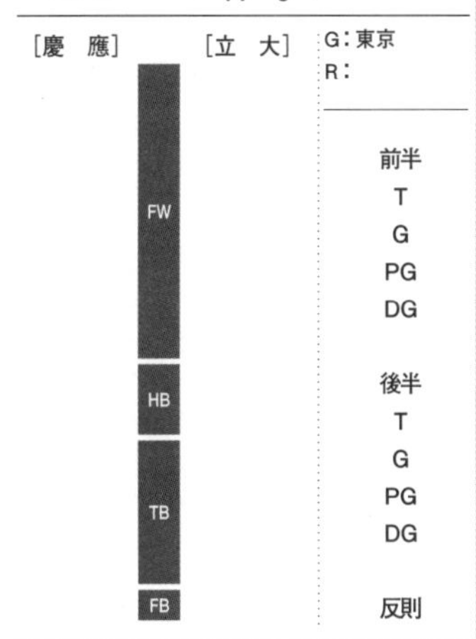

公式試合NO.249

関東大学対抗戦／S23年10月23日

慶應14（6−0 / 8−6）6文理大

G：東京
R：

［慶　應］		［文理大］
	FW	
	HB	
	TB	
	FB	

	前半	
	T	
	G	
	PG	
	DG	
	後半	
	T	
	G	
	PG	
	DG	
	反則	

公式試合NO.250

関東大学対抗戦／S23年10月31日

慶應57（27−0 / 30−0）0法大

G：日吉
R：

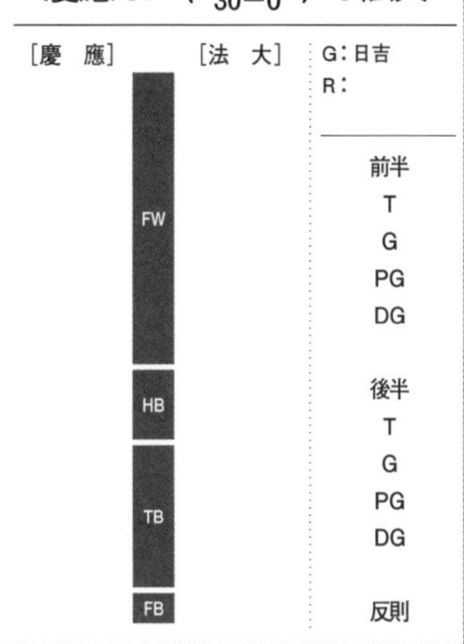

公式試合NO.251

第23回対明大定期戦／S23年11月7日

慶應0（0−15 / 0−11）26明大

G：東京
R：

［慶　應］		［明　大］
清水　正彦	FW	関　　廣義
河端　秀利	FW	浜田　寛之
戸部　英昌	FW	藤原　敏行
竹谷　　武	FW	松下　良治
山田　畝一	FW	太田垣公平
柏谷　典雄	FW	村上　　令
犬丸　二郎	FW	柴田　　勇
渡辺　　渡	HB / FW	斉藤　　寮
松村　好久	HB	近藤　一雄
杉本善三郎	HB	久羽　　博
水越　雪雄	TB	佐々木敏郎
中谷　三郎	TB	白石　　勝
角南　圭一	TB	丹羽　三郎
高橋　正旭	TB	横山　　昭
田中　　務	FB	神代　達之

慶應		明大
0	前半	15
0	T	0
0	G	3
0	PG	0
	DG	
0	後半	11
0	T	2
0	G	1
0	PG	0
	DG	
	反則	

公式試合NO.252

第25回対早大定期戦／S23年11月23日

慶應3（3−0 / 0−3）3早大

G：東京
R：伊藤

［慶　應］		［早　大］
清水　正彦	FW	井上　和彦
河端　秀利	FW	石外　　昭
戸部　英昌	FW	林　　秀雄
山田　畝一	FW	田中　　昭
竹谷　　武	FW	橋本　晋一
柏谷　典雄	FW	岡本　　隆
犬丸　二郎	FW	佐藤　忠男
渡辺　　渡	HB / FW	松分　光朗
田中　　務	HB	松岡　洋郎
杉本善三郎	HB	堀　　博俊
水越　雪雄	TB	青木　良昭
中谷　三郎	TB	小山昭一郎
角南　圭一	TB	出石　武雄
高橋　正旭	TB	畠山　　勉
富上　祐輔	FB	新村　郁甫

慶應		早大
3	前半	0
1	T	0
0	G	0
0	PG	0
	DG	
0	後半	3
0	T	1
0	G	0
0	PG	0
	DG	
	反則	

公式試合NO.253

第23回対東大定期戦／S23年12月4日

慶應44（23−5 / 21−0）5東大

[慶應]		[東大]	G：東京
清水 正彦	FW	山口	R：
河端 秀利	FW	宮本 正男	
戸部 英昌	FW	村松 英之	前半
竹谷 武	FW	青木 彰	T
山田 畝一	FW	横山正一郎	G
柏谷 典雄	FW	吉田 耕三	PG
犬丸 二郎	FW	伊藤 正	DG
渡辺 渡	FW/HB	石坂 泰夫	
田中 務	HB	池川 正	後半
杉本善三郎	HB	高畠顕一郎	T
水越 雪雄	TB	瀬川 昌昭	G
中谷 三郎	TB	阿部 隆	PG
角南 圭一	TB	高島 信之	DG
高橋 正旭	TB	金森 務	
富上 祐輔	FB	水内 明久	反則

公式試合NO.256

第32回対同大定期戦／S24年1月7日

慶應29（16−0 / 13−3）3同大

[慶應]		[同大]	G：花園
清水 正彦	FW	高谷 忠雄	R：
河端 秀利	FW	藤本 住秀	
伊藤 泰治	FW	坪田 晃	前半
竹谷 武	FW	猿丸 大護	T
山田 畝一	FW	高瀬 末雄	G
柏谷 典雄	FW	磯川 成章	PG
根本啓次郎	FW	山本勘兵衛	DG
富上 祐輔	FW/HB	岡 仁詩	
松村 好久	HB	樋口 昭藏	後半
杉本善三郎	HB	門戸良太郎	T
藤村 菊苗	TB	和田 武雄	G
中谷 三郎	TB	磯田 三郎	PG
角南 圭一	TB	伊藤 栄夫	DG
高橋 正旭	TB	萩原 文彦	
田中 務	FB	八島 郁夫	反則

公式試合NO.259

第23回対立大定期戦／S24年10月16日

慶應22（19−6 / 3−14）20立大

[慶應]		[立大]	G：東京
真鍋 明彦	FW	秋山 正昭	R：和田
河端 秀利	FW	大江 照男	
清水 正彦	FW	茂田井八州男	前半
竹谷 武	FW	島本 行明	T
山田 畝一	FW	永沢 克己	G
柏谷 典雄	FW	小島 幹夫	PG
犬丸 二郎	FW	新井 昭三	DG
中谷 三郎	HB	蛇川 正夫	
田中 務	HB	池田 光宏	後半
杉本善三郎	HB	渡辺 雄二	T
関川 哲男	TB	菱川 照男	G
斎藤 守高	TB	伊藤 保郎	PG
角南 圭一	TB	笠島 慶一	DG
瀬尾 博三	TB	松沢 久	
関口 桂輔	FB	早坂 良助	反則

公式試合NO.254

第22回対京大定期戦／S24年1月1日

慶應6（3−13 / 3−3）16京大

[慶應]		[京大]	G：花園
清水 正彦	FW	山田 繁	R：
河端 秀利	FW	中村 誠	
堤 啓治	FW	米原 好久	前半
竹谷 武	FW	梅村 彰三	T
山田 畝一	FW	築山 正彌	G
柏谷 典雄	FW	栗岡 章介	PG
犬丸 二郎	FW	日野 清徳	DG
富上 祐輔	FW/HB	中川路忠男	
田中 務	HB	鈴木 重晴	後半
杉本善三郎	HB	柴垣 復生	T
花田 実男	TB	岡田 守夫	G
中谷 三郎	TB	森本 至郎	PG
角南 圭一	TB	白山邦四郎	DG
高橋 正旭	TB	高野瀬 宏	
前田 繁治	FB	宇野 憲治	反則

公式試合NO.257

関東大学対抗戦／S24年9月28日

慶應25（9−0 / 16−0）6中大

[慶應]　[中大]　G：八幡山　R：

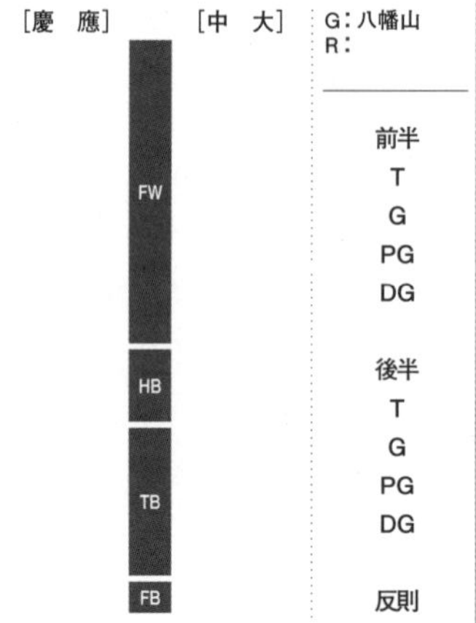

[慶應]		[中大]	
	FW		前半
			T
			G
			PG
			DG
	HB		後半
			T
	TB		G
			PG
			DG
	FB		反則

公式試合NO.260

関東大学対抗戦／S24年10月29日

慶應55（23−0 / 32−0）0日大

[慶應]		[日大]	G：東京
	FW		R：
			前半
			T
			G
			PG
			DG
	HB		後半
			T
	TB		G
			PG
			DG
	FB		反則

公式試合NO.255

第31回対三高定期戦／S24年1月4日

慶應26（20−8 / 6−3）11三高

[慶應]		[三高]	G：三高
清水 正彦	FW	土岐 俊治	R：清瀬
河端 秀利	FW	堀 敬三	
伊藤 泰治	FW	渥美	前半
竹谷 武	FW	笹井 治男	T
中須 規夫	FW	細見 進	G
根本啓次郎	FW	水越	PG
犬丸 二郎	FW	堀田 鉄也	DG
富上 祐輔	FW/HB	比山 誠一	
松村 好久	HB	眞継 隆男	後半
杉本善三郎	HB	北田 純一	T
井上 実男	TB	堀田 泰弘	G
中谷 三郎	TB	三角	PG
角南 圭一	TB	八木 一郎	DG
高橋 正旭	TB	井上 久	
田中 務	FB	谷口雄一郎	反則

公式試合NO.258

関東大学対抗戦／S24年10月8日

慶應3（0−6 / 3−18）24教育大

[慶應]		[教育大]	G：東京
真鍋 明彦	FW	菊池 欣二	R：
河端 秀利	FW	鈴木 文夫	
清水 正彦	FW	古賀浩二郎	前半
竹谷 武	FW	増田 靖夫	T
山田 畝一	FW	冷牟田健吾	G
柏谷 典雄	FW	森本 元哉	PG
犬丸 二郎	FW	忽那 凱樹	DG
中谷 三郎	FW/HB	鶴巻 和男	
田中 務	HB	鈴木 修一	後半
杉本善三郎	HB	黒田 信寛	T
関川 哲男	TB	高原 忠俊	G
斎藤 守高	TB	池田 正徳	PG
角南 圭一	TB	丸山 鉄男	DG
吉田三郎助	TB	堤 治美	
関口 桂輔	FB	名越 茂夫	反則

公式試合NO.261

第24回対明大定期戦／S24年11月13日

慶應3（3−6 / 0−10）16明大

[慶應]		[明大]	G：東京
真鍋 明彦	FW	関 廣義	R：
河端 秀利	FW	斉藤 寮	
清水 正彦	FW	中垣 正	3 前半 6
竹谷 武	FW	松下 良治	1 T 2
山田 畝一	FW	柴田 幹雄	0 G 0
柏谷 典雄	FW	村上 令	0 PG 0
犬丸 二郎	FW	加地 石松	DG
富上 祐輔	FW/HB	大和 貞	
田中 務	HB	佐藤 喜男	0 後半 10
杉本善三郎	HB	松岡 晴夫	0 T 0
関川 哲男	TB	佐々木敏郎	0 G 2
中谷 三郎	TB	太田垣公平	0 PG 0
角南 圭一	TB	渡部 昭彦	DG
瀬尾 博三	TB	横山 昭	
斎藤 守高	FB	野見山可邦	反則

公式試合NO.262
第26回対早大定期戦／S24年11月23日

慶應 0 （0−13 / 0−19） 32 早大

[慶 應]		[早 大]
真鍋 明彦	FW	井上 和彦
河端 秀利	FW	佐藤 忠男
清水 正彦	FW	林 秀雄
竹谷 武	FW	田中 昭
山田 畝一	FW	橋本 晋一
柏谷 典雄	FW	藤井 厚
山口 祐康	FW	中島 節夫
犬丸 二郎	FW	松分 光朗
田中 務	HB	山上 弘
富上 祐輔	HB	下平 嘉昭
吉田三郎助	TB	大月 雅宣
中谷 三郎	TB	藤井 鴻作
角南 圭一	TB	小山昭一郎
杉本善三郎	TB	横岩 玄平
斎藤 守高	FB	新村 郁甫

G：東京
R：

0	前半	13
0	T	3
0	G	2
0	PG	0
	DG	
0	後半	19
0	T	5
0	G	2
0	PG	0
	DG	
	反則	

公式試合NO.265
第33回対同大定期戦／S25年1月8日

慶應 42 （23−8 / 19−14） 22 同大

[慶 應]		[同 大]
真鍋 明彦	FW	松村 一雄
河端 秀利	FW	西村 均
伊藤 泰治	FW	坪田 晃
竹谷 武	FW	松宮 利明
山田 畝一	FW	石和 昭二
柏谷 典雄	FW	岡 仁詩
犬丸 二郎	FW	鈴木 和夫
富上 祐輔	FW	広島 登
田中 務	HB	門戸良太郎
杉本善三郎	HB	山本勘兵衛
関川 哲男	TB	小笠原 昭
中谷 輝男	TB	吉田 尚正
角南 圭一	TB	伊藤 栄夫
瀬尾 博三	TB	萩原 文彦
斎藤 守高	FB	磯川 成章

G：東京
R：

前半 T G PG DG
後半 T G PG DG
反則

公式試合NO.268
関東大学対抗戦／S25年10月21日

慶應 22 （3−0 / 19−8） 8 日大

[慶 應]		[日 大]
真鍋 明彦	FW	佐藤 衛
河端 秀利	FW	村山 持男
清水 正彦	FW	伊佐 憲明
白柏 広次	FW	松丸 弘
山田 畝一	FW	小野 清司
柏谷 典雄	FW	深田 文夫
山口 祐康	FW	芳村 正忠
富上 祐輔	FW	楠部 静雄
本城 端穂	HB	川村 寿人
杉本善三郎	HB	山田 博義
瀬尾 博三	TB	雑賀辰太郎
加藤 仁	TB	佐藤 進
角南 圭一	TB	村松 正雄
高橋 正旭	TB	高橋 博
斎藤 守高	FB	内田 実

G：東京
R：大西

前半 T G PG DG
後半 T G PG DG
反則

公式試合NO.263
第24回対東大定期戦／S24年12月3日

慶應 27 （14−0 / 13−5） 5 東大

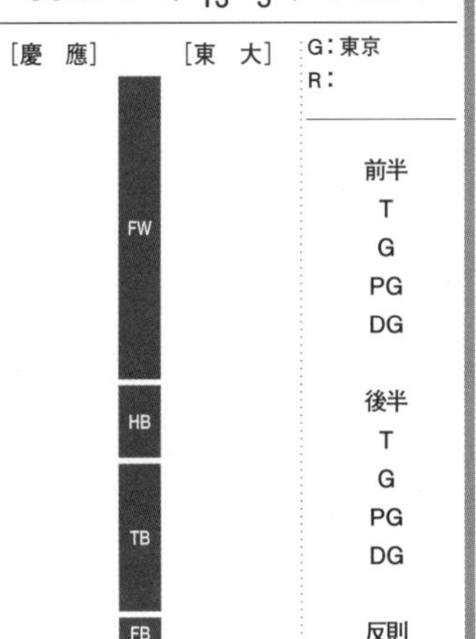

[慶 應] [東 大]
FW HB TB FB

G：東京
R：

前半 T G PG DG
後半 T G PG DG
反則

公式試合NO.266
関東大学対抗戦／S25年10月1日

慶應 34 （16−0 / 18−13） 13 教育大

[慶 應]		[教育大]
真鍋 明彦	FW	菊池 欣一
河端 秀利	FW	鈴木 文夫
清水 正彦	FW	古賀浩二郎
竹谷 武	FW	田島更一郎
山田 畝一	FW	平井
柏谷 典雄	FW	谷村 辰巳
山口 祐康	FW	森本 元哉
富上 祐輔	FW	鶴巻 和男
本城 端穂	HB	鈴木 修一
杉本善三郎	HB	黒田 信寛
瀬尾 博三	TB	高原 忠俊
加藤 仁	TB	池田 正徳
角南 圭一	TB	渕本 武陽
高橋 正旭	TB	堤 治美
斎藤 守高	FB	大迫 典雄

G：東京
R：

前半 T G PG DG
後半 T G PG DG
反則

公式試合NO.269
第25回対明大定期戦／S25年11月5日

慶應 15 （6−3 / 9−0） 3 明大

[慶 應]		[明 大]
真鍋 明彦	FW	佐野 久利
河端 秀利	FW	斉藤 寮
清水 正彦	FW	関 広義
竹谷 武	FW	村上 令
山田 畝一	FW	松下 良治
柏谷 典雄	FW	太田垣公平
山口 祐康	FW	大和 良
富上 祐輔	FW	浅田 運
本城 瑞穂	HB	曽根
杉本善三郎	HB	麻生 純三
瀬尾 博三	TB	佐々木敏郎
加藤 仁	TB	田中 泰雄
角南 圭一	TB	渡辺 昭彦
高橋 正旭	TB	横山 昭
斎藤 守高	FB	神代 達之

G：東京
R：高橋

6	前半	3
1	T	0
0	G	0
1	PG	1
	DG	
9	後半	0
3	T	0
0	G	0
0	PG	0
	DG	
	反則	

公式試合NO.264
第23回対京大定期戦／S25年1月1日

慶應 18 （3−6 / 15−0） 6 京大

[慶 應]		[京 大]
伊藤 泰治	FW	神門 久雄
河端 秀利	FW	堀 敬二
戸部 英昌	FW	築山 正弥
竹谷 武	FW	梅村 彰三
山田 畝一	FW	笹井 義雄
柏谷 典雄	FW	栗岡 章介
犬丸 二郎	FW	堀田 鉄也
富上 祐輔	FW	中川路忠男
真鍋 明彦	HB	真継 隆男
杉本善三郎	HB	柴垣 復生
関川 哲男	TB	岡田 守夫
中谷 三郎	TB	白山邦四郎
角南 圭一	TB	北田 純一
瀬尾 博三	TB	高野瀬 宏
斎藤 守高	FB	谷口雄一郎

G：東京
R：

前半 T G PG DG
後半 T G PG DG
反則

公式試合NO.267
第23回対立大定期戦／S25年10月14日

慶應 14 （3−0 / 11−0） 0 立大

[慶 應]		[立 大]
真鍋 明彦	FW	中村 和夫
河端 秀利	FW	大江 満
清水 正彦	FW	岩橋 太郎
竹谷 武	FW	島本 行明
山田 畝一	FW	永沢 克己
柏谷 典雄	FW	小島 幹夫
山口 祐康	FW	小林 爽
富上 祐輔	FW	松尾 雄
本城 端穂	HB	橋本 行正
杉本善三郎	HB	渡辺 雄二
瀬尾 博三	TB	菱川 照男
加藤 仁	TB	藤沢 恵治
角南 圭一	TB	中江 武人
高橋 正旭	TB	笠島 広一
斎藤 守高	FB	伊藤 保郎

G：東京
R：

前半 T G PG DG
後半 T G PG DG
反則

公式試合NO.270
第27回対早大定期戦／S25年11月23日

慶應 0 （0−0 / 0−9） 9 早大

[慶 應]		[早 大]
真鍋 和彦	FW	高見沢顕二郎
河端 秀利	FW	井上 和彦
清水 正彦	FW	林 秀雄
竹谷 武	FW	平井 雄治
山田 畝一	FW	橋本 晋一
粕谷 典雄	FW	藤井 厚
山口 祐康	FW	中島 節夫
富上 祐輔	FW	松分 光朗
本城 瑞穂	HB	下平 嘉昭
杉本善三郎	HB	小山昭一郎
瀬尾 博三	TB	青木 良昭
加藤 仁	TB	谷口進一郎
角南 圭一	TB	大月 雅宜
高橋 正旭	TB	横岩 玄平
斎藤 守高	FB	新村 郁甫

G：東京
R：伊藤

0	前半	0
0	T	0
0	G	0
0	PG	0
	DG	
0	後半	9
0	T	3
0	G	0
0	PG	0
	DG	
	反則	

公式試合NO.271
第25回対東大定期戦／S25年12月2日

慶應82（　　）3東大

［慶　應］		［東　大］
真鍋　明彦	FW	村　真佐男
河端　秀利	FW	石坂　泰夫
清水　正彦	FW	谷本　守
竹谷　武	FW	斉藤　広賢
山田　畝一	FW	徳野　幸三
粕谷　典雄	FW	鈴木　康充
山口　祐康	FW	真鍋　芳郎
富上　祐輔	HB / FW	神津　裕一
本城　瑞穂	HB	水内　明久
杉本善三郎	HB	高畠顕一郎
瀬尾　博三	TB	平木　英一
加藤　仁	TB	田口　淳一
角南　圭一	TB	中田　久也
高橋　旭	TB	瀬川　昌昭
斎藤　守高	FB	保田　忠志

G：東京
R：

	前半	
	T	
	G	
	PG	
	DG	
	後半	
	T	
	G	
	PG	
	DG	
	反則	

公式試合NO.272
第24回対京大定期戦／S26年1月1日

慶應33（8－5 / 25－0）5京大

［慶　應］		［京　大］
真鍋　明彦	FW	
河端　秀利	FW	
清水　正彦	FW	
竹谷　武	FW	
山田　畝一	FW	
柏谷　典雄	FW	
山口　祐康	FW	
富上　祐輔	HB / FW	
本城　瑞穂	HB	
杉本善三郎	HB	
瀬尾　博三	TB	
加藤　仁	TB	
角南　圭一	TB	
高橋　正旭	TB	
斎藤　守高	FB	

G：花園
R：

	前半	
	T	
	G	
	PG	
	DG	
	後半	
	T	
	G	
	PG	
	DG	
	反則	

公式試合NO.273
第34回対同大定期戦／S26年1月8日

慶應51（20－0 / 31－10）10同大

［慶　應］		［同　大］
真鍋　明彦	FW	松村　一雄
河端　秀利	FW	古川　一男
清水　正彦	FW	坪田　晃
竹谷　武	FW	高谷　忠雄
山田　畝一	FW	石和　昭二
柏谷　典雄	FW	岡　仁詩
山口　祐康	FW	鈴木　和夫
富上　祐輔	HB / FW	広島　登
本城　端穂	HB	門戸良太郎
杉本善三郎	HB	上坂　桂造
瀬尾　博三	TB	吉田　尚正
加藤　仁	TB	稲垣　雄美
角南　圭一	TB	薮田　芳彦
高橋　正旭	TB	上田
斎藤　守高	FB	伊藤　栄夫

G：花園
R：

	前半	
	T	
	G	
	PG	
	DG	
	後半	
	T	
	G	
	PG	
	DG	
	反則	

公式試合NO.274
関東大学対抗戦／S26年9月29日

慶應43（33－0 / 10－0）0法大

［慶　應］		［法　大］
	FW	
	FW	
	FW	
	FW	
	FW	
	FW	
	FW	
	HB / FW	
	HB	
	HB	
	TB	
	TB	
	TB	
	TB	
	FB	

G：
R：

	前半	
	T	
	G	
	PG	
	DG	
	後半	
	T	
	G	
	PG	
	DG	
	反則	

公式試合NO.275
関東大学対抗戦／S26年10月6日

慶應26（6－0 / 20－0）0中大

［慶　應］		［中　大］
小谷　清	FW	田頭　達市
清水　正彦	FW	鈴木　佐内
関川　哲男	FW	福岡　正英
菅野　英雄	FW	高橋　北洲
竹谷　武	FW	高橋　淳次
山田　太一	FW	坂井　重義
木下　伸生	FW	綿井　永寿
山口　祐康	FW	吉藤　輝昭
本城　瑞穂	HB	阿久津　剛
青井　達也	HB	桑原　寛樹
瀬尾　博	TB	椎熊　民男
加藤　仁	TB	浦野　省三
富上　祐輔	TB	久保　優
高橋　正旭	TB	矢萩　文雄
角南　圭一	FB	田中　昭己

G：東京
R：高橋

	前半	
	T	
	G	
	PG	
	DG	
	後半	
	T	
	G	
	PG	
	DG	
	反則	

公式試合NO.276
第25回対立大定期戦／S26年10月13日

慶應22（8－6 / 14－5）11立大

［慶　應］		［立　大］
関川　哲男	FW	小宮山喜久
清水　正彦	FW	大江　満
小谷　清	FW	岩橋　太郎
菅野　英雄	FW	石垣　裕正
竹谷　武	FW	永沢　克海
山田　太一	FW	小島　幹夫
山口　裕康	FW	小林　爽
酒井　清	HB	富士野英治
本城　瑞穂	HB	杉本　要二
青井　達也	HB	中江　武人
瀬尾　博三	TB	荒川　照男
加藤　仁	TB	吉田　喜剛
富上　祐輔	TB	渡辺　雄二
中谷　輝男	TB	北村　靖
角南　圭一	FB	安部　徹二

G：東京
R：伊藤

	前半	
	T	
	G	
	PG	
	DG	
	後半	
	T	
	G	
	PG	
	DG	
	反則	

公式試合NO.277
対教育大戦／S26年10月28日

慶應6（3－3 / 3－0）3教育大

［慶　應］		［教育大］
関川　哲男	FW	古賀浩二郎
龍野　和久	FW	冷牟田健吾
小谷　清	FW	林田　昭喜
竹谷　武	FW	渡辺　長治
木下　伸生	FW	宮崎　俊行
村岡　実	FW	谷村　辰巳
清水　幸彦	FW	森本　元哉
山口　裕康	FW	鶴巻　和男
本城　瑞穂	HB	荒木　豊
青井　達也	HB	黒田　信寛
瀬尾　博三	TB	高原　忠俊
加藤　仁	TB	渕本　武陽
角南　圭一	TB	鈴木　修一
高橋　正旭	TB	君島　弘康
松岡　竹雄	FB	山中　謙

G：東京
R：伊藤

3	前半	3
0	T	0
0	G	0
1	PG	1
	DG	
3	後半	0
1	T	0
0	G	0
0	PG	0
	DG	
	反則	

公式試合NO.278
第26回対明大定期戦／S26年11月11日

慶應3（3－3 / 0－21）24明大

［慶　應］		［明　大］
関川　哲男	FW	佐野　久利
清水　正彦	FW	大塩　勇
小谷　清	FW	平山　彪
竹谷　武	FW	松下　良治
白柏　広次	FW	北島　輝夫
村岡　実	FW	土屋　俊明
山口　祐康	FW	向出　博之
富上　祐輔	HB / FW	大和　貞
本城　瑞穂	HB	土屋　英明
青井　達也	HB	松岡　晴夫
瀬尾　博三	TB	佐々木敏郎
加藤　仁	TB	丹羽　三郎
角南　圭一	TB	渡部　昭彦
高橋　正旭	TB	横山　昭
松岡　竹雄	FB	麻生　純三

G：東京
R：高橋

3	前半	3
1	T	0
0	G	0
0	PG	1
	DG	
0	後半	21
0	T	1
0	G	3
0	PG	1
	DG	
	反則	

公式試合NO.289
第28回対早大定期戦／S26年11月23日

慶應8（0－9 / 8－0）9早大

［慶　應］		［早　大］
関川　哲男	FW	秋本　進
清水　正彦	FW	高武　昭夫
小谷　清	FW	平井　雄治
竹谷　武	FW	田中　昭
白柏　広次	FW	梅井　良治
村岡　実	FW	松永　正弘
山口　祐康	FW	橋本　晋一
富上　祐輔	HB / FW	原田　秀雄
本城　瑞穂	HB	竹尾　靖造
青井　達也	HB	下平　嘉昭
瀬尾　博三	TB	青木　良昭
加藤　仁	TB	小山昭一郎
角南　圭一	TB	佐藤　貞夫
高橋　正旭	TB	星加　登
松岡　竹雄	FB	佐藤　英彦

G：東京
R：高橋

0	前半	9
0	T	2
0	G	0
0	PG	1
	DG	
8	後半	0
2	T	0
1	G	0
0	PG	0
	DG	
	反則	

公式試合NO.280

第26回対東大定期戦／S26年12月1日

慶應 12 (12−3 / 0−3) 6 東大

[慶 應]		[東 大]	G：東京 R：小林
関川 哲男	FW	瀬崎 和郎	
田村 幸治	FW	谷本 守	
橋本 公秀	FW	広瀬 昭	12 前半 3
竹谷 武	FW	徳野 幸三	4 T 1
白柏 広次	FW	野崎 秀雄	0 G 0
村岡 実	FW	神津 裕一	0 PG 0
木下 伸生	FW	宮住 敏	DG
山林 弘	FW	眞鍋 芳郎	
本城 瑞穂	HB	鈴木 元雄	0 後半 3
山田 章一	HB	保田 忠志	0 T 1
瀬尾 博光	TB	高橋 享	0 G 0
奥野 厚	TB	山中 厚広	0 PG 0
直井 弘	TB	水内 明久	DG
花田 実男	TB	平木 英一	
角南 圭一	FB	橋本 竜男	反則

公式試合NO.283

対全オックスフォード戦／S27年9月14日

全慶應 6 (3−9 / 3−19) 28 全オ大

[全慶應]		[全オ大]	G：東京 R：ダフ
関川 哲男	FW	トムソン	
赤津喜一郎	FW	クリーズ	
小谷 清	FW	グリフィス	3 前半 9
由本 栄作	FW	ウィンペリス	0 T 3
山田 太一	FW	ウォーカー	0 G 0
竹谷 武	FW	ブラード	1 PG 0
龍野 和久	FW	デービス	DG
富上 祐輔	FW	ワイデル	
本城 瑞穂	HB	スペンス	3 後半19
青井 達也	HB	ベーカー	1 T 5
瀬尾 博三	TB	ブルーア	0 G 2
加藤 仁	TB	ブーブバイヤー	PG
斎藤 守高	TB	カネル	DG
高橋 正旭	TB	クーパー	
角南 圭一	FB	サンダース	11 反則 7

公式試合NO.286

第27回対明大定期戦／S27年11月9日

慶應 6 (3−17 / 3−9) 26 明大

[慶 應]		[明 大]	G：東京 R：伊藤
関川 哲男	FW	夏井 末春	
赤津喜一郎	FW	大塩 勇	
小谷 清	FW	平山 彪	3 前半17
木下 伸生	FW	松下 良治	1 T 3
柴田 孝	FW	真野 克宏	0 G 1
龍野 和久	FW	土屋 俊明	0 PG 1
美川 英二	FW	高橋 逸郎	DG
竹谷 武	FW	大和 貞	
本城 瑞穂	HB	土屋 英明	3 後半 9
青井 達也	HB	松岡 晴夫	1 T 2
瀬尾 博三	TB	佐々木敏郎	0 G 0
加藤 仁	TB	今村 隆一	0 PG 1
山田 章一	TB	渡部 昭彦	DG
高橋 正旭	TB	宮井 国夫	
松岡 竹雄	FB	麻生 純三	反則

公式試合NO.281

第25回対京大定期戦／S27年1月1日

慶應 9 (6−3 / 3−14) 17 京大

[慶 應]		[京 大]	G：東京 R：
関川 哲男	FW	亀井 弘次	
清水 正彦	FW	堀 敬二	
小谷 清	FW	土岐 俊治	6 前半 3
清水 幸孝	FW	鈴木 正直	2 T 0
白柏 広次	FW	笹井 義男	0 G 0
村岡 実	FW	岩井 靖	0 PG 1
木下 伸生	FW	堀田 鉄也	DG
山口 祐康	FW	比山 誠一	
福田 利昭	HB	中川 路明	3 後半14
青井 達也	HB	桂 信夫	1 T 3
瀬尾 博三	TB	鈴木 純	0 G 1
加藤 仁	TB	北田 純一	0 PG 1
角南 圭一	TB	稲畑 順二	DG
高橋 正旭	TB	田村 満	
松岡 竹雄	FB	宮川清太郎	反則

公式試合NO.284

関東大学対抗戦／S27年10月12日

慶應 45 (17−5 / 28−3) 8 法大

[慶 應]		[法 大]	G： R：
	FW		
	FW		前半
	FW		T
	FW		G
	FW		PG
	FW		DG
	HB		後半
	HB		T
	TB		G
	TB		PG
	TB		DG
	FB		反則

公式試合NO.287

第29回対早大定期戦／S27年11月23日

慶應 11 (6−3 / 5−14) 17 早大

[慶 應]		[早 大]	G：東京 R：和田
関川 哲男	FW	高見沢顕二郎	
赤津喜一郎	FW	高武 昭夫	
小谷 清	FW	平井 雄治	6 前半 3
木下 伸生	FW	伊藤 竜平	0 T 0
白柏 広次	FW	梅井 良治	0 G 0
美川 英二	FW	山崎 靖彦	2 PG 1
竹谷 武	FW	田中 昭	DG
山林 弘	FW	原田 秀雄	
福田 利昭	HB	下平 嘉昭	5 後半14
青井 達也	HB	新井 茂裕	1 T 4
瀬尾 博三	TB	青木 良昭	1 G 1
加藤 仁	TB	佐藤 貞夫	0 PG 0
山田 章一	TB	小山昭一郎	DG
高橋 正旭	TB	星加 豊	
松岡 竹雄	FB	佐藤 英彦	反則

公式試合NO.282

第35回対同大定期戦／S27年1月10日

慶應 32 (12−0 / 20−0) 0 同大

[慶 應]		[同 大]	G： R：
関川 哲男	FW	古川 一男	
清水 正彦	FW	永井健次郎	
小谷 清	FW	森川 良晴	前半
竹谷 武	FW	西村 輝治	T
白柏 広次	FW	西出 尭	G
村岡 実	FW	磯川 成章	PG
木下 伸生	FW	鈴木 和夫	DG
山口 裕康	FW	岡 仁詩	
福井 亨	HB	門戸良太郎	後半
青井 達也	HB	上坂 桂造	T
瀬尾 博三	TB	吉田 尚正	G
加藤 仁	TB	伊藤 栄夫	PG
角南 圭一	TB	広畠 登	DG
高橋 正旭	TB	薮田 芳彦	
松岡 竹雄	FB	金木 潤吉	反則

公式試合NO.285

第26回対立大定期戦／S27年10月27日

慶應 15 (6−3 / 9−0) 3 立大

[慶 應]		[立 大]	G：東京 R：木村
関川 哲男	FW	小宮山喜久	
赤津喜一郎	FW	徳満 恵	
小谷 清	FW	中村 和夫	前半
木下 伸生	FW	高橋 基郎	T
柴田 孝	FW	山元 春三	G
美川 英二	FW	小島 幹夫	PG
竹谷 武	FW	小林 爽	DG
龍野 和久	FW	安部 徹二	
本城 瑞穂	HB	杉本 要二	後半
青井 達也	HB	渡辺 雄二	T
瀬尾 博三	TB	伊達 健志	G
加藤 仁	TB	吉田 喜剛	PG
山田 章一	TB	中江 武人	DG
高橋 正旭	TB	高橋 三郎	
藤井 浩一	FB	林 茂太郎	反則

公式試合NO.288

第27回対東大定期戦／S27年11月30日

慶應 54 (25−6 / 29−0) 6 東大

[慶 應]		[東 大]	G：東京 R：
	FW		
	FW		前半
	FW		T
	FW		G
	FW		PG
	FW		DG
	HB		後半
	HB		T
	TB		G
	TB		PG
	TB		DG
	FB		反則

公式試合NO.289
関東大学対抗戦／S27年12月22日
慶應56（22−6 / 34−0）6日大

［慶　應］　［日　大］　G：　R：

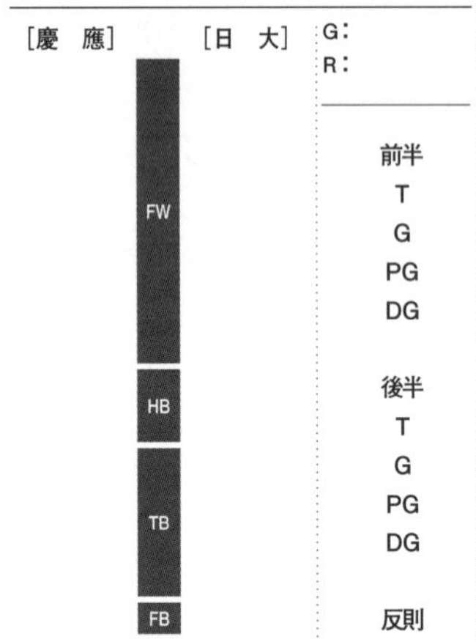

前半
T
G
PG
DG
後半
T
G
PG
DG
反則

公式試合NO.292
対ケンブリッジ大戦／S28年9月13日
全慶應3（3−6 / 0−8）14ケンブリッジ大

G：秩父宮　R：クーパー

［全慶應］		［ケ　大］	
関川　哲男	FW	M・マッシー	
赤津喜一郎	FW	アリーズ	
小谷　清	FW	アッシャー	3 前半 6
木下　伸生	FW	ホイーラー	1 T 2
山田　太一	FW	マスキス	0 G 0
美川　英二	FW	ビーア	0 PG 0
龍野　和久	FW	ステイブンスン	DG
福田　利昭	FW	エバンス	
富上　祐輔	HB	プリティー	0 後半 8
加藤　仁	HB	K.デービス	0 T 2
斎藤　守高	TB	ドオ	0 G 1
青井　達也	TB	W.デービス	PG
高橋　正旭	TB	ダルクリージェ	DG
本城　瑞穂	TB	グローグ	
日野　良昭	FB	シルク	反則

公式試合NO.295
第30回対早大定期戦／S28年11月23日
慶應6（3−0 / 3−14）14早大

G：秩父宮　R：和田

［慶　應］		［早　大］	
加藤　順二	FW	高見沢顕二郎	
赤津喜一郎	FW	高武　昭夫	
金子　駿	FW	秋本　進	3 前半 0
木下　伸生	FW	伊藤　竜平	0 T 0
柴田　孝	FW	梅井　良治	0 G 0
田崎　邦彦	FW	山崎　靖彦	0 PG 0
龍野　和久	FW	松永　正弘	1 DG 0
山田　章一	FW	原田　秀雄	
福田　利昭	HB	山本昌三郎	3 後半14
日野　良昭	HB	竹屋　靖造	1 T 4
井上　宙彦	TB	末田　種彦	0 G 1
宇田川宗保	TB	佐藤　貞夫	0 PG 0
青井　達也	TB	新井　茂裕	0 DG 0
高橋　正旭	TB	星加　豊	
藤井　浩一	FB	佐藤　英彦	反則

公式試合NO.290
第26回対京大定期戦／S28年1月1日
慶應32（29−0 / 3−0）0京大

G：花園　R：

［慶　應］		［京　大］	
関川　哲男	FW	亀井　弘次	
赤津喜一郎	FW	堀　敬二	
小谷　清	FW	土岐　俊治	前半
木下　伸生	FW	細見　進	T
白柏　広次	FW	笹井　義男	G
美川　英二	FW	竹野　哲郎	PG
竹谷　武	FW	福田　順三	DG
竜野　和久	FW	比山　誠一	
福田　利昭	HB	水本　信忠	後半
青井　達也	HB	桂　信夫	T
瀬尾　博三	TB	谷口雄三郎	G
加藤　仁	TB	鈴木　純	PG
山田　章一	TB	稲畑　順二	DG
高橋　正旭	TB	秋山　宗裕	
村岡　竹雄	FB	宮川清太郎	反則

公式試合NO.293
第27回対立大定期戦／S28年10月25日
慶應13（5−6 / 8−3）9立大

G：秩父宮　R：伊藤

［慶　應］		［立　大］	
赤津喜一郎	FW	小宮山喜久	
臼井　一郎	FW	徳満　恵	
橋本　公寿	FW	渡辺　忠明	前半
美川　英二	FW	高橋　基郎	T
木下　伸生	FW	山元　春三	G
柴田　孝	FW	矢野　健志	PG
龍野　和久	FW	石垣　裕正	DG
本城　瑞穂	FW	中原　亮	
福田　利昭	HB	菅原	後半
日野　良昭	HB	杉本　要二	T
伊藤陽二郎	TB	早川　三兵	G
山田　章一	TB	中江　武人	PG
青井　達也	TB	渡辺　雄	DG
高橋　正旭	TB	北村　靖	
藤井　浩一	FB	林　茂太郎	反則

公式試合NO.296
第28回対東大定期戦／S28年12月5日
慶應32（14−0 / 18−0）0東大

G：秩父宮　R：伊藤

［慶　應］		［東　大］	
加藤　順二	FW	森　康裕	
赤津喜一郎	FW	飯沼　武	
金子　駿	FW	西村　格	前半
木下　伸生	FW	稲田　直	T
柴田　孝	FW	近藤　祐嗣	G
加藤　義人	FW	足立　道夫	PG
龍野　和久	FW	保田　忠志	DG
木下　新三	FW	宮住　敏	
岸中　徹雄	HB	鈴木　元雄	後半
日野　良昭	HB	奥村　武平	T
井上　寅彦	TB	佐藤　正男	G
山田　章一	TB	古茂田真幸	PG
青井　達也	TB	竹内　均	DG
高橋　正旭	TB	田口　淳一	
直井　弘	FB	小松　正男	反則

公式試合NO.291
第36回対同大定期戦／S28年1月7日
慶應24（13−18 / 11−3）21同大

G：花園　R：

［慶　應］		［同　大］	
関川　哲男	FW	島　愛彦	
赤津喜一郎	FW	古川　一男	
小谷　清	FW	森川　良晴	13 前半18
木下　伸生	FW	多田　博道	0 T 1
白柏　広次	FW	埜山　嘉彦	2 G 3
美川　英二	FW	磯川　成章	1 PG 0
竹谷　武	FW	永井健次郎	DG
龍野　和久	FW	岡　仁詩	
福田　利昭	HB	大塚　満弥	11 後半 3
青井　達也	HB	上坂　桂造	2 T 1
瀬尾　博三	TB	藤本　雅章	1 G 0
加藤　仁	TB	薮田　芳彦	0 PG 0
山田　章一	TB	広畠　登	DG
高橋　正旭	TB	吉田　尚正	
村岡　竹雄	FB	金木　潤吉	反則

公式試合NO.294
第28回対明大定期戦／S28年11月8日
慶應13（0−16 / 13−18）34明大

G：秩父宮　R：伊藤

［慶　應］		［明　大］	
加藤　順二	FW	夏井　末春	
赤津喜一郎	FW	大塩　勇	
金子　駿	FW	平山　彪	前半
木下　伸生	FW	真野　克宏	T
柴田　孝	FW	北島　輝夫	G
美川　英二	FW	土屋　俊明	PG
龍野　和久	FW	小原　隆一	DG
福田　利昭	FW	松重　正明	
日野　良昭	HB	三苫　学	後半
井上　宙彦	HB	金沢　忠良	T
山田　章一	TB	麻生　純三	G
青井　達也	TB	今村　隆一	PG
高橋　正旭	TB	宮井　国夫	DG
本城　瑞穂	TB	喜多崎　晃	
藤井　浩一	FB	後藤　斉一	反則

公式試合NO.297
第27回対京大定期戦／S29年1月1日
慶應24（6−0 / 18−5）5京大

G：秩父宮　R：小林

［慶　應］		［京　大］	
加藤　順二	FW	原　寿治	
赤津喜一郎	FW	西郷　光一	
山田　太一	FW	黒野　晃治	前半
木下　伸生	FW	鹿内　健彦	T
柴田　孝	FW	若林　雄治	G
高木　秀陽	FW	水本　信忠	PG
龍野　和久	FW	笹井　義男	DG
山田　章一	FW	酒井九州男	
福田　利昭	HB	加納　顕一	後半
日野　良昭	HB	谷口雄三郎	T
岡本　恵祐	TB	坂本　泰造	G
宇田川宗保	TB	関根　彰圓	PG
木下　新三	TB	稲畑　順二	DG
高橋　正旭	TB	藤岡　豊	
直井　弘	FB	秋山　宗裕	反則

公式試合NO.298
第37回対同大定期戦／S29年1月10日

慶應23（6－8 / 17－0）8同大

[慶應]		[同大]	G：秩父宮 R：伊藤
加藤 順二	FW	島 愛彦	
赤津喜一郎	FW	古川 一男	
金子 駿	FW	森川 良晴	前半
木下 伸生	FW	多田 博道	T
柴田 孝	FW	前田 恭平	G
美川 英二	FW	広島	PG
龍野 和久	FW	埜山 嘉彦	DG
山田 章一	FW	西出 克	
福田 利昭	HB	大塚 満弥	後半
日野 良昭	HB	上坂 桂造	T
井上 宙彦	TB	永野 雅弘	G
宇田川宗保	TB	藪田 良彦	PG
青井 達也	TB	田中 昭	DG
高橋 正旭	TB	稲垣 雄美	
上野喜一郎	FB	金木 潤吉	反則

公式試合NO.301
第29回対明大定期戦／S29年11月7日

慶應3（3－6 / 0－21）27明大

[慶應]		[明大]	G：秩父宮 R：和田
藤田 義雄	FW	北島 輝夫	
赤津喜一郎	FW	蓑口 一光	
永井 節郎	FW	夏井 和夫	3 前半 6
木下 伸生	FW	寺原 靖雄	1 T 1
柴田 孝	FW	小原 隆一	0 G 0
美川 英二	FW	島本 正	0 PG 1
龍野 和久	FW	木下 憲一	DG
山田 章一	FW	松重 正明	
福田 利昭	HB	曽根 俊郎	0 後半21
日野 良昭	HB	善如寺音良	0 T 2
伊藤陽二郎	TB	加賀谷 靖	0 G 3
宇田川宗保	TB	今村 隆一	0 PG 0
青井 達也	TB	今泉 清志	DG
直井 弘	TB	宮井 国夫	
藤井 浩一	FB	後藤 斉一	反則

公式試合NO.304
関東大学対抗戦／S29年12月19日

慶應11（3－16 / 8－13）29日大

[慶應]		[日大]	G：秩父宮 R：伊藤
加藤 順二	FW	平井	
赤津喜一郎	FW	吉川	
永井 節郎	FW	地代所	3 前半16
木下 伸生	FW	鈴木	1 T 2
柴田 孝	FW	須藤	0 G 2
美川 英二	FW	今野	0 PG 0
龍野 和久	FW	無津呂	DG
山田 章一	FW	長坂	
福田 利昭	HB	福田	8 後半13
日野 良昭	HB	久保田	1 T 1
伊藤陽二郎	TB	近藤	1 G 2
宇田川宗保	TB	早福	0 PG 0
青井 達也	TB	村上	DG
直井 弘	TB	出雲	
藤井 浩一	FB	佐藤	反則

公式試合NO.299
対青学大戦／S29年10月2日

慶應73（34－0 / 39－3）3青学大

[慶應]		[青学大]	G：日吉 R：中須
加藤 順二	FW	小早川智弘	
赤津喜一郎	FW	前田 泰信	
永井 節郎	FW	辻 信一良	34 前半 0
須田 修吉	FW	浜中 健	3 T 0
柴田 孝	FW	大矢 正臣	5 G 0
美川 英二	FW	鈴木 幸二	0 PG 0
龍野 和久	FW	関口 寛三	DG
山田 章一	FW	信田 力正	
福田 利昭	HB	永田 博	39 後半 3
日野 良昭	HB	山崎 清英	3 T 0
直井 弘	TB	米川 忠吉	6 G 0
宇田川宗保	TB	佐藤 泰民	0 PG 1
青井 達也	TB	高橋 勉	DG
井上 宙彦	TB	安川 正夫	
藤井 浩一	FB	遊佐 裕二	反則

公式試合NO.302
第31回対早大定期戦／S29年11月23日

慶應19（5－11 / 14－8）19早大

[慶應]		[早大]	G：秩父宮 R：和田
加藤 順二	FW	金谷 邦雄	
赤津喜一郎	FW	高武 昭夫	
永井 節郎	FW	内藤 勇策	5 前半11
木下 伸生	FW	水野 忠明	0 T 2
柴田 孝	FW	片倉 胖	1 G 1
美川 英二	FW	松永 正弘	0 PG 0
龍野 和久	FW	白井善三郎	DG
山田 章一	FW	関根 万睦	
福田 利昭	HB	山本昌三郎	14 後半 8
日野 良昭	HB	新井 茂裕	1 T 1
伊藤陽二郎	TB	日比野 弘	1 G 1
宇田川宗保	TB	佐藤 貞夫	2 PG 0
青井 達也	TB	阪口 幹夫	DG
直井 弘	TB	星加 豊	
藤井 浩一	FB	藤島 勇一	反則

公式試合NO.305
第28回対京大定期戦／S30年1月1日

慶應66（25－0 / 41－0）0京大

[慶應]		[京大]	G：花園 R：下平
加藤 順二	FW	山田 通彦	
臼井 一郎	FW	西谷 浩明	
赤津喜一郎	FW	黒野 晃治	前半
木下 伸生	FW	中田 一男	T
柴田 孝	FW	岡崎 講二	G
美川 英二	FW	菅野 章	PG
龍野 和久	FW	松本 文夫	DG
山田 章一	FW	酒井九州男	
福田 利昭	HB	望月 秀郎	後半
日野 良昭	HB	谷口[illegible]三郎	T
伊藤陽二郎	TB	坂本 泰造	G
宇田川宗保	TB	関根 彰圓	PG
青井 達也	TB	藤岡 豊	DG
直井 弘	TB	水本 信忠	
藤井 浩一	FB	加藤 新策	反則

公式試合NO.300
第28回対立大定期戦／S29年10月24日

慶應31（6－5 / 25－0）5立大

[慶應]		[立大]	G：秩父宮 R：伊藤
藤田 義雄	FW	尾島 善雄	
赤津喜一郎	FW	徳満 恵	
臼井 一郎	FW	渡辺 忠明	6 前半 5
永井 節郎	FW	石垣 裕正	1 T 0
柴田 孝	FW	山元 春三	0 G 1
美川 英二	FW	矢野 健志	1 PG 0
龍野 和久	FW	藤井 隆助	DG
山田 章一	FW	加賀山 篤	
福田 利昭	HB	松本 要二	25 後半 0
日野 良昭	HB	中野 幸治	4 T 0
伊藤陽二郎	TB	早川 三兵	2 G 0
宇田川宗保	TB	佐々木修寿	1 PG 0
青井 達也	TB	柴田 英春	DG
直井 弘	TB	北村 靖	
藤井 浩一	FB	林 茂太郎	反則

公式試合NO.303
第29回対東大定期戦／S29年12月5日

慶應50（　）0東大

[慶應]		[東大]	G：秩父宮 R：池田
	FW		前半
	FW		T
	FW		G
	FW		PG
	FW		DG
	HB		後半
	HB		T
	TB		G
	TB		PG
	TB		DG
	FB		反則

公式試合NO.306
第38回対同大定期戦／S30年1月8日

慶應28（9－0 / 19－3）3同大

[慶應]		[同大]	G：花園 R：松元
加藤 順二	FW	津田 浩司	
赤津喜一郎	FW	河合 正広	
柴田 孝	FW	北村 英雄	前半
永井 節朗	FW	前田 恭平	T
木下 伸生	FW	磯川 哲世	G
美川 英二	FW	中島 明喜	PG
龍野 和久	FW	多田 博道	DG
山田 章一	FW	西出 克	
福田 利昭	HB	大塚 満弥	後半
日野 良昭	HB	山下 隆喜	T
伊藤陽二郎	TB	吉田 尚正	G
宇田川宗保	TB	小高根 寛	PG
青井 達也	TB	坂井 康央	DG
岡本 惠祐	TB	永野 雅弘	
藤井 浩一	FB	金木 潤吉	反則

公式試合NO.307
関東大学対抗戦／S30年10月9日
慶應12（6−5 / 6−0）5法大

［慶應］		［法大］	G：秩父宮 R：松元
藤田　義雄	FW	末松	
赤津喜一郎		加持	
永井　節郎		清都	前半
須田　修吉		三枝	T
柴田　孝		吉田	G
岡崎　邦彦		大内	PG
関川　泰男		長谷川	DG
高木　秀陽		阿部	
福田　利昭	HB	斉藤	後半
平島　正登		北崎	T
松原　磐	TB	佐藤	G
宇田川宗保		溝呂木	PG
日野　良昭		犬丸	DG
吉田　昭		横田	
藤井　浩二	FB	梅井	反則

公式試合NO.308
第29回対立大定期戦／S30年10月23日
慶應13（0−3 / 13−6）9立大

［慶應］		［立大］	G：秩父宮 R：和田
藤田　義雄	FW	安部　正義	
赤津喜一郎		佐々木	
永井　節郎		渡辺　忠明	前半
須田　修吉		宮原　英雄	T
柴田　孝		山元　春三	G
宮島　欽一		矢野　健志	PG
木下　伸生		加賀山　篤	DG
高木　秀陽		平山	
福田　利昭	HB	安部　重徳	後半
今村　耕一		中野　幸治	T
吉田　昭	TB	高橋　三郎	G
日野　良昭		岩田　至道	PG
平島　正登		柴田　英春	DG
岡本　恵祐		北村　靖	
藤井　浩一	FB	林　茂太郎	反則

公式試合NO.309
第30回対明大定期戦／S30年11月6日
慶應13（8−3 / 5−8）11明大

［慶應］		［明大］	G：秩父宮 R：伊藤
豊島　志朗	FW	藤　晃和	
赤津喜一郎		夏井　和夫	
永井　節郎		小林　清	8 前半 3
木下　伸生		松岡　英昭	1 T 1
柴田　孝		寺原　靖雄	1 G 0
美川　英二		菊地　英夫	1 PG 0
山田　章一		小原　隆一	DG
高木　秀陽		木下　憲一	
福田　利昭	HB	今泉　清志	5 後半 8
平島　正登		福丸　栄蔵	1 T 1
竹内　敏之	TB	梅津　昇	1 G 1
宇田川宗保		宮井　国夫	0 PG 1
日野　良昭		寺西　博	DG
吉田　昭		白谷	
藤井　浩一	FB	今村　隆一	反則

公式試合NO.310
第32回対早大定期戦／S30年11月23日
慶應11（3−5 / 8−0）5早大

［慶應］		［早大］	G：秩父宮 R：和田
豊島　志朗	FW	永橋　利雄	
赤津喜一郎		内藤　勇策	
永井　節郎		結城　昭康	3 前半 5
木下　伸生		大野　浩	1 T 1
柴田　孝		片倉　胖	0 G 1
美川　英二		盛　晴海	0 PG 0
山田　章一		富永　栄喜	DG
高木　秀陽		市田　恵紀	
福田　利昭	HB	関根　万睦	8 後半 0
平島　正登		吉田　清明	2 T 0
竹内　敏之	TB	谷口　隆三	1 G 0
宇田川宗保		横井　久	0 PG 0
日野　良昭		新井　茂裕	DG
吉田　昭		日比野　弘	
藤井　浩一	FB	藤島　勇一	反則

公式試合NO.311
第30回対東大定期戦／S30年12月3日
慶應27（12−3 / 15−3）6東大

［慶應］		［東大］	G：秩父宮 R：松元
白井　一郎	FW	吉田　孝三	
赤津喜一郎		小野　任	
永井　節郎		西村　格	前半
稲垣　晴朗		高野　昌三	T
柴田　孝		瀬崎　行雄	G
美川　英二		芦立　道夫	PG
小西　康博		小田　弘雄	DG
山田　章一		荒木　卓哉	
福田　利昭	HB	鈴木　六郎	後半
平島　正登		竹内　均	T
西野　博之	TB	鹿島斗鬼男	G
木下　新三		今田　弘	PG
日野　良昭		竹村　文彦	DG
岡本　恵祐		代田　英雄	
藤井　浩一	FB	市川　靖	反則

公式試合NO.312
第29回対京大定期戦／S31年1月1日
慶應58（21−5 / 37−0）5京大

［慶應］		［京大］	G：秩父宮 R：松元
豊島　志朗	FW	山田　通彦	
赤津喜一郎		清水　卓	
永井　節郎		里野　晃治	前半
須田　修吉		後藤　宏志	T
柴田　孝		川井　利久	G
美川　英二		城田	PG
山田　章一		西谷	DG
高木　秀陽		酒井九州男	
福田　利昭	HB	望月　秀郎	後半
今村　耕一		谷口悌三郎	T
竹内　敏之	TB	阪本　泰造	G
木下　新三		藤岡　豊	PG
日野　良昭		上仲　俊行	DG
吉田　昭		岩田　元一	
藤井　浩一	FB	加藤　新策	反則

公式試合NO.313
第39回対同大定期戦／S31年1月8日
慶應6（3−0 / 3−0）0同大

［慶應］		［同大］	G：秩父宮 R：松元
豊島　志朗	FW	加納　茂	
赤津喜一郎		河合　正弘	
永井　節郎		北村　英雄	前半
木下　伸生		大塚　謙次	T
柴田　孝		磯川　哲世	G
美川　英二		中島　明喜	PG
山田　敬介		前田　恭平	DG
岡崎　邦彦		竹村　健	
福田　利昭	HB	山下　隆義	後半
平島　正登		芦田　貞明	T
竹内　敏之	TB	安村　清	G
宇田川宗保		金木　潤吉	PG
日野　良昭		坂井　靖史	DG
吉田　昭		阪	
藤井　浩一	FB	原田　輝美	反則

公式試合NO.314
関東大学対抗戦／S31年10月14日
慶應5（0−0 / 5−0）0法大

［慶應］		［法大］	G：秩父宮 R：和田
豊島　志朗	FW	長谷川	
河内　浩平		卯牧	
関川　泰男		清都	0 前半 0
森岡　弘平		吉田	0 T 0
山下　忠男		田中　完二	0 G 0
宮島　欽一		大内	0 PG 0
山田　敬介		渡辺	0 DG 0
高木　秀陽		阿部	
今村　耕一	HB	斉藤	5 後半 0
中沢　肇人		友岡	0 T 0
竹内　敏之	TB	鈴木　秀明	1 G 0
平島　正登		石黒	0 PG 0
日野　良昭		溝呂木	0 DG 0
吉田　昭		塩谷	
藤　市郎	FB	石井　徳正	13 反則 6

公式試合NO.315
第30回対立大定期戦／S31年10月28日
慶應23（15−3 / 8−8）11立大

［慶應］		［立大］	G：秩父宮 R：池田
豊島　志朗	FW		
河内　浩平			
宮島　欽一			15 前半 3
須田　修吉			3 T 0
木下　伸生			0 G 0
山田　敬介			2 PG 1
岡崎　邦彦			0 DG 0
高木　秀陽			
今村　耕一	HB		8 後半 8
中沢　肇人			1 T 0
竹内　敏之	TB		1 G 1
平島　正登			0 PG 1
日野　良昭			0 DG 0
吉田　昭			
藤　市郎	FB		13 反則 9

公式試合NO.316

第31回対明大定期戦／S31年11月11日

慶應3（0−5 / 3−18）23明大

慶應		明大	
豊島 志朗	FW	小林 清	G：秩父宮 R：松元
河内 浩平	FW	吉田 賢二	
宮島 欽一	FW	藤 晃和	0 前半 5
須田 修吉	FW	三戸徳三郎	0 T 0
山下 忠男	FW	前道 昌夫	0 G 1
山田 敬介	FW	恒吉 幸夫	0 PG 0
岡崎 邦彦	FW	木下 憲一	0 DG 0
高木 秀陽	FW	中山 亨	
今村 耕一	HB	麻生静四郎	3 後半18
中沢 肇人	HB	福丸 栄蔵	1 T 1
竹内 敏之	TB	梅津 昇	0 G 3
平島 正登	TB	寺西 博	0 PG 0
日野 良昭	TB	青山 武義	0 DG 0
吉田 昭	TB	加賀谷 健	
藤 市郎	FB	大神 政美	2 反則18

公式試合NO.319

第30回対京大定期戦／S32年1月1日

慶應31（14−0 / 17−6）6京大

慶應		京大	
豊島 志朗	FW	山田 通彦	G：花園 R：大江
河内 浩平	FW	清水 卓	
森岡 弘平	FW	里野 晃治	14 前半 0
藤田 義雄	FW	岩田 元一	3 T 0
山下 忠男	FW	後藤 宏志	1 G 0
岡崎 邦彦	FW	松宮 佶	0 PG 0
山田 敬介	FW	川井 利久	0 DG 0
高木 秀陽	FW	酒井九州男	
今村 耕一	HB	望月 秀郎	17 後半 6
中沢 肇人	HB	谷口愷三郎	4 T 2
竹内 敏之	TB	阪本 泰造	1 G 0
平島 正登	TB	上仲 俊行	0 PG 0
日野 良昭	TB	宮原 邦博	0 DG 0
吉田 昭	TB	藤岡 豊	
藤 市郎	FB	加藤 新策	反則

公式試合NO.322

関東大学対抗戦／S32年10月27日

慶應18（0−12 / 18−0）12中大

慶應		中大	
豊島 志朗	FW	佐口 守	G：秩父宮 R：畑山
河内 浩平	FW	石川 次男	
森岡 弘平	FW	一木 猛	0 前半12
森久 協一	FW	松本	0 T 3
山下 忠男	FW	鶴田	0 G 0
宮島 欽一	FW	石塚 正志	0 PG 1
山田 敬介	FW	白石 博美	0 DG 0
木野 文海	FW	鶴北	
今村 耕一	HB	河村 三生	18 後半 0
平島 正登	HB	高 秀実	0 T 0
竹内 敏之	TB	白石 雑良	3 G 0
坂本 恒	TB	高橋 芳夫	1 PG 0
石井 堅司	TB	杉本 満	0 DG 0
吉田 昭	TB	菊地 上	
藤 市郎	FB	牛島 道夫	17 反則 7

公式試合NO.317

第33回対早大定期戦／S31年11月23日

慶應8（3−9 / 5−17）26早大

慶應		早大	
豊島 志朗	FW	永橋 利雄	G：秩父宮 R：池田
河内 浩平	FW	志賀 英一	
森岡 弘平	FW	結城 昭康	3 前半 9
藤田 義雄	FW	田中 聖二	1 T 3
山下 忠男	FW	片倉 胖	0 G 0
山田 敬介	FW	尾崎 政雄	0 PG 0
岡崎 邦彦	FW	富永 栄喜	0 DG 0
高木 秀陽	FW	市田 惠紀	
今村 耕一	HB	関根 万睦	5 後半17
中沢 肇人	HB	吉田 清明	1 T 5
竹内 敏之	TB	谷口 隆三	1 G 1
平島 正登	TB	横井 久	0 PG 0
日野 良昭	TB	小山 俊次	0 DG 0
吉田 昭	TB	日比野 弘	
藤 市郎	FB	藤島 勇一	12 反則 5

公式試合NO.320

第40回対同大定期戦／S32年1月8日

慶應16（5−6 / 11−0）6同大

慶應		同大	
豊島 志朗	FW	加納 茂	G：花園 R：阪口
河内 浩平	FW	津田 浩司	
森岡 弘平	FW	佐藤 清美	5 前半 6
藤田 義雄	FW	大塚 謙次	0 T 2
山下 忠男	FW	磯川 哲世	1 G 0
岡崎 邦彦	FW	中島 明喜	0 PG 0
山田 敬介	FW	河合 正弘	0 DG 0
高木 秀陽	FW	竹村 健	
今村 耕一	HB	山下 隆義	11 後半 0
平島 正登	HB	石田 真三	2 T 0
竹内 敏之	TB	安村 清	1 G 0
藤 市郎	TB	小高根 寛	0 PG 0
日野 良昭	TB	原田 輝美	0 DG 0
吉田 昭	TB	坂井 靖史	
坂本 恒	FB	岸本 勝彦	6 反則10

公式試合NO.323

第32回対明大定期戦／S32年10月27日

慶應21（3−11 / 18−3）14明大

慶應		明大	
豊島 志朗	FW	小林 清	G：秩父宮 R：池田
河内 浩平	FW	駒沢 忠信	
森岡 弘平	FW	藤 晃和	3 前半11
森久 協一	FW	三戸徳三郎	1 T 1
山下 忠男	FW	前道 昌夫	0 G 1
宮島 欽一	FW	恒吉 幸雄	0 PG 1
山田 敬介	FW	山田 常男	0 DG 0
木野 文海	FW	緒方 秀明	
今村 耕一	HB	谷 清八郎	18 後半 3
平島 正登	HB	松岡 要三	1 T 1
竹内 敏之	TB	榎本 力雄	3 G 0
坂本 恒	TB	青山 武義	0 PG 0
石井 堅司	TB	小林 一元	0 DG 0
吉田 昭	TB	平川 純一	
藤 市郎	FB	渡部 克彦	18 反則 3

公式試合NO.318

第31回対東大定期戦／S31年12月1日

慶應43（12−0 / 31−0）0東大

慶應		東大	
豊島 志朗	FW		G：秩父宮 R：
関川 泰男	FW		
森岡 弘平	FW		前半
藤田 義雄	FW		T
山下 忠男	FW		G
木野 文海	FW		PG
山田 敬介	FW		DG
脇 啓	FW		
今村 耕一	HB		後半
中沢 肇人	HB		T
岡本 惠祐	TB		G
藤 市郎	TB		PG
日野 良昭	TB		DG
吉田 昭	TB		
前田 恭孝	FB		反則

公式試合NO.321

関東大学対抗戦／S32年10月23日

慶應14（11−8 / 3−6）14日大

慶應		日大	
豊島 志朗	FW	鳥谷 兌	G：秩父宮 R：和田
河内 浩平	FW	河田 新市	
森岡 弘平	FW	鈴木 庄蔵	11 前半 8
森久 協一	FW	藤田 実	0 T 0
山下 忠男	FW	川守田 豊	1 G 1
宮島 欽一	FW	小熊 豊	2 PG 1
山田 敬介	FW	加藤 昭土	0 DG 0
木野 文海	FW	戸高	
今村 耕一	HB	柏木 昭	3 後半 6
平島 正登	HB	平沢 日支	1 T 0
竹内 敏之	TB	石原 敬三	0 G 0
藤 市郎	TB	村上 孝	0 PG 2
石井 堅司	TB	佐々木美則	0 DG 0
吉田 昭	TB	岩持 寛	
坂本 恒	FB	佐藤 鉄悦	16 反則 7

公式試合NO.324

第34回対早大定期戦／S32年11月23日

慶應9（3−3 / 6−17）20早大

慶應		早大	
豊島 志朗	FW	永橋 利雄	G：秩父宮 R：西山
河内 浩平	FW	志賀 英一	
森岡 弘平	FW	結城 昭康	3 前半 3
森久 協一	FW	田中 聖二	1 T 1
山下 忠男	FW	片倉 胖	0 G 0
宮島 欽一	FW	尾崎 政雄	0 PG 0
山田 敬介	FW	富永 栄喜	0 DG 0
木野 文海	FW	市田 惠紀	
今村 耕一	HB	宝田 雄弥	6 後半17
平島 正登	HB	小山 俊次	0 T 3
竹内 敏之	TB	及川 麿	0 G 1
坂本 恒	TB	菊田 欣佑	2 PG 1
石井 堅司	TB	谷口 隆三	0 DG 1
吉田 昭	TB	日比野 弘	
藤 市郎	FB	北岡 進	10 反則10

公式試合NO.325

第31回対立大定期戦／S32年12月1日

慶應27（13−3 / 14−0）3立大

G：秩父宮　R：池田

［慶　應］		［立　大］	
豊島　志朗	FW	貴志	
河内　浩平		芝崎　正夫	
森岡　弘平		安部　正義	13 前半 3
森久　協一		斉藤　澄雄	1 T 1
山下　忠男		宮原　英雄	2 G 0
宮島　欽一		茂呂　隆雄	0 PG 0
山田　敬介		尾島　善雄	0 DG 0
木野　文海		藤井　隆助	
今村　耕一	HB	安倍　重徳	14 後半 0
平島　正登		金谷　弘	0 T 0
竹内　敏之	TB	井上	1 G 0
坂本　恒		中野　幸治	3 PG 0
石井　堅司		岩田　至道	0 DG 0
吉田　昭		生出	
藤　市郎	FB	早川　三平	13 反則 9

公式試合NO.326

第32回対東大定期戦／S32年12月7日

慶應50（25−0 / 25−0）0東大

G：秩父宮　R：原田

［慶　應］		［東　大］	
豊島　志朗	FW	桑原　達朗	
河内　浩平		神野　安夫	
松島　宏		青柳　紀正	25 前半 0
船津　浩平		稲見美都樹	3 T 0
山下　忠男		武末　裕之	2 G 0
宮島　欽一		小田　弘雄	2 PG 0
森久　協一		市川　清	0 DG 0
木野　文海		有泉　湧二	
今村　耕一	HB	坂井	25 後半 0
平島　正登		井平　正敬	5 T 0
竹内　敏之	TB	富田耕太郎	2 G 0
平沼　久典		町井　徹郎	0 PG 0
石井　堅司		今田　弘	0 DG 0
吉田　昭		豊田　市造	
坂本　恒	FB	瀬崎　行雄	8 反則 8

公式試合NO.327

第31回対京大定期戦／S33年1月1日

慶應47（31−3 / 16−8）11京大

G：秩父宮　R：原田

［慶　應］		［京　大］	
豊島　志朗	FW	野田　忠吉	
川口　治雄		清水　卓	
松島　宏		大橋敬一郎	31 前半 3
森久　協一		岩田　元一	2 T 0
山下　忠雄		後藤　宏志	5 G 0
宮島　欽一		岩田　元一	0 PG 1
山田　敬介		川井　利久	0 DG 0
松岡　賢治		松宮　信	
今村　耕一	HB	望月　秀郎	16 後半 8
平島　正発		加藤　新策	2 T 0
竹内　敏之	TB	黒瀬　守	2 G 1
坂本　恒		上仲　俊行	0 PG 1
平沼　久典		二村　洋	0 DG 0
吉田　昭		田中自知郎	
藤　市郎	FB	宮原　邦寿	反則

公式試合NO.328

第41回対同大定期戦／S33年1月8日

慶應32（14−0 / 18−3）3同大

G：秩父宮　R：松元

［慶　應］		［同　大］	
豊島　志朗	FW	松尾　潤一	
河内　浩平		津田　浩司	
森岡　弘平		畑　敏郎	14 前半 0
森久　協一		渡辺　隼介	2 T 0
山下　忠男		大塚　謙次	1 G 0
宮島　欽一		中村　直勝	1 PG 0
山田　敬介		橋詰　博	0 DG 0
木野　文海		酒巻　善久	
今村　耕一	HB	吉田　義光	18 後半 3
平島　正登		石田　真三	1 T 1
竹内　敏之	TB	藤島　一郎	3 G 0
坂本　恒		平沼　白元	0 PG 0
石井　堅司		岸本　勝彦	0 DG 0
吉田　昭		石田　展明	
藤　市郎	FB	原田　輝美	4 反則 11

公式試合NO.329

第8回朝日招待ラグビー／S33年1月15日

慶應5（5−9 / 0−14）23全九州

G：平和台　R：堀

［慶　應］		［全九州］	
豊島　志朗	FW	内村	
河内　浩平		江藤	
森岡　弘平		平山	前半
船津　浩平		園田	T
山下　忠男		木下	G
宮島　欽一		土屋	PG
山田　敬介		松岡 弟	DG
森久　協一		松重	
今村　耕一	HB	関根	後半
平島　正登		福丸	T
竹内　敏之	TB	梅津	G
坂本　恒		中田	PG
石井　堅司		松岡 兄	DG
吉田　昭		宮井	
藤　市郎	FB	佐藤	反則

公式試合NO.330

関東大学対抗戦／S33年10月5日

慶應39（16−3 / 23−5）8青学大

G：秩父宮　R：西山

［慶　應］		［青学大］	
豊島　志朗	FW	野島　孝夫	
松島　宏		市川　聰秀	
森岡　弘平		岩崎　郁旺	16 前半 3
吉田　博信		三木　重勝	2 T 1
山下　忠男		市木	2 G 0
宮島　欽一		大河原房雄	0 PG 0
山田　敬介		吉村　誠	0 DG 0
森久　協一		高木　弘泰	
今村　耕一	HB	小栗十三雄	23 後半 5
平島　正登		松田　隆夫	1 T 0
前田　恭孝	TB	佐藤　淳	4 G 1
平沼　久典		藤井　元孝	0 PG 0
石井　堅司		松村　先	0 DG 0
吉田　昭		斉郷　順久	
江崎　賀之	FB	平戸幹三郎	0 反則 6

公式試合NO.331

関東大学対抗戦／S33年10月12日

慶應31（3−14 / 28−0）14法大

G：秩父宮　R：梅本

［慶　應］		［法　大］	
豊島　志朗	FW	小野　芳英	
松島　宏		古館　利美	
森岡　弘平		長嶋　成之	3 前半 14
山下　忠男		池内　吉則	0 T 6
吉田　博信		中矢　敏明	0 G 5
宮島　欽一		田中　完二	1 PG 3
山田　敬介		池田　修	0 DG 0
木野　文海		中塚　充	
今村　耕一	HB	多山	28 後半 0
平島　正登		石井　徳昌	0 T 0
前田　恭孝	TB	鈴木　秀明	5 G 0
坂本　恒		折祖　利昭	1 PG 0
石井　堅司		伊藤　忠幸	0 DG 0
吉田　昭		鈴木　昭	
細谷　健児	FB	永峰　恒雄	7 反則 8

公式試合NO.332

関東大学対抗戦／S33年10月25日

慶應23（13−3 / 10−3）6中大

G：秩父宮　R：川田

［慶　應］		［中　大］	
豊島　志朗	FW	佐口　守	
松島　宏		石川　次男	
森岡　弘平		福岡　一成	13 前半 3
吉田　博信		藤尾　保美	1 T 1
山下　忠男		及川　悟郎	2 G 0
宮島　欽一		山崎　恒雄	0 PG 0
山田　敬介		白石　博美	0 DG 0
木野　文海		佐藤　晃	
今村　耕一	HB	河村　三生	10 後半 3
三宅大二郎		高　秀美	0 T 1
前田　恭孝	TB	斉藤	2 G 0
内山浩一郎		高橋　芳夫	0 PG 0
石井　堅司		綿貫　寛	0 DG 0
吉田　昭		福原　憲吾	
坂本　恒	FB	牛島　道夫	10 反則 11

公式試合NO.333

第33回対明大定期戦／S33年11月9日

慶應9（3−0 / 6−0）0明大

G：秩父宮　R：西山

［慶　應］		［明　大］	
豊島　志朗	FW	小林　清	
松島　宏		笹村	
森岡　弘平		佐藤	3 前半 0
山下　忠男		三戸徳三郎	0 T 0
船津　浩平		岡部　英二	0 G 0
宮島　欽一		清水　松夫	1 PG 0
山田　敬介		山田	0 DG 0
木野　文海		川口　和隆	
今村　耕一	HB	谷	6 後半 0
平島　正登		白垣　憲二	2 T 0
前田　恭孝	TB	榎本　力雄	0 G 0
内山　浩郎		松岡　要三	0 PG 0
石井　堅司		出口　正行	0 DG 0
東　喜一郎		小林　一元	
坂本　恒	FB	青山　武義	9 反則 11

公式試合NO.334

第35回対早大定期戦／S33年11月23日

慶應 11 (8−8 / 3−8) 16 早大

[慶　應]		[早　大]	G：秩父宮 R：池田
豊島　志朗	FW	永橋　利雄	
松島　　宏		志賀　英一	
森岡　弘平		結城　昭康	8 前半 8
船津　浩平		田中　聖二	2 T 2
山下　忠男		加賀谷久司	1 G 1
宮島　欽一		尾崎　政雄	0 PG 0
山田　敬介		富永　栄喜	0 DG 0
木野　文海		豊岡　泰徳	
今村　耕一	HB	宝田　雄弥	3 後半 8
平島　正登		伊藤　浩司	1 T 2
前田　恭孝	TB	今村　次郎	0 G 1
高谷　裕二		菊田　欣佑	0 PG 0
石井　堅司		谷口　隆三	0 DG 0
吉田　　昭		橋爪　勇誠	
坂本　　恒	FB	北岡　　進	7 反則 4

公式試合NO.335

第32回対立大定期戦／S33年12月6日

慶應 49 (29−6 / 20−8) 14 立大

[慶　應]		[立　大]	G：秩父宮 R：川田
豊島　志朗	FW	貴志	
松島　　宏		大原　定恒	
森岡　弘平		安部　正義	29 前半 6
船津　浩平		斉藤　澄雄	3 T 2
山下　忠男		宮原　英雄	4 G 0
宮嶋　欽一		真田　能斉	0 PG 0
山田　敬介		斉藤　　邦	0 DG 0
木野　文海		藤井　隆助	
今村　耕一	HB	柴田　忠敏	20 後半 8
平島　正登		井尻	4 T 1
前田　恭孝	TB	木下　雅章	1 G 1
高谷　裕二		岩田　至道	1 PG 0
石井　堅司		水落　勇一	0 DG 0
東　喜一郎		新見	
坂本　　恒	FB	金谷　　弘	9 反則 12

公式試合NO.336

第33回対東大定期戦／S33年12月12日

慶應 39 (18−3 / 21−0) 3 東大

[慶　應]		[東　大]	G：秩父宮 R：鈴木
豊島　志朗	FW	桑原　達朗	
松島　　宏		神野　安夫	
川口　治雄		青柳　紀正	前半
船津　浩平		前沢　捷夫	T
山下　忠男		武末　裕之	G
宮嶋　欽一		小田　弘雄	PG
森久　協一		有泉　湧二	DG
山田　敬介		瀬崎　行雄	
大森　康久	HB	坪井　孝顕	後半
今村　耕一		井手　正敬	T
中　　洋右	TB	料治　直矢	G
高谷　裕二		町井　徹郎	PG
石井　堅司		大島　　康	DG
東　喜一郎		剣持　　吟	
平島　正登	FB	大島　義彦	反則

公式試合NO.337

第32回対京大定期戦／S34年1月1日

慶應 103 (37−0 / 66−5) 5 京大

[慶　應]		[京　大]	G：花園 R：大江
豊島　志朗	FW	浜田　義信	
松島　　宏		梅津　武司	
森岡　弘平		大橋敬一郎	37 前半 0
船津　浩平		片寄　俊秀	4 T 0
山下　忠男		小泉　賢司	5 G 0
宮島　欽一		西巻　英樹	0 PG 0
山田　敬介		岩田　元一	0 DG 0
木野　文海		松宮　　信	
今村　耕一	HB	栗本　　武	66 後半 5
平島　正登		宮原　邦寿	2 T 0
前田　恭孝	TB	和田野光彦	12 G 1
高谷　裕二		黒瀬　　守	0 PG 0
石井　堅司		菅田　一博	0 DG 0
吉田　　昭		松原　範幸	
坂本　　恒	FB	和田　文男	4 反則 2

公式試合NO.338

第42回対同大定期戦／S34年1月8日

慶應 29 (11−3 / 18−0) 3 同大

[慶　應]		[同　大]	G：花園 R：宇野
豊島　志朗	FW	松尾　潤一	
松島　　宏		渋谷　浩一	
森岡　弘平		中得　四郎	前半
船津　浩平		細谷　　稔	T
山下　忠男		大塚　謙次	G
宮嶋　欽一		小西　　宏	PG
山田　敬介		青山　信吉	DG
木野　文海		中村　真勝	
今村　耕一	HB	吉田　義光	後半
平島　正登		石田　真三	T
東　喜一郎	TB	藤島　一郎	G
高谷　裕二		森　　鉦芳	PG
石井　堅司		出口　敏夫	DG
吉田　　昭		平沼　白元	
坂本　　恒	FB	原田　輝美	反則

公式試合NO.339

関東大学対抗戦／S34年10月10日

慶應 9 (3−11 / 6−13) 24 日大

[慶　應]		[日　大]	G：秩父宮 R：川田
川口　治雄	FW	細谷	
松島　　宏		吉野　圭介	
森岡　弘平		武田　忠二	3 前半 11
吉田　博信		清野　耕一	0 T 2
山下　忠男		佐々木　恭	0 G 1
松岡　賢治		細野　喜由	1 PG 0
藤井　章三		和田　守隆	0 DG 0
森久　協一		近　　和夫	
大森　信久	HB	樋渡　徳盛	6 後半 14
今村　捷次		猪狩　富郎	1 T 1
東　喜一郎	TB	吉見　研二	0 G 2
高谷　裕二		平沢　日支	1 PG 0
石井　堅司		千葉　克巳	0 DG 0
長谷部幸男		宮坂　隆麿	
細谷　健児	FB	原口　文雄	5 反則 17

公式試合NO.340

関東大学対抗戦／S34年10月18日

慶應 0 (0−3 / 0−3) 6 法大

[慶　應]		[法　大]	G：秩父宮 R：和田
川口　治雄	FW	小野　芳英	
阿部　浩三		勝岡　嶽郎	
森岡　弘平		長島　成之	0 前半 3
吉田　博信		及川　邦博	0 T 1
山下　忠男		春田	0 G 0
森久　協一		田中　完二	0 PG 0
藤井　章三		貴志　邦男	0 DG 0
松岡　賢治		中塚　　充	
大森　康久	HB	小松　紀元	0 後半 3
今村　捷次		尾崎　真義	0 T 1
東　喜一郎	TB	鈴木　秀明	0 G 0
高谷　裕二		畠沢　一郎	0 PG 0
石井　堅司		伊藤　忠幸	0 DG 0
長谷部幸男		醍醐　栄二	
江崎　賀之	FB	永峰　恒雄	10 反則 12

公式試合NO.341

関東大学対抗戦／S34年10月25日

慶應 14 (6−3 / 8−8) 11 中大

[慶　應]		[中　大]	G：秩父宮 R：西山
川口　治雄	FW	福岡	
阿部　浩三		阿部　亘夫	
森岡　弘平		熊谷　　仁	6 前半 3
吉田　博信		石川　次男	1 T 0
石川　和夫		徳田　　昇	0 G 0
松岡　賢治		宮野　　寛	1 PG 1
山下　忠男		津島　正巳	0 DG 0
森久　協一		川村　幸男	
大森　信久	HB	三好	8 後半 8
細谷　健児		衛藤　隆司	0 T 0
東　喜一郎	TB	斉藤	1 G 1
高谷　裕二		高橋　芳夫	1 PG 1
石井　堅司		諏訪　　厚	0 DG 0
長谷部幸男		高橋　昌巳	
江崎　賀之	FB	佐藤　良輔	11 反則 14

公式試合NO.342

第34回対明大定期戦／S34年11月8日

慶應 5 (5−11 / 0−8) 19 明大

[慶　應]		[明　大]	G：秩父宮 R：池田
川口　治雄	FW	村上　幸夫	
松島　　宏		野見山　治	
森岡　弘平		鈴木善次郎	5 前半 11
吉田　博信		岡部　英二	0 T 1
山下　忠男		吉岡　　陽	1 G 1
真野　喜興		清治　　勝	0 PG 1
森久　協一		三戸徳三郎	0 DG 0
藤井　章三		小林　　章	
大森　康久	HB	斎藤　一夫	0 後半 8
高谷　裕二		山口　一成	0 T 1
東　喜一郎	TB	増田　健一	0 G 1
内山浩一郎		伊野　三之	0 PG 0
石井　堅司		青山　武義	0 DG 0
門倉　弘幸		小林　一元	
江崎　賀之	FB	松岡　要三	9 反則 10

公式試合NO.343

第36回対早大定期戦／S34年11月23日

慶應3（0−8 / 3−8）16早大

G：秩父宮　R：川田

[慶　應]		[早　大]	
川口　治雄	FW	池田　修夫	
松島　　宏		志賀　英一	
森岡　弘平		小島　庸雍	0 前半 8
吉田　博信		村山　　登	0 T 1
山下　忠男		加賀谷久司	0 G 1
松岡　賢治		尾崎　政雄	0 PG 1
森久　協一		黒野　晶祥	0 DG 0
藤井　章三		豊岡　泰徳	
大森　康久	HB	大畑　　力	3 後半 8
高谷　裕二		斎藤　隆根	0 T 2
東　喜一郎	TB	今村　次郎	0 G 1
内山浩一郎		菊田　欣佑	1 PG 0
石井　堅司		北岡　　進	0 DG 0
長谷部幸男		橋爪　勇誠	
江崎　賀之	FB	庄司　和義	9 反則 12

公式試合NO.344

第33回対立大定期戦／S34年12月5日

慶應28（9−11 / 19−3）14立大

G：秩父宮　R：和田

[慶　應]		[立　大]	
川口　治雄	FW	川崎　和夫	
松島　　宏		田島	
森岡　弘平		今長　賢誠	9 前半 11
吉田　博信		長野　道男	2 T 0
山下　忠男		岡里　俊男	0 G 1
松岡　賢治		小野　和俊	1 PG 2
森久　協一		花巻　靖夫	0 DG 0
藤井　章三		川久保　勲	
大森　康久	HB	柴田　忠敏	19 後半 3
高谷　裕二		東　　勝利	3 T 0
東　喜一郎	TB	木下　雅章	2 G 0
今村　耕一		荒巻　久義	0 PG 0
石井　堅司		高橋　千紘	0 DG 1
門倉　弘幸		富沢　祥男	
江崎　賀之	FB	金谷　　弘	9 反則 10

公式試合NO.345

第34回対東大定期戦／S34年12月19日

慶應48（24−3 / 24−0）3東大

G：秩父宮　R：古賀

[慶　應]		[東　大]	
村山　博康	FW	桑原　達朗	
松島　　宏		神野　安夫	
森岡　弘平		山下　正明	24 前半 3
吉田　博信		小松崎	3 T 1
駒井　壮而		武末　裕之	3 G 0
松岡　賢治		大塚　　明	0 PG 0
山下　忠男		前沢　捷夫	0 DG 0
真野　喜興		有泉　湧二	
大森　康久	HB	坪井　正敬	24 後半 0
高谷　裕二		床島　　旭	3 T 0
東　喜一郎	TB	相原　宏徳	3 G 0
内山浩一郎		小田　健夫	0 PG 0
石井　堅司		大島　義彦	0 DG 0
和崎　嘉彦		剣持　　吟	
江崎　賀之	FB	上村　創一	1 反則 7

公式試合NO.346

第33回対京大定期戦／S35年1月1日

慶應35（16−0 / 19−0）0京大

G：秩父宮　R：川田

[慶　應]		[京　大]	
川口　治雄	FW	米良　章生	
松島　　宏		田宮　健二	
森岡　弘平		大橋敬一郎	16 前半 0
吉田　博信		片寄　俊秀	1 T 0
山下　忠男		小泉　賢司	2 G 0
松岡　賢治		西巻　英樹	1 PG 0
森久　協一		鈴木　正郎	0 DG 0
真野　喜興		手島　幹郎	
米倉　　実	HB	栗本　　武	19 後半 0
細谷　健児		徳田　芳弘	3 T 0
小野寺　孝	TB	黒瀬　　守	2 G 0
高谷　裕二		和田　文男	0 PG 0
石井　堅司		宮原　邦寿	0 DG 0
長谷部幸男		松原　範幸	
渡辺　克朗	FB	三好　郁郎	8 反則 0

公式試合NO.347

第43回対同大定期戦／S35年1月10日

慶應25（3−3 / 22−6）9同大

G：秩父宮　R：西山

[慶　應]		[同　大]	
川口　治雄	FW	宮地　克実	
松島　　宏		渋谷　浩一	
森岡　弘平		中得　四郎	3 前半 3
吉田　博信		松下　圭一	1 T 1
山下　忠男		浅草　春正	0 G 0
松岡　賢治		小西　　宏	0 PG 0
森久　協一		中村　直勝	0 DG 0
真野　喜興		植村　啓也	
大森　康久	HB	吉田　義光	22 後半 6
高谷　裕二		長谷川雄彦	2 T 0
渡辺　克朗	TB	藤島　一郎	2 G 0
細谷　健児		森　　鉦芳	1 PG 2
石井　堅司		出口　繁夫	1 DG 0
長谷部幸男		斎藤　　晃	
江崎　賀之	FB	政田　和雄	7 反則 7

公式試合NO.348

関東大学対抗戦／S35年10月9日

慶應3（3−8 / 0−17）25法大

G：秩父宮　R：西山

[慶　應]		[法　大]	
川口　治雄	FW	安島　高紀	
土肥　正也		藤岡　嶽郎	
浅沼　　勝		及川　邦博	3 前半 8
藤井　章三		加藤　俊之	0 T 1
中西　一晃		白水　清昭	0 G 1
松岡　賢治		受川　栄作	1 PG 0
真野　喜興		貴志　邦男	0 DG 0
加藤　貞雄		高村　和彦	
米倉　　実	HB	大久保吉則	0 後半 17
今村　捷次		尾崎　真義	0 T 4
志田昇二郎	TB	堀口　幸則	0 G 1
高谷　裕二		田野辺秀男	0 PG 0
石井　堅司		伊藤　与一	0 DG 0
長谷部幸男		伊藤　忠幸	
江崎　賀之	FB	佐伯　　輝	14 反則 10

公式試合NO.349

関東大学対抗戦／S35年10月16日

慶應3（0−3 / 3−11）14日体大

G：秩父宮　R：和田

[慶　應]		[日体大]	
川口　治雄	FW	倉橋　忠雄	
土肥　正也		大沢　　徹	
村山　博康		滝口　雅彦	0 前半 3
中西　一晃		斉藤　幸雄	0 T 0
池田　史郎		小蔚　幸男	0 G 0
松岡　賢治		山田　栄一	0 PG 1
藤井　章三		遠矢　協正	0 DG 0
真野　喜興		木田　　一	
米倉　　実	HB	松田　章三	3 後半 11
今村　捷次		黒川　　登	1 T 2
志田昇二郎	TB	脇坂　憲雄	0 G 1
高谷　裕二		山本　征治	0 PG 0
石井　堅司		鯨井　武男	0 DG 0
長谷部幸男		菊川　　哲	
内山浩一郎	FB	宮崎　一弥	10 反則 7

公式試合NO.350

関東大学対抗戦／S35年10月23日

慶應14（3−6 / 11−8）14日大

G：秩父宮　R：和田

[慶　應]		[日　大]	
飯沢　洋二	FW	宮崎　一矩	
土肥　正也		吉野　圭介	
川口　治雄		武田　忠二	3 前半 6
中西　一晃		池　　隆介	1 T 1
李　　安邦		佐々木　恭	0 G 0
松岡　賢治		細野　喜由	0 PG 1
藤井　章三		和田　守隆	0 DG 0
真野　喜興		近　　和夫	
米倉　　実	HB	樋渡　徳盛	11 後半 8
高谷　裕二		平沢　日支	0 T 0
中　　洋右	TB	伊海田誠男	1 G 1
石黒　安広		柴野　武夫	2 PG 1
石井　堅司		佐藤　峻士	0 DG 0
長谷部幸男		奈須　生玄	
江崎　賀之	FB	原口　文雄	12 反則 11

公式試合NO.351

第35回対明大定期戦／S35年11月6日

慶應6（3−5 / 3−13）18明大

G：秩父宮　R：西山

[慶　應]		[明　大]	
飯沢　洋二	FW	玉江　敏満	
土肥　正也		松尾　善勝	
川口　治雄		吉田　尚一	3 前半 5
中西　一晃		大和　兼武	0 T 0
池田　史郎		岡部　英二	0 G 1
松岡　賢治		川口　和隆	1 PG 0
藤井　章三		清治　　勝	0 DG 0
真野　喜興		小林　　章	
米倉　　実	HB	三浦修五郎	3 後半 13
高谷　裕二		北島　治彦	1 T 1
中　　洋右	TB	吉本　匡克	0 G 2
石黒　安広		伊野　三之	0 PG 0
石井　堅司		青山　武義	0 DG 0
長谷部幸男		相浦　　強	
江崎　賀之	FB	小串　清親	反則

公式試合NO.352
第37回対早大定期戦／S35年11月23日

慶應0（0−0 / 0−0）0早大

G：秩父宮　R：川田

[慶　應]		[早　大]	
飯沢　洋二	FW	亀田　展孝	
土肥　正也	FW	小島　庸雍	
川口　治雄	FW	村山　登	0 前半 0
中西　一晃	FW	島田　信隆	0 T 0
池田　史郎	FW	加賀谷久司	0 G 0
松岡　賢治	FW	黒野　晶祥	0 PG 0
藤井　章三	FW	江藤　一明	0 DG 0
真野　喜興	FW	印　昌喜	
米倉　実	HB	大畠　力	0 後半 0
高谷　裕二	HB	斎藤　隆根	0 T 0
中　洋右	TB	今村　次郎	0 G 0
内山浩一郎	TB	八尋　茂信	0 PG 0
石井　堅司	TB	清水　良祐	0 DG 0
長谷部幸男	TB	菊田　欣祐	
江崎　賀之	FB	北岡　進	9 反則10

公式試合NO.353
第34回対立大定期戦／S35年12月3日

慶應8（3−11 / 5−6）17立大

G：秩父宮　R：川田

[慶　應]		[立　大]	
飯沢　洋二	FW	川崎　和夫	
浅沼　勝	FW	木村喜太郎	
川口　治雄	FW	宇佐美常男	3 前半11
中西　一晃	FW	長野　道男	0 T 2
吉田　博信	FW	花巻　靖夫	0 G 1
松岡　賢二	FW	内田　武夫	1 PG 0
藤井　章三	FW	田中　稔	0 DG 0
真野　喜興	FW	真田　能斉	
米倉　実	HB	柴田　忠敬	5 後半 6
高谷　裕二	HB	岡田　陽介	0 T 2
中　洋右	TB	木下　雅章	1 G 0
内山浩一郎	TB	小畠　邦男	0 PG 0
石井　堅司	TB	高橋　千紘	0 DG 0
長谷部幸男	TB	山岡　久	
江崎　賀之	FB	本橋利久郎	4 反則12

公式試合NO.354
第35回対東大定期戦／S35年12月11日

慶應12（6−5 / 6−0）5東大

G：秩父宮　R：大森

[慶　應]		[東　大]	
飯沢　洋二	FW	汐崎　実	
浅沼　勝	FW	谷村　保	
川口　治雄	FW	青柳　紀正	6 前半 5
李　安邦	FW	山下　正明	1 T 0
池田　史郎	FW	岡村　正	0 G 1
松岡　賢治	FW	高島　正之	1 PG 0
中西　一晃	FW	前沢　捷夫	0 DG 0
真野　喜興	FW	大塚　明	
木場　康博	HB	佐野　盛行	6 後半 0
高谷　裕二	HB	山之内桂輔	2 T 0
志田昇二郎	TB	相原　宏徳	0 G 0
内山浩一郎	TB	床島　旭	0 PG 0
今村　捷次	TB	広瀬　宏行	0 DG 0
長谷部幸男	TB	元井　拓也	
石井　堅司	FB	上村　創一	9 反則15

公式試合NO.355
第34回対京大定期戦／S36年1月1日

慶應23（8−0 / 15−0）0京大

G：花園　R：

[慶　應]		[京　大]	
飯沢　洋二	FW	米良　章生	
浅沼　勝	FW	田宮　健二	
川口　治雄	FW	堤　透	8 前半 0
中西　一晃	FW	松尾　禎一	0 T 0
吉田　博信	FW	清水　卓	1 G 0
松岡　賢治	FW	野田　重雄	1 PG 0
藤井　章三	FW	市口　順亮	0 DG 0
八木　宏器	FW	手島　幹郎	
木場　康博	HB	栗本　武	15 後半 0
高谷　裕二	HB	徳田　芳弘	0 T 0
小野寺　孝	TB	和田　郁男	3 G 0
内山浩一郎	TB	和田　文男	0 PG 0
今村　捷次	TB	鈴木　正郎	0 DG 0
長谷部幸男	TB	松原　範幸	
石井　堅司	FB	三好　郁朗	7 反則11

公式試合NO.356
第44回対同大定期戦／S36年1月8日

慶應8（5−8 / 3−19）27同大

G：花園　R：宇野

[慶　應]		[同　大]	
飯沢　洋二	FW	宮地　克実	
浅沼　勝	FW	青山　信吉	
川口　治雄	FW	中得　四郎	5 前半 8
中西　一晃	FW	岡田　正保	0 T 0
吉田　博信	FW	浅草　春正	1 G 1
松岡　賢二	FW	小西　宏	0 PG 1
藤井　章三	FW	石塚　広治	DG
八木　宏器	FW	松下　圭一	
木場　康博	HB	俣木　慶治	3 後半19
高谷　裕二	HB	居島　信二	1 T 3
小野寺　孝	TB	中島誠二郎	0 G 2
今村　捷次	TB	出口　繁夫	0 PG 0
石井　賢二	TB	長谷川雅彦	DG
長谷部幸男	TB	斉藤　晃	
江崎　賀之	FB	政田　和雄	9 反則 8

公式試合NO.357
関東大学対抗戦／S36年10月8日

慶應25（5−3 / 20−0）3青学大

G：三沢　R：夏井

[慶　應]		[青学大]	
中西　一晃	FW	野島　孝夫	
土肥　正也	FW	渡部　忠功	
浅沼　勝	FW	首藤　光春	前半
吉田　博信	FW	鈴木　淳実	T
池田　史郎	FW	神保　晃	G
和崎　嘉彦	FW	山口　暲夫	PG
藤井　章三	FW	田中　光治	DG
八木　宏器	FW	真柄　勇	
田原　明	HB	尾林　生夫	後半
佐藤　安正	HB	高橋　宏典	T
小野寺　孝	TB	渡辺　隆司	G
石黒　安広	TB	熊谷　二郎	PG
内山浩一郎	TB	柏　智	DG
今村　捷次	TB	井草　義裕	
小宮　肇	FB	菜庫	反則

公式試合NO.358
関東大学対抗戦／S36年10月11日

慶應11（3−5 / 8−0）5教育大

G：秩父宮　R：永田

[慶　應]		[教育大]	
中西　一晃	FW	東谷	
石川　和夫	FW	伊与田	
浅沼　勝	FW	渡辺　三郎	前半
吉田　博信	FW	西林　洋夫	T
池田　史郎	FW	塩谷	G
和崎　嘉彦	FW	後藤	PG
藤井　章三	FW	熊林　一利	DG
八木　宏器	FW	今村　和正	
米倉　実	HB	木下　応紹	後半
佐藤　安正	HB	高橋	T
小野寺　孝	TB	中村　榑	G
石黒　安広	TB	佐田	PG
内山浩一郎	TB	吉田	DG
今村　捷次	TB	広田　彰	
小宮　肇	FB	森本　圭	反則

公式試合NO.359
関東大学対抗戦／S36年10月29日

慶應11（8−0 / 3−9）9専大

G：三沢　R：夏井

[慶　應]		[専　大]	
中西　一晃	FW	佐藤	
土肥　正也	FW	赤間	
浅沼　勝	FW	真田	8 前半 0
吉田　博信	FW	川崎　純二	1 T 0
池田　史郎	FW	鈴木　忠雄	1 G 0
和崎　嘉彦	FW	山本　勝春	0 PG 0
藤井　章三	FW	藤山　善照	0 DG 0
八木　宏器	FW	味元	
米倉　実	HB	大村	3 後半 9
佐藤　安正	HB	島田　行秀	1 T 2
小野寺　孝	TB	北口	0 G 0
石黒　安広	TB	小松　紘邦	0 PG 0
内山浩一郎	TB	桜井	0 DG 0
今村　捷次	TB	大野	
小宮　肇	FB	渡辺　志朗	反則

公式試合NO.360
関東大学対抗戦／S36年11月4日

慶應27（16−0 / 11−0）0成蹊大

G：秩父宮　R：佐藤

[慶　應]		[成蹊大]	
中西　一晃	FW	根本　実	
石川　和夫	FW	神田　義人	
浅沼　勝	FW	藤村　泰	16 前半 0
堀越　慈	FW	野村　忠正	2 T 0
池田　史郎	FW	元吉　祐一	2 G 0
和崎　嘉彦	FW	管野　建二	0 PG 0
吉田　博信	FW	福田　豊	0 DG 0
藤井　章三	FW	石崎　国夫	
米倉　実	HB	伊神　次郎	11 後半 0
今村　捷次	HB	高島　克之	2 T 0
門倉　弘幸	TB	伊藤　博	1 G 0
青木　潤	TB	堀　成章	0 PG 0
内山浩一郎	TB	酒井　一男	0 DG 0
志田昇二郎	TB	峰　剛介	
小宮　肇	FB	広田　益一	8 反則 8

公式試合NO.361
第36回対明大定期戦／S36年11月12日

慶應13（8−6／5−3）9明大

［慶　應］		［明　大］	G：秩父宮 R：江田
中西　一晃	FW	児玉　雅次	
土肥　正也	FW	松尾　善勝	
浅沼　勝	FW	村田　一男	8 前半 6
石川　和夫	FW	藤原　進	1 T 0
池田　史郎	FW	加賀谷孝夫	1 G 0
和崎　嘉彦	FW	川口　和隆	0 PG 2
吉田　博信	FW	岡部　英二	0 DG 0
藤井　章三	FW	小林　章	
米倉　実	HB	三浦修五郎	5 後半 3
今村　捷次	HB	北島　治彦	0 T 0
小野寺　孝	TB	藤井　征夫	1 G 0
青木　潤	TB	本田　治	0 PG 1
内山浩一郎	TB	香取　英俊	0 DG 0
志田昇二郎	TB	原　弘毅	
小宮　肇	FB	安田　直大	21 反則 6

公式試合NO.362
第38回対早大定期戦／S36年11月23日

慶應8（3−6／5−0）6早大

［慶　應］		［早　大］	G：秩父宮 R：和田
中西　一晃	FW	田中　暉二	
土肥　正也	FW	小俣　忠彦	
浅沼　勝	FW	高瀬　仁	3 前半 6
石川　和夫	FW	遠藤　成信	0 T 1
池田　史郎	FW	島田　信隆	0 G 0
和崎　嘉彦	FW	中沢　紀夫	1 PG 1
吉田　博信	FW	佐藤　紘司	0 DG 0
藤井　章三	FW	加賀谷久司	
米倉　実	HB	岡田　淳	5 後半 0
今村　捷次	HB	斎藤　隆根	1 T 0
小野寺　孝	TB	片山　英雄	1 G 0
青木　潤	TB	横井　章	0 PG 0
内山浩一郎	TB	坂井　三彦	0 DG 0
志田昇二郎	TB	橋爪　勇誠	
小宮　肇	FB	中村　貞雄	7 反則 7

公式試合NO.363
関東大学対抗戦／S36年12月10日

慶應22（6−8／16−3）11防衛大

［慶　應］		［防衛大］	G：三沢 R：夏井
中西　一晃	FW	若林	
三宅雄三郎	FW	堀　立身	
浅沼　勝	FW	岡本　康之	前半
石川　和夫	FW	鬼沢　勲	T
池田　史郎	FW	阿部　暉	G
和崎　嘉彦	FW	泰	PG
吉田　博信	FW	麻生　正守	DG
藤井　章三	FW	大西	
米倉　実	HB	岡野	後半
今村　捷次	HB	近藤	T
門倉　弘幸	TB	田島　勝征	G
青木　潤	TB	大田	PG
内山浩一郎	TB	藤原	DG
志田昇二郎	TB	麓川　昭憲	
小宮　肇	FB	大塚	反則

公式試合NO.364
第36回対東大定期戦／S36年12月17日

慶應30（5−0／25−6）6東大

［慶　應］		［東　大］	G：秩父宮 R：和田
中西　一晃	FW	汐崎　実	
土肥　正也	FW	谷村　保	
浅沼　勝	FW	本田都南夫	前半
石川　和夫	FW	上野　康之	T
池田　史郎	FW	山下　正明	G
和崎　嘉彦	FW	高島　正之	PG
吉田　博信	FW	前沢　捷夫	DG
藤井　章三	FW	西岡　秀三	
米倉　実	HB	山之内桂輔	後半
今村　捷次	HB	床島　旭	T
門倉　弘幸	TB	相原　宏徳	G
青木　潤	TB	広瀬　宏行	PG
内山浩一郎	TB	小田　健夫	DG
志田昇二郎	TB	元井　拓也	
小宮　肇	FB	上村　創一	反則

公式試合NO.365
第35回対京大定期戦／S37年1月1日

慶應17（6−0／11−8）8京大

［慶　應］		［京　大］	G：秩父宮 R：熊谷
中西　一晃	FW	米良　章生	
三宅雄三郎	FW	田宮　健二	
浅沼　勝	FW	堤　透	6 前半 0
石川　和夫	FW	松尾　禎一	2 T 0
池田　史郎	FW	萩原　隆司	0 G 0
和崎　嘉彦	FW	鈴木　正郎	0 PG 0
吉田　博信	FW	市口　順亮	0 DG 0
藤井　章三	FW	川勝　敏則	
米倉　実	HB	武井　真哉	11 後半 8
今村　捷次	HB	徳田　芳弘	1 T 1
門倉　弘幸	TB	野田　仲雄	1 G 1
青木　潤	TB	竜村　仁	1 PG 0
内山浩一郎	TB	柴田　浩	0 DG 0
志田昇二郎	TB	松原　範行	
小宮　肇	FB	松原　武	17 反則 8

公式試合NO.366
第45回対同大定期戦／S37年1月8日

慶應6（3−18／3−21）39同大

［慶　應］		［同　大］	G：秩父宮 R：池田
浅沼　勝	FW	宮地　克実	
土肥　正也	FW	中得　四郎	
石川　和夫	FW	住友　基之	3 前半18
吉村毅一郎	FW	岡田　正保	0 T 0
池田　史郎	FW	浅草　春正	0 G 3
和崎　嘉彦	FW	青山　信吉	1 PG 1
吉田　博信	FW	石塚　広治	0 DG 0
藤井　章三	FW	高倉　孝次	
米倉　実	HB	今村　建三	3 後半21
今村　捷次	HB	居島　信二	1 T 1
門倉　弘幸	TB	坂田　好弘	0 G 3
青木　潤	TB	出口　繁夫	0 PG 1
内山浩一郎	TB	長谷川雅彦	0 DG 0
石黒　安広	TB	斉藤　晃	
小宮　肇	FB	政田　和雄	反則

公式試合NO.367
対フランス学生選抜戦／S37年9月1日

全慶應13（8−6／5−13）19フランス学生選抜

［全慶應］		［フランス学生選抜］	G：秩父宮 R：西山
豊島　志朗	FW	ドマーニユ	
赤津喜一郎	FW	ルノー	
浅沼　勝	FW	ロザン	8 前半 6
中西　一晃	FW	オルン	1 T 1
山下　忠男	FW	タルディベル	1 G 0
和崎　嘉彦	FW	クロフト(兄)	0 PG 1
吉田　博信	FW	マルブザン	0 DG 0
山田　敬介	FW	マイエル	
米倉　実	HB	ギシャール	5 後半13
青井　達也	HB	デュイザボウ	0 T 0
今村　捷次	TB	トムソン	1 G 2
平島　正登	TB	フルニエ	0 PG 1
石黒　安広	TB	バルジャレリ	0 DG
志田昇二郎	TB	イリバラン	
今村　耕一	FB	バルタリウ	反則

公式試合NO.368
関東大学対抗戦／S37年10月7日

慶應0（0−5／0−16）21日大

［慶　應］		［日　大］	G：秩父宮 R：西山
中浜　進	FW	天明	
三宅雄三郎	FW	吉野　圭介	
浅沼　勝	FW	中田	前半
吉村毅一郎	FW	入山	T
李　安邦	FW	川崎　忠	G
和崎　嘉彦	FW	高木	PG
中西　一晃	FW	岡本　武勝	DG
村瀬　省三	FW	吉永　昌夫	
米倉　実	HB	植渡	後半
今村　捷次	HB	久野　晃	T
門倉　弘幸	TB	村本	G
石黒　安広	TB	浜野　勝久	PG
青木　潤	TB	石郷岡秀雄	DG
志田昇二郎	TB	上岡	
小宮　肇	FB	横山	反則

公式試合NO.369
関東大学対抗戦／S37年10月21日

慶應13（3−0／10−13）13中大

［慶　應］		［中　大］	G：秩父宮 R：夏井
藤原　明弘	FW	小泉	
安部　優	FW	稲葉	
浅沼　勝	FW	高山　和明	前半
石川　和夫	FW	土居　通夫	T
李　安邦	FW	小出	G
山本登志男	FW	高橋　昭二	PG
中西　一晃	FW	津島　正巳	DG
村瀬　省三	FW	秋元　忠則	
米倉　実	HB	吉田　隆義	後半
斎藤　勲	HB	阿部　直勝	T
峰岸　進	TB	赤津　幸司	G
今村　捷次	TB	伊庭　達夫	PG
石黒　安広	TB	中崎　栄雄	DG
志田昇二郎	TB	島村	
川崎　清彪	FB	原谷	反則

公式試合NO.370

関東大学対抗戦／S37年10月28日

慶應6（3−0 / 3−0）0法大

[慶　應]		[法　大]	G：三沢 R：夏井
三宅雄三郎	FW	安島　高紀	
安部　優	FW	勝岡　獄郎	
浅沼　勝	FW	石井　京三	前半
石川　和夫	FW	石田　英明	T
李　安邦	FW	鎌田　勝美	G
和崎　嘉彦	FW	貴志　邦男	PG
中西　一晃	FW	佐藤	DG
八木　宏器	FW	石田　元成	
木場　康博	HB	板本　忠男	後半
斎藤　勲	HB	大貫　安雄	T
門倉　弘幸	TB	山田　陸康	G
今村　捷次	TB	菊地　敏雄	PG
石黒　安広	TB	山形	DG
峰岸　進	TB	築山	
川崎　清颱	FB	高田　博行	反則

公式試合NO.373

第39回対早大定期戦／S37年11月23日

慶應6（3−0 / 3−5）5早大

[慶　應]		[早　大]	G：秩父宮 R：夏井
三宅雄三郎	FW	田中　暉二	
安部　優	FW	小俣　忠彦	
浅沼　勝	FW	玉山　広政	3 前半 0
石川　和夫	FW	島内　隆明	1 T 0
李　安邦	FW	島田　信隆	0 G 0
和崎　嘉彦	FW	高瀬　仁	0 PG 0
中西　一晃	FW	佐藤　紘司	0 DG 0
八木　宏器	FW	加藤　猛	
木場　康博	HB	岡田　淳	3 後半 5
斎藤　勲	HB	木本　建治	1 T 0
峰岸　進	TB	片山　英雄	0 G 1
今村　捷次	TB	坂井　三彦	0 PG 0
石黒　安広	TB	宮沢　隆雄	0 DG 0
志田昇二郎	TB	横井　章	
川崎　清颱	FB	中村　貞雄	9 反則10

公式試合NO.376

第36回対京大定期戦／S38年1月1日

慶應22（6−0 / 16−3）3京大

[慶　應]		[京　大]	G：西京極 R：宮崎
三宅雄三郎	FW	倉田　博	
安部　優	FW	松本　清照	
浅沼　勝	FW	堤　透	6 前半 0
石川　和夫	FW	松尾　禎一	1 T 0
李　安邦	FW	市口　順亮	0 G 0
和崎　嘉彦	FW	米良　章生	1 PG 0
中西　一晃	FW	吉田　道正	0 DG 0
村瀬　省三	FW	伊藤　一郎	
川崎　清颱	HB	武井　貞哉	16 後半 3
斉藤　勲	HB	松原　武	2 T 0
小野寺　孝	TB	川勝　敏則	2 G 0
今村　捷次	TB	吉村	0 PG 0
石黒　安広	TB	柴田　浩	0 DG 1
志田昇二郎	TB	赤井　渉	
小宮　肇	FB	野田　仲雄	10 反則 8

公式試合NO.371

関東大学対抗戦／S37年11月4日

慶應0（0−13 / 0−8）21日体大

[慶　應]		[日体大]	G：秩父宮 R：池田
三宅雄三郎	FW	榎本	
安部　優	FW	西川　光雄	
浅沼　勝	FW	山田　耕二	前半
石川　和夫	FW	清水　英輔	T
李　安邦	FW	海老沢寿一	G
和崎　嘉彦	FW	山下　賢治	PG
中西　一晃	FW	倉橋　忠雄	DG
八木　宏器	FW	小跨　幸男	
田原　明	HB	松田　章三	後半
斎藤　勲	HB	伊藤　維理	T
伊藤　克	TB	鯨井　武男	G
今村　捷次	TB	沢田	PG
石黒　安広	TB	黒川　登	DG
志田昇二郎	TB	奈良	
川崎　清颱	FB	宮崎　一弥	反則

公式試合NO.374

第37回対東大定期戦／S37年12月1日

慶應32（14−3 / 18−8）11東大

[慶　應]		[東　大]	G：秩父宮 R：
	FW		
			前半
			T
			G
			PG
			DG
	HB		後半
			T
	TB		G
			PG
			DG
	FB		反則

公式試合NO.377

第46回対同大定期戦／S38年1月8日

慶應3（0−3 / 3−5）8同大

[慶　應]		[同　大]	G：花園 R：丹羽
三宅雄三郎	FW	松岡　克巳	
安部　優	FW	平沢　裕	
浅沼　勝	FW	住友　基之	0 前半 3
石川　和夫	FW	宮地　克実	0 T 0
李　安邦	FW	岡田　正保	0 G 0
和崎　嘉彦	FW	黒田　毅	0 PG 1
中西　一晃	FW	石塚　広治	0 DG 0
村瀬　省三	FW	高倉　孝次	
木場　康博	HB	今村　建三	3 後半 5
斉藤　勲	HB	居島　信二	1 T 0
峰岸　進	TB	杉本　英彦	0 G 1
今村　捷次	TB	俣木　慶治	0 PG 0
石黒　安広	TB	橋本　武志	0 DG 0
志田昇二郎	TB	斉藤　晃	
川崎　清颱	FB	政田　和雄	10 反則 7

公式試合NO.372

第37回対明大定期戦／S37年11月11日

慶應10（5−3 / 5−6）9明大

[慶　應]		[明　大]	G：秩父宮 R：永田
三宅雄三郎	FW	児玉　雅次	
安部　優	FW	松尾　善勝	
浅沼　勝	FW	栗原　健	5 前半 3
石川　和夫	FW	加賀谷孝夫	0 T 0
李　安邦	FW	安藤　勝彦	1 G 0
和崎　嘉彦	FW	太田　正人	0 PG 1
中西　一晃	FW	玉江　満敏	0 DG 0
八木　宏器	FW	鳥谷　忠男	
木場　康博	HB	三浦修五郎	5 後半 6
斎藤　勲	HB	北島　治彦	0 T 1
峰岸　進	TB	藤井　征夫	1 G 0
今村　捷次	TB	鈴木　忠義	0 PG 1
石黒　安広	TB	香取　英俊	0 DG 0
志田昇二郎	TB	原　弘毅	
川崎　清颱	FB	安田　直大	11 反則 2

公式試合NO.375

第35回対立大定期戦／S37年12月9日

慶應12（9−11 / 3−16）27立大

[慶　應]		[立　大]	G：秩父宮 R：西山
三宅雄三郎	FW	川崎　和夫	
安部　優	FW	吉田　英知	
浅沼　勝	FW	小森　正義	9 前半11
石川　和夫	FW	柴戸	3 T 2
李　安邦	FW	門馬　敏明	0 G 1
和崎　嘉彦	FW	上村　公一	0 PG 0
中西　一晃	FW	田中　稔	0 DG 0
八木　宏器	FW	三浦	
木場　康博	HB	秋田　行宏	3 後半16
斎藤　勲	HB	岡田　陽介	1 T 1
峰岸　進	TB	木下　雅章	0 G 2
今村　捷次	TB	高橋　千紘	0 PG 0
石黒　安広	TB	矢野　武司	0 DG 0
志田昇二郎	TB	山岡　久	
川崎　清颱	FB	本橋利久郎	10 反則 6

公式試合NO.378

全早慶明対抗戦／S38年9月6日

全慶應5（　）35全明大

[全慶應]		[全明大]	G：秩父宮 R：原田
	FW		
			前半
			T
			G
			PG
			DG
	HB		後半
			T
	TB		G
			PG
			DG
	FB		反則

公式試合NO.379

全早慶明対抗戦／S38年9月13日

全慶應8（　　）22全早大

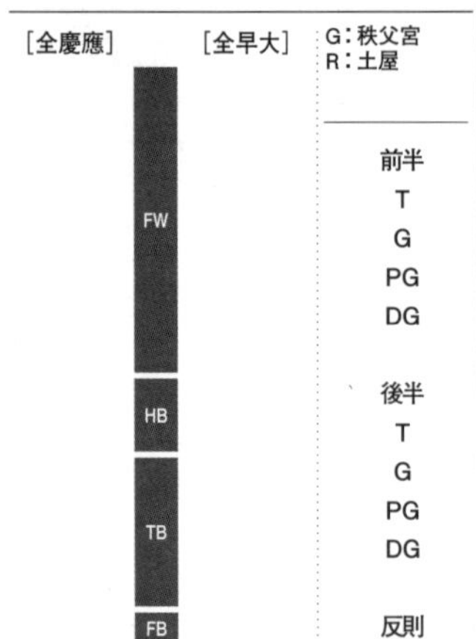

	［全慶應］	［全早大］	G：秩父宮 R：土屋
FW			前半
			T
			G
			PG
			DG
HB			後半
TB			T
			G
			PG
			DG
FB			反則

公式試合NO.380

関東大学対抗戦／S38年10月5日

慶應10（5−5 / 5−3）8青学大

	［慶　應］	［青学大］	G：秩父宮 R：熊谷
FW	三宅雄三郎	金井　義勝	
	安部　優	二宮　楽二	
	中浜　進	千葉　洋資	前半
	堀越　慈	谷　孝夫	T
	李　安邦	神保　晃	G
	山本登志男	上沼　大一	PG
	吉村毅一郎	田中　光治	DG
	八木　宏器	真柄　勇	
HB	川崎　清廰	高瀬　勝成	後半
	佐藤　迪伸	柏　智	T
TB	峰岸　進	石橋　昭武	G
	石黒　安広	池津　有三	PG
	湯沢　義郎	相英	DG
	村瀬　省三	熊谷　二郎	
FB	小宮　肇	吉原晋一郎	反則

公式試合NO.381

関東大学対抗戦／S38年10月19日

慶應8（8−0 / 0−3）3中大

	［慶　應］	［中　大］	G：秩父宮 R：西山
FW	三宅雄三郎	内田　武久	
	安部　優	安野　英昭	
	藤原　明弘	今井　忠則	8 前半 0
	堀越　慈	土居　直夫	1 T 0
	中西　一晃	佐藤　覚	1 G 0
	山本登志男	大阪　優	0 PG 0
	村瀬　省三	千田　国夫	0 DG 0
	八木　宏器	秋元　忠則	
HB	川崎　清廰	武藤　智章	0 後半 3
	斉藤　勲	阿部　直勝	0 T 0
TB	峰岸　進	赤津　幸司	0 G 0
	石黒　安広	伊庭　達夫	0 PG 1
	佐藤　迪伸	中崎　栄雄	0 DG 0
	原田　靖司	島村	
FB	小宮　肇	佐藤（守）	反則

公式試合NO.382

関東大学対抗戦／S38年10月27日

慶應5（0−3 / 5−13）16法大

	［慶　應］	［法　大］	G：秩父宮 R：夏井
FW	三宅雄三郎	匂坂　勝彦	
	安部　優	石井　京三	
	藤原　明弘	石田　英明	前半
	堀越　慈	高橋由美也	T
	中西　一晃	鎌田　勝美	G
	山本登志男	磯部	PG
	村瀬　省三	中井　司郎	DG
	八木　宏器	石田　元成	
HB	川崎　清廰	坂本　忠男	後半
	斉藤　勲	大貫　安雄	T
TB	峰岸　進	山田　陸康	G
	石黒　安広	曽我部信武	PG
	佐藤　迪伸	伊藤　忠幸	DG
	原田　靖司	竹内　信孝	
FB	小宮　肇	高田　博行	反則

公式試合NO.383

第38回対明大定期戦／S38年11月10日

慶應16（16−0 / 0−8）8明大

	［慶　應］	［明　大］	G：秩父宮 R：土光
FW	三宅雄三郎	児玉　雅次	
	安部　優	松尾　善勝	
	藤原　明弘	桑原　健	前半
	堀越　慈	藤原　進	T
	中西　一晃	安藤　勝彦	G
	山本登志男	太田　正人	PG
	吉村毅一郎	加賀谷孝夫	DG
	八木　宏器	村田　一男	
HB	川崎　清廰	堀田　正勝	後半
	蔵西　克夫	鈴木　忠義	T
TB	峰岸　進	飯田　恒人	G
	石黒　安広	岩見　勝志	PG
	佐藤　迪伸	香取　英俊	DG
	村瀬　省三	原　弘毅	
FB	小宮　肇	竹前　恒一	反則

公式試合NO.384

第40回対早大定期戦／S38年11月23日

慶應6（3−8 / 3−21）29早大

	［慶　應］	［早　大］	G：秩父宮 R：和田
FW	三宅雄三郎	玉山　広政	
	安部　優	小俣　忠彦	
	藤原　明弘	遠藤　靖夫	3 前半 8
	堀越　慈	遠藤　成信	0 T 1
	李　安邦	矢部　達三	0 G 1
	山本登志男	加藤　猛	1 PG 1
	吉村毅一郎	佐藤　紘司	0 DG 0
	八木　宏器	金沢　威夫	
HB	田原　明	竹島　佑	3 後半21
	蔵西　克夫	石井　教夫	1 T 5
TB	峰岸　進	片山　英雄	0 G 3
	石黒　安広	横井　章	0 PG 0
	佐藤　迪伸	花田　秀一	0 DG 0
	村瀬　省三	清水　良祐	
FB	小宮　肇	松尾　啓	5 反則 6

公式試合NO.385

第38回対東大定期戦／S38年11月30日

慶應26（8−0 / 18−0）0東大

	［慶　應］	［東　大］	G：日吉 R：
FW	三宅雄三郎	土井　和彦	
	安部　優	西中　研二	
	藤原　明弘	本田都南夫	前半
	堀越　慈	富岡征一郎	T
	李　安邦	山田　直重	G
	山本登志男	大島　泰敬	PG
	吉村毅一郎	蔵重　淳	DG
	八木　宏器	高島　正之	
HB	田原　明	重井　竜三	後半
	斉藤　勲	辰野　克彦	T
TB	峰岸　進	久山　誠	G
	石黒　安広	広瀬　宏行	PG
	佐藤　迪伸	佐藤　国雄	DG
	村瀬　省三	宮崎	
FB	小宮　肇	和賀　重隆	反則

公式試合NO.386

第36回対立大定期戦／S38年12月7日

慶應8（5−3 / 3−9）12立大

	［慶　應］	［立　大］	G：秩父宮 R：佐藤
FW	三宅雄三郎	川崎　和夫	
	安部　優	早崎　勝久	
	藤原　明弘	吉田　英知	前半
	堀越　慈	門馬　敏明	T
	李　安邦	小森　正義	G
	羽山賢次郎	内田　武夫	PG
	吉村毅一郎	田中　稔	DG
	八木　宏器	上村　公一	
HB	川崎　清廰	秋田　行宏	後半
	斉藤　勲	岡田　陽介	T
TB	峰岸　進	斉藤　昇	G
	石黒　安広	小島　邦男	PG
	佐藤　迪伸	尾林	DG
	村瀬　省三	矢野　武司	
FB	小宮　肇	岡田　隆	反則

公式試合NO.387

第37回対京大定期戦／S39年1月1日

慶應29（10−3 / 19−6）9京大

	［慶　應］	［京　大］	G：秩父宮 R：夏井
FW	三宅雄三郎	塩入　淑史	
	安部　優	松本　清照	
	藤原　明弘	千賀　孝	前半
	堀越　慈	植村　文昭	T
	李　安邦	坂口　隆	G
	羽山賢次郎	川勝　敏則	PG
	吉村毅一郎	市口　順亮	DG
	山本登志男	伊藤　一郎	
HB	川崎　清廰	武井　真哉	後半
	蔵西　克夫	柴田　浩	T
TB	峰岸　進	伊藤　孝英	G
	石黒　安広	松原　武	PG
	佐藤　迪伸	吉田　道正	DG
	村瀬　省三	赤井　渉	
FB	小宮　肇	福田　恒	反則

公式試合NO.388

第47回対同大定期戦／S39年1月8日

慶應12（8−6 / 4−5）11同大

［慶應］		［同大］	G：秩父宮 R：和田
三宅雄三郎	FW	松岡 克巳	
安部 優		平沢 裕	
藤原 明弘		住友 基之	前半
堀越 慈		岡田 正保	T
李 安邦		松山 均	G
羽山賢次郎		黒田 毅	PG
吉村毅一郎		石塚 広治	DG
八木 宏器		藤田 勝三	
川崎 清廰	HB	今村 建三	後半
蔵西 克夫		居島 信二	T
峰岸 進	TB	坂田 好弘	G
石黒 安広		俣木 慶治	PG
佐藤 迪伸		橋本 武志	DG
村瀬 省三		藤川 由武	
小宮 肇	FB	岸本 博巳	反則

公式試合NO.389

関東大学対抗戦／S39年10月4日

慶應13（8−10 / 5−10）20日大

［慶應］		［日大］	G：日吉 R：和田
藤原 明弘	FW	平田 悦二	
安部 優		天明 徹	
赤松 俊雄		中田	8 前半 10
吉村毅一郎		諸田 治作	1 T 0
中西 国容		川崎 忠	1 G 2
津野 琢也		倉持 忠男	0 PG 0
山本登志男		岡本 武勝	0 DG 0
羽山賢次郎		吉永 昌夫	
田原 明	HB	大田尾 功	5 後半 10
鈴木 明夫		久野 晃	0 T 0
三国 良樹	TB	奈須 功	1 G 2
湯沢 義郎		三輪 勝	0 PG 0
蔵西 克夫		伊藤 元二	0 DG 0
伊藤 克		坂本 勝	
小宮 肇	FB	福田 泰一	9 反則 5

公式試合NO.390

関東大学対抗戦／S39年10月18日

慶應6（6−5 / 0−0）5専大

［慶應］		［専大］	G：日吉 R：西山
藤原 明弘	FW	藤本 健太	
安部 優		山本 明	
赤松 俊雄		山田 正夫	6 前半 5
飯本 宏		伊東 満	1 T 0
島 祥介		岡野清右衛門	0 G 1
吉村毅一郎		目黒 恭輔	1 PG 0
山本登志男		山本 忠義	0 DG 0
羽山賢次郎		作山 公一	
田原 明	HB	中島 英雄	0 後半 0
蔵西 克夫		岩宝 宣之	0 T 0
鈴木 明夫	TB	西田 和広	0 G 0
湯沢 義郎		北村 征忠	0 PG 0
頭山 秀徳		小松 公誠	0 DG 0
三国 良樹		山本 勝春	
小宮 肇	FB	渡辺 志朗	11 反則 14

公式試合NO.391

第37回対立大定期戦／S39年10月25日

慶應17（9−12 / 8−5）17立大

［慶應］		［立大］	G：秩父宮 R：江田
藤原 明弘	FW	菊地 正雄	
安部 優		早崎 勝久	
佐藤 安正		吉田 英知	9 前半 12
中西 国容		小森 正義	1 T 0
島 祥介		大竹 順雄	0 G 0
山本登志男		中沢 久人	2 PG 3
吉村毅一郎		伊勢 昌弘	0 DG 1
羽山賢次郎		上村 公一	
田原 明	HB	秋田 行宏	8 後半 5
横河 惇		岡田 隆	1 T 0
鈴木 明夫	TB	林 輝夫	1 G 1
湯沢 義郎		山崎与四三	0 PG 0
蔵西 克夫		岡田 陽介	0 DG 0
三国 良樹		中矢 恵三	
小宮 肇	FB	高橋 捷大	11 反則 8

公式試合NO.392

第39回対明大定期戦／S39年11月8日

慶應16（11−9 / 5−6）15明大

［慶應］		［明大］	G：秩父宮 R：江田
藤原 明弘	FW	中村敬一郎	
安部 優		本田 信康	
赤松 俊雄		久野 硯司	11 前半 9
中西 国容		加賀谷孝夫	1 T 1
島 祥介		安藤 勝彦	1 G 0
山本登志男		藤原 進	1 PG 2
吉村毅一郎		村田 一男	0 DG 0
羽山賢次郎		堀田 正勝	
田原 明	HB	内田 博	5 後半 6
横河 惇		飯田 恒人	0 T 2
鈴木 明夫	TB	鈴木 忠義	1 G 0
湯沢 義郎		中沢	0 PG 0
蔵西 克夫		香取 英俊	0 DG 0
伊藤 克		藤井 征夫	
小宮 肇	FB	島崎 竜介	14 反則 3

公式試合NO.393

第41回対早大定期戦／S39年11月23日

慶應9（6−11 / 3−16）27早大

［慶應］		［早大］	G：秩父宮 R：西山
藤原 明弘	FW	松元 秀雄	
安部 優		遠藤 靖夫	
赤松 俊雄		平沢 尚	6 前半 11
中西 国容		遠藤 成信	1 T 1
島 祥介		矢部 達三	0 G 1
山本登志男		加藤 猛	1 PG 1
吉村毅一郎		佐藤 紘司	0 DG 0
羽山賢次郎		北岡 英雄	
竹岡 正	HB	竹島 佑	3 後半 16
横河 惇		石井 教夫	1 T 2
鈴木 明夫	TB	片山 英雄	0 G 2
湯沢 義郎		横井 章	0 PG 0
蔵西 克夫		宮沢 隆雄	0 DG 0
伊藤 克		犬伏 一誠	
小宮 肇	FB	松尾 啓	7 反則 8

公式試合NO.394

第39回対東大定期戦／S39年12月5日

慶應14（11−5 / 3−19）24東大

［慶應］		［東大］	G：日吉 R：新村
藤原 明弘	FW	本田都南夫	
安部 優		高田 義人	
佐藤 安正		石河 信一	11 前半 5
中西 国容		山田 直重	2 T 0
飯本 宏		大島 泰克	1 G 1
山本登志男		大島 泰敬	0 PG 0
吉村毅一郎		土井 和彦	0 DG 0
羽山賢次郎		松野 晃	
竹岡 正	HB	鶴田 治雄	3 後半 19
蔵西 克夫		筒井 英徳	1 T 2
小池 雄吉	TB	佐藤 国雄	0 G 2
湯沢 義郎		鴨田 宇一	0 PG 1
頭山 秀徳		藤川 影一	0 DG 0
伊藤 克		内田 恒次	
小宮 肇	FB	富田 晴雄	14 反則 3

公式試合NO.395

第48回対同大定期戦／S39年12月28日

慶應3（0−16 / 3−13）29同大

［慶應］		［同大］	G：西京極 R：丹羽
藤原 明弘	FW	井上 治美	
安部 優		平沢 裕	
赤松 俊雄		住友 基之	0 前半 16
鏑木 乙彦		原 孝一郎	0 T 2
飯本 宏		松山 均	0 G 2
山本登志男		石塚 広治	0 PG 0
吉村毅一郎		黒田 毅	0 DG 0
羽山賢次郎		宮本 武夫	
田原 明	HB	伊藤 武	3 後半 13
蔵西 克夫		今村 建三	1 T 1
鈴木 明夫	TB	坂田 好弘	0 G 2
湯沢 義郎		浦野 雄治	0 PG 0
頭山 秀徳		玉田 昇	0 DG 0
伊藤 克		馬庭 重行	
小宮 肇	FB	杉本 英彦	6 反則 13

公式試合NO.396

第38回対京大定期戦／S40年1月1日

慶應17（8−0 / 9−8）8京大

［慶應］		［京大］	G：西京極 R：宮崎
藤原 明弘	FW	石田 恒彦	
安部 優		堀 忠憲	
佐藤 安正		千賀 孝	8 前半 0
飯本 宏		植村 文昭	0 T 0
島 祥介		倉田 博	1 G 0
山本登志男		只井 喜信	1 PG 0
吉村毅一郎		塩入 淑史	0 DG 0
羽山賢次郎		伊藤 一郎	
田原 明	HB	江口 繁雄	9 後半 8
横河 惇		宮崎 秀一	2 T 1
鈴木 明夫	TB	伊藤 孝英	0 G 1
湯沢 義郎		高階 実雄	1 PG 0
蔵西 克夫		吉田 道正	0 DG 0
伊藤 克		赤井 渉	
小宮 肇	FB	安原 道夫	11 反則 8

公式試合NO.397

対N.Z.カンタベリー大戦／S40年1月3日

全慶應10（5−6 / 5−13）19カンタベリー大

[全慶應]		[カンタベリー大]	G：秩父宮 R：和田
藤原　明弘	FW	ブルッカー	
安部　優	FW	モーガン	
浅沼　勝	FW	ホクリー	5 前半 6
堀越　慈	FW	マクドナルド	0 T 2
石川　和夫	FW	メイクル	1 G 0
吉田　博信	FW	マシューソン	0 PG 0
八木　宏器	FW	ホッグ	0 DG 0
羽山賢次郎	FW	オレイリー	
木場　康博	HB	タイアロア	5 後半13
平島　正登	HB	オーム	0 T 1
石黒　安廣	TB	キーナン	1 G 2
湯沢　義郎	TB	オブライエン	0 PG 0
佐藤　廸伸	TB	ハッチンソン	0 DG 0
伊藤　克	TB	ウィーニク	
小宮　肇	FB	レアリー	2 反則 5

公式試合NO.398

関東大学対抗戦／S40年9月20日

慶應6（0−0 / 6−10）10青学大

[慶應]		[青学大]	G：秩父宮 R：和田
津野　琢也	FW	神津　邦雄	
安部　優	FW	水崎　晴雄	
赤松　俊雄	FW	小宮　甲三	0 前半 0
飯本　宏	FW	清水　武浩	0 T 0
島　祥介	FW	幡村　政幸	0 G 0
廖　英信	FW	上沼　太一	0 PG 0
楠目　皓	FW	加藤　盈志	0 DG 0
三国　良樹	FW	田原涼太郎	
野末　正孝	HB	高瀬　勝成	6 後半10
宮田　浩二	HB	西川　和夫	2 T 0
鈴木　明夫	TB	森田　邦昭	0 G 2
蔵西　克夫	TB	三橋　保二	0 PG 0
湯沢　義郎	TB	越塩　邦弘	0 DG 0
伊藤　克	TB	田野島鉄也	
小宮　肇	FB	池津　有三	4 反則13

公式試合NO.399

全早慶明対抗戦／S40年9月28日

全慶應13（3−11 / 10−10）21全明大

[全慶應]		[全明大]	G：秩父宮 R：土光
津野　琢也	FW	久野　硯司	
安部　優	FW	中村敬一郎	
浅沼　勝	FW	村田　一男	3 前半11
堀越　慈	FW	甲谷　昭一	0 T 1
池田　史郎	FW	藤原　進	0 G 1
廖　英信	FW	佐々木福松	1 PG 1
吉田　博信	FW	清治　勝	0 DG 0
八木　宏器	FW	堀田　正勝	
田原　明	HB	北島　忠男	10 後半10
平島　正登	HB	飯田　恒人	0 T 0
鈴木　明夫	TB	鈴木　忠義	2 G 2
蔵西　克夫	TB	伊野　三之	0 PG 0
湯沢　義郎	TB	原　弘毅	0 DG 0
伊藤　克	TB	安田　直大	
小宮　肇	FB	松岡　要三	7 反則11

公式試合NO.400

全早慶明対抗戦／S40年10月1日

全慶應6（3−6 / 3−3）9全早大

[全慶應]		[全早大]	G：秩父宮 R：夏井
藤原　明弘	FW	松元　秀雄	
安部　優	FW	小俣　忠彦	
赤松　俊雄	FW	平沢　尚	3 前半 6
堀越　慈	FW	矢部　達三	0 T 2
島　祥介	FW	赤司　知行	0 G 0
松岡　賢治	FW	加藤　猛	1 PG 0
吉田　博信	FW	北岡　英雄	0 DG 0
三国　良樹	FW	竹島　祐	
米倉　實	HB	木本　健治	3 後半 3
宮田　浩二	HB	片山　英雄	0 T 1
鈴木　明夫	TB	横井　章	0 G 0
蔵西　克夫	TB	宮沢　隆雄	1 PG 0
平島　正登	TB	清水　良祐	0 DG 0
伊藤　克	TB	藤本　忠正	
小宮　肇	FB	石井　教夫	16 反則13

公式試合NO.401

第38回対立大定期戦／S40年10月9日

慶應17（11−3 / 6−9）12立大

[慶應]		[立大]	G：秩父宮 R：松尾
津野　琢也	FW	菊地　正雄	
安部　優	FW	早崎　勝久	
赤松　俊雄	FW	吉田　英和	11 前半 3
飯本　宏	FW	星谷　光男	1 T 1
鏑木　乙彦	FW	大竹　順雄	1 G 0
廖　英信	FW	藤本　成邦	1 PG 0
楠目　皓	FW	小森　正義	0 DG 0
三国　良樹	FW	高根　隆	
沢田又三郎	HB	秋田　行宏	6 後半 9
宮田　浩二	HB	吉田　俊明	1 T 2
石井　隆	TB	田中淳二郎	0 G 0
蔵西　克夫	TB	山崎与四三	1 PG 1
湯沢　義郎	TB	石山　栄繁	0 DG 0
伊藤　克	TB	中矢　恵三	
小宮　肇	FB	永友　直光	15 反則12

公式試合NO.402

関東大学対抗戦／S40年10月17日

慶應19（8−0 / 11−13）13教育大

[慶應]		[教育大]	G：秩父宮 R：和田
津野　琢也	FW	小畔　東	
安部　優	FW	高森　秀蔵	
赤松　俊雄	FW	永野　浩	8 前半 0
飯本　宏	FW	島田　義生	1 T 0
楠目　皓	FW	鈴木　捷司	1 G 0
廖　英信	FW	菊島　正樹	0 PG 0
鏑木　乙彦	FW	南　貴夫	0 DG 0
三国　良樹	FW	岡松　哲	
沢田又三郎	HB	高橋正四郎	11 後半13
横河　惇	HB	田中　英治	1 T 1
石井　隆	TB	伊藤　勝彦	1 G 2
蔵西　克夫	TB	門脇　覚	1 PG 0
湯沢　義郎	TB	条川　茂夫	0 DG 0
伊藤　克	TB	中山　杜二	
小宮　肇	FB	高田　昭洋	14 反則11

公式試合NO.403

関東大学対抗戦／S40年10月24日

慶應12（3−24 / 9−20）44 日体大

[慶應]		[日体大]	G：秩父宮 R：原田
津野　琢也	FW	菅原　知之	
安部　優	FW	小野　紘二	
赤松　俊雄	FW	野口　副武	3 前半24
飯本　宏	FW	斎藤　直樹	0 T 2
藤村　研二	FW	田中杉太郎	0 G 3
廖　英信	FW	井上　孝征	1 PG 1
鏑木　乙彦	FW	林　学	0 DG 0
宝田　誠治	FW	牧野　嘉弘	
野末　正孝	HB	田中　清司	9 後半20
佐藤　博之	HB	柴田紘三郎	1 T 0
鈴木　明夫	TB	石田　毅	0 G 4
小宮　肇	TB	木下　和文	2 PG 0
湯沢　義郎	TB	三沢　哲	0 DG 0
伊藤　克	TB	堀江　精治	
横河　惇	FB	尾崎　良己	5 反則11

公式試合NO.404

第40回対明大定期戦／S40年11月1日

慶應29（13−10 / 16−0）10明大

[慶應]		[明大]	G：秩父宮 R：原田
津野　琢也	FW	久野　硯司	
安部　優	FW	中村敬一郎	
赤松　俊雄	FW	本田　信康	13 前半10
飯本　宏	FW	甲谷　昭一	0 T 0
藤村　研二	FW	元木　賢一	2 G 2
廖　英信	FW	佐々木福松	1 PG 0
鏑木　乙彦	FW	原田　清	0 DG 0
三国　良樹	FW	堀田　正勝	
竹岡　正	HB	日野　博愛	16 後半 0
横河　惇	HB	柴田　征洋	2 T 0
鈴木　明彦	TB	菅野　晃衛	2 G 0
蔵西　克夫	TB	鈴木　忠義	0 PG 0
湯沢　義郎	TB	飯田　恒久	0 DG 0
伊藤　克	TB	内田　博	
小宮　肇	FB	須賀　信弥	9 反則10

公式試合NO.405

第42回対早大定期戦／S40年11月23日

慶應3（3−9 / 0−11）20早大

[慶應]		[早大]	G：秩父宮 R：江田
津野　琢也	FW	松元　秀雄	
安部　優	FW	村山　繁	
赤松　俊雄	FW	平沢　尚	3 前半 9
飯本　宏	FW	矢部　達三	0 T 2
島　祥介	FW	赤司　知行	0 G 0
廖　英信	FW	加藤　猛	1 PG 1
鏑木　乙彦	FW	五十嵐　修	0 DG 0
三国　良樹	FW	山田　建夫	
竹岡　正	HB	石井　教夫	0 後半11
横河　惇	HB	吉田　博希	0 T 2
鈴木　明彦	TB	犬伏　一誠	0 G 1
蔵西　克夫	TB	宮沢　隆雄	0 PG 0
湯沢　義郎	TB	木村　繁男	0 DG 0
伊藤　克	TB	藤本　忠正	
小宮　肇	FB	柴崎　有宏	8 反則 6

公式試合NO.406

第40回対東大定期戦／S40年12月4日

慶應10（5−11 / 5−13）24東大

［慶　應］		［東　大］	G：秩父宮 R：江田
津野　琢也	FW	平井　嘉臣	
安部　優		安田　有三	
折戸　明		石河　信一	5 前半11
藤村　研二		山田　直重	0 T 1
島　祥介		橋本　篤	1 G 1
廖　英信		大島　泰敬	0 PG 1
鏑木　乙彦		土井　和彦	0 DG 0
大島　渥三		大野　隆司	
竹岡　正	HB	佐藤　幸盛	5 後半13
横河　惇		北野　隆司	0 T 1
鈴木　明夫	TB	中沢　喜博	1 G 2
蔵西　克夫		鴨田　宇一	0 PG 0
湯沢　義郎		佐藤浩之助	0 DG 0
伊藤　克		内田　恒二	
小宮　肇	FB	富田　晴雄	13 反則10

公式試合NO.407

第39回対京大定期戦／S40年12月19日

慶應21（13−3 / 8−3）6京大

［慶　應］		［京　大］	G：秩父宮 R：江田
津野　琢也	FW	岡崎　亮三	
安部　優		堀　忠憲	
赤松　俊雄		千賀　孝	13 前半 3
谷川　義夫		久松　敏之	1 T 0
島　祥介		宮原　武寿	2 G 0
宇佐美皓司		石田　恒彦	0 PG 0
飯本　宏		塩入　淑史	0 DG 1
大島　渥三		大矢　清六	
野末　正孝	HB	江口　繁雄	8 後半 3
石井　隆		中村孝太郎	1 T 0
鈴木　明夫	TB	伊藤　孝英	1 G 0
蔵西　克夫		宮崎　秀一	0 PG 1
湯沢　義郎		望月　一輝	0 DG 0
伊藤　克		中島　裕之	
小宮　肇	FB	安原　道夫	16 反則 9

公式試合NO.408

第49回対同大定期戦／S40年12月26日

慶應3（0−21 / 3−18）39同大

［慶　應］		［同　大］	G：秩父宮 R：原田
津野　琢也	FW	井上　治美	
安部　優		西村　茂	
赤松　俊雄		孝橋　政明	0 前半21
谷川　義夫		川瀬　正雄	0 T 2
島　祥介		松山　均	0 G 3
廖　英信		藤川　由武	0 PG 0
飯本　宏		渡辺　定雄	0 DG 0
宇佐美皓司		宮本九二彦	
野末　正孝	HB	伊藤　武	3 後半18
石井　隆		中川　真人	1 T 1
鈴木　明夫	TB	広岡　茂孝	0 G 3
蔵西　克夫		石塚　広和	0 PG 0
湯沢　義郎		浦野　雄治	0 DG 0
伊藤　克		馬庭　重行	
小宮　肇	FB	藤田　五郎	7 反則 8

公式試合NO.409

第39回対立大定期戦／S41年9月17日

慶應16（16−0 / 0−6）6立大

［慶　應］		［立　大］	G：秩父宮 R：和田
折戸　明	FW	菊地　正雄	
石黒　雅昭		粕谷　繁	
赤松　俊雄		高根　隆	16 前半 0
谷川　義夫		星谷　光男	2 T 0
楠目　皓		藤原　喜明	2 G 0
廖　英信		藤本　成邦	0 PG 0
宝田　誠治		大竹　順雄	DG
宇佐美皓司		中沢　久人	
竹岡　正	HB	村瀬　昇二	0 後半 6
宮田　浩二		吉田　俊明	0 T 2
井原　健一	TB	横島　和己	0 G 0
蔵西　克夫		山崎与四三	0 PG 0
湯沢　義郎		石山　栄繁	DG
高橋　俊夫		田中淳二郎	
小宮　肇	FB	永友　直光	14 反則 7

公式試合NO.410

全早慶対抗戦／S41年9月22日

全慶應3（3−0 / 0−21）21全早大

［全慶應］		［全早大］	G：秩父宮 R：和田
藤原　明弘	FW	松方　秀雄	
石黒　雅昭		村山　繁	
赤松　俊雄		猿田　武夫	3 前半 0
池田　史郎		赤司　知行	0 T 0
堀越　慈		片倉　胖	0 G 0
廖　英信		諏訪　教孝	1 PG 0
吉田　博信		矢部　達三	DG
松岡　賢治		五十嵐　修	
今村　耕一	HB	山田　建夫	0 後半21
宮田　浩二		藤本　忠正	0 T 2
小野寺　孝	TB	万谷　勝治	0 G 3
蔵西　克夫		犬伏　一誠	0 PG 0
湯沢　義郎		宮沢　隆雄	DG
鈴木　明夫		木村　繁男	
小宮　肇	FB	山本　巌	8 反則 7

公式試合NO.411

全慶明対抗戦／S41年9月30日

全慶應19（5−8 / 14−9）17全明大

［全慶應］		［全明大］	G：秩父宮 R：新村
津野　琢也	FW	長瀬　慎輔	
石黒　雅昭		中村敬一郎	
赤松　俊雄		久野　親司	5 前半 8
堀越　慈		甲谷　昭一	0 T 1
島　祥介		大和　兼武	1 G 1
宝田　誠治		佐々木福松	0 PG 0
吉田　博信		三戸徳三郎	DG
松岡　賢治		大西　和郎	
木場　康博	HB	三浦修五郎	14 後半 9
宮田　浩二		日野　博愛	0 T 1
井原　健一	TB	飯田　恒久	1 G 0
蔵西　克夫		鈴木　忠義	3 PG 2
湯沢　義郎		香取　英俊	DG
鈴木　明夫		原　弘毅	
小宮　肇	FB	安田　直文	10 反則18

公式試合NO.412

関東大学対抗戦／S41年10月9日

慶應86（40−5 / 46−3）8青学大

［慶　應］		［青学大］	G：秩父宮 R：川口
折戸　明	FW	神津　邦雄	
石黒　雅明		関口　倶弘	
赤松　俊雄		小宮　甲三	40 前半 5
谷川　義夫		赤沼　安美	0 T 0
楠目　皓		大木　秀雄	8 G 1
廖　英信		大宝　雅春	0 PG 0
宝田　誠治		大沢　一彦	DG
宇佐美皓司		水崎　春雄	
竹岡　正	HB	河野　賢治	46 後半 3
宮田　浩二		西川　和夫	2 T 0
井原　健一	TB	津川　竜二	8 G 0
蔵西　克夫		三橋　俣二	0 PG 1
湯沢　義郎		越塩　邦弘	DG
高橋　俊夫		酒井　道彦	
小宮　肇	FB	谷岡　尚武	5 反則 2

公式試合NO.413

関東大学対抗戦／S41年10月16日

慶應5（0−23 / 5−32）55日体大

［慶　應］		［日体大］	G：秩父宮 R：西山
坂水　滉	FW	菅原　知之	
石黒　雅明		大内　清己	
赤松　俊雄		野口　副武	0 前半23
谷川　義夫		川村　憲彦	0 T 1
楠目　皓		阿部登記造	0 G 4
廖　英信		牧野　嘉弘	0 PG 0
宝田　誠治		林　学	DG
宇佐美皓司		佐藤　司	
竹岡　正	HB	溝部　健嗣	5 後半32
宮田　浩二		溝畑　寛治	0 T 4
井原　健一	TB	勝山知佳良	1 G 4
蔵西　克夫		木下　和文	0 PG 0
湯沢　義郎		三沢　哲	DG
高橋　俊夫		結城　政雄	
小宮　肇	FB	馬淵　睦揮	9 反則10

公式試合NO.414

関東大学対抗戦／S41年10月23日

慶應18（5−3 / 13−8）11教育大

［慶　應］		［教育大］	G：日吉 R：松尾
坂水　滉	FW	遠城　理人	
石黒　雅昭		高森　秀蔵	
赤松　俊夫		永野　浩	5 前半 3
金沢　憲		鈴木　克夫	0 T 1
谷川　義夫		小池　健次	1 G 0
廖　英信		荻原　信之	0 PG 0
楠目　皓		南　貴夫	DG
宝田　誠治		木村　修己	
辰沢　茂夫	HB	高橋　義明	13 後半 8
宮田　浩二		粂川　茂夫	1 T 1
井原　健一	TB	伊神　勝彦	2 G 1
蔵西　克夫		門脇　寛	0 PG 0
佐藤　博之		米倉　憲治	DG
湯沢　義郎		前田　喜昭	
小宮　肇	FB	高田　昭洋	6 反則 8

公式試合NO.415
第41回対明大定期戦／S41年11月6日

慶應 6 (0—21 / 6—23) 44 明大

G：秩父宮 R：原田

[慶應]		[明大]	
坂水 滉	FW	長瀬 慎輔	
石黒 雅昭	FW	中村敬一郎	
赤松 俊雄	FW	久野 硯司	0 前半 21
谷川 義夫	FW	甲谷 昭一	0 T 2
楠目 皓	FW	石川 準吉	0 G 3
廖 英信	FW	川津正次郎	0 PG 0
宝田 誠治	FW	上嶋 禎司	DG
岡畑 和幸	FW	佐々木福松	
竹岡 正	HB	堀田 正勝	6 後半 23
宮田 浩二	HB	日野 博愛	2 T 1
井原 健一	TB	宇治川福男	0 G 4
蔵西 克夫	TB	菅野 晃衛	0 PG 0
佐藤 博之	TB	大西 和郎	DG
湯沢 義郎	TB	木下 豊彦	
小宮 肇	FB	須賀 信弥	6 反則 11

公式試合NO.418
第40回対京大定期戦／S41年12月18日

慶應 23 (5—11 / 18—0) 11 京大

G：西京極 R：宮崎

[慶應]		[京大]	
折戸 明	FW	岡崎 亮三	
石黒 雅昭	FW	市川 直義	
赤松 俊雄	FW	千賀 孝	5 前半 11
谷川 義夫	FW	久松 敏之	0 T 2
楠目 皓	FW	宮原 武寿	1 G 1
廖 英信	FW	和田 彰	0 PG 0
宝田 誠治	FW	塩入 淑史	DG
宇佐美皓司	FW	大矢 清六	
竹岡 正	HB	外山 豊	18 後半 0
宮田 浩二	HB	中村孝太郎	1 T 0
井原 健一	TB	和田 郁男	3 G 0
蔵西 克夫	TB	宮崎 秀一	0 PG 0
湯沢 義郎	TB	大屋 清二	DG
高橋 俊夫	TB	福田 正明	
小宮 肇	FB	望月 一輝	6 反則 13

公式試合NO.421
全慶明対抗戦／S42年9月18日

全慶應 27 (10—3 / 17—10) 13 全明大

G：秩父宮 R：横井

[全慶應]		[全明大]	
藤原 明弘	FW	長瀬 慎輔	
鈴木 祐一	FW	中村敬一郎	
折戸 明	FW	元木 賢一	10 前半 3
堀越 慈	FW	甲谷 昭一	0 T 1
楠目 皓	FW	大和 兼武	2 G 0
八木 宏器	FW	川津正次郎	0 PG 0
吉田 博信	FW	佐々木福松	DG
宇佐美皓司	FW	青山 武義	
田原 明	HB	堀田 正勝	17 後半 10
宮田 浩二	HB	日野 博愛	2 T 0
井原 健一	TB	飯田 恒久	1 G 2
天宅 啓	TB	香取 英俊	2 PG 0
大塚 久利	TB	鈴木 忠義	DG
鈴木 明夫	TB	南條 徹雄	
小宮 肇	FB	大西 和郎	7 反則 9

公式試合NO.416
第43回対早大定期戦／S41年11月23日

慶應 8 (0—14 / 8—13) 27 早大

G：秩父宮 R：西山

[慶應]		[早大]	
折戸 明	FW	後川 光夫	
石黒 雅昭	FW	村山 繁	
浅沼 誠	FW	猿田 武夫	0 前半 14
谷川 義夫	FW	赤司 知行	0 T 2
楠目 皓	FW	新元 瑛一	0 G 1
廖 英信	FW	大竹 幾雄	0 PG 1
宝田 誠治	FW	和泉 武男	DG
宇佐美皓司	FW	吉岡 徹	
竹岡 正	HB	山田 建夫	8 後半 13
宮田 浩二	HB	山本 巌	0 T 1
井原 健一	TB	万谷 勝治	1 G 2
蔵西 克夫	TB	犬伏 一誠	1 PG 0
湯沢 義郎	TB	石山貴志夫	DG
高橋 俊夫	TB	宮吉 正彦	
小宮 肇	FB	柴崎 有浩	9 反則 11

公式試合NO.419
第50回対同大定期戦／S41年12月24日

慶應 25 (11—8 / 14—6) 14 同大

G：西京極 R：下平

[慶應]		[同大]	
折戸 明	FW	井上 治美	
石黒 雅昭	FW	黒川 久男	
赤松 俊雄	FW	黒坂 敏夫	11 前半 8
谷川 義夫	FW	川瀬 正雄	1 T 1
楠目 皓	FW	柴田 浩一	1 G 1
廖 英信	FW	戸川富士雄	1 PG 0
宝田 誠治	FW	村上 純一	DG
宇佐美皓司	FW	渡辺 定雄	
竹岡 正	HB	伊藤 武	14 後半 6
宮田 浩二	HB	中川 真人	2 T 2
井原 健一	TB	西村 茂	1 G 0
蔵西 克夫	TB	石塚 広和	1 PG 0
湯沢 義郎	TB	浦野 雄治	DG
高橋 俊夫	TB	井伊 有策	
小宮 肇	FB	山下 聰生	11 反則 7

公式試合NO.422
全早慶対抗戦／S42年9月25日

全慶應 6 (3—14 / 3—26) 40 全早大

G：秩父宮 R：宮井

[全慶應]		[全早大]	
坂水 滉	FW	小俣 忠彦	
石黒 雅昭	FW	後川 光夫	
折戸 明	FW	猿田 武夫	3 前半 14
藤村 研二	FW	赤司 知行	1 T 3
谷川 義夫	FW	片倉 胖	0 G 1
麻生 泰	FW	井沢 義明	0 PG 0
吉田 博信	FW	坂内 雅弘	DG
八木 宏器	FW	和泉 武雄	
竹岡 正	HB	斉藤 善助	3 後半 26
宮田 浩二	HB	山本 巌	0 T 2
井原 健一	TB	万谷 勝治	0 G 4
天宅 啓	TB	犬伏 一誠	1 PG 0
大塚 久利	TB	木本 健治	DG
鈴木 明夫	TB	宮吉 正彦	
小宮 肇	FB	藤本 忠正	2 反則 8

公式試合NO.417
第41回対東大定期戦／S41年12月3日

慶應 24 (11—5 / 13—6) 11 東大

G：秩父宮 R：熊谷

[慶應]		[東大]	
折戸 明	FW	浅井 洋	
石黒 雅明	FW	安田 省三	
赤松 俊雄	FW	石河 信一	11 前半 5
谷川 義夫	FW	大島 泰克	1 T 0
楠目 皓	FW	橋本 篤	1 G 1
廖 英信	FW	松野 晃	1 PG 0
宝田 誠治	FW	平井 嘉臣	DG
宇佐美皓司	FW	大野 隆司	
竹岡 正	HB	佐藤 盛幸	13 後半 6
宮田 浩二	HB	青木 秀郎	1 T 2
井原 健一	TB	石村 喜昭	2 G 0
蔵西 克夫	TB	内田 恒次	0 PG 0
湯沢 義郎	TB	佐藤浩之助	DG
高橋 俊夫	TB	川崎 将昭	
小宮 肇	FB	中沢 喜博	8 反則 10

公式試合NO.420
関東大学対抗戦／S42年9月10日

慶應 28 (17—9 / 11—3) 12 成城大

G：日吉 R：川内

[慶應]		[成城大]	
折戸 明	FW	高木 信昭	
石黒 雅昭	FW	細見 潔	
浅沼 誠	FW	広川 世一	17 前半 9
楠目 皓	FW	藤村国一郎	3 T 2
藤村 研二	FW	井口 雄介	1 G 0
麻生 泰	FW	吉田 信明	1 PG 1
宝田 誠治	FW	清水孝一郎	DG
宇佐美皓司	FW	丸杉 繁生	
竹岡 正	HB	石黒 勝	11 後半 3
宮田 浩二	HB	佐藤 敦	2 T 1
井原 健一	TB	相良 浩一	1 G 0
天宅 啓	TB	高橋 郁夫	0 PG 0
大塚 久利	TB	西岡 敏幸	DG
下司 仁士	TB	卜部 靖世	
荻村 道男	FB	酒井 兼重	6 反則 12

公式試合NO.423
関東大学対抗戦／S42年10月8日

慶應 20 (12—8 / 8—8) 16 日体大

G：秩父宮 R：江田

[慶應]		[日体大]	
坂水 滉	FW	角野 伸次	
石黒 雅昭	FW	関口 憲明	
折戸 明	FW	川村 憲彦	12 前半 8
楠目 皓	FW	阿部登記造	2 T 0
谷川 義夫	FW	赤間 英夫	0 G 1
岡畑 和幸	FW	佐藤 司	2 PG 1
宝田 誠治	FW	菅原 知之	DG
宇佐美皓司	FW	斉藤 直樹	
竹岡 正	HB	溝部 健嗣	8 後半 8
宮田 浩二	HB	佐野 康雄	0 T 1
井原 健一	TB	勝山知佳良	1 G 1
天宅 啓	TB	木下 和文	1 PG 0
佐藤 博之	TB	吉村 孝秀	DG
吉岡 泰男	TB	桐原 健一	
荻村 道男	FB	戸嶋 文夫	9 反則 16

公式試合NO.424

第40回対立大定期戦／S42年10月15日

慶應34（18−0 / 16−6）6立大

G：秩父宮 R：池田

[慶　應]		[立　大]	
坂水　滉	FW	高根　隆	
石黒　雅昭		粕谷　繁	
折戸　明		楠美　栄喜	18 前半 0
谷川　義夫		荒川　一雄	1 T 0
楠目　皓		藤沢　喜明	3 G 0
岡畑　和幸		山内　寿一	0 PG 0
宝田　誠治		大竹　順雄	DG
宇佐美皓司		富松　勝祐	
辰沢　茂夫	HB	村瀬　昇二	16 後半 6
宮田　浩二		吉田　俊明	2 T 0
井原　健一	TB	石山　栄繁	2 G 0
天宅　啓		山崎与四三	0 PG 2
佐藤　博之		田中淳二郎	DG
吉岡　泰男		横島　和己	
荻村　道男	FB	磯部　久人	12 反則 12

公式試合NO.425

関東大学対抗戦／S42年10月29日

慶應55（24−5 / 31−3）8青学大

G：秩父宮 R：西山

[慶　應]		[青学大]	
坂水　滉	FW	河野　務	
石黒　雅昭		白土　一彦	
折戸　明		吉田　淳一	24 前半 5
楠目　皓		田中　実	3 T 0
谷川　義夫		大木　秀雄	3 G 1
岡畑　和幸		大宝　雅春	0 PG 0
宝田　誠治		橋本　潤	DG
宇佐美皓司		木崎　晴雄	
渡辺　真	HB	越智　道夫	31 後半 3
宮田　浩二		西川　和夫	2 T 1
井原　健一	TB	清水　茂	5 G 0
天宅　啓		谷岡　尚武	0 PG 0
佐藤　博之		高村　博	DG
吉岡　泰男		津川　龍三	
荻村　道男	FB	河野　賢治	11 反則 8

公式試合NO.426

第42回対明大定期戦／S42年11月12日

慶應34（24−0 / 10−5）5明大

G：秩父宮 R：松尾

[慶　應]		[明　大]	
坂水　滉	FW	中村敬一郎	
石黒　雅昭		菅井　健一	
折戸　明		元木　賢一	24 前半 0
楠目　皓		甲谷　昭一	3 T 0
谷川　義夫		石川　準吉	3 G 0
宝田　誠治		川津正次郎	0 PG 0
高橋　忠久		本田　貞広	DG
宇佐美皓司		佐々木福松	
竹岡　正	HB	木原喜一郎	10 後半 5
宮田　浩二		日野　博愛	0 T 0
井原　健一	TB	宇治川福男	2 G 1
天宅　啓		堀田　正勝	0 PG 0
佐藤　博之		石　源三郎	DG
吉岡　泰男		南條　徹雄	
荻村　道男	FB	大西　和郎	19 反則 5

公式試合NO.427

第44回対早大定期戦／S42年11月23日

慶應9（6−18 / 3−21）39早大

G：秩父宮 R：西山

[慶　應]		[早　大]	
坂水　滉	FW	堀口　昭	
石黒　雅昭		後川　光夫	
折戸　明		猿田　武夫	6 前半 18
楠目　皓		赤司　知行	0 T 0
谷川　義夫		新元　瑛一	0 G 3
岡畑　和幸		井沢　義明	2 PG 1
宝田　誠治		和泉　武男	DG
宇佐美皓司		坂内　雅弘	
竹岡　正	HB	斎藤　善助	3 後半 21
宮田　浩二		山本　巌	0 T 2
井原　健一	TB	万谷　勝治	0 G 3
天宅　啓		下川　正文	1 PG 0
佐藤　博之		石山貴志夫	DG
吉岡　泰男		宮吉　正彦	
荻村　道男	FB	小林　正幸	10 反則 12

公式試合NO.428

第42回対東大定期戦／S42年12月2日

慶應40（22−0 / 18−0）0東大

G：秩父宮 R：松尾

[慶　應]		[東　大]	
坂水　滉	FW	浅井　洋	
鈴木　祐一		黒川　忠一	
折戸　明		大谷　剛彦	22 前半 0
楠目　皓		大竹　邦弘	4 T 0
谷川　義夫		伍香　秀明	2 G 0
麻生　泰		巽　政明	0 PG 0
宝田　誠治		石崎　惟之	DG
宇佐美皓司		平井　嘉臣	
竹岡　正	HB	田中　亨	18 後半 0
宮田　浩二		水野　隆司	1 T 0
井原　健一	TB	石附　喜明	3 G 0
天宅　啓		川崎　正昭	0 PG 0
佐藤　博之		佐藤浩之助	DG
吉岡　泰男		内田　恒次	
荻村　道男	FB	中沢　喜博	11 反則 8

公式試合NO.429

関東大学対抗戦／S42年12月9日

慶應25（9−3 / 16−6）9成蹊大

G：日吉 R：阿部

[慶　應]		[成蹊大]	
坂水　滉	FW	佐藤俊比古	
鈴木　祐一		岸田　成器	
折戸　明		木原　保郎	9 前半 3
楠目　皓		山田　豊	3 T 1
谷川　義夫		星野　民雄	0 G 0
麻生　泰		堀口　庄平	0 PG 0
宝田　誠治		緒方　重雄	DG
宇佐美皓司		小川　清正	
竹岡　正	HB	佐藤　隆	16 後半 6
宮田　浩二		南郷　茂隆	2 T 0
井原　健一	TB	杉原　久雄	2 G 0
天宅　啓		湯沢　達雄	0 PG 2
森田宗太郎		高橋　健	DG
吉岡　泰男		松川　正俊	
荻村　道男	FB	近藤　素英	14 反則 11

公式試合NO.430

第41回対京大定期戦／S42年12月17日

慶應22（13−5 / 9−5）10京大

G：秩父宮 R：江田

[慶　應]		[京　大]	
坂水　滉	FW	安藤　敏彦	
石黒　雅昭		市川　直美	
折戸　明		能勢　修一	13 前半 5
堀越　優		武内　順	1 T 0
谷川　義夫		長塩　博	2 G 1
麻生　泰		中野　善久	0 PG 0
宝田　誠治		大矢　清六	DG
宇佐美皓司		久松　敏之	
竹岡　正	HB	外山　豊	9 後半 5
宮田　浩二		中村孝太郎	3 T 0
井原　健一	TB	中島　裕之	0 G 1
天宅　啓		宮崎　秀一	0 PG 0
大塚　久利		福田　正明	DG
下司　仁士		和田　郁男	
荻村　道男	FB	賀好　弘志	8 反則 22

公式試合NO.431

第51回対同大定期戦／S42年12月24日

慶應14（11−8 / 3−5）13同大

G：秩父宮 R：松尾

[慶　應]		[同　大]	
坂水　滉	FW	飯降　幸雄	
石黒　雅昭		陰山　昭	
折戸　明		黒坂　敏夫	11 前半 8
藤村　研二		川瀬　正雄	1 T 0
谷川　義夫		柴田　浩一	1 G 1
岡畑　和幸		戸川富士夫	1 PG 1
宝田　誠治		村上　純一	DG
宇佐美皓司		渡辺　定雄	
竹岡　正	HB	伊藤　武	3 後半 5
宮田　浩二		小藪　修	0 T 0
井原　健一	TB	井伊　有策	0 G 1
天宅　啓		石塚　広和	1 PG 0
佐藤　博之		浦野　雄治	DG
吉岡　泰男		馬庭　重行	
荻村　道男	FB	藤田　五朗	13 反則 11

公式試合NO.432

第4回全国学生選手権（1回戦）／S43年1月3日

慶應11（3−24 / 8−19）43法大

G：秩父宮 R：保戸塚

[慶　應]		[法　大]	
坂水　滉	FW	黒井末広	
石黒　雅明		境　秀雄	
折戸　明		佐藤鉄三郎	3 前半 24
楠目　明		清水　宏明	1 T 3
谷川　義夫		二反田順二	0 G 3
岡畑　和幸		石田　邦明	0 PG 0
宝田　誠治		汀　和彦	DG
宇佐美皓司		鈴木　徹	
竹岡　正	HB	森田　俊夫	8 後半 19
宮田　浩二		桂口　力	1 T 3
井原　健一	TB	水谷　真	1 G 2
天宅　啓		中村　勇	0 PG 0
佐藤　博之		島崎　文治	DG
吉岡　泰男		市川　将雄	
荻村　道男	FB	鈴木　秀夫	3 反則 4

公式試合NO.433

全早慶対抗戦／S43年9月24日

全慶應 16 (11−11 / 5−34) 45 全早大

[全慶應]		[全早大]	G：秩父宮 R：宮井
折戸 明	FW	堀口 昭	
鈴木 祐一	FW	後川 光夫	
赤松 俊雄	FW	猿田 武夫	11 前半 11
楠目 皓	FW	赤司 知行	2 T 1
谷川 義夫	FW	坂内 雅弘	1 G 1
宝田 誠治	FW	加藤 猛	0 PG 1
吉田 博信	FW	井沢 義明	DG
宇佐美皓司	FW	和泉 武雄	
竹岡 正	HB	斉藤 善助	5 後半 34
得能 敏夫	HB	山本 巌	0 T 3
川口 明	TB	小林 正幸	1 G 5
宮田 浩二	TB	下川 正文	0 PG 0
蔵西 克夫	TB	石山貴志夫	DG
吉岡 泰男	TB	宮吉 正彦	
横河 惇	FB	藤本 忠正	4 反則 3

公式試合NO.434

全慶明対抗戦／S43年9月30日

全慶應 19 (16−8 / 3−28) 36 全明大

[全慶應]		[全明大]	G：秩父宮 R：横井
坂水 滉	FW	石光 之義	
安部 優	FW	菅井 健一	
折戸 明	FW	永田 重行	16 前半 8
楠目 皓	FW	甲谷 昭一	2 T 1
堀越 慈	FW	加賀谷孝夫	2 G 1
宝田 誠治	FW	岡部 英二	0 PG 0
逢沢 滋	FW	佐々木福松	DG
谷川 義夫	FW	村田 一男	
竹岡 正	HB	堀田 正勝	3 後半 28
得能 敏夫	HB	飯田 恒久	1 T 1
下司 仁士	TB	浜田 一	0 G 5
宮田 浩二	TB	竹内 滋	0 PG 0
蔵西 克夫	TB	香取 英俊	DG
川口 明	TB	宇治川福男	
鹿島 繁雄	FB	南條 徹雄	7 反則 1

公式試合NO.435

関東大学対抗戦／S43年10月13日

慶應 13 (3−9 / 10−6) 15 日体大

[慶應]		[日体大]	G：秩父宮 R：松尾
坂水 滉	FW	橋本 丈夫	
鈴木 祐一	FW	浦 敏明	
折戸 明	FW	伊藤 幸三	3 前半 9
楠目 皓	FW	赤間 英夫	1 T 3
谷川 義夫	FW	川村 憲彦	0 G 0
逢沢 滋	FW	佐野 康雄	0 PG 0
高橋 忠久	FW	佐伯栄次郎	DG
宝田 誠治	FW	斎藤 直樹	
辰沢 茂夫	HB	田中 清	10 後半 6
得能 敏夫	HB	青木 孝也	0 T 1
川口 明	TB	桐原 健一	2 G 0
宮田 浩二	TB	吉村 孝秀	0 PG 1
大塚 久利	TB	小田木 透	DG
吉岡 泰男	TB	佐藤 司	
荻村 道男	FB	石川 征治	9 反則 15

公式試合NO.436

第41回対立大定期戦／S43年10月20日

慶應 42 (19−0 / 23−5) 5 立大

[慶應]		[立大]	G：秩父宮 R：川口
坂水 滉	FW	亀田 元秀	
鈴木 祐一	FW	佐藤 武明	
折戸 明	FW	石井 和男	19 前半 0
楠目 皓	FW	荒川 一雄	3 T 0
堀越 優	FW	森 孝明	2 G 0
宝田 誠治	FW	高根 隆	0 PG 0
高橋 忠久	FW	楠美 栄喜	DG
谷川 義夫	FW	藤沢 喜明	
渡辺 真	HB	村瀬 昇二	23 後半 5
安部 直幸	HB	石山 栄繁	1 T 0
川口 明	TB	吉田 茂	4 G 1
宮田 浩二	TB	磯辺 久人	0 PG 0
宮坂 進	TB	香取 徹夫	DG
吉岡 泰男	TB	槙島 和己	
荻村 道男	FB	加藤 司	6 反則 4

公式試合NO.437

関東大学対抗戦／S43年10月27日

慶應 23 (10−10 / 13−13) 23 教育大

[慶應]		[教育大]	G：秩父宮 R：土光
坂水 滉	FW	佐藤 敏春	
鈴木 祐一	FW	岡島 成志	
折戸 明	FW	林 正次	10 前半 10
楠目 皓	FW	平下 賢治	0 T 0
堀越 優	FW	本城 一隆	2 G 2
宝田 誠治	FW	井上 日夫	0 PG 0
高橋 忠久	FW	木村 修己	DG
谷川 義夫	FW	小池 健次	
渡辺 真	HB	高橋 義明	13 後半 13
安部 直幸	HB	粂川 茂夫	0 T 1
川口 明	TB	里美 仁志	2 G 2
宮田 浩二	TB	林 修二	1 PG 0
宮坂 進	TB	米倉 憲治	DG
吉岡 泰男	TB	前田 嘉明	
荻村 道男	FB	高橋 憲吾	7 反則 15

公式試合NO.438

第43回対明大定期戦／S43年11月10日

慶應 26 (8−6 / 18−0) 6 明大

[慶應]		[明大]	G：秩父宮 R：松尾
萩野 順司	FW	長瀬 慎輔	
鈴木 祐一	FW	石光 之義	
折戸 明	FW	菅井 健一	8 前半 0
楠目 皓	FW	元木 賢一	1 T 0
吉岡 和夫	FW	石川 準吉	1 G 0
宝田 誠治	FW	和田 貞広	0 PG 0
高橋 忠久	FW	佐々木福松	DG
谷川 義夫	FW	甲谷 昭一	
渡辺 真	HB	木原喜一郎	18 後半 6
得能 敏夫	HB	新島 清治	1 T 1
川口 明	TB	浜田 一	3 G 0
宮田 浩二	TB	加藤 時男	0 PG 1
宮坂 進	TB	石 源三郎	DG
吉岡 泰雄	TB	川津正次郎	
荻村 道男	FB	竹内 滋	16 反則 7

公式試合NO.439

第45回対早大定期戦／S43年11月23日

慶應 14 (6−6 / 8−16) 22 早大

[慶應]		[早大]	G：秩父宮 R：キャンベル
萩野 順司	FW	堀口 昭	
鈴木 祐一	FW	大東 和美	
折戸 明	FW	余 東奎	6 前半 6
楠目 皓	FW	坂内 雅弘	1 T 0
堀越 優	FW	稲野 和夫	0 G 0
宝田 誠治	FW	井沢 義明	1 PG 2
高橋 忠久	FW	和泉 武雄	DG
谷川 義夫	FW	風間 康弘	
渡辺 真	HB	片岡 哲二	8 後半 16
得能 敏夫	HB	山本 巌	0 T 2
川口 明	TB	佐藤 秀幸	1 G 2
宮田 浩二	TB	下川 正文	1 PG 0
宮坂 進	TB	石山貴志夫	DG
吉岡 泰男	TB	宮吉 正彦	
荻村 道男	FB	小林 正幸	18 反則 13

公式試合NO.440

第43回対東大定期戦／S43年11月30日

慶應 27 (14−3 / 13−6) 9 東大

[慶應]		[東大]	G：秩父宮 R：松尾
坂水 滉	FW	浅井 洋	
鈴木 祐一	FW	福島 久雄	
折戸 明	FW	大谷 剛彦	14 前半 3
楠目 皓	FW	伍香 秀明	1 T 0
堀越 優	FW	大竹 邦弘	1 G 0
宝田 誠治	FW	岡村 克己	2 PG 1
高橋 忠久	FW	宮脇 哲也	DG
谷川 義夫	FW	小林 健	
渡辺 真	HB	田中 亨	13 後半 6
得能 敏夫	HB	山田 耕造	1 T 2
下司 仁士	TB	石附 喜昭	2 G 0
宮田 浩二	TB	本郷谷健二	0 PG 0
宮坂 進	TB	大矢敬二郎	DG
吉岡 泰男	TB	石井 守雄	
荻村 道男	FB	中沢 喜博	14 反則 16

公式試合NO.441

全国大学選手権(交流試合)／S43年12月15日

慶應 36 (18−0 / 18−5) 5 専大

[慶應]		[専大]	G：秩父宮 R：西山
坂水 滉	FW	笠井 茂高	
永野 進	FW	榎本 栄	
折戸 明	FW	谷田部輝雄	18 前半 0
楠目 皓	FW	武智 光	1 T 0
堀越 優	FW	斎藤 賢一	3 G 0
宝田 誠治	FW	田中 正人	0 PG 0
高橋 忠久	FW	行広 敏光	DG
谷川 義夫	FW	向井 信正	
渡辺 真	HB	竹谷 満	18 後半 5
宮田 浩二	HB	奥沢 利光	1 T 1
川口 明	TB	広瀬 勝	3 G 0
宮坂 進	TB	山口 光広	0 PG 0
森田宗太郎	TB	盛田 和夫	DG
吉岡 泰男	TB	小川 忠司	
荻村 道男	FB	森本 誠治	12 反則 15

公式試合NO.442

第52回対同大定期戦／S43年12月24日

慶應 25 (13－6 / 12－13) 19 同大

[慶　應]		[同　大]	G：西京極 R：宮崎
坂水　滉	FW	福本　順三	
永野　進		陰山　昭	
折戸　明		黒坂　敏夫	13 前半 6
楠目　皓		川瀬　正雄	1 T 2
堀越　優		柴田　浩一	2 G 0
宝田　誠治		戸川富士夫	0 PG 0
高橋　忠久		村上　純一	DG
谷川　義夫		金城　仁泰	
渡辺　真	HB	大久保哲夫	12 後半 13
宮田　浩二		小藪　修	3 T 1
川口　明	TB	浜田　昌樹	0 G 2
宮坂　進		村岡　正啓	1 PG 0
森田宗太郎		音川宏二郎	DG
吉岡　泰男		村口　和夫	
荻村　道男	FB	柏木　智幸	6 反則 6

公式試合NO.443

第5回全国大学選手権(1回戦)／S44年1月1日

慶應 30 (11－3 / 19－6) 9 福岡工大

[慶　應]		[福岡工大]	G：秩父宮 R：松尾
坂水　滉	FW	松田　博良	
永野　進		岩崎　重敏	
折戸　明		大浜　正雄	11 前半 3
楠目　皓		清国　和博	2 T 0
吉岡　和夫		谷口　直幸	1 G 0
麻生　泰		高武　義邦	0 PG 1
高橋　忠久		山田　浩次	DG
谷川　義夫		柳川　一己	
渡辺　真	HB	西園　福志	19 後半 6
宮田　浩二		花田　君夫	3 T 2
下司　仁士	TB	窪田　靖弘	2 G 0
森田宗太郎		園上　茂雄	0 PG 0
宮坂　進		蓑田　大二	DG
吉岡　泰男		室　啓一	
荻村　道男	FB	園上　光彦	9 反則 7

公式試合NO.444

第5回全国大学選手権(準決勝)／S44年1月3日

慶應 24 (13－0 / 11－10) 10 法大

[慶　應]		[法　大]	G：秩父宮 R：西山
坂水　滉	FW	黒井　末広	
永野　進		安原　勉	
折戸　明		佐伯　隆二	13 前半 0
楠目　皓		戸川　孝	1 T 0
吉岡　和夫		寺元　敏雄	2 G 0
宝田　誠治		佐藤鉄三郎	0 PG 0
高橋　忠久		川内　裕幸	DG
谷川　義夫		二友田順二	
渡辺　真	HB	森田　俊夫	11 後半 10
宮田　浩二		中川　進	1 T 0
川口　明	TB	鈴木　達朗	1 G 2
森田宗太郎		中村勇三郎	1 PG 0
宮坂　進		中越　幸定	DG
吉岡　泰男		小東　和夫	
荻村　道男	FB	鈴木　秀夫	7 反則 19

公式試合NO.445

第5回全国大学選手権(決勝)／S44年1月5日

慶應 14 (3－9 / 11－5) 14 早大

[慶　應]		[早　大]	G：秩父宮 R：松尾
坂水　滉	FW	堀口　昭	
永野　進		大東　和美	
折戸　明		余　東奎	3 前半 9
楠目　皓		坂内　雅弘	1 T 2
吉岡　和夫		稲野　和夫	0 G 0
宝田　誠治		井沢　義明	0 PG 1
高橋　忠久		和泉　武雄	DG
谷川　義夫		宮城寿太郎	
渡辺　真	HB	平岡　惟史	11 後半 5
宮田　浩二		山本　巖	2 T 0
川口　明	TB	佐藤　秀幸	1 G 1
森田宗太郎		下川　正文	0 PG 0
宮坂　進		石山貴志夫	DG
吉岡　泰男		宮吉　正彦	
荻村　道男	FB	小林　正幸	3 反則 13

公式試合NO.446

第42回対京大定期戦／S44年1月11日

慶應 34 (19－3 / 15－9) 12 京大

[慶　應]		[京　大]	G：花園 R：下村
坂水　滉	FW	平岡　康行	
永野　進		市川　直義	
折戸　明		能勢　修一	19 前半 3
楠目　皓		久松　敏之	3 T 1
吉岡　和夫		長塩　博	2 G 0
奥村　敏就		中村　健輔	0 PG 0
高橋　忠久		北村	DG
谷川　義夫		賀好　弘志	
渡辺　真	HB	前田　真孝	15 後半 9
宮田　浩二		中村孝太郎	5 T 3
川口　明	TB	中野　善久	0 G 0
森田宗太郎		須山	0 PG 0
佐藤　博之		福田　正明	DG
吉岡　泰男		和田　郁男	
荻村　道男	FB	田中　仁	5 反則 8

公式試合NO.447

日本選手権(決勝)／S44年1月15日

慶應 16 (3－16 / 13－28) 44 トヨタ自

[慶　應]		[トヨタ自]	G：花園 R：牧
坂水　滉	FW	杉浦　平	
永野　進		角屋　政雄	
折戸　明		石井　京三	3 前半 16
楠目　皓		枝田　英雄	0 T 1
吉岡　和夫		安藤　勝彦	0 G 2
宝田　誠治		吉永　昌永	1 PG 1
高橋　忠久		藤原　進	DG
谷川　義夫		田中　稔	
渡辺　真	HB	松田　章三	13 後半 28
宮田　浩二		大西　和郎	1 T 1
川口　明	TB	山田　隆康	2 G 5
森田宗太郎		曽我部信武	0 PG 0
佐藤　博之		尾崎　真義	DG
吉岡　泰男		原　弘毅	
荻村　道男	FB	万谷　勝治	10 反則 15

公式試合NO.448

英国フェア記念日英親善ラグビー／S44年9月26日

全慶應 15 (9－9 / 6－0) 9 デューク オブ ウェリントン

[全慶應]		[デューク オブ ウェリントン]	G：秩父宮 R：松尾
萩野　順司	FW	ソーン	
永野　進		デービス	
小川加津晃		ディッケンズ	9 前半 9
堀越　優		ガードナー	2 T 2
堀越　慈		カギラパン	0 G 0
楠目　皓		ハンター	1 PG 1
高橋　忠久		パス	DG
谷川　義夫		ロバーツ	
竹岡　正	HB	ストーン	6 後半 0
宮田　浩二		レイド	1 T 0
川口　明	TB	バーンズ	0 G 0
蔵西　克夫		ニューウェル	1 PG 0
佐藤　博之		カス	DG
吉岡　泰男		ロビンソン	
藤　賢一	FB	ヘティグルー	14 反則 10

公式試合NO.449

関東大学対抗戦／S44年10月5日

慶應 30 (17－15 / 13－13) 28 青学大

[慶　應]		[青学大]	G：秩父宮 R：川口
萩野　順司	FW	河野　務	
永野　進		白土　一彦	
小川加津晃		秦野　信彦	17 前半 15
堀越　優		品川　清	4 T 0
吉岡　和夫		高野　正美	1 G 3
逢沢　滋		小田　公彦	0 PG 0
高橋　忠久		河野　賢治	DG
田中　英造		林　和政	
辰沢　茂夫	HB	越智	13 後半 13
得能　敏夫		高村　博	1 T 1
川口　明	TB	松永　正行	2 G 2
大塚　久利		石山　茂	0 PG 0
宮坂　進		柿沼　和行	DG
安部　直幸		菊地　康治	
藤　賢一	FB	津川　龍三	9 反則 15

公式試合NO.450

第42回対立大定期戦／S44年10月12日

慶應 25 (11－8 / 14－6) 14 立大

[慶　應]		[立　大]	G：秩父宮 R：松尾
萩野　順司	FW	楠美　栄喜	
永野　進		石井　和男	
小川加津晃		亀田　元秀	11 前半 8
堀越　優		荒川　一雄	2 T 1
吉岡　和夫		森　孝明	1 G 1
田中　英造		山内　寿一	0 PG 0
逢沢　滋		加藤　司	DG
高橋　忠久		藤沢　喜明	
辰沢　茂夫	HB	北村　勉	14 後半 6
得能　敏夫		磯部　久人	2 T 2
川口　明	TB	後藤　照元	1 G 0
森田宗太郎		香取　徹夫	1 PG 0
宮坂　進		米増　孝造	DG
大塚　久利		槙島　和巳	
藤　賢一	FB	新井　一孝	13 反則 9

公式試合NO.451

関東大学対抗戦／S44年10月26日

慶應6（3−13 / 3−20）33日体大

[慶　應]		[日体大]	G：秩父宮 R：松尾
加藤　昇司	FW	夏目　健	
永野　進		関口　憲明	
小川加津晃		松崎　成生	3 前半 13
堀越　優		広瀬　善脩	1 T 1
吉岡　和夫		川村　貢一	0 G 2
田中　英造		佐野　康雄	0 PG 0
高橋　忠久		海老沢　静	DG
金子　正仁		赤間　英夫	
辰沢　茂夫	HB	本田　泰則	3 後半 20
安部　直幸		青木　孝也	1 T 5
川口　明	TB	佐藤　司	0 G 1
小南　渉		吉村　孝秀	0 PG 0
森田宗太郎		中村　博	DG
大塚　久利		植田　実	
藤　賢一	FB	戸島　文夫	10 反則 18

公式試合NO.452

関東大学対抗戦／S44年11月1日

慶應69（25−8 / 44−0）8成城大

[慶　應]		[成城大]	G：秩父宮 R：川口
加藤　昇司	FW	藤井　正和	
永野　進		岩田　啓	
小川加津晃		山本　徹	25 前半 8
堀越　優		高木　信昭	3 T 1
吉岡　和夫		井口　雄介	2 G 1
田中　英造		石田　友男	2 PG 0
高橋　忠久		佐伯　正孝	DG
金子　正仁		加茂　均	
渡辺　真	HB	村井　由明	44 後半 0
安部　直幸		西岡　敏幸	3 T 0
大塚　久利	TB	伊藤　聖	7 G 0
森田宗太郎		守田　純一	0 PG 0
小南　渉		豊田　皓	DG
吉岡　泰男		田坂　泰雄	
藤　賢一	FB	津田　正典	5 反則 17

公式試合NO.453

第44回対明大定期戦／S44年11月9日

慶應32（17−9 / 15−16）25明大

[慶　應]		[明　大]	G：秩父宮 R：保土塚
萩野　順司	FW	高田　司	
永野　進		長瀬　慎輔	
小川加津晃		永田　重行	17 前半 9
奥村　敏就		中山　勝文	2 T 1
吉岡　和夫		石川　準吉	1 G 0
田中　英造		吉田　純司	2 PG 2
高橋　忠久		倭文　輝男	DG
金子　正仁		宇治川福男	
辰沢　茂夫	HB	木原喜一郎	15 後半 16
安部　直幸		渡辺　千里	0 T 1
川口　明	TB	浜田　一	3 G 2
森田宗太郎		小松　明	0 PG 1
大塚　久利		竹村　広美	DG
吉岡　泰男		高橋　博	
藤　賢一	FB	新島　清	10 反則 10

公式試合NO.454

第46回対早大定期戦／S44年11月23日

慶應15（6−16 / 9−17）33早大

[慶　應]		[早　大]	G：秩父宮 R：安部
萩野　順司	FW	堀口　昭	
永野　進		大東　和美	
小川加津晃		余　東奎	6 前半 16
堀越　優		阿部　憲之	1 T 2
吉岡　和夫		稲野　和夫	0 G 2
奥村　敏就		井沢　義明	1 PG 0
高橋　忠久		萩原　隆男	DG
金子　正仁		小林　正幸	
辰沢　茂夫	HB	宿沢　広朗	9 後半 17
安部　直幸		藤田　康和	3 T 4
川口　明	TB	佐藤　秀幸	0 G 1
森田宗太郎		平岡　惟史	0 PG 0
大塚　久利		清水　伸一	DG
吉岡　泰男		宮吉　正彦	
藤　賢一	FB	中村　公彦	8 反則 12

公式試合NO.455

関東大学対抗戦／S44年11月30日

慶應42（22−0 / 20−0）0成蹊大

[慶　應]		[成蹊大]	G：保土ヶ谷 R：松尾
萩野　順司	FW	丹波信三郎	
永野　進		相原　智彦	
小川加津晃		原田　健一	22 前半 0
堀越　優		緒方　重雄	4 T 0
吉岡　和夫		小林　健司	2 G 0
奥村　敏就		堀口　庄平	0 PG 0
高橋　忠久		柏原　茂	DG
金子　正仁		北野　修	
辰沢　茂夫	HB	高木　晴生	20 後半 0
安部　直幸		疋田　立郎	5 T 0
川口　明	TB	安達　知彦	1 G 0
森田宗太郎		近藤　健	0 PG 0
大塚　久利		井上　宏一	DG
松浦　憲一		大根田勝彦	
荻村　道男	FB	疋田　生雄	15 反則 4

公式試合NO.456

第44回対東大定期戦／S44年12月6日

慶應37（10−0 / 27−8）8東大

[慶　應]		[東　大]	G：保土ヶ谷 R：川口
萩野　順司	FW	浅井　洋	
永野　進		福島　久雄	
小川加津晃		福田　一	10 前半 0
堀越　優		巽　政明	0 T 0
吉岡　和夫		河田　敏貴	2 G 0
奥村　敏就		小林　健	0 PG 0
高橋　忠久		藤　文大	DG
金子　正仁		佐香　秀明	
辰沢　茂夫	HB	田中　亨	27 後半 8
安部　直幸		西川　正	4 T 1
川口　明	TB	新田　健一	3 G 1
森田宗太郎		川崎　正昭	0 PG 0
大塚　久利		大矢敬二郎	DG
松浦　憲一		石井　守雄	
荻村　道男	FB	伏田　孝	6 反則 9

公式試合NO.457

全国大学選手権（交流試合）／S44年12月14日

慶應38（23−3 / 15−11）14日大

[慶　應]		[日　大]	G：秩父宮 R：西山
萩野　順司	FW	木田	
永野　進		加藤	
中村　敏行		関口　雅志	23 前半 3
堀越　優		小出	5 T 1
吉岡　和夫		新井	1 G 0
奥村　敏就		青木	1 PG 0
高橋　忠久		新田　政勝	DG
金子　正仁		井口　安男	
辰沢　茂夫	HB	阿部	15 後半 11
安部　直幸		中川	0 T 2
川口　明	TB	山口	3 G 1
宮坂　進		阿部幸久	0 PG 0
大塚　久利		兼子	DG
松浦　憲一		工藤　行雄	
荻村　道男	FB	篠原　勝正	6 反則 9

公式試合NO.458

第43回対京大定期戦／S44年12月20日

慶應42（24−6 / 18−15）21京大

[慶　應]		[京　大]	G：秩父宮 R：横井
萩野　順司	FW	松尾　宗雄	
永野　進		浦田　輝英	
中村　敏行		能勢　修一	24 前半 6
堀越　優		井上　育穂	2 T 2
吉岡　和夫		長塩　博	3 G 0
田中　英造		田代　芳孝	1 PG 0
高橋　忠久		久村　建夫	DG
倉橋　成幸		賀好　弘志	
辰沢　茂夫	HB	大喜多富美郎	18 後半 15
安部　直幸		田中　仁	1 T 0
川口　明	TB	須山　康文	3 G 3
宮坂　進		前田　真孝	0 PG 0
大塚　久利		福田　正明	DG
松浦　憲一		加藤　雪香	
城重　信夫	FB	山本　孝介	14 反則 4

公式試合NO.459

全国大学選手権（1回戦）兼第53回対同大定期戦／S45年1月1日

慶應8（3−19 / 5−34）53同大

[慶　應]		[同　大]	G：秩父宮 R：
萩野　順司	FW	福本　順三	
永野　進		陰山　昭	
小川加津晃		黒坂　敏夫	3 前半 19
堀越　優		中西登志夫	1 T 3
吉岡　和夫		柴田　浩一	0 G 2
奥村　敏就		金城　仁泰	0 PG 0
高橋　忠久		大坪　重雄	DG
金子　正仁		岩切　修	
辰沢　茂夫	HB	大久保哲夫	5 後半 34
得能　敏夫		小藪　修	0 T 3
川口　明	TB	浜田　昌樹	1 G 5
宮坂　進		天谷　博	0 PG 0
大塚　久利		山岡　次郎	DG
吉岡　泰男		村口　和夫	
荻村　道男	FB	酒井　潤	5 反則 4

公式試合NO.460
3ケ国対抗ラグビー／S45年3月15日

全慶應 6 （0−22 / 6−35） 57 全カナダ

G：秩父宮　R：西山

[全慶應]		[全カナダ]	
小川加津晃	FW	クドマンデス	
永野　進		マクファーレン	
矢内　正隆		テイラー	0 前半 22
吉岡　和夫		レイゼル	0 T 3
堀越　優		アルドス	0 G 2
楠目　皓		ウェスマン	0 PG 1
高橋　忠久		フォスター	DG
谷川　義夫		パーカー	
辰沢　茂夫	HB	マクドナルド	6 後半 35
宮田　浩二		ロレンズ	2 T 0
川口　明	TB	ライアン	0 G 7
大塚　久利		シック	0 PG 0
蔵西　克夫		ブラウン	DG
吉岡　泰男		プレスター	
荻村　道男	FB	バーンハム	8 反則 12

公式試合NO.463
関東大学対抗戦／S45年10月11日

慶應 48 （20−0 / 28−5） 5 教育大

G：秩父宮　R：町井

[慶　應]		[教育大]	
矢内　正隆	FW	山田　富雄	
永野　進		浜島　昭二	
加藤　昇司		田中　和彦	20 前半 0
金子　正仁		百々　道男	5 T 0
中川　章夫		本城　一隆	1 G 0
井上登喜夫		井上　哲夫	0 PG 0
奥村　敏就		金井　律男	DG
伊藤　昌紀		花形　富夫	
渡辺　真	HB	阿南　正起	28 後半 5
得能　敏夫		猿渡　徹	6 T 0
川口　明	TB	上村　茂	2 G 1
森田宗太郎		滑川　正明	0 PG 0
浜中　義雄		糸山千賀志	DG
中込　守		神山雄一郎	
田中　孝	FB	阿世賀敏幸	8 反則 10

公式試合NO.466
第45回対明大定期戦／S45年11月8日

慶應 6 （0−5 / 6−11） 16 明大

G：秩父宮　R：松尾

[慶　應]		[明　大]	
矢内　正隆	FW	高田　司	
永野　進		高木　清行	
加藤　昇司		永田　重行	0 前半 5
中川　章夫		中山　勝文	0 T 0
吉岡　和夫		境　政義	0 G 1
井上登喜夫		吉田　純司	0 PG 0
田中　正己		倭文　輝男	DG
奥村　敏就		南出　徹	
渡辺　真	HB	木原喜一郎	6 後半 11
得能　敏夫		渡辺　千里	1 T 1
川口　明	TB	小松　明	0 G 1
森田宗太郎		森　重隆	1 PG 1
浜中　義雄		千葉　寛二	DG
鈴木　基史		高橋　博	
田中　孝	FB	竹村　広美	11 反則 6

公式試合NO.461
全早慶明対抗戦／S45年9月24日

全慶應 9 （3−12 / 6−15） 27 全明大

G：秩父宮　R：横井

[全慶應]		[全明大]	
赤松　俊雄	FW	石光　之義	
永野　進		菅井　健一	
中村　敏幸		永田　重行	3 前半 12
堀越　優		中山　勝文	1 T 3
金子　正仁		境　政義	0 G 0
楠目　皓		吉田　純司	0 PG 1
逢沢　滋		佐々木福松	DG
谷川　義夫		南出　徹	
渡辺　真	HB	堀田　正勝	6 後半 15
宮田　浩二		渡辺　千里	2 T 0
中込　守	TB	小松　明	0 G 3
森田宗太郎		竹内　滋	0 PG 0
蔵西　克夫		鈴木　忠義	DG
吉岡　泰男		高橋　博	
荻村　道男	FB	池原　清	2 反則 10

公式試合NO.464
関東大学対抗戦／S45年10月18日

慶應 14 （3−14 / 11−14） 28 日体大

G：秩父宮　R：江田

[慶　應]		[日体大]	
矢内　正隆	FW	村上　孝二	
永野　進		小城　博	
加藤　昇司		松崎　成生	3 前半 14
中川　章夫		小川　武久	0 T 3
吉岡　和夫		浜武　常司	0 G 1
井上登喜夫		海老沢　静	1 PG 0
奥村　敏就		春口　広	DG
金子　正仁		福沢　敏夫	
渡辺　真	HB	本田　泰則	11 後半 14
得能　敏夫		岡本　博雄	2 T 3
川口　明	TB	有賀　健	1 G 1
森田宗太郎		高橋　洋一	0 PG 0
浜中　義雄		中村　博	DG
鈴木　基史		高橋　富男	
田中　孝	FB	小圷　洋一	10 反則 17

公式試合NO.467
第43回対立大定期戦／S45年11月14日

慶應 20 （3−13 / 17−0） 13 立大

G：秩父宮　R：川口

[慶　應]		[立　大]	
矢内　正隆	FW	近藤　和雄	
永野　進		吉沢　一公	
加藤　昇司		亀田　元秀	3 前半 13
中崎　修		森　孝明	1 T 1
吉岡　和夫		三崎　健治	0 G 2
井上登喜夫		加藤　司	0 PG 0
奥村　敏就		小木　哲男	DG
金子　正仁		藤沢　喜明	
松岡　康郎	HB	木川　雅行	17 後半 0
得能　敏夫		寺田順三郎	4 T 0
川口　明	TB	窪谷　雅裕	1 G 0
辰沢　延夫		磯部　久人	0 PG 0
浜中　義雄		安川　裕行	DG
吉岡　泰男		米増　孝造	
三浦　健児	FB	新井　一孝	8 反則 9

公式試合NO.462
全早慶明対抗戦／S45年9月28日

全慶應 5 （5−5 / 0−15） 20 全早大

G：秩父宮　R：松信

[全慶應]		[全明大]	
矢内　正隆	FW	栗本　利見	
永野　進		大東　和美	
小川加津晃		余　東奎	5 前半 5
堀越　優		阿部　憲之	0 T 0
金子　正仁		津留崎鉄二	1 G 1
井上登喜夫		益田　清	0 PG 0
高橋　忠久		萩原　隆男	DG
藤　賢一		坂内　雅弘	
竹岡　正	HB	清水　徹	0 後半 15
蔵西　克夫		藤本　忠正	0 T 3
水谷　隆一	TB	東郷　健二	0 G 0
宮田　浩二		藤井　雅英	0 PG 2
宮坂　進		石山貴志夫	DG
鈴木　基史		佐藤　秀幸	
田中　孝	FB	中村　公彦	13 反則 9

公式試合NO.465
関東大学対抗戦／S45年10月25日

慶應 44 （25−0 / 19−0） 0 青学大

G：秩父宮　R：ニッ森

[慶　應]		[青学大]	
矢内　正隆	FW	河野　務	
永野　進		熊野賢三郎	
加藤　昇司		今田　直	25 前半 0
金子　正仁		品川　清	4 T 0
吉岡　和夫		林　茂男	2 G 0
井上登喜夫		小田　公彦	1 PG 0
田中　正己		荒川　鉄男	DG
奥村　敏就		上沼　雄治	
松岡　康郎	HB	池田　義一	19 後半 0
得能　敏夫		竹川　正夫	3 T 0
川口　明	TB	秋山　修	2 G 0
森田宗太郎		柿沼　和行	0 PG 0
浜中　義雄		菊池　康治	DG
鈴木　基史		泉　康雄	
田中　孝	FB	千葉　裕二	5 反則 5

公式試合NO.468
第47回対早大定期戦／S45年11月23日

慶應 11 （11−8 / 0−16） 24 早大

G：秩父宮　R：西山

[慶　應]		[早　大]	
矢内　正隆	FW	栗本　利美	
永野　進		高橋　哲司	
加藤　昇司		大東　和美	11 前半 8
金子　正仁		阿部　憲之	1 T 0
吉岡　和夫		津留崎鉄二	1 G 1
井上登喜夫		久保田　勇	1 PG 1
及川真喜夫		萩原　隆男	DG
藤　賢一		益田　清	
渡辺　真	HB	宿沢　広朗	0 後半 16
得能　敏夫		藤田　康和	0 T 1
川口　明	TB	佐藤　秀幸	0 G 2
森田宗太郎		藤井　雅英	0 PG 1
浜中　義雄		平岡　惟史	DG
吉岡　泰男		熊谷　真	
田中　孝	FB	小林　正幸	9 反則 9

公式試合NO.469
関東大学対抗戦／S45年11月29日

慶應 58 (25−0 / 33−3) 3 成城大

[慶應]		[成城大]	
新岡 明	FW	中島 治	G：日吉 R：池田
倉本 博光	FW	鈴木 達夫	
永野 進	FW	山本 徹	25 前半 0
中川 章夫	FW	滝藤 孝治	4 T 0
吉岡 和夫	FW	小島 康英	2 G 0
井上登喜夫	FW	川上 一夫	1 PG 0
武見 敬三	FW	佐伯 正孝	DG
藤 賢一	FW	加茂 均	
渡辺 真	HB	村井 由明	33 後半 3
得能 敏夫	HB	津田 正典	1 T
大石 大介	TB	松崎 修二	6 G 0
森田宗太郎	TB	守田 純一	0 PG
長島 優	TB	岡田 良一	DG
鈴木 基史	TB	田坂 泰雄	
三浦 健児	FB	伊藤 聖	10 反則 23

公式試合NO.470
第45回対東大定期戦／S45年12月5日

慶應 30 (19−3 / 11−8) 11 東大

[慶應]		[東大]	
矢内 正隆	FW	坂井 秀行	G：日吉 R：川口
倉本 博光	FW	倉田 洋志	
加藤 昇司	FW	福田 一	19 前半 3
中川 章夫	FW	野田多美夫	3 T 1
吉岡 和夫	FW	大場日出雄	2 G 0
井上登喜夫	FW	宮本 正	0 PG 0
武見 敬三	FW	宮脇 哲也	DG
藤 賢一	FW	伊藤 文大	
渡辺 真	HB	新田 健一	11 後半 8
得能 敏夫	HB	西川 正	2 T 1
川口 明	TB	関根 俊雄	1 G 1
森田宗太郎	TB	本郷谷健次	0 PG 0
杉下 茂治	TB	宇津山俊二	DG
中込 守	TB	北沢 晶	
三浦 健児	FB	伏田 孝	6 反則 5

公式試合NO.471
全国大学選手権(交流試合)／S45年12月13日

慶應 0 (0−11 / 0−30) 41 法大

[慶應]		[法大]	
矢内 正隆	FW	松本 清志	G：秩父宮 R：池田
永野 進	FW	森 清美	
加藤 昇司	FW	安原 勉	0 前半 11
金子 正仁	FW	寺元 敏雄	0 T 2
吉岡 和夫	FW	大野	0 G 1
中川 章夫	FW	岡本 恒雄	0 PG 0
及川真喜夫	FW	川内 裕幸	DG
藤 賢一	FW	佐々木	
渡辺 真	HB	高橋	0 後半 30
得能 敏夫	HB	井口 雅勝	0 T 0
川口 明	TB	鈴木 達朗	0 G 6
森田宗太郎	TB	大島 忠夫	0 PG 0
浜中 義雄	TB	熊谷	DG
吉岡 泰男	TB	吉田 茂	
田中 孝	FB	中越 幸定	7 反則 18

公式試合NO.472
第44回対京大定期戦／S45年12月20日

慶應 31 (18−8 / 13−5) 13 京大

[慶應]		[京大]	
矢内 正隆	FW	松尾 宗雄	G：花園 R：河合
永野 進	FW	浦田 輝英	
中村 敏行	FW	石田 徳治	18 前半 8
安田 卓治	FW	井上 育穂	1 T 1
吉岡 和夫	FW	本間 裕作	3 G 1
及川真喜夫	FW	賀好 弘志	0 PG 0
田中 正己	FW	田代 芳孝	DG
中川 章夫	FW	平岡 康行	
松岡 康郎	HB	大喜多富美郎	13 後半 5
得能 敏夫	HB	吉川 史彦	0 T 0
大石 大介	TB	三浦 広道	2 G 1
森田宗太郎	TB	前田 真孝	1 PG 0
鈴木 基史	TB	八東 裕	DG
吉岡 泰男	TB	須山 康文	
田中 孝	FB	湯谷 博	9 反則 10

公式試合NO.473
第54回対同大定期戦／S45年12月24日

慶應 22 (5−15 / 17−11) 26 同大

[慶應]		[同大]	
矢内 正隆	FW	清家	G：西京極 R：河合
永野 進	FW	玄 永宅	
加藤 昇司	FW	辻	5 前半 15
金子 正仁	FW	中西登志夫	0 T 0
吉岡 和夫	FW	岡部 憲治	1 G 3
奥村 敏就	FW	池田 隆司	0 PG 0
田中 正己	FW	藤原	DG
中川 章夫	FW	金城 仁泰	
松岡 康郎	HB	今村 修朗	17 後半 11
得能 敏夫	HB	天谷 博	3 T 2
中込 守	TB	北口 康治	1 G 1
森田宗太郎	TB	酒井 潤	1 PG 0
小南 渉	TB	村口 和夫	DG
吉岡 泰男	TB	吉野 英一	
田中 孝	FB	山岡 次郎	7 反則 7

公式試合NO.474
全慶法対抗戦／S46年9月22日

全慶應 18 (9−16 / 9−31) 47 全法大

[全慶應]		[全法大]	
赤松 俊雄	FW	佐々木	G：秩父宮 R：川口
永野 進	FW	森 清美	
加藤 昇司	FW	黒井	9 前半 16
金子 正仁	FW	二反田順二	0 T 1
吉岡 和夫	FW	寺元 敏雄	1 G 2
奥村 敏就	FW	岡本 恒雄	1 PG 0
田中 正己	FW	佐藤鉄三郎	DG
楠目 皓	FW	塩野 哲雄	
渡辺 真	HB	高橋	9 後半 31
蔵西 克夫	HB	秋山 博	T 1
鈴木 明夫	TB	山田 隆康	G 4
宮坂 進	TB	吉田 茂	PG 1
得能 敏夫	TB	熊谷	DG
松浦 憲一	TB	鈴木 達朗	
坂本 憲昭	FB	小東 一夫	4 反則 11

公式試合NO.475
全慶明対抗戦／S46年9月25日

全慶應 12 (3−4 / 9−22) 26 全明大

[全慶應]		[全明大]	
新岡 明	FW	長瀬 慎輔	G：秩父宮 R：松尾
永野 進	FW	菅井 健一	
加藤 昇司	FW	高田 司	3 前半 4
中崎 修	FW	中山 勝文	0 T 1
吉岡 和夫	FW	足立 憲章	0 G 0
逢沢 滋	FW	吉田 純司	1 PG 0
田中 正己	FW	石 源三郎	DG
金子 正仁	FW	南出 徹	
松岡 康郎	HB	堀田 正勝	9 後半 22
蔵西 克夫	HB	大西 和郎	0 T 1
川口 明	TB	小松 明	1 G 3
与名本 径	TB	竹内 滋	1 PG 0
宮坂 進	TB	鈴木 忠義	DG
吉岡 徹	TB	高橋 博	
三浦 健児	FB	池原 清	16 反則 11

公式試合NO.476
関東大学対抗戦／S46年10月9日

慶應 9 (3−11 / 6−27) 38 教育大

[慶應]		[教育大]	
新岡 明	FW	山田 良雄	G：秩父宮 R：永峰
矢内 正隆	FW	金 節男	
加藤 昇司	FW	松岡 敏男	前半
中崎 修	FW	百々 道男	T
吉岡 和夫	FW	大石 哲夫	G
井上登喜男	FW	岡本 富造	PG
田中 正己	FW	金井 律男	DG
中川 章夫	FW	向山 貴仁	
酒井 悦一	HB	阿南 正起	後半
上田 昭夫	HB	猿渡 徹	T
松浦 憲一	TB	三原 正美	G
与名本 径	TB	丹治 明	PG
城重 信夫	TB	糸山千賀志	DG
井上 大典	TB	上村 茂	
田中 孝	FB	阿世賀敏幸	反則

公式試合NO.477
関東大学対抗戦／S46年10月17日

慶應 21 (7−6 / 14−6) 12 日体大

[慶應]		[日体大]	
矢内 正隆	FW	平田 実	G：秩父宮 R：池田
倉本 博光	FW	小城 博	
加藤 昇司	FW	温井 武久	7 前半 6
中崎 修	FW	小川 武久	1 T 0
吉岡 和夫	FW	久保田運平	0 G 1
井上登喜男	FW	小川 滋	1 PG 0
田中 正己	FW	小坏 洋一	DG
藤 賢一	FW	高木 正雄	
松岡 康郎	HB	本田 泰則	14 後半 6
得能 敏夫	HB	村中 義次	2 T 0
松浦 憲一	TB	有賀 健	1 G 1
田中 孝	TB	立花 進	0 PG 0
浜中 義雄	TB	岡本 博雄	DG
井上 大典	TB	川崎	
三浦 健児	FB	植田 実	12 反則 15

公式試合NO.478
関東大学対抗戦／S46年10月24日
慶應45（27－4 / 18－15）19青学大
G：三ツ沢 R：池田

慶　應		青学大	
矢内 正隆	FW	上沼 雄治	
倉本 博光		大友 雅人	
加藤 昇司		熊野賢三郎	27 前半 4
中崎 修		品川 清	3 T 1
吉岡 和夫		林 茂夫	2 G 0
井上登喜男		西川 清治	1 PG 0
田中 正己		荒川 鉄男	DG
藤 賢一		宮川 哲夫	
松岡 康郎	HB	池田 義一	18 後半15
得能 敏夫		竹川 正夫	3 T 0
松浦 憲一	TB	秋山 修	1 G 2
浜中 義雄		柿沼 和行	0 PG 1
田中 孝		菊池 康治	DG
井上 大典		堀 裕二	
三浦 健児	FB	千葉 裕二	6 反則 4

公式試合NO.481
第48回対早大定期戦／S46年11月23日
慶應16（6－7 / 10－23）30早大
G：秩父宮 R：宮井

慶　應		早　大	
矢内 正隆	FW	田原 洋公	
倉本 博光		高橋 哲司	
加藤 昇司		奥田 泰三	6 前半 7
中崎 修		中村 賢治	1 T 1
吉岡 和夫		津留崎鉄二	1 G 0
井上登喜男		神山 郁雄	0 PG 1
田中 正己		萩原 隆男	DG
藤 賢一		益田 清	
大長 均	HB	宿沢 広朗	10 後半23
得能 敏夫		中村 康司	2 T 3
鈴木 基史	TB	金指 敦彦	1 G 1
田中 孝		藤井 雅英	0 PG 3
浜中 義雄		佐藤 秀幸	DG
井上 大典		堀口 孝	
杉下 茂治	FB	植山 信幸	16 反則11

公式試合NO.484
全国大学選手権（交流試合）／S46年12月12日
慶應9（0－24 / 9－28）52法大
G：秩父宮 R：松尾

慶　應		法　大	
矢内 正隆	FW	森 清美	
伊藤 精邦		谷口 剛	
加藤 昇司		松本 清志	0 前半24
中崎 修		塩野 哲雄	0 T 0
吉岡 和夫		川崎 俊正	0 G 4
井上登喜男		岡本 恒雄	0 PG 0
田中 正己		幡鎌 孝彦	DG
藤 賢一		鈴木 彰	
松岡 康郎	HB	吉田 茂	3 後半28
得能 敏夫		井口 雅勝	0 T 4
吉岡 徹	TB	児玉 康徳	0 G 2
田中 孝		吉田 正徳	1 PG 0
浜中 義雄		大島 忠夫	DG
井上 大典		山下 精久	
杉下 茂治	FB	渡辺 哲夫	3 反則15

公式試合NO.479
第46回対明大定期戦／S46年11月11日
慶應3（0－9 / 3－38）47明大
G：秩父宮 R：横井

慶　應		明　大	
矢内 正隆	FW	平川 常雄	
伊藤 精邦		高田 司	
加藤 昇司		畦田 広道	0 前半 9
中崎 修		中山 勝文	0 T 0
吉岡 和夫		境 政義	0 G 0
井上登喜男		吉田 純司	0 PG 3
田中 正己		上村 博章	DG
藤 賢一		南出 徹	
松岡 康郎	HB	木原喜一郎	3 後半38
得能 敏夫		渡辺 千里	0 T 5
鈴木 基史	TB	柴田 精三	0 G 3
浜中 義雄		小松 明	1 PG 0
田中 孝		千葉 寛二	DG
井上 大典		高橋 博	
三浦 健児	FB	中川 裕文	10 反則10

公式試合NO.482
関東大学対抗戦／S46年11月28日
慶應30（16－13 / 14－10）23成蹊大
G：秩父宮 R：松尾井

慶　應		成蹊大	
武藤 英治	FW	中島 勇	
倉本 博光		鈴木 富雄	
加藤 昇司		原田 健一	16 前半13
中崎 修		森田 正俊	1 T 1
吉岡 和夫		川村 国男	2 G 0
井上登喜男		緒方 啓三	0 PG 3
田中 正己		相原 茂	DG
中川 章夫		山本 善三	
青木 康雄	HB	北条 明	14 後半10
林 正樹		立松 幹朗	2 T 1
松浦 憲一	TB	山崎 健夫	1 G 1
田中 孝		日野 恵正	0 PG 0
浜中 義雄		小林 修介	DG
井上 大典		佐藤 信一	
杉下 茂治	FB	金野 正	14 反則11

公式試合NO.485
第45回対京大定期戦／S46年12月19日
慶應24（24－16 / 0－16）32京大
G：秩父宮 R：西山

慶　應		京　大	
新岡 明	FW	石田 徳治	
伊藤 精邦		杉山 幸一	
加藤 昇司		平岡 康行	24 前半16
中崎 修		松井 泰寿	3 T 1
吉岡 和夫		本間 裕作	2 G 2
井上登喜男		田代 芳孝	0 PG 0
田中 正己		中井 哲治	DG
藤 賢一		小屋 了	
松岡 康郎	HB	大喜多富美郎	0 後半16
斉藤 芳久		吉川 史彦	0 T 4
三浦 健児	TB	八東 裕	0 G 0
田中 孝		前田 真孝	0 PG 0
与名本 径		湯谷 博	DG
井上 大典		三浦 広道	
杉下 茂治	FB	水田 和彦	8 反則 9

公式試合NO.480
第44回対立大定期戦／S46年11月14日
慶應34（17－12 / 17－ 8）20立大
G：秩父宮 R：宮井

慶　應		立　大	
武藤 英治	FW	近藤 和雄	
倉本 博光		吉沢 一公	
加藤 昇司		亀田 元秀	17 前半12
中崎 修		加藤 司	2 T 0
吉岡 和夫		森 孝明	1 G 2
井上登喜男		白石 欣士	1 PG 0
田中 正己		丸山 克彦	DG
伊藤 昌紀		小木 哲男	
松岡 康郎	HB	山岡周太郎	17 後半 8
得能 敏夫		寺田順三郎	2 T 2
鈴木 基史	TB	新井 一孝	1 G 0
田中 孝		礒部 久人	1 PG 0
浜中 義雄		窪谷 雅裕	DG
井上 大典		橋本 信男	
吉岡 泰男	FB	安川 裕行	12 反則16

公式試合NO.483
第46回対東大定期戦／S46年12月4日
慶應37（13－4 / 24－9）13東大
G：日吉 R：

慶　應		東　大	
武藤 英治	FW	坂井 秀行	
倉橋 博光		星野 修二	
山内 明		福田 一	13 前半 4
中崎 修		野田多美夫	1 T 1
吉岡 和夫		田口 俊夫	1 G 0
井上登喜男		宮本 正	1 PG 0
田中 正己		矢野 順二	DG
中川 章夫		倉田 洋志	
大長 均	HB	新田 健一	24 後半 9
林 正樹		本郷谷健次	6 T 0
大石 大介	TB	関根 俊雄	0 G 1
田中 孝		添田 哲也	0 PG 1
浜中 義雄		宇津山俊二	DG
井上 大典		北沢 晶	
杉下 茂治	FB	伏田 孝	9 反則12

公式試合NO.486
第55回対同大定期戦／S46年12月24日
慶應11（8－12 / 3－30）42同大
G：秩父宮 R：池田

慶　應		同　大	
新岡 明	FW	平野 一彦	
伊藤 精邦		玄 永宅	
加藤 昇司		安井 敏明	8 前半12
中崎 修		野中 喜好	2 T 0
吉岡 和夫		平井 俊洋	0 G 1
井上登喜男		山田 正剛	0 PG 2
田中 正己		高木誠一郎	DG
藤 賢一		中西登志夫	
松岡 康郎	HB	今村 俊朗	3 後半30
得能 敏夫		酒井 潤	0 T 3
鈴木 基史	TB	松崎 利輔	0 G 3
田中 孝		狩野 均	1 PG 0
浜中 義雄		村口 和夫	DG
井上 大典		北口 康治	
坂本 憲昭	FB	尼田 勝彦	9 反則 5

公式試合NO.487

全慶明対抗戦／S47年10月2日

全慶應 29 (7－8 / 22－23) 31 全明大

[全慶應]		[全明大]	G：秩父宮 R：松尾
新岡 明	FW	高田 司	
永野 進		菅井 健一	
加藤 昇司		岩沢 一義	7 前半 8
中崎 修		中山 勝文	1 T 2
吉岡 和夫		境 政義	0 G 0
中川 章夫		石 源三郎	1 PG 0
逢沢 滋		佐々木福松	DG
金子 正明		吉田 純司	
松岡 康郎	HB	堀田 正勝	22 後半 23
蔵西 克夫		渡辺 千里	1 T 2
川口 明	TB	千葉 寛二	2 G 2
宮坂 進		小松 明	1 PG 1
宮田 浩二		竹内 滋	DG
吉岡 徹		高橋 博	
杉下 茂治	FB	池原 清	12 反則 15

公式試合NO.488

関東大学対抗戦／S47年10月8日

慶應 46 (14－6 / 32－10) 16 青学大

[慶 應]		[青学大]	G：三ツ沢 R：
新岡 明	FW	上沼 雄治	
加藤 昇司		大友 雅人	
山内 章		靏田 圭吾	14 前半 6
安田 卓治		鈴木 博文	2 T 0
中崎 修		林 茂男	1 G 1
中川 章夫		西川 清治	0 PG 0
酒井 悦一		横田 敏雄	DG
藤 賢一		松永 正行	
上田 昭夫	HB	池田 義一	32 後半 10
林 正樹		千葉 裕二	5 T 1
鈴木 基史	TB	吉野谷信樹	2 G 1
浜中 義雄		笹川 龍則	0 PG 0
上野 信哉		泉 康雄	DG
大石 大介		堀 裕二	
杉下 茂治	FB	菊池 康治	7 反則 6

公式試合NO.489

関東大学対抗戦／S47年10月22日

慶應 11 (7－0 / 4－8) 8 日体大

[慶 應]		[日体大]	G：秩父宮 R：川口
新岡 明	FW	岩本 正人	
伊藤 精邦		城所 富夫	
加藤 昇司		渡辺宗治郎	7 前半 0
安田 卓治		和賀 芳宏	1 T 0
中崎 修		久保田運平	0 G 0
中川 章夫		春口 広	1 PG 0
仲小路啓之		村上 逸雄	DG
藤 賢一		松村 英介	
松岡 康郎	HB	本田 泰則	4 後半 8
林 正樹		山崎 輝昭	1 T 2
鈴木 基史	TB	川崎 誠	0 G 0
浜中 義雄		有賀 健	0 PG 0
長島 優		田中美喜男	DG
大石 大介		植田 実	
杉下 茂治	FB	岡本 博雄	5 反則 11

公式試合NO.490

関東大学対抗戦／S47年10月29日

慶應 39 (11－3 / 28－0) 3 教育大

[慶 應]		[教育大]	G：日吉 R：
新岡 明	FW	山田 富雄	
伊藤 精邦		越崎 誠	
加藤 昇司		松岡 敏男	11 前半 3
安田 卓治		杉元 伸行	2 T 0
中崎 修		大石 哲夫	0 G 0
中川 章夫		名取 雅幸	1 PG 1
仲小路啓之		金井 律男	DG
藤 賢一		山口 禎	
上田 昭夫	HB	和田 実	28 後半 0
林 正樹		糸山千賀志	4 T 0
大石 大介	TB	上村 茂	2 G 0
浜中 義雄		徳重 邦宏	0 PG 0
枡谷 博明		三原 立美	DG
吉岡 徹		前田 寛	
杉下 茂治	FB	坂下 辰夫	18 反則 11

公式試合NO.491

第45回対立大定期戦／S47年11月5日

慶應 52 (24－0 / 28－16) 16 立大

[慶 應]		[立 大]	G：秩父宮 R：土光
新岡 明	FW	中島 康之	
伊藤 精邦		吉沢 一公	
加藤 昇司		亀田 元秀	24 前半 0
安田 卓治		梅谷 裕造	3 T 0
中崎 修		市川 純夫	2 G 0
中川 章夫		白石 欣士	0 PG 0
酒井 悦一		丸山 克彦	DG
藤 賢一		小木 哲男	
松岡 康郎	HB	友部 一裕	28 後半 16
林 正樹		寺田順三郎	1 T 1
大石 大介	TB	荒井 邦行	4 G 2
浜中 義雄		安川 裕行	0 PG 0
長島 優		窪谷 雅裕	DG
鈴木 基史		米増 孝造	
杉下 茂治	FB	新井	1 反則 10

公式試合NO.492

第47回対明大定期戦／S47年11月12日

慶應 21 (7－23 / 14－11) 34 明大

[慶 應]		[明 大]	G：秩父宮 R：西山
新岡 明	FW	笹田 学	
伊藤 精邦		高田 司	
加藤 昇司		畦田 広道	7 前半 23
安田 卓治		中山 勝文	1 T 2
中崎 修		境 政義	0 G 2
中川 章夫		吉田 純司	1 PG 1
仲小路啓之		田口 長二	DG
藤 賢一		西妻多喜男	
上田 昭夫	HB	松尾 雄治	14 後半 11
林 正樹		渡辺 千里	2 T 2
大石 大介	TB	渡辺貫一郎	0 G 0
浜中 義雄		小松 明	2 PG 1
長島 優		千葉 寛二	DG
鈴木 基史		高橋 博	
杉下 茂治	FB	中川 裕文	13 反則 13

公式試合NO.493

第49回対早大定期戦／S47年11月23日

慶應 3 (0－12 / 3－7) 19 早大

[慶 應]		[早 大]	G：秩父宮 R：川口
新岡 明	FW	田原 洋公	
伊藤 精邦		浜野 政宏	
加藤 昇司		奥田 泰三	0 前半 12
安田 卓治		中村 賢治	0 T 0
中崎 修		星 忠義	0 G 1
武見 敬三		神山 郁雄	0 PG 2
酒井 悦一		石塚 武生	DG
藤 賢一		佐藤 和吉	
上田 昭夫	HB	宿沢 広朗	3 後半 7
林 正樹		中村 康司	0 T 1
鈴木 基史	TB	金指 敦彦	0 G 0
浜中 義雄		畠本 裕士	1 PG 1
枡谷 博明		藤原 優	DG
大石 大介		堀口 孝	
坂本 憲昭	FB	台 和彦	19 反則 12

公式試合NO.494

第47回対東大定期戦／S47年12月2日

慶應 63 (29－3 / 34－10) 13 東大

[慶 應]		[東 大]	G：駒場 R：宮井
松本 澄秀	FW	星野 修二	
伊東 精邦		宗像 健一	
山内 章		荒木 良司	29 前半 3
高桑 邦博		伊藤 芳明	2 T 0
武藤 英治		土田 二朗	3 G 0
並木 隆		古田 研自	1 PG 1
酒井 悦一		宮本 正	DG
藤 賢一		矢野 順二	
松岡 康郎	HB	久保田誠一	34 後半 10
高橋 清広		佐藤 昇	4 T 1
鈴木 基史	TB	阿部 俊一	3 G 1
飯田 茂樹		添田 哲也	0 PG 0
上野 信哉		香取 孝則	DG
大石 大介		北沢 晶	
坂本 憲昭	FB	伏田 孝	7 反則 17

公式試合NO.495

全国大学選手権(交流試合)／S47年12月10日

慶應 42 (18－4 / 24－4) 8 日大

[慶 應]		[日 大]	G：秩父宮 R：松尾
新岡 明	FW	松本 俊次	
伊藤 精邦		重田 重夫	
加藤 昇司		関口 雅志	18 前半 4
安田 卓治		黒田 雅夫	0 T 1
中崎 修		宮野 貢	3 G 0
武見 敬三		岩出 育也	0 PG 0
仲小路啓之		高橋 実儀	DG
藤 賢一		佐藤 重光	
松岡 康郎	HB	後藤 栄三	24 後半 4
高橋 清広		石垣 博之	0 T 1
鈴木 基史	TB	竜田由紀夫	3 G 0
浜中 義雄		大坊 孝一	2 PG 0
枡谷 博明		田仲 隆	DG
大石 大介		館岡美記男	
坂本 憲昭	FB	阿部 洋文	反則

公式試合NO.496
第46回対京大定期戦／S47年12月17日
慶應 52 (12−4 / 40−6) 10 京大

[慶　應]		[京　大]	G：西京極 R：宮崎
新岡　明	FW	石田　徳治	
伊藤　精邦	FW	古薗　昭隆	
加藤　昇司	FW	杉山　幸一	12 前半 4
安田　卓治	FW	井上　康隆	3 T 1
中崎　修	FW	越智　一志	0 G 0
武見　敬三	FW	田代　芳孝	0 PG 0
仲小路啓之	FW	大島　秀春	DG
藤　賢一	FW	一坂　徹	
松岡　康郎	HB	上田嘉三郎	40 後半 6
高橋　清広	HB	吉川　文彦	1 T 0
鈴木　基史	TB	阿部　良仁	6 G 1
浜中　義雄	TB	八東　裕	0 PG 0
枡谷　博明	TB	柴垣元太郎	DG
大石　大介	TB	井上　洋一	
坂本　憲昭	FB	平賀　義彦	6 反則 15

公式試合NO.497
第56回対同大定期戦／S47年12月24日
慶應 10 (6−0 / 4−4) 4 同大

[慶　應]		[同　大]	G：西京極 R：牧
新岡　明	FW	平野　一彦	
伊藤　精邦	FW	大島　響	
加藤　昇司	FW	中西登志夫	6 前半 0
安田　卓治	FW	岡部　憲治	0 T 0
中崎　修	FW	平井　俊洋	1 G 0
武見　敬三	FW	金崎　章	0 PG 0
仲小路啓之	FW	高木誠一郎	DG
藤　賢一	FW	野中　千召	
松岡　康郎	HB	今村　修朗	4 後半 4
高橋　清広	HB	北阜　裕久	1 T 1
鈴木　基史	TB	石橋　健一	0 G 0
浜中　義雄	TB	酒井　潤	0 PG 0
枡谷　博明	TB	狩野　均	DG
大石　大介	TB	笹田　和義	
坂本　憲昭	FB	山岡　次郎	7 反則 13

公式試合NO.498
全国大学選手権／S48年1月2日
慶應 7 (3−3 / 4−0) 3 天理大

[慶　應]		[天理大]	G：秩父宮 R：松尾
新岡　明	FW	上野　義隆	
伊藤　精邦	FW	川村　幸治	
加藤　昇司	FW	森田　泰至	3 前半 3
安田　卓治	FW	石本　正一	0 T 0
中崎　修	FW	北口　忠	0 G 0
中川　章夫	FW	田中　政彦	1 PG 1
仲小路啓之	FW	溝口　俊樹	DG
藤　賢一	FW	田原　正志	
松岡　康郎	HB	田中　克己	4 後半 0
高橋　清広	HB	二の丸雅臣	1 T 0
鈴木　基史	TB	滝林　賢次	0 G 0
浜中　義雄	TB	浜口　聰志	0 PG 0
枡谷　博明	TB	田中　伸典	DG
大石　大介	TB	春藤　尚弘	
坂本　憲昭	FB	太田　真之	8 反則 15

公式試合NO.499
全国大学選手権／S48年1月4日
慶應 9 (0−6 / 9−16) 22 早大

[慶　應]		[早　大]	G：秩父宮 R：松尾
新岡　明	FW	田原　洋公	
伊藤　精邦	FW	浜野　政宏	
加藤　昇司	FW	奥田　泰三	0 前半 6
安田　卓治	FW	中村　賢治	0 T 0
中崎　修	FW	星　忠義	0 G 1
中川　章夫	FW	神山　郁雄	0 PG 0
仲小路啓之	FW	石塚　武生	DG
藤　賢一	FW	佐藤　和吉	
松岡　康郎	HB	宿沢　広朗	9 後半 16
高橋　清広	HB	中村　康司	0 T 1
鈴木　基史	TB	金指　敦彦	1 G 2
浜中　義雄	TB	畠本　裕士	1 PG 0
長島　優	TB	水上　茂	DG
大石　大介	TB	佐々木敏治	
杉下　茂治	FB	植山　信幸	6 反則 15

公式試合NO.500
関東大学対抗戦／S48年10月6日
慶應 72 (24−0 / 48−4) 4 教育大

[慶　應]		[教育大]	G：日吉 R：阿部
新岡　明	FW	衣幡　新治	
伊藤　精邦	FW	越崎　誠	
川嵜　正康	FW	松岡　敏男	24 前半 0
中崎　修	FW	丹治　明	3 T 0
安田　卓治	FW	木村　香住	2 G 0
武見　敬三	FW	杉元　伸行	0 PG 0
仲小路啓之	FW	福池　和夫	DG
伊東　孝之	FW	山口　禎	
上田　昭夫	HB	和田　実	48 後半 4
高橋　清広	HB	中川　昭	3 T 1
鈴木　基史	TB	樫村　豊男	6 G 0
枡谷　博明	TB	徳重　邦宏	0 PG 0
長島　優	TB	田中　浩	DG
吉岡　徹	TB	郡司　寛幸	
坂本　憲明	FB	上村　茂	14 反則 13

公式試合NO.501
関東大学対抗戦／S48年10月13日
慶應 38 (13−9 / 25−9) 18 成蹊大

[慶　應]		[成蹊大]	G：日吉 R：斉藤
新岡　明	FW	茂村　憲一	
伊藤　精邦	FW	石井　健	
川嵜　正康	FW	福雄　収平	13 前半 9
中崎　修	FW	奥村　紀雄	1 T 0
安田　卓治	FW	川村　国男	0 G 0
武見　敬三	FW	鈴木　富雄	3 PG 3
仲小路啓之	FW	佐藤　三龍	DG
伊東　孝之	FW	山本　善三	
高山　嗣広	HB	永井　勝己	25 後半 9
林　正樹	HB	松尾　洋二	4 T 0
鈴木　基史	TB	伊藤修一郎	1 G 1
杉下　茂治	TB	小山　隆也	1 PG 1
上野　信哉	TB	日野　忠正	DG
吉岡　徹	TB	益田　良男	
坂本　憲昭	FB	金野　正	15 反則 14

公式試合NO.502
関東大学対抗戦／S48年10月20日
慶應 26 (6−0 / 20−8) 8 日体大

[慶　應]		[日体大]	G：三ツ沢 R：真下
新岡　明	FW	浅野善士郎	
伊藤　精邦	FW	富沢　克吉	
川嵜　正康	FW	天明　郁夫	6 前半 0
安田　卓治	FW	浦丸　秀博	0 T 0
中崎　修	FW	小松　秀樹	0 G 0
武見　敬三	FW	長田　秀樹	2 PG 0
仲小路啓之	FW	金子　敏夫	DG
伊東　孝之	FW	山崎　輝昭	
上田　昭夫	HB	大島　邦嗣	20 後半 8
高橋　清広	HB	田中美喜男	2 T 2
鈴木　基史	TB	池上　雅必	2 G 0
枡谷　博明	TB	中西　博	0 PG 0
長島　優	TB	松本　全司	DG
吉岡　徹	TB	坂本　弘明	
坂本　憲昭	FB	古川　孝弘	16 反則 16

公式試合NO.503
関東大学対抗戦／S48年10月27日
慶應 53 (20−3 / 33−12) 15 青学大

[慶　應]		[青学大]	G：三ツ沢 R：保戸塚
新岡　明	FW	靄田　圭吾	
伊藤　精邦	FW	大友　雅人	
川嵜　正康	FW	室中　勝典	20 前半 3
中崎　修	FW	鈴木　博文	2 T 0
安田　卓治	FW	河野　重幸	1 G 0
武見　敬三	FW	西川　清治	2 PG 1
仲小路啓之	FW	宮川　哲夫	DG
伊東　孝之	FW	林　茂男	
上田　昭夫	HB	久保　幸平	33 後半 12
高橋　清広	HB	千葉　祐二	0 T 0
鈴木　基史	TB	兼村　仁通	5 G 2
上野　信哉	TB	笹川　龍則	1 PG 0
枡谷　博明	TB	泉　康雄	DG
吉岡　徹	TB	堀　祐二	
坂本　憲昭	FB	菊地　康治	17 反則 18

公式試合NO.504
第46回対立大定期戦／S48年11月3日
慶應 86 (44−0 / 42−0) 0 立大

[慶　應]		[立　大]	G：立大 R：西山
松本　澄秀	FW	飛田　修	
伊藤　精邦	FW	神田　直樹	
川嵜　正康	FW	清野　寛	44 前半 0
中崎　修	FW	梅谷　裕道	2 T 0
安田　卓治	FW	小高　康三	6 G 0
武見　敬三	FW	丸山　克彦	0 PG 0
仲小路啓之	FW	白石　欣士	DG
伊東　孝之	FW	小木　哲男	
上田　昭夫	HB	友部　一裕	42 後半 0
高橋　清広	HB	寺田順三郎	3 T 0
鈴木　基史	TB	橋本　信夫	5 G 0
上野　信哉	TB	窪谷　雅裕	0 PG 0
枡谷　博明	TB	上原　蔵人	DG
吉岡　徹	TB	荒井　邦行	
坂本　憲昭	FB	高森　寛彦	8 反則 19

公式試合NO.505

第48回対明大定期戦／S48年11月11日

慶應16（3－21／13－4）25明大

[慶應]		[明大]	G：秩父宮 R：真下
新岡　明	FW	笹田　学	
伊藤　精邦		森内　芳隆	
川嵜　正康		平川　常雄	3 前半21
中崎　修		足立　憲章	0 T 0
安田　卓治		岩沢　一義	0 G 3
武見　敬三		八木　健一	1 PG 1
仲小路啓之		田口　長二	DG
伊東　孝之		境　政義	
上田　昭夫	HB	松尾　雄治	13 後半 4
高橋　清広		貞包　正実	1 T 1
鈴木　基史	TB	渡辺貫一郎	1 G 0
上野　信哉		大山　文雄	1 PG 0
枡谷　博明		森　重隆	DG
吉岡　徹		横山　教慶	
坂本　憲昭	FB	中川　裕文	反則

公式試合NO.506

第50回対早大定期戦／S48年11月23日

慶應16（9－7／7－18）25早大

[慶應]		[早大]	G：国立 R：池田
新岡　明	FW	佐野　厚生	
伊藤　精邦		浜野　政宏	
川嵜　正康		奥田　泰三	9 前半 7
中崎　修		中村　賢治	0 T 1
安田　卓治		川内　聖剛	0 G 0
武見　敬三		神山　郁雄	3 PG 1
仲小路啓之		石塚　武生	DG
伊東　孝之		山下　治	
上田　昭夫	HB	辰野登志夫	7 後半18
高橋　清広		台　和彦	1 T 1
鈴木　基史	TB	金指　敦彦	0 G 1
上野　信哉		畠本　裕士	1 PG 4
枡谷　博明		藤原　優	DG
吉岡　徹		堀口　孝	
坂本　憲昭	FB	植山　信幸	14 反則16

公式試合NO.507

第48回対東大定期戦／S48年12月1日

慶應115（59－0／56－0）0東大

[慶應]		[東大]	G：日吉 R：
松本　澄秀	FW	山田　史生	
伊藤　精邦		星野　修二	
川嵜　正康		荒木　良司	59 前半 0
中崎　修		伊藤　芳明	5 T 0
高木　満郎		土田　二郎	6 G 0
酒井　悦一		渋谷　篤男	1 PG 0
仲小路啓之		宗像　健一	DG
伊東　孝之		矢野　順二	
高山　嗣広	HB	久保田誠一	56 後半 0
林　正樹		添田　哲也	5 T 0
鈴木　基史	TB	平野　達男	6 G 0
枡谷　博明		山田　健司	0 PG 0
長島　優		日月　丈志	DG
金沢　龍太		福井　泰久	
内布　隆夫	FB	北沢　晶	2 反則 9

公式試合NO.508

第47回対京大定期戦／S48年12月8日

慶應96（31－6／65－0）6京大

[慶應]		[京大]	G：日吉 R：
新岡　明	FW	垂水　公男	
伊藤　精邦		杉山　幸一	
川嵜　正康		丸橋　広之	31 前半 6
中崎　修		井上　康隆	6 T 0
高木　満郎		松井　泰寿	2 G 0
武見　敬三		藤村　敬二	1 PG 2
仲小路啓之		大島　秀晴	DG
伊東　孝之		中井　哲治	
上田　昭夫	HB	柴垣元太郎	65 後半 0
林　正樹		吉川　史彦	12 T 0
鈴木　基史	TB	井上　洋一	8 G 0
上野　信哉		三条場久澄	1 PG 0
枡谷　博明		谷　仁	DG
金沢　龍太		平賀　義彦	
坂本　憲昭	FB	水田　和彦	5 反則12

公式試合NO.509

全国大学選手権（交流試合）／S48年12月16日

慶應21（6－6／15－6）12法大

[慶應]		[法大]	G：国立 R：真下
新岡　明	FW	根本　通明	
伊藤　精邦		幡鎌　孝彦	
川嵜　正康		白石真一郎	6 前半 6
中崎　修		本間　喜則	0 T 0
安田　卓治		川端　俊正	0 G 1
武見　敬三		鮫島　尚志	2 PG 0
仲小路啓之		中河　信雄	DG
伊東　孝之		徳山　房雄	
上田　昭夫	HB	杉坂　幸雄	15 後半 6
林　正樹		中矢　裕一	0 T 0
鈴木　基史	TB	児玉　康徳	1 G 0
上野　信哉		小林　幸彦	3 PG 2
枡谷　博明		末松　純夫	DG
金沢　竜太		山下　精久	
坂本　憲昭	FB	国料三紀夫	20 反則23

公式試合NO.510

全国大学選手権（1回戦）／S48年12月22日

慶應18（12－3／6－4）7天理大

[慶應]		[天理大]	G：西京極 R：牧
新岡　明	FW	上野　義隆	
伊藤　精邦		川村　幸治	
川嵜　正康		森田　泰至	12 前半 3
中崎　修		石本　正一	0 T 0
安田　卓治		福田　幸夫	2 G 0
武見　敬三		田中　政	0 PG 1
仲小路啓之		松原　忠利	DG
伊東　孝之		徳田　仁	
上田　昭夫	HB	田中　克己	6 後半 4
高橋　清広		二の丸雅臣	0 T 1
鈴木　基史	TB	滝林　賢治	0 G 0
上野　信哉		春藤　尚弘	2 PG 0
枡谷　博明		田中　伸典	DG
金沢　竜太		植田　亮介	
坂本　憲昭	FB	国井　光秀	11 反則18

公式試合NO.511

全国大学選手権（準決勝）／S49年1月4日

慶應6（0－19／6－14）33明大

[慶應]		[明大]	G：国立 R：西山
新岡　明	FW	笹田　学	
伊藤　精邦		森内　秀隆	
川嵜　正康		平川　常雄	0 前半19
中崎　修		熊谷　直志	0 T 1
安田　卓治		足立　憲章	0 G 2
武見　敬三		八本　健一	0 PG 1
仲小路啓之		田口　長二	DG
松本　澄秀		境　政義	
上田　昭夫	HB	松尾　雄治	6 後半14
高橋　清広		大平　次郎	0 T 2
鈴木　基史	TB	久木元孝行	1 G 1
上野　信哉		大山　文雄	0 PG 0
枡谷　博明		森　重隆	DG
杉下　茂治		横山　教慶	
坂本　憲昭	FB	中川　裕文	7 反則 9

公式試合NO.512

第57回対同大定期戦／S49年9月14日

慶應6（3－0／3－9）9同大

[慶應]		[同大]	G：神戸中央 R：野々村
松本　澄秀	FW	中松　健治	
成相　安信		波々伯部稔	
川嵜　正康		愛下　進	3 前半 0
黒澤　利彦		津高　誠一	0 T 0
佐藤　建		中谷　茂亮	0 G 0
山崎　和彦		松崎　利輔	1 PG 0
迎　哲郎		金崎　章	DG
楢岡　孝武		野中　千召	
高山　嗣生	HB	山下　浩	3 後半 9
林　正樹		梶原　和明	0 T 0
大長　均	TB	尾塩　規明	0 G 0
持田　昌典		大西　一二	1 PG 3
上野　信哉		矢島　鉄朗	DG
高橋　清広		氏野　博隆	
坂本　憲昭	FB	竹原　勉	14 反則14

公式試合NO.513

第48回対京大定期戦／S49年9月28日

慶應52（30－6／22－6）12京大

[慶應]		[京大]	G：京大 R：福田
松本　澄秀	FW	土肥　宜之	
成相　安信		杉山　幸一	
川嵜　正康		丸橋　広之	30 前半 6
高桑　邦博		井上　洋一	3 T 0
佐藤　建		榎並　収	3 G 1
山崎　和彦		吉田　耕治	0 PG 0
迎　哲郎		大島　秀晴	DG
伊東　孝之		中井　哲治	
上田　昭夫	HB	柴垣元太郎	22 後半 6
林　正樹		平賀　義彦	1 T 0
大長　均	TB	吉岡　邦雄	3 G 1
持田　昌典		天笠　直光	0 PG 0
枡谷　博明		宮原　英臣	DG
高橋　清広		三条場久澄	
坂本　憲昭	FB	水田　和彦	7 反則 8

公式試合NO.514
第47回対立大定期戦／S49年10月5日

慶應61（31−0 / 30−3）3立大

G：日吉　R：松尾

［慶　應］		［立　大］	
松本　澄秀	FW	飛田　修	
成相　安信	FW	神田　直樹	
川嵜　正康	FW	若木　明	31 前半 0
高木　満郎	FW	中川真佐志	4 T 0
佐藤　建	FW	小高　康三	2 G 0
山崎　和彦	FW	夏目　晴彦	1 PG 0
迎　哲郎	FW	中山　耕一	DG
伊東　孝之	FW	梅谷　裕造	
上田　昭夫	HB	白石　欣士	30 後半 3
林　正樹	HB	上原　蔵人	3 T 0
鈴木　基史	TB	橋本　信夫	3 G 0
持田　昌典	TB	渡部　俊二	0 PG 1
枡谷　博明	TB	荒井　邦行	DG
高橋　清広	TB	塚田　裕幸	
坂本　憲昭	FB	高桑　寛彦	16 反則 14

公式試合NO.515
関東大学対抗戦／S49年10月12日

慶應52（32−4 / 20−0）4筑波大

G：日吉　R：土光

［慶　應］		［筑波大］	
松本　澄秀	FW	衣幡　新治	
成相　安信	FW	橋爪　明信	
川嵜　正康	FW	中村伸一郎	32 前半 4
高木　満郎	FW	佐光　義昭	5 T 1
佐藤　建	FW	木村　香住	2 G 0
山崎　和彦	FW	糠谷　重信	0 PG 0
迎　哲郎	FW	杉元　伸行	DG
伊東　孝之	FW	山口　禎	
上田　昭夫	HB	石渡　利明	20 後半 0
林　正樹	HB	田中　浩	2 T 0
鈴木　基史	TB	清原　欣也	2 G 0
持田　昌典	TB	中川　昭	0 PG 0
枡谷　博明	TB	上村　茂	DG
高橋　清広	TB	松井　宏樹	
坂本　憲昭	FB	坂下　竜夫	9 反則 17

公式試合NO.516
関東大学対抗戦／S49年10月19日

慶應154（72−3 / 82−0）3成城大

G：日吉　R：斉藤

［慶　應］		［成城大］	
武藤　英治	FW	大沢　勝弘	
筒井　京弥	FW	手塚久良夫	
稲木　靖	FW	竹内　崇	72 前半 3
高桑　邦博	FW	新倉	9 T 0
黒澤　利彦	FW	笠原	6 G 0
渡辺　晃	FW	下沢　尚文	0 PG 1
酒井　悦一	FW	伊藤　恭彦	DG
檜岡　孝武	FW	鈴木	
上田　昭夫	HB	藤井　信樹	82 後半 0
林　正樹	HB	加藤　寛	4 T 0
大長　均	TB	鈴木	11 G 0
松木　弘志	TB	山口	0 PG 0
上野　信哉	TB	田辺　清	DG
金澤　龍太	TB	緑川	
横山健次郎	FB	大木　正	6 反則 7

公式試合NO.517
関東大学対抗戦／S49年10月26日

慶應34（19−9 / 15−10）19青学大

G：日吉　R：高森

［慶　應］		［青学大］	
松本　澄秀	FW	靍田　圭吾	
成相　安信	FW	酒井　章行	
川嵜　正康	FW	室中　勝典	19 前半 9
高木　満郎	FW	渡辺　和男	1 T 0
佐藤　建	FW	中村　佳正	2 G 1
山崎　和彦	FW	西川　清治	1 PG 1
迎　哲郎	FW	大友　雅人	DG
伊東　孝之	FW	林　和男	
上田　昭夫	HB	久保　幸平	15 後半 10
林　正樹	HB	千葉　裕二	0 T 1
大長　均	TB	吉野谷信樹	2 G 1
持田　昌典	TB	兼村　仁通	1 PG 0
枡谷　博明	TB	笹川　竜則	DG
高橋　清広	TB	川久保一夫	
鈴木　基史	FB	帯津洋一郎	15 反則 17

公式試合NO.518
関東大学対抗戦／S49年11月3日

慶應30（18−0 / 12−10）10日体大

G：日吉　R：保戸塚

［慶　應］		［日体大］	
松本　澄秀	FW	佐々木恒文	
成相　安信	FW	望主　幸男	
川嵜　正康	FW	天明　郁夫	18 前半 0
高木　満郎	FW	和賀　芳宏	0 T 0
佐藤　建	FW	谷本　一	1 G 0
山崎　和彦	FW	松村　英介	4 PG 0
迎　哲郎	FW	清水　晃行	DG
伊東　孝之	FW	金子　敏夫	
上田　昭夫	HB	鈴木　隆	12 後半 10
林　正樹	HB	笛　隆志	0 T 1
鈴木　基史	TB	坂本　正文	1 G 1
上野　信哉	TB	池口　祐二	1 PG 0
枡谷　博明	TB	中西　博	1 DG
高橋　清広	TB	松本　全司	
持田　昌典	FB	古川　孝弘	27 反則 19

公式試合NO.519
第49回対明大定期戦／S49年11月16日

慶應23（6−7 / 17−10）17明大

G：国立　R：町井

［慶　應］		［明　大］	
松本　澄秀	FW	森内　芳隆	
成相　安信	FW	満田　亮虎	
川嵜　正康	FW	平川　常雄	6 前半 7
高木　満郎	FW	熊谷　直志	0 T 1
佐藤　建	FW	西妻多喜男	1 G 0
山崎　和彦	FW	八本　健一	0 PG 1
迎　哲郎	FW	中村　喜一	DG
伊東　孝之	FW	阿刀　裕嗣	
上田　昭夫	HB	津山　武雄	17 後半 10
林　正樹	HB	松尾　雄吾	2 T 1
鈴木　基史	TB	久木元孝行	1 G 1
上野　信哉	TB	大平　次郎	1 PG 0
枡谷　博明	TB	福本　務	DG
高橋　清広	TB	南条　秀嗣	
持田　昌典	FB	中川　裕文	13 反則 11

公式試合NO.520
第51回対早大定期戦／S49年11月23日

慶應3（0−4 / 3−7）11早大

G：国立　R：ケニス

［慶　應］		［早大］	
松本　澄秀	FW	佐野　厚生	
成相　安信	FW	末石　庸幸	
川嵜　正康	FW	高橋　幸男	0 前半 4
高木　満郎	FW	橋本　裕一	0 T 1
佐藤　建	FW	横山　健二	0 G 0
山崎　和彦	FW	豊山　京一	0 PG 0
迎　哲郎	FW	大朏　政宏	DG
伊東　孝之	FW	佐藤　和吉	
上田　昭夫	HB	辰野登志夫	3 後半 7
林　正樹	HB	星野　繁一	0 T 1
鈴木　基史	TB	吉田　荘治	0 G 0
上野　信哉	TB	神村　哲夫	1 PG 1
枡谷　博明	TB	南川洋一郎	DG
高橋　清広	TB	藤原　優	
持田　昌典	FB	畠本　裕士	10 反則 14

公式試合NO.521
第49回対東大定期戦／S49年11月30日

慶應62（20−0 / 42−0）0東大

G：日吉　R：土光

［慶　應］		［東　大］	
武藤　英治	FW	山田　史	
筒井　京弥	FW	根岸　正	
稲木　靖	FW	土田　二郎	20 前半 0
高桑　邦博	FW	川田　恭裕	5 T 0
黒沢　利彦	FW	渋谷　篤男	0 G 0
渡辺　晃	FW	宗像　健一	0 PG 0
酒井　悦一	FW	福井　泰久	DG
檜岡　孝武	FW	荒木　良治	
上田　昭夫	HB	吉田　龍一	42 後半 0
林　正樹	HB	添田　哲也	3 T 0
鈴木　基史	TB	保科　清海	5 G 0
持田　昌典	TB	山田　健	0 PG 0
大長　均	TB	日月　文志	DG
金沢　龍太	TB	喜田　誠	
坂本　憲昭	FB	八重樫真樹	8 反則 25

公式試合NO.522
全国大学選手権（交流試合）／S49年12月15日

慶應28（16−3 / 12−15）18中大

G：日吉　R：町井

［慶　應］		［中大］	
松本　澄秀	FW	円山　達成	
成相　安信	FW	佐々木次男	
川嵜　正康	FW	田山　信之	16 前半 3
高木　満郎	FW	田村　光和	1 T 0
佐藤　建	FW	安藤　晋也	0 G 0
山崎　和彦	FW	矢富　義則	4 PG 1
迎　哲郎	FW	奥村　太一	DG
伊東　孝之	FW	新井　利則	
上田　昭夫	HB	上田起志男	12 後半 15
林　正樹	HB	関　進	3 T 0
鈴木　基史	TB	福岡　一久	0 G 2
上野　信哉	TB	山下　保弘	0 PG 1
枡谷　博明	TB	小早　聡	DG
高橋　清広	TB	中里　哲夫	
持田　昌典	FB	繁　明彦	16 反則 18

公式試合NO. 523
全国大学選手権（1回戦）／S49年12月22日

慶應 34 (18−3 / 16−9) 12 同大

[慶　應]		[同　大]	G：国立 R：町井
松本　澄秀	FW	愛下　進	
成相　安信		波々伯部稔	
川嵜　正康		安井　敏明	18 前半 3
高木　満郎		中谷　茂亮	0 T 0
佐藤　建		平井　俊洋	1 G 0
山崎　和彦		高木誠一郎	4 PG 1
迎　哲郎		金崎　章	DG
伊東　孝之		津高　誠一	
上田　昭夫	HB	山下　浩	16 後半 9
林　正樹		梶原　和明	1 T 0
鈴木　基史	TB	松崎　利輔	1 G 1
上野　信哉		笹田　和義	2 PG 1
枡谷　博明		矢島　鉄朗	DG
高橋　清広		安部　裕道	
持田　昌典	FB	狩野　均	15 反則 25

公式試合NO. 524
全国大学選手権（準決勝）／S50年1月2日

慶應 20 (11−10 / 9−19) 29 明大

[慶　應]		[明　大]	G：国立 R：保戸塚
松本　澄秀	FW	笹田　学	
成相　安信		森内　芳隆	
川嵜　正康		太田　正男	11 前半 10
高木　満郎		西妻多喜男	2 T 1
佐藤　建		由佐　研一	0 G 0
山崎　和彦		吉野　徹	1 PG 2
迎　哲郎		八本　健一	DG
伊東　孝之		阿刀　裕嗣	
上田　昭夫	HB	津山　武男	9 後半 19
林　正樹		大平　次郎	0 T 1
鈴木　基史	TB	井川　芳行	1 G 1
上野　信哉		大山　文雄	1 PG 3
枡谷　博明		松尾　雄吾	DG
高橋　清広		南条　秀嗣	
持田　昌典	FB	中川　裕文	21 反則 12

公式試合NO. 525
第58回対同大定期戦／S50年9月14日

慶應 15 (7−21 / 8−27) 48 同大

[慶　應]		[同　大]	G：神戸中央 R：山禄
松本　澄秀	FW	中松　健治	
成相　安信		上川　重久	
川嵜　正康		愛下　進	7 前半 21
高木　満郎		津高　誠一	1 T 0
黒澤　利彦		中谷　茂亮	0 G 3
桂川　直也		出石　賢司	1 PG 1
迎　哲郎		合谷正一郎	DG
佐藤　建		金崎　章	
高山　嗣生	HB	山下　浩	8 後半 27
高橋　清広		芳森　三度	2 T 0
四柳　芳彦	TB	氏野　博隆	0 G 4
上野　信哉		西田　節男	0 PG 1
枡谷　博明		矢島　鉄朗	DG
松本秒二郎		大西　一二	
持田　昌典	FB	竹原　勉	8 反則 17

公式試合NO. 526
第49回対京大定期戦／S50年9月21日

慶應 57 (33−0 / 24−4) 4 京大

[慶　應]		[京　大]	G：朝日生命 R：真下
松本　澄秀	FW	土肥　宣之	
川嵜　正康		南出　聡	
稲木　靖		丸橋　広之	33 前半 0
高木　満郎		夏山　真也	3 T 0
浜本　剛志		榎並　収	3 G 0
渡辺　晃		吉田　耕治	1 PG 0
河越　一郎		米山　秀樹	DG
佐藤　建		林　伸治	
高山　嗣生	HB	宮原　英臣	24 後半 4
高橋　清広		石井　暁	0 T 1
山崎　和彦	TB	吉岡　邦雄	4 G 0
上野　信哉		三条場久澄	0 PG 0
枡谷　博明		阿部　良仁	DG
佐々木幹夫		内田　淳二	
松本　弘志	FB	永渕　強	14 反則 11

公式試合NO. 527
第48回対立大定期戦／S50年10月5日

慶應 28 (18−0 / 10−0) 0 立大

[慶　應]		[立　大]	G：日吉 R：阿部
松本　澄秀	FW	森　一郎	
筒井　京弥		北井　優	
川嵜　正康		若木　明	18 前半 0
高木　満郎		木所　弘	0 T 0
浜本　剛志		小高　康三	3 G 0
伊東　孝之		橋本　清彦	0 PG 0
高橋　英二		夏目　晴彦	DG
河越　一郎		永井　利幸	
高山　嗣生	HB	柳沼　悌二	10 後半 0
高橋　清広		肥田野	1 T 0
是永　龍之	TB	半田　泰士	1 G 0
中曽根　寛		渡部　俊二	0 PG 0
枡谷　博明		吉田　宏毅	DG
佐々木幹夫		高桑　寛彦	
松本　弘志	FB	根岸　寿夫	21 反則 11

公式試合NO. 528
関東大学対抗戦／S50年10月12日

慶應 21 (10−0 / 11−4) 4 筑波大

[慶　應]		[筑波大]	G：日吉 R：宮井
松本　澄秀	FW	橋場　直彦	
成相　安信		橋爪　明信	
川嵜　正康		中村伸一郎	10 前半 0
高木　満郎		橋本　渡	1 T 0
黒沢　利彦		大沢　秀樹	1 G 0
伊東　孝之		作光　義明	0 PG 0
高橋　英二		木村　香住	DG
佐藤　建		下田　公一	
高山　嗣生	HB	石渡　利明	11 後半 4
高橋　清広		首藤　敬三	2 T 1
佐々木幹夫	TB	坂下　竜夫	0 G 0
上野　信哉		安ヶ平　浩	1 PG 0
枡谷　博明		松井　宏樹	DG
中曽根　寛		清原　欣也	
持田　昌典	FB	中川　昭	17 反則 11

公式試合NO. 529
関東大学対抗戦／S50年10月19日

慶應 27 (12−11 / 15−0) 11 成蹊大

[慶　應]		[成蹊大]	G：三ツ沢 R：高森
松本　澄秀	FW	北村　成泰	
成相　安信		星野　晃輝	
川嵜　正康		八木　忠則	12 前半 11
高木　満郎		奥村　紀雄	3 T 2
黒沢　利彦		清水　利剛	0 G 0
伊東　孝之		武田　明彦	0 PG 1
迎　哲郎		小宮山恒海	DG
桂川　直也		佐藤　三龍	
高山　嗣生	HB	柴山　晋	15 後半 0
高橋　清広		関田　晃嗣	0 T 0
中曽根　寛	TB	伊藤修一郎	1 G 0
上野　信哉		屋宮　芳高	3 PG 0
枡谷　博明		小山　隆也	DG
是永　龍之		坂田　光	
持田　昌典	FB	奈良　俊策	24 反則 26

公式試合NO. 530
関東大学対抗戦／S50年10月26日

慶應 24 (9−6 / 15−0) 6 日体大

[慶　應]		[日体大]	G：国立 R：宮井
松本　澄秀	FW	石嶋　一夫	
成相　安信		上塘　巌	
川嵜　正康		天明　郁夫	9 前半 6
高木　満郎		浦丸　秀博	0 T 0
佐藤　建		谷本　一	1 G 1
桂川　直也		尾形　孝則	1 PG 0
迎　哲郎		清水　晃行	DG
伊東　孝之		武田登己男	
高山　嗣生	HB	鈴木　隆	15 後半 0
高橋　清広		垣下　秀史	1 T 0
中曽根　寛	TB	沖野　英逸	0 G 0
上野　信哉		池口　祐二	3 PG 0
枡谷　博明		坂本　弘明	DG
是永　龍之		若松　竜二	
持田　昌典	FB	桜井　広和	15 反則 13

公式試合NO. 531
関東大学対抗戦／S50年11月1日

慶應 16 (6−8 / 10−14) 22 青学大

[慶　應]		[青学大]	G：法大 R：松尾
松本　澄秀	FW	室中　勝典	
成相　安信		靄田　圭吾	
川嵜　正康		中村　佳正	6 前半 8
高木　満郎		渡辺　和男	0 T 2
佐藤　建		羅　邦雄	0 G 0
桂川　直也		吉滝　久	2 PG 0
迎　哲郎		園山　強	DG
川越　一郎		月岡　義章	
高山　嗣生	HB	久保　幸平	10 後半 14
高橋　清広		鈴木　茂	1 T 2
中曽根　寛	TB	黒川　直樹	0 G 1
上野　信哉		川久保一夫	2 PG 0
枡谷　博明		笹川　竜則	DG
是永　龍之		塩沢　守	
持田　昌典	FB	帯津洋一郎	10 反則 13

公式試合NO. 532

第50回対明大定期戦／S50年11月9日

慶應9（9−16 / 0−37）53明大

［慶 應］		［明 大］	G：国立 R：町井
松本 澄秀	FW	千種 昌之	
成相 安信	FW	笹田 学	
川嵜 正康	FW	森内 芳隆	9 前半16
高木 満郎	FW	西妻多喜男	0 T 1
佐藤 建	FW	由佐 研一	0 G 2
桂川 直也	FW	阿刀 裕嗣	3 PG 0
高橋 英二	FW	中村 喜一	DG
伊東 孝之	FW	熊谷 直志	
高山 嗣生	HB	津山 武雄	0 後半37
高橋 清広	HB	松尾 雄治	0 T 4
中曽根 寛	TB	井川 芳行	0 G 3
上野 信哉	TB	大山 文雄	0 PG 1
枡谷 博明	TB	福本 努	DG
是永 龍之	TB	山本 勉	
持田 昌典	FB	松尾 雄吾	8 反則 9

公式試合NO. 533

第52回対早大定期戦／S50年11月23日

慶應6（0−13 / 6−3）16早大

［慶 應］		［早 大］	G：国立 R：真下
松本 澄秀	FW	高橋 幸男	
成相 安信	FW	末石 庸幸	
川嵜 正康	FW	片岡 康幸	0 前半13
高木 満郎	FW	小林 隆一	0 T 1
佐藤 建	FW	橋本 裕一	0 G 0
伊東 孝之	FW	佐藤 和吉	0 PG 3
高橋 英二	FW	豊山 京一	DG
高橋 清広	FW	山下 治	
高山 嗣生	HB	辰野登志夫	6 後半 3
持田 昌典	HB	星野 繁一	1 T 0
中曽根 寛	TB	吉田 荘治	1 G 0
上野 信哉	TB	神村 哲生	0 PG 1
枡谷 博明	TB	南川洋一郎	DG
永岡 章	TB	藤原 優	
松木 弘志	FB	畠本 裕士	18 反則16

公式試合NO. 534

第50回対東大定期戦／S50年11月30日

慶應102（54−0 / 48−0）0東大

［慶 應］		［東 大］	G：日吉 R：川口
松本 澄秀	FW	小田 伸午	
成相 安信	FW	根岸 正	
川嵜 正康	FW	川田 恭裕	54 前半 0
高木 満郎	FW	福田 泰司	6 T 0
佐藤 建	FW	大隅 一彦	4 G 0
伊東 孝之	FW	吉田 龍一	0 PG 0
高橋 英二	FW	猪瀬 洋一	DG
高橋 清広	FW	福井 泰久	
高山 嗣生	HB	野中 淳一	48 後半 0
持田 昌典	HB	八重樫真樹	6 T 0
中曽根 寛	TB	磯野 薫	5 G 0
上野 信哉	TB	山田 健司	0 PG 0
枡谷 博明	TB	日月 文志	DG
永岡 章	TB	鈴木 明	
松木 弘志	FB	津布久昌二	12 反則 6

公式試合NO. 535

全国大学選手権（交流試合）／S50年12月13日

慶應44（24−3 / 20−0）3専大

［慶 應］		［専 大］	G：朝日生命 R：町井
松本 澄秀	FW	水本 靖	
成相 安信	FW	遠藤 明典	
川嵜 正康	FW	田仲 孝之	24 前半 3
高木 満郎	FW	紅谷 千年	3 T 0
佐藤 建	FW	古仲 正秀	1 G 0
伊東 孝之	FW	武村 一路	2 PG 1
高橋 英二	FW	鎌田 昭平	DG
高橋 清広	FW	大本 一仁	
高山 嗣生	HB	松浦 陽介	20 後半 0
持田 昌典	HB	武田 修治	2 T 0
中曽根 寛	TB	甲斐 晴彦	2 G 0
上野 信哉	TB	高橋 信雄	0 PG 0
枡谷 博明	TB	小辻 勝美	DG
永岡 章	TB	生駒 智	
松木 弘志	FB	中村 武	9 反則11

公式試合NO. 536

全国大学選手権（1回戦）／S50年12月21日

慶應34（6−10 / 28−6）16天理大

［慶 應］		［天理大］	G：花園 R：牧
松本 澄秀	FW	勝部 幸	
成相 安信	FW	宮嶋 久一	
川嵜 正康	FW	森田 泰至	6 前半10
高木 満郎	FW	高浜 美昭	0 T 1
佐藤 建	FW	小川 秀夫	1 G 0
伊東 孝之	FW	田中 政彦	0 PG 2
高橋 英二	FW	仲川 隆章	DG
高橋 清広	FW	丹羽 広之	
高山 嗣生	HB	田中 克己	28 後半 6
持田 昌典	HB	稲田 博	1 T 0
中曽根 寛	TB	中村 優	3 G 0
上野 信哉	TB	春藤 尚弘	2 PG 2
枡谷 博明	TB	田中 伸典	DG
永岡 章	TB	浜口 聡志	
松木 弘志	FB	国井 光秀	11 反則10

公式試合NO. 537

全国大学選手権（準決勝）／S51年1月2日

慶應9（0−16 / 9−20）36早大

［慶 應］		［早 大］	G：国立 R：宮井
松本 澄秀	FW	小久保忠雄	
成相 安信	FW	末石 庸幸	
川嵜 正康	FW	高橋 幸男	0 前半16
高木 満郎	FW	小林 隆一	0 T 1
佐藤 建	FW	橋本 裕一	0 G 1
伊東 孝之	FW	佐藤 和吉	0 PG 2
高橋 英二	FW	豊山 京一	DG
高橋 清広	FW	山下 治	
高山 嗣生	HB	辰野登志夫	9 後半20
持田 昌典	HB	星野 繁一	0 T 2
中曽根 寛	TB	吉田 荘治	1 G 2
上野 信哉	TB	神村 哲生	1 PG 0
松木 弘志	TB	南川洋一郎	DG
永岡 章	TB	藤原 優	
横山健次郎	FB	畠本 裕士	9 反則 9

公式試合NO. 538

第59回対同大定期戦／S51年9月15日

慶應28（18−9 / 10−13）22同大

［慶 應］		［同 大］	G：日吉 R：真下
山城 泰介	FW	橋本 茂樹	
筒井 京弥	FW	上川 重久	
稲木 靖	FW	御子柴泰人	18 前半 9
高木 満郎	FW	中谷 茂亮	0 T 0
佐藤 建	FW	尾崎 篤之	2 G 1
荒井 哲也	FW	栗原 恒宣	2 PG 1
高橋 英二	FW	原田 隆彦	DG
浜本 剛志	FW	阿部 裕道	
三谷 敦	HB	西田 節男	10 後半13
横山健次郎	HB	大西 一二	1 T 1
四柳 芳彦	TB	山下 浩	0 G 1
松本 弘志	TB	芳森 渡	2 PG 1
中曽根 寛	TB	矢島 鉄朗	DG
永岡 章	TB	小柳 博之	
持田 昌典	FB	竹原 勉	16 反則15

公式試合NO. 539

第50回対京大定期戦／S51年9月18日

慶應37（31−3 / 6−14）17京大

［慶 應］		［京 大］	G：神戸中央 R：野々村
山城 泰介	FW	山中 裕之	
筒井 京弥	FW	南出 聰	
水谷 重夫	FW	高倉 一美	31 前半 3
高木 満郎	FW	森岡 周	4 T 0
黒沢 利彦	FW	真継 伸男	2 G 0
荒井 哲也	FW	瀬戸口哲夫	1 PG 1
高橋 英二	FW	林 伸治	DG
浜本 剛志	FW	吉田 耕治	
三谷 敦	HB	宮原 英臣	6 後半14
横山健次郎	HB	石井 暁	0 T 2
四柳 芳彦	TB	赤松 明人	1 G 0
中曽根 寛	TB	白石 良多	0 PG 2
松木 弘志	TB	吉岡 邦雄	DG
永岡 章	TB	佐々木秀樹	
持田 昌典	FB	笠木 伸昭	17 反則15

公式試合NO. 540

第49回対立大定期戦／S51年10月2日

慶應92（52−0 / 40−4）4立大

［慶 應］		［立 大］	G：日吉 R：青木
山城 泰介	FW	森 一郎	
筒井 京弥	FW	佐藤 清人	
稲木 靖	FW	佐野 洋三	52 前半 0
高木 満郎	FW	津布久慶輔	4 T 0
佐藤 建	FW	木所 弘	6 G 0
荒井 哲也	FW	中山 章	0 PG 0
高橋 英二	FW	夏目 晴彦	DG
浜本 剛志	FW	中川真佐志	
富安 治彦	HB	白石 勝	40 後半 4
小西 雅之	HB	金原 伸行	1 T 1
四柳 芳彦	TB	半田 泰士	6 G 0
松木 弘志	TB	佐藤 宏	0 PG 0
中曽根 寛	TB	日置 宣典	DG
永岡 章	TB	高桑 寛彦	
持田 昌典	FB	肥田野晴光	8 反則19

公式試合NO. 541

関東大学対抗戦／S51年10月10日

慶應 68（26−0 / 42−6）6 成蹊大

［慶 應］		［成蹊大］	G：日吉
山城 泰介	FW	北村 成泰	R：川口
筒井 京弥		星野 晃輝	26 前半 0
稲木 靖		篠田 仁	2 T 0
高木 満郎		伊藤 泰之	3 G 0
佐藤 建		清水 利剛	0 PG 0
荒井 哲也		中村 昭夫	DG
高橋 英二		小宮山恒敏	42 後半 6
浜本 剛志		奥田 彰	6 T 0
富安 治彦	HB	沢柳 太	3 G 1
横山健次郎		屋宮 芳高	0 PG 0
佐々木幹夫	TB	志村 和美	DG
松木 弘志		小栗 照久	
中曽根 寛		熊谷 伸	12 反則 8
永岡 章		渋谷 博史	交代：成蹊大 吉岡英夫（清水）
持田 昌典	FB	奈良 俊策	

公式試合NO. 542

関東大学対抗戦／S51年10月17日

慶應 27（19−7 / 8−20）27 筑波大

［慶 應］		［筑波大］	G：秩父宮
山城 泰介	FW	橋場 直彦	R：辻
筒井 京弥		橋爪 明信	
稲木 靖		中村伸一郎	19 前半 7
高木 満郎		西村 稔	1 T 1
佐藤 建		大沢 秀樹	2 G 0
荒井 哲也		橋本 渡	1 PG 1
高橋 英二		木村 香住	DG
浜本 剛志		下田 公一	
富安 治彦	HB	勝田 隆	8 後半20
横山健次郎		首藤 敬三	2 T 2
佐々木幹夫	TB	浅見 有二	0 G 1
松木 弘志		安ヶ平 浩	0 PG 2
中曽根 寛		高橋 克俊	DG
永岡 章		松井 宏樹	
持田 昌典	FB	中川 昭	17 反則10

公式試合NO. 543

関東大学対抗戦／S51年10月24日

慶應 16（12−0 / 4−3）3 青学大

［慶 應］		［青学大］	G：秩父宮
山城 泰介	FW	室中 勝典	R：町井
筒井 京弥		酒井 章行	
稲木 靖		中村 佳志	12 前半 0
高木 満郎		渡辺 和男	0 T 0
佐藤 建		羅 邦雄	1 G 0
荒井 哲也		吉滝 久	2 PG 0
高橋 英二		園山 強	DG
浜本 剛志		月岡 義幸	
富安 治彦	HB	黒川 直樹	4 後半 3
横山健次郎		鈴木 茂	1 T 0
佐々木幹夫	TB	三津 義之	0 G 0
松木 弘志		川久保一夫	0 PG 1
中曽根 寛		梶原 敬之	DG
永岡 章		塩沢 守	
持田 昌典	FB	赤堀 正志	17 反則13

公式試合NO. 544

関東大学対抗戦／S51年10月31日

慶應 13（7−6 / 6−6）12 日体大

［慶 應］		［日体大］	G：秩父宮
山城 泰介	FW	石嶋 茂	R：町井
筒井 京弥		岩本 博信	
稲木 靖		鮑子 祐一	7 前半 6
高木 満郎		伊藤 清	1 T 0
佐藤 建		松田 和彦	0 G 1
荒井 哲也		新川 敏明	1 PG 0
高橋 英二		谷本 一	DG
浜本 剛志		伊藤 洋次	
富安 治彦	HB	鈴木 隆	6 後半 6
横山健次郎		笛 隆志	0 T 0
佐々木幹夫	TB	飯島 節生	0 G 1
松木 弘志		坂本 弘明	2 PG 0
中曽根 寛		鈴木 好隆	DG
永岡 章		辻 悦郎	
持田 昌典	FB	小泉 幸一	21 反則17

公式試合NO. 545

第51回対明大定期戦／S51年11月14日

慶應 15（3−18 / 12−6）24 明大

［慶 應］		［明 大］	G：秩父宮
山城 泰介	FW	木村 和彦	R：高森
筒井 京弥		菊池桂吾郎	
稲木 靖		太田 正男	3 前半18
高木 満郎		村瀬 哲	0 T 0
佐藤 建		西尾 義弘	0 G 3
荒井 哲也		高平 信也	1 PG 0
高橋 英二		吉野 徹	DG
浜本 剛志		熊谷 直志	
富安 治彦	HB	岡嶋 修一	12 後半 6
横山健次郎		松尾 雄吾	3 T 0
是永 龍之	TB	井川 芳行	0 G 1
松木 弘志		大山 文雄	0 PG 0
中曽根 寛		福本 努	DG
永岡 章		山本 勉	
持田 昌典	FB	藤本 昌弘	18 反則10

公式試合NO. 546

第53回対早大定期戦／S51年11月23日

慶應 3（3−23 / 0−23）46 早大

［慶 應］		［早 大］	G：秩父宮
山城 泰介	FW	井上 康	R：真下
筒井 京弥		橋本 裕幸	
稲木 靖		篠森 健治	3 前半23
高木 満郎		橋本 裕一	0 T 2
佐藤 建		吉田 達也	0 G 2
荒井 哲也		伊藤 隆	1 PG 1
高橋 英二		豊山 京一	DG
浜本 剛志		畠本 茂也	
富安 治彦	HB	松本 純也	0 後半23
横山健次郎		星野 繁一	0 T 2
四柳 芳彦	TB	吉田 荘治	0 G 2
松木 弘志		広野 真一	0 PG 1
中曽根 寛		南川洋一郎	DG
永岡 章		岡本 満	
持田 昌典	FB	渡部 隆己	18 反則15

公式試合NO. 547

第51回対東大定期戦／S51年12月4日

慶應 85（25−0 / 60−3）3 東大

［慶 應］		［東 大］	G：日吉
山城 泰介	FW	福田 泰司	R：小林
筒井 京弥		根岸 正	
稲木 靖		小田 伸午	25 前半 0
黒沢 利彦		古谷 貞雄	1 T 0
佐藤 建		大隅 一彦	3 G 0
荒井 哲也		法元 寛	1 PG 0
高橋 英二		渡辺 仁	DG
浜本 剛志		吉永 正信	
富安 治彦	HB	永吉 喜昭	60 後半 3
横山健次郎		八重樫真樹	3 T 0
四柳 芳彦	TB	保科 清海	8 G 0
松木 弘志		山田 健司	0 PG 1
今岡 秀輔		鈴木 明	DG
是永 龍之		磯野 薫	
持田 昌典	FB	津布久昌二	10 反則 6

公式試合NO. 548

関東大学交流試合／S51年12月11日

慶應 25（6−3 / 19−6）9 専大

［慶 應］		［専 大］	G：秩父宮
山城 泰介	FW	渡辺 研也	R：松尾
安積 英樹		浜中 勇	
稲木 靖		遠藤 明典	6 前半 3
高木 満郎		紅谷 千年	0 T 0
佐藤 建		根本 清美	1 G 0
荒井 哲也		武村 一路	0 PG 1
高橋 英二		鎌田 照平	DG
浜本 剛志		藤田 正稔	
富安 治彦	HB	松浦 陽介	19 後半 6
横山健次郎		武田 修治	1 T 0
四柳 芳彦	TB	小辻 勝美	2 G 1
松木 弘志		佐藤 正	1 PG 0
中曽根 寛		榎本 邦夫	DG
永岡 章		森川 清司	
持田 昌典	FB	片島 久平	14 反則15

公式試合NO. 549

全国大学選手権／S51年12月19日

慶應 30（10−0 / 20−13）13 同大

［慶 應］		［同 大］	G：西京極
山城 泰介	FW	橋本 茂樹	R：入江
安積 英樹		上川 重久	
稲木 靖		御子柴泰人	10 前半 0
高木 満郎		中谷 茂亮	1 T 0
佐藤 建		前田 隆	0 G 0
荒井 哲也		佐藤 英典	2 PG 0
高橋 英二		栗原 恒宣	DG
浜本 剛志		阿部 裕道	
富安 治彦	HB	西田 節男	20 後半13
横山健次郎		大西 一二	2 T 1
四柳 芳彦	TB	山下 浩	1 G 1
松木 弘志		氏野 博隆	2 PG 1
中曽根 寛		矢島 鉄朗	DG
永岡 章		小柳 博之	
持田 昌典	FB	竹原 勉	18 反則12

公式試合NO. 550

全国大学選手権／S52年1月1日

慶應13 (7−0 / 6−15) 15早大

[慶 應]		[早 大]	
山城 泰介	FW	井上 康	G：秩父宮
安積 英樹		橋本 裕幸	R：宮井
稲木 靖		篠森 健治	7 前半 0
高木 満郎		橋本 裕一	1 T 0
佐藤 建		吉田 達也	0 G 0
荒井 哲也		伊藤 隆	1 PG 0
高橋 英二		豊山 京一	DG
浜本 剛志		畠本 茂也	
富安 治彦	HB	松本 純也	6 後半 15
横山健次郎		星野 繁一	0 T 0
四柳 芳彦	TB	吉田 荘治	1 G 1
松木 弘志		神村 哲生	0 PG 3
中曽根 寛		南川洋一郎	DG
永岡 章		岡本 満	
持田 昌典	FB	渡部 隆己	20 反則 5

公式試合NO. 551

第51回対京大定期戦／S52年9月17日

慶應47 (15−0 / 32−0) 0京大

[慶 應]		[京 大]	
山城 泰介	FW	真田 正明	G：日吉
井口 兼一		山中 裕之	R：辻
筒井 京弥		高倉 一美	15 前半 0
梶 紳二		村岡 周	0 T 0
東山 勝英		真継 伸男	1 G 0
川上 純一		夏山 真也	3 PG 0
高橋 英二		清野 純史	DG
浜本 剛志		吉田 耕治	
富安 治彦	HB	石井 暁	32 後半 0
小西 雅之		檀上 則昭	2 T 0
是永 龍之	TB	赤松 明人	4 G 0
松木 弘志		白石 良多	0 PG 0
河越 一郎		吉岡 邦雄	DG
中曽根 寛		小松 敏行	
永岡 章	FB	笠木 伸昭	13 反則 15

公式試合NO. 552

第60回対同大定期戦／S52年9月24日

慶應22 (12−3 / 10−14) 17同大

[慶 應]		[同 大]	
山城 泰介	FW	前田 隆	G：大阪長居
安積 英樹		川上 重久	R：平井
筒井 京弥		御子柴泰人	12 前半 3
梶 紳二		中村 公紀	3 T 0
黒沢 利彦		重見光次郎	0 G 0
桂川 直也		工藤 俊明	0 PG 1
高橋 英二		小柳 博之	DG
浜本 剛志		栗原 恒宣	
富安 治彦	HB	山下 浩	10 後半 14
小西 雅之		中江 嘉宏	1 T 2
是永 龍之	TB	芳森 渡	1 G 1
松木 弘志		山田 孝	0 PG 0
阿部 匡		毛島 鉄朗	DG
中曽根 寛		伊佐治 望	
永岡 章	FB	佐藤 文雄	13 反則 9

公式試合NO. 553

第50回対立大定期戦／S52年10月2日

慶應96 (48−9 / 48−0) 9立大

[慶 應]		[立 大]	
川合 良樹	FW	森 一郎	G：日吉
水井 哲之		佐藤 清八	R：池原
筒井 京弥		岡田 一郎	48 前半 9
梶 紳二		津布久慶輔	3 T 0
黒沢 利彦		木所 弘	6 G 0
桂川 直也		橋本 清彦	0 PG 3
高橋 英二		中山 章	DG
浜本 剛志		木村 吉秀	
富安 治彦	HB	白石 勝	48 後半 0
小西 雅之		島田 荘二	3 T 0
是永 龍之	TB	半田 泰士	6 G 0
松木 弘志		板野 隆志	0 PG 0
阿部 匡		日置 宣典	DG
今岡 秀輔		佐藤 宏	
永岡 章	FB	根岸 寿夫	9 反則 13

公式試合NO. 554

関東大学対抗戦／S52年10月9日

慶應74 (26−0 / 48−0) 0成蹊大

[慶 應]		[成蹊大]	
山城 泰介	FW	武田 明彦	G：日吉
水井 哲之		北村 成泰	R：小森
筒井 京弥		上田 吉彦	26 前半 0
畑生 恵司		伊藤 泰之	5 T 0
黒沢 利彦		斎藤 暢彦	1 G 0
荒井 哲也		高松 和弘	0 PG 0
川上 純一		小宮山恒敏	DG
浜本 剛志		清水 利剛	
三谷 敦	HB	沢柳 太	48 後半 0
中川 龍士		川合 隆	6 T 0
今岡 秀輔	TB	志村 和美	4 G 0
松木 弘志		中山 健身	0 PG 0
阿部 匡		熊谷 伸	DG
中曽根 寛		渋谷 博史	
永岡 章	FB	奈良 俊策	13 反則 14

公式試合NO. 555

関東大学対抗戦／S52年10月16日

慶應30 (6−13 / 24−4) 17筑波大

[慶 應]		[筑波大]	
山城 泰介	FW	渡辺 一郎	G：秩父宮
安積 英樹		橋爪 明信	R：池原
筒井 京弥		池浦 文昭	6 前半 13
浜本 剛志		西村 稔	0 T 1
黒沢 利彦		平藤 淳	0 G 1
荒井 哲也		渡部 治彦	2 PG 1
高橋 英二		橋本 渡	DG
川上 純一		下田 公一	
富安 治彦	HB	勝田 隆	24 後半 4
小西 雅之		首藤 敬三	3 T 1
是永 龍之	TB	古口 英夫	2 G 0
松木 弘志		大野 保久	0 PG 0
阿部 匡		浅見 有二	DG
中曽根 寛		成松 喜助	
永岡 章	FB	金子 敬之	8 反則 14

公式試合NO. 556

関東大学対抗戦／S52年10月23日

慶應15 (3−4 / 12−12) 16青学大

[慶 應]		[青学大]	
山城 泰介	FW	渡部 雄二	G：秩父宮
安積 英樹		酒井 章行	R：高森
筒井 京弥		中村 佳志	3 前半 4
東山 勝英		羅 邦雄	0 T 1
黒沢 利彦		小寺 智之	0 G 0
武川 昌俊		吉滝 久	1 PG 0
高橋 英二		矢野 誠一	DG
浜本 剛志		月岡 義幸	
富安 治彦	HB	黒川 直樹	12 後半 12
小西 雅之		鈴木 茂	0 T 0
是永 龍之	TB	三津 義之	1 G 1
松木 弘志		原 英治	2 PG 2
阿部 匡		梶原 敬之	DG
中曽根 寛		塩沢 守	
永岡 章	FB	帯津洋一郎	13 反則 17

公式試合NO. 557

関東大学対抗戦／S52年10月30日

慶應15 (3−6 / 12−6) 12日体大

[慶 應]		[日体大]	
山城 泰介	FW	石嶋 茂	G：秩父宮
安積 英樹		綿引 修	R：真下
筒井 京弥		大場 隆生	3 前半 6
梶 紳二		清水 薫	0 T 0
黒沢 利彦		松田 和彦	0 G 1
川上 純一		新川 敏明	1 PG 0
高橋 英二		伊藤 洋次	DG
浜本 剛志		伊藤 清	
富安 治彦	HB	金丸津世志	12 後半 6
小西 雅之		鈴木 好隆	0 T 0
是永 龍之	TB	飯島 節生	2 G 0
松木 弘志		上丞 啓介	0 PG 2
阿部 匡		奥野 晃広	DG
中曽根 寛		辻 悦朗	
永岡 章	FB	小泉 幸一	17 反則 10

公式試合NO. 558

第52回対明大定期戦／S52年11月13日

慶應11 (11−9 / 0−7) 16明大

[慶 應]		[明 大]	
山城 泰介	FW	木村 和彦	G：秩父宮
安積 英樹		菊池桂吾郎	R：町井
筒井 京弥		太田 正男	11 前半 9
梶 紳二		村瀬 哲	2 T 0
黒沢 利彦		瀬下 和夫	0 G 1
荒井 哲也		内田 雄二	1 PG 1
高橋 英二		吉野 徹	DG
浜本 剛志		五艘 映洋	
富安 治彦	HB	岡嶋 修一	0 後半 7
小西 雅之		渡辺 登	0 T 1
是永 龍之	TB	上林 整	0 G 0
松木 弘志		西舘 信立	0 PG 1
阿部 匡		竹沢 恒幸	DG
中曽根 寛		金谷 福身	
永岡 章	FB	藤本 昌弘	13 反則 13

公式試合NO. 559

第54回対早大定期戦／S52年11月23日

慶應 34 (17−10 / 17−7) 17 早大

［慶　應］		［早　大］	G：秩父宮　R：町井
山城　泰介	FW	小林　伸之	
安積　英樹		橋本　裕幸	
水井　哲之		町田　英夫	17 前半 10
梶　紳二		加藤　剛志	2 T 1
黒沢　利彦		吉田　達也	0 G 0
荒井　哲也		畠本　茂也	3 PG 2
高橋　英二		石橋　寿生	DG
浜本　剛志		長沼　龍太	
富安　治彦	HB	松本　純也	17 後半 7
小西　雅之		渡部　隆己	2 T 1
今岡　秀輔	TB	松尾　尚城	1 G 0
松木　弘志		広野　真一	1 PG 1
阿部　匡		高平　潔	DG
中曽根　寛		岡本　満	
永岡　章	FB	八木　繁	15 反則 8

公式試合NO. 562

全国大学選手権（1回戦）／S52年12月18日

慶應 26 (9−10 / 17−12) 22 同大

［慶　應］		［同　大］	G：花園　R：野々村
山城　泰介	FW	浜田　哲郎	
安積　英樹		上川　重久	
水井　哲之		橋本　茂樹	9 前半 10
梶　紳二		重見光次郎	0 T 1
黒沢　利彦		前田　隆	1 G 0
荒井　哲之		横本　吉史	1 PG 2
高橋　英二		小柳　博之	0 DG 0
浜本　剛志		林　昌一郎	
富安　治彦	HB	山下　浩	17 後半 12
小西　雅之		前川　弥助	2 T 0
今岡　秀輔	TB	神崎　進司	1 G 2
松木　弘志		山田　孝	1 PG 0
阿部　匡		矢島　鉄郎	0 DG 0
中曽根　寛		伊佐治　望	
永岡　章	FB	佐藤　文雄	12 反則 15

公式試合NO. 565

第52回対京大定期戦／S53年9月16日

慶應 26 (10−8 / 16−10) 18 京大

［慶　應］		［京　大］	G：西京極　R：河合
井口　兼市	FW	真田　正明	
川合　良樹		山中　裕之	10 前半 8
水谷　重夫		高倉　一美	1 T 2
梶　紳二		願野　行弘	1 G 0
黒沢　利彦		真継　伸男	0 PG 0
根岸　章		阪本　真一	DG
川上　純一		清野　純史	
荒牧　滋美		夏山　真也	16 後半 10
富安　治彦	HB	石井　暁	1 T 1
小西　雅之		壇上　則昭	2 G 1
今岡　秀輔	TB	佐々木秀樹	0 PG 0
阿部　匡		小松　敏行	DG
中曽根　寛		吉岡　則行	10 反則 7
大高　貞樹		栗山剛一郎	交代：山城
桜井　靖二	FB	亀岡　友樹	

公式試合NO. 560

第52回対東大定期戦／S52年12月4日

慶應 69 (21−0 / 48−3) 3 東大

［慶　應］		［東　大］	G：日吉　R：金沢
山城　泰介	FW	福田　泰司	
安積　英樹		常深　伸太	
筒井　京弥		小田　伸午	21 前半 0
梶　紳二		古谷　貞雄	3 T 0
黒沢　利彦		福田裕次郎	1 G 0
渡辺　彰		猪瀬　洋一	1 PG 0
高橋　英二		渡辺　仁	DG
浜本　剛志		藤田　通敏	
富安　治彦	HB	永吉　喜昭	48 後半 3
中川　龍士		八重樫真樹	6 T 0
今岡　秀輔	TB	保科　清海	4 G 0
松木　弘志		箱田　秀樹	0 PG 1
阿部　匡		鈴木　明	DG
三谷　敦		磯野　薫	
河越　一郎	FB	安藤　賢次	15 反則 15

公式試合NO. 563

全国大学選手権（準決勝）／S53年1月2日

慶應 9 (3−4 / 6−4) 8 日体大

［慶　應］		［日体大］	G：秩父宮　R：高森
山城　泰介	FW	石島　茂	
安積　英樹		綿引　修	
筒井　京弥		大場　隆生	3 前半 4
梶　紳二		清水　薫	0 T 1
黒沢　利彦		松田　和彦	0 G 0
荒井　哲也		新川　敏明	1 PG 0
高橋　英二		藤本　真司	DG
浜本　剛志		伊藤　清	
富安　治彦	HB	金丸津世志	6 後半 4
小西　雅之		鈴木　好隆	0 T 1
今岡　秀輔	TB	尾形　文仁	0 G 0
松木　弘志		小泉　博之	2 PG 0
阿部　匡		奥野　義房	DG
中曽根　寛		辻　悦朗	
永岡　章	FB	小泉　幸一	18 反則 18

公式試合NO. 566

第61回対同大定期戦／S53年9月24日

慶應 15 (15−24 / 0−17) 41 同大

［慶　應］		［同　大］	G：西京極　R：吉田
山城　泰介	FW	竹内　弘毅	
川合　良樹		佐藤　公信	
水谷　重夫		橋本　茂樹	15 前半 24
梶　紳二		林　敏之	0 T 0
黒沢　利彦		豊田　典俊	2 G 3
渡辺　彰		林　昌一郎	1 PG 2
川上　純一		種　洋史	DG
浜本　剛志		佐藤　英典	
富安　治彦	HB	萩本　光威	0 後半 17
小西　雅之		森岡　公隆	0 T 2
大高　貞樹	TB	菅野有生史	0 G 1
阿部　匡		西　正人	0 PG 1
中曽根　寛		伊佐地　望	DG
四津　雅人		西村　一知	
永岡　章	FB	山田　隆	12 反則 12

公式試合NO. 561

関東大学選手権（交流試合）／S52年12月11日

慶應 33 (10−3 / 23−9) 12 法大

［慶　應］		［法　大］	G：秩父宮　R：松尾
山城　泰介	FW	石川　順司	
安積　英樹		竹垣　秀樹	
水井　哲之		佐藤　康弘	10 前半 3
梶　紳二		井川　恵	1 T 0
黒沢　利彦		磯前　友幸	1 G 0
荒井　哲也		伴田　義信	0 PG 1
高橋　英二		桐山　俊作	DG
浜本　剛志		松岡　隆司	
富安　治彦	HB	野々上彰宏	23 後半 9
小西　雅之		石田　藤彦	2 T 0
今岡　秀輔	TB	臼倉　淳	2 G 1
松木　弘志		三谷　典正	1 PG 1
阿部　匡		下坂　斉司	DG
中曽根　寛		亀田　厚	
永岡　章	FB	緋田　重成	10 反則 8

公式試合NO. 564

全国大学選手権（決勝）／S53年1月4日

慶應 6 (3−0 / 3−7) 7 明大

［慶　應］		［明　大］	G：国立　R：町井
山城　泰介	FW	木村　和彦	
筒井　京弥		野口　哲	3 前半 0
水井　哲之		太田　正男	0 T 0
梶　紳二		瀬川　健三	0 G 0
黒沢　利彦		瀬下　和夫	1 PG 0
荒井　哲也		高平　信也	DG
高橋　英二		吉野　徹	3 後半 7
浜本　剛志		五艘　映洋	0 T 1
富安　治彦	HB	岡嶋　修一	0 G 0
小西　雅之		砂村　光信	1 PG 1
今岡　秀輔	TB	上林　整	DG
松木　弘志		竹沢　恒彦	17 反則 11
阿部　匡		金谷　福身	交代：慶應
中曽根　寛		川口　正人	今岡秀輔＝
永岡　章	FB	橋爪　利明	是永龍之

公式試合NO. 567

第51回対立大定期戦／S53年9月30日

慶應 31 (15−3 / 16−0) 3 立大

［慶　應］		［立　大］	G：日吉　R：辻
山城　泰介	FW	佐野　洋三	
川合　良樹		佐藤　清	
水谷　重夫		岡田　一郎	15 前半 3
梶　紳二		津布久慶輔	3 T 0
黒沢　利彦		木所　弘	0 G 0
渡辺　彰		木村　吉秀	1 PG 1
川上　純一		中山　章	DG
浜本　剛志		石川　雅弘	
富安　治彦	HB	金原　伸行	16 後半 0
小西　雅之		島田　壮二	4 T 0
大高　貞樹	TB	平田　泰士	0 G 0
阿部　匡		板野　隆志	0 PG 0
中曽根　寛		日置　宣典	DG
四津　雅人		原田　肇	
永岡　章	FB	後藤　直人	9 反則 22

公式試合NO. 568
関東大学対抗戦／S53年10月8日

慶應 98（56−0 / 42−6）6 成蹊大

［慶應］		［成蹊］	G：日吉 R：富沢
山城 泰介	FW	合田 潔	
川合 良樹	FW	北村 成泰	56 前半 0
水谷 重夫	FW	森 敏夫	5 T 0
梶 紳二	FW	斉藤 暢彦	6 G 0
黒沢 利彦	FW	佐藤 保	0 PG 0
荒井 哲也	FW	大倉 淳一	DG
渡辺 彰	FW	小山 秀樹	
浜本 剛志	FW	武田 明彦	42 後半 6
富安 治彦	HB	高橋 善美	3 T 0
小西 雅之	HB	沢柳 大	5 G 2
大高 貞樹	TB	菊川 嘉信	0 PG 0
阿部 匡	TB	中山 建身	DG
中曽根 寛	TB	広瀬 義也	13 反則 7
四津 雅人	TB	高松 和弘	交代：横山 淳
桜井 靖二	FB	杉本 尚彦	

公式試合NO. 569
関東大学対抗戦／S53年10月15日

慶應 40（18−10 / 22−0）10 青学大

［慶應］		［青学大］	G：秩父宮 R：辻
山城 泰介	FW	郡司 登	
井口 兼市	FW	稲田 健二	18 前半 10
水谷 重夫	FW	中村 佳志	3 T 1
梶 紳二	FW	小寺 智之	1 G 0
黒沢 利彦	FW	伊藤 浩一	0 PG 2
荒井 哲也	FW	矢野 誠一	DG
渡辺 彰	FW	井上 龍一	
浜本 剛志	FW	月岡 義幸	22 後半 0
富安 治彦	HB	黒川 直義	1 T 0
小西 雅之	HB	鈴木 茂	2 G 0
大高 貞樹	TB	三津 義之	2 PG 0
阿部 匡	TB	宮内 利和	DG
中曽根 寛	TB	梶原 俊之	14 反則 10
四津 雅人	TB	東 靖雄	交代：川上
桜井 靖二	FB	飯田 幸請	

公式試合NO. 570
関東大学対抗戦／S53年10月21日

慶應 16（4−6 / 12−4）10 筑波大

［慶應］		［筑波大］	G：秩父宮 R：松尾
山城 泰介	FW	渡辺 一郎	
井口 兼市	FW	池田 充広	
水谷 重夫	FW	池浦 文昭	4 前半 6
梶 紳二	FW	平 耕一	1 T 0
黒沢 利彦	FW	西村 稔	0 G 0
荒井 哲也	FW	花岡 伸明	0 PG 1
川上 純一	FW	近江 晃	DG 1
浜本 剛志	FW	町田 覚	
富安 治彦	HB	勝田 隆	12 後半 4
小西 雅之	HB	首藤 敬三	0 T 1
今岡 秀輔	TB	中尾 伸己	2 G 0
阿部 匡	TB	高橋 克俊	0 PG 0
中曽根 寛	TB	大野 保久	DG
大高 貞樹	TB	浅見 有二	
桜井 靖二	FB	金子 敦之	7 反則 17

公式試合NO. 571
関東大学対抗戦／S53年10月29日

慶應 7（7−0 / 0−9）9 日体大

［慶應］		［日体大］	G：秩父宮 R：真下
山城 泰介	FW	大場 隆生	
川合 良樹	FW	綿引 修	
水谷 重夫	FW	深沢桂一郎	7 前半 0
梶 紳二	FW	松田 和彦	1 T 0
黒沢 利彦	FW	横山 香月	0 G 0
川上 純一	FW	新川 敏明	1 PG 0
荒井 哲也	FW	岩出 雅之	DG
浜本 剛志	FW	河西 光	
富安 治彦	HB	金丸津世志	0 後半 9
小西 雅之	HB	芳野 喜隆	0 T 0
今岡 秀輔	TB	尾形 文仁	0 G 1
阿部 匡	TB	小泉 博之	0 PG 1
中曽根 寛	TB	伊藤 薫	DG
大高 貞樹	TB	辻 悦郎	
永岡 章	FB	小泉 幸一	22 反則 18

公式試合NO. 572
第53回対明大定期戦／S53年11月12日

慶應 10（10−3 / 0−10）13 明大

［慶應］		［明大］	G：秩父宮 R：真下
山城 泰介	FW	木村 和彦	
井口 兼市	FW	和田 哲	10 前半 3
水井 哲之	FW	中谷 昌紀	1 T 0
梶 紳二	FW	瀬川 健三	1 G 0
黒沢 利彦	FW	相沢 雅晴	0 PG 1
荒井 哲也	FW	内田 雄二	DG
渡部 政和	FW	遠藤 敬治	0 後半 10
浜本 剛志	FW	瀬下 和夫	0 T 1
富安 治彦	HB	岡嶋 修一	0 G 1
小西 雅之	HB	砂村 光信	0 PG 0
今岡 秀輔	TB	渡辺 登	DG
阿部 匡	TB	渡辺 和男	13 反則 13
中曽根 寛	TB	金谷 福身	交代：河瀬 泰治
大高 貞樹	TB	牧 正男	
永岡 章	FB	橋爪 利明	

公式試合NO. 573
第55回対早大定期戦／S53年11月23日

慶應 22（3−4 / 19−0）4 早大

［慶應］		［早大］	G：秩父宮 R：真下
山城 泰介	FW	小林 伸之	
井口 兼市	FW	橋本 裕幸	
水井 哲之	FW	町田 英夫	3 前半 4
梶 紳二	FW	加藤 剛志	0 T 1
黒沢 利彦	FW	金沢 聡	0 G 0
荒井 哲也	FW	伊藤 隆	1 PG 0
渡部 政和	FW	畠本 茂也	DG
浜本 剛志	FW	長沼 龍太	
富安 治彦	HB	奥脇 教	19 後半 0
小西 雅之	HB	坂口 直弘	1 T 0
今岡 秀輔	TB	松尾 尚城	2 G 0
阿部 匡	TB	広野 真一	1 PG 0
中曽根 寛	TB	高平 潔	DG
大高 貞樹	TB	石橋 哲也	
永岡 章	FB	大沢 健吾	14 反則 7

公式試合NO. 574
第53回対東大定期戦／S53年12月2日

慶應 108（60−0 / 48−7）7 東大

［慶應］		［東大］	G：日吉 R：斉藤
山城 泰介	FW	福田 泰司	
井口 兼市	FW	常深 伸太	
水井 哲之	FW	斉藤 守弘	60 前半 0
梶 紳二	FW	古谷 貞雄	3 T 0
東山 勝英	FW	杉原 功一	8 G 0
荒井 哲也	FW	五月女	0 PG 0
渡部 政和	FW	渡辺 隆	DG
浜本 剛志	FW	武村 敬三	
富安 治彦	HB	永吉 喜昭	48 後半 7
小西 雅之	HB	石見 直樹	3 T 1
今岡 秀輔	TB	長田 健雄	6 G 0
阿部 匡	TB	箱田 秀樹	0 PG 1
中曽根 寛	TB	鈴木 明	DG
大高 貞樹	TB	池川 志郎	
永岡 章	FB	津布久昌二	10 反則 8

公式試合NO. 575
関東大学（交流試合）／S53年12月10日

慶應 36（16−0 / 20−0）0 東海大

［慶應］		［東海大］	G：秩父宮 R：高森
山城 泰介	FW	前原 秀幸	
井口 兼市	FW	関口 昌宏	16 前半 0
水井 哲之	FW	石沢 秀一	1 T 0
梶 紳二	FW	本間 隆一	0 G 0
黒沢 利彦	FW	田籠 孝高	4 PG 0
荒井 哲也	FW	宮野 松悦	DG
渡部 政和	FW	榎原 進治	20 後半 0
浜本 剛志	FW	樋口 弘一	2 T 0
富安 治彦	HB	川田 勲	2 G 0
小西 雅之	HB	菊池 真治	0 PG 0
今岡 秀輔	TB	松下 亮一	DG
阿部 匡	TB	本田 信夫	11 反則 15
中曽根 寛	TB	桜井 一博	交代：東海大
大高 貞樹	TB	亀田 幸信	田籠＝増田
永岡 章	FB	岡田 真	芳之

公式試合NO. 576
全国大学選手権大会（1回戦）／S53年12月24日

慶應 33（7−3 / 26−10）13 中京大

［慶應］		［中京大］	G：秩父宮 R：平井
山城 泰介	FW	富田 耕一	
井口 兼市	FW	鍵中 一朗	
水井 哲之	FW	池田洋七郎	7 前半 3
梶 紳二	FW	山本 崇	1 T 0
黒沢 利彦	FW	刑部 清孝	0 G 0
荒井 哲也	FW	金海 義広	1 PG 1
渡部 政和	FW	鶴田 秀雄	DG
浜本 剛志	FW	大久保 透	
富安 治彦	HB	川村 守	26 後半 10
小西 雅之	HB	岡林 靖広	5 T 1
今岡 秀輔	TB	赤松 昭彦	1 G 1
阿部 匡	TB	藤田 吉克	0 PG 0
中曽根 寛	TB	松原 都令	DG
大高 貞樹	TB	湊 勝己	
永岡 章	FB	長岡 龍吾	8 反則 16

公式試合NO. 577
全国大学選手権大会(準決勝)／S54年1月1日

慶應 9 (6−6 / 3−6) 12 日体大

G：秩父宮　R：高森

[慶　應]		[日体大]
山城　泰介	FW	大場　隆生
井口　兼市		綿引　修
水井　哲之		深沢桂一朗
梶　紳二		松田　和彦
黒沢　利彦		横山　香月
荒井　哲也		新川　敏明
渡部　政和		岩出　雅之
浜本　剛志		河西　光
富安　治彦	HB	金丸津世志
小西　雅之		芳野　喜隆
今岡　秀輔	TB	尾形　文二
阿部　国		小泉　博之
中曽根　寛		奥野　晃広
四津　雅人		辻　悦郎
永岡　章	FB	小泉　幸一

6 前半 6
0 T 0
0 G 0
2 PG 2
DG
3 後半 6
0 T 0
0 G 1
1 PG 0
DG
11 反則19

公式試合NO. 578
全早慶明対抗戦／S54年2月12日

全慶應 23 (7−13 / 16−14) 27 全明大

G：秩父宮　R：八木

[全慶應]		[全明大]
山城　泰介	FW	木村　和彦
筒井　京弥		笹田　学
水井　哲之		太田　正男
梶　紳二		瀬川　健三
黒沢　利彦		河瀬　泰治
荒井　哲也		内田　雄二
渡部　政和		吉野　徹
浜本　剛志		熊谷　直志
上田　昭夫	HB	岡嶋　修一
小西　雅之		松尾　雄治
今岡　秀輔	TB	渡辺　登
阿部　国		大山　文雄
松木　弘志		金谷　福身
吉岡　泰男		山本　勉
川口　明	FB	橋爪　利明

7 前半13
1 T 1
0 G 1
1 PG 1
DG
16 後半14
1 T 2
2 G 1
0 PG 0
DG
15 反則12
交代：慶應
中曽根　寛
永岡　章

公式試合NO. 579
全早慶明対抗戦／S54年2月18日

全慶應 0 (0−7 / 0−19) 26 全早大

G：秩父宮　R：

[全慶應]		[全早大]
山城　泰介	FW	小林　和彦
筒井　京弥		橋本　裕幸
水井　哲之		町田　英夫
高木　満郎		橋本　裕一
黒沢　利彦		金沢　聡
荒井　哲也		豊山　京一
渡部　政和		石塚　武生
浜本　剛志		長沼　龍太
上田　昭夫	HB	松本　純也
小西　雅之		星野　繁一
今岡　秀輔	TB	松尾　尚城
中曽根　寛		広野　真一
松木　弘志		藤原　優
吉岡　泰男		岡本　満
永岡　章	FB	横山　信幸

0 前半 7
0 T 1
0 G 0
0 PG 1
DG
0 後半19
0 T 1
0 G 2
0 PG 1
DG
10 反則 8

公式試合NO. 580
第53回対京大定期戦／S54年9月15日

慶應 60 (24−3 / 36−4) 7 京大

G：日吉　R：真下

[慶　應]		[京　大]
畑生　恵司	FW	宮重　恒登
水谷　重夫		丸橋　茂
緒方　研三		真田　正明
東山　勝英		瀬戸口哲夫
権正　徳之		真継　伸男
石田　明文		阪本　真一
渡部　政和		山中　達也
荒牧　滋美		願野　行弘
桜井　靖二	HB	小林　貞之
市橋　豊		壇上　則昭
大高　貞樹	TB	清水　浩
阿部　国		亀岡　友樹
塚田　治伸		下平　憲義
四津　雅人		佐々木秀樹
中川　龍士	FB	新林　弘至

24 前半 3
3 T 0
3 G 0
2 PG 1
DG
36 後半 4
7 T 1
4 G 0
0 PG 0
DG
13 反則14

公式試合NO. 581
第62回対同大定期戦／S54年9月23日

慶應 16 (16−12 / 0−27) 39 同大

G：三ツ沢　R：辻

[慶　應]		[同　大]
畑生　恵司	FW	前田　隆
水谷　重夫		井上　雅治
緒方　研三		中山　敬一
東山　勝英		林　敏之
権正　徳之		豊田　典俊
石田　明文		林　昌一朗
渡部　政和		横本　吉史
荒牧　滋美		大森　康央
桜井　靖二	HB	萩本　光威
市橋　豊		前川　弥祐
大高　貞樹	TB	管野有生央
阿部　国		淀谷　秀司
塚田　治伸		西　正人
四津　雅人		三宅　秀和
中川　龍士	FB	原田　隆彦

16 前半12
3 T 1
2 G 1
0 PG 2
DG
0 後半27
0 T 3
0 G 3
0 PG 3
DG
18 反則12
交代：慶応
板岡　司晃
同志社　大原
茂桂　伊佐治
望

公式試合NO. 582
第52回対立大定期戦／S54年9月30日

慶應 39 (17−9 / 22−0) 9 立大

G：秩父宮　R：高森

[慶　應]		[立　大]
畑生　恵司	FW	佐野　祥三
水谷　重夫		今井　章
緒方　研三		橋場　久雄
東山　勝英		津布久慶輔
権正　徳之		村上　慶吾
宇野　晴彦		後藤　直人
渡部　政和		飛木　信彦
荒牧　滋美		石川　雅弘
桜井　靖二	HB	金原　伸行
今尾　正純		島田　壮二
大高　貞樹	TB	小泉　亘
阿部　国		板野　隆志
塚田　治伸		日置　定典
四津　雅人		福田　明久
中川　龍士	FB	広瀬　昭彦

17 前半 9
3 T 0
1 G 0
1 PG 3
DG
22 後半 0
5 T 0
1 G 0
0 PG 0
DG
15 反則23
交代：立大
市川　博基

公式試合NO. 583
関東大学対抗戦／S54年10月7日

慶應 68 (26−0 / 42−6) 6 成蹊大

G：日吉　R：奈良

[慶　應]		[成蹊大]
畑生　恵司	FW	立田　弘士
水谷　重夫		玉村　光央
緒方　研三		福井　保
東山　勝英		伊藤　泰之
権正　徳之		斎藤　暢彦
石田　明文		大倉　淳一
渡部　政和		志村　知彦
荒牧　滋美		佐藤　保
桜井　靖二	HB	高橋　善美
市橋　豊		川合　隆
大高　貞樹	TB	横山　淳
阿部　国		中山　建身
塚田　治伸		梶吉原二郎
四津　雅人		井福　薫
中川　龍士	FB	池田　仁

26 前半 0
5 T 0
3 G 0
0 PG 0
DG
42 後半 6
9 T 0
3 G 0
0 PG 2
DG
10 反則18

公式試合NO. 584
関東大学対抗戦／S54年10月14日

慶應 25 (9−9 / 16−10) 19 青学大

G：秩父宮　R：斉藤

[慶　應]		[青学大]
畑生　恵司	FW	小林　雅治
水谷　重夫		稲田　健二
緒方　研三		郡司　登
東山　勝英		金　政秀
権正　徳之		和田　久生
石田　明文		矢野　誠一
渡部　政和		井上　龍一
荒牧　滋美		月岡　義章
桜井　靖二	HB	中田　清
市橋　豊		梶原　俊之
大高　貞樹	TB	三津　義之
阿部　国		佐藤　哲夫
塚田　治伸		西岡　宏侍
四津　雅人		東　靖雄
中川　龍士	FB	椿　安隆

9 前半 9
1 T 0
1 G 0
1 PG 3
DG
16 後半10
2 T 2
1 G 1
2 PG 0
DG
12 反則15
交代：青学大
伊藤　浩一

公式試合NO. 585
関東大学対抗戦／S54年10月20日

慶應 4 (0−11 / 4−18) 29 筑波大

G：秩父宮　R：辻

[慶　應]		[筑波大]
畑生　恵司	FW	渡辺　一郎
水谷　重夫		鎌仲　正之
緒方　研三		池浦　文昭
東山　勝英		平　耕一
権正　徳之		西村　稔
石田　明文		花岡　伸明
渡部　政和		近江　晃
荒牧　滋美		高倉　実
桜井　靖二	HB	勝田　覚
市橋　豊		新井　均
大高　貞樹	TB	古口　英夫
阿部　国		大野　保久
塚田　治伸		高橋　克俊
四津　雅人		森　正信
中川　龍士	FB	金子　敦之

0 前半11
0 T 2
0 G 0
0 PG 1
DG
4 後半18
1 T 3
0 G 3
0 PG 0
DG
12 反則15

公式試合NO. 586
関東大学対抗戦／S54年10月28日
慶應 10 (6−9 / 4−7) 16 日体大

［慶　應］		［日体大］	
畑生　恵司	FW	松本　藤男	G：秩父宮
水谷　重夫		島田　郁夫	R：クリンチ
緒方　研三		内村　司徳	6 前半 9
東山　勝英		井場　　浩	0 T 1
権正　徳之		横山　香月	0 G 1
石田　明文		奥野　義房	2 PG 1
渡部　政和		岩出　雅之	DG
荒牧　滋美		浦田　裕弘	4 後半 7
桜井　靖二	HB	小野　義明	1 T 1
市橋　　豊		永山　清隆	0 G 0
大高　貞樹	TB	尾形　文仁	0 PG 1
阿部　　匡		小泉　博之	DG
塚田　治伸		奥野　晃広	19 反則22
四津　雅人		辻　　悦朗	交代：慶應
中川　龍士	FB	古屋　勇紀	根岸　章

公式試合NO. 587
第54回対明大定期戦／S54年11月11日
慶應 19 (7−22 / 12−12) 34 明大

［慶　應］		［明　大］	
畑生　恵司	FW	梨本　清隆	G：秩父宮
水谷　重夫		藤田　　剛	R：高橋
緒方　研三		中谷　昌紀	7 前半22
東山　勝英		仲村　綱城	1 T 4
林　　邦彦		川地　光二	0 G 3
石田　明文		岸　　直彦	1 PG 0
渡部　政和		遠藤　敬治	DG
荒牧　滋美		小原　崇志	12 後半12
桜井　靖二	HB	窪田　　穣	1 T 1
市橋　　豊		砂村　光信	1 G 1
大高　貞樹	TB	井沢　　勲	2 PG 2
阿部　　匡		渡辺　和男	DG
塚田　治伸		金谷　福身	
四津　雅人		坂本　龍二	
中川　龍士	FB	橋爪　利明	14 反則10

公式試合NO. 588
第56回対早大定期戦／S54年11月23日
慶應 3 (0−15 / 3−0) 15 早大

［慶　應］		［早　大］	
畑生　恵司	FW	町田　英夫	G：秩父宮
水谷　重夫		佐伯　誠司	R：真下
緒方　研三		高野敬一郎	0 前半15
林　　邦彦		加藤　俊久	0 T 2
東山　勝英		金沢　　聡	0 G 2
根岸　　章		梶原　敏補	0 PG 1
渡部　政和		石橋　寿生	DG
荒牧　滋美		長沼　龍太	3 後半 0
桜井　靖二	HB	奥脇　　教	0 T 0
市橋　　豊		本城　和彦	0 G 0
大高　貞樹	TB	大沢　健吾	1 PG 0
阿部　　匡		日下　　稔	DG
塚田　治伸		吉野　俊郎	
四津　雅人		大竹　由紀	
中川　龍士	FB	津布久　誠	13 反則16

公式試合NO. 589
第54回対東大定期戦／S54年12月1日
慶應 70 (38−0 / 32−0) 0 東大

［慶　應］		［東　大］	
畑生　恵司	FW	斎藤　守弘	G：日吉
水谷　重夫		松本　大介	R：青山
清原　定之		武村　敬三	38 前半 0
林　　邦彦		竹内　直人	7 T 0
東山　勝英		杉原　功一	5 G 0
根岸　　章		小川　　隆	0 PG 0
渡部　政和		北　　孝文	DG
荒牧　滋美		岸野　圭祐	32 後半 0
桜井　靖二	HB	永吉　嘉昭	6 T 0
市橋　　豊		石見　直樹	4 G 0
大高　貞樹	TB	渡辺　孝恭	0 PG 0
阿部　　匡		箱田　秀樹	DG
塚田　治伸		高橋　永峰	
四津　雅人		長田　健雄	
中川　龍士	FB	池川　志郎	10 反則10

公式試合NO. 590
全早慶明対抗戦／S55年2月3日
全慶應 12 (4−4 / 8−30) 34 全早大

［全慶應］		［全早大］	
松本　澄秀	FW	町田　英夫	G：秩父宮
川嵜　正康		橋本　裕幸	R：富沢
稲木　　靖		高野敬一郎	4 前半 4
高木　満郎		橋本　裕一	1 T 1
黒沢　利彦		金沢　　聡	0 G 0
荒井　哲也		豊山　京一	0 PG 0
渡部　政和		石塚　武生	DG
浜本　剛志		長沼　龍太	8 後半30
富安　治彦	HB	奥脇　　教	2 T 5
持田　昌典		本城　和彦	0 G 5
四柳　芳彦	TB	松尾　尚城	0 PG 0
松木　弘志		南川洋一郎	DG
塚田　治伸		吉野　俊郎	
四津　雅人		前原　　優	
中川　龍士	FB	植山　信幸	7 反則 9

公式試合NO. 591
全早慶明対抗戦／S55年2月10日
全慶應 26 (9−0 / 17−14) 14 全明大

［全慶應］		［全明大］	
畑生　恵司	FW	梨本　清隆	G：秩父宮
水井　哲之		前田　　剛	R：高橋
川嵜　正康		中谷　昌紀	9 前半 0
梶　　紳二		熊谷　直志	1 T 0
東山　勝英		河瀬　泰治	1 G 0
荒井　哲也		西妻多喜男	1 PG 0
荒牧　滋美		阿刀　裕嗣	DG
浜本　剛志		瀬下　和夫	17 後半14
富安　治彦	HB	津山　武雄	3 T 3
小西　雅之		松尾　雄治	1 G 1
塚田　治伸	TB	渡辺　　登	1 PG 0
松木　弘志		森　　重隆	DG
阿部　　匡		金谷　福身	
四津　雅人		福本　　努	
中川　龍士	FB	橋爪　利明	5 反則13

公式試合NO. 592
第54回対京大定期戦／S55年9月15日
慶應 27 (11−6 / 16−8) 14 京大

［慶　應］		［京　大］	
畑生　恵司	FW	宮重　恒登	G：大阪長居
清原　定之		芳山純一郎	R：平井
緒方　研三		渡辺　　淳	11 前半 6
東山　勝英		願野　行弘	2 T 1
平島　健右		中村　健之	0 G 1
渡部　政和		江口　文敏	1 PG 0
荒牧　滋美		清野　純史	DG
権正　徳之		金治　伸隆	16 後半 8
柳田　琢二	HB	谷垣　行弘	3 T 2
中川　龍士		壇上　則昭	2 G 0
斉藤　雅夫	TB	清水　　浩	0 PG 0
柴田　勝浩		亀岡　友樹	DG
馬場　　靖		下平　憲義	
氏家　俊明		木村　　普	
市橋　　豊	FB	新林　弘至	9 反則15

公式試合NO. 593
第63回対同大定期戦／S55年9月23日
慶應 9 (3−20 / 6−28) 48 同大

［慶　應］		［同　大］	
畑生　恵司	FW	大原　茂桂	G：西京極
清原　定之		井上　雅浩	R：小池
緒方　研三		中山　敬一	3 前半20
東山　勝英		大八木淳史	0 T 3
平島　健右		豊田　典俊	0 G 1
渡部　政和		二見健太郎	1 PG 2
荒牧　滋美		林　昌一郎	DG
権正　徳之		横本　吉史	6 後半28
柳田　琢二	HB	萩本　光威	1 T 5
中川　龍士		森岡　公隆	1 G 4
斉藤　雅夫	TB	管野有生史	0 PG 0
阿部　　匡		白川　佳朗	DG
馬場　　靖		西　　正人	
氏家　俊明		大島　眞也	
市橋　　豊	FB	平田　良作	8 反則 8

公式試合NO. 594
第53回対立大定期戦／S55年9月28日
慶應 52 (28−0 / 24−3) 3 立大

［慶　應］		［立　大］	
畑生　恵司	FW	石田　克己	G：日吉
清原　定之		中沢　龍司	R：富沢
緒方　研三		橋場　久雄	28 前半 0
東山　勝英		金沢　　栄	6 T 0
青木　　円		田島　大輔	2 G 0
渡部　政和		小久保宣久	0 PG 0
中坪　卓哉		岩田　　章	DG
権正　徳之		飛木　信彦	24 後半 3
柳田　琢二	HB	市川　博基	5 T 0
中川　龍士		島田　壮二	2 G 0
出口　裕康	TB	小泉　　亘	0 PG 1
阿部　　匡		神木　　誠	DG
柴田　勝浩		福田　明久	
氏家　俊明		花島　　正	
市橋　　豊	FB	広瀬　昭彦	21 反則14

公式試合NO. 595
関東大学対抗戦／S55年10月5日

慶應 99 （49−6 / 50−0） 6 成蹊大

G：日吉
R：本田

［慶　應］		［成蹊大］	
畑生　恵司	FW	大岡英一郎	
清原　定之		玉村　光央	
緒方　研三		福井　保	49 前半 6
東山　勝英		秋永　好章	9 T 1
平島　健右		大野　博仁	5 G 1
渡部　政和		浅田　龍一	1 PG 0
荒牧　滋美		志村　知彦	DG
権正　徳之		池田　仁	
柳田　琢二	HB	村田　栄作	50 後半 0
中川　龍士		川合　隆	10 T 0
上野　精一	TB	中島　博	5 G 0
阿部　国		井福　薫	0 PG 0
柴田　勝治		梶吉原二郎	DG
氏家　俊明		伊藤　仁	
市橋　豊	FB	佐藤　保	9 反則 13

公式試合NO. 596
関東大学対抗戦／S55年10月10日

慶應 41 （　　） 15 青学大

G：秩父宮
R：辻

［慶　應］		［青学大］	
村田　毅	FW	松本誠一郎	
清原　定之		小沼鯉太郎	
板岡　司晃		三本　靖広	前半
良塚　正剛		金　政秀	T
平島　健右		和田　久生	G
石田　明文		民辻　竹弘	PG
林　邦彦		安達　実	DG
権正　徳之		星野　大介	
江坂　俊弥	HB	志尾田敏治	後半
浅田　武男		野村　雅春	T
市橋　豊	TB	大島　徳善	G
松永　敏宏		佐藤　哲夫	PG
柴田　勝浩		牧野太己地	DG
氏家　俊明		岩岡　洋志	
今尾　正純	FB	飛田　達浩	反則

公式試合NO. 597
関東大学対抗戦／S55年10月19日

慶應 25 （4−3 / 21−6） 9 筑波大

G：秩父宮
R：富沢

［慶　應］		［筑波大］	
畑生　恵司	FW	天野　寛之	
清原　定之		浮辺浩一郎	4 前半 3
緒方　研三		中嶋　健二	1 T 0
東山　勝英		平　耕一	0 G 0
平島　健右		佐々木　康	0 PG 1
渡部　政和		花岡　神明	DG
荒牧　滋美		近江　晃	21 後半 6
権正　徳之		安藤　和宏	4 T 1
柳田　琢二	HB	橋本　英一	1 G 1
中川　龍士		香中　峰秋	1 PG 0
上野　精一	TB	古口　英夫	DG
阿部　国		細野　安司	17 反則 9
柴田　勝浩		森　正信	交代：筑波大
氏家　俊明		中尾　伸己	金子＝山本(昭)
市橋　豊	FB	金子　敦之	

公式試合NO. 598
関東大学対抗戦／S55年10月26日

慶應 23 （10−9 / 13−0） 9 日体大

G：秩父宮
R：高森

［慶　應］		［日体大］	
畑生　恵司	FW	酒井　康正	
清原　定之		島田　郁夫	
緒方　研三		根本　紀明	10 前半 9
東山　勝英		越山　昌彦	2 T 1
平島　健右		横山　香月	1 G 1
渡部　政和		内海　雅人	0 PG 1
荒牧　滋美		遠藤　哲次	DG
権正　徳之		井場　浩	
柳田　琢二	HB	村上　哲也	13 後半 0
中川　龍士		河合　淳	2 T 0
上野　精一	TB	城崎　孝夫	1 G 0
阿部　国		伊藤　幸男	1 PG 0
柴田　勝浩		桧山　正弘	DG
氏家　俊明		古屋　勇紀	
市橋　豊	FB	椙田　泰章	8 反則 13

公式試合NO. 599
第55回対明大定期戦／S55年11月9日

慶應 12 （3−6 / 9−0） 6 明大

G：秩父宮
R：野々村

［慶　應］		［明　大］	
畑生　恵司	FW	梨本　清隆	
清原　定之		藤田　剛	
緒方　研三		井上　賢和	3 前半 6
東山　勝英		川地　光二	0 T 0
平島　健右		御園　桂太	0 G 0
渡部　政和		岸　直彦	1 PG 2
荒牧　滋美		遠藤　敬治	DG
権正　徳之		瀬下　和夫	
柳田　琢二	HB	窪田　穣	9 後半 0
中川　龍士		砂村　光信	1 T 0
上野　精一	TB	平井　一明	1 G 0
阿部　国		小林日出夫	1 PG 0
柴田　勝浩		坂本　龍二	DG
氏家　俊明		斎藤　信泰	
市橋　豊	FB	橋爪　利明	21 反則 10

公式試合NO. 600
第57回対早大定期戦／S55年11月23日

慶應 16 （7−10 / 9−6） 16 早大

G：秩父宮
R：真下

［慶　應］		［早　大］	
畑生　恵司	FW	町田　英夫	
清原　定之		佐伯　誠司	
緒方　研三		高野敬一郎	7 前半 10
東山　勝英		杉崎　克己	1 T 1
平島　健右		寺林　努	0 G 0
渡部　政和		梶原　敏補	1 PG 2
荒牧　滋美		長沼　龍太	DG
権正　徳之		益子　俊志	
柳田　琢二	HB	奥脇　教	9 後半 6
中川　龍士		本城　和彦	1 T 1
上野　精一	TB	浜本　哲治	1 G 1
阿部　国		津布久　誠	1 PG 0
柴田　勝浩		吉野　俊郎	DG
氏家　俊明		中川　俊一	
市橋　豊	FB	安田　直人	9 反則 12

公式試合NO. 601
第55回対東大定期戦／S55年12月6日

慶應 72 （18−0 / 54−0） 0 東大

G：日吉
R：松尾

［慶　應］		［東　大］	
畑生　恵司	FW	堀本　徹	
近藤　英夫		斎藤　守弘	
清原　定之		武村　敬三	18 前半 0
東山　勝英		竹内　直人	4 T 0
平島　健右		独古　泰裕	1 G 0
渡部　政和		陶久　昌明	0 PG 0
荒牧　滋美		北　孝文	DG
権正　徳之		岸野　圭祐	
柳田　琢二	HB	池川　志郎	54 後半 0
中川　龍士		石見　直樹	9 T 0
上野　精一	TB	鴨崎　晃	9 G 0
阿部　国		渡辺　孝恭	0 PG 0
柴田　勝浩		国分　幹雄	DG
氏家　俊明		吉元　伸児	
市橋　豊	FB	天野　敦夫	14 反則 5

公式試合NO. 602
関東大学（交流試合）／S55年12月13日

慶應 33 （21−0 / 12−0） 0 国士大

G：秩父宮
R：高森

［慶　應］		［国士大］	
畑生　恵司	FW	西　芳生	
清原　定之		森内	21 前半 0
緒方　研三		三浦　栄司	2 T 0
東山　勝英		塩田　和男	2 G 0
平島　健右		柳沼　秋弘	3 PG 0
渡部　政和		斉藤　浩人	DG
荒牧　滋美		関　幸治	12 後半 0
権正　徳之		鳴海　正紀	2 T 0
堀尾　直孝	HB	佐藤　隆男	2 G 0
中川　龍士		小野　聡	0 PG 0
上野　精一	TB	木村　忠盟	DG
阿部　国		滑川　保夫	11 反則 13
柴田　勝浩		松村　謙三	交代：慶応
氏家　俊明		和田	近藤　英夫
高島　義彦	FB	松田　充幸	国士舘大
			栗須　明秀

公式試合NO. 603
全国大学選手権（1回戦）／S55年12月21日

慶應 63 （25−8 / 38−8） 16 福岡工大

G：平和台
R：高森

［慶　應］		［福岡工大］	
畑生　恵司	FW	星本　宏之	
清原　定之		岡田　豊行	
板岡　司晃		大山　啓容	25 前半 8
東山　勝英		大谷　浩之	4 T 2
平島　健右		大西　彰真	3 G 0
渡部　政和		今井　好則	1 PG 0
荒牧　滋美		安田　俊二	DG
権正　徳之		田井　照二	
堀尾　直孝	HB	山下　啓二	38 後半 8
中川　龍士		松尾　俊広	7 T 2
上野　精一	TB	沢田　昭彦	5 G 0
阿部　国		大黒田一人	0 PG 0
柴田　勝浩		山本　浩暢	DG
氏家　俊明		山口　敦	
高島　義彦	FB	大野　銛男	10 反則 10

公式試合NO. 604

全国大学選手権（準決勝）／S56年1月1日

慶應 9（3—10 / 6—8）18 明大

G：秩父宮 R：富沢

［慶　應］		［明　大］
畑生　恵司	FW	梨本　清隆
清原　定之		藤田　剛
緒方　研三		井上　賢和
東山　勝英		仲村　綱城
平島　健右		川地　光二
渡部　政和		岸　直彦
荒牧　滋美		遠藤　敬治
権正　徳之		瀬下　和夫
柳田　琢二	HB	窪田　穣
中川　龍士		砂村　光信
上野　精一	TB	平井　一明
阿部　匡		小林日出夫
柴田　勝浩		坂本　龍二
氏家　俊明		斎藤　信泰
市橋　豊	FB	橋爪　利明

慶應		明大
3	前半	10
0	T	2
0	G	1
1	PG	0
	DG	
6	後半	8
0	T	2
0	G	0
2	PG	0
	DG	
12	反則	14

交代：明大 井上＝村松研二郎

公式試合NO. 605

全早慶明対抗戦／S56年1月24日

全慶應 14（4—4 / 10—14）18 全明大

G：秩父宮 R：松尾

［全慶應］		［全明大］
川嵜　正康	FW	村松研二郎
筒井　京弥		笹田　学
水井　哲之		木村　和彦
梶　紳二		仲村　綱城
黒沢　利彦		瀬川　健三
荒井　哲也		平山　治
川上　純一		遠藤　敬治
浜本　剛志		高田　健造
上田　昭夫	HB	中谷　薫
小西　雅之		渡辺　和男
塚田　治伸	TB	坂本　龍二
松木　弘志		金谷　福身
阿部　匡		森　重隆
四津　雅人		高橋　宏
中川　龍士	FB	松尾　雄吾

全慶應		全明大
4	前半	4
1	T	1
0	G	0
0	PG	0
	DG	
10	後半	14
1	T	3
0	G	1
1	PG	0
1	DG	
14	反則	18

公式試合NO. 606

全早慶明対抗戦／S56年2月1日

全慶應 13（4—15 / 9—0）15 全早大

G：西京極 R：河合

［全慶應］		［全早大］
畑生　恵司	FW	町田　英夫
清原　定之		橋本　裕幸
緒方　研三		松瀬　学
梶　紳二		橋本　裕一
東山　勝英		寺林　努
渡部　政和		豊山　京一
浜本　剛志		石塚　武生
権正　徳之		伊藤　隆
柳田　琢二	HB	松本　純也
中川　龍士		植山　信幸
今岡　秀輔	TB	小林　智尚
松木　弘志		南川洋一郎
塚田　治伸		吉野　俊郎
四津　雅人		藤原　優
市橋　豊	FB	瀬布久　誠

全慶應		全早大
4	前半	15
1	T	2
0	G	2
0	PG	1
	DG	
9	後半	0
1	T	0
1	G	0
1	PG	0
	DG	
15	反則	13

交代：全早大 奥脇　教

公式試合NO. 607

第55回対京大定期戦／S56年9月13日

慶應 56（27—6 / 29—0）6 京大

G：日吉 R：辻

［慶　應］		［京　大］
村岡　毅	FW	岡崎　史裕
清原　定之		野村　康裕
板岡　司晃		木原成一郎
青木　円		中村　健之
良塚　正剛		平田　史明
石田　明文		江口　文敏
林　邦彦		姜　天植
権正　徳之		全治　伸隆
堀尾　直孝	HB	峯本　耕治
浅田　武男		森田　徹男
市橋　豊	TB	佐藤　克幸
松永　敏宏		清水　浩
柴田　勝浩		下平　憲義
氏家　俊明		木村　普
市瀬　豊和	FB	宮嶋　正直

慶應		京大
27	前半	6
4	T	1
4	G	1
1	PG	0
	DG	
29	後半	0
5	T	0
3	G	0
1	PG	0
	DG	
13	反則	19

公式試合NO. 608

日本・アイルランド親善ラクビー／S56年9月15日

全慶應10（0—22 / 10—22）44 ダブリン大

G：秩父宮 R：高森

［全慶應］		［ダブリン大］
畑生　恵司	FW	Gマクマホン
清原　定之		Jスペイン
緒方　研三		B　フラー
黒沢　利彦		Iダフィー
権正　徳之		Cオケーリ
渡部　政和		Mギブソン
荒牧　滋美		Mライアン
浜本　剛志		Dスプリング
富安　治彦	HB	Kイーガン
浅田　武男		J　ホーグ
今岡　秀輔	TB	Pコネラン
松木　弘志		Pクリンチ
阿部　匡		J　カービー
四津　雅人		Tマクアーランド
永岡　章	FB	Hマクニール

全慶應		ダブリン大
0	前半	22
0	T	3
0	G	2
1	PG	2
	DG	
10	後半	22
2	T	4
1	G	3
0	PG	0
	DG	
22	反則	11

公式試合NO. 609

第64回対同大定期戦／S56年9月19日

慶應 6（3—10 / 3—18）28 同大

G：三ツ沢 R：富沢

［慶　應］		［同　大］
村田　毅	FW	大原　茂桂
清原　定之		武井　仁思
板岡　司晃		中山　敬一
青木　円		林　敏之
平島　健右		大八木淳史
石田　明文		二見健太郎
林　邦彦		池内　良司
権正　徳之		阿部　慎二
堀尾　直孝	HB	清鶴　敏也
浅田　武男		平尾　誠二
市橋　豊	TB	東田　哲也
松永　敏宏		白川　佳明
柴田　勝浩		早川　雅一
氏家　俊明		行松　栄
市瀬　豊和	FB	平田　良作

慶應		同大
3	前半	10
0	T	2
0	G	1
1	PG	0
	DG	
3	後半	18
0	T	4
0	G	1
1	PG	0
	DG	
7	反則	11

公式試合NO. 610

関東大学対抗戦／S56年9月27日

慶應 86（30—0 / 56—0）0 成蹊大

G：日吉 R：本田

［慶　應］		［成蹊大］
村田　毅	FW	千葉　太
清原　定之		茂木　克彦
板岡　司晃		福井　保
青木　円		秋永　好章
平島　健右		大野　博仁
石田　明文		大倉　淳一
林　邦彦		志村　知彦
権正　徳之		三浦　務
江坂　俊弥	HB	村田　栄作
浅田　武男		津崎　知穂
市橋　豊	TB	野瀬　勇
松永　敏宏		藤岡　雄二
柴田　勝浩		梶吉原二郎
氏家　俊明		伊藤　仁
今尾　正純	FB	池田　仁

慶應		成蹊大
30	前半	0
6	T	0
3	G	0
0	PG	0
	DG	
56	後半	0
11	T	0
6	G	0
0	PG	0
	DG	
6	反則	12

公式試合NO. 611

第54回対立大定期戦／S56年10月3日

慶應 65（20—6 / 45—0）6 立大

G：秩父宮 R：鈴木

［慶　應］		［立　大］
村田　毅	FW	中沢　龍司
清原　定之		鶴田健二郎
板岡　司晃		石田　克己
青木　円		木所　正之
平島　健右		田島　雅弘
石田　明文		栗田　正郎
林　邦彦		松田　崇
権正　徳之		高地　健一
江坂　俊弥	HB	市川　博基
浅田　武男		秋山　正樹
市橋　豊	TB	川島　秀明
松永　敏宏		神木　誠
柴田　勝浩		福田　明久
氏家　俊明		花島　正
今尾　正純	FB	山口

慶應		立大
20	前半	6
4	T	0
2	G	0
0	PG	2
	DG	
45	後半	0
9	T	0
3	G	0
1	PG	0
	DG	
6	反則	21

公式試合NO. 612

関東大学対抗戦／S56年10月10日

慶應 48（18—3 / 30—0）3 青学大

G：秩父宮 R：奈良

［慶　應］		［青学大］
村田　毅	FW	松本誠一郎
清原　定之		小沼鯉太郎
板岡　司晃		三本　靖広
良塚　正剛		金　政秀
平島　健右		和田　久生
石田　明文		民辻　竹弘
林　邦彦		安達　実
権正　徳之		星野　大介
江坂　俊弥	HB	志尾田敏治
浅田　武男		野村　雅春
市橋　豊	TB	大島　徳善
松永　敏宏		佐藤　臣司
柴田　勝浩		牧野太己也
氏家　俊明		岩岡　洋志
今尾　正純	FB	飛田　達浩

慶應		青学大
18	前半	3
3	T	0
0	G	0
2	PG	1
	DG	
30	後半	0
6	T	0
3	G	0
0	PG	0
	DG	
15	反則	8

交代：青学大 大島＝中村(俊)

公式試合NO. 613
関東大学対抗戦／S56年10月18日

慶應 12 （3−3 / 9−9） 12 筑波大

G：秩父宮　R：富沢

[慶應]		[筑波大]
村田　毅	FW	加藤　清澄
清原　定之		浮辺浩一郎
板岡　司晃		中嶋　健二
青木　円		佐々木　康
平島　健右		吉沢　和彦
石田　明文		花岡　伸明
林　邦彦		近江　晃
権正　徳之		安藤　和宏
江坂　俊弥	HB	太田　勲
浅田　武男		新井　均
市橋　豊	TB	前田　剛
松永　敏宏		細野　安司
柴田　勝浩		竹下　史仁
氏家　俊明		山本　敏充
今尾　正純	FB	石丸　隆一

慶應		筑波大
3	前半	3
0	T	0
0	G	0
1	PG	1
	DG	
9	後半	9
1	T	1
1	G	1
1	PG	1
	DG	
14	反則	5

公式試合NO. 614
関東大学対抗戦／S56年10月25日

慶應 16 （4−19 / 12−10） 29 日体大

G：秩父宮　R：高森

[慶應]		[日体大]
村田　毅	FW	山本　清悟
清原　定之		原　喜代治
板岡　司晃		大島　芳和
中山　剛		井場　浩
平島　健右		池上　正
石田　明文		内海　雅人
林　邦彦		葛西　祥文
権正　徳之		川上　聡彦
堀尾　直孝	HB	大前　功雄
浅田　武男		島田　典彰
上野　精一	TB	後藤　義明
七星　智之		檜山　正弘
柴田　勝浩		梅田　泰章
氏家　俊明		城崎　孝夫
市瀬　豊和	FB	鶴田　誠

慶應		日体大
4	前半	19
1	T	3
0	G	2
0	PG	1
	DG	
12	後半	10
3	T	2
0	G	1
0	PG	0
	DG	
11	反則	19

公式試合NO. 615
第56回対明大定期戦／S56年11月8日

慶應 12 （6−21 / 6−28） 49 明大

G：秩父宮　R：辻

[慶應]		[明大]
村田　毅	FW	梨本　清隆
清原　定之		佐藤　康信
板岡　司晃		井上　賢和
中山　剛		相沢　雅晴
平島　健右		川地　光二
石田　明文		岸　直彦
林　邦彦		遠藤　敬治
権正　徳之		河瀬　泰治
堀尾　直孝	HB	窪田　穣
浅田　武男		若狭　平和
上野　精一	TB	寺尾　直樹
七星　智之		小林日出夫
柴田　勝浩		緒方　正美
氏家　俊明		高橋　宏
市瀬　豊和	FB	籾山　裕

慶應		明大
6	前半	21
1	T	2
1	G	2
0	PG	3
	DG	
6	後半	28
1	T	5
1	G	4
0	PG	0
	DG	
17	反則	12

公式試合NO. 616
第58回対早大定期戦／S56年11月23日

慶應 16 （12−16 / 4−9） 25 早大

G：秩父宮　R：真下

[慶應]		[早大]
村田　毅	FW	伊藤　秀昭
清原　定之		佐伯　誠司
板岡　司晃		松瀬　学
良塚　正剛		杉崎　克己
平島　健右		寺林　努
石田　明文		梶原　敏補
林　邦彦		渡辺　隆
権正　徳之		益子　健志
堀尾　直孝	HB	佐々木　卓
浅田　武男		本城　和彦
上野　精一	TB	新谷　時男
松永　俊宏		佐々木　薫
柴田　勝浩		吉野　俊郎
氏家　俊明		野本　直輝
市瀬　豊和	FB	浜本　哲治

慶應		早大
12	前半	16
2	T	2
2	G	1
0	PG	2
	DG	
4	後半	9
1	T	1
0	G	1
0	PG	1
	DG	
13	反則	12

公式試合NO. 617
第56回対東大定期戦／S56年12月5日

慶應 84 （26−3 / 58−0） 3 東大

G：日吉　R：青山

[慶應]		[東大]
村田　毅	FW	斎藤　守弘
清原　定之		中川　将司
上田　高明		小松　正夫
中山　剛		東　明彦
平島　健右		有坂　真一
石田　明文		堀口　和秀
林　邦彦		宇野　広一
権正　徳之		安藤　祥一
堀尾　直孝	HB	沢田　英輔
浅田　武男		国分　幹雄
上野　精一	TB	白崎　智彦
松永　敏宏		渡辺　孝恭
柴田　勝浩		広野　公一
市瀬　豊和		三戸　秀国
市橋　豊	FB	天野　敦夫

慶應		東大
26	前半	3
5	T	0
3	G	0
0	PG	1
	DG	
58	後半	0
11	T	0
7	G	0
0	PG	0
	DG	
11	反則	12

公式試合NO. 618
関東大学対抗戦／S56年12月12日

慶應 12 （6−0 / 6−0） 0 法大

G：秩父宮　R：真下

[慶應]		[法大]
村田　毅	FW	小倉　健一
清原　定之		越川伸一郎
板岡　司晃		後藤　毅
中山　剛		鈴木　昌春
平島　健右		兼平　盛輝
石田　明文		斉藤　茂雄
林　邦彦		鈴木　秀明
権正　徳之		小畑　邦人
堀尾　直孝	HB	中川　潔
浅田　武男		山北　靖彦
市橋　豊	TB	伊賀上竜也
松永　敏宏		早坂　正治
柴田　勝浩		川内　鉄心
氏家　俊明		岩谷　信弘
市瀬　豊和	FB	井上　徳重

慶應		法大
6	前半	0
0	T	0
0	G	0
2	PG	0
	DG	
6	後半	0
0	T	0
0	G	0
2	PG	0
	DG	
15	反則	12

公式試合NO. 619
全国大学選手権（1回戦）／S56年12月20日

慶應 3 （0−13 / 3−25） 38 同大

G：花園　R：入江

[慶應]		[同大]
村田　毅	FW	大原　茂桂
清原　定之		武井　仁思
板岡　司晃		中山　敬一
青木　円		林　敏之
平島　健右		大八木淳史
石田　明文		二見健太郎
林　邦彦		大森　康央
権正　徳之		阿部　慎二
江坂　俊弥	HB	萩本　光威
浅田　武男		平尾　誠二
市橋　豊	TB	東田　哲也
松永　敏宏		本間　浩司
柴田　勝浩		岩崎　貞治
氏家　俊明		大島　真也
今尾　正純	FB	平田　良作

慶應		同大
0	前半	13
0	T	2
0	G	1
0	PG	1
	DG	
3	後半	25
0	T	5
0	G	1
1	PG	1
	DG	
10	反則	9

交代：慶應
石田＝宇野晴彦

公式試合NO. 620
全早慶明対抗戦／S57年1月31日

全慶應 13 （9−3 / 4−10） 13 全明大

G：秩父宮　R：松尾

[全慶應]		[全明大]
畑生　恵司	FW	梨本　清隆
水井　哲之		佐藤　康信
緒方　研三		井上　賢和
平島　健右		相沢　雅晴
黒沢　利彦		仲村　綱城
荒井　哲也		高田　健造
渡部　政和		遠藤　敬治
権正　徳之		河瀬　泰治
富安　治彦	HB	窪田　穣
中川　龍士		砂村　光信
塚田　治伸	TB	平井　一明
松永　敏宏		小林日出夫
柴田　勝浩		福本　努
中曽根　覚		渡辺　和男
市瀬　豊和	FB	橋爪　利明

全慶應		全明大
9	前半	3
1	T	0
1	G	0
1	PG	1
	DG	
4	後半	10
1	T	2
0	G	1
0	PG	0
	DG	
9	反則	14

公式試合NO. 621
全早慶明対抗戦／S57年2月7日

全慶應 17 （11−3 / 6−7） 10 全早大

G：秩父宮　R：高森

[全慶應]		[全早大]
畑生　恵司	FW	町田　英夫
清原　定之		橋本　裕幸
緒方　研三		松瀬　学
平島　健右		杉崎　克己
黒沢　利彦		寺林　努
荒井　哲也		伊藤　隆
渡部　政和		石塚　茂生
浜本　剛志		益子　健志
富安　治彦	HB	奥脇　敬
浅田　武男		植山　信幸
塚田　治伸	TB	新谷　時男
松永　敏宏		吉野　俊郎
柴田　勝浩		南川洋一郎
永岡　章		本城　和彦
市瀬　豊和	FB	中川　俊一

全慶應		全早大
11	前半	3
2	T	0
0	G	0
1	PG	1
	DG	
6	後半	7
1	T	1
1	G	0
0	PG	1
	DG	
14	反則	13

交代：全早大
植山＝安田直人

公式試合NO. 622

第56回対京大定期戦／S57年9月15日

慶應 45 (17−7 / 28−10) 17 京大

[慶　應]		[京　大]	G：長居 R：岡本
中野　忠幸	FW	日野　公嗣	
高橋　望	FW	岡村　研	
五所　紳一	FW	岡崎　史裕	17 前半 7
平島　健右	FW	松本　清志	3 T 1
中山　剛	FW	末吉　一雄	1 G 0
田代　博	FW	山中　達也	1 PG 1
玉塚　元一	FW	姜　天植	DG
広本　慶一	FW	金治　伸隆	
堀尾　直孝	HB	峯本　耕治	28 後半 10
浅田　武男	HB	堀田　安紀	5 T 2
村井大次郎	TB	沖野　秀和	4 G 1
七星　智之	TB	清水　浩	0 PG 0
柴田　勝浩	TB	下平　憲義	DG
氏家　俊明	TB	藤田　巧	
市瀬　豊和	FB	宮島　正道	7 反則 0

公式試合NO. 623

第65回対同大定期戦／S57年9月25日

慶應 25 (6−6 / 19−3) 9 同大

[慶　應]		[同　大]	G：西京極 R：吉田
中野　忠幸	FW	種村　敏之	
清原　定之	FW	武井　仁思	
五所　紳一	FW	木村　敏隆	6 前半 6
平島　健右	FW	大久保哲也	0 T 1
中山　剛	FW	高橋　望	0 G 1
田代　博	FW	芝　全行	2 PG 0
石田　明文	FW	南　真樹	DG
林　邦彦	FW	阿部　慎二	
堀尾　直幸	HB	児玉　耕樹	19 後半 3
浅田　武男	HB	白川　佳明	3 T 0
上野　精一	TB	東田　哲也	2 G 0
松永　敏宏	TB	岩崎　真治	1 PG 1
柴田　勝浩	TB	坂元　利彦	DG
村井大次郎	TB	松井　俊也	
市瀬　豊和	FB	早川　雅一	10 反則 9

公式試合NO. 624

関東大学対抗戦／S57年10月3日

慶應 53 (23−0 / 30−0) 0 青学大

[慶　應]		[青学大]	G：秩父宮 R：真下
中野　忠幸	FW	三木　靖広	
清原　定之	FW	溝淵　毅	23 前半 0
五所　紳一	FW	鈴木　隆則	3 T 0
平島　健右	FW	村田　善邦	1 G 0
中山　剛	FW	西嶋　泰史	0 PG 0
田代　博	FW	吉田　悟	DG
石田　明文	FW	土屋　英樹	30 後半 0
林　邦彦	FW	西川　朋夫	7 T 0
堀尾　直幸	HB	木幡　祐二	1 G 0
浅田　武男	HB	尾崎　直人	0 PG 0
上野　精一	TB	植田　輪正	DG
松永　敏宏	TB	上杉由紀夫	8 反則 10
柴田　勝浩	TB	大島　徳善	交代：青学大
村井大次郎	TB	石原　丈	似内　満＝佐
市瀬　豊和	FB	似内　満	藤

公式試合NO. 625

第55回対立大定期戦／S57年10月10日

慶應 65 (28−4 / 37−0) 4 立大

[慶　應]		[立　大]	G：日吉 R：小林
中野　忠幸	FW	柴村　良一	
高橋　望	FW	鶴田健二郎	28 前半 4
上田　高明	FW	宮下　弘	4 T 1
平島　健右	FW	田島　雅弘	3 G 0
中山　剛	FW	田島　大輔	2 PG 0
田代　博	FW	山口　雅弘	DG
玉塚　元一	FW	高野　律雄	37 後半 0
林　邦彦	FW	三国　正晴	6 T 0
生田　久貴	HB	水野　富夫	5 G 0
浅田　武男	HB	井上　陽二	1 PG 0
氏家　俊明	TB	霜崎　雄二	DG
松永　敏宏	TB	堀谷　敦	10 反則 10
七星　智之	TB	坂内　敬二	交代：立大
村井大次郎	TB	秋山　正樹	宮下　弘＝
市瀬　豊和	FB	小泉　亘	吉川　尚

公式試合NO. 626

関東大学対抗戦／S57年10月17日

慶應 9 (6−9 / 3−0) 9 筑波大

[慶　應]		[筑波大]	G：秩父宮 R：本田
中野　忠幸	FW	柴田　篤	
清原　定之	FW	上杉　法靖	
五所　紳一	FW	浮辺浩一郎	6 前半 9
平島　健右	FW	佐々木　康	1 T 0
中山　剛	FW	吉沢　和彦	1 G 0
田代　博	FW	黒沢　光弘	0 PG 3
石田　明文	FW	岩下　真一	DG
林　邦彦	FW	安藤　和宏	
堀尾　直幸	HB	亀岡　政幸	3 後半 0
浅田　武男	HB	新井　均	0 T 0
上野　精一	TB	山本　純生	0 G 0
松永　敏宏	TB	細野　安司	1 PG 0
柴田　勝浩	TB	千葉　智則	DG
村井大次郎	TB	橋本　英一	
市瀬　豊和	FB	香中　峰秋	17 反則 15

公式試合NO. 627

関東大学対抗戦／S57年10月24日

慶應 17 (13−6 / 4−4) 10 日体大

[慶　應]		[日体大]	G：秩父宮 R：真下
中野　忠幸	FW	山本　満悟	
清原　定之	FW	原　喜代司	
五所　紳一	FW	大島　芳和	13 前半 6
平島　健右	FW	小尾　由幸	2 T 0
中山　剛	FW	池上　正	1 G 0
田代　博	FW	源島　浩二	1 PG 2
石田　明文	FW	葛西　祥文	DG
林　邦彦	FW	越山　昌彦	
堀尾　直幸	HB	小野　義則	4 後半 4
浅田　武男	HB	島田　典彰	1 T 1
上野　精一	TB	梅田　泰章	0 G 0
松永　敏宏	TB	吉永宏二郎	0 PG 0
柴田　勝浩	TB	朽木　英次	DG
氏家　俊明	TB	大貫　慎二	
市瀬　豊和	FB	鶴田　誠	11 反則 6

公式試合NO. 628

関東大学対抗戦／S57年10月31日

慶應 56 (32−0 / 24−6) 6 成蹊大

[慶　應]		[成蹊大]	G：日吉 R：吉羽
中野　忠幸	FW	千葉　英治	
清原　定之	FW	小沢　一之	
五所　紳一	FW	岡村　彰彦	32 前半 0
平島　健右	FW	秋永　好章	6 T 0
中山　剛	FW	伊藤　道生	4 G 0
田代　博	FW	浅田　龍一	0 PG 0
石田　明文	FW	山崎　大樹	DG
林　邦彦	FW	堀田　重浩	
堀尾　直幸	HB	佐々木啓二	24 後半 6
浅田　武男	HB	飯田　達朗	5 T 1
村井大次郎	TB	浅尾　玲	2 G 1
松永　敏宏	TB	藤岡　一歩	0 PG 0
柴田　勝浩	TB	津崎　知穂	DG
氏家　俊明	TB	保母　浩章	
今尾　正純	FB	大崎　憲洋	15 反則 7

公式試合NO. 629

第57回対明大定期戦／S57年11月7日

慶應 17 (10−0 / 7−6) 6 明大

[慶　應]		[明　大]	G：秩父宮 R：辻
中野　忠幸	FW	佐藤　康信	
清原　定之	FW	藤田　剛	
五所　紳一	FW	馬場　利宏	10 前半 0
平島　健右	FW	鈴木　清士	2 T 0
中山　剛	FW	村松研二郎	1 G 0
田代　博	FW	岸　直彦	0 PG 0
石田　明文	FW	高田　健造	DG
林　邦彦	FW	河瀬　泰治	
堀尾　直幸	HB	南　隆雄	7 後半 6
浅田　武男	HB	若狭　平和	1 T 1
村井大次郎	TB	梅木　精豪	0 G 1
松永　敏宏	TB	小林日出夫	1 PG 0
柴田　勝浩	TB	長野　智行	DG
氏家　俊明	TB	新出　康史	
市瀬　豊和	FB	籾山　裕	24 反則 12

公式試合NO. 630

第59回対早大定期戦／S57年11月23日

慶應 12 (0−17 / 12−7) 24 早大

[慶　應]		[早　大]	G：秩父宮 R：真下
中野　忠幸	FW	吉田　雄三	
清原　定之	FW	西尾　進	
五所　紳一	FW	松瀬　学	0 前半 17
平島　健右	FW	杉崎　克己	0 T 3
中山　剛	FW	西山良太郎	0 G 1
田代　博	FW	梶原　敏補	0 PG 1
石田　明文	FW	土屋謙太郎	DG
林　邦彦	FW	益子　俊志	
堀尾　直幸	HB	松尾　元満	12 後半 7
浅田　武男	HB	本城　和彦	2 T 1
上野　精一	TB	浜本　哲治	2 G 0
松永　敏宏	TB	佐々木　薫	0 PG 1
柴田　勝浩	TB	吉野　俊郎	DG
村井大次郎	TB	池田　剛	
市瀬　豊和	FB	安田　真人	7 反則 10

公式試合NO. 631

第57回対東大定期戦／S57年12月4日

慶應49（22－4 / 27－3）7東大

G：日吉
R：志賀

[慶 應]		[東 大]	
村田 毅	FW	尾関 智二	
清原 定之	FW	中川 将司	
五所 紳一	FW	松田 卓也	22 前半 4
平島 健右	FW	東 明彦	4 T 1
中山 剛	FW	有坂 真一	3 G 0
田代 博	FW	堀口 和彦	0 PG 0
石田 明文	FW	宇野 廣一	DG
林 邦彦	FW	安藤 祥一	
堀尾 直幸	HB	中村 洋一	27 後半 3
浅田 武男	HB	中島 達	4 T 0
上野 精一	TB	野手 圭児	4 G 0
松永 敏宏	TB	岩佐 一志	1 PG 1
柴田 勝浩	TB	荒井 隆雄	DG
村井大次郎	TB	三戸 秀国	
市瀬 豊和	FB	天野 敦夫	13 反則 7

公式試合NO. 632

関東大学（交流試合）／S57年12月11日

慶應19（11－0 / 8－8）8法大

G：秩父宮
R：富沢

[慶 應]		[法 大]	
中野 忠幸	FW	西条 裕明	
清原 定之	FW	川口 勝弘	
五所 紳一	FW	後藤 毅	11 前半 0
平島 健右	FW	鈴木 昌春	2 T 0
中山 剛	FW	藤本 昌伸	0 G 0
田代 博	FW	斉藤 茂雄	1 PG 0
石田 明文	FW	渡辺 昭	DG
林 邦彦	FW	能条 忍	
堀尾 直幸	HB	斉藤 次雄	8 後半 8
浅田 武男	HB	山北 靖彦	2 T 2
村井大次郎	TB	亀山 賢一	0 G 0
松永 敏宏	TB	早坂 正浩	0 PG 0
柴田 勝浩	TB	東田 邦利	DG
氏家 俊明	TB	井上 徳重	
市瀬 豊和	FB	丸山 修二	7 反則 7

公式試合NO. 633

全国大学選手権（1回戦）／S57年12月19日

慶應19（6－4 / 13－6）10福岡工大

G：平和台
R：川崎

[慶 應]		[福岡工大]	
中野 忠幸	FW	星本 宏之	
清原 定之	FW	米満 義弘	6 前半 4
五所 紳一	FW	岡田 謙次	1 T 1
平島 健右	FW	井田 良彦	1 G 0
中山 剛	FW	太田 広明	0 PG 0
中坪 卓哉	FW	和田 徹	DG
石田 明文	FW	土居 肇	13 後半 6
林 邦彦	FW	後藤 義勝	2 T 1
堀尾 直幸	HB	永池 充広	1 G 1
浅田 武男	HB	東 知	1 PG 0
村井大次郎	TB	本地 勝広	DG
林 千春	TB	松尾 宏司	10 反則11
柴田 勝浩	TB	松尾 俊広	
氏家 俊明	TB	下村 功	
市瀬 豊和	FB	大野 銛男	

交代：福岡工大 本地＝山本 浩暢

公式試合NO. 634

全国大学選手権（準決勝）／S58年1月3日

慶應12（9－7 / 3－16）23同大

G：国立
R：富沢

[慶 應]		[同 大]	
中野 忠幸	FW	木村 敏隆	
清原 定之	FW	中山 敬一	
五所 紳一	FW	寺村 毅彦	9 前半 7
平島 健右	FW	大久保哲也	1 T 1
中山 剛	FW	大八木淳史	1 G 0
田代 博	FW	二見健太郎	1 PG 1
石田 明文	FW	土田 雅人	DG
林 邦彦	FW	阿部 慎二	
堀尾 直幸	HB	児玉 耕樹	3 後半16
浅田 武男	HB	坂元 利彦	0 T 3
上野 精一	TB	東田 哲也	0 G 2
木沢 克司	TB	白川 佳明	1 PG 0
柴田 勝浩	TB	早川 雅一	DG
村井大次郎	TB	松井 俊也	
市瀬 豊和	FB	平田 良作	4 反則12

公式試合NO. 635

全早慶明対抗戦／S58年1月30日

全慶應12（6－10 / 6－6）16全明大

G：秩父宮
R：石田

[全慶應]		[全明大]	
畑生 恵司	FW	佐藤 康信	
清原 定之	FW	前田 剛	
緒方 研三	FW	井上 賢和	6 前半10
東山 勝英	FW	瀬川 健三	1 T 1
黒沢 利彦	FW	川地 光二	1 G 0
荒井 哲也	FW	岸 直彦	0 PG 2
渡部 政和	FW	川上 智似	DG
権正 徳之	FW	瀬下 和夫	
富安 治彦	HB	南 隆雄	6 後半 6
浅田 武男	HB	橋爪 利明	2 T 1
上野 精一	TB	平井 一明	1 G 1
青井 哲也	TB	金谷 福身	0 PG 0
柴田 勝浩	TB	長野 智行	DG
氏家 俊明	TB	渡辺 登	
市瀬 豊和	FB	籾山 裕	15 反則10

公式試合NO. 636

全早慶明対抗戦／S58年2月6日

全慶應19（13－10 / 6－15）25全早大

G：秩父宮
R：小畔

[全慶應]		[全早大]	
畑生 恵司	FW	町田 英夫	
清原 定之	FW	橋本 裕幸	
緒方 研三	FW	松瀬 学	13 前半10
東山 勝英	FW	杉崎 克己	2 T 1
黒沢 利彦	FW	西山良太郎	1 G 0
荒井 哲也	FW	土屋謙太郎	1 PG 2
渡部 政和	FW	石塚 武生	DG
浜本 剛志	FW	伊藤 隆	
富安 治彦	HB	奥脇 教	6 後半15
中川 龍士	HB	本城 和彦	1 T 2
四津 雅人	TB	浜本 哲治	1 G 2
木沢 克司	TB	南川洋一郎	0 PG 1
柴田 勝浩	TB	吉野 俊郎	DG
永岡 章	TB	池田 剛	
市瀬 豊和	FB	安田 直人	18 反則 8

公式試合NO. 637

日英親善ラグビー／S58年9月15日

全慶應13（13－6 / 0－21）27オックスフォード大

G：小倉三萩野
R：デンティー

[全慶應]		[オックスフォード大]	
畑生 恵司	FW	ヘロッド	
清原 定之	FW	ペニー	13 前半 6
中野 忠幸	FW	エーベリー	2 T 0
東山 勝英	FW	トムソン	1 G 0
平島 健右	FW	ガーガン	1 PG 2
荒井 哲也	FW	エドワーズ	DG
渡部 政和	FW	アスホール	0 後半21
浜本 剛志	FW	ブルックス	0 T 2
富安 治彦	HB	ホーナー	0 G 2
浅田 武男	HB	バーンズ	0 PG 3
四津 雅人	TB	ウッドロー	DG
松永 敏宏	TB	クラーク	19 反則 7
柴田 勝浩	TB	コールマン	
永岡 章	TB	ソーンダース	
市瀬 豊和	FB	マクニール	

交代：オックスフォード大 ラディングトン

公式試合NO. 638

第57回対京大定期戦／S58年9月17日

慶應43（23－6 / 20－6）12京大

G：神戸中央
R：大前

[慶 應]		[京 大]	
村田 毅	FW	平田 史朗	
橋本 達矢	FW	萩原 智至	
五所 紳一	FW	伊庭 詳之	23 前半 6
平島 健右	FW	岡村 一男	4 T 1
山越 克雄	FW	末吉 一雄	2 G 1
田代 博	FW	岡市 光司	1 PG 0
林 雅人	FW	高西 正隆	DG
林 邦彦	FW	能村 浩靖	
堀尾 直孝	HB	森田 徹男	20 後半 6
林 千春	HB	堀田 安紀	4 T 1
上野 精一	TB	池州 悟	2 G 1
市瀬 豊和	TB	黒田 武嗣	0 PG 0
関沢 孝宏	TB	酒井 久和	DG
氏家 俊明	TB	東 弘光	
村井大次郎	FB	宮島 繁成	10 反則12

公式試合NO. 639

第66回対同大定期戦／S58年9月24日

慶應9（3－0 / 6－19）19同大

G：三ツ沢
R：辻

[慶 應]		[同 大]	
村田 毅	FW	西原 義幸	
橋本 達矢	FW	田井 敏秀	
中野 忠幸	FW	馬場 新	3 前半 0
平島 健右	FW	木原 龍三	0 T 0
中山 剛	FW	高橋 望	0 G 0
田代 博	FW	芝 全行	1 PG 0
玉塚 元一	FW	浦野 健介	DG
良塚 正剛	FW	大久保哲也	
生田 久貴	HB	清鶴 敏也	6 後半19
浅田 武男	HB	松尾 勝博	1 T 2
上野 精一	TB	本間 浩司	1 G 1
松永 敏宏	TB	坂元 寿彦	0 PG 3
清水 周英	TB	福井 俊之	DG
氏家 俊明	TB	岩崎 貞治	
村井大次郎	FB	清水 剛志	20 反則 4

公式試合NO. 640
第56回対立大定期戦／S58年10月1日

慶應 83（39−0 / 44−0）0 立大

G：日吉 R：城所

慶應		立大
村田 毅	FW	多畑 志朗
橋本 達矢	FW	寺田 弘
中野 忠幸	FW	宮下 弘
平島 健右	FW	大木 康正
中山 剛	FW	田島 雅弘
田代 博	FW	松田 崇
間庭 浩	FW	高野 律雄
林 邦彦	FW	黒川 誠
生田 久貴	HB	水野 富夫
浅田 武男	HB	満呂木 泉
上野 精一	TB	霜崎 雄二
松永 敏宏	TB	大屋 武彦
市瀬 豊和	TB	坂内 敬二
氏家 俊明	TB	谷岸 潔
村井大次郎	FB	津山 純一

慶應		立大
39	前半	0
7	T	0
4	G	0
1	PG	0
	DG	
44	後半	0
9	T	0
4	G	0
0	PG	0
	DG	
4	反則	9

交代：立大 多畑 志朗＝吉本 洋人

公式試合NO. 641
関東大学対抗戦／S58年10月8日

慶應 66（23−4 / 43−3）7 成蹊大

G：日吉 R：芹沢

慶應		成蹊大
村田 毅	FW	千葉 英治
橋本 達矢	FW	山本 毅
五所 紳一	FW	野尻 徹
平島 健右	FW	伊藤 道生
中山 剛	FW	大野 博仁
田代 博	FW	榊 健志
林 雅人	FW	三浦 務
林 邦彦	FW	内田 切賢
堀尾 直孝	HB	佐々木啓二
浅田 武男	HB	飯田 達朗
上野 精一	TB	小達 光洋
松永 敏宏	TB	藤岡 雄二
市瀬 豊和	TB	津崎 一歩
氏家 俊明	TB	梶吉原二郎
村井大次郎	FB	大崎 憲洋

慶應		成蹊大
23	前半	4
4	T	1
2	G	0
1	PG	0
	DG	
43	後半	3
7	T	0
6	G	0
1	PG	1
	DG	
15	反則	20

交代：成蹊大 大崎＝浅尾

公式試合NO. 642
関東大学対抗戦／S58年10月16日

慶應 41（16−3 / 25−0）3 筑波大

G：秩父宮 R：斉藤

慶應		筑波大
村田 毅	FW	柴田 篤
橋本 達矢	FW	上杉 法晴
中野 忠幸	FW	岩田 安史
平島 健右	FW	藤掛 一典
中山 剛	FW	吉沢 和彦
田代 博	FW	黒沢 光弘
間庭 浩	FW	竹井 章
林 邦彦	FW	安藤 和宏
生田 久貴	HB	亀岡 政幸
浅田 武男	HB	堤 荘司
上野 精一	TB	山本 純生
松永 敏宏	TB	細野 安司
市瀬 豊和	TB	大石 康晴
氏家 俊明	TB	佐藤 公則
村井大次郎	FB	高谷 育弘

慶應		筑波大
16	前半	3
2	T	0
1	G	0
2	PG	1
	DG	
25	後半	0
4	T	0
3	G	0
1	PG	0
	DG	
10	反則	14

交代：慶應 間庭 浩＝玉塚 元一

公式試合NO. 643
関東大学対抗戦／S58年10月23日

慶應 19（0−13 / 19−0）13 日体大

G：秩父宮 R：小畔

慶應		日体大
村田 毅	FW	原 喜代司
橋本 達矢	FW	岡本 昌也
中野 忠幸	FW	大島 芳和
平島 健右	FW	松本 明男
中山 剛	FW	松谷 輝也
田代 博	FW	越山 昌彦
玉塚 元一	FW	葛西 祥文
林 邦彦	FW	源島 浩二
生田 久貴	HB	高崎 利明
浅田 武男	HB	朽木 英次
上野 精一	TB	大薗 穂積
松永 敏宏	TB	吉永宏二郎
市瀬 豊和	TB	鶴田 誠
氏家 俊明	TB	大貫 慎二
村井大次郎	FB	仙台 史朗

慶應		日体大
0	前半	13
0	T	2
0	G	1
0	PG	1
	DG	
19	後半	0
3	T	0
2	G	0
1	PG	0
	DG	
10	反則	17

公式試合NO. 644
関東大学対抗戦／S58年10月30日

慶應 43（29−3 / 14−4）7 青学大

G：秩父宮 R：奈良

慶應		青学大
中野 忠幸	FW	音成 俊博
橋本 達矢	FW	溝淵 毅
五所 紳一	FW	鈴木 隆則
平島 健右	FW	村田 善邦
中山 剛	FW	山崎 善也
田代 博	FW	近藤 憲彦
玉塚 元一	FW	市瀬 和敏
林 邦彦	FW	大西 聡
堀尾 直孝	HB	藤原 祐一
浅田 武男	HB	杉本 泰昭
若林 俊康	TB	石原 丈
市瀬 豊和	TB	井上 慶
清水 周英	TB	佐藤 臣司
氏家 俊明	TB	野中 保宏
村井大次郎	FB	中原 晃治

慶應		青学大
29	前半	3
4	T	0
2	G	0
3	PG	1
	DG	
14	後半	4
3	T	1
1	G	0
0	PG	0
	DG	
17	反則	22

交代：青学大 村田＝日原孝浩

公式試合NO. 645
第58回対明大定期戦／S58年11月6日

慶應 4（0−6 / 4−9）15 明大

G：秩父宮 R：辻

慶應		明大
中野 忠幸	FW	佐藤 康信
橋本 達矢	FW	中村 紀夫
五所 紳一	FW	山中 正孝
平島 健右	FW	柳 隆史
中山 剛	FW	鈴木 清士
田代 博	FW	中村 篤人
玉塚 元一	FW	高田 健造
林 邦彦	FW	高橋 善幸
生田 久貴	HB	中谷 薫
浅田 武男	HB	小林日出夫
若林 俊康	TB	梅木 精豪
松永 敏宏	TB	若狭 平和
市瀬 豊和	TB	長野 智行
氏家 俊明	TB	鈴木 繁
村井大次郎	FB	村井 成人

慶應		明大
0	前半	6
0	T	0
0	G	0
0	PG	2
	DG	
4	後半	9
1	T	1
0	G	1
0	PG	1
	DG	
20	反則	9

公式試合NO. 646
第60回対早大定期戦／S58年11月23日

慶應 4（4−6 / 0−0）6 早大

G：国立 R：富沢

慶應		早大
村田 毅	FW	尾形 勉
橋本 達矢	FW	西尾 進
中野 忠幸	FW	永井 雅之
平島 健右	FW	西山良太郎
中山 剛	FW	小出 順一
田代 博	FW	恵藤 公浩
玉塚 元一	FW	土屋謙太郎
林 邦彦	FW	矢ヶ部 博
生田 久貴	HB	松尾 元満
浅田 武男	HB	藤崎 泰士
上野 精一	TB	伊藤 寿浩
松永 敏宏	TB	吉川 雅也
市瀬 豊和	TB	大久保俊彦
氏家 俊明	TB	池田 剛
村井大次郎	FB	安田 真人

慶應		早大
4	前半	6
1	T	1
0	G	1
0	PG	0
	DG	
0	後半	0
0	T	0
0	G	0
0	PG	0
	DG	
15	反則	8

公式試合NO. 647
第58回対東大定期戦／S58年12月3日

慶應 62（28−0 / 34−0）0 東大

G：三ツ沢 R：城所

慶應		東大
中野 忠幸	FW	小原 道生
橋本 達矢	FW	渥美 泰典
五所 紳一	FW	松田 卓也
平島 健右	FW	峯島 泰樹
中山 剛	FW	出口 敦
田代 博	FW	堀江 和秀
山田昌太郎	FW	陶久 昌明
良塚 正剛	FW	東 明彦
堀尾 直孝	HB	長尾 弘
浅田 武男	HB	中島 達
若林 俊康	TB	野出 圭児
林 雅之	TB	鴨崎 晃
清水 周英	TB	赤坂 勉
氏家 俊明	TB	今田 太郎
村井大次郎	FB	天野 敦夫

慶應		東大
28	前半	0
6	T	0
2	G	0
0	PG	0
	DG	
34	後半	0
7	T	0
3	G	0
0	PG	0
	DG	
7	反則	9

公式試合NO. 648
関東大学（交流試合）／S58年12月10日

慶應 14（10−12 / 4−3）15 日大

G：秩父宮 R：斉藤

慶應		日大
中野 忠幸	FW	佐藤 一人
橋本 達矢	FW	佐々木義秀
五所 紳一	FW	家村 与則
平島 健右	FW	佐々木広行
中山 剛	FW	尾崎 達博
田代 博	FW	市坪 良浩
玉塚 元一	FW	小野寺信介
林 邦彦	FW	小沢 健一
生田 久貴	HB	畠山 礼光
浅田 武男	HB	山本 敦資
若林 俊康	TB	柴田 昭文
松永 敏宏	TB	有家 俊英
市瀬 豊和	TB	藤枝 修
氏家 俊明	TB	根本 喜一
村井大次郎	FB	青木 進

慶應		日大
10	前半	12
1	T	1
0	G	1
2	PG	2
	DG	
4	後半	3
1	T	0
0	G	0
0	PG	1
	DG	
11	反則	14

交代：日大 家村＝黒沢

公式試合NO. 649

全早慶明対抗戦／S59年1月29日

全慶應 22（14−12 / 8−19）31 全明大

G：秩父宮
R：石田

［全慶應］		［全明大］
畑生　恵司	FW	佐藤　康信
清原　定之		藤田　　剛
緒方　研三		相沢　動太
平島　健右		鈴木　清士
東山　勝英		川地　光二
渡部　政和		岸　　直彦
荒牧　滋美		高田　健造
林　　邦彦		高橋　善章
桜井　靖二	HB	窪田　　穣
中川　龍士		砂村　光信
四津　雅人	TB	渡辺　和男
松永　敏宏		小林日出夫
柴田　勝浩		金谷　福身
村井大次郎		鈴木　　繁
市瀬　豊和	FB	橋爪　利明

全慶應		全明大
14	前半	12
3	T	1
1	G	1
0	PG	2
	DG	
8	後半	19
2	T	3
0	G	2
0	PG	1
	DG	
12	反則	9

公式試合NO. 650

全早慶明対抗戦／S59年2月5日

全慶應 18（6−10 / 12−7）17 全早大

G：秩父宮
R：ファンワース

［全慶應］		［全早大］
畑生　恵司	FW	吉田　雄三
清原　定之		高村　浩行
緒方　研三		町田　英夫
平島　健右		西山良太郎
中山　　剛		栗原　誠治
渡部　政和		伊藤　　隆
林　　邦彦		土屋謙太郎
浜本　剛志		益子　俊志
桜井　靖二	HB	松尾　元満
中川　龍士		本城　和彦
四津　雅人	TB	伊藤　寿浩
松永　敏宏		南川洋一郎
柴田　勝浩		吉野　俊郎
村井大次郎		池田　　剛
市瀬　豊和	FB	安田　真人

全慶應		全早大
6	前半	10
0	T	2
0	G	1
2	PG	0
	DG	
12	後半	7
2	T	1
2	G	0
0	PG	1
	DG	
13	反則	16

公式試合NO. 651

第58回対京大定期戦／S59年9月15日

慶應 55（8−6 / 47−12）18 京大

G：三ツ沢
R：町井

［慶　應］		［京　大］
浜　　直樹	FW	伊庭　詳之
橋本　達矢		西口　隆浩
五所　紳一		宮島　繁成
山越　克雄		松本　清志
中山　　剛		斎藤太喜志
田代　　博		能村　浩靖
玉塚　元一		宮尾　泰助
良塚　正剛		末吉　一雄
江坂　俊弥	HB	宮野　淳一
浅田　武男		喜多　章行
村井大次郎	TB	向井　史郎
松永　敏宏		松井　純二
清水　周英		森沢　　篤
若林　俊康		東　　弘光
市瀬　豊和	FB	酒井　久和

慶應		京大
8	前半	6
2	T	0
0	G	0
0	PG	2
	DG	
47	後半	12
8	T	1
6	G	1
1	PG	2
	DG	
18	反則	6

公式試合NO. 652

第67回対同大定期戦／S59年9月24日

慶應 7（3−13 / 4−18）31 同大

G：滋賀/皇子山
R：土屋

［慶　應］		［同　大］
石森　久嗣	FW	木村　敏隆
五所　紳一		上滝　　彰
中野　忠幸		中村　　剛
山越　克雄		圓井　　良
中山　　剛		木原　龍三
田代　　博		武藤　規夫
玉塚　元一		浦野　健介
柴田　志通		土田　雅人
生田　久貴	HB	児玉　耕樹
浅田　武男		松尾　勝博
村井大次郎	TB	清水　剛志
松永　敏宏		平尾　誠二
清水　周英		福井　俊之
若林　俊康		赤山　泰規
市瀬　豊和	FB	東田　哲也

慶應		同大
3	前半	13
0	T	2
0	G	1
1	PG	1
	DG	
4	後半	18
1	T	4
0	G	1
0	PG	0
	DG	
8	反則	17

公式試合NO. 653

第57回対立大定期戦／S59年9月30日

慶應 61（24−0 / 37−0）0 立大

G：日吉
R：城所

［慶　應］		［立　大］
橋本　達矢	FW	黒石　康暢
五所　紳一		寺田　　弘
中野　忠幸		宮下　　弘
山越　克雄		大木　康正
中山　　剛		広沢　孝行
田代　　博		多畑　志朗
玉塚　元一		松田　　崇
柴田　志通		黒川　　誠
生田　久貴	HB	水野　富夫
浅田　武男		関　　和也
村井大次郎	TB	霜崎　雄二
松永　敏宏		小林　一幸
林　　千春		大屋　武彦
若林　俊康		吉田　隆晴
市瀬　豊和	FB	津山　純一

慶應		立大
24	前半	0
5	T	0
2	G	0
0	PG	0
	DG	
37	後半	0
7	T	0
3	G	0
1	PG	0
	DG	
9	反則	3

公式試合NO. 654

関東大学対抗戦／S59年10月6日

慶應 78（40−0 / 38−6）6 成蹊大

G：日吉
R：阿世賀

［慶　應］		［成蹊大］
橋本　達矢	FW	千葉　英治
五所　紳一		山本　　毅
中野　忠幸		野尻　　徹
山越　克雄		伊藤　道生
中山　　剛		小田切賢太郎
田代　　博		山崎　大樹
玉塚　元一		坂井　二郎
柴田　志通		内田　洋輔
生田　久貴	HB	佐々木啓二
清水　周英		飯田　達明
村井大次郎	TB	赤堀　　徹
林　　千春		増岡　一歩
松永　敏宏		杉崎　嘉則
若林　俊康		堀田　重浩
市瀬　豊和	FB	大崎　憲洋

慶應		成蹊大
40	前半	0
8	T	0
4	G	0
0	PG	0
	DG	
38	後半	6
8	T	0
3	G	0
0	PG	2
	DG	
6	反則	10

公式試合NO. 655

関東大学対抗戦／S59年10月14日

慶應 32（14−3 / 18−0）3 青学大

G：秩父宮
R：武井

［慶　應］		［青学大］
石森　久嗣	FW	音成　俊博
橋本　達矢		宮本　達也
中野　忠幸		溝淵　　毅
山越　克雄		内田　芳信
中山　　剛		山崎　善也
田代　　博		坂根　範直
玉塚　元一		日比野隆也
良塚　正剛		市瀬　和敏
生田　久貴	HB	西川　育延
清水　周英		熊谷　　透
村井大次郎	TB	岩熊　清司
松永　敏宏		井上　　慶
林　　千春		杉本　泰昭
若林　俊康		中原　晃治
市瀬　豊和	FB	近藤　英一

慶應		青学大
14	前半	3
3	T	0
1	G	0
0	PG	1
	DG	
18	後半	0
4	T	0
1	G	0
0	PG	0
	DG	
13	反則	13

交代：青学大
日比野隆也＝
近藤　憲彦

公式試合NO. 656

関東大学対抗戦／S59年10月21日

慶應 18（0−6 / 18−4）10 筑波大

G：秩父宮
R：石田

［慶　應］		［筑波大］
橋本　達矢	FW	湯沢　一道
五所　紳一		上杉　法清
中野　忠幸		岩田　安央
山越　克雄		近藤　周平
中山　　剛		谷地村克久
田代　　博		近田　直人
玉塚　元一		河田　弘重
柴田　志通		前田　茂雄
生田　久貴	HB	亀岡　政幸
清水　周英		堤　　荘司
村井大次郎	TB	山本　純生
松永　敏宏		大石　康晴
林　　千春		吉田　紳一
若林　俊康		佐藤　公則
市瀬　豊和	FB	藤井　邦之

慶應		筑波大
0	前半	6
0	T	1
0	G	1
0	PG	0
	DG	
18	後半	4
4	T	1
1	G	0
0	PG	0
	DG	
4	反則	12

交代：慶應
山越　克雄＝
良塚　正剛

公式試合NO. 657

関東大学対抗戦／S59年10月28日

慶應 17（10−0 / 7−11）11 日体大

G：秩父宮
R：奈良

［慶　應］		［日体大］
橋本　達矢	FW	淵野　敏博
五所　紳一		中原　雅史
中野　忠幸		富沢　　宏
柴田　志通		井沢　慶太
中山　　剛		中野　泰幸
田代　　博		三浦　和雄
玉塚　元一		葛西　祥文
良塚　正剛		石井　泰三
生田　久貴	HB	高崎　利明
浅田　武男		朽木　英次
村井大次郎	TB	宇多村賢治
松永　敏宏		雨宮　静也
林　　千春		梅村　裕美
若林　俊康		阿久津友作
市瀬　豊和	FB	仙台　史明

慶應		日体大
10	前半	0
	T	
	G	
	PG	
	DG	
7	後半	11
	T	
	G	
	PG	
	DG	
	反則	

公式試合NO. 658

第59回対明大定期戦／S59年11月11日

慶應 8（4−7 / 4−0）7 明大

[慶應]		[明大]
橋本 達矢	FW	佐藤 康信
五所 紳一		中村 紀夫
中野 忠幸		山中 正孝
柴田 志通		鈴木 清士
中山 剛		柳 隆史
田代 博		中島 修二
玉塚 元一		広瀬 良治
良塚 正剛		高橋 善幸
生田 久貴	HB	南 隆雄
浅田 武男		佐藤 聡
渡瀬 裕司	TB	梅木 精豪
松永 敏宏		香取 伸明
林 千春		長野 智行
若林 俊康		鈴木 繁
村井大次郎	FB	村井 武人

G：秩父宮
R：真下

慶應		明大
4	前半	7
1	T	1
0	G	0
0	PG	1
	DG	
4	後半	0
1	T	0
0	G	0
0	PG	0
	DG	
8	反則	8

交代：明大
長野＝出向井

公式試合NO. 659

第61回対早大定期戦／S59年11月23日

慶應 12（6−4 / 6−7）11 早大

[慶應]		[早大]
橋本 達矢	FW	尾形 勉
五所 紳一		米倉 昭浩
中野 忠幸		山本 巧
柴田 志通		清水 明浩
中山 剛		栗原 誠治
田代 博		恵藤 公浩
玉塚 元一		平島 英治
良塚 正剛		矢ヶ部 博
生田 久貴	HB	松尾 元満
浅田 武男		森田 博志
市瀬 豊和	TB	鈴木 学
松永 敏宏		吉川 雅也
林 千春		大久保俊彦
若林 俊康		土肥 琢哉
村井大次郎	FB	石井 勝尉

G：国立
R：真下

慶應		早大
6	前半	4
0	T	1
0	G	0
2	PG	0
	DG	
6	後半	7
1	T	1
1	G	0
0	PG	1
	DG	
7	反則	9

公式試合NO. 660

第59回対東大定期戦／S59年12月1日

慶應 94（52−0 / 42−0）0 東大

[慶應]		[東大]
橋本 達矢	FW	小原 道生
五所 紳一		渥美 泰典
中野 忠幸		彦坂 淳一
山越 克雄		斎藤 真一
中山 剛		小泉 孝明
田代 博		広瀬 孝
林 雅人		青山 和浩
関庭 浩		松本 光之
江坂 俊弥	HB	松崎 治夫
清水 周英		中島 達
谷口 宗哉	TB	大久保 力
松永 敏宏		土本 俊和
林 千春		庄司 英洋
若林 俊康		新 徹
村井大次郎	FB	小野 正道

G：三ツ沢
R：高橋（良）

慶應		東大
52	前半	0
10	T	0
6	G	0
0	PG	0
	DG	
42	後半	0
9	T	0
3	G	0
0	PG	0
	DG	
5	反則	6

交代：慶應
松永 敏宏＝池田 夏雄

公式試合NO. 661

関東大学（交流試合）／S59年12月16日

慶應 28（14−10 / 14−3）13 中央大

[慶應]		[中央大]
橋本 達矢	FW	矢沢 健一
五所 紳一		田口 典宏
中野 忠幸		岡田 和久
柴田 志通		松本 康広
中山 剛		田中 秀樹
田代 博		遠田 順
玉塚 元一		荒木 康孝
良塚 正剛		甲野 晃弘
生田 久貴	HB	岡田 敏治
浅田 武男		神野 伸一
市瀬 豊和	TB	西 浩一郎
松永 敏宏		当間 浩司
林 千春		石原 隆英
若林 俊康		中野 賀郎
村井大次郎	FB	坂田 秀樹

G：秩父宮
R：斉藤

慶應		中央大
14	前半	10
3	T	1
1	G	0
0	PG	2
	DG	
14	後半	3
3	T	0
1	G	0
0	PG	1
	DG	
10	反則	6

公式試合NO. 662

全国大学選手権（1回戦）／S59年12月23日

慶應 39（15−0 / 24−6）6 福岡工大

[慶應]		[福岡工大]
橋本 達矢	FW	兵藤 裕二
五所 紳一		坂元 正敏
中野 忠幸		岡田 謙次
山越 克雄		兼森 孝
中山 剛		浜村 克己
田代 博		和田 徹
玉塚 元一		和田 雅史
柴田 志通		福田嘉一郎
生田 久貴	HB	木村 昌史
浅田 武男		下村 孝明
市瀬 豊和	TB	下村 功
清水 周英		松尾 宏司
林 千春		吉田 浩
若林 俊康		沖土居 稔
村井大次郎	FB	今田 雄

G：平和台
R：川崎

慶應		福岡工大
15	前半	0
2	T	0
2	G	0
1	PG	0
	DG	
24	後半	6
5	T	1
2	G	1
0	PG	0
	DG	
5	反則	8

交代：慶應
清水＝青井

公式試合NO. 663

全国大学選手権（準決勝）／S60年1月2日

慶應 20（3−0 / 17−0）0 天理大

[慶應]		[天理大]
橋本 達矢	FW	武田 三郎
五所 紳一		久樹 幹
中野 忠幸		千頭 英成
柴田 志通		片山 英規
中山 剛		遠藤 康文
田代 博		高谷 直弘
玉塚 元一		西口 聡
良塚 正剛		篠原 信二
生田 久貴	HB	榊 清治
浅田 武男		森山 敬太
市瀬 豊和	TB	工藤 勝敏
松永 敏宏		南 英雄
林 千春		森脇 嗣治
若林 俊康		長瀬 衛
村井大次郎	FB	中岡 研二

G：国立
R：斉藤

慶應		天理大
3	前半	0
0	T	0
0	G	0
0	PG	0
1	DG	
17	後半	0
3	T	0
1	G	0
1	PG	0
	DG	
8	反則	4

交代：天理大
長瀬＝池沢

公式試合NO. 664

全国大学選手権（決勝）／S60年1月6日

慶應 6（3−10 / 3−0）10 同大

[慶應]		[同大]
橋本 達矢	FW	木村 敏隆
五所 紳一		森川 進豪
中野 忠幸		馬場 新
柴田 志通		圓井 良
中山 剛		大八木淳史
田代 博		武藤 規夫
玉塚 元一		浦野 健介
良塚 正剛		土田 雅人
生田 久貴	HB	児玉 耕樹
浅田 武男		松尾 勝博
市瀬 豊和	TB	清水 剛志
松永 敏宏		平尾 誠二
林 千春		福井 俊之
若林 俊康		赤山 泰規
村井大次郎	FB	綾城 高志

G：国立
R：斉藤

慶應		同大
3	前半	10
0	T	2
0	G	1
1	PG	0
	DG	
3	後半	0
0	T	0
0	G	0
1	PG	0
	DG	
3	反則	13

公式試合NO. 665

全早慶明対抗戦／S60年1月27日

全慶應 28（10−0 / 18−0）0 全明大

[全慶應]		[全明大]
石森 久嗣	FW	佐藤 康信
清原 定之		藤田 剛
中野 忠幸		相沢 動太
柴田 志通		川地 光二
山越 克雄		鈴木 清士
渡部 政和		中島 修二
浜本 剛志		遠藤 敬治
林 邦彦		河瀬 泰治
生田 久貴	HB	中谷 薫
浅田 武男		砂村 光信
市瀬 豊和	TB	梅木 精豪
松永 敏宏		小林日出夫
林 千春		金谷 福身
若林 俊康		渡辺 和男
村井大次郎	FB	橋爪 利明

G：秩父宮
R：石田

全慶應		全明大
10	前半	0
1	T	0
1	G	0
0	PG	0
	DG	
18	後半	0
4	T	0
1	G	0
0	PG	0
	DG	
3	反則	4

公式試合NO. 666

全早慶明対抗戦／S60年2月3日

全慶應 30（10−10 / 20−6）16 全早大

[全慶應]		[全早大]
橋本 達矢	FW	尾形 勉
清原 定之		吉田 雄三
中野 忠幸		山本 巧
柴田 志通		渡辺 幸男
中山 剛		清水 明浩
渡部 政和		恵藤 公浩
浜本 剛志		土屋謙太郎
林 邦彦		矢ヶ部 博
生田 久貴	HB	佐々木 卓
浅田 武男		本城 和彦
市瀬 豊和	TB	池田 尚
松永 敏宏		吉野 俊郎
林 千春		大久保俊彦
若林 俊康		伊藤 寿浩
村井大次郎	FB	安田 直人

G：秩父宮
R：奈良

全慶應		全早大
10	前半	10
2	T	1
1	G	0
0	PG	2
	DG	
20	後半	6
4	T	0
2	G	0
0	PG	2
	DG	
14	反則	?

公式試合NO. 667

英国遠征／S60年3月3日

全慶應 23（6－12 / 17－7）19 ロンドン大

G：ロンドン大
R：Keith Griffith

［全慶應］		［ロンドン大］	
橋本　達矢	FW	Richardson	
清原　定之	FW	Gilfillan	
中野　忠幸	FW	Kaine	6 前半 12
東山　勝英	FW	Hudson	0 T 1
中山　剛	FW	Goodbellow	0 G 1
渡部　政和	FW	Manktelow	2 PG 2
浜本　剛志	FW	Davies	DG
林　邦彦	FW	Parker	
生田　久貴	HB	Thomas	17 後半 7
浅田　武男	HB	Walsh	3 T 1
市瀬　豊和	TB	Seecomlble	1 G 0
松永　敏宏	TB	Banker	1 PG 1
林　千春	TB	Vaux	DG
若林　俊康	TB	Holdstock	
村井大次郎	FB	Greanway	20 反則 11

公式試合NO. 668

英国遠征／S60年3月6日

全慶應 8（4－16 / 4－32）48 ケンブリッジ大

G：ケンブリッジ大
R：A.T.Jurner

［全慶應］		［ケンブリッジ大］	
橋本　達矢	FW	Heginbotham	
清原　定之	FW	Gilchrist	4 前半 16
中野　忠幸	FW	Borthwick	1 T 2
東山　勝英	FW	Attfield	0 G 1
中山　剛	FW	O'leary	0 PG 2
渡部　政和	FW	Morrison	DG
浜本　剛志	FW	Green	4 後半 32
柴田　志通	FW	Eberlin	1 T 6
生田　久貴	HB	Moon	0 G 4
浅田　武男	HB	Andrew	0 PG 0
市瀬　豊和	TB	Pierce	DG
松永　敏宏	TB	Simms	16 反則 12
林　千春	TB	Clough	交代：ケンブリッジ大
若林　俊康	TB	Martin	
村井大次郎	FB	Hastings	Heginbotham＝Hunt

公式試合NO. 669

英国遠征／S60年3月10日

全慶應 10（10－16 / 0－14）30 ラフボロー大

G：ラフボロー大
R：

［全慶應］		［ラフバラ大］	
石森　久嗣	FW	Searly	
五所　紳一	FW	Cheesewright	
中野　忠幸	FW	Heaver	10 前半 16
柴田　志通	FW	Morison	2 T 3
山越　克雄	FW	Moxlonald	1 G 2
田代　博	FW	Frost	0 PG 0
玉塚　元一	FW	Rolinson	DG
林　邦彦	FW	Surain	
生田　久貴	HB	Williams	0 後半 14
浅田　武雄	HB	Sutton	0 T 3
渡瀬　裕司	TB	Iamex	0 G 1
松永　敏宏	TB	Reid	0 PG 0
清水　周英	TB	Burnhill	DG
四津　雅人	TB	Haward	
村井大次郎	FB	Sykes	反則

公式試合NO. 670

英国遠征／S60年3月13日

全慶應 29（9－3 / 20－7）10 オックスフォード大

G：オックスフォード大 イフリーロード
R：A.Thompson

［全慶應］		［オックスフォード大］	
橋本　達矢	FW	ディブソン	
五所　紳一	FW	ボズナー	
中野　忠幸	FW	ステーブンソン	9 前半 3
柴田　志通	FW	マクドナルド	1 T 0
中山　剛	FW	ウェルシュ	1 G 0
田代　博	FW	リード	1 PG 1
東山　勝英	FW	ドナム	DG
浜本　剛志	FW	マービン	
生田　久貴	HB	ピアソン	20 後半 7
浅田　武男	HB	エバンス	4 T 1
市瀬　豊和	TB	フィリップス	2 G 0
松永　敏宏	TB	リスマン	0 PG 1
林　千春	TB	ライドン	DG
若林　俊康	TB	ベーシー	12 反則 5
村井大次郎	FB	ケネディ	交代：オックスフォード大 エバンス＝コークラン

公式試合NO. 671

英国遠征／S60年3月15日

全慶應 14（7－14 / 7－21）35 西ロンドン大

G：西ロンドン大
R：

［全慶應］		［西ロンドン大］	
石森　久嗣	FW	Sleman	
五所　紳一	FW	Penlow	
中野　忠幸	FW	Swan	7 前半 14
山越　克雄	FW	Hart	1 T 2
中山　剛	FW	Saunders	0 G 0
田代　博	FW	Wallis	1 PG 2
玉塚　元一	FW	Robinson	DG
柴田　志通	FW	Joslin	
生田　久貴	HB	Gemmel	7 後半 21
浅田　武雄	HB	Mann	1 T 3
渡瀬　裕司	TB	Walters	0 G 1
松永　敏宏	TB	Barkar	1 PG 1
林　千春	TB	Shot	DG
若林　俊康	TB	Johnston	
村井大次郎	FB	Anderson	17 反則 16

公式試合NO. 672

第59回対京大定期戦／S60年9月15日

慶應 47（17－3 / 30－6）9 京大

G：長居
R：辻野

［慶　應］		［京　大］	
橋本　達矢	FW	小泉　浩隆	
五所　紳一	FW	西口　隆治	
中野　忠幸	FW	皆見　健二	17 前半 3
柴田　志通	FW	松本　清志	3 T 0
山越　克雄	FW	今井　達治	1 G 0
太田　将	FW	宮尾　泰助	1 PG 1
三輪　晃久	FW	高西　正隆	DG
平尾　賢二	FW	内田　昌弘	
生田　久貴	HB	大藤　謙一	30 後半 6
清水　周英	HB	酒井　久和	6 T 1
松岡　卓	TB	喜多　章行	3 G 1
足立　明隆	TB	松井　純二	0 PG 0
林　千春	TB	東　弘光	DG
高橋　啓造	TB	池田　明	
若林　俊康	FB	宮田　和	5 反則 7

公式試合NO. 673

第68回対同大定期戦／S60年9月22日

慶應 19（7－3 / 12－10）13 同大

G：三ツ沢
R：辻

［慶　應］		［同　大］	
橋本　達矢	FW	大村賢次郎	
五所　紳一	FW	広瀬　務	
中野　忠幸	FW	森川　進豪	7 前半 3
柴田　志通	FW	東口　明広	1 T 0
山越　克雄	FW	上杉　将之	0 G 0
栗原　正信	FW	竹田　晋二	1 PG 1
上島　治	FW	杉本　慎二	DG
油山　哲也	FW	中尾　晃	
生田　久貴	HB	児玉　耕樹	12 後半 10
清水　武男	HB	松尾　勝博	3 T 2
瀬田　俊一	TB	清水　剛志	0 G 1
浅場　信三	TB	坂元　寿彦	0 PG 0
林　千春	TB	福井　俊之	DG
天野　亜夫	TB	赤山　泰規	
渡瀬　裕司	FB	綾城　高志	14 反則 10

公式試合NO. 674

第58回対立大定期戦／S60年9月28日

慶應 46（30－0 / 16－0）0 立大

G：秩父宮
R：斉藤

［慶　應］		［立　大］	
橋本　達矢	FW	黒石　康暢	
五所　紳一	FW	上西浩一郎	
中野　忠幸	FW	吉本　洋人	30 前半 0
河内　大蔵	FW	鈴木　修一	6 T 0
山越　克雄	FW	広沢　孝行	3 G 0
栗原　正信	FW	三國　正晴	0 PG 0
上島　治	FW	多畑　志郎	DG
柴田　志通	FW	大木　康正	
生田　久貴	HB	水野　富夫	16 後半 0
清水　周英	HB	関　和也	3 T 0
瀬田　俊一	TB	霜崎　雄二	2 G 0
青井　博也	TB	渡辺　浩史	0 PG 0
林　千春	TB	大屋　武彦	DG
天野　亜夫	TB	吉田　隆晴	
渡瀬　裕司	FB	元治　裕一	7 反則 9

公式試合NO. 675

関東大学対抗戦／S60年10月6日

慶應 30（10－0 / 20－0）0 成蹊大

G：日吉
R：高橋

［慶　應］		［成蹊大］	
橋本　達矢	FW	千葉　英治	
五所　紳一	FW	小沢　一之	
中野　忠幸	FW	金子　昇	10 前半 0
河内　大蔵	FW	小田切賢太郎	2 T 0
山越　克雄	FW	神保　武史	1 G 0
栗原　正信	FW	渡部　芳久	0 PG 0
油山　哲也	FW	坂井　二郎	DG
柴田　志通	FW	三浦　務	
生田　久貴	HB	佐々木啓二	20 後半 0
清水　周英	HB	浅尾　玲	4 T 0
瀬田　俊一	TB	広瀬　俊哉	2 G 0
太田　浩介	TB	本谷　誠	0 PG 0
林　千春	TB	杉崎　嘉則	DG
天野　亜夫	TB	宍戸　太郎	
渡瀬　裕司	FB	大崎　憲洋	12 反則 16

公式試合NO. 676

関東大学対抗戦／S60年10月13日

慶應15（9−0 / 6−0）0青学大

[慶應]		[青学大]
橋本 達矢	FW	樋口 賢二
五所 紳一	FW	溝淵 毅
中野 忠幸	FW	須田 尚宏
田中 秀樹	FW	天沼 秀一
山越 克雄	FW	山崎 善也
栗原 正信	FW	美川 竜二
上島 治	FW	内田 芳信
柴田 志通	FW	市瀬 和敏
生田 久貴	HB	藤原 祐一
清水 周英	HB	鈴木 成明
瀬田 俊一	TB	有川 浩一
太田 浩介	TB	田中 達生
林 千春	TB	佐藤 勝美
川端 良三	TB	井上 慶
渡瀬 裕司	FB	広野 正彦

G：秩父宮
R：城所

9 前半 0
1 T 0
1 G 0
1 PG 0
DG
6 後半 0
1 T 0
1 G 0
0 PG 0
DG
6 反則10

公式試合NO. 679

第60回対明大定期戦／S60年11月10日

慶應13（9−3 / 4−10）13明大

[慶應]		[明大]
橋本 達矢	FW	太田 治
五所 紳一	FW	中村 紀夫
中野 忠幸	FW	篠原 俊則
田中 秀樹	FW	乾 治生
山越 克雄	FW	田中 龍幸
太田 将	FW	土井 太志
油山 哲也	FW	中島 修二
柴田 志通	FW	高橋 善幸
生田 久貴	HB	南 隆雄
清水 周英	HB	佐藤 総
瀬田 俊一	TB	国定 精豪
青井 博也	TB	出向井 豊
林 千春	TB	川上 健司
若林 俊康	TB	末永 卓也
渡瀬 裕司	FB	村井 成人

G：秩父宮
R：ファンワース

9 前半 3
0 T 0
0 G 0
3 PG 1
DG
4 後半10
1 T 2
0 G 1
0 PG 0
DG
8 反則14

公式試合NO. 682

関東大学（交流試合）／S60年12月14日

慶應26（9−0 / 17−8）8日大

[慶應]		[日大]
橋本 達矢	FW	林 久彦
五所 紳一	FW	青井 俊徳
中野 忠幸	FW	黒沢 博志
柴田 志通	FW	谷井 則之
山越 克雄	FW	尾崎 達博
太田 将	FW	中野 克己
栗原 正信	FW	渡辺 徹
油山 哲也	FW	小沢 健一
生田 久貴	HB	畠山 礼光
清水 周英	HB	野口 哲二
瀬田 俊一	TB	漆原 正人
青井 博也	TB	真壁 明寛
林 千春	TB	松田 哲彦
若林 俊康	TB	佐藤 俊英
渡瀬 裕司	FB	林田惣一郎

G：秩父宮
R：奈良

9 前半 0
1 T 0
1 G 0
1 PG 0
DG
17 後半 8
3 T 2
1 G 0
1 PG 0
DG
9 反則 8

公式試合NO. 677

関東大学対抗戦／S60年10月20日

慶應41（10−12 / 31−0）12筑波大

[慶應]		[筑波大]
橋本 達矢	FW	中里 豊
五所 紳一	FW	上杉 法靖
中野 忠幸	FW	中村 正人
田中 秀樹	FW	池戸 成記
山越 克雄	FW	柴田 順
栗原 正信	FW	河田 弘重
上島 治	FW	近田 直人
柴田 志通	FW	前田 茂雄
生田 久貴	HB	北沢 一利
清水 武男	HB	堤 荘司
瀬田 俊一	TB	利根 尚志
青井 博也	TB	田中 裕之
太田 浩介	TB	吉田 伸一
川端 良三	TB	佐藤 公則
渡瀬 裕司	FB	藤井 邦之

G：秩父宮
R：石田

10 前半12
1 T 1
0 G 1
2 PG 1
DG
31 後半 0
5 T 0
4 G 0
1 PG 0
DG
6 反則 6

交代：慶応
栗原＝油山
哲也

公式試合NO. 680

第62回対早大定期戦／S60年11月23日

慶應7（4−13 / 3−0）13早大

[慶應]		[早大]
橋本 達矢	FW	尾形 勉
五所 紳一	FW	西谷 光宏
中野 忠幸	FW	山本 巧
田中 秀樹	FW	清水 明浩
山越 克雄	FW	栗原 誠治
太田 将	FW	恵藤 公浩
油山 哲也	FW	渡辺 浩章
柴田 志通	FW	神田識二朗
生田 久貴	HB	井上 明
清水 周英	HB	石井 勝尉
瀬田 俊一	TB	今駒 憲二
青井 博也	TB	吉川 雅也
林 千春	TB	土肥 琢哉
若林 俊康	TB	鈴木 学
渡瀬 裕司	FB	池田 尚

G：国立
R：真下

4 前半13
1 T 2
0 G 1
0 PG 1
DG
3 後半 0
0 T 0
0 G 0
1 PG 0
DG
10 反則 7

公式試合NO. 683

第22回全国大学選手権大会(1回戦)／S60年12月22日

慶應30（30−4 / 0−19）23大体大

[慶應]		[大体大]
橋本 達矢	FW	宮沢 康行
五所 紳一	FW	植田 政宏
中野 忠幸	FW	中井 俊行
柴田 志通	FW	盛田 清人
山越 克雄	FW	岩津 嘉志
栗原 正信	FW	永田 克也
上島 治	FW	金村 泰憲
油山 哲也	FW	竹森 弘泰
生田 久貴	HB	宮沢 正己
清水 周英	HB	稲田 雅己
瀬田 俊一	TB	上村 正
青井 博也	TB	長崎 正己
林 千春	TB	中西 弘文
若林 俊康	TB	桜井 隆司
渡瀬 裕司	FB	村上 晃一

G：花園
R：辻野

30前半 4
4 T 1
4 G 0
2 PG 0
DG
0 後半19
0 T 3
0 G 2
0 PG 1
DG
9 反則 4

公式試合NO. 678

関東大学対抗戦／S60年10月27日

慶應3（3−3 / 0−3）6日体大

[慶應]		[日体大]
橋本 達矢	FW	松尾 隆寛
五所 紳一	FW	中原 雅史
中野 忠幸	FW	富沢 宏
田中 秀樹	FW	木暮 明
山越 克雄	FW	西村 浩之
油山 哲也	FW	石井 泰三
太田 将	FW	上田 直行
柴田 志通	FW	岩井 英明
生田 久貴	HB	日原 修
清水 周英	HB	福岡 進
瀬田 俊一	TB	古賀 浩一
青井 博也	TB	水上 敦
林 千春	TB	武山 啓也
川端 良三	TB	阿久津友作
渡瀬 裕司	FB	梅村 裕美

G：秩父宮
R：真下

3 前半 3
0 T 0
0 G 0
1 PG 1
DG
0 後半 3
0 T 0
0 G 0
0 PG 1
DG
6 反則15

交代：日体大
水上＝仙台

公式試合NO. 681

第60回対東大定期戦／S60年11月30日

慶應70（38−3 / 32−0）3東大

[慶應]		[東大]
石森 久嗣	FW	長谷川雅彦
藤田 伸朗	FW	小山 秀明
中野 忠幸	FW	彦坂 淳一
田中 秀樹	FW	田中 竜郎
山越 克雄	FW	小泉 孝明
栗原 正信	FW	高布 恭治
上島 治	FW	青山 和浩
柴田 志通	FW	松本 光之
西 規之	HB	中島 功
清水 周英	HB	中島 達
瀬田 俊一	TB	安藤 公一
中口 健	TB	庄司 英洋
林 千春	TB	加藤 芳明
川端 良三	TB	長坂 省
太田 浩介	FB	新 徹

G：三ツ沢
R：城所

38 前半 3
7 T 0
5 G 0
0 PG 1
DG
32 後半 0
8 T 0
0 G 0
0 PG 0
DG
3 反則 8

交代：慶應
川端＝天野　亜夫
西＝飯田　通浩
東大　安藤＝富沢
直行

公式試合NO. 684

第22回全国大学選手権大会(準決勝)／S60年12月28日

慶應15（9−6 / 6−0）6早大

[慶應]		[早大]
橋本 達矢	FW	尾形 勉
五所 紳一	FW	塩入 英治
中野 忠幸	FW	山本 巧
柴田 志通	FW	清水 明浩
山越 克雄	FW	栗原 誠治
栗原 正信	FW	恵藤 公浩
上島 治	FW	渡辺 浩章
油山 哲也	FW	神田識二朗
生田 久貴	HB	吉田隆太郎
清水 周英	HB	石井 勝尉
太田 浩介	TB	川崎 剛寿
青井 博也	TB	吉川 雅也
林 千春	TB	土肥 琢哉
若林 俊康	TB	鈴木 学
渡瀬 裕司	FB	池田 尚

G：国立
R：斉藤

9 前半 6
1 T 0
1 G 0
1 PG 2
DG
6 後半 0
1 T 0
1 G 0
0 PG 0
DG
13 反則 8

交代：早大
土肥＝森田
博志

公式試合NO. 685

第22回全国大学選手権大会（決勝）／S61年1月4日

慶應 12（9−9 / 3−3）12 明大

［慶　應］		［明　大］	G：国立 R：ファンワース
橋本　達矢	FW	太田　　治	
五所　紳一	FW	中村　紀夫	
中野　忠幸	FW	篠原　俊則	9 前半 9
柴田　志通	FW	乾　　治生	0 T 1
山越　克雄	FW	田中　龍幸	0 G 1
栗原　正信	FW	土井　太志	3 PG 1
上島　　治	FW	中島　修二	DG
油山　哲也	FW	高橋　善幸	
生田　久貴	HB	南　　隆雄	3 後半 3
清水　周英	HB	佐藤　　総	0 T 0
太田　浩介	TB	国定　精豪	0 G 0
青井　博也	TB	出向井　豊	1 PG 1
林　　千春	TB	川上　健司	DG
若林　俊康	TB	鵜沼　俊夫	
渡瀬　裕司	FB	村井　成人	9 反則10

公式試合NO. 686

第23回日本選手権（決勝）／S61年1月15日

慶應 18（3−0 / 15−13）13 トヨタ自動車

［慶　應］		［トヨタ自動車］	G：国立 R：ファンワース
橋本　達矢	FW	八角　浩司	
五所　紳一	FW	畠山　一寿	
中野　忠幸	FW	池田洋七郎	3 前半 0
柴田　志通	FW	重村　政実	0 T 0
山越　克雄	FW	塚本　浩二	0 G 0
栗原　正信	FW	竹村　光弘	1 PG 0
上島　　治	FW	安江健二郎	DG
油山　哲也	FW	宗雲　克美	
生田　久貴	HB	上杉　良広	15 後半13
清水　周英	HB	朽木　英次	2 T 1
太田　浩介	TB	辻　　悦朗	2 G 0
青井　博也	TB	斎藤　　進	1 PG 1
林　　千春	TB	田村　　誠	DG 2
若林　俊康	TB	中川　俊一	
渡瀬　裕司	FB	芳野　嘉隆	8 反則15

公式試合NO. 687

全早慶明対抗戦／S61年1月26日

全慶應 25（8−6 / 17−4）10 全明大

［全慶應］		［全明大］	G：秩父宮 R：石田
石森　久嗣	FW	太田　　治	
五所　紳一	FW	佐藤　康信	
中野　忠幸	FW	相沢　動太	8 前半 6
山越　克雄	FW	鈴木　清士	2 T 1
中山　　剛	FW	田中　龍幸	0 G 1
田代　　博	FW	志村　良太	0 PG 0
油山　哲也	FW	中島　修二	DG
柴田　志通	FW	高橋　善幸	
生田　久貴	HB	中谷　　薫	17 後半 4
浅田　武男	HB	小林日出夫	3 T 1
市瀬　豊和	TB	国定　精豪	1 G 0
松永　敏宏	TB	川上　健司	1 PG 0
青井　博也	TB	金谷　福身	DG
渡瀬　裕司	TB	鈴木　　繁	
村井大次郎	FB	村井　成人	5 反則 4

公式試合NO. 688

全早慶明対抗戦／S61年2月2日

全慶應 14（6−10 / 8−19）29 全早大

［全慶應］		［全早大］	G：秩父宮 R：辻
橋本　達矢	FW	尾形　　勉	
五所　紳一	FW	西谷　光宏	
中野　忠幸	FW	山本　　巧	6 前半10
山越　克雄	FW	坂本　光治	1 T 1
中山　　剛	FW	清水　明浩	1 G 0
油山　哲也	FW	梶原　敏輔	0 PG 2
上島　　治	FW	渡辺　浩章	DG
柴田　志通	FW	益子　俊志	
生田　久貴	HB	土屋謙太郎	8 後半19
清水　周英	HB	本城　和彦	2 T 3
渡瀬　裕司	TB	今駒　憲二	0 G 2
松永　敏宏	TB	吉川　雅也	0 PG 1
林　　千春	TB	吉野　俊郎	DG
若林　俊康	TB	鈴木　　学	
村井大次郎	FB	安田　真人	9 反則14

公式試合NO. 689

全早慶招待ラグビー／S61年4月13日

全慶應 17（3−12 / 14−16）28 全早大

［全慶應］		［全早大］	G：長居 R：井上
橋本　達矢	FW	尾形　　勉	
五所　紳一	FW	西谷　光宏	3 前半12
中野　忠幸	FW	山本　　巧	0 T 3
山越　克雄	FW	坂本　光治	0 G 1
中山　　剛	FW	栗原　誠治	1 PG 0
田代　　博	FW	梶原　敏補	DG
上島　　治	FW	土屋 謙太郎	14 後半16
柴田　志通	FW	益子　俊志	3 T 2
生田　久貴	HB	井上　　明	1 G 1
清水　周英	HB	本城　和彦	0 PG 2
渡瀬　裕司	TB	伊藤　寿浩	DG
松永　敏宏	TB	今駒　憲二	10 反則 6
青井　博也	TB	土肥　琢哉	交代：早大
若林　俊康	TB	池田　　剛	和久井＝今駒
村井大次郎	FB	安田　直人	

公式試合NO. 690

第60回対京大定期戦／S61年9月15日

慶應 15（3−0 / 12−0）0 京大

［慶　應］		［京　大］	G：三ツ沢 R：中川
藤田　伸朗	FW	八木　健一	
大内　正明	FW	小泉　浩隆	3 前半 0
石森　久嗣	FW	皆見　健二	0 T 0
山越　克雄	FW	山形　幸嗣	0 G 0
福本　正幸	FW	宮尾　泰助	1 PG 0
油山　哲也	FW	佐野　哲史	DG
青木　泰志	FW	横野　正憲	
柴田　志通	FW	斎藤太嘉志	12 後半 0
西　　基之	HB	靏　　康彦	3 T 0
川端　良三	HB	喜多　章行	0 G 0
大北　正真	TB	森井　基夫	0 PG 0
杉本　　猛	TB	溝口　正人	DG
中口　　健	TB	池田　　明	4 反則 9
若林　俊康	TB	森沢　　篤	交代：京大 塩沢＝森沢
立石　侑雄	FB	宮田　　和	

公式試合NO. 691

第69回対同大定期戦／S61年9月23日

慶應 31（0−11 / 31−16）27 同大

［慶　應］		［同　大］	G：西京極 R：井上
藤田　伸朗	FW	嘉住　和彦	
長本　秀人	FW	広瀬　　務	
石森　久嗣	FW	森川　進豪	0 前半11
河内　大蔵	FW	部谷　隆典	0 T 2
山越　克雄	FW	東口　明広	0 G 0
油山　哲也	FW	中尾　　晃	0 PG 1
上島　　治	FW	杉本　慎治	DG
柴田　志通	FW	中尾　芳門	
西　　規之	HB	漆崎　晃久	31 後半16
工藤　　健	HB	古川　義祐	5 T 3
大北　正信	TB	山田　朋徳	4 G 2
杉本　　猛	TB	小松　節夫	1 PG 0
中口　　健	TB	山川　載人	DG
太田　浩介	TB	酒井　督博	
若林　俊康	FB	綾城　高志	10 反則 8

公式試合NO. 692

第59回対立大定期戦／S61年9月28日

慶應 32（12−4 / 20−0）4 立大

［慶　應］		［立　大］	G：秩父宮 R：望主
八柳　　悟	FW	黒石　康暢	
藤田　伸朗	FW	末定　洋介	12 前半 4
石森　久嗣	FW	上西浩一郎	1 T 1
河内　大蔵	FW	鈴木　修一	1 G 0
山越　克雄	FW	奥本　昭彦	2 PG 0
安田　知彦	FW	中野賢一郎	DG
上島　　治	FW	多畑　志朗	20 後半 0
柴田　志通	FW	大木　康正	4 T 0
西　　規之	HB	岩淵　英之	2 G 0
川端　良三	HB	関　　和也	0 PG 0
太田　浩介	TB	衛藤浩一郎	DG
杉本　　猛	TB	小林　一幸	13 反則15
中口　　健	TB	園部　　誠	交代：立大
若林　俊康	TB	吉田　隆晴	岩田＝末定
立石　郁雄	FB	元治　裕一	梅林＝上西

公式試合NO. 693

関東大学対抗戦／S61年10月5日

慶應 13（4−4 / 9−6）10 成蹊大

［慶　應］		［成蹊大］	G：三ツ沢 R：鈴木
藤田　伸朗	FW	守屋　佳彦	
長本　秀人	FW	宇津橋喜禎	
石森　久嗣	FW	金子　　昇	4 前半 4
河内　大蔵	FW	恒屋　進五	1 T 1
山越　克雄	FW	土田　士郎	0 G 0
安田　知彦	FW	辺見　秀樹	0 PG 0
柴田　志通	FW	板井　二郎	DG
油山　哲也	FW	神保　武史	
飯田　通浩	HB	安田　和之	9 後半 6
工藤　　健	HB	竹石　　豊	1 T 1
若林　俊康	TB	広瀬　俊哉	1 G 1
川端　良三	TB	本谷　　誠	1 PG 0
中口　　健	TB	浅尾　　玲	DG
大北　正信	TB	宍戸　太郎	
瀬田　俊一	FB	清水　聡志	12 反則18

公式試合NO. 694

関東大学対抗戦／S61年10月12日

慶應 13 (6−6 / 7−6) 12 青学大

[慶　應]		[青学大]
藤田　伸朗	FW	樋口　賢二
長本　秀人		山口　芳正
石森　久嗣		須田　尚宏
河内　大蔵		天沼　秀一
山越　克雄		山崎　善也
油山　哲也		美川　竜二
上島　治		菊地　孝広
柴田　志通		鷲塚　高広
西　規之	HB	西川　育延
工藤　健		鈴木　成明
太田　浩介	TB	三枝　博文
川端　良三		関口　誠
杉本　猛		佐藤　勝美
大北　正信		田中　次織
若林　俊康	FB	長郷国太郎

G：秩父宮
R：奈良

6	前半	6
0	T	0
0	G	0
2	PG	2
	DG	
7	後半	6
1	T	1
0	G	1
1	PG	0
	DG	
8	反則	26

交代：青学大
田中＝関口

公式試合NO. 695

関東大学対抗戦／S61年10月19日

慶應 6 (6−9 / 0−9) 18 筑波大

[慶　應]		[筑波大]
石森　久嗣	FW	佐藤　芳弘
長本　秀人		薫田　真広
中野　忠幸		中村　正人
河内　大蔵		池戸　成記
山越　克雄		須川　俊哉
油山　哲也		河田　弘重
上島　治		西川　浩
柴田　志通		高田　哲
西　規之	HB	土屋　嘉彦
工藤　健		堤　荘司
瀬田　俊一	TB	利根　尚志
太田　浩介		藤山　卓也
川端　良三		森井　研児
天野　亜夫		関　大三郎
若林　俊康	FB	戸谷　明宏

G：秩父宮
R：富沢

6	前半	9
1	T	1
1	G	1
0	PG	1
	DG	
0	後半	9
0	T	1
0	G	1
0	PG	1
	DG	
9	反則	9

交代：慶應
杉本＝工藤

公式試合NO. 696

関東大学対抗戦／S61年10月26日

慶應 25 (10−19 / 15−16) 35 日体大

[慶　應]		[日体大]
石森　久嗣	FW	松尾　隆寛
八柳　悟		瀬戸升雅充
中野　忠幸		富沢　宏
柴田　志通		木暮　明
山越　克雄		井澤　慶太
綱沢　弘達		石附　達夫
上島　治		横溝健一郎
油山　哲也		千葉　英史
西　規之	HB	駒井　正蔵
川端　良三		福岡　進
瀬田　俊一	TB	古賀　浩一
太田　浩介		水上　敦
中口　健		武山　哲也
天野　亜夫		阿久津友作
若林　俊康	FB	都築　吉則

G：秩父宮
R：川崎

10	前半	19
2	T	3
1	G	2
0	PG	1
	DG	
15	後半	16
2	T	2
2	G	1
1	PG	2
	DG	
14	反則	15

交代：日体大
高橋＝都築

公式試合NO. 697

第61回対明大定期戦／S61年11月9日

慶應 12 (6−22 / 6−40) 62 明大

[慶　應]		[明　大]
藤田　伸朗	FW	太田　治
八柳　悟		岡本　時和
中野　忠幸		高橋　善幸
山越　克雄		芳村　正徳
橋本　篤幸		乾　治生
油山　哲也		土井　太志
上島　治		中島　修二
柴田　志通		大西　一平
田中　慎一	HB	安東　文明
川端　良三		佐藤　総
瀬田　俊一	TB	笠　武史
太田　浩介		加藤　尋久
中口　健		川上　健司
若林　俊康		竹之内弘典
立石　郁雄	FB	村井　成人

G：秩父宮
R：ファンワース

6	前半	22
0	T	5
0	G	1
2	PG	0
	DG	
6	後半	40
1	T	8
1	G	4
0	PG	0
	DG	
5	反則	16

公式試合NO. 698

第63回対早大定期戦／S61年11月23日

慶應 15 (6−6 / 9−12) 18 早大

[慶　應]		[早　大]
石森　久嗣	FW	永田　隆憲
八柳　悟		西谷　光宏
中野　忠幸		頓所　明彦
山越　克雄		坂本　光治
橋本　篤幸		栗原　誠治
堺　大祐		渡辺　浩章
上島　治		浜野　彰
柴田　志通		神田識二朗
田中　慎一	HB	吉田隆太郎
川端　良三		森田　博志
瀬田　俊一	TB	島沢　明史
杉本　猛		石井　勝尉
中口　健		北村　慶
若林　俊康		今駒　憲二
立石　郁雄	FB	香取　鉄平

G：国立
R：斉藤

6	前半	6
0	T	0
0	G	0
2	PG	2
	DG	
9	後半	12
1	T	1
1	G	1
1	PG	2
	DG	
13	反則	11

交代：早大
桑島＝森田

公式試合NO. 699

第61回対東大定期戦／S61年11月29日

慶應 35 (13−9 / 22−6) 15 東大

[慶　應]		[東　大]
石森　久嗣	FW	山口　哲
八柳　悟		内野　晃彦
中野　忠幸		青山　和浩
柴田　志通		神井　弘之
山越　克雄		小泉　孝郎
堺　大祐		野崎　哲也
上島　治		小林　久峠
油山　哲也		松本　光之
田中　慎一	HB	小野　正道
川端　良三		古賀　久展
瀬田　俊一	TB	加藤　芳明
太田　浩介		富沢　直行
杉本　猛		庄司　英洋
若林　俊康		大久保　力
立石　郁雄	FB	川出宗一郎

G：三ツ沢
R：奈良

13	前半	9
2	T	1
1	G	1
1	PG	1
	DG	
22	後半	6
5	T	1
3	G	1
0	PG	0
	DG	
	反則	

公式試合NO. 700

全早慶明対抗戦／S62年2月7日

全慶應 65 (21−6 / 44−14) 20 全早大

[全慶應]		[全早大]
橋本　達矢	FW	永田　隆憲
五所　紳一		森島　弘光
中野　忠幸		永井　雅之
柴田　志通		坂本　光治
山越　克雄		栗原　誠治
田代　博		渡辺　浩章
上島　治		浜野　彰
林　邦彦		益子　俊志
生田　久貴	HB	奥脇　教
清水　周英		本城　和彦
市瀬　豊和	TB	今駒　憲二
松永　敏宏		吉野　俊郎
青井　博也		土肥　琢哉
若林　俊康		中川　俊一
村井大次郎	FB	香取　鉄平

G：国立
R：辻

21	前半	6
3	T	0
3	G	0
1	PG	2
	DG	
44	後半	14
8	T	3
6	G	1
0	PG	0
	DG	
10	反則	7

交代：早大
頓所＝永田
土屋＝奥脇

公式試合NO. 701

全早慶明対抗戦／S62年2月14日

全慶應 22 (8−18 / 14−4) 22 全明大

[全慶應]		[全明大]
石森　久嗣	FW	大田　治
橋本　達矢		佐藤　康信
中野　忠幸		相沢　勧太
柴田　志通		乾　治生
山越　克雄		田中　龍章
田代　博		土井　太志
上島　治		大西　一平
林　邦彦		河瀬　泰治
生田　久貴	HB	南　隆雄
清水　周英		小林日出夫
市瀬　豊和	TB	国定　精豪
松永　敏宏		川上　健司
林　千春		若狭　平和
若林　俊康		鈴木　繁
村井大次郎	FB	橋爪　利明

G：国立
R：望主

8	前半	18
2	T	2
0	G	2
0	PG	2
	DG	
14	後半	4
2	T	1
0	G	0
2	PG	0
	DG	
7	反則	10

公式試合NO. 702

第61回対京大定期戦／S62年9月15日

慶應 91 (49−0 / 42−0) 0 京大

[慶　應]		[京　大]
福本　正幸	FW	中崎　学
藤田　伸朗		吉川　克巳
志村　良輔		八木　健一
古市　匡		高橋　祐司
橋本　篤幸		沢　秀樹
山越　達雄		佐野　哲史
綱沢　弘達		横野　正憲
柴田　志通		斉藤太嘉志
西　規之	HB	上田　孝行
工藤　健		佐野　亨
田村　喜寛	TB	麻植　渉
川端　良三		溝口　正人
中口　健		池田　明
立石　郁雄		酒木　啓介
大北　正信	FB	宮田　和

G：長居
R：辻野

49	前半	0
7	T	0
6	G	0
3	PG	0
	DG	
42	後半	0
8	T	0
5	G	0
0	PG	0
	DG	
4	反則	8

交代：慶應
志賀＝藤田
京大　並河＝
高橋

公式試合NO. 703
第70回対同大定期戦／S62年9月23日

慶應14（4－26／10－4）30同大

G：三ツ沢　R：城所

［慶應］		［同大］
福本 正幸	FW	岡田 修
藤田 伸朗	FW	弘津 英司
志村 良輔	FW	大村賢次郎
橋本 篤幸	FW	部谷 隆典
古市 匡	FW	上田 弘之
出原 正信	FW	中尾 晃
山越 達雄	FW	村上 博樹
柴田 志通	FW	武藤 規夫
西 規之	HB	漆崎 晃久
工藤 健	HB	荒木 明廣
田村 喜寛	TB	山川 義人
川端 良三	TB	小松 節夫
杉本 猛	TB	山田 朋徳
立石 郁雄	TB	佐野 順
大北 正信	FB	細川 隆弘

慶應		同大
4	前半	26
1	T	5
0	G	3
0	PG	0
	DG	
10	後半	4
2	T	1
1	G	0
0	PG	0
	DG	
12	反則	8

交代：慶應 良塚＝大北 同大 嘉住＝大村

公式試合NO. 704
第61回対立大定期戦／S62年9月27日

慶應37（16－0／21－10）10立大

G：三ツ沢　R：辻

［慶應］		［立大］
福本 正幸	FW	梅林 一郎
藤田 伸朗	FW	岩田 俊昭
志村 良輔	FW	平原 慎治
橋本 篤幸	FW	川崎 裕一
古市 匡	FW	高野 陽一
出原 正信	FW	中野賢一郎
林 幹人	FW	佐野 光男
柴田 志通	FW	高木 大祐
西 規之	HB	岩淵 英之
工藤 健	HB	小林 一幸
三輪 晃久	TB	天羽 善太
川端 良三	TB	新垣 稔
良塚 元一	TB	園部 誠
田村 喜寛	TB	吉田 隆晴
立石 郁雄	FB	元治 裕一

慶應		立大
16	前半	0
1	T	0
0	G	0
4	PG	0
	DG	
21	後半	10
4	T	2
1	G	1
1	PG	0
	DG	
13	反則	17

公式試合NO. 705
関東大学対抗戦／S62年10月4日

慶應28（18－0／10－3）3成蹊大

G：日吉　R：中川

［慶應］		［成蹊大］
福本 正幸	FW	守屋 佳彦
藤田 伸朗	FW	高橋 孝一
志村 良輔	FW	古山 裕二
橋本 篤幸	FW	新保 武史
古市 匡	FW	樋口 範忠
出原 正信	FW	大矢知幸裕
綱沢 弘達	FW	辺見 秀樹
柴田 志通	FW	奥沢 崇人
西 規之	HB	藤野 二郎
工藤 健	HB	竹石 豊
良塚 元一	TB	富田 貴裕
川端 良三	TB	金沢 王生
杉本 猛	TB	山本 克彦
田村 喜寛	TB	谷田部昇司
立石 郁雄	FB	湯沢 昌宏

慶應		成蹊大
18	前半	0
4	T	0
1	G	0
0	PG	0
	DG	
10	後半	3
2	T	0
1	G	0
0	PG	1
	DG	
18	反則	4

公式試合NO. 706
関東大学対抗戦／S62年10月11日

慶應16（0－9／16－11）20青学大

G：高崎　R：中沢

［慶應］		［青学大］
福本 正幸	FW	樋口 賢二
藤田 伸朗	FW	平野 勝一
志村 良輔	FW	伊東 和弘
橋本 篤幸	FW	天沼 秀一
古市 匡	FW	安藤 善政
出原 正信	FW	菊地 孝広
山越 達雄	FW	内田 芳信
柴田 志通	FW	鷲塚 高広
西 規之	HB	内田 隆尚
工藤 健	HB	浅田 剛司
良塚 元一	TB	三枝 博文
川端 良三	TB	鈴木 成明
杉本 猛	TB	関口 誠
田村 喜寛	TB	田中 次織
立石 郁雄	FB	富岡 剛

慶應		青学大
0	前半	9
0	T	1
0	G	1
0	PG	1
	DG	
16	後半	11
3	T	2
2	G	0
0	PG	1
	DG	
12	反則	21

公式試合NO. 707
関東大学対抗戦／S62年10月18日

慶應9（3－11／6－6）17筑波大

G：江戸川　R：斉藤

［慶應］		［筑波大］
福本 正幸	FW	中里 豊
藤田 伸朗	FW	薫田 真広
志村 良輔	FW	中村 正人
橋本 篤幸	FW	梶原 宏之
古市 匡	FW	高木 邦夫
出原 正信	FW	小柳 好生
山越 達雄	FW	西川 浩
柴田 志通	FW	高田 哲
西 規之	HB	飯沼 健
川端 良三	HB	仲井 久
三輪 晃久	TB	安村 光滋
良塚 元一	TB	宮本 和則
杉本 猛	TB	森井 研児
田村 喜寛	TB	竹下 公平
立石 郁雄	FB	戸谷 明宏

慶應		筑波大
3	前半	11
0	T	2
0	G	0
1	PG	1
	DG	
6	後半	6
0	T	0
0	G	0
2	PG	2
	DG	
7	反則	13

公式試合NO. 708
関東大学対抗戦／S62年10月25日

慶應6（0－0／6－4）4日体大

G：三ツ沢　R：富沢

［慶應］		［日体大］
福本 正幸	FW	吉田 浩二
藤田 伸朗	FW	諫見 雅隆
志村 良輔	FW	昆 洋
橋本 篤幸	FW	木暮 司
古市 匡	FW	井沢 慶太
出原 正信	FW	倉原 延行
山越 達雄	FW	比原 哲史
柴田 志通	FW	谷手 一政
西 規之	HB	駒井 正憲
工藤 健	HB	相沢 一則
良塚 元一	TB	木村 季由
川端 良三	TB	渡辺 修
杉本 猛	TB	武山 哲也
田村 喜寛	TB	鳥井 修
立石 郁雄	FB	福室 清美

慶應		日体大
0	前半	0
0	T	0
0	G	0
0	PG	0
	DG	
6	後半	4
1	T	1
1	G	0
0	PG	0
	DG	
5	反則	9

公式試合NO. 709
第62回対明大定期戦／S62年11月7日

慶應3（3－27／0－46）73明大

G：三ツ沢　R：城所

［慶應］		［明大］
福本 正幸	FW	佐藤 浩美
藤田 伸朗	FW	岡本 時和
志村 良輔	FW	飯塚 淳
橋本 篤幸	FW	飛弾 誠
古市 匡	FW	蜂谷 晶
出原 正信	FW	土井 太志
山越 達雄	FW	中島 修二
柴田 志通	FW	大西 一平
西 規之	HB	安東 文明
工藤 健	HB	加藤 尋久
良塚 元一	TB	田辺 良典
川端 良三	TB	川上 健司
杉本 猛	TB	上井 隆三
田村 喜寛	TB	竹之内弘典
立石 郁雄	FB	高岩 映善

慶應		明大
3	前半	27
0	T	5
0	G	2
1	PG	1
	DG	
0	後半	46
0	T	8
0	G	7
0	PG	0
	DG	
7	反則	10

公式試合NO. 710
第64回対早大定期戦／S62年11月23日

慶應6（0－15／6－24）39早大

G：国立　R：真下

［慶應］		［早大］
福本 正幸	FW	永田 隆憲
藤田 伸朗	FW	森島 弘光
志村 良輔	FW	渡辺 達矢
柴田 志通	FW	弘田 知巳
古市 匡	FW	篠原 太郎
出原 正信	FW	神田識二朗
林 幹人	FW	清田 真央
綱沢 弘達	FW	清宮 克幸
西 規之	HB	堀越 正巳
工藤 健	HB	前田 夏洋
良塚 元一	TB	今泉 清
川端 良三	TB	今駒 憲二
杉本 猛	TB	中島 健
田村 喜寛	TB	桑島 靖明
立石 郁雄	FB	加藤進一郎

慶應		早大
0	前半	15
0	T	3
0	G	0
0	PG	1
	DG	
6	後半	24
1	T	4
1	G	4
0	PG	0
	DG	
7	反則	10

公式試合NO. 711
第62回対東大定期戦／S62年11月28日

慶應6（3－4／3－4）8東大

G：三ツ沢　R：望主

［慶應］		［東大］
福本 正幸	FW	山口 哲
藤田 伸朗	FW	内野 晃彦
志賀 行介	FW	長沢 重俊
柴田 志通	FW	神井 弘之
古市 匡	FW	石井 健久
藤枝 昭裕	FW	野崎 哲也
林 幹人	FW	志摩 昌彦
綱沢 弘達	FW	上野 善信
奥田 洋史	HB	川出宗一郎
工藤 健	HB	庄司 英洋
三輪 晃久	TB	富松 公篤
川端 良三	TB	浅野 徹
杉本 猛	TB	富沢 直行
田村 喜寛	TB	加藤 芳明
立石 郁雄	FB	長坂 省

慶應		東大
3	前半	4
0	T	1
0	G	0
1	PG	0
	DG	
3	後半	4
0	T	1
0	G	0
1	PG	0
	DG	
9	反則	14

公式試合NO.712

全早慶明対抗戦／S63年1月23日

全慶應 23 (4−22 / 19−3) 25 全明大

[全慶應]		[全明大]	G：国立 R：望主
橋本 達矢	FW	前田 剛	
五所 紳一		大西 一平	
志村 良輔		相沢 動太	4 前半22
柴田 志通		川地 光二	1 T 4
山越 克雄		飛弾 誠	0 G 3
田代 博		土井 太志	0 PG 0
玉塚 元一		尾上 研	DG
林 邦彦		河瀬 泰治	
生田 久貴	HB	南 隆雄	19 後半 3
清水 周英		砂村 光信	3 T 0
川端 良三	TB	国定 精豪	2 G 0
松永 敏宏		川上 健司	1 PG 1
青井 博也		金谷 福身	DG
若林 俊康		若狭 平和	
村井大次郎	FB	橋爪 利明	7 反則11

公式試合NO.713

全早慶明対抗戦／S63年1月31日

全慶應 15 (11−7 / 4−20) 27 全早大

[全慶應]		[全早大]	G：国立 R：川崎
中野 忠幸	FW	永田 隆憲	
橋本 達矢		西谷 光宏	
志村 良輔		頓所 明彦	11 前半 7
柴田 志通		坂本 光治	2 T 1
山越 克雄		栗原 誠治	0 G 0
田代 博		神田識二郎	1 PG 1
玉塚 元一		梶原 敏補	DG
油山 哲也		益子 俊志	
生田 久貴	HB	堀越 正巳	4 後半20
清水 周英		前田 夏洋	1 T 4
中口 健	TB	今泉 清	0 G 2
松永 敏宏		今駒 憲二	0 PG 0
林 千春		藤掛 三男	DG
若林 俊康		桑島 靖明	
村井大次郎	FB	石井 勝尉	11 反則11

公式試合NO.714

第62回対京大定期戦／S63年9月15日

慶應 42 (16−0 / 26−3) 3 京大

[慶 應]		[京 大]	G：三ツ沢 R：中川
福本 正幸	FW	柴野 恭範	
犬飼 精二		矢箆原祐介	
志村 良輔		吉川 克巳	16 前半 0
橋本 篤幸		奥村 健一	3 T 0
上遠野 慶		村上 浩二	2 G 0
出原 正信		佐野 哲史	0 PG 0
山越 達雄		横野 正憲	DG
小田切宏太		並河 努	
奥田 洋史	HB	鈴木 隆文	26 後半 3
柿沼 岳史		麻植 渉	5 T 0
良塚 元一	TB	上田 孝行	3 G 0
川端 良三		溝口 正人	0 PG 1
荒木 孝昌		塩沢 博紀	DG
立石 郁雄		藤村 隆志	
中口 健	FB	藤井 宏二	17 反則14

公式試合NO.715

第71回対同大定期戦／S63年9月23日

慶應 40 (15−10 / 25−13) 23 同大

[慶 應]		[同 大]	G：花園 R：辻野
福本 正幸	FW	岡田 修	
犬飼 精二		村岡 秀彦	
志村 良輔		中村 直人	15 前半10
橋本 篤幸		部谷 隆典	1 T 2
上遠野 慶		文原 洋一	1 G 1
出原 正信		井村 洋	3 PG 0
山越 達雄		池内 信司	DG
小田切宏太		中尾 晃	
奥田 洋史	HB	荒井 明廣	25 後半13
柿沼 岳史		李 光弘	4 T 2
良塚 元一	TB	杉本 達哉	3 G 1
川端 良三		古川 義祐	1 PG 1
荒木 孝昌		天鷲 裕到	DG
立石 郁雄		栗山 紀一	
中口 健	FB	澤 史郎	17 反則14

公式試合NO.716

第61回対立大定期戦／S63年10月2日

慶應 20 (11−6 / 9−0) 6 立大

[慶 應]		[立 大]	G：日吉 R：中沢
福本 正幸	FW	梅林 一郎	
犬飼 精二		岩田 俊昭	11 前半 6
志村 良輔		柴田 紀之	2 T 1
橋本 篤幸		鈴木 修一	0 G 1
上遠野 慶		高野 陽一	1 PG 0
出原 正信		大平 智巳	DG
山越 達雄		佐野 光男	
小田切宏太		高木 大祐	9 後半 0
奥田 洋史	HB	岩渕 英之	1 T 0
柿沼 岳史		松尾 慎一	1 G 0
良塚 元一	TB	天羽 啓太	1 PG 0
川端 良三		新垣 稔	DG
荒木 孝昌		園部 誠	6 反則14
立石 郁雄		松本 直久	交代：慶應
中口 健	FB	矢部 景久	伊藤＝上遠野

公式試合NO.717

関東大学対抗戦／S63年10月9日

慶應 61 (9−6 / 52−0) 6 成蹊大

[慶 應]		[成蹊大]	G：日吉 R：鈴木
三宅清三郎	FW	宮沢 伸幸	
山室 宗興		松下愛一郎	9 前半 6
犬飼 精二		古山 裕二	1 T 1
橋本 篤幸		沢田石康浩	1 G 1
伊藤 隆		横井 文治	1 PG 0
出原 正信		奥沢 崇人	DG
山越 達雄		森 一憲	
小田切宏太		田中 秀孝	52 後半 0
奥田 洋史	HB	山本 恒貞	9 T 0
柿沼 岳史		竹石 豊	8 G 0
良塚 元一	TB	松田 多聞	0 PG 0
川端 良三		谷田部昇司	DG
荒木 孝昌		石坂 信也	13 反則10
立石 郁雄		康本 真	交代：成蹊大 中島＝谷田部
中口 健	FB	湯沢 昌宏	入沢＝奥沢

公式試合NO.718

関東大学対抗戦／S63年10月15日

慶應 22 (13−9 / 9−16) 25 青学大

[慶 應]		[青学大]	G：秩父宮 R：真下
福本 正幸	FW	樋口 賢二	
山室 宗興		平野 勝一	13 前半 9
犬飼 精二		梅下 政幸	1 T 1
橋本 篤幸		天沼 秀一	0 G 1
伊藤 隆		安藤 善政	3 PG 1
出原 正信		赤塚 範宏	DG
山越 達雄		稲葉 和宏	
小田切宏太		鷲塚 高広	9 後半16
奥田 洋史	HB	樋川 直人	1 T 3
柿沼 岳史		鈴木 成明	1 G 2
良塚 元一	TB	吹田 長生	1 PG 0
川端 良三		森田 研治	DG
荒木 孝昌		関口 誠	6 反則10
立石 郁雄		田中 次織	交代：青学大
中口 健	FB	冨岡 剛	杉山＝関口

公式試合NO.719

関東大学対抗戦／S63年10月23日

慶應 23 (4−13 / 19−13) 26 筑波大

[慶 應]		[筑波大]	G：秩父宮 R：斉藤
福本 正幸	FW	矢野 義明	
犬飼 精二		薫田 真広	4 前半13
志村 良輔		中野 佳甚	1 T 2
橋本 篤幸		高木 邦夫	0 G 1
村上 信威		浜崎 浩秋	0 PG 1
出原 正信		柴田 久寛	DG
笠井 哲郎		広瀬 勝弘	
山越 達雄		梶原 宏之	19 後半13
奥田 洋史	HB	飯沼 健	3 T 2
柿沼 岳史		宮本 学	2 G 1
立石 郁雄	TB	安村 光滋	1 PG 1
川端 良三		仲井 久	DG
良塚 元一		高田 広	11 反則11
田村 喜寛		吉田 育弘	交代：慶應 荒木＝川端
中口 健	FB	戸谷 明宏	筑波大 竹村＝仲井

公式試合NO.720

関東大学対抗戦／S63年11月6日

慶應 7 (3−13 / 4−38) 51 日体大

[慶 應]		[日体大]	G：秩父宮 R：奈良
福本 正幸	FW	吉田 浩二	
犬飼 精二		門脇 永記	
志村 良輔		古賀慎一郎	3 前半13
橋本 篤幸		佐藤 勝久	0 T 2
村上 信威		横田 典之	0 G 1
出原 正信		井上 毅	1 PG 1
笠井 哲郎		鳥井 修	DG
山越 達雄		横田 政人	
奥田 洋史	HB	駒井 正憲	4 後半38
川端 良三		薬師寺大輔	1 T 6
立石 郁雄	TB	松本 哲治	0 G 4
良塚 元一		福岡 進	0 PG 2
荒木 孝昌		武山 哲也	DG
田村 喜寛		高橋 陽介	
中口 健	FB	福室 清美	14 反則 7

公式試合NO. 721

第63回対明大定期戦／S63年11月13日

慶應 25 (12−7 / 13−10) 17 明大

[慶 應]		[明 大]	G：秩父宮 R：奈良
福本 正幸	FW	戸田 太	
犬飼 精二	FW	岡本 時和	
志村 良輔	FW	須之内浩司	12 前半 7
橋本 篤幸	FW	池沢 弘喜	1 T 1
村上 信威	FW	飛弾 誠	1 G 0
出原 正信	FW	小村 淳	2 PG 1
笠井 哲郎	FW	尾上 研	DG
山越 達雄	FW	冨岡 洋	
奥田 洋史	HB	安東 文明	13 後半10
三輪 信敏	HB	松尾 雄介	2 T 1
立石 郁雄	TB	丹羽 政彦	1 G 0
川端 良三	TB	一久保孝広	1 PG 2
荒木 孝昌	TB	谷口 和義	DG
田村 喜寛	TB	竹之内弘典	
中口 健	FB	比佐 文俊	13 反則 9

公式試合NO. 722

第65回対早大定期戦／S63年11月23日

慶應 6 (6−9 / 0−25) 34 早大

[慶 應]		[早 大]	G：秩父宮 R：斉藤
福本 正幸	FW	岩下 伸行	
犬飼 精二	FW	森島 弘光	
志村 良輔	FW	渡辺 逹矢	6 前半 9
橋本 篤幸	FW	後藤 禎和	0 T 0
村上 信威	FW	篠原 太郎	0 G 0
出原 正信	FW	打矢 二郎	2 PG 3
笠井 哲郎	FW	清田 真央	DG
山越 達雄	FW	清宮 克幸	
奥田 洋史	HB	堀越 正巳	0 後半25
三輪 信敏	HB	前田 夏洋	0 T 4
立石 郁雄	TB	島沢 明史	0 G 3
川端 良三	TB	吉村 恒	0 PG 1
荒木 孝昌	TB	藤掛 三男	DG
田村 喜寛	TB	郷田 正	
中口 健	FB	今泉 清	12 反則12

公式試合NO. 723

第63回対東大定期戦／S63年12月13日

慶應 18 (3−3 / 15−3) 6 東大

[慶 應]		[東 大]	G：日吉 R：吉羽
福本 正幸	FW	坂尾 晃司	
犬飼 精二	FW	日下 篤	
志村 良輔	FW	長沢 重俊	3 前半 3
橋本 篤幸	FW	神井 弘之	0 T 0
村上 信威	FW	鶴田 純	0 G 0
出原 正信	FW	野崎 哲也	1 PG 1
笠井 哲郎	FW	土林 靖史	DG
山越 達雄	FW	土野 善信	
奥田 洋史	HB	川出宗一郎	15 後半 3
三輪 信敏	HB	富松 公篤	3 T 0
立石 郁雄	TB	長尾 元彦	0 G 0
川端 良三	TB	浅野 徹	1 PG 1
良塚 元一	TB	南 亮	DG
田村 喜寛	TB	加藤 裕二	
中口 健	FB	長坂 省	10 反則12

公式試合NO. 724

全早慶明対抗戦／H元年1月22日

全慶應 22 (8−22 / 14−14) 36 全明大

[全慶應]		[全明大]	G：秩父宮 R：城所
橋本 達矢	FW	太田 治	
五所 紳一	FW	岡本 時和	
中野 忠幸	FW	相沢 雅晴	8 前半22
橋本 篤幸	FW	越野 愉太	2 T 4
山越 達雄	FW	飛弾 誠	0 G 3
出原 正信	FW	広瀬 良治	0 PG 0
玉塚 元一	FW	中島 修二	DG
柴田 志通	FW	大西 一平	
生田 久貴	HB	中田 雄一	14 後半14
三輪 信敏	HB	藪木 宏之	3 T 3
立石 郁雄	TB	国定 精豪	1 G 1
松永 敏宏	TB	加藤 尋久	0 PG 0
川端 良三	TB	一久保孝広	DG
若林 俊康	TB	比佐 文俊	
中口 健	FB	高岩 映善	13 反則13

公式試合NO. 725

全早慶明対抗戦／H元年1月29日

全慶應 26 (8−16 / 18−18) 34 全早大

[全慶應]		[全早大]	G：秩父宮 R：望主
福本 正幸	FW	塩入 英治	
橋本 達矢	FW	森島 弘光	
中野 忠幸	FW	頓所 明彦	8 前半16
橋本 篤幸	FW	篠原 太郎	2 T 2
山越 克雄	FW	栗原 誠治	0 G 1
出原 正信	FW	打矢 二郎	0 PG 2
玉塚 元一	FW	清田 真央	DG
小田切宏太	FW	益子 俊志	
生田 久貴	HB	堀越 正巳	18 後半18
清水 周英	HB	吉雄 潤	3 T 3
立石 郁雄	TB	池田 尚	3 G 3
松永 敏宏	TB	藤崎 泰士	0 PG 0
川端 良三	TB	藤掛 三男	DG
若林 俊康	TB	郷田 正	
中口 健	FB	石井 勝尉	4 反則 7

公式試合NO. 726

ＮＺ遠征／H元年3月8日

全慶應 17 (7−14 / 10−14) 28 カンタベリー大

[全慶應]		[カンタベリー大]	G：カンタベリー大学 R：
福本 正幸	FW	T.SIO	
三宅清三郎	FW	Q.JONES	
志賀 行介	FW	W.DUUCAN	7 前半14
柴田 志通	FW	M.THONPSON	1 T 3
橋本 篤幸	FW	Q.PIERCE	0 G 1
笠井 哲郎	FW	S.KIRKLAND	1 PG 0
山越 達雄	FW	C.FOWLES	DG
小田切宏太	FW	P.JENSON	
奥田 洋史	HB	G.RODGERS	10 後半14
三輪 信敏	HB	G.HALL	2 T 3
立石 郁雄	TB	J.SCOTT	1 G 1
松永 敏宏	TB	W.TOY	0 PG 0
川端 良三	TB	W.PERRIAM	DG
若林 俊康	TB	G.THOMRSON	
中口 健	FB	V.SIMPSON	9 反則 7

公式試合NO. 727

ＮＺ遠征／H元年3月11日

全慶應 42 (8−16 / 34−4) 20 ビクトリア大

[全慶應]		[ビクトリア大]	G：ウェリントン R：ファンワース
福本 正幸	FW		
三宅清三郎	FW		8 前半16
志賀 行介	FW		2 T 3
柴田 志通	FW		0 G 2
赤嶋 俊輔	FW		0 PG 0
笠井 哲郎	FW		DG
山越 達雄	FW		34 後半 4
小田切宏太	FW		5 T 1
奥田 洋史	HB		4 G 0
三輪 信敏	HB		2 PG 0
良塚 元一	TB		DG
松永 敏宏	TB		
川端 良三	TB		18 反則12
若林 俊康	TB		交代：慶應
田村 喜寛	FB		橋本＝赤嶋

公式試合NO. 728

ＮＺ遠征／H元年3月14日

全慶應 10 (6−0 / 4−10) 10 オールドボーイズマリストクラブ

[全慶應]		[オールドボーイズマリストクラブ]	G：タウポ R：
福本 正幸	FW		
山室 宗興	FW		6 前半 0
志賀 行介	FW		0 T 0
上遠野 慶	FW		0 G 0
赤嶋 俊輔	FW		2 PG 0
出原 正信	FW		DG
笠井 哲郎	FW		4 後半10
小田切宏太	FW		1 T 2
栗田幸一郎	HB		0 G 1
田治 之佳	HB		0 PG 0
山根 淳司	TB		DG
中里 裕一	TB		
立石 郁雄	TB		21 反則15
良塚 元一	TB		交代：慶應
田村 喜寛	FB		三宅＝福本 橋本＝上遠野

公式試合NO. 729

ＮＺ遠征／H元年3月18日

全慶應 23 (3−8 / 20−15) 23 ワイカト大

[全慶應]		[ワイカト大]	G：ハミルトン R：
三宅清三郎	FW		
山室 宗興	FW		
福本 正幸	FW		3 前半 8
柴田 志通	FW		0 T 2
橋本 篤幸	FW		0 G 0
出原 正信	FW		1 PG 0
山越 達雄	FW		DG
小田切宏太	FW		
奥田 洋史	HB		20 後半15
三輪 信敏	HB		4 T 3
良塚 元一	TB		2 G 0
松永 敏宏	TB		0 PG 1
立石 郁雄	TB		DG
若林 俊康	TB		
田村 喜寛	FB		6 反則 9

公式試合NO. 730
NZ遠征／H元年3月20日

全慶應16（6－24 / 10－30）54オークランド大

[全慶應]		[オークランド大]	G：オークランド R：
三宅清三郎	FW	ANDERTON	
山室　宗興	FW	FITZPATRICK	
福本　正幸	FW	KIRMAN	6 前半24
柴田　志通	FW	OSHANNESSEY	0 T 4
橋本　篤幸	FW	KEENAN	0 G 4
笠井　哲郎	FW	LEOTTA	2 PG 0
山越　達雄	FW	CAMPBELL	DG
小田切宏太	FW	ORLICH	
奥田　洋史	HB	KENNY	10 後半30
三輪　信敏	HB	FOX	2 T 6
立石　郁雄	TB	FREE	1 G 3
松永　敏宏	TB	BOLTON	0 PG 0
川端　良三	TB	CURRIE	DG
若林　俊康	TB	WILLIAMS	
中口　　健	FB	TURNER	5 反則 5

公式試合NO. 731
第63回対京大定期戦／H元年9月17日

慶應62（22－10 / 40－3）13京大

[慶　應]		[京　大]	G：宝が池 R：佐原
福本　正幸	FW	柴野　恭範	
山室　宗興	FW	矢箆原祐介	
志賀　行介	FW	吉田　吾郎	22 前半10
小田切宏太	FW	奥村　健一	3 T 2
古市　　匡	FW	村上　浩二	2 G 1
出原　正信	FW	染宮　秀樹	2 PG 0
笠井　哲郎	FW	横野　正憲	DG
山越　達雄	FW	加藤　英雄	
奥田　洋史	HB	中村　聖二	40 後半 3
三輪　信敏	HB	麻植　　渉	7 T 0
永安　輝男	TB	豊岡　　潔	6 G 0
柿沼　岳史	TB	溝口　正人	0 PG 1
中里　裕一	TB	西尾　仁志	DG
小松　琢也	TB	坂口　　誠	
田村　喜寛	FB	藤井　宏二	12 反則25

公式試合NO. 732
第72回対同大定期戦／H元年9月24日

慶應24（8－10 / 16－18）28同大

[慶　應]		[同　大]	G：三ツ沢 R：辻
福本　正幸	FW	岡田　　修	
山室　宗興	FW	砂辺　愛尊	
志賀　行介	FW	中村　直人	8 前半10
小田切宏太	FW	小林　将人	2 T 1
古市　　匡	FW	文原　洋一	0 G 0
出原　正信	FW	弘津　英司	0 PG 2
笠井　哲郎	FW	谷本　将崇	DG
山越　達雄	FW	上田　弘之	
奥田　洋史	HB	山西　伸幸	16 後半18
三輪　信敏	HB	青井　成親	3 T 3
永安　輝男	TB	谷口　順一	2 G 0
神田　雅朗	TB	井出　達朗	0 PG 2
中里　裕一	TB	首藤　　康	DG
小松　琢也	TB	栗山　紀一	
田村　喜寛	FB	笹原　　勉	15 反則11

公式試合NO. 733
第62回対立大定期戦／H元年10月1日

慶應55（28－0 / 27－0）0立大

[慶　應]		[立　大]	G：日吉 R：相田
福本　正幸	FW	三浦　武人	
三宅清三郎	FW	小谷	
志賀　行介	FW	遠山　忠輝	28 前半 0
小田切宏太	FW	高木　慎司	3 T 0
古市　　匡	FW	川崎　裕一	2 G 0
出原　正信	FW	反竹　徹也	4 PG 0
林　　幹人	FW	平山　智洋	DG
山越　達雄	FW	佐野　達哉	
奥田　洋史	HB	岩淵　英之	27 後半 0
三輪　信敏	HB	松尾　慎一	5 T 0
永安　輝男	TB	天羽　啓太	2 G 0
神田　雅朗	TB	新垣　　稔	1 PG 0
柿沼　岳史	TB	園部　　誠	DG
小松　琢也	TB	杉山　　徹	
田村　喜寛	FB	岩代　幸司	8 反則16

公式試合NO. 734
関東大学対抗戦／H元年10月7日

慶應88（34－0 / 54－0）0成蹊大

[慶　應]		[立　大]	G： R：
福本　正幸	FW	宮沢　伸幸	
三宅清三郎	FW	増間　敏昭	
志賀　行介	FW	近藤慎一郎	34 前半 0
小田切宏太	FW	水島　亮太	7 T 0
古市　　匡	FW	横井　文治	3 G 0
出原　正信	FW	松下愛一郎	0 PG 0
笠井　哲郎	FW	高田　裕二	DG
山越　達雄	FW	森　　一弘	
奥田　洋史	HB	吉沢　直裕	54 後半 0
三輪　信敏	HB	諏訪　嘉成	10 T 0
永安　輝男	TB	石坂　信也	7 G 0
神田　雅朗	TB	藤野　二郎	0 PG 0
柿沼　岳史	TB	山本　恒貞	DG
小松　琢也	TB	有田　哲二	
田村　喜寛	FB	松田　多聞	13 反則 9

公式試合NO. 735
関東大学対抗戦／H元年10月15日

慶應22（13－6 / 9－6）12青学大

[慶　應]		[青学大]	G：秩父宮 R：斉藤
福本　正幸	FW	田中　高信	
三宅清三郎	FW	南　　直行	13 前半 6
志賀　行介	FW	梅下　政幸	1 T 0
小田切宏太	FW	田中　克紀	0 G 0
古市　　匡	FW	鷲塚　高広	3 PG 2
出原　正信	FW	菊地	DG
笠井　哲郎	FW	中川　紀彰	9 後半 6
山越　達雄	FW	大友　孝芳	1 T 1
奥田　洋史	HB	樋川　直人	1 G 1
三輪　信敏	HB	辻　　憲二	1 PG 0
良塚　元一	TB	吹田　長生	DG
神田　雅朗	TB	森田　研治	14 反則18
立石　郁雄	TB	相場　教充	交代：青学大
小松　琢也	TB	渡辺　浩二	吉田＝梅下
田村　喜寛	FB	富岡　　剛	

公式試合NO. 736
関東大学対抗戦／H元年10月22日

慶應22（3－6 / 19－8）14筑波大

[慶　應]		[筑波大]	G：三ツ沢 R：城所
福本　正幸	FW	矢野　義明	
三宅清三郎	FW	羽岡　広之	
志賀　行介	FW	中野　桂甚	3 前半 6
小田切宏太	FW	三浦　伸文	0 T 1
古市　　匡	FW	浜崎　浩秋	0 G 1
出原　正信	FW	畑　　幸児	1 PG 0
林　　幹人	FW	柴田　久寛	DG
山越　達雄	FW	本田　史英	
奥田　洋史	HB	飯沼　　健	19 後半 8
三輪　信敏	HB	宮本　　学	3 T 2
良塚　元一	TB	宮本　和則	2 G 0
神田　雅朗	TB	三戸部聡司	1 PG 0
柿沼　岳史	TB	渡部　泰寿	DG
小松　琢也	TB	本田　秀典	
田村　喜寛	FB	吉田　育弘	10 反則 9

公式試合NO. 737
関東大学対抗戦／H元年11月5日

慶應18（9－9 / 9－13）22日体大

[慶　應]		[日体大]	G：秩父宮 R：阿世賀
福本　正幸	FW	中州　孝一	
三宅清三郎	FW	当真　　豊	
志賀　行介	FW	小沢　克年	9 前半 9
小田切宏太	FW	富井　和也	1 T 1
古市　　匡	FW	横田　典之	1 G 1
出原　正信	FW	広本　直史	1 PG 1
笠井　哲郎	FW	五十嵐康雄	DG
山越　達雄	FW	芝田　智彦	
奥田　洋史	HB	駒井　正憲	9 後半13
三輪　信敏	HB	薬師寺大輔	1 T 2
良塚　元一	TB	荒井　　誠	1 G 1
神田　雅朗	TB	高根沢公一	1 PG 1
柿沼　岳史	TB	真田　拓也	DG
永安　輝男	TB	尾関　弘樹	
田村　喜寛	FB	福室　清美	12 反則15

公式試合NO. 738
第64回対明大定期戦／H元年11月12日

慶應18（12－7 / 6－10）17明大

[慶　應]		[明　大]	G：秩父宮 R：斉藤
福本　正幸	FW	佐藤　豪一	
山室　宗興	FW	西原　在日	
志賀　行介	FW	飯塚　　淳	12 前半 7
小田切宏太	FW	蜂谷　　晶	1 T 1
古市　　匡	FW	飛弾　　誠	1 G 0
出原　正信	FW	小村　　淳	2 PG 1
林　　幹人	FW	三木　基裕	DG
山越　達雄	FW	富岡　　洋	
奥田　洋史	HB	宮島　勝利	6 後半10
三輪　信敏	HB	丹羽　政彦	0 T 2
良塚　元一	TB	吉田　義人	0 G 1
神田　雅朗	TB	一久保孝広	2 PG 0
柿沼　岳史	TB	加藤　尋久	DG
永安　輝男	TB	竹之内弘典	
田村　喜寛	FB	高岩　映善	11 反則12

公式試合NO. 739

第66回対早大定期戦／H元年11月23日

慶應 15 (6−9 / 9−30) 39 早大

［慶　應］		［早　大］	G：秩父宮 R：真下
福本　正幸	FW	岩下　伸行	
山室　宗興		森島　弘光	
志賀　行介		亀井　竜二	6 前半 9
小田切宏太		春日　康利	1 T 1
古市　匡		後藤　禎和	1 G 1
出原　正信		打矢　二郎	0 PG 1
林　幹人		相良南海夫	DG
山越　達雄		清宮　克幸	
奥田　洋史	HB	堀越　正巳	9 後半30
三輪　信敏		前田　夏洋	1 T 6
良塚　元一	TB	吉村　恒	1 G 3
神田　雅朗		吉雄　潤	1 PG 0
柿沼　岳史		泥　成弥	DG
永安　輝男		郷田　正	
田村　喜寛	FB	今泉　清	10 反則 5

公式試合NO. 742

全早慶明対抗戦／H2年1月28日

全慶應 12 (12−10 / 0−30) 40 全明大

［全慶應］		［全明大］	G：秩父宮 R：望主
福本　正幸	FW	佐藤　豪一	
三宅清三郎		西原　在日	
中野　忠幸		鈴木　清士	12 前半10
柴田　志通		飛弾　誠	2 T 1
小田切宏太		田中　龍幸	2 G 0
出原　正信		尾上　研	0 PG 2
笠井　哲郎		越野　愉太	DG
山越　達雄		富岡　洋	
奥田　洋史	HB	村井　成人	0 後半30
三輪　信敏		佐藤　聡	0 T 6
良塚　元一	TB	剣持　誠	0 G 3
松永　敏宏		川上　健司	0 PG 0
立石　郁雄		一久保孝広	DG
若林　俊康		竹ノ内弘典	
田村　喜寛	FB	高岩　映善	13 反則14

公式試合NO. 745

第73回対同大定期戦／H2年9月23日

慶應 9 (3−23 / 6−20) 43 同大

［慶　應］		［同　大］	G：西京極 R：渡辺
志村　久史	FW	上田　貴志	
東　弘二郎		永山　宜泉	
志賀　行介		中村　直人	3 前半23
伊藤　隆		文原　洋一	0 T 4
関　大也		上田　弘之	0 G 2
山内　龍		谷口　順一	1 PG 1
東　健太郎		谷口　善彦	DG
小田切宏太		小林　将人	
栗田幸一郎	HB	中村　弘一	6 後半20
吉田　幸司		李　光弘	1 T 3
村井　健児	TB	岡本　剛	1 G 1
杉本　和史		今津　博之	0 PG 1
神田　雅朗		朝比奈　豊	DG 1
林　晃弘		栗山　紀一	
田治　之佳	FB	伊藤　紀晶	18 反則19

公式試合NO. 740

第64回対東大定期戦／H元年12月2日

慶應 33 (6−4 / 27−0) 4 東大

［慶　應］		［東　大］	G：日吉 R：阿世賀
福本　正幸	FW	相沢　英生	
三宅清三郎		日下　篤	
志賀　行介		川本　一郎	6 前半 4
上遠野　慶		神井　広之	0 T 1
小田切宏太		鶴田　純	0 G 0
出原　正信		宅島　伸昭	2 PG 0
笠井　哲郎		上林　靖史	DG
山越　達雄		上野　善信	
奥田　洋史	HB	上野　芳敬	27 後半 0
三輪　信敏		新見　明久	3 T 0
良塚　元一	TB	長尾　元彦	3 G 0
神田　雅朗		池上　三六	3 PG 0
中里　裕一		田中　泰広	DG
小松　琢也		加藤　裕二	
田村　喜寛	FB	宮下　匡之	10 反則13

公式試合NO. 743

全早慶明対抗戦／H2年2月4日

全慶應 3 (3−8 / 0−27) 35 全早大

［全慶應］		［全早大］	G：秩父宮 R：鈴木
福本　正幸	FW	永田　隆憲	
三宅清三郎		森島　弘光	
志賀　行介		頓所　明彦	3 前半 8
柴田　志通		後藤　禎和	0 T 2
小田切宏太		篠原　太郎	0 G 0
出原　正信		神田識二朗	1 PG 0
林　幹人		相良南海夫	DG
山越　達雄		清宮　克幸	
生田　久貴	HB	野崎　光雄	0 後半27
三輪　信敏		前田　夏洋	0 T 5
立石　郁雄	TB	吉村　恒	0 G 2
松永　敏宏		吉雄　潤	0 PG 1
川端　良三		今駒　憲二	DG
若林　俊康		吉野　俊郎	
田村　喜寛	FB	今泉　清	15 反則20

公式試合NO. 746

第63回対立大定期戦／H2年9月30日

慶應 36 (21−0 / 15−0) 0 立大

［慶　應］		［立　大］	G：日吉 R：芹沢
志村　久志	FW	一林　洋	
東　弘二郎		西　勝利	
志賀　行介		遠山　忠輝	21 前半 0
伊藤　隆		川野　積	2 T 0
五十嵐将之		鈴木　貴輔	2 G 0
山内　龍		田口　修央	3 PG 0
東　健太郎		鈴木　健司	DG
小田切宏太		佐野　達哉	
栗田幸一郎	HB	神津　港人	15 後半 0
細田　恭祐		杉山　洋	3 T 0
村井　健児	TB	杉浦　徹	0 G 0
神田　雅朗		川崎　一平	1 PG 0
吉田　幸司		岩代　幸司	DG
林　晃弘		北島　博史	
田治　之佳	FB	川辺　雄一	10 反則22

公式試合NO. 741

関東大学（交流試合）／H元年12月17日

慶應 6 (6−3 / 0−10) 13 大東文化

［慶　應］		［大東文化］	G：秩父宮 R：辻野
福本　正幸	FW	加藤　仁	
三宅清三郎		平岡　正	
志賀　行介		小口　耕平	6 前半 3
上遠野　慶		市川　雅一	0 T 0
小田切宏太		マサソ・バウンガ	0 G 0
出原　正信		小原　正史	2 PG 1
笠井　哲郎		藤井　洋明	DG
山越　達雄		シナリ・ラトゥー	
奥田　洋史	HB	原口　幸弘	0 後半10
三輪　信敏		青木　忍	0 T 2
良塚　元一	TB	青木　聡	0 G 1
柿沼　岳史		鈴木　賢	0 PG 0
立石　郁雄		落合	DG
小松　琢也		安井	
田村　喜寛	FB	戸野部	12 反則 8

公式試合NO. 744

第64回対京大定期戦／H2年9月15日

慶應 61 (19−9 / 42−10) 19 京大

［慶　應］		［京　大］	G：三ツ沢 R：鈴木
東　弘二郎	FW	宮島　成男	
古田　靖二		矢篦原祐介	
志賀　行介		室賀　浩	19 前半 9
伊藤　隆		加藤　英雄	3 T 0
関　大也		左近　成弘	2 G 0
山内　龍		大谷　聡伺	1 PG 3
東　健太郎		筒井　大樹	DG
小田切宏太		澤　秀樹	
栗田幸一郎	HB	鈴木　隆文	42 後半10
柴田　亮		佐野　享	8 T 2
村井　健児	TB	豊岡　潔	5 G 1
神田　雅朗		井上　朋成	0 PG 0
吉田　幸司		増田　哲也	DG
林　晃弘		久原　健資	
月崎　匡人	FB	藤井　宏二	11 反則13

公式試合NO. 747

関東大学対抗戦／H2年10月6日

慶應 31 (12−3 / 19−7) 10 成蹊大

［慶　應］		［成蹊大］	G：日吉 R：斉藤
三宅清三郎	FW	古山　裕二	
東　弘二郎		増間　敏昭	12 前半 3
志賀　行介		谷村建一郎	1 T 0
伊藤　隆		田中　秀孝	1 G 0
五十嵐将之		沢田石泰浩	2 PG 1
山内　龍		島野　光次	DG
東　健太郎		高田　裕二	
小田切宏太		水島　亮太	19 後半 7
栗田幸一郎	HB	松本　哲	2 T 1
細田　恭祐		諏訪　嘉成	1 G 0
村井　健児	TB	梶原　大介	3 PG 1
神田　雅朗		荒木　康至	DG
吉田　幸司		山本　恒眞	20 反則10
林　晃弘		有田　哲二	
田治　之佳	FB	松田　多聞	

交代：慶應　月崎＝田治
成蹊　小菅＝谷村　松下＝増間

公式試合NO. 748
関東大学対抗戦／H2年10月14日

慶應 28 (9−22 / 19−9) 31 青学大

G：江戸川 R：下井

[慶應]		[青学大]
三宅清三郎	FW	田中 高信
東 弘二郎	FW	南 直行
志賀 行介	FW	梅下 政幸
伊藤 隆	FW	田中 克紀
関 大也	FW	五十川勝規
山内 龍	FW	上原 潤一
東 健太郎	FW	赤塚 範宏
小田切宏太	FW	大友 孝芳
栗田幸一郎	HB	樋川 直人
細田 恭祐	HB	辻 憲二
村井 健児	TB	吹田 長生
神田 雅朗	TB	森田 研治
吉田 幸司	TB	吉田 澤龍
林 晃弘	TB	渡辺 浩二
月崎 匡人	FB	富岡 剛士

9 前半22
1 T 3
1 G 2
1 PG 2
DG
19 後半 9
3 T 1
2 G 1
1 PG 1
DG
14 反則13

公式試合NO. 751
第65回対明大定期戦／H2年11月11日

慶應 7 (4−11 / 3−19) 30 明大

G：秩父宮 R：阿世賀

[慶應]		[明大]
三宅清三郎	FW	佐藤 豪一
東 弘二郎	FW	西原 在日
志賀 行介	FW	飯塚 淳
伊藤 隆	FW	長谷川敬祐
五十嵐将之	FW	坂元 勝彦
山内 龍	FW	漆畑 晃司
東 健太郎	FW	小村 淳
小田切宏太	FW	富岡 洋
栗田幸一郎	HB	永友 洋司
鈴木勝二郎	HB	松尾 雄介
村井 健児	TB	吉田 義人
杉本 和史	TB	元木由記雄
江田裕一郎	TB	岡安 倫朗
林 晃弘	TB	丹羽 政彦
月崎 匡人	FB	小杉山英克

4 前半11
1 T 2
0 G 0
0 PG 1
DG
3 後半19
0 T 3
0 G 2
1 PG 1
DG
13 反則15
交代：明大
土佐＝丹羽
鈴木＝松尾

公式試合NO. 754
全早慶明対抗戦／H3年1月27日

全慶應 31 (7−18 / 24−10) 28 全明大

G：秩父宮 R：吉羽

[全慶應]		[全明大]
橋本 達也	FW	太田 治
藤田 伸朗	FW	藤 高之
志賀 行介	FW	高橋 善幸
青木 円	FW	田中 龍幸
五十嵐将之	FW	坂元 勝彦
山内 龍	FW	尾上 研
出原 正信	FW	中島 修二
柴田 志通	FW	長谷川敬祐
生田 久貴	HB	南 隆雄
清水 周英	HB	鈴木 博久
村井 健児	TB	国定 精豪
松永 敏広	TB	竹ノ内弘典
川端 良三	TB	本田 竜太
中口 健	TB	丹羽 政彦
田村 喜寛	FB	高岩 映善

7 前半18
1 T 2
0 G 2
1 PG 2
DG
24 後半10
3 T 2
3 G 1
2 PG 0
DG
9 反則 9
交代：明大
密原＝長谷川

公式試合NO. 749
関東大学対抗戦／H2年10月21日

慶應 16 (12−15 / 4−15) 30 筑波大

G：秩父宮 R：市川

[慶應]		[筑波大]
三宅清三郎	FW	矢野 義明
東 弘二郎	FW	武石 健哉
志賀 行介	FW	中野 桂甚
伊藤 隆	FW	堀上 慎一
関 大也	FW	浜崎 浩秋
山内 龍	FW	畑 幸児
東 健太郎	FW	柴田 久寛
小田切宏太	FW	本多 史英
栗田幸一郎	HB	飯沼 健
細田 恭祐	HB	渡部 泰浩
村井 健児	TB	本多 秀典
神田 雅朗	TB	諸田 徳昭
吉田 幸司	TB	北川 貴之
林 晃弘	TB	高木 謙一
月崎 匡人	FB	吉田 育弘

12 前半15
0 T 2
0 G 2
4 PG 1
DG
4 後半15
1 T 3
0 G 0
0 PG 1
DG
14 反則14

公式試合NO. 752
第67回対早大定期戦／H2年11月23日

慶應 0 (0−12 / 0−28) 40 早大

G：秩父宮 R：斉藤

[慶應]		[早大]
三宅清三郎	FW	小山 義弘
東 弘二郎	FW	池田 晃久
志賀 行介	FW	佐藤 友重
伊藤 隆	FW	小川 洋平
五十嵐将之	FW	今西 俊貴
山内 龍	FW	富野 永和
東 健太郎	FW	相良南海夫
小田切宏太	FW	直江 恒洋
栗田幸一郎	HB	堀越 正巳
鈴木勝二郎	HB	守屋 泰宏
村井 健児	TB	増保 輝則
杉本 和史	TB	吉雄 潤
神田 雅朗	TB	石井 晃
林 晃弘	TB	郷田 正
月崎 匡人	FB	今泉 清

0 前半12
0 T 1
0 G 1
0 PG 2
DG
0 後半28
0 T 5
0 G 4
0 PG 0
DG
12 反則11
交代：慶應
古田＝三宅

公式試合NO. 755
全早慶明対抗戦／H3年2月3日

全慶應 17 (3−14 / 14−15) 29 全早大

G：秩父宮 R：下井

[全慶應]		[全早大]
石森 久嗣	FW	小山 義弘
橋本 達也	FW	塩入 英治
志賀 行介	FW	佐藤 友重
柴田 志通	FW	小川 洋幸
関 大也	FW	篠原 太郎
山内 龍	FW	富野 永和
出原 正信	FW	打矢 二郎
小田切宏太	FW	清宮 克幸
生田 久貴	HB	堀越 弘二
細田 恭祐	HB	前田 夏洋
村井 健児	TB	吉村 恒
松永 敏広	TB	石井 晃
神田 雅朗	TB	藤掛 三男
若林 俊康	TB	小野 勇人
田村 喜寛	FB	上田 雲平

3 前半14
0 T 3
0 G 1
1 PG 0
DG
14 後半15
3 T 2
1 G 2
0 PG 1
DG
8 反則 9
交代：慶應
中口＝田村
早大 森島＝小山 山崎＝堀越
吉野＝小野

公式試合NO. 750
関東大学対抗戦／H2年10月28日

慶應 22 (10−7 / 12−12) 19 日体大

G：秩父宮 R：真下

[慶應]		[日体大]
三宅清三郎	FW	中洲 孝一
東 弘二郎	FW	林 憲仁
志賀 行介	FW	小沢 克年
伊藤 隆	FW	富井 和也
関 大也	FW	渡辺 善之
山内 龍	FW	広本 直史
東 健太郎	FW	吉岡 健一
小田切宏太	FW	芝田 智彦
栗田幸一郎	HB	吹田 博史
鈴木勝二郎	HB	薬師寺大輔
村井 健児	TB	田辺 浩二
杉本 和史	TB	高根沢公一
吉田 幸司	TB	朽木 泰博
林 晃弘	TB	尾関 弘樹
月崎 匡人	FB	秋広 秀一

10 前半 7
2 T 1
1 G 0
0 PG 1
DG
12 後半12
0 T 3
0 G 0
4 PG 0
DG
7 反則15

公式試合NO. 753
第65回対東大定期戦／H2年12月1日

慶應 18 (15−3 / 3−0) 3 東大

G：等々力 R：芹沢

[慶應]		[東大]
志村 久史	FW	竹尾 明
東 弘二郎	FW	梅川 悟司
志賀 行介	FW	佐々木一臣
小田切宏太	FW	山内 祐樹
五十嵐将之	FW	瀬尾 徳常
山内 龍	FW	宅島 伸昭
東 健太郎	FW	村瀬 友英
清水 亮	FW	吉住 剛
栗田幸一郎	HB	重徳 和彦
細田 恭祐	HB	新見 明久
村井 健児	TB	渡辺 泰隆
神田 雅朗	TB	井上 岳一
吉田 幸司	TB	田中 泰広
林 晃弘	TB	青坂 泰彦
松橋 庸之	FB	宮下 匡之

15 前半 3
3 T 0
0 G 0
1 PG 1
DG
3 後半 0
0 T 0
0 G 0
1 PG 0
DG
24 反則18

公式試合NO. 756
第65回対京大定期戦／H3年9月15日

慶應 53 (27−0 / 26−6) 6 京大

G：
R：

[慶應]		[京大]
三宅清三郎	FW	宮島 成男
東 弘二郎	FW	皆川 高志
志賀 行介	FW	雲田 直之
伊藤 隆	FW	河瀬 勝彦
関 大也	FW	左近 成弘
山内 龍	FW	松村 憲秀
東 健太郎	FW	高波 英明
小田切宏太	FW	山口 泰典
栗田幸一郎	HB	深津 光生
柴田 亮	HB	田中 義寛
村井 健児	TB	菅沼 和好
神田 雅朗	TB	幸田 崇
田治 之佳	TB	芦田 裕二
林 晃弘	TB	久原 健資
月崎 匡人	FB	本田 祐嗣

27 前半 0
4 T 0
4 G 0
1 PG 0
DG
26 後半 6
5 T 1
3 G 1
0 PG 0
DG
10 反則14

公式試合NO. 757
第74回対同大定期戦／H3年9月23日

慶應25（9－4 / 16－24）28同大

G：三ツ沢　R：斉藤

慶　應		同　大
東　弘二郎	FW	北村　一彦
古田　靖二	FW	上田　貴志
志村　久史	FW	舘本　健
五十嵐将之	FW	小林　将人
関　大也	FW	文原　洋一
山内　龍	FW	住田　延明
伊藤　隆	FW	中嶋　聡
小田切宏太	FW	谷口　淳
斎藤　勝利	HB	中森　直茂
細田　泰祐	HB	牟田　誠
村井　健児	TB	石川　裕一
杉本　和史	TB	伊藤　康裕
江田裕一郎	TB	伊藤　紀晶
月崎　匡人	TB	岡本　剛
田治　之佳	FB	森川　泰年

慶應		同大
9	前半	4
1	T	4
1	G	0
1	PG	0
	DG	
16	後半	24
2	T	5
1	G	2
2	PG	0
	DG	
11	反則	12

公式試合NO. 758
第64回対立大定期戦／H3年9月29日

慶應33（9－3 / 24－10）13立大

G：日吉　R：小湊

慶　應		立　大
東　弘二郎	FW	一本木　洋
古田　靖二	FW	西　勝利
志村　久史	FW	遠山　忠輝
五十嵐将之	FW	川野　積
関　大也	FW	柳沢　正之
山内　龍	FW	田尻　義征
伊藤　隆	FW	佐野　達哉
小田切宏太	FW	内田　泰裕
斎藤　勝利	HB	神津　港人
細田　泰祐	HB	北島　博史
村井　健児	TB	桜井　賢治
杉本　和史	TB	川崎　一平
江田裕一郎	TB	三谷　太二
月崎　匡人	TB	田中　弘之
田治　之佳	FB	谷口　俊夫

慶應		立大
9	前半	3
0	T	0
0	G	0
3	PG	1
	DG	
24	後半	10
5	T	2
2	G	1
0	PG	0
	DG	
11	反則	10

交代：立大　暮地＝川崎

公式試合NO. 759
関東大学対抗戦／H3年10月6日

慶應49（25－0 / 24－3）3成蹊大

G：等々力　R：秋山

慶　應		成蹊大
東　弘二郎	FW	小菅　一平
古田　靖二	FW	増間　敏昭
志村　久史	FW	近藤慎一郎
五十嵐将之	FW	水島　亮太
関　大也	FW	沢田石泰浩
山内　龍	FW	高田　裕二
伊藤　隆	FW	島野　光次
小田切宏太	FW	田中　秀孝
斎藤　勝利	HB	松井　哲
細田　泰祐	HB	水野　真
村井　健児	TB	村上　貴彦
杉本　和史	TB	荒木　康至
江田裕一郎	TB	梶塚　大介
月崎　匡人	TB	有田　哲二
田治　之佳	FB	松田　多聞

慶應		成蹊大
25	前半	0
4	T	0
3	G	0
1	PG	0
	DG	
24	後半	3
3	T	0
3	G	0
2	PG	1
	DG	
10	反則	20

公式試合NO. 760
関東大学対抗戦／H3年10月12日

慶應25（4－18 / 21－4）22青学大

G：秩父宮　R：大倉

慶　應		青学大
東　弘二郎	FW	田中　高信
古田　靖二	FW	土谷　忠道
志村　久史	FW	福島　範治
五十嵐将之	FW	田中　克紀
関　大也	FW	五十川勝規
山内　龍	FW	上原　潤一
伊藤　隆	FW	加藤　勲
小田切宏太	FW	大友　孝芳
斎藤　勝利	HB	樋川　直人
細田　泰祐	HB	辻　憲二
村井　健児	TB	大場　貴憲
杉本　和史	TB	山本　力
江田裕一郎	TB	相場　教充
月崎　匡人	TB	渡辺　浩二
田治　之佳	FB	上田　太郎

慶應		青学大
4	前半	18
1	T	2
0	G	2
0	PG	2
	DG	
21	後半	4
2	T	1
2	G	0
3	PG	0
	DG	
11	反則	13

交代：青学大　下田＝辻　フィッシャー＝大場

公式試合NO. 761
関東大学対抗戦／H3年10月19日

慶應23（10－3 / 13－6）9筑波大

G：秩父宮　R：吉羽

慶　應		筑波大
東　弘二郎	FW	中村　隆義
古田　靖二	FW	武石　健哉
志村　久史	FW	浜浦　幸光
五十嵐将之	FW	布施　孝介
関　大也	FW	楢岡　康平
山内　龍	FW	野村　剛
伊藤　隆	FW	飛高　浩司
小田切宏太	FW	本多　史英
斎藤　勝利	HB	増田　尚志
細田　泰祐	HB	大島　永
村井　健児	TB	宮本　和則
杉本　和史	TB	三戸部聡司
江田裕一郎	TB	松村　径
月崎　匡人	TB	高木　謙一
田治　之佳	FB	本多　秀典

慶應		筑波大
10	前半	3
1	T	0
0	G	0
2	PG	1
	DG	
13	後半	6
2	T	1
1	G	1
1	PG	0
	DG	
13	反則	12

交代：筑波大　金田＝増田　平井＝本多

公式試合NO. 762
関東大学対抗戦／H3年10月27日

慶應3（0－15 / 3－10）25日体大

G：駒沢　R：増川

慶　應		日体大
東　弘二郎	FW	手島　孝紀
古田　靖二	FW	成田　正人
志村　久史	FW	後藤　康太
五十嵐将之	FW	深瀬　勝久
関　大也	FW	中嶋　宏彰
山内　龍	FW	広本　尚史
伊藤　隆	FW	木下　克弥
小田切宏太	FW	今井　史雄
斎藤　勝利	HB	築山　雅彦
細田　泰祐	HB	新井　昭夫
村井　健児	TB	田辺　浩二
杉本　和史	TB	高根沢公一
江田裕一郎	TB	朽木　泰博
月崎　匡人	TB	尾関　弘樹
田治　之佳	FB	秋広　秀一

慶應		日体大
0	前半	15
0	T	2
0	G	2
0	PG	1
	DG	
3	後半	10
0	T	2
0	G	1
1	PG	0
	DG	
12	反則	12

公式試合NO. 763
第66回対明大定期戦／H3年11月10日

慶應6（6－7 / 0－10）17明大

G：秩父宮　R：斉藤

慶　應		明　大
東　弘二郎	FW	橋本　幹郎
古田　靖二	FW	藤　高之
志村　久史	FW	清水　秀司
五十嵐将之	FW	青木　聡史
関　大也	FW	坂元　勝彦
山内　龍	FW	沢田　国治
伊藤　隆	FW	小村　淳
小田切宏太	FW	佐藤　久富
斎藤　勝利	HB	永友　洋司
細田　泰祐	HB	谷　幸記
神田　雅朗	TB	土佐　忠麿
杉本　和史	TB	元木由記雄
江田裕一郎	TB	岡安　充央
秋山　隆之	TB	本多　裕司
田治　之佳	FB	田島　賢一

慶應		明大
6	前半	7
1	T	1
1	G	0
0	PG	1
	DG	
0	後半	10
0	T	2
0	G	1
0	PG	0
	DG	
8	反則	11

交代：明大　鈴木＝谷

公式試合NO. 764
第68回対早大定期戦／H3年11月23日

慶應13（0－10 / 13－15）25早大

G：秩父宮　R：真下

慶　應		早　大
東　弘二郎	FW	小山　義弘
古田　靖二	FW	池田　晃久
志村　久史	FW	佐藤　友重
五十嵐将之	FW	嶋内　英郎
関　大也	FW	遠藤　哲
山内　龍	FW	富樫正太郎
奥泉　至高	FW	相良南海夫
小田切宏太	FW	内田　弘憲
斎藤　勝利	HB	堀越　弘二
細田　泰祐	HB	守屋　泰宏
神田　雅朗	TB	増保　輝則
杉本　和史	TB	吉雄　潤
江田裕一郎	TB	南雲　博之
村井　健児	TB	小野　勇人
田治　之佳	FB	徳丸　真吾

慶應		早大
0	前半	10
0	T	1
0	G	0
0	PG	2
	DG	
13	後半	15
2	T	2
1	G	2
1	PG	1
	DG	
12	反則	8

公式試合NO. 765
第66回対東大定期戦／H3年10月30日

慶應59（22－0 / 37－3）3東大

G：等々力　R：水落

慶　應		東　大
東　弘二郎	FW	田中　康博
古田　靖二	FW	伊藤　弘嗣
志村　久史	FW	佐々木一臣
五十嵐将之	FW	山内　祐樹
関　大也	FW	佐伯　洋
山内　龍	FW	氏森　毅
奥泉　至高	FW	杉山　泰憲
小田切宏太	FW	新原　拓太
斎藤　勝利	HB	重徳　和彦
細田　泰祐	HB	青木　慎治
神田　雅朗	TB	谷貝　圭一
杉本　和史	TB	西森　栄太
羽鳥桂太郎	TB	中山　有理
秋山　隆之	TB	大塚　康介
田治　之佳	FB	大井　洋介

慶應		東大
22	前半	0
3	T	0
2	G	0
2	PG	0
	DG	
37	後半	3
7	T	0
3	G	0
1	PG	1
	DG	
8	反則	18

公式試合NO. 766
関東大学（交流試合）／H3年12月15日

慶應 8 （0—10 / 8—4） 14 大東大

［慶　應］		［大東大］	G：秩父宮 R：下井
東　弘二郎	FW	米田　政明	
古田　靖二		伊藤　正昭	
志村　久史		江森　隆史	0 前半 10
五十嵐将之		釜沢　晋	0 T 2
関　大也		白井　章広	0 G 1
山内　龍		井沢　航	0 PG 0
伊藤　隆		藤井　洋明	DG
小田切宏太		シネオ・ラトゥー	
斎藤　勝利	HB	森　利彦	8 後半 4
細田　恭祐		大鷲　紀幸	2 T 1
神田　雅朗	TB	青木　聡	0 G 0
杉本　和史		星野　一郎	0 PG 0
江田裕一郎		小森　敦	DG
村井　健児		ロペティ・オト	
田治　之佳	FB	古川　泰士	7 反則 20

公式試合NO. 767
全早慶明対抗戦／H4年1月26日

全慶應 31 （15—16 / 16—16） 32 全明大

［全慶應］		［全明大］	G：秩父宮 R：小湊
橋本　達也	FW	戸田　太	
三宅清三郎		岡本　時和	15 前半 16
志賀　行介		亀田　滋	1 T 3
柴田　志通		蜂谷　晶	1 G 2
五十嵐将之		高橋　善幸	3 PG 0
出原　正信		沢田　国治	DG
奥泉　至高		広瀬　良治	16 後半 16
小田切宏太		高橋　一聡	2 T 4
奥田　洋史	HB	西田　英樹	1 G 0
清水　周英		谷　幸記	2 PG 0
秋山　隆之	TB	吉田　義人	DG
松永　敏広		加藤　尋久	17 反則 14
神田　雅朗		金田　良太	交代：全慶應 若林＝中口
中口　健		国定　精豪	全明大 土佐＝吉田 海老名＝蜂谷
田村　喜寛	FB	田島　賢一	密原＝高橋

公式試合NO. 768
全早慶明対抗戦／H4年2月2日

全慶應 20 （20—21 / 0—34） 55 全早大

［全慶應］		［全早大］	G：秩父宮 R：増川
橋本　達也	FW	小山　義弘	
東　弘二郎		池田　晃久	20 前半 21
志賀　行介		山田　俊成	3 T 4
柴田　志通		嶋内　英郎	1 G 1
五十嵐将之		今西　俊貴	2 PG 1
山内　龍		富野　永和	DG
伊藤　隆		清宮　克幸	0 後半 34
小田切宏太		内田　弘憲	0 T 5
生田　久貴	HB	津田　慎治	0 G 4
清水　周英		前田　夏洋	0 PG 2
神田　雅朗	TB	増保　輝則	DG
松永　敏広		吉雄　潤	18 反則 11
江田裕一郎		藤掛　三男	交代：全慶應 川端＝松永
秋山　隆之		小野　勇人	全早大 佐藤＝小山 吉村＝吉雄
田村　喜寛	FB	石井　勝尉	

公式試合NO. 769
第66回対京大定期戦／H4年9月13日

慶應 69 （29—3 / 40—3） 6 京大

［慶　應］		［京　大］	G：日吉 R：斉藤
志村　久史	FW	宮島　成男	
東　弘二郎		鳴滝　敬嗣	
小出　尚仁		雲田　直之	29 前半 3
五十嵐将之		林　慎太郎	4 T 0
関　大也		中川　祐一	3 G 0
奥泉　至高		松村	1 PG 1
平野　高史		有作　政弘	DG
林　洋光		左近　成弘	
斎藤　勝利	HB	川岸　知史	40 後半 3
松橋　庸之		竹森　一人	6 T 0
豊田　浩之	TB	北　久晃	5 G 0
神田　雅朗		幸田　崇	0 PG 1
江田裕一郎		芦田　裕二	DG
林　晃弘		坂東　武治	
秋山　隆之	FB	本田　祐嗣	11 反則 15

公式試合NO. 770
第65回対立大定期戦／H4年9月27日

慶應 35 （11—0 / 24—18） 18 立大

［慶　應］		［立　大］	G：日吉 R：小湊
長山　浩之	FW	一本木　洋	
東　弘二郎		西　勝利	
松本啓太郎		大倉　修治	11 前半 0
五十嵐将之		川野　積	1 T 0
関　大也		鈴木　貴輔	0 G 0
奥泉　至高		田尻　義征	2 PG 0
平野　高史		柳沢　正之	DG
星野　剛男		金丸　由和	
柴田　亮	HB	北島　博史	24 後半 18
松橋　庸之		暮地　拓己	3 T 3
豊田　浩之	TB	桜井　賢治	3 G 0
神田　雅朗		川崎　一平	1 PG 1
江田裕一郎		三谷　太二	DG
林　晃弘		槙松　修	
秋山　隆之	FB	古賀　伸貴	20 反則 23

公式試合NO. 771
関東大学対抗戦／H4年10月4日

慶應 29 （17—8 / 12—0） 8 成蹊大

［慶　應］		［成蹊大］	G：等々力 R：立花
長山　浩之	FW	浅沼　盟	
東　弘二郎		増間　敏昭	
松本啓太郎		近藤慎一郎	17 前半 8
五十嵐将之		水島　亮太	3 T 1
関　大也		木村　順一	1 G 0
奥泉　至高		米山　慶隆	0 PG 1
平野　高史		島野　光次	DG
星野　剛男		金沢　将行	
柴田　亮	HB	松本　哲	12 後半 0
北析　宏規		松田　多聞	2 T 0
豊田　浩之	TB	松広　陽之	1 G 0
神田　雅朗		村上　貴彦	0 PG 0
江田裕一郎		猪腰　知史	DG
林　晃弘		永田　武志	
秋山　隆之	FB	鍛治　栄一	8 反則 17

公式試合NO. 772
第75回対同大定期戦／H4年10月10日

慶應 24 （12—61 / 12—64） 125 同大

［慶　應］		［同　大］	G：花園ラグビー場 R：辻野
志賀　行介	FW	上田　貴志	
東　弘二郎		砂辺　愛尊	12 前半 61
松本啓太郎		石田　康二	2 T 9
村田　篤彦		徳原　英世	1 G 5
松原　由昌		文原	0 PG 2
宇野沢和秀		丸山　宜泉	DG
平野　高史		吉村　直樹	
星野　剛男		新井　泰英	12 後半 64
柴田　亮	HB	鬼束　竜太	2 T 9
松橋　庸之		田村　克司	1 G 8
豊田　浩之	TB	山中　喜文	0 PG 1
神田　雅朗		笹原　勉	DG
江田裕一郎		首藤　康	13 反則 8
林　晃弘		藤原　匡	交代：同大 森川＝笹原
秋山　隆之	FB	伊藤　紀晶	見滝＝吉村

公式試合NO. 773
関東大学対抗戦／H4年10月17日

慶應 19 （13—7 / 6—15） 22 青学大

［慶　應］		［青学大］	G：秩父宮 R：阿世賀
志村　久史	FW	田中　高信	
東　弘二郎		柴田　守郎	13 前半 7
松本啓太郎		福島　範治	2 T 1
村田　篤彦		田中　克紀	0 G 1
関　大也		中川　紀彰	1 PG 0
宇野沢和秀		加藤　寿岳	DG
平野　高史		武居　健作	
星野　剛男		大友　孝芳	6 後半 15
斎藤　勝利	HB	鈴島　信之	0 T 2
松橋　庸之		久保田智則	0 G 1
月崎　匡人	TB	大場　貴憲	2 PG 1
神田　雅朗		伊東　将	DG
江田裕一郎		M・フィッシャー	14 反則 14
林　晃弘		船木　賢哉	交代：青学大 加藤＝大友
秋山　隆之	FB	渡辺	

公式試合NO. 774
関東大学対抗戦／H4年10月24日

慶應 15 （12—10 / 3—12） 22 筑波大

［慶　應］		［筑波大］	G：秩父宮 R：増川
志村　久史	FW	片山　博之	
東　弘二郎		武石　健哉	
松本啓太郎		藤本　護	12 前半 10
村田　篤彦		工藤　壮郎	2 T 1
関　大也		布施　孝介	1 G 1
宇野沢和秀		飛高　浩司	0 PG 1
平野　高史		峯岸　寛和	DG
星野　剛男		長谷川　毅	
斎藤　勝利	HB	藤田健太郎	3 後半 12
松橋　庸之		梶山　英樹	0 T 2
月崎　匡人	TB	向山　理	0 G 1
神田　雅朗		松村　径	1 PG 0
江田裕一郎		松添　州生	DG
林　晃弘		本多　秀典	
秋山　隆之	FB	平井　盛太	19 反則 12

公式試合NO. 775

関東大学対抗戦／H4年11月1日

慶應 27 (13−23 / 14−20) 43 日体大

[慶應]		[日体大]
志村 久史	FW	遠江 徳知
東 弘二郎		松園 正隆
松本啓太郎		斉藤 正昭
村田 篤彦		角田 道生
関 大也		小田 闘造
宇野沢和秀		沖 久文
平野 高史		菅田 貴幸
星野 剛男		今井 史雄
柴田 亮	HB	後藤 裕吾
松橋 庸之		新井 昭夫
月崎 匡人	TB	新野 好之
神田 雅朗		朽木 泰博
江田裕一郎		斉藤 力也
林 晃弘		田辺 浩二
秋山 隆之	FB	横山 紳

G：秩父宮
R：吉羽

13 前半 23
1 T 3
1 G 1
2 PG 1
DG 1
14 後半 20
2 T 3
2 G 1
0 PG 1
DG
4 反則 15

公式試合NO. 776

第67回対明大定期戦／H4年11月8日

慶應 10 (5−21 / 5−22) 43 明大

[慶應]		[明大]
志村 久史	FW	相田 博尉
東 弘二郎		藤 高之
松本啓太郎		清水 秀司
村田 篤彦		中谷 聡
関 大也		赤塚 隆
宇野沢和秀		沢田 国治
奥泉 至高		天野 義久
星野 剛男		海老名義隆
柴田 亮	HB	永友 洋司
立花 陽三		信野 将人
月崎 匡人	TB	吉田 光
神田 雅朗		元木由記雄
江田裕一郎		岡安 倫朗
林 晃弘		渡辺 大吾
秋山 隆之	FB	田島 賢一

G：秩父宮
R：井上

5 前半 21
1 T 2
0 G 1
0 PG 3
DG
5 後半 22
1 T 3
0 G 2
0 PG 1
DG
25 反則 9

交代：明大
南條＝清水

公式試合NO. 777

第69回対早大定期戦／H4年11月23日

慶應 13 (3−18 / 10−36) 54 早大

[慶應]		[早大]
志村 久史	FW	原 大基
東 弘二郎		栗原正太郎
松本啓太郎		佐藤 友重
松原 由昌		竹内 俊二
関 大也		遠藤 哲
宇野沢和秀		富野 永和
奥泉 至高		山羽 教文
星野 剛男		小泉 和也
柴田 亮	HB	津田 慎治
立花 陽三		隈部謙太郎
月崎 匡人	TB	坂上 勇輔
神田 雅朗		土方 篤
江田裕一郎		藤井 哲
林 晃弘		徳丸 真吾
秋山 隆之	FB	増保 輝則

G：秩父宮
R：下井

3 前半 18
0 T 2
0 G 1
1 PG 2
DG
10 後半 36
2 T 6
0 G 3
0 PG 0
DG
8 反則 20

交代：慶應
林＝宇野沢
北析＝立花

公式試合NO. 778

第67回対東大定期戦／H4年12月5日

慶應 29 (5−20 / 24−18) 38 東大

[慶應]		[東大]
志村 久史	FW	竹尾 明
東 弘二郎		江上 浩之
松本啓太郎		佐々木一臣
村田 篤彦		佐伯 洋
関 大也		新原 拓太
宇野沢和秀		氏森 毅
奥泉 至高		阿部 竜太
星野 剛男		金子 浩士
柴田 亮	HB	重徳 和彦
北析 宏規		佐分利 永
豊田 浩之	TB	佐部浩太郎
神田 雅朗		西森 栄太
江田裕一郎		大塚 康介
林 晃弘		谷貝 圭一
秋山 隆之	FB	大井 洋介

G：平塚
R：芹沢

5 前半 20
1 T 2
0 G 2
0 PG 2
DG
24 後半 18
4 T 2
2 G 1
0 PG 2
DG
13 反則 10

交代：東大
新妻＝氏森

公式試合NO. 779

全早慶明対抗戦／H5年1月31日

全慶應 3 (3−17 / 0−50) 67 全明大

[全慶應]		[全明大]
橋本 達也	FW	佐藤 豪一
三宅清三郎		藤 高之
志賀 行介		飯塚 淳
小田切宏太		池沢 弘喜
関 大也		赤塚 隆
山内 龍		長谷川敬祐
伊藤 隆		小村 淳
星野 剛男		大西 一平
生田 久貴	HB	永友 洋司
清水 周英		藪木 宏之
田村 喜寛	TB	吉田 義人
江田裕一郎		加藤 尋久
田治 之佳		岡安 倫朗
林 晃弘		丹羽 政彦
秋山 隆之	FB	高岩 映善

G：秩父宮
R：中沢

3 前半 17
0 T 3
0 G 1
1 PG 0
DG
0 後半 50
0 T 8
0 G 5
0 PG 0
DG
14 反則 9

交代：慶應
細田＝清水

公式試合NO. 780

全早慶明対抗戦／H5年2月7日

全慶應 28 (13−13 / 15−19) 32 全早大

[全慶應]		[全早大]
石森 久嗣	FW	永田 隆憲
東 弘二郎		中村星次郎
志賀 行介		佐藤 友重
村田 篤彦		竹内 俊二
関 大也		嶋内 英郎
山内 龍		富樫正太郎
奥泉 至高		神田識二朗
小田切宏太		小泉 和也
生田 久貴	HB	堀越 正巳
田治 之佳		堀川 隆延
秋山 隆之	TB	藤井 哲
神田 雅朗		渡辺 大介
江田 拓郎		藤掛 三男
林 晃弘		郷田 正
田村 喜寛	FB	鈴木 貴之

G：秩父宮
R：桜岡

13 前半 13
1 T 1
1 G 1
2 PG 2
DG
15 後半 19
2 T 3
1 G 2
1 PG 0
DG
14 反則 18

交代：早大
小山＝中村
田代＝堀越

公式試合NO. 781

第67回対京大定期戦／H5年9月15日

慶應 63 (23−9 / 40−0) 9 京大

[慶應]		[京大]
東 弘二郎	FW	青矢 睦月
浅野 浩		大西 博之
松本啓太郎		雲田 直之
五十嵐将之		弥富 政享
関 大也		中川 祐一
宇野沢和秀		日高 保
平野 高史		鍛治 宏介
林 洋光		浅井 幸男
田中 望	HB	塚原 康平
江田 拓郎		深津 光生
藤川 一馬	TB	式森 孝好
高山 伸		伊福健太郎
江田裕一郎		坂東 武治
白崎太一郎		宮部 主之
秋山 隆之	FB	本田 祐嗣

G：宝が池
R：大石

23 前半 9
2 T 0
2 G 0
3 PG 3
DG
40 後半 0
6 T 0
5 G 0
0 PG 0
DG
14 反則 19

公式試合NO. 782

第76回対同大定期戦／H5年9月19日

慶應 28 (16−33 / 12−33) 66 同大

[慶應]		[同大]
東 弘二郎	FW	北村 一彦
浅野 浩		岡本 亘司
松本啓太郎		倉田 茂
村田 篤彦		岩本 健嗣
五十嵐将之		杉原勇次郎
宇野沢和秀		中道 紀和
越智 航		吉本 周平
星野 剛男		新井 泰英
荒川 潤	HB	田端大二郎
北析 宏規		伊藤 康裕
秋山 隆之	TB	西村 哉
江田裕一郎		牟田 誠
松原 浩二		田村 克司
林 晃弘		西村 保彦
月崎 匡人	FB	三好 克利

G：草薙
R：田中

16 前半 33
1 T 5
1 G 4
3 PG 0
DG
12 後半 33
2 T 5
1 G 4
0 PG 0
DG
18 反則 15

交代：慶應
高山＝松原
林＝星野
同大 宮脇＝三好

公式試合NO. 783

第66回対立大定期戦／H5年9月25日

慶應 28 (17−3 / 11−3) 6 立大

[慶應]		[立大]
東 弘二郎	FW	川崎 大
浅野 浩		横山 裕一
松本啓太郎		福原 幸治
村田 篤彦		佐藤 敦
五十嵐将之		鈴木 貴輔
宇野沢和秀		田尻 義征
越智 航		内田 泰裕
林 洋光		金丸 由和
田中 望	HB	森 大介
北析 宏規		亀井 靖
秋山 隆之	TB	桜井 賢司
江田裕一郎		川崎 一平
高山 伸		三谷 太二
林 晃弘		横松 修
月崎 匡人	FB	室田 健志

G：秩父宮
R：斉藤

17 前半 3
1 T 0
0 G 0
4 PG 1
DG
11 後半 3
1 T 0
0 G 0
2 PG 1
DG
18 反則 12

公式試合NO. 784
関東大学対抗戦／H5年10月3日

慶應 51 （15−0 / 36−12） 12 成蹊大

[慶 應]		[成蹊大]
東 弘二郎	FW	中西 健
浅野 浩	FW	増間 敏昭
松本啓太郎	FW	渡辺 俊穂
五十嵐将之	FW	金子 将行
関 大也	FW	圖子田 健
宇野沢和秀	FW	米山 慶隆
星野 剛男	FW	島野 光次
林 洋光	FW	川村 太郎
荒川 潤	HB	藪田 洋平
江田 拓郎	HB	水野 真
藤川 一馬	TB	松広 陽之
江田裕一郎	TB	岡田 章
松原 浩二	TB	猪腰 知史
秋山 隆之	TB	平田雄二郎
月崎 巨人	FB	小串 宗之

G：等々力
R：島田

15 前半 0
2 T 0
1 G 0
1 PG 0
DG

36 後半12
5 T 2
4 G 1
1 PG 0
DG

9 反則21

交代：慶應
川久保＝松原

公式試合NO. 787
関東大学対抗戦／H5年10月23日

慶應 22 （9−14 / 13−13） 27 日体大

[慶 應]		[日体大]
東 弘二郎	FW	遠江 徳知
浅野 浩	FW	松園 正隆
松本啓太郎	FW	斉藤 正昭
松原 由昌	FW	角田 道生
関 大也	FW	田沼 広之
宇野沢和秀	FW	木下 克弥
星野 剛男	FW	中原 正義
林 洋光	FW	今井 史雄
田中 望	HB	丹生 雅也
江田 拓郎	HB	伊東 真吾
藤川 一馬	TB	高井 健治
江田裕一郎	TB	新井 昭夫
川久保 勲	TB	小林 匡
秋山 隆之	TB	新野 好之
月崎 巨人	FB	後藤正二郎

G：秩父宮
R：吉羽

9 前半14
0 T 1
0 G 0
3 PG 2
0 DG 1

13 後半13
1 T 2
1 G 0
2 PG 1
DG

12 反則16

公式試合NO. 790
第68回対東大定期戦／H5年12月4日

慶應 68 （20−7 / 48−5） 12 東大

[慶 應]		[東 大]
東 弘二郎	FW	多田 誠
浅野 浩	FW	江上 浩之
松本啓太郎	FW	梶原 裕貴
松原 由昌	FW	木原 達章
関 大也	FW	新原 拓太
宇野沢和秀	FW	竹内 崇
平野 高史	FW	阿部 竜太
林 洋光	FW	金子 浩士
柴田 亮	HB	谷貝 圭一
北折 宏規	HB	佐分利 永
秋山 隆之	TB	江崎 大志
江田裕一郎	TB	西森 栄太
川久保 勲	TB	中山 有理
林 晃弘	TB	竹下誠一郎
月崎 巨人	FB	大井 洋介

G：熊谷
R：増川

20 前半 7
3 T 1
1 G 1
1 PG 0
DG

48 後半 5
8 T 1
4 G 0
0 PG 0
DG

17 反則17

交代：東大
桜井＝多田

公式試合NO. 785
関東大学対抗戦／H5年10月10日

慶應 18 （5−19 / 13−0） 19 青学大

[慶 應]		[青学大]
東 弘二郎	FW	笹島 巌
浅野 浩	FW	土谷 忠道
松本啓太郎	FW	栗原 健一
五十嵐将之	FW	瀧川 広一
関 大也	FW	柴本 和典
宇野沢和秀	FW	伊藤 博章
星野 剛男	FW	武居 健作
林 洋光	FW	加藤 勲
田中 望	HB	鈴島 信之
江田 拓郎	HB	久保田智則
秋山 隆之	TB	大場 貴憲
江田裕一郎	TB	梅月 淳史
高山 伸	TB	下田 大輔
林 晃弘	TB	片松 丈
月崎 巨人	FB	糊谷 浩孝

G：熊谷
R：吉羽

5 前半19
1 T 3
0 G 2
0 PG 0
DG

13 後半 0
1 T 0
1 G 0
2 PG 0
DG

8 反則18

交代：慶應
川久保＝高山

公式試合NO. 788
第68回対明大定期戦／H5年11月7日

慶應 6 （3−13 / 3−42） 55 明大

[慶 應]		[明 大]
東 弘二郎	FW	南條 賢太
倉谷 英行	FW	藤 高之
浅野 浩	FW	亀田 滋
松原 由昌	FW	安藤 裕樹
関 大也	FW	赤塚 隆
宇野沢和秀	FW	中谷 聡
平野 高史	FW	松本 幸雄
林 洋光	FW	中薗 雅晴
荒川 潤	HB	西田 英樹
江田 拓郎	HB	信野 将人
藤川 一馬	TB	吉田 光
江田裕一郎	TB	元木由記雄
川久保 勲	TB	三輪 幸輔
秋山 隆之	TB	渡辺 大吾
月崎 巨人	FB	田島 賢一

G：秩父宮
R：吉羽

3 前半13
0 T 1
0 G 1
1 PG 2
DG

3 後半42
0 T 7
0 G 2
1 PG 1
DG

11 反則16

公式試合NO. 791
全早慶明対抗戦／H6年1月23日

全慶應 28 （7−31 / 21−15） 46 全明大

[全慶應]		[全明大]
三宅清三郎	FW	佐藤 豪一
東 弘二郎	FW	高田 明
志賀 行介	FW	太田 治
村田 篤彦	FW	内村 豊
関 大也	FW	長谷川敬祐
奥泉 至高	FW	澤田 国治
星野 剛男	FW	菅原 洋
林 洋光	FW	中薗 雅晴
柴田 亮	HB	西田 英樹
北所 宏規	HB	永友 洋司
秋山 隆之	TB	小林 研
神田 雅朗	TB	元木由記雄
江田裕一郎	TB	本田 竜太
林 晃弘	TB	渡辺 大吾
月崎 巨人	FB	高岩 映善

G：三ツ沢
R：森

7 前半31
1 T 5
1 G 3
0 PG 0
DG

21 後半15
3 T 3
3 G 0
0 PG 0
DG

17 反則 7

交代：全慶應
山内＝奥泉

公式試合NO. 786
関東大学対抗戦／H5年10月17日

慶應 11 （6−8 / 5−3） 11 筑波大

[慶 應]		[筑波大]
東 弘二郎	FW	金田 俊介
浅野 浩	FW	宮尾 正彦
松本啓太郎	FW	藤本 護
松原 由昌	FW	工藤 壮即
関 大也	FW	柏木 一紀
宇野沢和秀	FW	楢岡 康平
星野 剛男	FW	峯岸 寛和
林 洋光	FW	長谷川 毅
田中 望	HB	山本 巧
江田 拓郎	HB	権倉 俊広
秋山 隆之	TB	山口 隆則
江田裕一郎	TB	堀尾 大輔
川久保 勲	TB	松添 州生
林 晃弘	TB	菅沼 直彦
月崎 巨人	FB	平井 盛太

G：秩父宮
R：斉藤

6 前半 8
0 T 1
0 G 0
2 PG 1
DG

5 後半 3
1 T 0
0 G 0
0 PG 1
DG

11 反則13

交代：筑波大
松崎＝堀尾

公式試合NO. 789
第70回対早大定期戦／H5年11月23日

慶應 15 （15−20 / 0−20） 40 早大

[慶 應]		[早 大]
東 弘二郎	FW	入江 剛史
倉谷 英行	FW	藤 浩太郎
松本啓太郎	FW	佐藤 友重
松原 由昌	FW	竹内 俊二
関 大也	FW	遠藤 哲
宇野沢和秀	FW	鶴丸秀一郎
平野 高史	FW	山羽 教文
林 洋光	FW	田中 孝二
荒川 潤	HB	足立 泰彦
江田 拓郎	HB	隈部謙太郎
藤川 一馬	TB	増保 輝則
江田裕一郎	TB	勝田 政雄
川久保 勲	TB	渡辺 大介
秋山 隆之	TB	内田 弘憲
月崎 巨人	FB	鈴木 貴之

G：秩父宮
R：下井

15 前半20
0 T 3
0 G 1
5 PG 1
DG

0 後半20
0 T 3
0 G 1
0 PG 1
DG

6 反則15

公式試合NO. 792
全早慶明対抗戦／H6年1月30日

全慶應 24 （17−33 / 7−24） 57 全早大

[全慶應]		[全早大]
東 弘二郎	FW	小山 義弘
倉谷 英行	FW	藤 浩太郎
志賀 行介	FW	古賀 大輔
関 大也	FW	竹内 俊二
村田 篤彦	FW	田中 孝二
山内 龍	FW	打矢 二郎
宇野沢和秀	FW	山羽 教文
林 洋光	FW	清宮 克幸
荒川 潤	HB	前田 隆介
松橋 庸之	HB	隈部謙太郎
藤川 一馬	TB	藤井 哲
神田 雅朗	TB	今駒 憲二
江田裕一郎	TB	渡辺 大介
秋山 隆之	TB	内田 弘憲
月崎 巨人	FB	今泉 清

G：三ッ沢
R：大倉

17 前半33
3 T 5
1 G 4
0 PG 0
DG

7 後半24
1 T 4
1 G 2
0 PG 0
DG

9 反則10

公式試合NO.793

第68回対京大定期戦／H6年9月15日

慶應14（7－0 / 7－18）18京大

G：日吉　R：横山

［慶　應］		［京　大］
小山　賢児	FW	青矢　睦月
長山　浩之	FW	戸田　達喜
高久憲太郎	FW	永田　祥久
倉片　英治	FW	弥富　政享
平野　高史	FW	浅井　幸男
鯛　洋太郎	FW	近藤　真史
広瀬　尚人	FW	上岡　正尚
マーク	FW	本田　剛久
大石　景介	HB	深津　光生
豊永　祐司	HB	津井信一郎
角谷　康之	TB	宮部　主之
島野　光孝	TB	伊福健太郎
園田　克征	TB	中川　祐一
藤川　一馬	TB	武森　孝好
豊田　浩之	FB	坂東　武治

慶應		京大
7	前半	0
1	T	0
1	G	0
0	PG	0
	DG	
7	後半	18
1	T	3
1	G	0
0	PG	1
	DG	
13	反則	15

公式試合NO.794

第67回対立大定期戦／H6年9月18日

慶應44（15－10 / 29－0）10立大

G：熊谷　R：石井

［慶　應］		［立　大］
東　弘二郎	FW	川崎　大
森内　勇策	FW	戸崎　達也
松本啓太郎	FW	福原　幸治
高橋　一史	FW	佐藤　敦
西川　誠洋	FW	林　隆二
越智　航	FW	成田　剛士
田村　和大	FW	金子　寛
林　洋光	FW	金丸　由和
荒川　潤	HB	小関　力也
江田　拓郎	HB	代田　篤史
竹尾　哲哉	TB	古賀　伸貴
高山　伸	TB	清水　孝暁
松原　浩二	TB	吉廻　将人
白崎太一郎	TB	横松　修
秋山　隆之	FB	林田　啓志

慶應		立大
15	前半	10
2	T	1
1	G	1
1	PG	1
	DG	
29	後半	0
2	T	0
2	G	0
5	PG	0
	DG	
17	反則	18

交代：立大
青木＝林田

公式試合NO.795

第77回対同大定期戦／H6年9月23日

慶應19（5－27 / 14－41）68同大

G：宝が池　R：鍛治

［慶　應］		［同　大］
東　弘二郎	FW	有吉　晋作
森内　勇策	FW	谷口　剛
松本啓太郎	FW	中村　勇洋
村田　篤彦	FW	岩本　健嗣
西川　誠洋	FW	片岡　健次
越智　航	FW	見滝　顕也
宇野沢和秀	FW	舘野晃一郎
林　洋光	FW	藤盛　清記
荒川　潤	HB	鬼束　竜太
高山　伸	HB	大嘉　祥弥
角谷　康之	TB	薮上　政樹
松原　浩二	TB	田村　克司
川久保　勲	TB	向山　昌利
竹尾　哲哉	TB	神谷潤一郎
豊田　浩之	FB	西村　哉

慶應		同大
5	前半	27
1	T	4
0	G	2
0	PG	1
	DG	
14	後半	41
2	T	7
2	G	3
0	PG	0
	DG	
7	反則	7

交代：同大
井野川＝中村

公式試合NO.796

関東大学対抗戦／H6年10月1日

慶應57（23－10 / 34－5）15成蹊大

G：熊谷　R：森

［慶　應］		［成蹊大］
小山　賢児	FW	中西　健
長山　浩之	FW	渡辺　俊穂
松本啓太郎	FW	三沢　雄介
村田　篤彦	FW	圖子田　健
西川　誠洋	FW	木村　順一
越智　航	FW	島野　光次
宇野沢和秀	FW	金沢　将行
林　洋光	FW	川村　太郎
荒川　潤	HB	小池　康弘
高山　伸	HB	牛尾　貴哉
角谷　康之	TB	岡田　章
松原　浩二	TB	平田雄二郎
川久保　勲	TB	猪腰　知史
藤川　一馬	TB	安東　英登
秋山　隆之	FB	小串　宗

慶應		成蹊大
23	前半	10
2	T	1
2	G	1
3	PG	1
	DG	
34	後半	5
5	T	1
3	G	0
1	PG	0
	DG	
10	反則	18

交代：慶應　園田＝荒川　江田＝松原　成蹊大
富加見＝中西

公式試合NO.797

関東大学対抗戦／H6年10月8日

慶應29（9－15 / 20－21）36青学大

G：秩父宮　R：斉藤

［慶　應］		［青学大］
東　弘二郎	FW	笹島　巌
森内　勇策	FW	土谷　忠道
松本啓太郎	FW	栗原　健一
村田　篤彦	FW	瀧川　広一
西川　誠洋	FW	石井　信弘
越智　航	FW	伊藤　博章
宇野沢和秀	FW	加藤　勝久
林　洋光	FW	尾身　嘉信
柿原　隆宏	HB	真木　一守
高山　伸	HB	岩淵　健輔
豊田　浩之	TB	糊谷　浩隆
松原　浩二	TB	梅月　淳史
川久保　勲	TB	伊東　将
竹尾　哲哉	TB	片松　丈
秋山　隆之	FB	中村　大輔

慶應		青学大
9	前半	15
0	T	0
0	G	0
3	PG	5
	DG	
20	後半	21
2	T	3
2	G	3
2	PG	0
	DG	
18	反則	15

交代：青学大
岡崎＝瀧川

公式試合NO.798

関東大学対抗戦／H6年10月16日

慶應21（11－6 / 10－5）11筑波大

G：秩父宮　R：吉羽

［慶　應］		［筑波大］
東　弘二郎	FW	新居　久直
森内　勇策	FW	成見　宏樹
松本啓太郎	FW	松井　伴繁
村田　篤彦	FW	工藤　壮郎
西川　誠洋	FW	西機　真
越智　航	FW	藤高　尚樹
田村　和大	FW	峯岸　寛和
林　洋光	FW	手塚　航
柿原　隆宏	HB	岡元　省二
江田　拓郎	HB	柏倉　俊宏
角谷　康之	TB	山口　隆利
松原　浩二	TB	松村　径
川久保　勲	TB	松崎　浩史
竹尾　哲哉	TB	堀尾　大輔
秋山　隆之	FB	浦田　昇平

慶應		筑波大
11	前半	6
1	T	0
0	G	0
2	PG	2
	DG	
10	後半	5
1	T	1
1	G	0
1	PG	0
	DG	
15	反則	13

交代：慶應
宇野沢＝越智
筑波大
高橋＝柏倉
菅原＝堀尾

公式試合NO.799

関東大学対抗戦／H6年10月22日

慶應15（8－14 / 7－39）53日体大

G：秩父宮　R：増川

［慶　應］		［日体大］
東　弘二郎	FW	今村　守亨
森内　勇策	FW	横田　秀之
松本啓太郎	FW	山本　泰久
村田　篤彦	FW	渡辺　泰憲
西川　誠洋	FW	田沼　広之
田村　和大	FW	西埜　快
宇野沢和秀	FW	中原　正義
林　洋光	FW	権村　昌文
田中　望	HB	丹生　雅也
江田　拓郎	HB	新井　昭夫
角谷　康之	TB	高井　健治
松原　浩二	TB	樋口　猛
川久保　勲	TB	田中　勝利
竹尾　哲哉	TB	薬師寺利弥
秋山　隆之	FB	新野　好之

慶應		日体大
8	前半	14
1	T	2
0	G	2
1	PG	0
	DG	
7	後半	39
1	T	6
1	G	3
0	PG	1
	DG	
8	反則	18

交代：日体大
箕内＝渡辺

公式試合NO.800

第69回対明大定期戦／H6年11月6日

慶應16（9－11 / 7－31）42明大

G：秩父宮　R：吉羽

［慶　應］		［明　大］
東　弘二郎	FW	南條　賢太
森内　勇策	FW	満島　史隆
松本啓太郎	FW	亀田　滋
村田　篤彦	FW	安藤　裕樹
西川　誠洋	FW	赤塚　隆
越智　航	FW	松本　幸雄
葉山　浩樹	FW	天野　義久
林　洋光	FW	和嶋　仁
田中　望	HB	西田　英樹
江田　拓郎	HB	信野　将人
藤川　一馬	TB	吉田　光
松原　浩二	TB	文平　龍太
川久保　勲	TB	三輪　幸輔
竹尾　哲哉	TB	小林　研
豊田　浩之	FB	渡辺　大吾

慶應		明大
9	前半	11
0	T	1
0	G	0
3	PG	2
	DG	
7	後半	31
1	T	5
1	G	3
0	PG	0
	DG	
21	反則	18

公式試合NO.801

第71回対早大定期戦／H6年11月23日

慶應10（10－32 / 0－48）80早大

G：秩父宮　R：阿世賀

［慶　應］		［早　大］
東　弘二郎	FW	入江　剛史
森内　勇策	FW	富樫正太郎
松本啓太郎	FW	古賀　大輔
村田　篤彦	FW	竹内　俊二
西川　誠洋	FW	遠藤　哲
越智　航	FW	小泉　和也
林　洋光	FW	山羽　教文
渡辺　雄太	FW	平田　輝志
田中　望	HB	月田　伸一
江田　拓郎	HB	河野　貴久
角谷　康之	TB	永島　茂樹
松原　浩二	TB	隈部謙太郎
川久保　勲	TB	渡辺　大介
竹尾　哲哉	TB	笠井　道也
豊田　浩之	FB	石川　安彦

慶應		早大
10	前半	32
1	T	4
1	G	3
1	PG	2
	DG	
0	後半	48
0	T	7
0	G	5
0	PG	1
	DG	
14	反則	15

交代：慶應
葉山＝越智

公式試合NO. 802

第69回対東大定期戦／H6年12月3日

慶應46（18−0／28−26）26東大

G：日吉
R：小湊

［慶　應］		［東　大］
東　弘二郎	FW	梶原　裕貴
長山　浩之	FW	安部　　明
松本啓太郎	FW	宇野　裕司
村田　篤彦	FW	木村　　恥
西川　誠洋	FW	笹沢　史生
越智　　航	FW	河野　訓知
林　　洋光	FW	桜井林太郎
渡辺　雄太	FW	阿部　竜太
田中　　望	HB	多湖健太郎
高山　　伸	HB	佐分利　永
角谷　康之	TB	中沢　　亮
松原　浩二	TB	中山　有理
川久保　勲	TB	竹下誠一郎
竹尾　哲哉	TB	塩塚　俊秀
豊田　浩之	FB	谷貝　圭一

慶應		東大
18	前半	0
2	T	0
1	G	0
2	PG	0
	DG	
28	後半	26
4	T	4
4	G	3
0	PG	0
	DG	
16	反則	27

交代：慶應
秋山＝角谷

公式試合NO. 803

全早慶明対抗戦／H7年1月22日

全慶應14（7−26／7−34）60全明大

G：秩父宮
R：畠本

［全慶應］		［全明大］
東　弘二郎	FW	佐藤　豪一
古田　靖二	FW	西原　在日
松本啓太郎	FW	村上　貴博
関　　大也	FW	安藤　裕樹
西川　誠洋	FW	中薗　雅晴
越智　　航	FW	松本　幸雄
小田切宏太	FW	神鳥　裕之
林　　洋光	FW	高橋　一聡
田中　　望	HB	永友　洋司
江田　拓郎	HB	高岩　映善
角谷　康之	TB	土佐　忠麿
松橋　康之	TB	横戸　了一
川久保　勲	TB	三輪　幸輔
竹尾　哲哉	TB	丹羽　政彦
秋山　隆之	FB	田島　賢一

全慶應		全明大
7	前半	26
1	T	4
1	G	3
0	PG	0
	DG	
7	後半	34
1	T	6
1	G	2
0	PG	0
	DG	
15	反則	15

交代：慶應　田村
＝秋山　明大
満島＝佐藤
小笠原＝松本
出牛＝中薗

公式試合NO. 804

全早慶明対抗戦／H7年2月5日

全慶應0（0−38／0−62）100全早大

G：秩父宮
R：桜岡

［全慶應］		［全早大］
東　弘二郎	FW	塩入　英治
浅野　　浩	FW	猪谷　一也
松本啓太郎	FW	古賀　大輔
村田　篤彦	FW	田中　孝二
西川　誠洋	FW	篠原　太郎
山内　　龍	FW	神田識二朗
葉山　浩樹	FW	山羽　教文
林　　洋光	FW	打矢　二郎
田中　　望	HB	前田　隆介
江田　拓郎	HB	守屋　泰宏
神田　雅朗	TB	増保　輝則
松橋　庸之	TB	隈部謙太郎
島野　光孝	TB	藤掛　三男
竹尾　哲哉	TB	内田　弘憲
月崎　匡人	FB	今泉　　清

全慶應		全早大
0	前半	38
0	T	6
0	G	4
0	PG	0
	DG	
0	後半	62
0	T	10
0	G	6
0	PG	0
	DG	
10	反則	14

交代：早大
星井＝内田
遠藤＝篠原

公式試合NO. 805

第78回対同大定期戦／H7年9月23日

慶應22（3−17／19−31）48同大

G：熊谷
R：桜岡

［慶　應］		［同　大］
森内　勇策	FW	中村　勝人
間宮　光健	FW	谷口　　剛
松本啓太郎	FW	有吉　晋作
倉片　英治	FW	岩本　健嗣
平野　高史	FW	黒川　雅弘
越智　　航	FW	舘野晃一郎
田村　和大	FW	見滝　顕也
布川　基久	FW	大河原健二
熊谷　　良	HB	斉藤　重義
信濃　幸男	HB	大場　将隆
島田　雅夫	TB	長末　　康
島野　光孝	TB	古道　　智
川久保　勲	TB	向山　昌利
平野井宏典	TB	西村　　哉
稲葉　　潤	FB	西嶋　剛史

慶應		同大
3	前半	17
0	T	3
0	G	1
1	PG	0
	DG	
19	後半	31
3	T	5
2	G	3
0	PG	0
	DG	
9	反則	14

交代：慶応　鯛＝
越智　同志社
永島＝長末
蔵所＝見滝

公式試合NO. 806

関東大学対抗戦／H7年10月1日

慶應40（21−9／19−8）17成蹊大

G：日吉
R：佐藤

［慶　應］		［成蹊大］
松本啓太郎	FW	伊保内　泰
森内　勇策	FW	加瀬　大作
山本　拓也	FW	三澤　雄介
高橋　一史	FW	酒井　泰時
西川　誠洋	FW	圖子田　健
田村　和大	FW	山崎　直昭
鯛　洋太郎	FW	島田　大介
平野　高史	FW	川村　太郎
滝沢　孝雄	HB	糸賀　洋介
信濃　幸男	HB	牛尾　貴哉
豊田　浩之	TB	永野成一郎
島野　光孝	TB	小串　宗之
川久保　勲	TB	岡田　　章
平野井宏典	TB	丹羽　新平
稲葉　　潤	FB	平田雄二郎

慶應		成蹊大
21	前半	9
3	T	0
3	G	0
0	PG	3
	DG	
19	後半	8
3	T	1
2	G	0
0	PG	1
	DG	
15	反則	17

交代：成蹊大
八木＝糸賀
張江＝伊保内

公式試合NO. 807

関東大学対抗戦／H7年10月7日

慶應3（3−11／0−10）21青学大

G：秩父宮
R：桜岡

［慶　應］		［青学大］
森内　勇策	FW	笹島　　巌
間宮　光健	FW	杉山　隆太
松本啓太郎	FW	栗原　健一
平野　高史	FW	石井　信弘
西川　誠洋	FW	岡崎　匡秀
越智　　航	FW	尾身　嘉信
田村　和大	FW	柴本　和典
布川　基久	FW	瀧川　広一
熊谷　　良	HB	内木場憲士
信濃　幸男	HB	岩淵　健輔
豊田　浩之	TB	糊屋　浩孝
島野　光孝	TB	梅月　淳史
川久保　勲	TB	豊原　鉄也
白崎太一郎	TB	片松　　丈
稲葉　　潤	FB	中村　大輔

慶應		青学大
3	前半	11
0	T	1
0	G	0
1	PG	2
	DG	
0	後半	10
0	T	1
0	G	1
0	PG	1
	DG	
9	反則	13

公式試合NO. 808

関東大学対抗戦／H7年10月14日

慶應12（0−23／12−17）40筑波大

G：秩父宮
R：森

［慶　應］		［筑波大］
森内　勇策	FW	新居　久直
間宮　光健	FW	坂本　拓哉
松本啓太郎	FW	松井　伴繁
林　　洋光	FW	大久保尚哉
西川　誠洋	FW	菅家　　淳
越智　　航	FW	柳原　　基
田村　和大	FW	小林　　剛
平野　高史	FW	手塚　　航
熊谷　　良	HB	岡元　省二
信濃　幸男	HB	高橋　修明
島田　雅夫	TB	大場　康博
島野　光孝	TB	柏倉　俊宏
川久保　勲	TB	深堀　敏也
豊田　浩之	TB	菅原　　順
稲葉　　潤	FB	浦田　昇平

慶應		筑波大
0	前半	23
0	T	3
0	G	1
0	PG	2
	DG	
12	後半	17
2	T	2
1	G	2
0	PG	1
	DG	
9	反則	9

公式試合NO. 809

関東大学対抗戦／H7年10月21日

慶應10（3−24／7−28）52日体大

G：秩父宮
R：ウォーリス

［慶　應］		［日体大］
森内　勇策	FW	菅　　義人
間宮　光健	FW	今村　守享
松本啓太郎	FW	山本　泰久
林　　洋光	FW	角田　道生
西川　誠洋	FW	久保　貴幸
越智　　航	FW	田沼　広之
田村　和大	FW	中原　将義
平野　高史	FW	渡辺　泰憲
熊谷　　良	HB	田井中龍史
信濃　幸男	HB	伊東　真吾
豊田　浩之	TB	高井　健治
島野　光孝	TB	品川　英貴
川久保　勲	TB	勝野　　大
島田　雅夫	TB	箕内　佳之
稲葉　　潤	FB	飯塚　貴之

慶應		日体大
3	前半	24
0	T	3
0	G	3
1	PG	1
	DG	
7	後半	28
1	T	4
1	G	4
0	PG	0
	DG	
10	反則	19

交代：慶應
白崎＝島　鯛＝
田村　日体大
福井＝中原

公式試合NO. 810

第70回対明大定期戦／H7年11月5日

慶應0（0−15／0−17）32明大

G：秩父宮
R：阿世賀

［慶　應］		［明　大］
森内　勇策	FW	満島　史隆
間宮　光健	FW	山岡　　俊
松本啓太郎	FW	中地　嘉明
林　　洋光	FW	石井　　誠
西川　誠洋	FW	赤塚　　隆
越智　　航	FW	松本　幸雄
鯛　洋太郎	FW	菅原　　洋
布川　基久	FW	神鳥　裕之
熊谷　　良	HB	西田　英樹
江田　拓郎	HB	信野　将人
島田　雅夫	TB	吉田　　光
島野　光孝	TB	文平　龍太
川久保　勲	TB	三輪　幸輔
白崎太一郎	TB	福田　茂樹
豊田　浩之	FB	森嶌　正人

慶應		明大
0	前半	15
0	T	3
0	G	0
0	PG	0
	DG	
0	後半	17
0	T	3
0	G	1
0	PG	0
	DG	
23	反則	11

交代：慶應
長沢＝江田
佐藤＝島田

公式試合NO. 811
第68回対立大定期戦／H7年11月12日

慶應 79 (32−6 / 47−14) 20 立大

G：熊谷　R：中原

慶應		立大
森内　勇策	FW	村松　一哉
小山　賢児	FW	戸崎　達也
松本啓太郎	FW	福原　幸治
高橋　一史	FW	佐藤　敦
西川　誠洋	FW	江上　俊夫
越智　航	FW	成田　剛士
鯛　洋太郎	FW	万波　忠能
布川　基久	FW	金子　寛
荒川　潤	HB	小関　力也
信濃　幸男	HB	吉廻　将人
梶浦　正典	TB	石田　正
長沢　啓	TB	清水　孝暁
鈴木加津彦	TB	吉野　有佐
白崎太一郎	TB	横松　修
佐藤　慎介	FB	林田　啓志

慶應		立大
32	前半	6
4	T	0
3	G	0
1	PG	2
1	DG	
47	後半	14
7	T	2
6	G	2
0	PG	0
	DG	
25	反則	15

交代：慶應　渡辺＝高橋　立大　武藤＝成田　諏訪＝村松

公式試合NO. 812
第72回対早大定期戦／H7年11月23日

慶應 8 (3−12 / 5−14) 26 早大

G：秩父宮　R：ウォーリス

慶應		早大
森内　勇策	FW	石嶋　照幸
間宮　光健	FW	猪谷　一也
松本啓太郎	FW	山口　吉博
林　洋光	FW	吉上　耕平
西川　誠洋	FW	田中　孝二
越智　航	FW	小泉　和也
鯛　洋太郎	FW	池本　信正
平野　高史	FW	平田　輝志
熊谷　良	HB	前田　隆介
長沢　啓	HB	速水　直樹
平野井宏典	TB	永島　茂樹
島野　光孝	TB	石川　安彦
川久保　勲	TB	青柳　竜正
白崎太一郎	TB	山本　肇
稲葉　潤	FB	吉永雄一郎

慶應		早大
3	前半	12
0	T	2
0	G	1
1	PG	0
	DG	
5	後半	14
1	T	2
0	G	2
0	PG	0
	DG	
3	反則	15

交代：慶應　布川＝西川

公式試合NO. 813
第70回対東大定期戦／H7年12月2日

慶應 46 (24−17 / 22−3) 20 東大

G：江戸川　R：小湊

慶應		東大
森内　勇策	FW	吉川　衛
間宮　光健	FW	安部　明
松本啓太郎	FW	宇野　裕司
林　洋光	FW	木村　恥
西川　誠洋	FW	笹沢　史生
青野　真士	FW	河野　訓知
鯛　洋太郎	FW	木原　達章
平野　高史	FW	南塚　正人
滝沢　孝雄	HB	多湖健太郎
信濃　幸男	HB	竹下誠一郎
島田　雅夫	TB	眞包　隆司
島野　光孝	TB	小林　智夫
稲葉　潤	TB	三笠　杉彦
白崎太一郎	TB	梅原　真也
佐藤　慎介	FB	村田　裕造

慶應		東大
24	前半	17
4	T	2
2	G	2
0	PG	1
	DG	
22	後半	3
4	T	0
1	G	0
0	PG	1
	DG	
16	反則	24

交代：東大　青木＝木村

公式試合NO. 814
第69回対京大定期戦／H7年12月30日

慶應 36 (19−5 / 17−0) 5 京大

G：宇治　R：

慶應		京大
三宮　久義	FW	大蔵　康明
松村　一弘	FW	山本　聡史
松本啓太郎	FW	星野　耕平
林　洋光	FW	前田幸次郎
平野　高史	FW	千原　重光
越智　航	FW	田中　悟
葉山　浩樹	FW	鍛治　宏介
渡辺　雄太	FW	本田　剛久
山田　護之	HB	勝山　義博
豊永　祐司	HB	津井信一郎
島田　雅夫	TB	五島　龍太
藤井　信二	TB	伊福健太郎
渡辺　淳	TB	中川　祐一
稲村　義則	TB	宮部　主之
豊田　浩之	FB	前田幸次郎

慶應		京大
19	前半	5
3	T	1
2	G	0
0	PG	0
	DG	
17	後半	0
3	T	0
1	G	0
0	PG	0
	DG	
15	反則	18

公式試合NO. 815
全早慶明対抗戦／H8年3月3日

全慶應 7 (0−49 / 7−43) 92 全早大

G：秩父宮　R：桜井

全慶應		全早大
森内　勇策	FW	石嶋　照幸
古田　靖二	FW	猪谷　一也
松本啓太郎	FW	山口　吉博
林　洋光	FW	弘田　知巳
西川　誠洋	FW	田中　孝二
越智　航	FW	小泉　和也
鯛　洋太郎	FW	今西　俊貴
平野　高史	FW	平田　輝志
荒川　潤	HB	月田　伸一
長沢　啓	HB	河野　貴久
鬼久保大輔	TB	吉村　恒
松橋　康之	TB	隈部謙太郎
野口　晃司	TB	青柳　竜正
豊田　浩之	TB	藤井　啓
稲葉　潤	FB	吉永雄一郎

全慶應		全早大
0	前半	49
0	T	7
0	G	7
0	PG	0
	DG	
7	後半	43
1	T	7
1	G	4
0	PG	0
	DG	
9	反則	12

交代：全早大　山本＝青柳　吉上＝弘田　青山＝猪谷

公式試合NO. 816
全早慶明対抗戦／H8年3月16日

全慶應 7 (7−17 / 0−27) 44 全明大

G：秩父宮　R：小湊

全慶應		全明大
松本啓太郎	FW	中村雄一郎
間宮　光健	FW	佐野　康文
志賀　行介	FW	中地　嘉明
平野　高史	FW	石井　誠
西川　誠洋	FW	池沢　弘喜
越智　航	FW	沢田　国治
布川　基久	FW	高田　明
渡辺　雄太	FW	和嶋　仁
熊谷　良	HB	後藤広太郎
松橋　康之	HB	漆崎　忠
島田　雅夫	TB	土佐　忠徳
島野　光孝	TB	山口　大輔
稲葉　潤	TB	本田　竜太
鬼久保大輔	TB	山品　博嗣
月崎　匡人	FB	土佐　忠麿

全慶應		全明大
7	前半	17
1	T	3
1	G	1
0	PG	0
	DG	
0	後半	27
0	T	5
0	G	1
0	PG	0
	DG	
14	反則	14

交代：全慶應　豊田＝月崎　滝沢＝熊谷　全明大　小川＝山口

公式試合NO. 817
第70回対京大定期戦／H8年9月15日

慶應 60 (36−7 / 24−22) 29 京大

G：日吉　R：坂本

慶應		京大
森内　勇策	FW	大蔵　康明
間宮　光健	FW	山本　聡史
高久憲太郎	FW	星野　耕平
三浦　孝偉	FW	八木　芳則
阿久根　潤	FW	山内　明
布川　基久	FW	中川　祐一
高田　晋作	FW	堀内　淳郎
蓑田　真也	FW	本田　剛久
桜井　耕平	HB	吉田　学
熊谷　良	HB	津井信一郎
白崎太一郎	TB	小原　淳一
稲葉　潤	TB	木内　大介
藤井　信二	TB	岡田　能幸
信濃　幸男	TB	前田幸次郎
佐藤　慎介	FB	五島　龍太

慶應		京大
36	前半	7
6	T	1
3	G	1
0	PG	0
	DG	
24	後半	22
4	T	4
2	G	1
0	PG	0
	DG	
8	反則	13

交代：慶應　平野井＝佐藤　京大　蓑田＝木内　原＝津井

公式試合NO. 818
第79回対同大定期戦／H8年9月23日

慶應 35 (7−34 / 28−24) 58 同大

G：宝が池　R：橋元

慶應		同大
森内　勇策	FW	萩井　好次
小山　賢児	FW	谷口　剛
高久憲太郎	FW	山口　義仁
斉喜　康博	FW	益田　慶太
阿久根　潤	FW	岡本　真和
田村　和大	FW	駒井　克信
鯛　洋太郎	FW	植田　潤次
渡辺　雄太	FW	大河原健二
熊谷　良	HB	北西　厚一
江田　拓郎	HB	前田　博文
角谷　康之	TB	西村　哉
園田　克征	TB	会田　俊輔
藤井　信二	TB	向山　昌利
信濃　幸男	TB	永島　淳
稲葉　潤	FB	西嶋　剛史

慶應		同大
7	前半	34
1	T	6
1	G	2
0	PG	0
	DG	
28	後半	24
4	T	4
4	G	2
0	PG	0
	DG	
16	反則	17

交代：同大　坪井＝益田　前田＝谷口

公式試合NO. 819
関東大学対抗戦／H8年10月6日

慶應 92 (33−7 / 59−7) 14 成蹊大

G：日吉　R：佐藤

慶應		成蹊大
森内　勇策	FW	三澤　雄介
小山　賢児	FW	市橋　竜正
高久憲太郎	FW	半沢　誠也
斉喜　康博	FW	伊東　聡久
阿久根　潤	FW	圖子田　建
田村　和大	FW	山崎　直昭
高田　晋作	FW	島田　大介
蓑田　真也	FW	川村　太郎
熊谷　良	HB	八木　忠則
江田　拓郎	HB	牛尾　貴哉
角谷　康之	TB	伊藤　一明
藤井　信二	TB	小串　宗之
園田　克正	TB	岡田　章
白崎太一郎	TB	平田雄二郎
稲葉　潤	FB	丹羽　新平

慶應		成蹊大
33	前半	7
5	T	1
4	G	1
0	PG	0
	DG	
59	後半	7
9	T	1
7	G	1
0	PG	0
	DG	
11	反則	27

交代：成蹊大　張江＝半沢

公式試合NO. 820
関東大学対抗戦／H8年10月12日

慶應 28 （8－20 / 20－15） 35 青学大

[慶　應]		[青学大]
森内　勇策	FW	荒巻　孝治
間宮　光健	FW	岡崎　匡秀
高久憲太郎	FW	栗明　友成
斉喜　康博	FW	山田　純平
阿久根　潤	FW	田村博太郎
田村　和大	FW	柴本　和典
高田　晋作	FW	友井　亮輔
渡辺　雄太	FW	瀧川　広一
熊谷　良	HB	内木場憲士
江田　拓郎	HB	小松　督
角谷　康之	TB	多賀　秀記
園田　克征	TB	竹内　薫樹
藤井　信二	TB	岩淵　健輔
信濃　幸男	TB	梅月　淳史
稲葉　潤	FB	中村　大輔

G：三ツ沢
R：森

慶應		青学大
8	前半	20
1	T	2
0	G	2
1	PG	2
	DG	
20	後半	15
3	T	2
1	G	1
1	PG	1
	DG	
12	反則	15

交代：青学大
興水＝山田

公式試合NO. 821
関東大学対抗戦／H8年10月20日

慶應 5 （5－16 / 0－39） 55 筑波大

[慶　應]		[筑波大]
森内　勇策	FW	藤井　浩平
小山　賢児	FW	岩鶴　将典
高久憲太郎	FW	高瀬　将史
高田　晋作	FW	井上　誉智
阿久根　潤	FW	大久保尚哉
田村　和大	FW	古川　卓
鯛　洋太郎	FW	小林　剛
渡辺　雄太	FW	目黒　大助
荒川　潤	HB	椿原　徹也
江田　拓郎	HB	高橋　修明
角谷　康之	TB	福永　広明
園田　克征	TB	嶋津　右嗣
藤井　信二	TB	深堀　敏也
白崎太一郎	TB	横須賀功明
稲葉　潤	FB	浦田　昇平

G：江戸川
R：橋本

慶應		筑波大
5	前半	16
1	T	1
0	G	1
0	PG	3
	DG	
0	後半	39
0	T	6
0	G	3
0	PG	1
	DG	
13	反則	10

交代：慶應
佐藤＝小山
筑波大
菅家＝井上

公式試合NO. 822
関東大学対抗戦／H8年10月27日

慶應 14 （0－36 / 14－45） 81 日体大

[慶　應]		[日体大]
森内　勇策	FW	菅　義人
間宮　光健	FW	今村　守享
高久憲太郎	FW	山本　泰久
斉喜　康博	FW	堀口　直樹
阿久根　潤	FW	間瀬　一樹
田村　和大	FW	箕内　佳之
高田　晋作	FW	中西　実
渡辺　雄太	FW	渡辺　泰憲
熊谷　良	HB	田井中龍史
江田　拓郎	HB	伊東　真吾
角谷　康之	TB	佐野　健二
園田　克征	TB	品川　英貴
稲葉　潤	TB	勝野　大
信濃　幸男	TB	薬師寺利弥
佐藤　慎介	FB	中嶋　則文

G：熊谷ラグビー場
R：相田

慶應		日体大
0	前半	36
0	T	5
0	G	4
0	PG	1
	DG	
14	後半	45
2	T	7
2	G	5
0	PG	0
	DG	
13	反則	14

交代：慶應
白崎＝江田
日体大
小林＝渡辺

公式試合NO. 823
第71回対明大定期戦／H8年11月4日

慶應 32 （10－14 / 22－40） 54 明大

[慶　應]		[明　大]
森内　勇策	FW	満島　史隆
間宮　光健	FW	山岡　俊
高久憲太郎	FW	中地　嘉明
斉喜　康博	FW	斎藤　祐也
阿久根　潤	FW	鈴木　健三
田村　和大	FW	松本　幸雄
高田　晋作	FW	小笠原　賢
渡辺　雄太	FW	神鳥　裕之
熊谷　良	HB	田中　澄憲
江田　拓郎	HB	伊藤　宏明
角谷　康之	TB	山品　博嗣
園田　克征	TB	山口　大輔
藤井　信二	TB	三輪　幸輔
荒川　潤	TB	福田　茂樹
稲葉　潤	FB	森嶌　正人

G：秩父宮
R：谷口

慶應		明大
10	前半	14
1	T	2
1	G	2
1	PG	0
	DG	
22	後半	40
4	T	6
1	G	5
0	PG	0
	DG	
14	反則	12

交代：慶應
信濃＝荒川
佐藤＝間宮
布川＝田村

公式試合NO. 824
第69回対立大定期戦／H8年11月10日

慶應 69 （35－0 / 34－0） 0 立大

[慶　應]		[立　大]
山本　拓也	FW	川崎　大
佐藤　将希	FW	諏訪　竜志
高久憲太郎	FW	坂本　竜太
斉喜　康博	FW	石田　要
阿久根　潤	FW	佐藤　敦
鯛　洋太郎	FW	成田　剛士
高田　晋作	FW	西　臣隆
蓑田　真也	FW	大川　浩司
熊谷　良	HB	猪腰　亮
江田　拓郎	HB	代田　篤史
角谷　康之	TB	高田　健
園田　克征	TB	清水　孝暁
藤井　信二	TB	井上　康
信濃　幸男	TB	林田　啓志
白崎太一郎	FB	木内　一博

G：熊谷ラグビー場
R：大倉

慶應		立大
35	前半	0
5	T	0
5	G	0
0	PG	0
	DG	
34	後半	0
6	T	0
2	G	0
0	PG	0
	DG	
20	反則	13

交代：立大
高橋＝佐藤

公式試合NO. 825
第73回対早大定期戦／H8年11月23日

慶應 18 （15－10 / 3－7） 17 早大

[慶　應]		[早　大]
森内　勇策	FW	石嶋　照幸
佐藤　将希	FW	青野　泰郎
山本　拓也	FW	山口　吉博
高田　晋作	FW	有水　剛志
阿久根　潤	FW	中西　聡
田村　和大	FW	吉上　耕平
三森　卓	FW	中竹　竜二
渡辺　雄太	FW	平田　輝志
熊谷　良	HB	前田　隆介
信濃　幸男	HB	月田　伸一
角谷　康之	TB	永島　茂樹
島野　光孝	TB	山崎　勇気
鈴木加津彦	TB	和泉　聡明
平野井宏典	TB	山本　肇
稲葉　潤	FB	速水　直樹

G：秩父宮
R：桜岡

慶應		早大
15	前半	10
2	T	1
1	G	1
1	PG	1
	DG	
3	後半	7
0	T	1
0	G	1
1	PG	0
	DG	
18	反則	8

交代：慶應
渡辺＝斉喜

公式試合NO. 826
第71回対東大定期戦／H8年11月30日

慶應 73 （33－0 / 40－7） 7 東大

[慶　應]		[東　大]
森内　勇策	FW	小林　広道
佐藤　将希	FW	片桐　巖
山本　拓也	FW	小沢　仁裕
斉喜　康博	FW	梅原　正弘
阿久根　潤	FW	馬淵憲太郎
田村　和大	FW	虎石　貴
鯛　洋太郎	FW	南塚　正人
三森　卓	FW	高原　啓
熊谷　良	HB	多湖健太郎
片岡　章	HB	小林　智夫
角谷　康之	TB	舞立　昇治
島野　光孝	TB	植田　英明
鈴木加津彦	TB	貞包　隆司
白崎太一郎	TB	中沢　亮
稲葉　潤	FB	村田　祐造

G：日吉
R：桜岡

慶應		東大
33	前半	0
5	T	0
4	G	0
0	PG	0
	DG	
40	後半	7
6	T	1
5	G	1
0	PG	0
	DG	
12	反則	8

公式試合NO. 827
全早慶明対抗戦／H9年3月16日

全慶應 24 （5－27 / 19－24） 51 全明大

[全慶應]		[全明大]
松本啓太郎	FW	南條　賢太
佐藤　将希	FW	高田　明
志賀　行介	FW	安藤　淳司
斉喜　康博	FW	安藤　裕樹
高田　晋作	FW	石井　誠
越智　航	FW	池田　太一
田村　和大	FW	阮　申琦
林　洋光	FW	和嶋　仁
熊谷　良	HB	桜井　政人
北所　宏規	HB	伊藤　工
角谷　康之	TB	石塚　文裕
島野　光孝	TB	岡安　倫朗
坂本宗之祐	TB	本田　竜太
平野井宏典	TB	森藤　一馬
稲葉　潤	FB	田島　賢一

G：秩父宮
R：谷口

全慶應		全明大
5	前半	27
1	T	5
0	G	1
0	PG	0
	DG	
19	後半	24
3	T	4
2	G	2
0	PG	0
	DG	
10	反則	26

交代：明大　辻＝池田　川上＝高田　岡本＝石塚　土佐＝岡本
慶応　森内＝松本　蓑田＝林　荒川＝越智　西川＝高田

公式試合NO. 828
全早慶明対抗戦／H9年3月23日

全慶應 19 （5－29 / 14－43） 72 全早大

[全慶應]		[全早大]
松本啓太郎	FW	永田　隆憲
小山　賢児	FW	正木　宏和
志賀　行介	FW	山口　吉博
高田　晋作	FW	中西　恥
西川　誠洋	FW	高田竜三郎
田村　和大	FW	清宮　克行
蓑田　真也	FW	平田　輝志
三森　卓	FW	虻川　誠悟
熊谷　良	HB	前田　隆介
北所　宏規	HB	速水　直樹
角谷　康之	TB	永島　茂樹
島野　光孝	TB	増保　輝則
稲葉　潤	TB	守屋　泰宏
平野井宏典	TB	内田　弘憲
白崎太一郎	FB	吉永雄一郎

G：秩父宮
R：中原

全慶應		全早大
5	前半	29
1	T	5
0	G	2
0	PG	0
	DG	
14	後半	43
2	T	7
2	G	4
0	PG	0
	DG	
21	反則	23

交代：慶應　斉喜＝西川　広田＝小山　森内＝松本

公式試合NO. 829

第71回対京大定期戦／H9年9月15日

慶應 62（33−0 / 29−14）14 京大

G：宝が池　R：橋本

［慶　應］		［京　大］
木住野克麿	FW	井黒　忍
岡本　和樹	FW	田村　良介
田中　良武	FW	俣木　泰治
倉片　英二	FW	丸山　龍治
小林　健二	FW	阿部　哲也
桐野　一秋	FW	堀内淳一郎
山田　護之	FW	佐野　拓水
井上　広史	FW	榎原　友樹
大石　景介	HB	野田　幸嗣
金沢　篤	HB	原　正和
下倉健太郎	TB	榎原　巨樹
長澤　哲	TB	柴田俊次郎
藤井　信二	TB	岡田　能幸
柳川　智	TB	楠橋　直
佐藤　慎介	FB	吉田　学

慶應		京大
33	前半	0
5	T	0
4	G	0
0	PG	0
	DG	
29	後半	14
5	T	2
2	G	2
0	PG	0
	DG	
10	反則	22

交代：慶應　安＝木住野　高橋＝山田　高木＝大石　浜岡＝井上　小野＝佐藤　京大　菊地＝榎原　久保田＝井黒　谷＝楠橋　蓑田＝原

公式試合NO. 830

第80回対同大定期戦／H9年9月23日

慶應 14（7−14 / 7−19）33 同大

G：熊谷　R：大倉

［慶　應］		［同　大］
左座正二郎	FW	萩井　好次
佐藤　将希	FW	前田　和洋
田中　良武	FW	山口　義仁
斉喜　康博	FW	隅田　良博
阿久根　潤	FW	堀井　昭宏
益田　和明	FW	平林　武志
小林　健二	FW	田中　正純
蓑田　真也	FW	林　慶鎬
滝沢　孝雄	HB	見先　恒郎
信濃　幸男	HB	藤井　哲平
角谷　康之	TB	平岩　洋平
島野　光孝	TB	長崎　隆広
鈴木加津彦	TB	会田　俊輔
平野井宏典	TB	船越　稔幸
稲葉　潤	FB	足立　稔幸

慶應		同大
7	前半	14
1	T	2
1	G	2
0	PG	0
	DG	
7	後半	19
1	T	3
1	G	2
0	PG	0
	DG	
15	反則	21

交代：慶應　廣田＝田中　三浦＝益田　木住野＝小林　栗原＝廣田　和田＝信濃　同大　徳久＝平岩

公式試合NO. 831

関東大学対抗戦／H9年9月28日

慶應 102（47−0 / 55−5）5 成蹊大

G：日吉　R：佐久間

［慶　應］		［成蹊大］
安　龍煥	FW	三澤　雄介
岡本　知樹	FW	松本　光弘
梅原　靖士	FW	小柳　順一
倉方　英治	FW	小柳　雅史
吉川　聡	FW	伊東　聡久
山田　護之	FW	山崎　直昭
野上慶太郎	FW	上田　千走
高田　晋作	FW	酒井　泰時
大石　景介	HB	八木　忠則
金沢　篤	HB	安東　努
佐藤　慎介	TB	斉藤　康太
長沢　啓	TB	伊東　一明
浦田　修平	TB	幸田　英之
山本　宗慶	TB	福田　智之
川尻　圭介	FB	丹羽　新平

慶應		成蹊大
47	前半	0
7	T	0
6	G	0
0	PG	0
	DG	
55	後半	5
9	T	1
5	G	0
0	PG	0
	DG	
7	反則	21

交代：慶應　藤井＝浦田　平野井＝佐藤　高木＝大石　成蹊大　張江＝小柳

公式試合NO. 832

関東大学対抗戦／H9年10月11日

慶應 32（25−21 / 7−17）38 青学大

G：三ツ沢　R：桜井

［慶　應］		［青学大］
佐藤　将希	FW	荒巻　孝治
廣田　達朗	FW	興水　大介
左座正二郎	FW	栗明　友成
三浦　孝偉	FW	鳥居　康平
阿久根　潤	FW	山田　純平
田村　和大	FW	高橋　善郎
蓑田　真也	FW	友井　亮輔
高田　晋作	FW	尾身　嘉信
牧野　健児	HB	小松　督
信濃　幸男	HB	岩渕　健輔
角谷　康之	TB	多賀　秀記
島野　光孝	TB	斉藤　真平
鈴木加津彦	TB	沖永　成敬
佐藤　慎介	TB	田中　晃生
稲葉　潤	FB	小島　琢也

慶應		青学大
25	前半	21
4	T	3
1	G	3
1	PG	0
	DG	
7	後半	17
1	T	3
1	G	1
0	PG	0
	DG	
10	反則	19

交代：慶應　三森＝蓑田　滝沢＝牧野　川尻＝鈴木

公式試合NO. 833

関東大学対抗戦／H9年10月19日

慶應 12（7−19 / 5−12）31 筑波大

G：江戸川　R：吉羽

［慶　應］		［筑波大］
左座正二郎	FW	藤井　浩平
佐藤　将希	FW	佐藤　隆夫
山本　拓也	FW	山本　正樹
斉喜　康博	FW	井上　誉智
阿久根　潤	FW	大久保尚哉
蓑田　真也	FW	広瀬　恒平
高田　晋作	FW	藤高　尚樹
三森　卓	FW	向井雄一郎
牧野　健児	HB	松澤　知明
信濃　幸男	HB	高橋　修明
角谷　康之	TB	瓜生　丈治
島野　光孝	TB	福永　広明
鈴木加津彦	TB	深堀　敏也
平野井宏典	TB	横須賀功明
川尻　圭介	FB	浦田　昇平

慶應		筑波大
7	前半	19
1	T	3
1	G	2
0	PG	0
	DG	
5	後半	12
1	T	2
0	G	1
0	PG	0
	DG	
8	反則	14

交代：慶應　益田＝斉喜　廣田＝三森　筑波大　菅家＝大久保

公式試合NO. 834

関東大学対抗戦／H9年10月25日

慶應 27（13−12 / 14−22）34 日体大

G：三ツ沢　R：谷口

［慶　應］		［日体大］
左座正二郎	FW	菅　義人
佐藤　将希	FW	菊地　毅
山本　拓也	FW	鈴木　利洋
高田　晋作	FW	佐子　達仁
阿久根　潤	FW	工藤　孝司
田村　和大	FW	岡本　信児
蓑田　真也	FW	後藤　慶悟
三森　卓	FW	松木　清治
滝沢　孝雄	HB	田井中龍史
信濃　幸男	HB	品川　英貴
角谷　康之	TB	荒木雄一朗
島野　光孝	TB	萩原　健史
稲葉　潤	TB	中嶋　則文
山本　宗慶	TB	山崎太一郎
川尻　圭介	FB	佐野　健二

慶應		日体大
13	前半	12
2	T	2
0	G	1
1	PG	0
	DG	
14	後半	22
2	T	4
2	G	1
0	PG	0
	DG	
9	反則	13

交代：慶應　牧野＝滝沢　益田＝蓑田　安＝左座　日体大　根岸＝佐野

公式試合NO. 835

第72回対明大定期戦／H9年11月2日

慶應 31（14−14 / 17−19）33 明大

G：秩父宮　R：森

［慶　應］		［明　大］
左座正二郎	FW	黒崎　侑一
間宮　光健	FW	山岡　俊
山本　拓也	FW	中村雄一郎
高田　晋作	FW	鈴木　健三
阿久根　潤	FW	辻　孝浩
田村　和大	FW	池田　太一
蓑田　真也	FW	阮　申琦
三森　卓	FW	斎藤　祐也
牧野　健児	HB	後藤　和彦
信濃　幸男	HB	伊藤　宏明
佐藤　慎介	TB	福田健太郎
島野　光孝	TB	山口　大輔
鈴木加津彦	TB	松添　健吉
山本　宗慶	TB	福田　茂樹
稲葉　潤	FB	岩倉　大志

慶應		明大
14	前半	14
2	T	2
2	G	2
0	PG	0
	DG	
17	後半	19
3	T	3
1	G	2
0	PG	0
	DG	
11	反則	16

交代：慶應　安＝左座　佐藤＝間宮　益田＝蓑田

公式試合NO. 836

第70回対立大定期戦／H9年11月9日

慶應 113（52−0 / 61−0）0 立大

G：日吉　R：下井

［慶　應］		［立　大］
安　龍煥	FW	州河　雅俊
岡本　知樹	FW	島田　光
梅原　靖士	FW	吉田　直之
三浦　孝偉	FW	山田　高史
吉川　聡	FW	伊藤　毅
益田　和明	FW	廣瀬　義和
山田　護之	FW	榎本　賢嗣
野上慶太郎	FW	高橋　秀和
滝沢　孝雄	HB	池田　尚弘
和田　康二	HB	桐谷　寛樹
織田　肇	TB	東川　裕康
長沢　哲	TB	栗田　篤志
坂本宗之祐	TB	梅田　孝政
高橋　龍平	TB	松井　隆英
川尻　圭介	FB	小松圭次郎

慶應		立大
52	前半	0
8	T	0
6	G	0
0	PG	0
	DG	
61	後半	0
9	T	0
8	G	0
0	PG	0
	DG	
11	反則	16

交代：立大　光山＝廣瀬　長谷川＝桐谷　慶應　鴨下＝山田　田中＝安　大石＝滝沢　藤井＝坂本　広田＝益田　金沢＝長沢　立大　鈴木＝東川

公式試合NO. 837

関東大学対抗戦／H9年11月15日

慶應 13（6−17 / 7−20）37 帝京大

G：秩父宮　R：岩下

［慶　應］		［帝京大］
田中　良武	FW	高橋　寛
佐藤　将希	FW	長　朋浩
山本　拓也	FW	岩間　保彦
高田　晋作	FW	山崎　洋吾
阿久根　潤	FW	武田　英裕
田村　和大	FW	本間　俊治
蓑田　真也	FW	三井　通宏
三森　卓	FW	伊東　聡
牧野　健児	HB	山浦　方裕
信濃　幸男	HB	由良　康美
角谷　康之	TB	照屋　信次
島野　光孝	TB	難波　英樹
鈴木加津彦	TB	吉田　英之
山本　宗慶	TB	藤坂　将至
栗原　徹	FB	山本　剛

慶應		帝京大
6	前半	17
0	T	2
0	G	2
2	PG	1
	DG	
7	後半	20
1	T	2
1	G	2
0	PG	2
	DG	
13	反則	15

交代：帝京大　中曽＝三井　田井中＝山浦　慶應　益田＝蓑田　川尻＝角谷　帝京大　松本＝藤坂　夏山＝吉田

公式試合NO. 838

第74回対早大定期戦／H9年11月23日

慶應 42 （13−9 / 29−3） 12 早大

[慶　應]		[早　大]
左座正二郎	FW	石嶋 照幸
佐藤 将希	FW	萬匠 裕基
山本 拓也	FW	山口 吉博
高田 晋作	FW	虻川 誠吾
阿久根 潤	FW	山崎 隆司
田村 和大	FW	井手上敬太
益田 和明	FW	沖 覚
三森 卓	FW	吉上 耕平
牧野 健児	HB	月田 伸一
信濃 幸男	HB	福田 恒輝
栗原 徹	TB	倉成 隆
島野 光孝	TB	山崎 勇気
鈴木加津彦	TB	小森 允紘
角谷 康之	TB	石川 安彦
稲葉 潤	FB	吉永 慧侃

G：秩父宮
R：相田

慶應		早大
13	前半	9
2	T	0
0	G	0
1	PG	3
	DG	
29	後半	3
4	T	0
3	G	0
1	PG	1
	DG	
21	反則	14

交代：慶應 山本＝角谷 和田＝鈴木 蓑田＝益田

公式試合NO. 839

第72回対東大定期戦／H9年11月29日

慶應 59 （26−3 / 33−0） 3 東大

[慶　應]		[東　大]
左座正二郎	FW	桜井 和人
佐藤 将希	FW	片桐 巌
山本 拓也	FW	松尾 雄一
高田 晋作	FW	本江 琢磨
阿久根 潤	FW	松岡 拓
田村 和大	FW	青木 眞仁
蓑田 真也	FW	虎石 貴
三森 卓	FW	梅原 正弘
牧野 健児	HB	長谷井信弘
信濃 幸男	HB	大芝 篤史
栗原 徹	TB	紺谷 竜介
島野 光孝	TB	貞包 隆司
長沢 哲	TB	小林 智夫
山本 宗慶	TB	村田 祐造
稲葉 潤	FB	舞立 昇治

G：熊谷
R：民辻

慶應		東大
26	前半	3
4	T	0
3	G	0
0	PG	1
	DG	
33	後半	0
5	T	0
4	G	0
0	PG	0
	DG	
9	反則	25

交代：慶應 吉川＝阿久根 和田＝信濃 熊谷＝牧野 川尻＝山本 東大 小澤＝松尾 溝口＝本江

公式試合NO. 840

全早慶明対抗戦／H10年3月15日

全慶應 38 （26−32 / 12−51） 83 全明大

[全慶應]		[全明大]
松本啓太郎	FW	佐藤 豪一
佐藤 将希	FW	山岡 俊
山本 拓也	FW	高橋 善幸
高田 晋作	FW	辻 孝浩
三浦 孝偉	FW	石井 誠
田村 和大	FW	川上 利明
蓑田 真也	FW	安藤 裕樹
渡辺 雄太	FW	阮 申瑨
熊谷 良	HB	田中 澄憲
北所 宏規	HB	伊藤 宏明
栗原 徹	TB	山品 博嗣
島野 光孝	TB	松添 健吉
浦田 修平	TB	三輪 幸輔
角谷 康之	TB	森藤 一馬
稲葉 潤	FB	岩倉 大志

G：秩父宮
R：民辻

全慶應		全明大
26	前半	32
4	T	6
3	G	1
0	PG	0
	DG	
12	後半	51
2	T	9
1	G	3
0	PG	0
	DG	
7	反則	13

交代：慶應 益田＝蓑田 廣田＝佐藤 田中＝渡辺 荒川＝稲葉 信濃＝北所 山本＝角谷 明大 林＝高橋

公式試合NO. 841

全早慶明対抗戦／H10年3月22日

全慶應 10 （5−45 / 5−29） 74 全早大

[全慶應]		[全早大]
森内 勇策	FW	磯竹 邦彦
佐藤 将希	FW	青山 敦司
松本啓太郎	FW	正木 宏和
高田 晋作	FW	栗原 誠治
三浦 孝偉	FW	山崎 隆司
田村 和大	FW	小泉 和也
益田 和明	FW	山羽 教文
蓑田 真也	FW	江原 和彦
牧野 健児	HB	月田 伸一
北所 宏規	HB	山崎 弘樹
栗原 徹	TB	青柳 竜正
島野 光孝	TB	山崎 勇気
長沢 啓	TB	山本 裕司
山本 宗慶	TB	内田 弘憲
川尻 圭介	FB	今泉 清

G：横浜国際
R：藤実

全慶應		全早大
5	前半	45
1	T	7
0	G	5
0	PG	0
	DG	
5	後半	29
1	T	5
0	G	2
0	PG	0
	DG	
16	反則	16

交代：慶應 山本＝森内 和田＝北所 浦田＝島野 吉川＝蓑田 岡本＝益田 早大 有水＝栗原 辻＝月田 笠尾＝磯竹 高野＝山本

公式試合NO. 842

第72回対京大定期戦／H10年6月21日

慶應 45 （12−19 / 33−5） 24 京大

[慶　應]		[京　大]
木住野亮麿	FW	菊地
篠 賢史	FW	野々村
浜岡 勇介	FW	久保田
大堀 欣也	FW	丸山
鴨下 勝	FW	青木
田中 太郎	FW	八木
井上 広史	FW	安枝
有馬 宏彰	FW	神谷
桜井 耕平	HB	丸市
小野将太郎	HB	原
二見 篤	TB	小原
藤井 信二	TB	岡田
戸村 重貴	TB	榎原
藤井 慎介	TB	五島
佐藤 慎介	FB	吉田

G：日吉
R：渡辺

慶應		京大
12	前半	19
2	T	3
1	G	2
0	PG	0
0	DG	0
33	後半	5
5	T	1
4	G	0
0	PG	0
0	DG	0
5	反則	23

交代：慶應 小山(恵)＝篠 中井＝大堀 藤原＝田中(太) 秋山＝桜井 小山(真)＝二見 久森＝戸村 京大 福本＝安枝

公式試合NO. 843

第81回対同大定期戦／H10年9月15日

慶應 49 （21−12 / 28−17） 29 同大

[慶　應]		[同　大]
田中 良武	FW	大滝 正己
広田 達朗	FW	前田 学
浜岡 勇介	FW	尾崎 章
高田 晋作	FW	堀井 明宏
阿久根 潤	FW	藤井 元基
野沢 武史	FW	川嵜 拓生
三森 卓	FW	井上 淳夫
山本 英児	FW	隅田 良博
熊谷 良	HB	見先 恒郎
信濃 幸男	HB	藤井 哲平
栗原 徹	TB	船越 稔幸
鈴木加津彦	TB	大西将太郎
稲葉 潤	TB	松本 将生
高橋 竜平	TB	永島 淳
川尻 圭介	FB	中井 真一

G：宝が池
R：

慶應		同大
21	前半	12
3	T	2
3	G	1
0	PG	0
	DG	
28	後半	17
4	T	3
4	G	1
0	PG	0
	DG	
16	反則	20

交代：慶應 岡田＝広田 吉川＝三森 野上＝山本 牧野＝熊谷 和田＝信濃 田中(豪)＝川尻 同大 田中＝大滝 堂守＝前田 太田＝藤井(元) 磯村＝大西

公式試合NO. 844

第73回対東大定期戦／H10年9月19日

慶應 105 （49−0 / 56−0） 0 東大

[慶　應]		[東　大]
田中 良武	FW	桜井 和人
岡本 知樹	FW	片桐 巌
浜岡 勇介	FW	大岡 功人
高田 晋作	FW	松岡 拓
阿久根 潤	FW	梅原 正広
野沢 武史	FW	虎石 貴
野上慶太郎	FW	早崎 宏
三森 卓	FW	高原 啓
熊谷 良	HB	佐藤 新
和田 康二	HB	大芝 篤史
栗原 徹	TB	紺谷 竜介
田中 豪人	TB	小林 智夫
鈴木加津彦	TB	成田 圭吾
山本 宗慶	TB	向井 亮
稲葉 潤	FB	福崎 耕平

G：秩父宮
R：谷口

慶應		東大
49	前半	0
7	T	0
7	G	0
0	PG	0
	DG	
56	後半	0
8	T	0
8	G	0
0	PG	0
	DG	
8	反則	8

交代：慶應 川尻＝山本(宗)

公式試合NO. 845

関東大学対抗戦／H10年9月27日

慶應 66 （40−0 / 26−0） 0 成蹊大

[慶　應]		[成蹊大]
木住野亮麿	FW	三沢
岡戸 洋介	FW	市橋
浜岡 勇介	FW	大坪
松井 龍介	FW	四元
池末 英明	FW	伊東
広 優樹	FW	上田
井上 広史	FW	菊地
山本 英児	FW	酒井
高木 洋彦	HB	横井
金沢 篤	HB	福井
佐藤 慎介	TB	福田
吉野 正史	TB	斉藤
月井 英之	TB	幸田
山本 宗慶	TB	藤本
加藤 正臣	FB	勝野

G：日吉
R：横瀬

慶應		成蹊大
40	前半	0
6	T	0
5	G	0
0	PG	0
	DG	
26	後半	0
4	T	0
3	G	0
0	PG	0
	DG	
4	反則	18

交代：慶應 篠＝岡戸 小山(恵)＝広 小林＝山本(英) 久森＝月井 小野＝山本(宗) 成蹊大 小柳＝四元 池田＝藤本

公式試合NO. 846

関東大学対抗戦／H10年10月11日

慶應 49 （14−6 / 35−12） 18 青学大

[慶　應]		[青学大]
左座正二郎	FW	田中 正泰
岡本 知樹	FW	和泉健太朗
田中 良武	FW	輿水 大介
高田 晋作	FW	桑畑 充
阿久根 潤	FW	吉川 裕介
野上慶太郎	FW	佐藤 真久
三森 卓	FW	野中 義久
山本 英児	FW	鳥居 康平
熊谷 良	HB	小松 督
和田 康二	HB	梅月 信吾
栗原 徹	TB	小島 琢也
田中 豪人	TB	伊藤 紀彦
稲葉 潤	TB	田中 啓
高橋 龍平	TB	鈴木 竜郎
川尻 圭介	FB	本田 顕康

G：高崎
R：小野塚

慶應		青学大
14	前半	6
2	T	0
2	G	0
0	PG	2
	DG	
35	後半	12
5	T	2
5	G	1
0	PG	0
	DG	
16	反則	20

交代：慶應 安＝左座 鈴木(孝)＝田中(豪) 青学大 戸田＝鳥居

公式試合NO. 847

関東大学対抗戦／H10年10月18日

慶應 27（17−5 / 10−14）19 筑波大

	［慶　應］	［筑波大］
FW	田中　良武	藤井　浩平
FW	広田　達朗	小柳　智
FW	浜岡　勇介	大谷　学
FW	高田　晋作	井上　誉智
FW	阿久根　潤	大久保尚哉
FW	益田　真也	広瀬　恒平
FW	野上慶太郎	中山　知士
FW	三森　卓	向井雄一郎
HB	熊谷　良	田中　大雄
HB	和田　康二	杉山　稔昭
TB	栗原　徹	瓜生　丈治
TB	田中　豪人	福永　広明
TB	稲葉　潤	伊藤　諭
TB	山本　宗慶	横須賀功明
FB	川尻　圭介	今崎　克也

G：秩父宮
R：桜岡

17 前半 5
3 T 1
1 G 0
0 PG 0
DG
10 後半 14
2 T 2
0 G 2
0 PG 0
DG
10 反則 14

交代：慶應　岡本＝広田　吉川＝阿久根　簑田＝益田　信濃＝和田　高橋（龍）＝栗原
筑波大　安曽＝伊藤

公式試合NO. 848

関東大学対抗戦／H10年10月25日

慶應 43（18−6 / 25−7）13 日体大

	［慶　應］	［日体大］
FW	左座正二郎	原田陽一郎
FW	岡本　知樹	真田　鎮彰
FW	田中　良武	鈴木　利洋
FW	高田　晋作	佐子　達仁
FW	吉川　聡	細田　元
FW	益田　真也	郭　有紀彦
FW	三森　卓	後藤　慶悟
FW	山本　英児	小林　拓男
HB	牧野　健児	宮沢　永将
HB	和田　康二	山崎　和久
TB	高橋　龍平	荒木雄一郎
TB	田中　豪人	森下　雄史
TB	鈴木加津彦	佐藤　智
TB	山本　宗慶	飛田　幹男
FB	稲葉　潤	金丸　健

G：熊谷
R：民辻

18 前半 6
3 T 0
0 G 0
1 PG 2
DG
25 後半 7
4 T 1
1 G 1
1 PG 0
DG
43 反則 13

交代：慶應　安＝左座　浜岡＝田中（良）　斉喜＝吉川　野上＝三森　熊谷＝牧野　佐藤（信）＝田中（豪）
日体大　小槽＝原田　杉浦＝山崎

公式試合NO. 849

第73回対明大定期戦／H10年11月1日

慶應 17（3−15 / 14−10）25 明大

	［慶　應］	［明　大］
FW	左座正二郎	中川　智文
FW	岡本　知樹	山岡　俊
FW	田中　良武	石田　大起
FW	高田　晋作	辻　孝浩
FW	阿久根　潤	石井　誠
FW	益田　真也	川上　利明
FW	野上慶太郎	阮　申珊
FW	山本　英児	斎藤　裕也
HB	熊谷　良	後藤　和彦
HB	信濃　幸男	森嵩　正人
TB	高橋　龍平	山口　大介
TB	稲葉　潤	山口　大輔
TB	鈴木加津彦	松添　健吉
TB	山本　宗慶	岩倉　大志
FB	佐藤　慎介	福田健太郎

G：秩父宮
R：畠本

3 前半 15
0 T 2
0 G 1
1 PG 1
DG
14 後半 10
2 T 1
2 G 1
0 PG 1
DG
12 反則 12

交代：慶應　三森＝野上　牧野＝熊谷　和田＝信濃　吉川＝和田　田中（豪）＝佐藤（慎）
明大　黒崎＝中川　安藤＝石田

公式試合NO. 850

第71回対立大定期戦／H10年11月8日

慶應 64（33−19 / 31−26）45 立大

	［慶　應］	［立　大］
FW	木住野亮磨	伊東　洋平
FW	篠　賢史	須藤　拓生
FW	鈴木　章生	阪本　竜太
FW	斎喜　康博	佐々木拓也
FW	犬養　友範	山田　高央
FW	広　優樹	浜村圭太郎
FW	井上　広史	広瀬　義和
FW	吉川　聡	大川　浩司
HB	高木　洋彦	日下健太郎
HB	長沢　啓	山本　朋寛
TB	藤井　慎介	宮崎　亨祐
TB	吉野　正史	井上　康
TB	月井　英之	栗田　篤志
TB	加藤　正臣	松井　隆英
FB	小野将太郎	小松圭次郎

G：日吉
R：八木沢

33 前半 19
5 T 3
4 G 2
0 PG 0
DG
31 後半 26
5 T 4
3 G 3
0 PG 0
DG
8 反則 24

交代：慶應　小山（恵）＝篠　秋山＝高木　瓜生＝月井　浦田＝小野
立大　光山＝浜村　榎本＝広瀬　高橋＝松井　鈴木＝小松

公式試合NO. 851

第75回対早大定期戦／H10年11月23日

慶應 21（14−15 / 7−20）35 早大

	［慶　應］	［早　大］
FW	左座正二郎	安藤　敬介
FW	岡本　知樹	萬匠　裕基
FW	浜岡　勇介	正木　和
FW	高田　晋作	高田竜三郎
FW	阿久根　潤	山崎　隆司
FW	野上慶太郎	大瀬　祐介
FW	三森　卓	井手上敬太
FW	山本　英児	江原　和彦
HB	熊谷　良	辻　高志
HB	信濃　幸男	福田　恒輝
TB	高橋　龍平	西辻　勤
TB	田中　豪人	山崎　勇気
TB	鈴木加津彦	高野　貴司
TB	山本　宗慶	横井　寛之
FB	稲葉　潤	長井　真弥

G：秩父宮
R：相田

14 前半 15
2 T 2
2 G 1
0 PG 1
DG
7 後半 20
1 T 2
1 G 2
0 PG 2
DG
21 反則 9

交代：慶應　広田＝岡本　田中（良）＝浜岡　益田＝三森　吉川＝益田　牧野＝熊谷　川尻＝鈴木（加）　瓜生＝山本（宗）
早大　香川＝江原　武川＝高野　山崎（弘）＝長井

公式試合NO. 852

第35回全国大学選手権（1回戦）／H10年12月20日

慶應 74（36−0 / 38−7）7 福岡大

	［慶　應］	［福岡大］
FW	左座正二郎	松本　洋
FW	岡本　知樹	山内　慶
FW	浜岡　勇介	佐伯真二郎
FW	高田　晋作	高橋　崇直
FW	阿久根　潤	小沢　大樹
FW	野沢　武史	小金丸伸也
FW	野上慶太郎	松尾　和博
FW	山本　英児	平山　聡
HB	熊谷　良	奥永　英雄
HB	信濃　幸男	吉里　聡
TB	高橋　龍平	吉里　慎
TB	田中　豪人	小松　健
TB	稲葉　潤	藤本　昌昭
TB	浦田　修平	古谷　圭
FB	佐藤　慎介	鶴丸　誠

G：平和台
R：御領園

36 前半 0
6 T 0
3 G 0
0 PG 0
0 DG 0
38 後半 7
6 T 1
4 G 1
0 PG 0
0 DG 0
21 反則 17

交代：慶應　安＝浜岡　三森＝山本（英）　牧野＝熊谷　山本（宗）＝稲葉　鈴木（加）＝佐藤（信）
福岡大：田島＝山内　藤岡＝佐伯　大崎＝高橋　森原＝藤本　長倉＝鶴丸

公式試合NO. 853

第35回全国大学選手権(2回戦)／H10年12月26日

慶應 41（19−0 / 22−14）14 日大

	［慶　應］	［日　大］
FW	左座正二郎	柳沼　太基
FW	岡本　知樹	矢巻　高志
FW	浜岡　勇介	川村　拓也
FW	高田　晋作	栗原　剛
FW	阿久根　潤	安田　景
FW	野沢　武史	三縄宗太郎
FW	野上慶太郎	鷲谷　正直
FW	山本　英児	横瀬　一成
HB	熊谷　良	沢木　智之
HB	信濃　幸男	日原　大介
TB	高橋　龍平	窪田幸一郎
TB	田中　豪人	野木入茂彦
TB	稲葉　潤	今利　貞政
TB	山本　宗慶	北條　純一
FB	川尻　圭介	田原健太郎

G：花園
R：桜岡

19 前半 0
3 T 0
2 G 0
0 PG 0
0 DG 0
22 後半 14
4 T 2
1 G 2
0 PG 0
0 DG 0
15 反則 10

交代：慶應　益田＝野上　和田＝信濃
日大　大渕＝三縄　岩木＝田原

公式試合NO. 854

第35回全国大学選手権（準決勝）／H11年1月2日

慶應 18（7−10 / 11−14）24 明大

	［慶　應］	［明　大］
FW	左座正二郎	黒崎　侑一
FW	岡本　知樹	山岡　俊
FW	浜岡　勇介	石田　大起
FW	高田　晋作	辻　孝浩
FW	三森　卓	石井　誠
FW	野沢　武史	池田　太一
FW	益田　慎也	阮　申珊
FW	山本　英児	斎藤　裕也
HB	熊谷　良	後藤　和彦
HB	和田　康二	森嵩　正人
TB	高橋　龍平	山口　大介
TB	田中　豪人	山口　大輔
TB	稲葉　潤	松添　健吉
TB	浦田　修平	岩倉　大志
FB	川尻　圭介	福田健太郎

G：国立
R：下井

7 前半 10
1 T 1
1 G 1
0 PG 1
0 DG 0
11 後半 14
1 T 2
0 G 2
2 PG 0
0 DG 0
15 反則 11

公式試合NO. 855

第36回日本選手権（1回戦）／H11年2月14日

慶應 17（0−35 / 17−45）80 サントリー

	［慶　應］	［サントリー］
FW	左座正二郎	高橋　智也
FW	岡本　知樹	坂田　正彰
FW	浜岡　勇介	元吉　和中
FW	高田　晋作	黒川　大輔
FW	三森　卓	大久保直哉
FW	野沢　武史	ハッチンソン
FW	野上慶太郎	広野　健吾
FW	山本　英児	オルソン
HB	熊谷　良	永友　洋司
HB	和田　康二	伊藤　宏明
TB	佐藤　慎介	福田　茂樹
TB	稲葉　潤	今駒　憲二
TB	鈴木加津彦	青柳　竜正
TB	浦田　修平	尾関　弘樹
FB	川尻　圭介	吉田　尚史

G：花園
R：石井

0 前半 35
0 T 5
0 G 5
0 PG 0
0 DG 0
17 後半 45
3 T 7
1 G 5
0 PG 0
0 DG 0
8 反則 14

公式試合NO. 856

全早慶明対抗戦／H11年3月7日

全慶應 24 (24−14 / 0−10) 24 全早大

G：駒沢
R：渡辺

	[全慶應]	[全早大]
FW	松本啓太郎	青山　敦司
	佐藤　将希	萬匠　祐基
	山本　拓也	正木　和
	高田　晋作	有水　剛志
	三森　卓	高田竜三郎
	野沢　武史	野村　能久
	田村　和大	山羽　教文
	山本　英児	井出上敬太
HB	牧野　健児	月田　伸一
	和田　康二	速水　直樹
TB	角谷　康之	横井　寛之
	田中　豪人	山崎　勇気
	稲葉　潤	青柳　竜成
	浦田　修平	山本　肇
FB	川尻　圭介	山崎　弘樹

全慶應		全早大
24	前半	14
4	T	2
2	G	2
0	PG	0
	DG	
0	後半	10
0	T	1
0	G	1
0	PG	1
	DG	
14	反則	11

交代：全慶應　左座＝松本　石森＝佐藤　野上＝山本（拓）　益田＝田村　熊谷＝牧野　高橋＝角谷
全早大　小林＝正木　福田＝青柳　吉上＝山本　今泉＝山崎（弘）

公式試合NO. 857

全早慶明対抗戦／H11年3月13日

全慶應 50 (17−29 / 33−21) 50 全明大

G：秩父宮
R：小川

	[全慶應]	[全明大]
FW	福本　正幸	満島　史隆
	岡本　知樹	滝沢　佳之
	松本啓太郎	亀田　滋
	高田　晋作	諸　成万
	三森　卓	阮　申瓓
	野沢　武史	松本　幸男
	田村　和大	天野　義久
	山本　英児	斎藤　祐也
HB	熊谷　良	清水　督史
	和田　康二	森嶌　正人
TB	高橋　龍平	山口　大介
	田中　豪人	三輪　幸輔
	稲葉　潤	松添　健吉
	浦田　修平	福田健太郎
FB	川尻　圭介	山下　太一

全慶應		全明大
17	前半	29
3	T	5
1	G	2
0	PG	0
	DG	
33	後半	21
5	T	3
4	G	3
0	PG	0
	DG	
11	反則	19

交代：全慶應　左座＝福本　山本（拓）＝松本　牧野＝熊谷　瓜生＝高橋　栗原＝瓜生
全明大　満島＝黒崎　石田＝亀田　松原＝阮　山岡＝斉藤　桜井＝山口　菅藤＝桜井

公式試合NO. 858

第82回対同大定期戦／H11年5月30日

慶應 31 (17−5 / 14−17) 22 同大

G：美作
R：白波

	[慶　應]	[同　大]
FW	安　龍煥	大島　利一
	岡本　知樹	安若　直哉
	浜岡　勇介	尾崎　章
	高田　晋作	林　慶鎬
	吉川　聡	多　久樹
	野沢　武史	斉藤　均
	野上慶太郎	横飛　保仁
	三森　卓	川嵜　拓生
HB	牧野　健児	見先　恒郎
	金沢　篤	中井　真一
TB	高橋　龍平	船越　稔幸
	川尻　圭介	加藤　仁也
	鈴木　孝徳	松本　将生
	浦田　修平	馬場　大策
FB	山本　宗慶	平岩　洋平

慶應		同大
17	前半	5
3	T	1
1	G	0
0	PG	0
0	DG	0
14	後半	17
2	T	3
2	G	1
0	PG	0
0	DG	0
8	反則	5

交代：慶應　有馬＝岡本　池末＝高田　益田＝野上　瓜生＝川尻
同大　井上＝横飛

公式試合NO. 859

第73回対京大定期戦／H11年5月30日

慶應 26 (12−19 / 14−7) 26 京大

G：舞洲
R：八木澤

	[慶　應]	[中央大]
FW	岡戸　洋介	菊地
	篠　賢史	福本
	最上　紘太	神谷
	吉川　聡	丸山
	田原　実	藤井
	井上　広史	安枝
	広　優樹	阿部
	水江　文人	榎原
HB	高木　洋彦	花田
	小山　真司	安田
TB	藤井　慎介	河野
	久森　基次	西村
	吉野　正史	北浜
	阿部　達也	手塚
FB	神谷　俊介	吉田

慶應		京大
12	前半	19
2	T	3
1	G	2
0	PG	0
0	DG	0
14	後半	7
2	T	1
2	G	1
0	PG	0
0	DG	0
16	反則	10

交代：慶應　平田＝岡戸　大堀＝吉川　中嶋＝水江　小野＝神谷
京大　末広＝花田

公式試合NO. 860

創部100周年記念招待試合／H11年9月11日

全慶應 42 (23−14 / 19−7) 21 ケンブリッジ大

G：秩父宮
R：岩下

	[慶　應]	[ケンブリッジ大]
FW	山本　拓也	マイク・トウィディ
	岡本　知樹	ジム・ハミルトン・スミス
	松本啓太郎	ネイル・ヘネシー
	高田　晋作	ハミッシュ・インネス
	阿久根　潤	アンガス・インネス
	田村　和大	トーマス・ムートン
	野沢　武史	ステファン・セクストン
	山本　英児	マイク・カウント
HB	牧野　健児	グレッグ・ピーコック
	金沢　篤史	岩渕　健輔
TB	高橋　龍平	ポール・フルトン
	田中　豪人	オーエン・ジョンズ
	川尻　圭介	アダム・ビッドウエル
	浦田　修平	ベン・ラッジ
FB	栗原　徹	ニック・ブオイ

全慶應		ケンブリッジ大
23	前半	14
2	T	2
2	G	2
3	PG	0
0	DG	0
19	後半	7
3	T	1
2	G	1
0	PG	0
0	DG	0
19	反則	16

交代：慶應　浜岡＝山本　安＝松本　三森＝田村　瓜生＝金沢　山本（宗）＝田中
ケンブリッジ大　マイケル・ハズレット＝マイケル・トウィディ　デリック・クッツァ＝トーマス・ムートン　コリン・マーティン＝岩渕

公式試合NO. 861

第74回対東大定期戦／H11年9月15日

慶應 129 (80−0 / 49−5) 5 東大

G：秩父宮
R：藤実

	[慶　應]	[東　大]
FW	浜岡　勇介	桜井　和人
	岡本　知樹	岩田　厚
	安　龍煥	大岡　功人
	高田　晋作	松岡　拓
	池末　英明	後藤　達也
	益田　和明	宗　仁浩
	野沢　武史	原　英之
	山本　英児	高原　啓
HB	高木　洋彦	佐藤　新
	吉野　太史	平田　圭
TB	藤井　慎介	深津晋一郎
	瓜生　靖治	大芝　篤史
	川尻　圭介	成田　圭吾
	山本　宗慶	向井　亮千
FB	栗原　徹	藤井　孝真

慶應		東大
80	前半	0
12	T	0
10	G	0
0	PG	0
	DG	
49	後半	5
7	T	1
7	G	0
0	PG	0
	DG	
12	反則	11

交代：慶應　田中（武）＝浜岡　工藤＝安　鈴木＝川尻
東大　吉田＝後藤

公式試合NO. 862

慶應義塾大学対防衛大学／H11年9月19日

慶應 50 (24−0 / 26−12) 12 防衛大

G：日吉
R：上田

	[慶　應]	[防衛大]
FW	奥泉　武史	上野
	由野　正剛	三原
	岸　大介	奥田
	浅見　真吾	須藤
	大堀　欣也	中村
	関口　斎	切附
	横山　一平	大道
	岩見　尚史	西口
HB	青木　洋彦	中野
	松田　純	中村
TB	丹羽　宏文	福島
	石崎　稔朗	矢山
	木下　祐輔	小林
	原田　聡史	鐘ヶ江
FB	西村　健	堀

慶應		防衛大
24	前半	0
4	T	0
2	G	0
0	PG	0
0	DG	0
26	後半	12
4	T	2
3	G	1
0	PG	0
0	DG	0
4	反則	11

交代：慶應　蟹江＝岸　中井＝大堀　野津＝関口　水江＝岩見　森田＝青木　小菅＝森田　河本＝丹羽　鈴木（真）＝木下　下田＝原田
防衛大　赤木＝三原　大塚＝西口　鈴木＝矢山

公式試合NO. 863

第72回対立大定期戦／H11年10月3日

慶應 74 (36−0 / 38−5) 5 立大

G：日吉
R：佐藤

	[慶　應]	[立　大]
FW	工藤　大介	伊東　洋平
	鈴木　雅大	島田　光
	安　龍煥	坂本　竜太
	井上　広史	佐々木拓也
	三森　卓	山田　高央
	野津　匡司	広瀬　義和
	広　優樹	光山　義治
	池田　宗一	大川　浩司
HB	水津　壮右	横山　晋平
	金沢　篤	山本　朋寛
TB	河本　岳大	安川　敦
	川尻　圭介	井上　康
	月井　英之	川島
	浦田　修平	高橋　秀和
FB	神谷　俊介	小松圭次郎

慶應		立大
36	前半	0
6	T	0
3	G	0
0	PG	0
0	DG	0
38	後半	5
6	T	1
4	G	0
0	PG	0
0	DG	0
11	反則	23

交代：慶應　浜岡＝工藤　小山（惠）＝鈴木（雅）　水江＝井上　岩見＝広　青木＝水津　和田＝神谷
立大　伊藤＝山田　榎本＝光山　宮崎＝川島

公式試合NO. 864

関東大学対抗戦／H11年9月26日

慶應 54 (14−0 / 40−0) 0 成蹊大

G：日吉
R：坂本

	[慶　應]	[成蹊大]
FW	工藤　義信	田村　泰輔
	岡戸　洋介	四元　智巳
	中村　泰登	大坪　博文
	池田　宗一	藤本
	池末　英明	細谷　亮太
	田中　太郎	岡本　哲
	横山　一平	佐藤晋太郎
	鴨下　勝	菊地　和彦
HB	秋山　浩樹	横井　泰知
	吉野　太史	立松　弦
TB	藤井　慎介	池田　潤
	宮田　彰二	高木　貴行
	久森　基次	幸田　英之
	河本　岳大	福田　智之
FB	神谷　俊介	勝野　雅章

慶應		成蹊大
14	前半	0
2	T	0
2	G	0
0	PG	0
0	DG	0
40	後半	0
6	T	0
5	G	0
0	PG	0
0	DG	0
2	反則	16

交代：慶應　小山（惠）＝岡戸　井上＝横山　中井＝鴨下　青木＝秋山　月井＝久森
成蹊大　鈴木＝高木

公式試合NO. 865
関東大学対抗戦／H11年10月17日

慶應 57（28－7 / 29－12）19 筑波大

[慶 應]		[筑波大]
田中 良武	FW	今尾 暁
岡本 知樹		橋本 修一
中村 泰登		大谷 学
高田 晋作		小岩 弘典
阿久根 潤		長沢 誠也
益田 和明		広瀬 恒平
野沢 武史		真鍋 健治
山本 英児		向井雄一郎
牧野 健児	HB	岡 幸次
吉野 太史		松岡 亮
藤井 慎介	TB	安中 裕勝
川尻 圭介		杉山 稔昭
瓜生 靖治		竹下 敬介
浦田 修平		瓜生 丈治
栗原 徹	FB	大門 隼人

G：秩父宮
R：桜井

28	前半	7
4	T	1
4	G	1
0	PG	0
0	DG	0
29	後半	12
5	T	2
2	G	1
0	PG	0
0	DG	0
16	反則	9

交代：慶應 三森＝益田 安＝中村 鈴木（孝）＝栗原 篠＝岡本
筑波大 田中＝岡

公式試合NO. 866
関東大学対抗戦／H11年10月24日

慶應 69（24－3 / 45－5）8 日体大

[慶 應]		[日体大]
田中 良武	FW	七田 信志
岡戸 洋介		大谷 隆司
安 龍煥		原田陽一郎
高田 晋作		半田 誠
吉川 聡		藤原 崇史
益田 和明		郭 有紀彦
野沢 武史		後藤 慶悟
三森 卓		湊 健
高木 洋彦	HB	藤戸 恭平
和田 康二		杉浦 太郎
藤井 慎介	TB	大池 孝治
瓜生 靖治		森下 雄史
川尻 圭介		佐藤 智
浦田 修平		中村 直紀
加藤 正臣	FB	大中 哲宏

G：熊谷
R：畠本

24	前半	3
3	T	0
3	G	0
1	PG	1
0	DG	0
45	後半	5
7	T	1
5	G	0
0	PG	0
0	DG	0
5	反則	18

交代：慶應 左座＝岡戸 中村＝田中（良） 阿部＝加藤
日体大 小林＝湊

公式試合NO. 867
第74回対明大定期戦／H11年11月7日

慶應 41（8－3 / 33－7）10 明大

[慶 應]		[明 大]
浜岡 勇介	FW	石川 賢太
左座正二郎		松原 祐司
中村 泰登		石井 良昌
高田 晋作		千田 尭邑
吉川 聡		加藤 均
三森 卓		伊藤 太進
野沢 武史		阮 申瑠
山本 英児		斎藤 裕也
牧野 健児	HB	後藤 和彦
和田 康二		菅藤 心
藤井 慎介	TB	山口 大介
瓜生 靖治		上田 雅俊
川尻 圭介		松添 健吉
浦田 修平		桜井 崇将
加藤 正臣	FB	福田健太郎

G：秩父宮
R：石井

8	前半	3
1	T	0
0	G	0
1	PG	1
0	DG	0
33	後半	7
5	T	1
4	G	1
0	PG	0
0	DG	0
10	反則	10

交代：慶應 篠＝浜岡 安＝中村 有馬＝三森 阿部＝藤井
明大 菅原（主）＝桜井

公式試合NO. 868
関東大学対抗戦／H11年11月10日

慶應 99（47－0 / 52－0）0 青学大

[慶 應]		[青学大]
浜岡 勇介	FW	宮地 紳也
岡本 知樹		松長 哲平
中村 泰登		若林 周
高田 晋作		桑畑 充
三森 卓		吉川 祐介
益田 和明		野中 義久
野沢 武史		戸田 真司
山本 英児		吉田 幸司
牧野 健児	HB	光延 剛
吉野 太史		伊藤 紀彦
藤井 慎介	TB	東間 淳
田中 豪人		新山 耕平
瓜生 靖治		中谷 雄典
浦田 修平		柴田 将文
栗原 徹	FB	本田 顕康

G：熊谷
R：古賀

47	前半	0
7	T	0
6	G	0
0	PG	0
0	DG	0
52	後半	0
8	T	0
6	G	0
0	PG	0
0	DG	0
14	反則	21

交代：慶應 安＝中村 阿久根＝三森 高木＝牧野 川尻＝神谷
青学大 吉岡＝桑畑 藤山＝東間 和泉＝松長 内田＝光延

公式試合NO. 869
関東大学対抗戦／H11年11月14日

慶應 31（14－3 / 17－10）13 帝京

[慶 應]		[帝京大]
左座正二郎	FW	岩間 保彦
篠 賢史		小嶋 孝夫
中村 泰登		相馬 朋和
高田 晋作		林 正史
阿久根 潤		石川 茂幸
三森 卓		雨宮 康治
野沢 武史		三井 通宏
山本 英児		山崎 洋吾
牧野 健児	HB	田井中亮範
和田 康二		高 彰伸
藤井 慎介	TB	藤坂 将至
瓜生 靖治		山本 剛
川尻 圭介		大松 真
浦田 修平		飯泉 友健
加藤 正臣	FB	高 忠伸

G：前橋
R：桜岡

14	前半	3
2	T	0
2	G	0
0	PG	1
0	DG	0
17	後半	10
2	T	1
2	G	1
1	PG	1
0	DG	0
17	反則	13

交代：慶應 田中（良）＝篠 吉川＝阿久根 高木＝牧野
帝京大 橋本＝小嶋 森原＝林 姫野＝石川 飯原＝藤坂

公式試合NO. 870
第76回対早大定期戦／H11年11月23日

慶應 29（5－18 / 24－3）21 早大

[慶 應]		[早 大]
左座正二郎	FW	成田 清志
岡本 和樹		大内 和樹
中村 泰登		小林 商司
高田 晋作		佐藤 喬輔
阿久根 潤		脇 健太
三森 卓		上村 康太
野沢 武史		井出上敬太
山本 英児		江原 和彦
牧野 健児	HB	辻 高志
和田 康二		福田 恒輝
藤井 慎介	TB	山下 大悟
瓜生 靖治		小森 允紘
川尻 圭介		高野 貴司
浦田 修平		横井 寛之
加藤 正臣	FB	長井 真弥

G：秩父宮
R：石井

5	前半	18
1	T	2
0	G	1
0	PG	2
	DG	
24	後半	3
3	T	0
3	G	0
1	PG	1
	DG	
11	反則	18

交代：慶應 鈴木（孝）＝川尻 阿部＝藤井 田中＝左座 吉川＝阿久根 浜岡＝中村 益田＝三森 高木＝牧野

公式試合NO. 871
第36回全国大学選手権／H11年12月19日

慶應 33（3－7 / 30－0）7 法大

[慶 應]		[法 大]
左座正二郎	FW	神宮寺 徹
岡本 知樹		吉沢 和也
中村 泰登		松尾 健一
高田 晋作		熊谷 皇紀
阿久根 潤		平塚 純司
三森 卓		山口 貴豊
野沢 武史		佐藤 豊
山本 英児		島田 雅弘
牧野 健児	HB	麻田 一平
和田 康二		川合 毅
阿部 達也	TB	斉藤 敦
瓜生 靖治		赤沼 源大
川尻 圭介		西村 圭哉
浦田 修平		栗原 聖
加藤 正臣	FB	矢沢 康介

G：秩父宮
R：畠本

3	前半	7
0	T	1
0	G	1
1	PG	0
0	DG	0
30	後半	0
3	T	0
3	G	0
3	PG	0
0	DG	0
17	反則	21

交代：慶應 田中（良）＝左座 浜岡＝中村 高木＝阿久根 有馬＝野沢 田中（豪）＝瓜生 栗原＝加藤 吉川＝牧野
法大 岡＝吉沢 細川＝熊谷 岡本＝麻田 藤井＝川合 小滝＝矢沢

公式試合NO. 872
第36回全国大学選手権／H11年12月26日

慶應 43（10－19 / 33－10）29 日大

[慶 應]		[日 大]
田中 良武	FW	田中 宗法
岡本 知樹		大渕 聖浩
中村 泰康		川村 拓也
吉川 聡		宮之脇浩人
阿久根 潤		宮野 隼
三森 卓		横瀬 一也
高田 晋作		三縄宗太郎
山本 英児		南方 誠支
牧野 健児	HB	沢木 智之
和田 康二		武井 敬司
栗原 徹	TB	北條 純一
田中 豪人		阪上 義和
川尻 圭介		今利 貞政
浦田 修平		窪田幸一郎
加藤 正臣	FB	永松 拓

G：秩父宮
R：森

10	前半	19
1	T	3
1	G	2
1	PG	0
0	DG	0
33	後半	10
5	T	2
4	G	0
0	PG	0
0	DG	0
9	反則	13

交代：慶應 安＝中村 益田＝吉川 阿部＝加藤

公式試合NO. 873
第36回全国大学選手権／H12年1月2日

慶應 25（3－12 / 22－7）19 同大

[慶 應]		[同 大]
田中 良武	FW	大瀧 正巳
岡本 知樹		水間 良武
安 龍煥		尾崎 章
高田 晋作		林 慶鎬
阿久根 潤		堀井 昭宏
三森 卓		太田 聡
野沢 武史		奥薗 裕基
山本 英児		川嵜 拓生
牧野 健児	HB	見先 恒郎
和田 康二		大西将太郎
阿部 達也	TB	中矢 健
田中 豪人		伊勢 裕介
川尻 圭介		松本 太輔
浦田 修平		馬場 大策
栗原 徹	FB	船越 稔幸

G：秩父宮
R：岩下

3	前半	12
0	T	2
0	G	1
1	PG	0
0	DG	0
22	後半	7
3	T	1
2	G	1
1	PG	0
0	DG	0
9	反則	10

交代：慶應 左座＝田中（良） 益田＝三森 高木＝牧野 瓜生＝川尻
同大 佐藤＝林 斉藤＝堀井 田中（正）＝奥薗 徳野＝伊勢

公式試合NO. 874
第36回全国大学選手権（決勝）／H12年1月15日

慶應 27（12−7 / 15−0）7 関東学院大

G：国立　R：下井

	[慶　應]	[関東学院大]
FW	田中　良武	久富　雄一
FW	岡本　知樹	蔵　憲治
FW	安　龍煥	桜井　寿貴
FW	高田　晋作	堀田　亘
FW	阿久根　潤	川井　裕哉
FW	三森　卓	古島　慶人
FW	野沢　武史	服部　勲則
FW	山本　英児	若松　大志
HB	牧野　健児	増田　薫
HB	和田　康二	渕上　宗志
TB	栗原　徹	矢口　和良
TB	田中　豪人	萩谷　昌之
TB	瓜生　靖治	吉岡　泰一
TB	浦田　修平	四宮　洋平
FB	加藤　正臣	萩原　徹

慶應		関東学院大
12	前半	7
0	T	1
0	G	1
4	PG	0
0	DG	0
15	後半	0
2	T	0
1	G	0
1	PG	0
0	DG	0
8	反則	12

交代：慶應　左座＝田中（良）　中村＝安　高木＝牧野　川尻＝田中（豪）
関東学院大　赤井＝若松　角浜＝萩原

公式試合NO. 875
第37回日本選手権（1回戦）／H12年2月13日

慶應 29（15−17 / 14−35）52 NEC

G：秩父宮　R：岩下

	[慶　應]	[NEC]
FW	田中　良武	網野　正大
FW	左座正二郎	西原　存日
FW	安　龍煥	東　孝三
FW	高田　晋作	青木　聡史
FW	阿久根　潤	角田　道生
FW	三森　卓	野瀬　伸
FW	野沢　武史	菅田　貴幸
FW	山本　英児	箕内　拓郎
HB	牧野　健児	冨沢　浩明
HB	和田　康二	岡野　清紀
TB	栗原　徹	工藤　直樹
TB	瓜生　靖治	川合　レオ
TB	川尻　圭介	岡村　要
TB	浦田　修平	平川　貴文
FB	加藤　正臣	肥後　隆之

慶應		NEC
15	前半	17
2	T	3
1	G	1
1	PG	0
0	DG	0
14	後半	35
2	T	5
2	G	5
0	PG	0
0	DG	0
7	反則	16

交代：慶應　濱岡＝阿部　阿部＝加藤　中村＝田中　吉川＝阿久根　益田＝三森　高木＝牧野　鈴木（孝）＝川尻
NEC　片倉＝岡野　石井＝網野　宮村＝青木　鈴木＝箕内　大鷲＝冨沢

公式試合NO. 876
朝日招待　慶應対九州代表／H12年3月5日

慶應 28（7−19 / 21−19）38 九州代表

G：平和台　R：石本

	[慶　應]	[九州代表]
FW	左座正二郎	石田
FW	安　龍煥	松園
FW	中村　泰登	山本
FW	吉川　聡	中園
FW	池末　英明	松田
FW	有馬　宏彰	神辺
FW	益田　真也	森山
FW	山本　英児	森
HB	牧野　健児	久野
HB	和田　康二	松添
TB	栗原　徹	泉
TB	瓜生　靖治	藤井
TB	川尻　圭介	高井
TB	浦田　修平	山村
FB	加藤　正臣	前田

慶應		九州代表
7	前半	19
1	T	3
1	G	2
0	PG	0
0	DG	0
21	後半	19
3	T	3
3	G	2
0	PG	0
0	DG	0
4	反則	16

交代：慶應　田中良＝左座　小林＝池末　鈴木孝＝栗原　加藤＝川尻　水津＝浦田　阿部＝加藤
九州代表　今村＝石田　川口＝中園　リチャード・ノートン＝神辺　新郷＝森山　徳永＝久野　高岡＝松添

公式試合NO. 877
全早慶明対抗戦／H12年3月12日

全慶應 31（14−40 / 17−26）66 全明大

G：秩父宮　R：渡辺

	[全慶應]	[全明大]
FW	山本　拓也	石川　賢太
FW	佐藤　将希	山岡　俊
FW	安　龍煥	染谷　裕利
FW	吉川　聡	辻　孝浩
FW	犬養　友範	加藤　均
FW	田村　和大	川上　利明
FW	益田　和明	安藤　裕樹
FW	山本　英児	斎藤　裕也
HB	熊谷　良	後藤　和彦
HB	和田　康二	森嶌　正人
TB	高橋　龍平	山口　大介
TB	加藤　正臣	山口　大輔
TB	鈴木　孝徳	菱山　卓
TB	山本　宗慶	植本　将雄
FB	阿部　達也	岩倉　大志

全慶應		全明大
14	前半	40
2	T	6
2	G	5
0	PG	0
0	DG	0
17	後半	26
3	T	4
1	G	3
0	PG	0
0	DG	0
12	反則	17

交代：全慶應　綿野＝高橋　池末＝犬飼　有馬＝益田　吉野＝鈴木　浜岡＝佐藤　田中良＝山本拓
全明大　石井＝染谷　松原＝安藤　本間＝岩倉　山下＝森嶌　今村＝菱山　滝沢＝後藤　池原＝後藤

公式試合NO. 878
全早慶明戦／H12年3月18日

全慶應 33（26−17 / 7−38）55 全早大

G：秩父宮　R：岸川

	[全慶應]	[全早大]
FW	山本　拓也	大江　菊臣
FW	佐藤　将希	阿部　一樹
FW	安　龍煥	栗原雄一郎
FW	高田　晋作	吉上　耕平
FW	吉川　聡	田中　孝二
FW	田村　和大	井手上敬太
FW	三森　卓	平田　輝志
FW	山本　英児	江原　和彦
HB	熊谷　良	前田　隆介
HB	和田　康二	武川　正敏
TB	高橋　龍平	山下　大悟
TB	山本　宗慶	高野　貴司
TB	鈴木　孝徳	山本　裕司
TB	阿部　達也	山本　肇
FB	綿野　膏	堀川　隆延

全慶應		全早大
26	前半	17
4	T	3
3	G	1
0	PG	0
0	DG	0
7	後半	38
1	T	6
1	G	4
0	PG	0
0	DG	0
9	反則	21

交代：慶應　濱岡＝山本拓　中村＝山本宗　吉野＝阿部　高木＝熊谷　有馬＝佐藤　中嶋＝田村　池末＝高田
全早大　水野＝栗原　磯竹＝大江　福田＝武川　堀越＝前田　艶島＝高野　大内＝阿部　脇＝田中

資 料 編

◆◆◆対戦校別勝敗表◆◆◆

	定　期　戦																
	三高	同志社	京大	早稲田	東大	明治	立教	日体	筑波	青学	日大	法政	中央	専修	成蹊	成城	東商大	帝京
1911 M44	○ 39–0 ○ 31–3	○ 24–3																
1912 M45・T1																		
1913 T2		○ 8–0																
1914 T3		○ 3–0																
1915 T4	○ 10–0	○ 8–5																
1916 T5	△ 6–6																	
1917 T6	○ 3–0	△ 3–3 ○ 3–0																
1918 T7	○ 9–0	○ 6–0																
1919 T8	○ 3–0	○ 5–3																
1920 T9	○ 9–0																	
1921 T10	○ 14–0	○ 11–0																
1922 T11	○ 13–3	○ 20–0		○ 14–0	○ 8–0													
1923 T12	○ 3–0	△ 0–0	○ 9–0	⊗ 11–6 ○ 20–3	△ 0–0	○ 60–0												○ 38–0
1924 T13	○ 6–0	○ 6–0	○ 19–3	○ 17–0														
1925 T14		△ 6–6		○ 8–3	○ 16–3	○ 28–0												
1926 T15・S1				△ 8–8		○ 19–3	○ 34–5											
1927 S2	○ 44–0	○ 9–3	● 5–11	● 6–8	○ 18–3	△ 3–3	○ 41–0											
1928 S3	○ 3–0	○ 15–0	● 3–12	○ 16–5	○ 48–0	○ 13–11	○ 18–3					○ 33–5						
1929 S4	○ 78–0	○ 17–0	△ 9–9	○ 6–3	○ 30–3	● 3–6	△ 0–0								○ 42–0			
1930 S5	○ 56–0	○ 17–0	○ 27–6	○ 19–3	○ 11–3	○ 24–19	○ 19–3					○ 33–0					○ 61–0	
1931 S6	○ 103–0	○ 24–3	○ 27–3	● 5–12	○ 13–9	● 6–26	○ 32–3					○ 86–3					○ 37–0	
1932 S7	○ 85–0	● 0–6	○ 26–0	● 5–33	○ 39–11	● 12–22	○ 32–17											
1933 S8	○ 46–6	○ 16–5	○ 53–6	● 6–11	○ 30–0	● 8–18	○ 19–6					○ 46–14					○ 63–5	
1934 S9	○ 61–8	○ 45–3	○ 32–3	● 16–24	○ 40–3	● 11–39	○ 49–8					○ 36–3					○ 45–8	
1935 S10	○ 48–13	○ 40–0	○ 17–13	● 6–19	○ 72–0	● 20–29	○ 6–5					○ 37–16					○ 38–3	
1936 S11	○ 85–0	● 0–28	○ 14–5	● 6–26	○ 33–7	● 3–37	○ 44–9				○ 54–5	○ 51–0					○ 75–0	
1937 S12	○ 80–0	● 9–11	● 5–8	● 0–41	○ 46–9	● 8–51	● 5–8				○ 44–10	○ 55–0					○ 55–3	
1938 S13	○ 41–5	● 3–16	○ 21–11	● 13–36	○ 24–11	● 8–32	○ 11–8				○ 29–6	○ 49–0					○ 75–0	
1939 S14	○ 26–10	○ 21–10	● 6–30	● 9–37	○ 28–9	● 6–44	● 19–24				● 8–19	○ 44–0		○ 52–0			○ 51–0	

対戦校別勝敗表

	定期戦																	
	三高	同志社	京大	早稲田	東大	明治	立教	日体	筑波	青学	日大	法政	中央	専修	成蹊	成城	防大	帝京
1940 S15	○ 22-6	○ 33-16	● 14-17	● 11-33	○ 21-17	● 0-25	○ 35-0				○ 28-14	○ 94-0						
1941 S16	○ 83-0	○ 42-8	○ 22-15	● 6-24	○ 48-16	● 13-70	○ 29-11					○ 69-0						
1942 S17 春 / 秋	○ 109-0	○ 35-4	○ 59-0	● 8-21 ○ 11-5	○ 34-3 ○ 31-16	○ 52-6 ○ 26-18	○ 31-24 ○ 33-6					○ 57-0						
1943 S18							○ 12-0											
1944 S19	太平洋戦争で中断																	
1945 S20			○ 21-8															
1946 S21	○ 26-3	△ 6-6	● 11-16	○ 9-8	● 9-20	● 6-11	○ 25-6				○ 43-3	○ 73-3						
1947 S22	○ 17-3	○ 9-8	● 11-22	● 3-41	● 16-22	● 0-45	○ 11-3		○ 20-12									
1948 S23	○ 26-11	○ 29-3	● 6-16	△ 3-3	○ 44-5	● 0-26	○ 27-6		○ 14-6		○ 25-11	○ 57-0						
1949 S24	学制改革により定期戦消滅	○ 42-22	○ 18-6	● 0-32	○ 27-5	● 3-16	○ 22-20		● 3-24		○ 55-0		○ 25-6					
1950 S25		○ 51-10	○ 33-5	● 0-9	○ 82-3	○ 15-3	○ 14-0		○ 34-13		○ 22-8							
1951 S26		○ 32-0	● 9-17	● 8-9	○ 12-6	● 3-24	○ 22-11		○ 6-3			○ 43-0	○ 26-0					
1952 S27		○ 24-21	○ 32-0	● 11-17	○ 54-6	● 6-26	○ 15-3				○ 56-6	○ 45-8						
1953 S28		○ 23-8	○ 24-5	● 6-14	○ 32-0	● 13-34	○ 13-9											
1954 S29		○ 28-3	○ 66-0	△ 19-19	○ 50-0	● 3-27	○ 31-5			○ 73-3	● 11-29							
1955 S30	☆	○ 6-0	○ 58-5	○ 11-5	○ 27-6	○ 13-11	○ 13-9					○ 12-5						
1956 S31		○ 16-6	○ 31-6	● 8-26	○ 43-0	● 3-23	○ 23-11					○ 5-0						
1957 S32		○ 32-3	○ 47-11	● 9-20	○ 50-0	○ 21-14	○ 27-3				△ 14-14		○ 18-12					
1958 S33		○ 29-3	○ 103-5	● 11-16	○ 39-3	○ 9-0	○ 49-14			○ 39-8		○ 31-14	○ 23-6					
1959 S34		○ 25-9	○ 35-0	● 3-16	○ 48-3	● 5-19	○ 28-14				● 9-24	● 0-6	○ 14-11					
1960 S35		● 8-27	○ 23-0	△ 0-0	○ 12-5	● 6-18	● 8-17	● 3-14			△ 14-14	● 3-25						
1961 S36		● 6-39	○ 17-8	○ 8-6	○ 30-6	○ 13-9	中止		○ 11-5	○ 25-3				○ 11-9	○ 27-0		○ 22-11	
1962 S37		● 3-8	○ 22-3	○ 6-5	○ 32-11	○ 10-9	● 12-27	● 0-21			● 0-21	○ 6-0	△ 13-13					
1963 S38		○ 12-11	○ 29-9	● 6-29	○ 26-0	○ 16-8	● 8-12			○ 10-8		● 5-16	○ 8-3					
1964 S39		● 3-29	○ 17-8	● 9-27	● 14-24	○ 16-15	△ 17-17				● 13-20			○ 6-5				
1965 S40		● 3-39	○ 21-6	● 3-20	● 10-24	○ 29-10	○ 17-12	● 12-44	○ 19-13	● 6-10								
1966 S41		○ 25-14	○ 23-11	● 8-27	○ 24-11	● 6-44	○ 16-6	● 5-55	○ 18-11	○ 86-8								
1967 S42		○ 14-13	○ 22-10	● 9-39	○ 40-0	○ 34-5	○ 34-6	○ 20-16		○ 55-8					○ 25-9	○ 28-12		
1968 S43	★	○ 25-19	○ 34-12	● 14-22	○ 27-9	○ 26-6	○ 42-5	● 13-15	△ 23-23									
1969 S44		● 8-53	○ 42-11	● 15-33	○ 37-8	○ 32-15	○ 25-14	● 6-33		○ 30-28					○ 42-0	○ 69-8		
1970 S45		● 22-26	○ 31-13	● 11-24	○ 30-11	● 6-16	○ 20-13	● 14-28	○ 48-5	○ 44-0						○ 58-3		

対戦校別勝敗表

	定期戦																	
	三高	同志社	京大	早稲田	東大	明治	立教	日体	筑波	青学	日大	法政	中央	専修	成蹊	成城	東商大(防衛)	帝京
1971 S46		● 11-42	● 24-32	● 16-30	○ 37-13	● 3-47	○ 34-20	○ 21-12	● 9-38	○ 45-19					○ 30-23			
1972 S47		○ 10-4	○ 52-10	● 3-19	○ 63-13	● 21-34	○ 52-16	○ 11-8	○ 39-3	○ 46-16								
1973 S48		中止	○ 96-6	● 16-25	○ 115-0	● 16-25	○ 86-0	○ 26-8	○ 72-4	○ 53-15					○ 38-18			
1974 S49		● 6-9	○ 52-12	● 3-11	○ 62-0	○ 23-17	○ 61-3	○ 30-10	○ 52-4	○ 34-19						○ 154-3		
1975 S50		● 15-48	○ 57-4	● 6-16	○ 102-0	● 9-53	○ 28-0	○ 24-6	○ 21-4	● 16-22					○ 27-11			
1976 S51		○ 28-22	○ 37-17	● 3-46	○ 85-3	● 15-24	○ 92-4	○ 13-12	△ 27-27	○ 16-3					○ 68-6			
1977 S52		○ 22-17	○ 47-0	○ 34-17	○ 69-3	● 11-16	○ 96-9	○ 15-12	○ 30-17	● 15-16					○ 74-0			
1978 S53		● 15-41	○ 26-18	○ 22-4	○ 108-7	● 10-13	○ 31-3	● 7-9	○ 16-10	○ 40-10					○ 98-6			
1979 S54		● 16-39	○ 60-7	● 3-15	○ 70-0	● 19-34	○ 39-9	● 10-16	● 4-29	○ 25-19					○ 68-6			
1980 S55	☆	● 9-48	○ 27-14	△ 16-16	○ 72-0	○ 12-6	○ 52-3	○ 23-9	○ 25-9	○ 41-15					○ 99-6			
1981 S56		● 6-28	○ 56-6	● 16-25	○ 84-3	● 12-49	○ 65-6	● 16-29	△ 12-12	○ 48-3					○ 86-0			
1982 S57		○ 25-9	○ 45-17	● 12-24	○ 49-7	○ 17-6	○ 65-4	○ 17-10	△ 9-9	○ 53-0					○ 56-6			
1983 S58		● 9-19	○ 43-12	● 4-6	○ 62-0	● 4-15	○ 83-0	○ 19-13	○ 41-3	○ 43-7					○ 66-7			
1984 S59	☆	● 7-31	○ 55-18	○ 12-11	○ 94-0	○ 8-7	○ 61-0	○ 17-11	○ 18-10	○ 32-3					○ 78-6			
1985 S60	⍟	○ 19-13	○ 47-9	● 7-13	○ 70-3	△ 13-13	○ 46-0	● 3-6	○ 41-12	○ 15-0					○ 30-0			
1986 S61		○ 31-27	○ 15-0	● 15-18	○ 35-15	● 12-62	○ 32-4	● 25-35	○ 6-18	○ 13-12					○ 13-10			
1987 S62		● 14-30	○ 91-0	● 6-39	● 6-8	● 3-73	○ 37-10	○ 6-4	● 9-17	● 16-20					○ 28-3			
1988 S63		○ 40-23	○ 42-3	● 6-34	○ 18-6	○ 25-17	○ 20-6	● 7-51	● 23-26	● 22-25					○ 61-6			
1989 H1		● 24-28	○ 62-13	● 15-39	○ 33-4	○ 18-17	○ 55-0	● 18-22	○ 22-14	○ 22-12					○ 88-0			
1990 H2		● 9-43	○ 61-19	● 0-40	○ 18-3	● 7-30	○ 36-0	○ 22-19	● 16-30	● 28-31					○ 31-10			
1991 H3		● 25-28	○ 53-6	● 13-25	○ 59-3	● 6-17	○ 33-13	● 3-25	○ 23-9	○ 25-22					○ 49-3			
1992 H4		● 24-125	○ 69-6	● 13-54	● 29-38	● 10-43	○ 35-18	● 27-43	● 15-22	● 19-22					○ 29-8			
1993 H5		● 28-66	○ 63-9	● 15-40	○ 68-12	● 6-55	○ 28-6	● 22-27	△ 11-11	● 18-19					○ 51-12			
1994 H6		● 19-68	● 14-18	● 10-80	○ 46-26	● 16-42	○ 44-10	● 15-53	○ 21-11	● 29-36					○ 57-15			
1995 H7		● 22-48	○ 36-5	● 8-26	○ 46-20	● 0-32	○ 79-20	● 10-52	● 12-40	● 3-21					○ 40-17			
1996 H8		● 35-58	○ 60-29	○ 18-17	○ 73-7	● 32-54	○ 69-0	● 14-81	● 5-55	● 28-35					○ 92-14			
1997 H9		● 14-33	○ 62-14	○ 42-12	○ 59-3	● 31-33	○ 113-0	● 27-34	● 12-31	● 32-38					○ 102-5			● 13-37
1998 H10		○ 49-29	○ 45-24	● 21-35	○ 105-0	● 17-25	○ 64-45	○ 43-13	○ 27-19	○ 49-18					○ 66-0			
1999 H11	★	○ 31-22	△ 26-26	○ 29-21	○ 129-5	○ 41-10	○ 74-5	○ 69-8	○ 57-19	○ 99-0					○ 54-0			○ 31-13

(注) 1）⍟は日本選手権優勝。★は大学選手権優勝。☆は対抗戦優勝。
2）早慶戦 1923（大正 12）年度、同一カッコ内の⊗は 5 月に行われた極東大会での勝利（11－6）。○は同年度定期戦での勝利を意味する。
3）1942（昭和 17）年度は学徒動員令の関係で春季、秋季の 1 年 2 シーズン制とする異例のシーズンとなった。
4）空白は対戦なし。

◆関東大学ジュニア選手権大会成績表

第1回	1回戦	昭和54年9月15日	慶應 19－49 専大
第2回	1回戦	昭和55年9月13日	慶應 26－36 中大
第3回	1回戦	昭和56年9月12日	慶應 4－30 東海大
第4回	1回戦	昭和57年9月11日	慶應 12－11 国士大
	2回戦	昭和57年9月18日	慶應 7－32 法大
第5回	1回戦	昭和58年9月10日	慶應 46－ 9 東海大
	2回戦	昭和58年9月17日	慶應 35－21 法大
	準決勝	昭和58年9月24日	慶應 0－20 日大
第6回	1回戦	昭和59年9月8日	慶應 27－25 中大
	2回戦	昭和59年9月15日	慶應 36－10 日大
	準決勝	昭和59年9月22日	慶應 0－60 早大
第7回	1回戦	昭和60年9月8日	慶應 58－ 0 関東学大
	2回戦	昭和60年9月15日	慶應 58－ 8 法大
	準決勝	昭和60年9月22日	慶應 15－37 明大
第8回	1回戦	昭和61年9月6日	慶應 6－37 関東学大
第9回	1回戦	昭和62年9月5日	慶應 42－16 東海大
	2回戦	昭和62年9月12日	慶應 17－36 大東大
第10回	1回戦	昭和63年9月3日	慶應 22－24 中大
第11回	1回戦	平成元年9月9日	慶應 37－ 3 国士大
	2回戦	平成元年9月16日	慶應 33－23 青学大
	準決勝	平成元年9月23日	慶應 6－54 日体大
第12回	1回戦	平成2年9月8日	慶應 27－16 法大
第13回	1回戦	平成3年9月7日	慶應 30－ 9 国士大
	2回戦	平成3年9月14日	慶應 9－11 筑波大
第14回	1回戦	平成4年9月5日	慶應 48－22 東洋大
	2回戦	平成4年9月12日	慶應 14－18 国士大
第15回	1回戦	平成5年9月4日	慶應 10－ 8 国士大
	2回戦	平成5年9月11日	慶應 37－47 法大
第16回	1回戦	平成6年9月3日	慶應 6－101 関東学大
第17回	1回戦	平成7年9月9日	慶應 28－39 東海大
第18回	1回戦	平成8年9月7日	慶應 27－29 日大
第19回	1回戦	平成9年9月6日	慶應 54－31 中大
	2回戦	平成9年9月13日	慶應 47－38 日大
	3回戦	平成9年9月20日	慶應 17－45 明大
第20回	フェーズⅡ	平成10年11月3日	慶應 38－16 関東学大
	〃	平成10年11月15日	慶應 21－29 明大
	〃	平成10年11月21日	慶應 57－37 日大
	〃	平成10年11月28日	慶應 34－47 早大
第21回	フェーズⅡ	平成11年10月30日	慶應 95－19 大東大
	〃	平成11年11月6日	慶應 17－45 日体大
	〃	平成11年11月27日	慶應 57－ 8 流経大

◆慶應義塾蹴球部 ジャパン・キャップ保持者一覧（32人）

CAP・NO.	選手名（旧姓）	CAP数	初CAP
1	矢飼　督之	1	1930. 9. 24
2	岩下秀三郎	1	1930. 9. 24
6	吉沢　秀夫（宮地）	1	1930. 9. 24
8	清水　精三	3	1930. 9. 24
9	前川　丈夫（萩原）	1	1930. 9. 24
12	藤井　　貢	1	1930. 9. 24
14	北野　孟郎	6	1930. 9. 24
31	山本　太郎（佐々倉）	2	1934. 2. 11
32	真野　喜平	1	1934. 2. 11
34	田治　正浩	2	1934. 2. 11
37	田川　　博	2	1934. 2. 11
41	酒井　通博	1	1936. 2. 9
42	伊藤　英夫	1	1936. 2. 9
52	西　　善二	1	1936. 2. 16
53	関川　哲男	2	1952. 10. 1
69	竹谷　　武	1	1952. 10. 5
89	柴田　　孝	1	1956. 3. 4
103	今村　耕一	5	1958. 3. 2
105	青井　達也	6	1958. 3. 2
114	宮島　欣一	3	1959. 3. 15
118	赤津喜一郎	1	1959. 9. 27
120	堤　　和久（龍野）	1	1959. 9. 27
121	平島　正登	1	1959. 9. 27
122	石井　堅司	2	1959. 9. 27
124	山田　敬介	1	1959. 10. 4
139	堀越　　慈	4	1967. 3. 12
165	谷川　義夫	1	1969. 3. 9
177	宮田　浩二	4	1971. 9. 24
206	上田　昭夫	6	1975. 9. 24
268	村井大次郎	8	1985. 5. 26
273	松永　敏宏	2	1985. 10. 19
287	生田　久貴	4	1987. 5. 24

◆歴代蹴球部部長

故　E・B・クラーク 先生
（明治 36 年〜明治 39 年）

故　田中　一貞 先生
（明治 39 年〜明治 43 年）

故　畑　功 先生
（明治 43 年〜昭和 17 年）

故　平井　新 先生
（昭和 17 年〜昭和 22 年）

故　米山　桂三 先生
（昭和 22 年〜昭和 25 年）

故　瀬下　良夫 先生
（昭和 25 年〜昭和 54 年）

故　久野　洋 先生
（昭和 54 年〜昭和 62 年）

（現）前田　昌信 先生
（昭和 62 年〜）

［注記］初代部長、E・B・クラーク先生から田中一貞先生への部長交替の時期は定かでない。安藤復蔵氏は「（明治 41 年に）太田中学にラグビーを教えるため群馬県太田に行ったとき、田中一貞教授も部長として同行した」と記している。

◆歴代黒黄会会長

故　田辺九万三
（昭和 3 年 5 月～昭和 30 年 5 月）

故　杉本　貞一
（昭和 30 年 6 月～昭和 31 年 1 月）

故　脇　　肇
（昭和 31 年 2 月～昭和 35 年 3 月）

故　横山　通夫
（昭和 35 年 4 月～昭和 52 年 3 月）

故　岩下秀三郎
（昭和 52 年 4 月～昭和 57 年 3 月）

故　田川　　博
（昭和 57 年 4 月～平成 2 年 3 月）

椎野　正夫
（平成 2 年 4 月～平成 8 年 3 月）

青井　達也
（平成 8 年 4 月～）

◆歴代主将一覧表

	明治32年度	1899	
	33	1900	
	34	1901	
	35	1902	
1.	36	1903	山崎不二雄
2.	37	1904	〃
3.	38	1905	小川　仙二
4.	39	1906	〃
5.	40	1907	〃
6.	41	1908	宮沢　恒治
7.	42	1909	〃
8.	43	1910	竹野　敬司
9.	44	1911	田辺九万三
10.	45	1912	井上　　寧
11.	大正2年度	1913	杉本　貞一
12.	3	1914	高地万寿吉
13.	4	1915	〃
14.	5	1916	真島　国松
15.	6	1917	脇　　肇
16.	7	1918	塩川　潤一
17.	8	1919	井上二郎（平賀）
18.	9	1920	高地　万里
19.	10	1921	〃
20.	11	1922	大市　信吉
21.	12	1923	〃
22.	13	1924	山口　六助
23.	14	1925	吉沢秀雄（宮地）
24.	15	1926	鈴木　増雄
25.	昭和2年度	1927	高野四万治
26.	3	1928	〃
27.	4	1929	久原正安（堤）
28.	5	1930	有村厖喜（丸山）
29.	6	1931	〃
30.	7	1932	〃
31.	8	1933	石井　太郎
32.	9	1934	〃
33.	10	1935	三浦　五郎
34.	11	1936	北野　孟郎
35.	12	1937	竹岡晴比古
36.	13	1938	財部　辰彦
37.	14	1939	〃
38.	15	1940	〃
39.	16	1941	北御門彦二郎
40.	17・春	1942	池浦　次郎
41.	17・秋	1943	〃
42.	18・(19)	1944	伊藤保太郎
43.	20	1945	田尾　義治
44.	21	1946	椎野　正夫
45.	22	1947	児玉渡（渡辺）
46.	23	1948	〃
47.	24	1949	中谷　三郎
48.	25	1950	山田　畝一
49.	26	1951	角南　圭一
50.	27	1952	竹谷　　武
51.	28	1953	高橋　正旭
52.	29	1954	青井　達也
53.	30	1955	赤津喜一郎
54.	31	1956	日野　良昭
55.	32	1957	竹内　敏之
56.	33	1958	山田　敬介
57.	34	1959	山下　忠男
58.	35	1960	川口　治雄
59.	36	1961	吉田　博信
60.	37	1962	中西　一晃
61.	38	1963	李　　安邦
62.	39	1964	藤原　明弘
63.	40	1965	安部　　優
64.	41	1966	蔵西　克夫

65.	42	1967	井原　健一
66.	43	1968	松井誠司（宝田）
67.	44	1969	荻村　道男
68.	45	1970	永野　進
69.	46	1971	吉岡　和夫
70.	47	1972	藤　賢一
71.	48	1973	中崎　修
72.	49	1974	上田　昭夫
73.	50	1975	松本　澄秀
74.	51	1976	高木　満郎
75.	52	1977	高橋　英二
76.	53	1978	山城　泰介
77.	54	1979	四津　雅人
78.	55	1980	東山　勝英
79.	56	1981	清原　定之
80.	57	1982	平島　健右
81.	58	1983	氏家　俊明
82.	59	1984	松永　敏宏
83.	60	1985	中野　忠幸
84.	61	1986	若林　俊康
85.	62	1987	柴田　志通
86.	63	1988	川端　良三
87.	平成元年度	1989	立石　郁雄
88.	2	1990	三宅清三郎
89.	3	1991	小田切宏太
90.	4	1992	神田　雅朗
91.	5	1993	東　弘二郎
92.	6	1994	村田　篤彦
93.	7	1995	松本啓太郎
94.	8	1996	森内　勇策
95.	9	1997	田村　和大
96.	10	1998	熊谷　良
97.	11	1999	高田　晋作
98.	12	2000	和田　康二

◆黒黄会メモリアルファンド・メンバー

卒業年	氏名	
昭和6年	平沼　光平	(平成3年3月15日逝去)
昭和8年	原田　義正	(平成3年10月14日逝去)
昭和17年	北御門彦二郎	(平成3年11月29日逝去)
昭和30年	木下　伸生	(平成4年1月9日逝去)
昭和16年	大神田　正	(平成5年12月17日逝去)
昭和5年	前川　丈夫	(平成6年9月29日逝去)
昭和34年	山田　敬介	(平成7年2月18日逝去)
昭和25年	脇　　功	(平成8年6月12日逝去)
昭和34年	中澤　肇人	(平成8年8月18日逝去)
昭和34年	小澤太三郎	(平成9年1月12日逝去)
昭和6年	森岡順三郎	(平成9年3月13日逝去)
昭和11年	田川　　博	(平成9年9月12日逝去)
昭和35年	田中　洋一	(平成9年11月9日逝去)
昭和54年	今岡　秀輔	(平成10年1月7日逝去)
(第6代部長)	瀬下　良夫	(平成10年7月25日逝去)
大正7年	脇　　肇	(昭和49年11月21日逝去)

※メモリアルファンドは逝去された黒黄会会員のご遺言、あるいはご遺族のご芳志による特別寄附金品を、「メモリアルファンド規定」により、黒黄会理事会が基金として活用させていただくものである。

資料　記念事業に関する文書

趣 意 書

慶應義塾におけるラグビーは、そのまま日本ラグビーの発祥であります。

1899年、三田山上の秋の日溜まりで無聊に過ごす学生たちを見つめていた英語講師E．B．クラーク氏が、「この子たちにラグビーの醍醐味を教えてあげられたら」との想いから、ちょうどケンブリッジ大学への留学から帰ったばかりの田中銀之助氏に相談して、その助けを借りて学生たちを集めてラグビーをご教示なさったものであります。（中略）

この記念すべき100周年にちなみ、1999年9月を日本ラグビー発祥100年と定め、次の事業を計画するものであります。

■事業計画

1） 1999年9月12日　記念式典開催

於・慶應義塾三田校舎518番ホール

式辞　鳥居泰彦殿（慶應義塾長）／祝辞　金野滋殿（日本ラグビーフットボール協会会長）／祝辞　スチーブン・ゴマソール閣下（駐日英国大使）／功労者表彰

2） 1999年9月　ケンブリッジ大学招聘試合催行

3）慶應義塾大学下田グラウンドの整備

4）慶應義塾蹴球部百年史の発刊

蹴球部100周年記念事業へのご支援のお願い

蹴球部 黒黄会会長　青井 達也

謹啓、時下益々ご健勝にてお過ごしのこととお慶び申しあげます。

さて、慶應義塾体育会蹴球部はきたる1999年9月創部100周年を迎えます。

その発祥につきましては別紙趣意書にあります通り、ときの英語講師E．B．クラーク氏とのちに日本ラグビー協会名誉会長を務められた田中銀之助氏の両氏のお導きで塾生たちに初めてラグビーが伝えられたことにその端を発します。

当時はラグビーチームはできたものの、対戦相手は横浜外人クラブ、神戸外人クラブのみの十数年が続きました。その後同志社大学、早稲田大学、明治大学とラグビー部の誕生が続き、幾多の変遷を経て今日のラグビーの普及隆盛の時代を迎えました。

草創期の日本ラグビー界への塾蹴球部の先達の貢献は申すまでもございません。

塾蹴球部はその後栄枯盛衰を重ね、1986年1月（創部87年）に日本選手権に優勝して以来、雌伏の年月を費やしておりますが、このたび創部100周年を間近に迎えるにあたり、学生部員・OBが一丸となって、「TRY FOR CENTENARY」を合言葉に、塾蹴球部の再建に取り組んでおるのが現況でございます。

学生スポーツは教育の一環として存在してこそ意義があります。福澤先生の教えにも「まず獣身を成してのち人心を養う」とあります。学生の心身鍛練の環境整備のため、創部100周年事業の一環として、合宿所とグラウンドの整備に取り組むことに致しました。

つきましては時節柄誠に恐縮に存じますが、この事業への皆様のご賛同とご支援を仰ぎたく、心よりご協力のほどお願い申しあげる次第でございます。

蹴球部年表

■蹴球部年表【1899～1999】

年　度	蹴　球　部　史
1899(明治32)年度 明治32年4月～ 明治33年3月	E・B・クラーク、田中銀之助により、慶應義塾に日本で初めてラグビーが紹介される。
1900(明治33)年度 明治33年4月～ 明治34年3月	三田・仙台ヶ原で練習。「ザ・バーバリアン」に「敷島クラブ」が合流し、「ラグビーフットボール・クラブ」が誕生。
1901(明治34)年度 明治34年4月～ 明治35年3月	**12・7**　初の対外試合、第1回対YC＆AC戦、日本初トライを上げるも5－41で敗れる(横浜公園)。
1902(明治35)年度 明治35年4月～ 明治36年3月	
1903(明治36)年度 明治36年4月～ 明治37年3月	同好クラブから脱皮し、蹴球部（部長E・B・クラーク）体育会へ加盟。 **12・5**　第2回対YC＆AC戦、0－44で敗れる。 **M37・1・29**　塾内ラグビー大会を初めて開く。黒黄のジャージー誕生。 ●主将・山崎不二雄（初代）
1904(明治37)年度 明治37年4月～ 明治38年3月	**11・19**　第2回塾内ラグビー大会（年2回開催となる)。 **12・8**　第4回対YC＆AC戦、0－17で4連敗(第3回戦はM37・2・20に行われたが詳細は不明)。 この年を普通部蹴球部創部（幼年組誕生）の年としている。 ●主将・山崎不二雄
1905(明治38)年度 明治38年4月～ 明治39年3月	**5・19**　日比谷公園にて第3回塾内ラグビー大会。 **12・8**　第5回対YC＆AC戦、0－14で敗れる(横浜公園)。 **M39・2・17**　東京で初の国際ラグビーゲーム、第6回対ＹＣ＆ＡＣ戦、0－9で敗れる(日比谷公園)。 綱町運動場に部室完成。イートンキャップ制の実施。●主将・小川仙二
1906(明治39)年度 明治39年4月～ 明治40年3月	**11・24**　第7回対YC＆AC戦、初めて綱町グラウンドで行われ、4－6で善戦するも惜敗。 **M40・1・26**　第8回対ＹＣ＆ＡＣ戦、0－9で敗戦(横浜公園)。 ●主将・小川仙二
1907(明治40)年度 明治40年4月～ 明治41年3月	**4・23**　義塾創立50周年記念塾内大会。 部歌「白皚皚……」誕生。 **11・30**　第9回対YC＆AC戦、3－8で惜敗。 **M41・2・3**　KR＆ACとの定期戦始まる（第1回遠征。神戸東遊園地)。 ●主将・小川仙二
1908(明治41)年度 明治41年4月～ 明治42年3月	オールブラックスのセブン・システムを研究。 **11・14**　第11回対YC＆AC戦、セブン・システムにて戦い、12－0で初勝利（綱町)。 **12・5**　第12回対YC＆AC戦、0－25で敗れ連勝ならず（横浜公園)。 **M42・1・30**　第2回対KR＆AC戦、6－11と善戦するが及ばず（横浜公園)。 **M42・2・13**　対YC＆AC戦、0－30で大敗（横浜公園)。●主将・宮沢恒治

※敬称略

慶應義塾史	日本と世界のラグビー界の動き	日本と世界の動き
6　福澤諭吉『福翁自伝』刊。 8　私学最初の海外留学生派遣。		
M34・2・3　福澤諭吉死去。	(W) 5・14〜　第2回パリ・オリンピックにオープン競技としてラグビー参加。仏優勝。	
10　庭球部、体育会に加入。	(J) 日本における初の国際試合。	M35・1　日英同盟条約調印。
7　水泳部、体育会に加入。 M36・3　自転車部、体育会に加入。		
11・21　第1回早慶対抗野球試合。 M37・1・9　綱町グラウンド建設。 M37・3・5　塾歌制定。		M37・2　日露戦争開戦。
4　商工学校開校。	(W) IBにより新得点法採用される。トライ3点、ゴール5点、ドロップゴール4点、ペナルティゴール3点（この方式、1948年まで続く）。 (W) オールブラックス、英本土に遠征し、32勝1敗の好成績。	9　ポーツマス条約（日露講和条約）締結。
4　大学院を設置。	(W) スプリングボクスが英、仏に初遠征（29戦26勝）	M40・3・21　「小学校令」改正、義務教育年限を6年とする。
4・21　慶應義塾創立50周年記念式典挙行。	(W) ロンドン郊外トウィッケナムにラグビー専用グラウンド誕生。	
	(J) 日本ラグビー初勝利。	

年　度	蹴球部史
1909(明治42)年度 明治42年4月〜 明治43年3月	11・11　慶應ラグビー10周年記念『ラグビー式フットボール』小冊子、博文館より出版。 M43・2・18　対YC＆AC戦、0－21で完敗（横浜公園）。 ●主将・宮沢恒治
1910(明治43)年度 明治43年4月〜 明治44年3月	11・19　第2選手、4－3でYC＆ACを破る（横浜公園）。 11・26　対YC＆AC戦、16－0で完封勝利（綱町）。 ●部長・田中銀之助→畑功、主将・竹野敬司
1911(明治44)年度 明治44年4月〜 明治45年3月	4・8　第1回対三高定期戦、39－0で勝つ（綱町）。 11・25　対YC＆AC戦、0－0で引き分ける（綱町）。 M45・1・8　第1回対同志社戦、24－3で勝つ（三高）。 M45・1・10　第2回対三高戦、31－3で2連勝（三高）。 M45・1・13　対KR＆AC戦、0－0で引き分け（神戸東遊園地）。 M45・2・10　対YC＆AC戦、5－0で完封勝利（綱町）。●主将・田辺九万三
1912 (明治45・大正元)年度 明治45(大正元)4月〜 大正2年3月	11・16　対YC＆AC戦、0－15で敗れる（横浜公園）。 11・30　対YC＆AC戦、8－0で快勝（矢口台新グラウンド）。 T2・2・8　対YC＆AC戦、3－3で引き分け（綱町）。 T2・2・15　対KR＆AC戦、3－5で惜敗（綱町）。 ●主将・井上寧
1913(大正2)年度 大正2年4月〜 大正3年3月	T3・1・8　第2回対同志社戦、8－0で勝つ（同志社）。 T3・1・10　対KR＆AC戦、0－5で敗れる（神戸東遊園地）。 T3・1・24　対YC＆AC戦、3－25で敗れる（矢口台）。 ●主将・杉本貞一
1914(大正3)年度 大正3年4月〜 大正4年3月	11・28　対YC＆AC戦、6－19で敗れる（矢口台）。 T4・1・16　対YC＆AC戦、18－6で快勝（矢口台）。 T4・2・10　第3回対同志社戦、3－0で勝つ（綱町）。 ●主将・高地万寿吉
1915(大正4)年度 大正4年4月〜 大正5年3月	T5・1・8　対KR＆AC戦、5－15で敗れる（神戸東遊園地）。 T5・1・10　第4回対同志社戦、8－5で辛勝（同志社）。 T5・1・11　第3回対三高戦、10－0で勝利（三高）。 T5・1・29　対YC＆AC戦、5－6で惜敗（矢口台）。 ●主将・高地万寿吉
1916(大正5)年度 大正5年4月〜 大正6年3月	11・25　対YC＆AC第2選手戦、0－8で敗れる（矢口台）。 T6・1・7　第4回対三高戦、6－6で引き分け（綱町）。 ●主将・真島国松
1917(大正6)年度 大正6年4月〜 大正7年3月	T7・1・7　第5回対同志社戦、3－3で引き分け（同志社）。 T7・1・9　第5回対三高戦、3－0で辛勝（三高）。 T7・1・12　対KR＆AC戦、11－0で勝つ（神戸東遊園地）。 T7・1・31　第6回対同志社戦、3－0で勝つ（綱町）。 ●主将・脇肇
1918(大正7)年度 大正7年4月〜 大正8年3月	T8・1・6　第6回対三高戦、9－0で勝利（綱町）。 T8・1・8　全慶應対三高京大連合軍、6－0で勝つ（綱町）。 T8・1・18　第7回対同志社戦、6－0で勝つ（豊中）。 ●主将・塩川潤一

慶應義塾史	日本と世界のラグビー界の動き	日本と世界の動き
	（W）トゥイッケナムで初の国際試合。イングランドvs.ウェールズ イングランドvs.アイルランド	
	9・23（J）塾の指導のもと、旧制第三高等学校にラグビー部誕生。 （W）フランスが国際試合で初勝利。相手はスコットランド。	8　日韓併合。 8　朝鮮総督府設置。
M45・1・10　第1回「福澤先生誕生記念会」を催す。	11（J）同志社ラグビー部創立。	M45・1　中華民国成立。
5・18　「義塾創立50周年記念図書館」の開館式挙行。	（W・J）ハーフタイムが3分から5分に。 （J）YC＆ACグラウンド、横浜公園から現在の矢口台に移転。	7　明治天皇崩御。
幼稚舎部新設。		
	（W）英国参戦、ラグビー活動停止。	7　第一次世界大戦勃発。 8　パナマ運河開通。
4・25　大講堂竣工。		
12・27　大学部に医学科設立認可。		
7・6　わが国初の学生新聞『三田新聞』創刊。 9　広尾寄宿舎竣工。	T7・1・12〜13（J）第1回日本フートボール大会。大毎主催、豊中グラウンドにて。三高、同志社、京都一商参加、同志社優勝。	11　ロシア革命（十月革命）。
4・9　医学部付属看護婦養成所を開設。 T8・3．ホッケー部、体育会に加入。	（J）11・7　早稲田大学ラグビー部創立。 （J）秋、関西ラグビー倶楽部発起人会。	7　日本軍、シベリア出兵。 9　原敬が組閣、初の政党内閣が成立。

年　　度	蹴　球　部　史
1919(大正8)年度 大正8年4月～ 大正9年3月	**11・9**　塾内大会（秋季）に参加した早稲田グレートベア・チームが普通部と対戦、６－０で普通部が勝利。 **T9・1・6**　第７回対三高戦、３－０で辛勝（三高）。 **T9・1・8**　第８回対同志社戦、５－３で辛勝（同志社）。 **T9・1・10**　対KR＆AC戦、19－3で快勝(神戸東遊園地)。 ●主将・井上二郎（旧姓、平賀）
1920(大正９)年度 大正9年4月～ 大正10年3月	**11・7**　OB東西対抗戦として、関西ラグビー倶楽部対A.J.R.A.（All Japan Rugby Association －関東の塾ＯＢのクラブチーム）が行われ、６－３で関西が勝利。また、現役の東西対抗戦も19－３で関西が勝つ（綱町）。 **T10・1・5**　第８回対三高戦、９－０で勝利（綱町）。 ●主将・高地万里
1921(大正10)年度 大正10年4月～ 大正11年3月	**T11・1・7**　第９回対同志社戦、11－０で勝つ（同志社）。 **T11・1・9**　第９回対三高戦、14－０で勝つ（三高）。 **T11・1・14**　対KR＆AC戦、６－８で惜敗（神戸東遊園地） ●主将・高地万里
1922(大正11)年度 大正11年4月～ 大正12年3月	**11・13**　慶應義塾対A.J.R.A.戦、16－３で勝利（綱町）。 **11・23**　第１回対早稲田戦、14－０で勝つ（綱町）。 **T12・1・4**　第10回対三高戦、13－３で勝つ（綱町）。 **T12・1・8**　第10回対同志社戦、20－０で勝つ（綱町）。 **T12・1・21**　第１回対東京帝大戦、８－０で勝つ（綱町）。●主将・大市信吉
1923(大正12)年度 大正12年4月～ 大正13年3月	**5・22～27**　第６回極東選手権大会（大阪市立運動場）で、ラグビーがオープン競技として行われる。慶應義塾、早稲田、同志社、京都帝大、関西大、大阪高校、大阪高商の７校が参加。決勝は早稲田と慶應の対戦となり、11－６で慶應が優勝。 **11・23**　第２回対早稲田戦、20－３で快勝（早稲田戸塚）。 **12・18**　第１回対明治戦、60－０の大差で勝つ（綱町）。 **12・30**　第１回対京大戦、９－０で勝つ（三高）。 **T13・1・6**　第11回対三高戦、３－０で勝つ（三高）。 **T13・1・9**　第11回対同志社戦、0－０で引き分け（同志社）。 **T13・1・12**　対KR＆AC戦、21－０で快勝(神戸東遊園地)。 **T13・2・3**　第2回対東大戦、0－0で引き分け(綱町)。秩父宮、賀陽宮両殿下がご台臨。 **T13・2・11**　創部25周年記念試合、全関東対全関西戦、６－３で関東勝利のあと、慶應義塾対ＯＢ連合戦が行われ、20－５で義塾が勝利（綱町）。●主将・大市信吉
1924(大正13)年度 大正13年4月～ 大正14年3月	**11・23**　第3回対早稲田戦、初の有料試合として行われ、17－0で勝つ(綱町)。 **12・31**　第２回対京大戦、19－３で勝つ（綱町）。秩父・高松・賀陽３宮殿下がご来臨。 **T14・1・4**　第12回対三高戦、６－０で勝つ（綱町）。 **T14・1・7**　第12回対同志社戦、６－０で勝つ（綱町）。 ●主将・山口六助
1925(大正14)年度 大正14年4月～ 大正15年3月	**10・30**　神宮大会高専の部で予科が優勝（神宮）。 **11・15**　第２回対明治戦、28－０で勝つ（綱町）。 **11・23**　第４回対早稲田戦、８－３で勝つ（綱町）。 **12・22**　塾ラグビー部、日本初の海外遠征となる上海遠征に出発。 **12・26**　対上海外国人戦、12－13で惜敗（上海ダマロ競馬場・クリケットグラウンド）。 **12・30**　対香港戦、８－３で勝つ（同上）。 **T15・1・10**　第13回対同志社戦（兼第１回全日本ラグビー選手権）、６－６で引き分ける（甲子園）。 ●主将・吉沢秀雄（旧姓、宮地）
1926(大正15・昭和元)年度 大正15(昭和元)年4月～ 昭和2年3月	**10・26**　立教と初対戦、34－５で勝つ（綱町）。 **10・31**　普通部が神宮大会で同志社中を11－５で破り優勝。 **11・5**　第３回対明治戦、19－３で快勝（綱町）。 **11・23**　第５回対早稲田戦、８－８で引き分け（神宮）。 ●主将・鈴木増雄

慶應義塾史	日本と世界のラグビー界の動き	日本と世界の動き
5　相撲部、体育会に加入。 9・22　山岳部、体育会に加入。	(J) この年、関西ラグビー倶楽部、旗揚げ。	6　ヴェルサイユ講和条約調印。 T9・1　国際連盟正式成立。
4・1　大学令による大学として新発足。文学・経済学・法学・医学の4学部から成る総合大学となる。 8・2　信濃町に大学病院開院。	(J) 初の東西対抗戦が開かれる。	10　第1回国勢調査実施。
	(J) 東京帝国大学ラグビー部創立。 (J) 京都帝国大学ラグビー部創立。	11　皇太子、摂政となる。 12　ワシントン会議にて日英米仏四国協約調印。
4　専門部（1925年高等部と改称）開設。 9・21　馬術部、体育会に加入。	(J) 東京商大ラグビー部創立。	
11・20　林毅陸塾長となる。	(J) 明治大学ラグビー部創立。 (J) 立教大学ラグビー部創立。 (W) 11・1　ラグビーが生まれて100年を記念し、英国で100年祭マッチが行われる。 (W) 第6回極東大会にオープン競技として参加。	9　関東大震災。
9・30　三田演説館を稲荷山に移す。	6・20 (J)「関東ラグビー協会」設立（母体はA.J.R.A.)。 10・25 (J) 明治神宮外苑に総合競技場完成。 10 (J) 早明戦はじまる。	T14・1　ラジオ放送開始。
	9 (J)「西部ラグビー協会」設立。 (J) 法政大学ラグビー部創立。 12 (J) 日本初の海外遠征。 T15・1・10 (J) 第1回全日本ラグビー選手権開かれる（甲子園)。	4「治安維持法」公布。 5「普通選挙法」公布。
9・15　塾監局再建。	11・23 (J) 早慶戦で初めて神宮競技場が使用される。 11・30 (J) 日本ラグビー蹴球協会設立。田中銀之助を名誉会長、高木喜寛を副会長とし、後日改めて高木を初代会長に推挙。	12　大正天皇崩御、昭和天皇即位。

年　度	蹴　球　部　史
1927(昭和2)年度 昭和２年4月～ 昭和３年3月	**10・15**　塾ラグビーにコーチ制を導入。 **10・29**　第４回対明治戦、３－３で引き分け（新田）。 **11・23**　第６回対早稲田戦、６－８で初黒星（神宮野球場）。 **S3・1・1**　第３回対京大戦、５－11で初敗戦（神宮）。 **S3・2・7**　上海駐屯ウェールズ軍に22－０で敗れる。 この年、グラウンドが三田綱町から武蔵新田に移転。山中湖グラウンドを建設。●主将・高野四万治
1928(昭和3)年度 昭和3年4月～ 昭和4年3月	**5**　黒黄会設立。初代会長に田辺九万三。 **10・24**　第１回対法政戦（対抗戦外で初対戦）、33－５で勝つ（新田）。 義塾が５大学対抗戦で優勝。 **S4・1・1**　第４回対京大戦、３－12で連敗（京大）。 ●主将・高野四万治
1929(昭和4)年度 昭和4年4月～ 昭和5年3月	**10・26**　第４回対立教戦、０－０で引き分け（神宮）。 **11・10**　第６回対明治戦、３－６で初黒星（神宮）。 ５大学対抗戦、２勝１敗１分けで２位。 **S5・1**　普通部が第12回全国中等選手権で同志社中に雪辱を果たし、全国制覇。 ●主将・久原正安（旧姓堤）
1930(昭和5)年度 昭和5年4月～ 昭和6年3月	**12・5**　５大学対抗戦で優勝。 **S6**　今季、大学ラグビー日本一となる。 ●主将・有村（旧姓、丸山）乕喜
1931(昭和6)年度 昭和6年4月～ 昭和7年3月	**4・19**　YC＆AC対戦30年祭を挙行（新田）。 **11**　早稲田・明治に敗れ、今季５大学対抗戦３位に転落。 **S7**　５大学のOBリーグがはじまり、慶應OBが全勝優勝。 ●主将・有村乕喜
1932(昭和7)年度 昭和7年4月～ 昭和8年3月	**12**　今季もまた５大学対抗戦３位。 **S8・1・8**　第19回対同志社戦、０－６で完敗し、初黒星（甲子園南運動場）。 **S8・1・5**　大学OBリーグは優勝。 ●主将・有村乕喜
1933(昭和8)年度 昭和8年4月～ 昭和9年3月	**12**　７大学リーグ戦で３位。 **S9・2・1**　国際親善対豪州学生選抜に16－８で勝利（神宮）。 ５大学OBリーグ３連覇。 ●主将・石井太郎
1934(昭和9)年度 昭和9年4月～ 昭和10年3月	**4・28**　E. B.クラーク氏、京都にて逝去。享年60。 **12・23**　対関西学院戦、28－０で勝つ（花園）。 **12**　７大学対抗戦は今季も３位。 ●主将・石井太郎
1935(昭和10)年度 昭和10年4月～ 昭和11年3月	**12**　７大学対抗戦でまたも３位に終わる。 **S11・1・30**　国際親善対ＮＺ学生選抜に６－23で敗れる（神宮）。 ●主将・三浦五郎
1936(昭和11)年度 昭和11年4月～ 昭和12年3月	**10・9**　対日大戦（７大学対抗戦外で、初対戦）、54－５で大勝（神宮）。 **12**　７大学リーグ３位。 ●主将・北野孟郎

慶應義塾史	日本と世界のラグビー界の動き	日本と世界の動き
4・19　サッカー部、スケート部が体育会に加入。	7・11〜9・23（J）早稲田大学ラグビー部が豪州遠征。 12・7〜（J）明治大学ラグビー部が上海遠征。 （J）京大が初の全国制覇。 S3・2・12（J）第1回秩父宮杯東西対抗はじまる。 S3・1（J）上海駐屯ウェールズ軍来日。	S3・2　普通選挙法による初の衆議院議員選挙。
	（J）大学ラグビーは定期戦を兼ねたまま、慶應義塾、早稲田、東大、明治、立教による5大学対抗戦に進展。 （J）京大が慶應を破り、2年連続大学日本一に。	8　パリ不戦条約。 11　昭和天皇、即位式挙行。
S5・2　日吉台に学校用地12万坪確保。	（J）立教は慶應と引き分けたものの、早稲田、明治、東大に勝ち、関東で初優勝。 （J）この年の秋、花園ラグビー場完成。	10　ニューヨーク株式市場の株価が大暴落、世界的大恐慌はじまる。
11・8　第1回の連合三田会を開催。 S6・1　籠球部、体育会に加入。	4・29（J）第1回7人制大会開催。 9・2（J）日本協会レフリーソサエティー設立。 8・17〜10・15（J）日本代表初の海外（カナダ）遠征。7戦6勝1引き分け（慶應OB3名、学生5名の計8名が選ばれ、参加）。 10・3（J）月刊誌「ラグビー」（日本ラグビー蹴球協会発行）創刊。	
	7・1（W）カナダ代表来日、5勝2敗。	9　満洲事変勃発。 10　北海道、東北地方大飢饉。
5・9　創立75周年記念式典挙行。 10・15　空手部、体育会に加入。	S8・1（J）早稲田が同志社に勝って全国制覇。	5　5・15事件。 9　日満議定書調印、満洲国承認。 S8・3　日本、国際連盟脱退。
10　日吉建設資金募集。 11・21　小泉信三塾長となる。	12（J）5大学対抗戦に法政、東京商大が加わって7大学対抗戦となり、早稲田が優勝。 S9・1（J）早稲田が2年連続全国制覇。 S9・1（J）豪州学生選抜来日、4勝3敗。	
4　日吉開校、5月より授業開始。 10・23　スキー部、体育会に加入。 11・2　「福澤先生生誕百年並び日吉開校記念祝賀会」開催。		10　中国共産党の大長征はじまる。
日吉陸上競技場新設。	S11・1（J）NZ学生選抜軍来日、6勝1敗。	S11・2　2・26事件。
11　幼稚舎校舎竣工。		11　日独防共協定。 S12・2　文化勲章制定。

年　　度	蹴　球　部　史
1937(昭和12)年度 昭和12年4月～ 昭和13年3月	**10・24**　第12回対立教戦、5－8で初黒星（神宮）。 **12**　7大学対抗戦4位。 ●主将・竹岡晴比古
1938(昭和13)年度 昭和13年4月～ 昭和14年3月	**11・13**　第15回対明治戦、8－32で8連敗（神宮）。 **11・23**　第17回対早稲田戦、13－36で8連敗（神宮）。 **12**　早明にそれぞれ8連敗し、7大学対抗戦3位。 脇肇監督、再建5カ年計画をはじめる。 ●主将・財部辰彦。
1939(昭和14)年度 昭和14年4月～ 昭和15年3月	**11・12**　第16回対明治戦、6－44で9連敗（神宮）。 **11・23**　第18回対早稲田戦、9－37で9連敗（神宮）。 **12**　7大学対抗戦4位。 **S15**　1月3日から始まった第15回全国高専大会で慶應予科が優勝。 ●主将・財部辰彦
1940(昭和15)年度 昭和15年4月～ 昭和16年3月	**11・10**　第17回対明治戦、0－25で10連敗（神宮）。 **11・23**　第19回対早稲田戦、11－33で10連敗（神宮）。 **12**　ついに早明に10連敗するも、7大学対抗戦3位。 **S16・1・2～8**　第16回全国高専大会で慶應予科、エイト・システムに転じて2連覇。 ●主将・財部辰彦
1941(昭和16)年度 昭和16年4月～ 昭和17年3月	**11・9**　第18回対明治戦、13－70で11連敗（神宮）。 **11・23**　第20回対早稲田戦、6－24で敗れ11連敗（神宮）。 **12**　早明に11連敗するも、関東で3位。 ●部長・畑功→平井新、主将・北御門彦二郎
1942(昭和17)年度 昭和17年4月～ 昭和18年3月	**5・9**　第19回対明治戦、52－6の大差で勝ち、11連敗でストップ（神宮）。 **5・16**　第21回対早稲田戦、8－21で12連敗。 **6**　義塾、春季対抗戦で12年ぶりに2位となる。 **11・8**　第20回対明治戦、26－18で勝つ。 **11・29**　第22回対早稲田戦、11－5で勝ち、12連敗でストップ（神宮）。 **12**　秋季、関東7大学対抗戦で優勝。 **S18・1**　関西勢を制し、昭和5年以来の全勝による全国制覇。●主将（春、秋季）・池浦次郎
1943(昭和18)年度 昭和18年4月～ 昭和19年3月	**10・9**　第19回対立教戦、12－0で勝つ（日吉）。 ●主将・伊藤保太郎
1944(昭和19)年度 昭和19年4月～ 昭和20年3月	●主将・伊藤保太郎
1945(昭和20)年度 昭和20年4月～ 昭和21年3月	**S21・1・1**　第19回対京大戦、21－8で勝利（日産厚生園）。 **S21・2・24～3・23**　関東大学ＯＢリーグ戦で塾ＯＢが5戦全勝1位。 ●主将・田尾義治
1946(昭和21)年度 昭和21年4月～ 昭和22年3月	**4・29**　全早慶戦、32－34で惜敗（西宮）。 大学ラグビー復活。義塾は関東大学対抗戦で3位。 **S22・1**　全国予科大会で義塾予科が優勝。 ●主将・椎野正夫

慶 應 義 塾 史	日本と世界のラグビー界の動き	日本と世界の動き
9・11 三田の大学新校舎（現第一校舎）竣工。 **S13・1・24** ヨット部、卓球部、体育会に加入。		**7** 盧溝橋事件。日中戦争はじまる。
		5 「国家総動員法」発令。
6・17 藤原工業大学、日吉に開校。	（J） 5大学OBリーグ、立教が無敗で優勝。	**9** 第二次世界大戦勃発。
S16・1・10 新塾歌制定。 **S16・1** 排球部、射撃部、体育会に加入。	（J） 5大学OBリーグ、早稲田OBが優勝。	**7** 関門トンネル貫通。 **9** 日独伊三国同盟調印。
10・20 日吉合宿所竣工。		**12** 太平洋戦争勃発。
	（J） 修業期限短縮との関連で、春・秋2シーズン制となる。	
10・16 出陣学徒壮行早慶野球戦。 **11・17** 塾生出陣壮行会挙行。 **S19・3・10** 日吉校舎、海軍軍令部、連合艦隊本部となる。	**10・16**（J） 学徒出陣壮行紅白試合（神宮競技場）。	**6** 「学徒戦時動員体制確立要項」決定。
8・5 藤原工業大学が寄付され、大学工学部となる。		**6** 学童集団疎開決定。
9・8 日吉の施設、進駐軍に接収される。	**9・23**（J） 戦後ラグビー第1戦として、関西ラグビー倶楽部（KRC）対三高戦が行われる。	**6** 国際連合成立。 **8** 広島に原爆投下。 **8** 長崎に原爆投下。 **8** 終戦。
4・1 女子の大学入学を許可。 この年、ボクシング部、レスリング部、アメリカン・フットボール部、体育会に加入。 **S22・1・8** 潮田江次塾長となる。	**12**（J） 関東大会で東大と明治が同率首位、優勝を分け合う。	**7～** パリ平和会議。 **11** 日本国憲法公布。

年　度	蹴　球　部　史
1947(昭和22)年度 昭和22年4月～ 昭和23年3月	12　関東大学対抗４位。 ●部長・平井新→米山桂三、主将・児玉渡（旧姓、渡辺）
1948(昭和23)年度 昭和23年4月～ 昭和24年3月	10・3　慶應義塾ラグビー50周年記念式典・祝賀会（日吉および体育会寄宿食堂）。 この年、石井太郎監督、セブン・システムを復活。 12　関東大学対抗２位。明治に０－26で敗れるも、早稲田と３－３で引き分け。 ●監督・石井太郎、主将・児玉渡
1949(昭和24)年度 昭和24年4月～ 昭和25年3月	12　関東大学対抗４位。 ●主将・中谷三郎
1950(昭和25)年度 昭和25年4月～ 昭和26年3月	12　関東大学対抗、早稲田に敗れ２位。 ●部長・米山桂三→瀬下良夫、主将・山田畝一
1951(昭和26)年度 昭和26年4月～ 昭和27年3月	12　関東大学対抗３位。 ●主将・角南圭一
1952(昭和27)年度 昭和27年4月～ 昭和28年3月	9・14　日英国際第１戦オックスフォード大対全慶應、６－28で敗れる（東京）。 この年、大学対抗戦はエイト・システムで臨む。 12　関東大学対抗３位。 ●主将・竹谷武
1953(昭和28)年度 昭和28年4月～ 昭和29年3月	9・13　日英国際第２戦・対ケンブリッジ大戦、３－14で敗れる（秩父宮）。 12　関東大学対抗３位。 この年、シーズンを通してセブン・システムで戦う。 ●主将・高橋正旭
1954(昭和29)年度 昭和29年4月～ 昭和30年3月	8　慶應高校、国体ラグビーで優勝。 12　関東大学対抗３位。 S30・1　第34回全国高校ラグビー選手権（花園）に慶應高校、３年連続出場して優勝。 ●監督・中村米次郎、主将・青井達也
1955(昭和30)年度 昭和30年4月～ 昭和31年3月	関東で全勝後、関西NO.１の同志社にも勝ち大学日本一に（日大も関東で全勝したが、慶應との対戦はならず、対戦方式に新たな問題を投げかける）。『黒黄会報』復刊。 6・16　田辺九万三（日本ラグビー協会会長、黒黄会初代会長）逝去。田辺九万三のあと杉本貞一（大正３年卒）が黒黄会会長となるも、31年１月28日に逝去。脇肇（大正７年卒）が第３代会長に。 S31・3・18　全慶應が豪州学生代表と対戦、14－38で敗れる。 S31・3・25　普通部、中等大会で初優勝。●監督・椎野正夫、主将・赤津喜一郎
1956(昭和31)年度 昭和31年4月～ 昭和32年3月	関東大学対抗３位。 ●主将・日野良昭

慶應義塾史	日本と世界のラグビー界の動き	日本と世界の動き
4・1　中等部開設。 5・24　創立90周年記念式典挙行。 6　ハンドボール部、体育会加入。 11.　通信教育部設置。	9　（J）秩父宮殿下を日本ラグビーフットボール協会総裁に推戴。 11・22（J）神宮外苑に東京ラグビー場完成。早慶戦が公式戦の第1戦となる。	4　新学制（6･3･3･4制）実施。 5　新憲法施行。
4・13　新制第一および第二高等学校開校式挙行。 4・24　農業高等学校開設。 9・30　病院本館竣工。	10・10（J）日本ラグビー50周年式、東京ラグビー場に高松宮殿下を迎えて開催。 S24・2　（J）第1回全国実業団ラグビー大会はじまる。	11　極東国際軍事裁判判決。 12　世界人権宣言。
4・1　新制大学発足、文・経・法・工の4学部を開設。 4　フェンシング部、体育会に加入。 10・1　日吉校舎、進駐軍より返還される。 11・5　三田体育会結成（初代会長・平沼亮三）。	（W）5カ国対抗でウェールズがトリプルクラウン達成。	4　北大西洋条約機構（NATO）成立。 10　中華人民共和国成立。 11　湯川秀樹、ノーベル賞を受賞。
10　柔道部、体育会復帰。バドミントン部、体育会に加入。		6　朝鮮戦争勃発。
4・1　新制大学院開設。 9・19　弓術部、体育会復帰。 10・7　体育会創立60周年記念式挙行。	9（J）日本協会機関誌『Rugby Football』再刊。 S27・1（J）全香港来日、2勝1敗1分け。 S27・3（J）在韓NZ軍来日、5勝1敗。	9　サンフランシスコ対日講和条約・日米安全保障条約調印。
4・1　新制大学医学部設置。 9　三田に体育会本部竣工。	9（J）英国から初めてオックスフォード大来日、7戦7勝。 S28・1・4（J）日本ラグビー協会総裁、秩父宮逝去。 S28・1・31（J）秩父宮勢津子妃殿下が総裁に。同協会第2代会長に田辺九万三副会長が昇格。	5　血のメーデー事件。 S28・2　テレビ放送開始。
4・1　文学・経済学・法学・社会学・工学の5研究科に博士課程を開設。	9（J）英国ケンブリッジ大来日、8戦8勝。	7～　パリ平和会議。
6・30　軟式野球部、体育会に加入。	6（J）日程問題が表面化し、2部制リーグ戦案と定期戦優先案が対立。	9　東南アジア集団防衛条約機構（SEATO）結成。
	（J）日本ラグビー協会第3代会長に香山蕃が就任。	8　第1回原水爆禁止世界大会。
6・26　奥井復太郎塾長となる。		10　スエズ動乱。ハンガリー暴動。 11　日ソ共同宣言（ソ連と国交回復）。 S32・1　南極大陸に昭和基地を設営。

年　度	蹴　球　部　史
1957(昭和32)年度 昭和32年4月〜 昭和33年3月	慶應、Aブロックで３勝１敗１引き分け（中央、立教、明治に勝ち、日大と引き分け、早稲田に敗れる）初年度の王座に。京大、同志社にも勝つ。 **S33・3・21**　全慶應、３－33でNZコルツに敗れる。 ●主将・竹内敏之
1958(昭和33)年度 昭和33年4月〜 昭和34年3月	**6・1**　体育会蹴球部創部60周年記念式典（日吉ラグビー場）。 **11**　関東大学Aブロック、早稲田と全勝対決、11－16で敗れ２位となる。 **S34・3・4**　全慶應、カナダBC代表と伝統のセブンで対決、９－40で敗れる。 ●主将・山田敬介
1959(昭和34)年度 昭和34年4月〜 昭和35年3月	**9・16**　オックスフォード・ケンブリッジ大連合とOB12人の編成で対戦、17－24で敗れる（国立）。 関東大学Aブロック戦、２勝４敗で５位。 『慶應義塾体育会蹴球部六十年史』発刊。 ●主将・山下忠男
1960(昭和35)年度 昭和35年4月〜 昭和36年3月	関東大学Aブロック０勝４敗２引き分けで最下位、来季Bブロックへ。 監督、コーチ陣交代 ●監督・山田畝一、主将・川口治雄
1961(昭和36)年度 昭和36年4月〜 昭和37年3月	関東大学Bブロックで全勝。Aブロックの明治、早稲田との定期戦にも勝利、来季Aブロックに復帰。 ●主将・吉田博信
1962(昭和37)年度 昭和37年4月〜 昭和38年3月	**9・1**　全慶應、13－19でフランス学生選抜に惜敗（ナイトゲーム）。 関東大学Aブロック３勝２敗１引き分けで３位。 ●監督・高橋正旭、主将・中西一晃
1963(昭和38)年度 昭和38年4月〜 昭和39年3月	**9**　全早慶明対抗戦、ナイトゲームで始まる。全慶應は最下位。 関東大学対抗４勝２敗。 ●監督・平沼光平。主将・李安邦。
1964(昭和39)年度 昭和39年4月〜 昭和40年3月	大学対抗新方式で始まり、４勝３敗１引き分け。 **6**　慶應高校、新潟国体でブロック優勝（２年連続）。 **6・21**　第１回慶應ラグビー祭はじまる。 **S40・1・3**　全慶應（ＯＢ９人）がNZカンタベリー大と対戦、10－19で敗れる。 ●主将・藤原明弘
1965(昭和40)年度 昭和40年4月〜 昭和41年3月	黒黄会横山通夫会長が名古屋在住のため、副会長に岩下秀三郎（Ｓ２卒）を選出。 関東大学対抗３勝４敗で４位。 ●監督・中須早二良、主将・安部優

慶應義塾史	日本と世界のラグビー界の動き	日本と世界の動き
4・1　大学に商学部を設置。志木高等学校発足。 **S 33・1・30**　重量挙部、体育会に加入。	**（J）** 関東大学対抗がA・Bブロック（ブロック内総当たり）制を採用。 **S 33・2（J）** NZコルツ来日、9戦全勝。	**10**　人工衛星スプートニク1号成功。 **10**　千円札発行。
10・20　日吉記念館落成式挙行。 **11・8**　天皇陛下をお迎えし、創立100年記念式典を日吉記念館で挙行。	**S 34・2（J）** カナダBC代表来日、6戦1敗1分け。	**12**　東京タワー完成。
4・25　日吉体育館落成式を挙行。	**9（J）** オックスフォード大、ケンブリッジ大連合軍来日、7戦全勝。	**4**　皇太子ご成婚。 **9**　伊勢湾台風で死者・行方不明5041人。
6・29　高村象平塾長となる。 **S 36・1・1**　大学体育研究所発足。	**S 36・1・29（J）** 大学、社会人それぞれの優勝チームによってラグビー日本一を決めるNHK杯スタート。八幡製鉄50－13で法政大学に勝つ。	**6**　日米安保条約改定。
7・20　「福澤諭吉記念基金規程」を制定施行。	**（J）** Aブロック明治優勝、早稲田が来季Bブロックへ転落。	**4**　ソ連が人類初の有人宇宙飛行に成功。 **7**　北陸トンネル貫通。
8・24　ビジネス・スクール開設披露。 **10・28**　体育会創立70周年記念式典挙行。	**（J）** Aブロックで明治が連続優勝。	**9**　国産第1号大型原子炉が東海村で火をともす。 **10**　キューバ危機。
11・17　第1回体育会競技会、日吉にて開催。	**4（J）** 日本代表カナダ遠征（4勝1敗）。慶應より青井（監督兼主将）、平島、石川の3人が参加。 **（J）** 関東大学対抗A・Bブロック制、5年目にして解消。参加14チームは7戦以上戦い、4試合を関東協会が義務試合として指定する方式になる。 **（J）** 第1回日本選手権で同志社優勝。	**11**　ケネディ米大統領暗殺。
4・1　国際センター発足。 **S 40・1**　学費改訂に反対して大学紛争始まる。	**（W・J）** ルール改正される（スピードアップとオープン展開指向）。 スクラムでのオフサイドライン、今までのボールの位置からスクラメージャーの最後の足の線に。ラインアウトのオフサイドライン、10ヤード下がった地点（SHを除きラインアウト不参加者はこの線まで下がる）に、ほか。 **（J）** 全国大学選手権創設。早稲田が優勝。 **（J）** NZカンタベリー大来日、5勝1敗。	**10**　東海道新幹線が営業開始。 **10**　東京オリンピック開幕。 **10**　キング牧師にノーベル平和賞。
4・28　永沢邦男塾長となる。		**6**　日韓基本条約調印。 **12**　日本が国連安保理非常任理事国に。

年　度	蹴　球　部　史
1966(昭和41)年度 昭和41年4月～ 昭和42年3月	関東大学対抗4勝3敗で4位。 ●主将・蔵西克夫
1967(昭和42)年度 昭和42年4月～ 昭和43年3月	関東大学対抗、早稲田に9－39で敗れ、7勝1敗で2位。第4回全国大会への初出場を決める。 S43・1・3　第4回全国大学選手権第1回戦、対法政戦、11－43で大敗（秩父宮）。 ●監督・藤井浩一（転勤によりシーズン中は平沼、光平に交替）。主将・井原健一
1968(昭和43)年度 昭和43年4月～ 昭和44年3月	8・29～9・10　創部70周年記念タイ国遠征（団長・瀬下良夫）、4戦全勝。 関東大学対抗3勝2敗1分けで4位、交流試合出場を決める。 12・15　第5回全国大学選手権関東代表決定戦、対専修大（リーグ戦1位）戦、36－5で勝利（秩父宮）。大学選手権出場が決定。 S44・1・1　第5回全国大学選手権第1回戦、対福岡工大戦、30－9で勝利（秩父宮）。 S44・1・3　同準決勝、対法政戦、24－10で勝利（秩父宮）。 S44・1・5　同決勝、対早稲田戦、14－14で引き分けるも抽選勝ち。大学選手権優勝(秩父宮)。 S44・1・15　第6回日本選手権、対トヨタ自動車戦、16－44で完敗（花園）。慶應は日本選手権初出場。 S44・3・22　新設された小泉体育賞を、青井コーチ以下蹴球部19選手が受賞。 ●監督・平沼光平、主将・松井誠司（旧姓宝田）
1969(昭和44)年度 昭和44年4月～ 昭和45年3月	関東大学対抗戦グループ6勝2敗で3位、交流試合出場へ。 12・14　交流試合・対日大戦、38－14で勝利(秩父宮)。 S45・1・1　第6回全国大学選手権第1回戦（兼第54回定期戦）対同志社戦、8－53で完敗（秩父宮）。 S45・3・15　日加国際親善試合対カナダBC代表戦、全慶應が6－59で大敗（秩父宮）。 ●主将・荻村道男
1970(昭和45)年度 昭和45年4月～ 昭和46年3月	関東大学対抗戦グループ5勝3敗で4位、交流試合出場へ。 12・13　交流試合・対法政（リーグ戦1位）戦、0－41で完敗（秩父宮）、大学選手権への出場ならず。 ●主将・永野進
1971(昭和46)年度 昭和46年4月～ 昭和47年3月	9・14　新合宿所完成披露。 関東大学対抗戦グループ5勝3敗で4位、交流試合出場へ。 12・12　交流試合・対法政（リーグ戦1位）戦、9－52で大敗（秩父宮）、大学選手権出場ならず。 ●主将・吉岡和夫
1972(昭和47)年度 昭和47年4月～ 昭和48年3月	関東大学対抗戦グループ5勝2敗で3位、交流試合出場へ。 12・10　交流試合・対日大（リーグ戦2位）戦、42－8で圧勝（秩父宮）、大学選手権出場へ。 S48・1・2　第9回全国大学選手権1回戦、対天理大戦、7－3で辛勝（秩父宮）。 S48・1・4　同準決勝、対早稲田戦、9－22で敗れ、決勝進出ならず（秩父宮）。 黒黄会に技術委員会、初代委員長に中須規夫が就任。 ●監督・吉田博信、主将・藤賢一

慶應義塾史	日本と世界のラグビー界の動き	日本と世界の動き
5・11 小泉信三元塾長逝去。 **S42・3・31** 三田演説館、重要文化財「建造物」に指定。	**(J)** NZ学生選抜来日。	**4** 中国で「文化大革命」はじまる。
	(J) 日程問題(対戦問題)を関東協会が認めぬものの、対抗戦・リーグ戦両グループの各上位2校が大学選手権へ出場することを決める。 **(W)** モールがルール化される。	**6** 第二次中東戦争。
5・15 慶應義塾命名100年記念式典を挙行。 **11・8** 慶應義塾図書館、重要文化財「建造物」に指定。	**(W・J)** ルール改正。負傷2名まで交替可能(国際試合のみ)。フッカー、プロップ、フランカー、NO.8と呼称を改正。 **5 (J)** 全日本が豪州とNZに遠征、5勝5敗。 **S44・3 (W)** 第1回ラグビーアジア大会で日本が優勝(東京)。	**6** 小笠原諸島が日本に復帰。 **7** 郵便番号制実施。 **12** 東京府中で3億円強奪事件。 **S44・1** 東京大学安田講堂事件。
5・28 佐藤朔塾長となる。 **6** 大学立法紛争が起こる。	**5・3 (J)** 日本ラグビー協会第3代会長、香山蕃死去(第4代会長に湯川正夫)。 **10・5 (J)** 日本ラグビー協会第4代会長、湯川正夫死去。第5代会長に横山道夫(黒黄会会長・大正11年卒)が就任。 **S45・3 (J)** NZ学生選抜、カナダBC、日本3カ国対抗戦開催。	**5** 東名高速道路全線開通。 **7** 米アポロ11号が人類初の月面着陸に成功。 **S45・2** 日本初の人工衛星「おおすみ」打ち上げ。 **S45・3** 日航機よど号ハイジャック事件発生。 **S45・3** 大阪にて日本万国博覧会開会。
		4 ビートルズ解散。 **5** 日本人が初めてエベレスト登頂に成功。 **11** 三島由紀夫割腹自殺事件。
S47・2・8 慶應義塾大学保健管理センター新設。 **S47・3・27** 日吉矢上台に工学部新校舎が完成。	**9 (W・J)** ルール改正(2年間の限定試行)。トライ=4点、ゴール=6点とする。 **9 (J)** イングランド初来日。 **S47・3 (J)** 豪州コルツ来日。4勝3敗1分け。	**10** 中国が国連加盟、台湾が脱退。 **S47・2** 札幌冬季オリンピック開幕。 **S47・2** 連合赤軍浅間山荘事件。
8・7 大学ビジネス・スクール新校舎竣工。		**5** 沖縄が本土復帰。 **6** 米ウォーターゲート事件。 **9** 日中国交正常化。

年　　度	蹴　球　部　史
1973(昭和48)年度 昭和48年4月～ 昭和49年3月	関東大学対抗戦グループ6勝2敗で3位、交流試合出場へ。 **12・16**　交流試合・対法政戦、21－12で勝利、大学選手権出場へ。 **12・22**　第10回全国大学選手権1回戦、対天理大（関西リーグ優勝）戦、18－7で勝利（西京極）。 **S49・1・4**　同準決勝、対明治戦、6－13で敗れる(国立)。 ●主将・中崎修
1974(昭和49)年度 昭和49年4月～ 昭和50年3月	**5・26**　日吉競技場にて蹴球部創部75周年記念祭（試合、式典、祝賀会）。 関東大学対抗戦グループ、早稲田に3－11で敗れ、7勝1敗で2位、交流試合出場へ。 **12・15**　交流試合・対中央大戦、28－18で勝利(日吉)、大学選手権出場へ。 **12・22**　第11回全国大学選手権1回戦、対同志社戦、34－12で勝利（国立）。 **S50・1・2**　同準決勝、対明治戦、20－29で敗れる(国立)。●主将・上田昭夫
1975(昭和50)年度 昭和50年4月～ 昭和51年3月	関東大学対抗戦グループ5勝3敗で3位、交流試合出場へ。 **12・13**　交流試合・対専修大戦、44－3で大勝(秩父宮)、大学選手権出場へ。 **S51・1・2**　第12回全国大学選手権準決勝、対早稲田戦、9－36で敗退（国立）。 今季より女子学生4人が、蹴球部マネージャーとして誕生。 「技術委員会」を「強化委員会」と改める。委員長・青井達也。委員・柴田孝、宮島欣一、吉田博信。委員兼監督・浅沼勝、●主将・松本澄秀
1976(昭和51)年度 昭和51年4月～ 昭和52年3月	関東大学対抗戦グループ5勝2敗1引き分けで3位、交流試合出場へ。 **12・11**　交流試合・対専修大戦に勝利、大学選手権出場へ。 **12・19**　第13回全国大学選手権1回戦、対同志社戦、30－13で勝つ。 **12・26**　同準決勝、対早稲田戦、13－15で惜敗。 黒黄会理事長が田川博から椎野正夫に交代。●監督・堀越慈、主将・高木満郎
1977(昭和52)年度 昭和52年4月～ 昭和53年3月	関東大学対抗戦グループ、15年ぶりに早稲田に勝つも5勝2敗で2位。 交流試合・対法政戦、33－12で勝ち、大学選手権へ。 **12・18**　第14回全国大学選手権1回戦、対同志社戦、26－22で勝つ。 **S53・1・2**　同準決勝、対日体大戦、9－8で勝利。 **S53・1・4**　同決勝、対明治戦、6－7で惜敗（国立）。 黒黄会会長、横山通夫から岩下秀三郎に交代。●監督・柴田孝、主将・高橋英二
1978(昭和53)年度 昭和53年4月～ 昭和54年3月	関東大学対抗戦グループ、22－4で早稲田を連破するも5勝3敗で3位。 **12・10**　交流試合・対東海大戦、36－0で快勝し大学選手権へ。 **12・24**　第15回全国大学選手権1回戦、対中京大戦、33－13で勝つ。 **S54・1・1**　同準決勝、対日体大戦、9－12で敗れ、決勝進出ならず。 **S54・2・28～3・19**　慶應義塾蹴球部創部80周年記念に全慶應で豪州およびNZへ遠征(団長・瀬下良夫部長)。6戦4勝2敗。第1戦のNZ戦に勝利し、NZに初めて勝った日本チームとなる。 小野寺コーチによるフィットネス・トレーニングを新規導入。 クリス・ウォーカー・コーチを招いてランニングラグビーを学ぶ。 ●主将・山城泰介
1979(昭和54)年度 昭和54年4月～ 昭和55年3月	**5・13**　創部80周年記念式典開催（日吉）。 関東大学対抗戦グループ4勝4敗の5位で、交流試合に出場できず。 **9～10**　関東大学ジュニア選手権はじまる。慶應は1回戦で専修大に敗退。 強化委員長に今村耕一、ヘッドコーチに谷川義夫がそれぞれ就任、監督制を廃止。 ●部長・久野洋。主将・四津雅人
1980(昭和55)年度 昭和55年4月～ 昭和56年3月	関東大学対抗戦グループ、早稲田と16－16で分け、7勝1引き分けで優勝。 **12・13**　交流試合・対国士舘大戦、33－0で完勝。 **12・21**　第17回全国大学選手権1回戦、対福岡工大戦、63－16で勝つ。 **S56・1・1**　同準決勝、対明治戦、9－18で敗れ対抗戦の雪辱を許す。 今季、再び監督制に。 **S56・3・23**　昭和55年度の小泉体育賞は、前年度23年ぶりに関東大学対抗戦を制した蹴球部田川監督、東山主将以下、17名が受賞。●監督・田川博、主将・東山勝英
1981(昭和56)年度 昭和56年4月～ 昭和57年3月	**9・15**　全慶應（OB12人の編成）、アイルランド・ダブリン大と対戦、10－44で大敗。関東大学対抗戦グループ4勝3敗1引き分けで4位、交流試合へ。 **12・12**　交流試合でリーグ戦グループ1位の法政を破り、大学選手権へ。 **12・20**　第18回全国大学選手権1回戦で、38－3で同志社に完敗。 ●主将・清原定之

慶應義塾史	日本と世界のラグビー界の動き	日本と世界の動き
5・22　久野洋塾長となる。	9（J）日本代表が英仏に遠征、2勝9敗。	8　金大中事件。 10　第4次中東戦争はじまる。 10　第1次石油危機。
5・8　幼稚舎創立100周年記念式典挙行。	4（J）日本代表がNZに遠征、5勝5敗1分け。 S50・3（J）NZカンタベリー大が来日、5勝1敗。 S50・3（J）ケンブリッジ大が来日、3勝1敗。	8　ニクソン米大統領がウォーターゲート事件で辞任。 8　三菱重工本社ビル爆破事件。
5・1　三田演説館100年記念式を挙行。 12　体育研究所棟竣工。	9（J）ウェールズが来日、4勝4敗。 S51・3（J）NZ学生選抜が来日、4戦全勝。 S51・3（W）汎太平洋セブン大会始まる。	4　サイゴン陥落、ベトナム戦争終結。 7　沖縄海洋博覧会。 7　米ソ宇宙船、初のドッキングに成功。
	4（J）日本代表がカナダに遠征、1勝4敗。 9（J）日本代表が英国に遠征して3勝5敗。同じく日本代表、イタリアで2戦2敗。 S52・3（J）オックスフォード大が来日、4戦全勝。	5　ロッキード疑獄事件、政界を揺るがす。7月に田中前首相逮捕。 9　毛沢東中国主席死去。
5・20　石川忠雄塾長となる。	9（W）ルール大幅改正。 9（J）スコットランド代表が来日、3戦3勝。 S53・3（J）クイーンズランド州代表が来日、2戦2勝。	9　赤軍ダッカ事件。
	9（J）フランス代表が来日、4戦全勝。	5　成田空港開港。 8　日中平和友好条約調印。
10・1　大学計算センター発足。	5（J）イングランド代表が来日、4戦全勝。 9（J）ケンブリッジ大が来日、5戦全勝。 S55・3（J）NZ学生代表が来日。	6　東京サミット開催。 11　テヘラン米大使館人質占拠事件。 12　ソ連軍、アフガニスタン侵攻。
	10（J）日本代表が仏、蘭に遠征、5戦5敗。 S56・3（J）オーストラリア学生代表が来日、4勝1敗。	5　ＪＯＣがモスクワ・オリンピック不参加を決定。 9　イラン・イラク戦争起こる。
4・1　大学工学部、理工学部となる。	9（J）ダブリン大が来日、4勝2敗。	4　スペースシャトル打ち上げ成功。 S57・2　日航機が羽田沖に墜落。

年　度	蹴　球　部　史
1982(昭和57)年度 昭和57年4月～ 昭和58年3月	関東大学対抗戦グループ、早稲田に12－24で敗れ、6勝1敗1引き分けで2位。 **12・11**　交流試合・対法政戦、19－8で勝ち、大学選手権へ。 **12・19**　第19回全国大学選手権1回戦、福岡工大を19－0で破る。 **S58・1・3**　同準決勝、同志社に12－23で敗れる（国立）。 第6代黒黄会会長に田川博、副会長・磯野謙蔵、椎野正夫。理事長・児玉渡。 ●監督・中崎修、主将・平島健右
1983(昭和58)年度 昭和58年4月～ 昭和59年3月	**9・15**　全慶應、北九州市でオックスフォード大と対戦し、13－27で敗れる。 関東大学対抗戦グループ6勝2敗で3位。 **12・10**　交流試合・対日大戦、ノーサイド寸前にＰＧを決められ、14－15で敗れる（秩父宮）。 ●主将・氏家俊明
1984(昭和59)年度 昭和59年4月～ 昭和60年3月	関東大学対抗戦グループで全勝優勝。優勝は4年ぶり、全勝は29年ぶりの快挙。 **12・16**　交流試合・対中央戦、28－13で勝利。 第21回全国大学選手権1回戦で福岡工大、準決勝で天理大を破り、7年ぶりに決勝へ。 **S60・1・6**　同決勝で同志社と戦い、6－10で惜しくも敗れる。 **S60・2・4～3・19**　全慶應（久野団長以下33名）が、創部85周年を記念して英国に遠征。5試合を戦い2勝3敗。単独チームとして初めてオックスフォード大を破る（浩宮様がご観戦）。 **S60・3・23**　上田監督、松永主将以下19名に小泉体育賞が授与される。 ●監督・上田昭夫、主将・松永敏宏
1985(昭和60)年度 昭和60年4月～ 昭和61年3月	関東大学対抗戦グループ5勝2敗1引き分けで4位。 **12・14**　交流試合で日大を破り、大学選手権に進出。 第22回全国大学選手権1回戦で大体大、準決勝で早稲田をそれぞれ下し、決勝で明治と12－12で引き分けるも、抽選で17年ぶり2度目の日本選手権出場を決める。 **S61・1・5**　日本選手権決勝でトヨタ自動車を18－13で破り、日本一に輝く。 **S61・1**　蹴球部屋内トレーニング場竣工。 **S61・3・24**　小泉体育賞、上田監督以下18名が受賞。 ●主将・中野忠幸
1986(昭和61)年度 昭和61年4月～ 昭和62年3月	**5・22～24**　豪州のコーチ、アラン・ジョーンズを招き、指導を受ける。 関東大学対抗戦グループ4勝4敗で5位、交流試合出場ならず。 ●監督・黒沢俊彦、主将・若林俊康
1987(昭和62)年度 昭和62年4月～ 昭和63年3月	**5～6**　W杯日本代表の一員として村井大次郎、生田久貴が出場。 関東大学対抗戦グループ、東大にも22年ぶりに敗退し3勝5敗、交流試合に出場ならず。 **12・27**　前黒黄会会長、岩下秀三郎逝去。 ●部長・前田昌信、監督・小野寺孝、主将・柴田志通
1988(昭和63)年度 昭和63年4月～ 昭和64（平成元）年3月	関東大学対抗戦グループ4勝4敗で、3年連続交流試合出場ならず。 **S64・3・4～22**　創部90周年記念で、前田部長以下33名がニュージーランドに遠征。5戦1勝2敗2引き分け。 黒黄会理事長、児玉渡から青井達也に交代。 ●監督・松本澄秀、主将・川端良三
1989(平成元)年度 平成元年4月～ 平成2年3月	関東大学対抗戦グループ6勝2敗で3位、4年ぶりに交流試合出場へ。 **12・17**　交流試合・強豪大東文化大に善戦するも、6－13で敗れる。 **H2・1**　慶應高校、17年ぶり30回目の全国大会出場。 ●主将・立石郁雄

慶應義塾史	日本と世界のラグビー界の動き	日本と世界の動き
4・1　慶應義塾図書館（新館）開館。	4（J）カナダ代表来日。 9（J）日本代表がNZ遠征、3勝6敗1分け。 9（J）イングランド、NZ学生、全日本の3カ国で対抗戦開催。	6　東北新幹線開業。 11　上越新幹線開業。 S58・1　青函トンネル貫通。
5・15　慶應義塾創立125周年記念式典を挙行。	9（J）オックスフォード大、ケンブリッジ大が来日。 10（J）日本代表がウェールズに遠征、2勝2敗1分け。	4　東京ディズニーランド開園。 10　三宅島大噴火。
4・1　人間関係学科開設。 5・12　日吉開設50年記念式典を挙行。 S60・1・10　福澤諭吉生誕150年記念式典を挙行。	9（J）フランス代表が来日、5戦5勝。 S60・3（J）同志社が大学選手権3連覇。	11　福澤諭吉が肖像の新1万円札が発行される。 S60・3　つくば科学万博開会。
	4（J）アメリカ代表が来日、全勝。 5（J）アイルランド代表が来日、5戦全勝。 10（J）日本代表がフランス遠征、6戦全敗。	4　放送大学授業開始。 5　男女雇用機会均等法成立。 8　日航ジャンボ機墜落、520人死亡。
	5（J）日本代表北米遠征で3勝2敗1分け。 9（J）日本代表がイングランド、スコットランドに遠征、1勝3敗。 S62・3（J）カンタベリー大が来日、6戦全勝。	4　チェルノブイリ原子力発電所で事故発生。 11　三原山大噴火、大島の全島民が脱出。
5・6　大学病院新棟開院。	(W) 5月から6月にかけ、ニュージーランドとオーストラリアで第1回W杯を開催。予選Aグループで日本は全敗。 9（J）アイルランド学生が来日、4勝2敗。 9（J）NZオールブラックスが来日、5戦全勝。全日本106—4で大敗。	4　国鉄分割民営化。 10　ニューヨーク株式市場大暴落（ブラックマンデー）。
	9（J）オックスフォード大が来日、5戦全勝。 9（J）秩父宮ラグビー場改修。	4　瀬戸大橋開通。 S64・1・7　昭和天皇崩御し、翌8日平成と改元される。
4・1　大学スポーツ医学研究センター設置。	5（J）スコットランド代表が来日、4勝1敗。 H2・2（J）フィジー代表が来日、3戦3勝。 H2・3（J）ケンブリッジ大が来日、4戦全勝。	4　消費税（3％）が導入される。 11　ベルリンの壁崩壊。 H2・2　株の暴落が始まり、バブル崩壊へ。

年　度	蹴　球　部　史
1990(平成２)年度 平成2年4月～ 平成3年3月	4・1　湘南藤沢キャンパス開設でＡＯ制度第１期生入部。 春先の練習に１、２年生が練習不参加問題を起こす。 7・22　山中グラウンド芝生化竣工式（黒黄会より義塾へ寄贈）。 関東大学対抗戦グループ４勝４敗で６位。 ●監督・浜本剛志、主将・三宅清三郎
1991(平成3)年度 平成3年4月～ 平成4年3月	関東大学対抗グループ５勝３敗で４位。 12・15　交流試合・大東文化大に８－14で敗退。 ●主将・小田切宏太
1992(平成4)年度 平成4年4月～ 平成5年3月	関東大学対抗戦グループ２勝６敗で振わず。 ●監督・安積英樹、主将・神田雅朗
1993(平成５)年度 平成5年4月～ 平成6年3月	関東大学対抗戦グループ３勝４敗１引き分けで５位、大学選手権出場ならず。 ●主将・東弘二郎
1994(平成６)年度 平成6年4月～ 平成7年3月	5　慶應ニューヨーク学院が米東海岸の大会で失点０で優勝。 関東大学対抗戦グループ４勝４敗に終わる。 ●総監督・上田昭夫、主将・村田篤彦
1995(平成7)年度 平成7年4月～ 平成8年3月	関東大学対抗戦グループ2勝5敗で7位。 春から部員による専任のグラウンドマネージャーを置く。今年度は葉山浩樹、亀井威次郎の両名が監督、コーチの方針をチームの末端まで徹底させるべく、首脳陣とのパイプ役になる。 9・4～20　蹴球部はじめてのオーストラリア合宿。テリー・バーキッド、デビッド・クラーク両コーチ、選抜された部員40名がこれに参加。 湘南藤沢キャンパスの部員増加対策ができる。早朝練習と、簡易照明を設置して日没後の練習を継続すること。平日の練習を２部制にして短時間集中型のものにする。 ●主将・松本啓太郎
1996(平成8)年度 平成8年4月～ 平成9年3月	関東大学対抗戦グループで12年ぶりに早稲田に辛勝するも、３勝４敗で６位、惜しくも大学選手権への出場はならず。 7・28～8・14　第２回目のオーストラリア合宿に選抜部員38名が参加。昨年に続いてテリー・バーキッド、デビッド・クラーク両コーチの指導を受ける。 12・11～14　２度目のタイ遠征。国王在位50周年記念国際大会に日本を代表して出場。 椎野正夫黒黄会会長が辞任。新会長に青井達也、新理事長に藤田義雄が就任。 ●主将・森内勇策

慶應義塾史	日本と世界のラグビー界の動き	日本と世界の動き
4・1　総合政策学部・環境情報学部を湘南藤沢キャンパスに開設。 9　ニューヨーク学院（高等部）を米ニューヨークに開設。 9・29　大学部開設100年記念式典挙行。	4（W）第2回W杯アジア太平洋地区予選、日本代表2勝1敗で出場権獲得。 9（J）米国代表が来日、2勝1敗。	4　花と緑の博覧会開会。 11　雲仙普賢岳大噴火。 H3・1　湾岸戦争勃発。
10・5　湘南藤沢キャンパス開設披露式を挙行。	10（W）第2回W杯が英、仏で開催される。予選ラウンドBグループの日本、ジンバブエに52－8で大勝しW杯初勝利。	6　南アのアパルトヘイト体制終結。 12　ソ連邦が消滅。
6・13　湘南藤沢中等部・高等部開校式を挙行。	（W・J）ルール大幅改正。トライ＝4点から5点に。キックオフ＝試合開始、後半開始を除きドロップキックで、などなど。 （W）第1回7人制ワールドカップがエジンバラで開催され、日本がボールトーナメントで優勝。 9（J）オックスフォード大が来日、連勝記録ストップ。	6　国連平和維持活動（PKO）協力法案可決。
5・28　鳥居泰彦塾長となる。	（J）今季の大学選手権から出場チームが8校から16校に（交流試合は廃止）。 5（J）日本代表がアルゼンチンに遠征、3勝2敗。 5（J）日本代表がウェールズに遠征、大敗続く。	6　皇太子ご成婚。 8　細川連立政権誕生。
	10（W）アジア大会兼ワールドカップ地区予選で日本が優勝、出場権獲得。	9　関西国際空港開港。 H7・1　阪神淡路大震災。 H7・3　地下鉄サリン事件。
	4（J）来日したルーマニア・チームとテストマッチ、1勝1敗。 5・25～6・24（W）第3回W杯予選プールで、日本敗退。NZとの一戦に17－145で敗れ、W杯ワースト記録をつくる。 9・23～30（W）I.R.B（国際ラグビー評議会）理事会が東京で開催される。8月下旬パリ理事会で決まった「アマチュア規定の撤廃」に伴う細則・競技規定について話し合われた。	12　高速増殖炉「もんじゅ」ナトリウム漏れ事故発生。 H8・3　東京・大阪HIV訴訟和解。
9・4　三田西校舎518番ホール竣工式を挙行。	5（W）第1回パシフィックリム選手権大会が日本、香港、アメリカ、カナダの四カ国が参加して開催される。ホーム＆アウェー方式によって争われるも日本は最下位。 （W）第3回学生W杯で日本がベスト8に。 11（W）第15回アジア大会（台湾・台北市）で日本3連勝し、11回目の優勝。	5　病原性大腸菌O157による食中毒が発生、夏には全国的に広がる。 10　小選挙区比例代表並立制による初の選挙実施。 12　ペルー日本大使公邸占拠人質事件発生。

年　度	蹴 球 部 史
1997(平成9)年度 平成9年4月～ 平成10年3月	関東大学対抗戦グループ、早稲田に42－12で快勝、２年連続で勝利するも２勝５敗で７位。 **9・1**　三田キャンパス内「山食」で「100 周年記念事業推進決起大会」を開催。募金活動をはじめ記念事業の本格的準備が開始される。 ●主将・田村和大
1998(平成10)年度 平成10年4月～ 平成11年3月	関東大学対抗戦グループ、５勝２敗で３位。13年ぶりに第35回全国大学選手権大会に出場し、１～２回戦に勝って準決勝に進むが、明治に敗れる。 第36回日本選手権に13年ぶりに出場、１回戦でサントリーと対戦し17－80で大敗。東芝府中が優勝し、３連覇を達成。 オーストラリア合宿、場所をブリスベーンからシドニーへ移して、選抜部員36名が参加。 ●主将・熊谷良
1999(平成11)年度 平成11年4月～ 平成12年3月	**9・4**　日吉グラウンド整備なる。 **9・11**　100 周年記念招待試合、対ケンブリッジ大戦に42－21で快勝。ケ大には初勝利(秩父宮)。 **9・12** 100 周年記念式典・祝賀会を三田キャンパスにて開催。 関東大学対抗戦グループ、全勝優勝。 **H12・1・15**　第36回全国大学選手権で関東学院を27－７で敗り、初の単独Ｖで優勝。 **H12・2・13**　第37回日本選手権に連続出場するも、１回戦でNECに29－52で敗れる。 ●主将・高田晋作

慶應義塾史	日本と世界のラグビー界の動き	日本と世界の動き
5・28　塾長に鳥居泰彦が再任。	(W) ルール改正により、シンビン制度、選手交替制度の大幅改定、ハーフタイム10分制などが決まる。 5 (W) 第2回パシフィックリム選手権大会で、日本2年連続最下位。	4　消費税率、5%に変更される。 7　中国に香港が返還され、一国二制度スタート。 11　サッカー日本代表、初のW杯出場が決まる。 H10・2　冬季オリンピック長野大会開会。
11　法学部政治学科開設100年記念式典。 12・4　三田キャンパス東館新築地鎮祭。	(J) 日本選手権の方式が、学生、社会人各ベスト4によるトーナメント方式に変更さる。 5・3～　(W) 第3回パシフィックリム選手権大会、2勝4敗で初めて3位。 10・24～　(W) 第4回W杯アジア地区最終予選（兼アジア大会）で3戦全勝、W杯4回連続出場を決める。	5　インドネシアで暴動発生。 5　インド、パキスタンが地下核実験。
H12・2・1　K^2（ケースクエア）タウン キャンパス計画協定締結。	5・1～ (W) 第4回パシフィックリム選手権大会、4勝1敗で初優勝。 10・1～ (W) 第4回W杯予選プールD組で全敗、決勝トーナメントへの出場ならず。	8　国旗・国歌法案成立。 9　核燃料工場で国内初の臨界事故。

執筆者紹介（掲載順・敬称略）

鳥居　泰彦	とりい・やすひこ	慶應義塾長
前田　昌信	まえだ・まさのぶ	慶應義塾大学理工学部教授・慶應義塾体育会蹴球部部長
金野　　滋	こんの・しげる	日本ラグビーフットボール協会会長。昭和22年、同志社大学卒。
北田　純一	きただ・すみかず	第三高等学校蹴球部OB・京都大学ラグビー部OB会評議員。昭和27年、京都大学卒。
久米　淳介	くめ・じゅんすけ	同志社ラグビー・クラブ会長。大正12年、同志社大学卒。
松分　光朗	まつわけ・みつろう	早稲田大学ＲOB倶楽部会長。昭和26年、早稲田大学卒。
鈴木　元雄	すずき・もとお	東京大学ラグビー部OB会会長。昭和30年、東京大学卒。
渡部　昭彦	わたなべ・あきひこ	明治大学ラグビー部O.B.倶楽部会長。昭和28年、明治大学卒。
遠山　靖三	とおやま・せいぞう	慶應義塾蹴球部黒黄会会員。昭和29年、慶應義塾大学卒。
脇　　　正	わき・ただす	慶應義塾蹴球部黒黄会会員。昭和21年、慶應義塾大学卒。
中須早二良	なかす・さぶろう	慶應義塾蹴球部黒黄会会員。昭和16年、慶應義塾大学卒。
岩下秀三郎	いわした・しゅうざぶろう	元慶應義塾蹴球部黒黄会会長（昭和52年４月から57年３月）。昭和２年、慶應義塾大学卒。昭和62年、逝去。
藤田　義雄	ふじた・よしお	慶應義塾蹴球部黒黄会理事長。昭和32年、慶應義塾大学卒。
上田　昭夫	うえだ・あきお	慶應義塾体育会蹴球部監督。昭和50年、慶應義塾大学卒。

写真・資料提供者一覧（50音順・敬称略）

〈黒黄会関係〉

青井達也（昭30卒）　安部　優（昭41卒）　荒井哲也（昭54卒）　飯塚唯史（飯塚龍蔵〈明43卒〉令息）　石井加寿（石井太郎〈昭10卒〉夫人）　井上　寧（大２卒）　井原健一（昭43卒）　稲垣晴朗（昭31卒）　今岡千秋（今岡秀輔〈昭59卒〉夫人）　岩下隆子（岩下秀三郎〈昭２卒〉夫人）　上田昭夫（昭50卒）　上野美昭（昭32卒・上野祝二〈昭５卒〉令息）太田　敬（太田貞己〈明40卒〉令息）　大塚富夫（大塚善吉〈明41卒〉令息）　荻村道男（昭54卒）　小田切宏太（平４卒）　小原晴子（田辺九万三〈大５卒〉令嬢）　河内洋司（昭15卒）　川端良三（平１卒）　北野和男（昭21卒）　北原由季子（佐野甚之助〈明38卒〉長女）　楠目　皓（昭44卒）　熊谷　良（平10卒）　熊野耕太郎（熊野啓蔵〈大14卒〉令息）蔵西克夫（昭42卒）　黒川　京（佐野甚之助〈明38卒〉次女）　小佐貫一（明42卒・故人）児玉　渡（昭24卒）　酒井　清（昭27卒）　坂本　恒（昭34卒）　椎野正夫（昭22卒）　柴田孝（昭31卒）　柴田陽一（昭61卒）　清水幸一郎（清水吉夫〈大12卒〉令息）　白崎昭（昭27卒・白崎都香佐〈昭２卒〉令息）　鈴木啓子（昭54卒）　鈴木礼子（大市信吉〈大13卒〉令嬢）　瀬下美子（瀬下良夫部長夫人）　高木秀陽（昭32卒）　高橋正旭（昭29卒）　田川理貴（田川博〈昭11卒〉令息）　竹内敏之（昭34卒）　竹谷　武（昭28卒）　田宮善三（田宮弘太郎〈明38卒〉令弟）　遠山靖三（昭29卒）　豊嶋志朗（昭34卒）　中川章夫（昭48卒）中須早二良（昭16卒）　中西一晃（昭38卒）　永野　進（昭46卒）　橋本達矢（昭61卒）　羽山賢二郎（昭40卒）　福田利昭（昭31卒）　藤田義雄（昭32卒）　前川和久（前川丈夫〈昭５卒〉令息）　松井誠司（昭44卒）　松永敏弘（昭60卒）　三浦五郎（昭11卒）　三宅大二郎（昭34卒）　森岡弘平（昭35卒・森岡順三郎〈昭６卒〉令息）　山田太一（昭30卒）　山本達郎（昭23卒）　吉村毅一郎（昭40卒）　米山むつき（米山桂三部長夫人）　脇　正（昭21卒・脇　肇〈大７卒〉令息）

〈一般〉

秋山陽一（ラグビージャーナリスト）　石戸　晋（写真家）　井上　悟（写真家）
北田純一（三高・京大OB）　楠目　亮（京大OB）　国領武一郎（京大ＯＢ・ラグビー史研究家）　下田博郎（慶應ワグネル三田会）　城甲　聰（三高OB）　ベースボール・マガジン社（『ラグビー・マガジン』編集部）　八木正克（写真家）

編集協力者一覧（黒黄会会員・卒業年度順・敬称略）

滝川昭博（昭22卒）　山口達雄（昭26卒）　酒井　清（昭27卒）　根津　昭（昭27卒）
伊藤陽二郎（昭30卒）　豊嶋志郎（昭34卒）　林　成郎（昭35卒）　松島　宏（昭35卒）
菊野一雄（昭40卒）　楠目　皓（昭44卒）

編 集 後 記

明治、大正、昭和と日本にラグビーの種を播き、育てながら、その開花隆盛のため大きく貢献してきた慶應義塾蹴球部の先輩たちはこの間、日々厳しい練習に耐え、絶えることのない研鑽とたゆまぬ努力を重ねつつ、百年の歴史を築き上げてまいりました。古来、「百里を行く者は九十里を半ばとす」とも言われてきましたが、そのことを思うと、いまあらためて「百年の重み」を感じざるを得ません。

そんな百里百年に至る途上の昭和33年、先輩方は当時まだ少なかった資料を渉猟し、蹴球部六十周年を記念して『六十年史』を編纂、刊行いたしました。

そしてその後、40年余りの星霜を経て、やはり、百周年を記念して、『百年史』の発行を企画し、3年余の時日を重ねて、この平成12年に完成することができました。編纂委員一同は、慶應義塾蹴球部の関係者のみならず、広くラグビー関係者、ラグビー愛好者に読んでいただけるものにしたい、という願いをこめて、編纂作業に当たりました。

編纂作業も佳境に入った平成11年度、わが蹴球部の現役はOBの指導のもと、学生日本一の栄冠をかち得ました。それは私たちの蹴球部百年を飾る最高の喜びでありました。しかし、いつまでも勝利の美酒に酔っているわけにはいきません。これまでの百年の「歴史」をしっかりと次世代に遺しておかねばならないのです。

ですから今後、120年史なり、150年史なりの刊行を担当することになるであろう後輩たちにとって、本書が有効なものであることを願って、その編纂中に得た資料や知識を目いっぱい詰め込んで、世に送り出したつもりです。

最後に、この『百年史』を刊行するにあたり、多大なるご協力とご支援をいただいた先輩諸兄とそのご家族、関係者各位、そして何よりも私たちの対戦相手として共に同じ時代を歩み、切磋琢磨してきた他校の皆さまに、日本ラグビーのルーツ校として、「本書がこのような形で世に問えるのも皆さまのご協力のおかげ」と満腔の意を込めて感謝申し上げる次第です。

平成12年7月

慶應義塾体育会蹴球部百年史編纂委員会
委員長　山本達郎

〔編纂委員紹介〕

山本達郎　やまもと・たつお

編纂委員長。蹴球部黒黄会会員（昭和23年卒）。本書編纂・校閲全般を統括すると共に、古今の貴重な写真・資料蒐集に尽力。

遠山靖三　とおやま・せいぞう

主筆。蹴球部黒黄会会員（昭和29年卒）。本書の中核となる年史「年度別 シーズンの歩み」他を厖大な資料を渉猟して書き下ろすと共に、校閲全般を担当。

赤津喜一郎　あかつ・きいちろう

校閲担当。蹴球部黒黄会会員（昭和31年卒）。校閲全般を担当すると共に、「年度別 シーズンの歩み」（戦後編）の主筆補佐として尽力。

慶應義塾体育会蹴球部百年史

2000年9月1日　初版第1刷発行

編者――――――慶應義塾体育会蹴球部黒黄会
発行者―――――坂上弘
発行所―――――慶應義塾大学出版会株式会社
郵便番号　108-8346　東京都港区三田2-19-30
TEL〔編集部〕03-3451-0931
〔営業部〕03-3451-3584〈ご注文〉
〔　〃　〕03-3451-6926
FAX〔営業部〕03-3451-3122
振替 00190-8-155497
装丁――――――高麗隆彦
本文レイアウト――國安誠人
印刷・製本―――港北出版印刷株式会社

Printed in Japan ISBN4-7664-0796-2

昭和59年、秩父宮ラグビー場における対明治大学戦